Direito Civil BRASILEIRO

Direito de Família

CARLOS ROBERTO GONÇALVES

Direito Civil BRASILEIRO

Direito de Família

22ª edição
2025

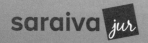

- O autor deste livro e a editora empenharam seus melhores esforços para assegurar que as informações e os procedimentos apresentados no texto estejam em acordo com os padrões aceitos à época da publicação, *e todos os dados foram atualizados pelo autor até a data da entrega dos originais à editora.* Entretanto, tendo em conta a evolução das ciências, as atualizações legislativas, as mudanças regulamentares governamentais e o constante fluxo de novas informações sobre os temas que constam do livro, recomendamos enfaticamente que os leitores consultem sempre outras fontes fidedignas, de modo a se certificarem de que as informações contidas no texto estão corretas e de que não houve alterações nas recomendações ou na legislação regulamentadora.

- Data do fechamento do livro: 15/10/2024

- O autor e a editora se empenharam para citar adequadamente e dar o devido crédito a todos os detentores de direitos autorais de qualquer material utilizado neste livro, dispondo-se a possíveis acertos posteriores caso, inadvertida e involuntariamente, a identificação de algum deles tenha sido omitida.

- Direitos exclusivos para a língua portuguesa
  Copyright ©2025 by
  Saraiva Jur, um selo da SRV Editora Ltda.
  Uma editora integrante do GEN | Grupo Editorial Nacional
  Travessa do Ouvidor, 11
  Rio de Janeiro – RJ – 20040-040

- **Atendimento ao cliente: https://www.editoradodireito.com.br/contato**

- Reservados todos os direitos. É proibida a duplicação ou reprodução deste volume, no todo ou em parte, em quaisquer formas ou por quaisquer meios (eletrônico, mecânico, gravação, fotocópia, distribuição pela Internet ou outros), sem permissão, por escrito, da **SRV Editora Ltda**.

- Capa: Lais Soriano
  Diagramação: Rafael Cancio Padovan

- **DADOS INTERNACIONAIS DE CATALOGAÇÃO NA PUBLICAÇÃO (CIP)**
  ODILIO HILARIO MOREIRA JUNIOR – CRB-8/9949

G635d   Gonçalves, Carlos Roberto
Direito civil brasileiro v. 6 - direito de família / Carlos Roberto
     Gonçalves. - 22. ed. - São Paulo: Saraiva Jur, 2025.

704 p. – (Direito civil brasileiro; v. 6)
Sequência de: Direito Civil Brasileiro v. 5 - direito das coisas
ISBN: 978-85-5362-614-4

1. Direito civil. 2. Código civil. 3. Direito de família. I. Título.

	CDD 347
2024-3230	CDU 347

Índices para catálogo sistemático:
1. Direito civil   347
2. Direito civil   347

ÍNDICE

INTRODUÇÃO

Capítulo Único
DIREITO DE FAMÍLIA

1.	Noção de direito de família	1
2.	Conteúdo do direito de família	2
3.	Princípios do direito de família	5
4.	Natureza jurídica do direito de família	9
5.	Família e casamento	11
6.	Evolução histórica do direito de família	14
7.	O direito de família na Constituição de 1988 e no Código Civil de 2002	15

DO DIREITO PESSOAL

Título I
DO CASAMENTO

Capítulo I
DISPOSIÇÕES GERAIS

1.	Conceito	19
2.	Natureza jurídica	22
3.	Caracteres do casamento	25
4.	Finalidades do casamento	27

Capítulo II
DO PROCESSO DE HABILITAÇÃO PARA O CASAMENTO

1.	Da capacidade para o casamento	30
	1.1. Requisitos gerais e específicos	32

V

1.2.	Suprimento judicial de idade	35
1.3.	Suprimento judicial do consentimento dos representantes legais	35
2. O procedimento para a habilitação		37
2.1.	Documentos necessários	38
	2.1.1. Certidão de nascimento ou documento equivalente	41
	2.1.2. Autorização das pessoas sob cuja dependência legal estiverem, ou ato judicial que a supra	42
	2.1.3. Declaração de duas pessoas maiores, parentes ou não, que atestem conhecer os nubentes e afirmem não existir impedimento	44
	2.1.4. Declaração do estado civil, do domicílio e da residência dos contraentes e de seus pais, se forem conhecidos	45
	2.1.5. Certidão de óbito do cônjuge falecido, da anulação do casamento anterior ou do registro da sentença de divórcio	45

Capítulo III
DOS IMPEDIMENTOS

1. Conceito e espécies		47
2. Impedimentos resultantes do parentesco (consanguinidade, afinidade e adoção)		49
2.1.	A consanguinidade	49
2.2.	A afinidade	52
2.3.	A adoção	53
3. Impedimento resultante de casamento anterior		54
4. Impedimento decorrente de crime		58

Capítulo IV
DAS CAUSAS SUSPENSIVAS

1. Introdução	62
2. Confusão de patrimônios	63
3. Divórcio	65
4. Confusão de sangue (*turbatio sanguinis*)	66
5. Tutela e curatela	66
6. Observações finais	67

Capítulo V
DA OPOSIÇÃO DOS IMPEDIMENTOS E DAS CAUSAS SUSPENSIVAS

1. Da oposição dos impedimentos 69
   1.1. Pessoas legitimadas 69
   1.2. Momento da oposição dos impedimentos.............................. 70
   1.3. Forma da oposição 71
2. Da oposição das causas suspensivas 73
   2.1. Pessoas legitimadas 73
   2.2. Momento da oposição das causas suspensivas...................... 74
   2.3. Forma da oposição 74

Capítulo VI
DA CELEBRAÇÃO DO CASAMENTO

1. Formalidades 76
2. Momento da celebração 79
3. Suspensão da cerimônia 81
4. Assento do casamento no livro de registro.. 82
5. Casamento por procuração 84

Capítulo VII
DAS PROVAS DO CASAMENTO

1. Introdução... 89
2. Prova específica: certidão do registro.. 90
3. Posse do estado de casados: conceito e elementos................................. 91
   3.1. Validade como prova do casamento de pessoas falecidas ou
        que não possam manifestar vontade 92
   3.2. Importância na solução da dúvida entre as provas favoráveis e
        contrárias à existência do casamento 93
4. Prova do casamento celebrado no exterior 94
5. Casamento cuja prova resultar de processo judicial............................... 97

Capítulo VIII
ESPÉCIES DE CASAMENTO VÁLIDO

1. Casamento válido 98
2. Casamento putativo 99
   2.1. Conceito... 99
   2.2. Efeitos.. 102

3. Casamento nuncupativo e em caso de moléstia grave	106
4. Casamento religioso com efeitos civis	109
4.1. Retrospectiva histórica	109
4.2. Regulamentação atual	110
5. Casamento consular	112
6. Conversão da união estável em casamento	113

Capítulo IX
DA INEXISTÊNCIA E DA INVALIDADE DO CASAMENTO

1. Casamento inexistente	115
1.1. Diversidade de sexos	117
1.2. Falta de consentimento	120
1.3. Ausência de celebração na forma da lei	121
2. Casamento inválido	122
2.1. Casamento e a teoria das nulidades	122
2.2. Casamento nulo	126
2.2.1. Casos de nulidade	126
2.2.2. Pessoas legitimadas a arguir a nulidade	127
2.2.3. Ação declaratória de nulidade	128
2.3. Casamento anulável	130
2.3.1. Defeito de idade	132
2.3.2. Falta de autorização do representante legal	134
2.3.3. Erro essencial sobre a pessoa do outro cônjuge	135
2.3.3.1. Erro sobre a identidade do outro cônjuge, sua honra e boa fama	137
2.3.3.2. Ignorância de crime ultrajante	140
2.3.3.3. Ignorância de defeito físico irremediável ou de moléstia grave	142
2.3.4. Vício da vontade determinado pela coação	144
2.3.5. Incapacidade de manifestação do consentimento	146
2.3.6. Realização por mandatário, estando revogado o mandato	147
2.3.7. Celebração por autoridade incompetente	148
3. Casamento irregular	149

Capítulo X
DA EFICÁCIA JURÍDICA DO CASAMENTO

1. Efeitos jurídicos do casamento	150

1.1.	Efeitos sociais..	151
1.2.	Efeitos pessoais...	153
1.3.	Efeitos patrimoniais...	156
2.	Deveres recíprocos dos cônjuges...	159
2.1.	Fidelidade recíproca	160
2.2.	Vida em comum, no domicílio conjugal	161
2.3.	Mútua assistência	162
2.4.	Sustento, guarda e educação dos filhos........................	163
2.5.	Respeito e consideração mútuos...................................	164
3.	Direitos e deveres de cada cônjuge	166
4.	O exercício de atividade empresária pelos cônjuges	167

Capítulo XI
DA DISSOLUÇÃO DA SOCIEDADE E DO VÍNCULO CONJUGAL

1.	Distinção entre sociedade conjugal e vínculo matrimonial................	170
2.	Inovação introduzida pela Emenda Constitucional n. 66/2010..........	171
2.1.	Breve escorço histórico	172
2.2.	Extinção das causas subjetivas e objetivas da dissolução do casamento	174
3.	Causas terminativas da sociedade e do vínculo conjugal	175
4.	Morte de um dos cônjuges. Morte real e morte presumida.................	176
5.	Nulidade ou anulação do casamento..	180
6.	Separação judicial e extrajudicial...	181
6.1.	Separação de direito ocorrida antes do advento da Emenda Constitucional n. 66/2010..	181
6.2.	Modalidades de divórcio	181
6.3.	Efeitos decorrentes da "PEC do Divórcio"	182
6.4.	Espécies e efeitos da separação judicial e extrajudicial.............	182
6.5.	Caráter pessoal da ação	184
6.6.	Tentativa de reconciliação e presença de advogado..................	185

SEPARAÇÃO JUDICIAL POR MÚTUO CONSENTIMENTO

6.7.	Características. Requisito	187
6.8.	Procedimento. Cláusulas obrigatórias	188
6.9.	Promessa de doação na separação consensual	193
6.10.	O procedimento administrativo, mediante escritura pública, para a separação e o divórcio consensuais...............	194

6.10.1. Inexistência de nascituro ou de filhos incapazes do casal, caso não tenha havido prévia resolução judicial de todas as questões referentes à guarda, visitação e alimentos deles 196

6.10.2. Consenso do casal sobre todas as questões emergentes da separação ou do divórcio 197

6.10.3. Lavratura de escritura pública por tabelião de notas 198

6.10.4. Assistência de advogado 200

6.10.5. Separação ou divórcio consensuais celebrados por autoridades consulares 200

SEPARAÇÃO JUDICIAL A PEDIDO DE UM DOS CÔNJUGES

6.11. Espécies 201

6.12. Grave infração dos deveres do casamento 203

6.12.1. Adultério 205

6.12.2. Abandono voluntário do lar conjugal 207

6.12.3. Sevícia e injúria grave 210

6.12.4. Abandono material e moral dos filhos 212

6.12.5. Imputação caluniosa 212

6.13. Confissão real e ficta 213

6.14. Insuportabilidade da vida em comum 215

6.15. Ruptura da vida em comum 220

6.16. Separação por motivo de grave doença mental 222

6.17. Separação de corpos 225

7. O uso do nome do outro cônjuge 231

8. Restabelecimento da sociedade conjugal 233

DIVÓRCIO

9. Introdução 235

10. Divórcio-conversão 238

11. Divórcio direto 241

12. Procedimentos do divórcio judicial e da separação de corpos 242

13. O uso do nome do cônjuge após o divórcio 246

PROTEÇÃO DA PESSOA DOS FILHOS

14. Proteção à pessoa dos filhos na separação judicial ou divórcio 247

14.1. A guarda unilateral 249
14.2. A guarda compartilhada... 250
15. Proteção aos filhos na separação de fato 256
16. Direito de visita... 256
17. A síndrome da alienação parental 263

Título II
DAS RELAÇÕES DE PARENTESCO

Capítulo I
DISPOSIÇÕES GERAIS

1. Introdução... 269
2. Relações de parentesco socioafetivas 271
3. A multiparentalidade 273
4. O vínculo de parentesco: linhas e graus............................... 278
5. Espécies de parentesco 281

Capítulo II
DA FILIAÇÃO

1. Introdução... 284
2. Presunção legal de paternidade.. 285
   2.1. A presunção *pater is est* 286
   2.2. A procriação assistida e o Código Civil de 2002 289
3. Ação negatória de paternidade e de maternidade 295
4. Prova da filiação 302

Capítulo III
DO RECONHECIMENTO DOS FILHOS

1. Filiação havida fora do casamento 305
2. Reconhecimento voluntário.. 307
   2.1. Modos de reconhecimento voluntário dos filhos........ 307
   2.2. Oposição ao reconhecimento voluntário.................... 312
3. Reconhecimento judicial: investigação de paternidade e maternidade ... 315
   3.1. Legitimidade para a ação 317
   3.2. Fatos que admitem a investigação de paternidade........ 323

3.3. Ação de investigação de maternidade 329

3.4. Meios de prova... 330

4. Efeitos do reconhecimento dos filhos havidos fora do casamento...... 336

Capítulo IV
DA ADOÇÃO

1. Conceito e natureza jurídica 340

2. Antecedentes históricos 342

3. A atual disciplina da adoção 345

4. Quem pode adotar 349

5. Quem pode ser adotado.. 360

6. Requisitos da adoção 361

7. Efeitos da adoção.. 364

7.1. Efeitos de ordem pessoal 364

7.2. Efeitos de ordem patrimonial 367

8. Adoção internacional.. 369

Capítulo V
DO PODER FAMILIAR

1. Conceito.. 374

2. Características 375

3. Titularidade do poder familiar.. 376

4. Conteúdo do poder familiar.. 378

4.1. Quanto à pessoa dos filhos.. 378

4.2. Quanto aos bens dos filhos 387

5. Extinção e suspensão do poder familiar.. 390

5.1. Extinção e perda ou destituição do poder familiar...................... 391

5.2. Suspensão do poder familiar.. 396

DO DIREITO PATRIMONIAL

Título I
DO REGIME DE BENS ENTRE OS CÔNJUGES

1. Disposições gerais 400

XII

2.	Regime de bens: princípios básicos	401
	2.1. Da imutabilidade absoluta à mutabilidade motivada	402
	2.2. Variedade de regimes	410
	2.3. Livre estipulação	411
3.	Administração e disponibilidade dos bens	412
	3.1. Atos que um cônjuge não pode praticar sem autorização do outro	417
	3.2. Suprimento da autorização conjugal	422
4.	Pacto antenupcial	424
5.	Regime da separação legal ou obrigatória	427
6.	Regime da comunhão parcial ou limitada	434
	6.1. Bens excluídos da comunhão parcial	434
	6.2. Bens que se comunicam, no regime da comunhão parcial	441
7.	Regime da comunhão universal	443
	7.1. Bens excluídos da comunhão universal	445
	7.2. Outras disposições	449
8.	Regime da participação final nos aquestos	450
9.	Regime da separação convencional ou absoluta	454

Título II
DO USUFRUTO E DA ADMINISTRAÇÃO DOS BENS DE FILHOS MENORES

1.	Exercício do usufruto e da administração	457
2.	Autorização judicial para a prática de atos que ultrapassem a simples administração	458
3.	Colidência de interesses entre os pais e o filho	459
4.	Bens excluídos do usufruto e da administração dos pais	460

Título III
DOS ALIMENTOS

1.	Conceito e natureza jurídica	461
2.	Espécies	463
3.	Obrigação alimentar e direito a alimentos	471
	3.1. Características da obrigação alimentar	473
	3.2. Características do direito a alimentos	482
	3.3. Pressupostos da obrigação alimentar. Objeto e montante das prestações	492

3.4. Pressupostos subjetivos: quem deve prestar alimentos e quem pode reclamá-los 500

4. Alimentos decorrentes da dissolução da sociedade conjugal e da união estável 511

5. Meios de assegurar o pagamento da pensão 514

    5.1. Ação de alimentos.. 515

    5.2. Ação revisional de alimentos 522

    5.3. Meios de execução da prestação não satisfeita..................... 526

6. Alimentos gravídicos 540

Título IV
DO BEM DE FAMÍLIA

1. Introdução.. 545

2. Bem de família voluntário.. 548

3. Bem de família obrigatório ou legal... 553

DA UNIÃO ESTÁVEL

Título Único
DA UNIÃO ESTÁVEL E DO CONCUBINATO

1. Conceito e evolução histórica... 568

2. Regulamentação da união estável antes do Código Civil de 2002 572

3. A união estável no Código Civil de 2002...................................... 574

4. Requisitos para a configuração da união estável........................... 577

    4.1. Pressupostos de ordem subjetiva 578

    4.2. Pressupostos de ordem objetiva... 580

5. Deveres dos companheiros.. 590

6. Direitos dos companheiros.. 592

    6.1. Alimentos.. 592

    6.2. Meação e regime de bens.. 594

    6.3. Sucessão hereditária 601

7. Contrato de convivência entre companheiros............................... 603

8. Conversão da união estável em casamento 606

9. As leis da união estável e o direito intertemporal......................... 609

10. Ações concernentes à união estável.. 610

DA TUTELA E DA CURATELA

Título I
DA TUTELA

1. Conceito	614
2. Espécies de tutela	615
2.1. Tutela testamentária	617
2.2. Tutela legítima	619
2.3. Tutela dativa	620
3. Regulamentação da tutela	621
3.1. Incapazes de exercer a tutela	621
3.2. Escusa dos tutores	623
3.3. Garantia da tutela	627
3.4. A figura do protutor	629
3.5. Exercício da tutela	631
3.5.1. O exercício da tutela em relação à pessoa do menor	632
3.5.2. O exercício da tutela em relação aos bens do tutelado	633
3.6. Responsabilidade e remuneração do tutor	639
3.7. Bens do tutelado	641
3.8. Prestação de contas	642
4. Cessação da tutela	643

Título II
DA CURATELA

1. Conceito	646
2. Características da curatela	647
3. Espécies de curatela	649
3.1. O Estatuto da Pessoa com Deficiência	651
3.2. Curatela dos impedidos, por causa transitória ou permanente, de exprimir sua vontade	653
3.3. Curatela dos ébrios habituais e viciados em tóxico	653
3.4. Curatela dos pródigos	654
3.5. Curatela do nascituro	657
3.6. Curatela de pessoas capazes. Tomada de decisão apoiada	657
4. O procedimento de interdição	659
4.1. Legitimidade para requerer a interdição	663
4.2. Pessoas habilitadas a exercer a curatela	666

4.3.	Natureza jurídica da sentença de interdição	671
4.4.	Levantamento da interdição	673
5.	Exercício da curatela	674

Bibliografia 676

INTRODUÇÃO

Capítulo Único
DIREITO DE FAMÍLIA

Sumário: 1. Noção de direito de família. 2. Conteúdo do direito de família. 3. Princípios do direito de família. 4. Natureza jurídica do direito de família. 5. Família e casamento. 6. Evolução histórica do direito de família. 7. O direito de família na Constituição de 1988 e no Código Civil de 2002.

1. NOÇÃO DE DIREITO DE FAMÍLIA

O direito de família é, de todos os ramos do direito, o mais intimamente ligado à própria vida, uma vez que, de modo geral, as pessoas provêm de um organismo familiar e a ele conservam-se vinculadas durante a sua existência, mesmo que venham a constituir nova família pelo casamento ou pela união estável.

Já se disse, com razão, que *a família é uma realidade sociológica e constitui a base do Estado, o núcleo fundamental em que repousa toda a organização social.* Em qualquer aspecto em que é considerada, aparece a família como uma instituição necessária e sagrada, que vai merecer a mais ampla proteção do Estado. *A Constituição Federal e o Código Civil a ela se reportam e estabelecem a sua estrutura, sem, no entanto, defini-la, uma vez que não há identidade de conceitos tanto no direito como na sociologia.* Dentro do próprio direito a sua natureza e a sua extensão variam, conforme o ramo.

Lato sensu, o vocábulo *família* abrange todas as pessoas ligadas por vínculo de sangue e que procedem, portanto, de um tronco ancestral comum, bem como as unidas pela afinidade e pela adoção. *Compreende os cônjuges e companheiros, os parentes e os afins.* Segundo JOSSERAND, este primeiro sentido é, em princípio, "o único verdadeiramente jurídico, em que a família deve ser entendida: tem o valor de um grupo étnico, intermédio entre o indivíduo e o Estado"[1]. Para determinados

---

[1] *Derecho civil*, t. I, v. II, p. 4.

fins, especialmente sucessórios, o conceito de família limita-se aos parentes consanguíneos em linha reta e aos colaterais até o quarto grau.

As leis em geral referem-se à família como um núcleo mais restrito, constituído pelos pais e sua prole, embora esta não seja essencial à sua configuração. É a denominada *pequena família*, porque o grupo é reduzido ao seu núcleo essencial: pai, mãe e filhos[2], correspondendo ao que os romanos denominavam *domus*. Trata-se de instituição jurídica e social, resultante de casamento ou união estável, formada por duas pessoas de sexo diferente com a intenção de estabelecerem uma comunhão de vidas e, via de regra, de terem filhos a quem possam transmitir o seu nome e seu patrimônio.

Identificam-se na sociedade conjugal estabelecida pelo casamento três ordens de vínculos: o *conjugal*, existente entre os cônjuges; o de *parentesco*, que reúne os seus integrantes em torno de um tronco comum, descendendo uns dos outros ou não; e o de *afinidade*, estabelecido entre um cônjuge e os parentes do outro. O direito de família regula exatamente as relações entre os seus diversos membros e as consequências que delas resultam para as pessoas e bens. O objeto do direito de família é, pois, o complexo de disposições, pessoais e patrimoniais, que se origina do entrelaçamento das múltiplas relações estabelecidas entre os componentes da entidade familiar[3].

2. CONTEÚDO DO DIREITO DE FAMÍLIA

Os direitos de família, como foi dito, são os que nascem do fato de uma pessoa pertencer a determinada família, na qualidade de cônjuge, pai, filho etc. Contrapõem-se aos direitos patrimoniais, por não terem valor pecuniário. Distinguem-se, nesse aspecto, dos direitos das obrigações, pois se caracterizam pelo *fim ético* e *social*. Embora sejam também direitos *relativos*, não visam certa atividade do devedor, mas envolvem a inteira pessoa do sujeito passivo. *A infração aos direitos obrigacionais resolve-se em perdas e danos, enquanto a violação dos direitos de família tem sanções bem diversas: suspensão ou extinção do poder familiar, dissolução da sociedade conjugal, perda de direito a alimentos etc.*[4].

Podem os direitos de família, todavia, *ter um conteúdo patrimonial, ora assemelhando-se às obrigações, como nos alimentos (CC, art. 1.694), ora tendo o tipo dos*

---

[2] José Lamartine Corrêa de Oliveira e Francisco José Ferreira Muniz, *Direito de família*, p. 9.

[3] Cunha Gonçalves, *Direitos de família e direitos das sucessões*, p. 10; Ricardo Pereira Lira, Breve estudo sobre as entidades familiares, *A nova família*: problemas e perspectivas, p. 25; Washington de Barros Monteiro, *Curso de direito civil*, 32. ed., v. 2, p. 1.

[4] Cunha Gonçalves, *Direitos de família*, cit., p. 8-9.

direitos reais, como no usufruto dos bens dos filhos (art. 1.689). Na realidade, tal acontece apenas indiretamente, como nos exemplos citados e ainda no tocante ao regime de bens entre cônjuges ou conviventes e à administração dos bens dos incapazes, em que apenas aparentemente assumem a fisionomia de direito real ou obrigacional.

O direito de família constitui o ramo do direito civil que disciplina as relações entre pessoas unidas pelo matrimônio, pela união estável ou pelo parentesco, bem como os institutos complementares da tutela e curatela, visto que, embora tais institutos de caráter protetivo ou assistencial não advenham de relações familiares, têm, em razão de sua finalidade, nítida conexão com aquele[5].

Conforme a sua finalidade ou o seu objetivo, as normas do direito de família ora regulam as *relações pessoais* entre os cônjuges, ou entre os ascendentes e os descendentes ou entre parentes fora da linha reta; ora disciplinam as *relações patrimoniais* que se desenvolvem no seio da família, compreendendo as que se passam entre cônjuges, entre pais e filhos, entre tutor e pupilo; ora finalmente assumem a direção das *relações assistenciais*, e novamente têm em vista os cônjuges entre si, os filhos perante os pais, o tutelado em face do tutor, o interdito diante do seu curador. *Relações pessoais, patrimoniais e assistenciais são, portanto, os três setores em que o direito de família atua*[6].

Nesse sentido, a proteção e o reconhecimento jurídico das configurações familiares tendem a acompanhar o dinamismo histórico, inclusive na adoção de vocábulos específicos[7].

O Código Civil de 2002 destina o Livro IV da Parte Especial ao direito de família. Trata, em primeiro lugar, sob o título "Do direito pessoal", das regras sobre o *casamento*, sua celebração, validade e causas de dissolução, bem como da proteção da pessoa dos filhos. Em seguida, dispõe sobre as *relações de parentesco*, enfatizando a igualdade plena entre os filhos consolidada pela Constituição Federal de 1988.

No segundo título ("Do direito patrimonial"), cuida do direito patrimonial decorrente do casamento, dando ênfase ao *regime de bens* e aos *alimentos* entre parentes, cônjuges e conviventes. Disciplina, também, o *usufruto* e a *administração dos bens de filhos menores*, bem como o *bem de família*, que foi deslocado da Parte Geral, Livro II, concernente aos bens, onde se situava no Código de 1916.

O Título III é dedicado à *união estável* e seus efeitos, como inovação e consequência de seu reconhecimento como entidade familiar pela Constituição

---

[5] Maria Helena Diniz, *Curso de direito civil brasileiro*, v. 5, p. 18.

[6] Caio Mário da Silva Pereira, *Instituições de direito civil*, v. 5, p. 33.

[7] ALVES, Jones Figueiredo. Na obsolescência das palavras, a família mudou. *Revista Conjur*, 2023. Disponível em: https://www.conjur.com.br/2023-fev-05/processo-familiar-obsolescencia-palavras-familia-mudou. Acesso em: jun. 2023.

Federal (art. 226, § 3º). Em cinco artigos o novo diploma incorporou os princípios básicos das Leis n. 8.971/94 e 9.278/96, que agora têm caráter subsidiário. Trata, nesses dispositivos, dos aspectos pessoais e patrimoniais, deixando para o direito das sucessões o efeito patrimonial sucessório. Em face da equiparação do referido instituto ao casamento, aplicam-se-lhe os mesmos princípios e normas atinentes a alimentos entre cônjuges.

Por fim, no Título IV, o Código de 2002 normatiza os institutos protetivos da *tutela* e da *curatela*, a exemplo do Código de 1916. A *ausência*, que neste último diploma situava-se no livro "Do direito de família", foi, todavia, deslocada para a Parte Geral do novo, onde encontra sua sede natural.

Nessa sistematização, *destacam-se os institutos do casamento, da filiação, do poder familiar, da tutela, da curatela, dos alimentos e da união estável. O casamento*, pelos seus efeitos, é o mais importante de todos. Embora existam relações familiares fora do casamento, ocupam estas plano secundário e ostentam menor importância social. *O casamento é o centro, o foco de onde irradiam as normas básicas do direito de família, sendo estudado em todos os seus aspectos, desde as formalidades preliminares e as de sua celebração, os seus efeitos nas relações entre os cônjuges, com a imposição de direitos e deveres recíprocos, e nas de caráter patrimonial, com o estabelecimento do regime de bens, até a sua invalidade por falta de pressupostos fáticos, nulidade e anulabilidade, além da questão da dissolução da sociedade conjugal, com a separação judicial e o divórcio*[8].

A condição jurídica dos filhos assume também significativo relevo no direito de família. O instituto da *filiação* sofreu profunda modificação com a nova ordem constitucional, que equiparou, de forma absoluta, em todos os direitos e qualificações, os filhos havidos ou não da relação de casamento, ou por adoção, proibindo qualquer designação discriminatória (CF, art. 227, § 6º). *A qualificação dos filhos envolve questões de suma importância, ligadas à contestação da paternidade e à investigação da paternidade e da maternidade.*

A proteção da pessoa dos filhos subordinados à autoridade paterna constitui dever decorrente do *poder familiar*, expressão esta considerada mais adequada que "pátrio poder", utilizada pelo Código de 1916. Uma inovação foi a retirada de toda a seção relativa ao pátrio poder quanto aos bens dos filhos, constante deste último diploma, transferindo-a para o Título II, destinado ao direito patrimonial no novo Código, com a denominação *"Do Usufruto e da Administração dos Bens de Filhos Menores"* (Subtítulo II). *Trata-se, todavia, de matéria relativa ao poder familiar.*

Os institutos de proteção ou assistência desdobram-se em *tutela* dos menores que se sujeitam à autoridade de pessoas que não são os seus genitores, e

---

[8] Caio Mário da Silva Pereira, *Instituições*, cit., v. 5, p. 34.

curatela, que, embora não se relacione com o instituto da filiação, é regulada no direito de família pela semelhança com o sistema assistencial dos menores.

No tocante aos *alimentos*, o Código Civil de 2002 traça regras que abrangem os devidos em razão do parentesco, do casamento e também da união estável, trazendo, como inovação, a transmissibilidade da obrigação aos herdeiros (art. 1.700), dispondo de forma diversa do art. 402 do diploma de 1916. A obrigação alimentar alcança todos os parentes na linha reta. Na linha colateral, porém, limita-se aos irmãos, assim germanos como unilaterais (arts. 1.696 e 1.697).

A *união estável*, como foi dito, mereceu destaque especial, sendo disciplinada em título próprio (Título III), em seus aspectos pessoais e patrimoniais. O direito a alimentos e os direitos sucessórios dos companheiros são tratados, todavia, respectivamente, no subtítulo concernente aos alimentos e no Livro V, concernente ao "Direito das sucessões".

3. PRINCÍPIOS DO DIREITO DE FAMÍLIA

O Código Civil de 2002 procurou adaptar-se à evolução social e aos bons costumes, incorporando também as mudanças legislativas sobrevindas nas últimas décadas do século passado. Adveio, assim, com ampla e atualizada regulamentação dos aspectos essenciais do direito de família à luz dos princípios e normas constitucionais.

As alterações introduzidas *visam preservar a coesão familiar e os valores culturais, conferindo-se à família moderna um tratamento mais consentâneo à realidade social, atendendo-se às necessidades da prole e de afeição entre os cônjuges ou companheiros e aos elevados interesses da sociedade. Rege-se o novo direito de família pelos seguintes princípios*:

a) *Princípio do respeito à dignidade da pessoa humana*, como decorrência do disposto no art. 1º, III, da Constituição Federal. Verifica-se, com efeito, do exame do texto constitucional, como assinala GUSTAVO TEPEDINO, que "a milenar proteção da família como instituição, unidade de produção e reprodução dos valores culturais, éticos, religiosos e econômicos, dá lugar à tutela essencialmente funcionalizada à dignidade de seus membros, em particular no que concerne ao desenvolvimento da personalidade dos filhos". De outra forma, aduz, "não se consegue explicar a proteção constitucional às entidades familiares não fundadas no casamento (art. 226, § 3º) e às famílias monoparentais (art. 226, § 4º); a igualdade de direitos entre homem e mulher na sociedade conjugal (art. 226, § 5º); a garantia da possibilidade de dissolução da sociedade conjugal independentemente de culpa (art. 226, § 6º); o planejamento familiar voltado para os princípios da dignidade da pessoa humana e da paternidade responsável (art. 226, § 7º) e a previsão de ostensiva intervenção estatal no núcleo familiar no sentido de proteger seus integrantes e coibir a violência doméstica (art. 226, § 8º)"[9].

O direito de família é o mais humano de todos os ramos do direito. Em razão disso, e também pelo sentido ideológico e histórico de exclusões, como preleciona RODRIGO DA CUNHA PEREIRA, "é que se torna imperativo pensar o Direito de Família na contemporaneidade com a ajuda e pelo ângulo dos Direitos Humanos, cuja base e ingredientes estão, também, diretamente relacionados à noção de cidadania". A evolução do conhecimento científico, os movimentos políticos e sociais do século XX e o fenômeno da globalização provocaram mudanças profundas na estrutura da família e nos ordenamentos jurídicos de todo o mundo, acrescenta o mencionado autor, que ainda enfatiza: "Todas essas mudanças trouxeram novos ideais, provocaram um 'declínio do patriarcalismo' e lançaram as bases de sustentação e compreensão dos Direitos Humanos, a partir da noção da *dignidade da pessoa humana,* hoje insculpida em quase todas as constituições democráticas"[10].

O *princípio do respeito à dignidade da pessoa humana* (CF, art. 1º, III) constitui, assim, base da comunidade familiar, garantindo o pleno desenvolvimento e a realização de todos os seus membros, principalmente da criança e do adolescente (CF, art. 227)[11]. O entendimento consolidado do *Superior Tribunal de Justiça* acabou por gerar a edição da *Súmula 364* daquele Tribunal Superior, *in verbis:* "O conceito de impenhorabilidade de bem de família abrange também o imóvel pertencente a pessoas solteiras, separadas e viúvas".

b) *Princípio da igualdade jurídica dos cônjuges e dos companheiros,* no que tange aos seus direitos e deveres, estabelecido no art. 226, § 5º, da Constituição Federal, *verbis: "Os direitos e deveres referentes à sociedade conjugal são exercidos igualmente pelo homem e pela mulher".* A regulamentação instituída no aludido dispositivo acaba com o poder marital e com o sistema de encapsulamento da mulher, restrita a tarefas domésticas e à procriação. O patriarcalismo não mais se coaduna, efetivamente, com a época atual, em que grande parte dos avanços tecnológicos e sociais está diretamente vinculada às funções da mulher na família e referenda a evolução moderna, confirmando verdadeira revolução no campo social.

O art. 233 do Código Civil de 1916 proclamava que o *marido* era o chefe da sociedade conjugal, competindo-lhe a administração dos bens comuns e

---

[9] A disciplina civil-constitucional das relações familiares, *A nova família:* problemas e perspectivas, p. 48-49.

[10] Família, direitos humanos, psicanálise e inclusão social, *Revista Brasileira de Direito de Família,* v. 16, p. 5-6.

[11] Maria Helena Diniz, *Curso,* cit., v. 5, p. 37.

particulares da mulher, o direito de fixar o domicílio da família e o dever de prover à manutenção desta. *Todos esses direitos são agora exercidos pelo casal, em sistema de cogestão, devendo as divergências ser solucionadas pelo juiz* (CC, art. 1.567, parágrafo único). O dever de prover à manutenção da família *deixou de ser apenas um encargo do marido, incumbindo também à mulher, de acordo com as possibilidades de cada qual* (art. 1.568).

O diploma de 1916 tratava dos direitos e deveres do marido e da mulher em capítulos distintos, porque havia algumas diferenças. Em virtude, porém, da isonomia estabelecida no dispositivo constitucional retrotranscrito, o novo Código Civil disciplinou somente os direitos de ambos os cônjuges, afastando as referidas diferenças.

c) *Princípio da igualdade jurídica de todos os filhos*, consubstanciado no art. 227, § 6º, da Constituição Federal, que assim dispõe: "Os filhos, havidos ou não da relação do casamento, ou por adoção, terão os mesmos direitos e qualificações, proibidas quaisquer designações discriminatórias relativas à filiação". O dispositivo em apreço estabelece absoluta igualdade entre todos os filhos, *não admitindo mais a retrógrada distinção entre filiação legítima ou ilegítima, segundo os pais fossem casados ou não, e adotiva, que existia no Código Civil de 1916. Hoje, todos são apenas filhos, uns havidos fora do casamento, outros em sua constância, mas com iguais direitos e qualificações* (CC, arts. 1.596 a 1.629).

O princípio ora em estudo *não admite distinção entre filhos legítimos, naturais e adotivos, quanto ao nome, poder familiar, alimentos e sucessão*; permite o reconhecimento, a qualquer tempo, de filhos havidos fora do casamento; proíbe que conste no assento do nascimento qualquer referência à filiação ilegítima; e veda designações discriminatórias relativas à filiação.

d) *Princípio da paternidade responsável e planejamento familiar*. Dispõe o art. 226, § 7º, da Constituição Federal que *o planejamento familiar é livre decisão do casal, fundado nos princípios da dignidade da pessoa humana e da paternidade responsável. Essa responsabilidade é de ambos os genitores, cônjuges ou companheiros*. A Lei n. 9.263/96, com as alterações trazidas pela Lei n. 14.443, de 2 de setembro de 2022 (com *vacatio legis* de 180 dias), regulamentou o assunto, especialmente no tocante à responsabilidade do Poder Público. O Código Civil de 2002, no art. 1.565, traçou algumas diretrizes, proclamando que "*o planejamento familiar é de livre decisão do casal*" e que é "*vedado qualquer tipo de coerção por parte de instituições públicas e privadas*".

e) *Princípio da comunhão plena de vida* baseada na *afeição* entre os cônjuges ou conviventes, como prevê o art. 1.511 do Código Civil. Tal dispositivo tem relação com o aspecto espiritual do casamento e com o companheirismo que nele deve existir. Demonstra a intenção do legislador de torná-lo mais humano. Como assinala GUSTAVO TEPEDINO[12], com a Carta de 1988 "altera-se o conceito de unidade familiar, antes delineado como aglutinação formal de pais e filhos legítimos baseada no casamento, para um conceito flexível e instrumental, que tem em mira o liame substancial de pelo menos um dos genitores com seus filhos – tendo por origem não apenas o casamento – e inteiramente voltado para a realização espiritual e o desenvolvimento da personalidade de seus membros".

Priorizada, assim, a convivência familiar, ora nos defrontamos com o grupo fundado no casamento ou no companheirismo, ora com a família monoparental sujeita aos mesmos deveres e tendo os mesmos direitos. O Estatuto da Criança e do Adolescente outorgou, ainda, direitos à família substituta. Os novos rumos conduzem à família socioafetiva, onde prevalecem os laços de afetividade sobre os elementos meramente formais[13]. Nessa linha, a dissolução da sociedade conjugal pelo divórcio tende a ser uma consequência da extinção da *affectio*, e não da culpa de qualquer dos cônjuges.

O princípio ora comentado é reforçado pelo art. 1.513 do Código Civil, que veda a qualquer pessoa jurídica, seja ela de direito público ou de direito privado, a interferência na comunhão de vida instituída pela família.

f) *Princípio da liberdade de constituir uma comunhão de vida familiar*, seja pelo casamento, seja pela união estável, sem qualquer imposição ou restrição de pessoa jurídica de direito público ou privado, como dispõe o supramencionado art. 1.513 do Código Civil. Tal princípio abrange também a livre decisão do casal no planejamento familiar (CC, art. 1.565), intervindo o Estado apenas para propiciar recursos educacionais e científicos ao exercício desse direito (CF, art. 226, § 7º); a livre aquisição e administração do patrimônio familiar (CC, arts. 1.642 e 1.643) e opção pelo regime de bens mais conveniente (art. 1.639); a liberdade de escolha pelo modelo de formação educacional, cultural e religiosa da prole (art. 1.634); e a livre conduta, respeitando-se a integridade físico-psíquica e moral dos componentes da família[14].

O reconhecimento da união estável como entidade familiar, instituído pela Constituição de 1988 no art. 226, § 3º, retrotranscrito, e sua regulamentação pelo novo Código Civil possibilitam essa opção aos casais que pretendem estabelecer uma comunhão de vida baseada no relacionamento afetivo. A aludida Carta Magna alargou o conceito de família, passando a integrá-lo as relações monoparentais, de um pai com seus filhos. Esse redimensionamento, "calcado na realidade que se impôs, acabou afastando da ideia de família o pressuposto de casamento. Para sua

---

[12] A disciplina civil-constitucional, cit., p. 50.

[13] Caio Mário da Silva Pereira, *Instituições*, cit., v. 5, p. 6.

[14] Maria Helena Diniz, *Curso*, cit., v. 5, p. 37.

configuração, deixou-se de exigir a necessidade de existência de um par, o que, consequentemente, subtraiu de sua finalidade a proliferação"[15].

g) *Princípio da não intervenção ou da liberdade (art. 1.513 do CC).* Segundo o art. 1.513 do Código Civil, "é defeso a qualquer pessoa, de direito público ou direito privado, interferir na comunhão de vida instituída pela família". Trata-se de consagração do princípio da liberdade ou da não intervenção na ótica do direito de família. Segundo o *Enunciado n. 99 do CJF/STJ, aprovado na I Jornada de Direito Civil, o último dispositivo deve ser aplicado "às pessoas que vivem em união estável, o que é óbvio e com o qual se deve concordar".*

4. NATUREZA JURÍDICA DO DIREITO DE FAMÍLIA

Já foi dito que a família constitui o alicerce mais sólido em que se assenta toda a organização social, estando a merecer, por isso, a proteção especial do Estado, como proclama o art. 226 da Constituição Federal, que a ela se refere como "base da sociedade". É natural, pois, que aquele queira protegê-la e fortalecê-la, estabelecendo normas de ordem pública, que não podem ser revogadas pela vontade dos particulares e determinando a participação do Ministério Público nos litígios que envolvem relações familiares.

Este aspecto é destacado por José Lamartine Corrêa de Oliveira: "No Direito de Família, há um acentuado predomínio das normas imperativas, isto é, normas que são inderrogáveis pela vontade dos particulares. Significa tal inderrogabilidade que os interessados não podem estabelecer a ordenação de suas relações familiares, porque esta se encontra expressa e imperativamente prevista na lei (*ius cogens*). Com efeito, não se lhes atribui o poder de fixar o conteúdo do casamento (por exemplo, modificar os deveres conjugais, art. 231); ou sujeitar a termo ou condição o reconhecimento do filho (art. 361); ou alterar o conteúdo do pátrio poder (art. 384)"[16].

Os dispositivos legais citados são do Código Civil de 1916, cabendo ainda observar que a expressão "pátrio poder" foi substituída, no novo diploma, por "*poder familiar*".

Ao regular as bases fundamentais dos institutos do direito de família, o ordenamento visa estabelecer um regime de certeza e estabilidade das relações jurídicas familiares. Pontes de Miranda enfatiza essa característica, afirmando

---

[15] Ivone Coelho de Souza e Maria Berenice Dias, Famílias modernas: (Inter)secções do afeto e da lei, *Revista Brasileira de Direito de Família*, v. 8, p. 65.

[16] *Direito de família*, cit., p. 17.

que "a grande maioria dos preceitos de direitos de família é composta de *normas cogentes*. Só excepcionalmente, em matéria de regime de bens, o Código Civil deixa margem à *autonomia da vontade*"[17].

Embora em alguns outros casos a lei conceda liberdade de escolha e decisão aos familiares, como nas hipóteses mencionadas no item anterior (livre decisão do casal no planejamento familiar, livre aquisição e administração do patrimônio familiar, liberdade de escolha pelo modelo de formação educacional, cultural e religiosa da prole e livre conduta, respeitando-se a integridade físico-psíquica e moral dos componentes da família), a disponibilidade é relativa, limitada, como sucede também no concernente aos alimentos, não se considerando válidas as cláusulas que estabelecem a renúncia definitiva de alimentos, mormente quando menores ou incapazes são os envolvidos.

Em razão da importância social de sua disciplina, *predominam no direito de família, portanto, as normas de ordem pública, impondo antes deveres do que direitos*. Todo o direito familiar se desenvolve e repousa, com efeito, na ideia de que os vínculos são impostos e as faculdades conferidas não tanto para atribuir direitos quanto para impor deveres. Não é principalmente "o interesse individual, com as faculdades decorrentes, que se toma em consideração. Os direitos, embora assim reconhecidos e regulados na lei, assumem, na maior parte dos casos, o caráter de deveres"[18].

Daí por que se observa uma intervenção crescente do Estado no campo do direito de família, visando conceder-lhe maior proteção e propiciar melhores condições de vida às gerações novas. Essa constatação tem conduzido alguns doutrinadores a retirar do direito privado o direito de família e incluí-lo no direito público. Outros preferem classificá-lo como direito *sui generis* ou "direito social".

Malgrado as peculiaridades das normas do direito de família, o seu correto lugar é mesmo junto ao direito privado, no ramo do direito civil, em razão da finalidade tutelar que lhe é inerente, ou seja, da natureza das relações jurídicas a que visa disciplinar. Destina-se, como vimos, a proteger a família, os bens que lhe são próprios, a prole e interesses afins. Como assinala ARNALDO RIZZARDO, a íntima aproximação do direito de família "ao direito público não retira o caráter privado, pois está disciplinado num dos mais importantes setores do direito civil, e não envolve diretamente uma relação entre o Estado e o cidadão. As relações adstringem-se às pessoas físicas, sem obrigar o ente público na solução dos litígios. A proteção às famílias, à prole, aos menores, ao casamento, aos regimes de bens

---

[17] *Tratado de direito de família*, v. I, p. 71.
[18] Eduardo Espínola, *A família no direito civil brasileiro*, p. 14, n. 3.

não vai além de mera tutela, não acarretando a responsabilidade direta do Estado na observância ou não das regras correspondentes pelos cônjuges ou mais sujeitos da relação jurídica"[19].

A doutrina em geral comunga desse entendimento, sendo de destacar a manifestação de PONTES DE MIRANDA: "Sob esse título, os Códigos Civis modernos juntam normas de direito que não pertencem, rigorosamente, ao direito civil: ora concernem ao direito público, ora ao comercial, ora ao penal e ao processual. Esses acréscimos não alteram, todavia, o seu caráter preponderante de direito civil"[20].

Efetivamente, alguns dos princípios integrantes do direito de família, por concernirem a relações pessoais entre pais e filhos, entre parentes consanguíneos ou afins, formam os denominados *direitos de família puros*. Outros envolvem relações tipicamente patrimoniais, com efeitos diretos ou indiretos dos primeiros, e se assemelham às relações de cunho obrigacional ou real, cuja preceituação atraem e imitam[21].

Outra característica dos direitos de família é a sua *natureza personalíssima*: são direitos irrenunciáveis e intransmissíveis por herança. Desse modo, "ninguém pode transferir ou renunciar sua condição de filho. O marido não pode transmitir seu direito de contestar a paternidade do filho havido por sua mulher; ninguém pode ceder seu direito de pleitear alimentos, ou a prerrogativa de demandar o reconhecimento de sua filiação havida fora do matrimônio"[22].

Preleciona MESSINEO que "o caráter peculiar do direito de família é demonstrado, além do mais, pelo exercício do direito ou do poder, da parte do sujeito que é dele investido; não é preordenado para a satisfação de um interesse do próprio sujeito, mas para atender à necessidade de satisfazer certos interesses gerais (a interdição, a inabilitação, impedimento matrimonial, etc.); o que ainda melhor é confirmado pelo fato de ser o poder exercido pelo Ministério Público"[23].

5. FAMÍLIA E CASAMENTO

O Código Civil de 1916 proclamava, no art. 229, que o primeiro e principal efeito do casamento é a criação da família legítima. A família estabelecida fora do casamento era considerada ilegítima e só mencionada em alguns

---

[19] *Direito de família*, p. 6.

[20] *Tratado de direito de família*, cit., v. I, p. 70.

[21] Caio Mário da Silva Pereira, *Instituições*, cit., v. 5, p. 31.

[22] Silvio Rodrigues, *Direito civil*, v. 6, p. 14.

[23] *Manuale di diritto civile e commerciale*, v. 1, p. 400.

dispositivos que faziam restrições a esse modo de convivência, então chamado de concubinato, proibindo-se, por exemplo, doações ou benefícios testamentários do homem casado à concubina, ou a inclusão desta como beneficiária de contrato de seguro de vida.

Os filhos que não procediam de justas núpcias, mas de relações extramatrimoniais, eram classificados como ilegítimos e não tinham sua filiação assegurada pela lei, podendo ser *naturais* e *espúrios*. Os primeiros eram os que nasciam de homem e mulher entre os quais não havia impedimento matrimonial. Os *espúrios* eram os nascidos de pais impedidos de se casar entre si em decorrência de parentesco, afinidade ou casamento anterior e se dividiam em *adulterinos* e *incestuosos*. Somente os filhos naturais podiam ser reconhecidos, embora apenas os legitimados pelo casamento dos pais, após sua concepção ou nascimento, fossem em tudo equiparados aos legítimos (art. 352).

O art. 358 do mencionado Código Civil de 1916 proibia, no entanto, expressamente, o reconhecimento dos filhos adulterinos e incestuosos. O aludido dispositivo só foi revogado em 1989 pela Lei n. 7.841, depois que a Constituição Federal de 1988 proibiu, no art. 227, § 6º, qualquer designação discriminatória relativa à filiação, proclamando a igualdade de direitos e qualificações entre os filhos, havidos ou não da relação do casamento.

Antes mesmo da nova Carta, no entanto, aos poucos, a começar pela legislação previdenciária, alguns direitos da concubina foram sendo reconhecidos, tendo a jurisprudência admitido outros, como o direito à meação dos bens adquiridos pelo esforço comum (*STF, Súmula 380*). As restrições existentes no Código Civil passaram a ser aplicadas somente aos casos de *concubinato adulterino*, em que o homem vivia com a esposa e, concomitantemente, mantinha concubina. Quando, porém, encontrava-se separado de fato da esposa e estabelecia com a concubina um relacionamento *more uxorio*, isto é, de marido e mulher, tais restrições deixavam de ser aplicadas, e a mulher passava a ser chamada de *companheira*.

As soluções para os conflitos pessoais e patrimoniais surgidos entre os que mantinham uma comunhão de vida sem casamento eram encontradas, todavia, fora do direito de família. A mulher abandonada fazia jus a uma indenização por serviços prestados, baseada no princípio que veda o enriquecimento sem causa. Muitas décadas "foram necessárias para que se vencessem os focos de resistência e prevalecesse uma visão mais socializadora e humana do direito, até se alcançar o reconhecimento da própria sociedade concubinária como fato apto a gerar direitos, ainda que fora do âmbito familiar, datando de meados do século passado a consolidação desse entendimento"[24].

---

[24] Heloísa Helena Barboza, O direito de família brasileiro no final do século XX, *A nova família:* problemas e perspectivas, p. 102.

Ao longo do século XX, as transformações sociais foram gerando uma sequência de normas que alteraram, gradativamente, a feição do direito de família brasileiro, culminando com o advento da Constituição Federal de 1988. Esta alargou o conceito de família, passando a integrá-lo as relações monoparentais, de um pai com os seus filhos. Esse redimensionamento, "calcado na realidade que se impôs, acabou afastando da ideia de família o pressuposto de casamento. Para sua configuração, deixou-se de exigir a necessidade de existência de um par, o que, consequentemente, subtraiu de sua finalidade a proliferação"[25].

Assinala, a propósito, EDUARDO DE OLIVEIRA LEITE que a singeleza ilusória de apenas dois artigos, os arts. 226 e 227 da Constituição Federal, "gerou efeitos devastadores numa ordem jurídica, do Direito de Família, que se pretendia pacificada pela tradição, pela ordem natural dos fatos e pela influência do Direito Canônico"[26]. O citado art. 227, aduz, redimensionou a ideia de filiação, enquanto o art. 226 incluiu no plano constitucional o conceito de entidade familiar, "quer decorrente da união estável entre homem e mulher, quer daquele oriundo da comunidade entre qualquer dos pais e seus descendentes, previsto no art. 226, § 4º, da Constituição Federal. O novo e instigante dispositivo constitucional reconheceu a existência das 'famílias monoparentais', que passam, a partir de então, a ser protegidas pelo Estado. Ao lado do casamento (legalizado), o constituinte reconheceu a união livre (não legalizada), e entre os dois extremos vaga, indefinida, a noção de 'família monoparental', ainda aguardando integral definição, estruturação e limites pela legislação infraconstitucional".

Ao reconhecer como família a união estável entre um homem e uma mulher, a Carta Magna conferiu juridicidade ao relacionamento existente fora do casamento. Todavia, somente em 29 de dezembro de 1994 é que surgiu a primeira lei (Lei n. 8.971) regulando a previsão constitucional, mas que se revelou tímida. Em 10 de maio de 1996 surgiu a Lei n. 9.278, com maior campo de abrangência, já que não quantificou prazo de convivência e albergou as relações entre pessoas somente separadas de fato, *gerando a presunção de que os bens adquiridos são fruto do esforço comum*[27].

Finalmente, o Código Civil de 2002 inseriu título referente à união estável no Livro de Família, incorporando, em cinco artigos, os princípios básicos das aludidas leis, que têm agora caráter subsidiário, tratando, nesses artigos, dos aspectos pessoais e patrimoniais.

Verifica-se, assim, que *a Constituição Federal, alterando o conceito de família, impôs novos modelos. Embora a família continue a ser a base da sociedade e a*

---

[25] Ivone Coelho de Souza e Maria Berenice Dias, Famílias modernas, cit., v. 8, p. 65.

[26] *Famílias monoparentais*, p. 7-8.

[27] Ivone Coelho de Souza e Maria Berenice Dias, Famílias modernas, cit., v. 8, p. 66.

desfrutar da especial proteção do Estado, não mais se origina apenas do casamento, uma vez que, a seu lado, duas novas entidades familiares passaram a ser reconhecidas: a constituída pela união estável e a formada por qualquer dos pais e seus descendentes[28].

6. EVOLUÇÃO HISTÓRICA DO DIREITO DE FAMÍLIA

No direito romano a família era organizada sob o princípio da autoridade. O *pater familias* exercia sobre os filhos direito de vida e de morte (*ius vitae ac necis*). Podia, desse modo, vendê-los, impor-lhes castigos e penas corporais e até mesmo tirar-lhes a vida. A mulher era totalmente subordinada à autoridade marital e podia ser repudiada por ato unilateral do marido.

O *pater* exercia a sua autoridade sobre todos os seus descendentes não emancipados, sobre a sua esposa e as mulheres casadas com *manus* com os seus descendentes. A família era, então, simultaneamente, uma unidade econômica, religiosa, política e jurisdicional. O ascendente comum vivo mais velho era, ao mesmo tempo, chefe político, sacerdote e juiz. Comandava, oficiava o culto dos deuses domésticos e distribuía justiça. Havia, inicialmente, um patrimônio familiar, administrado pelo *pater*. Somente numa fase mais evoluída do direito romano surgiram patrimônios individuais, como os pecúlios, administrados por pessoas que estavam sob a autoridade do *pater*.

Com o tempo, a severidade das regras foi atenuada, conhecendo os romanos o casamento *sine manu*, sendo que as necessidades militares estimularam a criação de patrimônio independente para os filhos. Com o Imperador Constantino, a partir do século IV, instala-se no direito romano a concepção cristã da família, na qual predominam as preocupações de ordem moral. Aos poucos foi então a família romana evoluindo no sentido de se restringir progressivamente a autoridade do *pater*, dando-se maior autonomia à mulher e aos filhos, passando estes a administrar os pecúlios castrenses (vencimentos militares)[29].

Em matéria de casamento, entendiam os romanos necessária a *affectio* não só no momento de sua celebração, mas enquanto perdurasse. A ausência de convivência, o desaparecimento da afeição era, assim, causa necessária para a dissolução do casamento pelo divórcio. Os canonistas, no entanto, opuseram-se à dissolução do vínculo, pois consideravam o casamento um sacramento, não podendo os homens dissolver a união realizada por Deus: *quod Deus conjunxit homo non separet*.

---

[28] Heloísa Helena Barboza, O direito de família, cit., p. 104.
[29] Caio Mário da Silva Pereira, *Instituições*, cit., v. 5, p. 26-27; Arnoldo Wald, *O novo direito de família*, p. 10-12.

Durante a Idade Média as relações de família regiam-se exclusivamente pelo direito canônico, sendo o casamento religioso o único conhecido. Embora as normas romanas continuassem a exercer bastante influência no tocante ao pátrio poder e às relações patrimoniais entre os cônjuges, observava-se também a crescente importância de diversas regras de origem germânica.

Podemos dizer que a família brasileira, como hoje é conceituada, sofreu influência da família romana, da família canônica e da família germânica. É notório que o nosso direito de família foi fortemente influenciado pelo direito canônico, como consequência principalmente da colonização lusa. As Ordenações Filipinas foram a principal fonte e traziam a forte influência do aludido direito, que atingiu o direito pátrio. No que tange aos impedimentos matrimoniais, por exemplo, o Código Civil de 1916 seguiu a linha do direito canônico, preferindo mencionar as condições de invalidade.

Só recentemente, em função das grandes transformações históricas, culturais e sociais, o direito de família passou a seguir rumos próprios, com as adaptações à nossa realidade, perdendo aquele caráter canonista e dogmático intocável e predominando "a natureza contratualista, numa certa equivalência quanto à liberdade de ser mantido ou desconstituído o casamento"[30].

Como comenta FLÁVIO TARTUCE[31], *A importância da solidariedade social é tamanha que o princípio constituiu a temática principal do VI Congresso Brasileiro do IBDFAM, realizado em Belo Horizonte em novembro de 2007. Também diante dessa necessidade de tutela da solidariedade, no XII Congresso, em 2019, o tema central foi a proteção das vulnerabilidades.*

7. O DIREITO DE FAMÍLIA NA CONSTITUIÇÃO DE 1988 E NO CÓDIGO CIVIL DE 2002

O Código Civil de 1916 e as leis posteriores, vigentes no século passado, regulavam a família constituída unicamente pelo casamento, de modelo patriarcal e hierarquizada, como foi dito, ao passo que o moderno enfoque pelo qual é identificada tem indicado novos elementos que compõem as relações familiares, destacando-se os vínculos afetivos que norteiam a sua formação. *Nessa linha, a família socioafetiva vem sendo priorizada em nossa doutrina e jurisprudência.*

A Constituição Federal de 1988 "absorveu essa transformação e adotou uma nova ordem de valores, privilegiando a dignidade da pessoa humana, realizando

---

[30] Arnaldo Rizzardo, *Direito de família*, cit., p. 7-8.
[31] Flávio Tartuce, *Direito civil*, 2022, v. 5, p. 16.

verdadeira revolução no Direito de Família, a partir de três eixos básicos". Assim, o art. 226 afirma que "a entidade familiar é plural e não mais singular, tendo várias formas de constituição". O segundo eixo transformador "encontra-se no § 6º do art. 227. É a alteração do sistema de filiação, de sorte a proibir designações discriminatórias decorrentes do fato de ter a concepção ocorrido dentro ou fora do casamento". A terceira grande revolução situa-se "nos artigos 5º, inciso I, e 226, § 5º. Ao consagrar o princípio da igualdade entre homens e mulheres, derrogou mais de uma centena de artigos do Código Civil de 1916"[32].

A nova Carta abriu ainda outros horizontes ao instituto jurídico da família, dedicando especial atenção ao planejamento familiar e à assistência direta à família (art. 226, §§ 7º e 8º). *No tocante ao planejamento familiar, o constituinte enfrentou o problema da limitação da natalidade, fundando-se nos princípios da dignidade humana e da paternidade responsável, proclamando competir ao Estado propiciar recursos educacionais e científicos para o exercício desse direito. Não desconsiderando o crescimento populacional desordenado, entendeu, todavia, que cabe ao casal a escolha dos critérios e dos modos de agir, "vedada qualquer forma coercitiva por parte de instituições oficiais ou particulares"* (art. 226, § 7º)[33].

Quanto à assistência direta à família, estabeleceu-se que o *"Estado assegurará a assistência à família na pessoa de cada um dos que a integram, criando mecanismos para coibir a violência no âmbito de suas relações"* (art. 226, § 8º). *Nessa consonância, incumbe a todos os órgãos, instituições e categorias sociais envidar esforços e empenhar recursos na efetivação da norma constitucional, na tentativa de afastar o fantasma da miséria absoluta que ronda considerável parte da população nacional.*

Todas as mudanças sociais havidas na segunda metade do século passado e o advento da Constituição Federal de 1988, com as inovações mencionadas, levaram à aprovação do Código Civil de 2002, com a convocação dos pais a uma "paternidade responsável" e a assunção de uma realidade familiar concreta, onde os vínculos de afeto se sobrepõem à verdade biológica, após as conquistas genéticas vinculadas aos estudos do DNA. *Uma vez declarada a convivência familiar e comunitária como direito fundamental, prioriza-se a família socioafetiva, a não discriminação de filhos, a corresponsabilidade dos pais quanto ao exercício do poder familiar, e se reconhece o núcleo monoparental como entidade familiar*[34].

O Código de 2002 destina um título para reger o *direito pessoal*, e outro para a disciplina do *direito patrimonial* da família. Desde logo enfatiza a igualdade dos

---

[32] Rodrigo da Cunha Pereira e Maria Berenice Dias, *Direito de família e o novo Código Civil*, Prefácio.

[33] Caio Mário da Silva Pereira, *Instituições*, cit., v. 5, p. 37.

[34] Caio Mário da Silva Pereira, *Instituições*, cit., v. 5, p. 39.

cônjuges (art. 1.511), materializando a paridade no exercício da sociedade conjugal, redundando no *poder familiar*, e proíbe a interferência das pessoas jurídicas de direito público na comunhão de vida instituída pelo casamento (art. 1.513), além de disciplinar o regime do casamento religioso e seus efeitos.

O novo diploma amplia, ainda, o conceito de família, com a regulamentação da *união estável* como entidade familiar; revê os preceitos pertinentes à contestação, pelo marido, da *legitimidade do filho* nascido de sua mulher, ajustando-se à jurisprudência dominante; reafirma a *igualdade entre os filhos* em direitos e qualificações, como consignado na Constituição Federal; atenua o princípio da *imutabilidade do regime de bens* no casamento; limita o parentesco, na linha colateral, até o *quarto grau*, por ser este o limite estabelecido para o direito sucessório; introduz novo regime de bens, em substituição ao regime dotal, denominado regime de *participação final nos aquestos*; confere nova disciplina à matéria de *invalidade do casamento*, que corresponde melhor à natureza das coisas; introduz nova disciplina do *instituto da adoção*, compreendendo tanto a de crianças e adolescentes como a de maiores, exigindo procedimento judicial em ambos os casos; regula a dissolução da sociedade conjugal, revogando tacitamente as normas de caráter material da Lei do Divórcio, mantidas, porém, as procedimentais; disciplina a *prestação de alimentos* segundo nova visão, abandonando o rígido critério da mera garantia dos meios de subsistência; mantém a instituição do *bem de família* e procede a uma revisão nas normas concernentes à tutela e à curatela, acrescentando a hipótese de curatela do enfermo ou portador de deficiência física, dentre outras alterações.

As inovações mencionadas dão uma visão panorâmica das profundas modificações introduzidas no direito de família, que serão objeto de detidos estudos no desenvolvimento desta obra.

Frise-se que as alterações pertinentes ao direito de família demonstram e ressaltam a *função social* da família no direito brasileiro, a partir especialmente da proclamação da igualdade absoluta dos cônjuges e dos filhos; da disciplina concernente à guarda, manutenção e educação da prole, com atribuição de poder ao juiz para decidir sempre no interesse desta e determinar a guarda a quem revelar melhores condições de exercê-la, bem como para suspender ou destituir os pais do poder familiar, quando faltarem aos deveres a ele inerentes; do reconhecimento do direito a alimentos inclusive aos companheiros e da observância das circunstâncias socioeconômicas em que se encontrarem os interessados; da obrigação imposta a ambos os cônjuges, separados judicialmente (antes da aprovação da Emenda Constitucional n. 66/2010) ou divorciados, de contribuírem, na proporção de seus recursos, para a manutenção dos filhos etc.

Acrescente-se, por fim, que há, na doutrina, uma tendência de ampliar o conceito de família, para abranger situações não mencionadas pela Constituição Federal. Fala-se, assim, em:

a) Família matrimonial: decorrente do casamento;

b) Família informal: decorrente da união estável;

c) Família monoparental: constituída por um dos genitores com seus filhos;

d) Família anaparental: constituída somente pelos filhos;

e) Família homoafetiva: formada por pessoas do mesmo sexo;

f) Família eudemonista: caracterizada pelo vínculo afetivo.

A Lei n. 12.010, de 2009 (Lei da Adoção), conceitua *família extensa* como "aquela que se estende para além da unidade pais e filhos ou da unidade do casal, formada por parentes próximos com os quais a criança ou adolescente convive e mantém vínculos de afinidade e afetividade".

DO DIREITO PESSOAL

Título I
DO CASAMENTO

Capítulo I
DISPOSIÇÕES GERAIS

Sumário: 1. Conceito. 2. Natureza jurídica. 3. Caracteres do casamento. 4. Finalidades do casamento.

1. CONCEITO

O casamento, como todas as instituições sociais, varia com o tempo e os povos. WASHINGTON DE BARROS MONTEIRO[1] afirma não existir, provavelmente, em todo o direito privado instituto mais discutido. Enquanto numerosos filósofos e literatos o defendem, chamando-o de "fundamento da sociedade, base da moralidade pública e privada" ou "a grande escola fundada pelo próprio Deus para a educação do gênero humano", outros o condenam, censurando-lhe a constituição e a finalidade, como SCHOPENHAUER, para quem, "em nosso hemisfério monógamo, casar é perder metade de seus direitos e duplicar seus deveres".

Inúmeras são as definições de casamento apresentadas pelos escritores, a partir da de MODESTINO, da época clássica do direito romano, muitas delas refletindo concepções ou tendências filosóficas ou religiosas. A aludida definição é do século III e reflete as ideias predominantes no período clássico: *Nuptiae sunt conjunctio maris et feminae, consortium omnis vitae, divini et humani juris*

---

[1] *Curso de direito civil*, 32. ed., v. 2, p. 11.

communicatio, ou seja, casamento é a conjunção do homem e da mulher, que se unem para toda a vida, a comunhão do direito divino e do direito humano.

Essa noção um tanto grandiosa e sacramental desfigurou-se com o tempo e com a evolução dos costumes, desaparecendo a alusão ao direito divino e a referência à perenidade do consórcio de vidas na definição atribuída a ULPIANO, encontrada nas *Institutas* de JUSTINIANO: *Nuptiae autem sive matrimonium est viri et mulieris conjunctio individuam vitae consuetudinem continens.*

O Cristianismo, como obtempera CAIO MÁRIO, elevou o casamento à dignidade de um sacramento, pelo qual "um homem e uma mulher selam a sua união sob as bênçãos do céu, transformando-se numa só entidade física e espiritual (*caro una, uma só carne*), e de maneira indissolúvel (*quos Deus coniunxit, homo non separet*)"[2].

PORTALIS, um dos elaboradores do Código Civil francês, pretendendo ser objetivo, assim definiu o casamento: "É a sociedade do homem e da mulher, que se unem para perpetuar a espécie, para ajudar-se mediante socorros mútuos a carregar o peso da vida, e para compartilhar seu comum destino". Várias críticas foram feitas a essa conceituação, especialmente por apresentar a vida como um fardo e não se referir ao caráter legal e civil do casamento, podendo servir também para certas uniões de fato.

JOSSERAND, depois de igualmente criticar a definição de PORTALIS, aduzindo que ela também comete o equívoco de fazer da procriação dos filhos a finalidade essencial do casamento, apresenta o conceito que entende mais adequado: "Casamento é a união do homem e da mulher, contraída solenemente e de conformidade com a lei civil"[3].

Falta, às definições apresentadas, a noção de contrato, essencial ao conceito moderno e à forma igualitária do casamento atual. No direito brasileiro, duas definições são consideradas clássicas. A primeira, de LAFAYETTE RODRIGUES PEREIRA, proclama: "O casamento é um ato solene pelo qual duas pessoas de sexo diferente se unem para sempre, sob promessa recíproca de fidelidade no amor e da mais estreita comunhão de vida"[4]. Ressente-se também, ao conceituar o casamento como "um ato", da referência à sua natureza contratual, porque a religião o elevava à categoria de sacramento.

A segunda definição referida é a de CLÓVIS BEVILÁQUA, nestes termos: "O casamento é um contrato bilateral e solene, pelo qual um homem e uma mulher se unem indissoluvelmente, legalizando por ele suas relações sexuais, estabelecendo a mais estreita comunhão de vida e de interesses, e comprometendo-se a criar e a

---

[2] *Instituições de direito civil*, v. 5, p. 51-52.
[3] *Derecho civil*, t. I, v. II, p. 15.
[4] *Direitos de família*, p. 34.

educar a prole, que de ambos nascer"[5]. PONTES DE MIRANDA[6], embora a considere mais jurídica e mais acorde com os nossos tempos, a critica por se referir à indissolubilidade do vínculo, quando não são, todavia, indissolúveis os seus efeitos, e por se referir a apenas um deles. A definição de BEVILÁQUA tem a virtude de aderir à concepção contratualista e de enfatizar a tradicional e estreita comunhão de vida e de interesses, realçando o mais importante dos deveres, que é o relacionado à prole.

Na realidade, a referência à prole não é essencial. Basta lembrar, como o faz CUNHA GONÇALVES[7], que, embora os cônjuges normalmente objetivem ter filhos, tal não ocorre, por exemplo, no casamento *in articulo mortis*, que pode dissolver-se logo depois de celebrado. A falta de filhos não afeta o casamento, pois podem casar-se pessoas que, pela idade avançada ou por questões de saúde, não têm condições de procriar. E nunca se pensou em anular todos os casamentos de que não advenha prole.

Merecem referência as definições de WASHINGTON DE BARROS MONTEIRO e PONTES DE MIRANDA. Para o primeiro, casamento é "a união permanente entre o homem e a mulher, de acordo com a lei, a fim de se reproduzirem, de se ajudarem mutuamente e de criarem os seus filhos"[8]. Para o segundo, o casamento "é contrato solene, pelo qual duas pessoas de sexo diferente e capazes, conforme a lei, se unem com o intuito de conviver toda a existência, legalizando por ele, a título de indissolubilidade do vínculo, as suas relações sexuais, estabelecendo para seus bens, à sua escolha ou por imposição legal, um dos regimes regulados pelo Código Civil, e comprometendo-se a criar e a educar a prole que de ambos nascer"[9].

Esta última, por se referir à capacidade dos nubentes e aos efeitos do casamento, tornou-se muito extensa, como o seu próprio autor reconhece. Por essa razão, afirma o notável jurista citado, poderia ser ela simplificada da seguinte forma: "*Casamento é o contrato de direito de família que regula a união entre marido e mulher*".

Impossível ser original, diante de tantas definições, antigas e modernas. Por essa razão, entendemos desnecessário formular qualquer outra, preferindo aderir, por sua concisão e precisão, à apresentada por JOSÉ LAMARTINE CORRÊA DE OLIVEIRA, que considera casamento "o negócio jurídico de Direito de Família por meio do qual um homem e uma mulher se vinculam através de uma relação jurídica típica, que é a relação matrimonial. Esta é uma relação personalíssima e

---

[5] *Direito de família*, § 6º, p. 46.
[6] *Tratado de direito de família*, v. I, p. 86-87.
[7] *Direitos de família e direitos das sucessões*, p. 19.
[8] *Curso*, cit., v. 2, p. 12.
[9] *Tratado de direito de família*, cit., v. I, p. 93.

permanente, que traduz ampla e duradoura comunhão de vida"[10]. Esclarece o saudoso mestre paranaense que o casamento é negócio jurídico bilateral e que não utilizou a expressão "contrato" pela circunstância de que, no Brasil, a palavra "contrato" tem, de regra, aplicação restrita aos negócios patrimoniais e, dentre eles, aos negócios jurídicos bilaterais de direito das obrigações.

Elogiável, também, o conceito de casamento encontrado no art. 1.577º do Código Civil português de 1966, um dos poucos diplomas do mundo a definir tal instituto: "Casamento é o contrato celebrado entre duas pessoas de sexo diferente que pretendem constituir família mediante uma plena comunhão de vida, nos termos das disposições deste Código".

Como se observa, todas as definições apresentam o casamento como união entre homem e mulher, ou seja, entre duas pessoas de sexo diferente. Tal requisito, todavia, foi afastado pelo *Superior Tribunal de Justiça*, que reconheceu expressamente a inexistência do óbice relativo à igualdade de sexos (uniões homoafetivas), nestes termos:

"Assim sendo, as famílias formadas por pessoas homoafetivas não são menos dignas de proteção do Estado se comparadas com aquelas apoiadas na tradição e formadas por casais heteroafetivos. O que se deve levar em consideração é como aquele arranjo familiar deve ser levado em conta e, evidentemente, o vínculo que mais segurança jurídica confere às famílias é o casamento civil. Assim, se é o casamento civil a forma pela qual o Estado melhor protege a família e se são múltiplos os arranjos familiares reconhecidos pela CF/1988, não será negada essa via a nenhuma família que por ela optar, independentemente de orientação sexual dos nubentes, uma vez que as famílias constituídas por pares homoafetivos possuem os mesmos núcleos axiológicos daquelas constituídas por casais heteroafetivos, quais sejam, a dignidade das pessoas e o afeto. Por consequência, o mesmo raciocínio utilizado tanto pelo STJ quanto pelo STF para conceder aos pares homoafetivos os direitos decorrentes da união estável deve ser utilizado para lhes proporcionar a via do casamento civil, ademais porque a CF determina a facilitação da conversão da união estável em casamento (art. 226, § 3º)"[11].

2. NATUREZA JURÍDICA

Não há um consenso, na doutrina, a respeito da natureza jurídica do casamento. A *concepção clássica*, também chamada individualista ou contratualista,

---

[10] *Direito de família*, p. 121.
[11] STJ, REsp 1.183.378-RS, 4ª T., rel. Min. Luis Felipe Salomão, j. 25-10-2011.

acolhida pelo Código Napoleão e que floresceu no século XIX, considerava o casamento civil, indiscutivelmente, um contrato, cuja validade e eficácia decorreriam exclusivamente da vontade das partes. A Assembleia Constituinte, instalada após a eclosão da Revolução Francesa de 1789, proclamou que "la loi ne considère le mariage que comme un contrat civil".

Tal concepção representava uma reação à ideia de caráter religioso que vislumbrava no casamento um sacramento. Segundo os seus adeptos, aplicavam-se aos casamentos as regras comuns a todos os contratos. Assim, o consentimento dos contraentes constituía o elemento essencial de sua celebração e, sendo contrato, certamente poderia dissolver-se por um distrato. A sua dissolução ficaria, destarte, apenas na dependência do mútuo consentimento[12].

Em oposição a tal teoria, surgiu a concepção *institucionalista* ou supraindividualista, defendida pelos elaboradores do Código Civil italiano de 1865 e escritores franceses como HAURIOU e BONNECASE. HENRI DE PAGE também entende que o que prevalece no casamento é o caráter institucional: "tout resiste dans le mariage à l'idée de contrat, sauf le consentement des futurs époux, qui lui donne naissance"[13].

Para essa corrente o casamento é uma "instituição social", no sentido de que reflete uma situação jurídica cujos parâmetros se acham preestabelecidos pelo legislador. Na lição de PLANIOL e RIPERT[14], atribuir ao casamento o caráter de instituição significa afirmar que ele constitui um conjunto de regras impostas pelo Estado, que forma um todo ao qual as partes têm apenas a faculdade de aderir, pois, uma vez dada referida adesão, a vontade dos cônjuges torna-se impotente e os efeitos da instituição produzem-se automaticamente.

O casamento constitui assim "uma grande instituição social, que, de fato, nasce da vontade dos contraentes, mas que, da imutável autoridade da lei, recebe sua forma, suas normas e seus efeitos... A vontade individual é livre para fazer surgir a relação, mas não pode alterar a disciplina estatuída pela lei"[15].

No Brasil, LAFAYETTE[16], demonstrando aversão à corrente contratualista, afirmou que o casamento, "atenta a sua natureza íntima, não é um contrato, antes difere dele profundamente, em sua *constituição*, no seu *modo de ser*, na *duração* e *alcance* de seus efeitos".

---

[12] Washington de Barros Monteiro, *Curso*, cit., v. 2, p. 13; Silvio Rodrigues, *Comentários ao Código Civil*, v. 17, p. 3.

[13] *Traité de droit civil belge*, v. 1, p. 635.

[14] *Traité pratique de droit civil français*, t. 2, n. 69.

[15] Washington de Barros Monteiro, *Curso*, cit., v. 2, p. 13.

[16] *Direitos de família*, p. 34.

Nessa polêmica surgiu uma terceira concepção, de *natureza eclética* ou mista, que considera o casamento ato complexo, ao mesmo tempo contrato e instituição. Trata-se de um contrato especial, um contrato de direito de família. Nessa linha, afirma CARVALHO SANTOS: "É um contrato todo especial, que muito se distingue dos demais contratos meramente patrimoniais. Porque, enquanto estes só giram em torno do interesse econômico, o casamento se prende a elevados interesses morais e pessoais e de tal forma que, uma vez ultimado o contrato, produz ele efeitos desde logo, que não mais podem desaparecer, subsistindo sempre e sempre como que para mais lhe realçar o valor"[17].

EDUARDO ESPÍNOLA filia-se a essa corrente, obtemperando: "Parece-nos, entretanto, que a razão está com os que consideram o casamento um contrato *sui generis*, constituído pela recíproca declaração dos contratantes, de estabelecerem a sociedade conjugal, base das relações de direito de família. Em suma, o casamento é um contrato que se constitui pelo consentimento livre dos esposos, os quais, por efeito de sua vontade, estabelecem uma sociedade conjugal que, além de determinar o estado civil das pessoas, dá origem às relações de família, reguladas, nos pontos essenciais, por normas de ordem pública"[18].

Efetivamente, como salienta CAIO MÁRIO[19], considerado como ato gerador de uma situação jurídica (casamento-fonte), é inegável a sua natureza contratual; mas, como complexo de normas que governam os cônjuges durante a união conjugal (casamento-estado), *predomina o caráter institucional*.

Não há, realmente, inconveniente de chamar o casamento de contrato especial, um contrato de direito de família, com características diversas do disciplinado no direito das obrigações, uma vez que, como afirma SILVIO RODRIGUES, assume ele "a feição de um ato complexo, de natureza institucional, que depende da manifestação livre da vontade dos nubentes, mas que se completa pela celebração, que é ato privativo de representante do Estado"[20].

PONTES DE MIRANDA, com sua indiscutível autoridade, chega à mesma conclusão: "Por outro lado, por meio de contrato faz-se o casamento, mas contrato de direito de família; no caso de celebração confessional, conforme a concepção do seu direito matrimonial. Mas o registro civil é que em verdade lhe dá existência jurídica e os efeitos civis; e tais efeitos não são, de regra, contratuais – resultam do instituto mesmo"[21].

---

[17] *Código Civil brasileiro interpretado*, v. IV, p. 10-11.
[18] *A família no direito civil brasileiro*, p. 48-50.
[19] *Instituições*, cit., v. 5, p. 59.
[20] *Comentários*, cit., v. 17, p. 5.
[21] *Tratado de direito de família*, cit., v. I, p. 94.

Não se pode deixar de enfatizar que a natureza de negócio jurídico de que se reveste o casamento reside especialmente na circunstância de se cuidar de ato de *autonomia privada*, presente na liberdade de casar-se, de escolha do cônjuge e, também, na de não se casar. No plano dos efeitos patrimoniais, têm os cônjuges liberdade de escolha, através do pacto antenupcial, do regime de bens a vigorar em seu casamento. Esse espaço reservado ao livre consentimento é exercido, entretanto, dentro dos limites constitucionais e legais, que traduzem o modelo social de conduta determinado pela ordem jurídica[22].

3. CARACTERES DO CASAMENTO

O casamento reveste-se de diversos caracteres, sendo alguns peculiares a determinados sistemas jurídicos. Podem ser destacados os seguintes:

a) *É ato eminentemente solene*. O casamento e o testamento constituem os dois atos mais repletos de formalidades do direito civil, devido à sua reconhecida importância. Destinam-se elas a dar maior segurança aos referidos atos, para garantir a sua validade e enfatizar a sua seriedade. O ato matrimonial é, desse modo, envolvido numa aura de solenidade, que principia com o processo de habilitação e publicação dos editais, desenvolve-se na cerimônia em que é celebrado e prossegue no registro no livro próprio. Destaca-se a formalidade da celebração, presidida pelo representante do Estado que, depois de ouvida aos nubentes a afirmação de que pretendem casar por livre e espontânea vontade, declara efetuado o casamento mediante palavras sacramentais (CC, art. 1.535). As formalidades exigidas constituem elementos essenciais e estruturais do casamento, cuja inobservância torna o ato *inexistente*.

b) *As normas que o regulamentam são de ordem pública. Ipso facto*, não podem ser derrogadas por convenções particulares. Com efeito, o casamento é constituído de um conjunto de normas imperativas, cujo objetivo consiste em dar à família uma organização social moral compatível com as aspirações do Estado e a natureza permanente do homem, definidas em princípios insculpidos na Constituição Federal e nas leis civis. Por essa razão, malgrado a liberdade concedida a toda pessoa de escolher o seu cônjuge, não é dado aos nubentes discutir com o celebrante o conteúdo e a extensão dos seus direitos e deveres, nem impor regras sobre a dissolução do vínculo ou reconhecimento de filho.

c) *Estabelece comunhão plena de vida, com base na igualdade de direitos e deveres dos cônjuges.* Assim o proclama o art. 1.511 do Código Civil. Implica

---

[22] José Lamartine Corrêa de Oliveira, *Direito de família*, cit., p. 121-122.

necessariamente *união exclusiva*, uma vez que o primeiro dever imposto a ambos os cônjuges no art. 1.566 do mencionado diploma é o de *fidelidade recíproca*. A aludida comunhão está ligada ao princípio da igualdade substancial, que pressupõe o respeito à diferença entre os cônjuges e a consequente preservação da dignidade das pessoas casadas. Em complemento, dispõe o art. 1.565 do novo Código que, por meio do casamento, *"homem e mulher assumem mutuamente a condição de consortes, companheiros e responsáveis pelos encargos da família".*

d) *Representa união permanente.* Dividem-se nesse ponto os sistemas jurídicos. Predominam atualmente os que consagram a sua dissolubilidade. Poucos são, na realidade, os países que ainda não admitem o divórcio. No Brasil, foi ele introduzido pela Emenda Constitucional n. 9, de 28 de junho de 1977, que deu nova redação ao § 1º do art. 175 da Constituição de 1969, não só suprimindo o princípio da indissolubilidade do vínculo matrimonial como também estabelecendo os parâmetros da dissolução, que seria regulamentada por lei ordinária, ou seja, pela Lei n. 6.515, de 26 de dezembro de 1977. A Constituição de 1988 reduziu o prazo da separação de fato para um ano, no divórcio-conversão, criando ainda uma modalidade permanente e ordinária de divórcio direto, desde que comprovada a separação de fato por mais de dois anos. O Código Civil de 2002 proclama que o divórcio é uma das causas que ensejam o término da sociedade conjugal, tendo o condão de dissolver o casamento válido (art. 1.571, IV, e § 1º), regulamentando o assunto nos arts. 1.571 a 1.582. A Emenda Constitucional n. 66/2010 alterou a redação do § 6º do art. 226 da Constituição Federal, retirando do texto a referência à separação judicial e aos requisitos temporais para a obtenção do divórcio.

e) *Exige diversidade de sexos.* A Constituição Federal só admite casamento entre homem e mulher. Esse posicionamento é o tradicional e já era salientado nos textos clássicos romanos. A diferença de sexos sempre constituiu requisito natural do casamento, a ponto de serem consideradas inexistentes as uniões homossexuais. A Lei Maior veda, inclusive, a união estável entre pessoas do mesmo sexo, só a admitindo entre homem e mulher. Todavia, como retromencionado (item 1, *in fine*), a partir do reconhecimento, pelo *Supremo Tribunal Federal*, da união homoafetiva como entidade familiar, a jurisprudência, especialmente a do *Superior Tribunal de Justiça* (cf. REsp 1.183.378-RS), tem afastado o requisito da diversidade de sexos, admitindo expressamente o *casamento homoafetivo*.

f) *Não comporta termo ou condição.* Constitui, assim, negócio jurídico puro e simples.

g) *Permite liberdade de escolha do nubente.* Trata-se de uma consequência natural do seu caráter pessoal. Cabe exclusivamente aos consortes manifestar a sua vontade, pessoalmente ou por procurador com poderes especiais (CC, art. 1.542). Reconhece hoje a melhor doutrina que a liberdade de casar-se corresponde a um direito da personalidade, pois que tutela interesse fundamental do homem, consagrado pelo art. 16 da "Declaração Universal dos Direitos do Homem", e pelo art. 12 da Convenção Europeia dos Direitos do Homem, como observa José Lamartine Corrêa de Oliveira[23]. Aduz o aludido autor que a "liberdade nupcial é um princípio fundamental e de ordem pública, pelo que se considera inadmissível restrição à liberdade pessoal de casar a inserção de cláusula de celibato ou e viuvez em determinados contratos ou em testamento".

Dentre as diversas inovações trazidas pelo Código Civil de 2002 destacam-se as seguintes: a) gratuidade da celebração do casamento e, com relação à pessoa cuja pobreza for declarada sob as penas da lei, também da habilitação, do registro e da primeira certidão (art. 1.512); b) regulamentação e facilitação do registro civil do casamento religioso (art. 1.516); c) redução da capacidade do homem para casar para dezesseis anos (art. 1.517); d) previsão somente dos impedimentos ou dirimentes absolutos, reduzindo-se o rol (art. 1.521); e) tratamento das hipóteses de impedimentos relativamente dirimentes do Código Civil de 1916 não mais como impedimentos, mas como casos de invalidade relativa do casamento (art. 1.550); f) substituição dos antigos impedimentos impedientes ou meramente proibitivos pelas *causas suspensivas* (art. 1.523); g) exigência de homologação da habilitação para o casamento pelo juiz (art. 1.526), limitada, posteriormente, pela Lei n. 12.133, de 17-12-2009, aos casos em que tenha havido impugnação do oficial, do Ministério Público ou de terceiros; h) casamento por procuração mediante instrumento público, com validade restrita a noventa dias; i) consolidação da igualdade dos cônjuges, aos quais compete a direção da sociedade conjugal, com o desaparecimento da figura do chefe de família (arts. 1.565 e 1.567); j) oficialização do termo *sobrenome* e possibilidade de adoção do utilizado pelo outro por qualquer dos nubentes (art. 1.565, § 1º).

4. FINALIDADES DO CASAMENTO

São múltiplas as finalidades do casamento e variam conforme a visão filosófica, sociológica, jurídica ou religiosa como são encaradas. Segundo a concepção canônica, *matrimonii finis primarius est procreatio atque educatio prolis; secundarius muttum adiutorium et remedium concupiscentiae*, ou seja, o fim principal do matrimônio consiste na procriação e educação da prole; e o secundário, na mútua assistência e satisfação sexual.

---

[23] *Direito de família*, cit., p. 123-124.

Para a corrente individualista retromencionada, a satisfação sexual, ou seja, o amor físico constitui o único objetivo do matrimônio. Tal concepção avilta, evidentemente, a dignidade da união matrimonial. Embora se possa considerar que o instinto sexual possa, segundo a lei da natureza, atuar como mola propulsora e que o casamento representa uma possibilidade de pacificação e expansão do sexo, que se torna convencionalmente permitido com a forma solene do casamento, segundo a consciência religiosa, não resta dúvida ser a *affectio maritalis*, ou o amor que une um homem e uma mulher, no qual se converte a atração sexual inicial, e a pretensão a um direcionamento comum na vida, como salienta ARNALDO RIZZARDO[24], os motivos ou finalidades principais do casamento.

Sustentam alguns ser a procriação a exclusiva finalidade do casamento. Todavia, como claramente demonstra WASHINGTON DE BARROS MONTEIRO, não procede semelhante ponto de vista, "que deixa sem explicação plausível o casamento *in extremis vitae momentis* e o de pessoas em idade avançada, já privadas da função reprodutora. Além disso, aceito que a reprodução constitua o fim exclusivo do matrimônio, ter-se-á logicamente de concluir pela anulação de todos os casamentos em que não advenha prole, conclusão profundamente perturbadora da estabilidade do lar e da segurança da família"[25].

Sem dúvida, a principal finalidade do casamento é estabelecer uma *comunhão plena de vida*, como prevê o art. 1.511 do Código Civil de 2002, impulsionada pelo amor e afeição existente entre o casal e baseada na igualdade de direitos e deveres dos cônjuges e na mútua assistência. Já LAFAYETTE proclamara que a procriação da prole, envolvendo no véu do direito a relação física dos dois sexos, é um dos principais intuitos do casamento, mas que "o fim capital, a razão de ser desta instituição, está nessa admirável identificação de duas existências, que, confundindo-se uma na outra, correm os mesmos destinos, sofrem das mesmas dores e compartem, com igualdade, do quinhão de felicidade que a cada um cabe nas vicissitudes da vida"[26].

O que define a família, como destaca SÉRGIO RESENDE DE BARROS, "é uma espécie de afeto que, enquanto existe, conjuga intimamente duas ou mais pessoas para uma vida em comum. É o afeto que define a entidade familiar. Mas não um afeto qualquer. Se fosse qualquer afeto, uma simples amizade seria família, ainda que sem convívio. O conceito de família seria estendido com inadmissível elasticidade"[27].

---

[24] *Direito de família*, cit., p. 25.
[25] *Curso*, cit., v. 2, p. 14-15.
[26] *Direitos de família*, cit., p. 34.
[27] A ideologia do afeto, *Revista Brasileira de Direito de Família*, v. 14, p. 8.

Na realidade, continua o aludido autor, "*o que identifica a família é um afeto especial, com o qual se constitui a diferença específica que define a entidade familiar. É o sentimento entre duas ou mais pessoas que se afeiçoam pelo convívio diuturno, em virtude de uma origem comum ou em razão de um destino comum, que conjuga suas vidas tão intimamente, que as torna cônjuges quanto aos meios e aos fins de sua afeição, até mesmo gerando efeitos patrimoniais, seja de patrimônio moral, seja de patrimônio econômico. Este é o afeto que define a família: é o afeto conjugal*".

Os demais objetivos, embora também importantes, são secundários, não essenciais, como a procriação, a educação dos filhos e a satisfação sexual, já citados, aliados à atribuição de nome de um dos cônjuges ao outro, e o de ambos aos filhos, bem como à legalização de estados de fato[28].

---

[28] Caio Mário da Silva Pereira, *Instituições*, cit., v. 5, p. 67; Maria Helena Diniz, *Curso de direito civil brasileiro*, v. 5, p. 46-47.

Capítulo II

DO PROCESSO DE HABILITAÇÃO PARA O CASAMENTO

> *Sumário*: 1. Da capacidade para o casamento. 1.1. Requisitos gerais e específicos. 1.2. Suprimento judicial de idade. 1.3. Suprimento judicial do consentimento dos representantes legais. 2. O procedimento para a habilitação. 2.1. Documentos necessários. 2.1.1. Certidão de nascimento ou documento equivalente. 2.1.2. Autorização das pessoas sob cuja dependência legal estiverem, ou ato judicial que a supra. 2.1.3. Declaração de duas pessoas maiores, parentes ou não, que atestem conhecer os nubentes e afirmem não existir impedimento. 2.1.4. Declaração do estado civil, do domicílio e da residência dos contraentes e de seus pais, se forem conhecidos. 2.1.5. Certidão de óbito do cônjuge falecido, da anulação do casamento anterior ou do registro da sentença de divórcio.

1. DA CAPACIDADE PARA O CASAMENTO

Interessa ao Estado que as famílias se constituam regularmente. Por isso, cerca o casamento de um verdadeiro ritual, exigindo o cumprimento de uma série de formalidades. A lei considera relevante que o consentimento dos nubentes obedeça a certas solenidades, não só para que seja manifestado livremente, como também para facilitar a prova do ato. As formalidades preliminares dizem respeito ao processo de habilitação, que se desenvolve perante o oficial do Registro Civil (CC, art. 1.526, com a redação dada pela Lei n. 12.133, de 17-12-2009). Destina-se este a constatar a capacidade para o casamento, a inexistência de impedimentos matrimoniais e a dar publicidade à pretensão dos nubentes.

Uma das críticas endereçadas ao Código de 1916 é a de confundir, no art. 183, incapacidade para o casamento com impedimento matrimonial. A *incapacidade* significa a inaptidão do indivíduo para casar com quem quer que seja, como sucede no caso do menor de 16 anos, da pessoa privada do necessário discernimento e da já casada. O impedimento se funda, todavia, na ideia de *falta de legitimação*, trazida da seara do direito processual para o direito civil. Não se cogita, nesta hipótese, de uma incapacidade genérica, mas de inaptidão para o casamento com determinada pessoa. O nubente não é incapaz, pois goza de aptidão para celebrar o negócio jurídico solene do direito de família. No entanto, não se lhe permite que constitua o vínculo matrimonial somente com certa pessoa.

É o caso, por exemplo, do impedimento decorrente do parentesco, que proíbe o casamento de ascendentes com descendentes e dos colaterais em segundo grau. Embora não sejam incapazes para o casamento e, portanto, possam contrair núpcias com outras pessoas, não estão legitimados a casar com os parentes próximos mencionados[1].

Alguns autores, como JOSSERAND e LAFAYETTE, fazem essa distinção, embora não usem a expressão *falta de legitimação*, mas *impedimentos relativos*. O primeiro denomina *impedimentos absolutos* os casos atualmente considerados de incapacidade, ou seja, os que impedem o casamento de uma pessoa com qualquer outra. Acrescenta que há, todavia, "outros impedimentos que são obstáculo para a união de uma pessoa com outra determinada; quem está afetado por esse impedimento pode casar-se, em princípio, exceto com a pessoa em relação à qual o obstáculo existe; diz-se neste caso que o impedimento é *relativo*"[2]. LAFAYETTE, nessa mesma linha, afirma que impedimentos dirimentes "*absolutos* se dizem os que importam inabilidade para contrair casamento com quem quer que seja. *Relativos* são os que impedem o casamento com pessoa determinada"[3].

O diploma de 1916 classificava, no entanto, como impedimentos dirimentes absolutos (art. 183, I a VIII), que ensejavam a nulidade do casamento, hipóteses de *falta de legitimação*, exceto no inciso VII, que se referia às "pessoas casadas". As hipóteses de incapacidade eram tratadas como impedimentos dirimentes relativos, que acarretavam apenas a anulabilidade do casamento.

O Código Civil de 2002 inovou ao tratar, em capítulo próprio (arts. 1.517 a 1.520), da *capacidade* para o casamento, que deve ser demonstrada no processo de habilitação, fixando em 16 anos a idade mínima, denominada idade núbil, tanto para o homem como para a mulher. Ordenando a matéria, o novel diploma tratou separadamente da *capacidade* nos arts. 1.517 a 1.520, dos *impedimentos* nos arts. 1.521 e 1.522, e das *causas suspensivas* nos arts. 1.523 e 1.524. Estas últimas eram, no Código de 1916, impedimentos não dirimentes, também denominados

---

[1] Silvio Rodrigues, *Comentários ao Código Civil*, v. 17, p. 16-17.

[2] *Derecho civil*, v. II, t. I, p. 20.

[3] *Direitos de família*, cit., p. 41-42.

e, para a mulher, em certos casos, o prazo de viuvez, ou seja, a proximidade da dissolução de um casamento anterior.

Dispunha, com efeito, o art. 1.548, I, do Código Civil, que é nulo o casamento contraído *"pelo enfermo mental sem o necessário discernimento para os atos da vida civil"*. O nosso ordenamento jurídico não admite os denominados "intervalos lúcidos". Desse modo, não poderia o alienado mental casar-se, ainda que o ato se realizasse no momento em que aparentava certa lucidez. A capacidade mental é aferida no momento mesmo da celebração do ato.

A Lei n. 13.146, de 6 de julho de 2015, que instituiu a *Lei Brasileira de Inclusão de Pessoa com Deficiência*, revogou expressamente o aludido art. 1.548, I, do Código Civil, que se limita, agora, a declarar nulo o casamento contraído *"por infringência de impedimento"*.

A referida lei deu nova redação aos arts. 3º e 4º do Código Civil, considerando absolutamente incapazes somente os menores de dezesseis anos e relativamente incapazes "I – os maiores de dezesseis e menores de dezoito anos; II – os ébrios habituais e os viciados em tóxicos; III – aqueles que, por causa transitória ou permanente, não puderem exprimir sua vontade; IV – os pródigos".

Desse modo, eventual deficiência mental ou intelectual, por si, não afastam a capacidade civil das pessoas, salvo se, em decorrência delas, não puderem exprimir sua vontade.

Anote-se que o art. 6º da mencionada Lei n. 13.146/2015 dispõe que a deficiência não afeta a plena capacidade civil da pessoa, inclusive para "a) casar-se e constituir união estável; b) exercer direitos sexuais e reprodutivos; c) exercer o direito de decidir sobre o número de filhos e de ter acesso a informações adequadas sobre reprodução e planejamento familiar; d) conservar sua fertilidade, sendo vedada a esterilização compulsória; e) exercer o direito à guarda, à tutela, à curatela e à adoção, como adotante ou adotando, em igualdade de oportunidades com as demais pessoas". E o § 2º do art. 1.550 do Código Civil, introduzido pela aludida lei, proclama: "A pessoa com deficiência mental ou intelectual em idade núbil poderá contrair matrimônio, expressando sua vontade diretamente ou por meio de seu responsável ou curador".

A existência de casamento anterior impede a união conjugal com qualquer outra pessoa, como dispõe o art. 1.521, VI, do Código Civil. Procura-se, assim, combater a bigamia. O impedimento só desaparece após a dissolução do anterior vínculo matrimonial pela morte, nulidade ou anulação, divórcio e pela caracterização da presunção estabelecida quanto ao ausente (art. 1.571, § 1º).

O decurso do prazo de dez meses de viuvez para novo casamento é requisito imposto somente à mulher, estabelecido no novo Código Civil como "causa suspensiva" (art. 1.523, II). O objetivo é evitar dúvida sobre a paternidade (turbatio sanguinis).

1.2. Suprimento judicial de idade

Proclamava o art. 1.520 do Código Civil que, "excepcionalmente, será permitido o casamento de quem ainda não alcançou a idade núbil (art. 1.517), para evitar imposição ou cumprimento de pena criminal ou em caso de gravidez".

A prática de crime contra os costumes contra o menor ou a menor, ou o estado de gravidez, constituíam as condições para o requerimento do suprimento judicial de idade. Todavia, a Lei n. 11.106, de 28 de março de 2005, revogou, além de outros dispositivos, o inciso VII do art. 107 do Código Penal. Em consequência, o casamento deixou de evitar a imposição ou o cumprimento de pena criminal, nos crimes contra os costumes de ação penal pública[10] (*v.*, a propósito, *Defeito de idade*, Capítulo IX, n. *2.3.1*). Além disso, a Lei n. 13.811, de 12 de março de 2019, deu nova redação ao mencionado art. 1.520 do Código Civil, *verbis*:

"O art. 1.520 da Lei n. 10.406, de 10 de janeiro de 2002 (Código Civil), passa vigorar com a seguinte redação: 'Art. 1.520. Não será permitido, em qualquer caso, o casamento de quem não atingiu a idade núbil, observado o disposto no art. 1.517 deste Código'".

1.3. Suprimento judicial do consentimento dos representantes legais

O homem e a mulher com 16 anos podem casar, dispõe o art. 1.517 do Código Civil, desde que obtenham *"autorização de ambos os pais, ou de seus representantes legais, enquanto não atingida a maioridade civil"*. Proclama o *Enunciado n. 512, aprovado na V Jornada de Direito Civil do Conselho da Justiça Federal*:

"O artigo 1.517 do Código Civil, que exige autorização dos pais ou responsáveis para casamento, enquanto não atingida a maioridade civil, não se aplica ao emancipado".

Acrescenta o art. 1.519 do mesmo diploma que a *"denegação do consentimento, quando injusta, pode ser suprida pelo juiz"*.

Segundo preleciona WASHINGTON DE BARROS MONTEIRO, com esse dispositivo (referia-se ao art. 188 do Código de 1916, que tinha idêntica redação) "procura o legislador dar remédio contra o despotismo dos pais tiranos ou caprichosos. Encontra-se aí, portanto, indispensável corretivo contra a prepotência paterna"[11].

---

[10] Exemplos de crimes cuja imposição ou cumprimento de pena podiam ser evitados pelo casamento entre a vítima e o agente, conforme o art. 107, VII, do Código Penal: estupro – art. 213; atentado violento ao pudor – art. 214; posse sexual mediante fraude – art. 215; atentado ao pudor mediante fraude – art. 216; corrupção de menores – art. 218; rapto – arts. 219 e 220.
[11] *Curso de direito civil*, 32. ed., v. 2, p. 35.

O Código não especifica os casos em que a denegação do consentimento deve ser considerada injusta. A matéria está entregue, pois, ao prudente critério do juiz, que verificará se a recusa paterna se funda em mero capricho ou em razões plausíveis e justificadas. Evidentemente, não são aceitas razões fundadas em preconceito racial ou religioso, no ciúme despropositado ou em outra razão menos nobre[12].

Reputam-se justos e fundados, segundo os autores, os seguintes motivos: a) existência de impedimento legal; b) grave risco à saúde do menor; c) costumes desregrados, como embriaguez habitual e paixão imoderada pelo jogo; d) falta de recursos para sustentar a família; e) total recusa ou incapacidade para o trabalho; f) maus antecedentes criminais, tais como condenação em crime grave (p. ex., estupro, roubo, estelionato etc.)[13].

Não poderia, efetivamente, o legislador discriminar as hipóteses que permitem a denegação do consentimento, por serem estas inesgotáveis.

Se o pedido de suprimento do consentimento for deferido, será expedido alvará, a ser juntado no processo de habilitação, e o casamento celebrado no regime da separação de bens. Com efeito, segundo dispõe o art. 1.641, III, do Código Civil, o regime de bens que obrigatoriamente será adotado pelos cônjuges que obtêm suprimento judicial para o casamento é o da separação.

O *procedimento* para o suprimento judicial do consentimento dos representantes legais é o previsto para a jurisdição voluntária (CPC/2015, arts. 719 e s.). Para viabilizar o pedido, admite-se que o menor púbere outorgue procuração a advogado, sem assistência de seu representante legal, em razão da evidente colidência de interesses e por se tratar de procedimento de jurisdição voluntária[14]. Comumente, no entanto, o próprio representante do Ministério Público – a quem não se pode negar a legitimidade de parte, como defensor dos interesses dos incapazes – encarrega-se de requerer ao juiz a nomeação de advogado dativo para o menor. Da decisão proferida pelo juiz cabe recurso de apelação para a instância superior. Como o art. 496 do Código de Processo Civil de 2015 não incluiu tal situação nas hipóteses de reexame necessário, *esse recurso é o voluntário, com efeito suspensivo*[15].

---

[12] Silvio Rodrigues, *Comentários*, cit., v. 17, p. 19.

[13] Lafayette, *Direitos de família*, cit., § 27, p. 75, nota 121; Washington de Barros Monteiro, *Curso*, cit., v. 2, p. 35; Arnaldo Rizzardo, *Direito de família*, cit., p. 60.

[14] "É de se admitir que o menor relativamente incapaz conceda mandato judicial, independentemente da presença do assistente legal, sob pena de impedi-lo definitivamente de obter a tutela jurisdicional, quando o representante se recusa a conceder-lhe permissão para determinados atos da vida civil, como ocorre nos casos de necessidade de suprimento de autorização para contrair matrimônio" (*RT*, 670/149).

[15] "O art. 475 do CPC [de 1973], que estipula as hipóteses de reexame necessário, não abarca, entre elas, o julgado sobre suprimento judicial de consentimento para casamento" (TJDF,

Entende PONTES DE MIRANDA[16] que o juiz deve considerar legitimada a pessoa com quem se vai casar aquele que não obteve o consentimento, quando, na petição, explique satisfatoriamente as razões por que o não faz, diretamente, a noiva ou o noivo.

O parágrafo único do art. 1.517 do Código Civil dispõe que, se houver divergência entre os pais, aplica-se o disposto no parágrafo único do art. 1.631: "*é assegurado a qualquer deles recorrer ao juiz para solução do desacordo*". Pode também a ação ser endereçada contra um dos pais, se somente este se recusar a dar a autorização.

2. O PROCEDIMENTO PARA A HABILITAÇÃO

O processo de habilitação, como foi dito, tem a finalidade de comprovar que os nubentes preenchem os requisitos que a lei estabelece para o casamento. É por meio dele que as partes demonstram, com a apresentação dos documentos exigidos, estar em condições de convolar as justas núpcias.

Destina-se a aludida medida preventiva a constatar a capacidade para a realização do ato (CC, arts. 1.517 a 1.520), a inexistência de impedimentos matrimoniais (art. 1.521) ou de causa suspensiva (art. 1.523) e a dar publicidade, por meio de editais, à pretensão manifestada pelos noivos, convocando as pessoas que saibam de algum impedimento para que venham opô-lo[17].

Não basta a presença dos requisitos gerais de validade dos contratos, como a capacidade do agente, objeto lícito, possível, determinado ou determinável e observância das formalidades legais. Dada a seriedade e importância do ato, exige-se a comprovação de outros pressupostos, alguns de ordem física e psíquica, outros de cunho jurídico.

Remessa de Ofício 2001.01.1.084210-3, 1ª T., rel. Des. Hermenegildo Gonçalves, *DJU*, 23-10-2002).

[16] *Tratado de direito de família*, v. I, p. 133.

V. ainda: "O noivo é parte legítima, como interessado, para pedir o suprimento do consentimento da genitora da noiva menor que, vindo a Juízo, manifesta expressamente sua livre vontade, perante o Juiz, de se casar com o postulante, com quem já vive maritalmente" (TJRJ, *Adcoas*, 1982, n. 83.432).

[17] As formas de publicidade têm origem no direito canônico matrimonial. Os proclamas (*banni nuptiales*) remontam ao Concílio de Latrão do ano de 1215. Determinou-se a publicação pelos sacerdotes dos futuros casamentos para que os fiéis pudessem manifestar os impedimentos dentro de determinado prazo. A forma ordinária da celebração tem origem no decreto "Tametsi", do Concílio de Trento, que subordina em princípio a validade do casamento à celebração na presença do pároco (*proprios parochus*) e de duas ou três testemunhas (José Lamartine Corrêa de Oliveira e Francisco José Ferreira Muniz, *Direito de família*, p. 131, nota 2).

Requisito básico era a diversidade de sexo, mencionada no art. 1.514 do Código Civil, que se reporta a casamento entre homem e mulher. O casamento de pessoas do mesmo sexo era considerado *inexistente*, como se verá adiante. O consentimento dos nubentes e a celebração na forma da lei são também requisitos de existência do casamento. O primeiro é manifestado perante a autoridade celebrante, que deve ser a competente para presidir a solenidade.

Além de permitir a verificação da presença dos requisitos essenciais do casamento e da capacidade dos nubentes, o processo de habilitação permite ainda o exame de situações que possam, de algum modo, ameaçar a ordem pública, como o parentesco próximo dos nubentes, proibindo-se a realização do enlace para preservar a eugenia e a moral familiar. Possibilita ainda evitar uniões decorrentes de outras circunstâncias prejudiciais ou em que existam defeitos impossíveis de serem supridos ou sanados.

Como preleciona SILVIO RODRIGUES[18], o Estado "assume, em face da pessoa que quer casar-se, duas atitudes. A primeira é uma *atitude preventiva*, manifestada no processo de habilitação, em que, demonstrada a existência do empecilho dirimente, proíbe-se a realização do matrimônio. A segunda é uma *atitude repressiva*, que tem lugar quando, a despeito da existência de um impedimento dirimente, efetua-se o casamento. Nessa hipótese, como se verá mais abaixo, o Estado reage contra o ato infringente do mandamento legal para fulminá-lo de nulidade".

2.1. Documentos necessários

O art. 1.525 do Código Civil dispõe que "*o requerimento de habilitação para o casamento será firmado por ambos os nubentes, de próprio punho, ou, a seu pedido, por procurador*" (primeira parte). Os noivos devem requerer a instauração do referido processo no cartório de seu domicílio. Se domiciliados em municípios ou distritos diversos, processar-se-á o pedido perante o Cartório do Registro Civil de qualquer deles, mas o edital será publicado em ambos. Se forem analfabetos, o requerimento será assinado a rogo, com duas testemunhas. A Lei dos Registros Públicos (Lei n. 6.015/73) desenvolve as normas procedimentais da habilitação nos arts. 67 a 69.

Se estiver em ordem a documentação, o oficial de registro dará publicidade, em meio eletrônico, à habilitação e extrairá, no prazo de até 5 (cinco) dias, o certificado de habilitação, podendo os nubentes contrair matrimônio perante qualquer serventia de registro civil de pessoas naturais, de sua livre escolha, observado o prazo de eficácia do art. 1.532 da Lei n. 10.406, de 10 de janeiro de 2002.

---

[18] *Comentários*, cit., v. 17, p. 39.

É o que estabelece o § 1º do art. 67 da LRP, com redação dada pela Lei n. 14.382/2022.

Dispunha o art. 1.526 do atual Código Civil, na sua redação original, que, após a audiência do Ministério Público, a qual poderia requerer a juntada de documentos ou alguma outra providência, a habilitação seria homologada pelo juiz. A inovação foi alvo de merecidas críticas, por sobrecarregar desnecessariamente o Judiciário. No sistema anterior, bastava a intervenção do Ministério Público, ficando a decisão judicial reservada aos casos de oposição de impedimentos não aceita pelos nubentes. Tais providências acautelatórias se mostravam suficientes, em face da necessária e suficiente fiscalização exercida pelo oficial do Registro Civil e pelo representante do Ministério Público[19].

Nas edições anteriores, dissemos que a exigência de que a habilitação fosse homologada pelo juiz constituía efetivamente medida burocratizante que deveria ser eliminada, simplificando-se o procedimento. O juiz só deve ser chamado a intervir se o Ministério Público oferecer alguma impugnação. É de frisar, aduzimos, para enfatizar a impropriedade da inovação, que em muitos Estados, conforme as respectivas leis de Organização Judiciária, nem mesmo é o juiz de direito a autoridade competente para celebrar casamentos. Atendendo a esses reclamos, a Lei n. 12.133, de 17 de dezembro de 2009, deu nova redação ao aludido art. 1.526 do Código Civil, introduzindo um parágrafo único, nestes termos: *"A habilitação será feita pessoalmente perante o oficial do Registro Civil, com a audiência do Ministério Público. Parágrafo único. Caso haja impugnação do oficial, do Ministério Público ou de terceiro, a habilitação será submetida ao juiz"*.

Estabelece ainda o § 5º do art. 67 da LRP que, "se houver impedimento ou arguição de causa suspensiva, o oficial de registro dará ciência do fato aos nubentes, para que indiquem, em 24 (vinte e quatro) horas, prova que pretendam produzir, e remeterá os autos a juízo, e, produzidas as provas pelo oponente e pelos nubentes, no prazo de 3 (três) dias, com ciência do Ministério Público, e ouvidos os interessados e o órgão do Ministério Público em 5 (cinco) dias, decidirá o juiz em igual prazo".

Dispõe o parágrafo único do art. 1.527 do Código Civil que a autoridade competente, *"havendo urgência"*, poderá dispensar a publicação dos proclamas (sua publicação eletrônica). Tal publicação pode, assim, ser dispensada a critério do oficial de registro, pois o aludido dispositivo não define qual seria o motivo de urgência. Também não o faz o art. 69 da Lei dos Registros Públicos. Exige este apenas que os contraentes, em petição dirigida ao oficial de registro, deduzam "os

---

[19] Euclides de Oliveira e Giselda Novaes Hironaka, Do casamento, cit., p. 28.

motivos de urgência do casamento, provando o alegado, no prazo de 24 (vinte e quatro) horas, com documentos. O oficial de registro, no prazo de 24 (vinte quatro) horas, com base nas provas apresentadas, poderá dispensar ou não a publicação eletrônica, cabendo recurso da decisão ao juiz corregedor.

Tais motivos podem ser, por exemplo, moléstia grave ou iminente risco de vida de um dos cônjuges; viagem imprevista e demorada; prestação de serviço público obrigatório, inadiável e que determine, para seu desempenho, a ausência temporária do domicílio; parto próximo da futura mulher etc.

Pondera WALTER CENEVIVA que a dispensa "é fator excepcional porque os proclamas se destinam a permitir a suscitação de impedimentos para o matrimônio. Os casos de urgência devem ser analisados atentamente pelo juiz. Uma gama variada de motivos pode ensejar o pedido: viagem urgente do pai da noiva, por saúde ou função profissional, por breve prazo; existência de filho comum; mulher deflorada ou raptada pelo homem com o qual quer casar; probabilidade de parto imediato. Cada um desses motivos será apreciado pelo juiz, com cuidado, retardando a concessão em caso de dúvida quanto à possibilidade de existirem impedimentos. Da decisão não cabe recurso".

O art. 1.540 do Código Civil dispensa não só a publicação dos proclamas como também a própria habilitação e a celebração presidida pela autoridade competente "*quando algum dos contraentes estiver em iminente risco de vida, não obtendo a presença da autoridade à qual incumba presidir o ato*", exigindo, em contrapartida, uma série de formalidades e providências a serem tomadas posteriormente, descritas no art. 1.541 e seus parágrafos.

O Código Civil de 2002 inovou ao determinar, no art. 1.528, que "*é dever do oficial do registro esclarecer os nubentes a respeito dos fatos que podem ocasionar a invalidade do casamento, bem como sobre os diversos regimes de bens*". Não publicará este os editais, ou suspenderá temporariamente a celebração do casamento, sempre que a documentação for insuficiente ou irregular ou existir impedimento matrimonial que, de ofício, lhe cabe declarar.

Preceitua o art. 68 da Lei dos Registros Públicos (Lei n. 6.015/73) que, "se o interessado quiser justificar fato necessário à habilitação para o casamento, deduzirá sua intenção perante o juiz competente, em petição circunstanciada, indicando testemunhas e apresentando documentos que comprovem a alegação". Versa o dispositivo sobre a possibilidade de um dos cônjuges demonstrar, por exemplo, mediante a oitiva de testemunhas, que o outro encontra-se desaparecido há anos e, portanto, impossibilitado de dar o consentimento para o casamento de filho menor, a fim de que o peticionário possa dar sozinho, validamente, a necessária anuência; de se proceder a eventual retificação de idade; de se corrigir algum outro dado irreal sobre a pessoa do habilitando etc.

Dispõe o art. 1.512 do Código Civil que "*o casamento é civil e gratuita a sua celebração*", acrescentando o parágrafo único que "*a habilitação para o casamento, o registro e a primeira certidão serão isentos de selos, emolumentos e custas, para as pessoas cuja pobreza for declarada, sob as penas da lei*". O dispositivo regulamenta o art. 226, § 1º, da Constituição Federal, que declara ser civil o casamento e gratuita a sua celebração, assegurando a gratuidade somente diante de declaração de pobreza, feita sob as penas da lei. Concede esta um benefício, suprimindo entraves ao casamento das pessoas menos favorecidas, num país onde a fome e a miséria campeiam.

A previsão de que o casamento, no âmbito jurídico, é civil mantém o monopólio da jurisdição estatal. O casamento religioso, conforme disposto nos arts. 1.515 e 1.516, somente tem efeitos civis se atender às exigências neles formuladas.

A habilitação para casamento a ser realizado no Brasil, sendo um dos nubentes divorciado no exterior, depende de homologação da sentença estrangeira pelo Superior Tribunal de Justiça (CF, art. 105, I, *i*), uma vez que irá produzir efeitos em nosso país.

2.1.1. Certidão de nascimento ou documento equivalente

A segunda parte do art. 1.525 do Código Civil elenca os documentos que devem instruir o requerimento de habilitação para o casamento. O *primeiro documento* exigido é a "*certidão de nascimento ou documento equivalente*" (inciso I). Este pode ser a cédula de identidade, título de eleitor ou passaporte, por exemplo, uma vez que tais documentos somente são obtidos mediante a apresentação da aludida certidão. Admite-se também a justificação de idade, prevista no art. 68 da Lei dos Registros Públicos. Tal justificação, entretanto, não tem sido utilizada, porque hoje se admite o registro tardio, que cumpre ao interessado providenciar.

A certidão de nascimento destina-se a comprovar, em primeiro lugar, que os nubentes atingiram a idade mínima para o casamento.

Examinando a certidão de nascimento, o oficial do registro civil apura, também, se os noivos têm mais de 70 anos de idade. Basta que um deles tenha ultrapassado esse limite para que o casamento seja realizado obrigatoriamente no regime da separação de bens (CC, art. 1.641, II, com redação dada pela Lei n. 12.344/2010). Não há limite de idade para o casamento de pessoas idosas. A única restrição é a concernente à imposição do regime da separação de bens às maiores de 70 anos, de constitucionalidade duvidosa. Já se decidiu, com efeito, que a referida restrição é incompatível com as cláusulas constitucionais de tutela da dignidade da pessoa humana, da igualdade jurídica e da intimidade, bem como com a garantia do justo processo da lei, tomado na acepção substantiva (CF, arts. 1º, III, e 5º, I, X e LIV)[20].

---

[20] TJSP, Ap. 7.512-4-São José do Rio Preto, 2ª Câm., rel. Des. Cezar Peluso, j. 18-8-1998, v. u.

2.1.2. Autorização das pessoas sob cuja dependência legal estiverem, ou ato judicial que a supra

A "*autorização por escrito*" dos pais ou responsáveis pelos nubentes menores ou incapazes, "*ou ato judicial que a supra*", constitui o segundo documento exigido pelo art. 1.525 do Código Civil para instruir o processo de habilitação para o casamento (inciso II). Se os genitores não souberem escrever, o assentimento será assinado a rogo, na presença de duas testemunhas.

A necessidade dessa anuência, como sublinha WASHINGTON DE BARROS MONTEIRO[21], "descansa em razões de proteção ao próprio nubente; representa um amparo contra as irreflexões da juventude. Além disso, o filho menor deve respeito e obediência aos genitores, cumprindo acatar-lhes a vontade e os conselhos. Tal obrigação inspira-se em profundas considerações de ordem religiosa e moral. CÍCERO chegou a proclamar que *peccatum est parentes violare* (o máximo crime é faltar com a obediência aos pais), máxima que se não afastava do ensinamento de CONFÚCIO, segundo o qual o primeiro dever de um homem é o de prestar toda a atenção ao menor desejo de seu pai".

Pela certidão de nascimento o oficial verifica se os nubentes atingiram a maioridade. Se ainda não completaram 18 anos de idade, devem apresentar a autorização, por escrito, dos pais ou tutores, ou prova do ato judicial que a supra ou da emancipação. É mister consentimento de *ambos os pais* (CC, art. 1.517). Se não forem casados, bastará o consentimento do que houver reconhecido o menor, ou, se este não for reconhecido, o consentimento materno. A falta de autorização dos pais e representantes legais acarreta a anulabilidade do casamento (CC, art. 1.550, II e IV).

A Lei n. 13.146/2015 (Estatuto da Pessoa com Deficiência) transformou o parágrafo único do aludido art. 1.550 do Código Civil em § 1º e introduziu o § 2º, do seguinte teor: "*A pessoa com deficiência mental ou intelectual em idade núbia* [o correto é "núbil"] *poderá contrair matrimônio, expressando sua vontade diretamente ou por meio de seu responsável ou curador*".

Não há impedimento, portanto, para a habilitação ao casamento de pessoa com deficiência, caso ela tenha condições de exprimir sua vontade e o faça de forma clara e inequívoca perante o Oficial do Registro Civil, que não deverá negá-la. Saliente-se que o art. 85 do mencionado Estatuto da Pessoa com Deficiência dispõe que a curatela afetará tão somente os atos relacionados aos direitos de natureza patrimonial e negocial, não alcançando "o direito ao próprio corpo, à sexualidade, ao matrimônio, à privacidade, à educação, à saúde, ao trabalho e ao voto" (§ 1º).

---

[21] *Curso*, cit., v. 2, p. 32.

Se o Oficial do Registro Civil tiver dúvida sobre a capacidade do nubente de exprimir claramente a sua vontade, dará ciência do fato aos nubentes, para que indiquem, em 24 (vinte e quatro) horas, as provas que pretendam produzir, e remeterá os autos a juízo. Produzidas as provas pelos nubentes, no prazo de 3 (três) dias, com ciência do Ministério Público, e ouvidos os interessados e o órgão do Ministério Público em 5 (cinco) dias, decidirá o juiz em igual prazo conforme prevê o art. 67, § 4º, da Lei n. 6.015/73 (Lei dos Registros Públicos). Mesmo que tenha sido decretada a interdição parcial do deficiente, poderá ser formalizado o ato por meio de seu responsável ou curador (CC, art. 1.550, § 2º).

Se o marido se encontra desaparecido há vários anos, pode a mulher, justificando judicialmente o fato por testemunhas (LRP, art. 68), ser autorizada a, sozinha, dar validamente o consentimento. Se, por algum obstáculo intransponível, não se torna possível obter a manifestação dos pais do menor e há urgência na realização do casamento, têm os juízes solucionado o impasse com a nomeação de um curador especial para o ato, nos próprios autos de habilitação.

Preceitua o parágrafo único do art. 1.517 do Código Civil que, em caso de "*divergência entre os pais*", aplica-se o disposto no parágrafo único do art. 1.631, que assegura a qualquer dos genitores o direito de recorrer ao juiz para solução do desacordo verificado no exercício do poder familiar. Tal regra é resultante da isonomia conjugal consagrada na atual Constituição Federal, colocando marido e mulher em pé de igualdade, não mais prevalecendo a vontade paterna. A solução deve ser dada pelo juiz competente.

O *pródigo* não figura no rol das pessoas impedidas de casar, nem o seu estado constitui causa suspensiva ou de anulabilidade do casamento, mesmo porque a sua interdição acarreta apenas incapacidade para cuidar de seus bens.

O art. 1.518 do Código Civil, com a redação dada pela Lei n. 13.146/2015 (*Estatuto da Pessoa com Deficiência*), dispõe: "*Até a celebração do casamento podem os pais ou tutores revogar a autorização*". Na redação original, o aludido dispositivo mencionava também os "curadores".

Pode ocorrer, com efeito, o surgimento de algum fato novo cuja gravidade justifique a mudança de atitude, como a descoberta posterior de doença grave e transmissível ou de acentuado e perigoso desvio de personalidade.

Para a lavratura do pacto antenupcial deverá o pródigo ser *assistido* pelo curador, tendo em vista a possibilidade de tal ato acarretar a transferência de bens de seu patrimônio ao cônjuge, conforme o regime de bens adotado.

Declara o art. 6º da mencionada Lei n. 13.146/2015: "A deficiência não afeta a plena capacidade civil da pessoa, inclusive para: I – casar-se e constituir união estável. (...)".

Se o pai ou tutor não autorizar o casamento, o interessado poderá requerer o suprimento judicial do consentimento, quando injusta a denegação (CC, art. 1.519), como foi dito no item 1.3, *retro*. Se o pedido for deferido, será expedido alvará, a ser juntado no processo de habilitação, e o casamento celebrado no regime da separação de bens (art. 1.641, III).

PONTES DE MIRANDA[22], referindo-se ao art. 187 do Código Civil de 1916, que tinha redação semelhante à do aludido art. 1.518 do novo diploma, indaga se, após a entrega do documento em que consente, falece o pai, ou a mãe, ou o tutor, ou o curador, que consentiu, é de exigir-se novo consentimento por parte de quem o substituiu no então denominado pátrio poder, na tutela, ou na curatela? A verdadeira solução, responde, "é a que reconhece ao sucessor a faculdade de retratar, porém não exige outro consentimento. A vontade foi expressa e, a despeito da mudança subjetiva, continua, até que se manifeste aquele que passou a ter o direito de retratar".

Se o consentimento negado pelos pais ou tutor foi judicialmente suprido, a apresentação de novas razões para denegação pode justificar o pronunciamento do Judiciário, para cassação do suprimento.

Além dos incapazes sujeitos ao poder familiar ou tutela, há ainda pessoas que necessitam de autorização especial para casar, sob pena de sofrerem sanções de ordem administrativa. O casamento dos militares está sujeito a licença de seus superiores (Lei n. 6.880/80). Os funcionários diplomáticos e consulares igualmente dependem de autorização para casar (Lei n. 7.501/86).

2.1.3. Declaração de duas pessoas maiores, parentes ou não, que atestem conhecer os nubentes e afirmem não existir impedimento

A apresentação de tal documento tem por finalidade completar e ratificar a identificação dos contraentes e reforçar a prova da inexistência de impedimentos para a realização do casamento. Para esse fim, a lei admite que a declaração seja assinada por familiares, derrogando a proibição genérica estabelecida no art. 228, V, do Código Civil. A lei não se contenta com as informações dos cônjuges sobre os seus dados pessoais, exigindo a atestação feita por duas testemunhas de que elas são verídicas.

O fato de constar do processo de habilitação a aludida declaração não obsta à oposição de eventual impedimento, na forma da lei.

---

[22] *Tratado de direito de família*, cit., v. I, p. 132, n. 10.

2.1.4. Declaração do estado civil, do domicílio e da residência dos contraentes e de seus pais, se forem conhecidos

O documento, que recebe a denominação de *memorial*, destina-se a uma perfeita identificação dos nubentes e deve ser assinado por eles. A declaração esclarecerá se os nubentes são maiores ou menores, solteiros, viúvos ou divorciados, devendo os viúvos informar se há filhos do primeiro casamento e os divorciados exibir certidão do registro da sentença; se o casamento anterior de um deles foi anulado, onde e quando tal ocorreu. Devem ainda declarar se ambos têm domicílio na localidade ou se um deles reside em outra, o que terá influência para a publicação dos proclamas.

A providência, como se percebe, oferece condições ao oficial do registro civil para aferir a existência de eventuais impedimentos ou causas suspensivas.

2.1.5. Certidão de óbito do cônjuge falecido, da anulação do casamento anterior ou do registro da sentença de divórcio

O viúvo deve provar o seu estado com a certidão de óbito do cônjuge falecido. A exigência tem por objetivo evitar o casamento de pessoas já casadas, com infração do impedimento dirimente do art. 1.521, VI. As pessoas indicadas só poderão contrair novas núpcias se demonstrarem o falecimento de seu cônjuge, se exibirem sentença que anulou seu casamento anterior, ou certidão do registro de sentença de divórcio.

Se o assento do óbito, entretanto, não foi lavrado porque o corpo desapareceu em naufrágio, inundação, incêndio, terremoto ou qualquer outra catástrofe, ou o falecido estava em perigo de vida e é extremamente provável a sua morte, tal certidão pode ser substituída por sentença obtida em declaração da morte presumida, sem decretação de ausência (CC, art. 7º) ou em justificação judicial requerida perante juiz togado (LRP, art. 88).

Tais procedimentos não se confundem com a declaração de ausência de pessoas que deixam o seu domicílio sem dar notícia de seu paradeiro, porque nesse caso não se declara a morte do ausente, e o seu cônjuge não poderá casar-se, salvo se obtiver o divórcio ou estiverem preenchidos os requisitos para a abertura da sucessão definitiva (CC, arts. 6º e 37), que dissolve a sociedade conjugal (art. 1.571, § 1º). Na última hipótese, a declaração de morte presumida ocorrerá após o trânsito em julgado da sentença que concedeu a sucessão definitiva dos bens do ausente (art. 6º), a qual, por sua vez, tem lugar depois de decorridos dez anos da concessão da sucessão provisória (art. 37).

Se a morte do cônjuge ocorreu no exterior, o viúvo deverá prová-la mediante a juntada de certidão obtida no país em que se verificou o fato, vertida para o português por tradutor juramentado, não podendo ser suprida por justificação processada no Brasil[23].

Nos casos de nulidade ou anulação do casamento, será juntada certidão do trânsito em julgado da sentença. Se um dos cônjuges for divorciado, não bastará a certidão do trânsito em julgado da sentença que decretou o divórcio: é preciso juntar certidão do registro dessa sentença no Cartório do Registro Civil onde o casamento se realizou, porque somente com esse registro produzirá efeitos (CC, art. 10, I; Lei n. 6.515/77, art. 32).

---

[23] Washington de Barros Monteiro, *Curso*, cit., v. 2, p. 34.

Capítulo III

DOS IMPEDIMENTOS

> *Sumário*: 1. Conceito e espécies. 2. Impedimentos resultantes do parentesco (consanguinidade, afinidade e adoção). 2.1. A consanguinidade. 2.2. A afinidade. 2.3. A adoção. 3. Impedimento resultante de casamento anterior. 4. Impedimento decorrente de crime.

1. CONCEITO E ESPÉCIES

Para que o casamento tenha *existência* jurídica, é necessária a presença dos elementos denominados essenciais: *diferença de sexo, consentimento* e *celebração* na forma da lei. Para que seja *válido* e *regular*, deve preencher outras condições.

O Código Civil não menciona os requisitos de *existência* jurídica do casamento por entender desnecessária a sua indicação, uma vez que dizem respeito aos elementos naturais da união conjugal, sendo implícita a necessidade de sua presença. Outros requisitos, porém, são expressamente exigidos e devem ser observados para a *validade* e regularidade do casamento, pressupostos estes não somente de ordem jurídica como ainda de natureza puramente ética, tão grande a influência que o casamento exerce nas relações de família e no meio social. Visam estes, cujo número restringe-se a sete no Código Civil de 2002, evitar uniões que possam, de algum modo, ameaçar a ordem pública. A sua inobservância fulmina de *nulidade* o ato.

Os motivos de proibição do casamento já existiam no direito romano. A ideia básica é que o casamento exige requisitos especiais distintos dos pressupostos necessários dos atos comuns da vida civil. Para que os indivíduos tenham essa capacidade especial é mister que reúnam as condições impostas pela lei, que costumam apresentar-se sob a forma negativa e são designadas como impedimentos. A expressão *impedimento* é de origem canônica e salienta o caráter excepcional da regra proibitiva, uma vez que, em princípio, todos podem casar-se, segundo expressa a regra *"omnes possunt matrimoniun contrahere, qui jure non prohibentur"*[1].

Segundo WASHINGTON DE BARROS MONTEIRO[2], "impedimentos são circunstâncias que impossibilitam a realização de determinado matrimônio". Para CLÓVIS[3], impedimento é a "ausência de requisitos para o casamento". Os impedimentos são, portanto, circunstâncias ou situações de fato ou de direito, expressamente especificadas na lei, que vedam a realização do casamento.

O Código Civil de 1916 disciplinava de forma bem diversa os impedimentos matrimoniais. No art. 183, o aludido estatuto enumerava dezesseis impedimentos, classificados em: a) absolutamente dirimentes (incisos I a VIII), que geravam a nulidade do casamento; b) relativamente dirimentes (incisos IX a XII), que objetivavam impedir prejuízos aos nubentes e geravam a anulabilidade da união; c) proibitivos ou meramente impedientes (incisos XIII a XVI), que visavam obstar a realização de casamentos que poderiam prejudicar interesses de terceiros. Não observados, o casamento se considerava *irregular*, mas não era invalidado: apenas impunha-se uma sanção aos noivos, qual seja, o casamento era considerado realizado no regime da separação de bens.

O atual Código Civil considera impedimentos apenas os dirimentes absolutos, ou seja, os que visam evitar uniões que possam, de algum modo, ameaçar a ordem pública, resultantes de circunstâncias ou fatos impossíveis de serem supridos ou sanados. As hipóteses de impedimentos relativamente dirimentes do Código Civil de 1916, como a falta de idade mínima para casar e a ausência de autorização por seu representante legal, foram deslocadas para o capítulo concernente à invalidade do casamento, como causas de anulabilidade. Em regra, a falta ou insuficiência da capacidade de consentir torna anulável (CC, art. 1.550, III e IV) o casamento.

E, por fim, as quatro últimas hipóteses enumeradas no art. 183 do Código Civil de 1916 são tratadas no novo diploma como *causas suspensivas*, que não impedem, mas afirmam que não *devem* casar as pessoas que se encontrarem temporariamente nas circunstâncias mencionadas no art. 1.523.

Não se deve confundir *impedimento* com *incapacidade* (*v.* Capítulo II, item 1, *retro*). O incapaz não pode casar-se com nenhuma pessoa, porque há um

---

[1] Eduardo Espínola, *A família no direito civil brasileiro*, p. 73; Cunha Gonçalves, *Direitos de família e direitos das sucessões*, p. 22-23; José Lamartine Corrêa de Oliveira e Francisco José Ferreira Muniz, *Direito de família*, p. 166; Caio Mário da Silva Pereira, *Instituições de direito civil*, v. 5, p. 79.

[2] *Curso de direito civil*, 32. ed., v. 2, p. 45.

[3] *Direito de família*, § 12, p. 68.

obstáculo intransponível. É o que acontece, por exemplo, com um menor de 8 anos de idade. O impedido apenas não está legitimado a casar com determinada pessoa (ex.: ascendente com descendente), mas pode fazê-lo com outra pessoa. É problema de *falta de legitimação*.

Os impedimentos visam preservar a *eugenia* (pureza da raça) e a *moral familiar*, obstando a realização de casamentos entre parentes consanguíneos, por afinidade e adoção (CC, art. 1.521, I a V), a *monogamia* (art. 1.521, VI), não permitindo o casamento de pessoas já casadas, e evitar uniões que tenham *raízes no crime* (art. 1.521, VII). Distribuem-se em três categorias, conforme a enumeração do art. 1.521, I a VII: a) *impedimentos resultantes do parentesco* (incisos I a V), que se subdividem em impedimentos de consanguinidade (*impedimentum consanguinitatis*, entre ascendentes e descendentes e entre colaterais até o terceiro grau – incisos I e IV), impedimento de afinidade (*impedimentum affinitatis*, que abrange os afins em linha reta – inciso II) e os impedimentos de adoção (incisos III e V); b) *impedimento resultante de casamento anterior* (inciso VI); e c) *impedimento decorrente de crime* (*impedimentum criminis*: inciso VII).

2. IMPEDIMENTOS RESULTANTES DO PARENTESCO (CONSANGUINIDADE, AFINIDADE E ADOÇÃO)

2.1. A consanguinidade

Dispõe o art. 1.521 do Código Civil que não podem casar: "*I – os ascendentes com os descendentes, seja o parentesco natural ou civil* (...); *IV – os irmãos, unilaterais ou bilaterais, e demais colaterais, até o terceiro grau inclusive*". A proibição do casamento de ascendentes e descendentes abrange todos os parentes em linha reta *in infinitum*, ou seja, sem limitação de graus.

As relações sexuais entre os parentes por consanguinidade caracterizam o incesto, que sempre foi combatido, mesmo entre os povos de pouca cultura. Somente no estágio primitivo dos grupos sociais eram comuns uniões envolvendo pais, filhos, irmãos etc.

O Código Civil não admite núpcias incestuosas. O casamento entre parentes consanguíneos próximos pode provocar o nascimento de filhos defeituosos. O impedimento revela, pois, preocupação de natureza eugênica[4]. Salienta, a

---

[4] Por motivos "tanto de ordem eugênica, em face da observação de que as uniões consanguíneas próximas geram taras fisiológicas, como ainda considerações de moralidade pública, presentes estas no parentesco consanguíneo como no afim, o incesto constitui um dos mais profundos tabus da Humanidade. É milenar o seu repúdio nas leis e nos costumes. Na literatura clássica, é bem viva a sua condenação na tragédia de Sófocles, onde se vê com horror Édipo desposar a mãe depois de assassinar o pai" (Caio Mário da Silva Pereira, *Instituições*, cit., v. 5, p. 82).

propósito San Thiago Dantas: "Além das razões morais, existem outras, derivadas da eugenia, ciência que se ocupa da defesa da raça, pois é uma ideia mais ou menos aceita por quase todos os higienistas de hoje que a endogamia familiar favorece a decadência das raças e estimula a transmissão de taras familiares... A exogamia familiar, casamento contraído com pessoa de sangue diverso, favorece o desenvolvimento da raça, do mesmo modo que o casamento com pessoas do mesmo sangue favorece sua decadência"[5].

Andou bem o legislador em não se referir, como o fazia o Código de 1916, ao parentesco e à filiação legítima e ilegítima, distinção esta proibida pelo art. 227, § 6º, da Constituição Federal de 1988, que equipara direitos e veda quaisquer designações discriminatórias relativas à filiação.

Não importa, para a caracterização do impedimento, se se trata de descendente havido do matrimônio ou não. Não podem casar, efetivamente, o ascendente com o descendente, seja a relação oriunda de casamento, de união estável, de concubinato ou de encontros esporádicos.

O impedimento resultante do parentesco civil, existente entre adotante e adotado (CC, art. 1.593), é justificado pelo fato de a adoção imitar a família. Inspira-se, pois, em razões de moralidade familiar. O adotante apresenta-se em face do adotado, aos olhos da sociedade, no lugar de pai. Seria, por isso, "repugnante ao sentimento moral da coletividade admitir um casamento entre as pessoas do adotante e do adotado. Daí a proibição da parte final do inciso I"[6].

Os *irmãos* são parentes colaterais em segundo grau porque descendem de um tronco comum, e não um do outro, e porque a contagem é feita subindo de um deles até o tronco comum (um grau) e descendo pela outra linha, até encontrar o outro irmão (mais um grau). O impedimento alcança os irmãos havidos ou não de casamento, sejam unilaterais ou bilaterais (que têm o mesmo pai e a mesma mãe, também denominados germanos). Os primeiros podem ser irmãos somente por parte de mãe (uterinos) ou somente por parte do pai (consanguíneos).

As mesmas razões de ordem moral e biológica desaconselham também o casamento de parentes próximos, na linha colateral. A concupiscência estimulada pela proximidade constante se instalaria no ambiente familiar, provocando desvios não desejáveis e o risco de agravamento de malformações somáticas.

Tios e sobrinhos são colaterais de terceiro grau, impedidos de casar. No direito pré-codificado o impedimento compreendia apenas o segundo grau, permitindo assim, livremente, as uniões conjugais entre tio e sobrinha. O Código Civil de 1916 estendeu-o ao terceiro, atendendo ao reclamo da doutrina. O Decreto-Lei

---

[5] *Direitos de família e das sucessões*, p. 139.
[6] Silvio Rodrigues, *Comentários ao Código Civil*, v. 17, p. 25-26.

n. 3.200/41 permitiu, entretanto, tal casamento, desde que se submetessem ao exame pré-nupcial (cuja realização, por dois médicos nomeados pelo juiz, deveria ser requerida no processo de habilitação) e o resultado lhes fosse favorável. Dispõe o art. 2º do aludido decreto-lei: "Os colaterais do terceiro grau que pretendem casar-se, ou seus representantes legais, se forem menores, requererão ao juiz competente para a habilitação que nomeie dois médicos de reconhecida capacidade, isentos de suspeição, para examiná-los, e atestar-lhes a sanidade, afirmando não haver inconveniente, sob o ponto de vista da saúde de qualquer deles e da prole, na realização do matrimônio".

Se houver divergência entre os médicos, deve o juiz nomear um terceiro desempatador, salvo se, como *peritus peritorum*, entenda haver elementos nos laudos apresentados que o autorizam a acolher um deles. Poderá ainda optar por nomear nova junta médica, para a realização de outro exame, aplicando por analogia o disposto na Lei n. 5.891, de 12 de junho de 1973, que altera normas sobre exame médico na habilitação de casamento entre colaterais de terceiro grau. Dispõe o art. 1º da aludida lei que, quando não se conformarem com o laudo que exclui a possibilidade de realização do casamento, "poderão os nubentes requerer novo exame, que o juiz determinará, com observância do disposto no art. 2º do Decreto-lei n. 3.200, de 19 de abril de 1941, caso reconheça procedentes as alegações ou hajam os nubentes juntado ao pedido atestado divergente firmado por outro médico".

O legislador de 2002 não se referiu à situação regulamentada pelo Decreto-Lei n. 3.200/41, que abria uma exceção à proibição legal de casamento entre tio e sobrinha, incorporada ao nosso sistema jurídico há mais de cinquenta anos. À primeira vista, ante a mencionada omissão, poder-se-ia entender vedado o casamento entre colaterais até o terceiro grau, e revogado o mencionado Decreto-Lei n. 3.200/41 pela lei posterior.

Todavia, acabou prevalecendo a melhor interpretação doutrinária, no sentido de que a ideia da revogação da indigitada exceção "afronta o princípio da especialidade. Com efeito, o Decreto-Lei n. 3.200/41 é regra especial em relação ao Código Civil, pelo que sua disciplina se mantém íntegra. Não altera, portanto, o novo Código Civil o regime do casamento entre tios e sobrinhos: haverá vedação legal somente se comprovada a inconveniência das núpcias no que tange à saúde de futura prole"[7].

---

[7] Fachin e Pianovski, *Código Civil comentado*, v. XV, p. 64.

No mesmo sentido manifestam-se: Silvio Rodrigues, *Comentários*, cit., v. 17, p. 28; Maria Helena Diniz, *Curso de direito civil brasileiro*, v. 5, p. 76; Arnaldo Rizzardo, *Direito de família*, p. 37; Alexandre Guedes Alcoforado Assunção, *Novo Código Civil comentado*, p. 1319.

Destarte, perde o impedimento para o casamento entre colaterais de terceiro grau o caráter absoluto, uma vez que é válido o casamento entre tios e sobrinhos que se submeterem a exame pré-nupcial, atestando o laudo médico a ausência de riscos para a saúde da futura descendência.

Em face desse entendimento generalizado da doutrina, despiciendo se mostra o acréscimo de parágrafo único ao art. 1.521 do Código Civil, como propõe o projeto apresentado ao Congresso Nacional pelo Deputado Ricardo Fiuza visando ao aperfeiçoamento do novo diploma, do seguinte teor: "Poderá o juiz, excepcionalmente, autorizar o casamento dos colaterais de terceiro grau, quando apresentado laudo médico que assegure inexistir risco à saúde dos filhos que venham a ser concebidos". Na justificativa da proposta apresentada consta que "há necessidade de se acrescentar o parágrafo único ao art. 1.521, a fim de compatibilizar o dispositivo com a legislação extravagante (Dec.-Lei n. 3.200, de 19-4-1941, e Lei n. 5.891, de 12-6-1973), que já admite, em determinadas hipóteses, o casamento dos colaterais de terceiro grau, como nos casos de tios e sobrinhos, uniões das mais comuns no interior do País".

Primos não são atingidos pela restrição e podem casar-se sem nenhum problema, *porque são colaterais de quarto grau.*

2.2. A afinidade

Preceitua o art. 1.521, II, do Código Civil, que não podem casar "*os afins em linha reta*".

Parentesco por afinidade é o que liga um cônjuge ou companheiro aos parentes do outro (CC, art. 1.595). Resulta, pois, do casamento ou da união estável. A proibição refere-se apenas à *linha reta.* Dissolvido o casamento ou a união estável que deu origem ao aludido parentesco, o viúvo não pode casar-se com a enteada, nem com a sogra, porque a afinidade em linha reta não se extingue com a dissolução do casamento que a originou (CC, art. 1.595, § 2º).

A afinidade na *linha colateral* não constitui empecilho ao casamento. Assim, o cônjuge viúvo ou divorciado pode casar-se com a cunhada. Tendo em vista que o art. 1.595 do Código Civil de 2002 incluiu o companheiro no rol dos parentes por afinidade, não pode ele, dissolvida a união estável, casar-se com a filha de sua ex-companheira.

Sobreleva anotar que a afinidade não vai além da pessoa do cônjuge: *adfinitas non egreditur e persona, adfinitas adfitatem non generat.* Quer dizer, segundo esclarece José Lamartine Corrêa de Oliveira, "que os tios de minha mulher são meus tios, por afinidade, na linha colateral, mas não são afins de meu irmão. Um homem pode casar-se com a enteada de seu irmão, ou com a sogra de seu filho. De outro lado, a afinidade subsistente (por ser na linha reta) entre uma pessoa e os parentes de seu falecido cônjuge, ou de seu ex-cônjuge, de que se tenha divorciado, não se estende ao novo cônjuge. Os afins de um cônjuge não são afins do outro, *adfines inter se non sunt adfines*: o marido da irmã e a mulher do irmão nada são entre si"[8].

Faz-se mister a concomitância de dois fatores da afinidade para que se configure o impedimento: o parentesco e casamento ou companheirismo. Significa dizer que, dissolvido um casamento ou união estável, não haverá afinidade entre os ex-cônjuges ou ex-companheiros e os eventuais futuros parentes do outro cônjuge ou companheiro, que não chegaram a ser parentes na constância do casamento ou união estável. Não há, desse modo, afinidade e, portanto, impedimento entre um homem e a filha da mulher de quem ele se divorciou, concebida com terceiro depois de dissolvido o casamento.

Não se configura o impedimento para o casamento dos afins se a união que deu origem à afinidade é declarada nula ou venha a anular-se. No primeiro caso, o casamento nulo nunca existiu, em realidade; no do anulável, dá-se o seu desfazimento pela sentença, como se nunca tivesse existido. Ainda que se considere ter havido mera união de fato, não tem esta o condão de gerar a afinidade, pois dispõe o § 1º do art. 1.723 do Código Civil que "*a união estável não se constituirá se ocorrerem os impedimentos do art. 1.521*".

Observa Lafayette[9] que não mais prevalece o impedimento resultante do chamado "parentesco espiritual" (*cognatio spiritualis*), que estabelecia o direito antigo, originário do batismo e que, sob fundamento canônico, obstava o casamento do padrinho com a afilhada, e entre os pais do batizado e os padrinhos.

2.3. A adoção

Prescreve também o art. 1.521 do Código Civil que não podem casar: "III – *o adotante com quem foi cônjuge do adotado e o adotado com quem o foi do adotante* (...); V – *o adotado com o filho do adotante*".

A razão da proibição é de ordem moral, considerando o respeito e a confiança que devem reinar no seio da família. A adoção, como foi dito, imita a família. Desse modo, o pai adotivo ou a mãe adotiva não pode casar-se com a viúva do filho adotivo ou com o viúvo da filha adotiva.

No caso do inciso V, os contraentes encontram-se na posição de irmãos. Foi retirada do texto a expressão "filho superveniente ao pai ou à mãe", que tanta

---

[8] *Direito de família*, cit., p. 176.
[9] *Direitos de família*, p. 52 e 55, notas 72 e 77.

controvérsia gerou na vigência do Código Civil de 1916, pois o impedimento decorre do parentesco existente entre irmãos. Assim, o adotado encontra-se impedido de se casar com as irmãs anteriores ou posteriores à adoção.

Na realidade, os mencionados incisos III e V do art. 1.521 do novo Código Civil seriam até dispensáveis se considerarmos que a Constituição Federal proíbe qualquer discriminação ou diferença de tratamento entre os filhos, seja o parentesco natural ou resultante da adoção. Desse modo não era necessário afirmar que o adotante não pode casar *"com quem foi cônjuge do adotado"*, pois se trata de parentes por afinidade na linha reta, impedidos de se casar por força do disposto no inciso II do referido dispositivo legal.

Da mesma forma mostra-se despicienda a referência a impedimentos entre o adotado e o filho do adotante, pelo fato de que são irmãos, como proclama a Constituição Federal, enquadráveis no inciso IV já mencionado.

Nessa linha, EUCLIDES DE OLIVEIRA e GISELDA NOVAES HIRONAKA, depois de elogiarem o novel legislador por retirar, por força do mandamento constitucional (art. 227, § 6º, da Carta de 1988), todas as referências que o Código Civil de 1916 fazia ao parentesco ou à filiação legítima e ilegítima, aduzem que o mesmo não se pode dizer da "referência aos adotivos, que permanecem com tratamento específico, nos incisos III e V do artigo 1.521 do novo Código, quando, na realidade, são simplesmente filhos, igualados aos naturais, ainda que decorrentes de vinculação civil. Por isso, não era preciso dizer que o adotante não pode casar-se com quem foi cônjuge do adotado, pois se configura, na hipótese, afinidade na linha reta que já tem previsão impeditiva no inciso II do mesmo dispositivo legal. Também desnecessária a menção a impedimentos entre o adotado e o filho do adotante, pela curial razão de que são simplesmente irmãos, por isso enquadráveis no inciso IV"[10].

A adoção, no Código Civil de 2002, é concedida por sentença constitutiva (art. 1.623, parágrafo único), sendo, portanto, irretratável. O impedimento, em consequência, é perpétuo.

3. IMPEDIMENTO RESULTANTE DE CASAMENTO ANTERIOR

Não podem casar, ainda, *"as pessoas casadas"* (CC, art. 1.521, VI). Procura-se, assim, combater a poligamia e prestigiar a monogamia, sistema que vigora nos países em que domina a civilização cristã.

---

[10] Do casamento, *Direito de família e o novo Código Civil*, p. 24.

O impedimento (*impedimentum ligaminis seu vinculi*) só desaparece após a dissolução do anterior vínculo matrimonial pela morte, invalidade, divórcio ou morte presumida dos ausentes (CC, art. 1.571, § 1º). No regime instituído pela Lei do Divórcio, o casamento válido se extinguia com a morte do outro cônjuge ou com o registro de sentença de divórcio (Lei n. 6.515/77, art. 24). A declaração de ausência não produzia efeitos de ordem pessoal, mas só patrimonial. Desse modo, ainda que o desaparecimento se prolongasse no tempo e possibilitasse a abertura da sucessão definitiva do ausente, não era permitido o casamento do outro cônjuge. Teria este de se divorciar, com fundamento na separação de fato por mais de dois anos, para novamente se casar.

O Código Civil de 2002 acrescentou, como causa de dissolução de casamento válido, "*a presunção estabelecida neste Código quanto ao ausente*" (art. 1.571, § 1º). O art. 6º do aludido diploma presume a morte do ausente "*nos casos em que a lei autoriza a abertura da sucessão definitiva*" e o art. 7º possibilita a declaração da "*morte presumida, sem decretação de ausência*", nos casos nele especificados. Os arts. 37 e 38, por sua vez, autorizam a abertura da sucessão definitiva do ausente "*dez anos depois de passada em julgado a sentença que concede a abertura da sucessão provisória*" e, também, "*provando-se que o ausente conta oitenta anos de idade, e que de cinco datam as últimas notícias dele*".

A infração do impedimento em apreço acarreta a nulidade do segundo casamento, respondendo ainda o infrator pelo crime de bigamia, punido com pena que varia de dois a seis anos de reclusão. Nesse sentido tem-se decidido: "Sendo irretorquível a prova da bigamia de um dos cônjuges, impõe-se a declaração da nulidade do casamento"[11]. Na vigência, pois, de um casamento válido não se pode contrair novas núpcias. O impedimento não decorre do fato de a pessoa já ter sido casada, mas por ser casada.

---

[11] TJSC, Ap. 41.602, 2ª Câm. Cív., rel. Des. Renato Melillo, v. u.
V. ainda: "É nulo o casamento de pessoas já casadas, afastada a boa-fé quando, ao habilitar-se para o segundo matrimônio, um dos nubentes emite declaração falsa em torno de seu estado civil" (TJRJ, 4ª Câm. Cív., DGJ 41, rel. Des. Marden Gomes). "Restando demonstrado, de forma cabal, celebração de seu casamento com a autora da ação anulatória, correta é a sentença que, proclamando a existência de impedimento dirimente absoluto, declara a anulação do vínculo matrimonial" (TJDF, Remessa de Ofício 2000.01.011853-5, 1ª T., rel. Des. Camanho de Assis, *DJU*, 7-8-2002). "Certidão de nascimento confeccionada com o fito exclusivo de propiciar segundo casamento. Bigamia caracterizada, estando porém demonstrada a boa-fé do outro cônjuge. Correta a sentença que proclama a nulidade do segundo casamento e declara a putatividade do casamento em relação ao cônjuge não impedido" (TJRJ, DGJ 00016/00, 4ª Câm. Cív., rel. Desa. Maria Augusta V. M. de Figueiredo, j. 31-8-2000).

O casamento religioso de um ou de ambos os cônjuges, que ainda não foi registrado no registro civil, não constitui impedimento para a celebração do casamento civil, uma vez que, na esfera jurídica, não é nulo nem anulável, mas inexistente. Também não obsta a aquisição dos efeitos civis por meio de um segundo casamento religioso.

Mesmo nulo o casamento, necessita o cônjuge, para se casar novamente, obter a declaração judicial da nulidade. Nesta ação, segundo ensinamento de IOLANDA MOREIRA LEITE, há que provar a ocorrência de dois pressupostos: "a) a realização válida do primeiro casamento; b) a vigência desse casamento à época da realização do segundo. Provados esses dois pressupostos na esfera civil, o segundo casamento receberá a sanção de nulidade, cessando todos os seus efeitos. A sanção de nulidade recairá sobre o segundo casamento, ainda que um ou ambos os contraentes estivessem de boa-fé"[12].

A necessidade de se declarar judicialmente a nulidade é ressaltada por PONTES DE MIRANDA: "A nulidade dos casamentos não os faz *nenhuns*. São nulos, mas têm *eficácia*, restrita embora. Não se decreta *de plano*. O direito canônico sempre exigiu a decretação em processo. Há *efeitos* do casamento nulo. Por isso mesmo é princípio de direito de família que não se pronuncia, *incidenter*, a nulidade de um casamento, como se pronunciaria a de outro *negotium nullum*"[13].

---

[12] Bigamia, *Família e casamento – doutrina e jurisprudência*, p. 307.
V. a jurisprudência: "Bigamia. Ação anulatória. Demonstração de que ambos os cônjuges estavam vivos ao tempo do segundo matrimônio. Prova necessária. Presunção de subsistência do vínculo sem essa prova. Impõe-se a extinção do processo, sem julgamento do mérito, quando efetivamente não há prova convincente da subsistência do casamento anterior, nem de sua inexistência, o que implica impossibilidade jurídica de qualquer julgamento da lide, em sua subsistência. Se não foi provado o óbito do primeiro marido da ré, em tempo anterior ao seu casamento com o autor, também não foi categoricamente desmentido, de tal maneira que pelo menos a dúvida persiste em torno da circunstância básica da pretensão do autor" (*RT*, 588/175).
[13] *Tratado de direito de família*, v. I, p. 115, n. 2.
Nesse sentido a jurisprudência: "Bigamia. Declaração de nulidade *incidenter tantum* em ação promovida para anular partilha realizada em inventário. Inadmissibilidade. Necessidade de procedimento próprio, com a citação do bígamo e da segunda mulher, com curador do vínculo" (*RT*, 760/232). "Bigamia. Ação de nulidade de casamento julgada procedente. Alegação de que o seu primeiro casamento era nulo. Questão que não pode ser resolvida incidentemente, como prejudicial da nulidade do segundo casamento, com sobrestamento desta ação" (STF, *RTJ*, 51/309). "Bigamia. Impossibilidade de reconhecimento da nulidade do segundo casamento, antes de promovida ação de anulação. Subsistência do segundo casamento, a produzir efeitos até que seja anulado pela via adequada" (*RJTJSP*, Lex, 37/118).

O Código Civil de 2002 manteve a exigência de processo para a proclamação da nulidade e anulabilidade do casamento, supondo sentença modificativa do *status* (arts. 1.561 a 1.563).

Preleciona ainda PONTES DE MIRANDA que, enquanto não se pronuncia a nulidade do primeiro casamento, o posterior é *tido* como nulo. Mas é nulo, aduz, "o posterior se o primeiro era apenas *anulável*, e não passou em julgado a sentença de anulação do primeiro antes de ser contraído o outro (MARTIN WOLFF, Familienrecht, *Lehrbuch*, II, 2ª parte, nº 45). Temos, assim, que a existência de casamento nulo opera como impedimento impediente e, infringido, o segundo casamento fica como *suspenso*. Decretada a nulidade do primeiro, o posterior é válido *ex tunc*. Porque a sentença de nulidade tem efeitos retroativos, o que também ocorre com a anulação (com exceções, *e.g.*, art. 217 – CC/1916)"[14].

Para o mencionado autor, assim, como por ele explicitado em outro local[15], a anulação do casamento "produz efeitos iguais à decretação da nulidade, salvo onde a lei civil abriu explícita exceção", como no caso de casamento putativo, previsto no art. 1.561 do novo diploma.

Também YUSSEF SAID CAHALI sustenta que "a sentença de nulidade ou de anulação (também nesta, segundo o melhor entendimento) opera a desconstituição do vínculo *ex tunc*"[16].

Nessa linha, enfatiza JOSÉ LAMARTINE CORRÊA DE OLIVEIRA[17] que, caso venha o primeiro casamento, em data posterior à da celebração do segundo casamento, a ser declarado nulo ou anulado, sem que se lhe reconheça o caráter putativo, daí decorrerá, dada a eficácia retroativa da nulidade ou anulação do primeiro casamento, ser válido o segundo casamento, por força de verdadeira remoção da causa originária de invalidade. Ajuizada eventualmente, aduz, "a ação de nulidade do 2º casamento (com fundamento na bigamia), pode ser suscitada nos autos a existência, em tramitação, de ação de nulidade ou anulação do 1º casamento. Em tal hipótese, deverá ser suspenso o processo referente à nulidade do 2º casamento, por depender a sentença de mérito do julgamento da ação de nulidade ou anulação do 1º – CPC [*de 1973*], art. 265, IV, *a* [CPC/2015, art. 313, V, *a*]".

---

[14] *Tratado de direito de família*, cit., v. I, p. 116, n. 4.

[15] *Tratado de direito privado*, v. 8, § 823, n. 1, p. 7.

[16] Bigamia, *Enciclopédia Saraiva do Direito*, v. 11, p. 327.

[17] *Direito de família*, cit., p. 186-187. A jurisprudência dominante é no sentido de que, "mesmo o agente estando separado judicial ou consensualmente, praticará o delito de bigamia em se casando novamente, pois a separação põe fim à sociedade conjugal, mas não extingue o vínculo matrimonial" (TJRN, Ap. 2003.004.293-8, Câm. Crim., rel. Des. Deusdedit Maria, *DJE*, 10-6-2004).

4. IMPEDIMENTO DECORRENTE DE CRIME

Estatui, por fim, o art. 1.521 do Código Civil que não podem casar: "VII – *o cônjuge sobrevivente com o condenado por homicídio ou tentativa de homicídio contra o seu consorte*". Trata-se de *impedimentum criminis*.

O dispositivo, malgrado não tenha feito nenhuma distinção, abrange somente o homicídio doloso, como é da tradição de nosso direito. Ademais, só existe tentativa de homicídio dolosa. No homicídio culposo não há o intuito de eliminar um dos cônjuges para desposar o outro e, por essa razão, não se justificaria punir o autor com a proibição. Caio Mário[18] cogita até da hipótese de um sentimento de reparação levar o agente a aproximar-se do que enviuvou, daí nascendo afeição a ser consagrada pelo casamento.

A *ratio* do impedimento assenta, com efeito, em juízo ético de reprovação, que não incide nos casos de simples culpa. Pela mesma razão, ou seja, por não ter havido intenção de matar, não alcança o impedimento o caso de homicídio prete-rintencional[19].

Não se reclama que o outro seja conivente ou esteja conluiado com o autor do *conjugicídio*, como ocorria na legislação pré-codificada e na de alguns países. O Decreto n. 181, de 24 de janeiro de 1890, exigia, para que se configurasse o impedimento, a condenação também do cônjuge sobrevivente como coautor ou cúmplice do delito (art. 7º, § 4º). Informa Eduardo Espínola[20] que procede do Projeto Beviláqua a ideia de impedir o casamento do esposo supérstite, embora absolutamente inocente, com a pessoa que haja, como autor ou cúmplice, sido condenada no processo decorrente do homicídio ou tentativa de homicídio contra o esposo falecido.

Justificando o impedimento, obtempera Clóvis Beviláqua: "O homicídio ou tentativa de homicídio contra a pessoa de um dos cônjuges deve criar uma invencível incompatibilidade entre o outro cônjuge e o criminoso, que lhe destruiu o lar e afeições, que deveriam ser muito caras. Se esta repugnância não surge espontânea, é de supor conivência no crime. Poderá ser ausência de sentimentos de piedade para com o morto, ou de estima para consigo mesmo, mas em grau tão subido que, se a cumplicidade não existiu, houve a aprovação do crime, igualmente imoral. E, nesta hipótese, a lei não ferirá um inocente, quer haja codelinquência, quer simples aprovação do ato criminoso"[21].

---

[18] *Instituições*, cit., v. 5, p. 88.

[19] Degni, *Il diritto di famiglia nel nuovo Códice Civile italiano*, § 17, p. 85; José Lamartine e Ferreira Muniz, *Direito de família*, cit., p. 184.

[20] *A família no direito civil brasileiro*, p. 89, nota 83.

[21] *Código Civil dos Estados Unidos do Brasil comentado*, v. 2, obs. 5 ao art. 183.

A inspiração do impedimento é, portanto, de ordem moral. Exige-se, todavia, para a sua existência, que tenha havido condenação. Se ocorreu absolvição ou o crime prescreveu, extinguindo-se a punibilidade, não se configura o impedimento. Tendo, porém, havido condenação, não o fazem desaparecer a prescrição da pretensão executória, a reabilitação, a anistia, a graça ou perdão. Quer a lei que se trate de condenação criminal, porquanto em processo civil de separação judicial poderá ser condenado o cônjuge adúltero, não o seu corréu.

A propósito, assevera VICENTE DE FARIA COELHO, em comentário ao art. 183, VIII, do Código de 1916, que se pode aplicar ao novo diploma: "Em qualquer das hipóteses, adultério e homicídio, ou tentativa de homicídio, o Código só estabeleceu impedimento se tiver havido condenação em processo criminal. Torna-se, assim, necessário que os fatos tenham sido apreciados e julgados, com condenação, pelo juízo criminal, para que se apliquem as regras constantes dos incisos VII e VIII do art. 183 do Código Civil"[22].

O Código Civil português prevê (art. 1.604º, *f*) impedimento impediente para a hipótese de simples "pronúncia do nubente pelo crime de homicídio doloso, ainda que não consumado, contra o cônjuge do outro, enquanto não houver despronúncia ou absolvição por decisão passada em julgado". Evidente a preocupação do legislador português, como observa JOSÉ LAMARTINE[23], com apoio em ANTUNES VARELA: "Como o impedimento dirimente só se configura com o trânsito em julgado da sentença condenatória, haveria o perigo de frustração dos objetivos de lei com a celebração do casamento durante a tramitação do processo criminal".

O Código Civil brasileiro de 2002 não incluiu essa hipótese no rol das causas suspensivas do art. 1.523, nem considera impedimento o fato de existir inquérito policial em andamento para apuração do homicídio ou da tentativa de homicídio, ou mesmo processo penal. Torna-se necessária a condenação do autor ou mandante do crime para que subsista o impedimento matrimonial.

LUIZ EDSON FACHIN e CARLOS EDUARDO PIANOVSKI pensam, todavia, do seguinte modo: "Ainda que a condenação seja posterior ao casamento, retroagirão seus efeitos para a situação jurídica matrimonial já estabelecida, operando sua nulidade"[24]. Parece-nos, no entanto, que as causas de nulidade do casamento são aquelas mencionadas no art. 1.548 do Código Civil: a) ausência do necessário discernimento para os atos da vida civil por parte do enfermo mental; e b) infringência de impedimento. Se o casamento se realiza quando ainda não havia

---

[22] *Nulidade e anulação do casamento*, p. 86.

[23] *Direito de família*, cit., p. 184.

[24] *Código Civil comentado*, v. XV, cit., p. 66.

condenação criminal transitada em julgado, não há fundamento para a sua anulação, porque inexistia o impedimento por ocasião de sua celebração. Como assinala PONTES DE MIRANDA[25], quando a lei fala em "condenado" havemos de entender que se trata de "condenação por sentença passada em julgado".

Observa ainda PONTES DE MIRANDA que há o *impedimentum criminis* ainda que se possa provar a nulidade ou a anulabilidade do casamento do cônjuge sobrevivente. Somente não o há, aduz, "se o crime foi cometido após passar em julgado a decisão de nulidade ou de anulação, ou, em se tratando de pessoa que pode, por seu estatuto, ser divorciada, depois de passar em julgado a sentença de divórcio".

A restrição alcança não só o autor do homicídio como também o mandante ou autor intelectual, desde que condenado. E estende-se ao que o for por tentativa de homicídio, ainda que o cônjuge alvo desse crime venha a falecer por outra causa. Obviamente, a proibição do casamento só se aplica após a morte deste ou a dissolução da sociedade conjugal por outra causa, como o divórcio e a morte presumida do ausente, quando então, desfeito o impedimento decorrente do liame matrimonial, haverá possibilidade de casamento do cônjuge supérstite, conivente ou não com o crime praticado. Poderá ele casar validamente com qualquer outra pessoa desimpedida, menos com o condenado por homicídio ou tentativa de homicídio contra o seu consorte[26].

O impedimento obsta também que os impedidos de se casar passem a viver, legalmente, em união estável, pois o art. 1.723, § 1º, do Código Civil proclama que *"a união estável não se constituirá se ocorrerem os impedimentos do art. 1.521"*, abrindo exceção apenas para que não incida a proibição do inciso VI no caso de a pessoa casada se achar separada de fato ou judicialmente.

A redação do inciso VII do art. 1.521 do novo diploma civil tem sido alvo de críticas da doutrina. Faltou esclarecer, segundo EUCLIDES DE OLIVEIRA e GISELDA HIRONAKA[27], que a vedação subsiste apenas em hipótese de crime voluntário, doloso, como é de tranquilo entendimento doutrinário, em correta exegese do que dispunha o Código de 1916, ao mencionar a figura do *delinquente*. Demais disso, aduzem, "o novo Código mantém a expressão *cônjuge sobrevivente*, a significar que o impedimento terá lugar somente nos casos de viuvez, deixando em aberto a situação do cônjuge que venha a se divorciar após tentativa de morte do seu marido, livrando-se, então, do impedimento para casar-se com o autor daquele crime. As razões morais que justificam a restrição do direito ao

---

[25] *Tratado de direito de família*, cit., v. I, p. 119-120.
[26] Caio Mário da Silva Pereira, *Instituições*, cit., v. 5, p. 87; Vicente de Faria Coelho, *Nulidade*, cit., p. 90; José Lamartine e Ferreira Muniz, *Direito de família*, cit., p. 183.
[27] Do casamento, cit., p. 25.

sobrevivente deveriam estender-se, como é curial, igualmente ao cônjuge divorciado, naquelas circunstâncias.

Idênticos comentários são feitos por CAIO MÁRIO[28] e ALEXANDRE ALCOFORADO ASSUNÇÃO[29]. Informa o último que, pelos fundamentos expostos, apresentou ao Deputado Ricardo Fiuza sugestão no sentido de propor à Câmara dos Deputados a supressão dos incisos III e IV, bem como nova redação para o inciso VII, qual seja: "VII – o cônjuge com o condenado por homicídio doloso ou tentativa de homicídio contra o seu consorte".

O Código Civil de 2002 não contempla o impedimento relativo ao casamento do cônjuge adúltero com o seu cúmplice por tal condenado, previsto no diploma de 1916, merecendo por isso encômios. Como percucientemente observa CAIO MÁRIO, "sob aspecto moral, mais correto age quem se casa com a mulher que induziu ao erro, do que aquele que a abandona. A vida social está cheia desses exemplos, merecendo aplausos quem repara o mal. Diante do entendimento mais recente no sentido de, cada vez mais, se descriminalizar o adultério, antecipou-se o legislador civil ao excluir dos impedimentos tal hipótese"[30].

---

[28] *Instituições*, cit., v. 5, p. 88.

[29] *Novo Código Civil*, cit., p. 1319-1320.

[30] *Instituições*, cit., v. 5, p. 88-89.

Capítulo IV

DAS CAUSAS SUSPENSIVAS

> *Sumário*: 1. Introdução. 2. Confusão de patrimônios. 3. Divórcio. 4. Confusão de sangue (*turbatio sanguinis*). 5. Tutela e curatela. 6. Observações finais.

1. INTRODUÇÃO

Causas suspensivas são determinadas circunstâncias ou situações capazes de suspender a realização do casamento, se arguidas tempestivamente pelas pessoas legitimadas a fazê-lo, mas que não provocam, quando infringidas, a sua nulidade ou anulabilidade. O casamento é apenas considerado *irregular*, tornando, porém, obrigatório o regime da separação de bens (CC, art. 1.641, I), como sanção imposta ao infrator[1].

As aludidas causas visam proteger interesses de terceiros, em geral da prole (herdeiros) do leito anterior (evitando a confusão de patrimônios e de sangue), do ex-cônjuge e da pessoa influenciada pelo abuso de confiança ou de autoridade exercido pelo outro (tutela e curatela). Podem, por isso, deixar de ser aplicadas pelo juiz, provando-se a inexistência de prejuízo para essas pessoas (CC, art. 1.523 e parágrafo único).

O Código Civil de 1916 tratava dessa matéria como "*impedimentos impedientes ou proibitivos*", que o art. 183 abrangia na mesma proibição ("não podem casar"). A infração aos mencionados impedimentos, com a realização do casamento, não conduzia, todavia, à sua invalidade, mas sujeitava o infrator a certas penalidades (*impediment fieri, facta tenent*).

---

[1] Proclama a Súmula 377 do Supremo Tribunal Federal: "No regime de separação legal de bens, comunicam-se os adquiridos na constância do casamento". Consagra tal súmula, portanto, a comunicação dos *aquestos*.

O Código Civil de 2002 os qualifica como "causas suspensivas", enunciadas como conselhos: "não devem casar". A sua incidência depende, contudo, de oposição tempestiva por algum dos legitimados. Se comprovadas as causas invocadas, o casamento não poderá se realizar enquanto não forem afastadas. Se, porém, forem opostas apenas depois de celebrado o casamento, este será válido, mas vigorará entre os cônjuges o regime da separação de bens, como já foi dito.

Ainda como sanção, aplicável à hipótese do inciso I do art. 1.523 do Código Civil, a lei confere hipoteca *"aos filhos, sobre os imóveis do pai ou da mãe que passar a outras núpcias, antes de fazer o inventário do casal anterior"* (CC, art. 1.489, II), com o objetivo de evitar qualquer possibilidade de dilapidação do patrimônio antes da partilha.

A oposição das causas suspensivas, como se verá no capítulo seguinte, deve ser feita no prazo de quinze dias da publicação dos editais, para produzir o efeito de sustar a realização do casamento. Se efetivada após esse prazo, não terá o condão de obstá-lo, embora sujeite os cônjuges ao regime da separação dos bens e os imóveis destes a hipoteca legal, na hipótese do inciso I do art. 1.523 supramencionado. Ainda que arguidas tempestivamente, há, não obstante, possibilidade de se afastar tais causas, com todos os seus respectivos efeitos, nas hipóteses do parágrafo único do art. 1.523, que se reporta à inexistência de prejuízo às pessoas que a lei visa proteger[2].

2. CONFUSÃO DE PATRIMÔNIOS

Para evitar a confusão de patrimônios, dispõe o art. 1.523 do Código Civil: *"Não devem casar: I – o viúvo ou a viúva que tiver filho do cônjuge falecido, enquanto não fizer inventário dos bens do casal e der partilha aos herdeiros".*

Com a partilha, definem-se os bens que comporão o quinhão dos filhos do casamento anterior, evitando a referida confusão. No Código Civil de 1916 o cônjuge infrator sofria a perda do direito ao usufruto dos bens dos filhos do primeiro casamento. Era o único impedimento impediente em que havia dupla sanção ao infrator: perda do referido usufruto e imposição do regime da separação de bens. *Somente esta última sanção é prevista no atual diploma, no livro do direito de família, que considera o fato mera causa suspensiva do casamento, restrição esta menor que o impedimento.*

Entretanto, como foi dito no item anterior, há outra sanção, prevista, porém, no livro concernente ao direito das coisas, para o infrator da causa suspensiva em

---

[2] Fachin e Pianovski, *Código Civil comentado*, v. XV, p. 75.

apreço: a incidência da hipoteca legal em favor dos *"filhos, sobre os imóveis do pai ou da mãe que passar a outras núpcias, antes de fazer o inventário do casal anterior"* (art. 1.489, II).

O óbice à realização do casamento não desaparece com o fato de haver sido iniciado o inventário. A lei exige mais: que haja partilha julgada por sentença, pois é ela que define claramente o direito de cada um. É necessário, assim, que se homologue a partilha, promovendo-se a separação dos patrimônios, de modo que aos herdeiros do cônjuge falecido sejam atribuídos discriminadamente os bens que lhes cabem. Se todos forem capazes e não houver testamento, a partilha poderá ser feita administrativamente, por escritura pública, a qual valerá por si, como título hábil para o registro imobiliário, nos termos do art. 610, § 1º, do Código de Processo Civil de 2015.

Todavia, em hipótese em que o viúvo somente realizou a partilha dos bens aos herdeiros do leito anterior tempos depois do segundo casamento, decidiu o *Tribunal de Justiça de São Paulo*, quando ainda vigente o Código Civil de 1916: "A razão de ser do impedimento proibitivo disposto no inc. XIII do art. 183 do CC é a de evitar-se a confusão do patrimônio do novo casal com o dos herdeiros do primeiro casamento. Evitando-se tal confusão, com rigoroso respeito do patrimônio dos herdeiros, por ocasião do inventário dos bens do cônjuge falecido, seria de muito rigor impor-se o regime de separação de bens ao novo casamento, como determina o art. 258, I, do CC"[3].

A jurisprudência tem, efetiva e sabiamente, nos casos de infração à restrição legal, afastado a invalidade do regime da comunhão de bens, se o cônjuge falecido não tiver deixado algum filho, assim como, ainda que tenha deixado algum, se o casal não tiver bens a partilhar. Por essa razão, admitem os juízes, embora não prevista no Código de Processo Civil, a realização do *inventário negativo*, instruído com certidão negativa de bens, cuja única finalidade é comprovar a inexistência da causa suspensiva em questão. Mesmo existindo filhos e bens, também tem sido afastada a nulidade quando não há risco de confusão de patrimônios em razão do novo casamento, como consta do precedente retrotranscrito.

---

[3] *RT*, 647/101.

Decidiu o Superior Tribunal de Justiça interessante caso: "O viúvo que recasa, pelo regime da comunhão de bens, sem antes proceder ao inventário dos bens do casal, beneficiando-se com o patrimônio aportado pela nova esposa, alienado a benefício comum, não tem legitimidade para propor a ação de retificação do registro civil, a fim de fazer prevalecer o regime da separação legal, com o intuito de assim excluir a mulher da partilha do único bem com que ele concorreu para o patrimônio do casal, comportamento malicioso que não pode encontrar guarida no ordenamento jurídico, presidido pelo princípio da boa-fé. Nesse caso, seria só dos filhos o interesse em promover a ação. Carência reconhecida" (REsp 21.162-5-SP, 4ª T., rel. Min. Ruy Rosado de Aguiar).

Poderá o juiz, como foi dito, autorizar a realização do casamento se o nubente provar a inexistência de prejuízo para ele e os filhos, como o faculta o parágrafo único do art. 1.523 do Código Civil.

3. DIVÓRCIO

Para também evitar confusão de patrimônios, o novel legislador estabeleceu previsão específica de causa suspensiva de casamento para "*o divorciado, enquanto não houver sido homologada ou decidida a partilha dos bens do casal*" (CC, art. 1.523, III).

Procura-se evitar controvérsia a respeito dos bens comuns na hipótese de novo casamento de um dos divorciados, em face do regime de bens adotado. Contudo, a restrição será afastada, provando-se a inexistência de prejuízo para o ex-cônjuge (art. 1.523, parágrafo único).

Informa ALEXANDRE ALCOFORADO ASSUNÇÃO[4] que a Emenda de n. 167 do Senado Federal introduziu o mencionado inciso III do art. 1.523, com a seguinte redação: "III – o divorciado, enquanto não houver sido homologada a partilha dos bens do casal". A Câmara dos Deputados, na fase final de tramitação, alterou a redação para incluir a expressão "ou decidida", uma vez que a partilha pode ser objeto de homologação, em divórcio consensual, ou de decisão no divórcio litigioso.

Aduz o mencionado autor que a inovação "tem o propósito de evitar confusão entre o patrimônio da antiga e da nova sociedade conjugal. O divorciado por via direta, pela fruição do lapso temporal de separação de fato, ficará sujeito à causa suspensiva para novo casamento, enquanto pendente a partilha dos bens do casal. Não há óbice ao divórcio sem a prévia partilha dos bens, mas, neste caso, a causa suspensiva se instala".

Registre-se que o art. 733 do Código de Processo Civil de 2015 permite que "o divórcio consensual, a separação consensual e a extinção consensual de união estável, não havendo nascituro ou filhos incapazes e observados os requisitos legais", sejam "realizados por escritura pública", com partilha dos bens comuns. A escritura "*não depende de homologação judicial e constitui título hábil para qualquer ato de registro, bem como para levantamento de importância depositada em instituições financeiras*" (art. 733, § 1º).

---

[4] *Novo Código Civil comentado*, p. 1323.

4. CONFUSÃO DE SANGUE (*TURBATIO SANGUINIS*)

Dispõe o inciso II do art. 1.523 do Código Civil que também não devem casar "*a viúva, ou a mulher cujo casamento se desfez por ser nulo ou ter sido anulado, até dez meses depois do começo da viuvez, ou da dissolução da sociedade conjugal*".

Trata-se de causa suspensiva que se impõe somente à mulher. O objetivo é evitar dúvida sobre a paternidade (*turbatio sanguinis*), que fatalmente ocorreria, considerando-se que se presumiria filho do falecido aquele que nascesse até "*trezentos dias*" da data do óbito ou da sentença anulatória ou que declare nulo o casamento. Igual presunção atribuiria a paternidade ao segundo marido quanto ao filho que nascesse até "*cento e oitenta dias, pelo menos, depois de estabelecida a convivência conjugal*" (CC, art. 1.597, I e II).

Não subsiste a proibição se a nubente provar "*nascimento de filho, ou inexistência de gravidez, na fluência do prazo*", segundo proclama o parágrafo único, *in fine*, do referido art. 1.523. Contudo, deve-se admitir também a inexistência da mencionada restrição se houver aborto ou se a gravidez for evidente quando da viuvez ou da anulação do casamento. Igualmente, se o casamento anterior foi anulado por impotência *coeundi*, desde que absoluta e anterior ao casamento, ou quando resulta evidente das circunstâncias a impossibilidade física de coabitação entre os cônjuges[5].

Observe-se que o dispositivo em epígrafe não menciona impedimento para casamento de mulher divorciada há menos de dez meses pelo fato de que o divórcio exigia prazo mais dilatado, qual seja, de um ano no divórcio-conversão, e de dois anos no divórcio direto. Todavia, como proclama o *Enunciado n. 517 da V Jornada de Direito Civil do Conselho da Justiça Federal*, "A Emenda Constitucional n. 66/2010 extinguiu os prazos previstos no art. 1.580 do Código Civil, mantido o divórcio por conversão". Desse modo, a restrição deve ser aplicada, também, à mulher divorciada, uma vez que *ubi eadem ratio, ibi idem jus*.

A sanção ao infrator é a mesma prevista para todas as causas suspensivas, qual seja, a imposição da separação de bens no casamento. No entanto, poderá o juiz, como foi dito, autorizar o casamento se a nubente provar nascimento do filho ou inexistência da gravidez (CC, art. 1.523, parágrafo único).

5. TUTELA E CURATELA

Não devem, por fim, casar "*o tutor ou o curador e os seus descendentes, ascendentes, irmãos, cunhados ou sobrinhos, com a pessoa tutelada ou curatelada, enquanto*

---

[5] Caio Mário da Silva Pereira, *Instituições de direito civil*, v. 5, p. 93.

não cessar a tutela ou curatela, e não estiverem saldadas as respectivas contas" (CC, art. 1.523, IV).

Trata-se de causa suspensiva destinada a afastar a coação moral que possa ser exercida por pessoa que tem ascendência e autoridade sobre o ânimo do incapaz. O tutor é o representante legal do incapaz menor, e o curador, do incapaz maior. A lei restringe a liberdade do tutor e do curador de casarem com seus tutelados e curatelados enquanto não cessada a tutela ou curatela e não houverem saldado as respectivas contas.

A finalidade da regra em apreço é a proteção do patrimônio do incapaz, evitando o locupletamento do representante ou de seus parentes a suas expensas. Cessa a causa suspensiva com a extinção da tutela ou da curatela e com a aprovação das contas pelo juízo competente. Observa-se que a lei não proíbe que o tutor se case com o tutelado, ou o curador com o curatelado. Apenas impõe, como condição, que as contas devidas sejam prestadas e aprovadas e eventual débito saldado. Não vale a quitação dada pelo próprio interessado, pois as contas se prestam em juízo.

A restrição não se limita à pessoa do tutor ou à do curador, mas estende-se a seus descendentes, ascendentes, irmãos, cunhados e sobrinhos, que a lei não isenta de suspeição. Tal restrição não é, entretanto, absoluta. Pode ser afastada provando-se a inexistência de prejuízo para a pessoa tutelada ou curatelada, como dispõe o parágrafo único do art. 1.523 do Código Civil, já mencionado.

Somente será necessário comprovar ausência de prejuízo, em todos os casos mencionados no aludido parágrafo único, se oposta a causa suspensiva por algum interessado, uma vez que não é dado ao oficial do registro ou ao celebrante do casamento declarar de ofício a causa suspensiva.

6. OBSERVAÇÕES FINAIS

Inexistem outros impedimentos e outras causas de suspensão do casamento, além dos elencados pelo estatuto civil. Não são assim considerados outros fatos ou circunstâncias, como o alcoolismo, a dependência de substâncias tóxicas e certas doenças, como sucede em alguns países, nem a diversidade de crenças ou de raça dos contraentes[6].

Leis especiais criaram, todavia, restrições ao casamento de certas pessoas, em razão de seu estado ou profissão, equiparáveis a impedimentos. Necessitam estas de autorização de terceiros, sob pena de sofrerem sanções de ordem administrativa, impostas por seus superiores, sem afetar a validade do matrimônio. São

---

[6] Washington de Barros Monteiro, *Curso de direito civil*, 32. ed., v. 2, p. 58-59.

alcançados por essas normas regulamentares membros do Exército, Marinha e Aeronáutica, bem como funcionários diplomáticos e consulares. Os impedimentos do direito canônico não são reconhecidos pela lei civil.

Anote-se que o art. 7º, § 1º, da Lei de Introdução às Normas do Direito Brasileiro dispõe que, "realizando-se o casamento no Brasil, será aplicada a lei brasileira quanto aos impedimentos dirimentes e às formalidades da celebração". Assim, quanto às causas suspensivas, levar-se-á em conta o estatuto pessoal. Não se aplicará, por exemplo, a sanção do art. 1.641, I, do Código Civil, que impõe o regime da separação de bens, a cônjuge estrangeiro, em cuja lei nacional inexista semelhante penalidade.

Capítulo V

DA OPOSIÇÃO DOS IMPEDIMENTOS E DAS CAUSAS SUSPENSIVAS

Sumário: 1. Da oposição dos impedimentos. 1.1. Pessoas legitimadas. 1.2. Momento da oposição dos impedimentos. 1.3. Forma da oposição. 2. Da oposição das causas suspensivas. 2.1. Pessoas legitimadas. 2.2. Momento da oposição das causas suspensivas. 2.3. Forma da oposição.

1. DA OPOSIÇÃO DOS IMPEDIMENTOS

A oposição de impedimento é a comunicação escrita feita por pessoa legitimada, antes da celebração do casamento, ao oficial do registro civil perante quem se processa a habilitação, ou ao juiz que preside a solenidade, sobre a existência de um dos empecilhos mencionados na lei[1].

1.1. Pessoas legitimadas

A legitimidade para a oposição dos impedimentos rege-se pelo disposto no art. 1.522 do Código Civil, que assim dispõe:

"Os impedimentos podem ser opostos, até o momento da celebração do casamento, por qualquer pessoa capaz.

Parágrafo único. Se o juiz, ou o oficial de registro, tiver conhecimento da existência de algum impedimento, será obrigado a declará-lo".

A sociedade tem interesse em que não se realize o casamento de pessoas entre as quais vigora o impedimento. Razões de ordem pública, dirigidas especialmente à proteção da família, ditaram a sua previsão e enumeração. Por essa

---

[1] Silvio Rodrigues, *Comentários ao Código Civil*, v. 17, p. 31.

69

razão é amplo o campo de titularidade para a sua arguição. A lei autoriza, com efeito, *qualquer pessoa capaz* a denunciar o obstáculo ao casamento de que tenha conhecimento, ainda que não comprove interesse específico no caso.

Além disso, a oposição prescinde de provocação, pois o juiz, ou o oficial de registro, que tenha conhecimento da existência de algum impedimento, será obrigado a declará-lo *ex officio*. O múnus público que exercem impõe-lhes o dever de zelar pela observância do disposto em normas de ordem pública, não podendo deixar de declinar o impedimento de que tenham notícia, ao desempenharem suas funções nos procedimentos que lhes estão afetos. Esse dever não se estende à habilitação ou casamento realizados em outro cartório de registro civil.

O atual Código Civil não prevê pena de multa para o oficial do registro e o juiz, por não declararem de ofício os impedimentos que conhecerem, como o fazia o Código de 1916 nos arts. 227, III, e 228, III. *Mas o não cumprimento desse dever pode acarretar-lhes não só sanções de natureza administrativa, como também de natureza indenizatória, uma vez que um casamento anulado por conta de impedimento conhecido e não declarado de ofício pode dar ensejo a grave dano de natureza moral*[2].

O Código Civil de 1916 não mencionou a legitimação ativa do Ministério Público para opor os impedimentos dirimentes. Nem o fez o diploma de 2002. No entanto, como assevera PONTES DE MIRANDA[3], claro está que se inclui no rol das pessoas legitimadas. Para se chegar a tal conclusão, aduz, "não se precisa recorrer a qualquer princípio geral de direito, ou à analogia com outros artigos do Código Civil. Todo membro do Ministério Público é pessoa maior e, por certo, se lhe há de exigir declaração escrita, sob sua assinatura, instruída com as provas do fato que alegar".

A oposição de impedimento, ou a sua declaração de ofício, susta a realização do casamento até final decisão. Se, malgrado o impedimento, o casamento se realizar, poderá ser decretada a sua nulidade, a qualquer tempo, por iniciativa de qualquer interessado ou do Ministério Público (CC, art. 1.549).

1.2. Momento da oposição dos impedimentos

O art. 1.522 do Código Civil de 2002, retrotranscrito, simplificou o sistema de oposição de impedimentos ao declarar que podem ser opostos por qualquer pessoa capaz, em qualquer fase do processo de habilitação e "*até o momento da celebração do casamento*".

---

[2] Luiz Edson Fachin e Carlos Eduardo Pianovski Ruzyk, *Código Civil comentado*, v. XV, p. 68.
[3] *Tratado de direito de família*, v. I, § 25, p. 187.

Diante da gravidade dos obstáculos impostos no interesse da própria sociedade, os respectivos impedimentos podem ser ofertados a qualquer tempo, somente cessando a oportunidade com a cerimônia do casamento. A publicidade proporcionada pelos proclamas tem exatamente a finalidade de dar conhecimento geral da pretensão dos noivos de se unirem pelo matrimônio, para que qualquer pessoa capaz possa informar o oficial do cartório ou o celebrante do casamento da existência de algum empecilho legal.

Até o momento da realização da solenidade há, portanto, a possibilidade de se apontar o impedimento, diferentemente do que sucede no tocante às causas suspensivas, cuja oposição se submete ao prazo de publicação dos editais de habilitação, como se verá adiante.

1.3. Forma da oposição

Para evitar que a oposição de impedimentos se transforme em estímulo às imputações levianas e caluniosas, encoraje paixões incontidas ou disfarce despeitos inconfessáveis, torna-se necessária a observância rigorosa da forma de oposição dos impedimentos[4]. Deve ela ser fundada em elementos que demonstrem a sua veracidade, apresentados desde logo pelo oponente. Não se admite, pois, oposição anônima.

Preceitua, com efeito, o art. 1.529 do Código Civil que os impedimentos *"serão opostos em declaração escrita e assinada, instruída com as provas do fato alegado, ou com a indicação do lugar onde possam ser obtidas"*. Acrescenta o art. 1.530 que o oficial do registro civil *"dará aos nubentes ou a seus representantes nota da oposição, indicando os fundamentos, as provas e o nome de quem a ofereceu"*.

Por outro lado, aos nubentes é assegurado o direito de *"requerer prazo razoável para fazer prova contrária aos fatos alegados, e promover as ações civis e criminais contra o oponente de má-fé"* (CC, art. 1.530, parágrafo único).

O procedimento para a oposição dos impedimentos é sumário e complementado pelo art. 67, § 5º, da Lei dos Registros Públicos (Lei n. 6.015/73). Os autos serão remetidos ao juízo competente, com as provas já apresentadas ou com a indicação do lugar onde possam ser obtidas. O juiz designará audiência, se houver necessidade de ouvir testemunhas indicadas pelo impugnante e pelos nubentes, e, após a oitiva dos interessados e do Ministério Público, decidirá no prazo de cinco dias, cabendo a interposição de recurso de apelação tanto por parte dos interessados como do representante do Ministério Público oficiante.

---

[4] De Page, *Traité élémentaire de droit civil belge*, v. I, n. 638; Caio Mário da Silva Pereira, *Instituições de direito civil*, v. 5, p. 89.

Se os cônjuges residirem em localidades diferentes, os editais serão publicados em cada circunscrição. Pode ocorrer, por essa razão, que a impugnação seja apresentada em circunscrição diferente daquela em que se processa a habilitação. Neste caso, o processamento se dará no cartório onde foi apresentada, mas o oficial deste comunicará ao do cartório onde se promove a habilitação. Enquanto não resolvido o incidente, fica sobrestado o casamento[5].

Julgada improcedente a oposição, estará o oponente de má-fé sujeito à responsabilização civil e criminal, nos termos do parágrafo único do mencionado art. 1.530 do Código Civil. Se é certo que a oposição de impedimentos e de causas suspensivas tem a finalidade de evitar nulidades ou prejuízos que possam decorrer do casamento, "não há dúvida de que a oposição de falso impedimento pode gerar grandes prejuízos morais ou mesmo patrimoniais aos nubentes; é cabível reparação civil, além de reprimenda de natureza penal, quando a oposição tiver características que possam enquadrá-la em previsão legal que constitua crime"[6].

A má-fé, *in casu*, é a que resulta de comportamento doloso, malicioso, do impugnante, mas que pode advir também da negligência e da imprudência. É óbvio, como enfatiza CAIO MÁRIO[7], com apoio em lições de PLANIOL, RIPERT e BOULANGER e ainda de ARTURO CARLO JEMOLO, que "a reparação dos danos (morais ou patrimoniais) não tem lugar pelo só fato da improcedência da oposição; é mister se apure a má-fé do oponente, o abuso que o inspirou, ou ao menos a culpa no seu comportamento".

Não resta dúvida de que o impugnante não pode agir precipitadamente e levantar suspeitas sobre a viabilidade e legalidade do casamento, sem acautelar-se acerca da veracidade da arguição. Um mínimo de cautela é exigível, para evitar dissabores e prejuízos desnecessários aos nubentes. A conduta negligente de quem provoca a suspensão do casamento sem apresentar elementos de convicção que tornem verossímil a oposição pode caracterizar a má-fé a que alude o mencionado parágrafo único do art. 1.530 do Código Civil.

Todavia, não se pode ser rigoroso na apreciação da conduta do impugnante, sob pena de se criar uma excessiva restrição à oposição de impedimentos, que constituiria um perigoso risco para quem se dispusesse a efetivá-la. Somente, pois, a culpa que revele uma total ausência de cautelas mínimas por parte do impugnante pode justificar a sua responsabilização como oponente de má-fé,

---

[5] Arnaldo Rizzardo, *Direito de família*, p. 66-67.

[6] Fachin e Pianovski, *Código Civil comentado*, cit., v. XV, p. 93.

[7] *Instituições*, cit., v. 5, p. 90-91.

afastando-se as hipóteses de culpa levíssima e até mesmo, conforme as circunstâncias, de culpa leve.

Cumpridas as formalidades dos arts. 1.526 e 1.527 do Código Civil e considerados aptos os nubentes ao casamento, lavrará o oficial certidão nesse sentido nos autos da habilitação e extrairá o respectivo certificado. A partir dessa data começará a fluir o prazo de noventa dias para contraírem o casamento. O aludido prazo, como já foi dito, é decadencial. Decorrido *in albis*, perderá efeito a habilitação, havendo necessidade de sua repetição caso persista a intenção dos nubentes de realizar o casamento (CC, arts. 1.531 e 1.532).

2. DA OPOSIÇÃO DAS CAUSAS SUSPENSIVAS

Causas suspensivas são circunstâncias ou situações capazes de suspender a realização do casamento, quando opostas tempestivamente, mas que não provocam, quando infringidas, a sua nulidade ou anulabilidade, como já foi dito. Correspondem aos impedimentos impedientes ou proibitivos do art. 183, XIII a XVI, do Código de 1916. O Código de 2002 incluiu entre as causas suspensivas a que estipula não dever o divorciado casar-se enquanto não houver sido homologada ou decidida a partilha dos bens do anterior casamento.

2.1. Pessoas legitimadas

O art. 1.524 do Código Civil enumera as pessoas que podem arguir as causas suspensivas, estabelecendo que podem ser opostas pelos *"parentes em linha reta de um dos nubentes, sejam consanguíneos ou afins, e pelos colaterais em segundo grau, sejam também consanguíneos ou afins".*

Diferentemente, pois, do que sucede com os impedimentos, que podem ser apresentados por qualquer pessoa capaz, é restrito o elenco de pessoas que podem articular as causas suspensivas. Somente podem fazê-lo os parentes em linha reta de um dos nubentes (pais, avós, sogros) e os irmãos e cunhados. Nem mesmo o Ministério Público está autorizado a tomar essa providência. A diferença de tratamento reside no fato de que os impedimentos são previstos em normas de ordem pública, cuja observância atende aos interesses da própria sociedade, ao passo que as causas suspensivas interessam apenas à família e eventualmente a terceiros. Podem, por isso, deixar de ser aplicadas pelo juiz, provando-se a inexistência de prejuízo para as pessoas que a lei visa proteger (CC, art. 1.523 e parágrafo único).

Constitui inovação do Código de 2002 a inclusão dos cunhados dos nubentes, que durante a vigência do casamento são parentes por afinidade em segundo grau, entre as pessoas legitimadas a opor as causas suspensivas.

Entende Pontes de Miranda[8] que se deve admitir, também, a oposição do que fora casado com a mulher que quer novamente se casar antes dos trezentos dias, em caso de nulidade ou anulação de casamento, porque tal causa suspensiva (art. 183, XIV, do CC/1916, *correspondente ao art. 1.523, II, do atual*) tem por fim evitar a *turbatio sanguinis*. Com efeito, um dos maiores interessados em afastar o problema que pode decorrer do casamento realizado antes dos dez meses posteriores à anulação do casamento anterior é o ex-cônjuge, do matrimônio anulado.

Perdeu o legislador a oportunidade de atender a essa arguta objeção do respeitado jurista mencionado. Todavia, pode-se sustentar, como sugerem Fachin e Pianovski[9], "a não taxatividade do rol de legitimados do artigo em comento, por meio de uma interpretação teleológica. Desse modo, seriam legitimados, além dos arrolados no art. 1.524, todos os que demonstrassem interesse legítimo na oposição da causa suspensiva prevista no inciso II do art. 1.523".

2.2. Momento da oposição das causas suspensivas

Diversamente dos impedimentos, que podem ser opostos no processo de habilitação e "*até o momento da celebração do casamento, por qualquer pessoa capaz*" (CC, art. 1.522), as causas suspensivas devem ser articuladas *no curso do processo de habilitação*, até o decurso do prazo de quinze dias da publicação dos proclamas.

Salienta Caio Mário[10], no tocante à oportunidade da oposição das causas suspensivas, que esta se liga, particularmente, ao processo de habilitação: anunciadas as núpcias pela publicação dos proclamas, abre-se o prazo de quinze dias, dentro do qual os interessados podem objetar contra o casamento.

A suspensão do casamento só tem lugar, assim, se a causa que a admite é oposta tempestivamente por algum dos legitimados, ou seja, dentro do prazo de quinze dias da publicação dos editais. Se o casamento se realizar a despeito da causa suspensiva, será válido, mas os nubentes sofrerão as sanções já mencionadas[11].

2.3. Forma da oposição

Na mesma trilha da orientação traçada para os impedimentos, prescreve o art. 1.529 do Código Civil que as causas suspensivas serão opostas "*em declaração escrita e assinada, instruída com as provas do fato alegado, ou com a indicação do lugar onde possam ser obtidas*".

---

[8] *Tratado de direito de família*, cit., v. I, § 25, n. 5.

[9] *Código Civil comentado*, cit., v. XV, p. 78.

[10] *Instituições*, cit., v. 5, p. 95.

[11] Fachin e Pianovski, *Código Civil comentado*, cit., v. XV, p. 72.

Incumbe ao oficial dar ciência da impugnação aos nubentes, fornecendo inclusive o nome de quem a apresentou, a teor do art. 1.530 do mesmo diploma: "*O oficial do registro dará aos nubentes ou a seus representantes nota da oposição, indicando os fundamentos, as provas e o nome de quem a ofereceu*". A eles é permitido requerer a concessão de prazo razoável para fazer prova contrária aos fatos alegados, "*e promover as ações civis e criminais contra o oponente de má-fé*" (parágrafo único).

Dispõe ainda o art. 1.531 do Código Civil que, cumpridas as formalidades relativas à habilitação (arts. 1.526 e 1.527) e verificada a inexistência de fato obstativo, "*o oficial do registro extrairá o certificado de habilitação*".

Capítulo VI
DA CELEBRAÇÃO DO CASAMENTO

Sumário: 1. Formalidades. 2. Momento da celebração. 3. Suspensão da cerimônia. 4. Assento do casamento no livro de registro. 5. Casamento por procuração.

1. FORMALIDADES

*O casamento é cercado de um verdadeiro ritual, com significativa incidência de
normas de ordem pública. Constitui negócio jurídico solene. As formalidades atribuem
seriedade e certeza ao ato, garantem e facilitam sua prova e resguardam o interesse de
terceiros no tocante à publicidade da sociedade conjugal.*

Anota PEREIRA COELHO que "as finalidades que a lei teve em vista ao exigir
para o casamento determinada forma são as finalidades genéricas do formalismo
negocial; além disso, e com a particular forma aqui exigida, pode dizer-se que a
lei pretendeu acentuar aos olhos dos nubentes e até de outras pessoas o alcance e
a significação do ato matrimonial"[1].

Embora o casamento civil não seja tão solene quanto os rituais eclesiásticos,
as formalidades exigidas são suficientes para enfatizar a relevância social do ato. Seja,
no entanto, casamento civil ou religioso com efeitos civis, reveste-se da necessária
solenidade por constituir o ato da vida civil a que a ordem jurídica atribui maior
importância, sendo o ponto de partida para a constituição da família. Todos os
sistemas jurídicos impõem a observância de formalidades, com maiores ou menores
minúcias, com a finalidade de destacar a relevância especial das bodas[2].

A celebração do casamento sem o atendimento dos rigores da lei torna
inexistente o ato, salvo casos excepcionais de dispensa, no casamento nuncupativo
e na conversão da união estável em casamento.

---

[1] *Curso de direito de família*, n. 28, p. 64.
[2] Caio Mário da Silva Pereira, *Instituições de direito civil*, v. 5, p. 111.

Os nubentes, depois de cumpridas as formalidades preliminares e munidos da certidão de habilitação passada pelo oficial do registro, devem peticionar à autoridade que presidirá o ato, requerendo a designação do "*dia, hora e local*" de sua celebração (CC, art. 1.533).

O *local* da realização da cerimônia em geral é a sede do próprio cartório onde se processou a habilitação, mas pode ser escolhido outro, público ou particular, como clubes, salões de festas, templos religiosos, casa de um dos nubentes etc., "*consentindo a autoridade celebrante*". É importante que as portas permaneçam abertas, permitindo o livre ingresso de qualquer pessoa no recinto, e que a solenidade se realize com toda publicidade, a fim de possibilitar a oposição de eventuais impedimentos, "*presentes pelo menos duas testemunhas, parentes ou não dos contraentes*", como o exige o art. 1.534, *caput* e § 1º, do Código Civil. Por essa razão, não se admitem locais impróprios, que inviabilizem a publicidade, ou inacessíveis ao público.

Não deve ser permitida a realização de casamentos em prédios de apartamentos, seja no salão de festas, seja na unidade condominial, ainda que permaneçam com as portas abertas, uma vez que a insegurança que reina principalmente nas cidades mais populosas faz com que o ingresso nos prédios seja controlado pelo serviço de portaria. Todavia, observa Caio Mário[3] que, "não obstante, celebram-se casamentos nestas circunstâncias, sem que se argua nulidade, o que converte o preceito em mera recomendação".

Nessa trilha, enfatiza Eduardo Espínola[4]: "É ponto hoje fora de dúvida, como o reconhece a doutrina, que a publicidade não constitui formalidade essencial do casamento; por conseguinte, este se não reputará nulo pelo fato de se haver celebrado clandestinamente. Em face de nosso direito não será, tampouco, nulo ou anulável o casamento, que se realize às ocultas, numa sala cujas portas se achem fechadas. É princípio proclamado pelos autores e pela jurisprudência dos tribunais que não há outras nulidades do casamento além das pronunciadas em termos expressos por um texto formal... Não estabelece também a nossa lei para a autoridade, que celebre um casamento sem a devida publicidade, pena especial".

Silvio Rodrigues[5], por sua vez, indaga se seria nulo o casamento realizado com as portas do apartamento abertas e as do prédio fechadas, respondendo, em seguida, que o "Código de 2002 conservou essa velharia certamente para não ser cumprida".

---

[3] *Instituições*, cit., v. 5, p. 113.
[4] *A família no direito civil brasileiro*, p. 128-129, nota 2.
[5] *Comentários ao Código Civil*, v. 17, p. 49.

O modo de fazer com que a lei seja cumprida é não permitir, como já sugerido, a realização de casamento em prédios de apartamentos que mantêm a portaria fechada, colocando empecilhos ao ingresso de pessoas, e considerar *inexistente* o celebrado nesses locais e nessas condições, uma vez demonstrado que tal circunstância obstou a oposição de algum impedimento, pela ausência de um de seus elementos essenciais, que é a celebração *na forma da lei*, tendo em vista que esta determina: "*Quando o casamento for em edifício particular, ficará este de portas abertas durante o ato*" (CC, art. 1.534, § 1º). Observe-se que o aludido dispositivo refere que o "*edifício particular*" (e não o apartamento) ficará de portas abertas durante o ato.

Nada impede que se realizem cerimônias coletivas, celebradas simultaneamente, como acontece muitas vezes nos grandes centros para atender às preferências dos cônjuges quanto a determinadas datas ou a movimentos destinados a incentivar a regularização de uniões de fato.

No tocante à *hora*, pode o casamento ser realizado durante o dia ou à noite, e em qualquer *dia*, inclusive aos domingos e feriados, contanto que a celebração não ocorra de madrugada ou em altas horas noturnas – o que dificultaria a presença de pessoas que pretendessem oferecer impugnações.

A presença das testemunhas é imprescindível. O art. 1.534, *caput*, do Código Civil exige a presença de pelo menos duas, afirmando que podem ser parentes ou não dos contraentes. Se algum deles não souber ou não puder escrever, colher-se-ão as impressões digitais, e o número de testemunhas será aumentado para quatro, qualquer que seja o local em que se realize o ato. Também será aumentado para quatro se o casamento se realizar em edifício particular (art. 1.534, §§ 1º e 2º), não havendo também aqui nenhuma restrição relativa ao parentesco, mesmo próximo, dos contraentes[6].

As testemunhas, em qualquer dos casos, não são meramente instrumentárias, mas participam do ato como representantes da sociedade, sem qualquer suspeição pelo fato de serem parentes dos nubentes, uma vez que têm interesse, mais até que qualquer outra pessoa, em que o enlace matrimonial se realize validamente.

A autoridade competente para celebrar casamentos, no Estado de São Paulo, enquanto não criados os juizados de paz mencionados na Constituição Federal e de caráter eletivo (arts. 98, II, e 30 do ADCT), é o *juiz de casamentos* do lugar em que se processou a habilitação. A lei de organização judiciária de cada Estado é que designa a referida autoridade. Em alguns Estados chama-se juiz de paz; em outros, o próprio juiz de direito é incumbido desse mister.

No Estado de São Paulo, a nomeação do juiz de casamentos é feita pelo Secretário da Justiça, que é auxiliar do governador. Cada Município e cada circunscrição

---

[6] Arnaldo Rizzardo, *Direito de família*, p. 71; Sílvio Venosa, *Direito civil*, v. VI, p. 97.

territorial têm o seu juiz de casamentos e dois suplentes. Trata-se de função não remu-nerada. Nas faltas ou nos impedimentos, tal autoridade será substituída somente por um dos suplentes nomeados (CC, art. 1.539, § 1º). O oficial do Registro Civil, nesses casos, será substituído por oficial ad hoc, *nomeado pelo presidente do ato, o qual, nos casos de urgência e ausência do Livro de Registros, lavrará termo avulso, "que será registrado no respectivo registro dentro em cinco dias, perante duas testemunhas, ficando arquivado"* (art. 1.539, § 2º).

2. MOMENTO DA CELEBRAÇÃO

Dispõe o art. 1.535 do Código Civil:

"Presentes os contraentes, em pessoa ou por procurador especial, juntamente com as testemunhas e o oficial do registro, o presidente do ato, ouvida aos nubentes a afir-mação de que pretendem casar por livre e espontânea vontade, declarará efetuado o casamento nestes termos:

'De acordo com a vontade que ambos acabais de afirmar perante mim, de vos receberdes por marido e mulher, eu, em nome da lei, vos declaro casados'".

O comparecimento dos nubentes deve ser simultâneo, sendo necessário que a vontade de casar seja manifestada no ato da celebração. Não se admite, com efeito, uma declaração de vontade formulada anteriormente à solenidade, pois a lei visa assegurar a liberdade e a atualidade do consentimento matrimonial. O princípio da atualidade do mútuo consenso sofre restrição, todavia, pela admissibilidade do casamento por procuração (CC, art. 1.542), como se verá no item 5, infra[7].

A celebração do casamento obedece a formalidades essenciais (*ad solemni-tatem*), que, se ausentes, tornarão o ato *inexistente*, como foi dito. A principal ocorre no momento em que o juiz pergunta aos nubentes, a um e após ao outro, se persistem no propósito de casar. A resposta, segundo o art. 1.535 do Código Civil, deve ser pessoal e oral, mas se admite, para o casamento de um surdo, pergunta e resposta escritas, e, para o casamento de um mudo, resposta por sinal[8]. O impor-tante é que o consentimento seja inequívoco, por palavras, gestos ou escrito, podendo resumir-se ao "sim".

O silêncio, nesse caso, não pode ser interpretado como manifestação de vontade. Não se admite também que o consentimento seja subordinado a condição ou termo. O estrangeiro pode valer-se de intérprete, caso não entenda bem o vernáculo.

---

[7] José Lamartine Corrêa de Oliveira e Francisco José Ferreira Muniz, *Direito de família*, p. 138; Antunes Varela, *Direito da família*, n. 38, p. 202.

[8] Marty e Raynaud, *Les personnes*, p. 119.

Tendo os nubentes manifestado o consentimento de forma inequívoca, *o juiz declarará efetuado o casamento, proferindo as palavras sacramentais discriminadas na segunda parte do art. 1.535 do Código Civil, retrotranscrito. Ao pronunciá-las o celebrante o faz em nome da lei, como representante do Estado, e é nesta qualidade que participa do ato.*

O Código Civil de 1916 tinha idêntico dispositivo. Entendiam alguns que somente após essa declaração poder-se-ia afirmar que o casamento estava realizado, pois não bastava o consentimento manifestado pelos noivos. Assim, para essa corrente, se um deles falecesse após o duplo consentimento, mas antes do pronunciamento do juiz, o outro permaneceria solteiro. Ambos permaneceriam solteiros, se falecesse o próprio juiz.

Outros, no entanto, sustentavam que o casamento se aperfeiçoava com a manifestação de vontade dos nubentes, sendo o pronunciamento do juiz meramente declaratório. A presença deste seria fundamental, mas não sua declaração. Lembravam que, no casamento nuncupativo, o consentimento é manifestado perante seis testemunhas, por não haver tempo para procurar o juiz ou algum de seus suplentes.

Na verdade, a declaração do celebrante é essencial, como expressão do interesse do Estado na constituição da família, bem como do ponto de vista formal, destinada a assegurar a legitimidade da formação do vínculo matrimonial e conferir-lhe certeza. Sem ela, o casamento perante o nosso direito é inexistente. Pode-se afirmar, pois, que o ato só se tem por concluído com a solene declaração do celebrante. Basta lembrar que a retratação superveniente de um dos nubentes, quando *"manifestar-se arrependido"* (CC, art. 1.538, III) após o consentimento e antes da referida declaração, acarreta a suspensão da solenidade. Tal fato demonstra que o casamento ainda não estava aperfeiçoado e que a manifestação de vontade dos nubentes só seria irretratável a partir da declaração do celebrante.

Qualquer dúvida que ainda pudesse existir foi afastada por expressa disposição do Código Civil de 2002: *"O casamento se realiza no momento em que o homem e a mulher manifestam, perante o juiz, a sua vontade de estabelecer vínculo conjugal, e o juiz os declara casados"* (art. 1.514). Não basta, portanto, a declaração de vontade dos contraentes, mesmo porque podem arrepender-se ou sofrer oposição de impedimento (CC, arts. 1.522 e 1.538).

Nos termos do § 8º do art. 67 da Lei de Registros Públicos, "a celebração do casamento poderá ser realizada, a requerimento dos nubentes, em meio eletrônico, por sistema de videoconferência em que se possa verificar a livre manifestação da vontade dos contraentes."

3. SUSPENSÃO DA CERIMÔNIA

Dispõe o art. 1.538 do Código Civil:

"*A celebração do casamento será imediatamente suspensa se algum dos contraentes:*

I – recusar a solene afirmação da sua vontade;

II – declarar que esta não é livre e espontânea;

III – manifestar-se arrependido.

Parágrafo único. O nubente que, por algum dos fatos mencionados neste artigo, der causa à suspensão do ato, não será admitido a retratar-se no mesmo dia".

Se, apesar da recusa, a cerimônia prosseguir e o ato for concluído e registrado, o casamento será inexistente por falta de elemento essencial: o *consentimento*[9]. A retratação não será aceita ainda que o nubente provocador do incidente declare tratar-se de simples gracejo. A intenção da lei é resguardar a vontade do nubente contra qualquer interferência. Mesmo que não se encontre sob influência estranha, a lei lhe propicia um compasso de espera para que medite e, se retornar, traga uma deliberação segura e amadurecida.

O certo é designar-se o casamento para o dia seguinte ou para nova data, dentro do prazo de eficácia da habilitação, para permitir uma serena reflexão do nubente indeciso. *Será caso de nulidade virtual do casamento se a retratação for admitida no mesmo dia, por contrariar proibição expressa, constante de norma cogente*[10].

Em hipótese nenhuma, portanto, o casamento poderá realizar-se no mesmo dia em que fora suspenso em virtude da recusa de um dos contraentes em afirmar a sua vontade de casar, ou da declaração de não ceder a um impulso livre e espontâneo, ou da manifestação de seu arrependimento. A proibição é justificada pelo "receio de ser o contraente, que deu causa à suspensão do ato, moralmente coagido a voltar de pronto à presença do juiz a fim de pronunciar uma afirmação que não corresponda ao seu verdadeiro desejo"[11].

Como assinala Clóvis Beviláqua[12], não admite a lei a retratação no mesmo dia, "porque traria aparências de uma sugestão, atuando, poderosamente, contra a espontaneidade, que se procura apurar, na medida do possível".

Além dos casos mencionados no art. 1.538 do Código Civil, retrotranscrito, a celebração do casamento se interromperá se os pais, tutores ou curadores revogarem a autorização concedida para o casamento respectivamente dos filhos, tutelados e curatelados, como o permite o art. 1.518 do aludido diploma, bem

---

[9] Eduardo Espínola, *A família*, cit., p. 138, nota 5.

[10] *RF*, 66/308; Caio Mário da Silva Pereira, *Instituições*, cit., v. 5, p. 116.

[11] Eduardo Espínola, *A família*, cit., p. 138, nota 5.

[12] *Direito de família*, p. 104.

como se, no decorrer da solenidade, for devidamente oposto algum impedimento legal cuja existência se mostre plausível ante a idoneidade do oponente, a seriedade da arguição e a robustez da prova ou informação[13].

4. ASSENTO DO CASAMENTO NO LIVRO DE REGISTRO

Completando o ciclo de formalidades, que se inicia com o processo de habilitação e prossegue com a cerimônia solene, lavrar-se-á, logo depois da celebração, assento no livro de registro, com os elementos elencados nos arts. 1.536 do Código Civil e 173 da Lei dos Registros Públicos. Deve ainda constar, se for o caso, a autorização para casar e transcrever-se-á, integralmente, a escritura antenupcial (art. 1.537).

Tal assento destina-se a dar publicidade ao ato e, precipuamente, a servir de prova de sua realização e do regime de bens. A sua lavratura constitui formalidade *ad probationem tantum*, e não *ad solemnitatem*, pois ocorre depois que o casamento já está concluído e aperfeiçoado. A sua falta apenas dificultará a prova do ato, mas não o tornará inválido. Assim, o cônjuge que optou por adotar os apelidos do outro deve assiná-lo com o nome de casado.

O registro "não contende com a existência, nem, em rigor, com a nulidade ou mesmo com a eficácia do ato, mas só com a sua prova"[14]. Prova-se o casamento celebrado no Brasil, com efeito, pela certidão do registro, como dispõe o art. 1.543 do Código Civil. Nada obsta, porém, que, inexistindo tal assento, seja o casamento provado por outros meios, inclusive a posse do estado de casado, provada por testemunhas que assistiram à celebração do ato ou que sempre consideraram os cônjuges como entre si casados, como se verá no capítulo seguinte[15].

Diversamente, porém, ocorre no casamento religioso com efeitos civis, em que o registro no livro próprio é condição de sua eficácia, devendo ser realizado no ofício competente. Efetuado o registro nas condições exigidas no art. 1.516 do Código Civil, reputar-se-ão os cônjuges casados desde a data da celebração (CC, art. 1.515).

O art. 1.536 enumera os dados que devem constar do assento no livro de registro. Constarão necessariamente *"prenomes, sobrenomes, datas de nascimento, profissão, domicílio e residência atual dos cônjuges"* (inciso I). Tais informações atualizadas destinam-se a identificar os consortes de modo completo e inequívoco.

---

[13] Caio Mário da Silva Pereira, *Instituições*, cit., v. 5, p. 115-116; Eduardo Espínola, *A família*, cit., p. 139, nota 5.

[14] Pereira Coelho, *Curso*, cit., p. 169-170.

[15] Cunha Gonçalves, *Direitos de família e direitos das sucessões*, p. 42.

Do mesmo modo, no tocante ao estado familiar, serão mencionados "*os prenomes, sobrenomes, datas de nascimento ou de morte, domicílio e residência atual dos pais*" (inciso II) de ambos os cônjuges.

Embora não esteja consignada exigência nesse sentido, também se faz necessário anotar no registro o nome adotado pelos nubentes, em caso de eventual adoção do sobrenome do consorte. O § 1º do art. 1.565 do Código Civil faculta a qualquer dos nubentes optar pelo sobrenome do outro, ou conservar o próprio, sem qualquer acréscimo, dispondo: "*Qualquer dos nubentes, querendo, poderá acrescer ao seu o sobrenome do outro*". A clareza do dispositivo não deixa dúvida de que o nubente, ao se casar, pode permanecer com o seu sobrenome de solteiro; mas, se quiser adotar os apelidos do consorte, não poderá suprimir o seu próprio sobrenome. Essa interpretação se mostra a mais apropriada em face do princípio da estabilidade do nome, que só deve ser alterado em casos excepcionais, princípio esse que é de ordem pública[16].

A jurisprudência considera que, "tendo a Constituição da República, em seu artigo 226, parágrafo 5º, assegurado a igualdade entre marido e mulher quanto aos direitos e deveres que resultam do casamento, nada impede que o marido venha a adotar, quando do casamento, o apelido de família da mulher"[17]. O art. 1.565, § 1º, do Código Civil, retrotranscrito, veio consolidar esse entendimento[18].

Exige também o art. 1.536 do Código Civil que conste do assentamento "*o prenome e sobrenome do cônjuge precedente e a data da dissolução do casamento anterior*" (inciso III), quando se tratar de cônjuge viúvo, divorciado ou, ainda, que teve casamento anterior anulado.

Constarão igualmente do assento "*a data da publicação dos proclamas e da celebração do casamento*" (inciso IV), bem como "*a relação dos documentos apresentados ao oficial do registro*" (inciso V), para possibilitar a verificação da

---

[16] Carlos Roberto Gonçalves, *Direito civil brasileiro*, v. 1, p. 174. Silvio Rodrigues, a propósito, adverte: "Note-se que a lei não permite que a mulher, ao casar-se, tome o patronímico do marido, abandonando os próprios. Apenas lhe faculta *acrescentar* ao seu o nome de família do esposo" (*Direito civil*, v. 6, p. 143). Nesse sentido também a jurisprudência: *RT*, 785/345.

[17] *JTJ*, Lex, 149/100.

[18] Logo que promulgada a Constituição Federal de 1988, Paulo Eduardo Razuk (O nome civil da mulher casada, *RJTJSP*, Lex, 128/19) criticou a inovação, afirmando que "o uso do nome do marido pela mulher permanece entre nós pela força do costume, como hábito enraizado na vida social", e que o uso pelo marido do nome da mulher seria prática inédita no Brasil. Aduziu que, nos países em que tal ocorre – França e Alemanha – "há nobreza de sangue, inexistente no Brasil, daí o interesse em preservar os seus nomes". Conclui o emérito juiz paulista que tal prática, no seu entender, "não teria aceitação social no Brasil". Na realidade, mesmo em países em que a opção é permitida há bastante tempo, como na Alemanha, é mínima a porcentagem de homens que adotam, pelo casamento, o sobrenome da mulher.

regularidade da habilitação. Caso se constate a existência de irregularidades em seu processamento, após o casamento, por não terem os nubentes, por exemplo, completado a idade mínima para casar ou obtido a autorização de seu representante, será o casamento anulável (CC, art. 1.550).

Da mesma forma, as pessoas que atuaram na solenidade como *"testemunhas"* devem ser devidamente qualificadas no assentamento (inciso VI). E, por fim, serão nele exarados, ainda, para fazer prova entre os próprios cônjuges e resguardar interesses de terceiros de boa-fé, *"o regime do casamento, com a declaração da data e do cartório em cujas notas foi lavrada a escritura antenupcial, quando o regime não for o da comunhão parcial, ou o obrigatoriamente estabelecido"* (inciso VII).

5. CASAMENTO POR PROCURAÇÃO

O casamento pode ser celebrado *"mediante procuração, por instrumento público"*, que outorgue *"poderes especiais"* ao mandatário para receber, em nome do outorgante, o outro contraente (CC, art. 1.542), que deve ser nomeado e qualificado. A procuração pode ser outorgada tanto a homem como a mulher para representar qualquer um dos nubentes.

O dispositivo em apreço possibilita, portanto, ao contraente que esteja impossibilitado de comparecer pessoalmente perante a autoridade competente, ou que prefira adotar essa forma, nomear procurador com poderes especiais para representá-lo no ato de celebração do casamento.

Se ambos não puderem comparecer, deverão nomear procuradores diversos. Como a procuração é outorgada para o mandatário receber, em nome do outorgante, o outro contraente, deduz-se que ambos não podem nomear o mesmo procurador, até porque há a obrigação legal de cada procurador atuar em prol dos interesses de seu constituinte, e pode surgir algum conflito de interesses.

Reconhece a doutrina certo poder de decisão ao procurador *ad nuptias*, que lhe permite recusar a celebração do casamento sempre que possa supor que o mandante, se tivesse conhecimento da realidade, com certeza não se casaria, como na hipótese de tomar ciência de relevante circunstância, como uma causa de invalidade do casamento ou doença física ou psíquica do nubente, por exemplo[19].

O mandato pode ser revogado só por *instrumento público* e terá eficácia pelo prazo de *noventa dias* (CC, art. 1.542, §§ 3º e 4º). *"A revogação do mandato não necessita chegar ao conhecimento do mandatário; mas, celebrado o casamento*

---

[19] Corrêa de Oliveira e Ferreira Muniz, *Direito de família*, cit., p. 143; Pereira Coelho, *Curso*, cit., n. 38, p. 89-90.

sem que o mandatário ou o outro contraente tivessem ciência da revogação, responderá o mandante por perdas e danos" (art. 1.542, § 1º). O casamento será *anulável*, desde que não sobrevenha coabitação entre os cônjuges, como prescreve o art. 1.550, V, do Código Civil.

A natureza do ato do casamento exclui que se possa contraí-lo por decisão de outrem, ou com a sua assistência. Quando "os pais, os tutores, ou curadores, consentem no casamento, não representam, nem assistem, pois a capacidade matrimonial é completa, e o consentimento, que se faz mister, é simples formalidade, com que se cerca de cautela o ato matrimonial, assim como precisa o marido, para a alienação de certos bens, do consentimento da mulher, ou vice-versa"[20].

O casamento por procuração não é admitido em todos os países. O direito italiano somente o permite para os militares em tempo de guerra ou para os residentes no estrangeiro. O Código Civil alemão (BGB) expressamente o proíbe (art. 1.317), sob o argumento de que a interferência de um procurador não permitirá que se apure, com inteira confiança, se o consentimento prestado na ocasião em que se realizar a solenidade é livre e espontâneo, ou se o nubente não se acha porventura arrependido.

No Brasil, como foi dito, a representação é permitida, sujeitando-se os nubentes ao formalismo especial exigido no mencionado art. 1.542 do Código Civil: outorga, por instrumento público, de poderes especiais ao mandatário para receber, em nome do mandante, o outro contraente, com a individuação precisa. Não constitui requisito essencial do instrumento a menção ao regime de bens do casamento, embora possa ser feita, facultativamente. No seu silêncio, prevalecerá o da comunhão parcial, salvo se for obrigatório, na espécie, o da separação[21].

A permissão se justifica plenamente, quando, inadiável o casamento ou inconveniente o seu retardamento, não seja possível a presença simultânea dos nubentes perante a autoridade que irá celebrar o ato. Por esse meio facilita-se o matrimônio quando, por exemplo, um dos nubentes reside em localidade diversa do outro e não pode deslocar-se, ou quando um deles se encontra no estrangeiro em trabalho, estudo ou missão que não podem ser interrompidos[22].

Merece detida reflexão a extinção da representação pela revogação da procuração, por morte ou incapacidade superveniente do representado.

No tocante à *revogação*, faz-se mister esclarecer que o mandato de direito das obrigações supõe a ciência do mandatário, pois, revogando o mandato, o

---

[20] Pontes de Miranda, *Tratado de direito de família*, v. I, § 28, n. 1, p. 193.

[21] Pontes de Miranda, *Tratado de direito de família*, cit., v. I, § 29, n. 2, p. 195.

[22] Eduardo Espínola, *A família*, cit., p. 143-144; Caio Mário da Silva Pereira, *Instituições*, cit., v. 5, p. 120.

mandante tem de dar ciência ao representante. Desse modo, valem os atos praticados enquanto o mandatário não sabe da revogação. Quanto aos terceiros de boa-fé, ainda que notificada ao mandatário a revogação, não produzirá efeitos (CC, art. 686).

Tais noções não se aplicam, todavia, à procuração *ad nuptias*, em razão da natureza personalíssima do casamento e do fato de a lei exigir a manifestação do consentimento no próprio ato da celebração. Afasta-se, portanto, o regime geral da extinção do mandato quanto ao mandatário (arts. 682, primeira parte, e 686) e a respeito do contraente de boa-fé (689), pelo qual se mantêm os efeitos da procuração após a causa de extinção quando desta não tenha conhecimento o mandatário ou o terceiro contraente. Não houvesse tal arredamento, poderia ocorrer uma situação inadmissível: a validade de um casamento realizado no momento em que o representado esteja já morto, desde que este fato seja ignorado do procurador ou do outro nubente.

A propósito, preleciona EDUARDO ESPÍNOLA: "Em nosso direito, parece-nos, quer se trate de morte, da qual tenham notícia o procurador e o outro contraente, quer de revogação de mandato, o casamento se não terá realizado validamente, porquanto a lei exige a manifestação do consentimento no próprio ato da celebração, e o consentimento requerido é o do mandante, e não o do mandatário. Óbvio é que a declaração feita pelo procurador, após a morte do representando ou a revogação do mandato, não corresponde à vontade atual do mandante. O contraente prejudicado, no caso de revogação, terá direito à indenização por perdas e danos, como expressamente lho autoriza a lei austríaca"[23].

Na mesma linha, sublinha PONTES DE MIRANDA[24] *que, revogado o mandato para contrair casamento, não importa saber se o fato chegou ao conhecimento do procurador ou do outro cônjuge. Se, aduz, "revogado o mandato, sem que o mandatário o saiba, foi contraído o casamento, consentimento não houve e, pois, é anulável o casamento, com fundamento no art. 183, IX, do Código Civil (de 1916, correspondente ao art. 1.550, IV, do CC/2002), por se tratar de consentimento do mandatário, e não do mandante".*

Dir-se-á que é injusto, acrescenta PONTES DE MIRANDA, "pois que o outro cônjuge confiou em que perdurasse o poder do procurador. Mas sem razão: primeiro, porque os prejuízos, que advierem, são prejuízos ressarcíveis, e não há negar-se o direito do contraente prejudicado à completa indenização por perdas e danos (Código Civil austríaco, § 76); segundo, se houve encontro entre os nubentes, após o casamento, com relações sexuais, ou qualquer ato de assentimento,

---

[23] *A família*, cit., p. 147.
[24] *Tratado de direito de família*, cit., v. I, § 29, n. 7, p. 197.

sanada está a nulidade relativa (desde que saiba ter-se efetuado o casamento aquele que deu a procuração, pois, ignorando-a, não haveria assentimento, salvo se mantida tacitamente ela)".

O Código Civil em vigor, como dito inicialmente, considera simplesmente *anulável* o casamento realizado pelo mandatário, sem que ele ou o outro contraente soubesse da *revogação* do mandato, desde que a ele não siga a coabitação (art. 1.550, V). Por essa razão, declara que a revogação do mandato não necessita chegar ao conhecimento do mandatário para produzir efeitos (art. 1.542, § 1º). Tal afirmação não exime o mandante, todavia, do dever de informar o mandatário e o outro nubente da revogação do mandato, sob pena de responder pelos prejuízos morais ou patrimoniais que causar por sua omissão, se o casamento se realizar.

Luiz Edson Fachin e Carlos Eduardo Pianovski aplaudem a solução, afirmando: "Ao optar pela anulabilidade, a codificação oportuniza que a coabitação convalide o casamento, o que não seria possível na hipótese de inexistência"[25].

A caducidade da procuração *ad nuptias* pela *morte* superveniente do representado acarreta, todavia, a *inexistência* do casamento posteriormente celebrado pelo mandatário[26]. A morte faz cessar o mandato para casamento como faz cessar qualquer mandato. Porém, "enquanto, no direito das obrigações, são válidos, a respeito dos contraentes de boa-fé, os atos ajustados em nome do mandante pelo mandatário, no tempo em que o mandatário ignora a morte do mandante, não vale o casamento que foi contraído após a morte do mandante, ainda que a ignorem o procurador e o outro nubente, ou a ignore um só deles"[27].

Não subsistirá o casamento, diz igualmente Eduardo Espínola, se falecer o mandante antes da celebração, "ainda que o mandatário e o outro contraente tenham ignorado essa circunstância"[28]. A natureza do ato, aduz, "não permite possa ele constituir-se, quando já morto um dos noivos, dadas as relações pessoais que se estabelecem por efeito do casamento".

Permanece válido, portanto, no regime do Código Civil de 2002, o entendimento acerca da inexistência do casamento realizado por procuração quando já operada a caducidade desta última em virtude de falecimento do outorgante[29].

A *loucura superveniente*, como assinala Pontes de Miranda, "revoga a procuração. Se efetuado o casamento após a loucura, volta o mandante à lucidez e, ciente da efetuação do casamento, tem relações sexuais com a pessoa com

---

[25] *Código Civil comentado*, v. XV, p. 132.
[26] Corrêa de Oliveira e Ferreira Muniz, *Direito de família*, cit., p. 145.
[27] Pontes de Miranda, *Tratado de direito de família*, cit., v. I, § 29, n. 8, p. 198.
[28] *A família*, cit., p. 146.
[29] Fachin e Pianovski, *Código Civil comentado*, cit., v. XV, p. 133.

quem foi realizado, ou pratica qualquer ato de assentimento, sanada está a nulidade relativa"[30].

Obviamente, ficará de nenhum efeito o casamento se, antes de realizado, houver o mandante contraído matrimônio com outra pessoa.

O atual Código Civil inovou ao prever a hipótese de procuração outorgada pelo nubente, no casamento nuncupativo ou *in articulo mortis, "que não estiver em iminente risco de vida"* (art. 1.542, § 2º). Essa modalidade de união conjugal, dada a sua peculiaridade, deve realizar-se com as maiores cautelas, em razão da ausência da autoridade competente. A dispensa, também, do cônjuge não enfermo, representado por mandatário, pode gerar abusos e litígios futuros, como oportunamente obtempera CAIO MÁRIO[31].

---

[30] *Tratado de direito de família*, cit., v. I, § 29, n. 7, p. 197.
Dispõe o art. 1.621º do Código Civil português: "1. Cessam todos os efeitos da procuração pela revogação dela, pela morte do constituinte ou do procurador, ou pela interdição ou inabilitação de qualquer deles em consequência de anomalia psíquica. 2. O constituinte pode revogar a todo o tempo a procuração, mas é responsável pelo prejuízo que causar se, por culpa sua, o não fizer a tempo de evitar a celebração do casamento".
[31] *Instituições*, cit., v. 5, p. 121.

Capítulo VII

DAS PROVAS DO CASAMENTO

> *Sumário*: 1. Introdução. 2. Prova específica: certidão do registro. 3. Posse do estado de casados: conceito e elementos. 3.1. Validade como prova do casamento de pessoas falecidas ou que não possam manifestar vontade. 3.2. Importância na solução da dúvida entre as provas favoráveis e contrárias à existência do casamento. 4. Prova do casamento celebrado no exterior. 5. Casamento cuja prova resultar de processo judicial.

1. INTRODUÇÃO

Como todo negócio jurídico, o casamento está sujeito a comprovação. A lei estabelece um rigoroso sistema de prova da sua existência, em decorrência de sua repercussão na órbita privada e dos efeitos relevantes que dele defluem, como, por exemplo, a condição de cônjuge meeiro e de herdeiro legítimo, a presunção de paternidade dos filhos nele havidos, a comunhão dos bens adquiridos na sua constância; a obrigação de prestar alimentos ao consorte, o estabelecimento de um regime de bens entre os cônjuges, a configuração da nulidade de outras núpcias posteriores etc.

O sistema de prova instituído pelo legislador do Código Civil de 2002, assim como já era no diploma de 1916, "*é o da prova pré-constituída. Sem inovar de modo significativo, o novo Código Civil trata a matéria entre os artigos 1.543 a 1.547. Mantém, como regra fundamental (art. 1.543, caput), a prova que se faz especificamente pela certidão do registro*, mas não alude à referência limitativa do artigo 202, parte final, do Código de 1916, em que se acrescentava que fosse o registro '*feito ao tempo da celebração*'.

A alteração do texto faz sentido em face das diferenças entre o casamento civil, que é registrado logo em seguida à celebração, e o casamento religioso, que poderá ter sua inscrição registrária a qualquer tempo"[1].

---

[1] Euclides de Oliveira e Giselda Novaes Hironaka, Do casamento, *Direito de família e o novo Código Civil*, p. 30.

Num primeiro momento, só permite a lei que o casamento seja provado com a certidão do registro. Todavia, tendo em conta a necessidade de minorar o rigor inicial, ela abre exceções ao princípio geral estatuído, para permitir a demonstração da existência de casamentos realmente ocorridos, mas que, por alguma circunstância, não podem ser comprovados pelo meio inicialmente aludido, como se verá a seguir.

2. PROVA ESPECÍFICA: CERTIDÃO DO REGISTRO

Prescreve o art. 1.543 do Código Civil que *o casamento celebrado no Brasil prova-se pela "certidão do registro"* (certidão de casamento expedida com base nos dados constantes do assento lavrado na data de sua celebração, conforme o estatuído no art. 1.536, ou posteriormente, se se tratar de casamento religioso com efeitos civis).

É o sistema *da prova pré-constituída, como mencionado no item anterior, adotado pela maioria das legislações estrangeiras e inspirado no art. 194 do Código Napoleão, verbis:* "Nul ne peut réclamer le titre d'époux et les effects civils du mariage, s'il ne represente un acte de célébration inscrit sur le registre de l'état civil"[2].

O Código Civil português igualmente considera obrigatório o registro do casamento, para servir de prova de sua celebração, admitindo também, como sucede no Código Civil brasileiro, a posse do estado de casados para suprir a sua perda ou omissão (arts. 1.651º e 1.653º).

Prescreve o parágrafo único do aludido art. 1.543 do Código Civil, no entanto, que a prova do casamento pode ser produzida por outros meios, *"justificada a falta ou perda do registro civil",* como em caso de incêndio do cartório, inundação, fraude, negligência do cartorário etc. Não se trata da simples perda da certidão, que pode ser substituída por segunda via, mas sim de desaparecimento do próprio registro, seja do livro ou do cartório onde efetuado o lançamento.

Essa prova *supletória* faz-se, assim, em duas fases: na primeira, prova-se o fato que ocasionou a perda ou a falta do registro; na segunda, se satisfatória a primeira, admitidas serão as outras, como testemunhas, registros em carteiras de trabalho e em passaportes, certidão de nascimento de filhos etc.

CLÓVIS BEVILÁQUA[3], ao tempo do Código de 1916, que tinha dispositivo idêntico (art. 202, parágrafo único), salientava: "Somente no caso de faltar o registro, por se ter perdido, inutilizado ou desaparecido, por culpa do oficial ou

---

[2] "Ninguém pode reclamar o título de esposo e os efeitos civis do casamento, se não apresentar o ato da celebração, inscrito no registro civil."

[3] *Código Civil dos Estados Unidos do Brasil comentado,* v. 2, p. 59-60.

não, é que o Código permite outro gênero de provas: testemunhas, documentos ou outras julgadas suficientes e adequadas".

Antigo julgado do *Tribunal de Justiça de São Paulo*, referindo-se ao aludido dispositivo (correspondente ao art. 1.543, parágrafo único, do diploma de 2002), que admitia, justificada a falta ou perda do registro civil, "qualquer outra espécie de prova", assentou: "Quer dizer: documentos, testemunhas, presunções, exames e vistorias, depoimentos, atos processados em juízo, sentença criminal passada em julgado, contra o responsável por subtração ou inutilização do registro civil, sentença proferida em justificação"[4].

Já se procurou sustentar, sublinha Pontes de Miranda, que, "na justificação, basta que as testemunhas deponham que ouviram as declarações dos nubentes de estarem no propósito de casar, por livre e espontânea vontade, porque, acrescentou-se, proferida essa afirmação por ambos os nubentes, o casamento está realizado. De modo nenhum: a prova que se tem de dar é a de ter havido o registro civil, sem o qual o casamento não teve publicidade. Por isso mesmo, diz o art. 202, parágrafo único (*do CC/1916*), que, '*justificada a falta ou perda do registro civil, é admissível qualquer outra espécie de prova'. A prova é para suprir a falta, ou perda, do registro civil, porque só o registro civil prova a existência do casamento*"[5].

É a ação declaratória meio hábil para confirmar a existência do casamento se perdido ou extraviado o registro do matrimônio, não se exigindo a restauração. A transcrição do julgado produzirá todos os efeitos civis desde a data da celebração.

3. POSSE DO ESTADO DE CASADOS: CONCEITO E ELEMENTOS

Posse do estado de casados é a situação de duas pessoas que vivem como casadas (*more uxorio*) e assim são consideradas por todos. É, em suma, a situação de duas pessoas que vivem publicamente como marido e mulher e assim são reconhecidas pela sociedade.

Tal *modus vivendi*, em regra, não constitui meio de prova do casamento, a não ser excepcionalmente, em benefício da prole comum (art. 1.545), e nas hipóteses em que ele é impugnado e a prova mostra-se dúbia, funcionando nesse último caso como elemento favorável à sua existência (art. 1.547).

Não se trata de conferir o *status* de casamento a circunstâncias de mera convivência ou coabitação, ainda que haja filhos, mas de induzir a existência do

---

[4] *RT*, 63/339.
[5] *Tratado de direito de família*, v. I, § 55, n. 2, p. 279.

casamento, que não pode ser provado por certidão do registro em face das aludidas circunstâncias. Desse modo, "a posse do estado de casado, por si só, *não equivale a casamento. É uma situação de fato, de vivência more uxorio, que serve como prova de casamento que tenha sido efetivamente celebrado.* Sem esse antecedente, a mera situação fática da posse do estado de casado seria, eventualmente, uma união estável"[6], que poderia converter-se em casamento a pedido das partes.

Os *elementos* que caracterizam a posse do estado de casados são: a) *nomen*, indicativo de que a mulher usava o nome do marido; b) *tractatus*, de que se tratavam publicamente como marido e mulher; c) *fama*, de que gozavam da reputação de pessoas casadas.

A rigor, a posse do estado de casados não constitui prova das justas núpcias, visto não se admitir presunção de casamento. Não se pode considerar existente a união conjugal pelo fato de conviverem e coabitarem duas pessoas e terem filhos. É difícil distinguir a sociedade conjugal de uma união estável, pois que esta também se caracteriza pelos três elementos suprarreferidos: *nomen, tractatus* e *fama*. O que distingue as duas situações é a prova da celebração, que deve existir, sob pena de toda união estável ser tida como casamento. Faculta-se a prova subsidiária de sua realização, justificada a falta do registro. A posse do estado de casados constitui, pois, prova hábil da celebração do casamento quando tem cunho confirmatório, não se prestando a tanto quando desacompanhada de outra prova do ato.

Em regra, a posse do estado de casados somente pode ser invocada como prova do casamento em caráter de exceção, para sanar qualquer falha no respectivo assento ou para beneficiar a prole.

3.1. Validade como prova do casamento de pessoas falecidas ou que não possam manifestar vontade

O art. 1.545 do Código Civil preceitua que o *"casamento de pessoas que, na posse do estado de casadas, não possam manifestar vontade, ou tenham falecido, não se pode contestar em prejuízo da prole comum, salvo mediante certidão do Registro Civil que prove que já era casada alguma delas, quando contraiu o casamento impugnado".*

Tal situação somente poderá ser alegada pelos *filhos* e se *mortos ambos os cônjuges*. É que, se um deles está vivo, deve indicar o local onde se realizou o casamento, para que os filhos obtenham a certidão. O dispositivo em apreço admite também a referida prova, mas pelos filhos de pais ainda *vivos*, e se estes se encontrarem impossibilitados de manifestar vontade, quando, por exemplo, perderam as faculdades mentais, encontram-se em estado de coma ou foram declarados ausentes por sentença judicial.

---

[6] Euclides de Oliveira e Giselda Novaes Hironaka, Do casamento, cit., p. 32.

Malgrado a Constituição Federal tenha equiparado os filhos, havidos ou não da relação do casamento, proibindo quaisquer designações discriminatórias relativas à filiação (art. 227, § 6º), têm eles interesse em comprovar a sua condição de membros de família regularmente constituída, podendo então alegar como prova a *posse de estado de casados* de seus pais. Não prospera, todavia, a aludida prova, como consta expressamente do dispositivo em tela, se for exibida certidão de que qualquer dos pais já era casado.

Adverte SILVIO RODRIGUES[7] que a finalidade da exceção é proteger a prole comum. Portanto, "se o ascendente de um dos pretensos cônjuges, para dele herdar, pretende provar o casamento, não pode, com fundamento nesse dispositivo (CC, art. 1.545), recorrer à posse do estado de casado, pois essa situação só é alegável tendo em vista evitar prejuízo à prole".

Vale ressaltar que o pedido de reconhecimento da existência do casamento com base na posse do estado de casados não pode fundar-se em prova exclusivamente testemunhal, senão também em outros elementos probantes idôneos, bem como em uma reunião de fatos que, considerados de modo unitário, revelem no plano social a existência do aludido estado.

Para que prevaleça a presunção do retrotranscrito art. 1.545 do Código Civil como prova do casamento é necessário, assim, em resumo, que:

a) tenham falecido os dois cônjuges, pois se apenas um é morto cumpre ao sobrevivo indicar o lugar em que foi celebrado o casamento, para que se extraia a respectiva certidão, ou, na falta ou perda do registro, se promova a prova de que fala o parágrafo único do art. 1.543; ou

b) estando ainda vivos, não puderem manifestar vontade;

c) encontrem-se na posse do estado de casados, no momento em que, pelo falecimento de um deles, dissolveu-se a união conjugal;

d) não tenha, algum interessado, apresentado certidão do registro civil que prove que com outra pessoa era casado, quando aparentava a posse de estado, um dos genitores, dos favorecidos com a presunção[8].

3.2. Importância na solução da dúvida entre as provas favoráveis e contrárias à existência do casamento

A posse do estado de casados também poderá ser alegada *em vida* dos cônjuges quando o casamento for impugnado. Neste caso, se houver dúvidas entre as provas favoráveis e contrárias à celebração do casamento, dever-se-á admitir sua

---

[7] *Direito civil*, v. 6, p. 75.
[8] Eduardo Espínola, *A família no direito civil brasileiro*, p. 166-168.

existência (*in dubio pro matrimonio*), "*se os cônjuges, cujo casamento se impugna, viverem ou tiverem vivido na posse do estado de casados*" (CC, art. 1.547).

Tal prova não se presta a convalescer vício que possa invalidar o casamento, pois não diz respeito à validade, mas à existência do fato (destruição ou falsidade do documento relativo ao casamento, p. ex.). Tem a doutrina, com efeito, advertido que "este meio de prova não deve ser utilizado nos casos em que se litiga sobre a validade do casamento. A presunção – *in dubio pro matrimonio* – só pode ser invocada para dirimir a incerteza, se ocorreu, ou não, o ato de celebração do casamento. Assim, a alegada posse do estado de casados serve para se provar a *existência* do casamento, nunca para convalescer vício que o *invalida*"[9].

Não se trata, evidentemente, de uma presunção de casamento, advinda da posse de estado de casados nem de prova do matrimônio por este meio. Por maior que seja o tempo em que duas pessoas coabitem, como assinala CAIO MÁRIO, "esta união não se converte em casamento. A posse de estado será, portanto, um elemento adminicular ou subsidiário, concedido ao juiz, para julgar *in favor matrimonii*, se as provas produzidas no processo forem colidentes, não o habilitando a decidir, com base nelas, pela existência ou pela inexistência do casamento"[10].

4. PROVA DO CASAMENTO CELEBRADO NO EXTERIOR

Prova-se o casamento celebrado fora do Brasil de acordo com a lei do país onde se celebrou. Trata-se de aplicação do princípio *locus regit actum*, acolhido no art. 7º da Lei de Introdução às Normas do Direito Brasileiro, segundo o qual a lei do país onde está domiciliada a pessoa determina as regras gerais sobre direito de família.

O documento estrangeiro deverá ser autenticado, segundo as leis consulares, para produzir efeitos no Brasil. Exige-se-lhe a legalização pelo cônsul brasileiro do lugar. Se, porém, foi contraído perante agente consular, provar-se-á o casamento por certidão do assento no registro do consulado.

Dispõe o art. 1.544 do Código Civil:

"*O casamento de brasileiro, celebrado no estrangeiro, perante as respectivas autoridades ou os cônsules brasileiros, deverá ser registrado em cento e oitenta dias, a contar da volta de um ou de ambos os cônjuges ao Brasil, no cartório do respectivo domicílio, ou, em sua falta, no 1º Ofício da Capital do Estado em que passarem a residir*".

---

[9] Euclides de Oliveira e Giselda Novaes Hironaka, Do casamento, cit., p. 33.
[10] *Instituições de direito civil*, v. 5, p. 126.

O cidadão brasileiro que resida no exterior pode optar por se casar pela lei brasileira, perante a autoridade consular, ou simplesmente conforme a lei estrangeira. Para a validade no Brasil, vindo o casal estrangeiro a fixar residência em nosso país, será necessário o registro da certidão do casamento realizado fora, com a devida tradução e a autenticação pelo agente consular brasileiro, conforme dispõe a Lei dos Registros Públicos (Lei n. 6.015/73, art. 32).

O aludido art. 1.544 do Código Civil é pouco claro e não compreende todas as hipóteses que possam ocorrer, devendo-se distinguir o casamento de brasileiro do de nacionais do país em que se celebrem.

Segundo preleciona CAIO MÁRIO, "o casamento de brasileiro no exterior pode ser celebrado perante o cônsul ou perante autoridade competente de acordo com a lei local. Se for celebrado perante autoridade consular, provar-se-á pela certidão respectiva, que faz as vezes de assento no Registro Civil. Se se celebrar o casamento perante a autoridade local prova-se na forma da lei do lugar, segundo a velha regra *locus regit actum*"[11].

Em qualquer das hipóteses, aduz o mencionado autor, "quando os cônjuges, ou um deles, regressar ao Brasil, deverá promover o registro no cartório do respectivo domicílio. Não fixando o domicílio, ou se no lugar em que o estabelecerem não houver cartório, a inscrição far-se-á no 1º Ofício da Capital do Estado em que passarem a residir. A referência ao prazo de 180 dias não tem maior consequência. É mera recomendação burocrática, porque, se não for promovido o registro nesse prazo, não ficam impedidos os cônjuges de o fazerem ulteriormente".

A lei não exige o registro, no Brasil, do casamento de estrangeiros celebrado no exterior, pois em princípio os atos e fatos ocorridos em outro país não entram no registro civil. Basta aos cônjuges apresentar a certidão do casamento autenticada pela autoridade consular, para provarem seu estado civil[12]. Pode, porém, haver problema de ordem prática na hipótese de o casal aqui se divorciar, por não ter acesso ao registro civil, uma vez que é necessária a averbação, no registro de casamentos, da sentença que decretou a dissolução conjugal. Somente a partir desse registro passa ela a produzir efeitos perante terceiros e os cônjuges podem casar-se novamente.

Algumas decisões proíbem a transcrição de assento no registro civil, se os cônjuges eram estrangeiros ao se consorciarem, mesmo que o casal venha a se

---

[11] *Instituições*, cit., v. 5, p. 123.

[12] "Divórcio direto. Estrangeiros. Casamento contraído no exterior. Eficácia deste que independe de traslado do assento em cartório brasileiro. Inaplicabilidade do artigo 32, § 1º, da Lei de Registros Públicos. Carência afastada. Prosseguimento do feito ordenado" (*RJTJSP*, Lex, 124/92).

naturalizar posteriormente[13]. Neste caso, deve-se admitir que os cônjuges estrangeiros aqui divorciados se casem novamente, sem a prévia averbação da sentença que decretou a extinção do vínculo matrimonial. Da mesma forma se deve proceder, como alvitra ARNALDO RIZZARDO[14], para a posterior conversão da separação em divórcio, que prescinde daquelas providências no cartório do registro civil, bastando "anexar, com o pedido, a certidão da sentença que concedeu a separação, com o trânsito em julgado". A prova da separação ou do divórcio é feita com certidão ou carta de sentença expedidas nos respectivos processos.

Nada impede, portanto, que os estrangeiros se separem ou se divorciem, apresentando em juízo a certidão estrangeira comprobatória do casamento, legalizada pela autoridade consular brasileira. Obtido o divórcio, apresentarão no processo de habilitação ao novo casamento apenas carta de sentença e a certidão do casamento anterior.

Seria aconselhável, por tais razões, que existisse, no registro civil, um livro próprio para tal registro. Nesse sentido a manifestação de NARCISO ORLANDI: "Para ir mais longe, *de lege ferenda*, seria útil a existência, em cada comarca, de um registro civil de estrangeiros. Serviria ele para colher os traslados de assentos de nascimento e casamento lavrados no exterior, sem que se emprestasse aos registros outra finalidade que não a probatória. Assim, para casar-se no Brasil apresentaria o estrangeiro certidão do traslado de seu assento de nascimento. Para a separação ou divórcio, apresentaria certidão do registro do casamento se realizado no Brasil, ou do traslado se celebrado no exterior. A separação e o divórcio seriam averbados no registro ou no traslado do assento de casamento, conforme fosse nacional ou estrangeiro o assento"[15].

Com essas providências, aduz o citado autor, "haveria forma mais segura e mais simples, além de atender a publicidade dos registros aos estrangeiros. É inexplicável que o Brasil, com tantos imigrantes, não cuide de dar a eles uma situação registrária".

Já se decidiu, no entanto, inclusive no *Supremo Tribunal Federal*, ser admissível a transcrição do registro no Brasil de casamento de estrangeiros, celebrado

---

[13] "Estrangeiro. Cerimônia realizada no exterior. Pretensão da transcrição de assento no Registro Civil do Brasil. Inadmissibilidade, se os cônjuges ao se consorciarem eram estrangeiros. Inocorrência de ofensa à proibição de distinguir o brasileiro nato do naturalizado, mesmo que o casal venha a se naturalizar posteriormente" (*RT*, 778/361, 561/71, 541/103).

[14] *Direito de família*, p. 80.

[15] Casamento celebrado no exterior e traslado do assento, *Família e casamento*, p. 454. Na Capital de São Paulo foi admitido, pelo Provimento n. 10, de 3 de novembro de 1982, dos juízes das Varas de Registros Públicos, o traslado de assentos de casamento de estrangeiros, exatamente para as hipóteses mencionadas.

no exterior, "para possibilitar eventual averbação de sentença proferida em ação de divórcio consensual, se ocorrer posterior naturalização de ambos os cônjuges, ou de apenas um deles, pela lei brasileira"[16].

5. CASAMENTO CUJA PROVA RESULTAR DE PROCESSO JUDICIAL

Dispõe o art. 1.546 do Código Civil que, "*quando a prova da celebração legal do casamento resultar de processo judicial, o registro da sentença no livro do Registro Civil produzirá, tanto no que toca aos cônjuges como no que respeita aos filhos, todos os efeitos civis desde a data do casamento*".

Os efeitos do casamento, *in casu*, operam desde a data da celebração, e não apenas a partir do registro. A regra já constava do art. 205 do Código Civil de 1916 e tinha mais importância antes da vigência da atual Constituição Federal, que estabelece a igualdade entre todos os filhos (art. 227, § 6º). Anteriormente, a retroatividade beneficiava os filhos já nascidos, que eram considerados legítimos desde a data da celebração do casamento.

O dispositivo em apreço trata das hipóteses em que, diante das dificuldades encontradas para provar a existência do matrimônio, recorrem os cônjuges ao processo judicial. A ação declaratória se mostra adequada para esse mister. A sentença deve ser inscrita no Registro Civil, com efeito retro-operante à data do casamento.

---

[16] *RT*, 776/321; STF: *RT*, 560/255, 594/233; *RTJ*, 111/665.

Capítulo VIII
ESPÉCIES DE CASAMENTO VÁLIDO

> *Sumário*: 1. Casamento válido. 2. Casamento putativo. 2.1. Conceito. 2.2. Efeitos. 3. Casamento nuncupativo e em caso de moléstia grave. 4. Casamento religioso com efeitos civis. 4.1. Retrospectiva histórica. 4.2. Regulamentação atual. 5. Casamento consular. 6. Conversão da união estável em casamento.

1. CASAMENTO VÁLIDO

Nos capítulos anteriores cogitou a presente obra da família e sua constituição. O Código Civil de 2002 dedicou o Capítulo VIII do subtítulo "Do casamento" à *invalidade do casamento* – de que são espécies a *nulidade* e a *anulabilidade* –, ou seja, à regulamentação dos defeitos que impedem a formação de vínculo matrimonial válido, provocando o que alguns autores denominam "desagregação da família".

A doutrina inclui também no referido gênero a espécie *inexistência*, malgrado a ela não se refira o mencionado diploma. Todavia, como se verá adiante, o plano da existência antecede o da validade. Antes de verificar se o ato jurídico ou o casamento são válidos, faz-se mister averiguar se existem. Existindo, podem ser válidos ou inválidos.

O *casamento putativo, nuncupativo, religioso com efeitos civis, consular e por procuração, desde que presentes os elementos essenciais e observados todos os requisitos legais*, constituem *formas válidas* de uniões conjugais regulamentadas na lei. O *putativo*, embora nulo ou anulável, *produz efeitos de casamento válido para o cônjuge de boa-fé e, por isso, não será incluído, neste trabalho, nos casos de casamento inválido*.

O casamento por procuração, admitido no art. 1.542 do Código Civil, foi comentado no Capítulo VI, n. 5, *retro*, ao qual nos reportamos.

2. CASAMENTO PUTATIVO

2.1. Conceito

Casamento *putativo*, segundo se depreende do art. 1.561 do Código Civil, é o que, embora *"anulável ou mesmo nulo"*, foi contraído de *"boa-fé"* por um ou por ambos os cônjuges. Boa-fé, no caso, significa ignorância da existência de impedimentos dirimentes à união conjugal.

Para ALÍPIO SILVEIRA, *"casamento putativo* é aquele nulo ou anulável, mas que, em atenção à boa-fé com que foi contraído por um ou ambos os cônjuges, produz, para o de boa-fé e os filhos, todos os efeitos civis até passar em julgado a sentença anulatória"[1]. Esclarece o aludido autor, no tocante aos efeitos: "É certo, por outro lado, que alguns efeitos se perpetuam, como os relativos à legitimidade dos filhos havidos durante o período de validez. A essência do matrimônio putativo está, assim, na boa-fé em que se encontram um ou ambos os cônjuges no momento da celebração do matrimônio".

Essa ficção de casamento *nulo* ou *anulável*, mas válido quanto a seus efeitos civis, encerra, filosoficamente, segundo a doutrina tradicional: *"a) indulgência para o cônjuge ou os cônjuges de boa-fé; b) e piedade para a prole que deles tenha nascido"*[2].

Embora ele tenha tido origem no direito romano, foi o direito canônico que desenvolveu a sua teoria, como consequência da necessidade de mitigar os efeitos desastrosos da nulidade, tornada frequente em razão da multiplicidade dos impedimentos matrimoniais, principalmente para proteção da prole inocente que, sem tal instituto, não teria acesso ao *status* da filiação legítima[3].

O senso de justiça recomendava que não se levasse a todas as rigorosas consequências a anulação do casamento, particularmente quanto aos filhos, que nenhuma culpa podiam ter. Por isso, o direito canônico desenvolveu e o direito moderno mantém, em quase todos os países, o estatuto do casamento putativo. A palavra *putativo* vem do latim *putare*, que significa *reputar* ou estar convencido da verdade de um fato, o que se presume ser, mas não é, ou ainda o que é imaginário, fictício, irreal. Na linguagem jurídica o vocábulo é usado também para designar o herdeiro aparente e o credor putativo. *Casamento putativo* é, destarte, aquele que as partes e os terceiros *reputam* ter sido legalmente celebrado[4].

---

[1] *O casamento putativo no direito brasileiro*, p. 7.

[2] Pontes de Miranda, *Tratado de direito de família*, v. I, § 82, n. 1, p. 384.

[3] José Lamartine Corrêa de Oliveira e Francisco José Ferreira Muniz, *Direito de família*, p. 267-268; Washington de Barros Monteiro, *Curso de direito civil*, 32. ed., v. 2, p. 105; Caio Mário da Silva Pereira, *Instituições de direito civil*, v. 5, p. 154.

[4] Cunha Gonçalves, *Direitos de família e direitos das sucessões*, p. 87; Washington de Barros Monteiro, *Curso*, cit., v. 2, p. 105.

O momento em que se apura a existência da boa-fé é o da celebração do casamento, sendo irrelevante eventual conhecimento da causa de invalidade posterior a ela, pois a má-fé ulterior não a prejudica (*mala fides superveniens non nocet*). Como a boa-fé em geral se presume, cabe o ônus da prova da má-fé à parte que a alega[5].

O Código Civil português dispõe expressamente que "a boa-fé dos cônjuges presume-se" (art. 1.648º, 3). Embora não contenha o Código Civil brasileiro regra semelhante em matéria de casamento putativo, não há empeço a que tal presunção seja admitida, como o é também em sistemas que, como o nosso, não contêm regra expressa, pois pode ser extraída de princípio mais amplo, que embasa todo o nosso Direito, "princípio de recíproca confiança, de respeito à dignidade humana, do qual decorreria o princípio civilístico da presunção da boa-fé, como aquele penalístico da presunção de inocência"[6].

Malgrado alguns autores vislumbrem *dois requisitos para a caracterização da putatividade, quais sejam, a boa-fé* (*requisito subjetivo*) e a circunstância de ser o casamento declarado nulo ou anulado (*requisito objetivo*), prevalece a corrente integrada pelos que se contentam com a verificação *exclusivamente da boa-fé*, considerando-a como o único requisito autônomo, uma vez que a circunstância de ser o casamento declarado nulo ou anulado não é pressuposto da putatividade, mas mero suporte lógico, sem o qual não faz sentido, no sistema vigente, falar em *putatividade*[7].

A ignorância da existência de impedimentos decorre de erro, que tanto pode ser *de fato* (irmãos que ignoram a existência do parentesco, p. ex.) como *de direito* (tios e sobrinhos que ignoram a necessidade do exame pré-nupcial, *v. g.*). Muito embora o erro de direito seja inescusável, em geral, por força do art. 3º da Lei de

---

[5] "Casamento. Nulidade. Bigamia. A putatividade do casamento se presume em relação ao cônjuge não impedido, devendo a má-fé de sua parte ser provada" (TJRJ, Ap. 5.333, 3ª Câm. Cív., rel. Des. Ferreira Pinto).

[6] Arturo Carlo Jemolo, *Il matrimonio*, p. 164, n. 73.

[7] Caio Mário da Silva Pereira, *Instituições*, cit., v. 5, p. 154; Corrêa de Oliveira e Ferreira Muniz, *Direito de família*, cit., p. 270.

V. a jurisprudência: "Bigamia caracterizada, estando porém demonstrada a boa-fé do outro cônjuge. Correta a sentença que proclama a nulidade do segundo casamento e declara a putatividade do casamento em relação ao cônjuge não impedido" (TJRJ, DGJ 00016/00, 4ª Câm. Cív., rel. Desa. Maria Augusta V. M. de Figueiredo, j. 31-8-2000). "Se um dos cônjuges estava de boa-fé, porque desconhecia o estado civil do outro contraente, há de ser proclamada a putatividade do matrimônio nulo, preservando-se os seus efeitos em relação a si e aos filhos do casal" (TJDF, Remessa de Ofício 2000.01.1.011853-5, 1ª T., rel. Des. Camanho de Assis, *DJU*, 7-8-2002).

Introdução às Normas do Direito Brasileiro, pode, todavia, ser invocado para justificar a boa-fé, sem que com isso se pretenda o descumprimento da lei, pois o casamento será, de qualquer modo, declarado nulo. Para o reconhecimento da putatividade não é necessário demonstrar nenhum outro elemento além da boa-fé, nem a escusabilidade do erro em que teria o nubente incorrido[8].

Na sentença em que proclama a invalidade do casamento, o juiz declara a putatividade ex officio ou a requerimento das partes[9]. Tendo em linha de conta a boa-fé, assinala CAIO MÁRIO, "a sentença anulatória declara putativo o casamento, em relação a ambos os cônjuges, ou a um deles, se somente em relação a este milita a boa-fé. Indaga-se, entretanto, se ao juiz é livre declará-lo ou não. E a resposta é uma só: uma vez reconhecida a boa-fé, o casamento é putativo, *ex vi legis*. Não cabe ao juiz conceder ou recusar o favor; compete-lhe, tão somente, apurar a boa-fé, em face das circunstâncias do caso, e, sendo a prova positiva, proclamar a putatividade"[10].

Se a sentença é omissa, a declaração pode ser obtida em embargos de declaração ou em ação declaratória autônoma.

Nos casos de *coação*, não se poderia, a rigor, reconhecer a putatividade do casamento, porque o coacto não ignora a existência da coação. No entanto, o senso ético-jurídico recomenda que seja equiparado, no plano dos efeitos, ao cônjuge de boa-fé. O Código Civil português expressamente consigna a solução, dispondo no art. 1.648º, alínea 1: "Considera-se de boa-fé o cônjuge que tiver contraído o casamento na ignorância desculpável do vício causador da nulidade ou anulabilidade, ou cuja declaração de vontade tenha sido extorquida por coação física ou moral". Igualmente o Código Civil italiano (art. 128, alínea 1) e o Código Civil alemão (BGB, art. 1.704) equiparam os efeitos da boa-fé aos da coação, como pressupostos alternativos da putatividade.

No direito brasileiro, em que inexiste norma expressa semelhante às indicadas, a solução da questão não pode, porém, como acertadamente assinalam JOSÉ LAMARTINE e FERREIRA MUNIZ, "deixar de orientar-se no sentido da equiparação do coacto ao cônjuge de boa-fé. Não se trata, evidentemente, de dizer que ele esteja de boa-fé, o que é inadmissível, partindo-se da noção de boa-fé como ignorância. Trata-se, porém, de equipará-lo, *no plano dos efeitos*, ao cônjuge de boa-fé"[11].

---

[8] Pontes de Miranda, *Tratado de direito de família*, cit., v. I, § 83, p. 386-391.

[9] Washington de Barros Monteiro, *Curso*, cit., v. 2, p. 110; Corrêa de Oliveira e Ferreira Muniz, *Direito de família*, cit., p. 276.

[10] *Instituições*, cit., v. 5, p. 155.

[11] *Direito de família*, cit., p. 277.

2.2. Efeitos

Os efeitos da putatividade são todos os normalmente produzidos por um casamento válido, para o cônjuge de boa-fé, até a data da sentença que lhe ponha termo.

A eficácia dessa decisão manifesta-se *ex nunc*, sem retroatividade, e não *ex tunc*, não afetando os direitos até então adquiridos. Essa situação faz com que o casamento putativo assemelhe-se à dissolução do matrimônio pelo divórcio. Os efeitos do casamento cessam para o futuro, sendo considerados produzidos todos os efeitos que se tenham verificado até a data da sentença anulatória. Enquanto pendentes os recursos eventualmente interpostos, permanecem os efeitos do casamento, como se válido fosse, em virtude do princípio segundo o qual não há casamento nulo nem anulado antes do trânsito em julgado da sentença[12].

Desse modo, se o casal não tem filhos nem ascendentes vivos, e um dos cônjuges morre antes de a sentença anulatória transitar em julgado, o sobrevivo herda[13], além de receber a sua meação, ou concorrerá com eles, se existirem e se o regime de bens adotado o permitir (art. 1.829, I).

O art. 1.561 do Código Civil prevê três situações distintas. Se "*ambos os cônjuges*" estavam de boa-fé, "*o casamento, em relação a estes como aos filhos, produz todos os efeitos*", inclusive comunicação de bens e eficácia da doação *propter nuptias*, como se, por ficção, o casamento originariamente viciado não contivesse nenhum defeito (*caput*)[14]. Se somente "*um dos cônjuges estava de boa-fé ao celebrar o casamento*", unicamente em relação a ele e aos filhos se produzirão os efeitos da putatividade, ficando excluído dos benefícios e vantagens o que estava de má-fé (§ 1º). E, finalmente, "*se ambos os cônjuges estavam de má-fé ao celebrar o casamento, os seus efeitos civis só aos filhos aproveitarão*" (§ 2º).

Quanto aos *cônjuges*, os efeitos pessoais são os de qualquer casamento válido. Findam, entretanto, na data do trânsito em julgado. Cessam, assim, os deveres matrimoniais impostos no art. 1.566 do Código Civil (fidelidade, vida em comum, mútua assistência etc.), mas não, porém, aqueles efeitos que geram situações ou

---

[12] Corrêa de Oliveira e Ferreira Muniz, *Direito de família*, cit., p. 278.

[13] Caio Mário da Silva Pereira, *Instituições*, cit., v. 5, p. 157.

[14] "Casamento. Putatividade. Réu desquitado. Ausência de má-fé demonstrada. Inocorrência de ocultação da autora, ou mesmo das autoridades, de seu verdadeiro estado civil. Nulidade declarada, reconhecendo-se que o casamento foi contraído de boa-fé por ambos os cônjuges, porque o réu não ocultou, da autora ou das autoridades, a verdade sobre o seu estado civil de desquitado e o ato só se consumou por absoluto descuido, no processo de habilitação, por parte do Promotor de Justiça oficiante, que opinou favoravelmente ao pedido" (*JTJ*, Lex, 239/44).

estados que tenham por pressuposto a inalterabilidade, como a maioridade, que fica antecipada pela *emancipação* do cônjuge inocente de *modo irreversível*[15].

Produzem-se todos os efeitos do *regime de bens*, operando-se a dissolução da eventual comunhão pelas mesmas regras previstas para a separação judicial. Se somente um dos cônjuges estava de boa-fé, adquirirá meação nos bens levados ao casamento pelo outro, se convencionada a comunhão, mantendo-se para o futuro tal efeito já produzido por ocasião da celebração. Sem putatividade por parte de ambos os cônjuges entende-se, opostamente, jamais ter havido comunhão.

Dispõe o art. 1.564 do Código Civil que, "*quando o casamento for anulado por culpa de um dos cônjuges, este incorrerá: I – na perda de todas as vantagens havidas do cônjuge inocente; II – na obrigação de cumprir as promessas que lhe fez no contrato antenupcial*".

Por conseguinte, o cônjuge de má-fé perde as vantagens econômicas auferidas com o casamento: se este se realizou no regime da comunhão de bens, não pode aquele conservar a meação adquirida no patrimônio do outro cônjuge. O inocente terá, todavia, direito à participação no acervo que o culpado trouxe para o casamento. Partilham-se, no entanto, "normalmente os bens adquiridos pelo esforço comum, como regra de equidade, independentemente da natureza do desfazimento do casamento, sob pena de enriquecimento ilícito de um cônjuge às custas do outro, o que é vedado por nosso ordenamento jurídico"[16].

PONTES DE MIRANDA[17] alvitra a hipótese de o segundo casamento do bígamo ser declarado nulo, considerando-se de boa-fé a segunda mulher. Neste caso, diz: "Com a primeira mulher houve comunicação dos bens, quer adquiridos antes, quer adquiridos depois do segundo casamento. O que se tem de dividir é o que o marido deixou. O que o marido possuía, em separado ou em comunhão com a primeira mulher, dele era e comunicou-se à segunda mulher. Quanto aos adquiridos depois do segundo casamento, comunicaram-se eles, em virtude da ficção mesma do casamento putativo, com as duas mulheres; portanto, nos adquiridos, cada mulher teve a metade completa dos bens que o marido possuía, em separado ou em comunhão com a outra mulher, ficando sem bens que, em verdade, se obrigara pelo duplo". Quanto à herança, aduz, "verifica-se o que constituía patrimônio do cônjuge falecido. É isso que se vai transmitir *causa mortis*. Como existem duas mulheres, ambas herdam em partes iguais".

Hoje, todavia, a solução é diferente no tocante aos bens adquiridos na constância do segundo casamento, pois vem a jurisprudência proclamando a incomunicabilidade de tais bens à primeira mulher, mesmo no regime da comunhão

---

[15] Clóvis Beviláqua, *Código Civil dos Estados Unidos do Brasil comentado*, v. 1, p. 163.

[16] Sílvio Venosa, *Direito civil*, v. VI, p. 142.

[17] *Tratado de direito de família*, cit., v. I, § 85, n. 5. p. 399.

universal, em razão da separação de fato do casal. Confira-se: "Bigamia. Meação de bens. *De cujus* que celebrou dois matrimônios. Primeira mulher que não tem direito aos bens adquiridos após a separação de fato do casal. Lide que deve ser solucionada não pelo dogma da moralidade do matrimônio, mas sim pelo direito das obrigações e decorrer da juridicidade da coabitação e sentido familiar"[18].

Ao casamento *inexistente* não se aplicam as regras sobre o casamento putativo, restritas ao nulo e ao anulável. PONTES DE MIRANDA[19] critica, por afastar-se dos princípios, acórdão da Corte de Cassação da França, de 14 de março de 1933, que reputou suscetível de ser declarado putativo o casamento inexistente. No direito brasileiro, afirma o admirável jurista pátrio, o Código Civil fala expressamente em casamento anulável ou nulo e, por isso, "não seria possível tomar-se com o texto brasileiro a liberdade que tomou a Justiça francesa com os textos franceses, tanto mais quando a invocação, que há de ser levada a todas as consequências, traria situações de extrema gravidade, como a putatividade do casamento celebrado por chefe ou delegado de polícia".

Por tais razões, não colhe a ideia sustentada por MÁRIO MOACYR PORTO[20] de que o casamento religioso, marcadamente o celebrado perante a Igreja Católica, pode ser considerado putativo, pois, segundo a sua dicção, "para a maioria das populações interioranas do Nordeste e de outras regiões do País, o casamento religioso é o verdadeiro casamento, preponderando, em número, sobre o casamento civil". Seria o mesmo, todavia, ao aceitar-se tal ponderação, que reconhecer putatividade em casamento civilmente inexistente. Por outro lado, o Código Civil de 2002 procurou valorizar o casamento religioso, permitindo que os seus efeitos civis sejam admitidos "*a qualquer tempo*", desde que regularizado mediante habilitação dos contraentes e o devido registro (art. 1.516, § 3º). Ainda que este se realize tardiamente, os seus efeitos retroagirão à data da celebração do casamento religioso.

No tocante aos *alimentos*, há divergências a respeito da existência ou não de efeitos para o futuro. Os pagos antes do trânsito em julgado da sentença são irrepetíveis. Para uma corrente, não são mais devidos os alimentos para o *futuro* porque as partes não são mais cônjuges. Entretanto, a *2ª Turma do Supremo Tribunal Federal* decidiu que o cônjuge culpado não pode furtar-se ao seu pagamento, se o inocente deles necessitar, proclamando que "a putatividade, no casamento anulável, ou mesmo nulo, consiste em assegurar ao cônjuge de boa-fé os efeitos do casamento válido, e entre estes se encontra o direito a alimentos, sem limitação do tempo"[21].

---

[18] *RT*, 760/232.

[19] *Tratado de direito de família*, cit., v. I, § 83, n. 2, p. 388.

[20] Casamento nulo e inexistente. Matrimônio religioso putativo. *RT*, 607/9.

[21] *RTJ*, 89/495.

Discordou desse entendimento, todavia, ficando vencido, o Min. Moreira Alves, afirmando que o parágrafo único do art. 221 do Código Civil de 1916 apenas viera disciplinar hipótese não contemplada no *caput*, e acrescentando: "Ora, parentes e cônjuges são as duas únicas categorias de pessoas que, pela lei, têm direito a alimentos. Se eles não são parentes e não mais são cônjuges, e se o art. 221 não acrescenta uma terceira categoria, para o efeito de conceder direito a alimentos a pessoas que não se enquadrem em uma daquelas duas, é óbvio, a meu ver, que não existe, no caso, direito a alimentos".

A *3ª Turma do Superior Tribunal de Justiça*, na trilha do aludido voto minoritário, teve a oportunidade de proclamar posteriormente, por votação unânime: "Casamento putativo. Boa-fé. Direito a alimentos. Reclamação da mulher. A mulher que reclama alimentos a eles tem direito, *mas* até a data da sentença (CC/*1916*, art. 221, parte final). Anulado ou declarado nulo o casamento, desaparece a condição de *cônjuges*"[22].

O *decisum* menciona e acolhe as lições de WASHINGTON DE BARROS MONTEIRO, CARVALHO SANTOS, CAIO MÁRIO DA SILVA PEREIRA e, especialmente, de YUSSEF SAID CAHALI, para quem entendimento contrário poderia até encontrar amparo na equidade, mas não na sistemática de nosso direito. Confira-se: "Omissa a lei brasileira a respeito, as soluções até agora acenadas, embora se ajustem a certos princípios de equidade ou tenham forte inspiração de conteúdo moral, não se amoldam adequadamente à sistemática do nosso direito. Melhor se conforma, com ele, o entendimento, aliás predominante na doutrina, no sentido de que o dever de assistência recíproca cessa com a sentença anulatória do casamento: a partir daí não mais existe a condição de cônjuge, que está na base de um direito que decorreria do matrimônio"[23].

Em relação aos *filhos*, o art. 14, parágrafo único, da Lei do Divórcio veio corrigir a falha existente no parágrafo único do art. 221 do Código Civil de 1916, ao prescrever que, mesmo nenhum dos cônjuges estando de boa-fé ao contrair o matrimônio, seus efeitos civis aproveitarão aos filhos comuns. O § 2º do art. 1.561 do Código Civil de 2002 reproduz a referida regra, *verbis*: "*Se ambos os cônjuges estavam de má-fé ao celebrar o casamento, os seus efeitos civis só aos filhos aproveitarão*".

Como a Constituição Federal não permite mais qualquer distinção, quanto aos direitos e até mesmo quanto à designação, entre os filhos, havidos ou não do casamento, a questão em epígrafe perdeu a importância que tinha anteriormente.

---

[22] *RSTJ*, 130/225.
[23] *Dos alimentos*, p. 265.

3. CASAMENTO NUNCUPATIVO E EM CASO DE MOLÉSTIA GRAVE

O Código Civil abre duas exceções quanto às formalidades para a validade do casamento. A primeira, em caso de *moléstia grave* de um dos nubentes (art. 1.539); a segunda, na hipótese de estar um dos nubentes em *iminente risco de vida* (arts. 1.540 e 1.541).

Na *primeira situação*, pressupõe-se que já estejam satisfeitas as formalidades preliminares do casamento e o oficial do registro civil tenha expedido o certificado de habilitação ao casamento, mas a gravidade do estado de saúde de um dos nubentes o impede de locomover-se e de adiar a cerimônia. Neste caso, o juiz irá celebrá-lo na casa dele ou *"onde se encontrar"* (no hospital, p. ex.), em companhia do oficial, *"ainda que à noite, perante duas testemunhas que saibam ler e escrever"*. Só em havendo *urgência* é que o casamento será realizado à noite.

A regra do art. 1.539 do Código Civil só se aplica em hipóteses nas quais se caracterize moléstia grave, que efetivamente impossibilite o nubente de aguardar a celebração futura do casamento, em lugar diverso daquele em que se encontra, não sendo aconselhável a sua locomoção. Moléstia grave deve ser reputada aquela que pode acarretar a morte do nubente em breve tempo, embora o desenlace não seja iminente, e cuja remoção o sujeita a riscos.

Se, num caso de urgência, por moléstia de um dos nubentes, não for encontrada ou não puder comparecer à presença do impedido a autoridade competente para o casamento, tal fato não será obstáculo à realização imediata do ato, pois qualquer de seus substitutos legais, que porventura seja encontrado, deverá transportar-se ao lugar em que se encontre o enfermo, seja casa particular, casa de saúde ou hospital, e celebrar o casamento[24].

Na falta ou impedimento do oficial, o juiz designará uma pessoa que o substitua, atuando como oficial *ad hoc*. O termo avulso por este lavrado será assinado pelo celebrante, pelo oficial *ad hoc* e pelas testemunhas e registrado no respectivo registro dentro em cinco dias, perante duas testemunhas, ficando arquivado (CC, art. 1.539, §§ 1º e 2º). Se o nubente enfermo não puder assinar, serão necessárias quatro testemunhas, conforme o disposto no § 2º do art. 1.534.

O art. 1.539 do Código Civil disciplina o casamento celebrado em regime de urgência em *locais* e *horários* não previamente determinados pela autoridade competente, em virtude da premência da situação, pressupondo-se prévia habilitação. Se o certificado de habilitação ao casamento não foi expedido, deve a

---

[24] Eduardo Espínola, *A família no direito civil brasileiro*, p. 151, nota n. 9.

autoridade celebrante exigir a apresentação dos documentos necessários[25], podendo dispensar, em face da urgência, a publicação dos proclamas.

A *segunda hipótese* é a de casamento em *iminente risco de vida*, quando se permite a dispensa do processo de habilitação e até a presença do celebrante. Assim ocorre, por exemplo, "quando um dos nubentes é ferido por disparo de arma de fogo, ou sofre grave acidente, ou, ainda, é vítima de mal súbito, em que não há a mínima esperança de salvação, e a duração da vida não poderá ir além de alguns instantes ou horas. Nestas desesperadoras circunstâncias, pode a pessoa desejar a regularização da vida conjugal que mantém com outra, ou pretender se efetive o casamento já programado e decidido, mas ainda não providenciado o encaminhamento"[26].

Trata-se do casamento *in extremis vitae momentis*, nuncupativo (de viva voz) ou *in articulo mortis*. Em razão da extrema urgência, quando não for possível obter a presença do juiz ou de seus suplentes, e ainda do oficial, os contraentes poderão celebrar o casamento "*na presença de seis testemunhas, que com os nubentes não tenham parentesco em linha reta, ou, na colateral, até segundo grau*" (CC, art. 1.540).

Bastará neste caso que os contraentes manifestem o propósito de casar e, de *viva voz*, recebam um ao outro por marido e mulher, na presença das seis testemunhas. Estas devem comparecer, dentro em dez dias, perante a autoridade judiciária mais próxima a fim de que sejam reduzidas a termo as suas declarações, pelo processo das justificações avulsas. Se não comparecerem espontaneamente, poderá qualquer interessado requerer a sua notificação. Deverão declarar: "*I – que foram convocadas por parte do enfermo; II – que este parecia em perigo de vida, mas em seu juízo; III – que, em sua presença, declararam os contraentes, livre e espontaneamente, receber-se por marido e mulher*" (CC, art. 1.541).

Anote-se que, enquanto "na forma ordinária de celebração os parentes dos noivos podem ser testemunhas, no casamento *in extremis* são eles afastados. Isso porque, enquanto naquela espécie de cerimônia o interesse dos parentes em geral coincide com o dos nubentes e com o da sociedade, nesta, tal interesse pode ser oposto"[27].

A autoridade judiciária competente para ouvir as testemunhas e proceder às diligências necessárias é a mais próxima do lugar em que se realizou o casamento, ainda

---

[25] "Habilitação para casamento. Nubente em risco de vida. É exigida a apresentação dos documentos elencados no art. 180 do CCB (*de 1916*), por ambos os nubentes, ainda que um deles esteja em iminente risco de vida, pois tal apresentação constitui manifestação prévia da vontade dos nubentes em contrair matrimônio, que não pode ser suprimida" (TJDF, Ap. Cív. 2001.01.1.099.968-0, 4ª T., rel. Desa. Vera Andrighi, *DJU*, 25-9-2002).

[26] Arnaldo Rizzardo, *Direito de família*, p. 90.

[27] Silvio Rodrigues, *Direito civil*, v. 6, p. 63.

que não seja a do domicílio ou residência dos cônjuges. O juiz, se não for o competente ratione materiae ou ratione personae, encaminhará as declarações, depois de autuadas, à autoridade judiciária que o for. Esta determinará providências para verificar a inexistência de impedimentos, em procedimento semelhante a uma habilitação a posteriori, ouvirá o Ministério Público e realizará as diligências necessárias, antes de proferir a sentença, da qual caberá apelação em ambos os efeitos. Transitada em julgado, o juiz mandará registrá-la no Livro do Registro dos Casamentos, retroagindo os efeitos, quanto ao estado dos cônjuges, à data da celebração (CC, art. 1.541, §§ 1º a 4º)[28].

A Lei dos Registros Públicos (Lei n. 6.015, de 31-12-1973) dispõe sobre as formalidades relativas ao casamento nuncupativo no art. 76 e seus parágrafos.

O procedimento de verificação *a posteriori* é realizado para controle de legitimidade dessa forma excepcional de celebração. WASHINGTON DE BARROS MONTEIRO[29] recomenda, com razão, maior cautela nesses processos, "porque, como observa A. T. BRITO DE MORAIS, por meio de casamento nuncupativo, forjado por aventureiros audazes, despojam-se os sucessores do enfermo de seus legítimos direitos hereditários".

O Código Civil de 2002 não alude à retroação, quanto aos filhos comuns, mencionada no art. 200, § 4º, do Código Civil de 1916, porque desnecessária ante a proclamada igualdade de todos os filhos, não importando se resultaram de casamento dos pais ou não.

Serão dispensadas tais formalidades se o enfermo convalescer e puder *ratificar* o casamento em presença da autoridade competente e do oficial do registro (art. 1.541, § 5º). Não se trata de novo casamento, mas de confirmação do já realizado. Essa ratificação faz-se por termo no livro do Registro dos Casamentos, devendo vir assinada também pelo outro cônjuge e por duas testemunhas. Antes da lavratura do termo, exigem-se os documentos do art. 1.525 e o certificado do art. 1.531, comprobatório da inexistência de impedimentos. Não havendo a ratificação, após a convalescença, não tem valor o casamento[30].

---

[28] "Casamento nuncupativo. Presença dos requisitos legais previstos para a validade do ato. Celebração efetiva do casamento *in extremis*. Declaração espontânea do desejo de se receberem por marido e mulher. Determinação de efetivação do registro previsto no artigo 76, § 5º, da Lei n. 6.015/73" (*JTJ*, Lex, 226/21).

[29] *Curso de direito civil*, 32. ed., v. 2, p. 71. V. a jurisprudência: "Casamento nuncupativo. Necessidade de terem os contraentes manifestado o propósito de se casarem perante seis testemunhas desimpedidas. Formalidade não cumprida. Pedido de lavratura do assento matrimonial indeferido" (*RT*, 647/89). "Simples vontade de casar manifestada pela nubente, anterior ao seu falecimento. Circunstância que não torna válido o matrimônio *in articulo mortis*, se não houve a declaração dos contraentes, por marido e mulher, na presença de seis testemunhas" (*RT*, 798/385).

[30] Caio Mário da Silva Pereira, *Instituições de direito civil*, v. 5, p. 119.

Vale registrar que não é somente quando o nubente morre ou ocorre a ratificação que tem validade o casamento nuncupativo. Se, após a cerimônia e por força da moléstia, "o enfermo continuar impedido enquanto se procedem às formalidades reclamadas pelo art. 76 da Lei n. 6.015/73 (Registros Públicos), só vindo a se restabelecer após a transcrição no Registro Civil da sentença que julgou regular o casamento, não há mister de ratificar o casamento, que continua absolutamente eficaz"[31].

4. CASAMENTO RELIGIOSO COM EFEITOS CIVIS

4.1. Retrospectiva histórica

Já na Antiguidade as seitas religiosas consideram o casamento um fato de sua competência, estabelecendo normas para regrar a sua celebração. O Cristianismo, desde sua fundação, elevou-o à dignidade de sacramento. São constantes os esforços da Igreja católica para discipliná-lo e subtraí-lo à ação do Estado.

Todavia, como pondera LAFAYETTE[32], nenhuma seita religiosa pode exigir que o Estado só aceite como válido o casamento celebrado conforme as suas prescrições, assim como o Estado, por seu turno, não tem o direito de impor que os contraentes se casem segundo as prescrições da religião que professam. Entre muitos povos, todavia, prevalece ainda o princípio de que a autoridade religiosa é a única competente para regular as formalidades e a celebração do casamento, e decidir sobre sua validade, limitando-se a legislação temporal a definir-lhe os efeitos puramente civis.

Ao tempo do Império não havia ocorrido ainda, no Brasil, a separação da Igreja do Estado, e celebrava-se apenas o casamento religioso. A religião católica era a oficial e, por isso, o nosso direito conheceu, a princípio, somente o casamento católico. Em virtude do incremento populacional e do aumento do número de pessoas que não professavam a religião católica, instituiu a Lei n. 1.144, de 11 de setembro de 1861, regulamentada pelo Decreto n. 3.069, de 17 de abril de 1863, ao lado do casamento eclesiástico, o casamento entre pessoas pertencentes às seitas dissidentes, celebrado de acordo com as prescrições das respectivas religiões.

Dessa forma, segundo ainda noticia LAFAYETTE[33], três modalidades de núpcias passaram a ser praticadas: a) o casamento católico, celebrado segundo as normas do Concílio de Trento, de 1563, e a Constituição do Arcebispado da Bahia;

---

[31] Silvio Rodrigues, *Direito civil*, cit., v. 6, p. 64-65.

[32] *Direitos de família*, p. 37.

[33] *Direitos de família*, cit., p. 38.

b) o casamento misto, entre católico e seguidor de religião dissidente, contraído segundo as formalidades do direito canônico; e c) o casamento entre membros de seitas dissidentes, celebrado em harmonia com as formalidades estabelecidas pelas religiões respectivas.

Somente dois meses após a proclamação da República foi instituído o casamento civil, com a promulgação do Decreto n. 181, de 24 de janeiro de 1890. A Constituição de 24 de fevereiro de 1891, tendo em vista a separação entre a Igreja e o Estado, estatuiu, enfaticamente: "A República só reconhece o casamento civil, cuja celebração será gratuita".

Apesar da severa reação eclesiástica, aos poucos generalizou-se o casamento civil, celebrado paralelamente ao religioso, "duplicidade que os hábitos sociais cultivavam e cultivam"[34].

O Código Civil de 1916 disciplinou apenas o casamento civil, não fazendo alusão ao religioso e aos esponsais, que eram regulados no direito anterior. A Constituição de 1934, atendendo ao pronunciamento de várias personalidades públicas e tendo em vista o exemplo da concordata entre a Itália e a Santa Sé, realizada pouco antes, e ainda ao fundamento de serem desaconselháveis as duplas núpcias, atribuiu efeitos civis ao casamento religioso, dispondo, no art. 146, que "o casamento perante ministro de qualquer confissão religiosa, cujo rito não contrarie a ordem pública ou os bons costumes, produzirá, todavia, os mesmos efeitos que o casamento civil, desde que, perante a autoridade civil, na habilitação dos nubentes, na verificação dos impedimentos e no processo de oposição, sejam observadas as disposições da lei e seja ele inscrito no registro civil".

A duplicidade das bodas continuou, todavia, a fazer parte dos hábitos sociais, sendo que a Constituição de 1946 foi explícita na admissão das duas formas. A Constituição de 1988 prevê dois modos de união legal (art. 226, §§ 1º e 2º): casamento civil e religioso com efeitos civis. O último era regulamentado pela Lei n. 1.110, de 23 de maio de 1950, sendo que os seus efeitos civis passaram a ser tratados na Lei dos Registros Públicos (Lei n. 6.015/73, arts. 70 a 75).

4.2. Regulamentação atual

O Código Civil de 2002, suprindo omissão do anterior, disciplina expressamente o casamento religioso, que pode ser de duas espécies: a) com *prévia habilitação* (art. 1.516, § 1º); b) com *habilitação posterior à celebração religiosa* (art. 1.516, § 2º). Em ambas, portanto, exige-se o processo de habilitação. Somente a celebração é feita pela autoridade religiosa da religião professada pelos nubentes,

---

[34] Caio Mário da Silva Pereira, *Instituições*, cit., v. 5, p. 69.

reconhecida como tal oficialmente. A Constituição Federal assegura a todos o direito de credo. A validade civil do casamento religioso está condicionada à habilitação e ao *registro* no Registro Civil das Pessoas Naturais, *"produzindo efeitos a partir da data de sua celebração"* (CC, art. 1.515). O registro *"submete-se aos mesmos requisitos exigidos para o casamento civil"* (art. 1.516).

Na *primeira hipótese*, processada e homologada a habilitação na forma do Código Civil e obtido o certificado de habilitação, será ele apresentado ao ministro religioso, que o arquivará. Celebrado o casamento, deverá ser promovido o registro, dentro de *noventa dias* de sua realização, mediante comunicação do celebrante ao ofício competente, ou por iniciativa de qualquer interessado. Tal prazo, contado da celebração, é *decadencial* e, se esgotado, ficarão sem efeito os atos já praticados. Os nubentes terão de promover nova habilitação e cumprir todas as formalidades legais, se desejarem realmente conferir efeitos civis ao casamento religioso (art. 1.516, § 1º).

O *falecimento* de um dos nubentes, desde que o pedido seja encaminhado dentro do referido prazo, *não* constituirá obstáculo ao registro, uma vez que realizado o ato validamente. Malgrado o Código não faça referência expressa ao registro *post mortem*, deve-se entender que, sobrevindo a morte, se os nubentes porém tiveram o cuidado de promover a habilitação nos termos da lei civil, e se esta faz alusão à possibilidade de se efetuar o registro *por iniciativa de qualquer interessado* e *a qualquer tempo*, "lícito será ao cônjuge sobrevivente e aos herdeiros completar as providências para que a vontade presumida dos cônjuges se converta em realidade"[35].

A expressão *"qualquer interessado"*, constante do art. 1.516, § 1º, do Código Civil, aplica-se ao cônjuge e ao celebrante. Qualquer deles tem legitimidade para propor o registro, como expressamente mencionado.

No *segundo caso*, celebrado o casamento religioso, os nubentes requererão o registro, *a qualquer tempo*, instruindo o pedido com certidão do ato religioso e com os documentos exigidos pelo art. 1.525 do Código Civil. Processada e homologada a habilitação e certificada a inexistência de impedimento, o oficial fará o registro do casamento religioso, lavrando o assento.

O registro, como já referido, produzirá efeitos jurídicos a partir da data da realização do ato religioso (CC, art. 1.515). *"Será nulo o registro civil do casamento religioso se, antes dele, qualquer dos consorciados houver contraído com outrem casamento civil"* (art. 1.516, § 3º), pois, se um dos nubentes já é casado e o vínculo matrimonial não se dissolveu por nenhuma causa jurídica, incide o impedimento expresso no art. 1.521, VI.

O casamento religioso é, assim, no Código Civil de 2002, "equiparado ao casamento civil. A equiparação é maneira jurídica de acolher no direito pátrio

---

[35] Caio Mário, *Instituições*, cit., v. 5, p. 70.

institutos que lhe são estranhos. Mediante a equiparação o casamento religioso, provenha do sistema jurídico-religioso que for, passa a ser aceito pelo ordenamento brasileiro. Obtido o registro, o casamento religioso goza da equiparação *ex tunc* (art. 1.515). O efeito retroativo ao momento em que foi contraído indica a recepção total do casamento religioso. O casal pode também requerer o registro anos depois de haver contraído o matrimônio religioso; entretanto, uma vez registrado, a equiparação geradora dos efeitos jurídicos retroage à data das núpcias – já dispunha o art. 7º da Lei 1.110"[36].

Aplicam-se ao casamento religioso, no tocante ao *regime de bens*, as regras do Código Civil: não tendo sido realizado pacto antenupcial, prevalece o da comunhão parcial, salvo nos casos em que a lei impõe o regime da separação.

5. CASAMENTO CONSULAR

Casamento consular é aquele celebrado por brasileiro no estrangeiro, perante autoridade consular brasileira.

Dispõe o art. 1.544 do Código Civil que "*o casamento de brasileiro, celebrado no estrangeiro, perante as respectivas autoridades ou os cônsules brasileiros, deverá ser registrado em cento e oitenta dias, a contar da volta de um ou de ambos os cônjuges ao Brasil, no cartório do respectivo domicílio, ou, em sua falta, no 1º Ofício da Capital do Estado em que passaram a residir*".

A exigência, portanto, é a mesma na hipótese de casamento de brasileiro, realizado fora do País de acordo com as leis locais (*v.* "Prova do casamento celebrado no exterior", Capítulo VII, n. 4, *retro*).

A competência dos agentes consulares para celebrar casamentos está prevista no art. 18 da Lei de Introdução às Normas do Direito Brasileiro, *verbis*: "Tratando-se de brasileiros, são competentes as autoridades consulares brasileiras para lhes celebrar o casamento e os mais atos de Registro Civil e de tabelionato, inclusive o registro de nascimento e de óbito dos filhos de brasileiro ou brasileira nascidos no país da sede do Consulado".

Acrescenta o Decreto n. 24.113/34, não revogado pela codificação de 2002, que "os cônsules de carreira só poderão celebrar casamentos quando ambos os nubentes forem brasileiros e a legislação local reconhecer efeitos civis aos casamentos assim celebrados". Nessa consonância, a validade do casamento celebrado no estrangeiro pela autoridade consular brasileira está submetida ao requisito de

---

[36] Paulo Restiffe Neto e Félix Ruiz Alonso, A recepção do casamento religioso e o novo Código Civil, *RT*, 817/35.

que ambos os nubentes sejam brasileiros, cessando sua competência se um deles for de nacionalidade diversa[37].

A eficácia, no Brasil, do casamento celebrado perante autoridade diplomática ou consular é submetida, pois, à condição de efetivação de seu registro em território nacional, nos moldes do art. 32, § 1º, da Lei dos Registros Públicos (Lei n. 6.015/73), segundo o qual os assentos de nascimento, óbito e de casamento de brasileiros em país estrangeiro, legalizadas as certidões pelos cônsules ou, quando por estes tomados, nos termos do regulamento consular, serão "trasladados nos cartórios do 1º Ofício do domicílio do registrado ou no 1º Ofício do Distrito Federal, em falta de domicílio conhecido, quando tiverem de produzir efeito no País, ou, antes, por meio de segunda via que os cônsules serão obrigados a remeter por intermédio do Ministério das Relações Exteriores".

A Lei n. 12.874, de 29 de outubro de 2013, acrescentou dois parágrafos ao referido art. 18 da Lei de Introdução, para permitir que a separação ou o divórcio consensuais de brasileiros no exterior possam ser feitos pelas autoridades consulares brasileiras, desde que o casal não tenha filhos menores ou incapazes, devendo constar da escritura pública as disposições relativas à descrição e à partilha dos bens comuns e à pensão alimentícia, bem como o acordo quanto à retomada pelo cônjuge de seu nome de solteiro ou à manutenção do nome adotado quando se deu o casamento.

Embora a assistência do advogado seja indispensável, não se faz necessário que a sua assinatura conste da escritura pública.

6. CONVERSÃO DA UNIÃO ESTÁVEL EM CASAMENTO

O Código Civil não cuida da conversão da união estável em casamento no Título ora em estudo, mas no Título III, concernente à união estável. O art. 1.726 a disciplina nos seguintes termos: *"A união estável poderá converter-se em casamento, mediante pedido dos companheiros ao juiz e assento no Registro Civil"*.

Exige-se, pois, pedido ao juiz, ao contrário da Lei n. 9.278, de 10 de maio de 1996, que se contentava com o requerimento de conversão formulado diretamente ao oficial do Registro Civil. A exigência do novel legislador desatende o comando do art. 226, § 3º, da Constituição Federal de que deve a lei *facilitar* a conversão da união estável em casamento, isto é, estabelecer modos mais ágeis de se alcançar semelhante propósito.

O Provimento nº 141 (publicado no dia 6 de março de 2023) do CNJ, editado nos termos do art. 70-A da Lei de Registros Públicos, com a redação dada

---

[37] Washington de Barros Monteiro, *Curso*, cit., v. 2, p. 68; Maria Helena Diniz, *Curso de direito civil brasileiro*, v. 5, p. 128; Luiz Edson Fachin e Carlos Eduardo Pianovski Ruzyk, *Código Civil comentado*, v. XV, p. 140.

pela Lei n. 14.382/2022, torna a conversão da união estável em casamento menos burocrática, exigindo-se, para tanto, mero pedido cartorário. Adverte-se que o seu art. 9º possibilita a adoção de regime de bens diverso da separação legal, desde que superadas eventuais causas suspensivas (restritivas de direito) inerentes ao art. 1.523. Este entendimento, de fato, tende a "facilitar a alteração de regime de bens e a conversão da união estável em casamento"[38], resguardados os debates inerentes à aplicabilidade do dispositivo, possivelmente tendentes à sedimentação da "imprestabilidade das causas suspensivas em matéria de união estável"[39].

Os parágrafos do art. 70-A da Lei de Registros Públicos estabelecem o procedimento a ser observado para a conversão da união estável em casamento:

"1º Recebido o requerimento, será iniciado o processo de habilitação sob o mesmo rito previsto para o casamento, e deverá constar dos proclamas que se trata de conversão de união estável em casamento.

§ 2º Em caso de requerimento de conversão de união estável por mandato, a procuração deverá ser pública e com prazo máximo de 30 (trinta) dias.

§ 3º Se estiver em termos o pedido, será lavrado o assento da conversão da união estável em casamento, independentemente de autorização judicial, prescindindo o ato da celebração do matrimônio.

§ 4º O assento da conversão da união estável em casamento será lavrado no Livro B, sem a indicação da data e das testemunhas da celebração, do nome do presidente do ato e das assinaturas dos companheiros e das testemunhas, anotando-se no respectivo termo que se trata de conversão de união estável em casamento.

§ 5º A conversão da união estável dependerá da superação dos impedimentos legais para o casamento, sujeitando-se à adoção do regime patrimonial de bens, na forma dos preceitos da lei civil.

§ 6º Não constará do assento de casamento convertido a partir da união estável a data do início ou o período de duração desta, salvo no caso de prévio procedimento de certificação eletrônica de união estável realizado perante oficial de registro civil.

§ 7º Se estiver em termos o pedido, o falecimento da parte no curso do processo de habilitação não impedirá a lavratura do assento de conversão de união estável em casamento."

---

[38] CNJ. Corregedoria atualiza provimento que regulamenta união estável e altera o regime de bens 2023. Disponível em: https://www.cnj.jus.br/corregedoria-atualiza-provimento-que--regulamenta-uniao-estavel-e-altera-o-regime-de-bens/#:~:text=A%20Corregedoria%20Nacional%20de%20Justi%C3%A7a,da%20uni%C3%A3o%20est%C3%A1vel%20em%20casamento. Acesso em: jun. 2023.
[39] LIBERATO, Thiago. Reiterando o afastamento da aplicação de causas suspensivas à união estável. *Revista Conjur*, 2023. Disponível em: https://www.conjur.com.br/2023-abr-19/thiago-liberato-provimento-141-cnj-uniao-estavel. Acesso em: jun. 2023.

Capítulo IX

DA INEXISTÊNCIA E DA
INVALIDADE DO CASAMENTO

Sumário: 1. Casamento inexistente. 1.1. Diversidade de sexos. 1.2. Falta de consentimento. 1.3. Ausência de celebração na forma da lei. 2. Casamento inválido. 2.1. Casamento e a teoria das nulidades. 2.2. Casamento nulo. 2.2.1. Casos de nulidade. 2.2.2. Pessoas legitimadas a arguir a nulidade. 2.2.3. Ação declaratória de nulidade. 2.3. Casamento anulável. 2.3.1. Defeito de idade. 2.3.2. Falta de autorização do representante legal. 2.3.3. Erro essencial sobre a pessoa do outro cônjuge. 2.3.3.1. Erro sobre a identidade do outro cônjuge, sua honra e boa fama. 2.3.3.2. Ignorância de crime ultrajante. 2.3.3.3. Ignorância de defeito físico irremediável ou de moléstia grave. 2.3.4. Vício da vontade determinado pela coação. 2.3.5. Incapacidade de manifestação do consentimento. 2.3.6. Realização por mandatário, estando revogado o mandato. 2.3.7. Celebração por autoridade incompetente. 3. Casamento irregular.

1. CASAMENTO INEXISTENTE

A denominação "Da invalidade do casamento", dada ao Capítulo VIII do Subtítulo I do Título I do Livro IV do Código Civil de 2002, abrange a nulidade e a anulabilidade do matrimônio, ou seja, a nulidade absoluta e a relativa. É empregada para designar o casamento realizado com um defeito que impede a formação de vínculo matrimonial válido.

A doutrina inclui, todavia, no gênero "casamento inválido", o casamento inexistente, distinguindo, destarte, três espécies: *casamento inexistente, nulo* e *anulável*. Todavia, como já foi dito (*v.* Capítulo VIII, n. 1, *retro*), o plano da existência antecede o da validade. Antes de verificar se o ato jurídico ou o casamento são válidos, faz-se mister averiguar se existem. Existindo, podem ser válidos ou inválidos.

115

Para que o casamento *exista*, é necessária a presença dos elementos denominados essenciais ou estruturais: *diferença de sexo, consentimento* e *celebração* na forma da lei. Para que seja válido, outros requisitos são exigidos. O casamento, repita-se, pode existir, mas não ser válido.

A teoria do negócio jurídico inexistente é, hoje, admitida em nosso direito, malgrado o Código Civil a ela não se refira, por tratar-se de mero fato, insuscetível de produzir efeitos jurídicos. Há apenas a aparência de um casamento, sendo implícita a necessidade da presença dos referidos elementos essenciais.

A teoria foi concebida no século XIX por ZACHARIAE VON LINGENTHAL, em comentários ao Código Napoleão escritos em 1808 na Alemanha, e mais tarde desenvolvida por SALEILLES em estudo realizado em 1911, para contornar, em matéria de casamento, o princípio de que não há nulidade sem texto legal (*pas de nullité sans texte*), pois as hipóteses de identidade de sexo, falta de consentimento e ausência de celebração não costumam constar dos diplomas legais.

Tendo em vista que o art. 146 do aludido Código Civil francês proclama que *il n'y a pas de mariage lorsqu'il n'y a point de consentement*, o mencionado civilista germânico concluiu que a ausência absoluta de consentimento (que não se confunde com consentimento defeituoso, eivado de algum vício) obsta à realização do casamento, devendo por isso ser proclamada a sua inexistência e não a sua nulidade[1].

Preleciona MÁRIO MOACYR PORTO[2], a propósito, que "há uniões que têm apenas uma aparência de casamento. Falta-lhes um requisito essencial à própria natureza do ato, como o casamento de pessoas do mesmo sexo. A admissão da categoria de casamento inexistente vale como uma complementação necessária ao capítulo das nulidades do ato, com a vantagem adicional de impedir que se arguam a prescrição e a decadência".

Em razão de o ato inexistente constituir um *nada* no mundo jurídico, não reclama ação própria para combatê-lo. No entanto, se, apesar da identidade de sexos, ignorada pelo celebrante, houve celebração e lavratura do assento, far-se-á necessária a proposituria de ação para cancelamento do registro. Será imprescindível também a proposituria de ação se for exigida produção de provas do fato alegado, como na hipótese de ausência de consentimento.

Admite-se o reconhecimento da inexistência a qualquer tempo, não estando sujeito a prescrição ou decadência. Com efeito, ocorrendo algum dos casos de inexistência, que serão examinados abaixo, pode o juiz pronunciá-la a qualquer tempo e sem a necessidade de se propor ação ordinária anulatória, salvo nas

---

[1] Caio Mário da Silva Pereira, *Instituições de direito civil*, v. 5, p. 129-130.
[2] Casamento nulo e inexistente. Matrimônio religioso putativo, *RT*, 607/9.

hipóteses supramencionadas. Diversamente, a nulidade do casamento somente pode ser decretada em ação própria.

Se o casamento, como fato, inexiste, *não pode ser declarado putativo* (*v.* Capítulo VIII, n. 2.2, *retro*). Não se deve confundir a falta de consentimento (procuração sem poderes especiais, ausência de resposta à indagação do juiz, p. ex.) com o consentimento viciado, como acontece quando há coação. Neste caso, o casamento existe, mas não é válido (anulável). Também não há que se confundir falta de celebração com celebração feita por autoridade incompetente *ratione loci*, que o torna também existente, mas inválido (anulável, nos termos do art. 1.550, VI, do CC). Será inexistente quando o celebrante não for juiz de casamentos, ou seja, quando a incompetência for absoluta, em razão da matéria.

O art. 1.554 do Código Civil estatui, todavia: "*Subsiste o casamento celebrado por aquele que, sem possuir a competência exigida na lei, exercer publicamente as funções de juiz de casamentos e, nessa qualidade, tiver registrado o ato no Registro Civil*". Trata-se de aplicação do princípio geral de direito *in dubio pro matrimonio* e do que tutela a aparência e a boa-fé.

Examinam-se a seguir as hipóteses que acarretam a inexistência do casamento.

1.1. Diversidade de sexos

Ainda que de forma indireta, a Constituição Federal, ao reconhecer a união estável "entre o *homem e a mulher* como entidade familiar, devendo a lei facilitar sua conversão em casamento", e ao proclamar que "os direitos e deveres referentes à sociedade conjugal são exercidos igualmente *pelo homem e pela mulher*" (art. 226, §§ 3º e 5º), só admite casamento entre pessoas que não tenham o mesmo sexo. Esse posicionamento é tradicional e já era salientado nos textos clássicos romanos.

Sempre se entendeu, com efeito, que a diversidade de sexos constitui requisito natural do casamento, a ponto de serem consideradas inexistentes as uniões homossexuais.

Todavia, a partir do reconhecimento, pelo *Supremo Tribunal Federal*, da união homoafetiva como entidade familiar, a jurisprudência, especialmente a do *Superior Tribunal de Justiça* (cf. REsp 1.183.378-RS), tem afastado o requisito da diversidade de sexos, admitindo expressamente o *casamento homoafetivo*. Tal requisito foi expressamente afastado pelo Superior Tribunal de Justiça, que reconheceu a inexistência do óbice relativo à igualdade de sexos (uniões homoafetivas), nestes termos:

"Assim sendo, as famílias formadas por pessoas homoafetivas não são menos dignas de proteção do Estado se comparadas com aquelas apoiadas na tradição e formadas por casais heteroafetivos. O que se deve levar em consideração é como aquele arranjo familiar deve ser levado em conta e, evidentemente, o vínculo que mais segurança jurídica confere às famílias é o casamento civil. Assim, se é o casamento civil a forma pela qual o Estado melhor protege a família e se são múltiplos os arranjos familiares reconhecidos pela CF/1988, não será negada essa via a nenhuma família que por ela optar, independentemente de orientação sexual dos nubentes, uma vez que as famílias constituídas por pares homoafetivos possuem os mesmos núcleos axiológicos daquelas constituídas por casais heteroafetivos, quais sejam, a dignidade das pessoas e o afeto. Por consequência, o mesmo raciocínio utilizado *tanto pelo STJ* quanto *pelo STF* para conceder aos pares homoafetivos os direitos decorrentes da união estável deve ser utilizado para lhes proporcionar a via do casamento civil, ademais porque a CF determina a facilitação da conversão da união estável em casamento (art. 266, § 3º)"[3].

Não se exige mais, portanto, a diferença de sexos para que o casamento exista.

A ausência de diversidade de sexos não deve ser confundida com hipóteses de dubiedade de sexo, de malformação dos órgãos genitais e de disfunção sexual, que somente induzem anulabilidade, em regra. Questão mais complexa, todavia, é a que diz respeito à transexualidade, especialmente quando o transexual se submete a tratamento cirúrgico e vem a ter alterados seus caracteres sexuais externos, retificando nome e sexo no registro civil.

O *transexual*, como já afirmamos no volume 1 desta obra (Parte Geral, Livro I, Título I, Capítulo I, n. 13.1.4.4), não se confunde com o *travesti* ou com o *homossexual*. Trata-se de um indivíduo anatomicamente de um sexo, que acredita firmemente pertencer ao outro sexo. A sua condição somente pode ser constatada, pois, por avaliação psiquiátrica.

Durante muitos anos, a doutrina e a jurisprudência se orientaram no sentido de não admitir a troca de nome e de sexo, ao fundamento de que a ablação de órgão para constituição do de sexo oposto não se mostra suficiente para a transformação, pois a conceituação de *mulher* decorre da existência, no interior do corpo, dos órgãos genitais femininos: dois ovários, duas trompas que se conectam com o útero, glândulas mamárias e algumas glândulas acessórias etc.

A partir da decisão pioneira proferida no Processo n. 621/89 da 7ª Vara da Família e Sucessões de São Paulo, deferindo a mudança de nome masculino para feminino, de *transexual* que se havia submetido a cirurgia plástica com extração do órgão sexual masculino e inserção de vagina, outras se sucederam, determinando-se, porém, que constasse no registro civil, no lugar de sexo masculino, a expressão *transexual*, para evitar que este se habilitasse para o casamento induzindo em erro terceiros, pois em seu organismo não estavam presentes todos os caracteres do sexo feminino.

---

[3] STJ, REsp 1.183.378-RS, rel. Min. Luis Felipe Salomão, j. 25-10-2011.

Posteriormente, várias decisões foram proferidas, especialmente nos Estados de Santa Catarina e Rio Grande do Sul[4], permitindo a mudança no registro civil do *nome* e do *sexo* de transexual. Também em São Paulo[5] foram proferidas algumas decisões nesse mesmo sentido, proclamando que a Constituição Federal, em seu art. 5º, X, inclui entre os direitos individuais a inviolabilidade da intimidade, da vida privada, da honra e da imagem das pessoas, fundamento legal autorizador da alteração do registro de transexual que se submeteu a cirurgia de mudança de sexo, pois patente seu constrangimento cada vez que se identifica como pessoa de sexo diferente daquele que aparenta ser.

Nesses casos, ressalte-se, deve ser declarado expressamente o efeito *ex nunc* da sentença, para não prejudicar situações anteriormente consolidadas.

Parece inegável a possibilidade de o transexual, após a cirurgia plástica e a alteração do nome e do sexo no registro civil, casar-se com pessoa pertencente ao seu anterior sexo, como sustentam José Lamartine Corrêa de Oliveira e Francisco José Ferreira Muniz[6], citando precedente do Tribunal Constitucional alemão, com a ressalva de que essa possibilidade não exclui eventuais anulações por erro essencial, se o outro nubente ignorava os fatos antes do casamento e a descoberta levou à insuportabilidade da vida em comum.

A situação se torna mais complexa no caso do transexual casado que, submetendo-se a tratamento cirúrgico, vem a ter alterados seus caracteres sexuais, que passam a ser idênticos aos do sexo do cônjuge. Segundo parte da doutrina, neste caso desaparece um dos pressupostos de existência do matrimônio. Todavia, assim não entendeu a Corte da cidade de Bochum, na Alemanha, que acolheu o pedido alternativo de anulação do casamento por erro, na consideração de que a inclinação transexual do réu configurava hipótese de erro sobre sua qualidade pessoal, em campo essencial da vida, podendo-se razoavelmente entender que, se a autora tivesse conhecimento das peculiaridades de seu noivo, e compreendesse de maneira adequada a essência do casamento, não teria contraído o matrimônio.

A alegação de inexistência do casamento foi refutada, considerando a aludida Corte juridicamente irrelevante a operação de mudança de sexo, com base no princípio da imutabilidade sexual do ser humano, que informaria a ordem jurídica em seu conjunto, além do que a pretensão não encontrava apoio no direito alemão e o seu acolhimento poderia acarretar expressiva insegurança jurídica.

---

[4] Ap. Cív. 70000.585.836, rel. Des. Vasconcellos Chaves, j. 31-5-2000; Ap. Cív. 598.404.887, rel. Des. Gomes Torres, j. 10-3-1999.

[5] *RT*, 790/155; Resc. de acórdão 218.101-4/0, 1º Grupo, rel. Des. Paulo Hungria, j. 11-2-2002.

[6] *Direito de família*, p. 219-220.

Corrêa de Oliveira e Ferreira Muniz[7], em cuja obra se encontra a referência ao aresto ora comentado, aplaudem a citada decisão, também entendendo não ser possível enquadrar o problema como caso de inexistência. Argumentam, com razão, que seria uma inexistência por identidade de sexos superveniente à celebração, o que contraria a própria noção de inexistência, evidentemente vinculada ao ato matrimonial e, portanto, necessariamente originária. Em segundo lugar, aduzem, porque o reconhecimento da inexistência acarretaria consequências socialmente indesejáveis, como, por exemplo, o afastamento da presunção *pater is est* quanto a eventuais filhos do casal.

O *Superior Tribunal de Justiça*, em maio de 2017, proclamou que, à luz do princípio fundamental da dignidade da pessoa humana, o direito dos transexuais à retificação do sexo no registro civil não pode ficar condicionado à exigência de realização da operação de transgenitalização, "para muitos inatingível do ponto de vista financeiro, ou mesmo inviável do ponto de vista médico. Independentemente da realidade biológica, o registro civil deve retratar a identidade de gênero psicossocial da pessoa transexual, de quem não se pode exigir a cirurgia de transgenitalização para o gozo de um direito"[8].

Posteriormente, em 15 de agosto de 2018, o *Supremo Tribunal Federal* reafirmou jurisprudência da Corte, permitindo que o transgênero mude seu nome e gênero no registro civil, mesmo sem procedimento cirúrgico de redesignação de sexo. A alteração poderá ser feita por meio de decisão judicial ou diretamente no cartório. A tese definida, sob o regime de *repercussão geral*, foi a seguinte: "O transgênero tem direito fundamental subjetivo à alteração de seu prenome e de sua classificação de gênero no registro civil, não se exigindo, para tanto, nada além da manifestação da vontade do indivíduo, o qual poderá exercer tal faculdade tanto pela via judicial como diretamente pela via administrativa".

1.2. Falta de consentimento

A ausência total de consentimento, como ocorre nos casos de procuração outorgada sem poderes específicos e de completo silêncio ou mesmo de resposta negativa ante a indagação da autoridade celebrante, não se confunde com declaração defeituosa por vício de consentimento, como no caso de erro ou coação, em que o casamento existe, mas não é válido, e sim anulável.

A coação absoluta insere-se, todavia, na casuística da inexistência por falta de consentimento, uma vez que não ocorre, nesse caso, nenhuma exteriorização

---

[7] *Direito de família*, cit., p. 218.
[8] STJ, REsp 1.626.739-RS, 4ª T., rel. Min. Luis Felipe Salomão, j. 9-5-2017.

de vontade que possa ser atribuída ao nubente. Não se faz necessário que haja omissão por parte de ambos os nubentes. Basta, para configurar a inexistência do casamento, que tenha faltado a declaração de vontade de um deles.

1.3. Ausência de celebração na forma da lei

A Lei dos Registros Públicos (Lei n. 6.015/73) regula as formalidades da celebração do casamento, referindo-se ao "presidente" do ato, que pode ser inclusive sacerdote ou ministro do culto, no caso de casamento religioso com efeitos civis. As autoridades competentes para exercer a presidência do ato solene são as indicadas nas leis de organização judiciária dos Estados, enquanto não forem criados os juizados de paz mencionados na Constituição Federal e de caráter eletivo (arts. 98, II, e 30 do ADCT), sendo, em algumas unidades da Federação, o próprio magistrado, o juiz de casamentos, o juiz de paz e até mesmo os oficiais titulares dos cartórios do registro civil.

O Código Civil de 1916 declarava, no art. 208, nulo o casamento contraído perante autoridade incompetente, mas essa nulidade se considerava sanada, se não alegada dentro em dois anos da celebração. A doutrina entendia que o dispositivo em apreço tratava da incompetência *ratione loci*, como na hipótese de o celebrante ser de outra circunscrição, e da incompetência *ratione personarum*, que se configura quando a solenidade é presidida por juiz que não seja do lugar de residência dos noivos ou quando um juiz celebra o casamento de outro, quando devera ser celebrado por juiz superior a ele.

Todavia, o casamento era considerado *inexistente*, se a incompetência fosse *ratione materiae*, como sucede quando o presidente do ato não é juiz de casamentos, mas, por exemplo, autoridade com outra espécie de competência, como delegado de polícia ou promotor de justiça, ou ainda, como exemplifica PONTES DE MIRANDA[9], se o casal contraiu núpcias perante o juiz de uma das varas criminais ou dos feitos da Fazenda Pública.

O atual Código Civil, de 2002, considera anulável (art. 1.550, VI) o casamento celebrado por autoridade incompetente *ratione loci* (em razão do lugar da celebração) ou *ratione personarum* (em função do domicílio dos nubentes). A incompetência *ratione materiae* continua, entretanto, ensejando a inexistência do casamento, salvo na hipótese prevista no art. 1.554 retrotranscrito (*v.* item n. 1), que considera subsistente o casamento celebrado por pessoa que, embora não possua a competência exigida na lei, exerce publicamente as funções de juiz de casamento, aplicando, assim, à hipótese a teoria da aparência.

---

[9] *Tratado de direito de família*, v. I, § 59, n. 3, p. 298.

Para que se caracterize situação de aparência digna de tutela jurídica exige-se, no entanto, que o celebrante seja publicamente reconhecido como tal e registre, em tal condição, o casamento celebrado, não bastando que se caracterize erro por parte dos nubentes. Todavia, quem não tem, de modo absoluto, competência para a celebração do casamento sequer pode ser reputado autoridade celebrante. Trata-se de casamento celebrado por particular sem autoridade alguma para presidir a solenidade nupcial e, neste caso, o casamento é inexistente[10].

Hipótese ilustrativa de inexistência do casamento por ausência de celebração na forma da lei é a noticiada pelos jornais, referente a um casamento *gay* realizado, no Rio de Janeiro, mediante ritual próprio e sem a participação de autoridade competente. Não bastasse, faltava também a diversidade de sexos.

A inobservância do conjunto de formalidades reguladas nos arts. 1.535 e 1.536 do Código Civil tem consequência, pois, no plano da existência. Considera-se que não houve casamento. A celebração na forma da lei é que permite distinguir o casamento da mera relação de fato estável e duradoura entre o homem e a mulher. Não têm nenhum valor, como prova de casamento, escritura pública de união matrimonial e instrumento particular de casamento temporário. O escrito particular só vale entre companheiros, o denominado "contrato de convivência", geralmente utilizado para definir o regime de bens, como consta do art. 1.725 do Código Civil.

2. CASAMENTO INVÁLIDO

2.1. Casamento e a teoria das nulidades

O casamento inválido pode ser *nulo* ou *anulável*, dependendo do grau de imperfeição, ou seja, de inobservância dos requisitos de validade exigidos na lei.

Preleciona SILVIO RODRIGUES[11] que, quando um casamento se realiza com infração de impedimento imposto pela ordem pública, por ameaçar diretamente a estrutura da sociedade, esta reage violentamente, "fulminando de nulidade o casamento que a agrava". Nos casos em que, entretanto, a infração se revela mais branda, não atentando contra a ordem pública, mas ferindo apenas o interesse de pessoas que a lei quer proteger, o legislador apenas defere a estas "uma ação anulatória, para que seja por elas usada, se lhes aprouver". Se o cônjuge, que podia anular

---

[10] Luiz Edson Fachin e Carlos Eduardo Pianovski Ruzyk, *Código Civil comentado*, v. XV, p. 163 e 169.

[11] *Direito civil*, v. 6, p. 80-81.

o enlace não prejudicial à ordem pública, se mantém inerte, "o casamento convalesce e ganha validade, não mais podendo ser infirmado".

A doutrina universal proclama não se admitirem nulidades *virtuais*, em matéria de casamento, sustentando que este somente se invalida nas condições e nos casos definidos na lei. As nulidades seriam apenas textuais, isto é, as descritas pela lei, prevalecendo assim o princípio assentado pela doutrina francesa: *pas de nullité sans texte*. As nulidades implícitas, admitidas por alguns, não passam de hipóteses de casamento inexistente, cuja teoria nem todos aceitam, envolvendo uniões que repugnam ao direito[12].

A teoria das nulidades apresenta algumas *exceções* em matéria de casamento. Assim, embora os atos nulos em geral não produzam efeitos, há uma espécie de casamento, o putativo, que produz todos os efeitos de um casamento válido para o cônjuge de boa-fé. Não se aplica, assim, ao matrimônio a parêmia *quod nullum est nullum producit effectum*.

E, também, malgrado o juiz deva pronunciar de ofício a nulidade dos atos jurídicos em geral (art. 168, parágrafo único), a nulidade do casamento somente poderá ser declarada em ação ordinária (arts. 1.549 e 1.563), não podendo, pois, ser proclamada de ofício. Desse modo, enquanto não declarado nulo por decisão judicial transitada em julgado, o casamento existe e produz efeitos, incidindo todas as regras sobre efeitos do casamento (deveres dos cônjuges, regimes de bens)[13].

Quando o casamento é *nulo*, a ação adequada é a *declaratória de nulidade*. Os efeitos da sentença são *ex tunc*, retroagindo à data da celebração. A anulabilidade reclama a propositura de *ação anulatória*, em que a sentença, segundo uma corrente, produz efeitos somente a partir de sua prolação, não retroagindo (*ex nunc*). A irretroatividade dos efeitos da sentença anulatória é sustentada por ORLANDO GOMES[14], MARIA HELENA DINIZ[15], CARLOS ALBERTO BITTAR[16], dentre outros.

---

[12] Caio Mário da Silva Pereira, *Instituições*, cit., v. 5, p. 133.

[13] Embora de ordem pública, as nulidades de casamento não atuam de pleno direito, devendo sempre ser pronunciadas pelo juiz. Confira-se: "Bigamia. Declaração de nulidade *incidenter tantum* em ação promovida para anular partilha realizada em inventário. Inadmissibilidade. Necessidade de procedimento próprio, com a citação do bígamo e da segunda mulher" (*RT*, 760/232). "Anulação de casamento. Hipótese que não pode ser decidida de ofício pela autoridade judiciária, devendo a nulidade ser pleiteada em ação ordinária especialmente ajuizada para esse fim, para que deixe o casamento de produzir seus efeitos" (TJSP, Ap. 71.105-4/9-00, 6ª Câm. Dir. Priv., rel. Des. Reis Kuntz, j. 18-12-1997).

[14] *Direito de família*, p. 127, n. 79.

[15] *Curso de direito civil brasileiro*, v. 5, p. 299.

[16] *Curso de direito civil*, v. 2, p. 1116, n. 74.

Pontes de Miranda[17], entretanto, afirma que a anulação do casamento "produz efeitos iguais à decretação da nulidade, salvo onde a lei civil abriu explícita exceção". Assim, ficam como não ocorridos os efeitos que de um casamento válido decorreriam. Tal como o nulo, não há o efeito de antecipação da maioridade pela emancipação, salvo caso de putatividade. Nesse mesmo sentido, manifestam-se Clóvis Beviláqua[18], Antunes Varela[19], José Lamartine Corrêa de Oliveira[20], dentre outros.

A lição de Beviláqua, por sua clareza, merece ser transcrita: "Se o casamento é nulo, nenhum efeito produz (...), e, quando anulável, desfaz-se como se nunca tivesse existido. Nem um nem outro forma sociedade conjugal, e sim mera união de fato, a que o direito atribui, em dados casos, certos efeitos jurídicos e econômicos. Somente quando se realizam as condições do casamento putativo é que há, propriamente, uma sociedade conjugal, que se dissolve pela nulidade ou anulação do casamento"[21].

Ambas, ação declaratória de nulidade do casamento e ação anulatória, são *ações de estado* e versam sobre *direitos indisponíveis*. Em consequência, não se operam os efeitos da revelia (CPC/2015, art. 345, II), não se presumindo verdadeiros os fatos não contestados, e não existe o ônus da impugnação especificada (CPC/2015, art. 341), não se presumindo verdadeiros os fatos não impugnados especificamente.

O prazo para a propositura da ação anulatória é decadencial. A ação declaratória, por ser ajuizada nos casos em que não se estabeleceu o vínculo da relação jurídica entre as partes, é imprescritível, como bem explica San Thiago Dantas: "Quando o ato é nulo, a ação que tem o interessado, para fazer declarar a sua nulidade, não prescreve. Pode ser proposta em qualquer tempo; precisamente porque o ato é nulo, não existe, não vale e toda época será oportuna para se demonstrar judicialmente a sua inexistência"[22].

A pré-dissolução do casamento por *morte* de um dos cônjuges ou pelo *divórcio* não exclui a possibilidade de existir legítimo interesse que justifique a propositura da ação declaratória de nulidade, como enfatizam Corrêa de Oliveira e Ferreira Muniz, pois o cônjuge sobrevivo "pode ter legítimo interesse na propositura da ação de nulidade, quer por desejar excluir os efeitos do regime de

---

[17] *Tratado de direito privado*, v. 8, § 823, n. 1, p. 7.

[18] *Código Civil dos Estados Unidos do Brasil comentado*, v. 2, p. 207-208.

[19] *Dissolução da sociedade conjugal*, p. 14.

[20] *Direito de família*, cit., p. 237.

[21] Código Civil, cit., v. 2, p. 207-208.

[22] *Direitos de família e das sucessões*, p. 135.

bens, quer por desejar excluir outra espécie de efeitos, como, por exemplo, o direito ao nome"[23].

Alguns efeitos da declaração de nulidade merecem destaque. Assim, o casamento nulo não produz o efeito de antecipar a maioridade pela emancipação, salvo caso de boa-fé. Nulo o casamento, o pacto antenupcial, de caráter acessório, segue o mesmo destino. No tocante aos filhos, determina o art. 1.587 do Código Civil que se observe o disposto nos arts. 1.584 e 1.586. Estabelece o primeiro que, não havendo acordo entre as partes quanto à guarda dos filhos, *"será ela atribuída a quem revelar melhores condições para exercê-la"*; e o segundo, que, *"havendo motivos graves, poderá o juiz, em qualquer caso, a bem dos filhos, regular de maneira diferente da estabelecida nos artigos antecedentes a situação deles para com os pais"*.

Em matéria de regime de bens, "faz-se sentir de modo nítido a eficácia retroativa da sentença de nulidade. A sentença faz desaparecer retroativamente o regime de bens. Quer isso dizer que a liquidação das relações patrimoniais, eventualmente surgidas em função da vida em comum que existiu, deverá ser feita com base nas regras referentes à sociedade de fato, como se procederia na hipótese de mero concubinato. Essa solução só é, porém, incidente nas hipóteses de casamento nulo em que ambos os cônjuges estivessem, no momento da celebração, de má-fé. No caso de boa-fé da parte de um ou de ambos os cônjuges, toda solução será dominada pelos princípios próprios do casamento putativo"[24].

Luiz Edson Fachin e Carlos Eduardo Pianovski[25] apontam, em preciosa síntese, as seguintes distinções entre o casamento cuja invalidade é sancionada com nulidade daquele ao qual se aplica o regime da anulabilidade: "a) na nulidade, o negócio jurídico possui defeito em sua base fática que é reputado mais grave pelo direito que o defeito ao qual se aplica o regime da anulabilidade; b) em regra, o vício que enseja nulidade diz respeito à matéria de ordem pública, ao passo que o vício que enseja anulabilidade refere-se a determinadas pessoas. Daí as restrições à legitimidade ativa para propositura de ação que visa à anulabilidade, que não se apresentam nos casos de nulidade; c) a pretensão de declaração de nulidade é reputada imprescritível, ao passo que a decretação de anulabilidade do casamento é submetida a prazos decadenciais que podem ser bastante exíguos, dependendo da hipótese de que se está a tratar; d) mais do que a decadência do direito de anular o casamento, o fluir do tempo opera verdadeira convalidação das invalidades sancionáveis com anulabilidade, o que não ocorre com as causas de

---

[23] *Direito de família*, p. 235.
[24] Corrêa de Oliveira e Ferreira Muniz, *Direito de família*, cit., p. 233-234.
[25] *Código Civil comentado*, cit., v. XV, p. 153.

nulidade, que são reputadas insanáveis; e) o casamento anulável pode ser passível de ratificação, o que não ocorre com o casamento nulo".

2.2. Casamento nulo

2.2.1. Casos de nulidade

Em dois casos o Código Civil considerava *nulo* o casamento: I) quando contraído por *"enfermo mental sem o necessário discernimento para os atos da vida civil"*; II) por infringência de *"impedimento"* (art. 1.548).

A primeira hipótese é compreensiva de todos os casos de insanidade mental, *permanente e duradoura*, caracterizada por graves alterações das faculdades psíquicas. Foi ela, entretanto, suprimida pelo art. 123, IV, da Lei n. 13.146, de 6 de julho de 2015 (Estatuto da Pessoa com Deficiência), que revogou expressamente o mencionado inciso I do art. 1.548 do Código Civil.

O inciso II do aludido art. 1.548 do Código Civil também estabelece, de forma genérica, que é nulo o casamento por infração de *impedimento*. Os impedimentos para o casamento são somente os elencados no art. 1.521, I a VII, do referido diploma, que repetem, em linhas gerais, os enumerados no art. 183 do estatuto de 1916, exceto o que proibia o casamento do cônjuge adúltero com o seu corréu, por tal condenado. Apurado que os nubentes infringiram qualquer deles, "é nulo o casamento. Não importa que não tenha havido impugnação na fase do processo preliminar, ou mesmo que haja sido rejeitada. As situações, erigidas em impedimentos, condizem com a ordem pública, e, assim sendo, não se coadunam com a subsistência do matrimônio"[26].

A declaração de nulidade proclama, retroativamente, jamais ter existido casamento válido. Por isso diz-se que, em princípio, a nulidade produz efeitos *ex tunc*. Desde a celebração o casamento não produzirá efeitos. Estatui, com efeito, o art. 1.563 do Código Civil: *"A sentença que decretar a nulidade do casamento retroagirá à data da sua celebração, sem prejudicar a aquisição de direitos, a título oneroso, por terceiros de boa-fé, nem a resultante de sentença transitada em julgado".*

Assim, os bens que se haviam comunicado pelo casamento retornam ao antigo dono e não se cumpre o pacto antenupcial, como foi dito no item anterior. O casamento nulo, entretanto, aproveita aos filhos, ainda que ambos os cônjuges

---

[26] Caio Mário da Silva Pereira, *Instituições*, cit., v. 5, p. 135. *V.* a propósito: "É nulo o casamento de pessoas casadas, afastada a boa-fé quando, ao habilitar-se para o segundo matrimônio, um dos nubentes emite declaração falsa em torno de seu estado civil" (TJRJ, ac. un. da 4ª Câm. Cív., DGJ 41, rel. Des. Marden Gomes). "Nulidade. Ocorrência. Estrangeiros casados em seu país de origem que contraem novas núpcias no Brasil após a naturalização" (*RT*, 791/219).

estejam de má-fé, segundo dispõe o § 2º do art. 1.561 do Código Civil, e a paternidade é certa. Se reconhecida a boa-fé de um ou de ambos os cônjuges, ele será putativo e produzirá efeitos de casamento válido ao cônjuge de boa-fé até a data da sentença. A mulher, no entanto, não deve casar-se novamente, até dez meses após a sentença, salvo se der à luz algum filho ou provar inexistência de gravidez, na fluência do prazo (CC, art. 1.523, parágrafo único, segunda parte).

De relembrar que, enquanto não declarado nulo por decisão judicial transitada em julgado, o casamento existe e produz todos os efeitos, especialmente quanto aos deveres conjugais e ao regime de bens.

2.2.2. Pessoas legitimadas a arguir a nulidade

No tocante à *legitimidade* para a decretação de nulidade de casamento, pelos motivos mencionados, proclama o art. 1.549 do Código Civil que "*pode ser promovida mediante ação direta, por qualquer interessado, ou pelo Ministério Público*". Qualquer pessoa maior pode opor os impedimentos cuja violação acarrete a nulidade do casamento, mas a ação declaratória de nulidade é permitida somente a quem tenha legítimo interesse, econômico ou moral, e ao Ministério Público, cujo interesse é de cunho social.

O Código Civil de 1916 restringia a atuação do Ministério Público aos casos em que um dos cônjuges já havia falecido (art. 208, parágrafo único). O diploma de 2002 inovou nesse ponto, concedendo legitimidade ativa aos membros do *Parquet* para arguir a nulidade do casamento sem restrições, uma vez que as nulidades mencionadas dizem respeito à infração de dispositivo legal de ordem pública.

Podem alegar interesse moral os próprios cônjuges, ascendentes, descendentes, irmãos, cunhados[27] *e o primeiro cônjuge do bígamo. Têm interesse econômico os herdeiros sucessíveis, os credores dos cônjuges e os adquirentes de seus bens, bem como a companheira.*

Decidiu a propósito o *Tribunal de Justiça de São Paulo*: "Casamento. Anulação. Cônjuge-varão que, ao tempo da celebração do ato, já era casado legitimamente com outra mulher. Ação movida por terceiro, estando já falecido o referido cônjuge, com fundamento em legítimo interesse econômico por ser réu em ação de anulação de escritura de venda e compra efetuada com o "de cujus". Ilegitimidade de parte repelida"[28].

---

[27] "Casamento. Ação anulatória. Legitimidade *ad causam*. Ajuizamento pelo irmão e pelo cunhado do consorte falecido, que à época do casamento já era incapaz. Admissibilidade" (STJ, *RT*, 796/209).

[28] *RJTJSP*, Lex, 18/76.

Tendo em vista os dizeres amplos do art. 1.549 do Código Civil, que legitima "qualquer interessado" a propor ação direta de nulidade do casamento, nada impede que até o cônjuge de má-fé, como o bígamo, por exemplo, possa arguir a nulidade de seu casamento, reconhecendo-se-lhe direito moral para tanto[29].

2.2.3. Ação declaratória de nulidade

Quando o casamento é *nulo*, cabe ação *declaratória de nulidade*, sendo *ex tunc* os efeitos da sentença, considerando-o retroativamente como não ocorrido.

Podem, no entanto, a ação declaratória de nulidade e a ação anulatória começar com o pedido de prévia separação de corpos. O Código Civil de 2002 admite expressamente a *separação de corpos*, comprovada a sua necessidade, como medida preparatória de ação de nulidade do casamento, de anulação, de separação judicial, de divórcio direto e de dissolução de união estável, devendo ser "*concedida pelo juiz com a possível brevidade*" (art. 1.562).

A separação de corpos se mostra às vezes necessária, para proteger a integridade física e psicológica do casal, bem como para comprovar o *dies a quo* da separação de fato. A comprovação da necessidade pode ser feita por todos os meios de prova em direito admitidos.

Cessado o afeto ou presente o espectro da violência, seja ela física, seja psicológica, cabível se mostra a separação de corpos, para que os cônjuges tenham liberdade de ação e se livrem da situação de constrangimento nos encontros de quem habita a mesma casa. Além disso, a separação de corpos antecipa a cessação dos deveres de coabitação e fidelidade recíproca, afastando a imputação de abandono do lar, e comprova cabalmente a data da ruptura da vida em comum para fins de fixação do termo inicial da contagem do prazo para a conversão da separação judicial em divórcio. Tem-se admitido a cautelar de separação de corpos mesmo quando o casal já se encontra separado de fato, como forma de dar-se juridicidade à separação do casal[30].

---

[29] Fachin e Pianovski, *Código Civil comentado*, cit., v. XV, p. 159.

[30] Fachin e Pianovski, *Código Civil comentado*, cit., v. XV, p. 194-195. *V.* a jurisprudência: "Separação de corpos. Concessão da medida que não é incompatível com a permanência dos cônjuges sob o mesmo teto, se a coabitação do casal se faz necessária por razões econômicas. Deferimento da liminar que, em tais casos, serve para cessar alguns deveres do casamento, como a prestação do débito conjugal, além de proteger o requerente de eventual ação de separação judicial litigiosa por culpa" (*RT*, 788/247). "Separação de corpos. Cabimento ainda que existente a separação de fato. Decretação do afastamento temporário do marido do lar conjugal. Comprovação da imposição de maus-tratos à mulher e da queda ao vício do jogo" (*RT*, 810/391).

A Lei n. 11.340, de 7 de agosto de 2006 (conhecida como *"Lei Maria da Penha"*), que criou mecanismos para coibir a violência doméstica e familiar contra a mulher, dispõe, no art. 23, que o juiz do Juizado de Violência Doméstica e Familiar contra a Mulher poderá, quando necessário, sem prejuízo de outras medidas protetivas de urgência: "(...) *IV – determinar a separação de corpos"*.

Como a ação de nulidade segue o rito ordinário, admite-se reconvenção, com pedido de divórcio, por exemplo, ou imputação de culpa ao autor, para responsabilizá--lo pela nulidade e pelos ônus da sucumbência.

Proposta a aludida ação, incumbe a quem a alega o ônus da prova. Como a lide versa sobre direitos indisponíveis, regidos por princípios de ordem pública, a *confissão do réu* é, por si só, insuficiente para o decreto de procedência. O seu valor é considerado relativo, devendo a admissibilidade do pedido ser sopesada em conjunto com outros elementos de convicção[31].

O mesmo se pode dizer em relação à *revelia*, que pode encobrir uma fraude encetada pelos cônjuges para anular o casamento, em detrimento de terceiros ou para burlar a lei[32].

O advento da Lei do Divórcio afastou o grande interesse à anulação do casamento, que havia antes de 1977, quando constituía a única saída legal para uma pessoa se desligar do casamento, fora a hipótese de viuvez. As referidas ações são de estado e imprescritíveis, competindo o seu julgamento exclusivamente a juiz de direito.

Uma vez transitada em julgado, a sentença de nulidade do casamento opera retroativamente, devendo ser averbada no livro de casamentos do Registro Civil e no Registro de Imóveis (Lei n. 6.015/73, arts. 100 e 167, II, n. 14). Antes da averbação, não produzirá efeitos contra terceiros (art. 100, § 1º). A nulidade do casamento, como já mencionado, "tem sistema próprio e específico, não se lhe aplicando a disciplina da nulidade do ato jurídico"[33].

Dispõe o art. 53, I, do Código de Processo Civil de 2015 que é competente o foro, "para a ação de divórcio, separação, *anulação de casamento* e reconhecimento ou dissolução de união estável: a) de domicílio do guardião de filho incapaz; b)

---

[31] "Ação de anulação de casamento. Confissão. Insuficiência, por si só, para o decreto de procedência da ação. É ineficaz a confissão quando dela resulta a perda de direitos que o confitente não pode renunciar ou sobre que não possa transigir, pois nestes casos prevalecem os princípios de ordem pública" (STF, *RTJ*, 58/652).

[32] "Anulação de casamento. Revelia do réu. Necessidade de rigor na apreciação da prova. Em caso de anulação de casamento, a revelia do cônjuge deve ser apreciada com um certo rigor, para evitar a fraude destinada a elidir o cânone da indissolubilidade do vínculo matrimonial" (*RJTJSP*, 9/40).

[33] STF, *RTJ*, 111/1341.

do último domicílio do casal, caso não haja filho incapaz; c) de domicílio do réu, se nenhuma das partes residir no antigo domicílio do casal".

2.3. Casamento anulável

O Código Civil em vigor considera anulável o casamento nas hipóteses elencadas nos arts. 1.550, 1.556 e 1.558. Dispõe o primeiro dispositivo citado, com a redação dada pela Lei n. 13.146/2015:

"É anulável o casamento:

I – de quem não completou a idade mínima para casar;

II – do menor em idade núbil, quando não autorizado por seu representante legal;

III – por vício da vontade, nos termos dos arts. 1.556 a 1.558;

IV – do incapaz de consentir ou manifestar, de modo inequívoco, o consentimento;

V – realizado pelo mandatário, sem que ele ou o outro contraente soubesse da revogação do mandato, e não sobrevindo coabitação entre os cônjuges;

VI – por incompetência da autoridade celebrante.

§ 1º Equipara-se à revogação a invalidade do mandato judicialmente decretada;

§ 2º A pessoa com deficiência mental ou intelectual em idade núbia [o correto é 'núbil'] *poderá contrair matrimônio, expressando sua vontade diretamente ou por meio de seu responsável ou curador".*

Na maioria dos casos há um consentimento defeituoso, uma manifestação volitiva imperfeita, seja por se tratar de pessoa que se casou inspirada no erro, seja por se tratar de quem, pela sua imaturidade ou defeito mental, não podia consentir desassistido de seu representante. O novo diploma, adotando melhor técnica, reputa anulável o casamento celebrado em certas circunstâncias que acarretavam, no Código de 1916 (art. 208), a sanção de nulidade absoluta, como a celebração por incompetência da autoridade celebrante, ou a de inexistência, como ocorria com o casamento celebrado mediante procuração, após a revogação do mandato sem conhecimento do procurador[34].

O Código Civil de 1916 tratava as hipóteses de imperfeição de consentimento como impedimentos relativamente dirimentes. Se, apesar do impedimento, o casamento se realizasse, era tido como anulável. O Código de 2002 não mais aponta tais fatos como impedimentos relativos, mas mantém a sanção de anulabilidade do casamento quando verificados os aludidos vícios, ou erro essencial quanto à pessoa do outro cônjuge, disciplinando a matéria no capítulo concernente à invalidade do casamento.

---

[34] Caio Mário da Silva Pereira, *Instituições*, cit., v. 5, p. 138; Silvio Rodrigues, *Direito civil*, cit., v. 6, p. 91; Fachin e Pianovski, *Código Civil comentado*, cit., v. XV, p. 160-161.

O *casamento anulável* produz todos os efeitos enquanto não anulado por decisão judicial transitada em julgado. Até então tem validade resolúvel, que se tornará definitiva se decorrer o prazo decadencial sem que tenha sido ajuizada ação anulatória. Porém, a sentença que anula o casamento tem efeitos retro--operantes, fazendo com que os cônjuges retornem à condição anterior, como se jamais o tivessem contraído. Produz efeitos iguais à decretação da nulidade, desfazendo a sociedade conjugal como se nunca houvesse existido, salvo caso de putatividade. Tal como no nulo, não houve o efeito de antecipação da maioridade.

Há, entretanto, uma corrente que sustenta ser *ex nunc* os efeitos da sentença anulatória, como vimos no n. 2.1, *retro*. No referido item foi dito ainda que a *nulidade* do casamento somente poderá ser declarada em ação ordinária (arts. 1.549 e 1.563), não podendo, pois, ser proclamada de ofício. Tal afirmação é aplicável também aos casos de *anulabilidade*, assim como tudo o que foi dito a respeito da guarda dos filhos de casamento declarado nulo, da liquidação das relações pecuniárias entre os cônjuges e da supressão retroativa dos efeitos do regime de bens. O art. 1.561, § 2º, do Código Civil estende os efeitos civis do casamento, embora nulo ou anulável, aos filhos, ainda que ambos os cônjuges estejam de má-fé quando da celebração.

Observa-se que em todas as hipóteses de anulabilidade há um tratamento menos severo da lei, uma vez que não há interesse social no desfazimento do matrimônio, como sucede no caso de nulidade absoluta. As imperfeições que caracterizam a nulidade relativa são estabelecidas em favor de certas pessoas que a lei quis proteger. A *legitimidade ativa* para a propositura da *ação anulatória* é reservada, assim, exclusivamente às *partes diretamente interessadas* no ato (CC, arts. 1.552, 1.555 e 1.559).

A anulação visa proteger, pois, direta e principalmente, o interesse individual, como o de pessoas que se casaram, por exemplo, em virtude de erro ou coação ou antes de terem atingido a idade nupcial. Como inexiste afronta aos interesses gerais da sociedade, convalesce definitivamente o casamento se essas pessoas, em vez de promoverem o seu desfazimento, deixarem escoar o prazo estabelecido na lei para que o façam. Ao contrário, pois, da pretensão à declaração de nulidade, que é imprescritível, a que visa à anulação do casamento está sujeita a decadência, sendo em geral breves os prazos para a sua dedução em juízo.

O *dolo*, em si, isto é, quando não leve a erro essencial, embora vício do consentimento, não conduz à anulabilidade do matrimônio, diversamente do que acontece com os negócios jurídicos em geral, como obtempera EDUARDO ESPÍNOLA[35], citando a justificativa apresentada por CLÓVIS BEVILÁQUA[36] para a

---

[35] *A família no direito civil brasileiro*, p. 190.
[36] *Código Civil*, cit., v. 2, p. 72-73. Na legislação alemã, todavia, o dolo é causa autônoma de

exceção: "A exclusão do dolo de entre as causas de nulidade relativa do casamento, justifica-se pela necessidade de não tornar sobremodo precária a segurança das famílias. Não seria difícil alegar um dos cônjuges que fora induzido ao casamento pelas manobras fraudulentas, as maquinações, os artifícios do outro, porque o próprio respeito recíproco, a cerimônia, o recato, o desejo de ser agradável, escondem defeitos, que depois se revelam. E dar a essas atitudes morais o valor do *dolo* nos contratos comuns seria enfraquecer excessivamente a estabilidade do matrimônio e das famílias".

2.3.1. Defeito de idade

Havendo defeito de idade, no casamento dos menores de 16 anos, a ação anulatória pode ser proposta pelo próprio cônjuge menor, mesmo sem assistência ou representação, por seus representantes legais, e por seus ascendentes (CC, art. 1.552), no prazo de cento e oitenta dias, contado da data da celebração, para os representantes legais ou ascendentes dos menores, e, para estes, da data em que atingirem a referida idade mínima (art. 1.560, § 1º).

Mesmo se o representante legal do menor consentiu no casamento, ele pode propor a ação de anulação por defeito de idade, porque podia ter ignorado a verdadeira idade do menor representado e também porque a falta de idade nada tem que ver com a apreciação da conveniência do casamento.

Podem, entretanto, casar-se os menores para evitar imposição ou cumprimento de *pena criminal*, quando a mulher é vítima de crime contra os costumes, ou em caso de *gravidez*, mediante *suprimento judicial de idade* (CC, art. 1.520)[37], comentado no Título I, Capítulo II, n. 1.2, *retro*, ao qual nos reportamos.

A Lei n. 11.106, de 28 de março de 2005, revogou, além de outros dispositivos, o inciso VII do art. 107 do Código Penal. Com isso, o casamento deixou de evitar a imposição ou o cumprimento de pena criminal, nos crimes contra os

---

resolução de casamento (*Ehegetz*, § 33, al. 1), podendo ser do outro nubente ou de terceiro, com o conhecimento daquele (§ 33, al. 2), sendo irrelevante, no entanto, quando tenha tido por objeto indução do nubente em erro quanto à situação patrimonial do outro (§ 33, al. 2). No direito suíço, o art. 125 do Código Civil permite anulação de casamento com fundamento em dolo quando o nubente tenha sido induzido em erro quanto à honorabilidade ou à saúde do outro cônjuge, sendo necessário, no último caso, que a doença coloque em grave perigo a saúde do cônjuge enganado ou de sua descendência.

[37] "Suprimento de idade para contrair matrimônio. Admissibilidade diante da possibilidade de imposição de pena criminal e de gravidez de menor de dezesseis anos" (*RT*, 797/365). "Suprimento de idade. Casamento. Menor. Concordância dos genitores. Oposição do Ministério Público. Inadmissibilidade. Interesse da família que prevalece. Finalidade social de constituir família legítima. Aptidão física da mulher ao matrimônio" (*JTJ*, Lex, 248/242).

costumes de *ação penal pública*. Nestes delitos, preleciona GUSTAVO FILIPE BARBOSA GARCIA, "a parte inicial do art. 1.520 do Código Civil de 2002, que permitia o casamento de quem não atingiu a idade núbil, com o fim de evitar a imposição ou o cumprimento de pena criminal, deixou de fazer sentido, não tendo mais como produzir efeitos. A alteração legislativa, no entanto, não pode operar retroativamente, de forma que o casamento realizado antes da entrada em vigor da Lei n. 11.106/2005, permitido para evitar imposição ou cumprimento de pena criminal, não é anulável, pois celebrado de acordo com expressa permissão legal vigente à época, devendo ser preservado o ato jurídico perfeito"[38].

Entretanto, prossegue o mencionado autor, "em se tratando de crimes contra os costumes de *ação penal privada*, persiste a possibilidade de extinção da punibilidade pela renúncia do direito de queixa, ou pelo perdão do ofendido aceito (art. 107, V, do Código Penal). Como o casamento da vítima com o agente pode ser visto como renúncia tácita, ou perdão tácito (conforme exercido antes ou depois da propositura da ação penal, respectivamente), mesmo que a aplicabilidade desta parte inicial do art. 1.520 do Código Civil de 2002 tenha se reduzido, ainda persiste".

Prescreve o art. 1.551 do Código Civil que "*não se anulará, por motivo de idade, o casamento de que resultou gravidez*". Não importa se o defeito de idade é da mulher ou do homem. A gravidez superveniente exclui, assim, a anulação por *defeito de idade* (não por outros defeitos, como a falta de consentimento paterno), ainda que se manifeste depois de ajuizada a ação.

Preleciona CAIO MÁRIO DA SILVA PEREIRA[39], inspirado nas lições de EDUARDO ESPÍNOLA, PLANIOL, RIPERT e BOULANGER, que a regra impeditiva da anulação, por motivo de idade, do casamento de que resultou gravidez, reflete, "de um lado, o interesse social em que não se celebre o casamento de quem não atingiu a idade núbil. De outro lado o interesse familiar em que se não desfaça o matrimônio que frutificou com o advento da prole. Encarada a situação de um ângulo biológico, a gravidez faz presumir a aptidão para a procriação. Vista de um aspecto psicológico, a invalidação traumatiza os cônjuges e reflete no filho, com todos os inconvenientes resultantes".

Apurada a gravidez, ocorrida antes ou depois de instaurada a lide, extingue-se a ação, ainda que aquela se frustre. A anulabilidade não obsta que o filho seja considerado concebido ou havido na constância do casamento.

---

[38] Casamento anulável no Código Civil de 2002 e repercussões da Lei 11.106/2005. *RT*, 840/143.

[39] *Instituições*, cit., v. 5, p. 139.

Se a ação anulatória foi ajuizada pelos representantes legais ou pelos ascendentes do menor (art. 1.552, II e III), poderá este *"confirmar seu casamento"* ao perfazer a idade mínima, com efeito retroativo, desde que ainda não tenha transitado em julgado a sentença anulatória, e *"com a autorização de seus representantes legais, se necessária, ou com suprimento judicial"* (art. 1.553). Nesse caso, a ação será extinta e a única consequência será a subsistência do regime da separação de bens, se houve suprimento judicial (art. 1.641, III).

A confirmação processa-se perante o próprio oficial do cartório e o juiz celebrante. Trata-se de um "simples ato de ratificação, com dispensa da convalidação judicial. Efetua-se por termo, que terá a assinatura do ratificante e de duas testemunhas. Apenas o cônjuge menor ou incapaz e os representantes assinarão o termo, não significando o ato uma nova celebração do casamento"[40].

Na hipótese em que o fundamento da ação é somente o defeito de idade, os nubentes ficam dispensados do consentimento de seus representantes, pressupondo-se que estes já o tenham dado quando da celebração, expressa ou tacitamente. Se, entretanto, o casamento foi anulado por defeito de idade, nada impede venham a casar-se novamente os menores, ao atingirem a idade exigida pela lei.

2.3.2. Falta de autorização do representante legal

No caso de falta de autorização dos pais ou representantes legais, a ação anulatória só pode ser proposta, em cento e oitenta dias, por iniciativa do próprio incapaz, ao deixar de sê-lo, das pessoas que tinham o direito de consentir, ou seja, de seus representantes legais, desde que não tenham assistido ao ato ou, por qualquer modo, manifestado sua aprovação (CC, art. 1.555, § 2º), ou de seus herdeiros necessários. Se a pessoa que tinha o direito de consentir tiver assistido ao casamento, não poderá, pois, requerer a anulação, porquanto a sua presença tem o valor de um consentimento tácito.

O prazo *"será contado do dia em que cessou a incapacidade, no primeiro caso; a partir do casamento, no segundo; e, no terceiro, da morte do incapaz"* (art. 1.555, § 1º).

Se o incapaz morrer, poderão seus herdeiros ajuizar a ação anulatória nos cento e oitenta dias que se seguirem à sua morte, se esta ocorrer durante a incapacidade. Se o falecimento ocorrer depois de iniciada a ação, poderão seus herdeiros nela prosseguir. Não terão, todavia, direito de ação se o desenlace se der após o nubente tornar-se capaz, presumindo-se neste caso que não era de seu interesse intentá-la.

---

[40] Arnaldo Rizzardo, *Direito de família*, p. 122.

Caio Mário[41] observa que pode ocorrer, entretanto, que o nubente venha a falecer depois de completada a maioridade, porém antes de decorrido o prazo de cento e oitenta dias dentro do qual teria direito à ação. Neste caso, assinala, "os herdeiros poderão ajuizá-la, no pressuposto de que o próprio cônjuge o faria, se sobrevivesse".

2.3.3. Erro essencial sobre a pessoa do outro cônjuge

O art. 1.556 do Código Civil permite a anulação do casamento por erro essencial quanto à pessoa (*error in persona*) do outro cônjuge. O legislador, porém, não deixou ao juiz a decisão sobre quais os fatos que podem ser considerados erro essencial capaz de ensejar a anulação. As hipóteses vêm especificadas no art. 1.557, cujo rol é taxativo (redação de acordo com a Lei n. 13.146/2015):

"I – o que diz respeito à sua identidade, sua honra e boa fama, sendo esse erro tal que o seu conhecimento ulterior torne insuportável a vida em comum ao cônjuge enganado;

II – a ignorância de crime, anterior ao casamento, que, por sua natureza, torne insuportável a vida conjugal;

III – a ignorância, anterior ao casamento, de defeito físico irremediável que não caracterize deficiência ou de moléstia grave e transmissível, por contágio ou por herança, capaz de pôr em risco a saúde do outro cônjuge ou de sua descendência".

O prazo para a propositura da ação anulatória foi aumentado de dois (CC/1916, art. 178, § 7º, I) para três anos (CC/2002, art. 1.560, III). Somente o cônjuge que incidiu em erro pode demandar a anulação do casamento; mas a coabitação, havendo ciência do vício, valida o ato, ressalvada a hipótese do inciso III do art. 1.557, que se refere à ignorância de defeito físico irremediável e moléstia grave (CC, art. 1.559) anteriores ao casamento.

O erro, como regra geral, consiste em uma falsa representação da realidade. Em matéria de casamento nada mais é do que uma especificação da teoria geral do erro substancial quanto à pessoa (CC, art. 139, II). Nessa modalidade de vício de consentimento o agente engana-se sozinho. Deve-se, no entanto, salientar que não é qualquer erro que torna anulável o negócio jurídico ou o casamento. Para tanto, deve ser *substancial*, como proclamam os arts. 138, 139, 1.556 e 1.557 do Código Civil[42]. Há de ser a causa determinante, ou seja, se conhecida a realidade, o casamento não seria celebrado.

---

[41] *Instituições*, cit., v. 5, p. 141.

[42] Sílvio Venosa, *Direito civil*, v. VI, p. 127; Carlos Roberto Gonçalves, *Direito civil brasileiro*, v. 1, p. 432.

Francisco Amaral, discorrendo sobre o erro na dogmática dos defeitos do negócio jurídico, em lição que vale também para o casamento, declara que erro essencial, também dito substancial, "é aquele de tal importância que, sem ele, o ato não se realizaria. Se o agente conhecesse a verdade, não manifestaria vontade de concluir o negócio jurídico. Diz-se, por isso, essencial, porque tem para o agente importância determinante, isto é, se não existisse, não se praticaria o ato"[43].

Todavia, a essencialidade deve ser vista também de um ponto de vista objetivo, do ponto de vista do que é razoável, sensato, para o comum das pessoas. A atitude do enganado será razoável sempre que seja justificada, compreensível, humana, e não puramente excêntrica, disparatada, censurável ou condenável[44].

O direito brasileiro não distingue o erro *obstativo* do vício do consentimento. O primeiro é adotado, tanto em matéria de negócio jurídico como de casamento, no direito alemão, que assim considera o erro de relevância exacerbada, que apresenta uma profunda divergência entre o que o agente quer e o que faz, impedindo que o ato venha a existir, como na hipótese, por exemplo, do nubente que razoavelmente acredita tratar-se de um ensaio teatral e não de verdadeira cerimônia de casamento. Entre nós, todavia, como foi dito, não há distinguir o erro que torna o casamento anulável daquele outro que o torna inexistente[45].

O Código Civil de 2002, contrariamente ao que dispunha o inciso IV do art. 219 do diploma de 1916, não considera motivo para anulação do casamento o defloramento da mulher ignorado pelo marido (*error virginitatis*), tendo em vista que a virgindade deixou de ser, na sociedade moderna, requisito da honorabilidade feminina. A hipótese, denominada por alguns *adultério precoce*, exigia a propositura da ação anulatória, no exíguo prazo decadencial de dez dias, pelo cônjuge enganado. Não se exigia a prova do mau comportamento da mulher, bastando a do desvirginamento anterior, mesmo que a mulher houvesse sido vítima de estupro, supondo-se que o marido não a desposaria, se a soubesse deflorada.

A isonomia jurídica entre o homem e a mulher, proclamada na atual Constituição Federal, incluindo a igualdade de tratamento quanto aos direitos e deveres, já autorizava dizer que não mais subsistia tal tratamento diferenciado à mulher, retrógrado e injusto, e que já estava, por essa razão, revogado tacitamente o aludido inciso IV do art. 219 do Código Civil de 1916, que considerava tal fato erro essencial quanto à pessoa do outro cônjuge[46].

---

[43] *Direito civil*: introdução, p. 484.

[44] Corrêa de Oliveira e Ferreira Muniz, *Direito de família*, cit., p. 245; Antunes Varela, *Direito da família*, p. 213-214.

[45] Caio Mário da Silva Pereira, *Instituições*, cit., v. 5, p. 142.

[46] A jurisprudência já proclamava, com efeito, antes da vigência do Código Civil de 2002: "O

2.3.3.1. Erro sobre a identidade do outro cônjuge, sua honra e boa fama

O erro quanto à identidade do outro cônjuge pode ter por objeto a identidade *física* e a identidade *civil*. No erro sobre a identidade *física* (*error in corpore*) ocorre o casamento com pessoa diversa, por substituição ignorada pelo outro cônjuge. É a hipótese bastante rara de pessoa que, pretendendo casar-se com "B", por erro casa-se com "C". Segundo os autores, tal engano pode ocorrer em contos ou enredo de novelas, ou ainda no casamento por procuração, mas dificilmente acontecerá na realidade da vida, como no clássico exemplo bíblico, cantado em versos por Camões, de Jacob, que se casou com Lia no lugar de Raquel.

Mais comum é o erro sobre a identidade civil do outro cônjuge, sua honra e boa fama. Identidade *civil é o conjunto de atributos ou qualidades com que a pessoa se apresenta no meio social*. Algumas pessoas são tidas como trabalhadoras, honestas, probas; outras, porém, como inidôneas, desqualificadas etc.

O erro sobre a identidade civil se manifesta como causa de anulação do casamento "quando alguém descobre, em seu consorte, após a boda, algum atributo inesperado e inadmitido, alguma qualidade repulsiva, capaz de, ante seus olhos, transformar-lhe a personalidade, fazê-lo pessoa diferente daquela querida. É nesse conceito de identidade civil que se alarga o arbítrio do juiz. Porque nele caberá qualquer espécie de engano sério sobre a qualidade do outro cônjuge e estará porventura caracterizado o erro referente à pessoa"[47].

Nessa trilha, têm os tribunais concedido a anulação do casamento quando: a mulher descobre ter desposado cônjuge toxicômano, sendo tal circunstância apta a inviabilizar o projeto de convivência sustentável em padrões naturais ou aceitáveis

---

defloramento da mulher, anterior ao casamento, deixou de ser causa autorizadora de anulação, visto que a virgindade era obrigação imposta apenas à esposa e agora, pela Constituição de 1988, ambos os cônjuges são igualados a direitos e deveres (art. 226, § 5º)" (*RT*, 711/172).

[47] Silvio Rodrigues, *Comentários ao Código Civil*, v. 17, p. 88. V. a jurisprudência: "A recusa do marido em conviver com a esposa e a procura por outras mulheres, nos primeiros dias após as bodas, revelam desvio de caráter e propiciam a anulação do casamento, por caracterizado erro essencial quanto à pessoa do cônjuge" (TJSP, Ap. 66.100-4/4-00, 6ª Câm. Dir. Priv., rel. Des. Ernani de Paiva, j. 19-2-1988). "Anulação de casamento. Abandono da esposa logo após as núpcias. Comportamento que denota completa insensibilidade ético-moral, falta de caráter e acentuada ausência de qualquer senso de responsabilidade" (*RT*, 543/85). "Dissimulação do verdadeiro caráter da esposa. Ardil com objetivo patrimonial. Demonstração pela mulher, antes do casamento, de personalidade afável, bondosa e zelosa para com o senhor idoso. Revelação, dois meses após as núpcias, de seu verdadeiro 'eu', demonstrando caráter desonesto, apossando-se dos proventos do marido, vendendo seu imóvel e deixando-o ao abandono. Caracterização de erro essencial *in persona*, autorizando a anulação do casamento" (TJRJ, Ap. 4969/00/01, 12ª Câm. Cív., rel. Des. Alexandre Varella, j. 8-8-2000).

de coabitação[48]; o cônjuge varão contrai núpcias com a mulher em razão de sua gravidez e vem a descobrir posteriormente que o filho pertence a terceiro, anulando--se o casamento independentemente de a esposa ter ou não agido dolosamente[49]; o réu está envolvido com prática de ilícitos penais e age de modo zombeteiro em relação à esposa, demonstrando desvio de comportamento[50]; a mulher mantém relações sexuais anômalas, confessando a prática de lesbianismo[51]; o marido ignorava que a esposa se encontrava apaixonada por outro indivíduo, dando-se conta disso somente na lua de mel, quando passou a ser rejeitado sexualmente[52]; a mulher se recusa ao pagamento do débito conjugal[53]; o relacionamento sexual do casal é anormal, por falta de libido do marido em relação à esposa, sendo o quadro patológico e de difícil solução clínica[54]; o marido exercia a profissão de odontólogo e, após o casamento, transforma-se em outra pessoa, dedicando-se ao misticismo e deixando de manter contato sexual com a mulher[55] etc.

Ao mencionar também a *honra* e a *boa fama*, cogitou o Código, especialmente, das qualidades morais do indivíduo. *Honrada* é a pessoa digna, que pauta a sua vida pelos ditames da moral. *Boa fama* é o conceito e a estima social de que a pessoa goza, por proceder corretamente. Pode-se dizer que o erro quanto às qualidades essenciais do outro contraente abrange as qualidades físicas, jurídicas, morais ou de caráter[56].

Como exemplos clássicos de erro sobre a honra e a boa fama do outro cônjuge podem ser citados o do homem que, sem o saber, desposa uma prostituta[57], bem como o da mulher que descobre, somente após o casamento, que o marido se entrega a práticas homossexuais[58].

Registre-se que a lei restringe o erro exclusivamente à pessoa do outro cônjuge. Por conseguinte, não se anula o casamento se os fatos desonrosos ou

---

[48] *RT*, 796/244; *JTJ*, Lex, 249/31; TJDF, *Revista Brasileira de Direito de Família*, v. 6, p. 124, em. 600.

[49] *RT*, 767/235 e 635/188.

[50] TJSP, *Revista Brasileira de Direito de Família*, cit., v. 6, p. 124, em. 602.

[51] *JTJ*, Lex, 180/25; *Revista Brasileira de Direito de Família*, cit., v. 5, p. 117.

[52] TJRJ, *RT*, 614/167; TJSP, Ap. 69.459-4/3-00, 9ª Câm. Dir. Priv., rel. Des. Paulo Menezes, j. 10-3-1998.

[53] TJSP, Ap. 170.561-1, 1ª Câm. Cív., rel. Des. Renan Lotufo, j. 29-6-1993, *RT*, 614/167.

[54] TJMG, Ap. 161.812-3/00, 3ª Câm. Cív., rel. Des. Isalino Lisboa, *DJMG*, 23-6-2001.

[55] TJRJ, *Revista Brasileira de Direito de Família*, cit., v. 5, p. 121, em. 453.

[56] Antunes Varela, *Direito da família*, cit., p. 211.

[57] *RT*, 490/51 e 536/114.

[58] "Ação anulatória. Marido homossexual. Desconhecimento antes do casamento. Erro essencial. Vida em comum. Insuportabilidade. Ação procedente" (*RT*, 506/88; TJMG, *Revista Brasileira de Direito de Família*, v. 5, p. 122, em. 459, e v. 6, p. 125, TJRJ, em. 603).

infamantes concernirem não ao cônjuge pessoalmente, mas a outros membros de sua família[59].

Dois são os requisitos para que a invocação do erro essencial possa ser admitida: a) que o defeito, ignorado por um dos cônjuges, preexista ao casamento; b) que a descoberta da circunstância, após o matrimônio, torne insuportável a vida em comum para o cônjuge enganado.

Não se pode, com efeito, pretender anular o casamento arguindo circunstâncias ou fatos desabonadores da conduta de um cônjuge, já conhecidos do outro[60]. Para haver anulação faz-se mister que tais fatos tenham existência anterior ao casamento e que a sua descoberta, após o matrimônio, haja tornado insuportável a vida em comum. Se o erro não prejudica a pessoa do outro cônjuge, não provocando repulsa nem colocando em risco a sua saúde ou de sua descendência, deixa de constituir causa de anulação. A apreciação far-se-á em cada caso, tendo em vista as condições subjetivas do cônjuge enganado e outras circunstâncias que evidenciem a insuportabilidade da vida em comum após a descoberta do defeito.

É necessário, pois, que o comportamento inqualificável do outro cônjuge, desconhecido pelo consorte enganado, continue após o casamento, tornando insuportável para este a vida em comum. Leva-se em conta, na aferição deste último requisito, a sensibilidade moral do cônjuge enganado, pois o mesmo fato pode repercutir diversamente nas pessoas, provocando reações diferentes. A insuportabilidade da vida em comum há de medir-se pela sensibilidade do cônjuge, e não pela do juiz. Deve este transportar-se até a situação dos cônjuges em conflito, vivendo mentalmente as circunstâncias que envolvem o relacionamento conjugal.

A propósito, preleciona WASHINGTON DE BARROS MONTEIRO[61] que as qualidades essenciais inerentes à identidade civil envolvem o estado de família e o estado religioso. Assim, "se a contraente é católica fervorosa, ser-lhe-á certamente intolerável casamento com um padre e o descobrimento da apostasia autoriza-a a propor ação de anulação. Não haverá, contudo, lugar para essa anulação se à mulher indiferente for a religião".

A falta de conhecimento da conduta inqualificável do outro cônjuge, por imprudência, isto é, por ausência da necessária cautela na indagação dos

---

[59] Washington de Barros Monteiro, *Curso de direito civil*, 32. ed., v. 2, p. 95.

[60] "Autora que não consegue demonstrar a sua ignorância em relação ao fato de ser o réu portador de moléstia grave e transmissível, ou mesmo erro de identidade. Inadmissibilidade da anulação da união" (*RT*, 764/323), "O erro essencial para anular o casamento diz respeito a fatos anteriores ao matrimônio e não a fatos subsequentes a este, e se a mulher não queria o casamento e a ele submeteu-se por pressão do varão e dos familiares dela, recusando-se, posteriormente, ao débito conjugal, é fato que autoriza a separação judicial, nunca a anulação de casamento" (TJSP, Ap. 42.220-4/6, 8ª Câm. Dir. Priv., rel. Des. Egas Galbiatti, j. 17-12-1997).

[61] *Curso*, cit., v. 2, p. 93.

antecedentes de seu consorte, não obsta à anulação, pois a lei não cogitou, na apreciação do erro, da prudência ou imprudência dos que se vão casar, mesmo porque o relacionamento afetivo não se concilia com a frieza da cautela e da ponderação. Destarte, não se exige que o erro, para ensejar anulabilidade, seja *escusável*. Exigir-se a escusabilidade ou desculpabilidade como condição de relevância do erro equivale a acrescentar requisito não previsto na lei brasileira, malgrado algumas legislações estrangeiras (o CC português, art. 1.636º, p. ex.) incluam tal requisito como necessário para a anulação do casamento por erro[62].

A jurisprudência não tem considerado erro essencial sobre a identidade civil o engano sobre desemprego ou ociosidade do marido, mormente se a esposa aceitou, por algum tempo, a indolência do esposo[63], nem sobre condições de fortuna[64] ou profissão do outro cônjuge. E, como foi dito no n. 2.3, *retro*, o *dolo*, em si, isto é, quando não leve a erro essencial, embora vício do consentimento, não conduz à anulabilidade do matrimônio, diversamente do que acontece com os negócios jurídicos em geral. É irrelevante, ainda, em matéria de casamento, o "erro de direito", ou seja, por exemplo, o erro a respeito do regime legal do casamento[65]. O erro sobre a identidade jurídica, sobre o estado civil, como no caso de mulher que se casa com divorciado, supondo-o solteiro, é, na realidade, erro de fato quanto à identidade civil.

2.3.3.2. Ignorância de crime ultrajante

Caracteriza-se o erro, neste caso, quando o crime, ignorado pelo outro cônjuge, tenha ocorrido *antes* do casamento e, por sua *natureza*, "*torne insuportável a vida conjugal*" (CC, art. 1.557, II).

---

[62] Vicente de Faria Coelho, *Nulidade e anulação do casamento*, p. 233-234; Corrêa de Oliveira e Ferreira Muniz, *Direito de família*, cit., p. 250; Fachin e Pianovski, *Código Civil comentado*, cit., v. XV, p. 177-178.ispõe o art. 1.636º do Código Civil português: "O erro que vicia a vontade só é relevante para efeitos de anulação quando recaia sobre qualidades essenciais da pessoa do outro cônjuge, seja desculpável e se mostre que sem ele, razoavelmente, o casamento não teria sido celebrado".

[63] *RT*, 779/330.

[64] "Não se decreta a anulação do casamento apenas porque o noivo assumiu compromissos comerciais acima de suas posses, registrando dívidas vencidas com fornecedores e outros credores. Noiva que sabia da situação econômica do réu" (STJ, REsp 134.690-PR, 4ª T., rel. Min. Ruy Rosado de Aguiar, *DJU*, 30-10-2000). "Anulação de casamento. Erro essencial de pessoa. Improcedência do pedido. Marido que teria efetuado compras no comércio local sem pagamento e contraído dívidas diversas. Hipótese que poderia ensejar a separação judicial, mas não a anulação do casamento" (TJSC, Ap. 96.012.136-6, 2ª Câm. Cível, rel. Des. Nelson Schaefer Martins, j. 15-5-1997).

[65] Caio Mário da Silva Pereira, *Instituições*, cit., v. 5, p. 142.

Não mais se exige que o crime seja inafiançável, como o fazia o Código de 1916. Em determinados casos, a prática de delito *afiançável*, anterior ao casamento, e ignorada pelo outro cônjuge, pode configurar erro essencial quanto à pessoa do outro cônjuge, desde que, por sua natureza (como, p. ex., crime de ato obsceno), torne insuportável a vida conjugal. Como o dispositivo em análise não exige prévia condenação criminal, a existência e a autoria do crime podem ser provadas na própria ação anulatória.

A lei pressupõe que o cônjuge não teria casado, se soubesse da prática de ato socialmente reprovável pelo consorte. Se o crime foi praticado quando o agente era menor de 18 anos e, portanto, penalmente inimputável, a anulação só pode ser pleiteada com fundamento no erro quanto à honra e boa fama[66]. Se o réu é absolvido, já não poderá o cônjuge enganado invocar o erro, salvo se a sua conduta, apesar da absolvição, demonstrar defeitos assimiláveis às hipóteses de erro sobre a identidade civil. O fundamento da anulação, neste caso, não será mais a conduta criminosa.

Justifica-se a anulação do casamento porque o ato praticado revela o mau caráter e a periculosidade do agente, causando constrangimento ao cônjuge no meio onde vive[67]. Configura-se a hipótese legal quando o crime tenha ocorrido *antes* do casamento, como foi dito. A sentença condenatória pode ter sido prolatada posteriormente. Pouco importa, pois, que "o cônjuge tenha ou não cumprido a pena, que o crime tenha sido julgado prescrito, depois da condenação, ou mesmo que tenha havido perdão ou anistia. O Código não distingue quanto à sentença ter sido lavrada antes ou depois do casamento, exigindo apenas que o crime tenha sido perpetrado antes do casamento e que o outro cônjuge no momento de casar ignorasse o fato"[68].

---

[66] Sílvio Venosa, *Direito civil*, cit., v. VI, p. 131.

[67] "Anulação de casamento. Ignorância por parte de um dos cônjuges de condenação criminal do outro por sentença definitiva e decorrente de crime inafiançável anterior ao casamento. Circunstâncias que bastam à caracterização da hipótese prevista no art. 219, II, do Código Civil (*de 1916, correspondente ao art. 1.557, II, do CC/2002*). Recurso desprovido" (*RT*, 614/176). "Ação anulatória. Alegação pela mulher de erro por desconhecer a condenação criminal anterior do homem que desposou. Necessidade de prova do fato (desconhecimento) que, descoberto, tornou insuportável a coabitação. Inaplicabilidade do art. 330, II, do CPC" (TJSP, Ap. 168.575-4/4, 3ª Câm. Dir. Priv., rel. Des. Ênio Zuliani, j. 14-8-2001).

[68] Carvalho Santos, *Código Civil brasileiro interpretado*, v. IV, p. 232. V. a jurisprudência anterior ao CC/2002, mas a ele aplicável: "Quando a lei considera erro essencial sobre a pessoa do outro cônjuge a ignorância de crime inafiançável, anterior ao casamento e definitivamente julgado por sentença condenatória, evidentemente não exige que a sentença também preceda ao matrimônio. Feita a prova do desconhecimento anterior da autora, anula-se o casamento" (TJRJ, Ap. 109/90, 1ª Câm. Cív., j. 26-6-1990).

2.3.3.3. Ignorância de defeito físico irremediável ou de moléstia grave

Defeito físico irremediável que não caracterize deficiência é o que impede a realização dos fins matrimoniais. Em geral, apresenta-se como deformação dos órgãos genitais que obsta à prática do ato sexual. Deve ser entendido como referindo--se às anormalidades orgânicas ou funcionais que prejudiquem o desenvolvimento da relação conjugal, como, *v. g.*, o sexo dúbio, o hermafroditismo, o infantilismo, o vaginismo etc.

A jurisprudência tem solidificado essa noção, nela inserindo as diferentes anomalias de natureza sexual, quer tenham origem orgânica, quer tenham origem psíquica. O casamento pode ser anulado mesmo que o defeito físico não impeça a relação sexual, mas imponha sacrifícios à sua realização ou repulsa a uma das partes, e ainda que o defeito não se localize nos órgãos genitais, desde que atue como freio inibidor da libido, como é o caso de cicatrizes e ulcerações repugnantes, a falta de seios etc.

A irremediabilidade é caracterizada pela impossibilidade de tratamento médico ou cirúrgico e pela ineficácia do tratamento ministrado por longo tempo, bem como pela recusa ao tratamento adequado. Admitem-se todos os meios de prova do defeito físico irremediável, inclusive a testemunhal, sendo, porém, mais indicada a pericial, que só deve ser dispensada se for impossível a sua realização.

A impotência também está incluída na noção de "defeito físico irremediável", mas somente a *coeundi* ou instrumental[69]. A *esterilidade* ou impotência *generandi* (do homem, para gerar filhos) e *concipiendi* (da mulher, para conceber) não constituem causas para a anulação. Com efeito, têm os tribunais dado essa conotação aos casos de impotência *coeundi* (incapacidade para o ato conjugal), quer tenha origem orgânica, quer psíquica, quer absoluta, quer relativa apenas à pessoa do cônjuge.

A impotência que configura o erro é aquela que se manifesta em relação ao outro cônjuge, ainda que não persista em relação a outra pessoa, e seja

---

[69] "Casamento. Anulação. Erro essencial. Marido portador de deformidade peniana congênita. Defeito equiparável à impotência instrumental. Ciência anterior da mulher não comprovada. Óbice à plena satisfação sexual, também procurada no casamento" (*JTJ*, Lex, 251/39). "Casamento. Anulação. Impotência *coeundi*. Indícios razoáveis nesse sentido, diante da revelia do réu, das alegações da autora e da rapidez de sua atuação, ao propor a ação um mês após o casamento, bem como dos testemunhos prestados. Não estava a autora, sem a intenção do réu de se submeter à cura imediata, compelida a ter tolerância fática com este estado de coisas permanente. Conquanto a prova não tenha sido cabal, a dúvida, nestes casos, deve ser dirimida em favor do ofendido" (TJSP, Ap. 37.236-4/7, 3ª Câm. Dir. Priv., rel. Des. Alfredo Migliore, j. 23-9-1997). "Convivência do casal jovem, durante período relativamente longo, sob o mesmo teto e sobre a mesma cama, permanecendo intacta a mulher. Fato que demonstra por si a inaptidão irremediável do marido para realizar a cópula" (*RTJ*, 58/351; *RJTJSP*, Lex, 43/35).

irremediável, isto é, perpétua, insanável. É tradicional o entendimento segundo o qual não é anulável o casamento com fundamento em esterilidade do outro cônjuge (a denominada impotência *generandi*), uma vez que, embora a procriação seja uma das finalidades do casamento, não é a única, nem de tal relevância que a sua ausência justifique a invalidade[70].

Efetivamente, o casamento visa também "ao estabelecimento de união afetiva e espiritual entre os cônjuges. Uma vez que essa união pode ser alcançada, inexistirá motivo para anular o casamento, só porque dele não adveio prole, em razão da esterilidade de um dos cônjuges"[71].

Moléstia grave, para caracterizar o defeito, deve ser transmissível por contágio ou herança, capaz de pôr em risco a saúde do outro cônjuge ou de sua descendência, e anterior ao casamento. Tem a jurisprudência decretado a anulação do casamento em casos de tuberculose, lepra, sífilis, AIDS[72] etc.

O Código Civil de 2002 cogita, no inciso III do art. 1.557, ora em estudo, de *moléstia física*. Cuidava, no entanto, no inciso IV, expressamente revogado pela Lei n. 13.146/2015, dos casos de doença *mental*.

Como se infere do texto legal, a moléstia física que justifica a anulação do casamento há de ser, ao mesmo tempo, *grave* e *transmissível*, não bastando a alternativa. É necessário, também, que preexista ao casamento, mas se torne conhecida do outro cônjuge somente após a sua celebração. Se dela já tinha conhecimento, não pode reclamar. Faz-se mister, ainda, que seja suscetível de *"pôr em risco a saúde do outro cônjuge ou sua descendência"*[73]. Não exige a lei que a enfermidade seja *incurável*, mas tão somente que seja *grave*, capaz de contagiar o consorte ou sua prole, expondo-os a perigo[74].

---

[70] Corrêa de Oliveira e Ferreira Muniz, *Direito de família*, cit., p. 243; Caio Mário da Silva Pereira, *Instituições*, cit., v. 5, p. 145.

[71] Washington de Barros Monteiro, *Curso*, cit., 32. ed., v. 2, p. 98.

[72] "Casamento. Ação anulatória. Cônjuge portador de AIDS. Doença grave e transmissível. Por mais cruel e dolosa que seja a situação do réu, não se pode impor à mulher o duro ônus de suportar uma união que só gera repulsa e temor, apenas porque aquele ignorava a doença. Se a autora soubesse do fato antes da sua realização, jamais teria dado o seu consentimento" (TJRJ, Ap. 4.652, 2ª Câm. Cív., rel. Des. Lindberg Montenegro).

[73] "Moléstia grave. Doença, porém, não transmissível. Desconhecimento prévio não comprovado. Insuportabilidade da vida em comum não caracterizada. Improcedência decretada" (*RT*, 640/71). "A moléstia grave de um dos cônjuges, ignorada pelo outro à data do consentimento, só seria razão jurídica para anulação do casamento se preenchidos os demais requisitos legais: transmissibilidade da patologia e colocação, do marido ou da prole, sob risco de vida. Indemonstrados tais requisitos, a pretensão anulatória deve ser rejeitada" (*RT*, 706/61).

[74] Washington de Barros Monteiro, *Curso*, cit., 32. ed., v. 2, p. 99.

2.3.4. Vício da vontade determinado pela coação

Coação é toda ameaça ou pressão injusta exercida sobre um indivíduo para forçá-lo, contra a sua vontade, a praticar um ato ou realizar um negócio. Não é a coação, em si, vício da vontade, mas sim o temor que ela inspira, tornando defeituosa a manifestação de querer do agente. Corretamente, os romanos empregavam o termo metus (mentis trepidatio) *e não* vis *(violência), porque é o temor infundido na vítima que constitui o vício do consentimento e não os atos externos utilizados no sentido de desencadear o medo*[75].

O matrimônio, segundo a tradição romana, origina-se do consentimento. Quer, assim, o legislador que seja celebrado com a maior liberdade possível.

Preceitua o art. 1.558 do Código Civil que se caracteriza a coação *"quando o consentimento de um ou de ambos os cônjuges houver sido captado mediante fundado temor de mal considerável e iminente para a vida, a saúde e a honra, sua ou de seus familiares"*. Trata-se de coação moral ou relativa (*vis compulsiva*), que constitui vício do consentimento[76]. Nesta, deixa-se uma opção ou escolha à vítima: praticar o ato exigido pelo coator ou correr o risco de sofrer as consequências da ameaça por ele feita. Trata-se, portanto, de uma coação psicológica.

A coação física ou absoluta (*vis absoluta*), mais rara e que se caracteriza pelo uso da violência atual, torna o casamento inexistente, em razão da ausência de manifestação da vontade.

Na hipótese de casamento contraído por pessoa *coacta*, a ação só pode ser promovida pelo próprio coato, no prazo de *quatro anos* a contar da celebração (CC, arts. 1.559 e 1.560, IV). Tal prazo mostra-se excessivo, pois não se concebe que uma pessoa possa permanecer tanto tempo coagida e impedida de agir. A prova da coabitação pode ser utilizada pelo coator para evitar a anulação do casamento (CC, art. 1.559, segunda parte). Contudo, além de tal prova ser muito subjetiva, a própria coabitação pode ter sido obtida mediante coação. Por conseguinte, somente a coabitação voluntária, devidamente comprovada, mostra-se apta a validar o ato. Não terá, porém, esse condão a coabitação que também é uma decorrência da violência ou da grave ameaça exercidas quando da manifestação do consentimento.

O art. 1.559 do Código Civil, na segunda parte, retrata a situação da mulher que se casa coagida e que, mesmo sabendo que pode anular seu casamento,

---

[75] Carlos Roberto Gonçalves, *Direito civil brasileiro*, cit., v. 1, p. 456.

[76] "Casamento. Anulação. Celebração realizada por força de coação paterna. Desnecessidade de rigor excessivo na apreciação das provas. Ação procedente. Sentença confirmada" (*RJTJSP*, Lex, 120/38). "Casamento. Coação demonstrada. Intuito de obrigar o casamento entre as partes, contrariando a sua vontade. Hipótese de anulação do matrimônio" (TJMG, *Revista Brasileira de Direito de Família*, v. 5, p. 121, em. 456).

deliberadamente coabita com o marido. Neste caso, a coabitação inibe sua eventual pretensão de anular o casamento inicialmente não desejado. Registre-se que o aludido dispositivo ressalva as hipóteses dos incisos III e IV do art. 1.557. Na do inciso III, primeira parte, a impotência *coeundi* frustraria a tentativa de convivência, impossibilitando o convívio sexual e, desse modo, o casamento pode ser anulado. No caso de moléstia grave capaz de pôr em risco a saúde do outro cônjuge, prevista na segunda parte do mencionado inciso, conserva o que incorreu em erro, mesmo no caso de ter havido, levianamente, convivência entre os cônjuges, o direito de intentar ação anulatória de seu casamento. O inciso IV do dispositivo em apreço, que tratava da hipótese de doença mental grave, foi revogado pela Lei n. 13.146/2015.

A coação, que torna anulável o casamento, segue o mesmo regime da disciplina geral dos defeitos do negócio jurídico, tal como prevista na Parte Geral do Código Civil, e, dessa forma, deve ser grave, injusta e atual. Aprecia-se a sua gravidade "em relação às condições pessoais da vítima, mas tal não se considera o temor reverencial ou a ameaça do exercício normal de um direito"[77]*.*

Com efeito, dispõe o art. 152 do Código Civil que, "*no apreciar a coação, ter-se-ão em conta o sexo, a idade, a condição, a saúde, o temperamento do paciente e todas as demais circunstâncias que possam influir na gravidade dela*". Por sua vez, o art. 153 proclama que "*não se considera coação a ameaça do exercício normal de um direito, nem o simples temor reverencial*". Assim, não se reveste de gravidade suficiente para anular o ato o receio de desgostar os pais ou outras pessoas a quem se deve obediência e respeito, como os superiores hierárquicos[78].

O emprego do vocábulo "*simples*", no dispositivo legal supratranscrito, evidencia que o temor reverencial não vicia o consentimento quando desacompanhado de ameaças ou violências. Assim, no casamento, consideram-se coação, e não simples temor reverencial, as graves ameaças de castigo à filha, para obrigá-la a casar. Em conclusão: o simples temor reverencial não se equipara à coação, mas, se for acompanhado de ameaças ou violências, transforma-se em vício da vontade. E se referidas ameaças provierem de pessoas que, por sua situação, inspirem respeito e obediência (tais como os ascendentes, o marido, os superiores hierárquicos), elas não necessitam de se revestir da mesma gravidade de que se

---

[77] Caio Mário da Silva Pereira, *Instituições*, cit., v. 5, p. 147.

[78] "Casamento. Anulação. Inadmissibilidade. Adolescente que, por temor reverencial ao pai, precipita-se em contrair núpcias, em face do conhecimento, pelos genitores, da manutenção de relações sexuais com seu namorado. Situação que não caracteriza coação, pois não restou configurado que a vontade emitida pela nubente foi induzida por força da insinuação de outrem" (*RT*, 778/335).

revestiriam se emanassem de outras fontes, porque o temor reverencial é, por si mesmo, uma agravante da ameaça[79].

2.3.5. Incapacidade de manifestação do consentimento

O inciso IV do art. 1.550 do Código Civil declara anulável o casamento "*do incapaz de consentir ou manifestar, de modo inequívoco, o consentimento*". A incapacidade de consentir, que torna anulável o casamento, abrange a hipótese mencionada no inciso III do art. 4º do Código Civil (com a redação conferida pela Lei n. 13.146/2015), *verbis*: "*III – aqueles que, por causa transitória ou permanente, não puderem exprimir sua vontade*", que exigem assistência do representante legal.

A expressão genérica não abrange as pessoas portadoras de doença ou deficiência mental permanentes, referidas no revogado inciso II do art. 3º do Código Civil, mas as que não puderem exprimir totalmente sua vontade por causa *transitória*, ou *permanente*, em virtude de alguma patologia (p. ex., arteriosclerose, excessiva pressão arterial, paralisia, embriaguez não habitual, uso eventual e excessivo de entorpecentes ou de substâncias alucinógenas, hipnose ou outras causas semelhantes, mesmo não permanentes).

É anulável, assim, o ato jurídico exercido pela pessoa de condição psíquica normal, mas que se encontrava completamente embriagada no momento em que o praticou e que, em virtude dessa situação transitória, não se encontrava em perfeitas condições de exprimir a sua vontade.

Os *pródigos* não figuram no rol das pessoas impedidas de casar, nem o seu estado constitui causa suspensiva ou de anulabilidade do casamento, mesmo porque a sua interdição acarreta apenas incapacidade para cuidar de seus bens, como foi dito no n. 2.1.2 do Capítulo II do Título I, sob a epígrafe "Do casamento", *retro*, ao qual nos reportamos.

O prazo para ser intentada a ação de anulação do casamento, a contar da celebração (e não da data em que cessar a incapacidade, como era no Código Civil de 1916), é de cento e oitenta dias (CC, art. 1.560, I). Sublinha Silvio Rodrigues que "a ideia do legislador, fixando um prazo inexorável de caducidade para as ações anulatórias, inspira-se no propósito de pôr termo à insegurança, derivada da ameaça que surge sobre uma instituição tão importante como a do casamento. De maneira que, embora permita sua anulação nas hipóteses figuradas, só ouve o pleito do autor se ajuizada a demanda dentro de determinado período. Se o interessado desleixa de ajuizar sua pretensão no interstício legal, fecham-se, para ele, as portas do pretório. Na prática, a hipótese é dificílima de ocorrer"[80].

---

[79] Silvio Rodrigues, *Direito civil*, v. 1, p. 382-383.
[80] *Comentários*, cit., v. 17, p. 109.

Nos casos de incapacidade do cônjuge, "não se pode restringir a titularidade ao próprio incapaz e aos representantes. Os herdeiros possuem induvidosamente interesse na propositura da ação, em face dos efeitos econômicos que resultarem da procedência da lide. Aumentarão, a toda evidência, seus quinhões"[81].

2.3.6. Realização por mandatário, estando revogado o mandato

É anulável o casamento *"realizado pelo mandatário, sem que ele ou o outro contraente soubesse da revogação do mandato, e não sobrevindo coabitação entre os cônjuges"* (CC, art. 1.550, V).

Cuida-se de hipótese em que o outorgado, estando de boa-fé, utiliza um mandato já anteriormente revogado sem seu conhecimento. Proclama o parágrafo único do art. 1.550 do Código Civil: *"Equipara-se à revogação a invalidade do mandato judicialmente decretada".*

Silvio Rodrigues considera o último preceito de raríssima aplicação e de certo modo supérfluo, porque "só tem legitimação para propor a ação judicial, visante a invalidar a procuração, o próprio mandante, ou seu representante legal, se menor ou interdito"[82]. Aduz o emérito civilista que "será mais fácil ao mandante revogar o mandato, e, no caso de seu representante legal, mais conveniente ser-lhe-á denegar seu consentimento para o referido matrimônio".

"O prazo para anulação do casamento é de cento e oitenta dias, a partir da data em que o mandante tiver conhecimento da celebração" (art. 1.560, § 2º). Preleciona Caio Mário da Silva Pereira que "o termo inicial deste prazo ficou muito incerto, sem que se determine um critério objetivo para a sua apuração"[83]. Aduz o mencionado civilista que, se a procuração não revestir os requisitos exigidos pelo art. 1.542, poderá ser invalidada por procedimento judicial e, neste caso, "o prazo para a anulação ficará suspenso até o pronunciamento judicial da invalidade do mandato, salvo se o autor acumular os dois pedidos, de anulação deste e de invalidade do casamento".

Sobrevindo coabitação dos cônjuges, não se anulará o casamento realizado mediante procuração já revogada, como expressamente dispõe a segunda parte do inciso V do art. 1.550 retrotranscrito. Só se pode entender esse convalescimento em havendo a convivência após conhecer o outro contraente a revogação do mandato. Desse modo, "resguardando a sensibilidade moral do cônjuge enganado, somente se compreende que a coabitação convalida o matrimônio, se o outro contraente se conforma com o procedimento desleal do mandante, que depois de

---

[81] Arnaldo Rizzardo, *Direito de família*, cit., p. 125.

[82] *Comentários*, cit., v. 17, p. 79.

[83] *Instituições*, cit., v. 5, p. 149-150.

anular a manifestação de vontade contida na procuração condiciona o outro cônjuge a uma vida conjugal que nasceu de um engodo"[84].

Assim, se o varão, por exemplo, revoga a procuração e, por desconhecimento desse ato, o casamento se realiza, a sua convalidação somente se dará se a mulher, cientificada da revogação, com ele coabitar, conformando-se com o seu procedimento desleal, ou apenas indicativo de uma contradição emocional.

O atual Código Civil, adotando melhor técnica, como foi dito no n. 2.3, *retro*, reputa anulável o casamento celebrado em certas circunstâncias que acarretavam, no Código de 1916, a sanção de nulidade absoluta, como a celebração por incompetência da autoridade celebrante (art. 208), ou a de inexistência, como ocorria com o casamento celebrado mediante procuração, após a revogação do mandato sem conhecimento do procurador.

2.3.7. Celebração por autoridade incompetente

É anulável, no prazo de dois anos a contar da data da celebração (CC, art. 1.560, II), o casamento *"por incompetência da autoridade celebrante"* (art. 1.550, VI).

A lei não distingue se se trata de incompetência em razão do lugar ou da matéria. Predomina na doutrina, entretanto, a opinião de que somente acarreta a anulabilidade a incompetência *ratione loci* ou *ratione personarum* (quando o celebrante preside a cerimônia nupcial fora do território de sua circunscrição ou o casamento é celebrado perante juiz que não seja o do local da residência dos noivos).

Se, porém, o presidente não é autoridade competente *ratione materiae* (não é juiz de casamentos, mas promotor de justiça, prefeito ou delegado de polícia, p. ex.), o casamento não é anulável, mas *inexistente*, salvo na hipótese prevista no art. 1.554 do Código Civil, que considera subsistente o casamento celebrado por pessoa que, embora não possua a competência exigida na lei, exerce publicamente as funções de juiz de casamentos, aplicando, assim, à hipótese a teoria da aparência.

As autoridades competentes para exercer a presidência do ato solene são as indicadas nas leis de organização judiciária dos Estados, enquanto não forem criados os juizados de paz mencionados na Constituição Federal e de caráter eletivo (arts. 98, II, e 30 do ADCT), sendo, em algumas unidades da Federação, o próprio magistrado, o juiz de casamentos, o juiz de paz e até mesmo os oficiais titulares dos cartórios do registro civil, como foi dito no n. 1.3, *retro*, onde essa matéria foi abordada em maior extensão e à qual nos reportamos.

---

[84] Caio Mário da Silva Pereira, *Instituições*, cit., v. 5, p. 150.

3. CASAMENTO IRREGULAR

Essa categoria jurídica deixou de ser considerada forma irregular de união conjugal ao serem introduzidas em nosso direito as "*causas suspensivas*" do casamento previstas no art. 1.523 do Código Civil de 2002.

O casamento contraído com inobservância das causas suspensivas (CC, art. 1.523, I a IV) não é nulo nem anulável, acarretando ao infrator apenas uma sanção: o casamento será considerado realizado no regime da separação de bens (CC, art. 1.641, I). Proclama, todavia, a *Súmula 377 do Supremo Tribunal Federal*: "No regime de separação legal de bens, comunicam-se os adquiridos na constância do casamento". Consagra tal súmula, portanto, a comunicação dos *aquestos*.

É permitido aos nubentes solicitar ao juiz que não lhes sejam aplicadas as mencionadas causas suspensivas, provando-se a inexistência de prejuízo, como proclama o art. 1.523, parágrafo único, do Código Civil (*v.* a propósito, *Das causas suspensivas*, Capítulo IV do Título I, concernente ao "Casamento"). Não se prevê em apartado um capítulo sobre "disposições penais" em matéria de casamento, como havia no Código de 1916, tendo sido excluídas as relativas ao oficial de registro civil, ao juiz e à perda do usufruto sobre os bens dos filhos do casamento anterior.

Finalizando este capítulo, anote-se que em nosso direito não cabe acrescentar mais um caso de nulidade ou de anulabilidade do casamento, tendo em vista a taxatividade da enumeração legal.

Capítulo X

DA EFICÁCIA JURÍDICA DO CASAMENTO

> *Sumário*: 1. Efeitos jurídicos do casamento. 1.1. Efeitos sociais. 1.2. Efeitos pessoais. 1.3. Efeitos patrimoniais. 2. Deveres recíprocos dos cônjuges. 2.1. Fidelidade recíproca. 2.2. Vida em comum, no domicílio conjugal. 2.3. Mútua assistência. 2.4. Sustento, guarda e educação dos filhos. 2.5. Respeito e consideração mútuos. 3. Direitos e deveres de cada cônjuge. 4. O exercício de atividade empresária pelos cônjuges.

1. EFEITOS JURÍDICOS DO CASAMENTO

Os efeitos produzidos pelo casamento são numerosos e complexos. A união conjugal não é só relação jurídica, mas – e antes de tudo – relação moral. As relações que formam a teia da vida íntima pertencem ao domínio da moral. São corolários imediatos da afeição recíproca e o seu estudo não compete à técnica do direito. Este apenas intervém para normatizar os efeitos mais importantes do casamento, uns regulados como direitos e deveres decorrentes da convivência entre os cônjuges, cuja inobservância, contrariando o fim do casamento, pode ocasionar graves perturbações; outros, resultantes das ligações entre os diversos integrantes da família; outros, ainda, decorrentes das relações destes com terceiros[1].

O casamento irradia, assim, os seus múltiplos efeitos e consequências no ambiente social e especialmente nas relações pessoais e econômicas dos cônjuges, e entre estes e seus filhos, como atos de direito de família puros, gerando direitos e deveres que são disciplinados por normas jurídicas. Pode-se, em consequência, afirmar que as relações que se desenvolvem como corolário da constituição da família pertencem a três categorias: as da primeira têm cunho

---

[1] Louis Josserand, *Derecho civil*: la familia, v. II, t. I, p. 114; Lafayette Rodrigues Pereira, *Direitos de família*, § 37, p. 121; Pontes de Miranda, *Tratado de direito de família*, v. II, p. 23.

social; as da segunda têm caráter puramente *pessoal*; e as da terceira são funda-
mentalmente *patrimoniais*[2].

As relações de caráter pessoal limitam-se, em regra, aos cônjuges e aos filhos
e são essencialmente de natureza ética e social. Assumem, no entanto, caráter
propriamente jurídico pela consideração especial que lhes dá a ordem legal.
Concernem, em geral, aos direitos e deveres dos cônjuges e dos pais em face dos
filhos. As de cunho patrimonial, que abrangem precipuamente o regime de bens,
a obrigação alimentar e os direitos sucessórios, podem eventualmente estender-se
aos ascendentes e aos colaterais até o segundo grau (CC, art. 1.697), ou ainda até
o quarto grau (art. 1.839).

1.1. Efeitos sociais

Os efeitos do casamento, em razão de sua relevância, projetam-se no ambiente
social e irradiam as suas consequências por toda a sociedade. O matrimônio legaliza as relações sexuais do casal, proibindo a sua prática com outrem e estabelecendo
o *debitum conjugale*. O seu principal efeito, no entanto, é a constituição da família
legítima ou *matrimonial*. Ela é a base da sociedade e tem especial proteção do
Estado, conforme estatui o art. 226 da Constituição Federal, que reconhece também
a união estável e a família monoparental como entidades familiares (§§ 3º e 4º).

A Constituição de 1988, alterando o conceito de família que servia de substrato ao Código Civil de 1916, impôs novos modelos, em verdadeira constitucio-
nalização do direito civil. A família "continua a ser a base da sociedade e a gozar
da especial proteção do Estado. Contudo, não mais se origina apenas do casamento;
a seu lado duas novas entidades familiares passaram a ser reconhecidas: a constituída pela união estável e a formada por qualquer dos pais e seus descendentes"[3].

A família constituída pelo casamento, e só por isto, pode continuar sendo
chamada de *legítima*, para se distinguir das outras duas, não se confundindo com
as expressões "filiação legítima" ou "ilegítima", não mais permitidas pelo art. 227,
§ 6º, do diploma constitucional. Pode também ser denominada *matrimonial*.

EDUARDO DE OLIVEIRA LEITE, discorrendo sobre *famílias monoparentais*,
preleciona que, "ao lado da família legítima, constituída pelo casamento civil (como
ainda quer o Constituinte de 1988, no art. 226, § 1º), sempre existiu uma outra
forma de família, até 1988 tida como ilegítima, que, por não se organizar de acordo

---

[2] Eduardo Espínola, *A família no direito civil brasileiro*, p. 241, n. 44; Caio Mário da Silva Pereira, *Instituições de direito civil*, v. 5, p. 163; Maria Helena Diniz, *Curso de direito civil brasileiro*, v.
5, p. 143.

[3] Heloísa Helena Barboza, O direito de família brasileiro no final do século XX, *A nova família:
problemas e perspectivas*, p. 104.

com a lei, era considerada como mera situação fática, portanto, marginal ao direito e, como tal, inferior. A esta união fática, que outrora se esgotava no concubinato, e hoje assume as mais diversas formas e características, é possível se atribuir a denominação genérica família ilegítima (a exemplo do que ocorria com a filiação) que, sem nenhuma dúvida, sempre teve o poder de criar laços bastante estreitos entre aqueles que nela se inserem"[4].

Por sua significação social, o Estado não se limita a chancelar o casamento e atribuir responsabilidades aos cônjuges, mas disciplina a relação conjugal, impondo-lhe deveres e assegurando-lhe direitos e, muitas vezes, interferindo na vida íntima do casal. O Código Civil de 2002 procurou, todavia, estabelecer uma espécie de reserva familiar, ao proibir "*a qualquer pessoa, de direito público ou privado, interferir na comunhão de vida instituída pela família*" (art. 1.513), sem com isso afastar o Estado, em várias hipóteses, de sua função promocional e protetiva[5].

A presunção de concepção dos filhos na constância do casamento tem como marco inicial o estabelecimento da convivência conjugal (CC, art. 1.597), e como termo final a dissolução da sociedade conjugal (art. 1.598). A sua realização antecipa a maioridade, emancipando o cônjuge menor (CC, art. 5º, parágrafo único, II), bem como estabelece *vínculo de afinidade* entre cada cônjuge e os parentes do outro (CC, art. 1.595, §§ 1º e 2º).

Insere-se ainda no contexto social o *planejamento familiar*, hoje assegurado constitucionalmente ao casal. Dispõe o art. 226, § 7º, da Constituição Federal: "Fundado nos princípios da dignidade da pessoa humana e da paternidade responsável, o planejamento familiar é livre decisão do casal, competindo ao Estado propiciar recursos educacionais e científicos para o exercício desse direito, vedada qualquer forma coercitiva por parte de instituições oficiais ou privadas".

Nessa linha, proclama o § 2º do art. 1.565 do Código Civil de 2002: "*O planejamento familiar é de livre decisão do casal, competindo ao Estado propiciar recursos educacionais e financeiros para o exercício desse direito, vedado qualquer tipo de coerção por parte de instituições privadas ou públicas*".

O planejamento familiar envolve aspectos éticos e morais. Assunto de tal magnitude para qualquer casal não pode prescindir da ética, da religião e de certa dose de maturidade. Por essa razão, a lei submete-o à livre decisão do casal, devendo, no entanto, ser orientado pelo princípio da paternidade responsável, por força da norma constitucional retromencionada, que impõe ainda ao Estado o ônus de estabelecer programas educacionais e assistenciais nesse campo, propiciando os recursos financeiros necessários.

---

[4] *Famílias monoparentais*, p. 15.
[5] Luiz Edson Fachin e Carlos Eduardo Pianovski, *Código Civil comentado*, v. XV, p. 38.

A Lei n. 9.263, de 12 de janeiro de 1996, visando regulamentar o citado dispositivo constitucional, estabeleceu penalidades e deu outras providências, tendo o Ministério da Saúde, por intermédio de portarias, estabelecido os procedimentos administrativos adequados. Essa lei relaciona, no art. 10, as situações em que é permitida a esterilização voluntária e pune com reclusão de dois a oito anos quem realizar esterilização cirúrgica em desacordo com o estabelecido no mencionado art. 10[6].

1.2. Efeitos pessoais

O principal efeito pessoal do casamento consiste no estabelecimento de uma *"comunhão plena de vida, com base na igualdade de direitos e deveres dos cônjuges"* (CC, art. 1.511). Esse princípio é salientado, no tocante à eficácia do casamento, por várias legislações contemporâneas, como o BGB (§ 1.353, n. 1) e o Código francês (art. 215, n. 1, com a redação que lhe foi dada pela Lei de 4-6-1970), que mencionam o dever recíproco, que surge para os cônjuges em decorrência do casamento, à comunhão matrimonial de vida.

A noção de "plena comunhão de vida" integra a definição de casamento constante do art. 1.577º do Código Civil português, que o conceitua como o "contrato entre duas pessoas de sexo diferente que pretendem constituir família mediante uma plena comunhão de vida, nos termos das disposições deste Código".

O casamento, portanto, ao estabelecer *"comunhão plena de vida"*, como proclama o art. 1.511 do Código Civil, com base na igualdade de direitos e deveres dos cônjuges, implica necessariamente *união exclusiva*, uma vez que o primeiro dever imposto a ambos os cônjuges no art. 1.566 do Código Civil é o de *fidelidade recíproca*. A aludida comunhão está ligada ao princípio da igualdade substancial, que pressupõe o respeito à diferença entre os cônjuges e a consequente preservação da dignidade das pessoas casadas. Em complemento, dispõe o novo diploma, no art. 1.565, que, por meio do casamento, *"homem e mulher assumem mutuamente a condição de consortes, companheiros e responsáveis pelos encargos da família"*.

---

[6] A aludida Lei n. 9.263/96 considera planejamento familiar "o conjunto de ações de regulação da fecundidade que garanta direitos iguais de constituição, limitação ou aumento da prole pela mulher, pelo homem ou pelo casal" (art. 2º). O seu art. 5º atribui ao Estado o dever de, "através do Sistema Único de Saúde, em associação, no que couber, às instâncias componentes do sistema educacional, promover condições e recursos informativos, educacionais, técnicos e científicos que assegurem o livre exercício do planejamento familiar". "A realização de experiências com seres humanos no campo da regulação da fecundidade somente será permitida se previamente autorizada, fiscalizada e controlada pela direção nacional do Sistema Único de Saúde e atendidos os critérios estabelecidos pela Organização Mundial de Saúde" (art. 8º).

O legislador de 2002, ao destacar o estabelecimento da comunhão plena de vida logo no art. 1º do título concernente ao direito pessoal, no Livro do Direito de Família, sem dúvida priorizou as relações pessoais no casamento, considerando tal comunhão como o seu efeito por excelência. Já se declarou, nessa linha, que, assim como o direito das obrigações é dominado pelo princípio geral da boa-fé, a cláusula geral da comunhão matrimonial de vida determina o alcance e a medida dos deveres dos cônjuges[7].

Essa priorização se acentuou com a complementação realizada no art. 1.565, uma vez que ser *"consortes e companheiros"* reflete a parceria de interesses e dedicação que devem envolver a vida em comum[8].

É importante salientar que do casamento advém uma situação jurídica relevante para os cônjuges, que adquirem um *status* especial, o estado de casados, que se vem somar às qualificações pelas quais se identificam no seio da sociedade e do qual decorrem, como foi dito, inúmeras consequências, que não se aferem em valores pecuniários, mas têm expressiva significação, especialmente no tocante às relações jurídicas com a prole e com terceiros[9].

Prevê o § 1º do aludido art. 1.565 do Código Civil que *"qualquer dos nubentes, querendo, poderá acrescer ao seu o sobrenome do outro"*. Malgrado já se tenha decidido, no direito anterior, que a possibilidade de um cônjuge "acrescer" ao seu o sobrenome do outro não impedia que o cônjuge simplesmente substituísse o seu apelido familiar pelo do outro cônjuge, predominava o entendimento de que a lei não permitia que o cônjuge, ao adotar o patronímico do outro, abandonasse os próprios[10].

A clareza do retrotranscrito dispositivo legal não deixa dúvida de que o cônjuge, ao se casar, pode permanecer com o seu nome de solteiro; mas, se quiser adotar os apelidos do consorte, não poderá suprimir o seu próprio sobrenome. Essa interpretação se mostra a mais apropriada em face do princípio da estabilidade do nome, que só deve ser alterado em casos excepcionais, princípio esse que é de ordem pública[11].

A propósito, preleciona SILVIO RODRIGUES: "Para diminuir o risco de recurso a tal expediente, para ocultar uma folha corrida comprometedora, a lei fala em acrescentar aos seus o sobrenome do outro. De modo que o sobrenome original

---

[7] Clóvis do Couto e Silva, Direito patrimonial de família no Projeto de Código Civil brasileiro e no direito português, *RT*, 520/20.

[8] Caio Mário da Silva Pereira, *Instituições*, cit., v. 5, p. 164.

[9] Caio Mário da Silva Pereira, *Instituições*, cit., v. 5, p. 164.

[10] *RT*, 785/345.

[11] Carlos Roberto Gonçalves, *Direito civil brasileiro*, v. 1, p. 174.

do cônjuge ficará sempre revelado, disfarçado, apenas, com o acréscimo do nome de família do consorte"[12].

Excepcionalmente, desde que não haja prejuízo à plena ancestralidade nem à sociedade, "é possível a inclusão do sobrenome do pai da autora, após o sobrenome de seu marido, ante a prevalência dos direitos da personalidade e da dignidade humana e da preservação da integridade e da unidade familiar".

Com esse entendimento, o *Superior Tribunal de Justiça*, tendo como relator o Min. Luis Felipe Salomão, deu provimento a um recurso especial para permitir a uma mulher a reinclusão do sobrenome do pai após o sobrenome do marido. A controvérsia teve origem em ação que pedia a reinclusão do sobrenome paterno, que a recorrente já possuía antes de se casar e que foi retirado e substituído pelo sobrenome do marido por ocasião do matrimônio. Acentuou o mencionado relator que "não se vislumbra que haja prejuízo à plena ancestralidade nem à sociedade, sendo possível o acolhimento do pedido em questão. Precedentes do STJ já permitiram esse tipo de retificação, com o acréscimo do sobrenome materno ou paterno"[13].

De outra feita, a referida Corte manifestou o entendimento de que, embora a modificação do nome civil seja excepcional, com restritas hipóteses legais, pode haver flexibilização progressiva das regras quando for oferecida justificativa pertinente. A 3ª Turma decidiu que uma mulher que adotou o sobrenome do marido pode reverter a medida, voltando a ter sua denominação de solteira. Segundo a autora, o sobrenome do companheiro se tornou mais importante em sua identificação do que sua designação paterna. Além disso, as únicas pessoas que ainda carregavam o patronímico estavam em grave situação de saúde. Assim, o nome poderia acabar desaparecendo, já que ela era uma das últimas pessoas a manter a herança familiar[14].

No tocante às relações pessoais no casamento, o atual Código Civil, ao tratar da "eficácia do casamento" em lugar dos "efeitos jurídicos" enunciados no diploma de 1916, procurou dar consecução ao princípio da plena igualdade de direitos e deveres entre os cônjuges: não há mais deveres próprios do marido e da mulher, assumindo ambos a condição de *"consortes, companheiros e responsáveis pelos encargos da família"* (art. 1.565). Aos deveres de ambos os cônjuges acrescentou-se o de *"respeito e consideração mútuos"*.

"A direção da sociedade conjugal será exercida, em colaboração, pelo marido e pela mulher, sempre no interesse do casal e dos filhos" (art. 1.567). *"Havendo*

---

[12] *Comentários ao Código Civil*, v. 17, p. 123.

[13] STJ, 4ª T., rel. Min. Luis Felipe Salomão, *in* Revista *Consultor Jurídico* de 11-5-2020. (*O número deste processo não é divulgado em razão de segredo judicial.*)

[14] STJ, 3ª T., rel. Min. Nancy Andrighi, *in* Revista *Consultor Jurídico* de 10-3-2021.

divergência", aduz o parágrafo único, "*qualquer dos cônjuges poderá recorrer ao juiz, que decidirá tendo em consideração aqueles interesses*". A direção do casal não compete apenas ao marido, como ocorria no regime do Código Civil de 1916, uma vez que ambos são associados e responsáveis pelos encargos da família, exercendo a cogestão de seu patrimônio[15].

A direção da família caberá exclusivamente a um dos cônjuges, caso o outro esteja "*em lugar remoto ou não sabido, encarcerado por mais de cento e oitenta dias, interditado judicialmente ou privado, episodicamente, de consciência, em virtude de enfermidade ou de acidente*" (CC, art. 1.570).

Os citados dispositivos do atual Código Civil refletem a orientação traçada pela Constituição Federal de 1988, que consagrou a mais ampla igualdade dos cônjuges em direitos e deveres concernentes à sociedade conjugal (art. 226, § 5º).

1.3. Efeitos patrimoniais

O casamento gera, para os consortes, além dos efeitos pessoais, consequências e vínculos econômicos, consubstanciados no regime de bens, nas doações recíprocas, na obrigação de sustento de um ao outro e da prole, no usufruto dos bens dos filhos durante o poder familiar, no direito sucessório etc.

A lei cria para os cônjuges, com efeito, o dever de sustento da família, a obrigação alimentar e o termo inicial da vigência do regime de bens. Este, segundo dispõem os §§ 1º e 2º do art. 1.639 do Código Civil, "*começa a vigorar desde a data do casamento*" e pode ser alterado "*mediante autorização judicial em pedido motivado de ambos os cônjuges, apurada a procedência das razões invocadas e ressalvados os direitos de terceiros*".

O regime de bens é, em princípio, *irrevogável*, só podendo ser alterado nas condições mencionadas. Antes da celebração, podem os nubentes modificar o pacto antenupcial, para alterar o regime de bens. Celebrado, porém, o casamento, ele torna-se *imutável*. Mesmo nos casos de reconciliação de casais separados judicialmente, o restabelecimento da sociedade conjugal dá-se no mesmo regime de bens em que havia sido estabelecida. Se o casal se divorciar, poderá casar-se novamente, adotando regime diverso do anterior.

No sistema anterior a imutabilidade do regime de bens era absoluta. A única exceção constava da Lei de Introdução às Normas do Direito Brasileiro, que a instituiu em favor do estrangeiro casado, a quem ficou facultado, com a anuência do outro cônjuge, no ato de se naturalizar brasileiro, optar pelo regime da

---

[15] Heloísa Helena Barboza, O direito de família no Projeto de Código Civil: considerações sobre o "direito pessoal", *Revista Brasileira de Direito de Família*, v. 11, p. 25.

comunhão parcial, que é o regime legal entre nós, respeitados os direitos de terceiros (LINDB, art. 7º, § 5º, com a redação determinada pela Lei n. 6.515, de 26-12-1977). Se já é casado nesse regime, não poderá optar por outro.

Já decidiu o *Supremo Tribunal Federal* que o princípio da imutabilidade não é ofendido por convenção antenupcial que determine que, em caso de superveniência de filhos, o casamento com separação se converta em casamento com comunhão[16]. A jurisprudência tem admitido, também, tanto no regime da separação legal como no da separação convencional, a comunicação dos bens adquiridos na constância do casamento pelo esforço comum dos cônjuges, atuando como verdadeiros integrantes de uma sociedade de fato[17]. No caso da separação convencional não basta, todavia, a vida em comum, com o atendimento dos deveres que decorram da existência do consórcio, sendo necessário que se unam em empreendimento estranho ao casamento, como autênticos sócios[18].

No Código Civil de 2002 foi afastada, como já dito, a imutabilidade absoluta do regime de bens, permitindo-se a sua alteração[19] *"mediante autorização judicial em pedido motivado de ambos os cônjuges"* (art. 1.639, § 2º). Observe-se que a aludida alteração não pode ser obtida unilateralmente, ou por iniciativa de um dos cônjuges em processo litigioso, pois o novel dispositivo citado exige pedido motivado de *"ambos"*.

No intuito de preservar o patrimônio da entidade familiar, o novo diploma regula a instituição do bem de família nos arts. 1.711 a 1.722. Visando ainda proteger o patrimônio comum e de cada cônjuge, especifica os atos que não podem ser praticados por um dos cônjuges sem a anuência do outro (art. 1.647). E, além de assegurar ao cônjuge sobrevivo (art. 1.838) os direitos sucessórios que o diploma de 1916 já lhe conferia, na ausência de descendentes e ascendentes, inova ao

---

[16] *RF*, 124/105.

[17] "Em se tratando de regime de separação obrigatória, comunicam-se os bens adquiridos na constância do casamento pelo esforço comum. O Enunciado n. 377 da Súmula do STF deve restringir-se aos aquestos resultantes da conjugação de esforços do casal, em exegese que se afeiçoa à evolução do pensamento jurídico e repudia o enriquecimento sem causa" (STJ, *RT*, 691/194).

[18] "A circunstância de os cônjuges haverem pactuado, como regime de bens, o da separação não impede que se unam, em empreendimento estranho ao casamento. Isso ocorrendo, poderá caracterizar-se a sociedade de fato, admitindo-se sua dissolução, com a consequente partilha de bens. O que não se há de reconhecer é a existência de tal sociedade, apenas em virtude da vida em comum, com o atendimento dos deveres que decorram da existência do consórcio" (STJ, REsp 30.513-9, 3ª T., rel. Min. Eduardo Ribeiro).

[19] No REsp 1.671.422, a 4ª turma do STJ admitiu a alteração de regime de bens retroativa acordada pelos cônjuges, que pretendiam alterar o regime de separação total para comunhão universal de bens. Nesse caso concreto, a decisão alcança o direito de terceiros no sentido de ampliação de eventuais garantias de crédito.

incluí-lo como herdeiro necessário (art. 1.845), concorrendo à herança com os descendentes e ascendentes (arts. 1.829, I e II, 1.832 e 1.837). No art. 1.789 proclama que, se houver herdeiros necessários, "*o testador só poderá dispor da metade da herança*".

Somente é reconhecido direito sucessório ao cônjuge sobrevivente, todavia, "*se, ao tempo da morte do outro, não estavam separados judicialmente, nem separados de fato há mais de dois anos*" (CC, art. 1.830), ressalvada, nesta última hipótese, a prova de que "*essa convivência se tornara impossível sem culpa do sobrevivente*". A participação na herança se dá nos seguintes casos: a) se o regime de bens era o da separação convencional; b) se o regime de bens era o da comunhão parcial e o *de cujus* tinha bens particulares – hipótese em que o cônjuge será, ao mesmo tempo, herdeiro e meeiro, incidindo a meação apenas sobre o patrimônio comum; c) se o regime de bens era o da participação final nos aquestos (CC, art. 1.672), com direito também à herança e meação (art. 1.685)[20].

Desse modo, as pessoas casadas no regime da comunhão parcial de bens fazem jus à meação dos bens comuns da família, como se de comunhão universal se tratasse, mas passam agora, por força do novo Código Civil, a participar da sucessão do cônjuge falecido, na porção dos bens particulares deste. O cônjuge supérstite participa, portanto, "por *direito próprio* dos bens comuns do casal, adquirindo a meação que já lhe cabia, mas que se encontrava em propriedade condominial dissolvida pela morte do outro componente do casal e *herda*, enquanto herdeiro preferencial, necessário, concorrente de *primeira classe*, uma quota parte dos *bens exclusivos* do cônjuge falecido, sempre que não for obrigatória a separação completa dos bens"[21].

Infere-se da leitura do aludido art. 1.829, I, do Código Civil que o cônjuge sobrevivente não concorre à herança com os descendentes se o regime de bens do casal era o da comunhão universal de bens ou o da separação obrigatória, ou ainda o da comunhão parcial, sem que o falecido tenha deixado bens particulares. Concorrendo com ascendentes, será irrelevante o regime de bens do casamento (art. 1.829, II).

Dispunha o art. 1.611, § 2º, do Código Civil de 1916 que era assegurado, ao cônjuge sobrevivente, *casado sob regime de comunhão universal*, enquanto *vivesse* e *permanecesse viúvo*, o *direito real de habitação* relativamente ao imóvel destinado à residência da família, desde que fosse o único bem daquela natureza a inventariar.

---

[20] Caio Mário da Silva Pereira, *Instituições*, cit., v. 5, p. 184.
[21] Giselda Novaes Hironaka, Concorrência do companheiro e do cônjuge na sucessão dos descendentes, *Questões controvertidas no novo Código Civil*, p. 436.

O art. 1.831 do Código Civil de 2002 assegura ao cônjuge supérstite, "*qualquer que seja o regime de bens*" e sem prejuízo da participação que lhe caiba na herança, o "*direito real de habitação*", desde que o imóvel seja destinado à residência da família e o único daquela natureza a inventariar. Se houver dois ou mais imóveis residenciais, não se pode falar em direito real de habitação. O novo diploma ampliou, pois, o alcance da benesse, ao admiti-lo "qualquer que seja o regime de bens".

Procedente a observação de Caio Mário[22] sobre a inconveniência do dispositivo sob o ponto de vista social, "pois que assegura ao cônjuge supérstite (viúvo ou viúva) um direito que grava imóvel partilhado com herdeiros, sem atender aos interesses destes, além de impor inevitável desvalorização ao prédio, pois ninguém se abalançaria a adquiri-lo onerado de tal gravame. Demais disso, não se atentou para as condições econômicas do sobrevivo, que pode ter recebido em partilha enorme acervo mobiliário".

Malgrado a omissão do citado dispositivo, que não vinculou o exercício do direito real de habitação à condição de "enquanto viver ou permanecer viúvo", como o fazia o diploma de 1916, deve-se entender que ele perdurará enquanto o cônjuge supérstite permanecer vivo, pois o legislador quis privilegiá-lo, mantendo seu *status* e sua condição de vida, garantindo-lhe o teto. Não se justifica, no entanto, a sua manutenção, em detrimento dos herdeiros, se o cônjuge sobrevivente constituir nova família.

2. DEVERES RECÍPROCOS DOS CÔNJUGES

O art. 1.566 do Código Civil impõe deveres recíprocos aos cônjuges, a saber: "*I – fidelidade recíproca; II – vida em comum, no domicílio conjugal; III – mútua assistência; IV – sustento, guarda e educação dos filhos; V – respeito e consideração mútuos*".

Embora o casamento estabeleça vários deveres recíprocos aos cônjuges, a lei ateve-se aos principais, considerados necessários para a estabilidade conjugal. A infração a cada um desses deveres constituía causa para a separação judicial, como o adultério, o abandono do lar conjugal, a injúria grave etc. (CC, art. 1.573). Com o advento da Emenda Constitucional n. 66/2010, ficam eles contidos em sua matriz ética, desprovidos de sanção jurídica, exceto no caso dos deveres de "*sustento, guarda e educação dos filhos*" e de "*mútua assistência*", cuja violação pode acarretar, conforme a hipótese, a perda da guarda dos filhos ou ainda a suspensão ou destituição do poder familiar, e a condenação ao pagamento de pensão alimentícia.

---

[22] *Instituições de direito civil*, cit., v. 5, p. 169.

2.1. Fidelidade recíproca

O dever de fidelidade recíproca é uma decorrência do caráter *monogâmico* do casamento. É dever de conteúdo negativo, pois exige uma abstenção de conduta, enquanto os demais deveres reclamam comportamentos positivos. A infração a esse dever, imposto a ambos os cônjuges, configura o *adultério*, indicando a falência da moral familiar, além de agravar a honra do outro cônjuge. Se extrapolar a normalidade genérica, pode ensejar indenização por dano moral[23].

O dever em apreço inspira-se na ideia da comunhão plena de vida entre os cônjuges, que resume todo o conteúdo da relação patrimonial. Impõe a exclusividade das prestações sexuais, devendo cada consorte abster-se de praticá-las com terceiro.

Os atos meramente preparatórios da relação sexual, o namoro e os encontros em locais comprometedores não constituem adultério, mas podem caracterizar a injúria grave (quase adultério). Quando a conduta pessoal reflete uma variedade de situações desrespeitosas e ofensivas à honra do consorte, uma forma de agir inconveniente para pessoas casadas, inclusive a denominada *"infidelidade virtual"* cometida via Internet, pode também caracterizar-se a ofensa ao inciso V do aludido art. 1.566, que exige *"respeito e consideração mútuos".*

Segundo a lição de WASHINGTON DE BARROS MONTEIRO[24], ministrada com base no Código Civil de 1916, o dever de fidelidade recíproca perdura enquanto subsistir a sociedade conjugal e mesmo quando os cônjuges estiverem apenas separados de fato. Extingue-se, porém, quando aquela se dissolver pela morte, nulidade ou anulação do casamento, separação judicial ou divórcio, readquirindo o cônjuge, juridicamente, plena liberdade sexual.

Todavia, o diploma de 2002 admite, no art. 1.723, § 1º, a união estável entre pessoas que mantiveram seu estado civil de casadas, estando, porém, separadas de fato, como já vinham proclamando alguns julgados, que entendiam não haver mais o dever de fidelidade em caso de separação de fato[25] e que o *animus* de pôr um fim na relação conjugal bastaria para fazer cessar a adulterinidade[26].

Embora sob o prisma psicológico e social o adultério da mulher seja mais grave que o do marido, uma vez que ela pode engravidar de suas relações sexuais extramatrimoniais e, com isso, introduzir prole alheia dentro da vida familiar, a ser sustentada pelo marido enganado, não se justifica, do ponto de vista jurídico,

---

[23] *RT*, 836/173.
[24] *Curso de direito civil*, 32. ed., v. 2, p. 118.
[25] *RT*, 445/92, 433/87.
[26] Maria Helena Diniz, *Curso*, cit., v. 5, p. 148.

qualquer distinção entre a infidelidade masculina e a feminina, por constituir fator de perturbação da estabilidade do lar e da família, além de séria injúria ao consorte[27].

2.2. Vida em comum, no domicílio conjugal

A vida em comum, no domicílio conjugal, ou dever de *coabitação*, obriga os cônjuges a viver sob o mesmo teto e a ter uma comunhão de vidas. Essa obrigação não deve ser encarada como absoluta, pois uma impossibilidade física ou mesmo moral pode justificar o seu não cumprimento. Assim, um dos cônjuges pode ter necessidade de se ausentar do lar por longos períodos em razão de sua profissão, ou mesmo de doença, sem que isso signifique quebra do dever de vida em comum.

O que caracteriza o abandono do lar é o *animus*, a intenção de não mais regressar à residência comum. Por essa razão, proclama o art. 1.569 do Código Civil que "*o domicílio do casal será escolhido por ambos os cônjuges, mas um e outro podem ausentar-se do domicílio conjugal para atender a encargos públicos, ao exercício de sua profissão, ou a interesses particulares relevantes*". Só a ausência do lar conjugal durante um ano contínuo, sem essas finalidades, caracteriza o abandono voluntário, como dispõe o art. 1.573, IV, do Código Civil (*v.*, a propósito, "*Grave infração dos deveres do casamento*", Capítulo XI, n. 4.8, *infra*).

Cessa, todavia, o dever de vida em comum, havendo justa causa para o afastamento do lar: a) se um consorte não trata o outro com o devido respeito e consideração. Aplica-se, à hipótese, o princípio comum a todas as convenções, de que uma parte não pode exigir o cumprimento da obrigação da outra se ela própria não cumpre a sua; b) se o marido, por exemplo, pretender que a mulher o acompanhe na sua vida errante, ou que com ele perambule para subtrair-se a condenação criminal[28].

O cumprimento do *dever de coabitação* pode variar, conforme as circunstâncias. Assim, admite-se até a residência em locais separados, como é comum hodiernamente. Porém, nele se inclui a obrigação de manter relações sexuais, sendo exigível o pagamento do *debitum conjugale*. Já se reconheceu que a recusa reiterada da mulher em manter relações sexuais com o marido caracteriza injúria grave, salvo se ela assim procedeu com justa causa.

No entanto, a obrigação não envolve o atendimento a taras ou abusos sexuais. A "*traditio corporum* e o *jus in corpus* não devem ser confundidos com a sujeição às aberrações sexuais, mas devem ser entendidas no interesse pessoal de cada um dos cônjuges, com o respeito à sua liberdade sexual, de forma que esse bem da

---

[27] Silvio Rodrigues, *Comentários ao Código Civil*, cit., v. 17, p. 125; José Lamartine Corrêa de Oliveira e Francisco José Ferreira Muniz, *Direito de família*, p. 296.

[28] Washington de Barros Monteiro, *Curso*, cit., 32. ed., v. 2, p. 120.

personalidade deve ser respeitado pelo cônjuge no que se refere à escolha e prática de atividades sexuais normais"[29].

A comunhão de vida sexual é, contudo, apenas um dos aspectos da comunhão de vida, sendo dominada pela ideia diretriz de dedicação exclusiva, mostrando íntima conexão com o dever de fidelidade recíproca. A união de vida abrange, além dos aspectos materiais da comunidade de vida sexual e coabitação (comunhão de cama, mesa e casa), o aspecto espiritual.

Com o casamento "não desaparece o comportamento social dos cônjuges, sendo cada um deles livre para empregar seu tempo como desejar e escolher suas atividades dentre as que lhes agradam... Assim, a liberdade de lazer deve ser respeitada pelos cônjuges, não podendo o esposo ou a esposa impedir que o seu consorte pratique o esporte favorito, ou leia o livro de sua predileção, ou seja, que tenha suas distrações favoritas, como, também, deve ser respeitada a liberdade de relacionamento de cada um dos cônjuges, que não pode ser impedido de manter amizade e certo convívio com seus familiares e amigos"[30].

A vida em comum desenvolve-se no local do domicílio conjugal. A fixação do domicílio competia ao marido. Hoje, no entanto, diante da isonomia de direitos estabelecida na Constituição Federal e do mencionado art. 1.569 do Código Civil, a escolha do local deve ser feita pelo casal. Caberá ao juiz solucionar eventual desacordo no tocante a essa escolha, bem como à direção da sociedade conjugal (CC, art. 1.567, parágrafo único).

2.3. Mútua assistência

O dever de mútua assistência obriga os cônjuges a se auxiliarem reciprocamente, em todos os níveis. Assim, inclui a recíproca prestação de socorro *material*, como também a assistência *moral* e *espiritual*. Envolve o desvelo próprio do companheirismo e o auxílio mútuo em qualquer circunstância, especialmente nas situações adversas.

Na raiz de todos esses sentimentos, assinala CAIO MÁRIO[31], "pode-se pesquisar a *affectio maritalis*, tão encarecida pelos romanistas. Em verdade formam a identidade fisiopsíquica dos cônjuges, que o Direito Canônico tão

---

[29] Regina Beatriz Tavares da Silva, *Dever de assistência imaterial entre cônjuges*, p. 144.

V. a jurisprudência: "O coito anal, embora inserido dentro da mecânica sexual, não integra o débito conjugal, porque este se destina à procriação. A mulher somente está sujeita à cópula vagínica e não a outras formas de satisfação sexual, que violentem sua integridade física e seus princípios morais" (*RJTJRS*, 176/763).

[30] Regina Beatriz Tavares da Silva, *Dever de assistência*, cit., p. 122.

[31] *Instituições*, cit., v. V, p. 174.

bem exprime dizendo-os uma só carne ou um só corpo – *caro una*, e que o direito moderno enaltece apresentando o matrimônio na sua configuração de unidade moral e econômica".

Trata-se de dever que se cumpre, na maior parte das vezes, de modo imperceptível, uma vez que se trata de um conjunto de gestos, atenções, cuidados na saúde e na doença, serviços, suscitados pelos acontecimentos cotidianos. Envolve, por conseguinte, "deveres de respeito, sinceridade, recíproca ajuda e mútuos cuidados. Trata-se de dever que dirige e vivifica o vínculo, assegurando-lhe altíssimo valor ético"[32].

Não só o abandono material como também a falta de apoio moral configuram infração ao dever de mútua assistência. No primeiro caso, constitui fundamento legal para a *ação de alimentos*. Se qualquer dos cônjuges faltar ao dever de assistência, pode ser compelido compulsoriamente à prestação alimentar. O dever de mútua assistência extingue-se, porém, com a dissolução da sociedade conjugal pelo divórcio.

A igualdade dos cônjuges no casamento, assegurada em nível constitucional, não mais permite qualquer distinção baseada na diversidade de sexos ou em concepção hierarquizada que impute à mulher dever de obediência e ao marido dever de proteção da mulher, como ocorria outrora. O modelo do marido-provedor e da mulher dona de casa, que correspondia ao quadro consagrado pela legislação das nações do Ocidente, não se coaduna com o estágio atual de nossa legislação.

2.4. Sustento, guarda e educação dos filhos

O *sustento* e a *educação* dos filhos *constituem deveres de ambos os cônjuges*. A *guarda* é, ao mesmo tempo, dever e direito dos pais. A infração ao dever em epígrafe sujeita o infrator à perda do poder familiar e constitui fundamento para ação de alimentos.

Subsiste a obrigação de sustentar os filhos menores e dar-lhes orientação moral e educacional mesmo após a dissolução da sociedade conjugal, até eles atingirem a maioridade. A jurisprudência, no entanto, tem estendido essa obrigação até a obtenção do diploma universitário, no caso de filhos estudantes que não dispõem de meios para pagar as mensalidades[33].

O dever de *sustento* ou de prover à subsistência material dos filhos compreende o fornecimento de alimentação, vestuário, habitação, medicamentos e tudo mais

---

[32] Corrêa de Oliveira e Ferreira Muniz, *Direito de família*, cit., p. 298-299.

[33] "Pensão alimentícia. Maioridade do filho, que é estudante regular de curso superior e não trabalha. Impossibilidade de exclusão da responsabilidade do pai quanto a seu amparo financeiro para o sustento e os estudos" (*RT*, 814/220).

que seja necessário à sua sobrevivência; o de fornecer *educação* abrange a instrução básica e complementar, na conformidade das condições sociais e econômicas dos pais; e o de *guarda* obriga à assistência material, moral e espiritual, conferindo ao detentor o direito de opor-se a terceiros, inclusive pais.

A separação judicial, ocorrida antes da aprovação da Emenda Constitucional n. 66/2010, e o divórcio em nada alteram os direitos e deveres dos pais em relação aos filhos (CC, art. 1.579). Esses deveres são impostos a ambos, na proporção de seus recursos e de suas possibilidades (art. 1.703). Se, ao marido, com melhores rendas, cumpre prover o lar dos meios indispensáveis, à mulher que disponha de rendas ou que as aufira de seu trabalho, cabe concorrer nas despesas[34].

A cada um dos pais e a ambos simultaneamente incumbe zelar pelos filhos, provendo à sua subsistência material, guardando-os ao tê-los em sua companhia e educando-os moral, intelectual e fisicamente, de acordo com suas condições sociais e econômicas. Abona e reforça essa ideia o art. 1.634, I a VII, do Código Civil, que dispõe sobre o exercício do poder familiar, ao estatuir que compete aos pais, quanto à pessoa dos filhos menores, *"dirigir-lhes a criação e educação"* e *"tê-los em sua companhia e guarda"*, bem como praticar outros atos que decorrem dos aludidos deveres[35].

O casamento ou novo casamento de qualquer dos pais ou de ambos não implicará restrição alguma aos seus direitos e deveres em relação aos filhos do relacionamento anterior, *"exercendo-os sem qualquer interferência do novo cônjuge ou companheiro"* (CC, art. 1.636).

2.5. Respeito e consideração mútuos

O respeito e a consideração mútuos constituem corolário do princípio esculpido no art. 1.511 do Código Civil, segundo o qual o casamento estabelece comunhão plena de vida, com base na igualdade de direitos e deveres dos cônjuges. Tem relação com o aspecto espiritual do casamento e com o companheirismo que nele deve existir. Demonstra a intenção do legislador de torná-lo mais humano.

O dever em apreço encontrava-se embutido no art. 223, III, do Código Civil de 1916, que concernia ao dever de mútua assistência. O diploma de 2002 o destacou, dedicando-lhe o inciso V, que foi acrescentado ao art. 1.566, incluindo-o no elenco dos *"deveres de ambos os cônjuges"*. Configuram violação a esse dever "a tentativa de morte, a sevícia, a injúria grave, a conduta desonrosa, a ofensa à

---

[34] Caio Mário da Silva Pereira, *Instituições*, cit., v. 5, p. 175; Eduardo Espínola, *A família*, cit., p. 229.

[35] Maria Helena Diniz, *Curso*, cit., v. 5, p. 163.

liberdade profissional, religiosa e social do cônjuge, dentre outros atos que importem em desrespeito aos direitos da personalidade do cônjuge"[36].

Incluem-se no dever de respeito e consideração mútuos, "além da consideração social compatível com o ambiente e com a educação dos cônjuges, o dever, negativo, de não expor um ao outro a vexames e descrédito. É nesta alínea que se pode inscrever a 'infidelidade moral', que não chega ao adultério por falta da concretização das relações sexuais, mas que não deixa de ser injuriosa (...)"[37].

O dever ora em estudo inspira-se na dignidade da pessoa humana, que não é um simples valor moral, mas um valor jurídico, tutelado no art. 1º, III, da Constituição Federal. O respeito à honra e à dignidade da pessoa impede que se atribuam fatos e qualificações ofensivas e humilhantes aos cônjuges, um ao outro, tendo em vista a condição de consortes e companheiros de uma comunhão plena de vida.

São comuns acusações infundadas e injuriosas ao outro cônjuge em petições iniciais ou em contestações, nas ações de separação judicial anteriores à Emenda Constitucional n. 66/2010, de divórcio, cautelares de separação de corpos e alimentos. Mas a simples imputação de fato desonroso ao consorte não configura, de per si, a injúria. É que "o só fato de não ter sido provada a acusação não implica necessariamente o reconhecimento da injúria; no caso, o que se procura coibir é a leviandade ou temeridade do autor, reveladores de uma intenção injuriosa ou incompatível com o decoro e o respeito mútuo que deve existir entre os cônjuges. Domina, a respeito, o entendimento de que há infração dos deveres conjugais, no caso, se a imputação tiver sido feita de má-fé, maliciosamente, com a utilização de palavras e expressões não essenciais à defesa do direito, com a imputação de atos ou fatos manifestamente inverídicos"[38].

A vida conjugal muitas vezes se torna desajustada, sem violação, todavia, dos deveres recíprocos mencionados. Em geral o fato decorre de intolerância de

---

[36] Regina Beatriz Tavares da Silva, *Novo Código Civil comentado*, p. 1365-1366.

[37] Caio Mário da Silva Pereira, *Instituições*, cit., v. 5, p. 176.

[38] Yussef Said Cahali, *Divórcio e separação*, p. 364-365.

V. a jurisprudência: "Injuriosa será em síntese, a ponto de autorizar a decretação da separação judicial, como anotado pelo STF, a alegação ofensiva e desnecessária ou mendaz, desvelando abuso de defesa ou *animus nocendi*" (*RT*, 473/63). "A acusação de leviana, de desonesta, de adúltera, increpada pelo marido à mulher na petição inicial, é gravíssima e, uma vez não provada convincentemente, constitui injúria grave, veementemente capaz de autorizar a separação judicial" (*RT*, 346/491). "Injúria grave. Alegação de adultério na inicial. Falta de prova. Excesso do autor em suas acusações contra a dignidade da esposa. Ocorrência de *animus injuriandi*. Improcedência da ação e procedência da reconvenção" (*RT*, 269/260). "Imputações feitas em inicial de ação de separação só podem ser consideradas violadoras do dever de respeito ao outro cônjuge se evidenciarem o propósito malévolo de agredi-lo moralmente, vexando-o sem necessidade e além do limite razoável" (TJRJ, Ap. 5.418/89, j. 8-3-1990).

pensamentos e ideias, do fracasso no diálogo e da total ausência de *affectio maritalis*, que tornam inviável a relação conjugal e a convivência, acarretando a falência do casamento.

A jurisprudência criou, com efeito, ao lado dos deveres legais ou explícitos, outros tantos deveres conjugais, extraídos da apreciação das situações fáticas retratadas nas ações de separação, construindo assim a teoria dos *deveres implícitos*, "que se distinguem dos atos de cortesia ou de assistência moral, dentre os quais destacam-se: o dever de sinceridade, o de respeito pela honra e dignidade própria e da família, o dever de não expor o outro cônjuge a companhias degradantes, o de não conduzir a esposa a ambientes de baixa moral. O grau de educação, a sensibilidade dos cônjuges, a religiosidade de um ou de outro, são alguns dos aspectos a considerar, diante das circunstâncias objetivadas nos procedimentos judiciais em que se cogite de sopesar o relacionamento conjugal. A apreciação desses casos é, contudo, delicada, e deve ter em vista as condições e o ambiente de vida do casal, e educação de cada um, e demais circunstâncias de cada caso"[39].

Com o advento da *Emenda Constitucional n. 66/2010*, que eliminou o sistema dual para romper o vínculo legal do casamento, suprimindo a prévia separação como requisito para o divórcio e, portanto, a discussão da culpa pelo fim do casamento, a infração ao dever de respeito e consideração mútuos só será considerada para fins de indenização se configurar dano moral ao outro cônjuge.

3. DIREITOS E DEVERES DE CADA CÔNJUGE

O Código Civil de 1916 regulava os direitos e deveres do marido e da mulher em capítulos distintos, porque havia algumas diferenças. Em virtude, porém, da isonomia estabelecida pelo art. 226, § 5º, da Constituição, o novo Código Civil disciplinou somente os direitos de ambos os cônjuges, afastando as referidas diferenças.

O art. 233 do Código anterior estabelecia que o *marido* era o chefe da sociedade conjugal, competindo-lhe a administração dos bens comuns e particulares da mulher, o direito de fixar o domicílio da família e o dever de prover à manutenção da família. Todos esses direitos agora são *exercidos pelo casal*, em sistema de *cogestão*, devendo as divergências ser solucionadas pelo juiz. Dispõe, a propósito, o art. 1.567 do atual Código Civil:

"*A direção da sociedade conjugal será exercida, em colaboração, pelo marido e pela mulher, sempre no interesse do casal e dos filhos.*

---

[39] Caio Mário da Silva Pereira, *Instituições*, cit., v. 5, p. 176.

Parágrafo único. Havendo divergência, qualquer dos cônjuges poderá recorrer ao juiz, que decidirá tendo em consideração aqueles interesses".

Não há mais que falar em poder marital. Não cabe ao marido interferir nos assuntos particulares da mulher, impor-lhe ou proibir-lhe leituras e estudos, nem abrir-lhe a correspondência. O mesmo se diga da mulher em relação ao marido[40].

O dever de prover à manutenção da família deixou de ser apenas um encargo do marido, incumbindo também à mulher, de acordo com as possibilidades de cada qual. Preceitua, com efeito, o art. 1.568 do Código Civil:

"Os cônjuges são obrigados a concorrer, na proporção de seus bens e dos rendimentos do trabalho, para o sustento da família e a educação dos filhos, qualquer que seja o regime patrimonial".

No regime do Código Civil de 1916, como consequência do poder marital, cumpria ao marido prover à mantença da família, ressalvada a obrigação de a mulher contribuir para as despesas do casal, com os rendimentos de seus bens, salvo estipulação em contrário no contrato antenupcial (arts. 233, V, e 277). O Código de 2002, contudo, reafirmando o princípio constitucional da igualdade de direitos e deveres entre os cônjuges, seguindo a trilha das modernas tendências do direito de família, estabeleceu que marido e mulher são obrigados a contribuir para a manutenção da família e educação dos filhos, não apenas com os rendimentos de seus bens, como ainda com o produto de seu trabalho.

Se qualquer dos cônjuges estiver desaparecido ou preso por mais de cento e oitenta dias, interditado judicialmente ou privado, temporariamente, de consciência, em virtude de enfermidade ou de acidente, *"o outro exercerá com exclusividade a direção da família, cabendo-lhe a administração dos bens"* (CC, art. 1.570).

4. O EXERCÍCIO DE ATIVIDADE EMPRESÁRIA PELOS CÔNJUGES

A abertura do livro do "Direito da Empresa" no Código Civil de 2002, com o oferecimento de um conceito de empresário, e regulando o exercício de uma atividade econômica, cria uma série de direitos e deveres que interessam diretamente às relações entre os cônjuges, sem correspondência no diploma de 1916. Proclama o art. 966 do Código Civil:

"Considera-se empresário quem exerce profissionalmente profissão econômica organizada para a produção ou a circulação de bens ou de serviços".

---

[40] Caio Mário da Silva Pereira, *Instituições*, cit., v. 5, p. 177.

Foram excluídos desse conceito aqueles que exerçam profissão intelectual, de natureza científica, literária ou artística (CC, art. 966, parágrafo único), como o advogado, o médico e o professor, por exemplo. Todavia, serão reputados empresários se se organizarem economicamente, fundando uma clínica ou criando um estabelecimento de ensino.

O art. 977 do novo Código faculta aos cônjuges *"contratar sociedade, entre si ou com terceiros, desde que não tenham casado no regime da comunhão universal de bens, ou no da separação obrigatória"*. O dispositivo aplica-se, por analogia, à união estável, autorizando os companheiros a constituírem sociedade entre si, tendo em vista que o art. 1.725 do aludido diploma estabeleceu, quanto às relações patrimoniais, o regime da comunhão parcial, salvo contrato escrito.

A proibição da contratação de sociedade no regime da comunhão universal é compreensível, uma vez que os bens de ambos os consortes já lhes pertencem em comum e, por tal razão, "a sociedade seria uma espécie de ficção, já que a titularidade das quotas do capital de cada cônjuge na sociedade não estaria patrimonialmente separada no âmbito da sociedade conjugal, da mesma maneira que todos os demais bens não excluídos pelo art. 1.668, a ambos pertencentes. No que tange ao regime da separação obrigatória, a vedação ocorre por disposição legal, nos casos em que sobre o casamento possam ser levantadas dúvidas ou questionamentos acerca do cumprimento das formalidades ou pela avançada idade de qualquer dos cônjuges"[41].

Permite-se, desse modo, a sociedade empresária ou simples entre marido e mulher nos regimes de comunhão parcial e da separação total, pois em ambos os cônjuges podem fazer suas contribuições individuais para a formação do patrimônio social.

O art. 978 do Código Civil autoriza o empresário casado a, *"sem necessidade de outorga conjugal, qualquer que seja o regime de bens, alienar os imóveis que integrem o patrimônio da empresa ou gravá-los de ônus real"*. Esse dispositivo, segundo Ricardo Fiuza, *"veio a consolidar o entendimento mais evoluído de que qualquer dos cônjuges pode, sem necessidade de outorga uxória, alienar ou gravar de ônus reais bens que integrem o patrimônio da empresa de que cada um isoladamente participe. No caso das sociedades comerciais, a aplicação desse princípio decorre, diretamente, da separação patrimonial objetiva entre os bens da sociedade e os bens particulares dos sócios"*[42].

Anotem-se, ainda, as inovações introduzidas nos arts. 979 e 980 do Código Civil de 2002, concernentes, respectivamente, à obrigatoriedade da inscrição no Registro Público de Empresas Mercantis dos *"pactos e declarações antenupciais do*

---

[41] Ricardo Fiuza, *Novo Código Civil comentado*, p. 882-883.
[42] *Novo Código Civil*, cit., p. 884.

empresário, o título de doação, herança ou legado, os bens clausulados de incomunica-bilidade ou inalienabilidade", e do arquivamento e averbação no aludido Registro Público, para validade perante terceiros, da sentença que *"decretar ou homologar a separação judicial do empresário e o ato de reconciliação".* Com a aprovação da Emenda Constitucional n. 66/2010, deve-se ler: *"que decretar ou homologar o divórcio e a realização de novo casamento".*

É que a partilha, no regime da comunhão parcial, sempre acarreta redução do patrimônio do cônjuge que exerce atividade empresarial. O registro visa dar publicidade à disponibilidade dos bens do empresário, após a modificação de seu estado civil e da consequente partilha do patrimônio anteriormente pertencente ao casal.

Capítulo XI

DA DISSOLUÇÃO DA SOCIEDADE E DO VÍNCULO CONJUGAL

> *Sumário*: 1. Distinção entre sociedade conjugal e vínculo matrimonial. 2. Inovação introduzida pela Emenda Constitucional n. 66/2010. 2.1. Breve escorço histórico. 2.2. Extinção das causas subjetivas e objetivas da dissolução do casamento. 3. Causas terminativas da sociedade e do vínculo conjugal. 4. Morte de um dos cônjuges. Morte real e morte presumida. 5. Nulidade ou anulação do casamento. 6. Separação judicial e extrajudicial. 6.1. Separação de direito ocorrida antes do advento da Emenda Constitucional n. 66/2010. 6.2. Modalidades de divórcio. 6.3. Efeitos decorrentes da "PEC do Divórcio". 6.4. Espécies e efeitos da separação judicial e extrajudicial. 6.5. Caráter pessoal da ação. 6.6. Tentativa de reconciliação e presença de advogado.

1. DISTINÇÃO ENTRE SOCIEDADE CONJUGAL E VÍNCULO MATRIMONIAL

As causas terminativas da sociedade conjugal estão especificadas no art. 1.571 do Código Civil: *morte* de um dos cônjuges, *nulidade* ou *anulação* do casamento, *separação judicial* e *divórcio*. Acrescenta o § 1º do dispositivo em apreço que tem aplicação, ainda, a *presunção* estabelecida no aludido Código quanto ao *ausente*.

Cumpre-nos, inicialmente, distinguir entre o término da sociedade conjugal e a dissolução do vínculo matrimonial. O casamento estabelece, concomitantemente, a sociedade conjugal e o vínculo matrimonial. *Sociedade conjugal* é o complexo de direitos e obrigações que formam a vida em comum dos cônjuges. O casamento cria a família legítima ou matrimonial, passando os cônjuges ao *status* de casados, como partícipes necessários e exclusivos da sociedade que então se constitui. Tal estado gera direitos e deveres, de conteúdo moral, espiritual e econômico, que se fundam não só nas leis como nas regras da moral, da religião e dos bons costumes.

O art. 1.571, *caput*, do Código Civil, retromencionado, elenca as causas terminativas da *sociedade conjugal*. O casamento válido, ou seja, o *vínculo matrimonial*, porém, somente é dissolvido pelo divórcio e pela morte de um dos cônjuges, tanto a real como a presumida do ausente, nos casos em que a lei autoriza a abertura de sucessão definitiva (arts. 1.571, § 1º, e 6º, segunda parte). A separação judicial, embora colocasse termo à sociedade conjugal, mantinha intacto o vínculo matrimonial, impedindo os cônjuges de contrair novas núpcias. Pode-se, no entanto, afirmar que representava a abertura do caminho à sua dissolução.

De um modo geral, pois *somente a morte real ou a presumida do ausente nos casos em que a lei autoriza a abertura de sucessão definitiva, a nulidade ou a anulação do casamento e o divórcio autorizam os ex-cônjuges a contrair novo matrimônio.*

2. INOVAÇÃO INTRODUZIDA PELA EMENDA CONSTITUCIONAL N. 66/2010

A Emenda Constitucional n. 66, de 14 de julho de 2010, conhecida como "PEC do Divórcio", deu nova redação ao § 6º do art. 226 da Constituição Federal, retirando do texto a exigência, para o divórcio, do requisito temporal e da prévia separação. No quadro esquemático abaixo pode-se comparar a redação anterior e a atual do aludido dispositivo constitucional:

Anterior redação do § 6º do art. 226 da Constituição Federal	Atual redação do § 6º do art. 226 da Constituição Federal
"§ 6º O casamento civil pode ser dissolvido pelo divórcio, após prévia separação judicial por mais de um ano nos casos expressos em lei, ou comprovada separação de fato por mais de dois anos."	"§ 6º O casamento civil pode ser dissolvido pelo divórcio."

A referida alteração resultou de proposta elaborada pelo Instituto Brasileiro de Direito de Família – IBDFAM, apresentada em 2005 pelo Deputado Antônio Carlos Biscaia (PEC n. 413/2005) e reapresentada em 2007 pelo Deputado Sérgio Barradas Carneiro (PEC n. 33/2007). A redação inicialmente proposta era a seguinte:

"§ 6º O casamento civil pode ser dissolvido pelo divórcio consensual ou litigioso, na forma da lei".

A Câmara dos Deputados, todavia, acertadamente, suprimiu a parte final do aludido § 6º do art. 226 da Constituição Federal, que passou a ter, assim, a final, a seguinte redação:

"*§ 6º O casamento pode ser dissolvido pelo divórcio*".

Desse modo, a "PEC do Divórcio" passou a ter eficácia imediata e direta, afastando-se a possibilidade de eventuais limitações futuras, que poderiam advir de lei ordinária.

2.1. Breve escorço histórico

O Decreto n. 181, de 1890, que instituiu o casamento civil no Brasil, previa o divórcio *a thoro et mensa* (divórcio canônico), que acarretava somente a *separação de corpos*, mas não rompia o vínculo matrimonial. O Código Civil de 1916 previa o desquite como forma de extinção da sociedade conjugal, sem também o rompimento do aludido vínculo.

O divórcio vincular, que dissolve o vínculo e permite novo casamento, somente passou a ser aplicado no Brasil com a aprovação da Emenda Constitucional n. 9, de 28 de junho de 1977, que deu nova redação ao § 1º do art. 175 da Constituição de 1969, suprimindo o princípio da indissolubilidade do vínculo matrimonial, e após a sua regulamentação pela Lei n. 6.515, de 26 de dezembro de 1977. O referido § 1º passou a ter a seguinte redação:

"*§ 1º O casamento somente poderá ser dissolvido, nos casos expressos em lei, desde que haja prévia separação judicial por mais de três anos*".

Não se cogitava, portanto, do divórcio direto. A separação judicial, por mais de três anos, era requisito prévio para o pedido de divórcio.

A Constituição de 1988 tratou do assunto no § 6º do art. 226, do seguinte teor:

"*§ 6º O casamento civil pode ser dissolvido pelo divórcio, após prévia separação judicial por mais de um ano nos casos expressos em lei, ou comprovada separação de fato por mais de dois anos*".

Reduziu-se, assim, o prazo da separação judicial para um ano, no divórcio-conversão, criando-se uma modalidade permanente e ordinária de divórcio direto, desde que comprovada a separação de fato por mais de dois anos. Pode-se afirmar que a separação judicial passou a ser facultativa, uma vez que os cônjuges poderiam optar pelo divórcio direto, comprovando a separação de fato por mais de dois anos. A separação judicial tinha, pois, a finalidade de ser convertida em divórcio, após um ano da separação judicial, e de permitir a reconciliação do casal, antes da sua conversão em divórcio.

A Emenda Constitucional n. 66/2010 completou o ciclo evolutivo iniciado com a Lei do Divórcio (Lei n. 6.515/77). Com a supressão da parte final do § 6º do art. 226, a separação judicial deixou de ser contemplada na Constituição Federal, onde figurava como requisito para a conversão, desaparecendo ainda o requisito temporal para a obtenção do divórcio, agora exclusivamente direto, por mútuo consentimento ou litigioso.

O casamento, como retromencionado, gera, concomitantemente, a sociedade conjugal e o vínculo matrimonial. Portanto, quando o § 6º do art. 226 da Constituição Federal, com a redação dada pela Emenda Constitucional n. 66/2010, menciona que o "casamento" pode ser dissolvido pelo "divórcio", está afirmando, *ipso facto*, que a *"sociedade conjugal"* e o *"vínculo matrimonial" podem ser dissolvidos pelo divórcio. Não desaparece apenas o vínculo, senão também a sociedade conjugal.*

A inovação constitucional, de grande envergadura, dividiu opiniões, especialmente acerca da extinção do instituto da separação judicial e da possibilidade de se obter o divórcio sem a necessidade de demonstrar o tempo de separação de fato ou de separação judicial.

Torna-se relevante, para conhecer o contexto social e histórico de sua apresentação, transcrever trecho da justificativa do Deputado Sérgio Barradas Carneiro, anexa à proposta que se converteu na EC n. 66/2010:

"Não mais se justifica a sobrevivência da separação judicial, em que se converteu o antigo desquite. Criou-se, desde 1977, com o advento da legislação do divórcio, uma duplicidade artificial entre dissolução da sociedade conjugal e dissolução do casamento, como solução de compromisso entre divorcistas e antidivorcistas, o que não mais se sustenta. Impõe-se a unificação do divórcio de todas as hipóteses de separação dos cônjuges, sejam litigiosos ou consensuais. A submissão a dois processos judiciais (separação judicial e divórcio por conversão) resulta em acréscimos de despesas para o casal, além de prolongar sofrimentos evitáveis. Por outro lado, essa providência salutar, de acordo com valores da sociedade brasileira atual, evitará que a intimidade e a vida privada dos cônjuges e de suas famílias sejam revelados e trazidos ao espaço público dos tribunais, com todo o caudal de constrangimentos que provocam, contribuindo para o agravamento de suas crises e dificultando o entendimento necessário para a melhor solução dos problemas decorrentes da separação. Levantamentos feitos das separações judiciais demonstram que a grande maioria dos processos são iniciados ou concluídos amigavelmente, sendo insignificantes os que resultaram em julgamentos de causas culposas imputáveis ao cônjuge vencido. Por outro lado, a preferência dos casais é nitidamente para o divórcio, que apenas prevê a causa objetiva da separação de fato, sem imiscuir-se nos dramas íntimos. Afinal, qual o interesse público relevante em se investigar a causa do desaparecimento do afeto ou do desamor? O que importa é que a lei regule os efeitos jurídicos da separação, quando o casal não se entender amigavelmente, máxime em relação à guarda dos filhos, aos alimentos e ao patrimônio familiar. Para tal, não é necessário que haja dois processos judiciais, bastando o divórcio amigável ou judicial".

A propósito, afirma ZENO VELOSO[1]: "Numa interpretação histórica, sociológica, finalística, teleológica do texto constitucional, diante da nova redação do art. 226, § 6º, da Carta Magna, sou levado a concluir que a separação judicial ou por escritura pública foi figura abolida em nosso direito, restando o divórcio que, ao mesmo tempo, rompe a sociedade conjugal e extingue o vínculo matrimonial. Alguns artigos do Código Civil que regulavam a matéria foram revogados pela superveniência da norma constitucional – que é de estatura máxima – e perderam a vigência por terem entrado em rota de colisão com o dispositivo constitucional superveniente".

O desaparecimento da separação de direito, judicial e extrajudicial, revelou-se, todavia, questão polêmica. Em sentido contrário, ou seja, entendendo não ter ocorrido o seu desaparecimento, o *Enunciado n. 514 da V Jornada de Direito Civil do Conselho da Justiça Federal, verbis*:

"*A Emenda Constitucional n. 66/2010 não extinguiu o instituto da separação judicial e extrajudicial*".

Também na jurisprudência a questão tornou-se controvertida, havendo decisões em ambos os sentidos.

2.2. Extinção das causas subjetivas e objetivas da dissolução do casamento

A nova redação da norma constitucional determinou a extinção das *causas subjetivas* (culpa) e *objetivas* (lapso temporal) da dissolução do casamento.

O Código Civil admite, nas ações de separação litigiosa, a discussão da culpa pelo término da relação conjugal, para os seguintes fins: a) o cônjuge culpado perde o direito de pleitear alimentos, exceto se estiver inapto ao trabalho ou se necessitar e não houver nenhum outro parente capaz de pensioná-lo – hipótese em que os alimentos serão os indispensáveis à subsistência (CC, art. 1.704); b) o cônjuge culpado perde o direito de continuar utilizando o sobrenome do outro, exceto se a alteração acarretar prejuízo evidente para a sua identificação, ou manifesta distinção entre o seu nome e dos filhos da união dissolvida, ou, ainda, dano grave reconhecido na decisão judicial (CC, art. 1.578); c) o cônjuge separado de fato há mais de dois anos será excluído da sucessão de seu consorte, se culpado pela separação (CC, art. 1.830).

---

[1] O novo divórcio e o que restou do passado. Portal IBDFAM. Disponível em: <http://www.ibdfam.org.br>. Acesso em 15-8-2010.

Dispõe o art. 1.572 do referido diploma que será culpado pela separação o cônjuge que pratique algum ato que importe grave violação dos deveres do casamento e torne insuportável a vida em comum. Por sua vez, estabelece o art. 1.573 que podem caracterizar a impossibilidade da comunhão de vida o adultério, a tentativa de morte, a sevícia ou injúria grave, o abandono voluntário do lar conjugal durante um ano contínuo, a condenação por crime infamante e a conduta desonrosa.

A inovação constitucional impede a discussão sobre a culpa, uma vez que a ação de divórcio não a admite; e, na separação de direito, não poderia ocorrer, sob pena de desvirtuamento do sistema optativo estabelecido pela Emenda Constitucional n. 66 em favor dos cônjuges, que poderão escolher entre o divórcio e a separação. Poderá ser discutida, também, nas hipóteses de anulabilidade do casamento por vícios da manifestação da vontade aplicáveis ao casamento, como a coação e o erro essencial sobre a pessoa do outro cônjuge. Nesses casos, a culpa importará na perda das vantagens havidas do cônjuge inocente e no cumprimento das promessas feitas no pacto antenupcial (CC, art. 1.564).

O divórcio sem culpa já era previsto na redação originária do § 6º do art. 226 da Constituição. Dependia, todavia, do preenchimento do requisito temporal.

Para a separação judicial há *duas causas objetivas*: a) *a ruptura da vida em comum há mais de um ano; b) a doença mental de um dos cônjuges, manifestada após o casamento (CC, art. 1.572, §§ 1º e 2º). Para o divórcio direto, havia apenas uma: a separação de fato por mais de dois anos (art. 1.580, § 2º). Entretanto, "não há mais qualquer causa, justificativa ou prazo para o divórcio"*[2].

3. CAUSAS TERMINATIVAS DA SOCIEDADE E DO VÍNCULO CONJUGAL

Já foi dito que o casamento gera, concomitantemente, a sociedade conjugal e o vínculo matrimonial. O art. 1.571 do Código Civil de 2002 disciplina as hipóteses de dissolução da sociedade conjugal: *morte, invalidade do casamento, separação judicial e divórcio.* Excluindo-se a separação judicial, as demais hipóteses alcançam diretamente a dissolução do vínculo conjugal ou casamento; a morte, a invalidação e o divórcio dissolvem o casamento e *a fortiori* a sociedade conjugal".

---

[2] Paulo Lôbo. Divórcio: alteração constitucional e suas consequências, cit., p. 4.

4. MORTE DE UM DOS CÔNJUGES. MORTE REAL E MORTE PRESUMIDA

A morte a que se refere o art. 1.571, no inciso I e no § 1º, primeira parte, do Código Civil, como causa terminativa da sociedade conjugal e de dissolução do vínculo matrimonial, é a *real*. O cônjuge supérstite é autorizado a contrair novas núpcias, respeitado, quanto à mulher, o prazo do art. 1.523, II, do mesmo diploma, exigido para se evitar a *turbatio sanguinis*. *Mors omnia solvit*, já diziam os romanos, advertindo que a morte põe termo a todas as relações pessoais, que não possam prosseguir com os sucessores.

O Código Civil de 2002, porém, incluiu entre as causas de dissolução, como mencionado, a *morte presumida* do ausente (art. 1.571, § 1º, segunda parte), que se configura *"nos casos em que a lei autoriza a abertura de sucessão definitiva"* (art. 6º, segunda parte). A abertura desta poderá ser requerida *"após dez anos de passada em julgado a sentença que conceder a abertura da sucessão provisória"* ou provando--se que *"o ausente conta oitenta anos de idade, e que de cinco datam as últimas notícias dele"* (arts. 37 e 38). Antes disso, os efeitos da declaração de ausência serão apenas patrimoniais, limitando-se a permitir a abertura da sucessão provisória.

O Código Civil de 1916 dispunha, em seu art. 315, parágrafo único, que *"o casamento válido só se dissolve pela morte de um dos cônjuges, não se lhe aplicando a presunção estabelecida neste Código, art. 10, 2ª parte"*. Excluía, pois, expressamente, a possibilidade de se dissolver o vínculo matrimonial pela declaração de morte presumida do ausente. O dispositivo em apreço foi expressamente revogado pela Lei do Divórcio, cujo art. 3º, parágrafo único, apenas dispunha: "O casamento válido somente se dissolve pela morte de um dos cônjuges ou pelo divórcio".

A omissão do aludido diploma legal quanto à não aplicação da presunção de morte do ausente deu margem a discussões doutrinárias, logo superadas pelo entendimento de que o citado parágrafo único do art. 3º deixava claro que o casamento válido *somente* se dissolve pela morte de um dos cônjuges ou pelo divórcio, entendendo-se aquela como morte real.

Agora, o Código Civil de 2002, inovando, e pondo termo definitivamente à controvérsia, expressamente dispõe que o casamento válido se dissolve não só pelo divórcio e pela morte real, como também pela morte presumida do ausente, nos casos em que a lei autoriza a abertura de sucessão definitiva (CC, arts. 1.571, § 1º, segunda parte, e 6º, segunda parte). Tal abertura, que antes só acarretava efeitos de ordem patrimonial, passa a produzir também efeitos pessoais, na medida em que constitui, tal como a morte real, causa de dissolução do casamento do ausente. Uma vez declarada judicialmente, permite a habilitação do viúvo a novo casamento.

O cônjuge do ausente não precisa aguardar tanto tempo, ou seja, mais de dez anos, para ver o seu casamento legalmente desfeito e poder contrair novas núpcias, podendo antes pleitear o divórcio direto, requerendo a citação do ausente por edital. No entanto, se por razões de ordem pessoal, preferir esperar o retorno do ausente, não necessitará, não ocorrendo tal regresso, e desde que preenchidos os requisitos para a abertura da sucessão definitiva, requerer o divórcio, pois estará configurada a morte presumida daquele e dissolvido o vínculo matrimonial ex vi legis. Neste caso, poderá obter declaração judicial nesse sentido e *habilitar-se a novo casamento.*

Não traz o novo diploma expressa solução para a eventual hipótese de o presumido morto retornar, estando seu ex-cônjuge já casado com terceira pessoa. No entanto, estando legalmente dissolvido o primeiro casamento, contraído com o ausente, prevalecerá o último, diferentemente do que ocorre no direito italiano (CC, art. 68), que declara nulo o segundo casamento se o ausente retorna, sendo considerado, porém, casamento putativo, gerando todos os efeitos civis.

Nesse sentido a manifestação de Yussef Cahali: "Entende-se assim que, no sistema ora implantado em nosso direito, a declaração judicial da ausência de um dos cônjuges produz os efeitos de morte real do mesmo no sentido de *tornar irreversível a dissolução da sociedade conjugal*; o seu retorno a qualquer tempo em nada interfere no novo casamento do outro cônjuge, que tem preservada, assim, a sua plena validade"[3].

A solução do Código Civil brasileiro afigura-se melhor, pois a esposa, em virtude da ausência, já constituiu nova família, sendo desarrazoado dissolver o novo casamento para tentar restabelecer uma ligação já deteriorada pelo tempo[4].

Igualmente no direito alemão, de acordo com a *Ehegesetz* (Lei do Casamento, de 20-2-1946, arts. 38 e 39), se o ausente aparece, não se reputa nulo o segundo casamento do ex-cônjuge, a não ser que ambos os consortes, ao contraírem as núpcias, soubessem que o declarado morto tinha sobrevivido. Na mesma linha, o Código Civil francês proclama que "o cônjuge do ausente pode contrair um novo casamento" (art. 128, al. 3, com a redação da Lei n. 77-1447, de 28-12-1977), esclarecendo no art. 132 que o casamento do ausente continua dissolvido mesmo que a sentença declaratória de ausência seja anulada.

---

[3] *Divórcio e separação*, p. 70.

[4] Carlos Roberto Gonçalves, *Direito civil brasileiro*, v. 1, p. 233.

Zeno Veloso[5], em excelente artigo versando sobre o novo casamento do cônjuge do ausente, no qual comenta a regulamentação da questão no direito alienígena, e preocupado com a omissão do Código Civil de 2002 acerca das consequências do eventual reaparecimento do ausente, propõe a introdução de novo dispositivo, sob n. 1.571-A, com a seguinte redação: "*Se o cônjuge do ausente contrair novo casamento, e o que se presumia morto retornar ou confirmar-se que estava vivo quando celebradas as novas núpcias, o casamento precedente permanece dissolvido*".

Embora a proposta tenha sido feita, como em outros países, em nome da segurança jurídica, parece-nos possível sustentar, independentemente da inovação alvitrada, que a dissolução do casamento do ausente é irreversível e que permanece incólume o segundo casamento de seu ex-cônjuge, uma vez que tal efeito é consequência natural do reconhecimento, pelo Código Civil de 2002, de que a declaração judicial de ausência, nos casos em que é autorizada a abertura de sucessão definitiva, constitui causa de dissolução do vínculo matrimonial.

Quando o juiz declara uma pessoa ausente não está afirmando que ela faleceu, mas sim que desapareceu de seu domicílio sem dar notícia de seu paradeiro e sem deixar representante. Essa declaração só produz efeitos patrimoniais, autorizando a abertura da sucessão provisória. Dez anos depois de passada em julgado a sentença que concede a abertura da sucessão provisória, ou contando o ausente 80 anos de idade e datando de cinco anos as últimas notícias dele, poderão os interessados requerer a abertura da sucessão definitiva, presumindo-se a morte do ausente, mas não de forma absoluta, pois este ainda recuperará, se retornar, os bens existentes, no estado em que se acharem (CC, art. 39). Mas o seu casamento estará irreversivelmente desfeito, devido à prolongada ausência, que o novo diploma considera suficiente para tal dissolução.

Não é porque a lei estabeleceu essa ficção de morte presumida do ausente que, no caso de seu retorno, irá anular-se o segundo casamento de seu ex-cônjuge.

---

[5] Novo casamento do cônjuge do ausente, *Revista Brasileira de Direito de Família*, v. 23, p. 37. Dispõe o art. 116 do Código Civil português, com a redação do Decreto-Lei n. 497/77: "O cônjuge do ausente casado civilmente pode contrair novo casamento; neste caso, se o ausente regressar, ou houver notícia de que era vivo quando foram celebradas as novas núpcias, considera-se o primeiro matrimônio dissolvido por divórcio à data da declaração de morte presumida". Por sua vez, na Argentina, a Lei n. 14.394/54 dispõe, no art. 31: "La declaración de ausencia con presunción de fallecimiento autoriza al otro cónyuge a contraer nuevo matrimonio, quedando disuelto el vinculo matrimonial al contraerse estas segundas núpcias. La reaparición del ausente no causará la nulidad del nuevo matrimonio". Segundo estatui o Código Civil de Québec, a declaração de morte presumida produz os mesmos efeitos que a morte real. Os efeitos da sentença declaratória de morte do ausente cessam se ele retornar, mas o casamento continua dissolvido (arts. 92, 95 e 97).

Assim como o legislador estabeleceu o prazo de dois anos de separação de fato como condição para o divórcio (prazo este agora extinto pela Emenda Constitucional n. 66/2010), poderia, como o fez, fixar o prazo de dez anos de desaparecimento, ou de cinco se o ausente conta 80 anos de idade, para o término do casamento deste. Essa dissolução se dá simplesmente pelo decurso do aludido prazo, mesmo porque a presunção relativa de morte que daí decorre não tem a mesma eficácia da morte real.

O Código Civil admite ainda a declaração da *"morte presumida, sem decretação de ausência"*, para todos os efeitos, *"se for extremamente provável a morte de quem estava em perigo de vida"* e se *"alguém, desaparecido em campanha ou feito prisioneiro, não for encontrado até dois anos após o término da guerra"* (art. 7º, I e II). Nesses casos, a sentença fixará *"a data provável do falecimento"* (art. 7º, parágrafo único).

Como a morte presumida extingue o vínculo conjugal, será permitido ao ex-cônjuge contrair novas núpcias, uma vez que a declarada por sentença, mesmo sem decretação de ausência, nas condições do aludido art. 7º, desfruta da mesma eficácia correspondente à morte real, como causa da dissolução do casamento[6].

Neste caso, sim, poderá haver problema se o viúvo se casar novamente e o cônjuge declarado presumidamente morto reaparecer. Nem sempre ocorre uma longa separação de fato, visto que, logo após o conhecimento da morte do cônjuge, pode o viúvo propor a ação declaratória. Incabível *in casu* a ação rescisória, movida pelo cônjuge declarado morto, pois a sentença declaratória foi proferida em procedimento de jurisdição voluntária.

Tem a jurisprudência proclamado, com efeito, que "não cabe ação rescisória nos processos de jurisdição voluntária. Ela só é admissível contra as sentenças de mérito, ou seja, naquelas em que há litígio e produz coisa julgada material... As decisões proferidas nos processos de jurisdição graciosa, todavia, não fazem coisa julgada material. Os seus efeitos podem ser modificados ou alterados a qualquer tempo, desde que surjam motivos que aconselhem modificação do que foi decidido anteriormente"[7].

Reformada, em face do fato novo consistente no retorno do cônjuge tido como morto, a sentença que declarou a sua morte presumida e ensejou a celebração das segundas núpcias, o casamento precedente permanece válido, considerando-se nulo o segundo, reconhecida, porém, a sua putatividade. Caberá à ex-cônjuge decidir se volta a viver com o primeiro marido, que supunha morto, ou se dele se divorcia, para se consorciar novamente, e desta vez validamente, com o segundo esposo.

---

[6] Yussef Cahali, *Divórcio*, cit., p. 71.
[7] *RT*, 622/58.

Nessa segunda hipótese de morte presumida, declarada sem decretação de ausência, afigura-se-nos de maior utilidade a sugestão de alteração legislativa feita pelo mestre Zeno Veloso, no sentido de que permaneça dissolvido o primeiro casamento do cônjuge da pessoa declarada morta, mas que reapareceu.

5. NULIDADE OU ANULAÇÃO DO CASAMENTO

A *nulidade* ou a *anulação* do casamento rompem o vínculo matrimonial, extinguindo a sociedade conjugal e permitindo que os cônjuges se casem novamente. As causas de nulidade e de anulabilidade do casamento já foram estudadas no Capítulo IX, *retro*, concernente à inexistência e invalidade do casamento (ns. 2.2.1 e 2.3.1 a 2.3.7), ao qual nos reportamos.

Aduza-se que nada impede a cumulação da ação anulatória com a de divórcio, em ordem subsidiária (CPC/2015, art. 326). Não ocorre, na hipótese, simples "ligação consequencial entre os pedidos", mas o que os processualistas chamam de "cúmulo objetivo eventual", em que os pedidos são ligados por uma relação supletiva, de modo que se substituem um ao outro, na ordem em que são postos. Examina-se o segundo no caso em que haja falhado o primeiro[8].

Se, por exemplo, houve erro sobre a pessoa do outro cônjuge, revelado após o casamento e utilizado como motivação do pedido, a hipótese é de anulação do casamento e não de divórcio. Não há espaço no pedido de divórcio para qualquer explicitação de causa subjetiva ou objetiva; simplesmente, os cônjuges resolvem se divorciar, guardando para si suas razões. E podem fazê-lo logo após o casamento, sem aguardar qualquer prazo. Essa circunstância, como pondera Paulo Lôbo[9], "levará certamente ao desuso a anulação do casamento, permanecendo apenas as hipóteses de nulidade, pois estas independem da vontade dos cônjuges. A anulação era utilizada logo após o casamento, principalmente porque não dependia de prazo de separação de fato, que eram requisitos da separação judicial e do divórcio direto".

Também a existência de anterior sentença de separação judicial ou de divórcio não constitui óbice para a propositura da ação anulatória. Não é necessário antes anular ou rescindir a sentença de separação judicial ou de divórcio, pois tal sentença não decide sobre a validade do casamento. Efetivamente, na ação de divórcio ou de separação judicial "só se discutem causas supervenientes que autorizam a dissolução da sociedade conjugal, mas partindo do pressuposto da validade

---

[8] *Revista de Direito Civil*, 30/280.

[9] Divórcio: alteração constitucional e suas consequências. Portal IBDFAM. Disponível em: <http://www.ibdfam.org.br/>, p. 4.

do matrimônio; além do mais, trata-se de ações que colimam resultados ou consequências diversas"[10].

Já decidiu o *Supremo Tribunal Federal*, outrossim, ser admissível, por via reconvencional, pedido de divórcio em ação de anulação de casamento e vice-versa[11]. Ajuizada a demanda principal para o divórcio e sendo oposta reconvenção no sentido de anular o casamento, ou vice-versa, "o provimento a respeito da validade do vínculo terá preferência lógica, com caráter de prejudicialidade"[12].

6. SEPARAÇÃO JUDICIAL E EXTRAJUDICIAL

6.1. Separação de direito ocorrida antes do advento da Emenda Constitucional n. 66/2010

As pessoas já separadas ao tempo da promulgação da emenda em epígrafe não podem ser consideradas divorciadas. Permanecem na condição de separadas, até que promovam a conversão da separação em divórcio ou o divórcio direto, por iniciativa de um ou de ambos, sem necessidade de observarem qualquer prazo, mantidas as condições acordadas ou judicialmente decididas. Faculta-se-lhes, todavia, restabelecer a sociedade conjugal, por ato regular em juízo ou mediante escritura pública, como autoriza o art. 733 do Código de Processo Civil de 2015.

6.2. Modalidades de divórcio

Há quatro modalidades de divórcio: *a) divórcio-conversão; b) divórcio judicial litigioso; c) divórcio judicial consensual; e d) divórcio extrajudicial consensual*. Em todos, exige-se apenas a exibição da certidão de casamento.

Proclama o *Enunciado n. 517 do Conselho da Justiça Federal*: "A Emenda Constitucional n. 66/2010 extinguiu os prazos previstos no art. 1.580 do Código Civil, mantido o divórcio por conversão".

---

[10] Yussef Cahali, *Divórcio*, cit., p. 71.

V. a jurisprudência: "A separação judicial por mútuo consentimento não impede o cônjuge de ajuizar, ou prosseguir, ação de anulação de casamento. Aquela separa corpos e patrimônio, em rito especial, simples e rápido. Esta desconstitui o matrimônio, que subsiste após a separação judicial, em ação ordinária processada com a intervenção obrigatória do defensor do vínculo e sabidamente demorada. Nada tem de comum uma pretensão em relação à outra" (*RJTJSP*, Lex, 31/157).

[11] *RT*, 340/483.

[12] Yussef Cahali, *Divórcio*, cit., p. 73.

A nova redação dada ao § 6º do art. 226 da Constituição Federal apenas deixou de exigir o prazo de um ano do decreto de separação judicial.

As questões correlatas, como as concernentes à guarda e proteção dos filhos, alimentos, sobrenome e partilha dos bens, poderão ser discutidas e definidas, embora não tenham nenhuma influência na decretação do divórcio. Permanece incólume a regra constante do art. 1.581 do Código Civil, segundo o qual "*O divórcio pode ser concedido sem que haja prévia partilha de bens*", bem como a *Súmula 197 do Superior Tribunal de Justiça, na mesma linha: "O divórcio direto pode ser concedido sem que haja prévia partilha de bens*".

O *divórcio judicial litigioso* é o adequado para os casais que não acordaram sobre a própria separação ou sobre algumas das mencionadas questões correlatas. Sobre elas apenas poderá haver contestação ao pedido, mas não sobre as causas da separação. Na pretensão a alimentos, discutir-se-á apenas a *necessidade* do postulante e a *possibilidade* do outro cônjuge de pagar a pensão pretendida, sem perquirição da culpa. Na questão da guarda dos filhos, verificar-se-á apenas qual dos cônjuges revela melhores condições de exercê-la, afastadas quaisquer indagações sobre o culpado pela separação. A indenização por eventuais danos materiais ou morais deverá ser pleiteada em ação autônoma de indenização.

A via do *divórcio judicial consensual* poderá ser utilizada pelos casais que não desejarem ou não puderem se valer do divórcio extrajudicial consensual, já que o art. 34, § 2º, da Resolução n. 35 do Conselho Nacional de Justiça, com a redação dada pela Resolução n. 571, de 21 de agosto de 2024, exige, para o divórcio extrajudicial, que, havendo filhos comuns do casal menores ou incapazes, esteja devidamente comprovada a prévia resolução judicial de todas as questões referentes à guarda, visitação e alimentos deles, o que deverá ficar consignado no corpo da escritura.

6.3. Efeitos decorrentes da "PEC do Divórcio"

O novo texto constitucional, como já dito, suprimiu a prévia separação como requisito e eliminou qualquer prazo para a propositura do divórcio judicial ou extrajudicial. Em consequência, afastou qualquer possibilidade de se discutir a culpa pelo término do casamento.

Os efeitos da inovação se estendem para toda a legislação infraconstitucional que revelar incompatibilidade com a nova ordem, uma vez que deve esta apresentar compatibilidade e não conflito com o texto constitucional.

6.4. Espécies e efeitos da separação judicial e extrajudicial

Dispunha o art. 322 do Código Civil de 1916 que "*a sentença do desquite autoriza a separação dos cônjuges, e põe termo ao regime matrimonial dos bens, como se o casamento fosse dissolvido". A Lei do Divórcio (Lei n. 6.515/77) preferiu substituir a denominação "desquite" por "separação judicial", pedida por um só dos cônjuges ou por mútuo consentimento, expressão esta mantida no Código Civil de 2002, tendo ainda a aludida lei tornado mais explícitos os efeitos derivados da separação, ao proclamar que "a separação judicial põe termo aos deveres de coabitação, fidelidade recíproca e ao regime de bens, como se o casamento fosse dissolvido" (art. 3º).*

Prescreve o art. 1.576 do Código Civil: *"A separação judicial põe termo aos deveres de coabitação e fidelidade recíproca e ao regime de bens".* Permanecem, porém, os outros três deveres impostos pelo art. 1.566 do Código Civil: mútua assistência; sustento, guarda e educação dos filhos; respeito e consideração mútuos.

No sistema inaugurado pela Emenda Constitucional n. 9/77 e pela Lei do Divórcio, a regra era o divórcio-conversão, reservando-se o divórcio direto, excepcionalmente, aos casais que se encontrassem separados de fato havia mais de cinco anos, desde que iniciada essa separação anteriormente a 28 de junho de 1977. A Constituição de 1988 e a Lei n. 7.841/89 possibilitaram a escolha pelos cônjuges da via de separação judicial e sua conversão em divórcio após um ano, ou o divórcio direto após dois anos de separação de fato, iniciada a qualquer tempo. Essa alternativa, a critério dos interessados, foi mantida no Código Civil de 2002 (art. 1.580, §§ 1º e 2º), remanescendo as modalidades de separação judicial consensual ou por mútuo consentimento e a separação judicial litigiosa, pedida por um cônjuge contra o outro.

Os juízes, por economia processual, têm admitido a discussão sobre a culpa mesmo nas ações de divórcio direto, mas para os efeitos de perda do direito a alimentos ou da conservação do sobrenome do ex-cônjuge, e não para a decretação do divórcio.

Maria Berenice Dias[13] procurou demonstrar a "total inutilidade e dispensabilidade da mantença de uma dupla via para pôr termo ao casamento", afirmando que "é imperioso que se reconheça ser de todo inútil, desgastante e oneroso, não só para o casal mas também para o Poder Judiciário, impor uma duplicidade de procedimentos para simplesmente manter no âmbito jurídico – durante o breve período de um ano – uma união que não mais existe. O adimplemento deste prazo, aliás, é o único requisito para a conversão da separação em divórcio".

Como já dito, a Emenda Constitucional n. 66/2010 atendeu aos reclamos de inúmeros doutrinadores, eliminando o sistema dual para romper o vínculo legal do casamento, suprimindo a separação como requisito para o divórcio. Ocorreu, em consequência, a extinção das causas subjetivas (culpa) e das causas objetivas (lapso temporal), como já explanado.

---

[13] Da separação e do divórcio, *Direito de família e o novo Código Civil*, p. 66-67.

6.5. Caráter pessoal da ação

O *caráter personalíssimo* da separação judicial vem estampado no parágrafo único do aludido art. 1.576: "*O procedimento judicial da separação caberá somente aos cônjuges...*". Somente eles têm a *iniciativa da ação*, que é privativa e intransmissível, não comportando intervenção de terceiros. Assim, se um deles morrer, a ação será extinta. A morte, por si, já é causa de dissolução da sociedade conjugal. Também a ação de divórcio extingue-se com a morte de um dos cônjuges.

O aludido caráter personalíssimo da ação de separação inviabiliza até mesmo o exercício da ação rescisória da sentença após a morte de qualquer dos ex-cônjuges, no pressuposto de ser inviável a colocação no polo passivo da pretensão rescindenda dos filhos do casal, e ser impossível a restauração da sociedade conjugal pela rescisão do julgado[14]. *Perde o caráter personalíssimo a ação, todavia, no tocante à repercussão patrimonial da separação, permitindo o seu prosseguimento pelo espólio*[15].

Os filhos do casal, embora partes na ação de alimentos, não têm legitimidade para recorrer na ação de separação judicial[16]. Não se admite, igualmente, a intervenção de eventuais credores de qualquer dos cônjuges nos autos da separação consensual, para impugnar a partilha convencionada entre os cônjuges, com a invocação de fraude à garantia do crédito[17].

Na segunda parte, o citado parágrafo único do art. 1.576 do Código Civil abre uma exceção, permitindo que, no caso de "*incapacidade*" do cônjuge, seja este representado "*pelo curador, pelo ascendente ou pelo irmão*". O legislador tem sido criticado por falar em representação, e não em substituição processual, como seria correto.

A ordem enunciada é *preferencial*: havendo curador, nomeado em regular processo de interdição, unicamente a ele caberá a "representação" do cônjuge que se tornou incapaz após o casamento; somente se não houver curador a representação passará sucessivamente ao ascendente e ao irmão, este à falta daquele. Entretanto, se o cônjuge incapaz figurar no *polo passivo* da ação de separação ou de divórcio, será representado exclusivamente por seu curador. A disposição repete-se no art. 1.582, parágrafo único, quanto ao pedido de divórcio.

Essa representação ou, melhor, substituição processual pode ocorrer tanto nos casos de separação *litigiosa* como nos de separação *amigável*, malgrado a

---

[14] *RJTJSP*, Lex, 70/273; *RT*, 664/57, 735/264.
[15] *RT*, 506/64; *JTJ*, Lex, 202/211; *RJTJSP*, Lex, 75/175.
[16] *RT*, 569/93.
[17] *RJTJSP*, Lex, 100/172.

opinião de Silvio Rodrigues[18] de que não caberia nesta última modalidade, que exige a presença, perante o juiz, de ambos os cônjuges. Tal entendimento já se encontra superado pela doutrina e não se coaduna com o texto da lei, que não faz distinção.

A situação, segundo Euclides de Oliveira e Sebastião Amorim[19], "apresenta similaridade com hipóteses de cônjuges separados de fato, que, por razões justificadas (residências em local distante, incapacidade de locomoção, etc.), formulem o pedido de separação através de procurador com poderes específicos para o ato. Se é possível o casamento por procuração, por que não o distrato conjugal? Doutra sorte, estar-se-ia compelindo as partes à adoção do procedimento litigioso, em que se permite a ausência à audiência de conciliação, com frustração dos propósitos de composição amigável através de um representante credenciado pelo cônjuge impossibilitado de comparecer a juízo".

Têm os tribunais admitido a representação com poderes especialíssimos, com efeito, quando há total impossibilidade de comparecimento do interessado à audiência designada pelo juiz, como quando um dos consortes reside ou se encontra exilado no exterior, ou ainda quando é impraticável a sua vinda, uma vez que o § 4º do art. 34 da Lei do Divórcio admite que "*as assinaturas serão, obrigatoriamente, reconhecidas por tabelião, quando não lançadas na presença do juiz*". *Se o separando estiver no exterior, deverá ser reconhecida também "a assinatura do agente consular constante da procuração*"[20].

6.6. Tentativa de reconciliação e presença de advogado

O art. 693 do Código de Processo Civil de 2015 prescreve que as normas do capítulo concernente às ações de família "aplicam-se aos processos contenciosos de divórcio, separação, reconhecimento e extinção de união estável, guarda, visitação e filiação".

Nas ações de família, todos os esforços devem ser empreendidos "para a solução consensual da controvérsia, devendo o juiz dispor do auxílio de profissionais de outras áreas de conhecimento para a mediação e conciliação" (art. 694). Na audiência, "as partes deverão estar acompanhadas de seus advogados ou de defensores públicos" (art. 695, § 4º).

A audiência de mediação e conciliação "poderá dividir-se em tantas sessões quantas sejam necessárias para viabilizar a solução consensual, sem prejuízo de

---

[18] *Comentários ao Código Civil*, v. 17, p. 180.

[19] *Separação e divórcio*, p. 91.

[20] *RT*, 431/203; *RJTJSP*, Lex, 125/367, 94/97; *RJTJRS*, 142/249.

providências jurisdicionais para evitar o perecimento do direito" (art. 696). Não realizado o acordo, passarão a incidir as normas do procedimento comum (art. 697).

Tem a jurisprudência proclamado a inadmissibilidade da supressão da aludida audiência de mediação e da oportunidade para que as partes se reconciliem ou transijam, considerando a regra de ordem pública[21].

O não comparecimento de qualquer das partes deve ser havido como recusa a qualquer acordo. Não obtida a reconciliação do casal, nem a convolação em separação amigável, começa a fluir da data da audiência prévia o prazo para a contestação, ainda que o réu a ela não tenha comparecido (CPC/2015, arts. 697 e 335).

O capítulo do Código Civil de 2002 que disciplina a dissolução da sociedade conjugal não contém normas procedimentais. Impõe-se concluir, pois, que as existentes na Lei do Divórcio permanecem em vigor.

---

[21] "Separação judicial litigiosa. Audiência preliminar. Dispensa. Inadmissibilidade. Providência essencial a tentativa de reconciliação ou conversão da ação em consensual. Designação determinada" (*JTJ*, Lex, 258/348). "Audiência prévia de conciliação. Necessidade. Vigência do artigo 1º da Lei Federal n. 968/49. Não realização que gera nulidade. Designação determinada" (*JTJ*, Lex, 250/333). "Audiência prévia de conciliação. Supressão. Inadmissibilidade. Oportunidade para que as partes se reconciliem ou transijam. Interpretação do art. 3º, § 2º, da Lei Federal n. 6.515/77" (*JTJ*, Lex, 258/347). "Audiência prévia de tentativa de conciliação. Ausência. Inadmissibilidade. Regra de ordem pública. Indisponibilidade. Realização da audiência determinada" (*JTJ*, Lex, 252/363).

SEPARAÇÃO JUDICIAL
POR MÚTUO CONSENTIMENTO

Sumário: 6.7. Características. Requisito. 6.8. Procedimento. Cláusulas obrigatórias. 6.9. Promessa de doação na separação consensual. 6.10. O procedimento administrativo, mediante escritura pública, para a separação e o divórcio consensuais. 6.10.1. Inexistência de nascituro ou de filhos incapazes do
casal. 6.10.2. Consenso do casal sobre todas as questões emergentes da separação ou do divórcio. 6.10.3. Lavratura de escritura pública por tabelião de
notas. 6.10.4. Assistência de advogado. 6.10.5. Separação ou divórcio consensuais celebrados por autoridades consulares.

6.7. Características. Requisito

A separação judicial requerida por *ambos* os cônjuges ou por mútuo consentimento é também chamada de *amigável* ou *consensual*. É procedimento típico de
jurisdição voluntária, em que o juiz administra interesses privados. Não há litígio,
pois ambos os cônjuges buscam a mesma solução: a homologação judicial do
acordo por eles celebrado.

Preleciona TERESA ANCONA LOPEZ que "a separação consensual é essencialmente um acordo entre duas partes (cônjuges) que têm por objetivo dar fim
à sua sociedade conjugal. É, portanto, negócio jurídico bilateral, pois, para que
esse acordo exista e seja válido, é necessária a declaração livre e consciente da
vontade dessas partes. Todavia, para que o *muttus dissensus* tenha executoriedade
ou gere os efeitos queridos pelas partes, necessita de um ato de autoridade, qual
seja, a sua homologação através de sentença judicial"[1].

O art. 1.574 do Código Civil prescreve:

*"Dar-se-á a separação judicial por mútuo consentimento dos cônjuges se forem
casados por mais de um ano e o manifestarem perante o juiz, sendo por ele devidamente
homologada a convenção".*

---

[1] Separação consensual (aspectos práticos e controvérsias). *Família e casamento*, p. 639.

A vantagem dessa modalidade é que os separandos não precisam declinar a causa, o motivo da separação. O *único requisito* exigido, havendo consenso mútuo, era estarem os nubentes casados há mais de um ano. Todavia, por força da Emenda Constitucional n. 66/2010, esse requisito deixou de existir. A propósito, proclama o *Enunciado n. 515 da V Jornada de Direito Civil do Conselho da Justiça Federal*:

"Pela interpretação teleológica da Emenda Constitucional n. 66/2010, não há prazo mínimo de casamento para a separação consensual".

Basta, portanto, o acordo de vontades.

6.8. Procedimento. Cláusulas obrigatórias

O art. 34 da Lei n. 6.515/77 dispõe que a separação judicial consensual far-se-á pelo procedimento previsto nos arts. 1.120 a 1.124 do Código de Processo Civil de 1973 (substituídos pelos arts. 731 a 734 do CPC/2015), mas acrescentando as seguintes regras: "§ 1º A petição será também assinada pelos advogados das partes ou pelo advogado escolhido de comum acordo. § 2º O juiz pode recusar a homologação e não decretar a separação judicial, se comprovar que a convenção não preserva suficientemente os interesses dos filhos ou de um dos cônjuges. § 3º Se os cônjuges não puderem ou não souberem assinar, é lícito que outrem o faça a rogo deles. § 4º As assinaturas, quando não lançadas na presença do juiz, serão, obrigatoriamente, reconhecidas por tabelião".

O art. 1.574, parágrafo único, do Código Civil de 2002 reproduziu integralmente o § 2º supratranscrito, que trata da *recusa de homologação* do acordo pelo juiz. Deve ela ser fundamentada, com indicação das modificações que comportariam as cláusulas prejudiciais, porque a parte inconformada pode interpor recurso de apelação ao Tribunal de Justiça.

É também permitido ao juiz cindir a convenção, homologando parcialmente a separação, deixando de lado, por exemplo, as cláusulas referentes à partilha, por reputá-la prejudicial a um dos separandos[2].

Por tal razão, MARIA BERENICE DIAS[3] critica a reprodução do aludido parágrafo único, que considera dispensável, uma vez que, se a intenção do legislador foi preservar interesses de ordem econômica de um dos cônjuges, "a solução seria decretar a separação, deixando-se somente de homologar a partilha". Igualmente, com relação aos filhos, aduz, "não se atina qual seria o interesse dos filhos em viver em um lar em que os laços de afeto não mais existem e que a permanência do

---

[2] Yussef Cahali, *Divórcio*, cit., p. 173-174.

V. a jurisprudência: *RT*, 529/77, 450/210; *RJTJSP*, Lex, 58/170.

[3] Da separação, cit., p. 68.

vínculo legal entre seus pais é imposta judicialmente. Ora, havendo a obrigação de ambos os genitores, mesmo que separados, de prover o sustento dos filhos, e assegurado o convívio, por meio da regulamentação das visitas, descabe falar em desatendimento dos interesses da prole a ponto de impedir que os pais concretizem o desejo de se separarem".

Em geral as cláusulas que justificam a recusa do juiz em homologar a separação concernem à guarda e ao sustento dos filhos menores, por atentatórias do interesse ou do direito destes. Podem os pais, por exemplo, egoisticamente, ter acordado a entrega dos filhos menores à guarda de terceiros ou a internação em colégio interno, privando-os do carinho e da orientação paterna, indispensáveis ao seu desenvolvimento sadio, ou ainda ter estipulado alimentos em quantia insuficiente. Pode acontecer, ainda, que um dos separandos tenha sido induzido a aceitar alguma cláusula que o desfavoreça e o fato seja percebido pelo juiz.

Ainda que o cônjuge prejudicado, por si ou representando os filhos menores, possa pleitear posteriormente, por meio de ação ordinária, a anulação da cláusula lesiva aos seus interesses e direitos, deve o juiz evitar, tanto quanto possível, que a lesão se concretize e seus efeitos somente sejam afastados *a posteriori*, quando já tenham causado, eventualmente, danos de difícil reparação.

Na *V Jornada de Direito Civil do Conselho da Justiça Federal, foi aprovado o Enunciado n. 516, do seguinte teor:*

"Na separação judicial por mútuo consentimento, o juiz só poderá intervir no limite da preservação do interesse dos incapazes ou de um dos cônjuges, permitida a cindibilidade dos pedidos, com a concordância das partes, aplicando-se esse entendimento também ao divórcio".

A petição inicial deve ser instruída com a certidão de casamento e com o pacto antenupcial, se houver (para comprovação do regime de bens adotado e verificação de sua observância).

Prescreve o art. 731 do Código de Processo Civil de 2015 que a petição inicial assinada por ambos os cônjuges deve conter: "I – as disposições relativas à descrição e à partilha dos bens comuns; II – as disposições relativas à pensão alimentícia entre os cônjuges; III – o acordo relativo à guarda dos filhos incapazes e ao regime de visitas; e IV – o valor da contribuição para criar e educar os filhos". Prevê o parágrafo único que "se os cônjuges não acordarem sobre a partilha dos bens, far-se-á esta depois de homologado o divórcio, na forma estabelecida nos arts. 647 a 658, ou seja, sujeitar-se-á ao procedimento previsto para os inventários.

O Código Civil de 2002, incompreensivelmente, estabeleceu no art. 1.575 que *"a sentença de separação judicial importa a separação de corpos e a partilha de bens"*, confrontando com o art. 1.581 do mesmo diploma, que permite a concessão do divórcio *"sem que haja prévia partilha de bens"*. O verbo "importar" significa que a separação judicial acarreta, como consequência necessária, a partilha de bens. No entanto, a redação do citado art. 1.581 demonstra que o sistema adotado pelo referido diploma é o de que a divisão de bens, na separação judicial, não pode ser obrigatória, como de resto vem entendendo a jurisprudência mais atualizada. Ora, se o divórcio pode ser realizado sem partilha prévia de bens, não há motivo para que a separação judicial também não o possa.

Por essa razão, o Projeto de Lei n. 6.960/2002, atual Projeto de Lei n. 699/2011, apresentado ao Congresso Nacional, propõe a seguinte redação para o aludido art. 1.575 do novo Código: "A partilha de bens poderá ser feita mediante proposta dos cônjuges e homologada pelo juiz ou por este decidida em juízo sucessivo".

Com a separação do casal cessa a comunhão de bens, de modo que, embora ainda não operada a partilha do patrimônio comum do casal, é facultado a um dos ex-cônjuges exigir do outro, que estiver na posse e uso exclusivos de determinado imóvel, a título de indenização, parcela correspondente à metade da renda de um presumido aluguel, devida a partir da citação[4]. Nessa esteira decidiu a *Segunda Seção do Superior Tribunal de Justiça*, proclamando que, *na separação e no divórcio, sob pena de gerar enriquecimento sem causa, o fato de certo bem comum ainda perten-cer indistintamente aos ex-cônjuges, por não ter sido formalizada a partilha, não representa automático empecilho ao pagamento de indenização pelo uso exclusivo do bem por um deles, desde que a parte que toca a cada um tenha sido definida por qual-quer meio inequívoco. Nesse caso, o valor do aluguel deve corresponder a 50% do valor de mercado de aluguel mensal do imóvel, deduzidas as despesas de manutenção do bem, inclusive tributos incidentes, e será pago a partir da ciência do pedido*[5].

Além dessas cláusulas obrigatórias, pode o acordo da separação, sendo esta um negócio jurídico, conter diversas outras sujeitas apenas à deliberação das partes, no exercício da autonomia da vontade, desde que não ofendam normas de ordem pública, a moral e os bons costumes. Podem, assim, *v. g.*, assumir obrigações recí-procas, outorgar procuração em causa própria ao outro consorte para transferên-cia de determinado bem, fazer ou prometer fazer doações aos filhos ou ao outro cônjuge com ou sem usufruto, estipular cessões de bens em comodato ou em locação etc.

Decidiu a *3ª Câmara de Direito Privado do Tribunal de Justiça de São Paulo* que reconhecer que a mancomunhão gera um comodato gratuito é chancelar o enriquecimento injustificado. Assim, depois da separação de fato, mesmo antes do divórcio e independentemente da propositura da ação de partilha, cabe impor

---

[4] STJ, REsp 983.450-RS, 3ª T., rel. Min. Nancy Andrighi, j. 2-2-2017.
[5] STJ, 2ª Seção, rel. Min. Raul Araújo, disponível em *Revista Consultor Jurídico*, de 13-2-2017.

o pagamento pelo uso exclusivo de bem comum. Segundo os membros da aludida Câmara, a mulher que permanece em imóvel comum após a separação deve pagar aluguel ao ex-marido. A propriedade do imóvel é de metade para cada ex-cônjuge, em razão do regime da comunhão parcial de bens[6].

Se o casal não tiver bens a partilhar, deve declarar tal fato. Caso nada declarem, deverão depois discutir judicialmente pelas vias ordinárias a partilha dos bens omitidos na petição de separação[7].

A partilha pode ser realizada *de modo desigual,* pois os cônjuges, sendo maiores e capazes, podem transigir, sujeitando-se eventualmente ao recolhimento do imposto decorrente da doação implicitamente feita ao outro cônjuge.

Dispõe, com efeito, a *Súmula 116 do Supremo Tribunal Federal*: "Em desquite, ou inventário, é legítima a cobrança do chamado imposto de reposição, quando houver desigualdade nos valores partilhados". Somente poderá um dos cônjuges renunciar integralmente à sua parte, no patrimônio comum, doando-a indiretamente ao ex-consorte, se dispuser de meios de subsistência (CC, art. 548). Lavrado e assinado o termo, considera-se dissolvida a sociedade conjugal e, destarte, não se comunicam os bens que venham a ser adquiridos posteriormente e antes da partilha, se esta foi postergada.

Devem os consortes disciplinar, minuciosamente, a guarda dos filhos, se compartilhada ou não, e o direito de visitas, inclusive o modo de convivência durante as férias escolares e feriados tradicionais. No entanto, a omissão sobre a guarda dos filhos não constitui óbice à homologação da separação judicial. O juiz, neste caso, pressupondo que os genitores não terão chegado a um entendimento, homologará simplesmente a separação pessoal dos cônjuges, aplicando quanto aos filhos o disposto no art. 1.584 do Código Civil, atribuindo a guarda *"a quem revelar melhores condições para exercê-la".*

Se os consortes acordarem que a *guarda dos filhos menores fique com um terceiro, como o avô,* este deverá assinar também a petição, anuindo. Recomenda-se a regulamentação das visitas, para evitar futuros litígios, prejudiciais aos menores. Deve ser, obrigatoriamente, fixada a *pensão* a ser paga aos filhos pelo genitor que não ficou com a guarda.

Se um dos *cônjuges* necessitar de auxílio, deverá ser fixado o valor da *pensão* que o outro lhe pagará. Tem-se admitido que a mulher abra mão dos alimentos, podendo, porém, pleiteá-los futuramente, se vier a necessitar e não tiver sido contemplada, na partilha, com bens suficientes para a sua subsistência (CC, art.

---

[6] TJSP, 3ª Câm. Dir. Priv., Proc. 1014013-17.2019.8.26.0003, rel. Des. Carlos Alberto de Salles, j. 15-2-2021, *in* Revista *Consultor Jurídico* de 25-2-2021.

[7] *RT*, 519/217.

1.704). Dispõe, com efeito, a *Súmula 379 do Supremo Tribunal Federal*: "No acordo de desquite não se admite renúncia aos alimentos, que poderão ser pleiteados ulteriormente, verificados os pressupostos legais".

A omissão de qualquer referência à pensão que o marido pagará à mulher não impedirá a homologação da separação, devendo-se presumir que decorre do fato de a separanda dela não necessitar, por ter meios próprios de subsistência. Não se permite, no entanto, que os pais deixem de contribuir para o sustento dos filhos menores, na proporção de seus ganhos.

A petição deverá esclarecer, ainda, se o cônjuge que usa o sobrenome do outro voltará a usar o *nome* de solteiro (CC, art. 1.578, § 2º). No silêncio, deve-se entender que optou por conservá-lo. Como os cônjuges têm o direito de optar por conservar ou não o sobrenome do outro, podem eles, posterior e unilateralmente, requerer o seu cancelamento, voltando a usar o nome de solteiro. Se, no entanto, haviam optado por não conservá-lo, não poderão futuramente voltar a usá-lo.

A cláusula alusiva ao nome dos separandos é a única que pode ser modificada unilateralmente. Se um dos cônjuges quiser alterar, por exemplo, a referente à guarda dos filhos, não poderá fazê-lo. Terá de propor uma ação ordinária de modificação de cláusula sobre guarda de filhos e provar a existência de motivos graves, prejudiciais aos menores, que justifiquem a sua pretensão.

A petição será apresentada ao juiz, que ouvirá os cônjuges, verificando se estão deliberando livremente e se desejam a separação, sem hesitação. Convencendo-se disso, mandará reduzir a *termo* as declarações e, depois de ouvir o Ministério Público se houver interesse de incapaz, a homologará.

Se se verificar posteriormente que o acordo celebrado pelas partes encontra-se eivado de algum vício, como erro, dolo e coação, por exemplo, cabe o ajuizamento de ação anulatória da sentença homologatória, com base no art. 966, § 4º, do Código de Processo Civil de 2015, conforme iterativa jurisprudência, e não a ação rescisória, que é adequada para atacar a sentença em si (por proferida por juiz incompetente, p. ex.) e não o ato da parte[8].

O pedido de separação, de caráter personalíssimo, ficará prejudicado se um dos cônjuges falecer antes de sua homologação pelo juiz. Não se defere, assim, pedido de homologação de separação amigável após o falecimento de um dos cônjuges, mediante provocação de parentes sucessíveis[9].

Enquanto não lavrado o termo pelo escrivão e assinado pelas partes, o pedido não se tornou público e poderá haver arrependimento unilateral. Assinado o termo,

---

[8] *RT*, 554/248, 665/186; *RSTJ*, 17/422; *RTJ*, 83/977; *RJTJSP*, Lex, 98/397.

[9] *RJTJSP*, Lex, 53/71.

o pedido torna-se *irretratável* pela *manifestação unilateral* de um só dos cônjuges. Admite-se, todavia, a homologação de novo acordo, substituindo o primeiro, dispensando-se para tanto eventual ação anulatória[10].

6.9. Promessa de doação na separação consensual

Assim como há promessa ou compromisso de compra e venda, pode haver, também, promessa de doação.

Controverte-se, no entanto, a respeito da exigibilidade de seu cumprimento. Uma corrente doutrinária sustenta ser inexigível o cumprimento de promessa de *doação pura*, porque esta representa uma liberalidade plena. Não cumprida a promessa, haveria uma execução coativa ou poderia o promitente-doador ser responsabilizado por perdas e danos, nos termos do art. 389 do Código Civil – o que se mostra incompatível com a gratuidade do ato. Tal óbice não existe, contudo, na *doação onerosa*, porque o encargo imposto ao donatário estabelece um dever exigível do doador.

Para outra corrente, a intenção de praticar a liberalidade manifesta-se no momento da celebração da promessa. A sentença proferida na ação movida pelo promitente-donatário nada mais faz do que cumprir o que foi convencionado. Nem faltaria, *in casu*, a espontaneidade, pois se ninguém pode ser compelido a praticar uma liberalidade, pode, contudo, assumir voluntariamente a obrigação de praticá-la. Esta corrente admite promessa de doação entre cônjuges, celebrada em separação judicial consensual, e em favor de filhos do casal, cujo cumprimento, em caso de inadimplemento, pode ser exigido com base no art. 501 do Código de Processo Civil[11].

Na jurisprudência também há divergências. Algumas decisões acolhem o entendimento da última corrente mencionada. Outras, porém, exigem que a promessa convencionada em separação consensual tenha caráter retributivo (não seja de doação pura), havendo ainda manifestações no sentido de que a promessa enseja a possibilidade de arrependimento entre a vontade manifestada e o ato de doar, sendo inadmissível a execução forçada[12].

YUSSEF SAID CAHALI[13] considera necessário distinguir, nas separações consensuais, a *doação definitiva* da *promessa de doação* de bens imóveis aos filhos. Na primeira, homologado o acordo por sentença, a doação se tem como consumada, não se

---

[10] STJ, 3ª T., rel. Min. Nancy Andrighi, *Revista Consultor Jurídico*, 21-5-2018.

[11] Carlos Roberto Gonçalves, *Direito civil brasileiro*, v. 3, p. 303.

[12] *RT*, 699/55, 738/400.

[13] *Divórcio e separação*, p. 174-197.

sujeitando a retratação unilateral ou bilateral dos autores da liberalidade. Antecedendo à sentença homologatória, nada impede a retratação *bilateral*. Não há necessidade de completar o ato transmissivo por instrumento público, pois, sendo praticado em juízo, tem a mesma eficácia da escritura pública. A *promessa de doação* em favor da prole é admitida, "atribuindo-se à cláusula do acordo homologado eficácia plena e irrestrita, sem condições de retratabilidade ou arrependimento, assegurando-se ao beneficiário direito à adjudicação compulsória do imóvel ou à sentença condenatória substitutiva da declaração de vontade recusada".

Nesse diapasão decidiu o *Tribunal de Justiça de São Paulo* que "o acordo, quando contém os mesmos requisitos formais e de fundo da liberalidade prometida, erige-se em contrato preliminar, sujeitando-se à execução específica das obrigações de emitir declaração de vontade"[14].

6.10. O procedimento administrativo, mediante escritura pública, para a separação e o divórcio consensuais

Visando racionalizar as atividades processuais e simplificar a vida jurídica dos cidadãos, bem como evitar uma indevida intromissão do Estado na vida privada, a Lei n. 11.441, de 4 de janeiro de 2007, facultou a realização das separações, divórcios e partilhas consensuais por meio de escritura pública lavrada em cartório de notas, quando todos os interessados forem capazes e concordes com os termos do ajuste, afastando a obrigatoriedade do procedimento judicial.

A referida lei introduziu, no Código de Processo de 1973, o art. 1.124-A, reproduzido no art. 733 do *Código de Processo Civil de 2015*, com poucas alterações, como se pode verificar:

"Art. 733. O divórcio consensual, a separação consensual e a extinção consensual de união estável, não havendo nascituro ou filhos incapazes e observados os requisitos legais, poderão ser realizados por escritura pública, da qual constarão as disposições de que trata o art. 731.

§ 1º A escritura não depende de homologação judicial e constitui título hábil para qualquer ato de registro, bem como para levantamento de importância depositada em instituições financeiras.

§ 2º O tabelião somente lavrará a escritura se os interessados estiverem assistidos por advogado ou defensor público, cuja qualificação e assinatura constarão do ato notarial".

Foi suprimido apenas o § 3º, pelo qual a escritura e demais atos notariais seriam "*gratuitos àqueles que se declararem pobres sob as penas da lei*".

---

[14] *RT*, 460/107.

A redação conferida ao dispositivo em apreço, com a utilização do verbo "poderão", aponta o *caráter facultativo* do procedimento administrativo. A escolha fica a critério das partes. Entende-se, pois, que a criação do inventário e da partilha extrajudiciais, das separações e dos divórcios também extrajudiciais, mediante escritura pública, não obsta à utilização da via judicial correspondente.

Mais recentemente, o Conselho Nacional de Justiça, que havia regulamentado a separação e o divórcio extrajudiciais por meio da Resolução n. 35/2007, passou a admitir a possibilidade de que eles sejam feitos por escritura pública, ainda quando existam filhos menores e incapazes. Com efeito, a recente Resolução n. 571, de 28 de agosto de 2024, alterou a redação original do art. 34, § 2º, da Resolução n. 35/2007, passando a autorizar o divórcio e a separação extrajudiciais, mesmo com filhos menores, preenchidas determinadas condições: "§ 2º Havendo filhos comuns do casal menores ou incapazes, será permitida a lavratura da escritura pública de divórcio, desde que devidamente comprovada a prévia resolução judicial de todas as questões referentes à guarda, visitação e alimentos deles, o que deverá ficar consignado no corpo da escritura".

Ao argumento de que, sendo as partes capazes e plenamente concordes com os termos do ajuste dissolutório, podem pôr termo ao casamento por escritura pública e, desse modo, careceriam do interesse de agir se recorressem ao procedimento judicial, pode-se objetar que, todavia, o art. 189 do Estatuto Processual Civil de 2015 proclama que tramitam "em segredo de justiça os processos (...) II – que versem sobre casamento, separação de corpos, divórcio, separação, união estável, filiação, alimentos e guarda de crianças e adolescentes".

A opção pelo procedimento judicial pode-se justificar, pois, pelo interesse das partes em que os termos do acordo, especialmente os concernentes à partilha e à pensão alimentícia, permaneçam cobertos pelo segredo de justiça – o que não ocorrerá se a dissolução da sociedade conjugal se realizar por escritura pública.

Tal opção, por sinal, deve ser feita toda vez que o ajuste contiver cláusula estabelecendo a obrigação de um dos cônjuges pagar alimentos ao outro. É que, nesse caso, como salienta CRISTIANO CHAVES DE FARIAS, "é imprescindível a prolação de decisão judicial para que, havendo, no futuro, eventual descumprimento da obrigação alimentícia pelo devedor, possa o credor (alimentando) utilizar o procedimento especial de execução dos alimentos (art. 733 do Código de Processo Civil [de 1973]) através da coerção pessoal consistente na prisão civil do alimentante. Isto porque não vem se admitindo, corretamente, o decreto de prisão civil por dívida alimentar quando a obrigação de prestar alimentos foi estabelecida em sede extrajudicial"[15].

Salienta o mencionado autor, com razão e com fulcro no art. 226, § 3º, da Constituição Federal (que elevou a união estável ao *status* de entidade familiar), que, uma vez admitida a dissolução do casamento por escritura pública, fundadas

---

[15] *O novo procedimento da separação e do divórcio*, p. 66 e 44.

razões levam à admissibilidade de utilização do procedimento administrativo simplificado também para a extinção consensual de *união estável*, apesar do inexplicável silêncio do legislador.

Pode-se afirmar, em face do texto da lei em epígrafe, que os requisitos para o exercício da faculdade legal são: a) inexistência de filhos menores ou incapazes do casal, caso não tenha havido prévia resolução judicial de todas as questões referentes à guarda, visitação e alimentos deles; b) consenso sobre todas as questões emergentes da separação ou do divórcio; c) lavratura de escritura pública por tabelião de notas; d) assistência de advogado.

6.10.1. Inexistência de nascituro ou de filhos incapazes do casal, caso não tenha havido prévia resolução judicial de todas as questões referentes à guarda, visitação e alimentos deles

O procedimento administrativo *poderá* ser adotado, segundo proclama o *caput* do art. 733 do Código de Processo Civil de 2015, não havendo "nascituro ou filhos incapazes" do casal. Como mencionado no item anterior, porém, a existência de filhos menores não obsta a escritura pública de divórcio ou separação consensual, desde que tenha havido prévia resolução judicial de todas as questões referentes à guarda, visita e alimentos deles, nos termos do art. 34, § 2º, da Resolução n. 35/2007, com a redação dada pela Resolução n. 571/2024, ambas do CNJ.

Em princípio, pois, a existência de nascituro ou de filhos incapazes impede a dissolução do casamento mediante escritura pública, devendo ser observado o procedimento judicial, mais demorado, salvo se já tiver havido prévia resolução judicial das questões relativas aos filhos. Por isso, os interessados no procedimento mais célere devem fazer prova, perante o tabelião, com a certidão de casamento e as certidões de nascimento dos filhos, de que estes são maiores ou emancipados, ou de que as questões envolvendo os filhos já foram previamente resolvidas judicialmente.

O *Conselho Nacional de Justiça* (CNJ) alterou, no dia 6 de abril de 2016, a Resolução n. 35/2007, estabelecendo que a separação ou divórcio não pode efetivar-se por escritura pública quando a mulher está grávida, ao fundamento de que permitir o procedimento nos cartórios nesses casos poderia gerar risco de prejuízo ao nascituro, que pode ter seus direitos violados, como no caso, por exemplo, da partilha de um bem comum com outro filho capaz.

Todavia, se o pacto não versar sobre eventuais direitos dos filhos, que são indisponíveis, o casal poderá deliberar a separação ou o divórcio por meio de escritura pública. Assim, fraciona-se a dissolução do casamento. Em sede administrativa, por meio de escritura pública, serão ajustados os interesses recíprocos de caráter disponível do casal, como a partilha de bens e o uso do nome, extinguindo-se a união conjugal. E, na via judicial, serão resolvidas as questões atinentes à guarda e visita dos filhos incapazes, bem como aos alimentos a eles devidos, além de outras eventuais divergências.

Como já mencionado anteriormente (*4.5. Procedimento. Cláusulas obrigatórias*, Título I, Capítulo XI) com supedâneo na doutrina de Yussef Cahali, é também permitido ao juiz cindir a convenção, homologando parcialmente a separação, deixando de lado, por exemplo, as cláusulas referentes à partilha, por reputá-la prejudicial a um dos separandos. Nesse sentido, o *Enunciado n. 516 da V Jornada de Direito Civil do Conselho da Justiça Federal, verbis*: "Na separação judicial por mútuo consentimento, o juiz só poderá intervir no limite da preservação do interesse dos incapazes ou de um dos cônjuges, permitida a cindibilidade dos pedidos, com a concordância das partes, aplicando-se esse entendimento também ao divórcio". Em realidade, sempre se admitiu e continua sendo admitida a homologação do acordo com exclusão ou ressalva de cláusulas.

6.10.2. Consenso do casal sobre todas as questões emergentes da separação ou do divórcio

Assim como sucede na separação judicial e no divórcio judicial consensuais, a escritura pública deve expressar a livre decisão do casal acerca da partilha dos bens comuns, do *quantum* e do modo de pagamento dos alimentos que um dos cônjuges pagará ao outro, ou sua dispensa, e da retomada, ou não, do nome de solteiro.

Trata-se de regras obrigatórias. Em princípio, se houver qualquer discordância sobre alguns desses pontos, o tabelião não poderá lavrar a escritura. Entretanto, tanto em separação consensual como em divórcio consensual, por escritura pública, as partes podem optar em partilhar os bens, ou resolver sobre a pensão alimentícia, *a posteriori*.

Não há empeço, efetivamente, a que os cônjuges releguem a discussão sobre a *partilha* para o futuro, realizando-a de forma amigável ou judicial, pelas vias ordinárias. De fato, o art. 1.581 do Código Civil e a *Súmula 197 do Superior Tribunal de Justiça* autorizam a dissolução do casamento sem partilha do patrimônio comum. Malgrado se refiram somente à hipótese de divórcio consensual, não há motivo para que não se apliquem também à separação por mútuo consentimento.

Se o casal não tiver bens a partilhar, deve declarar tal fato. Se tiver e nada dispuser acerca da partilha, permanecerá o patrimônio em regime de condomínio, a ser extinto oportunamente. Havendo transmissão de propriedade entre cônjuges, de bens do patrimônio separado, ou partilha de modo desigual do patrimônio comum, sujeitam-se eles ao recolhimento do tributo devido: ITBI, se onerosa, conforme a lei municipal da localidade do imóvel; ou ITCMD, se gratuita, conforme a legislação estadual.

Dispõe a propósito a *Súmula 116 do Supremo Tribunal Federal*: "Em desquite ou inventário, é legítima a cobrança do chamado imposto de reposição quando houver desigualdade nos valores partilhados".

Se um dos cônjuges necessitar de auxílio, deverá ser fixado o valor da pensão que o outro lhe pagará. Como já mencionado no item 4.5, *retro*, a omissão de qualquer referência ao eventual pagamento de *pensão alimentícia* não impedirá a lavratura da escritura, devendo-se presumir que decorre do fato de nenhum deles necessitar da benesse, por ter meios próprios de subsistência, ou da opção pela discussão da questão pelas vias judiciais, para que possa ser utilizado o procedimento especial, com previsão de prisão do devedor, em caso de descumprimento do acordo.

Tem-se admitido que o cônjuge renuncie, isto é, abra mão dos alimentos, podendo, porém, pleiteá-los futuramente, se vier a necessitar e não tiver sido contemplado, na partilha, com bens suficientes para a sua subsistência (CC, art. 1.704). Dispõe, com efeito, a Súmula 379 do Supremo Tribunal Federal: "No acordo de desquite não se admite renúncia aos alimentos, que poderão ser pleiteados ulteriormente, verificados os pressupostos legais".

A ausência de acordo dos cônjuges acerca dos alimentos não importa, portanto, em impedimento à lavratura da escritura pública de separação ou de divórcio, uma vez que, mesmo não estando previsto o ajuste sobre o pensionamento alimentício, os interessados poderão reclamar alimentos, posteriormente, como lhes faculta o art. 1.694 do Código Civil.

O ajuste deve esclarecer, ainda, se o cônjuge que usa o sobrenome do outro voltará ou não a usar o *nome de solteiro*. No silêncio, como já dito (item 4.5, *retro*), deve-se entender que optou por conservá-lo. Como os cônjuges, na separação e no divórcio judiciais, têm o direito de optar por conservar ou não o sobrenome do outro, podem eles, também no procedimento administrativo, fazer tal opção.

Como a cláusula alusiva ao nome dos separandos ou divorciandos, nos procedimentos judiciais, é a única que pode ser modificada unilateralmente, admite-se que escritura pública de separação ou divórcio consensuais seja retificada, no tocante ao ajuste do uso do nome de casado, mediante declaração unilateral do interessado na volta ao uso do nome de solteiro, em nova escritura pública, também mediante assistência de advogado.

Reitere-se que, além dessas cláusulas obrigatórias, pode o acordo conter diversas outras sujeitas apenas à deliberação das partes, no exercício da autonomia da vontade, desde que não ofendam normas de ordem pública, a moral e os bons costumes. Podem, assim, por exemplo, assumir obrigações recíprocas, outorgar procuração em causa própria ao outro consorte para transferência de determinado bem, fazer ou prometer fazer doações aos filhos ou ao outro cônjuge com ou sem usufruto, estipular cessões de bens em comodato ou em locação etc.

6.10.3. Lavratura de escritura pública por tabelião de notas

Preceitua o § 1º do art. 733 do diploma processual civil de 2015: "A escritura não depende de homologação judicial e constitui título hábil para qualquer ato de registro, bem como para levantamento de importância depositada em instituições financeiras".

Desse modo, não dependendo de homologação judicial, a separação e o divórcio consensuais, realizados administrativamente, produzem seus efeitos imediatamente na data da lavratura da escritura pública. O traslado fornecido pelo tabelião constitui instrumento hábil para averbação da separação ou do divórcio no registro civil, e para o registro de imóveis, se houver bens dessa natureza.

A avença extintiva das núpcias tem natureza de negócio jurídico bilateral, como manifestação da autonomia da vontade, não comportando objeção ou interferência do Estado. Dessarte, não pode o tabelião recusar-se a registrar a escritura pública, imiscuindo-se na vontade das partes, uma vez não depender ela sequer de homologação judicial.

Para a lavratura dos atos notariais de que trata o art. 733 do Código de Processo Civil de 2015, ora comentado, é livre a escolha do tabelião de notas, *não se aplicando as regras de competência* do mesmo diploma legal. A competência é uma medida da jurisdição, que é monopólio do Poder Judiciário – e o tabelião não tem poderes jurisdicionais. Por essa razão, podem os cônjuges promover a lavratura da escritura no cartório da localidade que lhes for mais conveniente, independentemente de serem ali domiciliados ou não. Igualmente, não se aplica, pelo mesmo motivo, qualquer regra que estabeleça privilégio de foro para a mulher.

Lavrada a escritura, não se admite retratação do acordo celebrado, mas apenas a correção de erros materiais. Daí a necessidade de as partes estarem devidamente assistidas por advogado.

Qualquer dos cônjuges pode ser *representado* por procurador, com poderes específicos e bastantes, mediante instrumento público de procuração, porque não há vedação legal e a situação é similar ao ato solene do casamento, que permite tal forma de representação (CC, art. 1.542).

O comparecimento pessoal das partes, portanto, não é indispensável à lavratura da escritura pública de separação e divórcio consensuais, sendo admissível aos separandos ou aos divorciandos se fazer representar por mandatário constituído, desde que por instrumento público (CC, art. 657), com poderes especiais. Não poderão as duas partes, contudo, ser representadas no ato pelo mesmo procurador, como já acentuado no item 5 do Capítulo VI do Título I, *retro*.

Desnecessária a participação do Ministério Público no ato de lavratura da escritura pública em cartório, por inexistir interesse público que justifique a sua atuação na separação e no divórcio consensuais entre pessoas capazes. Igualmente, dispensável se mostra, em regra, a participação de testemunhas. No entanto, se algum dos partícipes não for conhecido do tabelião, nem puder identificar-se por documento, *"deverão participar do ato pelo menos duas testemunhas que o conheçam e atestem sua identidade"* (CC, art. 215, § 5º).

A *reconciliação* dos separados extrajudicialmente também pode ser formalizada mediante escritura pública, que será levada à averbação no registro do casamento, independentemente de homologação judicial. Pode efetivamente o casal se reconciliar a qualquer tempo, desde que antes do divórcio, mediante escritura pública lavrada em cartório de notas. Nesse caso, o *restabelecimento da sociedade conjugal* ocorrerá pela simples averbação no registro civil do novo negócio jurídico bilateral, independentemente de chancela judicial.

6.10.4. Assistência de advogado

Conforme já mencionado, prescreve o § 2º do art. 733 do estatuto processual civil de 2015: "O tabelião somente lavrará a escritura se os interessados estiverem assistidos por advogado ou por defensor público, cuja qualificação e assinatura constarão do ato notarial".

Cumpre enfatizar que assistência não é simples presença formal do advogado ao ato para sua autenticação, mas de efetiva participação na orientação do casal, esclarecendo as dúvidas de caráter jurídico e redigindo a minuta do acordo para a lavratura da escritura pública.

O advogado comparece ao ato e subscreve a escritura, como assistente das partes, não havendo necessidade de procuração. Com efeito, os arts. 103 e 104 do Código de Processo Civil de 2015 exigem a procuração somente para que o advogado venha a "procurar em juízo" – o que não é o caso. Pode o advogado, no mesmo instrumento, ser constituído procurador para eventuais rerratificações necessárias, salvo em matéria de direito personalíssimo e indisponível.

Se os cônjuges necessitarem de assistência judiciária gratuita, por não poderem pagar advogado particular, poderão ser assistidos por defensor público, onde houver, ou, na sua falta, por advogado indicado pela OAB, em virtude da garantia constitucional (CF, art. 134).

6.10.5. Separação ou divórcio consensuais celebrados por autoridades consulares

A Lei n. 12.874, de 29 de outubro de 2013, introduziu dois parágrafos ao art. 18 da Lei de Introdução às Normas do Direito Brasileiro, permitindo que a separação ou o divórcio consensuais de brasileiros no exterior possam ser feitos pelas autoridades consulares brasileiras, desde que o casal não tenha filhos menores ou incapazes, devendo constar da escritura pública as disposições relativas à descrição e à partilha dos bens comuns e à pensão alimentícia, bem como o acordo quanto à retomada pelo cônjuge de seu nome de solteiro ou à manutenção do nome adotado quando se deu o casamento.

Embora a assistência do advogado seja indispensável, não se faz necessário que a sua assinatura conste da escritura pública.

SEPARAÇÃO JUDICIAL
A PEDIDO DE UM DOS CÔNJUGES

> *Sumário:* 6.11. Espécies. 6.12. Grave infração dos deveres do casamento. 6.12.1. Adultério. 6.12.2. Abandono voluntário do lar conjugal. 6.12.3. Sevícia e injúria grave. 6.12.4. Abandono material e moral dos filhos. 6.12.5. Imputação caluniosa. 6.13. Confissão real e ficta. 6.14. Insuportabilidade da vida em comum. 6.15. Ruptura da vida em comum. 6.16. Separação por motivo de grave doença mental. 6.17. Separação de corpos. 7. O uso do nome do outro cônjuge. 8. Restabelecimento da sociedade conjugal.

6.11. Espécies

Preceitua o art. 1.572, *caput*, do Código Civil que *"qualquer dos cônjuges poderá propor a ação de separação judicial, imputando ao outro qualquer ato que importe grave violação dos deveres do casamento e torne insuportável a vida em comum"*. Trata-se de *separação-sanção*, que pode ser pedida a qualquer tempo após a realização do casamento.

Aduz o § 1º que *"a separação judicial pode também ser pedida se um dos cônjuges provar ruptura da vida em comum há mais de um ano e a impossibilidade de sua reconstituição"*. Esta modalidade é denominada *separação-falência*.

Por fim, dispõe o § 2º que *"o cônjuge pode ainda pedir a separação judicial quando o outro estiver acometido de doença mental grave, manifestada após o casamento, que torne impossível a continuação da vida em comum, desde que, após uma duração de dois anos, a enfermidade tenha sido reconhecida de cura improvável"*. A situação é de *separação-remédio*. A enumeração é taxativa, não podendo ser estendida a outras situações.

A hipótese prevista no art. 1.572, *caput*, é chamada de *separação-sanção* porque um dos cônjuges atribui *culpa* ao outro (na modalidade de grave infração dos deveres conjugais), aplicando-se sanções ao culpado. Estas são: perda do direito a alimentos, exceto os indispensáveis à sobrevivência (CC, arts. 1.694, § 2º, e 1.704, parágrafo único) e perda do direito de conservar o sobrenome do outro (art. 1.578). *Como é a única hipótese em que se discute culpa, é também a única que admite reconvenção*. Neste caso, pode a separação ser decretada por culpa de um só dos cônjuges ou de ambos. Se ambos forem culpados, nenhum deles fará jus à verba alimentícia, exceto se necessária à subsistência.

Para que a separação judicial seja decretada por culpa de ambos os cônjuges, faz-se necessário que o réu ofereça reconvenção ou, tendo proposto demanda autônoma, ocorra a unificação dos processos pela conexidade. Em princípio, como observa YUSSEF CAHALI[1], se o réu apenas contestou a ação, mas não reconveio, só ele poderá ser considerado cônjuge culpado ou responsável pela separação judicial decretada.

Nessa linha, a jurisprudência: "Sendo a separação litigiosa proposta pela mulher e não se demonstrando a culpa do marido, ao revés, comprovando-se, robustamente, o adultério da esposa, o não ajuizamento da reconvenção, que impede a decretação da separação por culpa da autora, acarreta a manutenção da relação marital, ainda que configurada a insuportabilidade da vida em comum, pela improcedência do pedido inicial"[2].

Todavia, o *Superior Tribunal de Justiça* já teve a oportunidade de ressalvar, em separação judicial com alegação de culpa recíproca e fato conhecido no curso da ação, que a ausência de reconvenção constituía formalidade superada, assim enfatizando: "Nos casos de separação judicial, a inércia do réu em não propor a reconvenção não é, necessariamente, óbice para que o juiz examine a prática do adultério só alegada após a contestação, presumido fato que somente chegou ao seu conhecimento quando do depoimento de testemunha arrolada pela autora"[3].

A doutrina costuma classificar as causas de separação judicial em *peremptórias* e *facultativas*. As primeiras são aquelas que, uma vez ocorridas, tornam obrigatória a decretação da separação, por si só, independentemente de uma apreciação valorativa do juiz. As facultativas são as que, por si, não acarretam a decretação da separação, mas somente se o juiz constatar que tornaram insuportáveis a vida em comum.

O Código Civil, ao exigir, no art. 1.572, *caput*, que a infração dos deveres conjugais torne insuportável a vida em comum, aparentemente teria optado pelo sistema das causas *facultativas*. Na prática, entretanto, a jurisprudência vinha proclamando, antes da promulgação do Código de 2002, interpretando o art. 5º da Lei n. 6.515/77, do mesmo teor, que o simples fato de o autor ter ingressado em juízo imputando culpa ao réu já faz presumir que a descoberta da falta cometida tornou, para ele, *insuportável a vida em comum*. Há, assim, uma *inversão do*

---

[1] *Divórcio*, cit., p. 611.

[2] *RT*, 700/151.

[3] REsp 115.876, rel. Min. Asfor Rocha, *DJU*, 3-4-2000, p. 152.

ônus da prova: ao réu cabe demonstrar, se tiver interesse, que a infração por ele cometida não tornou, para o outro, insuportável a vida em comum, por terem, por exemplo, voltado ao conúbio conjugal, pernoitando na mesma cama.

A Lei do Divórcio optou por indicar genericamente as causas de separação litigiosa (conduta desonrosa e grave infração dos deveres do casamento), ao contrário do revogado art. 317 do Código Civil de 1916, que especificava as seguintes causas: adultério, tentativa de morte, sevícia, injúria grave e abandono voluntário do lar conjugal durante dois anos contínuos. O Código de 2002 especificou tais fatos como aptos a caracterizar a impossibilidade da comunhão de vida, reduzindo o prazo do abandono voluntário do lar conjugal para um ano contínuo e acrescentando outros: condenação por crime infamante e conduta desonrosa (art. 1.573).

O rol é meramente exemplificativo, pois o parágrafo único do referido dispositivo proclama que o juiz *"poderá considerar outros fatos que tornem evidente a impossibilidade da vida em comum".*

O adultério, a tentativa de morte, a sevícia, a injúria grave, o abandono voluntário do lar conjugal, bem como a condenação por crime infamante e a conduta desonrosa (quando representem desrespeito e falta de consideração ao outro cônjuge), caracterizam grave violação dos deveres do casamento e, ao mesmo tempo, evidenciam a impossibilidade da comunhão de vida, que não precisa ser demonstrada pelo autor da ação. Desse modo, pode-se afirmar que, na realidade, o novo diploma optou pelo sistema das causas peremptórias de separação judicial.

6.12. Grave infração dos deveres do casamento

O art. 1.572 do Código Civil, ao permitir a decretação da separação judicial por culpa de um dos cônjuges, consistente em grave violação dos deveres do casamento que torne insuportável a vida em comum, conferiu ao juiz certo poder discricionário na avaliação dos fatos e aferição da aludida culpa. Não basta a prova de ato que importe grave violação dos deveres do casamento. É necessário que se demonstre que a sua prática tornou insuportável a vida em comum.

A exigência da pesquisa da culpa representa um retrocesso da legislação, tendo em vista a tendência demonstrada pelo direito de família brasileiro, facilitando a dissolução do casamento mediante a simples prova de um ano ininterrupto de separação de fato, sem qualquer indagação sobre a culpa, bem como permitindo o divórcio direto com o preenchimento de um único pressuposto: o transcurso do prazo de dois anos ininterruptos de separação de fato[4].

---

[4] Caio Mário da Silva Pereira, *Instituições de direito civil*, v. V, p. 257.

Segundo ROLF MADALENO, negando o decreto separatório, porque não lhe foram identificados os culpados, o juiz "não só presta um desserviço social pela recusa da prestação jurisdicional, por teima e apeguismo à causa subjetiva da dissolução, como também provoca uma separação de fato unilateral, como solução precária, já que sua eficácia fica dependendo do lapso de tempo exposto na lei, a facultar a separação ou o divórcio, pela tão só constatação do tempo fático de ininterrupta separação"[5]. Portanto, aduz, "deve ser desdramatizada de plano e de pronto esta tão traumática forma litigiosa de separação judicial, desobrigando seus partícipes da necessidade de alegarem qualquer outra causa de dissolução, que não seja a própria vontade como manifestação da impossibilidade de convivência".

Na maioria dos países desenvolvidos foi completamente abolida qualquer possibilidade de ser pesquisada a culpa dos cônjuges pelo fracasso do seu casamento, sendo eloquente exemplo disto a Alemanha. Enfatiza MARIA BERENICE DIAS, a propósito, que, "seja porque é difícil atribuir a só um dos cônjuges a responsabilidade pelo fim do vínculo afetivo, seja porque é absolutamente indevida a intromissão na intimidade da vida das pessoas, tal motivação vem sendo desprezada pela jurisprudência. Uma vez que um dos cânones maiores das garantias individuais é o direito à privacidade e à intimidade, constitui violação do sagrado direito à dignidade da pessoa humana a ingerência do Estado na vida dos cônjuges, obrigando um a revelar a intimidade do outro, para que, de forma estéril e desnecessária, imponha o juiz a pecha de culpado ao réu"[6].

V. a jurisprudência: "Separação litigiosa. Crise familiar que reclama providências satisfatórias para pôr fim aos conflitos. Estado-juiz que deve priorizar o aspecto social do processo e não a técnica, sob pena de inviabilizar o direito de obter o processo efetivo, variante do acesso à ordem jurídica justa. Inteligência do art. 5º, XXXV, da CF" (*RT*, 801/177).

[5] *Direito de família*: aspectos polêmicos, p. 181-182.

V. a jurisprudência: "O exame da culpa na separação judicial deve ser evitado sempre que possível, consoante moderna tendência do Direito de Família. Quando termina o amor, é dramático o exame da relação havida, pois, em regra, cuida-se apenas da causa imediata da ruptura, desconsiderando-se que o rompimento é resultado de uma sucessão de acontecimentos e desencontros próprios do convívio diuturno, em meio também às próprias dificuldades pessoais de cada um" (TJRS, Ap. 70.003.893.534, 7ª Câm. Cív., rel. Des. Vasconcellos Chaves, j. 6-3-2002).

[6] *Da separação*, cit., p. 71.

V. a jurisprudência: "Confirmando-se o fracasso do casamento, pela ruptura da vida em comum, admite-se a separação-consumação do § 1º do art. 5º da Lei n. 6.515/77, como técnica jurídica de legalização do término do vínculo conjugal irremediavelmente rompido, dispensado o exame da culpa, sempre complicado em termos de matéria probatória e traumatizante para o direito de personalidade dos cônjuges" (TJSP, Ap. 211.302-4/7, 3ª Câm. Dir. Priv., rel. Des. Ênio Zuliani, j. 5-2-2002).

Por tais razões, merece ser mantida a orientação traçada pelo *Superior Tribunal de Justiça*: "Evidenciada a insuportabilidade da vida em comum, e manifestado por ambos os cônjuges, pela ação e reconvenção, o propósito de se separarem, o mais conveniente é reconhecer esse fato e decretar a separação, sem imputação da causa a qualquer das partes"[7].

6.12.1. Adultério

O primeiro dever cuja violação constitui causa de separação litigiosa, de acordo com o Código Civil de 2002, é o de *fidelidade recíproca* (art. 1.566). A sua infração caracteriza a *infidelidade conjugal,* que constitui a mais grave das faltas, não só por representar ofensa moral ao consorte, mas também por infringir o regime monogâmico e colocar em risco a legitimidade dos filhos.

Segundo a lição de CUNHA GONÇALVES[8], para haver adultério não é necessária a repetição de fatos da mesma natureza; *basta um só caso*. Supõe tal infração, contudo, a presença de dois elementos essenciais: um, puramente material: a cópula; outro, consciente e intencional: a vontade de faltar ao dever de fidelidade. Faltando um desses elementos não haverá adultério. Assim, não é adúltera uma mulher casada que foi forçada a manter relações sexuais, mediante violência física ou grave ameaça ou ainda mediante o emprego de substâncias que lhe retiraram a capacidade de discernimento.

Destarte, não configuram adultério, por faltar a voluntariedade de ação, as relações sexuais oriundas de estupro, de coação, de embriaguez involuntária, de hipnose e sonambulismo, por exemplo, bem como o coito vestibular, a cópula frustrada, as aberrações sexuais etc.[9]

O dever de fidelidade se aplica a ambos os cônjuges e não sofre modificação durante a separação de fato. Esta não desobriga os cônjuges do dever de fidelidade, ou seja, não os libera para o sexo com terceiros. Se um dos cônjuges infringe os deveres matrimoniais, nem por isso o outro passa a ter o direito de, impunemente, praticar o adultério. Se o fizer, estará também dando causa à separação culposa. Extingue-se, porém, quando a sociedade conjugal se dissolve pela morte, nulidade ou

---

[7] REsp 467.184-SP, 4ª T., rel. Min. Ruy Rosado de Aguiar Júnior, *DJU*, 17-2-2003. No mesmo sentido: "Separação judicial. Decisão que não perquire culpa. Irrelevância. Hipótese em que o próprio casal manifesta o propósito de dissolver a sociedade conjugal. Lide que se restringe às questões de ordem econômica e patrimonial. Questionamento da culpa que se mostra desprovida de qualquer sequela jurídica" (*RT*, 812/335).

[8] *Direitos de família e direitos das sucessões*, p. 94.

[9] Caio Mário da Silva Pereira, *Instituições de direito civil*, cit., v. 5, p. 259; Maria Helena Diniz, *Curso de direito civil brasileiro*, v. 5, p. 325.

anulação do casamento, separação judicial ou divórcio, readquirindo o cônjuge, juridicamente, plena liberdade sexual.

Todavia, como foi dito no capítulo concernente à "Eficácia Jurídica do Casamento", n. 2.1, *retro*, o diploma de 2002 admite, no art. 1.723, § 1º, a união estável entre pessoas que mantiveram seu estado civil de casadas, estando, porém, separadas de fato, como já vinham proclamando alguns julgados, que entendiam não haver mais o dever de fidelidade em caso de separação de fato[10] e que o *animus* de pôr um fim na relação conjugal bastaria para fazer cessar a adulterinidade[11].

Muitas vezes delineiam-se situações complexas, numa sociedade conjugal já em declínio, com infrações praticadas por ambos os cônjuges. Não se pode, nesses casos, atribuir a responsabilidade pela separação a um deles apenas, considerando mais grave a infração por ele cometida. Já decidiu o *Tribunal de Justiça de São Paulo*, em outra hipótese: "*Não se caracteriza o adultério quando a mulher saiu de casa e se ligou a outro homem, depois da separação do casal, decorrente da culpa do marido, que forçou a situação mediante a prática de sevícias. Embora considerada cônjuge inocente, a mulher não tem direito a pensão desde que, forçada pelas circunstâncias, passou a viver com outro homem, após a separação do casal. Seria imoral que o ex-marido fosse obrigado a contribuir para a economia do concubinato*"[12].

Declarava o Código de 1916 que o adultério deixava de ser motivo para o desquite: *a) se o autor houvesse concorrido para que o réu o cometesse; b) se o cônjuge inocente lho houvesse perdoado. O perdão em regra é tácito. Presume-se perdoado o adultério se o cônjuge inocente, conhecendo-o, coabitar com o culpado. Não basta a coabitação física, sendo necessário que esta ocorra após o conhecimento do adultério pelo cônjuge inocente.*

Malgrado essa regra não tenha sido incorporada expressamente ao Código de 2002, deve-se entender que inexiste causa para a decretação judicial se o cônjuge inocente, cientificado da falta cometida pelo outro, prossegue coabitando com o infrator, sem que o fato provoque a repulsa ao casamento, presumindo-se que, para ele, tal infração não tornou insuportável a vida em comum, tendo-a perdoado.

O adultério tentado ou não consumado, caracterizado pelos atos pré-sexuais, não é propriamente adultério, porque a sua existência depende de congresso sexual completo. Os atos pré-sexuais ou preparatórios não deixam de ofender o dever de fidelidade, mas caracterizam-se como injúria grave ou quase adultério. Em geral, os advogados não fundamentam o pedido somente no adultério, porque de difícil prova, mas também

---

[10] *RT*, 445/92, 433/87.

[11] Maria Helena Diniz, *Curso*, cit., v. 5, p. 327.

[12] *RT*, 452/61.

na injúria grave, porque a prova dos atos preparatórios já é suficiente para a decretação da separação culposa.

A *inseminação artificial*, também chamada de *adultério casto* ou *científico*, malgrado a opinião em contrário de alguns doutrinadores, não configura adultério, porque este só ocorrerá se houver cópula completa com estranho de outro sexo. *A fecundação não pertence à sexualidade, e sim à genitalidade, sendo um fato exclusivamente biológico, desvinculado da libido. Na realidade, a mulher poderá dar causa a separação judicial ao sujeitar-se a inseminação artificial, recebendo o sêmen de outro homem sem o consentimento do marido, mas a sua conduta subsumir-se-á no comportamento desonroso, por constituir injúria grave. Também constitui conduta injuriosa o fornecimento de sêmen pelo homem casado para a inseminação de mulher estranha sem o consentimento da esposa.*

Em regra, a anulação do casamento dá-se por fatos anteriores a ele, e a separação judicial por fatos posteriores. Assim, o defloramento da mulher, ignorado pelo marido (art. 219, IV, do CC de 1916, revogado tacitamente pela CF) não constituía causa de separação judicial, mas de anulação do casamento por erro essencial quanto à pessoa do outro cônjuge.

Alguns autores denominavam esse fato *adultério precoce*. ALÍPIO SILVEIRA[13] usa essa expressão para designar a fuga aviltante de um dos cônjuges com outra pessoa, logo após a celebração do casamento e antes de sua consumação pela coabitação, afirmando que tal conduta revela uma pessoa destituída de honra, uma personalidade psicopática, até então insuspeitada, sendo caso de anulação do casamento por erro essencial. Trata-se, portanto, de exceção à regra de que somente se anulam casamentos por fatos ocorridos antes de sua celebração.

Outra exceção configura-se quando um dos cônjuges (geralmente a mulher) se recusa, terminantemente, a consumar o casamento mediante o congresso carnal, permanecendo *virgo intacta*, apurado o fato em regular perícia[14].

6.12.2. Abandono voluntário do lar conjugal

O segundo dever, de *vida em comum no domicílio conjugal*, quando desrespeitado, caracteriza o *abandono voluntário* do lar conjugal. O dever de *coabitação*

---

[13] *Da separação litigiosa à anulação do casamento*, p. 115.
[14] "A recusa terminante ao débito conjugal caracteriza erro essencial sobre a pessoa do outro cônjuge, que autoriza a anulação do casamento" (*RF*, 226/201). "Configura-se erro essencial quanto à identidade psicossocial do cônjuge que, recusando-se à coabitação e às relações sexuais, frustrou a união em virtude de adultério moral, representado pelo interesse em outra pessoa. Mantém-se a exigência de a causa de nulidade preexistir ao matrimônio, embora venha a tornar-se conhecido, como nos demais casos, apenas após o matrimônio" (*RJTJSP*, Lex, 102/21).

obriga os cônjuges, com efeito, a viver sob o mesmo teto e a ter uma comunhão de vidas. *Para que o abandono do lar conjugal possa fundamentar a separação judicial exige-se: a) saída do domicílio conjugal; b) voluntariedade do ato; c) ausência de consentimento do outro cônjuge; d) intenção de não retornar à vida comum; e) decurso do prazo mínimo de um ano, requisito este que pode ser dispensado se manifestado, de modo inequívoco, desde logo, o intuito de romper a vida conjugal, ou se acompanhado de grave ofensa ao consorte.*

No tocante ao primeiro requisito, já se decidiu que "a mulher que abandona o lar e depois volta a ocupar nele um cômodo, excluindo deste o marido, não voltou ao lar ou à habitação conjugal, pois falta para tanto a vida normal em comum com o marido"[15], a induzir, daí, como observa YUSSEF CAHALI, "a possibilidade de abandono do lar em decorrência da simples separação de fato sob o mesmo teto"[16].

A obrigação em apreço não deve ser encarada como absoluta, pois uma impossibilidade física ou mesmo moral pode justificar o seu não cumprimento. Assim, um dos cônjuges pode ter necessidade de se ausentar do lar por longos períodos em razão de sua profissão, ou mesmo de doença, sem que isso signifique quebra do dever de vida em comum.

Como foi dito no capítulo concernente à *"Eficácia Jurídica do Casamento"*, n. 2.2, *retro*, ao qual nos reportamos, *os requisitos de maior importância e que melhor caracterizam o abandono do lar são a voluntariedade e o animus, a intenção de não mais regressar à residência comum. Para que se configure tal causa de dissolução da sociedade conjugal é necessário que o abandono seja voluntário e malicioso, sem que tenha havido um motivo justo para o ato.*

Por essa razão, proclama o art. 1.569 do Código Civil que *"o domicílio do casal será escolhido por ambos os cônjuges, mas um e outro podem ausentar-se do domicílio conjugal para atender a encargos públicos, ao exercício de sua profissão, ou a interesses particulares relevantes"*. Só a ausência do lar conjugal durante um ano contínuo, sem essas finalidades, caracteriza o abandono voluntário, como dispõe o art. 1.573, IV, do Código Civil.

O Código Civil de 1916 exigia o decurso do prazo de *dois anos* para a caracterização do abandono do lar conjugal. Todavia, doutrina e jurisprudência evoluíram no sentido de admitir a separação judicial antes do biênio do abandono, se as circunstâncias o caracterizassem como injurioso, ou seja, quando viesse acompanhado de circunstância especial, gravemente ofensiva ao outro consorte[17].

---

[15] *RF*, 222/161.

[16] *Divórcio*, cit., p. 371.

[17] Washington de Barros Monteiro, *Curso de direito civil*, 4. ed., v. 2, p. 211; Yussef Cahali, *Divórcio*, cit., p. 381; *RT*, 323/298; *RJTJSP*, Lex, 16/46, 19/142.

A Lei do Divórcio suprimiu tal prazo, limitando-se a exigir que a infração aos deveres conjugais fosse grave, uma vez que o *animus* que caracteriza o abandono pode revelar-se desde o início da separação de fato. Constitui, portanto, um retrocesso a inovação introduzida pelo inciso IV do art. 1.573 do Código Civil de 2002, exigindo a ausência do lar conjugal "*durante um ano contínuo*" para a configuração do abandono.

Para aprimorar o novo diploma, o Projeto de Lei n. 6.960/2002, atual Projeto de Lei n. 699/2011, que tramita no Congresso Nacional, propõe que o inciso IV do aludido art. 1.573 tenha a seguinte redação: "IV – abandono voluntário do lar conjugal". Consta da justificativa apresentada que essa "exigência de duração do abandono do lar por um ano está em contradição com os requisitos da união estável, que possibilitam sua constituição diante de separação de fato no casamento de um dos conviventes (art. 1.723, § 1º); *deste modo, o cônjuge pode, separado de fato, constituir união estável, mas não lhe é possibilitada a propositura de ação de separação judicial para buscar a regularização de seu estado civil, se abandonado por período inferior a um ano*".

A vida em comum no domicílio conjugal é decorrência da união de corpo e de espírito. Somente nas hipóteses expressamente mencionadas no art. 1.569 retrotranscrito é de se admitir o descumprimento desse dever imposto aos consortes. Se um deles, depois de certo tempo, passa a se negar à prática do ato sexual, ao pagamento do debitum conjugale, *dá causa, também, à separação judicial por infração ao dever de coabitação. Embora o princípio não seja absoluto, pode representar o desfazimento da* affectio maritalis *e constituir, quando não aceita pelo outro cônjuge, motivo de separação*[18].

Como foi dito, para que o abandono caracterize infração do dever de coabitação, de modo a autorizar a separação judicial, *é necessário que seja voluntário, caprichoso, injusto, sem motivo plausível*. Tem a jurisprudência considerado justo motivo para o afastamento da mulher: deixar o marido de fornecer-lhe os meios necessários para a sua subsistência; entregar-se o marido ao uso de entorpecentes ou ao vício da embriaguez; quando o marido se entrega habitualmente ao jogo ou a diversões fora de casa, pernoitando em outro local sem necessidade, habitualmente; o afastamento para se submeter a tratamento médico necessário, embora contra a vontade do marido; a imposição do marido de residirem em casa comum, com terceira pessoa, com quem a mulher não mantenha relações etc.[19].

O dever de coabitação é recíproco, mas está subordinado a certas condições. Efetivamente, a mulher, em especial, pode ser escusada de não tê-lo cumprido, se o marido não a trata com o devido respeito e consideração, impondo-lhe

---

[18] Sílvio Venosa, *Direito civil*, v. VI, p. 157.
[19] Yussef Cahali, *Divórcio*, cit., p. 372/373.

maus-tratos, ou não cumprindo ele próprio a obrigação de manter e sustentar o lar. Não pode, assim, o marido exigir da mulher o cumprimento de sua obrigação se ele próprio não cumpre a sua.

A jurisprudência iterativamente tem proclamado que não incorre na sanção do abandono voluntário e injurioso o cônjuge que se afasta do lar em razão de agressões, maus-tratos, sevícias e injúrias praticadas pelo outro, tornando insustentável a vida em comum no domicílio conjugal[20]. Compete ao réu, neste caso, a prova de ter havido motivo justo para o abandono, se tal fato tiver sido apresentado na contestação, uma vez que o ônus da prova incumbe a quem a alega[21].

O abandono do lar sem justificativa gera outras consequências mais amplas, desobrigando o outro cônjuge de pagar alimentos ao que se ausentou. Além disso, em caso de morte, somente terá a administração da herança até o compromisso do inventariante o *"cônjuge ou companheiro, se com o outro convivia ao tempo da abertura da sucessão"* (CC, art. 1.797, I). Esta exigência é feita também para ser nomeado inventariante (CPC/2015, art. 617, I).

6.12.3. Sevícia e injúria grave

A infração ao terceiro dever, o de *mútua assistência,* pode caracterizar a *sevícia* e a *injúria grave.* Constitui infração ao dever de respeito à integridade física do outro cônjuge, com negação do dever de mútua assistência.

O vocábulo *sevícias* provém do francês *sévices,* do verbo *sévir,* que significa *maltratar, castigar severamente, praticar ofensas corporais graves. Compreende toda espécie de violência física (agressão, pancada), que coloque em risco a saúde e a integridade física do cônjuge ofendido, tornando-lhe insuportável a vida em comum*[22].

Consoante a lição de Washington de Barros Monteiro, "sevícia é pancada, mau trato, imposição de qualquer sofrimento físico de um cônjuge ao outro. Se o marido empurra a mulher, arranca-lhe os cabelos, esbofeteia-a, derruba-a ao solo, fere-a, *terá praticado sevícia, de molde a justificar a terminação da sociedade conjugal.* A sevícia retrata a baixa formação moral do agente, o mau instinto de que é possuidor. Para a constituição da sevícia, como fundamento da ação de desquite, basta um só ato, não se tornando necessária a sua repetição. Um só agravo que o cônjuge venha a praticar contra o outro terá dado causa ao desquite, sendo impossível justificá-lo com o *jus corrigendi,* outrora outorgado ao marido pelas velhas Ordenações do Reino"[23].

---

[20] Washington de Barros Monteiro, *Curso,* cit., 4. ed., v. 2, p. 120; Yussef Cahali, *Divórcio,* cit., p. 375; *RT,* 707/133; *RJTJSP,* Lex, 100/372.

[21] *RT,* 422/145; *RJTJSP,* Lex, 13/42.

[22] Cunha Gonçalves, *Direitos de família,* cit., p. 95.

[23] *Curso,* cit., 4. ed., v. 2, p. 206.

Constituem, por outro lado, *injúrias graves* não só "as palavras ultrajantes, ofensivas da honra, reputação e dignidade do cônjuge, *mas também toda a violação dos deveres conjugais*. As injúrias podem ser *verbais*, faladas ou escritas, ou *reais*, por atos ou fatos em si mesmo injuriosos. Tanto as sevícias como as injúrias têm dois elementos: um *material* e outro *intencional*. Uma ferida involuntária não é sevícia. Não são sevícias ou injúrias as que sejam causadas por um alienado ou ébrio. Não podem considerar-se injúrias palavras ásperas, ditas num momento de rápida exaltação, sem a intenção de injuriar. Não são injúrias os palavrões, usualmente proferidos, até em trivial conversa, por peixeiras e carroceiros"[24].

O dever de *mútua assistência*, como foi dito no capítulo concernente à "Eficácia Jurídica do Casamento", n. 2.3, *retro*, ao qual nos reportamos, obriga os cônjuges a se auxiliarem reciprocamente, em todos os níveis. Assim, inclui a recíproca prestação de socorro *material*[25], como também a assistência *moral* e *espiritual*. Envolve a *affectio maritalis*, o desvelo próprio do companheirismo, e o auxílio mútuo em qualquer circunstância, especialmente nas situações adversas. Caracteriza-se, pois, pelo respeito, sinceridade, recíproca ajuda e mútuos cuidados.

A igualdade dos cônjuges no casamento, assegurada em nível constitucional, não mais permite qualquer distinção baseada na diversidade de sexos ou em concepção hierarquizada que impute à mulher dever de obediência e ao marido dever de proteção da mulher, como ocorria outrora. A violação do dever de assistência, tanto material como espiritual, por qualquer dos consortes, constitui injúria grave, que pode dar origem à ação de separação judicial (art. 1.573, III).

A jurisprudência tem reconhecido essa modalidade de infração dos deveres conjugais em termos mais amplos, como demonstra Yussef Cahali com a transcrição das seguintes decisões: "'o abandono moral da esposa significa, certamente, injúria grave capaz de autorizar a dissolução da sociedade conjugal, pois a presença simplesmente corporal do marido no lar conjugal é mais nefasta que a ausência total, porque, com esta, o cônjuge abandonado, a certa altura, se conforma, ao passo que a presença corporal sem o *affectus conjugale* é motivo de permanente humilhação' (4ª Câmara do TJMG, 16.02.1959, *RF* 189/205); 'para a realização

---

[24] Cunha Gonçalves, *Direitos de família*, cit., p. 95-96.

[25] "Dentre os deveres que a lei impõe ao cônjuge varão, em decorrência do casamento, está o de prover o referido cônjuge à manutenção da família. O descumprimento, pelo cônjuge, dessa obrigação configura grave violação dos deveres do casamento, justificando a decretação da separação judicial" (*Revista de Direito Civil*, 42/277). "Não dar à esposa o lar a que ela tem direito, obrigando-a ao vexame de residir em casa alheia, não lhe prover à subsistência e à dos filhos, não assegurar à família o padrão mínimo de conforto por preferir o marido a vida sem trabalho, são faltas que colocam a mulher em situação humilhante e que se enquadram tipicamente no conceito de injúria civil para o processo de desquite" (STF, *RT*, 253/619).

da vida comum no domicílio conjugal, não basta que o marido dote a esposa de dinheiro, joias, casa e automóvel, como quer fazer crer o réu. Para a realização dessa vida comum, faz-se mister que, além dos indispensáveis bens materiais, o marido deve dotar também a esposa com a sua presença física e espiritual, atuante sob todos os aspectos, de modo que essa presença represente sempre um ato de amor, de respeito e de solidariedade' (1ª Câmara do TJSC, 16.11.1979, *Jurispr. Catarinense* 26/118); 'autoriza a decretação da separação judicial, por injúria grave, o desprezo afetivo do marido à mulher, ausentando-se amiudamente do lar, para a vida airada, ali deixando sua consorte, em humilhante abandono, sem propiciar a ela o mínimo de lazer' (6ª Câmara do TJRJ, Ap. 7.251, 28.11.1978)"[26].

6.12.4. Abandono material e moral dos filhos

O quarto dever, de *sustento, guarda e educação dos filhos*, quando descumprido, além de configurar, em tese, os crimes de abandono material e de abandono intelectual e poder acarretar a perda do poder familiar, constitui também causa para a separação judicial, pois o casamento fica comprometido quando a prole é abandonada material e espiritualmente. Embora não se trate de agressão direta ao outro cônjuge, é ele atingido pelo sofrimento dos filhos (*v.*, a propósito, o capítulo sob a epígrafe "Da Eficácia Jurídica do Casamento", n. 2.4, *retro*, ao qual nos reportamos).

6.12.5. Imputação caluniosa

A infração ao quinto e último dever, de *respeito e consideração mútuos*, pode configurar *injúria grave*, que será estudada adiante (n. 6.13) como espécie de conduta desonrosa que torna *insuportável a vida em comum*. Abrange a lealdade recíproca e o respeito à honra e à dignidade do outro cônjuge, impedindo a imputação entre eles de defeitos pessoais, intimidades desabonadoras ou deslizes conjugais, seja no meio social em que vivem, seja como fundamento de ação de dissolução da sociedade conjugal, de anulação de casamento, de interdição, de contestação de paternidade, de alimentos, ou mesmo de ação penal, se não existirem sérios elementos de convicção a robustecê-la[27].

---

[26] *Divórcio*, cit., p. 389-399.

[27] Yussef Cahali, *Divórcio*, cit., p. 363.

"A atribuição ao cônjuge de graves falhas (maledicências e intrigas; subtração de documentos; uso de maconha) constitui atroz injúria" (*RT*, 361/143). "Se um dos cônjuges exerce o seu direito de ação irregularmente, com excesso e exorbitância, mediante a imputação de fatos com o propósito deliberado de vexar, de comprometer ou denegrir a pessoa do outro cônjuge, pratica uma injúria" (*RT*, 811/190).

6.13. Confissão real e ficta

A confissão *real* do réu basta para o acolhimento da inicial, desde que não contrarie outras provas existentes nos autos e se revista de sinceridade e espontaneidade. Neste caso, nada impede possa "servir de fundamento *suficiente* para o decreto de separação judicial, inaplicando-se, aqui, a regra do art. 351 do CPC [*de 1973; art. 392 do CPC/2015*], segundo a qual 'não vale como confissão a admissão, em juízo, de fatos relativos a direitos indisponíveis'. Pois, desde que poderia dispor do vínculo societário, anuindo à dissolução consensual da sociedade conjugal, pode fazê-lo com o reconhecimento da procedência do pedido de separação litigiosa (art. 269, II, do CPC [*de 1973; art. 487, III, a, do CPC/2015*]), nos termos da confissão judicial, ao admitir a veracidade dos fatos alegados na inicial"[28].

Há divergência doutrinária e jurisprudencial, todavia, quando se trata de confissão *ficta* ou *presumida*, decorrente da *revelia*. Discute-se sobre a possibilidade de se decretar a separação judicial com supedâneo exclusivamente na revelia do réu, mediante o julgamento antecipado da lide, nos termos do art. 355, II, do Código de Processo Civil de 2015.

A jurisprudência firmou-se inicialmente no sentido da inadmissibilidade de acolhimento do pedido de separação judicial culposa, em julgamento antecipado da lide determinado exclusivamente em razão da revelia do réu, por envolver direitos indisponíveis[29].

Contudo, expressiva corrente jurisprudencial vem proclamando a *disponibilidade* do direito, por admitida a dissolução consensual do casamento, operando-se, assim, os efeitos da revelia em caso de ausência de contestação[30]. Argumentam os adeptos desta concepção que a separação judicial versa sobre direitos disponíveis, pois o demandado pode dispor do seu direito de dissolução da sociedade conjugal em sede de separação consensual, sendo tal disponibilidade extensível à separação litigiosa em que lhe é imputada a prática de infração grave dos deveres conjugais.

Pondera Yussef Cahali que, todavia, a eficácia da confissão presumida é sempre relativa: "Aqui, toda radicalização de conceitos processuais mostra-se desaconselhável, parecendo-nos mais acertado extrair-se da revelia a eficácia da confissão ficta ou de reconhecimento dos fatos alegados pelo autor, quando, pela

---

[28] Yussef Cahali, *Divórcio*, cit., p. 617.

[29] *RT*, 710/65, 594/64, 482/273; *JTJ*, Lex, 159/172.

[30] *RT*, 737/338, 615/168, 612/58, 519/258; *RJTJSP*, Lex, 74/183, 49/59. *V.* ainda: "A Constituição mantém a indissolubilidade do matrimônio. Já a sociedade conjugal se pode desfazer pelo desquite litigioso ou amigável. O desquite não constitui direito indispensável e, portanto, não foge à regra do art. 319 do CPC, donde a possibilidade de julgamento antecipado da lide" (*RT*, 483/182).

verossimilhança deles e pela sua coerência com outros elementos instrutórios do processo, bastem para o convencimento do juízo de procedência da ação"[31].

Efetivamente, tem sido decidido que "*o efeito da revelia não induz procedência do pedido e nem afasta o exame de circunstâncias capazes de qualificar os fatos ficta-mente comprovados*"[32].

Por outro lado, não se pode afirmar que os efeitos da revelia equivalem ao mútuo e expresso consentimento dos cônjuges, na separação amigável. Faltando o acordo, que constitui um dos pressupostos de uma das formas de dissolução da sociedade conjugal, o término desta dependerá de prova da existência dos motivos determinantes, previstos na lei específica de ordem pública. Não há como nivelar situações valoradas diversamente pela lei.

Uma solução intermediária, que merece ser prestigiada, propõe que se faça a distinção, no objeto da ação de separação litigiosa, dos bens indisponíveis, como os relativos, por exemplo, à guarda, educação e alimentos dos filhos, e os disponíveis, relacionados com as causas de dissolução legal da sociedade conjugal. Somente quanto aos últimos haveria a possibilidade de reconhecimento expresso ou tácito da veracidade dos fatos alegados pelo autor. Para essa corrente, portanto, faz-se mister discernir entre as questões concernentes a direitos indisponíveis, como é o caso da guarda, educação e alimentos dos filhos, e o pedido primário da dissolução causal da sociedade, em cuja província reina absoluta disponibilidade jurídica dos cônjuges, que, senhores das próprias conveniências, podem reconhecer ou deixar de contestar os fatos configurativos de causa legal de dissolução forçada[33].

Nessa linha, decidiu o *Superior Tribunal de Justiça*: "Não fere direito líquido e certo do autor a decisão judicial que, não obstante a revelia, determina se proceda à instrução. Ainda que o direito da separação, em si, possa considerar-se como disponível, já que passível de fazer-se por mútuo consenso, uma vez reunidos os pressupostos legais, dela resultam consequências a cujo respeito o juiz deve prover e que se inserem entre os direitos indisponíveis. Dentre elas a pertinente à guarda dos filhos[34].

No mesmo sentido, proclamou o *Tribunal de Justiça de São Paulo*: "Separação judicial litigiosa. Decisão fundamentada, exclusivamente, na revelia do réu. Inadmissibilidade. Ação de estado em que são discutidos direitos indisponíveis relativos a *guarda de filho* e *alimentos*. Necessidade de dilação probatória"[35].

---

[31] *Divórcio*, cit., p. 618.
[32] RSTJ, 53/335.
[33] RT, 634/58, 612/58; JTJ, Lex, 183/145.
[34] RT, 672/199.
[35] RT, 792/263.

6.14. Insuportabilidade da vida em comum

O revogado art. 319 do Código Civil de 1916 previa o perdão para o adultério, que se presumia se o cônjuge inocente, conhecendo-o, coabitasse com o culpado. Nesse caso, deixaria de ser causa para a separação judicial. Embora tal dispositivo legal não mais exista, o princípio que o inspirou foi, de certa forma, mantido e ampliado no art. 5º, *caput*, da Lei do Divórcio e no art. 1.572 do Código Civil de 2002, ao exigirem o requisito da "insuportabilidade da vida em comum".

Se o cônjuge inocente, cientificado da falta cometida pelo outro (adultério, injúria grave ou qualquer outra), prossegue coabitando com o infrator, sem que a falta provoque a repulsa ao casamento, deve-se entender que, para ele, tal infração não tornou insuportável a vida em comum, tendo-a perdoado. E, assim, inexiste causa para a decretação da separação judicial. Ao demandado é que cabe a alegação e prova da *exceção da suportabilidade da vida em comum*.

O novo estatuto civil declara, no art. 1.573, exemplificativamente, que *"pode caracterizar a impossibilidade da comunhão de vida a ocorrência de algum dos seguintes motivos: I – adultério; II – tentativa de morte; III – sevícia ou injúria grave; IV – abandono voluntário do lar conjugal, durante um ano contínuo; V – condenação por crime infamante; VI – conduta desonrosa".* Acrescenta o parágrafo único que *"o juiz poderá considerar outros fatos que tornem evidente a impossibilidade da vida em comum".*

Segundo se infere da redação dos arts. 1.572 e 1.573 do Código Civil de 2002, que substituíram o disposto no art. 5º da Lei do Divórcio, a gravidade da infração dos deveres conjugais conduz à insuportabilidade. O adultério, a tentativa de morte, a sevícia, a injúria grave, o abandono voluntário do lar conjugal, bem como a condenação por crime infamante e a conduta desonrosa, quando representem desrespeito e falta de consideração ao outro cônjuge, caracterizam grave violação dos deveres do casamento e, ao mesmo tempo, evidenciam a impossibilidade da comunhão de vida, que não precisa ser demonstrada pelo autor.

A conjugação dos dois elementos serve de causa para a separação, embora seja necessária apenas a prova de um dos atos que importem grave violação dos deveres do casamento. A insuportabilidade está relacionada a esses fatos ou causas.

Depois de elencar as hipóteses que podem caracterizar a insuportabilidade da vida em comum, o novo diploma outorga ao juiz a faculdade de considerar *"outros fatos que tornem evidente a impossibilidade da vida em comum"*, demonstrando que o aludido rol é meramente exemplificativo. A rigor, tais fatos devem configurar grave infração dos deveres conjugais, como o exige o art. 1.572 retrotranscrito. A interpretação literal do aludido dispositivo conduz à conclusão de que, no sistema da separação-sanção, não basta a insuportabilidade da vida em comum para que a ação seja acolhida.

A jurisprudência, quando ainda vigente a *Lei do Divórcio,* vinha se pronunciando nesse sentido, assinalando que a solução para tais situações deveria ser buscada na separação judicial sem culpa dos parágrafos do art. 5º da aludida lei, ou na separação convencional do art. 4º[36].

No direito italiano, todavia, concede-se a separação judicial pela simples insuportabilidade da vida em comum (CC, art. 151). No Brasil, algumas interpretações liberais têm sido adotadas, naqueles casos de irreversível separação de fato do casal, sem possibilidade de determinação absoluta da culpa exclusiva de um dos cônjuges. O próprio *Superior Tribunal de Justiça* já teve a oportunidade de proclamar, como mencionado anteriormente: "Evidenciada a insuportabilidade da vida em comum, e manifestado por ambos os cônjuges, pela ação e reconvenção, o propósito de se separarem, o mais conveniente é reconhecer esse fato e decretar a separação, sem imputação da culpa a qualquer das partes"[37].

Nessa trilha, decidiu o *Tribunal de Justiça do Paraná:* "Alegação pela recorrente de conduta desonrosa e violação dos deveres do casamento que não resta plenamente demonstrada. Sentença que julga improcedente a ação. Decisão que, inobstante comportar acerto, por determinado prisma de observação técnica da lei, não resiste à análise do caso concreto, contemporâneo, onde o nível de *insuportabilidade da vida em comum* (art. 5º da Lei n. 6.515/77) deve ser medido de modo a possibilitar a melhor distribuição da justiça entre as partes. Sentença reformada"[38].

Os arestos mencionados demonstram uma tendência da jurisprudência em afastar as discussões sobre a culpa nas separações judiciais, como foi dito no n. 6.11, *retro,* desobrigando seus partícipes da necessidade de alegarem qualquer outra causa de dissolução, que não seja a própria vontade como manifestação da impossibilidade de convivência.

Não se requer, no caso de *tentativa de morte,* haja condenação do agente no juízo criminal. A comprovação do atentado à vida pode ser feita nos próprios autos da separação judicial. Se, todavia, houver condenação criminal, a causa da separação será peremptória, no sentido de que o juiz não poderá deixar de decretar a separação. A absolvição do cônjuge infrator, contudo, fundada em prova da

---

[36] "A vida em comum insuportável é, dos requisitos para a separação judicial do casal, o de menor importância, se estiver isolado, pois deve ser consequência ou resultado de conduta desonrosa ou qualquer ato que importe grave violação dos deveres do casamento" (*RT,* 604/39). "Se o casal não vive bem em razão de simples incompatibilidade de gênios, a solução para esta situação só pode ser encontrada na separação judicial sem culpa, ou então na separação consensual" (*RJTJSP,* Lex, 131/271).

[37] REsp 467.184-SP, 4ª T., rel. Min. Ruy Rosado de Aguiar, *DJU,* 17-2-2003.

[38] *RT,* 633/148. No mesmo sentido: *RT,* 553/242; *JTJ,* 246/163; *RJTJRS,* 208/371.

inexistência do fato ou da autoria, bem como de alguma excludente da antijuridicidade, pode elidir a ação de separação judicial por culpa do outro consorte.

Não sobrevive, com efeito, a sociedade conjugal, como assevera ORLANDO GOMES, "quando a desinteligência entre marido e mulher chega ao extremo de pretender um eliminar a vida do outro. Configura-se *tentativa* pelo começo de execução do crime que, entretanto, não se consuma por circunstâncias alheias à vontade do agente. Não bastam simples *atos preparatórios*"[39].

"Conduta desonrosa" é uma expressão bastante ampla, que se caracteriza pelo comportamento imoral, ilícito ou antissocial de um ou de ambos os cônjuges. Está mais vinculada aos efeitos colaterais do casamento, qualificados como deveres implícitos dos cônjuges. Incluem-se nessa expressão os casos de alcoolismo, toxicomania, namoro do cônjuge com terceiro, prática de crime, contaminação com doença venérea etc.[40]. Enfim, muitas daquelas hipóteses que eram enquadradas pela jurisprudência brasileira na categoria de injúria grave.

Configura-se a conduta desonrosa, segundo a lição de YUSSEF CAHALI, "no ato ou comportamento imoral, ilícito ou antissocial de um dos cônjuges que, infringindo os deveres implícitos do matrimônio, provoca no outro cônjuge um estado ou situação de constrangimento, humilhação, desprestígio moral ou social, desconsideração no ambiente da família, do grupo ou da sociedade"[41].

Não só no âmbito restrito do lar e da família, efetivamente, devem os cônjuges pautar o seu comportamento pelas normas de caráter ético e jurídico que norteiam o casamento, mas igualmente nas suas relações intersociais, para evitar que o descrédito e a desconsideração moral ou social a que se exponha um dos consortes venham a atingir a pessoa do outro cônjuge e a família, por via reflexa.

Não há um critério preestabelecido para a definição do que se compreende como conduta desonrosa, mencionada no inciso VI do art. 1.573 do Código

---

[39] *Direito de família*, p. 241.

[40] "A embriaguez habitual do cônjuge, ainda que não acompanhada de violências e escândalos, criando uma situação vexatória para o outro, representa procedimento injurioso suficiente para a decretação da separação do casal" (*RJTJRS*, 90/373). "Para justificar o desquite, não é preciso que o vício da embriaguez se manifeste publicamente, bastando que, no recesso do lar, o marido se apresente habitualmente embriagado" (*RT*, 260/299). "Configura injúria grave e autoriza o desquite o fato de o marido emitir reiteradamente cheques sem fundos, vindo a ser condenado em processo criminal, e além disso deixando a família ao desamparo" (*RT*, 495/73). "O vício do jogo constitui falta grave e não deixa de ofender a honra e a dignidade da cônjuge varoa" (*RF*, 187/239).

[41] *Divórcio*, cit., p. 391.

Civil. Assim se considera, no entanto, "todo comportamento de um dos cônjuges, que implique granjear menosprezo no ambiente familiar ou no meio social em que vive o casal. Assim se devem entender os atos degradantes como o lenocínio, o vício do jogo, o uso de tóxicos, a conduta homossexual, a condenação por crime doloso, especialmente que impliquem a prática de atos contra a natureza, os delitos sexuais, o vício da embriaguez"[42].

Essa referência é meramente exemplificativa, pois é impossível elencar todos os atos que caracterizam a aludida infração dos deveres conjugais. Compete ao juiz, em cada caso, tendo em vista especialmente o grau de educação e a sensibilidade do outro cônjuge, bem como a repercussão do fato no ambiente social, decidir sobre a configuração da conduta desonrosa imputada ao cônjuge.

A *injúria grave*, igualmente arrolada no art. 1.573 do Código Civil como motivo capaz de ensejar a insuportabilidade da vida em comum, abrange, segundo CLÓVIS BEVILÁQUA, "toda ofensa à honra, à respeitabilidade, à dignidade do cônjuge, quer consista em atos, quer em palavras"[43]. Se atinge o outro cônjuge diretamente, é infração de dever conjugal (*dever de respeito e consideração mútuos*); se só o atinge indiretamente, é conduta desonrosa, na modalidade injúria grave, que pode caracterizar a impossibilidade da comunhão de vida.

Preleciona ANTUNES VARELA que "a injúria, como causa da dissolução da sociedade conjugal, tanto compreende a imputação de qualquer fato preciso, desonroso ou indigno (a calúnia), *v. g.*, a afirmação de que a mulher é amante de alguém, ou que o marido furtou dinheiro do patrão, como a atribuição vaga, genérica ou imprecisa de defeitos que afetam a honra, o bom nome ou a dignidade da pessoa (*v. g.*, o chamamento de gatuno ou homossexual ao marido), constituindo a injúria em sentido restrito"[44].

Exige-se o *animus injuriandi*, a intenção de fazer ofensa ao outro consorte. Atos isolados resultantes de momentânea exacerbação não podem caracterizar injúria grave. Não podem considerar-se injúrias palavras ásperas, ditas num momento de rápida exaltação, sem a intenção de injuriar, como os palavrões usualmente proferidos até em trivial conversa[45].

Na casuística da injúria grave são mencionadas, dentre outras, as seguintes hipóteses: a) o contágio do outro cônjuge por doença venérea adquirida com a prática de adultério; b) as comparações depreciativas de um dos cônjuges feitas pelo outro, com relação a terceira pessoa; c) as referências desairosas de um cônjuge em

---

[42] Caio Mário da Silva Pereira, *Instituições*, cit., v. 5, p. 264.
[43] *Código Civil dos Estados Unidos do Brasil comentado*, v. 2, p. 214.
[44] *Dissolução da sociedade conjugal*, p. 72-73.
[45] Cunha Gonçalves, *Direitos de família*, cit., p. 96.

relação ao outro, como a esposa que se refere ao marido chamando-o de "caloteiro" e "idiota"; d) a apresentação da amante como esposa; e) o incitamento da mulher à prática da prostituição ou do adultério; f) atos de aberração sexual praticados contra a vontade do consorte; g) ciúme doentio, sem culpa do consorte; h) desprezo afetivo do marido à mulher, ausentando-se constantemente do lar e deixando-a em humilhante abandono; i) homicídio praticado contra pessoa da família do outro cônjuge; j) falta de lisura e honestidade na administração e disposição de bens comuns, transferindo-os a terceiros, no intuito de lesar o outro cônjuge; k) atribuir o marido a gravidez da esposa a outrem; l) a não prestação de assistência moral e material à esposa por ocasião do parto; m) constranger a esposa a viver com sogra irascível[46].

Todavia, *"ligeiras ofensas ditas no recesso do lar, em momento de desinteligência entre o casal, são toleráveis, mesmo porque a vida em comum é tortuosa e nem sempre se apresenta como um lago de bonança"*[47]. Do mesmo modo, o exercício regular de um direito pelo cônjuge descaracteriza a injúria grave hábil para fundamentar o pedido de separação judicial. Assim, a queixa apresentada pela mulher, pedindo garantia de vida por ameaças do marido, não constitui injúria grave, *mas uso de direito expresso em lei para proteção de sua integridade física*.

A injúria, nas relações entre os cônjuges, não necessita ser pública, pois "ainda na intimidade ela significa, da parte de quem a pratica, uma violação dos deveres de afeição e respeito devidos ao consorte, e da parte de quem a sofre, será uma dor moral insuportável"[48].

O Código Civil de 2002 incluiu ainda, como hábil à caracterização da conduta desonrosa, a *"condenação por crime infamante"* (art. 1.573, V). Deve-se entender como tal o ilícito penal que traduz vício de personalidade por parte do seu autor, repercutindo negativamente no meio social pelos propósitos vis de quem o praticou, capaz de provocar a repulsa do consorte e de tornar insuportável a convivência.

Em geral, tais crimes são de extrema gravidade, como o estupro, a extorsão mediante sequestro, o latrocínio, o tráfico de entorpecentes etc. Todavia, o estigma da infâmia pode ser encontrado em crimes de menor gravidade, punidos às vezes com penas inexpressivas, mas que demonstram o mau caráter e a crueldade do agente e causam repugnância no consorte, como, por exemplo, a prática de ato obsceno, os maus-tratos infligidos a filhos menores ou aos pais idosos etc.

---

[46] Yussef Cahali, *Divórcio*, cit., p. 358-360.
[47] *RJTJSP*, Lex, 88/255; *RT*, 523/64.
[48] Clóvis Beviláqua, *Código Civil*, cit., v. 2, p. 276.

6.15. Ruptura da vida em comum

Somente no *caput* do art. 1.572 do Código Civil temos *separação-sanção*. As duas hipóteses dos §§ 1º e 2º são de *separação-remédio*, porque não se discute a culpa. As duas modalidades de divórcio (divórcio-conversão e divórcio direto) também são casos de dissolução-remédio, bem como a separação amigável.

Na hipótese do aludido § 1º, temos a separação por *ruptura da vida em comum*, também chamada de *separação-falência* (espécie de *separação-remédio*). O tempo de *separação de fato* exigido é *"mais de um ano"*, impondo-se também prova da *"impossibilidade da reconstituição do casamento"*. Foi suprimida a expressão "consecutivo" do texto da Lei do Divórcio, permitindo interpretar ter sido autorizada a soma dos períodos de separação para integralização do prazo exigido, abolindo-se também a sanção, no tocante à partilha dos bens, que era imposta ao cônjuge que tomava a iniciativa da ação.

Como a separação judicial fundamenta-se exclusivamente em circunstância objetiva, qual seja, a irreversível separação de fato pelo tempo estabelecido na lei, nenhuma indagação precisa ser feita a respeito de eventual procedimento culposo de qualquer dos cônjuges como causa da separação. A caracterização da *"ruptura"* não é condicionada a nenhum outro fator material ou à violência física ou moral. Não importa sequer saber quem tomou a iniciativa da ruptura da união conjugal.

Nessa linha, tem a jurisprudência proclamado que *"não se distingue entre cônjuge inocente e cônjuge culpado: ao contrário do que ocorre na hipótese do* caput, *aqui o caso é posto em termos puramente objetivos, sem referência alguma à responsabilidade pela ruptura. Qualquer dos cônjuges legitima-se a propor a ação, independentemente da questão de saber qual deles teve a iniciativa de romper a comunhão de vida"*[49].

Explicita Yussef Cahali que a dissolução da sociedade conjugal fundada na separação de fato entre os cônjuges *exige a reunião dos seguintes requisitos*: "a) a presença de um elemento material, representado pela ausência de vida comum, o que implica, via de regra, a separação de residências; b) a presença de um elemento intencional, voluntário, que é a intenção de vidas em separado, e que deve existir pelo menos da parte de um dos cônjuges; c) a continuidade desta separação de fato por período não inferior a um ano"[50].

A ruptura da vida em comum pode restar caracterizada, pois, não obstante permaneçam os cônjuges residindo sob o mesmo teto, pode acontecer de não

---

[49] *RT*, 616/156.
[50] *Divórcio*, cit., p. 421.

terem vida em comum, "por não coabitarem no mesmo leito, não tomarem em conjunto as suas refeições, não conviverem como marido e mulher"[51]. A possibilidade de fraude exige, nesses casos, um maior rigor probatório da ruptura da vida em comum, uma vez que em princípio a permanência dos consortes sob o mesmo teto induz a presunção de coabitação, que não é elidida pela desarmonia dos cônjuges dentro do lar, com o cortejo de brigas, desinteligências e falta de compreensão mútua, restando apenas uma tênue aparência de casados[52].

Trata-se, portanto, de matéria de prova. Devem ser examinadas cuidadosamente as circunstâncias de cada caso, somente deferindo-se o pedido de separação judicial se os elementos probantes constantes dos autos demonstrarem "não só a existência de uma efetiva separação material de fato, ainda que permanecendo ambos sob o mesmo teto, mas também caracterizando-se aquela por uma total ruptura da vida em comum do casal, sob os demais aspectos"[53].

A presença do elemento intencional é requisito também exigido para a separação judicial, tendo em vista que a ausência prolongada do lar pode decorrer de causa estranha à vontade dos nubentes, ou de um deles, como a enfermidade ou a necessidade profissional, e até mesmo a segregação carcerária. Tais separações de fato temporárias, ditadas pelas circunstâncias e não pelo *animus* de romper a vida conjugal, não constituem fatores etiológicos da separação judicial.

Nada impede, no entanto, caso o casal já esteja separado de fato por ocasião da prisão de um deles, que se compute como período de separação aquele decorrente do recolhimento carcerário. Quando o afastamento do lar se dá com o escopo de fugir a condenação criminal, só se pode incluir o período de ausência no prazo legal se, com esse desaparecimento, o cônjuge fugitivo se desinteressa inteiramente da família[54].

Exige, ainda, o § 1º do art. 1.572 do Código Civil, para a separação judicial fundada na ruptura da vida em comum, a *demonstração da impossibilidade de sua reconstituição*. Esse fator comprova a falência do casamento, no qual já não existe comunhão de vida entre os cônjuges e não há evidência de que possam restaurá-la. Basta que um deles insista em separar-se definitivamente do outro para que se considere preenchido o aludido requisito. Dispõe o art. 1.782º do Código Civil português que há separação de fato "quando não existe comunhão de vida entre os cônjuges e há da parte de ambos, ou de um deles, o propósito de não a restabelecer".

---

[51] Antunes Varela, *Dissolução*, cit., p. 86, n. 30.

[52] *RJTJSP*, Lex, 68/210.

[53] Yussef Cahali, *Divórcio*, cit., p. 423; Caio Mário da Silva Pereira, *Instituições*, cit., v. 5, p. 253.

[54] Arnaldo Rizzardo, *Direito de família*, p. 305; Caio Mário da Silva Pereira, *Instituições*, cit., v. 5, p. 252-253; Yussef Cahali, *Divórcio*, cit., p. 423-424.

Tem sido proclamado, com efeito, que a comprovação da impossibilidade de reconstituição da vida conjugal é matéria de presunção quase absoluta, pois depois de prolongada separação tudo estará mudado. Mais se acentua essa impossibilidade quando um dos consortes, por exemplo, passa a conviver com outra pessoa[55].

6.16. Separação por motivo de grave doença mental

No § 2º do aludido art. 1.572 do Código Civil também está prevista outra espécie de separação baseada na ideia de que o casamento, nas condições de fato em que se encontra, não mais preenche as suas finalidades, sendo conveniente a sua dissolução. Prescreve o aludido dispositivo: "*O cônjuge pode ainda pedir a separação judicial quando o outro estiver acometido de grave doença mental, manifestada após o casamento, que torne impossível a continuação da vida em comum, desde que, após uma duração de dois anos, a enfermidade tenha sido reconhecida de cura improvável*".

O dispositivo já constava da Lei do Divórcio, tendo o novo diploma civil apenas reduzido o prazo de duração da grave doença mental, de cinco para dois anos. Decidiu-se, quando ainda vigente a aludida lei: "Separação judicial. Pedido fundado no art. 5º, *caput*, da Lei n. 6.515/77. Improcedência. O alcoolismo, quando adquire proporções patológicas, o que se verifica pelos sintomas e atitudes do alcoólico, constitui grave doença mental, que afasta o discernimento necessário para qualificar como culposa a conduta do cônjuge acometido desse mal, devendo o pedido de separação fundar-se no § 2º do art. 5º da Lei n. 6.515/77, e não no *caput* do mesmo artigo"[56].

Foi suprimida, no Código Civil de 2002, a possibilidade, prevista no art. 6º da Lei do Divórcio, de o juiz negar a separação nos casos de ruptura da vida em comum e por motivo de doença mental, se constituir causa de agravamento da doença ou determinar consequências morais de excepcional gravidade para os filhos menores. Tal possibilidade, denominada cláusula de dureza, foi trazida do direito francês (clause de dureté*) e era aplicada pela jurisprudência somente em circunstâncias de excepcional gravidade e de prova indiscutível.*

Malgrado o dever de assistência e socorro que incumbe a um cônjuge em relação ao outro, fundado na concepção moral de que os consortes são unidos não somente na felicidade, mas também na adversidade, não se pode negar que os fins do casamento desaparecem quando um deles, por uma fatalidade, perde a razão e o pleno gozo das faculdades mentais. A dissolução da sociedade, nesses casos, decorre da impossibilidade material e moral da consecução dos fins do casamento.

---

[55] *RJTJSP*, Lex, 74/183.
[56] TJMG, Ap. 108.569-5, rel. Des. Fernandes Filho, *DJMG*, 3-2-1999.

Conforme a advertência de KIPP e WOLFF[57], a enfermidade mental destrói o matrimônio. Repudiar esta causa de separação "equivaldría a forzar a una desavenencia matrimonial igualmente inconveniente desde el punto de vista moral y económico".

Acresça-se a argumentação de CARLOS SAMPAIO, com certa dose de piedade para com o cônjuge do alienado, de que é "também máximo encargo do poder social prevenir e impedir, pelo contato carnal de tais cônjuges, a degeneração fatal da espécie, com o perigo iminente de se converter o lar em um perfeito manicômio"[58].

Apenas a *doença mental*, como, por exemplo, a epilepsia, a esquizofrenia, a psicose maníaco-depressiva, a paranoia, a senilidade patológica e outras, constitui causa de separação judicial, não assim a moléstia física, *ainda que contagiosa*. Não basta, todavia, que a doença seja *"grave"*. Exige a lei que, além disso, se manifeste *"após o casamento"*, *"torne impossível a continuação da vida em comum"*, *"tenha sido reconhecida de cura improvável"*, após *"uma duração de dois anos"* (CC, art. 1.572, § 2º).

A gravidade da doença mental é aferida pelo juiz, com base no parecer do experto nomeado e em consideração às condições pessoais do paciente, uma vez que lhe cabe decidir, *in concreto*, se ela pode ser assim considerada. A mesma enfermidade mental "poderá ser grave para um e não o ser para outro, em atenção às suas condições pessoais, à sua idade ou outro fator personalíssimo"[59].

Segundo a lição de ANTUNES VARELA, torna-se "indispensável que a grave anomalia psíquica imputada ao demandado se tenha manifestado só depois do casamento, embora a sua origem possa ser anterior ao matrimônio. Se a anomalia, embora grave, já se tivesse revelado *anteriormente*, o cônjuge não poderá invocá-la como fundamento da separação. Há, no entanto, que interpretar e aplicar a lei, neste ponto, em termos hábeis. Se a doença se tiver manifestado anteriormente, mas por forma que o outro cônjuge a não tivesse conhecido, nem facilmente a pudesse conhecer, não deve negar-se-lhe a faculdade de invocá-la. O pensamento da lei é o de impedir apenas que o outro cônjuge se prevaleça de doença *que já conhecia ou devia conhecer* e não o de afastar *peremptoriamente* a superveniência subjetiva"[60].

---

[57] *Derecho de familia*, p. 232.

[58] *Do divórcio:* estudo da legislação brasileira, p. 41.

[59] Caio Mário da Silva Pereira, *Instituições*, cit., v. 5, p. 255.

[60] *Dissolução*, cit., p. 95, n. 36.

V. a jurisprudência: "Não é incomum que, com suas causas remontadas a passado distante, a moléstia mental só venha a revelar-se em momento adiantado da vida em manifestações de graves desvios de comportamento. Importa, como motivo bastante para a separação judicial,

No tocante ao requisito consistente na "impossibilidade da vida em comum", não se faz mister que o enfermo seja recolhido a estabelecimento psiquiátrico, sendo suficiente que a moléstia em si impeça o relacionamento próprio da vida conjugal. Já se decidiu, a propósito, que mesmo de um homem de nível cultural elevado, tem-se de respeitar o limite de suportabilidade diante da psicose da esposa, e que hoje consubstancia causa não culposa de separação"[61].

A enfermidade há de ter sido reconhecida, ainda, de *cura improvável*. Aresto do *Tribunal de Justiça de São Paulo* afirmou ser incurável a doença, no caso *sub judice*, "levando-se em conta que, no curso normal das coisas, é pelo menos altamente improvável que a pessoa possa retomar sua vida matrimonial normal... Pelas várias internações da ré constata-se que o diagnóstico é sempre o mesmo: psicose maníaco-depressiva e esquizofrênica"[62].

A incurabilidade improvável da doença depende de apreciação de natureza subjetiva, devendo o juiz valer-se do parecer do perito e levar em consideração as condições pessoais do enfermo. A incurabilidade é sempre relativa e por essa razão deve o julgador limitar-se a aferir a possibilidade ou não de cura próxima, que venha a permitir ao enfermo a retomada de sua vida matrimonial normal.

Há, ainda, o fator temporal: não se refere a lei a qualquer moléstia mental, mas àquela que, após *"dois anos"* de manifestação, seja dada como de cura improvável.

Por seu turno, o § 3º do citado art. 1.572 do Código Civil contém regra pela qual o cônjuge que tomar a *iniciativa da separação por doença mental* do outro cônjuge sofrerá uma *sanção*: o seu consorte tornar-se-á proprietário exclusivo dos bens que trouxe para o casamento e da meação dos adquiridos posteriormente. Embora a redação do aludido parágrafo se apresente ampla, na realidade acaba aplicando-se somente ao regime da comunhão universal de bens, como assevera Silvio Rodrigues[63].

Aduz, na sequência, o renomado civilista: "Em ocorrendo pedido de separação judicial, com incidência dessa reserva da lei, e se o regime de bens for o da comunhão universal, o cônjuge que não formulou o pedido terá direito ao remanescente dos bens que levou para o casamento. Tais bens serão apartados do patrimônio comum, que só então será dividido, metade por metade, entre os separandos. Nesse caso, parece fora de dúvida que o prejuízo econômico

---

que a moléstia se ponha à mostra após o matrimônio, tornando-se, apenas então, conhecida do outro cônjuge" (*RJTJSP*, Lex, 112/275).

[61] TJSP, Ap. 24.276-1, 3ª Câm., rel. Des. Yussef Cahali, j. 30-11-1982.

[62] JTJ, Lex, 190/161.

[63] *Direito civil*, v. 6, p. 257-258.

pode ser elemento a desencorajar o interessado em pedir a dissolução da sociedade conjugal".

O art. 226, § 6º, da Constituição Federal, que permitiu o divórcio direto após dois anos de separação de fato, já havia tornado inócuo e obsoleto (Theotonio Negrão[64] fala em revogação virtual) o mencionado art. 6º da Lei do Divórcio, podendo ser feita idêntica afirmação no tocante aos §§ 2º e 3º do art. 1.572 do novo Código Civil, porque, se o casal já se encontra separado de fato há mais de dois anos, jamais irá, hoje, pleitear a separação por motivo de doença mental, pois poderá postular desde logo o divórcio direto, sem se sujeitar a qualquer espécie de sanção.

Efetivamente, como realça Maria Berenice Dias, "possibilitada sem nenhuma sequela patrimonial a busca do divórcio, com base só no transcurso de dois anos de separação, sendo desnecessário motivar o pedido, dificilmente alguém pediria a separação sob o fundamento de doença com duração superior a cinco anos, ficando sujeito a perder a meação dos bens remanescentes do cônjuge enfermo (se o regime adotado foi comunhão universal) e a metade dos adquiridos na constância da sociedade conjugal (se comunhão parcial)"[65].

6.17. Separação de corpos

A separação judicial importa a *"separação de corpos"* e a partilha dos bens (CC, art. 1.575). Esta pode ser feita mediante proposta dos cônjuges e homologação do juiz ou por este decidida (art. 1.575, parágrafo único). Se não houver acordo para que a partilha se faça como no inventário, impor-se-á a liquidação pelo procedimento comum (CPC, art. 511), decidindo o juiz, a final (*v. n. 6.2, retro*).

O art. 1.562 do Código Civil de 2002 declara que, antes de mover a ação de nulidade do casamento, a de anulação, a de separação judicial, a de divórcio direto ou a de dissolução de união estável, poderá a parte requerer, *"comprovando sua necessidade, a separação de corpos, que será concedida pelo juiz com a possível brevidade"*.

A separação de corpos se mostra às vezes necessária, para proteger a integridade física e psicológica do casal, bem como para comprovar o *dies a quo* da separação de fato. A comprovação da *necessidade* pode ser feita por todos os meios de prova em direito admitidos[66].

---

[64] *Código de Processo Civil e legislação processual em vigor*, p. 1154, nota 1 ao art. 6º da Lei n. 6.515/77.

[65] *Da separação*, cit., p. 70.

[66] "Separação de corpos. Decretação do afastamento temporário do marido do lar conjugal. Comprovação da imposição de maus-tratos à mulher e da queda ao vício do jogo" (*RT*, 810/391). "Separação de corpos. Concessão ao cônjuge sem que esteja vivendo uma situação

Como foi dito no Capítulo IX, *retro*, que trata "Da Inexistência e da Invalidade do Casamento", n. 2.2.3, "cessado o afeto ou presente o espectro da violência, seja ela física, seja psicológica, *cabível se mostra a separação de corpos, para que os cônjuges tenham liberdade de ação e se livrem da situação de constrangimento nos encontros de quem habita a mesma casa. Além disso, a separação de corpos antecipa a cessação dos deveres de coabitação e fidelidade recíproca, afastando a imputação de abandono do lar, e comprova cabalmente a data da ruptura da vida em comum para fins de fixação do termo inicial da contagem do prazo para a conversão da separação judicial em divórcio*".

A separação de corpos poderá ser determinada como tutela provisória, nos moldes dos arts. 294 e s. do Código de Processo Civil de 2015. Tem-se admitido a cautelar de separação de corpos mesmo quando o casal já se encontra separado de fato, como forma de dar-se juridicidade à separação do casal[67].

Também é admissível a separação de corpos entre companheiros, uma vez que o art. 226, § 3º, da Constituição Federal reconhece a união estável como entidade familiar. Além disso, o art. 1.562 do novo diploma refere-se expressamente a essa possibilidade[68].

O *Superior Tribunal de Justiça*, mesmo antes do atual Código Civil, já assentara a "possibilidade de um dos companheiros requerer o afastamento do outro do lar conjugal, seja pela norma do direito ordinário insculpida no art. 798 do Código de Processo Civil (de 1973, atual art. 297 – poder geral de cautela do juiz), seja pelo disposto no art. 226, § 3º, da Constituição Federal, que reconhece a união estável entre homem e mulher, qualificando-a como entidade familiar a ser protegida juridicamente pelo Estado"[69].

---

de perigo. Possibilidade diante da ocorrência de desamor entre o casal. Circunstância, no entanto, que deverá ser devidamente comprovada" (*RT*, 788/247).

[67] "Separação de corpos. Extinção do processo por falta de interesse de agir em razão da anterior separação de fato do casal. Inadmissibilidade. Medida perfeitamente cabível para regularizar situações, na tentativa de se evitar a alegação de abandono do lar como argumento de defesa ou acusação no processo de separação judicial" (*RT*, 781/349). "Separação de corpos. Cabimento ainda que existente a separação de fato" (*RT*, 810/391).

[68] Confira-se a jurisprudência: "Separação de corpos. União estável. Indeferimento da inicial. Inadmissibilidade. Existência de direito líquido e certo da autora na apreciação do seu pedido. Entendimento do artigo 226, § 3º, da Constituição da República. Recurso provido" (*JTJ*, Lex, 258/166). *V.* ainda: "Separação de corpos. Afastamento do convivente do lar comum. Admissibilidade. Segurança da requerente e do filho do casal que ficaria comprometida, se o requerido continuasse a partilhar a mesma residência" (TJSP, AgI 6.008-4/5, 10ª Câm. Dir. Priv., rel. Des. Roberto Stucchi). "Separação de corpos. Ação movida por companheira, com base no art. 798 do CPC, para afastar do lar conjugal o companheiro acusado de maltratá-la e aos filhos. Admissibilidade" (TJSC, Ap. Cív. 40.904, 1ª Câm., rel. Des. João Martins).

[69] *RSTJ*, 25/472.

A medida pode ser preparatória ou incidental e não se examinam as causas da futura separação judicial. Basta a prova do casamento, da necessidade da separação de corpos (CC, art. 1.562) e que o pedido se revista dos requisitos do art. 305 do Código de Processo Civil de 2015[70].

O Código de Processo Civil de 2015 não prevê expressamente a separação de corpos, mas unificou os procedimentos. Basta entrar com a tutela cautelar de separação de corpos e, no prazo de 30 dias, ajuizar, nos mesmos autos, a ação principal de divórcio ou de dissolução de entidade familiar ou outra ação adequada ao caso *sub judice*. Desse modo, não haverá mais duas custas processuais e dois processos. Em um único processo discutirá a tutela cautelar e a ação principal.

Conforme leciona YUSSEF CAHALI, com suporte na melhor doutrina e reiterada jurisprudência, "na separação provisória de corpos, como processo cautelar, a única prova a ser examinada é a da existência do casamento, revelando-se inoportuna e impertinente qualquer discussão sobre os fatos que devam ser apreciados e julgados na ação de separação judicial; a gravidade do fato que a legitima resulta, por presunção legal, do enunciado da própria ação de dissolução da sociedade conjugal que vai ser proposta (ou já foi proposta, se a medida cautelar for incidente); devidamente instruído com a prova do casamento, solicitada a separação de corpos como preliminar da ação de separação definitiva ante o natural constrangimento que daí resulta, não é dado ao juiz negá-lo, pois este não pode substituir as partes na avaliação da existência ou não do constrangimento nem julgar se é, ou não, insuportável o convívio dos futuros litigantes"[71].

Aduz o notável civilista: "A existência do conflito entre os cônjuges está na própria natureza da medida cautelar com vistas à separação judicial, impondo assim preservar reciprocamente os cônjuges de agressões morais e físicas nessa fase preparatória da disputa judicial futura; em outros termos, na medida preventiva que antecede a separação litigiosa, a decisão não se fundamenta exatamente nas razões da discórdia reinante entre os cônjuges, o que é tema para a ação principal de separação, mas apenas no princípio cautelar geral, a impedir a ocorrência de mal maior".

---

[70] "Separação de corpos. Irresignação quanto à medida determinante do afastamento do lar conjugal. Improcedência. A animosidade existente entre as partes litigantes e a necessidade de preservação da integridade física dos envolvidos, bem como dos filhos, justificam a concessão da liminar" (TJMG, AgI 000.175.412-6/00, 1ª Câm. Cív., rel. Des. Orlando Carvalho, j. 16-5-2000). "Separação de corpos. Riscos de desavenças graves. Ação da ex-mulher para afastar o ex-marido da residência comum. Admissibilidade. Se é admissível ação cautelar de separação de corpos entre companheiros, "a fortiori" o é entre ex-cônjuges que se reconciliaram de fato, depois de separação consensual em que o marido se obrigou a deixar a residência comum" (TJSP, Ap. 23.303-4/6-00, 2ª Câm. Dir. Priv., rel. Des. Cezar Peluso, j. 12-5-1998).

[71] *Divórcio*, cit., p. 455.

Nessa trilha, tem-se decidido que "basta, para a concessão de alvará de separação de corpos, apenas que a instrução sumária positive a existência de um conflito grave entre o casal; nesse processo não se debate matéria pertinente à futura ação de desquite"[72]. E, ainda: "A separação de corpos visa a acautelar a integridade física dos esposos, não exigindo que o suplicante da medida desde logo demonstre a insuportabilidade da vida em comum com o outro cônjuge, senão, apenas, que motivos graves e sérios aconselhem a separação de corpos"[73].

Admite-se ainda o *afastamento temporário dos cônjuges da morada do casal* como tutela provisória (CPC/2015, arts. 294 e s.), exigindo a proposição da ação principal no prazo de trinta dias. A esse respeito, já se decidiu: "A distinção prática relevante que se impõe é entre o caso em que o cônjuge pede a autorização para sair do lar e aquele em que quer dele expulsar o outro. Nesta última hipótese, imprescindível todo o cuidado por parte do magistrado, a começar pela não concessão da medida sem ouvir a parte contrária, salvo em casos muitos excepcionais, e pela providência de exigir alguma prova de motivos que devem provocar o afastamento compulsório de um cônjuge, em vez da retirada não traumática de um deles, espontaneamente. Enfim, terá o juiz que resolver qual deles sairá do lar"[74].

O problema do afastamento do lar deve ser resolvido sem qualquer preferência por este ou aquele cônjuge, podendo ser o marido ou a mulher. A lei confere certo arbítrio ao juiz para decidir qual deles deve ser afastado temporariamente da residência do casal. A decisão dependerá de várias circunstâncias, como a idade dos filhos e a situação econômica dos separandos, por exemplo. Como o marido, em geral, tem maior possibilidade de obter uma nova morada, deve-se optar pela permanência da mulher na casa, sobretudo se os filhos menores estão com ela.

Já se decidiu, por sinal: "Sempre se admitiu, com base na melhor doutrina, que, em igualdade de condições, é justo que se dê preferência à pretensão da mulher"[75]. Ou, ainda: "Não dispondo a mulher de apartamento para morar, é mais justo, mais humano e mais racional que saia o marido da casa onde atualmente reside o casal"[76].

---

[72] *RT*, 313/276.

[73] *RT*, 248/312. *V.* ainda: "Separação de corpos. Trata-se de medida que visa a evitar agressões físicas e morais entre os cônjuges, na fase que antecede à separação judicial, a qual poderá ocorrer por mútuo consentimento ou de forma litigiosa. Por essa razão, não se pode exigir, para a apreciação do pedido, prova da insuportabilidade da vida em comum, a ser produzida na ação principal" (AgI 146.759.4/3-SP, 3ª Câm. Dir. Priv., rel. Des. Carlos Roberto Gonçalves).

[74] *RJTJRS*, 176/706.

[75] *RJTJSP*, 14/196.

[76] *RT*, 548/177.

Dependendo, porém, das circunstâncias, a separação de corpos pode ser concedida para que se determine o afastamento da esposa do lar conjugal. Confira-se: "Separação de corpos. Decisão que determina a retirada do marido do lar. Inadmissibilidade. Permanência da mulher que apresenta risco de graves agressões aos filhos e ao marido. Decisão reformada, para determinar-se o afastamento da mulher e a permanência do varão e prole no imóvel"[77].

Se, por outro lado, o imóvel residencial foi herdado ou adquirido por um só dos cônjuges, sem comunicação ao outro, não é justo determinar-se que permaneça este último e saia o proprietário.

Lavra profundo dissenso na jurisprudência a respeito da caducidade da tutela provisória de separação de corpos. O *Tribunal de Justiça do Rio Grande do Sul* chegou a sumular a matéria, proclamando: "O deferimento do pedido de separação de corpos não tem sua eficácia submetida ao prazo do art. 806 do Código de Processo Civil [*de 1973*]" (*Súmula 10*).

Pesou, sem dúvida, para a aprovação da aludida súmula, a opinião de GALENO LACERDA no sentido de que, "no direito de família e no amparo ao menor e ao incapaz, o bom-senso repele a caducidade. Se o juiz, cautelarmente, decretou a separação de corpos, a prestação de alimentos à mulher e ao filho abandonados, o resguardo do menor contra o castigo imoderado ou contra a guarda nociva, a regulamentação do direito de visita, a destituição provisória do pátrio poder ou de tutor ou curador, é de evidência meridiana que o não ingresso da ação principal no prazo de trinta dias não pode importar, respectivamente, na reunião de corpos que se odeiam, no desamparo e na fome da mulher e da criança, na eliminação de visita, no retorno do indigno ao pátrio poder, à tutela e à curatela. Façamos justiça ao art. 806, que jamais visou objetivos odiosos e nefandos. Interpretemo-lo com inteligência e com bom senso"[78].

Contudo, o próprio *Tribunal de Justiça do Rio Grande do Sul* acabou reformulando a sua orientação, em voto proferido pelo então Desembargador ATHOS CARNEIRO, do qual se destaca o seguinte trecho: "Impende notar que a perda de eficácia da medida cautelar não implicará 'na reunião de corpos que se odeiam' (*sic*). É medida de ordem jurídica, que obviamente não implica constrangimento físico da mulher em prestar o débito conjugal ao marido ou em viver com o mesmo. Apenas, em tal caso, a separação, que encontrava respaldo jurídico, passará a ser uma separação *de fato*, com as consequências que dessa situação possam advir no plano jurídico". No aludido voto lembra o eminente relator que a caducidade da

---

[77] TJSP, AgI 71.361-4/6, 7ª Câm. Dir. Priv., rel. Des. Rebouças de Carvalho, j. 22-4-1998.
[78] *Comentários ao Código de Processo Civil*, v. VIII, t. I, n. 66.

separação de corpos é admitida pelos mestres Yussef Cahali e Humberto Theodoro Júnior[79].

A jurisprudência tem deferido pedido de separação de corpos formulado em conjunto[80]. Também tem proclamado que "é incabível converter medida cautelar de separação de corpos em divórcio"[81].

Tem a jurisprudência, ainda, firmado o entendimento de que a concessão da separação de corpos não é incompatível com a permanência dos cônjuges sob o mesmo teto, se a coabitação do casal se torna necessária por razões econômicas. Em tais casos, o deferimento da liminar faz cessar alguns deveres do casamento, como a prestação do débito conjugal, além de proteger o requerente de eventual ação de separação judicial litigiosa por culpa[82].

A Lei n. 11.340, de 7 de agosto de 2006, conhecida como "*Lei Maria da Penha*", e que criou mecanismos para coibir a violência doméstica e familiar contra a mulher, prevê que o juiz do Juizado de Violência Doméstica e Familiar contra a Mulher poderá, quando necessário, sem prejuízo de outras medidas protetivas de urgência: "I – encaminhar a ofendida e seus dependentes a programa oficial ou comunitário de proteção ou de atendimento; II – determinar a recondução da ofendida e a de seus dependentes ao respectivo domicílio, após afastamento do agressor; III – determinar o afastamento da ofendida do lar, sem prejuízo dos direitos relativos a bens, guarda dos filhos e alimentos; IV – determinar a separação de corpos" (art. 23).

Nos termos da Lei n. 13.894, de 29 de outubro de 2019, o juiz deverá assegurar à mulher em situação de violência doméstica encaminhamento à assistência judiciária, inclusive para eventual ajuizamento da ação de separação judicial, de divórcio ou de dissolução de união estável. E a autoridade policial deverá informar à vítima os direitos garantidos pela Lei Maria da Penha, inclusive à assistência judiciária.

A referida lei também alterou o Código de Processo Civil, passando a permitir que a mulher vítima de violência doméstica ajuíze as ações de divórcio, separação, anulação de casamento e reconhecimento ou dissolução de união estável no foro do seu domicílio ou de sua residência, passando ainda a ser obrigatória a intervenção do Ministério Público nas ações de família em que figure como parte vítima de violência doméstica e familiar.

---

[79] *Ajuris*, 25/118, AgI 39.429, 1ª Câm. Cív., j. 3-11-1981.

[80] *RT*, 601/74, 636/71.

[81] STJ, REsp 29.692-8-MG, 3ª T., rel. Min. Costa Leite, j. 2-12-1997.

[82] *RT*, 788/247.

7. O USO DO NOME DO OUTRO CÔNJUGE

Na separação *consensual*, o cônjuge decide livremente a respeito do uso do sobrenome do outro[83]. A omissão no acordo sobre essa questão não deve ser interpretada como renúncia, pois tem ele o direito de continuar a usar o nome do ex-consorte.

Na separação *litigiosa*, a solução se encontra no art. 1.578 e §§ 1º e 2º do Código Civil. Qualquer dos cônjuges *"declarado culpado na ação de separação judicial"* perde o direito de usar o sobrenome do outro. Porém, a aplicação dessa sanção é condicionada a expresso requerimento pelo cônjuge inocente e desde que a alteração não acarrete: *"I – evidente prejuízo para a sua identificação; II – manifesta distinção entre o seu nome de família e o dos filhos havidos da união dissolvida; III – dano grave reconhecido na decisão judicial"* (art. 1.578, *caput*, I a III).

Verifica-se, assim, que o culpado só pode continuar a usar o sobrenome que adotou quando do casamento se com isso concordar o outro cônjuge. Contudo, mesmo havendo essa oposição, será possível mantê-lo nas hipóteses excepcionadas pelo mencionado art. 1.578.

O inciso I aplica-se às pessoas que se tornaram famosas nos meios artístico, cultural, literário etc. usando o sobrenome do outro cônjuge, enfim, quando esse sobrenome estiver ligado às suas atividades comerciais ou industriais.

O inciso II diz respeito aos casos em que os filhos foram registrados só com o apelido familiar do pai, sem o da mãe. Se a mulher perder o sobrenome do marido, haverá manifesta distinção entre o que passará a usar e o dos filhos. Aplica-se também à hipótese em que os filhos foram registrados só com o sobrenome da mãe.

O inciso III destina-se, genericamente, aos casos em que o cônjuge conseguir provar, por sentença, que sofrerá dano grave com a perda do sobrenome do outro, como na hipótese, por exemplo, em que o nome do marido foi atribuído ao estabelecimento comercial da mulher e registrado como firma comercial.

O cônjuge considerado *inocente* na separação em que se discute a culpa poderá optar por *conservar* o sobrenome do outro. Neste caso, terá a possibilidade de *renunciar* ao seu uso a qualquer tempo (art. 1.578, § 1º).

Assim, se na separação amigável a mulher optou por conservar o nome do ex-marido, pode a qualquer tempo voltar a usar o de solteira, requerendo ao juiz

---

[83] "Ex-cônjuges que acordam que a ex-esposa continue a usar o nome de casada. Admissibilidade. Juiz que não pode impor que a mulher volte a usar o nome de solteira, mais de dez anos após a separação judicial. Patronímico do ex-marido que já faz parte de sua personalidade" (*RT*, 808/402).

(que não precisa ser o que homologou a separação, podendo ser o de seu domicílio) que determine a averbação da alteração no Registro Civil. Com efeito, tratando-se de faculdade exercitável a seu critério exclusivo, o pedido da mulher é de simples *averbação* no Registro Civil, com base no art. 96 da Lei dos Registros Públicos (Lei n. 6.015/73), com caráter de jurisdição meramente administrativa, não sendo necessária nem mesmo a audiência do marido, pois a hipótese não se confunde com a ação de retificação de nome[84].

É a única cláusula da separação amigável que pode ser alterada unilateralmente. Nos demais casos, caberá ao cônjuge a opção pela conservação do nome de casado (art. 1.578, § 2º).

A separação consensual não subtrai à mulher o direito de usar o nome que adotou com o casamento, mas o uso do nome do marido é, como foi dito, renunciável. A renúncia poderá ser feita de início ou posteriormente à homologação, mesmo que tenha a mulher se reservado o direito de usar o nome do esposo[85]. Efetivada a renúncia, torna-se ela irretratável, não mais podendo a mulher recuperá-lo, senão na eventualidade de reconciliação do casal[86].

Todas essas regras aplicam-se a ambos os cônjuges, tendo em vista que hoje, em face da isonomia constitucional, o homem pode adotar, no casamento, o sobrenome da mulher.

O uso do nome do outro cônjuge, nos casos especificados, não é, entretanto, absoluto. Se a mulher, por exemplo, após a separação, mesmo vitoriosa na ação de separação, passa a ter conduta imoral ou desonrosa, agindo de modo a enxovalhar o nome do ex-marido, este poderá ajuizar ação ordinária para cassar esse direito, pela superveniente alteração das circunstâncias. No entanto, somente motivos muito graves e devidamente comprovados poderão acarretar a perda do direito ao uso do sobrenome do outro, se o cônjuge não renunciou a ele, na separação. Se o fez, não poderá voltar a usá-lo posteriormente[87].

Quanto ao nome de viúva, "a posição mais defensável continua sendo a do Prof. Serpa Lopes, que afirma ter a viúva 'o direito de usar o nome de casada, pois, apesar da extinção do vínculo matrimonial em virtude da morte, alguns direitos ainda permanecem íntegros, como o de defender a memória do marido (...) e os sucessórios entre outros' (*Tratado de Registros Públicos*, p. 193-194). No caso de contrair novo casamento, inexistiria qualquer justificativa para manter o nome do primeiro marido"[88].

---

[84] *RT* 275/751, 400/213, 477/221; *RJTJSP*, Lex, 8/389.

[85] *RT*, 400/213.

[86] *RJTJSP*, Lex, 58/172; *JTJ*, Lex, 141/279.

[87] Yussef Cahali, *Divórcio*, cit., p. 722/723; *RT*, 498/219.

[88] Eduardo de Oliveira Leite, *Temas de direito de família*, p. 48.

Decidiu o *Tribunal de Justiça de São Paulo* ser admissível a retificação do nome da *viúva*, para exclusão do patronímico do esposo falecido[89].

O Código Civil de 2002 não disciplinou o uso do sobrenome do ex-cônjuge após o divórcio. Tal uso não era permitido, salvo nas três hipóteses reproduzidas no art. 1.578, I a III, do novo Código Civil, acrescentadas ao art. 25, parágrafo único, da Lei do Divórcio pela Lei n. 8.408, de 13 de fevereiro de 1992. Impõe-se concluir que o tema foi exaurido no referido art. 1.578, não mais subsistindo a aludida proibição. Desse modo, havendo divórcio direto ou por conversão, será facultado ao cônjuge manter o sobrenome de casado, salvo se, neste último caso, houver determinação em contrário na sentença de separação judicial.

Nessa linha, decidiu-se: "Na conversão da separação judicial em divórcio, se é a própria mulher que, abrindo mão de prerrogativa de continuar a usar o nome de casada para proteção de interesse pessoal, requer o retorno ao nome de solteira, mister lhe seja reconhecida a faculdade, sem que, para tanto, lhe seja exigido extenso rol de certidões negativas, uma vez que não se trata de pedido ordinário de alteração do nome, mas de direito líquido e certo da agravante"[90].

Confira-se, a respeito da *adição do sobrenome do companheiro*, o volume 1 desta obra, n. 13.1.4.3 do capítulo intitulado "Da Personalidade e da Capacidade", no Título "Das Pessoas Naturais".

8. RESTABELECIMENTO DA SOCIEDADE CONJUGAL

Dispõe o art. 1.577 do Código Civil:

"Seja qual for a causa da separação judicial e o modo como esta se faça, é lícito aos cônjuges restabelecer, a todo tempo, a sociedade conjugal, por ato regular em juízo.

Parágrafo único. A reconciliação em nada prejudicará o direito de terceiros, adquirido antes e durante o estado de separado, seja qual for o regime de bens".

O requerimento deve ser formulado por ambos os cônjuges, perante o juízo competente, que é o da separação judicial, sendo reduzido a termo assinado pelos cônjuges e homologado por sentença, depois da manifestação do Ministério Público. Não se exige o comparecimento pessoal das partes perante o juízo[91]. Com a reconciliação, os cônjuges voltarão a usar o nome que usavam antes da dissolução da sociedade conjugal.

---

[89] Ap. 15.071-4-Campinas, 2ª Câm. Dir. Priv., j. 10-2-1998.

[90] TJDF, AgI 2004.00.2.000521-4, 2ª T. Cív., rel. Des. Sérgio Rocha, *DJ*, 29-3-2005, v. u.

[91] "Separação consensual. Restabelecimento da sociedade conjugal. Desnecessidade do comparecimento pessoal dos cônjuges para a audiência de ratificação do pedido de reconciliação. Recurso não provido" (*JTJ*, Lex, 145/202).

O regime de bens também será o mesmo, porque o restabelecimento far-se-á nos exatos termos em que a sociedade fora constituída. Se, porém, o casal se divorciou, poderá unir-se novamente com outro regime de bens, mas não pelo restabelecimento da sociedade conjugal, e sim mediante novo casamento. É possível, todavia, em caso de separação judicial, a alteração do regime de bens por ocasião da reconciliação, mediante autorização judicial, se houver "*pedido motivado de ambos os cônjuges, apurada a procedência das razões invocadas e ressalvados os direitos de terceiros*" (CC, art. 1.639, § 2º).

Preceitua o art. 101 da Lei dos Registros Públicos, aludida no item anterior, que o ato de restabelecimento de sociedade conjugal será também averbado no Registro Civil, com as mesmas indicações e efeitos.

Se a reconciliação é apenas de fato, instaura-se entre o casal uma simples sociedade de fato, regendo-se os interesses patrimoniais recíprocos pelas regras do direito das obrigações. Desse modo, se houver aquisição de bens nesse período, terá a mulher participação no novo patrimônio, ainda que apenas cuide dos afazeres domésticos.

DIVÓRCIO

> *Sumário*: 9. Introdução. 10. Divórcio-conversão. 11. Divórcio direto. 12. Procedimentos do divórcio judicial e da separação de corpos. 13. O uso do nome do cônjuge após o divórcio.

9. INTRODUÇÃO

Os povos primitivos, salvo poucas exceções, admitiam a dissolubilidade do vínculo matrimonial. O Velho Testamento do povo hebreu e o Código de Hamurábi facultavam o divórcio ao marido e à mulher. O Código de Manu declarava repudiável a mulher que se mostrava estéril, durante oito anos de casada. Na Grécia antiga, a esterilidade foi também justa causa do divórcio. Em Roma, nos primeiros tempos, não se praticava o divórcio. No império, à medida que a opulência romana foi suscitando a dissolução dos costumes, o divórcio generalizou-se e atingiu todas as classes. No início, somente o marido tinha a faculdade de repudiar a mulher. Depois, admitiu-se que o divórcio tivesse lugar pelo mútuo consenso, ou pela vontade de um só dos cônjuges[1].

O Cristianismo iniciou a campanha contra o divórcio, tomando providências destinadas a dificultá-lo. Somente com o Concílio de Trento (1545 a 1553), porém, a doutrina da Igreja passou a proclamar que o matrimônio é um sacramento com caráter de indissolubilidade.

No direito dos povos modernos, o divórcio tem ampla aceitação. Até mesmo o Chile, que juntamente com Malta eram os únicos países ocidentais a não adotá-lo, veio, por lei promulgada em 7 de maio de 2004, a admitir a sua realização.

No Brasil, após uma árdua batalha legislativa, na qual se destacou a tenacidade do senador Nelson Carneiro, lutando durante quase três décadas contra a oposição

---

[1] Caio Mário da Silva Pereira, *Instituições*, cit., v. 5, p. 275-276; Clóvis Beviláqua, *Direito de família*, § 58, p. 273-275; Pontes de Miranda, *Tratado de direito de família*, v. I, § 87, p. 413-417.

da Igreja Católica, foi ele introduzido pela Emenda Constitucional n. 9, de 28 de junho de 1977, que deu nova redação ao § 1º do art. 175 da Constituição de 1969, não só suprimindo o princípio da indissolubilidade do vínculo matrimonial como também estabelecendo os parâmetros da dissolução, que seria regulamentada por lei ordinária. O aludido dispositivo constitucional ficou assim redigido: "O casamento somente poderá ser dissolvido, nos casos expressos em lei, desde que haja prévia separação judicial por mais de três anos".

O Decreto n. 181, de 1890, que instituiu o casamento civil no Brasil, previa o divórcio *a thoro et mensa,* que acarretava somente a *separação de corpos,* mas não rompia o vínculo matrimonial. O *divórcio vincular* ou "a vínculo", que dissolve o vínculo e permite novo casamento, somente passou a ser aplicado no Brasil com a regulamentação da emenda constitucional pela Lei n. 6.515, de 26 de dezembro de 1977. A sua modalidade básica era o *divórcio-conversão*: primeiramente o casal se separava judicialmente, e depois de três anos requeria a conversão da separação em divórcio. O *divórcio direto* era uma forma excepcional, prevista no art. 40 das disposições transitórias, ao alcance somente dos casais que já estavam separados de fato há mais de cinco anos em 28 de junho de 1977.

A Constituição de 1988 modificou, no entanto, esse panorama, reduzindo o prazo da separação judicial para um ano, no divórcio-conversão, e criando uma modalidade permanente e ordinária de divórcio direto, desde que comprovada a separação de fato por mais de dois anos. A Lei n. 7.841, de 17 de outubro de 1989, limitou-se a adaptar a Lei do Divórcio à nova Constituição. Deu, porém, nova redação ao art. 40 da referida lei, excluindo qualquer possibilidade de discussão a respeito da causa eventualmente culposa da separação. O *único requisito* exigido para o divórcio direto passou a ser, assim, a comprovação da *separação de fato por mais de dois anos.*

O Código Civil limita-se a proclamar que o divórcio é uma das causas que ensejam o término da sociedade conjugal, tendo o condão de dissolver o casamento válido (art. 1.571, IV e § 1º). O art. 1.579 do aludido diploma reproduz o texto do art. 27 da Lei do Divórcio, reiterando a inalterabilidade dos *"direitos e deveres dos pais em relação aos filhos",* em decorrência quer do divórcio, quer do novo casamento de qualquer deles.

Além disso, o mencionado *Codex* regulava a conversão da separação em divórcio, dispondo no art. 1.580:

"Decorrido um ano do trânsito em julgado da sentença que houver decretado a separação judicial, ou da decisão concessiva da medida cautelar de separação de corpos, qualquer das partes poderá requerer sua conversão em divórcio.

§ 1º A conversão em divórcio da separação judicial dos cônjuges será decretada por sentença, da qual não constará referência à causa que a determinou.

§ 2º O divórcio poderá ser requerido, por um ou por ambos os cônjuges, no caso de comprovada separação de fato por mais de dois anos".

O aludido prazo ânuo era estabelecido pelo art. 226, § 6º, da Constituição Federal.

Em 13 de julho de 2010 foi promulgada pelo Congresso Nacional e publicada no *Diário Oficial da União* no dia seguinte a denominada "PEC do Divórcio", elaborada pelo IBDFAM (Instituto Brasileiro de Direito de Família) e encampada primeiramente pelo Deputado Antonio Carlos Biscaia (413/2005) e depois pelo Deputado Sérgio Barradas Carneiro (33/2007), convertendo-se na Emenda Constitucional n. 66/2010.

O texto aprovado, como já dito, deu nova redação ao § 6º do art. 226 da Constituição Federal, do seguinte teor: "*O casamento civil pode ser dissolvido pelo divórcio*". Foi eliminada, portanto, a exigência de separação judicial por mais de um ano ou comprovada separação de fato por mais de dois anos para os casais requererem o divórcio.

A separação judicial deixou, assim, de ser contemplada na Carta Magna, inclusive na modalidade de requisito voluntário para *conversão ao divórcio*, sendo revogado, *ipso facto*, o art. 1.580 do Código Civil retrotranscrito.

Segundo a *Súmula 197 do Superior Tribunal de Justiça*, "*o divórcio direto pode ser concedido sem que haja prévia partilha dos bens*". O Código Civil de 2002, por sua vez, dispõe, no art. 1.581: "*O divórcio pode ser concedido sem que haja prévia partilha dos bens*". Todavia, no capítulo concernente às "*causas suspensivas*", preceitua o novo diploma que não deve casar: "*o divorciado, enquanto não houver sido homologada ou decidida a partilha dos bens do casal*" (art. 1.523, III).

O novo estatuto civil menciona ainda, no art. 1.582, as pessoas legitimadas a propor a ação. Não há nenhuma sanção para o cônjuge que tiver a iniciativa de ajuizá-la. Não se reproduziu o texto do art. 26 da Lei do Divórcio, que punia o cônjuge autor da ação de separação, nos casos de ruptura da vida em comum há mais de um ano e de grave doença mental adquirida depois do casamento e reputada de cura improvável, com a prestação de assistência material e imaterial ao cônjuge réu.

Podemos dizer, desse modo, que a modalidade de divórcio existente no país tem características de divórcio-remédio, pois não admite qualquer discussão sobre a culpa. Quem pretendesse, anteriormente, a condenação do outro cônjuge ao pagamento ou perda de alimentos deveria propor ação autônoma de alimentos. Os juízes, entretanto, por economia processual, vinham admitindo tais pedidos, mas para os efeitos mencionados, e não para a decretação do divórcio.

O *caráter personalíssimo* da ação de divórcio vem ressaltado no retromencionado art. 1.582 do Código Civil, ao estatuir que o pedido "*somente competirá aos cônjuges*". No entanto, em caso de *incapacidade*, poderá haver substituição destes pelo *curador*, *ascendente* ou *irmão*, uns em falta de outros (art. 1.582, parágrafo único).

Esse assunto foi desenvolvido no item n. 6.5, *retro*, concernente ao caráter também personalíssimo da ação de separação judicial estabelecido no parágrafo único do art. 1.576, ao qual nos reportamos.

Marcos Augusto Bernardes Bonfim, em artigo sobre a possibilidade de decretação do divórcio em decisão liminar *inaudita altera pars*[2], filia-se a esse entendimento, afirmando que, em "harmonia com a concepção eudemonista de família, reconhece-se o divórcio como um direito potestativo de cada um dos cônjuges, que não se submete a requisitos outros a não ser a livre expressão de vontade de um deles de não permanecer casado. Não há mais exigência de prazo mínimo desde a contração do casamento para a obtenção do divórcio, nem necessidade de exposição de motivos para a ruptura da sociedade conjugal, muito menos imposição de prévia separação judicial ou de fato do casal".

O divórcio, bem como o novo casamento dos pais, como foi dito, não modifica os direitos e deveres destes em relação aos filhos (art. 1.579 e parágrafo único). Esses direitos e deveres, inerentes ao poder familiar, encontram-se especificados no art. 1.634, I a VII, do Código Civil. Findo o casamento, com o divórcio, extinguem-se também os deveres e direitos alimentários, decorrentes do dever de mútua assistência, salvo se ficarem estabelecidos antes da dissolução do vínculo matrimonial.

O novo casamento, a união estável ou o concubinato do cônjuge credor da pensão extinguem a obrigação do cônjuge devedor (CC, art. 1.708). Não seria razoável, efetivamente, "se continuasse a pensionar o cônjuge credor, que convolou novas núpcias, ou que passou a viver em união estável ou a ter relações com outra pessoa que é casada, neste último caso em razão não só da desnecessidade, mas, principalmente, da indignidade desse procedimento"[3].

Mas, se o devedor vier a casar-se, ou a viver em união estável com outra pessoa, o novo casamento ou união não alterará a sua obrigação (art. 1.709).

10. DIVÓRCIO-CONVERSÃO

Há duas modalidades de divórcio-conversão: o formulado por ambos (*consensual*) e o formulado por um só dos cônjuges (*litigioso*).

Prescrevia o art. 1.580 do Código Civil que, decorrido um ano do trânsito em julgado da sentença que houvesse decretado a separação judicial, ou da

---

[2] A possibilidade de decretação do divórcio em decisão liminar *inaudita altera pars, in* Revista Consultor Jurídico de 3-2-2021.

[3] Washington de Barros Monteiro, *Curso de direito civil*, 37. ed., v. 2, p. 280.

decisão concessiva da medida cautelar de separação de corpos, qualquer das partes poderia requerer sua "*conversão em divórcio*". Não importava se a separação judicial fora consensual ou litigiosa, pois num ou noutro caso a conversão poderia ser deferida, desde que devidamente provada a aludida separação e o prazo mínimo exigido. Esse prazo, todavia, deixou de existir com a aprovação da Emenda Constitucional n. 66/2010, que deu nova redação ao § 6º do art. 226 da Constituição Federal, eliminando a exigência de prazos para o divórcio.

Malgrado a lei não mencione o divórcio *consensual*, a sua admissibilidade é tranquila na prática, generalizando-se o costume de promoverem os ex-cônjuges conjuntamente o divórcio, evitando a perda de tempo que ocorreria se um tivesse de promover a citação do outro. Se a conversão da separação judicial pode ser feita mediante pedido de qualquer das partes (CC, art. 1.580); se, na conversão, não caberá reconvenção na resposta do réu citado (Lei do Divórcio, art. 36); se, na sentença, não constará referência à causa que a determinou (CC, art. 1.580, § 1º), parece ilógico não admitir que o pedido de conversão seja formulado desde logo em comum pelos cônjuges separados judicialmente.

O pedido pode ser feito perante o juízo do domicílio de qualquer dos ex-cônjuges, ainda que diverso do juízo por onde tenha, eventualmente, tramitado a ação de separação judicial (Lei do Divórcio, arts. 47 e 48). O que não se mostra admissível, mesmo em sede de divórcio consensual, é a propositura da ação em comarca na qual não reside nenhum dos cônjuges, sendo o juízo, neste caso, absolutamente incompetente"[4].

Na *V Jornada de Direito Civil do Conselho da Justiça Federal foi aprovado o Enunciado n. 517, do seguinte teor*:

"*A Emenda Constitucional n. 66/2010 extinguiu os prazos previstos no art. 1.580 do Código Civil, mantido o divórcio por conversão*".

O pedido de conversão da separação em divórcio constitui um novo processo, autônomo em relação ao anterior desquite ou separação judicial. Será apensado aos autos da separação judicial quando formulado no mesmo juízo desta (Lei do Divórcio, art. 35, parágrafo único). Todavia, se os autos do desquite ou os da separação judicial tiverem sido extraviados, ou se encontrarem em outra circunscrição judiciária, o pedido de conversão em divórcio será instruído com a certidão da sentença, ou da sua averbação no assento de casamento (art. 47).

Embora haja uma tendência natural de os ex-cônjuges manterem as cláusulas convencionadas ou determinadas na separação, nada obsta que as modifiquem, especialmente as referentes a alimentos, guarda dos filhos menores e maiores

---

[4] Yussef Cahali, *Divórcio*, cit., p. 1014; *RJTJSP*, Lex, 123/243; TJMS, Ap. 58.179, 2ª T., rel. Des. Rêmolo Letteriello, *DJMS*, 17-8-1998, p. 6.

inválidos, regulamentação de visitas, uso do sobrenome do outro cônjuge etc. Admite a jurisprudência a hipótese de, renunciados os alimentos pela mulher quando da separação consensual, voltarem eles a ser convencionados quando da conversão da separação judicial em divórcio[5], bem como a de serem alteradas cláusulas de conteúdo patrimonial, como a concernente à promessa de doação de bens do casal aos filhos, ainda não efetivada, atribuindo-se a meação a cada um deles[6].

No regime da Lei do Divórcio não se decretava a conversão da separação em divórcio sem prévia partilha dos bens (art. 31). Contudo, o Código Civil, como foi dito, trouxe significativa alteração nesse aspecto ao permitir, expressa e genericamente, a concessão do divórcio *"sem que haja prévia partilha de bens"* (art. 1.581).

A jurisprudência já havia assumido essa posição desde o advento da Constituição Federal de 1988, que não impôs nenhuma restrição ao admitir a dissolução do casamento pelo divórcio, nem mesmo a decisão sobre a "partilha dos bens" ou o "descumprimento das obrigações assumidas pelo requerente na separação" (art. 36, parágrafo único, II).

Se a partilha tiver sido convencionada no acordo de conversão, a Fazenda Pública deverá ser ouvida, em razão de seu eventual interesse no imposto de reposição (decorrente da diferença de quinhões, equivalendo a uma doação).

Dispensa-se a fase conciliatória no processo de conversão consensual, não prevista na lei, mas a petição inicial deve ser assinada pelas próprias partes, pelas implicações que encerra, e por advogado. A rigor, a Lei do Divórcio e o Código Civil não estatuem que, na conversão da separação judicial em divórcio, há necessidade de os cônjuges subscreverem a inicial. Por essa razão, tem sido permitida a postulação da conversão da separação judicial em divórcio mediante a apresentação de procuração, por instrumento público ou particular, com poderes especiais expressos, a fim de que o advogado de ambos os interessados subscreva, em seu nome, a inicial e possa ratificá-la em juízo, dispensando o comparecimento pessoal dos divorciandos. Para tanto, como foi dito, a procuração deve conter poderes especiais expressos[7].

O procedimento do pedido de conversão é de jurisdição voluntária e, por essa razão, tem curso durante as férias, não se suspendendo por superveniência delas. Mas, como já dito, pode ser adotada a via administrativa, efetivando-se a conversão em cartório de notas, mediante escritura pública, nos termos do art. 733 do Código de Processo Civil de 2015.

---

[5] *JTJ*, Lex, 213/11.
[6] *RJTJSP*, Lex, 128/170.
[7] *RT*, 553/116, 581/172; *RJTJSP*, Lex, 109/80.

Na conversão *litigiosa*, o juiz conhecerá diretamente do pedido, quando não houver contestação ou necessidade de produzir prova em audiência, e proferirá a sentença em dez dias (Lei do Divórcio, art. 37), diferentemente do que acontece na ação de separação judicial. É que a ação de conversão funda-se precipuamente em prova pré-constituída. Por se tratar de divórcio-remédio, em que não se discute culpa, *não se admite reconvenção* (art. 36), mesmo porque da sentença "*não constará referência à causa que a determinou*" (CC, art. 1.580, § 1º).

Podem ser arguidas, ainda, as objeções a que se refere o art. 337 do Código de Processo Civil de 2015, como a inépcia da inicial e o defeito de representação.

A sentença limitar-se-á à conversão da separação em divórcio.

MARIA BERENICE DIAS[8] considera que a mais significativa alteração trazida pelo novo Código Civil tenha sido, talvez, a de ter permitido a concessão do divórcio sem a prévia partilha dos bens (art. 1.581). Tal explicitação, ao certo, aduz, "veio referendar a posição maciça da jurisprudência. Desde o advento da Constituição Federal, que não impôs qualquer restrição ao admitir a dissolução do casamento pelo divórcio, passaram os juízes a considerar derrogado o impedimento previsto no artigo 31 da Lei do Divórcio, que não admitia a decretação do divórcio sem que estivesse decidida a partilha de bens. Igualmente, o descumprimento das obrigações assumidas na separação (apesar da expressa referência do inciso II do artigo 36) não mais era aceito como fundamento para obstar a conversão da separação em divórcio. Assim, nada mais faz a nova lei do que cristalizar a orientação placitada pela Justiça".

A *4ª Turma do Superior Tribunal de Justiça*, por unanimidade, decidiu que é possível decretar o divórcio na hipótese de falecimento de um dos cônjuges após a propositura da respectiva ação. O colegiado levou em consideração que, ainda em vida e no próprio processo, foi manifestada a anuência com o pedido de separação[9].

11. DIVÓRCIO DIRETO

Como retromencionado (item 6.2), a Emenda Constitucional n. 66/2010 autoriza o divórcio sem o requisito temporal. Confira-se: "*O casamento civil pode ser dissolvido pelo divórcio*". O denominado divórcio direto pode tresdobrar-se em: a) divórcio judicial litigioso; b) divórcio judicial consensual; e c) divórcio

---

[8] Da separação, cit., p. 77.

[9] Processo em segredo de justiça. Disponível no sítio eletrônico do STJ: https://www.stj.jus.br/sites/portalp/Paginas/Comunicacao/Noticias/2024/04062024-Morte-de-conjuge--durante-o-processo-nao-impede-decretacao-do-divorcio-se-houve-concordancia-em-vida.aspx#:~:text=O%20STJ%20decidiu%20que%20%C3%A9,morreu%20ainda%20durante%20o%20processo.

extrajudicial consensual. Em todos eles exige-se apenas a exibição da certidão de casamento.

As questões correlatas, como a guarda e proteção dos filhos, alimentos, partilha dos bens e sobrenome a ser utilizado, podem ser objeto de discussão e contestação, para os fins próprios, sem prejudicar a decretação do divórcio. A partilha dos bens, segundo expressamente dispõe o art. 1.581 do Código Civil, pode ser discutida em outra ocasião.

Nessas questões não se discutirá a causa ou a culpa pelo fim do casamento. No tocante à guarda dos filhos, discutir-se-á apenas o melhor interesse destes, buscando apurar qual dos genitores desfruta de melhores condições para exercê--la. No que tange aos alimentos, importará saber apenas da necessidade de quem os pede e da possibilidade do outro cônjuge. Não se poderá decretar a perda do direito do uso do sobrenome do outro consorte, com base no reconhecimento da culpa, como se verá adiante.

A realidade é que a discussão acerca dessas questões, mesmo afastada a perqui-rição da culpa pelo fracasso do casamento, provoca sempre o retardamento da decretação do divórcio, especialmente quando são interpostos recursos às instâncias superiores. Por essa razão, é conveniente sejam ajuizadas ações distintas: uma, apenas para a decretação do divórcio; e outra, a ser distribuída por dependência, para a discussão das aludidas questões litigiosas, inclusive regulamentação de visitas.

O divórcio direto pode ser *consensual* ou *litigioso*, sendo suficiente, em qual-quer caso, a comprovação da juntada da certidão de casamento, sem qualquer indagação da causa da dissolução.

12. PROCEDIMENTOS DO DIVÓRCIO JUDICIAL E DA SEPARAÇÃO DE CORPOS

No *divórcio direto consensual*, por força do art. 40, § 2º, da Lei do Divórcio, o procedimento adotado era o previsto nos arts. 1.120 a 1.124 do Código de Processo Civil de 1973, observadas ainda as seguintes normas: "(...) II – a petição fixará o valor da pensão do cônjuge que dela necessitar para sua manutenção, e indicará as garantias para o cumprimento da obrigação assumida; (...) IV – a partilha dos bens deverá ser homologada pela sentença do divórcio" (art. 40, § 2º).

Em razão da entrada em vigor da Emenda Constitucional n. 66/2010, foram excluídos os incisos I, que dispunha sobre a comprovação da separação de fato, e III, relativo à produção de prova testemunhal e audiência de ratificação, porque incompatíveis com a supressão das causas subjetivas e objetivas decorrentes da nova redação conferida ao § 6º do art. 226 da Constituição Federal. Aduza-se que o art. 733 do Código de Processo Civil de 2015 autoriza a realização do divórcio consensual por escritura pública.

O procedimento a ser seguido, com a *entrada em vigor do Código de Processo Civil de 2015*, é o previsto nos arts. 731 e s. Dispõe o mencionado dispositivo:

"Art. 731. A homologação do divórcio ou da separação consensuais, observados os requisitos legais, poderá ser requerida em petição assinada por ambos os cônjuges, da qual constarão:

I – as disposições relativas à descrição e à partilha dos bens comuns:

II – as disposições relativas à pensão alimentícia entre os cônjuges;

III – o acordo relativo à guarda dos filhos incapazes e ao regime de visitas; e

IV – o valor da contribuição para criar e educar os filhos.

Parágrafo único. Se os cônjuges não acordarem sobre a partilha dos bens, far-se--á esta depois de homologado o divórcio, na forma estabelecida nos arts. 647 a 658".

"O instituto da audiência de ratificação, previsto para as hipóteses de divórcio judicial consensual, não é mais tido por obrigatório no atual estágio do direito de família constitucional, sobretudo com o advento da Emenda Constitucional n. 66/2010, que consolidou a tendência de simplificação do divórcio, tornando-o um direito potestativo, não subordinado, sequer, a critérios temporais"[10].

O divórcio, amigável ou não, como já foi dito, "*pode ser concedido sem que haja prévia partilha de bens*" (CC, art. 1.581). Nada impede seja esta feita consensualmente, mesmo em partes ideais, estabelecendo-se, após o término do regime de bens entre cônjuges, um condomínio sujeito ao direito das coisas.

Se houver necessidade de ajustes na partilha entre os cônjuges, poderão eles ser efetuados de forma consensual, nos âmbitos judicial ou extrajudicial, e sem a necessidade de uma ação anulatória para tanto. Confira-se:

"A coisa julgada material formada em virtude de acordo celebrado por partes maiores e capazes, versando sobre a partilha de bens imóveis privados e disponíveis e que fora homologado judicialmente por ocasião de divórcio consensual não impede que haja um novo ajuste consensual sobre o destino dos referidos bens, assentado no princípio da autonomia da vontade e na possibilidade de dissolução do casamento até mesmo na esfera extrajudicial, especialmente diante da demonstrada dificuldade do cumprimento do acordo na forma inicialmente pactuada. É desnecessária a remessa das partes a uma ação anulatória quando o requerimento de alteração do acordo não decorre de vício, de erro de consentimento ou quando não há litígio entre elas sobre o objeto da avença, sob pena de injustificável violação aos princípios da economia processual, da celeridade e da razoável duração do processo"[11].

Não havendo mais provas a serem produzidas sobre o tempo da separação, não há necessidade da realização da audiência de ratificação mencionada no art. 40, § 2º, III, da Lei do Divórcio.

---

[10] TJMG, Ap. 1.0134.10.015609-7/001, 1ª Câm., rel. Des. Eduardo Andrade, j. 26-6-2012.

[11] STJ, REsp 1.623.475-PR, 3ª T., rel. Min. Nancy Andrighi, *DJe* 20-4-2018.

A sentença que homologa o divórcio consensual ou recusa a homologação do acordo *é definitiva, dela cabendo apelação voluntária, não havendo a lei estabelecido recurso ex officio. O Ministério Público, contudo, só está legitimado a recorrer quando a sentença homologa pedido de divórcio consensual em que há interesse de incapaz* (CPC/2015, art. 178, II).

A *ação de divórcio é personalíssima e se extingue com a morte do requerente, mesmo pendente recurso para a instância superior.* Já decidiu a propósito o *Superior Tribunal de Justiça que, se ocorre o* "falecimento do varão antes do trânsito em julgado da decisão que concedeu o divórcio, o estado civil do cônjuge sobrevivente é de viúva, não de divorciada"[12].

Como já dito, o divórcio direto consensual entre cônjuges *maiores e capazes* pode, também, ser efetuado administrativamente, por *escritura pública*, como o faculta o art. 733 do Código de Processo Civil de 2015.

O divórcio direto requerido por um só dos cônjuges (*litigioso*) seguirá o procedimento previsto nos arts. 693 a 699 do diploma processual civil de 2015. Nada obsta a iniciativa por aquele que deu causa ao rompimento da convivência familiar.

Tal fato, porém, não o exime das obrigações e responsabilidades com o cônjuge e os filhos.

Afastada a pesquisa da culpa, não se admite a *reconvenção* no divórcio direto, aplicando-se, por analogia, o *caput* do art. 36 da Lei n. 6.515/77.

Como o processo de conhecimento exaure-se com a sentença desconstitutiva do vínculo, não deverá esta antecipar-se quanto à *partilha* dos bens do casal, que ficará reservada ao juízo sucessivo da execução[13].

O *Superior Tribunal de Justiça* já vinha decidindo que o "divórcio direto pode ser concedido sem que haja prévia partilha dos bens" (*Súmula 197*). A referida Corte também decidiu que o separado judicialmente pode optar pelo divórcio direto em vez do divórcio-conversão: "Não impede a lei que o separado judicialmente opte por ajuizar o divórcio direto, ocorrendo os pressupostos deste, até porque não é razoável que o separado de fato lhe tenha direito maior"[14].

---

[12] *Revista Brasileira de Direito de Família*, Síntese-IBDFAM, v. 12, p. 134, em. 1.282.

[13] "Partilha determinada na própria sentença. Desnecessidade de antecipar tal provimento. A partilha reserva-se assim, em todos os seus termos, ao juízo sucessivo da execução, para aquilatar quais bens foram adquiridos, em qual tempo e se houve a conjugação de esforços para obtê-los. Sentença reformada" (TJCE, Ap. 97.06711-7, 2ª Câm. Cív., rel. Des. Stênio Leite Linhares, j. 9-12-1998).

[14] REsp 9.924-MG, 4ª T., *DJU*, 1º-7-1991, p. 9202, Seção I, em. V. ainda: "Divórcio direto. Separação judicial em curso. Irrelevância. Ação embasada na separação de fato do casal há mais de dois anos. Hipóteses totalmente distintas, porquanto na ação de separação litigiosa é discutida a culpa de um dos cônjuges, enquanto que no pedido de divórcio direto basta tão somente a comprovação do lapso temporal exigido. Decreto de extinção afastado" (*JTJ*, Lex, 258/26); "Nada obsta que o separado judicialmente opte por ajuizar

Não constitui óbice à decretação do divórcio direto o descumprimento de obrigações alimentares, devendo tal questão ser resolvida em sede de execução de alimentos.

Por outro lado, admite-se que o pedido de divórcio seja formulado mais de uma vez. O art. 38 da Lei n. 6.515/77, que impedia tal fato, dizendo que "o pedido de divórcio, em qualquer dos seus casos, somente poderá ser formulado uma vez", foi expressamente revogado pela Lei n. 7.841/89. Desse modo, nada obsta a que uma pessoa promova o divórcio quantas vezes quiser e desde que tenha condições de responder pelos encargos legais, uma vez que o art. 1.579 do Código Civil preceitua que "*o divórcio não modificará os direitos e deveres dos pais em relação aos filhos*".

O Código Civil não vincula a produção de efeitos da sentença de divórcio ao seu registro "no Registro Público competente", como o fazia o art. 32 da Lei do Divórcio. Contudo, o art. 1.525, V, do aludido diploma exige que o divorciado instrua o processo de habilitação ao novo casamento com certidão do "*registro da sentença de divórcio*".

Na realidade, *o vínculo matrimonial desconstitui-se pela sentença transitada em julgado, reclamando-se o seu registro apenas para efeitos colaterais*. O oficial do registro civil exigirá prova do registro da sentença, no processo de habilitação, para fins administrativos, ou seja, para evitar que, ao ser feito o registro do novo casamento, ainda não conste dos livros de registro a notícia da desconstituição do anterior, dando a impressão de que teria havido bigamia. Esta, porém, somente ocorrerá se o segundo casamento se realizar antes da sentença definitiva do divórcio, que rompe o primeiro casamento.

Antes de mover a ação de divórcio judicial litigioso, poderá requerer a parte, "*comprovando sua necessidade, a separação de corpos, que será concedida pelo juiz com a possível brevidade*" (CC, art. 1.562). Preleciona, a propósito, Paulo Lôbo[15] que, em virtude do desaparecimento das causas culposas e temporais, por força da nova redação do § 6º do art. 226 da Constituição, o pedido de separação de corpos não mais tem a finalidade de legitimar a saída do cônjuge do lar conjugal, ou para os fins de contagem do tempo para separação consensual (um ano) ou para o divórcio direto (dois anos). Doravante, assume sua característica essencial como providência inevitável quando há ameaça ou consumação de violência física, psicológica ou social de um cônjuge contra o outro ou contra os filhos, para afastá-lo do lar conjugal, por via cautelar. E de acordo com o art. 888, VI, do CPC de 1973, a medida também pode ser autorizada pelo juiz na pendência da ação principal, para o fim do afastamento temporário de um dos cônjuges da morada do casal.

---

o divórcio direto, desde que presentes os pressupostos deste, até porque não é razoável que o separado de fato lhe tenha direito maior" (TJRS, Ap. 70.002.275.998, 7ª Câm. Cív., rel. Des. Brasil Santos, j. 4-4-2001).

[15] Divórcio: alteração constitucional e suas consequências. Portal IBDFAM. Disponível em: <http://www.ibdfam.org.br>. Acesso em 9-7-2010.

13. O USO DO NOME DO CÔNJUGE APÓS O DIVÓRCIO

Já foi dito, no item 7, *retro* (*"O uso do nome do outro cônjuge"*), que o culpado pela dissolução do casamento só pode continuar a usar o sobrenome que adotou quando do casamento se com isso concordar o outro cônjuge. Contudo, mesmo havendo essa oposição, será possível mantê-lo nas hipóteses excepcionadas pelo art. 1.578 do Código Civil.

Também foi mencionado que o Código Civil de 2002 não disciplinou o uso do sobrenome do ex-cônjuge após o divórcio. Tal uso não era permitido, salvo nas três hipóteses reproduzidas no art. 1.578, I a III, do novo Código Civil (*"I – evidente prejuízo para a sua identificação; II – manifesta distinção entre o seu nome de família e o dos filhos havidos da união dissolvida; III – dano grave reconhecido na decisão judicial"*), acrescentadas ao art. 25, parágrafo único, da Lei do Divórcio pela Lei n. 8.408, de 13 de fevereiro de 1992. Impõe-se, frisou-se, concluir que o tema foi exaurido no referido art. 1.578, não mais subsistindo a aludida proibição. Desse modo, havendo divórcio direto, será facultado ao cônjuge manter o sobrenome de casado.

Com a aprovação da Emenda Constitucional n. 66/2010, não poderá haver nenhuma repercussão de eventual culpa na manutenção ou perda do direito de usar o sobrenome de casado após o divórcio. O referido art. 1.578 deve ser tido como revogado, por incompatibilidade com a nova ordem constitucional estabelecida pela "PEC do Divórcio".

Seja como for, o nome incorpora-se à personalidade da pessoa, sendo por isso incluído no rol dos direitos da personalidade disciplinados no Código Civil (arts. 16 a 19) e na Carta Magna (art. 5º, X, quando se refere à "vida privada") e amparado pelo princípio constitucional da dignidade humana (CF, art. 1º, III).

Desse modo, a utilização do sobrenome de casado, após o divórcio, pelo cônjuge, culpado ou não pelo rompimento do casamento, constitui uma faculdade deste, pois está incorporado à sua personalidade.

Decidiu o *Superior Tribunal de Justiça* que: "O fato de a ré ter sido revel em ação de divórcio em que se pretende, também, a exclusão do patronímico adotado por ocasião do casamento não significa concordância tácita com a modificação de seu nome civil, quer seja porque o retorno ao nome de solteira após a dissolução do vínculo conjugal exige manifestação expressa nesse sentido, quer seja porque o efeito da presunção de veracidade decorrente da revelia apenas atinge as questões de fato, quer seja ainda porque os direitos indisponíveis não se submetem ao efeito da presunção da veracidade dos fatos"[16].

---

[16] STJ, 3ª T., rel. Min. Nancy Andrighi, disponível na Revista *Consultor Jurídico* de 3-9-2018.

PROTEÇÃO DA PESSOA DOS FILHOS

> *Sumário*: 14. Proteção à pessoa dos filhos na separação judicial ou divórcio. 14.1. A guarda unilateral. 14.2. A guarda compartilhada. 15. Proteção aos filhos na separação de fato. 16. Direito de visita. 17. A síndrome da alienação parental.

14. PROTEÇÃO À PESSOA DOS FILHOS NA SEPARAÇÃO JUDICIAL OU DIVÓRCIO

O Código Civil, depois de tratar da separação judicial e do divórcio, dedica um capítulo à *proteção da pessoa dos filhos* (arts. 1.583 a 1.590).

Na *separação judicial por mútuo consentimento* ou no *divórcio direto consensual*, observar-se-á o que os cônjuges acordarem sobre a guarda dos filhos, dizia o art. 1.583 em sua redação original, presumindo-se que são os maiores interessados no futuro e bem-estar da prole. Mas o juiz poderá "*recusar a homologação e não decretar a separação*" se não estiverem preservados os interesses dos filhos menores e dos maiores inválidos (CC, arts. 1.574, parágrafo único, e 1.590). Não vale, portanto, o que resolverem contrariamente à ordem pública ou ao interesse dos filhos (*v.* n. 6.8, *retro*).

Não constitui óbice à homologação judicial da separação amigável omissão dos consortes sobre a guarda dos filhos. Nesse caso o juiz, deduzindo que os genitores não chegaram a um consenso a esse respeito, simplesmente homologará a separação por eles requerida. No tocante aos filhos, vinha sendo aplicado, analogicamente, o disposto no art. 1.584 do Código Civil, em sua redação original:

"*Decretada a separação judicial ou o divórcio sem que haja entre as partes acordo quanto à guarda dos filhos, será ela atribuída a quem revelar melhores condições para exercê-la*".

A inovação rompeu com o sistema que vincula a guarda dos filhos menores à culpa dos cônjuges.

Não mais subsiste, portanto, a regra do art. 10 da Lei do Divórcio de que os filhos menores ficarão com o cônjuge que a ela não houver dado causa. Assim, mesmo que a mãe seja considerada culpada pela separação, pode o juiz deferir-lhe a guarda dos filhos menores, se estiver comprovado que o pai, por exemplo, é alcoólatra e não tem condições de cuidar bem deles.

Não se indaga, portanto, quem deu causa à separação e quem é o cônjuge inocente, mas qual deles revela melhores condições para exercer a guarda dos filhos menores, cujos interesses foram colocados em primeiro plano. A solução será, portanto, a mesma se ambos os pais forem culpados pela separação e se a hipótese for de ruptura da vida em comum ou de separação por motivo de doença mental. A regra inovadora amolda-se ao princípio do "melhor interesse da criança", identificado como direito fundamental na Constituição Federal (art. 5º, § 2º), em razão da ratificação pela Convenção Internacional sobre os Direitos da Criança – ONU/89[1].

Desse modo, a Emenda Constitucional n. 66/2010 ("PEC do Divórcio") nenhuma repercussão terá sobre a questão da proteção à pessoa dos filhos no divórcio, uma vez que a culpa, antes mesmo de sua promulgação, já não influenciava no critério de atribuição da guarda dos menores.

Em princípio, a guarda dos filhos constitui direito natural dos genitores. Verificado, porém, que não devem eles permanecer em poder da mãe ou do pai, o juiz deferirá a sua guarda a pessoa "*que revele compatibilidade com a natureza da medida, considerados, de preferência, o grau de parentesco e as relações de afinidade e afetividade*" com os infantes (CC, art. 1.584, § 5º, com a redação dada pela Lei n. 13.058, de 22-12-2014). Destaque-se a importância que o novo diploma confere aos laços de afinidade e de afetividade na fixação da guarda dos menores[2].

Para romper o liame natural existente entre pais e filhos, com o deferimento da guarda a terceiro, é necessário que existam motivos graves que autorizem a medida e atribuam maior vantagem aos filhos.

---

[1] Caio Mário da Silva Pereira, *Instituições*, cit., v. 5, p. 297.

V. a jurisprudência: "No tocante à guarda dos filhos, tem-se entendido que o que deve predominar é o interesse dos menores e, no caso, nada aconselha fiquem eles em poder do pai, mesmo vencedor da lide, por permanecer, via de regra, fora de casa o dia todo, podendo a apelante melhor cuidar da educação e criação dos menores" (*RJTJSP*, Lex, 59/170). "Menor que era criado pelos avós. Pretensão da genitora em tê-lo sob sua responsabilidade. Admissibilidade. Laudo psicológico que indica a conveniência em se manter o infante junto de sua mãe. Circunstância em que a custódia deve a ela ser concedida" (*RT*, 817/367).

[2] "Guarda. Adolescente. Encargo deferido ao irmão mais velho. Admissibilidade. Entidade familiar formada pelos irmãos após o falecimento do pai. Estudos sociais realizados e oitiva dos menores que demonstram a formação de um núcleo coeso que, mesmo com a falta da figura materna, conseguiu superar os desafios típicos da difícil adaptação e convivência, alcançando um nível de solidariedade que repudia fragmentação" (*RT*, 786/268). "Guarda. Requerimento pelo companheiro da mãe. Admissibilidade. Solução que melhor atende aos interesses da criança. Mera regularização da situação de fato existente" (*JTJ*, Lex, 250/199).

No tocante à preferência entre os familiares paternos e maternos, deve-se optar por aquele que ofereça melhores condições de vida e educação para o menor[3]. Sempre que possível, atender-se-á a vontade manifestada pelo próprio menor, quanto à sua conveniência[4].

As referidas disposições sobre guarda dos filhos aplicam-se também em sede de medida cautelar de separação de corpos (art. 1.585) e de invalidade do casamento (art. 1.587).

Deve-se sempre dar primazia aos interesses dos menores. Em questões de família, a autoridade judiciária é investida dos mais amplos poderes. Por isso, o art. 1.586 do Código Civil permite que, a bem deles, o juiz decida de forma diferente dos critérios estabelecidos nos artigos anteriores, desde que comprovada a existência de *motivos graves*. A questão da guarda admite revisão, sempre a bem do menor, com base no princípio *rebus sic stantibus*, não havendo coisa julgada.

Decidiu o *Superior Tribunal de Justiça*, nessa linha, em ação de guarda e regulamentação de visitas movida pelo pai, que não se fazia necessária a apresentação formal de reconvenção, podendo a mãe conseguir a referida guarda por meio de contestação. Frisou o relator que "tanto o pai como a mãe podem exercer de maneira simultânea o direito de ação, pleiteando a guarda da filha menor, sendo que a improcedência do pedido do autor conduz à procedência do pedido de guarda à mãe, restando evidenciada, assim, a natureza dúplice da ação"[5].

A Lei n. 11.698, de 13 de junho de 2008, trouxe profundas alterações na redação dos citados arts. 1.583 e 1.584 do novo diploma, regulamentando a guarda unilateral e a guarda compartilhada.

14.1. A guarda unilateral

Compreende-se por *guarda unilateral*, segundo dispõe o § 1º do art. 1.583 do Código Civil, com a redação dada pela Lei n. 11.698, de 13 de junho de 2008, "*a atribuída a um só dos genitores ou a alguém que o substitua*".

Essa tem sido a forma mais comum: um dos cônjuges, ou alguém que o substitua, tem a guarda, enquanto o outro tem, a seu favor, a regulamentação de

---

[3] *RF*, 230/201. "Guarda. Pedido efetuado pelos avós maternos. Indeferimento. Pleito embasado no fito de propiciar ao neto estudo mais refinado, ante a dificuldade financeira dos pais. Fato que, por si só, não autoriza a entrega da guarda. Possibilidade dos progenitores de fornecer tal ajuda sem a necessidade do deslocamento da guarda. Recurso não provido" (*JTJ*, Lex, 256/180; *RT*, 748/375).

[4] *RT*, 600/172, 611/198, 620/65; 747/253; 758/315.

[5] STJ, 4ª T., rel. Min. Luis Felipe Salomão. Disponível em: <http://www.editoramagister.com>. Acesso em 26-8-2010.

visitas. Tal modalidade apresenta o inconveniente de privar o menor da convivência diária e contínua de um dos genitores. Por essa razão, a supramencionada Lei n. 11.698/2008 procura incentivar a guarda compartilhada, que pode ser requerida por qualquer dos genitores, ou por ambos, mediante consenso, bem como ser decretada de ofício pelo juiz, em atenção a necessidades específicas do filho.

Deve o juiz levar em conta a melhor solução para o *interesse global* da criança ou adolescente, não se olvidando de outros fatores igualmente relevantes como dignidade, respeito, lazer, esporte, profissionalização, alimentação, cultura etc. (ECA – Lei n. 8.069/90, art. 4º).

Oportuno o destaque dado no § 5º do art. 1.583 à regra de que "*a guarda unilateral obriga o pai ou a mãe que não a detenha a supervisionar os interesses dos filhos, e, para possibilitar tal supervisão, qualquer dos genitores sempre será parte legítima para solicitar informações e/ou prestação de contas, objetivas ou subjetivas, em assuntos ou situações que direta ou indiretamente afetem a saúde física e psicológica e a educação dos filhos*".

Estabelece-se, assim, um dever genérico de cuidado material, atenção e afeto por parte do genitor a quem não se atribuiu a guarda, estando implícita a intenção de evitar o denominado "abandono moral". O dispositivo não o responsabiliza civilmente, todavia, pelos danos causados a terceiros pelo filho menor.

14.2. A guarda compartilhada

O art. 1.583, § 1º, do Código Civil, com a redação dada pela Lei n. 11.698/2008, conceitua a guarda compartilhada como "*a responsabilização conjunta e o exercício de direitos e deveres do pai e da mãe que não vivam sob o mesmo teto, concernentes ao poder familiar dos filhos comuns*".

Antes mesmo da mencionada lei já se vinha fazendo referência, na doutrina e na jurisprudência, sobre a inexistência de restrição legal à atribuição da guarda dos filhos menores a ambos os genitores, depois da ruptura da vida conjugal, sob a forma de *guarda compartilhada*. O Estatuto da Criança e do Adolescente dispõe, no art. 1º, "sobre a proteção integral à criança e ao adolescente", indicando no art. 4º que é "dever da família, da comunidade, da sociedade em geral e do Poder Público assegurar, com absoluta prioridade", dentre outros direitos expressamente mencionados, os referentes à "convivência familiar", demonstrando a importância que o aludido diploma confere ao convívio dos infantes com seus pais e sua repercussão sobre o seu desenvolvimento.

Um novo modelo passou, assim, aos poucos, a ser utilizado nas Varas de Família, com base na ideologia da cooperação mútua entre os separandos e divorciandos, com vistas a um acordo pragmático e realístico, na busca do comprometimento de ambos os pais no cuidado aos filhos havidos em comum, para encontrar, juntos, uma solução boa para ambos e, consequentemente, para seus filhos. Tal sistema é muito utilizado nos Estados Unidos da América do Norte com o nome de *joint custody*.

Os casos mais comuns são os de pais que moram perto um do outro, de maneira que as crianças possam ir de uma casa para outra o mais livremente possível; de alternância periódica de casas, em que a criança passa um tempo na casa de um dos pais e um tempo igual na casa do outro; e de permanência com um genitor durante o período escolar e nas férias com o outro.

As Leis n. 11.698/2008 e 13.058/2014 chegaram em boa hora, assegurando "a ambos os genitores responsabilidade conjunta, conferindo-lhes, de forma igualitária, o exercício dos direitos e deveres concernentes à autoridade parental. Não mais se limita o não guardião a fiscalizar a manutenção e educação do filho quando na guarda do outro (CC, art. 1.589). Ambos os pais persistem com todo o complexo de ônus que decorrem do poder familiar, sujeitando-se à pena de multa se agirem dolosa ou culposamente (ECA, art. 249)"[6].

Trata-se, naturalmente, de modelo de guarda que não deve ser imposto como solução para todos os casos, sendo contraindicado para alguns. Sempre, no entanto, que houver interesses dos pais e for conveniente para os filhos, a guarda compartilhada[7] deve ser incentivada. Esta não se confunde com a guarda alternada, em que o filho passa um período com o pai e outro com a mãe. Na guarda compartilhada, a criança tem o referencial de uma casa principal, na qual vive com um dos genitores, ficando a critério dos pais planejar a convivência em suas rotinas quotidianas e, obviamente, facultando-se as visitas a qualquer tempo. Defere-se o dever de guarda de fato a ambos os genitores, importando numa relação ativa e permanente entre eles e seus filhos[8].

---

[6] Maria Berenice Dias, Guarda compartilhada: uma solução para os novos tempos, *Revista Jurídica Consulex*, n. 275, p. 26, publicada em 30-6-2008.

[7] De acordo com Fernando Salzer e Silva, estando os genitores aptos ao exercício do poder familiar e manifestando a vontade de implementar a guarda compartilhada, em homenagem às normas jurídicas, é possível aplicar a regra legal do duplo domicílio, o que enseja a determinação de uma cidade base para a moradia dos filhos. Trata-se de uma tentativa de coibir atos de alienação parental. Fonte: SALZER E SILVA, Fernando. Guarda compartilhada, a regra legal do duplo domicílio dos filhos. *IBDFAM*, 2020. Disponível em: https://ibdfam.org.br/artigos/1524/Guarda+compartilhada%2C+a+regra+legal+do+duplo+domicílio+dos+filhos. Acesso em: jun. 2023.

[8] Sérgio Eduardo Nick, Guarda compartilhada: um novo enfoque no cuidado aos filhos de pais separados ou divorciados, *A nova família*: problemas e perspectivas, p. 127-163; Lia Justiniano dos Santos, Guarda compartilhada, *Revista Brasileira de Direito de Família*, v. 8, p. 155-164.

Dispõe o § 2º do art. 1.583 do Código Civil, com a redação dada pela Lei n. 13.058/2014: *"Na guarda compartilhada, o tempo de convívio com os filhos deve ser dividido de forma equilibrada com a mãe e com o pai, sempre tendo em vista as condições fáticas e os interesses dos filhos".* E o § 3º complementa: *"Na guarda compartilhada, a cidade considerada base de moradia dos filhos será aquela que melhor atender aos interesses dos filhos".*

O aludido dispositivo legal, no § 5º, tendo em vista que o pai ou a mãe que não detenha guarda unilateral são obrigados a supervisionar os interesses dos filhos, permite que qualquer deles solicite informações e/ou prestação de contas *"em assuntos ou situações que direta ou indiretamente afetem a saúde física e psicológica e a educação de seus filhos".*

Preceitua o art. 1.584 do Código Civil, em sua nova redação dada pela Lei n. 11.698/2008:

"Art. 1.584. A guarda, unilateral ou compartilhada, poderá ser:

I – requerida, por consenso, pelo pai e pela mãe, ou por qualquer deles, em ação autônoma de separação, de divórcio, de dissolução de união estável ou em medida cautelar;

II – decretada pelo juiz, em atenção a necessidades específicas do filho, ou em razão da distribuição de tempo necessário ao convívio deste com o pai e com a mãe".

A guarda compartilhada pode ser estabelecida, portanto, mediante consenso ou determinação judicial. Caso não convencionada na ação de separação, divórcio ou dissolução da união estável, pode ser buscada em ação autônoma. Também pode ser requerida por qualquer dos pais em ação própria.

Consoante dispõe ainda o § 2º do dispositivo retrotranscrito, com a redação dada pela Lei n. 14.713/2023, *"quando não houver acordo entre a mãe e o pai quanto à guarda do filho, encontrando-se ambos os genitores aptos a exercer o poder familiar, será aplicada a guarda compartilhada, salvo se um dos genitores declarar ao magistrado que não deseja a guarda da criança ou do adolescente ou quando houver elementos que evidenciem a probabilidade de risco de violência doméstica ou familiar".*

O dispositivo em epígrafe estabelece uma prioridade: se não houver acordo entre os pais, o juiz deve determinar que a guarda seja compartilhada. E abre apenas três exceções: se o pai ou a mãe declararem não desejar a guarda, se um deles não estiver apto para cuidar dos filhos ou se houver elementos que evidenciem a probabilidade de risco de violência doméstica ou familiar.

A propósito, obtempera ANA CAROLINA SILVEIRA AKEL: "Parece-nos uma árdua tarefa e, na prática, um tanto duvidoso que a guarda compartilhada possa ser fixada quando o casal não acorde a esse respeito. Ainda que vise atender ao melhor interesse da criança, o exercício conjunto somente haverá quando os genitores concordarem e entenderem seus benefícios; caso contrário, restaria inócuo"[9].

---

[9] *Guarda compartilhada*: um avanço para a família, p. 126.

Todavia, salientou o *Superior Tribunal de Justiça*, ao apreciar caso de disputa da guarda definitiva, que não era necessário haver consenso dos pais para a aplicação da guarda compartilhada, "pois o foco é o melhor interesse do menor, princípio norteador das relações envolvendo filhos. O entendimento de que é inviável a guarda compartilhada sem consenso fere esse princípio, pois só observa a existência de conflito entre os pais, ignorando o melhor interesse da criança. Não se busca extirpar as diferenças existentes entre o antigo casal, mas, sim, evitar impasses que inviabilizem a guarda compartilhada"[10].

Observa-se que, pelo sistema da Lei n. 11.698/2008, se não houvesse acordo entre o pai e a mãe, a guarda unilateral deveria ser concedida ao genitor que apresentasse "melhores condições" para exercê-la. As Leis n. 13.058/2014 e 14.713/2023 alteraram esse critério, estabelecendo que, quando não houver acordo entre o pai e a mãe, o juiz deve determinar, prioritariamente, que a guarda seja compartilhada, desde que ambos os genitores estejam aptos para cuidar dos filhos e não haja indícios de risco de violência doméstica ou familiar.

Na ação em que um dos genitores reivindica a guarda do filho, verificando o juiz que ambos revelam condições de tê-lo em sua companhia, deve determinar a guarda compartilhada e encaminhar os pais, se necessário, a acompanhamento psicológico ou psiquiátrico (ECA, art. 129, III), para desempenharem a contento tal mister.

Prescreve o § 3º do art. 1.584 do Código Civil, introduzido pela referida Lei n. 11.698/2008, que, "*para estabelecer as atribuições do pai e da mãe e os períodos de convivência sob guarda compartilhada, o juiz, de ofício ou a requerimento do Ministério Público, poderá basear-se em orientação técnico-profissional ou de equipe interdisciplinar*". Por sua vez, a Lei n. 13.058/2014 acrescentou, no final, que a referida orientação "*deverá visar à divisão equilibrada do tempo com o pai e com a mãe*".

Na audiência de conciliação, diz o § 1º, inserido no art. 1.584 pela Lei n. 11.698/2008, "*o juiz informará ao pai e à mãe sobre o significado da guarda compartilhada, a sua importância, a similitude de deveres e direitos atribuídos aos genitores e as sanções pelo descumprimento de suas cláusulas*".

A lei impõe, pois, ao juiz o dever de informar os pais sobre o significado da guarda compartilhada, que traz mais prerrogativas a ambos e faz com que estejam presentes de forma mais intensa na vida dos filhos, garantindo, de forma efetiva, a permanência da vinculação mais estreita dos pais na formação e educação do filho.

Na ação em que um dos genitores reivindica a guarda do filho, verificando o juiz que ambos revelam condições de tê-lo em sua companhia, deve determinar

---

[10] STJ, REsp 1.251.000, 3ª T., rel. Nancy Andrighi, *Revista Consultor Jurídico* de 27-11-2011. No mesmo sentido: TJMG, Ap. 1.0240.10.001634-6/001, 4ª Câm., rel. Des. Dárcio Lopardi Mendes, j. 12-9-2012.

a guarda compartilhada e encaminhar os pais, se necessário, a acompanhamento psicológico ou psiquiátrico (ECA, art. 129, III; CC, art. 1.584, § 3º).

Com o objetivo de evitar a inobservância do que se pactuou, proclama o § 4º do art. 1.584 do Código Civil, também inserido pela Lei n. 13.058/2014, que "*a alteração não autorizada ou o descumprimento imotivado de cláusula de guarda, unilateral ou compartilhada, poderá implicar a redução de prerrogativas atribuídas ao seu detentor*".

Como já mencionado, dispõe o § 5º do art. 1.584, incorporado pela nova lei, que, "*se o juiz verificar que o filho não deve permanecer sob a guarda do pai ou da mãe, deferirá a guarda a pessoa que revele compatibilidade com a natureza da medida, considerados, de preferência, o grau de parentesco e as relações de afinidade e afetividade*".

Não há dúvida de que tal dispositivo se aplica não só à guarda unilateral como também à *compartilhada*, malgrado nenhuma referência a esse respeito tenha sido feita. Observa-se, no entanto, que o parágrafo supratranscrito deve ser interpretado em conjunto com o *caput* do artigo, que assim preceitua: "*A guarda, unilateral ou compartilhada, poderá ser:*".

Os tribunais, com efeito, mesmo antes do novo regramento, têm determinado, em inúmeros casos, a guarda compartilhada de um dos pais com terceira pessoa, ou seja, por exemplo, de um dos genitores com um dos avós, de um dos genitores com tio ou tia do menor, de um dos genitores com a ex-mulher ou ex-companheira daquele genitor, de um dos genitores e terceira pessoa, não parente, mas ligada ao menor por fortes laços de afetividade e afinidade. Confira-se:

"Ação de regularização de guarda de menor impúbere proposta pela avó materna à mãe da criança. Oposição trazida pelo pai. Julgamento de procedência, estabelecendo a guarda compartilhada entre a autora e o opoente. Apelo da ré improvido"[11].

Decisão pioneira da *4ª Turma do Superior Tribunal de Justiça* permitiu que a avó e o tio paternos tivessem a guarda compartilhada de uma adolescente, que convive com eles há 12 anos, desde os quatro meses de vida. Ressaltou o relator que, na verdade, pretendiam eles tão somente consolidar legalmente um fato que já existe, e que "a própria criança expressou o seu desejo de permanecer com os

---

[11] TJSP, Ap. 512.336.460-0, rel. Des. Marco César. No mesmo sentido: "Guarda de menor. Pedido formulado pelo pai. Menor com 5 anos de idade, que vive sob a guarda de fato de uma tia. Interdição da mãe do menor, por deficiência mental. Curadoria exercida pela irmã, guardiã de fato do menor. Concessão da guarda ao pai não recomendada. Manutenção do menor junto à guardiã e à mãe. Solução que melhor atende, no momento, aos interesses do menor" (TJSP, Ap. 111.249-4, relª Desª Zélia Antunes Alves, j. 21-2-2000).

recorrentes, bem como os seus genitores concordam com a guarda pretendida, havendo reconhecimento de que a menor recebe bons cuidados"[12].

Deve-se registrar, por oportuno, que a guarda compartilhada terá influência na responsabilidade civil dos pais por atos dos filhos menores. Segundo a jurisprudência dominante, a responsabilidade dos pais resulta antes da guarda que do poder familiar. Em caso de guarda unilateral, responde somente o genitor que a tem, embora ambos sejam detentores do poder familiar[13]. Como na guarda compartilhada ambos detêm o poder de fato sobre os filhos menores, mantendo--os *sob sua autoridade e em sua companhia* (CC, art. 932, I), respondem solidariamente pelos atos ilícitos dos filhos menores.

O sistema introduzido pela citada Lei n. 13.058/2014 deixa de priorizar a guarda individual. Além de definir o que é guarda unilateral e guarda compartilhada, dá preferência ao compartilhamento (CC, art. 1.584, § 2º), por garantir melhor adequação ao exercício da responsabilidade parental[14] e maior participação de ambos os pais no crescimento e desenvolvimento da prole, uma vez que são os responsáveis por atender ao melhor interesse desta.

O novo modelo de corresponsabilidade, segundo Maria Berenice Dias, "é um avanço, porquanto favorece o desenvolvimento das crianças com menos traumas, propiciando a continuidade da relação dos filhos com seus dois genitores e retirando da guarda a ideia de posse"[15].

"*Qualquer estabelecimento público ou privado é obrigado a prestar informações a qualquer dos genitores sobre os filhos destes, sob pena de multa de R$ 200,00 a R$ 500,00 por dia pelo não atendimento da solicitação*" (CC, art. 1.584, § 6º, de acordo com a Lei n. 13.058/2014). O novo texto do art. 1.585 do Código Civil estabelece que nenhuma decisão sobre guarda de filhos, em sede de medida cautelar, será proferida "*sem a oitiva de ambas as partes perante o juiz*".

Segundo o *Superior Tribunal de Justiça*: "A revelia em ação que envolve guarda de filho, por si só, não implica renúncia tácita do pai ou da mãe em relação à guarda compartilhada, por se tratar de direito indisponível dos pais. Apesar da previsão legal de transação do direito indisponível, não há que se falar em presunção de veracidade dos fatos oriunda da revelia nas ações que envolvem a guarda de filho,

---

[12] STJ, 4ª T., rel. Min. Aldir Passarinho Júnior. Disponível em: <http://www.editoramagister. com>. Acesso em 18-5-2010.

[13] STJ, REsp 540.459-RS, 3ª T., rel. Min. Menezes Direito, j. 18-2-2003; *RJTJSP*, 54/182.

[14] DUQUE, Bruna Lyra. Responsabilidade parental, guarda compartilhada e proteção dos filhos. *Conjur*, 2023. Disponível em: https://www.conjur.com.br/2023-mai-15/bruna-duque-responsabilidade-parental-guarda-compartilhada. Acesso em: jun. 2023.

[15] Guarda compartilhada, cit., p. 26.

resultado da interpretação em conjunto dos arts. 344 e 345 do Código de Processo Civil de 2015. Independentemente da decretação da revelia, a questão sobre a guarda dos filhos deve sempre ser apreciada com base nas peculiaridades do caso concreto, observando-se se realmente será do melhor interesse da criança a fixação da guarda compartilhada. A guarda unilateral somente será fixada se um dos pais declarar que não deseja a guarda, se o juiz entender que um deles não está apto a exercer o poder familiar ou, ainda, em casos excepcionais, em observância ao princípio do melhor interesse da criança e do adolescente"[16].

15. PROTEÇÃO AOS FILHOS NA SEPARAÇÃO DE FATO

O Código Civil não regulamenta a questão da guarda dos filhos nas *separações de fato*, mas a jurisprudência formada com base na Lei do Divórcio utilizava o critério do art. 13, correspondente ao art. 1.586 do novo Código, para solucioná-la em ações de busca e apreensão entre pais separados apenas de fato. Como nenhum tem mais direito do que o outro, pois o poder familiar pertence a ambos, a tendência é manter o *status quo*, deixando-se os filhos com quem se encontram até que, no procedimento da ação de divórcio, o juiz resolva definitivamente a situação, decidindo em favor do que revelar melhores condições para exercer a guarda.

O juiz só estará autorizado a alterar o *statu quo*, na cautelar de busca e apreensão, a bem dos filhos e se o autor comprovar a existência de motivos graves[17].

16. DIREITO DE VISITA

O cônjuge que não ficou com a guarda dos filhos menores tem o direito de *visitá-los*. Dispõe o art. 1.589 do Código Civil: "*O pai ou a mãe, em cuja guarda não estejam os filhos, poderá visitá-los e tê-los em sua companhia, segundo o que*

---

[16] STJ, 3ª T., rel. Min. Marco Aurélio Bellizze, disponível na Revista *Consultor Jurídico* de 11-6-2019.

[17] "Busca e apreensão. Filho que está sob a guarda do pai. Inadmissibilidade da medida se o poder familiar é exercido, concomitantemente, por ambos os genitores. Inexistência, ademais, de prova suficiente de que a permanência da situação representa nocividade ao menor em relação a aspectos educacionais ou quanto à sua formação física e moral" (*RT*, 766/241).

"Busca e apreensão. Guarda. Manutenção da situação de fato. Estando o menor, sob a proteção do pai, em boas condições, e inexistindo indícios de que a situação em que ele se encontra seja prejudicial aos seus interesses, não há que se atribuir à mãe a guarda do filho" (TJSP, AgI 201.724-1, 5ª Câm. Dir. Priv., rel. Des. Marco César, j. 17-2-1994).

acordar com o outro cônjuge, ou for fixado pelo juiz, bem como fiscalizar sua manutenção e educação". Se não houver acordo dos pais, caberá ao juiz a regulamentação das visitas.

Mesmo o cônjuge declarado culpado na ação de separação litigiosa ajuizada antes da EC n. 66/2010, e que não ostentava melhores condições para exercer a guarda dos filhos menores, tem o direito de visitá-los. Na 1ª edição desta obra dissemos ser recomendável que regulamentem os cônjuges, nas *separações por mútuo consentimento*, o direito de visitas, mencionando entendimento jurisprudencial de que o juiz não pode deixar de homologar a separação pelo fato de não terem sido regulamentadas essas visitas aos filhos, pois isso poderá ser feito posteriormente[18].

Dispõe o art. 731, III, do Código de Processo Civil de 2015 que a petição inicial do divórcio ou separação consensuais deve conter "o acordo relativo à guarda dos filhos incapazes e ao regime de visitas".

A Lei n. 11.112, de 13 de maio de 2005, introduziu o § 2º no art. 1.121 do diploma processual de 1973, estatuindo: "Entende-se por regime de visitas a forma pela qual os cônjuges ajustarão a permanência dos filhos em companhia daquele que não ficar com sua guarda, compreendendo encontros periódicos regularmente estabelecidos, repartição das férias escolares e dias festivos".

Depois de homologado o acordo, qualquer desentendimento a respeito do direito de visitas, regulamentado ou não, bem como do exercício da guarda ou da interpretação de cláusulas do acordo, deve ser resolvido em ação própria, e não nos autos de processo já findo[19].

O direito de visitação deve ser entendido como uma obrigação de fazer da guardiã de facilitar, assegurar e garantir a convivência do(a) filho(a) com o não guardião, de modo que ele possa se encontrar com ele(a), manter e fortalecer os laços afetivos, e, assim, atender suas necessidades imateriais, dando cumprimento ao preceito constitucional. Decidiu, a propósito, o *Superior Tribunal de Justiça* que "a transação ou conciliação homologada judicialmente equipara-se ao julgamento de mérito da lide e tem valor de sentença, dando lugar, em caso de descumprimento, à execução da obrigação, podendo o juiz aplicar multa da recalcitrância emulativa. A aplicação das *astreintes* em hipótese de descumprimento do regime de visitas por parte do genitor, detentor da guarda da criança, se mostra um instrumento eficiente, e, também, menos drástico para o bom desenvolvimento da personalidade da criança, que merece proteção integral e sem limitações"[20].

---

[18] *RT*, 400/143, 459/69.
[19] *RT*, 393/191; *RJTJSP*, Lex, 16/328.
[20] STJ, REsp 1.481.531-SP, 3ª T., rel. Min. Moura Ribeiro, j. 16-2-2017.

Tal direito, no entanto, pode ser restringido e até suprimido temporariamente, em situações excepcionais, quando as visitas estiverem sendo comprovadamente nocivas aos filhos.

O *direito de visita*, com efeito, na medida em que se invoca a sua natureza puramente afetiva, "não tem caráter definitivo, devendo ser modificado sempre que as circunstâncias o aconselharem; e também não é absoluto, pois, por humana que se apresente a solução de nunca privar o pai ou a mãe do direito de ver seus filhos, situações se podem configurar em que o exercício do direito de visita venha a ser fonte de prejuízos – principalmente no aspecto moral –, sendo certo que todos os problemas devem ser solucionados à luz do princípio de que é o interesse dos menores o que deve prevalecer"[21].

Nesse diapasão, obtempera EDUARDO DE OLIVEIRA LEITE[22] que o direito de visita não é absoluto nem "sagrado", como afirmava a doutrina mais tradicional, ainda ancorada no sistema clássico e ultrapassado da *pater potestas*. Tal direito, aduz, não tem também caráter definitivo, já que a conduta do genitor visitante é que determinará a permanência ou a continuidade da prerrogativa. Desse modo, conclui, "o direito de visita deve ser estabelecido com base em razões de fato que engajarão a decisão do Juiz. Dentre essas razões priorizar-se-ão a conduta do casal anterior à separação, o grau de afetividade dos mesmos em relação aos filhos, as condições de ordem psicológica e emocional. Em um segundo momento dever--se-á considerar a idade, saúde, sentimentos e necessidades da criança e, quando possível, sua manifestação concreta, mediante consulta e/ou ouvida pessoal. O recurso à pesquisa social deverá acompanhar todas as decisões judiciais, quando o grau de convencimento do Juiz for insuficiente".

O interesse do filho, portanto, em matéria de visita, "é de ordem pública, e deve ser soberanamente apreciado pelo juiz levando-se em consideração três ordens de fatores: o interesse da criança, primordialmente; as condições efetivas dos pais, secundariamente, e, finalmente, o ambiente no qual se encontra inserida a criança. O interesse maior do filho justifica toda e qualquer modificação ou supressão do direito sempre que as circunstâncias o exigirem"[23].

Deve o juiz, destarte, resguardar os filhos menores de todo abuso que possa ser praticado contra eles pelos pais, seja de natureza sexual, seja sob a forma de agressão, maus-tratos, sequestro e outros, afastando o ofensor diante de situações comprovadas ou de flagrantes indícios.

---

[21] Fábio de Mattia, Direito de visita e limites à autoridade paterna, *Enciclopédia Saraiva do Direito*, v. 77, p. 431.

[22] O direito (não sagrado) de visita, *Repertório de jurisprudência e doutrina sobre direito de família*: aspectos constitucionais, civis e processuais, p. 90-91.

[23] Eduardo de Oliveira Leite, O direito, cit., p. 91.

Nessa linha, decidiu o *Tribunal de Justiça de São Paulo* que o direito de visitar o filho é respeitável e digno de proteção, desde que não cause danos e prejuízos a ele. Na hipótese, os vínculos afetivos encontravam-se comprometidos de modo severo, uma vez que o pai era acusado da prática de atos libidinosos em relação à filha, na época com oito anos de idade. Esta prestou depoimento e afirmou que sentia medo do comportamento do pai, que fazia uso imoderado de bebida alcoólica durante as visitas e dirigia o veículo em alta velocidade. O pai alegou que a decisão de primeira instância, que proibiu o contato pessoal entre pai e filha, levaria à extinção do poder familiar. A Turma Julgadora, todavia, entendeu que a visitação integra, mas não esgota, o poder familiar, pois o papel da família é recheado de outros direitos e deveres, entre eles o de respeito e o de socorro. Concluiu o relator: "Não se pode permitir a retomada do regime de visitas diante das graves imputações feitas ao pai, colocando em risco a incolumidade física e emocional da filha adolescente"[24].

A retromencionada Lei n. 11.340, de 7 de agosto de 2006, que criou mecanismos para coibir a violência doméstica e familiar contra a mulher, prevê que *o juiz do Juizado de Violência Doméstica e Familiar contra a Mulher poderá, quando necessário, sem prejuízo de outras medidas protetivas de urgência, aplicar ao agressor a de "restrição ou suspensão de visitas aos dependentes menores, ouvida a equipe de atendimento multidisciplinar ou serviço similar"* (art. 22, IV).

A troca de ofensas entre os pais e a exaltação de ânimos, com risco de agressões físicas, não é, todavia, motivo para se proibirem as visitas do genitor que não ficou com a guarda do filho. A cautela do juiz deve voltar-se para impedir, apenas, que as visitas sejam realizadas na presença de ambos os pais. Nesse sentido, decidiu o *Tribunal de Justiça do Rio Grande do Sul*: "O direito de visitas, mais do que um direito dos pais, constitui direito do filho em ser visitado, garantindo-lhe o convívio com o genitor não guardião a fim de manter e fortalecer os vínculos afetivos. Evidenciado o alto grau de beligerância existente entre os pais, inclusive com denúncias de episódios de violência física, bem como acusações de quadro de síndrome de alienação parental, revela-se adequada a realização das visitas em ambiente terapêutico"[25].

O pai não pode, todavia, ser obrigado a visitar o filho, sob pena de multa. O relacionamento entre pai e filho deve se desenvolver de forma livre e espontânea. *Decidiu o Tribunal de Justiça do Rio Grande do Sul que o meio mais adequado para*

---

[24] TJSP, 4ª Câm. Dir. Priv., rel. Des. Francisco Loureiro, *Revista Consultor Jurídico* de 3-4-2009.
[25] TJRS, AgI 70.028.674.190-Sta. Cruz do Sul, 7ª Câm. Cív., rel. Des. André L. P. Villarinho. No mesmo sentido: TJRS, Ap. 70.016.276.735, 7ª Câm. Cív., rel. Des. Maria Berenice Dias, j. 18-10-2006.

resolver relações de afetividade não é o direito obrigacional, mas o tratamento multidisciplinar. É de pensar, frisou o relator, "qual o ânimo de um pai que vai buscar contato com seus filhos premido exclusivamente pela ameaça de uma multa? Deixará ele perceber a tão desejada afetividade que idealmente deve permear a relação entre pais e filhos? Ou, ao contrário, constrangido pela situação que lhe é imposta, exporá as crianças a situações de risco emocional, ou até físico, como forma de provocar na parte adversa o desejo de vê-lo longe da prole, que é aquilo que, afinal, ele pretende... O resultado: um verdadeiro 'tiro pela culatra', cujas vítimas serão as crianças, pois amor não se compra, nem se impõe"[26].

Não obstante já se tenha decidido que a inadimplência alimentar do genitor constitui causa de suspensão ou exclusão do direito de visitas[27], parece-nos que tal infração deve ser sanada com as medidas judiciais próprias. Razão assiste a Yussef Cahali quando adverte que "o direito de visitas é ao mesmo tempo um dever de visitas, e se revela incompatível com a dignidade das relações familiares a transformação da recusa da visita em exceção de obrigação alimentar não cumprida ou forma (não prevista em lei) de sanção contra o alimentante inadimplente"[28].

Do mesmo modo, não pode o juiz condicionar o direito de visita à elaboração da partilha. Há meios jurídicos próprios para que esta se efetive, não se justificando sua exigência como condição ao direito que o pai tem de visitar o filho[29].

Embora não constasse da Lei n. 6.515/77 nem do Código Civil, a jurisprudência vinha assegurando também aos *avós* o direito de visita aos netos, como imperativo da lei natural de solidariedade familiar e tendo em vista que participam, mesmo indiretamente, da criação e formação destes, com afeto, enlevo e carinho, que ultrapassam o círculo paterno[30].

Em circunstâncias excepcionais, já se reconheceu o direito de visita do *tio*, partindo da noção e da função da família, levando-se ainda em consideração que, no caso, tratava-se de menor órfã de pai e mãe, sob a guarda de tutor[31]. Afirmou-se na ocasião que, "da mesma forma que os avós têm direito a visitas, o tio, quando falecidos os avós e os pais do menor, tem o mesmo direito de conviver com sobrinho". Nesse sentido o *Enunciado n. 333 da IV Jornada de Direito Civil do Conselho da Justiça Federal*: "O direito de visita pode ser estendido aos avós e pessoas com

---

[26] TJRS, AgI 70.051.620.565, 8ª Câm. Cív., rel. Des. Brasil Santos. Disponível em: <http://www.conjur.com.br>. Acesso em 20-2-2013.

[27] *JTJ*, Lex, 184/71.

[28] *Divórcio*, cit., p. 936.

[29] *RJTJSP*, Lex, 67/247.

[30] *RT*, 587/219, 650/77; *JTJ*, Lex, 233/237, 236/137.

[31] *RT*, 562/189, 575/207.

as quais a criança ou adolescente mantenha vínculo afetivo, atendendo ao seu melhor interesse".

Portanto, mesmo sem norma positiva expressa, nosso sistema jurídico assegurava aos avós o salutar direito de visitas aos netos, mediante acordo com os pais ou por regulamentação afeta ao prudente arbítrio do juiz, em razão dos princípios maiores que informam os interesses da criança e do adolescente e para que se preserve sua necessária integração no núcleo familiar e na própria sociedade[32].

A Lei n. 12.398, de 28 de março de 2011, acrescentou parágrafo ao art. 1.589 do Código Civil e modificou o art. 888 do Código de Processo Civil de 1973, para assegurar aos avós, a critério do juiz, o direito de visita aos netos, depois do fim do relacionamento conjugal dos pais da criança ou do adolescente. A referida lei visa coibir a Síndrome da Alienação Parental e foi aprovada com a seguinte justificativa: se os avós têm por obrigação prestar auxílio material ao neto (CC, art. 1.696), o que se dirá do auxílio emocional incluído no convívio familiar. É usual, ao término de um relacionamento conjugal, surgir desavenças e ressentimentos entre o casal e, não raras vezes, a tendência à vingança e represália, acarretando, via de regra, o afastamento da convivência dos filhos com o causador da dor e de seus demais familiares. *Essa situação é conhecida como Síndrome da Alienação Parental.* Nesse cenário, os avós são impedidos, por oposição injustificada, de manter relacionamento afetivo com os netos. A lei em apreço visa solucionar essa questão.

Assim, sendo os avós injustamente impedidos de visitar os netos, poderão requerer a concessão judicial do direito de visita, o qual deve ser deferido pelo magistrado sempre que o seu exercício não causar qualquer inconveniente, de acordo com as circunstâncias de cada caso[33]. Confira-se a jurisprudência:

"Como regra deve ser assegurado aos avós o direito de exercer a visitação em relação aos netos e estes, por sua vez, têm o direito de receber o afeto avoengo, estreitar laços de convivência familiar e ampliar a convivência social, pois os filhos não são propriedade dos pais, mas pessoas titulares de direitos, que merecem ser respeitados, bem como de terem, tanto quanto possível, uma vida saudável e feliz"[34].

"Regulamentação de visitas. Aplicação de multa à mãe por impedir a visitação da avó paterna. Princípio do melhor interesse do menor.

---

[32] Euclides Benedito de Oliveira, Direito de visita dos avós aos netos, *Revista da Associação Paulista do Ministério Público*, n. 46, fev./abr. 2008, p. 67.

[33] Paulo Henrique Donadeli e Rosiane Sasso Rissi, O direito à convivência familiar e o direito de visita dos avós, *Revista Jurídica Consulex*, n. 278, 15-8-2008, p. 43.

[34] TJRS, AP. 70.079.187.480, 7ª Câm. Cív., rel. Des. Sérgio Vasconcellos Chaves, *DJe* 8-4-2019.

Decorrendo de acordo celebrado entre as partes e homologado judicialmente, tem a avó paterna o direito de avistar-se com a neta, acompanhando-lhe a educação e estabelecendo com ela um vínculo afetivo saudável. Não havendo bom relacionamento entre a genitora da menor e a avó paterna e não havendo qualquer impedimento para exercer a visitação, deve ser assegurado a ela o direito de conviver com a neta, inclusive através de aplicação de multa à guardiã por impedir a visitação"[35].

Todavia, havendo motivos sérios e graves que desaconselhem as visitas, o juiz as suspenderá ou restringirá, para o fim de preservar os superiores interesses dos menores.

Preceitua o art. 1.590 do Código Civil que "as disposições relativas à guarda e prestação de alimentos aos filhos menores estendem-se aos maiores incapazes".

Já decidiu o *Tribunal de Justiça de São Paulo* ser admissível pedido de guarda formulado por homossexual, considerando tratar-se de medida de natureza provisória, que pode ser revogada se constatado desvio na formação psicológica da menor[36]. Por sua vez, o *Tribunal de Justiça de Goiás* deferiu pedido de guarda feito pela avó com o propósito de incluir, como sua dependente, neta sobre a qual já exercia guarda de fato, dispensando-lhe assistência material, moral e educacional[37].

O *Tribunal de Justiça de Minas Gerais* decidiu que o pedido de regulamentação de visita, no caso de paternidade socioafetiva, com convivência de cinco anos, estando atualmente o menor em companhia dos pais biológicos, deve ser deferido. Confira-se:

"Com base no princípio do melhor interesse da criança e no novo conceito eudemonista socioafetivo de família consagrado pela Constituição Federal de 1988, o direito de visita, que anteriormente era concebido apenas a quem detinha a guarda ou o poder familiar da criança, deve ser estendido a outras pessoas que com ela possuam relação de amor, carinho e afeto. Assim, considerando que o requerente conviveu com o requerido, menor de idade, durante cinco preciosos anos de sua vida, como se seu pai fosse, não se pode negar o vínculo socioafetivo que os une, advindo daí a fundamentação para o pedido de visita"[38].

---

[35] TJRS, Ap. 70.077.606.226, 7ª Câm. Cív., rel. Des. Sérgio Vasconcellos Chaves, *DJe* 7-11-2018.
[36] *RT*, 747/258.
[37] *RT*, 750/364.
[38] TJMG, Ap. 1.0024.07.803449-3-001, 1ª Câm. Cív., rel. Des. Eduardo Andrade, j. 30-1-2009.

17. A SÍNDROME DA ALIENAÇÃO PARENTAL

A Lei n. 12.318, de 26 de agosto de 2010, visa coibir a denominada *alienação parental*, expressão utilizada por RICHARD GARDNER no ano de 1985 ao se referir às ações de guarda de filhos nos tribunais norte-americanos em que se constatava que a mãe ou o pai de uma criança a induzia a romper os laços afetivos com o outro cônjuge (*"Parental Alienation Syndrome"*). O vocábulo inglês *alienation* significa "criar antipatia", e *parental* quer dizer "paterna".

A situação é bastante comum no cotidiano dos casais que se separam: um deles, magoado com o fim do casamento e com a conduta do ex-cônjuge, procura afastá-lo da vida do filho menor, denegrindo a sua imagem perante este e prejudicando o direito de visitas. Cria-se, nesses casos, em relação ao menor, a situação conhecida como "órfão de pai vivo".

Dispõe o art. 2º da referida Lei:

"Art. 2º Considera-se ato de alienação parental a interferência na formação psicológica da criança ou do adolescente promovida ou induzida por um dos genitores, pelos avós ou pelos que tenham a criança ou adolescente sob a sua autoridade, guarda ou vigilância para que repudie genitor ou que cause prejuízo ao estabelecimento ou à manutenção de vínculos com este.

Parágrafo único. São formas exemplificativas de alienação parental, além dos atos assim declarados pelo juiz ou constatados por perícia, praticados diretamente ou com auxílio de terceiros:

I – realizar campanha de desqualificação da conduta do genitor no exercício da paternidade ou maternidade;

II – dificultar o exercício da autoridade parental;

III – dificultar contato de criança ou adolescente com genitor;

IV – dificultar o exercício do direito regulamentado de convivência familiar;

V – omitir deliberadamente a genitor informações pessoais relevantes sobre a criança ou adolescente, inclusive escolares, médicas e alterações de endereço;

VI – apresentar falsa denúncia contra genitor, contra familiares deste ou contra avós, para obstar ou dificultar a convivência deles com a criança ou adolescente;

VII – mudar o domicílio para local distante, sem justificativa, visando a dificultar a convivência da criança ou adolescente com o outro genitor, com familiares deste ou com avós".

A lei em apreço deixou claro o que caracteriza a alienação parental, transcrevendo uma série de condutas que se enquadram na referida síndrome, sem, todavia, considerar taxativo o rol apresentado. Faculta, assim, o reconhecimento, igualmente, dos atos assim considerados pelo magistrado ou constatados pela perícia. Estendeu ela os seus efeitos não apenas aos pais, mas também aos avós e quaisquer outras pessoas que tenham a guarda ou a vigilância (guarda momentânea) do incapaz. Esclareceu, também, como o Judiciário pode agir para reverter a situação. O juiz pode, por exemplo, afastar o filho do convívio da mãe ou do pai, mudar a guarda e o direito de visita[39] e até impedir a visita. Como última solução, pode ainda destituir ou suspender o exercício do poder parental.

A referida Lei n. 12.318/2010, ao dispor sobre a síndrome da alienação parental, fortaleceu o direito fundamental à *convivência familiar*, regulamentado no Capítulo III do Estatuto da Criança e do Adolescente e que diz respeito ao direito da criança ou adolescente ao convívio com ambos os pais. O art. 4º estabelece o rito procedimental a ser observado, nestes termos:

"*Art. 4º Declarado indício de ato de alienação parental, a requerimento ou de ofício, em qualquer momento processual, em ação autônoma ou incidentalmente, o processo terá tramitação prioritária, e o juiz determinará, com urgência, ouvido o Ministério Público, as medidas provisórias necessárias para preservação da integridade psicológica da criança ou do adolescente, inclusive para assegurar sua convivência com genitor ou viabilizar a efetiva reaproximação entre ambos, se for o caso.*

Parágrafo único. Assegurar-se-á à criança ou adolescente e ao genitor garantia mínima de visitação assistida, ressalvados os casos em que há iminente risco de prejuízo à integridade física ou psicológica da criança ou do adolescente, atestado por profissional eventualmente designado pelo juiz para acompanhamento das visitas."

Ao ser informado de indício de alienação parental, o juiz deverá determinar que uma equipe multidisciplinar realize e conclua uma perícia sobre o caso em até 90 dias.

Após regular o procedimento de apuração da alienação parental, a lei em epígrafe especifica, no art. 6º, as sanções aplicáveis ao agente infrator, *verbis*:

"*Art. 6º Caracterizados atos típicos de alienação parental ou qualquer conduta que dificulte a convivência de criança ou adolescente com genitor, em ação autônoma ou incidental, o juiz poderá, cumulativamente ou não, sem prejuízo da decorrente responsabilidade civil ou criminal e da ampla utilização de instrumentos processuais aptos a inibir ou atenuar seus efeitos, segundo a gravidade do caso:*

I – declarar a ocorrência de alienação parental e advertir o alienador;

II – ampliar o regime de convivência familiar em favor do genitor alienado;

III – estipular multa ao alienador;

---

[39] Em situações em que, para os filhos, a nocividade do contato é devidamente comprovada, é possível impedir o pleno exercício do direito de visita. No Distrito Federal, um juízo entendeu que o contato do pai – acusado de abuso sexual – com o filho deva ocorrer somente pela via virtual. Fonte: CONJUR. Juíza determina que pai tenha apenas contato remoto com o filho. 2023. Disponível em: https://www.conjur.com.br/2023-jan-26/juiza-determina-pai-tenha--apenas-contato-remoto-filho. Acesso em: jun. 2023.

IV – determinar acompanhamento psicológico e/ou biopsicossocial;

V – determinar a alteração da guarda para guarda compartilhada ou sua inversão;

VI – determinar a fixação cautelar do domicílio da criança ou adolescente;

VII – declarar a suspensão da autoridade parental.

Parágrafo único. Caracterizado mudança abusiva de endereço, inviabilização ou obstrução à convivência familiar, o juiz também poderá inverter a obrigação de levar para ou retirar a criança ou adolescente da residência do genitor, por ocasião das alternâncias dos períodos de convivência familiar".

"A prática de atos de *alienação parental* por parte de um dos genitores, inclusive com o claro desinteresse em considerar a gravidade de suas consequências para a formação do menor, enseja a aplicação da medida de reversão da guarda. A regulamentação do direito de visitas deve observar perfeita igualdade de direitos dos genitores, sopesados os superiores interesses do menor, inclusive para preservação dos laços afetivos entre o menor e o genitor que perdeu a guarda"[40].

A lei ora comentada tem mais um caráter educativo, no sentido de conscientizar os pais,[41] uma vez que o Judiciário já vinha tomando providências para proteger o menor, quando detectado um caso da aludida síndrome. No aresto retromencionado, a *2ª Câmara de Direito Civil do Tribunal de Justiça de Santa Catarina*[42], por exemplo, manteve a suspensão de visitas ao pai que praticara alienação parental. Decidiu-se que o pai da criança necessitava de tratamento psicológico antes de voltar a ter permissão para as visitas. Consta do processo que a mãe, ao buscar o filho na creche, teve a criança tirada de seus braços pelo pai, de forma violenta, e, depois disso, ficou durante cinco anos sem ter informações sobre o paradeiro do menor. Durante esse período, o pai passou à criança conceitos distorcidos sobre a figura materna, para obter a exclusividade do seu afeto, com a rejeição da mãe e a manutenção do seu paradeiro em segredo. Após localizar a criança com o auxílio de programas de TV, a mãe obteve a sua guarda provisória e teve conhecimento de que, para não ser encontrado, o pai mudava-se constantemente, tendo passado pela Argentina, Paraguai e Chile, além de cidades do Estado de São Paulo e Barra Velha, em Santa Catarina.

---

[40] TJMG, AC. 1.0024.07.803449-3/001, 1ª Câm. Cív., rel. Des. Eduardo Andrade, j. 30-1-2009.

[41] Visando à preservação dos vínculos afetivos entre pai e filha e para desestimular mudanças de endereço injustificadas, o juízo determinou que a mãe fosse responsável por levar e buscar a criança nos períodos em que o pai conviverá com a filha. Fonte: CONJUR. Mãe que mudou de cidade deve levar e buscar filha em dias de visita ao pai. 2023. Disponível em: https://www.conjur.com.br/2023-jan-07/mae-mudou-cidade-levar-filha-dias-visita-pai. Acesso em: jun. 2023.

[42] TJSC, 2ª Câm. Cív., rel. Des. Nelson Schaeffer Martins. Disponível em: <http://www.editoramagister.com>. Acesso em 9-8-2010.

Jones Figueirêdo Alves preleciona: "Não há como negar a aplicação do dano moral sob esfera do art. 2º da Lei n. 12.318/2010, cumulando-se o pedido da declaração da alienação parental com o de dano moral. Estudo de Pedro Gabriel Arêdes tratou da condenação pelo dano moral em caso de alienação parental comprovada (Âmbito Jurídico, Rio Grande, XIX, n. 155, dez 2016)". Ele destaca: "Também pode haver a cumulação da multa sancionatória do art. 6º, III, da Lei de Alienação Parental, com a condenação por dano moral, no mesmo ato judicial"[43].

O art. 9º da lei que trata da alienação parental, que permitia o uso de mediação extrajudicial, foi vetado pelo Presidente da República, ao fundamento de que a Constituição Federal considera a convivência familiar um direito indisponível da criança e do adolescente. Por essa razão, não comporta nenhuma negociação extrajudicial.

Também o art. 10 da mencionada lei, que previa pena de detenção de seis meses a dois anos para o parente que apresentasse relato falso a uma autoridade judicial ou membro do conselho tutelar que pudesse "ensejar restrição à convivência da criança com o genitor", recebeu o veto presidencial, sob o argumento de que a aplicação da pena traria prejuízos à própria criança ou adolescente e que a inversão da guarda ou suspensão da autoridade parental já são punições suficientes.

A Lei n. 13.431, de 4 de abril de 2017, *estabelece o sistema de garantia de direitos da criança e do adolescente vítima ou testemunha de violência*. São reconhecidos como forma de violência psicológica os atos de alienação parental (art. 4º, II, *b*), sendo assegurado o direito de, por meio do representante legal, pleitear medidas protetivas contra o autor da violência, à luz do disposto no Estatuto da Criança e do Adolescente e na Lei Maria da Penha (art. 6º e parágrafo único).

A Lei Maria da Penha autoriza o juiz a aplicar, além das medidas protetivas elencadas, medidas outras, sempre que a segurança da vítima ou as circunstâncias o exigirem (LMP, art. 22, § 1º). Para garantir a efetividade das medidas protetivas de urgência, pode o juiz requisitar o auxílio da força policial (LMP, art. 22, § 3º). E, a qualquer momento, decretar a prisão preventiva do agressor, de ofício, a requerimento do Ministério Público ou mediante representação da autoridade policial (LMP, art. 20).

O *Estatuto da Criança e do Adolescente, por sua vez, atribui aos pais a obrigação de cumprir e fazer cumprir as determinações judiciais (art. 22)*. Verificada a hipótese de maus-tratos, opressão ou abuso sexual impostos pelos pais ou responsável, a autoridade judiciária pode determinar, como medida cautelar, o afastamento do agressor da moradia comum, além da fixação provisória de alimentos de que

---

[43] Cumulação da declaração de alienação parental com a de dano moral, *Revista IBDFAM*, abr./ maio 2017, edição 32.

necessitem a criança ou o adolescente dependentes do agressor (ECA, art. 130 e parágrafo único). Concedidas essas medidas a título de medida protetiva, o descumprimento pode ensejar a decretação da prisão preventiva (LMP, art. 20, e Lei n. 13.431/2017, art. 6º)[44].

Em caso de alienação parental, a Lei n. 12.318/2010 prevê, expressamente, em seu art. 6º, *caput*, a possibilidade de apurar-se a responsabilidade civil e criminal do genitor alienador. Comprovada a efetiva ocorrência de alienação parental por parte de um dos cônjuges, com a provocação de crises emocionais e psicológicas à criança, admite-se que o outro ajuíze ação de danos materiais e morais, com fulcro no aludido art. 6º, *caput*, da referida lei[45].

O *Superior Tribunal de Justiça* tem interpretado de modo uniforme a legislação, para que as ações sejam resolvidas em benefício da criança. O Min. Villas Bôas Cueva, por exemplo, em 2017, reconheceu a possibilidade de guarda compartilhada mesmo no caso de haver graves desavenças entre o ex-casal, e que a decisão foi uma forma de manter ativos os laços entre pais e filhos após a separação do casal e evitar possíveis casos de alienação parental, aduzindo que, "ao analisar os casos relativos à disputa por guarda dos filhos, o magistrado deve buscar compatibilizar as normas existentes no ordenamento jurídico, a partir dos princípios e valores constitucionais, para que assim, após a ponderação do caso concreto, chegue a um resultado justo à luz do melhor interesse da criança"[46].

Segundo Rolf Madaleno[47], o Direito de Família ainda não está "perigosamente tão flexível, a ponto de gerar uma profunda instabilidade para as famílias recompostas com filhos de relacionamentos anteriores e cuja prole passará a ser segregada, pois, salvo melhor juízo, não pode o Poder Judiciário transformar em parentes socioafetivos todas aquelas pessoas que foram madrastas ou padrastos de filhos dos seus companheiros ou novos cônjuges e, justamente, quando desfeita a relação conjugal, ou a união estável de uma família recomposta".

Aduz o consagrado civilista que um vínculo de afinidade "não pode, unicamente por isto, conferir um vínculo maior do que realmente sempre existiu, de quem sendo madrasta ou padrasto mantém, obviamente, conexões mais próximas com seus enteados ou enteadas, e nem podem padrastos e madrastas serem

---

[44] Maria Berenice Dias, Alienação parental. Motivo para a prisão, *in* Revista *Consultor Jurídico*, 5-4-2018.

[45] TJMS, 1ª Câm. Cív., rel. Des. João Maria Lós, IBDFAM, 18-4-2018, disponível em: <www.ibdfam.org.br>.

[46] STJ, 3ª T., rel. Min. Villas Bôas Cueva, 2017, disponível *in* Revista *Consultor Jurídico* de 10-6-2017.

[47] Rolf Madaleno, A alienação parental da multiparentalidade, *in* Revista *IBDFAM, Famílias e Sucessões*, v. 43, jan.-fev., 2021, p. 26 e 27.

comparados como terceiros estranhos, eis que, ainda que não tenham um vínculo de parentesco genético, não foram pessoas estranhas aos enteados, mas, tampouco se tratam de pessoas que detenham o poder familiar sobre os filhos biológicos de seu consorte ou companheiro, porém, também é certo que algumas destas faculdades contidas no âmbito das responsabilidades parentais terminam sendo confiadas aos padrastos e às madrastas, que são, como largamente referido, parentes por afinidade, e com expressa previsão legal prevendo suas funções e existências, e quando eles mantém os filhos alheios no domicílio familiar, tacitamente estão aceitando uma série de responsabilidades e adquirindo faculdades inerentes à função de padrasto ou de madrasta, mas nem por isso se tornam pais ou mães de seus enteados e enteadas, tal qual o ordenamento jurídico brasileiro tampouco reconhece a possibilidade de delegação das funções parentais a terceiros, com a delegação do poder familiar, afigurando-se pouco espontâneo que casais rompidos e ressentidos busquem justamente na crise e no litígio os elos paternos ou maternos e que na prática jamais exerceram durante a convivência amorosa e familiar, ou que jamais exercerão depois de dissolvida a família mosaica".

Hipótese de *alienação parental*. Constantes alterações do domicílio do filho. Prevalência do princípio do melhor interesse do menor. Direito à convivência e formação do vínculo paterno-filial[48].

"Diferentemente do que ocorre com a guarda compartilhada de filhos, a adoção da curatela compartilhada de pessoa interditada não é obrigatória para o juízo, mesmo que haja pedido dos interessados, uz vez que o artigo 1.775-A do Código Civil estabelece que a Justiça poderá – e não que deverá – fixar o compartimento[49].

---

[48] TJSC, AgIn 5010447-84.2021.8.24.0000-SC, rel. Des. Gerson Cherem, *DJe* 3-9-2021.
[49] STJ, 3ª T., rel. Min. Nancy Andrighi, in *Revista Consultor Jurídico* de 3-8-2021.

Título II
DAS RELAÇÕES DE PARENTESCO

Capítulo I
DISPOSIÇÕES GERAIS

> *Sumário*: 1. Introdução. 2. Relações de parentesco socioafetivas. 3. A multi-parentalidade. 4. O vínculo de parentesco: linhas e graus. 5. Espécies de parentesco.

1. INTRODUÇÃO

As pessoas unem-se em uma família em razão de *vínculo conjugal* ou *união estável*, de *parentesco* por consanguinidade ou outra origem, e da *afinidade*.

CLÓVIS BEVILÁQUA[1] define o parentesco como a relação que vincula entre si as pessoas que descendem do mesmo tronco ancestral.

Para PONTES DE MIRANDA[2], *parentesco* é a relação que vincula entre si pessoas que descendem umas das outras, ou de autor comum (*consanguinidade*), que aproxima cada um dos cônjuges dos parentes do outro (*afinidade*), ou que se estabelece, por *fictio iuris*, entre o adotado e o adotante.

Em sentido estrito, a palavra "parentesco" abrange somente o *consanguíneo*, definido de forma mais correta como a relação que vincula entre si pessoas que descendem umas das outras, ou de um mesmo tronco. Em sentido amplo, no entanto, inclui o parentesco por *afinidade* e o decorrente da *adoção* ou de *outra origem*, como

---

[1] *Código Civil dos Estados Unidos do Brasil comentado*, v. 2, obs. ao art. 330.
[2] *Tratado de direito de família*, v. III, § 201, p. 21.

algumas modalidades de técnicas de reprodução medicamente assistida, que, nos países de língua francesa, é chamada de *procréation médicalement assistée*.

Denominaram-se no direito romano, em outros tempos, *agnatio* (agnação) o parentesco que se estabelece pelo lado masculino, e *cognatio* (cognação) o que se firma pelo lado feminino.

O conhecimento da *relação de parentesco*, como destaca ORLANDO GOMES[3], "reveste-se de grande importância prática, porque a lei lhe atribui efeitos relevantes, estatuindo direitos e obrigações recíprocos entre os parentes, de ordem pessoal e patrimonial, e fixando proibições com fundamento em sua existência. Têm os parentes direito à sucessão e alimentos e não podem casar uns com os outros, na linha reta e em certo grau da colateral. O parentesco é importante ainda em situações individuais regidas por outros ramos do Direito, como o processual e o eleitoral".

Com efeito, a presença de vínculos de parentesco próximo entre as partes e o juiz, ou o serventuário de justiça, acarreta a suspeição destes (CPC/2015, art. 144, III e IV), impede a citação nas hipóteses do art. 244, II, ainda da lei processual, e produz outras consequências de ordem processual. Ademais, no âmbito do direito eleitoral, pode provocar a inelegibilidade do candidato, como sucede nos casos do art. 14, § 7º, da Constituição Federal. Por outro lado, no direito penal, a existência de parentesco entre a vítima e o autor do crime pode acarretar agravação da pena (CP, art. 61, II, *e*), sua isenção e até mesmo exclusão do Ministério Público para oferecimento da denúncia, como ocorre nos casos dos arts. 181 e 182 do Código Penal[4].

Afinidade é o vínculo que se estabelece entre um dos cônjuges ou companheiro e os parentes do outro (sogro, genro, cunhado etc.). A relação tem os seus limites traçados na lei e não ultrapassa esse plano, pois que não são entre si parentes os afins de afins (*affinitas affinitatem non parit*). Tal vínculo resulta exclusivamente do casamento e da união estável.

Dispõe o art. 1.593 do Código Civil que "*o parentesco é natural ou civil, conforme resulte de consanguinidade ou outra origem*". Assim, é *natural* o parentesco resultante de laços de sangue. O *civil* recebe esse nome por tratar-se de uma criação da lei. O emprego da expressão "*outra origem*" constitui avanço verificado no Código Civil de 2002, uma vez que o diploma de 1916 considerava civil apenas o parentesco que se originava da *adoção*.

A inovação teve em vista alcançar, além da adoção, "as hipóteses de filhos havidos por reprodução assistida heteróloga, que não têm vínculo de

---

[3] *Direito de família*, p. 311.

[4] Washington de Barros Monteiro, *Curso de direito civil brasileiro*, 37. ed., v. 2, p. 295.

consanguinidade com os pais. Em razão do art. 227, § 6º, da Constituição Federal, bem como da presunção de paternidade do marido que consente que sua esposa seja inseminada artificialmente com sêmen de terceiro, conforme o art. 1.597, inciso V, a pessoa oriunda de uma das técnicas de reprodução assistida deve ter vínculo de parentesco não só com os pais, mas, também, com os parentes destes, em linha reta e colateral"[5].

Como destaca CAIO MÁRIO DA SILVA PEREIRA, "nova modalidade de filiação adveio, a qual se pode designar 'filiação social', pela qual o marido ou companheiro admite como filho o ente gerado por inseminação artificial"[6]. *Parentesco civil*, portanto, é o resultante da *adoção* ou *outra origem*, como a inseminação artificial.

O art. 227, § 7º, da Constituição Federal, proibindo designações e tratamentos discriminatórios, atribuiu aos filhos adotivos os mesmos direitos e deveres oriundos da filiação biológica. Essa regra foi reafirmada no art. 1.596 do Código Civil de 2002, tendo o aludido diploma ainda unificado a *adoção* para menores e maiores de 18 anos ao estatuir, no art. 1.619, com a redação dada pela Lei da Adoção (Lei n. 12.010, de 3-8-2009), que a medida depende "*da assistência efetiva do Poder Público* e de sentença *constitutiva*".

2. RELAÇÕES DE PARENTESCO SOCIOAFETIVAS

O aludido art. 1.593 do Código Civil, ao utilizar a expressão "*outra origem*", também "abre espaço ao reconhecimento da paternidade desbiologizada ou socioafetiva, em que, embora não existam elos de sangue, há laços de afetividade que a sociedade reconhece como mais importantes que o vínculo consanguíneo"[7].

A doutrina tem, efetivamente, identificado no dispositivo em apreço elementos para que a jurisprudência possa interpretá-lo de forma mais ampla, abrangendo também as relações de parentesco socioafetivas. Nessa linha, LUIZ EDSON FACHIN anota que são elas comuns no Brasil, "e inscrevem-se na realidade segundo a qual uma pessoa é recepcionada no âmbito familiar, sendo neste criada e educada, tal como se da família fosse"[8].

Mais adiante afirma ainda o mencionado autor[9] ser induvidoso ter o Código Civil reconhecido, no art. 1.593, outras espécies de parentesco civil além daquele decorrente da adoção, "acolhendo a paternidade socioafetiva, fundada na posse de

---

[5] Regina Beatriz Tavares da Silva, *Novo Código Civil comentado*, p. 1403.

[6] *Instituições de direito civil*, v. 5, p. 312.

[7] Washington de Barros Monteiro, *Curso*, cit., v. 2, p. 294.

[8] *Comentários ao novo Código Civil*, v. XVIII, p. 18.

[9] *Comentários*, cit., v. XVIII, p. 29.

estado de filho", aduzindo que "essa *verdade socioafetiva* não é menos importante que a *verdade biológica*. A realidade jurídica da filiação não é, portanto, fincada apenas nos laços biológicos, mas na realidade de afeto que une pais e filhos, e se manifesta em sua subjetividade e, exatamente, perante o grupo social e a família".

Nesse sentido, preleciona EDUARDO DE OLIVEIRA LEITE que "a verdadeira filiação – esta a mais moderna tendência do direito internacional – só pode vingar no terreno da afetividade, da intensidade das relações que unem pais e filhos, independente da origem biológico-genética"[10].

Nessa linha, tem o *Superior Tribunal de Justiça proclamado que o vínculo socioafetivo prevalece sobre a verdade biológica*[11] *e que a maternidade socioafetiva deve ser reconhecida, mesmo no caso em que a mãe tenha registrado a filha de outra pessoa como sua*[12].

Todavia, a paternidade socioafetiva, mantida com o pai registral, não afasta os direitos decorrentes da paternidade biológica, sob pena de violar o princípio constitucional da dignidade da pessoa humana. "*Reconhecida a paternidade biológica, prospera a petição de herança, não subsistindo aos sucessores do investigado legitimidade para pugnar pela prevalência da paternidade socioafetiva, sobretudo quando o próprio pai registral concorda com o pleito. Se é o próprio filho quem busca o reconhecimento do vínculo biológico com outrem, porque durante toda a sua vida foi induzido a acreditar em uma verdade que lhe foi imposta por aqueles que o registraram, não é razoável que se lhe imponha a prevalência da paternidade socioafetiva, a fim de impedir sua pretensão, ainda que haja a consequência patrimonial advinda do reconhecimento do vínculo jurídico do parentesco*"[13].

Na *V Jornada de Direito Civil do Conselho da Justiça Federal foi aprovado o Enunciado n. 519, com a seguinte redação:*

---

[10] *Temas de direito de família*, p. 121.

[11] STJ, REsp 1.078.285-MS, 3ª T., rel. Min. Massami Uyeda, *DJ*, 18-8-2010.

[12] STJ, REsp 1.000.356-SP, 3ª T., rel. Min. Nancy Andrighi, j. 25-5-2010.

[13] TJRS, 8ª Câm. Civ., rel. Des. Ricardo Moreira Lins Pastl. Disponível em: <http://www.conjur.com.br>. Acesso em 24-3-2014. *Vide* ainda: "O argumento da prevalência da paternidade socioafetiva em relação à paternidade biológica somente é passível de acolhimento para fins de manutenção do vínculo existente em prol do filho, e não contra este – salvo em circunstâncias muito especiais, quando a relação socioafetiva é consolidada ao longo de toda uma vida, o que não se verifica no caso. Desse modo, na espécie, ainda que o pai registral defenda a manutenção do vínculo socioafetivo existente, não se pode negar à investigante o direito de ter assegurados todos os reflexos do reconhecimento da paternidade biológica, com a devida retificação de seu registro civil e com todas as repercussões daí decorrentes, inclusive as de ordem patrimonial" (TJRS, Ap. 70.057.989.337, 8ª Câm. Cív., rel. Des. Luiz Felipe Brasil Santos, j. 8-5-2014).

"*O reconhecimento judicial do vínculo de parentesco em virtude de socioafetividade deve ocorrer a partir da relação entre pai(s) e filho(s), com base na posse do estado de filho, para que produza efeitos pessoais e patrimoniais*".

"Com base no princípio do melhor interesse da criança e no *novo conceito eudemonista socioafetivo de família consagrado pela Constituição Federal de 1988, o direito de visita*, que anteriormente era concedido apenas a quem detinha a guarda ou o poder familiar da criança, deve ser estendido a outras pessoas que com ela possuam relação de amor, carinho e afeto"[14]. Assim, considerando que, no caso em julgamento, o requerente conviveu com o requerido, menor de idade, durante cinco preciosos anos de sua vida, como se seu pai fosse, proclamou o *Tribunal de Justiça de Minas Gerais* que não se pode negar o vínculo socioafetivo que os une, advindo daí a fundamentação para o pedido de visita.

Há decisões[15] que evidenciam a importância do reconhecimento jurídico da filiação socioafetiva, na qual o filho passa a ocupar posição jurídica condizente com a realidade fática, em franca homenagem ao princípio do melhor interesse da criança e do adolescente.

3. A MULTIPARENTALIDADE

Destaca-se a aceitação, na doutrina e na jurisprudência, da possibilidade de reconhecimento da *dupla parentalidade* ou *multiparentalidade,* baseada na *socio-afetividade.* Por outro lado, têm surgido decisões afastando a escolha entre o vínculo biológico e o socioafetivo, e admitindo a hipótese de a pessoa ter dois pais ou duas mães em seu registro civil. Dentre as que deferiram o duplo registro do menor, em nome da mãe biológica e da mãe socioafetiva, ante o pedido de ambas para que a dupla parentalidade fosse reconhecida, destaca-se a proferida pelo *Tribunal de Justiça de São Paulo*, nestes termos:

"MATERNIDADE SOCIOAFETIVA. Preservação da Maternidade Bioló-gica. Respeito à memória da mãe biológica, falecida em decorrência do parto, e de sua família – Enteado criado como filho desde dois anos de idade – Filiação socioafetiva que tem amparo no art. 1.593 do Código Civil e decorre da posse do estado de filho, fruto de longa e estável convivência, aliada ao afeto e consideração mútuos, e sua manifestação pública, de forma a não deixar dúvida, a quem não

---

[14] TJMG, Ap. 1.0024.07.803449-3/001, 1ª Câm. Civ., rel. Des. Eduardo Andrade, j. 23-1-2014.
[15] SANTOS, Rafa. Juiz atende a pedido de reconhecimento de paternidade socioafetiva. *Conjur,* 2023. Disponível em: https://www.conjur.com.br/2023-jul-12/juiz-atende-pedido-reconhe-cimento-paternidade-socioafetiva. Acesso em: jun. 2023.

conhece, de que se trata de parentes – A formação da família moderna não consanguínea tem sua base na afetividade e nos princípios da dignidade da pessoa humana e da solidariedade"[16].

Na mesma linha, assentou o *Tribunal de Justiça do Distrito Federal*:

"A paternidade socioafetiva é tema recente, construído pela doutrina e pela jurisprudência, as quais informam que essa questão deve ser verificada em cada caso concreto, em suma, à luz de uma prova cabal que demonstre claramente, no mínimo, a chamada 'posse do estado de filho', ainda mais quando, hipoteticamente, considerarmos a possibilidade de alguém vir a ter, também de direito, dois pais, um biológico e socioafetivo, bem como outro somente socioafetivo"[17].

Em Cuiabá, um casal formado por duas mulheres conseguiu na Justiça o direito de registrar o filho biológico de uma delas como tendo duas mães. Elas viviam juntas havia 10 anos e decidiram ter um filho. Uma delas gerou a criança, em comum acordo com a companheira, por meio de fertilização *in vitro*, com sêmen de um doador anônimo. Após o nascimento da criança o casal pleiteou em juízo declaração de que a mulher que não gerou o menino figurasse também como mãe do menor. O juiz da Vara de Família, que deferiu o pedido, frisou que prevalece, *in casu*, não a opção sexual da pretendente à adoção, mas o princípio do melhor interesse da criança e do adolescente, nos termos do art. 43 do Estatuto da Criança e do Adolescente, aduzindo que o menino, além de ter no registro de nascimento o nome das duas mães, passa a ter o sobrenome de ambas[18].

A *multiparentalidade, pois, consiste no fato de o filho possuir dois pais ou mães reconhecidos pelo direito, o biológico e o socioafetivo, em função da valorização da filiação socioafetiva.*

A expressão *socioafetividade* foi utilizada primeiramente por LUIZ EDSON FACHIN, em sua obra *Estabelecimento da filiação e paternidade presumida*, e explicitada e divulgada pelo estudo de JOÃO BAPTISTA VILLELA, publicado na *Revista da Faculdade de Direito*, Universidade Federal de Minas Gerais, em 1979. Envolve ela a realidade vivida por pessoas que estabelecem vínculos de parentesco sem que estejam, necessariamente, ligadas pelos laços biológicos.

Alguns civilistas mostram-se, no entanto, com razão, preocupados com a admissão generalizada da multiparentalidade, que, segundo CARLOS ALBERTO DABUS MALUF e ADRIANA CALDAS DO REGO FREITAS DABUS MALUF, "pode não

---

[16] TJSP, Ap. 0006422-26.2011.8.26.0286-Itu, 1ª Câm. Dir. Priv., rel. Des. Alcides Leopoldo e Silva Júnior, j. 14-8-2012.

[17] TJDF, Ap. 20.120.111.826.426APC, 1ª Turma Cível, rel. Des. Alfeu Machado, j. 22-4-2014.

[18] Cuiabá, 6ª Vara Especializada de Família e Sucessões, Juiz Alberto Pampado Neto. Disponível em: <http://www.conjur.com.br>. Acesso em 5-11-2013.

ser assim tão benéfica, seja à pessoa do filho, seja à própria sociedade, visto que, através desta, poderia o filho pleitear pensão alimentícia de dois pais ou duas mães, aumentando os recursos de sua sobrevivência, e também poderia pleitear direitos sucessórios aumentados, tendo em vista a duplicação de genitores. Entretanto, tendo em vista a bilateralidade das ações de família, o filho também teria dever de sustento de um maior número de genitores, os quais poderiam também requerer a guarda do filho e ainda teriam direitos sucessórios quando de sua pré-morte. Além disso, da relação multiparental defluiriam direitos e deveres oriundos da relação parental, como guarda, amparo, administração de bens e demais decisões de ordem pessoal"[19].

Christiano Cassettari, por sua vez, afirma "ser necessário um estudo minucioso sobre os efeitos jurídicos dessa forma de parentalidade, haja vista que, atualmente, o que se percebe é que os julgados que a reconhecem não explicam quais serão as consequências jurídicas desse reconhecimento". Acredita o mencionado autor, por essa razão, "ser imperioso construir uma teoria geral sobre o tema"[20].

Aduz, ainda, que *vários são os problemas que podem ocorrer com a multiparentalidade, tais como: quem irá autorizar a emancipação e o casamento de filhos menores; quem aprovará o pacto antenupcial do menor; quem representará os absolutamente incapazes e quem assistirá os relativamente; quem irá exercer o usufruto dos pais com relação aos bens dos filhos enquanto menores; quando os filhos menores serão postos em tutela; como será dividida a pensão alimentícia entre os vários pais e se o filho é obrigado a pagar a todos eles; como será feita a suspensão do poder familiar; quem dos vários pais será, também, responsável pela reparação civil prevista no art. 932 do Código Civil; como será contada a prescrição entre pais e filhos e seus ascendentes; e a quem será atribuída a curadoria do ausente.*

Efetivamente, o deferimento da multiparentalidade deve ser reservado para situações especiais, de absoluta necessidade de harmonização da paternidade ou maternidade socioafetivas e biológicas, pelo menos até que a jurisprudência tenha encontrado, com o passar dos anos, solução para as consequências que fatalmente irão advir dessa nova realidade, especialmente a repercussão que a nova situação irá trazer, por exemplo, nas questões relacionadas com o direito a alimentos e sucessórios entre os novos parentes, cujo quadro fica bastante ampliado, bem como com os direitos de convivência, de visita, de guarda e de exercício do poder familiar, entre outros.

---

[19] As relações de parentesco na contemporaneidade, *Revista Nacional de Direito de Família e Sucessões*, Lex Magister e IASP, 2014, p. 125-143.
[20] Multiparentalidade e parentalidade socioafetiva: efeitos jurídicos, *Jornal Carta Forense*, junho/2014, p. A 12.

Sublinhe-se que o nosso direito positivo não confere importância ao denominado "parentesco espiritual" (*spiritualis cognatio*), derivado das qualidades de padrinho ou madrinha e afilhado, cuja existência o direito canônico sempre reconheceu, inclusive como impedimento matrimonial[21].

O *Supremo Tribunal Federal*, em julgamento realizado no dia 21 de setembro de 2016, negou pedido de reconhecimento da preponderância da paternidade socioafetiva sobre a biológica, *fixando tese de repercussão geral* (Tema n. 622) nestes termos: "A paternidade socioafetiva, declarada ou não em registro público, não impede o reconhecimento do vínculo de filiação concomitante baseado na origem biológica, com os efeitos jurídicos próprios". A decisão admitiu a multiparentalidade, com a manutenção dos pais afetivos e biológicos. Proclamou a referida Corte que a existência de pai socioafetivo não tira deveres do pai biológico, como o de pagar alimentos[22].

O posicionamento da *Suprema Corte* impede a aceitação, como regra, da afirmação de que uma modalidade, a paternidade socioafetiva e a biológica, prevalece sobre a outra, indicando que a melhor posição será definida apenas no julgamento do caso concreto. O que restou claro é a possibilidade de se reconhecer a cumulação de uma paternidade socioafetiva concomitantemente com uma paternidade biológica, mantendo-se ambas em determinada situação fática, reconhecendo-se, com isso, a possibilidade da existência jurídica de dois pais ou duas mães.

Nessa linha, proclamou a *3ª Turma do Superior Tribunal de Justiça, em março de 2017, a respeito da socioafetividade,* sendo relator o Ministro Villas Bôas Cueva, que um idoso de quase 70 anos tem o direito de receber herança do pai biológico em ação de reconhecimento recente, mesmo já tendo recebido o patrimônio de seu pai socioafetivo. O referido julgado, além de reconhecer que a afetividade tem valor jurídico e amplos efeitos, também acentuou que a parentalidade socioafetiva encontra-se em posição de igualdade com a biológica.

A fim de sanar as dúvidas e auxiliar nas decisões *a serem tomadas em casos de multiparentalidade,* o Provimento n. 63 da Corregedoria Nacional de Justiça, de 14 de novembro de 2017, institui normas para emissão, pelos cartórios de registro civil, de certidão de nascimento, casamento e óbito, que terão obrigatoriamente o número de CPF. Entre as novas regras encontra-se a possibilidade de reconhecimento voluntário da maternidade e paternidade socioafetiva.

Dentre outros temas, o referido Provimento trata do reconhecimento extrajudicial da parentalidade socioafetiva diretamente no Cartório de Registro Civil.

---

[21] Washington de Barros Monteiro, *Curso*, cit., 37. ed., v. 2, p. 294.
[22] STF, RE 898.060, rel. Min. Luiz Fux, disponível na *Revista Consultor Jurídico*, 22-9-2016.

E confirma a possibilidade de o parentesco resultar de "outra origem" que não a consanguinidade, como consta do art. 1.593 do Código Civil, incluindo-se, na hipótese, a posse de estado de filhos geradora do vínculo socioafetivo. Reconhece--se, ainda, o fato de que "a paternidade socioafetiva, declarada ou não em registro público, não impede o reconhecimento do vínculo de filiação concomitante, baseada na origem biológica, com os efeitos jurídicos próprios", nos termos do estabelecido pelo *Supremo Tribunal Federal* em 2016, quando do julgamento da repercussão geral sobre o tema, retromencionado.

Segundo consta do art. 14 do aludido Provimento n. 63 do CNJ, o reconhecimento voluntário da paternidade ou da maternidade socioafetiva de pessoa de qualquer idade, efetuado perante os Oficiais de Registro Civil das Pessoas Naturais, é irrevogável, somente afastado por declaração judicial que reconheça a presença de vício da vontade. Poderão requerer tal reconhecimento, limitado ao número de dois pais e de duas mães, no máximo, os maiores de dezoito anos de idade, independentemente de seu estado civil, valendo para todos os fins civis, inclusive alimentares e sucessórios[23].

O *Superior Tribunal de Justiça* reconheceu a impossibilidade de reconhecimento *post mortem* da maternidade socioafetiva de filho maior pelo fato de ter ocorrido o seu falecimento e faltar o consenso. Observou a relatora, Min. Nancy Andrighi, que "a imprescindibilidade do consentimento do filho maior para o reconhecimento de filiação *post mortem* decorre da impossibilidade de se alterar, unilateralmente, a verdade biológica ou afetiva de alguém sem que lhe seja dada a oportunidade de se manifestar, devendo ser respeitadas a memória e a imagem póstumas de modo a preservar a história do filho e também de sua genitora biológica"[24].

---

[23] *Vide*, a propósito do tema, decisões do Tribunal de Justiça do Rio Grande do Sul: "Reconhecida a socioafetividade, cabível então a cumulação de vínculos de filiação derivados da afetividade e da consanguinidade, de acordo com a decisão do STF, proferida no Recurso Extraordinário 898.060-SC e da Repercussão Geral 622, segundo a qual 'a paternidade socioafetiva, declarada ou não em registro, não impede o reconhecimento do vínculo de filiação concomitante, baseada na origem biológica, com os efeitos jurídicos próprios'" (Apel. 70.073.977.670, 7ª Câm. Civ., rel. Des. Liselena Schifino Robles Ribeiro, *DJe* 19-2-2018). "Paternidade socioafetiva não impede direito à herança de pai biológico. Não há imoralidade ou ilegitimidade na conduta da autora pelo fato de querer buscar a posição de filha biológica – e seus consectários –, a qual lhe foi suprimida involuntariamente ('adoção à brasileira', levada a efeito por L.B.V.S.), pretendendo recuperar o que lhe é de direito, não havendo razão para se preservar uma filiação cuja manutenção não é desejada, respeitante a um ato de que a filha reconhecida não participou, na medida em que para tanto não externou sua vontade" (Apel. 70.071.160.394, rel. Des. Brasil Santos, disponível na Revista *Consultor Jurídico* de 9-12-2018).

[24] STJ, REsp 1.688.470-RG, 3ª T., rel. Min. Nancy Andrighi, *DJe* 13-4-2018.

Registre-se que a aludida Corte Superior, apreciando outro caso, manteve decisão que permitiu o registro de dupla paternidade sem inclusão do nome da mãe biológica, denegando provimento ao recurso interposto pelo Ministério Público. Afirmou o relator, Min. Paulo de Tarso Sanseverino, em julho de 2019 (número do processo não divulgado em razão de segredo judicial) que, no caso a mãe biológica, irmã de um dos pais, não tem vínculo de parentesco com a criança, filha do pai biológico e filha socioafetiva do seu companheiro, mencionando a evolução jurisprudencial sobre o assunto e o Provimento n. 63 do Conselho Nacional de Justiça, de novembro de 2017, que reconhece a possibilidade do registro com a dupla paternidade, assegurando direitos aos casais homoafetivos. Se o caso fosse iniciado hoje, aduziu, "ele seria resolvido extrajudicialmente. Não havendo vínculo de parentesco com a genitora, há tão somente a paternidade biológica da criança, registrada em seus assentos cartorários, e a pretensão declaratória da paternidade socioafetiva pelo companheiro".

Por sua vez, o *Tribunal de Justiça de Goiás* asseverou:

"1. Na esteira da evolução do direito de família, a doutrina e jurisprudência reconhecem a possibilidade do reconhecimento da parentalidade socioafetiva, consubstanciado no princípio da dignidade humana e proteção à família.

2. Da análise dos elementos probatórios, restou demonstrado nos autos que os falecidos não apenas tratavam a autora publicamente como filha, como externavam a condição de pais e filha, sendo possível o reconhecimento da paternidade/maternidade socioafetiva *post mortem*.

3. A genitora registral da autora declarou que esta foi adotada pelos *de cujus*, pais do requerido/apelante, e que o requerido/apelante nunca exerceu o papel de genitor. Informou, ainda, que não tinha conhecimento do registro de nascimento lavrado, em que constava como genitora da autora/apelada, o que corrobora a tese autoral de que o réu/apelante registrou a autora/apelada como filha de forma ardilosa, a fim de retirar-lhe a condição de filha dos falecidos. Apelação cível conhecida e desprovida"[25].

4. O VÍNCULO DE PARENTESCO: LINHAS E GRAUS

O vínculo de parentesco estabelece-se por *linhas*: reta e colateral, e a contagem faz-se por *graus*. Parentes em *linha reta* são as pessoas que descendem umas das outras, ou, na dicção do art. 1.591 do Código Civil, são "*as pessoas que estão*

---

[25] TJGO, Apel. 03552399520158090087, 6ª Câm. Cív., rel. Des. Sandra Regina Teodoro Reis, j. 3-4-2019.

umas para com as outras na relação de ascendentes e descendentes", tais como *bisavô, avô, pai, filho, neto e bisneto*.

A linha reta é *ascendente* quando se sobe de determinada pessoa para os seus antepassados (do pai para o avô etc.). Toda pessoa, sob o prisma de sua ascendência, tem duas linhas de parentesco: a linha paterna e a linha materna. Essa distinção ganha relevância no campo do direito das sucessões, que adota, para partilhar a herança, o modo denominado "partilha *in lineas*". A linha ascendente, depois de bifurcar-se entre os ascendentes do pai e os ascendentes da mãe, prossegue em sucessivas bifurcações, pois cada pessoa se origina de duas. Por isso, fala-se em "*árvore genealógica*"[26].

A linha reta é *descendente* quando se desce dessa pessoa para os seus descendentes. Tal assertiva igualmente repercute no direito das sucessões, quanto ao modo de partilhar a herança *in stirpes*, tendo em vista que cada descendente passa a constituir uma estirpe relativamente aos seus pais[27].

O parentesco em linha reta produz diversos efeitos importantes, merecendo destaque "o dever de assistir, criar e educar os filhos menores", imposto aos pais pelo art. 229 da Constituição Federal, que também atribui aos filhos maiores o encargo de "ajudar e amparar os pais na velhice, carência ou enfermidade"; o direito deferido aos parentes, no art. 1.694 do Código Civil, de pedirem uns aos outros "*os alimentos de que necessitem para viver de modo compatível com a sua condição social*"; a indicação dos descendentes e ascendentes, no art. 1.829, como sucessores legítimos, e como herdeiros necessários, no art. 1.845; a inclusão da aludida relação no rol dos impedimentos absolutos à realização do casamento, em consequência do vínculo da consanguinidade etc.

São parentes em *linha colateral, transversal* ou *oblíqua* as pessoas que provêm de um tronco comum, "*sem descenderem uma da outra*". É o caso de irmãos, tios, sobrinhos e primos. Na linha reta não há limite, pois a contagem do parentesco é *ad infinitum*; na colateral, este estende-se somente até "*o quarto grau*". Dispõe, com efeito, o art. 1.592 do Código Civil que "*são parentes em linha colateral ou transversal, até o quarto grau, as pessoas provenientes de um só tronco, sem descenderem uma da outra*".

O Código Civil de 2002 reduziu a limitação do parentesco na linha colateral, que no regime anterior alcançava o "sexto" grau. A diminuição para o "*quarto grau*" promove a compatibilização da restrição com a linha sucessória no parentesco colateral, que vai até o quarto grau, como dispõe o art. 1.839 do novel diploma,

---

[26] Paulo Luiz Netto Lôbo, *Código Civil comentado*, v. XVI, p. 18.
[27] Guilherme Calmon Nogueira da Gama, Das relações de parentesco, *Direito de família e o novo Código Civil*, p. 90.

acolhendo "a tendência à limitação dos laços familiares na sociedade moderna, já apontada por CLÓVIS BEVILÁQUA"[28]. Depois desse limite, "presume-se que o afastamento é tão grande que o afeto e a solidariedade não oferecem mais base ponderável para servir de apoio às relações jurídicas"[29].

Dentre outros efeitos do parentesco colateral, assinale-se o que acarreta, até o terceiro grau inclusive, impedimento para o casamento (CC, art. 1.521, IV); a obrigação de pagar alimentos aos parentes necessitados extensiva aos irmãos, que são colaterais de segundo grau (art. 1.697); o chamamento para suceder somente dos colaterais até o quarto grau, no âmbito do direito das sucessões (art. 1.839), bem como a adoção do princípio de que os mais próximos excluem os mais remotos (art. 1.840).

A distância entre dois parentes mede-se por graus. *Grau*, portanto, é a distância em gerações, que vai de um a outro parente. Na *linha reta*, contam-se os graus *"pelo número de gerações"*. Geração é a relação existente entre o genitor e o gerado. Assim, pai e filho são parentes em linha reta em primeiro grau. Já avô e neto são parentes em segundo grau, porque entre eles há duas gerações.

Na *linha colateral* a contagem faz-se também pelo número de gerações. Parte-se de um parente situado em uma das linhas, subindo-se, contando as gerações, até o tronco comum, e descendo pela outra linha, continuando a contagem das gerações, *"até encontrar o outro parente"* (CC, art. 1.594). Trata-se do sistema romano de contagem de graus na linha colateral.

Assim, *irmãos são colaterais em segundo grau*. Partindo-se de um deles, até chegar ao tronco comum conta-se uma geração. Descendo pela outra linha, logo depois de uma geração já se encontra o outro irmão. *Tios e sobrinhos são colaterais em terceiro grau; primos, em quarto. No caso dos primos, cada lado da escala de contagem terá dois graus. Também são colaterais de quarto grau os sobrinhos-netos e tios-avós, hipóteses em que um dos lados da escala terá três graus, e o outro um.*

O parentesco mais próximo na linha colateral é o de segundo grau, existente entre irmãos. *Não há parentesco em primeiro grau na linha colateral,* porque quando contamos uma geração ainda estamos na linha reta. Para a contagem dos graus, como se observa, utiliza-se sistema segundo o qual o ascendente comum não é incluído na contagem – *stipite deempto.*

Denominam-se irmãos *germanos* ou *bilaterais* os que têm o mesmo pai e a mesma mãe; e *unilaterais* os irmãos somente por parte de mãe (uterinos) ou somente por parte do pai (consanguíneos). O Código Civil regulamenta, nos arts. 1.841 a 1.843, os direitos sucessórios dos irmãos germanos e unilaterais.

---

[28] Regina Beatriz Tavares da Silva, *Novo Código Civil comentado*, p. 1402.
[29] Clóvis Beviláqua, *Código Civil*, cit., v. 2, p. 294.

A linha *colateral* pode ser *igual* (como no caso de irmãos, porque a distância que os separa do tronco comum, em número de gerações, é a mesma) ou *desigual* (como no caso de tio e sobrinho, porque este se encontra separado do tronco comum por duas gerações e aquele por apenas uma). Pode ser também *dúplice* ou *duplicada*, como no caso de dois irmãos que se casam com duas irmãs. Neste caso, os filhos que nascerem dos dois casais serão parentes colaterais em linha duplicada.

Observa-se, do exposto, que *família* e *parentesco* são categorias distintas. Obtempera PONTES DE MIRANDA que "o cônjuge pertence à família, e não é parente do outro cônjuge, posto que seja parente afim dos parentes consanguíneos do outro cônjuge. É possível *ação declaratória* do parentesco, ainda que se não alegue ligação a qualquer outro interesse. Basta o interesse mesmo do parentesco"[30].

5. ESPÉCIES DE PARENTESCO

Dispunha o art. 332 do Código Civil de 1916 que o parentesco era *legítimo ou ilegítimo*, segundo procedia ou não de casamento, e *natural ou civil, conforme resultasse de consanguinidade ou adoção. Se, por exemplo, os pais eram casados, os irmãos eram legítimos; se não, eram ilegítimos.*

Tal dispositivo foi expressamente *revogado* pela Lei n. 8.560, de 29 de dezembro de 1992. A intenção do legislador foi adaptar o diploma civil ao art. 227, § 6º, da Constituição Federal, que proclama terem os filhos, havidos ou não da relação do casamento, ou por adoção, os mesmos direitos e qualificações, proibidas quaisquer designações discriminatórias relativas à filiação.

Essa regra foi reproduzida *ipsis litteris* no art. 1.596 do atual Código Civil. Não mais podem, portanto, os filhos ser chamados, discriminatoriamente, de *legítimos, ilegítimos* ou *adotivos*, a não ser em doutrina. Por essa razão ressalva ZENO VELOSO[31], em conhecida obra sobre a filiação e a paternidade, para evitar confusões, que essas denominações tradicionais estão, hoje, proscritas, por força do aludido dispositivo constitucional, e que está usando os mencionados qualificativos "para fins didáticos" e porque o seu trabalho "faz uma análise histórica da questão, passando pelo período em que vigeram a distinção e a classificação dos filhos, felizmente já abolidas em nosso direito".

Malgrado o retrotranscrito art. 1.593 do Código Civil preceitue que o parentesco é natural ou civil, conforme resulte de consanguinidade ou outra origem,

---

[30] *Tratado de direito de família*, cit., v. III, § 201, p. 22.
[31] *Direito brasileiro da filiação e paternidade*, p. 12.

sob o prisma legal não pode haver diferença entre parentesco natural e civil, especialmente quanto à igualdade de direitos e proibição de discriminação. Devem todos ser chamados apenas de *parentes*.

O casamento e a união estável dão origem ao parentesco por afinidade. Cada cônjuge ou companheiro torna-se parente por afinidade dos parentes do outro (CC, art. 1.595). Mesmo não existindo, *in casu*, tronco ancestral comum, contam--se os graus por analogia com o parentesco consanguíneo. Se um dos cônjuges ou companheiros tem parentes em linha reta (pais, filhos), estes se tornam parentes por *afinidade em linha reta* do outro cônjuge ou companheiro. Essa afinidade em linha reta pode ser *ascendente* (sogro, sogra, padrasto e madrasta, que são afins em 1º grau) e *descendente* (genro, nora, enteado e enteada, no mesmo grau de filho ou filha, portanto, afins em 1º grau).

Proclama o § 1º do aludido art. 1.595 do Código Civil que "*o parentesco por afinidade limita-se aos ascendentes, aos descendentes e aos irmãos do cônjuge ou companheiro*". Cunhados (irmãos de um e de outro cônjuge ou companheiro) são *afins na linha colateral* em segundo grau.

A afinidade é um vínculo de ordem jurídica e decorre somente da lei. Essa circunstância vem claramente expressa na língua inglesa, que designa o afim pelo mesmo vocábulo com o qual indica o consanguíneo correspondente, acrescentando--lhe a frase *in law* (segundo a lei). Assim, sogro é chamado *father-in-law* (pai segundo a lei) e cunhado *brother-in-law*[32].

Como a afinidade é relação de natureza estritamente pessoal, cujos limites são traçados na lei, ela não se estabelece entre os parentes dos cônjuges ou companheiros, sendo que os afins de cada um não o são entre si (concunhados não são afins entre si). E, no caso de novo casamento ou união estável, os afins da primeira comunhão de vidas não se tornam afins do cônjuge ou companheiro da segunda.

Dispõe, por sua vez, o § 2º do mencionado art. 1.595 do Código Civil que, "*na linha reta, a afinidade não se extingue com a dissolução do casamento ou da união estável*". Nesse dispositivo se encontra a razão do impedimento matrimonial previsto no art. 1.521, II, do mesmo diploma, que também se aplica à união estável (art. 1.723, § 1º).

Desse modo, rompido o vínculo matrimonial permanecem o sogro ou sogra, genro ou nora ligados pelas relações de afinidade. Significa dizer que, falecendo a esposa ou companheira, por exemplo, o marido ou companheiro continua ligado à sogra pelo vínculo da afinidade. Se se casar novamente, terá duas sogras.

---

[32] Washington de Barros Monteiro, *Curso*, cit., 37. ed., v. 2, p. 299.

Na *linha colateral*, contudo, a morte ou o divórcio de um dos cônjuges ou companheiros faz desaparecer a afinidade. Como o impedimento matrimonial refere-se apenas à linha reta (CC, art. 1.521, II), nada impede, assim, o casamento do viúvo ou divorciado com a cunhada.

Se a dissolução da sociedade conjugal se der pela separação judicial, que não rompe o vínculo, subsiste a afinidade entre o cônjuge separado e os parentes do consorte. Com o divórcio e consequente rompimento do vínculo, não mais persiste a afinidade. O casamento do cônjuge separado judicialmente com a cunhada só poderá realizar-se, pois, após a conversão da separação em divórcio (ou o divórcio direto, para quem, como nós, entende que o divórcio-conversão foi eliminado do nosso ordenamento jurídico pela "PEC do Divórcio").

Nos casos de nulidade ou de anulabilidade, somente persistirá a afinidade se reconhecida a putatividade do casamento. Tendo em vista que o citado art. 1.595 do Código Civil de 2002 incluiu o companheiro no rol dos parentes por afinidade, não pode ele, dissolvida a união estável, casar-se com a filha de sua ex-companheira.

Capítulo II
DA FILIAÇÃO

> *Sumário*: 1. Introdução. 2. Presunção legal de paternidade. 2.1. A presunção *pater is est*. 2.2. A procriação assistida e o Código Civil de 2002. 3. Ação negatória de paternidade e de maternidade. 4. Prova da filiação.

1. INTRODUÇÃO

Filiação é a relação de parentesco consanguíneo, em primeiro grau e em linha reta, que liga uma pessoa àquelas que a geraram, ou a receberam como se a tivessem gerado[1]. *Todas as regras sobre parentesco consanguíneo estruturam-se a partir da noção de filiação, pois a mais próxima, a mais importante, a principal relação de parentesco é a que se estabelece entre pais e filhos*[2].

Em sentido estrito, *filiação* é a relação jurídica que liga o filho a seus pais. É considerada *filiação propriamente dita* quando visualizada pelo lado do filho. Encarada em sentido inverso, ou seja, pelo lado dos genitores em relação ao filho, o vínculo se denomina *paternidade* ou *maternidade*. Em linguagem jurídica, todavia, às vezes "se designa por paternidade, num sentido amplo, tanto a paternidade propriamente dita como a maternidade. É assim, por exemplo, que deve ser entendida a expressão "paternidade responsável" consagrada na Constituição Federal de 1988, art. 226, § 7º"[3].

A Constituição de 1988 (art. 227, § 6º) estabeleceu absoluta igualdade entre todos os filhos, não admitindo mais a retrógrada distinção entre filiação legítima e ilegítima, segundo os pais fossem casados ou não, e adotiva, que existia no Código

---

[1] Silvio Rodrigues, *Direito civil*, v. 6, p. 297.
[2] Zeno Veloso, *Direito brasileiro da filiação e paternidade*, p. 7.
[3] Washington de Barros Monteiro, *Curso de direito civil*, 37. ed., v. 2, p. 305.

284

Civil de 1916. Naquela época, dada a variedade de consequências que essa classificação acarretava, mostrava-se relevante provar e estabelecer a legitimidade.

Filhos *legítimos* eram os que procediam de justas núpcias. Quando não houvesse casamento entre os genitores, denominavam-se *ilegítimos* e se classificavam, por sua vez, em naturais e espúrios. *Naturais*, quando entre os pais não havia impedimento para o casamento. *Espúrios*, quando a lei proibia a união conjugal dos pais. Estes podiam ser *adulterinos*, se o impedimento resultasse do fato de um deles ou de ambos serem casados, e *incestuosos*, se decorresse do parentesco próximo, como entre pai e filha ou entre irmão e irmã.

O Código Civil de 1916 dedicava ainda um capítulo à *legitimação*, como um dos efeitos do casamento. Tinha este o condão de conferir aos filhos havidos anteriormente os mesmos direitos e qualificações dos filhos legítimos, como se houvessem sido concebidos após as núpcias. Dizia o art. 352 do aludido diploma que "os filhos legitimados são, em tudo, equiparados aos legítimos".

Hoje, todavia, todos são apenas filhos, uns havidos fora do casamento, outros em sua constância, mas com iguais direitos e qualificações. O princípio da igualdade dos filhos é reiterado no art. 1.596 do Código Civil, que enfatiza: "*Os filhos, havidos ou não da relação de casamento, ou por adoção, terão os mesmos direitos e qualificações, proibidas quaisquer designações discriminatórias relativas à filiação*".

Observa Caio Mário da Silva Pereira[4] que o legislador de 2002, no que concerne à filiação, reporta-se sempre ao casamento, omitindo as situações oriundas das relações de fato reconhecidas como união estável, hoje entidade familiar protegida pelo Estado, recomendando que se revejam, "de imediato, os princípios que regem as presunções considerando também estas relações de fato geradoras de direitos e deveres".

Malgrado a inexistência, por vedação expressa da lei, de diversidade de direitos, qualificações discriminatórias e efeitos diferenciados pela origem da filiação, estabelece ela, para os filhos que procedem de justas núpcias, uma presunção de paternidade e a forma de sua impugnação; para os havidos fora do casamento, critérios para o reconhecimento, judicial ou voluntário; e, para os adotados, requisitos para a sua efetivação.

2. PRESUNÇÃO LEGAL DE PATERNIDADE

Preleciona Caio Mário que, "não se podendo provar diretamente a paternidade, toda a civilização ocidental assenta a ideia de filiação num 'jogo de

---

[4] *Instituições de direito civil*, v. 5, p. 315.

presunções', a seu turno fundadas numa probabilidade: o casamento pressupõe as relações sexuais dos cônjuges e fidelidade da mulher; o filho que é concebido durante o matrimônio tem por pai o marido de sua mãe. E, em consequência, 'presume-se filho o concebido na constância do casamento'. Esta regra já vinha proclamada no Direito Romano: *pater is est quem justae nuptiae demonstrant*"[5].

Baseado no que normal ou comumente acontece (*quod plerumque accidit*), presume o legislador que o filho da mulher casada foi fecundado por seu marido. Tal presunção visa preservar a segurança e a paz familiar, evitando "que se atribua prole adulterina à mulher casada e se introduza, desnecessariamente, na vida familiar, o receio da imputação de infidelidade"[6].

Já diziam os romanos: *mater semper certa est*. Em regra, o simples fato do nascimento estabelece o vínculo jurídico entre a mãe e o filho. Se a mãe for casada, esta circunstância estabelece, automaticamente, a paternidade: o pai da criança é o marido da mãe, incidindo a aludida presunção *pater is est quem justae nuptiae demonstrant*[7].

2.1. A presunção *pater is est*

O Código Civil, no capítulo concernente à filiação, enumera as hipóteses em que se presume terem os filhos sido concebidos na constância do casamento. Embora tal noção não tenha mais interesse para a configuração da filiação legítima, continua sendo importante para a incidência da presunção legal de paternidade.

Essa presunção, que vigora quando o filho é concebido na constância do casamento, é conhecida, como já dito, pelo adágio romano *pater is est quem justae nuptiae demonstrant*, segundo o qual é presumida a paternidade do marido no caso de filho gerado por mulher casada. Comumente, no entanto, é referida de modo abreviado: presunção *pater is est*.

Dispõe o art. 1.597 do Código Civil que se presumem concebidos na constância do casamento os filhos: "*I – nascidos cento e oitenta dias, pelo menos, depois de estabelecida a convivência conjugal; II – nascidos nos trezentos dias subsequentes à dissolução da sociedade conjugal, por morte, separação judicial, nulidade e anulação do casamento; III – havidos por fecundação artificial homóloga, mesmo que falecido o marido; IV – havidos, a qualquer tempo, quando se tratar de embriões excedentários, decorrentes de concepção artificial homóloga; V – havidos por inseminação artificial heteróloga, desde que tenha prévia autorização do marido*".

---

[5] *Instituições*, cit., v. 5, p. 315.
[6] Silvio Rodrigues, *Direito civil*, v. 6, cit., p. 300.
[7] Zeno Veloso, *Direito brasileiro*, cit., p. 13-14.

Baseiam-se os dois primeiros incisos do aludido dispositivo nos períodos mínimo e máximo de gestação viável. O prazo de cento e oitenta dias começa a fluir não da data da celebração do casamento, mas do momento em que se estabelece a *convivência conjugal* (caso de pessoas que se casam por procuração ou se veem impossibilitadas de iniciar o convívio por algum motivo relevante, como um repentino problema de saúde, p. ex.).

Salienta CAIO MÁRIO que "não cabe discutir se, sob aspecto biológico, o prazo de cento e oitenta dias é bastante para uma gestação a termo. A lei o institui *in favore legitimitatis*, porque a Medicina Legal aponta casos, posto que raros, de um nascimento nesse prazo..."[8].

CLÓVIS BEVILÁQUA[9], em resposta a críticas ao aludido critério, também adotado no Código Civil de 1916, dizia que tais prazos eram devidos à falta de melhor solução da ciência.

A ciência moderna, com seus constantes avanços, autoriza, todavia, outras soluções, uma vez que consegue determinar com precisão a data em que se deu a concepção, com pequenas e desprezíveis diferenças. Por outro lado, o exame de DNA possibilita definir a paternidade com a certeza necessária.

Oportuna e inteiramente pertinente, a propósito, a observação de ZENO VELOSO no sentido de que o teste de DNA "tornou obsoletos todos os métodos científicos até então empregados para estabelecer a filiação. A comparação genética através do DNA é tão esclarecedora e conclusiva quanto as impressões digitais que se obtêm na datiloscopia, daí afirmar-se que o DNA é uma impressão digital genética"[10].

Aduz o emérito civilista paraense, na sequência, que "a possibilidade de utilização deste marcador genético como meio de prova, analisando-se a estrutura genética dos supostos pai e filho, obtendo-se respostas definitivas sobre a alegada relação de parentesco, revolucionou o tema, e o direito de família, quanto a esta questão, não pode continuar sendo o mesmo, baseado em princípios, critérios, presunções e conhecimentos que perderam valor e qualquer sentido diante do fantástico progresso representado por esta nova técnica de comparação de genes".

Assim, pouca ou nenhuma valia terá na prática o aludido inciso I ora comentado.

Não se pode deixar de enfatizar que, todavia, sob o ponto de vista da família socioafetiva prestigiada pela Constituição Federal, "que relativiza a origem biológica, essa presunção não é determinante da paternidade ou da filiação, pois,

---

[8] *Instituições*, cit., v. 5, p. 317.
[9] *Código Civil dos Estados Unidos do Brasil comentado*, v. 2, p. 303.
[10] *Direito brasileiro*, cit., p. 109.

independentemente da fidelidade da mulher, pai é marido ou o companheiro que aceita a paternidade do filho, ainda que nascido antes do prazo de 180 dias do início da convivência, sem questionar a origem genética, consolidando-se o estado de filiação. Não se deve esquecer que a origem dessa presunção, e sua própria razão de ser, antes da Constituição, era a atribuição da legitimidade ou ilegitimidade da filiação"[11].

No inciso II, como as separações judiciais, divórcios e anulações não se resolvem em um dia, é evidente que o prazo deve iniciar-se da *separação de fato*, devidamente comprovada. REGINA BEATRIZ TAVARES DA SILVA[12] destaca esse aspecto, salientando que a separação judicial, a nulidade e a anulação do casamento são, via de regra, precedidas de separação de fato entre os cônjuges, de modo que "não podem os filhos havidos trezentos dias após as sentenças respectivas ser havidos presumivelmente como sendo do marido", aduzindo que, "se o cônjuge simplesmente separado de fato pode constituir união estável (art. 1.723, § 1º), o filho havido da nova relação da mulher, nestas circunstâncias e diante deste dispositivo, será tido presumivelmente como de seu marido". Somente devem permanecer, no seu entender, "as presunções constantes dos incisos I, III, IV e V, com a sua devida renumeração".

Se o filho nascer depois dos trezentos dias, a contar da morte do marido, não o socorrerá a presunção de legitimidade, e, neste caso, aos herdeiros caberá o direito de propor ação impugnativa da filiação. Preceitua, a propósito, o art. 1.598 do Código Civil: "*Salvo prova em contrário, se, antes de decorrido o prazo previsto no inciso II do art. 1.523, a mulher contrair novas núpcias e lhe nascer algum filho, este se presume do primeiro marido, se nascido dentro dos trezentos dias a contar da data do falecimento deste e, do segundo, se o nascimento ocorrer após esse período e já decorrido o prazo a que se refere o inciso I do art. 1.597*".

Trata-se de norma de redação confusa, tendo SILVIO RODRIGUES[13] sugerido, "para clarear o problema, e sua solução", que se figure a seguinte hipótese: "viúva, após sessenta dias do falecimento de seu marido, ingressa em novas núpcias. Nascido filho duzentos dias após o seu casamento, pelo regime do Código de 1916 a criança teria dois pais: o falecido, pois nascida nos trezentos dias seguintes ao seu falecimento (art. 338, II), e o novo marido, uma vez havida nos cento e oitenta dias depois de estabelecida a convivência conjugal (art. 338, I). Resolve o novo Código essa questão, indicando, no caso exemplificado, apenas o falecido como pai presumido, ressalvada, como expresso no texto, a prova em contrário".

---

[11] Paulo Luiz Netto Lôbo, *Código Civil comentado*, v. XVI, p. 49.

[12] *Novo Código Civil comentado*, p. 1407-1408.

[13] *Direito civil*, cit., v. 6, p. 302.

Na mesma linha, sublinha Caio Mário[14] que, para impedir este conflito de presunções (*turbatio sanguinis*), instituiu-se a causa suspensiva do inciso II do art. 1.523 do Código Civil de 2002. Se, não obstante, vier a casar-se a viúva, ou aquela cujo casamento se desfez, aduz, "recorrer-se-á à produção dos meios regulares de prova: exame de DNA, documentos, oitiva de testemunhas. Baldadas as provas, institui o artigo uma presunção, a exemplo do Código Civil Alemão (BGB, art. 1.600): o filho presume-se do primeiro marido, se nascer dentro dos trezentos dias a contar do falecimento dele, ou da anulação do casamento. Será do segundo marido, se ocorrer mais tarde. É a solução que melhor se coaduna com a ciência. O Código atribui a paternidade ao segundo marido, se o nascimento se der depois daquele prazo, porém depois de decorridos cento e oitenta dias de seu casamento. A solução é, de certo modo, arbitrária, mas não aberra das presunções instituídas em favor da legitimidade".

Somente incide a presunção *pater is est* se houver *convivência* do casal. Com o desenvolvimento da ciência e a possibilidade de se realizarem exames que apurem a paternidade com certeza científica, especialmente por meio de DNA, cuja molécula contém o código genético pela herança cromossômica de cada indivíduo, prevalecerá a verdade biológica.

A presunção de concepção dos filhos na constância do casamento prevista no art. 1.597, II, do Código Civil, se estende à união estável. O entendimento manifestado pelo *Superior Tribunal de Justiça, com a seguinte fundamentação*: "Assim, admitida pelo ordenamento jurídico pátrio (art. 1.723, do CC), inclusive pela CF (art. 226, § 3º), a união estável e reconhecendo-se nela a existência de entidade familiar, *aplicam-se-lhe as disposições contidas no art. 1.597, II, do CC*"[15].

2.2. A procriação assistida e o Código Civil de 2002

O art. 1.597 do Código Civil prevê, nos incisos III, IV e V, mais três hipóteses de presunção de filhos concebidos na constância do casamento, todas elas vinculadas à reprodução assistida. A doutrina tem considerado tais presunções adequadas aos avanços ocorridos nessa área. O inciso III do aludido dispositivo faz incidir a presunção de filhos concebidos na constância do casamento nos "*havidos por fecundação artificial homóloga, mesmo que falecido o marido*".

O vocábulo *fecundação* indica a fase de reprodução assistida consistente na fertilização do óvulo pelo espermatozoide. A fecundação ou inseminação

---

[14] *Instituições*, cit., v. 5, p. 319-320.
[15] STJ, REsp 1.194.059-SP, 3ª T., rel. Min. Massami Uyeda, j. 6-11-2012. Precedentes citados: STF, ADPF 132-RJ, *DJE*, 14-10-2011; STJ, REsp 1.263.015-RN, *DJE*, 26-6-2012; REsp 646.259-RS, *DJE*, 24-8-2010.

homóloga é realizada com sêmen originário do marido. Neste caso o óvulo e o sêmen pertencem à mulher e ao marido, respectivamente, pressupondo-se, *in casu*, o consentimento de ambos. A fecundação ou inseminação artificial *post mortem* é realizada com embrião ou sêmen conservado, após a morte do doador, por meio de técnicas especiais[16].

Na *Jornada de Direito Civil realizada no Superior Tribunal de Justiça no mês de junho de 2002, aprovou-se proposição para que se interprete o inciso III do citado art. 1.597 no sentido de ser obrigatório, para que se presuma a paternidade do marido falecido, "que a mulher, ao se submeter a uma das técnicas de reprodução assistida com o material genético do falecido, esteja ainda na condição de viúva, devendo haver ainda autorização escrita do marido para que se utilize seu material genético após sua morte".*

Adverte CAIO MÁRIO[17] que não se pode falar em direitos sucessórios daquele que foi concebido por inseminação artificial *post mortem*, uma vez que a transmissão da herança se dá em consequência da morte (CC, art. 1.784) e dela participam as *"pessoas nascidas ou já concebidas no momento da abertura da sucessão"* (art. 1.798). Enquanto não houver uma reforma legislativa, até mesmo para atender ao princípio constitucional da não discriminação de filhos, caberá à doutrina e à jurisprudência fornecer subsídios para a solução dessa questão.

Dispõe o inciso IV do art. 1.597 do Código Civil que se presumem filhos aqueles *"havidos, a qualquer tempo, quando se tratar de embriões excedentários, decorrentes de concepção artificial homóloga".*

Preleciona REGINA BEATRIZ TAVARES DA SILVA[18], forte nas lições de MONICA SARTORI SCARPARO e JOAQUIM JOSÉ DE SOUZA DINIZ sobre fertilização assistida, que *embrião* é o ser oriundo da junção de gametas humanos, sendo que há basicamente dois métodos de reprodução artificial: a fertilização *in vitro*, na qual o óvulo e o espermatozoide são unidos numa proveta, ocorrendo a fecundação fora do corpo da mulher, e a inseminação artificial, consistente na introdução de gameta masculino, por meio artificial, no corpo da mulher, esperando-se que a própria natureza faça a fecundação. O embrião é excedentário quando é fecundado fora do corpo (*in vitro*) e não é introduzido prontamente na mulher, sendo armazenado por técnicas especiais.

Considera-se embrião, diz PAULO LUIZ NETTO LÔBO, "o ser humano durante as oito primeiras semanas de seu desenvolvimento intrauterino, ou em proveta e

---

[16] Washington de Barros Monteiro, *Curso*, cit., 37. ed., v. 2, p. 307; Caio Mário da Silva Pereira, *Instituições*, cit., v. 5, p. 318.

[17] *Instituições*, cit., v. 5, p. 318.

[18] *Novo Código*, cit., p. 1408.

depois no útero, nos casos de fecundação *in vitro*, que é a hipótese cogitada no inciso IV do artigo sob comento"[19]. Segundo o mencionado autor, o Código Civil não define a partir de quando se considera embrião, *mas a Resolução 1.358/92, do Conselho Federal de Medicina, indica que, "a partir de 14 dias, tem-se propriamente o embrião, ou vida humana. Essa distinção é aceita em vários direitos estrangeiros, especialmente na Europa".*

Apenas é admitida a concepção de embriões excedentários "se estes derivarem de fecundação homóloga, ou seja, de gametas da mãe e do pai, sejam casados ou companheiros de união estável. Por consequência, está proibida a utilização de embrião excedentário por homem e mulher que não sejam os pais genéticos ou por outra mulher titular de entidade monoparental. O que ocorrerá, contudo, se a vedação for descumprida e ocorrer a concepção no útero da mulher que não seja a mãe genética? O filho será juridicamente daquela e, no caso de par casado, do marido, neste caso em virtude do princípio *pater is est* e da presunção de maternidade da mulher parturiente, além da circunstância de não ter o Brasil, ao lado da maioria dos países, acolhido o uso instrumental do útero alheio, sem vínculo de filiação (popularmente conhecido como 'barriga de aluguel')"[20].

A Resolução 1.957, de 2010, do Conselho Federal de Medicina, que revogou a Resolução 1.358, de 2002, prescreve que as clínicas, centros ou serviços de reprodução humana podem usar técnicas de reprodução assistida para criarem a situação identificada como gestação de substituição (barriga de aluguel), "desde que exista um problema médico que impeça ou contraindique a gestação na doadora genética". Na sequência, proclama a referida Resolução que "as doadoras temporárias do útero devem pertencer à família da doadora genética, num parentesco até o segundo grau, sendo os demais casos sujeitos à autorização do Conselho Regional de Medicina", frisando, ainda, que "a doação temporária do útero não poderá ter caráter lucrativo ou comercial".

O juiz da 4ª Vara da Família de Cuiabá garantiu a um casal, em ação reivindicatória de paternidade e maternidade, com pedido de antecipação de tutela, o direito de registrar um filho biológico que estava sendo gerado em barriga de aluguel. Entendeu o magistrado que, em princípio, a fecundação artificial homóloga não fere os princípios jurídicos, uma vez que o filho terá os componentes

---

[19] *Código Civil*, cit., v. XVI, p. 51-52.

[20] Paulo Luiz Netto Lôbo, *Código Civil*, cit., v. XVI, p. 52. Aduz o mencionado autor: "Com a natureza de norma ética, dirigida à conduta profissional dos médicos, a Resolução n. 1.358 de 1992, do Conselho Federal de Medicina, admite a cessão temporária do útero, sem fins lucrativos, desde que a cedente seja parente colateral até o segundo grau da mãe genética. Na Alemanha, a legislação de 1997, que deu nova redação ao art. 1.591 do Código Civil, decidiu-se pela mãe parturiente. Somente ela tem relação física e psicológica com a criança durante a gravidez e diretamente depois do parto".

genéticos do marido e da mulher. O *Conselho Federal de Medicina exige que a coleta do material, a utilização e o destino tenham a concordância prévia e expressa dos interessados – o que foi devidamente cumprido pelos autores da ação*[21].

A mencionada *Jornada de Direito Civil, realizada em Brasília em junho de 2002, aprovou proposição no sentido de que*, "finda a sociedade conjugal, na forma do art. 1.571, deste Código, a regra do inciso IV somente poderá ser aplicada se houver autorização prévia, por escrito, dos ex-cônjuges, para a utilização dos embriões excedentários, só podendo ser revogada até o início do procedimento de implantação destes embriões".

Por fim, o inciso V do art. 1.597 presume concebidos na constância do casamento os filhos "*havidos por inseminação artificial heteróloga, desde que tenha prévia autorização do marido*".

Ocorre tal modalidade de inseminação quando é utilizado "sêmen de outro homem, normalmente doador anônimo, e não o do marido, para a fecundação do óvulo da mulher. A lei não exige que o marido seja estéril ou, por qualquer razão física ou psíquica, não possa procriar. A única exigência é que tenha o marido previamente autorizado a utilização de sêmen estranho ao seu. A lei não exige que haja autorização escrita, apenas que seja 'prévia', razão por que pode ser verbal e comprovada em juízo como tal"[22].

A presunção em apreço visa, segundo Maria Helena Diniz[23], impedir o marido de desconhecer a paternidade do filho voluntariamente assumido ao autorizar a inseminação heteróloga de sua mulher. A paternidade, então, "apesar de não ter componente genético, terá fundamento moral, privilegiando-se a relação socioafetiva". Se o marido "anuiu na inseminação artificial heteróloga, será o pai legal da criança assim concebida, não podendo voltar atrás, salvo se provar que, na verdade, aquele bebê adveio da infidelidade de sua mulher (CC, arts. 1.600 e 1.602)". A impugnação da paternidade "conduzirá o filho a uma paternidade incerta, devido ao segredo profissional médico e ao anonimato do doador do sêmen inoculado na mulher. Por isso, há quem ache, como Holleaux, que tal anuência só será revogável até o momento da inseminação; feita esta não poderá desconhecer a paternidade do filho de sua esposa".

Aduz a mencionada civilista paulista que, "se se impugnar fecundação heteróloga consentida, estar-se-á agindo deslealmente, uma vez que houve deliberação comum dos consortes, decidindo que o filho deveria nascer. Esta foi a razão do art. 1.597, V, que procurou fazer com que o princípio de segurança das relações

---

[21] *Revista Consultor Jurídico*, de 17-7-2012.

[22] Paulo Luiz Netto Lôbo, *Código Civil*, cit., v. XVI, p. 53.

[23] *Curso de direito civil brasileiro*, v. 5, p. 380.

jurídicas prevalecesse diante do compromisso vinculante entre cônjuges de assumir paternidade e maternidade, mesmo com componente genético estranho, dando-se prevalência ao elemento institucional e não ao biológico".

Na esteira desse entendimento, salienta ZENO VELOSO[24] que "é princípio universalmente seguido o de que o marido que teve conhecimento e consentiu na inseminação artificial com esperma de um terceiro não pode, depois, impugnar a paternidade... Seria antijurídico, injusto, além de imoral e torpe, que o marido pudesse desdizer-se e, por sua vontade, ao seu arbítrio, desfazer um vínculo tão significativo, para o qual aderiu, consciente e voluntariamente".

Decisão proferida pelo juiz da Vara das Sucessões e Registros Públicos de Florianópolis reconheceu a paternidade e a maternidade pretendidas por um casal em relação a uma criança nascida por inseminação heteróloga (gerada com o sêmen do pai e o óvulo de uma doadora anônima), que se desenvolveu em útero de outra mulher, irmã do pai. *Para resolver a questão o magistrado invocou os princípios constitucionais da dignidade humana e o da igualdade entre homens e mulheres, aplicando ainda, por analogia, o retrotranscrito art. 1.597, V, do Código Civil*[25].

Em regra, a presunção de paternidade do art. 1.597 do Código Civil é *juris tantum*, admitindo prova em contrário. Pode, pois, ser elidida pelo marido, mediante ação negatória de paternidade, que é imprescritível (art. 1.601). Não incidirá se o filho nascer antes de a convivência conjugal completar cento e oitenta dias. O Código Civil de 1916, todavia, considerava absoluta tal presunção, inadmitindo contestação quando o filho nascia antes do referido prazo e o marido, antes de casar, tivera ciência da gravidez da mulher ou assistira a lavrar-se o termo de nascimento, sem contestar a paternidade (art. 339, I e II).

O atual Código Civil optou pelo critério biológico, suprimindo as limitações à contestação. A justificativa para a supressão do dispositivo que, no Projeto, reproduzia o mencionado art. 339 foi a seguinte: "Correto, porém, o entendimento de não mais coadunar-se o dispositivo com a atual evolução do Direito de Família, a substituir a verdade ficta pela verdade real, amparado pelo acesso aos modernos meios de produção de prova. Hão de prevalecer os legítimos interesses do menor quanto à sua verdade real biológica..."[26].

Compreensível, desse modo, não bastar "*a confissão materna para excluir a paternidade*" (art. 1.602), nem "*o adultério da mulher, ainda que confessado*" (art. 1.600). Com efeito, *a confissão não vale quanto a direitos indisponíveis (CPC/2015,*

---

[24] *Direito brasileiro*, cit., p. 150-151.

[25] Vara das Sucessões e Registros Públicos, Comarca de Florianópolis-SC, Juiz Gerson Cherem II. Disponível em: <http://www.editoramagister.com>. Acesso em 16-8-2010.

[26] *Relatório Geral da Comissão Especial do Código Civil*, p. 69.

art. 392). E o reconhecimento da filiação tem essa natureza. A confissão da mulher não é suficiente para ilidir a presunção "porque pode ser produto de interesses materiais, e não da verdade. Ademais, referida confissão implicaria um prejuízo para a prole, com o qual o legislador não concorda"[27]*. Compete ao marido propor a ação de contestação da paternidade, instruindo-a com prova que complemente convincentemente a confissão materna.*

No entanto, *"a prova da impotência do cônjuge para gerar, à época da concepção, ilide a presunção da paternidade"* (art. 1.599). Exigia o Código de 1916 que a impotência fosse absoluta, isto é, total, insuscetível de ser sanada por intervenção médica. O novo diploma, todavia, não considera mais necessário que seja absoluta, "o que reflete o avanço das provas técnicas existentes para a demonstração da filiação, dentre as quais se destaca o exame de DNA"[28].

O importante é que a patologia tenha ocorrido depois de estabelecida a convivência conjugal e no prazo legal atribuído ao momento da concepção, traduzido nos cento e vinte e um dias, ou mais, dos trezentos que houverem precedido ao nascimento do filho[29].

Ressalte-se que a esterilidade pode ter sido provocada mediante cirurgia de vasectomia no homem, que é reversível em muitos casos, ou por fatores físicos que, após tratamento médico adequado, tenham sido afastados, restabelecendo-se a capacidade do paciente de gerar filhos. Daí a razão pela qual o citado art. 1.599 do Código Civil de 2002 exige prova da impotência *"à época da concepção"*.

Só a impotência *generandi*, que é a incapacidade para gerar ou esterilidade, não a *coeundi* ou instrumental, que é a incapacidade para o coito, pode ser arguida pelo marido, provando a ausência total de espermatozoides em seu líquido seminal (azoospermia) no período em que a mulher foi fecundada. Os avanços da ciência e da técnica no campo da reprodução assistida têm conseguido contornar a impossibilidade de o portador de impotência *coeundi* fecundar sua mulher, uma vez que hoje se pode extrair o sêmen do homem, sem ejaculação natural, para fins de inseminação artificial. A mutilação, que poderia ser uma espécie de impotência instrumental, inviabiliza a fecundação natural pela impossibilidade de ejaculação, mas não a inseminação artificial.

PONTES DE MIRANDA[30], tecendo comentários ao art. 342 do Código Civil de 1916, acentuou que "a palavra 'impotência' não é empregada no sentido de impossibilidade instrumental, de inaptidão para o coito (*impotentia coeundi*), mas

---

[27] Silvio Rodrigues, *Direito civil*, cit., v. 6, p. 309.

[28] Regina Beatriz Tavares da Silva, *Novo Código Civil*, cit., p. 1410.

[29] Luiz Edson Fachin, *Comentários ao novo Código Civil*, v. XVIII, p. 76.

[30] *Tratado de direito de família*, v. III, § 208, n. 14, p. 52.

na acepção de impotência de gerar (*impotentia generandi*). A prova dessa última é mais delicada e mais grave: *só se deve aceitar quando se evidencie que o indivíduo está absolutamente impossibilitado de ejacular ou que o líquido expulso por ele é incapaz de fecundar.* A impotência instrumental não basta; porque *o simples atrito de membro ineréctil ou diminutíssimo (infantilismo absoluto) pode bastar à expulsão do esperma, que escorrerá até às vesículas seminais".*

Desse modo, a impotência a que se refere o dispositivo legal em tela é a que impede a geração, em virtude da esterilidade *generandi* existente "*à época da concepção".* Daí o emprego, na aludida norma, da expressão "*impotência do cônjuge para gerar".*

3. AÇÃO NEGATÓRIA DE PATERNIDADE E DE MATERNIDADE

No sistema do Código Civil de 1916 a presunção *pater is est* mostrava-se rigorosa, pois se o casal vivia sob o mesmo teto e o marido não se achava fisicamente impossibilitado de manter relação sexual com a mulher, não teria como ilidi-la, mesmo provando o adultério por ela praticado. O marido só podia contestar a paternidade do filho nascido de sua mulher se provasse que, no período em que esta engravidou (de seis a dez meses antes do nascimento), encontrava-se fisicamente impossibilitado de coabitar com ela ou já estavam legalmente separados (art. 340).

Dentre as hipóteses de impossibilidade física de coabitação a jurisprudência incluía a impotência *generandi* (esterilidade), desde que absoluta, e a separação de fato.

O Código Civil em vigor, contudo, suprimiu todas as limitações à contestação da paternidade e declarou *imprescritível* a ação negatória (art. 1.601), levando em conta o desenvolvimento da ciência e a possibilidade de se apurar o "pai biológico" com a desejada certeza científica, em razão da evolução dos exames hematológicos.

Conhecida também como *ação de contestação de paternidade,* a *ação negatória* destina-se a excluir a presunção legal de paternidade. A legitimidade ativa é *privativa do marido* (CC, art. 1.601). Só ele tem a titularidade, a iniciativa da ação, mas, uma vez iniciada, passa a seus herdeiros (art. 1.601, parágrafo único), se vier a falecer durante o seu curso. Assim, entende a doutrina que nem mesmo o curador do marido interdito poderia ajuizar tal ação. Corrente mais consentânea com a realidade sustenta, no entanto, que a iniciativa do curador deve ser acolhida quando as circunstâncias evidenciam de forma ostensiva que o marido não é o pai.

295

Pontes de Miranda, que se filia a essa corrente, obtempera: "Imaginemos que o marido esteja no hospício, internado, sem ter relações sexuais com a mulher, ou que esta resida em outro lugar e nunca visite, sequer, o marido. Seria absurdo ir-se considerando filho do marido, com todos os deveres de pai para esse, cada filho que nasça à mulher. O curador pode propor a ação, representando o pai interdito por incapacidade absoluta. O problema de não correr prazo é outro"[31].

Na mesma linha, afirma Arnaldo Rizzardo que "ao marido interditado se reconhece a capacidade para ajuizar a ação através de seu representante. Com efeito, afigurar-se-ia profundamente injusto que, registrando filho havido com terceiro em nome do marido, que se encontrava, *v.g.*, internado em estabelecimento hospitalar, não pudesse ele ingressar com a ação anulatória do registro"[32].

Legitimado passivamente para esta ação é o *filho*, mas, por ter sido efetuado o registro pela mãe – e porque se objetiva desconstituir um ato jurídico, retirando do registro civil o nome que figura como pai –, deve ela também integrar a lide, na posição de ré. Se o filho é falecido, a ação deve ser movida contra seus herdeiros (normalmente a mãe é a herdeira).

Mesmo que o marido não tenha ajuizado a negatória de paternidade, tem sido reconhecido ao filho o direito de impugnar a paternidade, com base no art. 1.604 do novo diploma, correspondente ao art. 348 do Código Civil de 1916, provando o erro ou a falsidade do registro. Mais se evidenciou essa possibilidade com o advento da Lei n. 8.560/92, elaborada com o intuito de conferir maior proteção aos filhos, por permitir que a investigação da paternidade, mesmo adulterina, seja proposta contra o homem casado, ou pelo filho da mulher casada contra o seu verdadeiro pai; e por permitir, também, no art. 8º, a retificação, por decisão judicial, ouvido o Ministério Público, dos "registros de nascimento anteriores à data da presente lei".

O Estatuto da Criança e do Adolescente (Lei n. 8.069/90) também contribuiu para que a rigidez da presunção legal de paternidade existente no Código Civil de 1916 fosse afastada, ao dispor, no art. 27: "O reconhecimento do estado de filiação é direito personalíssimo, indisponível e imprescritível, podendo ser exercido contra os pais ou seus herdeiros, sem qualquer restrição, observado o segredo de justiça".

A *imprescritibilidade é fruto de conquista doutrinária e jurisprudencial, sobretudo após a Constituição de 1988.* Segundo Gustavo Tepedino, o supratranscrito dispositivo legal "é informado pela Constituição Federal que, tendo como fundamento da República a dignidade humana (art. 1º, III), molda toda a disciplina da

---

[31] *Tratado de direito privado*, v. IX, p. 48.
[32] *Direito de família*, p. 429.

filiação no interesse maior da criança, perdendo fundamento de validade as restrições à busca da verdade biológica que antes se justificavam em benefício da estabilidade institucional da família"[33].

Como reflexo dessa evolução, o *Superior Tribunal de Justiça* deferiu a produção de prova pericial (exame de DNA) em ação negatória de paternidade movida por marido que vivia com a mulher e não estava impossibilitado de manter relações sexuais com ela. Havia somente a prova do adultério da mulher, que o referido estatuto também considerava insuficiente. Frisou o acórdão: "Na fase atual da evolução do Direito de Família, é injustificável o fetichismo de normas ultrapassadas em detrimento da verdade real, sobretudo quando em prejuízo de legítimos interesses de menor. Deve-se ensejar a produção de provas sempre que ela se apresentar imprescindível à boa realização da justiça"[34].

Por sua vez, decidiu o *Tribunal de Justiça de São Paulo*: "Investigação de paternidade. Filho adulterino *a matre*. Propositura de ação contra o verdadeiro pai, sem contestação do pai presumido. Admissibilidade. Presunção de legitimidade revogada pela Lei 8.560/92. Mãe adúltera que mantém a vida marital. Hipótese que não configura impedimento. Alteração dos registros de nascimento permitida pelo artigo 8º da citada lei. Recurso não provido"[35].

O Código Civil em vigor, no art. 1.601, manteve o princípio da legitimidade exclusiva do marido para impugnar a paternidade do filho nascido de sua mulher, excluindo, todavia, a expressão "privativamente" que constava do art. 344 do diploma de 1916. Tal exclusão não significa, no entanto, que tenha sido estendida a legitimidade a outras pessoas, pois quem tem legítimo interesse na ação é o pai presumido, não podendo nenhuma outra pessoa defender, em nome próprio, tal direito (CPC/2015, art. 18).

A restrição à iniciativa da ação incide, porém, somente sobre a negatória de paternidade, não impedindo que a filiação venha a ser discutida em outras ações, de natureza diversa. Assim, "*o filho pode investigar a paternidade em face de terceiros que, se acolhida, compromete aquela presunção*. Igualmente, a pessoa que teria mantido a relação adulterina com a mãe tem o direito de ver reconhecida a filiação em ação própria. Tanto em um como em outro caso, o resultado final poderá desconstituir a paternidade presumida, porém como efeito reflexo das ações próprias, não por meio da negatória que, repita-se, é privativa do pai presumido"[36].

---

[33] A disciplina jurídica da filiação na perspectiva civil-constitucional, *Temas de direito civil*, p. 401.

[34] REsp 4.987, 4ª T., rel. Min. Sálvio de Figueiredo, *DJU*, 26-10-1991, *RSTJ*, 26/378.

[35] Ap. 238.397-1-Campinas, 1ª Câm., rel. Des. Guimarães e Souza, j. 9-5-1995.

[36] Silvio Rodrigues, *Direito civil*, cit., v. 6, p. 304.

Dispõe o art. 1.608 do Código Civil que, *"quando a maternidade constar do termo do nascimento do filho, a mãe só poderá contestá-la, provando a falsidade do termo, ou das declarações nele contidas".* Tal dispositivo abre exceção à presunção *mater in jure semper certa est*, que visa à proteção da família constituída pelo casamento. A falsidade do termo de nascimento pode ser atribuída ao próprio oficial do registro civil ou à declaração da mãe ou do pai, induzidos a erro por falta de cuidado de hospitais e maternidades, como ocorre nos casos de troca de bebês.

Deve-se, pois, distinguir a ação *negatória* de paternidade ou maternidade daquela destinada a *impugnar* a paternidade ou a maternidade. A primeira tem por objeto negar o *status* de filho ao que goza da presunção decorrente da concepção na constância do casamento. A segunda visa negar o fato da própria concepção, ou provar a suposição de parto, para afastar a condição de filho, como nas hipóteses de troca de crianças em maternidades, de simulação de parto e introdução maliciosa na família da pessoa portadora do *status* de filho e de falsidade ideológica do assento de nascimento[37].

Somente a ação negatória é privativa do marido ou da mulher. A de impugnação da paternidade ou da maternidade pode ser ajuizada pelo próprio filho, por interesse moral ou até mesmo de natureza sucessória, para demonstrar que não é seu pai ou sua mãe a pessoa que figura como tal no registro civil, bem como pelo pai e mãe verdadeiros, com citação dos pais presumidos, fazendo-o com base no art. 1.604 do Código Civil e provando erro ou falsidade do registro, ou ainda por quem demonstre legítimo interesse, como os irmãos da pessoa registrada como filho.

Já decidiu o *Superior Tribunal de Justiça*, com efeito, que "a anulação do registro de nascimento ajuizada com fulcro no art. 348 do Código Civil (*de 1916; art. 1.604 do CC/2002*), em virtude de falsidade ideológica, pode ser pleiteada por quem tenha legítimo interesse moral ou material na declaração da nulidade"[38].

O mesmo *Superior Tribunal de Justiça* já decidira: "Nada obsta que se prove a falsidade do registro no âmbito da ação investigatória de paternidade, a teor da parte final do artigo 348 do CC (*de 1916, correspondente ao art. 1.604 do atual*). O cancelamento do registro, em tais circunstâncias, será consectário lógico e jurídico da eventual procedência do pedido de investigação, não se fazendo mister, pois, cumulação expressa"[39].

---

[37] Caio Mário da Silva Pereira, *Instituições*, cit., v. 5, p. 333.

[38] REsp 40.690-0-SP, 3ª T., rel. Min. Costa Leite, j. 21-2-1995.

[39] REsp 257.119-MG, 4ª T., rel. Min. Asfor Rocha, *DJU*, 2-4-2001, p. 298. *V.* ainda: "Negatória de paternidade. Cumulação com investigação de paternidade. Possibilidade. Não há óbice à cumulação das ações de investigação de paternidade, c.c. alimentos, contra o suposto pai e de anulação de registro civil contra aquele que consta como tal no registro aludido e cuja paternidade é negada" (TJSP, AgI 171.765.4/9-Ilha Solteira, 3ª Câm. Dir. Priv., rel. Des. Waldemar Nogueira Filho).

Obtempera PAULO LUIZ NETTO LÔBO que "a contestação da paternidade não pode ser decisão arbitrária do marido, quando declarou no registro que era seu o filho que teve com a mulher, em virtude do princípio *venire contra factum proprium nulli conceditur*. A contestação, nesse caso, terá de estar fundada em hipótese de invalidade dos atos jurídicos, que o direito acolhe, tais como erro, dolo, coação"[40].

Já decidiu, a propósito, o *Tribunal de Justiça de São Paulo*, que "é admissível ação negatória de paternidade proposta pelo suposto pai se o reconhecimento voluntário outrora realizado não espelha a verdade"[41]. O aresto em questão faz menção ao art. 348 do Código Civil de 1916, com a redação dada pela Lei n. 5.860/43, correspondente ao art. 1.604 do novo diploma, ambos com a seguinte redação: "*Ninguém pode vindicar estado contrário ao que resulta do registro de nascimento, salvo provando-se erro ou falsidade do registro*".

A mudança na redação do aludido art. 348 do Código de 1916, afirma o *decisum*, mereceu de CARVALHO SANTOS o seguinte comentário: "A alteração foi, evidentemente, para melhor. Era um absurdo manter intocável um estado que se revelava diverso do verdadeiro, dissociando o direito da realidade (*Código Civil brasileiro interpretado*, com atualização de José de Aguiar Dias e de Zalkind Piatigorsky, Freitas Bastos, 1969, vol. XXXI, VI Suplemento, p. 95)".

É certo, proclama ainda o julgado, "que o apelante reconheceu a apelada como filha, mas, como preleciona J. M. CARVALHO SANTOS, 'o reconhecimento, não sendo senão uma confissão, de nada valerá, nenhum valor terá se não traduzir a realidade dos fatos, pois equivalerá a uma confissão falsa. O próprio reconhecente pode pedir a anulação do ato alegando que o reconhecimento não traduz a verdade e que ele não é pai (ou mãe) da pessoa que reconheceu como filho. Não há dúvida que o reconhecimento, uma vez feito, é irrevogável. Mas aqui não se aplica o princípio, porque a irrevogabilidade vitanda é aquela que visa impedir uma retratação pura e simples, uma retratação voluntária, mas nunca uma anulação decretada pelo Poder Judiciário, em razão da falsidade reconhecida da declaração'".

O relator do acórdão em apreço, Des. WALDEMAR NOGUEIRA FILHO, menciona ainda a lição de CUNHA GONÇALVES, no sentido de que a ação pode ser ajuizada pelo "'próprio autor do reconhecimento contrário à verdade, quer

---

[40] *Código Civil*, cit., v. XVI, p. 75.

[41] *RT*, 811/229. *V.*, ainda, do mesmo Tribunal: "Ainda que se considere que o reconhecimento de filho é situação jurídica irrevogável, admite-se o uso da ação negatória de paternidade diante da alegação do suposto pai, de falsidade do registro de nascimento e de vício de consentimento, em face do disposto no art. 348 do CC (*de 1916; CC/2002: art. 1.604*)". No mesmo sentido: *RT*, 600/38, 656/76; *JTJ*, Lex, 234/275, 247/138.

invocando erro, dolo ou coação, quer a sua fraqueza de espírito, pois não é raro ver um homem reconhecer como seu o filho que a sua amante teve anteriormente às suas relações com esta. Alguns escritores recusam ao perfilhante, nesta hipótese, o direito de impugnar a perfilhação que fez, já pela regra *nemo auditur propriam turpitudinem allegans*, já porque contestar é contradizer, e não se pode admitir que a lei permita a alguém contradizer a sua própria afirmação, o que não é contestação, mas sim retratação. Todavia, a frase 'todos os que nisso tiverem interesse' não pode deixar de abranger o perfilhante. Demais, o estado das pessoas é de ordem pública; e o interesse público exige que não possa subsistir uma filiação baseada em falsa declaração. Se a filiação poderá ser impugnada pelos pais em caso de legitimação, e até pelo próprio pai legítimo, como já vimos, não pode ser recusado igual direito ao perfilhante' (*Tratado de direito civil*, Max Limonad, 1955, vol. II, t. I, p. 343)".

Em decisão unânime, o *Superior Tribunal de Justiça* não admitiu ação negatória de paternidade para sanar dúvida sobre o vínculo biológico entre pai e filho, ressaltando que o ajuizar dessa espécie de ação "com o intuito de dissipar dúvida sobre a existência de vínculo biológico, restando inequívoco nos autos, conforme demonstrado no acórdão impugnado, que o pai sempre suspeitou a respeito da ausência de tal identidade e, mesmo assim, registrou, de forma voluntária e consciente, a criança como sua filha, coloca por terra qualquer possibilidade de se alegar a existência de vício de consentimento, o que indiscutivelmente acarreta a carência da ação, sendo irreprochável a extinção do processo, sem resolução do mérito. Se a causa de pedir da negatória de paternidade repousa em mera dúvida acerca do vínculo biológico, extingue-se o processo, sem resolução do mérito, nos termos do art. 267, VI, do CPC [de 1973; art. 48, VI, CPC/2015], por carência da ação. Interesse maior da criança"[42].

Por sua vez, o *Tribunal de Justiça do Rio Grande do Sul*, no julgamento de ação de anulação de registro civil mediante pedido de exame de DNA, decidiu que "o registro civil somente será anulado nos casos em que comprovada a ocorrência de um dos vícios do ato jurídico, tais como coação, erro, dolo, simulação ou fraude, não servindo o exame de DNA como prova do erro no registro de nascimento, uma vez que há casos em que a paternidade se dá por afetividade e não por laços de sangue. Indeferimento do pedido de exame de DNA"[43].

Nessa linha, tem o *Superior Tribunal de Justiça* decidido que, para obter êxito em ação negatória de paternidade, é necessário comprovar a inexistência de vínculo genético e, além disso, de vínculo social e afetivo. Assim, exame de DNA negativo

---

[42] STJ, REsp 1.067.438-RS, 3ª T., rel. Min. Nancy Andrighi, j. 3-3-2009.
[43] TJRS, AgI 70.028.805.901-Portão, 8ª Câm. Cív., rel. Des. José S. Trindade, j. 29-4-2009.

não basta para anular registro de nascimento. Para a Quarta Câmara da aludida Corte, "em conformidade com os princípios do Código Civil de 2002 e a Constituição Federal de 1988, o êxito em ação negatória de paternidade depende da demonstração, a um só tempo, da inexistência de origem biológica e também de que não tenha sido constituído o estado de filiação, fortemente marcado pelas relações socioafetivas e edificado na convivência familiar".

Segundo o relator, Min. Luis Felipe Salomão, a negatória de paternidade submete-se a outras considerações que não a simples base da consanguinidade. "Exames laboratoriais hoje não são, em si, suficientes para a negação de laços estabelecidos nos recônditos espaços familiares. A paternidade atualmente deve ser considerada gênero do qual são espécies a paternidade biológica e a socioafetiva"[44].

Essa mesma Turma reafirmou tal entendimento, proclamando: "Não se pode olvidar que o STJ sedimentou o entendimento de que 'em conformidade com os princípios do Código Civil de 2002 e da Constituição Federal de 1988, o êxito em ação negatória de paternidade depende da demonstração, a um só tempo, da inexistência de origem biológica e também de que não tenha sido constituído o estado de filiação, fortemente marcado pelas relações socioafetivas e edificado na convivência familiar. Vale dizer que a pretensão voltada à impugnação da paternidade não pode prosperar, quando fundada apenas na origem genética, mas em aberto conflito com a paternidade socioafetiva'"[45].

Igualmente assentou a *3ª Turma da aludida Corte*, no julgamento de ação negatória de paternidade cumulada com retificação do registro civil, que, "se o genitor, após um grande lapso temporal entre o nascimento do filho e o reconhecimento da paternidade, entendeu por bem reconhecer a paternidade, esse ato é irrevogável e irretratável, pois deve prevalecer a paternidade socioafetiva sobre a biológica". No caso, por remanescer dúvidas quanto à paternidade, o pai havia feito um exame de DNA, que revelou não ser ele o pai biológico[46].

A mesma Turma decidiu, *após sete anos de disputa judicial entre pai biológico e pai de criação*, que o registro civil da filha deverá permanecer com o nome do pai afetivo, uma vez que a filiação socioafetiva predomina sobre o vínculo biológico, pois atende ao melhor interesse do menor. Salientou a Turma Julgadora que, no futuro, ao atingir a maioridade civil, a menina poderá pedir a retificação de seu registro, se quiser[47].

---

[44] STJ, 4ª T., rel. Min. Luis Felipe Salomão. Disponível em: <http://www.editoramagister. com>. Acesso em 29-2-2012.

[45] STJ, REsp 1.115.428-SP, 4ª T., rel. Min. Luis Felipe Salomão, j. 27-8-2013.

[46] STJ, 3ª T., rel. Min. Massami Uyeda, *Revista Consultor Jurídico*, 19-10-2009.

[47] STJ, 3ª T., rel. Min. Nancy Andrighi. Disponível em: <http://www.editoramagister.com>. Acesso em 13-9-2011. No mesmo sentido: STJ, REsp 1.244.957-SC, 3ª T., rel. Min. Nancy Andrighi, j. 7-8-2012.

Assinale-se que o Código Civil não inclui a união estável no regime das presunções, restringindo-as aos filhos nascidos do casamento, sendo tal fato objeto de críticas procedentes da doutrina, que reclama imediata revisão do sistema adotado.

O *Superior Tribunal de Justiça*, a propósito, teve a oportunidade de decidir que "a regra *pater est* aplica-se também aos filhos nascidos de companheira, casada eclesiasticamente com o extinto, suposta união estável e prolongada", afirmando-se expressamente na ocasião: "Negar esta presunção aos filhos nascidos de união estável, sob o pálio de casamento religioso, com vivência como marido e mulher, será manter funda discriminação, que a Constituição não quer e proíbe, entre filhos nascidos da relação de casamento civil e filhos nascidos da união estável, que a vigente Lei Maior igualmente tutela[48].

Zeno Veloso[49], depois de manifestar a sua concordância com a supratranscrita corajosa decisão do *Superior Tribunal de Justiça* sobre o tema, observa que, "em nosso País, todavia, na falta de uma legislação infraconstitucional orgânica, abrangente, regulando o direito de filiação após o advento da Carta de 1988, o tema está eriçado de dúvidas.

Assinala Washington de Barros Monteiro que, "ainda que se trate de filho póstumo, nascido após a morte do marido, não assiste aos herdeiros deste o direito de ajuizar ação de contestação de paternidade. Se o filho nasce, porém, depois dos trezentos dias, a contar da morte do marido, não o socorre a presunção de legitimidade do art. 1.597 do Código Civil de 2002, e, nesse caso, aos herdeiros cabe o direito de propor ação impugnativa da filiação. Assim também se a mulher dá à luz depois de decorridos trezentos dias contados do desaparecimento do consorte; igualmente, nessa hipótese, podem os herdeiros do desaparecido ajuizar referida ação, tendente a excluir o intruso da comunidade familiar"[50].

4. PROVA DA FILIAÇÃO

Dispõe o art. 1.603 do Código Civil que "*a filiação prova-se pela certidão do termo de nascimento registrada no Registro Civil*". O registro, que deve conter os dados exigidos no art. 54 da Lei dos Registros Públicos (Lei n. 6.015/73), discriminados em nove itens, prova não só o nascimento como também a filiação.

Prova-se também a filiação pelos meios de prova elencados no art. 1.609 do Código Civil como modos de reconhecimento voluntário dos filhos havidos fora

---

[48] REsp 23-PR, 4ª T., rel. Min. Athos Carneiro, j. 19-9-1989.

[49] *Direito brasileiro*, cit., p. 27.

[50] *Curso*, cit., 37. ed., v. 2, p. 312.

do casamento. Como esclarece PAULO LUIZ NETTO LÔBO, o aludido art. 1.603 do novo diploma "tem efeito de repristinação. Seu equivalente, o art. 347 do Código Civil de 1916 (*"A filiação legítima prova-se pela certidão do termo do nascimento, inscrito no registro civil"*), foi expressamente revogado pela Lei n. 8.560 de 1992, que ampliou os meios de prova da filiação, em virtude de reconhecimento voluntário. A redação que veio do projeto de lei de 1975 não foi atualizada no Congresso Nacional, quando da votação final do texto do novo Código Civil. Assim, o artigo deve ser lido em harmonia com o art. 1.609, que reproduziu os meios de prova da filiação previstos na Lei n. 8.560"[51].

O registro torna público o nascimento e estabelece presunção de veracidade das declarações efetuadas. Exigem os arts. 50 e 52 da citada Lei dos Registros Públicos que todo nascimento ocorrido no território nacional seja levado a registro, no lugar em que tiver ocorrido o parto ou no lugar da residência dos pais, dentro do prazo de quinze dias, pelo pai, em primeiro lugar, ou, na falta ou impedimento deste, pela mãe e, sucessivamente, pelo parente mais próximo, pelos administradores de hospitais ou os médicos e parteiras, por pessoa idônea da casa em que ocorrer o parto e pela pessoa encarregada da guarda do menor.

O registro conterá o nome do pai ou da mãe, ainda que não sejam casados, quando qualquer deles for o declarante (LRP, art. 60). Se o pai for casado, o seu nome constará obrigatoriamente do registro público, ainda que não seja o declarante, em virtude da presunção *pater is est*. Se o declarante for outra pessoa, não será declarado o nome do pai não casado com a mãe do menor sem que ele expressamente o autorize e compareça, por si ou por procurador especial, para assinar o respectivo assento com duas testemunhas (art. 59).

Preceitua, por sua vez, o art. 1.604 do Código Civil que *"ninguém pode vindicar estado contrário ao que resulta do registro de nascimento, salvo provando-se erro ou falsidade do registro"*. A presunção que dele emana é quase absoluta, uma vez que ninguém será admitido a impugnar-lhe a veracidade sem antes provar ter havido erro ou falsidade do declarante. O que consta do registro, *"pro veritate habetur*, vale como verdade em relação à data do nascimento, a menção de quem são os pais, e, por via de consequência, não pode este pretender ou ostentar estado diverso do que do registro resulta. Mencionados os nomes dos pais, ou o que mais seja, tem força probante enquanto subsistir o registro, cujo conteúdo é indivisível"[52].

Se os pais desapareceram ou faleceram sem registrar o filho, ou não procederam ao registro de nascimento por algum outro motivo, bem como se ocorreu a destruição ou o desaparecimento do livro ou há algum outro obstáculo

---

[51] *Código Civil*, cit., v. XVI, p. 84.
[52] Caio Mário da Silva Pereira, *Instituições*, cit., v. 5, p. 324.

intransponível para a obtenção da certidão do termo, pode ser utilizado qualquer outro meio de prova, desde que admitido em direito. Prescreve, com efeito, o art. 1.605 do Código Civil que, *"na falta, ou defeito, do termo de nascimento, poderá provar-se a filiação por qualquer modo admissível em direito: I – quando houver começo de prova por escrito, proveniente dos pais, conjunta ou separadamente; II – quando existirem veementes presunções resultantes de fatos já certos".*

Admitem-se provas documentais, periciais e testemunhais. Todas elas, porém, são complementares dos dois requisitos mencionados. Consideram-se começo de prova por escrito, proveniente dos pais, "quaisquer documentos que revelem a filiação, como cartas, autorizações para atos em benefício dos filhos, declaração de filiação para fins de imposto de renda ou de previdência social, anotações dando conta do nascimento do filho"[53].

Pode ser enquadrada como veemente presunção resultante de fatos já certos a convivência familiar, conhecida como "posse do estado de filho", caracterizada pelo *tractatus* (quando o interessado é tratado publicamente como filho), *nomen* (indicativo de que a pessoa utiliza o nome de família dos pais) e *fama* (quando a pessoa goza da reputação de filha, na família e no meio em que vive).

Na realidade, em razão do avanço da ciência e, principalmente, do advento do exame de DNA, o reconhecimento forçado da paternidade ou da maternidade independe de começo de prova por escrito ou das mencionadas veementes presunções. O dispositivo em apreço, além de obsoleto, está em desacordo com o princípio da verdade real. Por tal razão, o Projeto de Lei n. 6.960, de 12 de junho de 2002, apresentado ao Congresso Nacional (atual Projeto de Lei n. 699/2011), propõe seja dada ao aludido art. 1.605 do Código Civil a seguinte redação: "Na falta, defeito, erro ou falsidade do termo de nascimento, poderá provar-se a filiação por qualquer modo admissível em direito".

A Lei n. 12.004, de 29 de julho de 2009, alterou a Lei n. 8.560, de 29 de dezembro de 1992, que regula a investigação de paternidade dos filhos havidos fora do casamento, acrescentando-lhe o art. 2º-A, do seguinte teor:

"Art. 2º-A. Na ação de investigação de paternidade, todos os meios legais, bem como os moralmente legítimos, serão hábeis para provar a verdade dos fatos.

Parágrafo único. A recusa do réu em se submeter ao exame de código genético – DNA gerará a presunção da paternidade, a ser apreciada em conjunto com o contexto probatório".

---

[53] Paulo Luiz Netto Lôbo, *Código Civil*, cit., v. XVI, p. 95.

Capítulo III

DO RECONHECIMENTO DOS FILHOS

> *Sumário*: 1. Filiação havida fora do casamento. 2. Reconhecimento voluntário. 2.1. Modos de reconhecimento voluntário dos filhos. 2.2. Oposição ao reconhecimento voluntário. 3. Reconhecimento judicial: investigação de paternidade e maternidade. 3.1. Legitimidade para a ação. 3.2. Fatos que admitem a investigação de paternidade. 3.3. Ação de investigação de maternidade. 3.4. Meios de prova. 4. Efeitos do reconhecimento dos filhos havidos fora do casamento.

1. FILIAÇÃO HAVIDA FORA DO CASAMENTO

Os filhos de pais casados *não precisam ser reconhecidos, pois a paternidade, pelo sistema do Código Civil, decorre do casamento dos pais. Se estes são casados e, por desídia ou outra razão, não providenciam o registro do filho, assegura-se a este a ação de prova de filiação* (CC, art. 1.606).

O filho havido fora do casamento, porém, não é beneficiado pela presunção legal de paternidade que favorece aqueles. Embora entre ele e seu pai exista o vínculo biológico, falta o vínculo jurídico de parentesco, que só surge com o reconhecimento. Se tal ato não se realiza voluntariamente, assegura-se ao filho o reconhecimento judicial por meio da ação de investigação de paternidade.

Antes da atual Constituição Federal, os filhos de pais não casados entre si eram chamados de *ilegítimos* e podiam ser naturais ou espúrios. *Naturais*, quando entre os pais não havia impedimento para o casamento. *Espúrios*, quando não era permitida a união conjugal dos pais. Os espúrios podiam ser *adulterinos*, se o impedimento resultasse do fato de um deles ou de ambos serem casados, e *incestuosos*, se decorresse do parentesco próximo, como entre pai e filha ou entre irmão e irmã. Os adulterinos podiam ser *a patre*, se resultassem de adultério praticado pelo pai, ou *a matre*, se de adultério praticado pela mãe. Podiam ser, ao mesmo tempo, adulterinos *a patre* e *a matre*, em geral quando pai e mãe, embora vivessem juntos, fossem casados com outros, mas estavam apenas separados de fato.

Essa classificação só pode ser lembrada, agora, na doutrina, pois o art. 227, § 6º, da Constituição proíbe qualquer distinção entre os filhos, havidos ou não do casamento, inclusive no tocante às designações. A expressão "filho ilegítimo" foi substituída por "filho havido fora do casamento" (art. 1º da Lei n. 8.560/92; CC, arts. 1.607, 1.609 e 1.611). Este pode ser reconhecido pelos pais, conjunta ou separadamente (CC, art. 1.607), pessoalmente ou por procurador com poderes especiais. O reconhecimento é ato personalíssimo. Efetuado por um dos pais, só em relação a ele produz efeito, não se dando ao filho reconhecido qualquer direito perante o outro genitor.

Se a mãe, não sendo casada, comparece ao registro civil para registrar o filho, não pode exigir o lançamento do nome do pai, salvo se este estiver presente e consentir, ou se aquela exibir procuração, com poderes específicos para tal declaração (LRP, art. 59). *Não há igual restrição para o lançamento do nome da mãe, visto que se considera a maternidade sempre certa (mater semper certa est).*

O reconhecimento de filho pode ser *voluntário*, também denominado "perfilhação", ou *judicial*, também chamado de "coativo" ou "forçado", que se realiza por meio de ação de investigação de paternidade. Qualquer que seja a sua forma, o ato de reconhecimento é declaratório, pois não cria a paternidade, mas apenas declara uma realidade fática, da qual o direito extrai consequências[1].

O reconhecimento voluntário constitui espécie de ato jurídico em sentido estrito que exige *capacidade* do agente. Os menores de 16 anos, portanto, não podem fazê-lo (CC, art. 3º). O único caminho, *in casu*, é a investigação de paternidade. Aos relativamente incapazes permite-se o reconhecimento.

Há alguma dúvida sobre a necessidade de os relativamente incapazes estarem ou não assistidos. PONTES DE MIRANDA[2], depois de dizer que a lei nada explica sobre a capacidade requerida para reconhecer filho, acrescenta que é de crer-se, todavia, que se não apliquem à espécie as regras relativas à capacidade de exercer os demais atos da vida civil, segundo entendimento de PACIFICI-MAZZONI, *Istituzioni di Diritto Civile italiano*, VII, 284, e BAUDRY-LACANTINERIE, *Précis de Droit civil*, I, 477. Não se trata, aduz, "de contrato, mas de simples declaração unilateral de vontade, com o conteúdo de comunicação de fato".

No entender do ilustre jurisconsulto, quaisquer pessoas, exceto os absolutamente incapazes, podem reconhecer, inclusive os relativamente incapazes, "ainda que sem *venia aetatis* e sem autorização do pai ou do tutor", conforme a opinião

---

[1] Caio Mário da Silva Pereira, *Instituições de direito civil*, v. 5, p. 340.
[2] *Tratado de direito de família*, v. III, § 220, p. 83.

de "Merlin, Duranton, Toulier, Aubry e Rau, Marcadé e outros, que fora ocioso enumerar".

Se o reconhecimento for feito pela via testamentária, não se exigirá, efetivamente, a assistência, porque o testamento pode ser feito por menor púbere, independentemente de assistência de seu representante legal (CC, art. 1.860, parágrafo único), mas produzirá efeitos somente após a sua morte. Pode o relativamente incapaz, também, declarar a paternidade perante o oficial do registro civil, para lavratura do termo, sem assistência, porque se trata de declaração de um fato. Para a lavratura de escritura pública, porém, como ato autêntico, deve ser exigida a assistência de seu representante.

O reconhecimento não configura negócio jurídico, uma vez que os seus efeitos não decorrem de estipulação das partes, nem se subordinam a condição ou cláusulas restritivas. A condição e o termo eventualmente apostos "*são ineficazes*" (CC, art. 1.613). Malgrado a prerrogativa deferida ao menor de impugnar o seu reconhecimento dentro dos quatro anos que se seguirem à maioridade, ou emancipação, é ato jurídico *unilateral* e *personalíssimo*, tendo em vista que gera efeitos pela mera manifestação de vontade do reconhecente e o outro genitor não pode a ele se opor. Perde essa característica, todavia, em relação ao filho maior de idade, cujo consentimento é exigido pela lei (CC, art. 1.614)[3].

2. RECONHECIMENTO VOLUNTÁRIO

2.1. Modos de reconhecimento voluntário dos filhos

O reconhecimento voluntário será feito, segundo o art. 1.609 do Código Civil: "*I – no registro do nascimento; II – por escritura pública ou escrito particular, a ser arquivado em cartório; III – por testamento, ainda que incidentalmente manifestado; IV – por manifestação direta e expressa perante o juiz, ainda que o reconhecimento não haja sido o objeto único e principal do ato que o contém*".

São cinco, pois, atualmente, os modos de reconhecimento dos filhos. Qualquer que seja a forma, será sempre irrevogável (CC, arts. 1.609 e 1.610). Embora o testamento seja essencialmente revogável, não poderá sê-lo na parte em que o testador reconheceu o filho havido de relação extramatrimonial.

---

[3] "Reconhecimento voluntário de maternidade. Pai falecido. Por se tratar de ato individual e personalíssimo, o outro progenitor não pode se opor ao reconhecimento, pelo que irrelevante ser ele falecido ou se encontrar em lugar desconhecido. Outra característica do reconhecimento é a unilateralidade, salvo em relação ao maior de idade, caso em que a lei exige o seu consentimento" (TJRJ, AgI 7.782/98, 2ª Câm. Cív., rel. Des. Sérgio Cavalieri Filho, j. 23-2-1999).

Não se deve confundir irrevogabilidade do reconhecimento com invalidade. Se o reconhecimento decorrer de vício do consentimento (coação, *v. g.*), poderá, como foi dito no item 3 do Capítulo II, *retro*, ser objeto de ação anulatória.

Os aludidos modos alternativos de reconhecimento voluntário podem ser utilizados tanto pelo pai como pela mãe, embora seja mais frequente sua aplicação no tocante ao pai, uma vez que "a maternidade, como fato positivo, normalmente consta do registro de nascimento (*mater semper certa est, pater autem incertus*). A maternidade é um fato, a paternidade, presunção"[4].

O reconhecimento voluntário ou perfilhação pode ser feito, portanto:

a) *No registro do nascimento*, no próprio termo, mediante declaração por um ou por ambos os pais. Se o filho já estiver registrado em nome de um deles, o outro também poderá fazer o reconhecimento no próprio termo, mediante averbação por determinação judicial, ou a pedido da parte, como prescreve o art. 1.609, I, do Código Civil.

Preleciona a respeito MÁRIO DE AGUIAR MOURA: "A nosso sentir, nada obsta ao reconhecimento complementar do outro pai, diretamente no assento de nascimento. A lei fala que o reconhecimento pode ser feito no próprio termo de nascimento. O termo é o ato que está no livro respectivo existente no cartório. Foi lavrado um dia e ali permaneceu. O que deve importar é a declaração de vontade livre para o reconhecimento"[5].

Nesse mesmo sentido a lição de PAULO LUIZ NETTO LÔBO: "Como não há relação de casamento entre os pais, com suas presunções, a declaração de reconhecimento voluntário é tomada formalmente pelo oficial do registro, complementando-se o termo de nascimento. Se suscitar dúvida quanto à seriedade da declaração, o oficial a submeterá ao juiz competente para decidir. A lei não prevê a audiência prévia do genitor que fez a declaração do nascimento, mas deve ser recomendada no caso de dúvida do oficial do registro. De qualquer forma, o interesse prevalecente é o do filho, devendo ser favorecido seu direito à relação integral de filiação"[6].

O reconhecimento no registro do nascimento faz prova eficaz, sem necessitar de outra declaração além da concernente à descendência do registrado, desde que assinado o termo pelo declarante. Pode, todavia, ser impugnado nos casos em que o podem ser os registros em geral. O reconhecimento voluntário de filho já registrado não produz qualquer efeito jurídico. Não se pode atribuir pai ou mãe a

---

[4] Dusi, *Della filiazione e dell'adozione*, p. 693, apud Washington de Barros Monteiro, *Curso de direito civil*, 37. ed., v. 2, p. 317.

[5] *Tratado prático da filiação*, v. I, p. 232.

[6] *Código Civil comentado*, v. VI, p. 108-109.

quem já os tem, conforme assento no registro de nascimento, inclusive na hipótese de filho adotado. Somente após a invalidação do registro existente, comprovando-se erro ou falsidade, poder-se-á efetuar o pretendido reconhecimento[7].

b) Poderá o genitor, se o preferir, efetuar o reconhecimento por *escritura pública* ou *escrito particular*, que também serão averbados. A escritura pode ser lavrada especificamente para o reconhecimento, ou este pode fazer-se incidentemente em escritura que tenha outros objetivos imediatos, desde que a manifestação seja expressa e não deixe margem a nenhuma dúvida. Nesse sentido já decidiu o *Superior Tribunal de Justiça*, com base nas lições de LAFAYETTE, CARLOS MAXIMILIANO, CARVALHO SANTOS, PLANIOL e RIPERT, DEMOLOMBE, SAVATIER e outros[8].

Tal assertiva vale também para o reconhecimento por escrito particular, arquivado em cartório, uma vez que, como já foi dito, o interesse prevalecente é o do filho.

Embora seja recomendável a anuência da mãe, para evitar futura impugnação, a lei não exige a sua oitiva, nem consta tal exigência do Provimento n. 494/93, do *Conselho Superior da Magistratura do Tribunal de Justiça de São Paulo*, que traçou diretrizes para o registro de filhos havidos fora do matrimônio após a vigência da Lei n. 8.560/92. Sendo beneficiada a criança, nenhum obstáculo deve ser colocado à averbação do reconhecimento em seu registro de nascimento, prevalecendo o ato até que, por meio de ação própria, seja declarada a sua ineficácia.

c) O reconhecimento voluntário de filho pode ser feito, igualmente, por *escrito particular*, a ser arquivado em cartório (CC, art. 1.609, II). O Código Civil de 1916 só o admitia como começo de prova para a ação de investigação de paternidade. No atual diploma, vale, por si só, como reconhecimento, desde que expresso. Depois da averbação por determinação judicial, o documento permanecerá arquivado em cartório. Pode-se agora, então, reconhecer um filho por codicilo, já que este é um escrito particular, datado e assinado pelo *de cujus* (art. 1.881).

Como a lei não especifica a espécie de documento ou escrito particular, o reconhecimento pode ser feito em declaração escrita, em carta e até mesmo em mensagem eletrônica, desde que não paire dúvida sobre a autoria e sobre sua autenticidade.

d) O *testamento* também pode ser aproveitado para reconhecimento voluntário de filho, ainda que incidentalmente manifestado (CC, art. 1.609, III). Não se exige, pois, a feitura do testamento para o fim específico do reconhecimento. As formas válidas de testamento ordinário são as mencionadas no art. 1.862 do Código Civil, que faculta ao testador a adoção de: *testamento público*, escrito e

---

[7] Paulo Luiz Netto Lôbo, *Código Civil*, cit., v. XVI, p. 107.
[8] REsp 57.505-MG, 4ª T., rel. Min. Asfor Rocha, j. 19-3-1996.

lavrado por tabelião; *testamento cerrado*, escrito pelo testador e aprovado e lacrado pelo tabelião; e *testamento particular*, escrito e lido pelo testador na presença de pelo menos três testemunhas.

Podem os pais valer-se, ainda, em situações de viagem ou guerra, dos testamentos especiais: o marítimo, o aeronáutico e o militar (CC, art. 1.886).

e) O reconhecimento pode ser feito inclusive *"por manifestação direta e expressa perante o juiz, ainda que o reconhecimento não haja sido o objeto único e principal do ato que o contém"* (CC, art. 1.609, IV). O ato no qual se dá a manifestação voluntária de reconhecimento de filho pode resultar de qualquer depoimento em juízo prestado pelo genitor, incidentalmente e tomado por termo, ainda que a finalidade desse depoimento seja outra, como, por exemplo, a de reduzir o valor de pensão alimentícia paga a outros filhos, como pode decorrer ainda de qualquer manifestação nos autos, seja na contestação, seja nas alegações finais ou nas razões de recurso. O juiz, diante do reconhecimento manifestado, encaminhará certidão ao Cartório do Registro Civil, para que seja providenciada a averbação no registro de nascimento do filho[9].

Pode-se acrescentar ainda outro modo de reconhecimento paterno que, embora voluntário, não é espontâneo. Encontra-se ele disciplinado no art. 2º da Lei n. 8.560/92, pelo qual o oficial que procedeu ao registro de nascimento de menor apenas com a maternidade estabelecida deverá remeter ao juiz certidão integral do registro e o nome e prenome, profissão, identidade e residência do suposto pai, a fim de ser averiguada oficiosamente a procedência da alegação. Se este admitir a paternidade, será lavrado termo de reconhecimento, a ser averbado pelo oficial do Registro Civil junto ao assento de nascimento. *Se, porém, negá-la, ou não atender à notificação, os autos serão remetidos ao Ministério Público para que este promova a ação de investigação da paternidade.*

Embora o aludido modo de reconhecimento de filho não tenha sido reproduzido no Código Civil de 2002, o dispositivo em epígrafe deve ser havido como vigente, porque essa matéria não foi tratada especificamente no novo diploma[10].

É proibido reconhecer o filho na ata do casamento (Lei n. 8.560/92, art. 3º), para evitar referência a sua origem extramatrimonial. Com essa finalidade, também não se fará, nos registros de nascimento, qualquer referência à natureza da filiação,

---

[9] "Se a Lei n. 8.560/92 permite o reconhecimento de filhos havidos fora do casamento por escritura pública ou escrito particular, *a fortiori* o reconhecimento por declaração feita em Juízo deve produzir de pronto seus efeitos, sem necessidade da ação ordinária investigatória, notadamente quando se trata de declaração da mãe" (TJRJ, AgI 7.781/98, 16ª Câm. Cív., rel. Des. Paulo Gustavo Horta, j. 26-1-1999).

[10] Washington de Barros Monteiro, *Curso*, cit., 37. ed., v. 2, p. 317-318.

à sua ordem em relação a outros irmãos do mesmo prenome, exceto gêmeos, ao lugar e cartório do casamento dos pais e ao estado civil destes (art. 5º). Igualmente, das certidões de nascimento não constarão indícios de a concepção haver sido decorrente de relação extraconjugal, não devendo constar, em qualquer caso, o estado civil dos pais e a natureza da filiação, bem como o lugar e cartório do casamento, proibida referência à apontada Lei n. 8.560/92, salvo autorizações ou requisições judiciais de certidões de inteiro teor (art. 6º).

O reconhecimento pode *preceder* o nascimento do filho já concebido (CC, art. 1.609, parágrafo único), mas o filho que haja *falecido* só poderá ser reconhecido se tiver deixado *descendentes*. A ressalva é feita para evitar reconhecimentos *post mortem* por interesse, pois, se o filho não deixou descendente algum, os seus bens irão para o ascendente que o reconheceu.

Embora a personalidade civil da pessoa comece do nascimento com vida, *"a lei põe a salvo, desde a concepção, os direitos do nascituro"*, como estatui o art. 2º do Código Civil. Sendo este um ser em potencial, nada obsta o reconhecimento da paternidade. Tal reconhecimento ocorre, em geral, quando é forte a probabilidade de o reconhecente não sobreviver ao nascimento do filho, não sendo seu desejo sujeitá-lo às incertezas de uma ação de investigação de paternidade. Representa, destarte, uma justa precaução do genitor que tem a consciência de ser o responsável pela gravidez comprovada.

Para PONTES DE MIRANDA "a permissão do reconhecimento antecipado da prole tem como fundamento: o temor do pai de morrer antes de nascer o filho, ou de se achar, por outro motivo (interdição por loucura etc.), impedido de fazê-lo após o nascimento; e a incerteza da mãe de escapar, com vida, do próprio parto, sobrevivendo-lhe o filho. Nesse caso, a comunicação da gravidez equivale ao reconhecimento do filho, uma vez que seja feita mediante escritura pública, ou testamento"[11].

Aduz o consagrado jurista que, "se o pai reconhece o ente a nascer e esse só vem à luz trezentos e um dias depois, não se contando o dia do reconhecimento, deve-se considerar inexistente o ato, salvo prova de prolongamento anormal da vida uterina, além dos trezentos dias, o que, devidamente provado, elide a presunção contrária".

Em nascendo mais de um filho do mesmo parto – gêmeos ou trigêmeos –, o reconhecimento não ficará prejudicado, como oportunamente salienta ARNALDO RIZZARDO, pois "tem-se em conta o ato de vontade do reconhecente, que é uma determinada concepção, ou o fruto de um relacionamento"[12].

---

[11] *Tratado de direito de família*, cit., v. III, § 221, p. 85.
[12] *Direito de família*, p. 443-444.

Acrescenta o ilustre autor que "não se impede o reconhecimento pela mãe. Não terá finalidade alguma esta disposição de vontade se casada a mesma, pois o registro em seu nome é natural. Todavia, se a mulher ficou grávida com pessoa que não o marido, e durante a sociedade conjugal, embora admitido o reconhecimento do filho adulterino, é perfeitamente lícito o reconhecimento prematuro, e possível de ocorrer caso o parto for considerado de alto risco para a mãe. Falecendo, e desinteressando-se os parentes com o destino da prole, encontra-se a mesma reconhecida antecipadamente".

O reconhecimento póstumo, como foi dito, também é admitido, desde que o filho falecido tenha deixado descendentes. Não produzirá nenhum efeito, porém, se o objetivo for o benefício do próprio pai reconhecente, como na hipótese de aquele falecer sem descendentes, mas deixando bens. O reconhecimento nessa situação é sempre suspeito, sendo de se indagar por que motivo o pai não reconheceu o filho durante toda a vida deste, mas somente após a sua morte e deixando invejável patrimônio, que será desviado para o perfilhante tardio. Obviamente quis a lei evitar esses reconhecimentos por interesse, provocados por razões mesquinhas ou menos nobres.

O art. 27 do Estatuto da Criança e do Adolescente preceitua que o reconhecimento do estado de filiação pode ser exercitado, hoje, sem qualquer restrição, observado apenas o segredo de justiça. E o art. 1.596 do Código Civil, reproduzindo o texto constitucional, proclama que *"os filhos, havidos ou não da relação de casamento, ou por adoção, terão os mesmos direitos e qualificações, proibidas quaisquer designações discriminatórias relativas à filiação".*

Filhos adulterinos e incestuosos podem, assim, ser reconhecidos, ainda que os seus pais estejam casados. Mesmo o adulterino *a matre* pode ajuizar a qualquer tempo ação de investigação de paternidade contra o verdadeiro pai, afastando desse modo os efeitos da presunção *pater is est.*

2.2. Oposição ao reconhecimento voluntário

Dispõe o art. 1.614 do Código Civil que *"o filho maior não pode ser reconhecido sem o seu consentimento, e o menor pode impugnar o reconhecimento, nos quatro anos que se seguirem à maioridade, ou à emancipação".*

Não vale, assim, o reconhecimento do filho maior sem a sua anuência, mas esta pode ser dada posteriormente, sanando-se a omissão. Segundo Massimo Bianca, "o filho que presta o consentimento não participa do reconhecimento, que permanece sempre ato exclusivo do genitor"[13].

---

[13] *Diritto civile:* la famiglia – le successioni, p. 262.

O consentimento entraria, assim, na categoria dos atos autorizativos e, mais especificamente, configurar-se-ia como aprovação. No "exercício de sua liberdade, e até contra todas as evidências, o reconhecido pode negar seu consentimento, que não poderá ser suprido pelo juiz"[14].

O consentimento independe de forma especial. Poderá ser manifestado no reconhecimento feito por qualquer dos modos indicados no art. 1.609 do Código Civil, com exceção do efetuado por testamento, mediante o comparecimento do filho maior ao ato de perfilhação no termo lavrado no Cartório do Registro Civil, na escritura pública, no escrito particular ou mesmo na manifestação feita perante a autoridade judicial.

Se menor de idade, poderá o filho impugnar o reconhecimento no quatriênio que se seguir à aquisição da capacidade civil, por meio da *ação de contestação* ou *impugnação de reconhecimento*. Nada impede que ingresse antes com a ação, enquanto menor, se devidamente representado ou assistido. Na referida ação, poderá alegar a incapacidade do reconhecente ou inveracidade ou falsidade da afirmação da paternidade ou maternidade.

Preleciona, com efeito, Caio Mário da Silva Pereira que a ação de impugnação do reconhecimento "poderá fundar-se na falta de sinceridade do declarante, ou que emana de quem não é o verdadeiro pai, ou ainda na atribuição de falsa filiação do perfilhado; e nesta ação é admissível todo gênero de provas"[15].

A impugnação do reconhecimento é exercício de direito a ter ou não como pai ou mãe quem reconheceu o titular como filho, havido fora do casamento ou da união estável, posteriormente a seu registro de nascimento. É o oposto da investigação da paternidade. O consentimento do filho, quando ainda menor, é dispensado em virtude da regra geral da incapacidade, que impede seja considerada a sua manifestação de vontade, bem como em razão da presunção de ser feito o reconhecimento em seu benefício. Essa presunção pode, todavia, ser elidida pela impugnação do filho, ao adquirir a maioridade, resultando no mesmo direito de livre consentimento pelo reconhecido maior[16].

Paulo Luiz Netto Lôbo[17] refuta, com precisa ponderação, o argumento de inconstitucionalidade do prazo decadencial estabelecido no dispositivo legal em apreço e de incompatibilidade com o art. 27 do Estatuto da Criança e do Adolescente. Uma coisa, diz, "é vindicar a filiação (e, consequentemente, a

---

[14] Paulo Luiz Netto Lôbo, *Código Civil*, cit., v. XVI, p. 129.

[15] *Instituições*, cit., v. 5, p. 354-355.

[16] Paulo Luiz Netto Lôbo, *Código Civil*, cit., v. XVI, p. 128-130.

[17] *Código Civil*, cit., v. XVI, p. 131-133.

paternidade ou a maternidade), outra coisa é exercer o direito ao conhecimento de sua origem biológica. A primeira é relação de direito de família, a segunda é relação de direito da personalidade, direito inato ao próprio indivíduo, independentemente de ser ou não ser membro de grupo familiar. A Constituição não elegeu a origem biológica como fundadora da família. Ao contrário, dispensou-a, para fixar-se na relação construída no afeto e na convivência familiar, tendo ou não consanguinidade".

Acrescenta o mencionado civilista que, sendo a impugnação do reconhecimento um ato de liberdade, "não se necessita provar a inexistência de origem genética ou qualquer outra situação que contrarie a paternidade ou a maternidade, tais como erro ou falsidade do registro, que são hipóteses distintas, contempladas no art. 1.604 do Código Civil. Essa é a inteligência possível e razoável do preceito, no contexto da filiação socioafetiva e do princípio constitucional da liberdade, nas relações familiares. Não se trata de perquirir o dado da biologia, para impor um pai a quem o rejeita".

Também ZENO VELOSO observa que "o aludido prazo de quatro anos, cujo termo inicial ocorre quando o menor reconhecido se torna capaz, diz respeito à ação para o *repúdio* da perfilhação, que depende, apenas, de manifestação em contrário da vontade do que foi reconhecido enquanto era menor. Se, por outro lado, o caso for de *impugnação* do reconhecimento, por ser falso o ato, por exemplo, a ação, que é imprescritível, pode ser ajuizada a todo tempo, não estando, é claro, na dependência do termo inicial referido no art. 362 do Código Civil (*de 1916, correspondente ao art. 1.614 do CC/2002*)"[18].

Nessa esteira, decidiu o *Tribunal de Justiça de Minas Gerais*: "A ação de investigação de paternidade, que significa o direito do filho a obter o verdadeiro pai, sempre foi imprescritível. Diferente é a situação de se impugnar o reconhecimento de paternidade, pura e simplesmente, sem envolver o direito de investigar o verdadeiro pai, ou seja, quando a impugnação não é instrumento ou decorrência da investigação. Neste caso, a prescrição para a ação em que o filho nega o seu assentimento ao reconhecimento sempre foi de quatro anos"[19].

Por sua vez, proclamou o *Superior Tribunal de Justiça*, na mesma linha: "A regra que impõe ao perfilhado o prazo de quatro anos para impugnar o reconhecimento só é aplicável ao filho natural que visa a afastar a paternidade por mero ato de vontade, a fim de desconstituir o reconhecimento da filiação, sem buscar constituir nova relação. A decadência não atinge o direito do filho legítimo ou

---

[18] *Direito brasileiro da filiação e paternidade*, p. 135.
[19] Ap. 000.191.719-4/00, 4ª Câm. Cív., rel. Des. Almeida Mejo, j. 14-12-2000.

legitimado, nem do filho natural que pleiteie a investigação de paternidade e a anulação do registro, com base na falsidade deste"[20].

3. RECONHECIMENTO JUDICIAL: INVESTIGAÇÃO DE PATERNIDADE E MATERNIDADE

O filho não reconhecido voluntariamente pode obter o reconhecimento *judicial, forçado* ou *coativo*, por meio da ação de investigação de paternidade, que é *ação de estado*, de *natureza declaratória* e *imprescritível*.

Trata-se de direito *personalíssimo* e *indisponível*. Dispõe efetivamente o art. 27 do Estatuto da Criança e do Adolescente (Lei n. 8.069/90): "O reconhecimento do estado de filiação é direito personalíssimo, indisponível e imprescritível, podendo ser exercitado contra os pais ou seus herdeiros, sem qualquer restrição, observado o segredo de Justiça".

Os efeitos da sentença que declara a paternidade são os mesmos do reconhecimento voluntário e também *ex tunc*: retroagem à data do nascimento (CC, art. 1.616). Quando se trata de ação de investigação de paternidade cumulada com pedido de alimentos, tem aplicação a *Súmula 277 do Superior Tribunal de Justiça*, *verbis: "Julgada procedente a investigação de paternidade, os alimentos são devidos a partir da citação"*.

Embora a ação seja imprescritível, os efeitos patrimoniais do estado da pessoa prescrevem. Por essa razão, preceitua a *Súmula 149 do Supremo Tribunal Federal*: "É imprescritível a ação de investigação de paternidade, mas não o é a de petição de herança". Esta prescreve em *dez anos* (CC, art. 205), a contar não da morte do suposto pai, mas do momento em que foi reconhecida a paternidade. É que o prazo de prescrição somente se inicia quando surge o direito à ação, e este só nasce com o reconhecimento.

A ação de investigação de paternidade é, assim, um indeclinável pressuposto para o ajuizamento da ação de petição de herança. Não corre contra o filho *não reconhecido* a prescrição da ação de petição de herança. Geralmente, essa ação é

---

[20] REsp 256.171-0-RS, 3ª T., rel. Min. Antônio de Pádua Ribeiro, j. 2-3-2004, *Boletim do STJ*, 5/2004. *V.*, ainda, da mesma Corte: "Investigação de paternidade. Ação proposta por quem, registrada como filha legítima do marido de sua mãe, quer a declaração de que o pai é outrem. Inaplicabilidade do art. 362 do Código Civil (*de 1916, correspondente ao art. 1.614 do CC/2002*), que se refere à hipótese diversa: a de quem, nascido como filho natural, isto é, fora do casamento, foi reconhecido. Prescrição afastada" (REsp 222.782-MG, 3ª T., rel. Min. Ari Pargendler, *DJU*, 1º-10-2001). No mesmo sentido: STJ, *RT*, 798/220.

cumulada com a de investigação de paternidade, estando implícita a anulação da partilha, se já inventariados os bens. O pedido, no entanto, deverá ser expresso nesse sentido. Trata-se de ação que interessa ao espólio, devendo ser citados os herdeiros. Se o filho foi reconhecido e já completou dezesseis anos, o prazo prescricional começa a fluir da data da abertura da sucessão, pois não se pode litigar a respeito de herança de pessoa viva. Se ainda não alcançou essa idade, começa a correr somente na data em que a atingir (CC, art. 198, I).

Tal critério, contudo, só se aplica a herdeiro reconhecido pelo genitor, como proclamou o *Tribunal de Justiça de São Paulo*[21]. Compete a referida ação ao *herdeiro* preterido e que não tenha participado do processo. Mas herdeiro reconhecido, voluntária ou judicialmente. Quem não desfruta da condição de herdeiro, por não ter sido reconhecido voluntariamente, ou não ter obtido judicialmente o reconhecimento da paternidade, não pode ajuizá-la. E, se não pode fazê-lo, não está sujeito a nenhum prazo prescricional. Porque não corre prescrição alguma, enquanto não nascem a pretensão e o direito de propor a ação, consoante o princípio da *actio nata*.

A propósito, obtempera MÁRIO MOACYR PORTO[22] que a prescrição somente começa a correr do dia em que o direito pode ser exercido. Desse modo, "antes do julgamento favorável da ação de investigação de paternidade ilegítima, o filho natural, não reconhecido pelo pai, jamais poderá propor ação de petição de herança para o fim de lhe ser reconhecida a qualidade de herdeiro, com direito à herança do seu indigitado pai. A ação de investigação de paternidade, na hipótese em causa, é um inafastável pressuposto, uma prejudicial incontornável, para que o filho possa intentar a ação de petição de herança... Conclui-se, de tudo, que não corre contra o filho natural *não reconhecido*, a prescrição da ação de petição de herança. *Action non natae non praescribitur*".

Desse entendimento não discrepa ORLANDO GOMES[23], quando afirma que a ação de estado é premissa da petição de herança, quando o título de herdeiro depende da prova do parentesco, como acontece em relação ao filho ilegítimo não reconhecido. Certificada a qualidade de parente sucessível, aduz, "não implica, entretanto, investidura na de herdeiro, assim entendido o que deveria ter sido chamado. Atestada, porém, a qualidade sucessória, positiva-se o direito à herança, *legitimando-se o pedido de restituição dos bens hereditários*".

Para ARNALDO RIZZARDO esta é, efetivamente, "a melhor exegese, porquanto não pode iniciar a prescrição sobre um direito ainda não formado judicialmente"[24].

---

[21] Ap. 134.291.4/4-Ribeirão Preto, 3ª Câm. Dir. Priv., rel. Ênio Zuliani, Voto 459.

[22] Ações de investigação de paternidade ilegítima e petição de herança, *RT*, 645/10.

[23] *Sucessões*, n. 208, p. 266-267.

[24] *Direito de família*, cit., p. 465.

3.1. Legitimidade para a ação

A *legitimidade ativa* para o ajuizamento da ação de investigação de paternidade é do *filho*. O reconhecimento do estado de filiação é direito personalíssimo, por isso, a ação é privativa dele. Se menor, será representado pela mãe ou tutor.

Não é correto a mãe ajuizar a ação. Esta deve ser *proposta pelo menor, representado pela mãe*. Todavia, o fato de constar o nome da genitora na inicial como postulante tem sido interpretado pela jurisprudência como mero lapso de redação, que não torna inepta a aludida peça, tratando-se na espécie de representação implícita, visto que a sua atuação se dá na qualidade de representante legal do filho, embora formulado o pedido em seu próprio nome[25].

É de se admitir o litisconsórcio ativo facultativo dos filhos da mesma mãe na investigação de paternidade do mesmo suposto genitor, como sustenta ZENO VELOSO, "para desembaraçar, facilitar, descomplicar, apressar a solução do litígio (CPC [*de 1973*], art. 125, II [*CPC/2015, art. 139, II*])", dadas a "identidade das pretensões dos autores, a coligação de direitos e interesses dos filhos, considerando que a relação jurídica questionada tem o mesmo fundamento, sendo as questões conexas, apresentando afinidades ditadas por um ponto comum de fato e de direito (CPC [*de 1973*], art. 46 [*CPC/2015, art. 113*])"[26].

Se a mãe do investigante é menor, relativa ou absolutamente incapaz, poderá ser representada ou assistida por um dos seus genitores, ou por tutor nomeado especialmente para o ato, a pedido do Ministério Público, que zela pelos interesses do incapaz. A mãe natural, ainda que menor, exerce o poder familiar de filho menor não reconhecido pelo pai e, pois, "representa-o nos atos da vida civil e pode, destarte, assistida por seu pai, intentar em nome do filho a ação investigatória de paternidade"[27].

Se o filho morrer antes de iniciá-la, seus herdeiros e sucessores ficarão inibidos para o ajuizamento, salvo se "*ele morrer menor e incapaz*" (CC, art. 1.606). Se já tiver sido iniciada, têm eles legitimação para "*continuá-la, salvo se julgado extinto o processo*" (art. 1.606, parágrafo único).

No caso de morte do autor de ação de investigação de paternidade, nada impede que o herdeiro testamentário ingresse no feito, dando-lhe seguimento. A substituição processual é legítima. Em caso julgado pelo *Superior Tribunal de Justiça*, proclamou-se que, "tendo ocorrido o falecimento do autor após o ajuizamento da ação, não há nenhum óbice a que o herdeiro testamentário ingresse no feito, dando-lhe seguimento, autorizado não apenas pela disposição de última vontade do *de cujus* quanto à transmissão de seu patrimônio, mas também pelo

---

[25] *RT*, 405/383, 586/171; *RJTJSP*, Lex, 126/300.

[26] *Direito brasileiro*, cit., p. 35.

[27] *RT*, 428/221.

art. 1.606 do Código Civil, que permite o prosseguimento da ação de investigação de paternidade pelos herdeiros, independentemente de serem eles sucessores pela via legítima ou testamentária"[28].

Hoje, a ação pode ser ajuizada sem qualquer restrição (ECA, art. 27), isto é, por filhos outrora adulterinos e incestuosos, mesmo durante o casamento dos pais. A moderna doutrina, secundada pela jurisprudência, tem reconhecido legitimidade ao *nascituro* para a sua propositura, representado pela mãe, não só em face do que dispõe o parágrafo único do art. 1.609 do Código Civil, como também por se tratar de pretensão que se insere no rol dos direitos da personalidade e na ideia de proteção integral à criança, consagrada na própria Constituição Federal[29].

Não há empeço a que o *filho adotivo* intente ação de investigação de paternidade em face do pai biológico, de caráter declaratório e satisfativo do seu interesse pessoal. A propósito, o *Tribunal de Justiça do Rio Grande do Sul* reconheceu tal legitimidade, na medida em que "os deveres erigidos em garantia constitucional à criança e ao adolescente, na Carta de 1988, em seu artigo 227, se sobrepõem às regras formais de qualquer natureza e não podem ser relegados a um plano secundário. Opor-se à justa pretensão do menor adotado, em ver reconhecida a paternidade biológica, com os embaraços expostos na sentença, diz o aludido *decisum*, é o mesmo que entender que alguém, registrado em nome de um casal, seja impedido de investigar sua verdadeira paternidade, porque a filiação é tanto ou mais irrevogável do que a adoção. No entanto a todo o momento, deparamos com pessoas registradas como filhos de terceiros, que obtêm o reconhecimento da verdadeira paternidade e têm, por consequência, anulado o registro anterior"[30].

Em virtude do caráter personalíssimo da ação, em princípio nem aos netos se reconhece o direito de promovê-la, em caso de os pais falecerem sem ter tomado a iniciativa de investigar a sua ascendência biológica. Já reconheceu o *Superior Tribunal de Justiça*, no entanto, válida a pretensão dos filhos, substituindo o pai,

---

[28] STJ, 3ª T., rel. Min. Marco Aurélio Bellizze, disponível em *Revista Consultor Jurídico*, de 25-10-2016.

[29] "Investigação de paternidade. Nascituro. Ação proposta pela mãe, menor púbere representada por sua genitora. Admissibilidade. Legitimidade 'ad causam'. Direitos subordinados à condição de nascer com vida" (*RT*, 625/172).

[30] *RJTJRS*, 176/766. No mesmo sentido: "Adoção. Investigação de paternidade. Possibilidade. Admitir-se o reconhecimento do vínculo biológico de paternidade não envolve qualquer desconsideração ao disposto no art. 48 da Lei 8.069/1990, pois a adoção subsiste inalterada. A lei determina o desaparecimento dos vínculos jurídicos com pais e parentes, mas, evidentemente, persistem os naturais, daí a ressalva quanto aos impedimentos matrimoniais. Possibilidade de existir, ainda, respeitável necessidade psicológica de se conhecer os verdadeiros pais" (STJ, REsp 127.541-RS, 3ª T., rel. Min. Eduardo Ribeiro, *DJU*, 28-8-2000).

em investigar a filiação deste, junto ao avô (*relação avoenga*), dirigindo a lide contra os referidos herdeiros, especialmente em face da Constituição Federal e da inexistência de qualquer limitação no Código Civil[31].

Na *V Jornada de Direito Civil do Conselho da Justiça Federal foi aprovado o Enunciado n. 521, do seguinte teor:*

"Qualquer descendente possui legitimidade, por direito próprio, para o reconhecimento do vínculo de parentesco em face dos avós ou qualquer ascendente de grau superior, ainda que o seu pai não tenha iniciado a ação de prova da filiação em vida".

Também a Lei n. 8.560/92 permite que a referida ação seja ajuizada pelo Ministério Público, na qualidade de parte, havendo elementos suficientes, quando o oficial do Registro Civil encaminhar ao juiz os dados sobre o suposto pai, fornecidos pela mãe ao registrar o filho (art. 2º, § 4º), ainda que o registro de nascimento tenha sido lavrado anteriormente à sua promulgação. Trata-se de legitimação extraordinária deferida aos membros do *Parquet*, na defesa dos interesses do investigando[32].

A Lei n. 12.010, de 3 de agosto de 2009, que dispõe sobre a adoção, acrescentou, ao art. 2º da Lei n. 8.560/92, novo parágrafo (5º), renumerando o anterior § 5º para 6º, com a seguinte redação: "§ 5º Nas hipóteses previstas no § 4º deste artigo, é dispensável o ajuizamento de ação de investigação de paternidade pelo Ministério Público se, após o não comparecimento ou a recusa do suposto pai em assumir a paternidade a ele atribuída, a criança for encaminhada para adoção". O § 6º, por sua vez, dispõe que "a iniciativa conferida ao Ministério Público não impede a quem tenha legítimo interesse de intentar investigação, visando a obter o pretendido reconhecimento da paternidade".

O direito ao reconhecimento da paternidade é indisponível, pelo que não é possível à mãe ou tutora da menor desistir da ação já em curso. Se a ação é proposta

---

[31] "Admissível a ação declaratória para que diga o Judiciário existir ou não a relação material de parentesco com o suposto avô que, como testemunha, firmou na certidão de nascimento dos autores a declaração que fizera seu pai ser este, em verdade, seu avô, caminho que lhes apontara o Supremo Tribunal Federal, quando, excluídos do inventário, julgou o recurso que interpuseram" (REsp 269-RS, 3ª T., rel. Min. Waldemar Zveiter, *DJU*, 7-6-1990, *RSTJ*, 40/237). "Investigação de paternidade envolvendo o suposto avô. Legitimidade dos netos reconhecida. No estágio atual do Direito de Família não seria viável recusar aos netos o direito de terem origem reconhecida. O fato de o pai não ter proposto ação investigatória não justificaria afastar o legítimo direito dos jovens" (REsp 603.885-RS, 3ª T., rel. Min. Menezes Direito). No mesmo sentido: STJ, 2ª Seção, rel. Min. Nancy Andrighi. Disponível em: <http://www.editoramagister.com>. Acesso em 5-4-2010; REsp 604.154-RS, 3ª T., rel. Min. Humberto Gomes de Barros, *DJE* 1º-7-2005; AR 336-RS, 2ª Seção, rel. Min. Aldir Passarinho Júnior, *DJE*, 24-4-2006, p. 43.
[32] STJ, REsp 169.728-MG, *DJU*, 21-9-1998.

pelo próprio investigante maior, eventual desistência por ele manifestada, embora válida, não resulta em renúncia ao direito à filiação[33].

A *legitimidade passiva* recai no *suposto pai* ou na *suposta mãe*, dependendo de quem está sendo investigado. Se o demandado já for falecido, a ação deverá ser dirigida contra os seus *herdeiros*[34]. Havendo descendentes ou ascendentes, o cônjuge do falecido não participará da ação, se não concorrer com estes à herança, salvo como representante de filho menor.

Em princípio, pois, a mãe não deve figurar no polo passivo da ação movida contra os herdeiros do falecido pai, uma vez que sua meação não será atingida pelo reconhecimento. Não se justifica, com efeito, a presença da viúva no polo passivo da ação de investigação de paternidade, em cuja esfera jurídica, se não é herdeira, não repercutirão efeitos de eventual acolhimento das demandas. A legitimação ordinária pertine apenas aos sujeitos "destinatari dell'efficacia del provvedimento giurisdizionale"[35].

Malgrado entenda LOURENÇO MÁRIO PRUNES que, "quando o *de cujus* deixa viúva e filhos, a demanda será contra todos dirigida, ainda que não possa, nos efeitos patrimoniais, afetar a meação da primeira"[36], na realidade os efeitos não patrimoniais (nome, estado etc.) exigem, como assinala CAIO MÁRIO DA SILVA PEREIRA, "seja a ação *post mortem* dirigida contra aqueles sucessores legítimos componentes da família do *de cujus* que deste seriam herdeiros se não houvesse

---

[33] "Investigação de paternidade. Desistência da ação. Pedido manifestado pela mãe do menor. Fato que não implica trancamento do feito, por versar sobre direito indisponível. Prosseguimento da ação que se impõe" (*RT*, 788/362). "O direito ao reconhecimento da paternidade é indisponível, pelo que não é possível à tutora da menor desistir da ação já em curso. Interesse da menor e do Estado na apuração da verdade real" (STJ, REsp 472.608-AL, 4ª T., rel. Min. Aldir Passarinho Júnior, *DJU*, 9-6-2003). "Desistência da ação pelo investigante. Validade. Ato, no entanto, que não resulta em renúncia ao direito à filiação, posto que se pode deixar de exercer, mas nunca renunciar ao direito à paternidade, de natureza indisponível" (*RT*, 790/356).
[34] "Investigação de paternidade *post mortem*. Ajuizamento contra a avó paterna. Ilegitimidade passiva de parte. Existência de descendente do suposto pai. Demanda a ser aforada contra este" (*JTJ*, Lex, 250/179). "Investigação de paternidade *post mortem*. Avó paterna única herdeira. Possibilidade de condenação ao pagamento de alimentos. Termo inicial: data da citação" (TJDF, Ap. 180.274, 5ª T., rel. Desa. Maria Beatriz Parrilha, *DJU*, 22-10-2003).
[35] Elio Fazzalari, *Istituzioni di diritto processuale*, § 134, p. 2.
V. a jurisprudência: "Investigação de paternidade. Ação intentada contra a viúva. Ilegitimidade passiva *ad causam*. Mulher do *de cujus* que não tem nenhum interesse econômico na demanda, eis que sua meação não será atingida. Pretensão que deve ser dirigida, exclusivamente, contra os filhos do indigitado genitor" (*RT*, 775/233).
[36] *Investigação de paternidade*, p. 30.

herdeira testamentária"[37]. Por outro lado, prossegue, os eventuais efeitos econômico-
-patrimoniais (sucessão etc.) "exigem que a ação seja dirigida contra a herdeira
testamentária". Embora "a ação, após a morte do investigado, deva intentar-se
contra os herdeiros do pai", aduz, "o STF reconhece na viúva legítimo interesse
moral para contestar a ação".

Deverá a viúva ser citada como parte, todavia, sempre que for herdeira, seja
por inexistirem descendentes e ascendentes (CC, art. 1.829, III), seja por concorrer com eles à herança (art. 1.829, I e II).

Não é correto mover a ação contra o espólio do finado pai. O espólio não
tem personalidade jurídica, não passando de um acervo de bens[38].

O art. 27 do Estatuto da Criança e do Adolescente menciona expressamente
"os herdeiros" do suposto pai, mas referida ação pode ser contestada por qualquer
pessoa "*que justo interesse tenha*" (CC, art. 1.615). A defesa pode, assim, ser
apresentada pela mulher do investigado, pelos filhos havidos no casamento ou
filhos reconhecidos anteriormente, bem como outros parentes sucessíveis, uma
vez que a declaração do estado de filho repercute não apenas na relação entre
as partes, mas pode atingir terceiros, como aquele que se considera o verdadeiro
genitor, por exemplo.

Se não houver herdeiros sucessíveis conhecidos, a ação deverá ser movida
contra eventuais herdeiros, incertos e desconhecidos, citados por editais. O
município não é herdeiro, não figurando na ordem de vocação hereditária
estampada no art. 1.829 do Código Civil, e apenas recolhe os bens, não existindo
herdeiros sucessíveis (art. 1.844). Estando na posse dos bens, será citado, em
razão dos interesses patrimoniais em conflito, envolvendo a petição de herança
(CC, art. 1.824). "Como a ação de investigação envolve quase sempre a petição
de herança (mais do que *status*, são visados bens), canaliza-se contra quem detém
o patrimônio deixado"[39].

Os legatários, por sua vez, figurarão no polo passivo, caso a herança venha a
ser distribuída exclusivamente entre eles. Não se justifica, no entanto, a sua intervenção na demanda, se já há outros herdeiros e o legado não sofre redução, por
ter sido respeitada a parte disponível, uma vez que os legados não sofrerão nenhuma
diminuição com a procedência da ação investigatória da paternidade.

---

[37] *Reconhecimento de paternidade e seus efeitos*, p. 89-90.

[38] "Investigação de paternidade. Ilegitimidade passiva *ad causam*. Ação ajuizada contra o espólio do indigitado pai. Nulidade" (*RT*, 753/200). "Investigação *post mortem*. Ação proposta
contra espólio. Não cabimento. Hipótese de propositura contra os herdeiros do indigitado pai.
Ilegitimidade passiva de parte" (*JTJ*, Lex, 253/137).

[39] Lourenço Mário Prunes, *Investigação*, cit., p. 30.

Decidiu o *Tribunal de Justiça de São Paulo* que, "na ação de investigação de paternidade *post mortem*, cumulada, ou não, com petição de herança, a legitimidade passiva *ad causam* é só dos herdeiros, compreendidos estes na mais ampla acepção jurídica do vocábulo, abrangente daqueles que herdaram ou poderiam herdar e dos sucessores dos primitivos herdeiros", não se justificando a presença do espólio na causa, simultaneamente, em litisconsórcio passivo com aqueles[40].

Também decidiu o mesmo Tribunal: "A existência de herdeiros testamentários, únicos contemplados, por si só, não afasta a condição de herdeiro prevista no Código Civil. Interesse moral do herdeiro na pesquisa do vínculo genético, que se resume na defesa da honra, da conduta reta e outros atributos de ordem moral e social, em favor do suposto genitor e autor da herança. Legitimidade passiva reconhecida"[41].

De outra feita, proclamou a aludida Corte: "O polo passivo da ação de investigação de paternidade *post mortem* deve ser composto por todos os herdeiros legítimos (necessários ou não) e testamentários. Inexistindo herdeiros necessários e havendo instituição de herdeiro testamentário, os sucessores legítimos não necessários ficam afastados da sucessão; todavia, tal circunstância não os desonera de compor o polo passivo da lide, eis que, em se tratando de ação de estado, acarreta efeitos que não são unicamente de natureza patrimonial"[42].

ARNOLDO MEDEIROS DA FONSECA[43] ressalta, na mesma linha, que a inexistência de bens a partilhar ou mesmo a circunstância de os sucessores legítimos terem renunciado à herança não lhes retira a legitimidade para compor o polo passivo da ação de investigação de paternidade, uma vez que o procedimento judicial "não tem apenas por objeto assegurar direitos sucessórios, mas visa, com mais amplitude, à declaração do estado de família, na qual continuam os mesmos a ter presumido interesse, por outras consequências que produz, inclusive o direito de alimentos, daí decorrendo a necessidade de sua citação inicial".

Se a mãe manteve relações sexuais com dois ou mais homens no período provável da concepção, poderá o filho promover a ação investigatória contra todos, requerendo a realização do exame hematológico pelo sistema DNA com material por eles fornecido.

Segundo preleciona ZENO VELOSO, "tendo a mãe coabitado com vários homens durante o tempo possível da concepção do filho, a ação de investigação

---

[40] *JTJ*, Lex, 252/315; *RT*, 616/52.
[41] AgI 110.331-4-Paraguaçu Paulista, 5ª Câm. Dir. Priv., rel. Des. Silveira Netto, j. 13-4-2000.
[42] *RT*, 792/261.
[43] *Investigação de paternidade*, p. 379.

de paternidade pode ser intentada, separada ou conjuntamente, contra os mesmos. Se vários podem ser o pai da criança, embora, é claro, só um deles o seja, realmente, até pelo princípio da economia processual, não há razão para que se intentem ações sucessivas, uma depois da outra, contra os pais potenciais, sendo conveniente e útil consolidar a discussão num só processo, tornando mais seguro o contraditório, facilitando a defesa, a produção de prova, enfim, a busca da verdade"[44].

Por outro lado, quando o filho reconhecido por terceiro move ação contra o alegado pai biológico, instaura-se um litisconsórcio passivo unitário e necessário, tendo em vista que a eventual procedência da pretensão acarretará o cancelamento do registro de nascimento em relação ao pai jurídico, que deve, assim, ser incluído no polo passivo[45].

A sentença que julga procedente ação de investigação de paternidade faz coisa julgada também em relação aos demais filhos do investigado, ainda que só este tenha sido parte no processo[46].

3.2. Fatos que admitem a investigação de paternidade

A ação de investigação de paternidade pode ser ajuizada, sem restrição, por qualquer filho havido fora do casamento. O art. 363 do Código Civil de 1916 exigia a prova de um dos seguintes fatos: a) que ao tempo da concepção sua mãe estivesse *concubinada* com o pretendido pai; b) que a concepção coincidisse com o *rapto* de sua mãe pelo suposto pai, ou de suas *relações sexuais* com ela; c) que existisse *escrito* daquele a quem se atribuía a paternidade, reconhecendo-a expressamente. Bastava a prova, pelo menor, de uma dessas hipóteses.

A defesa apresentada pelo réu, em geral, era a negativa do fato. Se este, no entanto, estivesse provado, costumava-se opor a *exceptio plurium concubentium* (exceção do concubinato plúrimo), que consiste na alegação de que a mulher, à época da concepção, manteve relações sexuais com outro homem. Se tal alegação fosse comprovada, estava lançada a dúvida sobre a paternidade, e esta era suficiente para a improcedência da ação[47].

---

[44] *Direito brasileiro*, cit., p. 35.

[45] *JTJ*, Lex, 253/333.

[46] TJSP, Ap. 99.853-4-Piracicaba, 8ª Câm. Dir. Priv., rel. Des. Aldo Magalhães, j. 2-6-1999.

[47] "*Exceptio plurium concubentium*. Inocorrência. Prova dos autos que demonstra que a mãe do autor veio a conceber durante o tempo de relacionamento afetivo com o réu. Mulher de regular conduta. Reconhecimento da paternidade" (*RT*, 800/347). "*Exceptio plurium concubentium*. Para servir de fundamento extintivo do direito do autor, necessita de comprovação cabal, ante a possibilidade de identificação da paternidade por meio de perícia hematológica, com alto grau de precisão" (TJRGS, Ap. 597.149.434, 7ª Câm. Cív., rel. Desa. Maria Berenice Dias, j.

O exame hematológico, quando não excluía a paternidade, significava apenas a possibilidade de o réu ser o pai, mas não a afirmava com certeza absoluta. Somente quando o resultado afastava a paternidade é que esta era excluída, de forma incontestável[48].

Hoje, no entanto, com o exame de DNA, é possível afirmar-se a paternidade com um grau praticamente absoluto de *certeza*. A incerteza trazida aos autos pela exceção oposta pelo réu já não conduz, necessariamente, à improcedência da ação, pois mesmo comprovado o *plurium concubentium*, tal exame demonstrará, com elevado grau de certeza, quem é o verdadeiro pai. Por essa razão, o Código Civil de 2002 não especifica os casos em que cabe a investigação da paternidade. Poderá ser requerido, assim, como único meio de prova, o exame hematológico[49].

Continuam, todavia, válidos os demais meios de prova disponíveis no diploma processual civil para a determinação da paternidade, que poderão ser utilizados quando o exame hematológico não puder ser realizado por alguma razão, ou para roborar a certeza científica. Registre-se ser necessária, sob pena de perder a credibilidade, "uma interpretação cuidadosa e apropriada dos resultados do exame de DNA, de modo a fornecer ao processo uma prova idônea a auxiliar na formação do convencimento. Impende cautela na realização do exame, desde a escolha do laboratório até a escorreita redação do laudo, passando pela formação acadêmica do profissional. Sobreleva evitar, assim, uma *sacralização* ou divinização do DNA, que, repita-se, não se tornou prova exclusiva em tais ações"[50].

5-11-1997). "*Exceptio plurium concubentium*. Inocorrência. Insuficiente a alegação de que a mulher não era virgem ao tempo da relação amorosa" (*RT*, 750/336). "Deve ser afastada a alegação de *plurium concubentium* da mãe da autora, ao tempo da concepção, se os réus (irmãos e herdeiros do investigado) recusam submeter-se a exame de DNA, assim impedindo o juiz de apurar a veracidade da sua alegação" (*RSTJ*, 65/235).

[48] "Não obstante ter o autor admitido relacionamento sexual com a mãe do réu em época próxima à concepção, isso não significa que seja ele seu pai. A prova testemunhal confirma à saciedade a *exceptio plurium concubentium* alegada na peça vestibular, ou seja, de que a mãe do réu também se relacionou sexualmente, na mesma época, com diversos outros homens. O mais importante, contudo, é que o exame hematológico realizado excluiu a paternidade, exclusão esta que tem caráter absoluto, como, aliás, é do conhecimento geral" (TJSP, Ap. 252.547-4/4-São Vicente, rel. Des. Sousa Lima, j. 26-2-2003).

[49] "É admissível a não realização de prova oral quando exames periciais, pelo sistema de DNA, excluem a paternidade, sendo um deles firmado pelo assistente técnico da própria parte autora da investigação. Em tal hipótese, não há falar em sacralização da prova técnica" (TJRS, Ap. 596.139.451, 7ª Câm. Cív., rel. Des. Sérgio Gischkow, j. 30-4-1997). "Exame de DNA. Confirmação da paternidade, mesmo que não existam outras provas a respeito do relacionamento amoroso entre os genitores do investigado" (TJPR, Ap. Cív. 127.146-7, 7ª Câm. Cív., rel. Des. Mendonça de Anunciação, *DJPR*, 10-3-2003).

[50] Cristiano Chaves de Farias, Um alento ao futuro: novo tratamento da coisa julgada nas ações relativas à filiação, *Revista Brasileira de Direito de Família*, v. 13, p. 91.

É necessário frisar que ninguém pode ser constrangido a fornecer amostras do seu sangue para a realização da prova pericial[51]. No entanto, a negativa do réu pode levar o juiz, a quem a prova é endereçada, a interpretá-la de forma desfavorável àquele, máxime havendo outros elementos indiciários[52]. A propósito, preceitua o art. 231 do Código Civil: *"Aquele que se nega a submeter-se a exame médico necessário não poderá aproveitar-se de sua recusa".* Complementa o art. 232: *"A recusa à perícia médica ordenada pelo juiz poderá suprir a prova que se pretendia obter com o exame".* Nesse sentido, a *Súmula 301 do Superior Tribunal de Justiça:* "Em ação investigatória, a recusa do suposto pai a submeter-se ao exame de DNA induz presunção *juris tantum* de paternidade".

A presunção que resulta da recusa do réu em se submeter ao exame hematológico não deve, todavia, ser tida como absoluta[53], merecendo ser desconsiderada quando contrariar outros elementos indiciários constantes dos autos, como a não comprovação das relações sexuais com a mãe do investigante e a farta demonstração da *exceptio plurium concubentium* por viver esta na zona do meretrício. Nessa trilha, decidindo caso com essas características fáticas, o *Tribunal de Justiça de Minas Gerais* proclamou que, *"em ação de investigação de paternidade, a recusa do investigado em se submeter à realização do exame de DNA é um forte indício de veracidade dos fatos alegados. Porém, não pode a paternidade ser declarada apenas com base nesta recusa, principalmente quando fartamente comprovada nos autos a* exceptio plurium concubentium"[54].

Em comentários ao aludido acórdão, ponderou ZENO VELOSO que "a recusa de se submeter ao exame de DNA – até porque se funda em garantia individual, inscrita na Constituição, insisto em relembrar – só pode levar à presunção ficta da

---

[51] "Ação proposta *post mortem*. Prova. Exame hematológico. Realização que se pretende seja feita em incapaz. Oposição do curador. Admissibilidade. Hipótese em que ninguém pode ser compelido a realizar exames ou inspeção corporal para prova no cível" (*RT*, 810/213). "Declaratória de paternidade. Recusa da investiganda de se submeter ao exame de impressões do DNA. Condução coercitiva. Descabimento. Agravo provido" (TJSP, AgI 69.290-4/1-00, 6ª Câm. Dir. Priv., rel. Des. Testa Marchi, j. 12-2-1998).

[52] "Prova. Pretenso pai que se recusa ao exame pericial sem nenhuma explicação. Solução que deve favorecer os direitos da personalidade do menor interessado na descoberta de sua identidade genética" (*RT*, 812/212). "Exame de DNA. Recusa injustificada do réu em submeter-se ao exame, aliada às demais provas e circunstâncias dos autos, inclusive indicativos de esterilidade do pai registral, leva à presunção de veracidade das alegações postas na inicial" (STJ, AgRg no AgI 322.374-RS, 3ª T., rel. Min. Antônio de Pádua Ribeiro, *DJU*, 12-5-2003). "Exame de DNA. Recusa desmotivada ao exame. Presunção desfavorável para quem assim age. Prova oral suficiente. Procedência" (TJMG, Ap. Cív. 217.575-0/00, 3ª Câm. Cív., rel. Des. Isalino Lisboa, *DJMG*, 30-11-2001).

[53] Caio Mário da Silva Pereira, *Instituições*, cit., v. 5, p. 369-370.

[54] EI 000173.589-2/01-Patrocínio, 2ª Câm. Cív., rel. Des. Abreu Leite, j. 14-4-2002.

paternidade observado o contexto, o conjunto probatório. A recusa ao exame pode ser um reforço de prova, mas, sozinha, não deve ser considerada prova bastante para declarar a existência do vínculo da paternidade"[55].

A propósito, a Lei n. 12.004, de 29 de julho de 2009, mandou acrescer à Lei n. 8.560, de 29 de dezembro de 1992, o art. 2º-A, cujo § 1º assim dispõe: "A recusa do réu em se submeter ao exame de código genético – DNA gerará a presunção da paternidade, a ser apreciada em conjunto com o contexto probatório".

Lei sancionada em 19 de abril de 2021 autoriza que exame de pareamento do código genético (DNA), para fins de comprovação de paternidade, seja efetuado entre filho e parente de suposto pai, com preferência pelos parentes de mais próximo grau, caso o possível genitor tenha morrido ou esteja desaparecido.

A lei acrescenta o § 2º ao art. 2º-A. da Lei n. 8.560/92: "Se o suposto pai houver falecido ou não existir notícia de seu paradeiro, o juiz determinará, a expensas do autor da ação, a realização do exame de pareamento do código genético (DNA) em parentes consanguíneos, preferindo-se os de grau mais próximo aos mais distantes, importando a recusa em presunção da paternidade, a ser apreciada em conjunto com o contexto probatório".

Se a mulher se submeter à *inseminação artificial* e engravidar, malgrado a inexistência de legislação específica no País, não se poderá negar ao filho o direito de investigar a paternidade (ECA, art. 27). Se a mulher for casada e a inseminação feita sem a permissão do marido, pode este negar a paternidade.

A jurisprudência vem mitigando os efeitos da coisa julgada, permitindo a investigação da paternidade quando a anterior ação foi julgada improcedente por insuficiência de provas, sem o exame do mérito. Tem-se decidido, com efeito, que "a decisão monocrática que não decreta ser ou não o investigante filho do investigado, por não apreciar o mérito, não impede que a lide volte a ser posta em juízo em nova relação processual, inexistindo afronta à coisa julgada material"[56].

Na mesma linha, tem sido enfatizado que, "não excluída expressamente a paternidade do investigado na primitiva ação de investigação de paternidade, diante da precariedade da prova e da ausência de indícios suficientes a caracterizar tanto a paternidade como a sua negativa e considerando a ausência do exame pelo DNA, admite-se o ajuizamento de 'ação investigatória', ainda que tenha sido aforada uma anterior com sentença julgando improcedente o pedido, devendo a 'coisa julgada', em se tratando de ações de estado, como no caso de investigação de

---

[55] Um caso em que a recusa ao exame de DNA não presume a paternidade. *Revista Brasileira de Direito de Família*, v. 14, p. 55.
[56] *RT*, 767/302.

paternidade, ser interpretada *modus in rebus* visando a atender aos fins sociais do processo e às exigências do bem comum"[57].

Nesse sentido decidiu o *Supremo Tribunal Federal*, reconhecendo a repercussão geral do tema, porém restringindo sua abrangência a casos de investigação de paternidade, sem generalizá-la. Na discussão sobre o reconhecimento da repercussão geral, a referida Corte decidiu relativizar a tese da intangibilidade da coisa julgada, ao cotejar o disposto no art. 5º, XXXVI, da Constituição Federal, que prevê que a lei não poderá prejudicar a coisa julgada, com o art. 1º, III, do mesmo diploma, que consagra o princípio da dignidade da pessoa humana, conferindo-lhe o direito à verdade real. Reconheceu-se, assim, o direito do filho de saber quem era seu pai. Na hipótese, a ação de investigação de paternidade fora julgada improcedente por insuficiência de provas, sem ter sido realizado o exame de DNA[58].

Mesmo quando a paternidade é reconhecida expressamente em sentença transitada em julgado, tem a jurisprudência, inclusive do *Superior Tribunal de Justiça*, admitido o ajuizamento de ação rescisória, considerando "documento novo capaz por si só de lhe assegurar pronunciamento favorável", nos termos do art. 485, VII, do Código de Processo Civil de 1973, o laudo de DNA, ainda que o exame tenha sido realizado posteriormente à investigação de paternidade, uma vez que revela prova existente, mas desconhecida até então. A propósito, proclama o art. 966, VII, do Código de Processo Civil de 2015 que "a decisão de mérito, transitada em julgado, pode ser rescindida quando obtiver o autor, posteriormente ao trânsito em julgado, prova nova cuja existência ignorava ou de que não pôde fazer uso, capaz, por si só, de lhe assegurar pronunciamento favorável".

Esse novo entendimento aplicado no campo do direito de família é, *segundo decisão do Tribunal de Justiça de Minas Gerais*, "fruto do reconhecimento do 'Direito Real da Verdade' que deve inspirar o processo, bem como e também da proteção integral do 'Direito Personalíssimo da Pessoa'"[59].

---

[57] *RSTJ*, 154/403; TJMG, Ap. Cív. 264.746-9/00, 3ª Câm. Cív., rel. Des. Isalino Lisboa, *DJMG*, 9-4-2003. No mesmo sentido: "Indeferimento da inicial. Coisa julgada. Não caracterização. Decisão anterior que julgou improcedente a ação por insuficiência de prova. Acesso do autor ao exame de DNA. Prosseguimento do feito" (*JTJ*, Lex, 259/163). "Coisa julgada. Inocorrência. Acordo de reconhecimento de paternidade homologado em juízo. Caracterização de erro substancial em decorrência da exclusão de paternidade comprovada em exame de DNA. Anulação da decisão homologatória que se impõe. Ato jurídico de cognição sumária, porque não examina o mérito da causa" (*RT*, 802/165).

[58] RE 363.889-DF, rel. Min. Dias Toffoli, j. 2-6-2011. No mesmo sentido: RE 649.154-MG, rel. Min. Celso de Mello, 29-11-2011.

[59] Ap. 1.0000.00.336.636-6/000, 2ª Câm., rel. Des. Francisco Figueiredo, *DJMG*, 16-12-2003.

Constitui, no entanto, questão controvertida e polêmica a concernente à possibilidade de se afastar a coisa julgada, nas ações negatórias de paternidade, quando a sentença proferida na ação investigatória anteriormente ajuizada reconheceu expressamente a paternidade atribuída ao autor, já tendo passado, em muito, o prazo para o exercício da ação rescisória. Vários julgados existem inadmitindo a propositura nessa hipótese, por estar presente a coisa julgada, tornando imutável o *decisum*, mesmo em se tratando de ação de estado e exibido exame negativo do DNA[60].

Em sentido contrário e em decisão inovadora, decidiu, a propósito, o *Tribunal de Justiça de São Paulo, no julgamento de ação negatória de paternidade,* que, mesmo superado o prazo de dois anos para a propositura da ação rescisória, não fica o pai – o qual, mesmo tendo dúvida quanto à paternidade – reconheceu voluntariamente o filho em anterior ação investigatória de paternidade – impedido de elucidar a suspeita e buscar a verdade real. Consta da ementa do aludido aresto: "Admite-se seja proposta ação negatória de paternidade, pelo suposto pai, alegando vício de consentimento, eis que o direito ao reconhecimento do estado filial é indissociável da personalidade humana, devendo ser prestigiado, ainda que existente sentença transitada em julgado fundada na verdade formal"[61].

Desse modo, como assinala Cristiano Chaves de Farias, não se consideram acobertadas com o manto de coisa julgada "ações nas quais não foram exauridos todos os meios de provas, inclusive científicos (como o DNA), seja por falta de condições das partes interessadas, por incúria dos advogados, por inércia do Estado-Juiz. Em outras palavras não faz coisa julgada material a decisão judicial em ações filiatórias nas quais não se produziu a pesquisa genética adequada, seja por que motivo for"[62].

No mesmo sentido: "Rescisória. Documento novo. Caracterização. Exame de DNA. Sistema ainda não divulgado e fora do alcance das pessoas à época dos julgamentos em Primeira e Segunda Instâncias. Ação procedente" (TJSP, *JTJ*, Lex, 220/275). O acórdão nos embargos infringentes, rejeitados, encontra-se em *JTJ*, Lex, 226/238. V. ainda: *JTJ*, Lex, 230/268.

[60] "A existência de um exame de DNA, posterior ao feito já julgado, com decisão transitada em julgado que reconheceu a paternidade, não tem o condão de reabrir a questão com uma declaratória para negar a paternidade, sendo certo que o julgado está coberto pela certeza jurídica conferida pela coisa julgada" (STJ, REsp 1107.248-GO, 3ª T., rel. Min. Menezes Direito, j. 7-5-1998). No mesmo sentido: TJSP, Ap. 261.497.4/6-00-SP e 250.373.4/5-00-Estrela D'Oeste, 3ª Câm. Dir. Priv., rel. Des. Waldemar Nogueira Filho; TJSP, Ap. 48.389-4-SP, 2ª Câm. Dir. Priv., rel. Des. Cezar Peluso, j. 2-9-1997.

[61] *RT*, 803/212.

[62] Um alento ao futuro, cit., p. 95.

Na mesma linha, assevera BELMIRO PEDRO WELTER: "Somente haverá coisa julgada material nas ações de investigação e contestação de paternidade quando tiverem sido produzidas todas as provas, documental, testemunhal, pericial, notadamente o exame genético do DNA e depoimento pessoal"[63].

Engrossando a fileira, preleciona CÂNDIDO DINAMARCO que a relativização da coisa julgada deve aplicar-se também "a todos os casos de ações de investigação de paternidade julgadas procedentes ou improcedentes antes do advento dos modernos testes imunológicos (HLA, DNA), porque do contrário a coisa julgada estaria privando alguém de ter como pai aquele que realmente o é, ou impondo a alguém um suposto filho que realmente não o é..."[64].

O *Tribunal de Justiça de Goiás* proclamou que "I – É possível o ajuizamento de ação de investigação de paternidade, mesmo na hipótese de existência de vínculo socioafetivo, uma vez que o reconhecimento do estado de filiação é direito personalíssimo, indisponível e imprescritível, assentado no princípio da dignidade da pessoa humana, podendo ser exercitado sem nenhuma restrição em face dos pais, não havendo falar que a existência de paternidade socioafetiva tenha o condão de obstar a busca pela verdade biológica da pessoa. II – A *Suprema Corte* assentou o entendimento no sentido de que a existência de paternidade socioafetiva, declarada ou não em registro público, não impede o reconhecimento do vínculo de filiação concomitante com o de origem biológica. III – Reformada a sentença de improcedência, para julgar procedente o pleito inicial e reconhecer a dupla paternidade no registro civil do autor apelante, com todas as consequências patrimoniais e extrapatrimoniais decorrentes. IV – Apelo provido"[65].

3.3. Ação de investigação de maternidade

A ação de investigação de maternidade, embora rara, uma vez que *mater semper certa est*, é reconhecida ao filho, que pode endereçá-la contra a mãe ou seus herdeiros, pois os arts. 1.606 e 1.616 do Código Civil não fazem nenhuma distinção ou limitação à investigação da filiação.

O art. 364 do Código Civil de 1916 impedia o seu ajuizamento quando tivesse por fim atribuir prole ilegítima à mulher casada ou incestuosa à solteira. Tais restrições não mais subsistem, em face da atual Constituição, do citado art. 27 do Estatuto da Criança e do Adolescente e dos mencionados dispositivos do Código Civil de 2002. Assim, pode hoje o filho, mesmo aquele considerado

---

[63] *Direito de família:* questões controvertidas, p. 75.

[64] Relativizar a coisa julgada material – I, *Revista Meio Jurídico*, v. 44, p. 34-39.

[65] TJGO, Apel. 0175534620220178090051, 4ª Câm. Cível, rel. Des. Beatriz Figueredo, j. 22-4-2020.

incestuoso pelo Código de 1916, mover ação de investigação de maternidade sem qualquer restrição, seja sua mãe solteira ou casada.

3.4. Meios de prova

Todos os meios de prova são admissíveis nas ações de filiação, especialmente as biológicas, consideradas hoje as mais importantes. Já vai longe o tempo em que a perícia hematológica só tinha caráter absoluto quando excluía a paternidade, não servindo como prova concludente quando incluía o investigando no rol dos milhares de possíveis pais.

Com o progresso científico e a invenção do teste de DNA (ácido desoxirri-bonucleico), a paternidade pode ser determinada com absoluta certeza, tornando--se obsoletos, como observa ZENO VELOSO, "todos os métodos científicos até então empregados para estabelecer a filiação. A comparação genética através do DNA é tão esclarecedora e conclusiva quanto as impressões digitais que se obtêm na datiloscopia, daí afirmar-se que o DNA é uma impressão digital genética"[66].

O exame de DNA é hoje, sem dúvida, a prova central, a prova mestra na investigação filial, chegando a um resultado matemático superior a 99,9999%. Faz-se mister, no entanto, que seja realizado com todos os cuidados recomendáveis, não só no tocante à escolha de laboratório idôneo e competente, dotado de profissionais com habilitação específica, como também na coleta do material. É fundamental que tal coleta seja acompanhada pelos assistentes técnicos indicados pelas partes e o material bem conservado e perfeitamente identificado. Se tais cautelas não forem tomadas o laudo pode ser impugnado, dada a possibilidade de erro.

Malgrado a prova pericial genética não seja o único meio idôneo de prova nas ações em apreço, nem constitua prova inconteste, deve o juiz determinar a sua realização, ainda que de ofício, dada a sua precisão e elevado grau de acerto.

O *Superior Tribunal de Justiça*, em didática e sábia decisão sobre a valoração da prova nas ações de investigação de paternidade, enfatizou: "Diante do grau de precisão alcançado pelos métodos científicos de investigação de paternidade com fulcro na análise do DNA, a valoração da prova pericial com os demais meios de prova admitidos em direito deve observar os seguintes critérios: a) se o exame de DNA contradiz as demais provas produzidas, não se deve afastar a conclusão do laudo, mas converter o julgamento em diligência, a fim de que novo teste de DNA seja produzido, em laboratório diverso, com o fito de assim minimizar a possibilidade de erro resultante seja da técnica em si, seja da falibilidade humana na coleta e manuseio do material necessário ao exame; b) se o segundo teste de

---

[66] *Direito brasileiro*, cit., p. 108-109.

DNA corroborar a conclusão do primeiro, devem ser afastadas as demais provas produzidas, a fim de se acolher a direção indicada nos laudos periciais; e c) se o segundo teste de DNA contradiz o primeiro laudo, deve o pedido ser apreciado em atenção às demais provas produzidas"[67].

Assinala o médico e perito judicial JOÃO LÉLIO PEAKE DE MATTOS FILHO *que, "em se tratando de indivíduo vivo, a melhor fonte de DNA é o sangue, mesmo em pequena quantidade (2,5 ml, não mais). Uma simples coleta de sangue, então, é adequada para fornecer material para o teste. Outros materiais (cabelo, unhas) são imprestáveis, pois trata-se de tecidos desvitalizados, desprovidos de DNA para este tipo de análise"*[68].

Aduz o mencionado experto que "o exame do DNA, devido ao insuperável polimorfismo de seus marcadores, tem-se mostrado de grande utilidade, mesmo quando não dispomos do suposto pai". Na investigação de paternidade com suposto pai falecido, acrescenta, o primeiro e preferencial caminho é estudar a prole do investigando, pois "é plenamente possível, através de estudo dos descendentes, chegarmos à reconstituição dos alelos paternos (denominada de reconstrução reversa da árvore genealógica) e, desta forma, compará-los com os alelos de origem paterna do reclamante da paternidade. O respaldo deste procedimento, em termos de suporte bibliográfico, é bastante sólido".

Na falta de descendentes, podem ser estudados os ascendentes (pais, avós) e irmãos, tendo o Tribunal de Justiça do Rio de Janeiro decidido, a propósito: "Investigação de paternidade *post mortem*. Exame de DNA. Realização na irmã. Resultado positivo. Paternidade reconhecida"[69].

A outra forma de abordagem, segundo o citado médico especialista, *"é pela exumação do suposto pai e posterior tentativa de encontrar DNA viável para o estudo. Vários fatores colaboram para a dificuldade do isolamento do DNA, nestas condições (decomposição do material biológico* post mortem, *fatores físicos – temperatura, umidade, condições de luminosidade – e contaminação por bactérias saprófitas), embora existam alguns relatos de sucesso".*

Relata o ilustre expositor ter participado de um caso em que foi necessária a exumação, tendo a probabilidade de paternidade encontrada sido de 99,71%. Este

---

[67] REsp 397.013-0-MG, 3ª T., rel. Min. Nancy Andrighi, j. 11-11-2003. V. ainda: "Prova testemunhal precária. Ação de estado. Busca da verdade real. Prova genética. DNA. Preclusão. Inocorrência para o juiz, em se cuidando de instrução probatória. Na fase atual da evolução do Direito de Família, não se justifica desprezar a produção da prova genética pelo DNA, que a ciência tem proclamado idônea e eficaz" (STJ, REsp 192.681-PR, 4ª T., rel. Min. Sálvio de Figueiredo Teixeira, *DJU*, 24-3-2003).
[68] Investigação de paternidade com suposto pai falecido, *RT*, 722/359.
[69] *Revista Brasileira de Direito de Família*, v. 12, p. 135.

procedimento, continua o especialista, deve ser considerado como exceção, reservando-o para eventualidades onde não existam quaisquer parentes vivos do suposto pai falecido. *"Desde que a exumação seja o único meio de tentar elucidar o caso, aconselhamos que sejam obtidos ossos longos (ex.: fêmur, tíbia, ulna etc.), pois o DNA a ser isolado encontra-se no interior destes ossos (mais precisamente na medula óssea)"*[70].

A prova pericial genética, embora importante, não é o único meio hábil para a comprovação da filiação, mesmo porque nem sempre se torna possível a sua realização. Tem-se decidido, por essa razão, que, "diante da ausência do exame de DNA, admitem-se outros tipos probatórios, como o documental e o testemunhal"[71]. Tais provas servem ainda para roborar a prova técnica, reforçando a certeza científica, ou para contradizê-la, exigindo a realização de novo exame, em laboratório diverso.

O *Superior Tribunal de Justiça* já vinha decidindo que "a recusa do investigado em submeter-se ao exame de DNA, aliada à comprovação do relacionamento sexual entre o investigado e a mãe do autor impúbere, gera a presunção de veracidade das alegações postas na exordial"[72]. *A mesma Corte ressaltou, todavia, que não se presume a paternidade em caso de recusa de avós em fazer exame de DNA, não se podendo dar ao fato o mesmo efeito que se atribui ao próprio investigado*[73].

Assentou o *Superior Tribunal de Justiça*, efetivamente, que a presunção relativa decorrente da recusa do suposto pai em submeter-se ao exame de DNA, nas ações de investigação de paternidade, não pode ser estendida aos descendentes, por se tratar de direito personalíssimo e indisponível, enfatizando que "a recusa do descendente, quando no polo passivo da ação de investigação de paternidade, em ceder tecido humano para a realização de exame pericial, não se reveste de presunção relativa e nem lhe impõe o ônus de formar robusto acervo probatório que desconstitua tal presunção"[74].

A orientação jurisprudencial foi sedimentada com a edição da *Súmula 301, do seguinte teor: "Em ação investigatória, a recusa do suposto pai a submeter-se ao exame de DNA induz presunção juris tantum de paternidade".*

---

[70] João Lélio Peake de Mattos Filho, Investigação de paternidade, cit., p. 359. No mesmo sentido: "A exumação de cadáver para realização de perícia médica pelo método do DNA, em ação investigatória de paternidade, é medida excepcional e se justifica em face da inexistência de outros meios robustos de prova" (TJRS, Ap. 70.005.498.290, 7ª Câm. Cív., rel. Des. Vasconcellos Chaves, j. 2-4-2003).

[71] TJDF, Ap. 172.095, 1ª T., rel. Des. Valter Xavier, *DJU*, 30-4-2003.

[72] *RSTJ*, 135/315.

[73] Segunda Seção, rel. Min. Humberto Gomes de Barros, Boletim *Gazeta Juris*, 2-3-2006.

[74] STJ, REsp 714.969-MS, 4ª T., rel. Min. Luis Felipe Salomão. Disponível em: <http://www.editoramagister.com>. Acesso em 15-3-2010.

A Lei n. 12.004, de 29 de julho de 2009, como retromencionado, mandou acrescer à Lei n. 8.560, de 29 de dezembro de 1992, o art. 2º-A, cujo parágrafo único assim dispõe: "A recusa do réu em se submeter ao exame de código genético – DNA – gerará a presunção da paternidade, a ser apreciada em conjunto com o contexto probatório". Observa-se que a referida lei não inovou, mas apenas repetiu o que já vinha sendo aplicado pela jurisprudência.

Não são descartados os casos permissivos da investigação da paternidade previstos no art. 363 do Código Civil de 1916, embora não elencados no novo diploma como *numerus clausus*. Assim, a existência de concubinato (CC, art. 1.727) e de união estável (art. 1.723), com vida em comum, sob o mesmo teto ou não, representa importante prova na determinação da paternidade. São situações que se assemelham ao casamento, especialmente a união estável, a ponto de o art. 226, § 3º, da Constituição Federal considerá-la entidade familiar, determinando que a lei facilite sua conversão em casamento[75].

O rapto, por meio do qual a mulher é subtraída de seu lar mediante violência, fraude, sedução ou emboscada, desde que houvesse coincidência com o período da concepção, conduzia à presunção de que o filho provinha das relações com o raptor, uma vez que este objetivava tais relações. Malgrado o Código de 2002 não tenha recepcionado o preceito como fundamento suficiente para a ação investigatória, a aludida coincidência pode configurar subsídio relevante para a formação da convicção do juiz, especialmente quando aliado a outras circunstâncias fáticas.

A existência de relações sexuais entre a mãe do investigante e o suposto pai, no período da concepção, também mencionada no citado art. 363 do Código de 1916, é de difícil prova, uma vez que costumam ocorrer às escondidas. A jurisprudência admite, contudo, tal meio, mesmo sem a prova direta, prestigiando as declarações da genitora do investigante, desde que se trate de pessoa recatada e de boa conduta[76].

Qualquer escrito particular emanado do pai constituía começo de prova, para fins de investigação de paternidade. Não valia como reconhecimento definitivo, constituindo somente fundamento legal para o ajuizamento da ação investigatória.

---

[75] Dispõe a Súmula 382 do Supremo Tribunal Federal: "A vida em comum sob o mesmo teto, *more uxorio*, não é indispensável à caracterização do concubinato".

[76] "*Exceptio plurium concubentium*. Inocorrência. Prova dos autos que demonstra que a mãe do autor veio a conceber durante o tempo de relacionamento afetivo com o réu. Mulher de regular conduta. Reconhecimento da paternidade" (*RT*, 800/347). "Coincidência entre a concepção do filho e as relações sexuais mantidas pela genitora com o suposto pai, sem que haja qualquer prova de que aquela, durante este período, levasse vida desregrada. Fatos que, aliados à recusa injustificada do réu em submeter-se ao exame de DNA, impõem o reconhecimento da paternidade" (*RT*, 765/326 e 759/322).

O art. 1.609, II, do Código Civil de 2002 incluiu o "*escrito particular, a ser arquivado em cartório*", como um dos modos de reconhecimento dos filhos havidos fora do casamento, que vale por si, independentemente de qualquer outra providência.

Inexistindo nos autos a prova pericial capaz de propiciar certeza quase absoluta do vínculo de parentesco, *é firme a jurisprudência no sentido de admitir "indícios e presunções, desde que robustos, fortes e convincentes para comprovar a paternidade"*[77]. Nessa consonância, enfatiza ZENO VELOSO que, na impossibilidade da prova direta da filiação, admite-se o recurso aos indícios e presunções, que, não obstante, devem ser "graves, precisos, recebidos com cautelas e reservas, examinados com prudência e rigor. Do conjunto probatório, o juiz alcança a verdade, forma a sua convicção e sentencia"[78].

A prova testemunhal é admitida com cautela e restrições nas ações de investigação de paternidade, dada sua falibilidade. O art. 447, § 2º, I, do Código de Processo Civil de 2015 admite nas aludidas ações, que dizem respeito ao estado das pessoas, o testemunho do cônjuge, bem como do ascendente e do descendente em qualquer grau, ou colateral, até o terceiro grau, de alguma das partes, por consanguinidade ou afinidade, se "não se puder obter de outro modo a prova, que o juiz repute necessária ao julgamento do mérito".

Decidiu o *Tribunal de Justiça do Maranhão* ser a prova testemunhal "meio probatório válido e suficiente quando o relacionamento amoroso havido entre os genitores era público e notório", em se tratando de hipótese em que a época da concepção coincidia com o período do romance, não tendo sido comprovada a existência de relação plúrima[79].

Por sua vez, proclamou o *Tribunal de Justiça de São Paulo*: "Prova oral conclusiva do relacionamento entre a mãe do autor e o apelante, que, por si só, seria suficiente para outorgar certeza moral da paternidade. Exame HLA que não excluiu

---

[77] TJDF, Ap. 181.761, 2ª T., rel. Desa. Carmelita Brasil, *DJU*, 19-11-2003. V. ainda: "Pode o magistrado julgar o pedido de investigação de paternidade por meio de provas indiciárias, como cartas e outros escritos do investigado e seus familiares, na ausência de realização de prova pericial, que não pode ser debitada à parte autora, porque o investigado requereu sua produção, mas não adiantou as despesas processuais, nem podia fazê-lo a menor impúbere, cuja mãe é empregada doméstica, litigando sob o pálio da justiça gratuita" (STJ, REsp 341.495-RS, 3ª T., rel. Min. Nancy Andrighi, *DJU*, 18-2-2002).

[78] *Direito brasileiro*, cit., p. 107.

[79] *RT*, 818/302. V. ainda: *Exceptio plurium concubentium*. Inocorrência. Concepção que ocorreu no mesmo período do relacionamento carnal entre o investigado e a genitora da infante. Exame hematológico não excludente da paternidade, compondo-se, ainda, com os esclarecimentos trazidos pela prova testemunhal. Reconhecimento da paternidade que se impõe" (*RT*, 780/321).

a compatibilidade genética. Suficiência deste material probatório a dispensar a complementação requerida (DNA)"[80].

A semelhança física entre o investigante e o investigado, principalmente quando representada por particularidades características, não deve ser subestimada, embora não possa, por si só, servir de prova da paternidade. Todavia, conjugada a outros elementos, pode constituir adminículo relevante na formação da convicção do magistrado.

Preleciona MÁRIO AGUIAR MOURA, a propósito: "Desde que a semelhança seja representada por particularidades características, estas podem somar-se a outras provas, obtendo, assim, qualificação subsidiária que não pode ser desprezada. Por si só, a semelhança física seria anódina e inconsequente. Mas, inserida com a prova do concubinato, rapto, relações sexuais ou escrito do pai e demais provas da ação, ganha relevância"[81].

Nessa linha, decidiu-se: "A semelhança física entre o filho e o suposto pai, embora não constitua prova pacificamente aceita, seja na Medicina, seja no Direito, opera, contudo, como elemento subsidiário, em alguns casos, de acentuado valor"[82].

A posse do estado de filho, representada pela conjugação dos elementos *tractatus, nomen* e *fama*, é invocada, frequentemente, para fundamentar o pedido de reconhecimento da paternidade. ZENO VELOSO, depois de dizer que "a posse de estado é a expressão mais exuberante do parentesco psicológico, da filiação afetiva", indaga: "Aliás, que modo mais expressivo de reconhecimento haverá do que um pai tratar o seu filho como tal, publicamente, sendo o filho assim reputado pelos que convivem com ele?"[83].

A posse do estado de filho constitui, todavia, "prova adminicular, que apenas completa ou reforça outros meios probantes. Se não existem esses meios, não pode o juiz recorrer à prova isolada da posse de estado"[84].

Tem o *Superior Tribunal de Justiça*, porém, enfatizado a importância da prova da posse do estado de filho na ação de investigação de paternidade ou maternidade socioafetiva. Decidiu, com efeito, a *3ª Turma da aludida Corte* que a busca do reconhecimento de vínculo de filiação socioafetiva é possível por

---

[80] Ap. 290.660-4/8, 3ª Câm. Dir. Priv., rel. Des. Ênio Zuliani, j. 30-9-2003. *V.* ainda: "Nas ações de investigação de paternidade é importantíssima a participação da prova testemunhal, não se desprezando, igualmente, os sempre valiosos indícios" (*RT*, 617/47).

[81] *Tratado*, cit., v. 2, n. 56, p. 204.

[82] *RT*, 418/134.

[83] *Direito brasileiro*, cit., p. 33-34.

[84] Washington de Barros Monteiro, *Curso*, cit., 37. ed., v. 2, p. 323.

meio de ação de investigação de paternidade ou maternidade, desde que seja verificada a posse do estado de filho. A ação de investigação de paternidade ou maternidade socioafetiva deve ser interpretada de modo flexível, aplicando-se analogicamente as regras da filiação biológica. Segundo a Min. Nancy Andrighi, o art. 27 do Estatuto da Criança e do Adolescente afasta restrições à busca da filiação e assegura ao interessado no reconhecimento de vínculo socioafetivo trânsito livre da pretensão. Preceitua o mencionado dispositivo legal: "O reconhecimento do estado de filiação é direito personalíssimo, indisponível e imprescritível, podendo ser exercitado contra os pais ou seus herdeiros, sem qualquer restrição, observado o segredo de justiça"[85].

Nessa trilha, assevera o *Enunciado n. 519 da V Jornada de Direito Civil do Conselho da Justiça Federal*:

"O reconhecimento judicial do vínculo de parentesco em virtude de socioafetividade deve ocorrer a partir da relação entre pai(s) e filho(s), com base na posse do estado de filho, para que produza efeitos pessoais e patrimoniais".

Assentou o *Tribunal de Justiça do Rio Grande do Sul* que "o argumento da prevalência da paternidade socioafetiva em relação à paternidade biológica somente é passível de acolhimento para fins de manutenção do vínculo existente em prol do filho, e não contra este – salvo em circunstâncias muito especiais, quando a relação socioafetiva é consolidada ao longo de toda uma vida, o que não se verifica no caso". Desse modo expôs o relator, "na espécie, ainda que o pai registral defenda a manutenção do vínculo socioafetivo existente, não se pode negar à investigante o direito de ter assegurados todos os reflexos do reconhecimento da paternidade biológica, com a devida retificação de seu registro civil e com todas as repercussões daí decorrentes, inclusive as de ordem patrimonial"[86].

4. EFEITOS DO RECONHECIMENTO DOS FILHOS HAVIDOS FORA DO CASAMENTO

O reconhecimento produz efeitos de natureza patrimonial e de cunho moral. O principal deles é estabelecer a relação jurídica de parentesco entre pai e filho. Embora se produzam a partir do momento de sua realização, são, porém, retroativos ou retro-operantes (*ex tunc*), gerando as suas consequências, não da data do

---

[85] STJ, 3ª T., rel. Min. Nancy Andrighi. Disponível em: <http://www.editoramagister.com>. Acesso em 16-9-2011. No mesmo sentido: REsp 878.941-DF, REsp 709.608-MS e REsp 1.000.356-SP.

[86] TJRS, Ap. 70.057.989.337, 8ª Câm. Cív., rel. Des. Luiz Felipe Brasil Santos, j. 8-5-2014.

ato, mas retroagindo "até o dia do nascimento do filho, ou mesmo de sua concepção, se isto condisser com seus interesses"[87].

Preleciona MÁRIO AGUIAR MOURA que "o reconhecimento tem natureza declaratória. Serve apenas para fazer ingressar no mundo jurídico uma situação que existia de fato. Repousando sobre a filiação biológica, a filiação jurídica, mesmo que declarada muito tempo depois do nascimento, preenche todo o espaço decorrido em que não existiu o reconhecimento. Retroage até a época da concepção, no sentido de o reconhecido adquirir todos os direitos que porventura se tenham concretizado e atualizado *medio tempore*"[88].

O efeito retro-operante tem por limite, todavia, as situações jurídicas definitivamente constituídas, encontrando embaraço em face de direitos de terceiros, pela proteção legal concedida a certas situações concretas. Depois do reconhecimento, por exemplo, "não se poderá anular o casamento do filho natural contraído sem autorização paterna, porque o poder de consentir não existia no momento da celebração"[89].

O reconhecimento, pois, quer voluntário, quer judicial, tem um efeito *declarativo* apenas, não *atributivo*, só fazendo constar o que já existe, retroagindo até a data presumível da concepção e dando direito de concorrer às sucessões abertas anteriormente à sentença. A retroatividade do estabelecimento da filiação tem sua aplicação mais importante, com efeito, sob o ângulo patrimonial, no âmbito do direito sucessório, pois "o filho que obteve o reconhecimento de seu estado quando seu pai já havia falecido, nem pelo atraso no estabelecimento da filiação deixa de ser herdeiro dele; e herdeiro em igualdade de condições com os demais filhos, se existirem, e que já estavam registrados antes"[90].

Com o reconhecimento, o filho ingressa na família do genitor e passa a usar o sobrenome deste. O registro de nascimento deve ser, pois, alterado, para que dele venham a constar os dados atualizados sobre sua ascendência. Se menor, sujeita-se ao poder familiar, ficando os pais submetidos ao dever de sustentá-lo, de tê-lo sob sua guarda e de educá-lo (CC, art. 1.566, IV). Entre o pai e o filho reconhecido há direitos recíprocos aos alimentos (CC, art. 1.696) e à sucessão (art. 1.829, I e II).

Malgrado adstrito ao poder familiar, "*o filho havido fora do casamento, reconhecido por um dos cônjuges, não poderá residir no lar conjugal sem o consentimento do outro*" (CC, art. 1.611). O art. 15 do Decreto-Lei n. 3.200/41 determina que,

---

[87] Caio Mário da Silva Pereira, *Reconhecimento*, cit., n. 31.

[88] *Tratado*, cit., v. 1, n. 42.6.

[89] Arnoldo Medeiros da Fonseca, *Investigação*, cit., n. 272, p. 350.

[90] Zeno Veloso, *Direito brasileiro*, cit., p. 145-146.

nesse caso, todavia, caberá ao pai ou à mãe prestar ao filho reconhecido, fora do lar, idêntico tratamento ao que dispensa ao filho havido no casamento, se o tiver, correspondente à condição social em que viva. A regra em apreço encontra-se em harmonia com o princípio da absoluta igualdade entre os filhos, estatuído no art. 227, § 6º, da Constituição Federal e no art. 1.596 do Código Civil de 2002.

"*O filho reconhecido, enquanto menor, ficará sob a guarda do genitor que o reconheceu, e, se ambos o reconheceram e não houver acordo, sob a de quem melhor atender aos interesses do menor*" (CC, art. 1.612). Na hipótese de ambos os genitores reconhecerem o menor, aquele que não detiver a guarda não deixará de ter o poder familiar, cabendo-lhe o direito de visitar e ter o filho em sua companhia, fiscalizar sua educação e demais direitos e deveres daí decorrentes[91].

O referido diploma adota, mais uma vez, o princípio do "*melhor interesse da criança*", estampado no art. 3º do Decreto n. 99.710/90, que ratificou a Convenção Internacional sobre os Direitos da Criança[92].

O reconhecimento é *incondicional*: não se pode subordiná-lo a condição, ou a termo (CC, art. 1.613). É vedado ao pai subordinar a eficácia do reconhecimento a determinada data ou a determinado período, afastando-se, assim, a temporariedade do ato.

Igualmente é ineficaz qualquer condição que lhe seja aposta, pois o genitor, pai ou mãe, é livre para reconhecer voluntariamente o filho, mas não poderá determinar em que condições o faz. Embora a condição e o termo, que constituem autolimitações da vontade, sejam admitidos nos atos de natureza patrimonial em geral e se adaptem à generalidade dos atos e negócios jurídicos, não podem integrar os de caráter eminentemente pessoal, como os direitos de família puros e os direitos personalíssimos[93].

O reconhecimento, seja voluntário, seja judicial, tem validade *erga omnes*. Não se pode conceber, diz ZENO VELOSO, "*que alguém seja filho de uma pessoa, para uns, e não seja filho desta pessoa, para outros*"[94]. Arremata o aludido autor: "Os efeitos do reconhecimento, pois, não se limitam nem se circunscrevem ao reconhecente e ao reconhecido, isto é, ao pai e ao filho. O estado que é conferido pelo documento projeta-se a todos os demais parentes e a terceiros, em geral, ressalvada a ação que alguém possa ter para impugnar judicialmente a perfilhação".

---

[91] Washington de Barros Monteiro, *Curso*, cit., v. 2, p. 332.

[92] Caio Mário da Silva Pereira, *Instituições*, cit., v. 5, p. 353.

[93] Carlos Roberto Gonçalves, *Direito civil brasileiro*, v. 1, p. 407; Washington de Barros Monteiro, *Curso*, cit., 37. ed., v. 2, p. 332; Paulo Luiz Netto Lôbo, *Código Civil*, cit., v. XVI, p. 126.

[94] *Direito brasileiro*, cit., p. 146-147.

Proclama o art. 1.609 do Código Civil, como já foi dito, que "*o reconheci-mento dos filhos havidos fora do casamento é irrevogável*". A irrevogabilidade não se confunde, todavia, com a anulabilidade do ato, que pode ser arguida pelo reconhecente ou seus herdeiros, sob fundamento de qualquer dos defeitos que maculam os atos jurídicos.

Será admitida a *ação anulatória de reconhecimento* sempre que se verificar a sua desconformidade com a verdadeira filiação biológica, pois, como preceitua o art. 113 da Lei dos Registros Públicos, "as questões de filiação legítima ou ilegítima serão decididas em processo contencioso para anulação ou reforma do assento".

Têm *legitimidade* para anular o assento e desconstituir reconhecimento voluntário de paternidade não presumida todos aqueles que tenham justo interesse em contestar a ação investigatória, ou seja, todas as pessoas afetadas, direta ou indiretamente, como o filho reconhecido, a mãe, os filhos e pretensos irmãos, bem como aquele que se diz verdadeiro pai e mesmo outros herdeiros. O Ministério Público figura entre os que têm legitimidade, por tratar-se de questão que diz respeito ao estado da pessoa. Por essa razão, a ação é imprescritível.

Assim, provando-se a falsidade ideológica do registro de reconhecimento de paternidade não presumida, poderá ser-lhe alterado e retificado o conteúdo, como se extrai do disposto no art. 1.604 do Código Civil, *verbis: "Ninguém pode vindicar estado contrário ao que resulta do registro de nascimento, salvo provando-se erro ou falsidade do registro*" (*v.* Prova da filiação, Capítulo II, Da Filiação, item 4, *retro*).

Dispõe o art. 1.616 do Código Civil, por fim, que "*a sentença que julgar procedente a ação de investigação produzirá os mesmos efeitos do reconhecimento; mas poderá ordenar que o filho se crie e eduque fora da companhia dos pais ou daquele que lhe contestou essa qualidade*". O dispositivo permite, portanto, que, em nome do melhor interesse da criança, ela possa permanecer na companhia de quem a acolheu e criou.

Capítulo IV

DA ADOÇÃO

> *Sumário*: 1. Conceito e natureza jurídica. 2. Antecedentes históricos. 3. A atual disciplina da adoção. 4. Quem pode adotar. 5. Quem pode ser adotado. 6. Requisitos da adoção. 7. Efeitos da adoção. 7.1. Efeitos de ordem pessoal. 7.2. Efeitos de ordem patrimonial. 8. Adoção internacional.

1. CONCEITO E NATUREZA JURÍDICA

Adoção é o ato jurídico solene pelo qual alguém recebe em sua família, na qualidade de filho, pessoa a ela estranha.

Malgrado a diversidade de conceitos do aludido instituto, todos os autores lhe reconhecem o caráter de uma *fictio iuris*. Para PONTES DE MIRANDA, "adoção é o ato solene pelo qual se cria entre o adotante e o adotado relação fictícia de paternidade e filiação"[1]. CAIO MÁRIO DA SILVA PEREIRA, por seu turno, a conceitua como "o ato jurídico pelo qual uma pessoa recebe outra como filho, independentemente de existir entre elas qualquer relação de parentesco consanguíneo ou afim"[2].

MARIA HELENA DINIZ, por sua vez, apresenta extenso conceito baseado nas definições formuladas por diversos autores: "*Adoção é o ato jurídico solene pelo qual, observados os requisitos legais, alguém estabelece, independentemente de qualquer relação de parentesco consanguíneo ou afim, um vínculo fictício de filiação, trazendo para sua família, na condição de filho, pessoa que, geralmente, lhe é estranha*"[3].

Observa ROLF MADALENO que as técnicas surgidas com a inseminação artificial têm e seguirão tendo enorme influência no cômputo das adoções, pois

---

[1] *Tratado de direito de família*, v. III, § 249, p. 177.
[2] *Instituições de direito civil*, v. 5, p. 392.
[3] *Curso de direito civil brasileiro*, v. 5, p. 416.

340

a orfandade de embriões excedentários tem incentivado o surgimento, em países como a Espanha, da figura jurídica da *adoção pré-natal*[4]. O referido país, de 2004 para cá, vem aperfeiçoando um conjunto de leis que, além de estimular a investigação com células embrionárias, autoriza a *adoção* de embriões não reivindicados nas clínicas, sem aval nem identificação dos doadores. No Brasil, onde existem cerca de 150 clínicas de reprodução assistida, o Conselho Federal de Medicina autoriza que embriões não reclamados após três anos de congelamento sejam doados para pesquisa ou casais interessados, com autorização dos donos. Não admite, porém, sua destruição, ou seja, descongelamento e posterior descarte, embora a prática exista, como mencionado em reportagem da revista *Veja*[5].

Deve ser destacado no atual conceito de adoção a observância do princípio do melhor interesse da criança, uma vez que o parágrafo único do art. 100 do Estatuto da Criança e do Adolescente proclama que são também princípios que regem a aplicação das medidas de proteção, dentre outros, o "IV – interesse superior da criança e do adolescente", reiterando o conteúdo do revogado art. 1.625 do Código Civil de 2002, no sentido de que "*somente será admitida a adoção que constituir efetivo benefício para o adotando*". O art. 43 do referido Estatuto se refere a "reais vantagens para o adotando"[6].

É controvertida a natureza jurídica da adoção. No sistema do Código de 1916, era nítido o caráter contratual do instituto. Tratava-se de negócio jurídico bilateral e solene, uma vez que se realizava por escritura pública, mediante o consentimento das duas partes. *Se o adotado era maior e capaz, comparecia em pessoa; se incapaz, era representado pelo pai, ou tutor, ou curador.* Admitia-se a dissolução do vínculo, sendo as partes maiores, pelo acordo de vontades (arts. 372 a 375).

A partir da Constituição de 1988, todavia, a adoção passou a constituir-se por ato complexo e a exigir sentença judicial, prevendo-a expressamente o art. 47 do Estatuto da Criança e do Adolescente e o art. 1.619 do Código Civil de 2002, com a redação dada pela Lei n. 12.010, de 3-8-2009. O art. 227, § 5º, da Carta Magna, ao determinar que "a adoção será assistida pelo Poder Público, na forma da lei, que estabelecerá casos e condições de sua efetivação por parte de estrangeiros", demonstra que a matéria refoge dos contornos de simples apreciação juscivilista, passando a ser matéria de interesse geral, de ordem pública.

A adoção não mais estampa o caráter contratualista de outrora, como ato praticado entre adotante e adotado, pois, em consonância com o preceito

---

[4] *Curso de direito de família*, p. 469.

[5] Revista *Veja*, edição 1948, ano 39, n. 11, de 22-3-2006, p. 114-115.

[6] "Adoção. Criança. Vantagens reais para o adotando fulcradas em motivos legítimos. Interesse de menor que sobrepuja qualquer outro. Concessão do pedido" (*RT*, 810/354).

constitucional mencionado, o legislador ordinário ditará as regras segundo as quais o Poder Público dará assistência aos atos de adoção. Desse modo, como também sucede com o casamento, podem ser observados dois aspectos na adoção: o de sua formação, representado por um ato de vontade submetido aos requisitos peculiares, e o do *status* que gera, preponderantemente de natureza institucional[7].

2. ANTECEDENTES HISTÓRICOS

O instituto da adoção tem sua origem mais remota na necessidade de dar continuidade à família, no caso de pessoas sem filhos.

FUSTEL DE COULANGES[8] mostra a adoção como forma de perpetuar o culto familiar. Aquele cuja família se extingue não terá quem lhe culte a memória e a de seus ancestrais. Assim, a mesma religião que obrigava o homem a casar-se para ter filhos que cultuassem a memória dos antepassados comuns, a mesma religião que impunha o divórcio em caso de esterilidade e que substituía o marido impotente, no leito conjugal, por um seu parente capaz de ter filhos, vinha oferecer, por meio da adoção, um último recurso para evitar a desgraça tão temida da extinção pela morte sem descendentes: esse recurso era o direito de adotar.

Há notícia, nos Códigos Hamurábi e de Manu, da utilização da adoção entre os povos orientais. Na Grécia, ela chegou a desempenhar relevante função social e política. *Todavia, foi no direito romano, em que encontrou disciplina e ordenamento sistemático, que ela se expandiu de maneira notória. Na Idade Média, caiu em desuso, sendo ignorada pelo direito canônico, tendo em vista que a família cristã repousa no sacramento do matrimônio. Foi retirada do esquecimento pelo Código de Napoleão de 1804, tendo-se irradiado para quase todas as legislações modernas*[9].

No Brasil, o direito pré-codificado, embora não tivesse sistematizado o instituto da adoção, fazia-lhe, no entanto, especialmente as Ordenações Filipinas, numerosas referências, permitindo, assim, a sua utilização. A falta de regulamentação obrigava, porém, os juízes a suprir a lacuna com o direito romano, interpretado e modificado pelo uso moderno[10].

O Código Civil de 1916 disciplinou a adoção com base nos princípios romanos, como instituição destinada a proporcionar a continuidade da família,

---

[7] Caio Mário da Silva Pereira, *Instituições*, cit., v. 5, p. 396.

[8] *La cité antique*, p. 55, apud Silvio Rodrigues, *Direito civil*, v. 6, p. 335-336.

[9] Caio Mário da Silva Pereira, *Instituições*, cit., v. 5, p. 387-388; Washington de Barros Monteiro, *Curso de direito civil*, 37. ed., v. 2, p. 334-335; Waldyr Grisard Filho, A adoção depois do novo Código Civil, *RT*, 816/26; Eduardo Cambi, A relação entre o adotado, maior de 18 anos, e os parentes do adotante, *RT*, 809/28.

[10] Clóvis Beviláqua, *Direito de família*, p. 344.

dando aos casais estéreis os filhos que a natureza lhes negara. Por essa razão, a adoção só era permitida aos maiores de 50 anos, sem prole legítima ou legitimada, pressupondo-se que, nessa idade, era grande a probabilidade de não virem a tê-la.

Com a evolução do instituto da adoção, passou ela a desempenhar papel de inegável importância, transformando-se em instituto filantrópico, de caráter acentuadamente humanitário, destinado não apenas a dar filhos a casais impossibilitados pela natureza de tê-los, mas também a possibilitar que um maior número de menores desamparados, sendo adotado, pudesse ter em um novo lar. Essa modificação nos fins e na aplicação do instituto ocorreu com a entrada em vigor da Lei n. 3.133, de 8 de maio de 1957, que permitiu a adoção por pessoas de 30 anos de idade, tivessem ou não prole natural. Mudou-se o enfoque: "O legislador não teve em mente remediar a esterilidade, mas sim facilitar as adoções, possibilitando que um maior número de pessoas, sendo adotado, experimentasse melhoria em sua condição moral e material"[11].

A aludida Lei n. 3.133/57, embora permitisse a adoção por casais que já tivessem filhos legítimos, legitimados ou reconhecidos, não equiparava a estes os adotivos, pois, nesta hipótese, segundo prescrevia o art. 377, a relação de adoção não envolvia a de sucessão hereditária. Essa situação perdurou até o advento da Constituição de 1988, cujo art. 227, § 6º, proclama que "os filhos, havidos ou não da relação do casamento, ou por adoção, terão os mesmos direitos e qualificações, proibidas quaisquer designações discriminatórias relativas à filiação".

A adoção disciplinada no Código de 1916 não integrava o adotado, totalmente, na nova família. Permanecia ele ligado aos parentes consanguíneos, pois o art. 378 do mencionado diploma dispunha que "os direitos e deveres que resultam do parentesco natural não se extinguem pela adoção, exceto o pátrio poder, que será transferido do natural para o adotivo".

Essa situação pouco satisfatória, pela qual os adotantes se viam frequentemente na contingência de partilharem o filho adotivo com a família biológica, deu origem à prática ilegal de casais registrarem filho alheio como próprio, realizando um simulacro de adoção, denominada pela jurisprudência "adoção simulada" ou "adoção à brasileira".

A Lei n. 4.655, de 2 de junho de 1965, introduziu no ordenamento brasileiro a "*legitimação adotiva*", como proteção ao menor abandonado, com a vantagem de estabelecer um vínculo de parentesco de primeiro grau, em linha reta, entre adotante e adotado, desligando-o dos laços que o prendiam à família de sangue mediante a inscrição da sentença concessiva da legitimação, por mandado, no Registro Civil,

---

[11] Silvio Rodrigues, *Direito civil*, cit., v. 6, p. 337.

como se os adotantes tivessem realmente tido um filho natural e se tratasse de registro fora do prazo (art. 6º).

A Lei n. 6.697, de 10 de outubro de 1979, que dispôs sobre o Código de Menores, *revogou a lei da legitimação adotiva, substituindo-a pela "adoção plena", praticamente com as mesmas características da constante da lei revogada e também visando proporcionar a integração da criança ou adolescente adotado na família adotiva.*

Ao lado da forma tradicional do Código Civil, denominada "adoção simples", passou a existir, com o advento do mencionado Código de Menores de 1979, a "adoção plena", mais abrangente, mas aplicável somente ao menor em "situação irregular". Enquanto a primeira dava origem a um parentesco civil somente entre adotante e adotado sem desvincular o último da sua família de sangue, era revogável pela vontade das partes e não extinguia os direitos e deveres resultantes do parentesco natural, como foi dito, a adoção plena, ao contrário, possibilitava que o adotado ingressasse na família do adotante como se fosse filho de sangue, modificando-se o seu assento de nascimento para esse fim, de modo a apagar o anterior parentesco com a família natural.

Finalmente, com a entrada em vigor do Estatuto da Criança e do Adolescente (Lei n. 8.069, de 13-7-1990), o instituto da adoção passou por nova regulamentação, trazendo como principal inovação a regra de que a adoção seria sempre plena para os menores de 18 anos. A adoção simples, por outro lado, ficaria restrita aos adotandos que já houvessem completado essa idade.

Passaram a ser distinguidas, assim, duas espécies legais de adoção: a civil e a estatutária. A *adoção civil* era a tradicional, regulada no Código Civil de 1916, também chamada de *restrita* porque não integrava o menor totalmente na família do adotante, permanecendo o adotado ligado aos seus parentes consanguíneos, como já mencionado, exceto no tocante ao poder familiar, que passava para o adotante, modalidade esta limitada aos maiores de 18 anos. A *adoção estatutária* era a prevista no Estatuto da Criança e do Adolescente para os menores de 18 anos. Era chamada, também, de adoção *plena*, porque promovia a absoluta integração do adotado na família do adotante, desligando-o completamente de seus parentes naturais, exceto no tocante aos impedimentos para o casamento.

Há, ainda, a adoção *simulada* ou à *brasileira*, que é uma criação da jurisprudência. A expressão "*adoção simulada*" foi empregada pelo *Supremo Tribunal Federal* ao se referir a casais que registram filho alheio, recém-nascido, como próprio, com a intenção de dar-lhe um lar, de comum acordo com a mãe e não com a intenção de tomar-lhe o filho. *Embora tal fato constitua, em tese, uma das modalidades do crime de falsidade ideológica, na esfera criminal tais casais eram absolvidos pela inexistência do dolo específico. Atualmente, dispõe o Código Penal que, nesse caso, o juiz deixará de aplicar a pena.*

No cível, a aludida Corte manteve o mesmo entendimento, não determinando o cancelamento do registro de nascimento, afirmando tratar-se de uma adoção simulada[12].

A 3ª Turma do *Superior Tribunal de Justiça* igualmente decidiu que a maternidade socioafetiva deve ser reconhecida, mesmo na hipótese da chamada "adoção à brasileira", em que criança recém-nascida foi registrada como filha pela adotante. Segundo o *decisum*, "se a atitude da mãe foi uma manifestação livre de vontade, sem vício de consentimento e não havendo prova de má-fé, a filiação socioafetiva, ainda que em descompasso com a verdade biológica, deve prevalecer, como mais uma forma de proteção integral à criança. Isso porque a maternidade que nasce de uma decisão espontânea – com base no afeto – deve ter guarida no Direito de Família, como os demais vínculos de filiação"[13].

Ao julgar recurso que tratava de situação na qual um jovem tinha dois registros civis – um referente a "adoção à brasileira", criado como filho, contendo em seu registro civil o nome dos pais adotivos, e outro com o nome dos pais biológicos –, o *Superior Tribunal de Justiça* destacou ser possível manter o nome dos pais biológicos no registro civil e incluir a filiação da paternidade socioafetiva referente ao pai adotivo[14].

3. A ATUAL DISCIPLINA DA ADOÇÃO

A adoção de crianças e adolescentes rege-se, na atualidade, pela Lei n. 12.010, de 3 de agosto de 2009. De apenas 7 artigos, a referida lei introduziu inúmeras alterações no Estatuto da Criança e do Adolescente e revogou expressamente 10 artigos do Código Civil concernentes à adoção (arts. 1.620 a 1.629), dando ainda nova redação a outros dois (arts. 1.618 e 1.619). Conferiu, também, nova redação ao art. 1.734 do Código Civil e acrescentou dois parágrafos à Lei n. 8.560, de 29 de dezembro de 1992, que regula a investigação da paternidade dos filhos havidos fora do casamento.

---

[12] *RTJ*, 61/745. *V.* ainda: "Adoção à brasileira. Falsa declaração de paternidade de criança abandonada. Pretensão de anulação do registro de nascimento com a exclusão de filiação hereditária. Inadmissibilidade. Direito constitucional satisfeito de forma diversa que deve ser preservado, mormente quando o curso do tempo revelou ter atingido sua finalidade precípua, com a produção de efeitos jurídicos e sociais na esfera da menor, agregando-se à sua personalidade, sendo indisponível e irretratável. Prevalência do sentimento de nobreza. Direito personalíssimo do adotado que, após sua perfectibilização, não pode ser anulado sequer pelo pai que efetuou o registro" (*RT*, 802/352).

[13] STJ, 3ª T., rel. Min. Nancy Andrighi. Disponível em: <http://www.editoramagister.com>. Acesso em 31-5-2010.

[14] STJ, REsp 1.704.972-CE, 3ª T., rel. Min. Ricardo Villas Bôas Cueva, *DJe* 15-10-2018.

A referida Lei Nacional da Adoção estabelece prazos para dar mais rapidez aos processos de adoção, cria um cadastro nacional para facilitar o encontro de crianças e adolescentes em condições de serem adotados por pessoas habilitadas e limita em dois anos, prorrogáveis em caso de necessidade, a permanência de criança e jovem em abrigo. A transitoriedade da medida de abrigamento é ressaltada na nova redação dada ao art. 19 do ECA, que fixa o prazo de seis meses para a reavaliação de toda criança ou adolescente que estiver inserido em programa de acolhimento familiar ou institucional. O cadastro nacional foi definido em resolução do Conselho Nacional de Justiça.

A lei em apreço fixa em 18 anos a idade mínima para que uma pessoa possa adotar uma criança. Foi, porém, suprimido do projeto o artigo que permitia a adoção de crianças e adolescentes por casal formado por pessoas de mesmo sexo, ou seja, a *adoção homoparental.* Dispõe, efetivamente, o § 2º do art. 42 do Estatuto da Criança e do Adolescente, com a redação dada pela aludida lei da adoção, que, "para adoção conjunta, é indispensável que os adotantes sejam casados civilmente ou mantenham união estável, comprovada a estabilidade da família". Tal redação reitera o entendimento do legislador brasileiro de não admitir a adoção por pessoas do mesmo sexo (casais homoafetivos) figurando como pai e como mãe. Argumenta-se que a Constituição Federal reconhece como união estável somente aquela constituída por homem e mulher (art. 226, § 3º). Todavia, como se verá adiante (item 4), a quantidade de julgados que admitem a adoção por casal formado por duas pessoas do mesmo sexo tem aumentado acentuadamente, parecendo mesmo ser essa a tendência da jurisprudência.

Segundo o texto em vigor, a decretação da perda do poder familiar terá de ser feita no máximo em 120 dias após o encaminhamento do processo à autoridade judicial. Quando houver recurso nos procedimentos de adoção, o processo terá de ser julgado no prazo máximo de 60 dias. O adotado terá o direito de conhecer sua origem biológica e acesso irrestrito ao processo que resultou em sua adoção, caso tenha interesse. Esse direito é estendido aos seus descendentes que queiram conhecer a história familiar.

A lei em questão trata também das crianças indígenas que, por prática cultural de sua tribo, algumas vezes acabam sendo rejeitadas. Nesses casos, a Fundação Nacional do Índio (Funai) promoverá a colocação da criança em outra família.

O texto deixa claro que a preferência de adoção é por brasileiros. A adoção por estrangeiros está condicionada à inexistência de brasileiros habilitados interessados, exigindo-se um prazo mínimo de convivência de 30 dias, independentemente da idade da criança ou adolescente, estágio a ser cumprido no Brasil. É, também, reforçado o direito da criança de ser criada por sua família biológica, sendo a adoção considerada medida excepcional, à qual deve se recorrer apenas quando esgotados os recursos de sua manutenção na família natural ou extensa, na forma do parágrafo único do art. 25 (ECA, art. 39, nova redação).

346

No mencionado parágrafo único do art. 25 do Estatuto da Criança e do Adolescente, com a nova redação, a Lei Nacional de Adoção estabelece o conceito de família *extensa* ou *ampliada,* que se estende para além da unidade pais e filhos ou da unidade do casal, formada por parentes próximos com os quais a criança ou adolescente convive e mantém vínculos de afinidade e afetividade. Aprimoram-se, com isso, os mecanismos de prevenção do afastamento do menor do convívio familiar, somente permitindo-se a adoção depois de esgotadas todas as possibilidades, inclusive a convivência com parentes próximos.

No art. 1º, § 1º, a referida lei proclama que a intervenção estatal, "em observância ao disposto no *caput* do art. 226 da Constituição Federal, será prioritariamente voltada à orientação, apoio e promoção social da família natural, junto à qual a criança e o adolescente devem permanecer, ressalvada absoluta impossibilidade, demonstrada por decisão judicial fundamentada". E, no art. 1º, § 2º, deixa claro que somente em caso de absoluta impossibilidade serão colocados em família substituta, sob as formas de adoção, tutela ou guarda.

As mudanças introduzidas pela nova lei, com as adequações no Estatuto da Criança e do Adolescente, visam agilizar a adoção de menores no país e também possibilitar o rápido retorno às suas famílias das crianças que estejam em programa de acolhimento familiar ou institucional. Mas como, por outro lado, não se pode abrir mão de certas exigências, que permitem ao Judiciário conhecer a pessoa que quer adotar, o impasse levou o legislador a instituir alguns procedimentos que conflitam com a ideia de agilização desejada por todos. Basta lembrar, por exemplo, que a habilitação à adoção transformou-se em processo (ECA, art. 197-A), inclusive com petição inicial e juntada de vários documentos, e que não é mais possível a dispensa do estágio de convivência, salvo quando o adotando esteja sob a tutela ou guarda legal do adotante (ECA, art. 46, § 1º). A simples guarda de fato não autoriza, por si só, a dispensa da realização do referido estágio (art. 47, § 2º).

No sistema da Lei n. 12.010, de 3 de agosto de 2009, que dispõe sobre adoção e alterou o Estatuto da Criança e do Adolescente o instituto da adoção compreende tanto a de crianças e adolescentes como a de maiores, exigindo procedimento judicial em ambos os casos (ECA, art. 47; CC, art. 1.619, com a redação dada pela Lei n. 12.010/2009). Descabe, portanto, qualquer adjetivação ou qualificação, devendo ambas ser chamadas simplesmente de "adoção".

O *Superior Tribunal de Justiça* asseverou que "o novo Código Civil modificou sensivelmente o regime de adoção para maiores de 18 anos. Antes, poderia ser realizada conforme vontade das partes, por meio de escritura pública. Hoje, contudo, dada a importância da matéria e as consequências decorrentes da adoção, não apenas para o adotante e adotado, mas também para terceiros, faz-se necessário o controle jurisdicional que se dá pelo preenchimento de diversos requisitos, verificados em processo judicial próprio". Em seu voto, transcreveu o relator a lição do jurista PAULO LÔBO: "Ao exigir o processo judicial, o Código Civil extinguiu a possibilidade de a adoção ser efetivada mediante escritura pública. Toda e qualquer adoção passa a ser encarada como um instituto de interesse público, exigente de mediação do Estado por seu poder público. A competência é exclusiva das Varas de Infância e Juventude quando o adotante for menor de 18 anos e das Varas de Família, quando o adotante for maior"[15].

Foram reproduzidos, na quase totalidade e com algumas alterações de redação, os dispositivos do Estatuto da Criança e do Adolescente. Contudo, o novo diploma não contém normas procedimentais, não tratando da competência jurisdicional. Mantém-se, portanto, a atribuição exclusiva do Juiz da Infância e da Juventude para conceder a adoção e observar os procedimentos previstos no mencionado Estatuto, no tocante aos menores de 18 anos.

O art. 1.618 do Código Civil, com a redação dada pela Lei n. 12.010, de 3 de agosto de 2009, dispõe que a *"adoção de crianças e adolescentes será deferida na forma prevista pela Lei n. 8.069, de 13 de julho de 1990 – Estatuto da Criança e do Adolescente".* O mencionado Estatuto estabelece procedimento comum para todas as formas de colocação familiar (guarda, tutela e adoção).

O art. 1.619 do Código Civil, com a redação dada pela referida Lei Nacional da Adoção (art. 4º), aduz, em atenção ao comando constitucional de que a adoção será sempre assistida pelo Poder Público (CF, art. 227, § 5º), que a *"de maiores de 18 (dezoito) anos dependerá da assistência efetiva do poder público e de sentença constitutiva, aplicando-se, no que couber, as regras gerais da Lei n. 8.069, de 13 de julho de 1990 – Estatuto da Criança e do Adolescente".*

Competirá aos juízes de varas de família a concessão da medida aos adotandos que já atingiram a maioridade, ressalvada a competência exclusiva do juízo da infância e da juventude para concedê-la às crianças e adolescentes, bem como aos que completaram 18 anos de idade e já estavam sob a guarda ou tutela dos adotantes, como prevê o art. 40 do mencionado Estatuto (ECA, art. 148, III).

Além das regras procedimentais e do citado art. 40, outros dispositivos constantes do Estatuto da Criança e do Adolescente continuam em vigor, por não conflitarem com as normas do Código Civil de 2002. Para adaptar o aludido Estatuto ao novo diploma devem-se considerar, em face da omissão deste, revogados somente os dispositivos que se mostram incompatíveis com a nova legislação.

Nessa consonância, ressalvadas as alterações e adaptações efetivadas pela citada Lei n. 12.010/2009, ainda subsistem as normas do ECA que estabelecem: a) a vedação de adoção por procuração (art. 39, parágrafo único); b) o estágio de convivência (art. 46); c) a irrevogabilidade da adoção (art. 48); d) a restrição à adoção

---

[15] STJ, 4ª T., rel. Min. Luis Felipe Salomão. Disponível em: <http://www.editoramagister.com>. Acesso em 14-6-2010.

de ascendentes e irmãos do adotando (art. 42, § 1º); e) os critérios para a expedição de mandado e respectivo registro no termo de nascimento do adotado (art. 47 e parágrafos); f) critérios para a adoção internacional (arts. 31, 51 e 52); g) a manutenção de cadastro de adotantes e adotados junto ao juízo da infância e da juventude e a prévia consulta aos órgãos técnicos competentes (art. 50, *caput* e § 1º)[16].

4. QUEM PODE ADOTAR

Podem adotar todas as pessoas maiores de 18 anos. Preceitua o art. 42 do ECA, com a nova redação dada pela Lei n. 12.010/2009: "Podem adotar os maiores de 18 (dezoito) anos, independentemente do estado civil".

A adoção é ato pessoal do adotante, uma vez que a lei a veda por procuração (ECA, art. 39, § 2º). O estado civil, o sexo e a nacionalidade não influem na capacidade ativa de adoção. Está implícito, no entanto, que o adotante deve estar em condições morais e materiais de desempenhar a função, de elevada sensibilidade, de verdadeiro pai de uma criança carente, cujo destino e felicidade lhe são entregues[17].

O Estatuto da Criança e do Adolescente, nessa linha, não permite seja deferida a colocação em família substituta "a pessoa que revele, por qualquer modo, incompatibilidade com a natureza da medida ou não ofereça ambiente familiar adequado" (art. 29). O aludido diploma não tolera sequer seja deferida a inscrição como interessada na adoção, no registro a ser mantido em cada comarca ou foro regional, a pessoa que não satisfizer os requisitos legais, ou se verificada qualquer das hipóteses previstas no mencionado art. 29. E o § 2º do art. 42, por sua vez, exige, na adoção por ambos os cônjuges ou companheiros, a comprovação da "estabilidade da família".

Tratando-se de ato jurídico, a adoção exige capacidade. Assim, não podem adotar os menores de 18 anos, os ébrios habituais e os viciados em tóxico, os que, por causa transitória ou permanente, não puderem exprimir sua vontade, bem como os pródigos, "mesmo porque a natureza do instituto pressupõe a introdução do adotando em ambiente familiar saudável, capaz de propiciar o seu desenvolvimento humano"[18].

Proclama o art. 6º, VI, da Lei n. 13.146, de 6 de julho de 2015 (Estatuto da Pessoa com Deficiência) que "A deficiência não afeta a plena capacidade civil da pessoa, inclusive para exercer o direito à guarda, à tutela, à curatela e à *adoção*, como adotante ou adotando, em igualdade de oportunidades com as demais pessoas".

---

[16] Silvio Rodrigues, *Direito civil*, cit., v. 6, p. 339.

[17] Antônio Chaves, *Adoção*, p. 225.

[18] Paulo Luiz Netto Lôbo, *Código Civil comentado*, v. XVI, p. 148.

A adoção por homossexual, *individualmente*, tem sido admitida, mediante cuidadoso estudo psicossocial por equipe interdisciplinar que possa identificar na relação o melhor interesse do adotando. Decidiu a propósito o *Tribunal de Justiça do Rio de Janeiro*: "A afirmação de homossexualidade do adotante, preferência individual constitucionalmente garantida, não pode servir de empecilho a adoção de menor, se não demonstrada ou provada qualquer manifestação ofensiva ao decoro e capaz de deformar o caráter do adotado, por mestre a cuja atuação é também entregue a formação moral e cultural de muitos outros jovens"[19].

A Lei Nacional da Adoção não prevê a adoção por *casais* homossexuais porque a união estável só é permitida entre homem e mulher (CC, art. 1.723; CF, art. 226, § 3º). *V.*, a propósito, o Capítulo IX, item 1.1, Diversidade de sexos, *retro*.

Não obstante, eminentes doutrinadores têm colocado em evidência, com absoluta correção, como reconhece o Min. Celso de Mello em voto proferido no *Supremo Tribunal Federal*, a necessidade de atribuir verdadeiro *status* de cidadania às uniões estáveis homoafetivas[20].

Na jurisprudência, o *Tribunal de Justiça do Rio Grande do Sul e o Tribunal Regional Federal da 4ª Região* têm reconhecido a união entre homossexuais como possível de ser abarcada dentro do conceito de entidade familiar, sob a forma de união estável homoafetiva, para fins previdenciários e de partilhamento de bens[21].

Emana da primeira Corte supramencionada acórdão pioneiro, *admitindo a adoção por casal formado por duas pessoas do mesmo sexo*, com a seguinte ementa: "Reconhecida como entidade familiar, merecedora da proteção estatal, a união formada por pessoas do mesmo sexo, com características de duração, publicidade, continuidade e intenção de constituir família, decorrência inafastável é a possibilidade de que seus componentes possam adotar. Os estudos especializados não apontam qualquer inconveniente em que crianças sejam adotadas por casais homossexuais, mais importando a qualidade do vínculo e do afeto que permeia o meio familiar em que serão inseridas e que as liga aos seus cuidadores. É hora de abandonar de vez preconceitos e atitudes hipócritas desprovidas de base científica, adotando-se uma postura de firme defesa da absoluta prioridade que constitucionalmente é assegurada aos direitos das crianças e dos adolescentes (art. 227 da Constituição Federal). Caso em que o laudo especializado comprova o saudável vínculo existente entre as crianças e as adotantes"[22].

---

[19] Ap. 14.332/98, 9ª Câm. Cív., rel. Des. Jorge de Miranda Magalhães, *DORJ*, 28-4-1999.

[20] STF, ADIn 3.300 MC/DF, 2ª T., rel. Min. Celso de Mello, *DJU*, 8-2-2006.

[21] *Revista do TRF/4ª Região*, 57/310, rel. Des. Fed. João Batista Pinto Silveira; TJRS, Ap. 70.005.488.812, 7ª Câm. Cív., rel. Des. José Carlos Teixeira Giorgis; TJRS, Ap. 70.009.550.070, 7ª Câm. Cív., relª Desª Maria Berenice Dias, j. 17-11-2004.

[22] TJRS, Ap. 70.013.801.592, 7ª Câm. Cív., rel. Des. Luiz Felipe Brasil Santos, j. 5-4-2006.

Esse posicionamento foi sancionado pelo *Superior Tribunal de Justiça*, que ainda enfatizou: "Anote-se, então, ser imprescindível, na adoção, a prevalência dos interesses dos menores sobre quaisquer outros, até porque se discute o próprio direito de filiação, com consequências que se estendem por toda a vida. Decorre daí que, também no campo da adoção na união homoafetiva, a qual, como realidade fenomênica, o Judiciário não pode desprezar, há que se verificar qual a melhor solução a privilegiar a proteção aos direitos da criança. (...) Na específica hipótese, há consistente relatório social lavrado por assistente social favorável à adoção e conclusivo da estabilidade da família, pois é incontroverso existirem fortes vínculos afetivos entre a requerente e as crianças. Assim, impõe-se deferir a adoção lastreada nos estudos científicos que afastam a possibilidade de prejuízo de qualquer natureza às crianças, visto que criadas com amor..."[23].

A mesma Corte reconheceu a possibilidade, em união estável homoafetiva entre duas mulheres, de adoção unilateral de filha concebida por inseminação artificial por uma das companheiras, para que ambas compartilhem a condição de mãe da criança. Salientou a relatora que, "se determinada situação é possível ao extrato heterossexual da população brasileira, também o é à fração homossexual, assexual ou transexual, e todos os demais grupos representativos de minorias de qualquer natureza que são abraçados, em igualdade de condições, pelos mesmos direitos e se submetem, de igual forma, às restrições ou exigências da mesma lei, que deve, em homenagem ao princípio da igualdade, resguardar-se de quaisquer conteúdos discriminatórios. Apesar de evidente a possibilidade jurídica do pedido, o pedido de adoção ainda se submete à norma-princípio fixada no art. 43, do ECA, segundo a qual 'a adoção será deferida quando apresentar reais vantagens para o adotando'"[24].

Não estão legitimados a adotar seus pupilos e curatelados os tutores e curadores enquanto não prestarem "*contas de sua administração*" e saldarem o alcance, se houver (ECA, art. 44). A restrição protege os interesses do tutelado ou dos filhos do interdito e é ditada pela moralidade, pois visa impedir a utilização da adoção como meio para fugir ao dever de prestar contas e de responder pelos débitos de sua gestão.

O tutor nomeado por testamento ou qualquer documento autêntico deverá, no prazo de 30 dias após a abertura da sucessão, ingressar com pedido destinado ao controle judicial do ato. Na apreciação do pedido, somente será deferida a tutela à pessoa indicada na disposição de última vontade "se restar comprovado que a medida é vantajosa ao tutelando e que não existe outra pessoa em melhores condições de assumi-la" (ECA, art. 37, *caput* e parágrafo único).

---

[23] STJ, REsp 889.852-RS, 4ª T., rel. Min. Luis Felipe Salomão, j. 27-4-2010.
[24] STJ, REsp 1.281.093-SP, 3ª T., rel. Min. Nancy Andrighi, j. 18-12-2012.

O adotante pode adotar quantos filhos quiser, simultânea ou sucessivamente, ao contrário do que sucedia no regime do Código Civil de 1916, pelo qual só podiam adotar casais com mais de 50 anos de idade e sem filhos. Por outro lado, o direito brasileiro não contém qualquer dispositivo que vede a possibilidade de os cônjuges ou companheiros adotarem separadamente.

Se a adoção se efetuar por pessoa solteira ou que não tenha companheiro, constituir-se-á a entidade familiar denominada família monoparental.

Sendo a adoção e o reconhecimento de filhos institutos diversos, de efeitos diferentes, não há empeço a que se adotem filhos havidos fora do casamento. Tem-se entendido, com efeito, que nada impede o pai, quando não queira reconhecer seu filho nascido das relações extramatrimoniais, de se utilizar da adoção para lhe dar a qualidade de filho adotivo, como se ele fora um terceiro e estranho. Tal circunstância não impede o filho de não aceitar a adoção e pleitear o reconhecimento judicial da paternidade.

Pode-se afirmar, pois, que "quem tem filhos naturais e não os queira reconhecer poderá adotá-los, o mesmo não ocorrendo quanto aos que já os tenham reconhecido, pois chegaríamos à situação interessante de alguém que, já sendo filho e com os direitos correspondentes a essa condição, ser novamente admitido como tal e, até certo ponto, em situação inferior à que possuía: o reconhecimento cria laços de filiação que vão além dos estabelecidos pela adoção"[25].

A adoção por quem já é pai ou mãe seria, pois, ato jurídico sem objeto, uma vez que o que se propõe a adotar já é pai, ou já é mãe, *juridicamente*. Se o reconhecimento ocorreu após a adoção, esta caduca, isto é, perde a eficácia[26].

Dispõe o art. 42, § 1º, do Estatuto da Criança e do Adolescente (Lei n. 8.069/90): "Não podem adotar os ascendentes e os irmãos do adotando". Desse modo, por total incompatibilidade com o instituto da adoção, não pode o avô adotar o neto, nem o homem solteiro, ou um casal sem filhos, adotar um irmão de um dos cônjuges. O avô, por exemplo, pode ser detentor da guarda do neto, pode ser seu tutor, mas não pode adotá-lo como filho. Na hipótese de irmãos, haveria uma confusão de parentesco tão próximo, pois o adotado seria irmão e filho, ao mesmo tempo.

O *Superior Tribunal de Justiça*, todavia, inovando, proclamou que, *em circunstâncias excepcionais, os avós podem adotar o próprio neto, apesar da vedação prevista no mencionado art. 42, § 1º, do Estatuto da Criança e do Adolescente. No caso concreto, a criança nasceu em outubro de 2000 e a concepção decorreu de violência sexual*

---

[25] Dias Correia, *A adoção*, apud Antônio Chaves, *Adoção*, cit., p. 237.

[26] Antônio Chaves, *Adoção*, cit., p. 237; Maria Helena Diniz, *Curso de direito civil brasileiro*, v. 5, p. 601.

praticada contra a mãe, o que provocou trauma psicológico que a impediu de cuidar do filho. Por isso, os pais dela assumiram a criação, situação que se prolongou durante todo o desenvolvimento do menor. Após obter a guarda judicial, o casal pediu autorização para adotar o neto, alegando que estabeleceu "verdadeiro" e "indiscutível" vínculo de parentalidade socioafetiva.

O *Tribunal de Justiça de São Paulo* havia negado o apelo dos avós, nestes termos: "Ainda que os apelantes tenham proposto interessante desafio hermenêutico, patrocinado pelo caráter humanitário da pretensão, não nos é dado desatender norma de organização social, que regulamenta o parentesco, pena de contribuir para o desarranjo da ordem jurídica em outros casos".

A *3ª Câmara do Superior Tribunal de Justiça*, como mencionado, discordou dessa tese. Para a relatora, Min. Nancy Andrighi, "quando é o próprio legislador que outorga ao juiz a possibilidade de, excepcionalmente, suplantar ou suplementar normas em nome do melhor interesse do menor, que embora tenha regulado as relações intrafamiliares, há inúmeras circunstâncias, ditadas pela imprevisível dinâmica social, que podem fazer o sistema protetivo legislado conspirar contra os melhores interesses do menor, a quem pretende proteger. *O princípio do melhor interesse da criança é o critério primário para a interpretação de toda legislação atinente a menores, sendo capaz, inclusive, de retirar a peremptoriedade de qualquer texto legal atinente aos interesses da criança ou do adolescente, submetendo-o ao crivo objetivo de apreciação judicial da situação concreta*"[27].

Posteriormente, a 4ª Câmara da mencionada Corte também decidiu que situações excepcionais podem justificar a adoção de menor pelos avós. Afirmou o relator, Min. Luis Felipe Salomão, que "a flexibilização da regra do ECA exige a caracterização de uma situação excepcional, destacando-se a necessidade de que o pretenso adotando seja menor de idade; que os avós exerçam o papel de pais, com exclusividade, desde o nascimento da criança; que não haja conflito familiar a respeito da adoção e que esta apresente reais vantagens para o adotando".

O Ministro Marco Buzzi, que participou do julgamento em apreço, destacou que a criança reconhece a avó paterna como mãe e não tem vínculo afetivo com os pais biológicos. E acrescentou: "Esse posicionamento do colegiado não constitui ativismo judicial, mas um dever imposto ao julgador intérprete de salvaguardar o melhor interesse da criança e conferir uma ponderação equilibrada e concatenada da vontade social exercida pela atuação do legislador"[28].

---

[27] STJ, REsp 1.635.449, 3ª T., rel. Min. Nancy Andrighi, *Revista Consultor Jurídico*, 28-2-2018.
[28] *In Revista Consultor Jurídico* de 11-3-2020. (*O número do Recurso Especial não foi fornecido por envolver interesse de menor.*)

Ao julgar pedido de adoção deduzido por avós que criaram o neto desde o seu nascimento, por impossibilidade psicológica da mãe biológica, vítima de agressão sexual, a 3ª *Turma do Superior Tribunal de Justiça* asseverou que: "Tirado do substrato fático disponível, que a família resultante desse singular arranjo, contempla, hoje, como filho e irmão, a pessoa do adotante, a aplicação simplista da norma prevista no art. 42, § 1º, do ECA, sem as ponderações do 'prumo hermenêutico' do art. 6º do ECA, criaria a extravagante situação da própria lei estar ratificando a ruptura de uma família socioafetiva, construída ao longo de quase duas décadas com o adotante vivendo, plenamente, esses papéis intrafamiliares"[29].

Não há impedimento, todavia, nem na lei, nem na natureza da adoção, que impeça os tios de adotar os sobrinhos[30], ou os sogros de adotar a nora ou o genro, naturalmente depois do falecimento do filho ou da filha, uma vez que a restrição não alcança os parentes colaterais de terceiro grau, nem os parentes por afinidade.

Antônio Chaves, em sua excelente monografia sobre a adoção, transcreve a lição de Gustavo A. Bossert no sentido de que "a superposição dos laços fraternos e filiais, com tudo o que cada um deles implica no tocante ao conteúdo emocional, sentido do respeito e obediência, inclusive ubicação diante do grupo social dos sujeitos de tais vínculos familiares, não resultaria benéfica para a formação do menor, que antes ficaria afetado por tão irregular situação de ter de considerar – tanto na atividade doméstica como diante da coletividade – reunidos numa mesma pessoa seu pai e seu irmão"[31].

Acresce o aludido monografista que a adoção do neto pelo avô não faz sentido e que, na maioria das vezes, a pretensão não tem outra finalidade senão a de fraudar o Fisco no tocante ao pagamento de imposto da transmissão *causa mortis*. E, em abono de sua assertiva, menciona o parecer do 4º Curador de Família e Sucessões, Dr. Roberto Caldas, *verbis*: "Não tem sentido um avô adotar o seu neto como filho, ensejando confusão familiar, já que seu filho passaria a irmão do seu neto, ou o pai irmão do próprio filho, ou ainda o filho cunhado da sua mãe. Não teria sentido o marido mais velho que sua mulher 16 anos a adotasse como filha; ou a esposa nas mesmas condições de diferença de idade adotasse o marido como filho. Não é necessário que a lei escrita o diga com todas as letras que adoções como as enunciadas não são permitidas, já que o direito não foge ao bom senso".

---

[29] STJ, REsp 1.635.649-SP, 3ª T., rel. Min. Nancy Andrighi, *DJe* 02-3-2018.

[30] Paulo Luiz Netto Lôbo, *Código Civil*, cit., v. XVI, p. 148.

V. a jurisprudência: "Adoção. Pedido formulado pelos avós paternos, cujo filho não reconhecera em vida o adotando. Impossibilidade. Inteligência do disposto no art. 42, § 1º, do ECA. Recurso não provido" (TJSP, Ap. 44.829-0/5-Osasco, rel. Des. Djalma Lofrano, j. 5-11-1998). "Menor. Adoção. Pedido efetuado pela tia da criança. Inexistência de óbice legal para sua concessão" (TJSP, Ap. 64.288-0/1-Ribeirão Preto, rel. Des. Oetterer Guedes, j. 16-12-1999).

[31] *Adoção*, cit., p. 253 e 245.

Não pode, efetivamente, um cônjuge adotar o outro, pois haveria, na hipótese, casamento entre ascendente e descendente por parentesco civil, vedado pelo art. 1.521, I, *in fine*, do Código Civil. Ademais, como poderia um deles ser tratado como filho do outro? Opõe-se a essa modalidade a própria natureza da adoção, que não se coaduna com o vínculo que une indissoluvelmente os dois cônjuges.

Por outro lado, não podem marido e mulher ser adotados pela mesma pessoa, uma vez que passariam à condição de irmãos. Inexiste, contudo, dispositivo legal que impeça que marido e mulher sejam adotados por pessoas diferentes, malgrado os graves inconvenientes que daí podem resultar para a harmonia conjugal. Tal circunstância deve ser cuidadosamente sopesada pelo juiz a quem competir decidir os pedidos.

O § 5º do art. 42 do Estatuto da Criança e do Adolescente, com a nova redação dada pela Lei n. 12.010/2009, dispõe que, nos casos de divorciados, judicialmente separados e ex-companheiros, "desde que demonstrado efetivo benefício ao adotando, será assegurada a guarda compartilhada, conforme previsto no art. 1.584 do Código Civil". A guarda compartilhada é uma inovação trazida pela Lei n. 11.698/2008, que deu nova redação ao art. 1.583 do Código Civil. O § 1º do referido dispositivo a conceitua como "a responsabilização conjunta e o exercício de direitos e deveres do pai e da mãe que não vivam sob o mesmo teto, concernentes ao poder familiar dos filhos comuns" (*v.* Proteção da pessoa dos filhos, n. 10.2, *retro*).

A adoção atribui a situação de filho ao adotado (ECA, art. 41, caput), não podendo a sua eficácia estar subordinada a termo *ou* condição. Como assevera WASHINGTON DE BARROS MONTEIRO, "adoção é ato puro, que se realiza pura e simplesmente, não tolerando aludidas modificações dos atos jurídicos. Quaisquer cláusulas que suspendam, alterem ou anulem os efeitos legais da adoção são proibidas, como já eram sob a égide do Código Civil anterior"[32].

Embora o Código Civil de 2002 não faça alusão alguma à inadmissibilidade de condição ou termo, como o fazia o art. 375 do diploma de 1916, exige ele que a adoção seja concedida por sentença. Cabe ao juiz, pois, exercer vigilância sobre as condições que o adotante pretenda estipular, contrariando o interesse do adotando ou as finalidades do instituto.

Para *adoção conjunta*, não mais se exige, como o fazia o Código de 1916, que os adotantes sejam casados há mais de cinco anos. Adoção efetivada por menor de 18 anos é nula, por infração a proibição legal (CC, art. 166, VII, segunda parte), não podendo ser confirmada quando o adotante atingir a maioridade.

Para que o cônjuge ou companheiro também possa adotar, conjuntamente com o outro, é necessário que fique comprovada a "estabilidade da família", ou

---

[32] *Curso*, cit., 37. ed., v. 2, p. 340.

seja, que o casal tenha um lar onde reina a harmonia no relacionamento e exista segurança material. A exigência, como se pode constatar pela clara redação do dispositivo em apreço, não se aplica apenas à união estável.

Anota Paulo Luiz Netto Lôbo[33] que, se apenas um dos cônjuges ou companheiros adotou, desponta o problema da moradia do adotado na residência do casal. Nessa hipótese, aduz, "há de ser aplicada, por analogia, a norma contida no art. 1.611 do Código Civil para o reconhecimento da filiação, ou seja, o filho adotado somente poderá residir no lar conjugal se houver o consentimento do cônjuge ou companheiro".

O § 2º do art. 42 do Estatuto da Criança e do Adolescente exige, para a adoção conjunta, que os adotantes "sejam casados civilmente ou mantenham união estável, comprovada a estabilidade da família", não admitindo, por exemplo, que irmãos adotem conjuntamente. Acresce o § 4º que "os divorciados, os judicialmente separados e os ex-companheiros podem adotar conjuntamente, contanto que acordem sobre a guarda e o regime de visitas e desde que o estágio de convivência tenha sido iniciado na constância do período de convivência e que seja comprovada a existência de vínculos de afinidade e afetividade com aquele não detentor da guarda, que justifiquem a excepcionalidade da concessão".

A inovação, introduzida pela *Lei Nacional da Adoção*, encontra-se na parte em que o dispositivo torna explícita a necessidade de afinidade e afetividade, que devem ser demonstradas para que a situação descrita na parte inicial se efetive.

Releva frisar que, por uma *fictio iuris*, a adoção procura imitar a natureza (*adoptio naturam imitatur*). Por essa razão, é inadmissível que uma pessoa seja adotada, sucessiva ou simultaneamente, por duas ou mais pessoas, pois assim como ninguém pode ter mais de um pai pela natureza, também não pode tê-lo artificialmente pela lei. A adoção cumulativa somente será possível se os dois adotantes forem casados ou viverem em união estável e desde que o estágio de convivência com o menor tenha sido iniciado na constância da sociedade conjugal. Considerando que a mudança de estado civil dos pais atinge necessariamente os filhos, exige-se que acordem sobre a guarda da criança e o regime de visitas[34].

A proibição tem por fim evitar conflito no poder familiar. Se, todavia, o primeiro adotante já faleceu, nada obsta que o adotado o seja novamente. A morte dos adotantes não restaura o poder familiar dos pais naturais (ECA, art. 49), devendo o adotado ser colocado sob tutela.

O art. 45, *caput*, do Estatuto da Criança e do Adolescente exige o "consentimento dos pais ou representante legal do adotando" para a adoção. O § 1º,

---

[33] *Código Civil*, cit., v. XVI, p. 149.

[34] Washington de Barros Monteiro, *Curso*, cit., 37. ed., v. 2, p. 340; Caio Mário da Silva Pereira, *Instituições*, cit., v. 5, p. 403; Antônio Chaves, *Adoção*, cit., p. 258.

todavia, dispensa tal consentimento se os pais forem desconhecidos ou tiverem sido destituídos do poder familiar.

Por seu turno, o § 1º do art. 28 do aludido diploma recomenda: "Sempre que possível, a criança ou o adolescente será previamente ouvido por equipe interprofissional, respeitado seu estágio de desenvolvimento e grau de compreensão sobre as implicações da medida, e terá sua opinião devidamente considerada". A nova redação, determinada pela Lei Nacional da Adoção, prevê a atuação dos serviços auxiliares encarregados de assessorar a Justiça da Infância e da Juventude, que passam a ter a atribuição de ouvir a criança e o adolescente acerca do pedido de adoção.

Prescreve, por sua vez, o § 2º do referido dispositivo que, em se tratando de "maior de 12 (doze) anos de idade, será necessário seu consentimento, colhido em audiência". A expressão "colhido em audiência" constitui inovação, que obriga a realização de ato específico de oitiva do adotando pelo juiz, com a presença do representante do Ministério Público.

A nova Lei da Adoção acrescentou os §§ 3º e 4º ao art. 102 do ECA. Dispõe o primeiro: "Caso ainda não definida a paternidade, será deflagrado procedimento específico destinado à sua averiguação, conforme previsto pela Lei n. 8.560, de 29 de dezembro de 1992. Por sua vez, prescreve o novel § 4º: "Nas hipóteses previstas no § 3º deste artigo, é dispensável o ajuizamento de ação de investigação de paternidade pelo Ministério Público se, após o não comparecimento ou a recusa do suposto pai em assumir a paternidade a ele atribuída, a criança for encaminhada para adoção".

Como a adoção cria direitos e deveres recíprocos, inclusive a mudança de estado familiar do filho, com ingresso deste numa família que lhe é estranha, só se sujeitará ele a tais contingências se houver consentido no ato, sendo maior e capaz, ou se, sendo menor, contar mais de 12 anos e houver manifestado sua concordância, em conjunto com os pais.

Tem sido admitida a anuência posterior, mediante atos inequívocos, de pessoa maior. No tocante aos menores, não cabe suprimento judicial do consentimento, uma vez que o direito de consentir é personalíssimo e exclusivo. Quando os pais do adotando forem conhecidos e detiverem o poder familiar, o consentimento de ambos será indispensável, pois o de um não supõe o do outro (ECA, art. 45, *caput*). A recusa de qualquer dos pais impede a adoção do menor por terceiro. Haverá dispensa do consentimento dos pais que tiverem perdido o poder familiar.

O consentimento de pais adolescentes deve ser recebido com reservas, por ser dado muitas vezes por interesse e ainda por não terem eles perfeita noção da dimensão do ato que estão praticando, sendo por isso conveniente a sua oitiva pessoal pelo juiz. Decidiu, a propósito, o *Tribunal de Justiça de Minas Gerais*: "Adoção. Criança. Genitora que no momento do consentimento não tinha consciência plena do significado e das consequências do ato que estava praticando. Invalidade"[35].

O consentimento fornecido pelos pais, pelos representantes legais e pelo adotando pode ser revogado no curso do processo de adoção e "até a data da publicação da sentença constitutiva da adoção" (ECA, art. 166, § 5º, com a redação dada pela Lei n. 12.010/2009).

A adoção *post mortem* foi introduzida no nosso ordenamento pelo § 5º do art. 42 (atual § 6º) do Estatuto da Criança e do Adolescente, com a seguinte redação: "A adoção poderá ser deferida ao adotante que, após inequívoca manifestação de vontade, vier a falecer no curso do procedimento, antes de prolatada a sentença".

A ideia subjacente ao preceito supratranscrito, segundo SILVIO RODRIGUES, "é a de que a adoção só não se aperfeiçoou em razão da morte do adotante. Por isso é que a lei fala 'no curso do procedimento'. Se o pedido foi formulado, mas a instância por qualquer motivo se extinguiu e, após sua extinção, houve o óbito do requerente, não se defere a adoção, porque a morte subsequente ao pedido não se deu no curso do procedimento. Ocorrendo esses pressupostos, o juiz deve deferir o pedido de adoção, gerando a sentença todos os efeitos daquela"[36].

---

[35] *RT*, 747/367. *V*. ainda: "Não é razoável reverter a adoção quando a mãe biológica, por mais de uma vez, manifestou concordância com a adoção, mormente quando a criança já está adaptada a nova família, reconhecendo os adotantes como seus verdadeiros pais e estes o assumiram como se filho fosse, prestando-lhe assistência, tanto material como afetiva.
Arrependimento posterior da genitora ineficaz. Prevalência do interesse do menor" (TJRS, Ap. 598.415.867, 7ª Câm. Cív., rel. Des. Teixeira Giorgis, j. 24-3-1999). "Mãe que entregou o filho ao juizado por não ter condições econômicas nem interesse de ter filho consigo, estando devidamente assistida pelos seus pais, que também foram ouvidos e tiveram prazo para reflexão. Advertência expressa feita pelo julgador. Procedimento regular, sendo absolutamente ineficaz arrependimento posterior" (TJRS, Ap. 598.000.966, 7ª Câm. Cív., rel. Des. Vasconcellos Chaves, j. 11-3-1998). "Consentimento dado por genitora, menor púbere, sem assistência dos pais, mas confirmado em juízo, na presença do Magistrado e do Promotor de Justiça. Nulidade relativa que deve ser arguida unicamente pela parte interessada. Ilegitimidade do Ministério Público" (TJSP, Ap. 29.604-0/9-Mauá, rel. Des. Nigro Conceição, j. 11-7-1996).
[36] *Direito civil*, cit., v. 6, p. 343.
V. a jurisprudência: "Adoção póstuma. Adotante que falece antes do início do procedimento para regularizar a situação do menor. Circunstância que não impede o reconhecimento do vínculo de adoção. Demonstração de forma inequívoca de que era essa a intenção do *de cujus*" (STJ, *RT*, 815/224). "Adotando maior. Outorga via judicial. Admissibilidade. Falecimento da adotante no curso do feito. Fato que não obsta o deferimento do pedido" (*RT*, 750/250). "Adoção *post mortem*. Indeferimento. Promovida a adoção após o falecimento de um dos cônjuges e não demonstrado que o *de cujus* manifestara, em vida, inequívoca vontade de adotar, somente em relação ao supérstite pode ser deferido o pedido" (TJPR, Ap. 96.416-9, 2ª Câm., rel. Des. Telmo Cherem, j. 9-11-2000).

A 3ª *Turma do Superior Tribunal de Justiça*, todavia, proclamou que *é admissível a adoção póstuma, mesmo que o processo não tenha sido iniciado com o adotante ainda vivo, desde que tenha havido manifestação em vida da sua vontade, embora não concretizada formalmente, como no caso em julgamento.* Segundo a relatora, o art. 42 do Estatuto da Criança e do Adolescente não tem caráter restritivo e deve ser compreendido como uma ruptura no sisudo conceito de que a adoção deve dar-se em vida. No caso em julgamento, consignou ainda a relatora que o adotado foi recebido pelo adotante como filho, assim declarado inclusive em diversas oportunidades em que o conduzira para tratamentos de saúde[37].

O § 1º do art. 41 do Estatuto da Criança e do Adolescente trata da situação bastante comum do cônjuge ou companheiro que traz para a nova união familiar filho havido em outro relacionamento. Dispõe o aludido dispositivo: "Se um dos cônjuges ou concubinos adota o filho do outro, mantêm-se os vínculos de filiação entre o adotado e o cônjuge ou concubino do adotante e os respectivos parentes" (onde está escrito "concubino" ou "concubinos" deve-se ler "companheiro" ou "companheiros"). Trata-se da espécie conhecida como "adoção unilateral", em que o cônjuge ou companheiro do adotante não perde o poder familiar, exercendo-o em conformidade com o art. 1.631 do Código Civil.

Tal modalidade de adoção somente é possível se não constarem do registro do nascimento os nomes de ambos os pais, salvo se houver consentimento do pai registrado ou este perder o poder familiar. Depois de efetuada, não se alteram as relações de parentesco que já havia entre o filho e o pai ou mãe e os parentes deste. Como a igualdade de direitos é total, "a mesma situação ocorreria se o filho do cônjuge não fosse biológico, mas adotado; a nova adoção em nada alteraria as relações de parentesco já constituídas entre o filho, o cônjuge ou companheiro e os parentes destes"[38].

O art. 43 do Estatuto da Criança e do Adolescente só admite a adoção que "apresentar reais vantagens para o adotando e fundar-se em motivos legítimos". Tal exigência apoia-se no princípio do "melhor interesse da criança", referido na cláusula 3.1 da Convenção Internacional dos Direitos da Criança, ratificada pelo Brasil por intermédio do Decreto n. 99.710/90[39].

---

[37] STJ, 3ª T., rel. Min. Nancy Andrighi. Disponível em: <http:www.editoramagister.com>. Acesso em 24-9-2013.

[38] Paulo Luiz Netto Lôbo, *Código Civil*, cit., v. XVI, p. 174.

[39] "Adoção. Criança. Vantagens reais para o adotando fulcradas em motivos legítimos. Interesse de menor que sobrepuja qualquer outro. Concessão do pedido" (*RT*, 810/354 e 800/384). "Adoção. Pretensão manifestada por pessoa solteira, maior de idade. Admissibilidade desde que apresente reais vantagens ao adotando, fundadas em motivos legítimos" (*RT*, 771/349).

5. QUEM PODE SER ADOTADO

Como já foi dito, no Estatuto da Criança e do Adolescente *o instituto da adoção compreende tanto a de crianças e adolescentes como a de maiores, exigindo procedimento judicial em ambos os casos.* O art. 1.619 do Código Civil, com a redação dada pela Lei Nacional da Adoção (art. 4º), prescreve que a adoção *de maiores de 18 (dezoito) anos dependerá da assistência efetiva do poder público e de sentença constitutiva, aplicando-se, no que couber, as regras gerais da Lei n. 8.069, de 13 de julho de 1990 – Estatuto da Criança e do Adolescente.* Descabe, portanto, qualquer adjetivação ou qualificação, devendo ambas ser chamadas simplesmente de "adoção".

Instituiu-se um sistema de adoção plena, deixando de existir a adoção simples, efetivada mediante escritura pública, prevista no Código de 1916 e que se tornou, posteriormente, com o advento do aludido Estatuto, aplicável somente aos maiores de 18 anos.

No atual regime, tanto a adoção de menores quanto a de maiores revestem-se das mesmas características, estando sujeitas a decisão judicial, em atenção ao comando constitucional de que a adoção será sempre assistida pelo Poder Público (CF, art. 227, § 5º). *Presentemente, a adoção de criança e adolescente até os 18 anos de idade e a dos maiores de 18 anos é regulada pelo Estatuto da Criança e do Adolescente (Lei n. 12.010/2009, art. 4º).*

Podem ser adotadas, portanto, todas as pessoas cuja diferença mínima de idade para com o adotante seja de dezesseis anos, uma vez que o art. 42, § 3º, do Estatuto da Criança e do Adolescente exige que o adotante seja, "pelo menos, dezesseis anos mais velho do que o adotando".

Anote-se que nenhuma influência exerce na capacidade passiva da adoção a qualidade da filiação. Não importa se o adotado é filho havido do casamento dos pais ou não, tenha ou não pais conhecidos. A existência de filho adotivo não constitui impedimento à adoção de outra pessoa. Nenhuma justificação se exige do adotante para nova adoção. Outrossim, a superveniência de filhos não anula os efeitos da adoção realizada quando os cônjuges ou companheiros não tinham filhos[40].

O § 4º do art. 28, introduzido pela Lei Nacional da Adoção, explicita a necessidade de manter unidos os irmãos sujeitos a adoção, estatuindo: "Os grupos de irmãos serão colocados sob adoção, tutela ou guarda da mesma família substituta, ressalvada a comprovada existência de risco de abuso ou outra situação que justifique plenamente a excepcionalidade de solução diversa, procurando-se, em qualquer caso, evitar o rompimento definitivo dos vínculos fraternais".

---

[40] Orlando Gomes, *Direito de família*, p. 374.

O Código Civil de 1916 aludia à possibilidade de se adotar o *nascituro*. Prescrevia o art. 372 do mencionado diploma que "não se pode adotar sem o consentimento do adotado ou de seu representante legal se for incapaz ou nascituro".

A regra não foi reproduzida no Estatuto da Criança e do Adolescente, nem no Código Civil de 2002. ANTÔNIO CHAVES considera por isso suprimida de nosso direito o que chama de "contrassenso do ponto de vista humano e do ponto de vista legal. Do humano, porque a ninguém deveria ser facultado adotar uma criatura que ainda não nasceu, que não se sabe se vai ou não nascer com vida, qual seu sexo, seu aspecto, sua viabilidade, sua saúde etc. Do ponto de vista jurídico, porque a dependência em que fica essa adoção, de um acontecimento futuro e incerto, importa numa verdadeira condição, que o art. 375 (*do CC/1916*) não admite"[41].

6. REQUISITOS DA ADOÇÃO

Os principais *requisitos* exigidos pelo Estatuto da Criança e do Adolescente para a adoção são: a) idade mínima de 18 anos para o adotante (ECA, art. 42, *caput*); b) diferença de dezesseis anos entre adotante e adotado (art. 42, § 3º); c) consentimento dos pais ou dos representantes legais de quem se deseja adotar; d) concordância deste, se contar mais de 12 anos (art. 28, § 2º); e) processo judicial (art. 47, *caput*); f) efetivo benefício para o adotando (art. 43).

Tais requisitos foram comentados em linhas gerais nos itens anteriores. Acresça-se que, embora não explicitado no Código Civil, é necessário também, para aperfeiçoamento da adoção, o consentimento dos adotantes.

Trata-se de ato personalíssimo e exclusivo, como já foi dito. Destarte, não pode, por exemplo, uma pessoa, que tenha sido criada desde tenra idade por outra, exigir o reconhecimento, por sentença, de sua condição de filho adotivo. Por sua natureza contratual, ao lado da institucional, a adoção exige convergência das vontades do adotante e do adotado, não podendo operar-se pela vontade de uma só pessoa. Constitui em realidade uma faculdade jurídica do adotante, em relação ao qual os filhos havidos do casamento não têm nenhuma interferência e nem devem, por isso, ser ouvidos.

O art. 165, I, do Estatuto da Criança e do Adolescente requer a anuência do cônjuge ou companheiro do adotante. A diferença de dezesseis anos entre adotante e adotado é exigida no art. 42, § 3º, do Estatuto da Criança e do Adolescente porque a adoção imita a natureza. É imprescindível que o adotante seja mais velho para que possa desempenhar eficientemente o poder familiar. Conseguintemente,

---

[41] *Adoção*, cit., p. 165.

a adoção do maior de 18 anos reclama tenha o adotante no mínimo 34 anos. E, embora com 18 anos já se possa adotar, o adotando, na hipótese, não poderá ter mais de 2 anos.

Exigindo a aludida diferença, "quer a lei no lar instituir ambiente de respeito e austeridade, resultante da natural ascendência de pessoa mais idosa sobre outra mais jovem, como acontece na família natural, entre pais e filhos. Com mais forte razão, não se admite que o adotado seja mais velho que o adotante. Semelhante adoção contraria a própria natureza (*adoptio naturam imitatur et pro monstro est, ut major sit filius quam pater*)"[42].

O consentimento dos pais ou dos representantes legais de quem se deseja adotar, mencionado como terceiro requisito (letra *c*), é condição fundamental à concessão da medida. Todavia, o art. 166 do ECA o dispensa, dentre outras hipóteses, se os pais foram "*destituídos do poder familiar*". Tal destituição só pode ser feita com rigorosa observância de procedimento contraditório (ECA, art. 24). Se, por exemplo, a mãe deixa o filho em total abandono, sendo desconhecido o pai, o processo de adoção deve ser precedido, obrigatoriamente, da destituição. Esta pode ser requerida cumulativamente ao pedido de adoção, como pressuposto lógico de seu deferimento[43].

Tem sido proclamada, inclusive, a desnecessidade de expressa cumulação de pedido de destituição do poder familiar, sendo este pressuposto lógico do pedido, quando implicitamente conste da finalidade da adoção, referindo-se a inicial a respeito do seu exercício irregular por parte da genitora[44].

---

[42] Washington de Barros Monteiro, *Curso*, cit., v. 2, p. 337.

[43] "Adoção. Criança. Destituição do poder familiar que constitui pressuposto lógico do pedido. Necessidade de que a inicial aponte causa eficiente para tanto e de que seja observado o contraditório" (*RT*, 785/211). "Adoção. Cumulação com pedido de destituição do poder familiar. Desinteresse do genitor em relação à vida da filha, de molde a configurar descumprimento injustificado dos deveres e obrigações a que se refere o art. 22 do ECA. Adoção que representa reais vantagens para a adotada. Deferimento" (TJSP, Ap. 56.153-0, rel. Des. Jesus Lofrano, j. 30-3-2000). "Em caso de abandono de menor pelo pai biológico, que se encontra em local incerto, é possível a adoção com o consentimento da mãe, sem a prévia ação de destituição do poder familiar do genitor. De acordo com a jurisprudência do STJ, é desnecessária a prévia ação para destituição do poder paterno" (STJ, 4ª T., rel. Min. Luis Felipe Salomão. Disponível em: <http://www.editoramagister.com>. Acesso em 20-10-2011).

[44] TJSP, Ap. 74.991-0/8-Campos do Jordão, rel. Des. Fábio Quadros, j. 20-11-2000; Ap. 75.887-0/0-E.S. do Pinhal, rel. Des. Nuevo Campos, j. 13-11-2000. *V.* ainda: "Adoção. Decisão que deferiu o pedido que não contou com a concordância dos pais biológicos. Inexistência de prévia destituição do poder familiar ou de pedido cumulativo. Sentença que foi além do pedido e dispôs sobre a destituição. Recurso provido para anular a decisão" (TJSP, Ap. 79.022-0/3-Pres. Prudente, rel. Des. Fábio Quadros, j. 2-4-2002).

Quando os titulares do poder familiar não são localizados, devem ser citados por edital. Cumpridas todas as formalidades legais, "e decretada a destituição por sentença passada em julgado, a autoridade judiciária, ao deferir a adoção, suprirá o consentimento paterno"[45].

A adoção, seja a de menor ou a de maior de idade, deve sempre obedecer a *processo judicial* (ECA, art. 47; CC, art. 1.619). A Lei n. 12.955, de 5 de fevereiro de 2014, modificou o art. 47 do Estatuto da Criança e do Adolescente, dando prioridade de tramitação aos processos de adoção em que a criança ou o adolescente tenha deficiência ou doença crônica.

Sobreleva relembrar que o Estatuto da Criança e do Adolescente prevê procedimentos próprios para a adoção de menores de 18 anos (arts. 165 a 170), sob a competência do Juiz da Infância e da Juventude (art. 148, III). Nessa consonância, e tendo em vista o entendimento já manifestado de que continuam em vigor as normas do aludido diploma que não conflitam com o novo Código Civil, a adoção dos referidos menores requer o preenchimento ainda de outro requisito: o *estágio de convivência*, a ser promovido obrigatoriamente, só podendo ser dispensado "se o adotando já estiver sob a tutela ou guarda legal do adotante durante tempo suficiente para que seja possível avaliar a conveniência da constituição do vínculo" (ECA, art. 46, § 1º, com a redação dada pela Lei n. 12.010/2009). A antiga redação do citado § 1º do art. 46 previa que o estágio de convivência poderia ser dispensado se o adotando fosse maior de um ano de idade ou se, qualquer que fosse a sua idade, já estivesse na companhia do adotante durante tempo suficiente para permitir a referida avaliação.

O novo § 3º do art. 46 do ECA, introduzido pela Lei Nacional da Adoção, trata do estágio de convivência na hipótese de adoção internacional, antes disciplinada pelo § 2º do aludido dispositivo legal. A novidade é que o prazo mínimo de estágio foi unificado para trinta dias, independentemente da idade da criança ou do adolescente. Antes, o prazo era de no mínimo quinze dias para crianças até dois anos de idade, e de no mínimo trinta dias quando se tratasse de adotando acima de dois anos de idade.

A finalidade do estágio de convivência é "comprovar a compatibilidade entre as partes e a probabilidade de sucesso na adoção. Daí determinar a lei a sua dispensa, quando o adotando já estiver na companhia do adotante durante tempo suficiente para se poder avaliar a conveniência da constituição do vínculo"[46].

A prova do estágio de convivência é, entretanto, indispensável na adoção por estrangeiro: de no mínimo trinta dias, qualquer que seja a idade do adotando,

---

[45] Caio Mário da Silva Pereira, *Instituições*, cit., v. 5, p. 405.
[46] Silvio Rodrigues, *Direito civil*, cit., v. 6, p. 345.

cumprido no território nacional (ECA, art. 46, § 3º, com a redação dada pela Lei n. 12.010/2009).

Sendo o adotado maior, será competente o Juízo de Família para a apreciação e deferimento da medida, não se dispensando a efetiva assistência do Poder Público. O juiz da Vara de Família averiguará se foram ou não cumpridos os requisitos legais e se a adoção é conveniente para o adotado. Não há limite de idade para o adotando.

A adoção pode ser judicialmente anulada, desde que ofendidas as prescrições legais (CC, art. 166, V e VI). Todavia, a natureza benéfica do instituto afasta o extremado rigor no exame das formalidades legais. A adoção pode ser declarada nula se: a) o adotante não tiver mais de 18 anos (ECA, art. 42); b) o adotante não for pelo menos dezesseis anos mais velho que o adotado (art. 42, § 3º); c) duas pessoas, sem serem marido e mulher ou conviventes, adotarem a mesma pessoa (art. 42, § 2º); d) o tutor ou o curador não tiver prestado contas (art. 44); e) houver vício resultante de simulação ou de fraude à lei (arts. 167 e 166, VI).

A *anulabilidade*, por outro lado, pode resultar de: a) falta de assistência do pai, tutor ou curador, ao consentimento do adotado relativamente incapaz (CC, art. 171, I); b) vício de consentimento do adotante, do adotado e do representante legal deste, proveniente de erro, dolo, coação, lesão e estado de perigo (art. 171, II).

7. EFEITOS DA ADOÇÃO

Os principais efeitos da adoção podem ser de ordem pessoal e patrimonial. Os de *ordem pessoal* dizem respeito ao parentesco, ao poder familiar e ao nome; os de *ordem patrimonial* concernem aos alimentos e ao direito sucessório.

7.1. Efeitos de ordem pessoal

Os efeitos de ordem pessoal, como foi dito, dizem respeito ao:

a) *Parentesco* – A adoção gera um *parentesco* entre adotante e adotado, chamado de civil, mas em tudo equiparado ao consanguíneo (CF, art. 227, § 6º). Preceitua, com efeito, o art. 41, *caput*, do Estatuto da Criança e do Adolescente, que "a adoção atribui a condição de filho ao adotado, com os mesmos direitos e deveres, inclusive sucessórios, desligando-o de qualquer vínculo com pais e parentes, salvo os impedimentos matrimoniais".

Essa a principal característica da adoção, nos termos em que se encontra estruturada no Código Civil. Ela promove a integração completa do adotado na família do adotante, na qual será recebido na condição de filho, com os mesmos direitos e deveres dos consanguíneos, inclusive sucessórios, desligando-o, definitiva e irrevogavelmente, da família de sangue, salvo para fins de impedimentos para o casamento. Para este último efeito, o juiz autorizará o fornecimento de certidão, processando-se a oposição do impedimento em segredo de justiça. Malgrado as finalidades nobres e humanitárias da adoção, não pode a lei, com efeito, permitir a realização de uniões incestuosas.

A adoção, no sistema do Estatuto da Criança e do Adolescente, produz seus efeitos *"a partir do trânsito em julgado da sentença"* que a deferiu, exceto no caso de adoção *post mortem*, *"caso em que terá força retroativa à data do óbito"* (ECA, art. 47, § 7º), como comentado no item n. 4, *retro*.

A irrevogabilidade da adoção, que era prevista no art. 48 do ECA, foi deslocada pela Lei Nacional da Adoção para o § 1º do art. 39, que proclama: "A adoção é medida excepcional e irretratável, a qual se deve recorrer apenas quando esgotados os recursos de manutenção da criança ou adolescente na família natural ou extensa, na forma do parágrafo único do art. 25 desta Lei".

Obtempera EDUARDO CAMBI[47] que, malgrado a aludida proclamação, o novo Código "poderia ter sido mais enfático, asseverando, como bem fez o art. 48 do ECA, que a adoção é *irrevogável*".

A sentença será inscrita no registro civil mediante mandado. Estatui o art. 47, §§ 1º e 2º, do Estatuto da Criança e do Adolescente que a inscrição da sentença de adoção consignará os nomes dos adotantes como pais, bem como o nome de seus ascendentes, sendo que o mandado judicial, que será arquivado, cancelará o registro original do adotado. Nenhuma observação sobre a origem da adoção poderá constar das certidões de registro (art. 47, § 4º). O intuito é fazer com que caia no esquecimento a paternidade biológica e haja uma integração total do adotado na família do adotante.

O § 3º do aludido art. 47 do ECA, introduzido pela Lei n. 12.010/2009, dispõe que, "a pedido do adotante, o novo registro poderá ser lavrado no Cartório do Registro Civil do município de sua residência". A inovação é importante porque evita que o adotante tenha que explicar para a criança ou adolescente o motivo pelo qual seu registro foi feito em cidade diversa daquela em que tem residência.

O art. 29, *caput*, inciso VIII, da Lei dos Registros Públicos (Lei n. 6.015/73) determina que sejam registradas "as sentenças que deferirem a legitimação adotiva", consignando, no § 1º, *e*, que serão averbadas as "escrituras de adoção e os atos que a dissolverem". A legitimação adotiva foi substituída pela adoção plena, adotada no Estatuto da Criança e do Adolescente, coexistindo esta com a adoção simples, efetivada por escritura pública. A última era apenas averbada, porque não cancelava os vínculos do adotado com a família de sangue.

---

[47] A relação, cit., p. 33.

Diante desse quadro, tendo o Código de 2002 promovido a unificação da adoção do menor e do maior de idade, que será sempre plena, tornou-se controversa a regra do art. 10 do novo diploma, "ao prever a averbação em registro público dos atos extrajudiciais de adoção", como observa CAIO MÁRIO DA SILVA PEREIRA[48], com acuidade. Parece-nos que somente o registro realizado por mandado, com o cancelamento do anterior, cumpre a finalidade da adoção plena, fazendo desaparecer definitivamente os vínculos do adotado com os parentes naturais e possibilitando, assim, a sua total integração na nova família. O sistema instituído no art. 47 e parágrafos do Estatuto da Criança e do Adolescente atende ao princípio do melhor interesse da criança.

A questão foi solucionada pela Lei Nacional da Adoção (Lei n. 12.010/2009), ao revogar expressamente o inciso III do *caput* do art. 10 do Código Civil, que determinava a averbação em registro público dos "*atos judiciais ou extrajudiciais de adoção*".

Dispõe o art. 41, § 1º, do ECA que, "se um dos cônjuges ou concubinos adota o filho do outro, mantêm-se os vínculos de filiação entre o adotado e o cônjuge ou concubino do adotante e os respectivos parentes" (onde se lê "concubinos" e "concubino", leia-se "companheiros" e "companheiro"). Trata-se, como já comentado, da espécie conhecida como "adoção unilateral", em que o cônjuge ou companheiro do adotante não perde o poder familiar, exercendo-o em conformidade com o art. 1.631 do aludido diploma. "É recíproco o direito sucessório entre o adotado, seus descendentes, o adotante, seus ascendentes, descendentes e colaterais até o 4º grau, observada a ordem de vocação hereditária" (ECA, art. 41, § 2º).

b) *Poder familiar* – Com a adoção, o filho adotivo é equiparado ao consanguíneo sob todos os aspectos, ficando sujeito ao *poder familiar*, transferido do pai natural para o adotante com todos os direitos e deveres que lhe são inerentes, especificados no art. 1.634 do Código Civil, inclusive administração e usufruto de bens (art. 1.689). Como a adoção extingue o poder familiar dos pais biológicos (art. 1.635, IV) e atribui a situação de filho ao adotado, "desligando-o de qualquer vínculo com pais e parentes, salvo os impedimentos matrimoniais" (ECA, art. 41, *caput*), deverá o menor ser colocado sob tutela em caso de morte do adotante, uma vez que o aludido poder não se restaura.

c) *Nome* – No tocante ao nome, prescreve o art. 47, § 5º, do ECA, com a redação que lhe foi dada pela Lei n. 12.010/2009: "A sentença conferirá ao adotado o nome do adotante e, a pedido de qualquer deles, poderá determinar a modificação do prenome". Acrescenta o § 6º: "Caso a modificação de prenome seja requerida pelo adotante, é obrigatória a oitiva do adotando, observado o disposto

---

[48] *Instituições*, cit., v. 5, p. 404.

nos §§ 1º e 2º do art. 28 desta Lei". Nesse caso, são observados, ainda, o estágio de desenvolvimento da criança ou adolescente e seu grau de compreensão sobre as implicações da medida, bem como seu consentimento em audiência se se tratar de maior de doze anos. O sobrenome dos pais adotantes é direito do adotando. Mais se acentua a correta finalidade da norma em apreço quando os adotantes já têm outros filhos, biológicos ou adotados. Neste caso, o sobrenome deve ser comum, para não gerar discriminação, vedada constitucionalmente.

Nessa linha, tem-se decidido: "Adoção. Registro de nascimento. Pedido de retificação para que sejam colocados os nomes dos pais dos adotantes, em lugar daqueles dos genitores biológicos. Admissibilidade. Circunstância em que a denegação da pretensão significa perpetuar discriminações injustas, trazendo constrangimentos ao adotado, aos adotantes e aos seus familiares"[49].

O pedido de mudança do prenome deve ser formulado desde logo, na petição inicial. Tal alteração constitui exceção à regra sobre a imutabilidade de prenome (Lei n. 6.015/73, art. 58). Geralmente é solicitada quando o adotado é de tenra idade e ainda não atende pelo prenome original. Tendo em vista que os pais têm o direito de escolher o prenome dos filhos, e que a adoção procura imitar a natureza e a família, permite a lei que os adotantes também escolham o prenome do adotado, como se, por uma *fictio iuris*, acabassem de ter um filho natural, ouvido, porém, o adotando, conforme a nova regulamentação. Sendo o nome um direito da personalidade (CC, art. 16), incorpora-se ao adotado e transmite-se aos seus descendentes.

7.2. Efeitos de ordem patrimonial

Os efeitos de ordem patrimonial concernem a:

a) *Alimentos* – São devidos *alimentos*, reciprocamente, entre adotante e adotado, pois tornam-se parentes. A prestação de alimentos é decorrência normal do parentesco que então se estabelece. São devidos alimentos pelo adotante nos casos em que o são pelo pai ao filho biológico. Quanto aos adotados, ao direito de receberem alimentos enquanto menores, e enquanto maiores se impossibilitados de prover ao próprio sustento, corresponde a obrigação de prestarem tal assistência quando capazes economicamente e necessitarem os pais.

O adotante, enquanto no exercício do poder familiar, é usufrutuário e administrador dos bens do adotado (CC, art. 1.689, I e II), como compensação pelas despesas com sua educação e manutenção, em substituição ao pai natural.

---

[49] *RT*, 812/319, 766/372. V. ainda: "Registro civil. Assento de nascimento. Pretensão à substituição dos nomes dos avós consanguíneos pelos avós adotivos. Cabimento. Recurso provido" (*JTJ*, Lex, 260/36).

b) *Direito sucessório* – Com relação ao *direito sucessório*, o filho adotivo concorre, hoje, em igualdade de condições com os filhos de sangue, em face da paridade estabelecida pelo art. 227, § 6º, da Constituição[50]. Em consequência, os direitos hereditários envolvem também a sucessão dos avós e dos colaterais, tudo identicamente como acontece na filiação biológica. Na linha colateral, na falta de parentes mais próximos, o adotivo, como acontece com o filho biológico, sucede até o quarto grau, isto é, pode ser contemplado no inventário por morte dos tios (art. 1.839 do Código Civil de 2002 e art. 1.612 do Código de 1916).

Neste sentido é expresso o art. 41, § 2º, do Estatuto da Criança e do Adolescente: "É recíproco o direito sucessório entre o adotado, seus descendentes, o adotante, seus ascendentes, descendentes e colaterais até o 4º grau, observada a ordem de vocação hereditária". Desaparece qualquer parentesco com os pais consanguíneos. "Por outras palavras, não há sucessão por morte dos parentes de sangue, eis que afastados todos os laços de parentesco"[51].

O filho adotado, do mesmo modo como sucede com os filhos consanguíneos, pode ser deserdado nas hipóteses legais, elencadas no art. 1.962 do Código Civil, quais sejam: a) ofensa física; b) injúria grave, c) relações ilícitas com a madrasta ou com o padrasto; e d) desamparo do ascendente em alienação mental ou grave enfermidade. Além destas, também autorizam a deserdação dos descendentes por seus ascendentes as causas de exclusão da sucessão por indignidade relacionadas no art. 1.814 do mesmo diploma e que consistem, em síntese, em atentado contra a vida, contra a honra e contra a liberdade de testar do *de cujus*.

Sob a ótica do filho, além das hipóteses previstas no aludido art. 1.814 do Código Civil, cabe a deserdação do ascendente pelo descendente nos casos do art. 1.963: a) ofensa física; b) injúria grave; c) relações ilícitas com a mulher ou companheira do filho ou a do neto, ou com o marido ou companheiro da filha ou o da neta; d) desamparo do filho ou neto com deficiência mental ou grave enfermidade.

---

[50] "Sucessão. Adotante que possuía filhos biológicos. Exclusão do adotado da sucessão hereditária. Admissibilidade, se a abertura sucessória ocorreu antes do advento da Constituição Federal de 1988. Aplicação, na espécie, do art. 377 do CC/1916" (*RT*, 787/228). "Adoção. Direito sucessório. Art. 227, § 6º, da CF/1988. Hoje está vigendo o sentido da 'paternidade responsável, *ex vi* art. 226, § 7º, de nossa Carta Magna'. Não pode haver distinção entre filho legítimo, legitimado, os legalmente reconhecidos e os adotivos. Recurso não provido" (TJRJ, AgI 1.085/95, 6ª Câm. Cív., rel. Des. Luiz Carlos Perlingeiro, j. 12-12-1995).

[51] Arnaldo Rizzardo, *Direito de família*, p. 593.

8. ADOÇÃO INTERNACIONAL

As normas do Código Civil não incidem na adoção por estrangeiros, pois o art. 52 do Estatuto da Criança e do Adolescente, com a redação dada pela Lei n. 12.010/2009, dispõe que "a adoção internacional observará o procedimento previsto nos arts. 165 a 170 desta Lei", com as adaptações estabelecidas em 8 incisos e 15 parágrafos.

Aplicam-se à hipótese a regulamentação estabelecida nos arts. 51 e 52-D do Estatuto da Criança e do Adolescente e os princípios do Decreto n. 3.087/99, que ratificou a "Convenção Relativa à Proteção e Cooperação Internacional em Matéria de Adoção Internacional" aprovada em Haia, em 29 de maio de 1993. O Ministério da Justiça passou a exercer as funções da *Autoridade Central* indicada no Documento Internacional[52].

A adoção por estrangeiro residente ou domiciliado fora do País tem despertado polêmicas, sendo combatida por muitos sob a alegação de que pode conduzir ao tráfico de menores ou se prestar à corrupção, bem como que se torna difícil o acompanhamento dos menores que passam a residir no exterior. Outros, por sua vez, defendem ardorosamente a preferência para os adotantes brasileiros, argumentando que a adoção internacional representa a violação do direito à identidade da criança.

Na realidade, não se deve dar apoio à xenofobia manifestada por alguns, mas sim procurar regulamentar devidamente tal modalidade de adoção, coibindo abusos, uma vez que as adoções mal-intencionadas, nocivas à criança, não devem prejudicar as feitas com a real finalidade de amparar o menor. Como indaga MARIA HELENA DINIZ[53], será possível rotular o amor de um pai ou de uma mãe como *nacional* ou *estrangeiro*? Não há razão para não se acolher a pretensão de estrangeiros interessados na adoção e que podem proporcionar afeição, carinho e amparo às crianças e adolescentes necessitados.

Ressalve-se que o estrangeiro radicado no Brasil poderá adotar em igualdade de condições com os nacionais, mesmo que a lei de seu país de origem ignore o instituto da adoção, uma vez que prevalece entre nós a lei do domicílio, como estabelece o art. 7º da Lei de Introdução às Normas do Direito Brasileiro. Por sua vez, o art. 5º, *caput*, da Constituição Federal estatui que nenhuma diferença haverá entre estrangeiro domiciliado no Brasil e o nacional.

Dispõe o art. 31 do Estatuto da Criança e do Adolescente que "a colocação em família substituta estrangeira constitui medida excepcional, somente

---

[52] Caio Mário da Silva Pereira, *Instituições*, cit., v. 5, p. 408.
[53] *Curso*, cit., v. 5, p. 431.

admissível na modalidade de adoção". A redação do dispositivo sugere que a adoção deve ser deferida preferencialmente a brasileiro, sendo excepcional a adoção por estrangeiros. Nessa linha decidiu o Superior Tribunal de Justiça: "A adoção por estrangeiros é medida excepcional que, além dos cuidados próprios que merece, deve ser deferida somente depois de esgotados os meios para a adoção por brasileiros. Existindo no Estado de São Paulo o Cadastro Central de Adotantes, impõe-se ao Juiz consultá-lo antes de deferir a adoção internacional"[54].

De outra feita decidiu o mesmo Colendo Tribunal que, a despeito de omissão a respeito desses requisitos, "a situação de fato já não pode ser alterada pelo decurso do tempo"[55].

Em outros casos, todavia, tem-se decidido que "o fato de ser dada preferência a casal brasileiro não pode prevalecer em situações que tragam maiores vantagens para o adotado"[56].

A preferência por adotante brasileiro foi reiterada no art. 51, § 1º, II, do Estatuto da Criança e do Adolescente, com a redação dada pela Lei n. 12.010/2009, que estabelece: "§ 1º A adoção internacional de criança ou adolescente brasileiro ou domiciliado no Brasil somente terá lugar quando restar comprovado: (...) II – que foram esgotadas todas as possibilidades de colocação da criança ou adolescente em família substituta brasileira, após consulta aos cadastros mencionados no art. 50 desta Lei".

O Estatuto da Criança e do Adolescente prevê o estágio de convivência entre o adotando e o estrangeiro adotante de, no mínimo, trinta dias, independentemente da idade da criança ou adolescente (art. 46, § 3º). Verificada, após estudo realizado pela Autoridade Central Estadual, a compatibilidade da legislação estrangeira com a nacional, além do preenchimento por parte dos postulantes dos requisitos objetivos e subjetivos necessários ao seu deferimento, tanto à luz do que dispõe o Estatuto da Criança e do Adolescente como da legislação do país de acolhida, será expedido laudo de habilitação à adoção internacional, que terá validade por, no máximo, um ano (art. 52, VII, nova redação).

Obtempera Maria Berenice Dias que a adoção internacional carecia, de fato, de regulamentação. Entretanto, na Lei Nacional da Adoção (Lei n. 12.010/2009) foi tão exaustivamente disciplinada, impondo-se tantos

---

[54] REsp 196.406-SP, 4ª T., rel. Min. Ruy Rosado de Aguiar, j. 9-3-1999.

[55] REsp 159.075-SP, 3ª T., rel. Min. Ari Pargendler, *DJU*, 4-6-2001.

[56] *RT*, 757/300. *V.* ainda: "Adoção. Casal estrangeiro. Pretendida obstaculização do ato pelo tardio interesse de casal brasileiro, sob o argumento da preferência dos nacionais. Inadmissibilidade, mormente se o casal do exterior satisfez todos os requisitos exigidos em lei, inclusive cumprindo satisfatoriamente o período de adaptação" (*RT*, 796/352).

entraves e exigências que, dificilmente, conseguirá alguém obtê-la. Até porque, aduz, "o laudo de habilitação tem validade de, no máximo, um ano (ECA, art. 52, VII). E, como só se dará a adoção internacional depois de esgotadas todas as possibilidades de colocação em família substituta brasileira, após consulta aos cadastros nacionais (ECA, art. 51, II), havendo a preferência de brasileiros residentes no exterior (ECA, art. 51, § 2º), parece que a intenção foi de vetá-la. Os labirintos que foram impostos transformaram-se em barreira intransponível para que desafortunados brasileiros tenham a chance de encontrar um futuro melhor fora do país"[57].

A apelação será recebida em seus efeitos devolutivo e suspensivo quando interposta contra sentença que deferir a adoção por estrangeiro (art. 198, VI).

No Estado de São Paulo foi agilizado o processo de adoção de crianças brasileiras por casais estrangeiros, mediante a utilização de critérios objetivos para analisar os casos, com a criação pelo *Tribunal de Justiça da Comissão Estadual Judiciária de Adoção Internacional (CEJAI)*, composta de três desembargadores, dois juízes de direito de 2º grau e por dois juízes titulares de Varas de Infância. A comissão vinculada à Presidência do Tribunal de Justiça fornecerá aos casais estrangeiros habilitados certificados, com validade prorrogável, para adotar criança em qualquer Vara da Infância e Juventude.

A Convenção Relativa à Proteção das Crianças e à Cooperação em Matéria de Adoção Internacional retromencionada, aprovada no Brasil pelo Decreto Legislativo n. 1, de 14 de janeiro de 1999, e promulgada pelo Decreto n. 3.087, de 21 de junho de 1999, está inspirada na ideia de que a adoção internacional pode apresentar a vantagem de dar uma família permanente à criança para quem não se possa encontrar uma família adequada em seu país de origem, e na necessidade de prever medidas para garantir que as adoções internacionais sejam feitas no interesse superior da criança e com respeito a seus direitos fundamentais, assim como para prevenir o sequestro, a venda ou o tráfico de crianças.

Em princípio, estrangeiros e brasileiros residentes fora do país devem submeter os documentos para adoção à Autoridade Central do país de acolhida, que emitirá um relatório e o encaminhará à Autoridade Central Estadual, com cópia para a Autoridade Central Federal brasileira (ECA, art. 52, I a III).

A Secretaria de Estado dos Direitos Humanos, do Ministério da Justiça, regulamentou o credenciamento das organizações que atuam em adoção internacional no Estado Brasileiro, mediante a Portaria SDH n. 14, de 27 de julho de 2000.

---

[57] O lar que não chegou, *Jus Navigandi* n. 2.252, de 31-8-2009.

O credenciamento das organizações é requisito obrigatório para efetuar quaisquer procedimentos junto às Autoridades Centrais dos Estados Federados e do Distrito Federal, sendo necessário que: a) estejam devidamente credenciadas pela Autoridade Central de seu país de origem; b) tenham solicitado ao Ministério da Justiça autorização para funcionamento no Brasil, para fins de reconhecimento da personalidade jurídica; c) estejam de posse do registro assecuratório de caráter administrativo federal na órbita policial de investigação, obtido junto ao Departamento de Polícia Federal; d) persigam unicamente fins não lucrativos; e) sejam dirigidas e administradas por pessoas qualificadas por sua integridade moral e por sua formação ou experiência para atuar na área de adoção internacional[58].

O art. 52 do Estatuto da Criança e do Adolescente, com a redação dada pela Lei n. 12.010/2009, especifica, nos §§ 3º a 15, os requisitos obrigatórios para a atuação de organismos credenciados.

A jurisprudência tem prestigiado a atuação da Comissão Estadual Judiciária de Adoção (CEJA), considerando necessário o certificado de habilitação por ela expedido para a adoção por estrangeiros. Confira-se: "O juiz pode conceder a adoção por estrangeiro, desde que tenha aprovação do casal pela CEJA. Em princípio o casal formado por estrangeiro e brasileira, desde que a residência permanente seja no Brasil, não caracteriza adoção transnacional. Todavia, tendo o casal dupla residência, sendo uma no exterior e de onde, também, aufere rendimento para sua subsistência, são circunstâncias que revelam a possibilidade de ser a adoção transnacional. Neste caso, sem prévia inscrição na CEJA, revela-se inviável o pedido"[59].

Em casos especiais, no entanto, visando especialmente preservar o melhor interesse do menor, a adoção internacional tem sido concedida, mesmo sem o laudo fornecido pela mencionada Comissão. Confira-se: "Se o menor, desde o nascimento, encontra-se sob os cuidados do casal estrangeiro requerente da adoção internacional; se eles fixaram residência definitiva no Brasil, com visto permanente; se há vínculos afetivos consolidados entre o casal alienígena e o menor adotando; se inexiste fato de que possa resultar perigo físico e moral para a criança; se o feito está instruído com farta documentação e laudos que revelam aceitável capacidade psíquica e moral dos adotantes; e, considerando a necessidade inafastável de preservação dos interesses do menor, retirá-lo da companhia do referido casal implica imputar-lhe sofrimentos com consequências talvez irreparáveis, expondo-o a uma situação de risco psicológico e social. Por outro lado, seria privá-lo da oportunidade de se integrar em uma família que se mostrou disposta a acolhê-lo e a oferecer-lhe um lar e um padrão de vida digno. Em tais casos, mesmo que a CEJA (Comissão

---

[58] Paulo Luiz Netto Lôbo, *Código Civil*, cit., v. XVI, p. 185.
[59] TJMG, Ap. 307.098-4/00, 3ª Câm., rel. Des. Caetano Levi Lopes, *DJMG*, 29-5-2003.

Estadual Judiciária de Adoção) não tenha indicado a criança ao casal estrangeiro, tampouco fornecido o laudo de habilitação; tenha havido preterição de casais brasileiros e aproximação precoce entre os adotantes e o adotando, é de se confirmar a sentença concessiva da adoção requerida por estrangeiros"[60].

O *Tribunal de Justiça da Paraíba* manteve decisão em que o Juiz de Primeiro Grau condenou casal a pagar uma indenização de 100 salários mínimos a título de danos morais por ter desistido da guarda provisória de duas irmãs menores de idade, obtida após processo de adoção, que conviveram pelo período de três anos com os pais adotivos. A decisão foi proferida no julgamento de ação civil pública movida pelo Ministério Público contra o casal[61].

---

[60] TJMG, Ap. 145.074-1/00, 2ª Câm., rel. Des. Pinheiro Lago, *DJMG*, 11-9-2002.
[61] *In* Revista *Consultor Jurídico* de 8-3-2020.

Capítulo V

DO PODER FAMILIAR

> *Sumário*: 1. Conceito. 2. Características. 3. Titularidade do poder familiar. 4. Conteúdo do poder familiar. 4.1. Quanto à pessoa dos filhos. 4.2. Quanto aos bens dos filhos. 5. Extinção e suspensão do poder familiar. 5.1. Extinção e perda ou destituição do poder familiar. 5.2. Suspensão do poder familiar.

1. CONCEITO

Poder familiar é o conjunto de direitos e deveres atribuídos aos pais, no tocante à pessoa e aos bens dos filhos menores. Segundo Silvio Rodrigues, "é o conjunto de direitos e deveres atribuídos aos pais, em relação à pessoa e aos bens dos filhos não emancipados, tendo em vista a proteção destes"[1].

O instituto em apreço resulta de uma necessidade natural. Constituída a família e nascidos os filhos, não basta alimentá-los e deixá-los crescer à lei da natureza, como os animais inferiores. Há que educá-los e dirigi-los[2].

O ente humano necessita, "durante sua infância, de quem o crie e eduque, ampare e defenda, guarde e cuide dos seus interesses, em suma, tenha a regência de sua pessoa e seus bens. As pessoas naturalmente indicadas para o exercício dessa missão são os pais. A eles confere a lei, em princípio, esse ministério"[3], organizando-o no instituto do poder familiar.

Como preleciona Cunha Gonçalves, os "filhos adquirem direitos e bens, sem ser por via de sucessão dos pais. Há, pois, que defender e administrar esses direitos e bens; e para este fim, representá-los em juízo ou fora dele. Por isso, aos pais foi concedida ou atribuída uma função semipública, designada por *poder*

---

[1] *Direito civil*, v. 6, p. 356.
[2] Cunha Gonçalves, *Direitos de família e direitos das sucessões*, p. 307.
[3] Orlando Gomes, *Direito de família*, p. 389.

paternal ou *pátrio poder*, que principia desde o nascimento do primeiro filho, e se traduz por uma série de *direitos-deveres*, isto é, direitos em face de terceiros e que são, em face dos filhos, deveres legais e morais"[4].

O poder familiar não tem mais o caráter absoluto de que se revestia no direito romano. Por isso, já se cogitou chamá-lo de "pátrio dever", por atribuir aos pais mais deveres do que direitos. No aludido direito denominava-se *patria potestas* e visava tão somente ao exclusivo interesse do chefe de família. Este tinha o *jus vitae et necis*, ou seja, o direito sobre a vida e a morte do filho. Com o decorrer do tempo restringiram-se os poderes outorgados ao chefe de família, que não podia mais expor o filho (*jus exponendi*), matá-lo (*jus vitae et necis*) ou entregá-lo como indenização (*noxae deditio*).

Modernamente, graças à influência do Cristianismo, o poder familiar constitui um conjunto de deveres, transformando-se em instituto de caráter eminentemente protetivo, que transcende a órbita do direito privado para ingressar no âmbito do direito público. Interessa ao Estado, com efeito, assegurar a proteção das gerações novas, que representam o futuro da sociedade e da nação. Desse modo, o poder familiar nada mais é do que um *munus* público, imposto pelo Estado aos pais, a fim de que zelem pelo futuro de seus filhos. Em outras palavras, o poder familiar é instituído no interesse dos filhos e da família, não em proveito dos genitores, em atenção ao princípio da paternidade responsável insculpido no art. 226, § 7º, da Constituição Federal[5].

A denominação "poder familiar" é mais apropriada que "pátrio poder" utilizada pelo Código de 1916, mas não é a mais adequada, porque ainda se reporta ao "poder". Algumas legislações estrangeiras, como a francesa e a norte-americana, optaram por "autoridade parental", tendo em vista que o conceito de autoridade traduz melhor o exercício de função legítima fundada no interesse de outro indivíduo, e não em coação física ou psíquica, inerente ao poder[6].

2. CARACTERÍSTICAS

O poder paternal faz parte do estado das pessoas e por isso não pode ser alienado nem renunciado, delegado ou substabelecido. Qualquer convenção, em que o pai ou a mãe abdiquem desse poder, será nula[7].

---

[4] *Direitos de família*, cit., p. 307.
[5] Washington de Barros Monteiro, *Curso de direito civil*, 37. ed., v. 2, p. 346; Silvio Rodrigues, *Direito civil*, cit., v. 6, p. 355.
[6] Paulo Luiz Netto Lôbo, *Código Civil comentado*, v. XVI, p. 187-188.
[7] Cunha Gonçalves, *Direitos de família*, cit., p. 308.

O aludido instituto constitui, como foi dito, um *múnus público*, pois ao Estado, que fixa normas para o seu exercício, interessa o seu bom desempenho. É, portanto, *irrenunciável*, incompatível com a transação, e *indelegável*[8], não podendo os pais renunciá-lo, nem transferi-lo a outrem. Do contrário, estar-se-ia permitindo que, por sua própria vontade, retirassem de seus ombros uma obrigação de ordem pública, ali colocada pelo Estado. A única exceção é a prevista no art. 166 do Estatuto da Criança e do Adolescente, sob a forma de adesão ao pedido de colocação do menor em família substituta, mas feita em juízo (geralmente em pedidos de adoção, que transfere aos adotantes o poder familiar), cuja conveniência será examinada pelo juiz.

O poder familiar é também *imprescritível*, no sentido de que dele o genitor não decai pelo fato de não exercitá-lo, somente podendo perdê-lo na forma e nos casos expressos em lei. É ainda *incompatível com a tutela*, não se podendo nomear tutor a menor cujos pais não foram suspensos ou destituídos do poder familiar.

Preceitua o art. 1.630 do Código Civil que "*os filhos estão sujeitos ao poder familiar, enquanto menores*". O dispositivo abrange os filhos menores não emancipados, havidos ou não no casamento, ou resultantes de outra origem, desde que reconhecidos, bem como os adotivos. Os nascidos fora do casamento só estarão a ele submetidos depois de legalmente reconhecidos, como foi dito, uma vez que somente o reconhecimento estabelece, juridicamente, o parentesco.

A menoridade cessa aos 18 anos completos (CC, art. 5º), quando o jovem fica habilitado à prática de todos os atos da vida civil. Extingue-se nessa idade, pois, em virtude da mudança havida na legislação civil, o poder familiar, ou antes, se ocorrer a emancipação em razão de alguma das causas indicadas no parágrafo único do aludido artigo.

3. TITULARIDADE DO PODER FAMILIAR

O Código Civil de 1916 atribuía ao marido a *patria potestas*. Predominava, no regime por ele instituído, o conceito de chefia da família. Só na falta ou impedimento do chefe da sociedade conjugal passava o pátrio poder a ser exercido pela mulher. O seu exercício não era, portanto, simultâneo, mas sucessivo. Em caso de divergência entre os cônjuges, prevalecia a decisão do marido, salvo em caso de manifesto abuso de direito (art. 160, I, segunda parte).

---

[8] "Como conjunto de obrigações, tratando-se de ônus, o poder familiar é irrenunciável e indelegável" (*JSTJ*, 123/243).

Tal situação foi alterada pela Lei n. 4.121/62, conhecida como "Estatuto da Mulher Casada", que deu nova redação ao art. 380 do aludido diploma, para determinar que, durante o casamento, compete o pátrio poder aos pais, "exercendo-o o marido com a colaboração da mulher", acrescentando, no parágrafo único, que, divergindo os progenitores quanto ao exercício do pátrio poder, "prevalecerá a decisão do pai, ressalvado à mãe o direito de recorrer ao juiz para solução da divergência".

Conferiu-se, desse modo, o exercício do então denominado pátrio poder aos dois genitores, malgrado tivesse colocado a mulher na condição de mera colaboradora. Reconheceu-se-lhe, todavia, o direito de recorrer ao juiz em caso de divergência entre os cônjuges.

A igualdade completa no tocante à titularidade e exercício do poder familiar pelos cônjuges só se concretizou com o advento da Constituição Federal de 1988, cujo art. 226, § 5º, dispôs: "Os direitos e deveres referentes à sociedade conjugal são exercidos igualmente pelo homem e pela mulher". Em harmonia com o aludido mandamento, estabeleceu o Estatuto da Criança e do Adolescente, no art. 21: "O pátrio poder deve ser exercido, em igualdade de condições, pelo pai e pela mãe, na forma que dispuser a legislação civil, assegurado a qualquer deles o direito de, em caso de discordância, recorrer à autoridade judiciária competente para a solução da divergência".

O Código Civil de 2002, nessa trilha, atribui o poder familiar a ambos os pais, em igualdade de condições, dispondo, no art. 1.631: "*Durante o casamento e a união estável, compete o poder familiar aos pais; na falta ou impedimento de um deles, o outro o exercerá com exclusividade*". Nesse exercício conjunto, divergindo os pais, "*é assegurado a qualquer deles recorrer ao juiz para solução do desacordo*" (parágrafo único).

A redação do citado dispositivo tem sido criticada, pois o poder familiar não está necessariamente vinculado ao casamento. E, na união estável, enquanto não houver previsão legislativa, não vigora a presunção *pater is est*, dependendo a filiação jurídica do reconhecimento feito pelo genitor. O poder familiar decorre do reconhecimento dos filhos por seus genitores, independentemente da origem do seu nascimento.

Na realidade, independentemente do vínculo entre os pais, desfeito ou jamais ocorrido, ambos os genitores exercem em conjunto o poder familiar. Bastaria, pois, que o dispositivo em apreço estabelecesse que "o poder familiar será exercido, em igualdade de condições, pelo pai e pela mãe...", visto que o aludido *múnus* decorre da filiação, não do casamento ou união estável[9].

---

[9] Silvio Rodrigues, *Direito civil*, cit., v. 6, p. 359; Caio Mário da Silva Pereira, *Instituições de direito civil*, v. 5, p. 424.

Embora o Código silencie quanto às demais entidades familiares tuteladas explícita ou implicitamente pela Constituição, a norma deve ser entendida como abrangente de todas elas. Assim, o poder familiar compete também aos que se identifiquem como pai ou mãe do menor, *na família monoparental*[10].

A separação judicial, o divórcio e a dissolução da união estável não alteram o poder familiar, com exceção da guarda, que representa uma pequena parcela desse poder e fica com um deles (CC, art. 1.632), assegurando-se ao outro o direito de visita e de fiscalização da manutenção e educação por parte do primeiro. O exercício por ambos fica prejudicado, havendo na prática uma espécie de repartição entre eles, com um enfraquecimento dos poderes por parte do genitor privado da guarda, porque o outro os exercerá em geral individualmente.

O filho havido fora do casamento ficará sob o poder do genitor que o reconheceu. Se ambos o reconheceram, ambos serão os titulares, mas a guarda ficará com quem revelar melhores condições para exercê-la. O Código Civil revogou a norma que atribuía a guarda dos filhos ao cônjuge que não tivesse dado causa à separação judicial, estabelecida no art. 10 da Lei do Divórcio.

"O filho, não reconhecido pelo pai, fica sob poder familiar exclusivo da mãe; se a mãe não for conhecida ou capaz de exercê-lo, dar-se-á tutor ao menor" (CC, art. 1.633). A norma cuida da hipótese de filho havido fora do casamento ou da união estável, em consonância com o conceito atual de família monoparental do art. 226, § 4º, da Constituição Federal. *Se a mãe for desconhecida ou incapaz, o juiz deverá nomear tutor à criança, até que atinja a maioridade ou seja emancipado por sentença judicial.*

4. CONTEÚDO DO PODER FAMILIAR

Foi dito inicialmente que o poder familiar é representado por um conjunto de regras que engloba direitos e deveres atribuídos aos pais, no tocante à pessoa e aos bens dos filhos menores. As concernentes à pessoa dos filhos são, naturalmente, as mais importantes. As que aludem aos bens dos filhos foram deslocadas, no Código de 2002, como inovação, para o Título II, destinado ao direito patrimonial, com a denominação "Do usufruto e da administração dos bens de filhos menores" (Subtítulo II). Trata-se, todavia, de matéria relativa ao poder familiar.

4.1. Quanto à pessoa dos filhos

O art. 1.634 do Código Civil, com a redação dada pela Lei n. 13.058/2014, enumera os direitos e deveres que incumbem aos pais, no tocante à pessoa dos

---

[10] Paulo Luiz Netto Lôbo, *Código Civil*, cit., v. XVI, p. 197.

filhos menores: "I – *dirigir-lhes a criação e a educação; II – exercer a guarda unilateral ou compartilhada nos termos do art. 1.584; III – conceder-lhes ou negar-lhes
consentimento para casarem; IV – conceder-lhes ou negar-lhes consentimento para
viajarem ao exterior; V – conceder-lhes ou negar-lhes consentimento para mudarem
sua residência permanente para outro Município; VI – nomear-lhes tutor por testamento
ou documento autêntico, se o outro dos pais não lhe sobreviver, ou o sobrevivo não puder
exercer o poder familiar; VII – representá-los judicial e extrajudicialmente até os 16
(dezesseis) anos, nos atos da vida civil, e assisti-los, após essa idade, nos atos em que
forem partes, suprindo-lhes o consentimento; VIII – reclamá-los de quem ilegalmente
os detenha; IX – exigir que lhes prestem obediência, respeito e os serviços próprios de
sua idade e condição".*

Observa PAULO LUIZ NETTO LÔBO[11] que as hipóteses elencadas estão a
demonstrar que significariam "expressão do poder doméstico, segundo o antigo
modelo de pátrio poder, sem referência expressa aos deveres, que passaram à frente
na configuração do instituto". O Código Civil, prossegue, "é omisso quanto aos
deveres que a Constituição cometeu à família, especialmente no art. 227, de assegurar à criança e ao adolescente o direito à vida, à saúde, à alimentação, à educação,
ao lazer, à profissionalização, à cultura, à dignidade, ao respeito, à liberdade e à
convivência familiar, e no art. 229 comete aos pais o dever de assistir, criar e educar
os filhos menores".

Compete, assim, aos pais, quanto à pessoa dos filhos menores:

I – *O dever de dirigir-lhes a criação e a educação.* É o mais importante de todos.
Incumbe aos pais velar não só pelo sustento dos filhos, como pela sua formação,
a fim de torná-los úteis a si, à família e à sociedade. O encargo envolve, pois, além
do zelo material, para que o filho fisicamente sobreviva, também o moral, para
que, por meio da educação, forme seu espírito e seu caráter[12].

A infração ao dever de criação configura, em tese, o crime de abandono
material (CP, art. 244) e constitui causa de perda do poder familiar (CC, art.
1.638, II). A perda deste *não desobriga os pais de sustentar os filhos,* sendo-lhes
devidos alimentos ainda que estejam em poder da mãe, em condições de
mantê-los. Não fosse assim, o genitor faltoso seria beneficiado com a exoneração do encargo, que recairia integralmente sobre o outro cônjuge. Ora, a
suspensão e a perda do poder familiar constituem punição e não prêmio ao
comportamento faltoso.

---

[11] *Código Civil,* cit., v. XVI, p. 208.
[12] Washington de Barros Monteiro, *Curso,* cit., v. 2, p. 350; Silvio Rodrigues, *Direito civil,* cit., v.
6, p. 360.

A infração ao dever de proporcionar ao menos *educação* primária aos filhos caracteriza o crime de abandono intelectual (CP, art. 246). Proclama a Constituição Federal, no art. 205, que a educação, "direito de todos e dever do Estado e da família, será promovida e incentivada com a colaboração da sociedade, visando ao pleno desenvolvimento da pessoa, seu preparo para o exercício da cidadania e sua qualificação para o trabalho". O dever em tela não se limita, pois, a fornecer instrução ao filho, pois a noção de educação é ampla, incluindo a escolar, moral, política, profissional e cívica.

Compete aos pais a escolha da espécie de educação que desejam para seus filhos, cabendo-lhes decidir sobre o ensino público ou privado, dentro de suas possibilidades econômicas, bem como o tipo de orientação pedagógica ou religiosa e o modelo escolar mais adequado. Não há empeço a que os pais designem pessoa ou instituição que cuide da educação de seus filhos, especialmente em sua ausência, visto que o direito de educar é intransferível, mas o exercício não[13].

II – *Exercer a guarda unilateral ou compartilhada nos termos do art. 1.584,* podendo para tanto reclamá-los de quem ilegalmente os detenha (*inciso VIII*), por meio de ação de busca e apreensão, pois lhes incumbe fixar o domicílio. Trata-se, com efeito, de direito e, ao mesmo tempo, dever, porque ao pai, a quem incumbe criar, incumbe igualmente guardar. Em consequência, a *"entrega de filho a pessoa inidônea"* pode configurar o crime previsto no art. 245 do Código Penal.

Assinala Pontes de Miranda que "o pai não poderia bem prover à educação do filho, sem ter o direito de obrigá-lo a residir na casa paterna, ou em qualquer lugar que lhe aprouvesse, como colégio, escola de artífices, etc.; fixar-lhe as horas de trabalho e estudo; proibir-lhe diversões licenciosas, determinar o momento em que se deve recolher, etc. O conjunto desses pequenos direitos paternos é o que constitui o dever do filho de ficar na companhia e sob a guarda do seu pai"[14].

Tal dever-direito cabe a ambos os pais. Nenhum tem mais direito do que o outro. Se estes se encontram separados de fato, a tendência é manter o *statu quo*, deixando-se os filhos com quem se encontram, até que, no procedimento da separação judicial, o juiz resolva definitivamente a situação, decidindo em favor do que revelar melhores condições para exercer a guarda. O juiz só estará autorizado a alterar o *statu quo*, na cautelar de busca e apreensão, a bem dos filhos e se o autor comprovar a existência de *motivos graves*[15].

---

[13] Pontes de Miranda, *Tratado de direito de família*, v. III, § 234, p. 125.

[14] *Tratado de direito de família*, cit., v. III, § 234, p. 124.

[15] "Busca e apreensão. Filho que está sob a guarda do pai. Inadmissibilidade da medida se o poder familiar é exercido, concomitantemente, por ambos os genitores. Inexistência, ademais, de prova suficiente de que a permanência da situação representa nocividade ao menor em

Embora o Código Civil não regulamente a questão da guarda dos filhos nas *separações de fato*, a jurisprudência formada com base na Lei do Divórcio utilizava o critério do art. 13, correspondente ao art. 1.586 do Código de 2002, que confere poderes ao juiz para, a bem dos menores, decidir de forma diferente dos critérios estabelecidos nos artigos anteriores, desde que comprovada a existência de *motivos graves*. Deve-se sempre dar prevalência aos interesses dos menores.

Dispõe o art. 1.583 do Código Civil que, "*no caso de dissolução da sociedade ou do vínculo conjugal pela separação judicial por mútuo consentimento ou pelo divórcio direto consensual, observar-se-á o que os cônjuges acordarem sobre a guarda dos filhos*". Podem eles, desse modo, acordar, por exemplo, sobre a guarda compartilhada dos filhos, atribuindo-se a eles uma residência principal e ficando a critério dos genitores planejar a convivência em suas rotinas diárias.

Durante vários anos entendeu a jurisprudência que, sendo o pai responsável pelos atos ilícitos praticados pelo filho menor (CC, art. 932, I), o direito de guarda era indispensável para que pudesse exercer sobre ele a necessária vigilância. Como ambos os pais exercem o poder familiar, afirmava-se que a presunção de responsabilidade, neste caso, resultava antes da guarda que do poder familiar. Proclamava-se que, se sob a guarda e em companhia da mãe se encontra o filho, por força de separação judicial ou divórcio, responde esta, e não o pai, pelos atos praticados pelo filho[16].

Todavia, se o fato ocorresse no período de visitas (fins de semana ou férias escolares), em que a guarda do menor, em razão do acordo celebrado nos autos da separação consensual ou divórcio, é transferida provisoriamente para o pai, somente este responderia pelos danos eventualmente causados a terceiros por aquele, pois tinha a obrigação de vigiá-lo.

O entendimento jurisprudencial, entretanto, evoluiu no sentido de persistir a responsabilidade de ambos os pais quanto aos filhos menores, uma vez que o poder familiar não sofre alteração e não se extingue com a separação ou divórcio. Nessa linha, aresto da *4ª Turma do Superior Tribunal de Justiça*, nos seguintes termos:

---

relação a aspectos educacionais ou quanto à sua formação física e moral" (TJSP, Ap. 96.493-4/0, 10ª Câm. Cív., rel. Des. Ruy Camilo, j. 23-3-1999).

[16] "Para que subsista a responsabilidade dos pais pelos atos lesivos dos filhos, é indispensável que os tenham sob seu poder e em sua companhia" (TJSP, AgI 272.833-SP, 6ª Câm., rel. Des. César de Moraes, j. 31-8-1978). "Se o causador do acidente vivia em companhia da mãe, que estava separada de fato do pai, de quem veio a se separar judicialmente, dias após o fato, não pode o pai ser responsabilizado pelo ato de seu filho, já que não exercia sobre ele a autoridade paterna e nem tinha poder de vigilância" (STJ, AgI 29.652-5-RJ, rel. Min. Athos Carneiro, *DJU*, 26-11-1992). No mesmo sentido: *RJTJSP*, Lex, 54/182.

"De toda sorte, a mera separação do casal, passando os filhos a residir com a mãe, não constitui, salvo em hipóteses excepcionais, fator de isenção da responsabilidade paterna pela criação e orientação da sua prole"[17].

Apoiam-se os adeptos da referida corrente no art. 1.634 do Código Civil, que disciplina o exercício do poder familiar, bem como nos arts. 227 e 229 da Constituição Federal, que tratam, dentre outros, do dever imposto aos pais, com absoluta prioridade, de educar os filhos menores.

A propósito, prelecionam CRISTIANO CHAVES DE FARIAS, FELIPE BRAGA NETTO e NELSON ROSENVALD[18] que "a separação dos pais não implica cessação do dever de educar – por parte de ambos. Por isso, não é a vigilância investigativa e diária (ou a ausência dela) que torna os pais responsáveis pelos danos causados pelos filhos menores. É muito mais o dever de educar, informar e contribuir – com amor e com limites – para a formação da personalidade dos filhos. Bem por isso, mesmo o pai (ou a mãe) que não resida junto com o filho causador do dano pode – se as circunstâncias do caso autorizarem – ser chamado a responder civilmente".

Tal entendimento tem prevalecido no *Superior Tribunal de Justiça*, como se pode verificar:

"O fato de o menor não residir com o genitor, por si só, não configura excludente de responsabilidade civil. Há que se investigar se persiste o poder familiar com todos os deveres/poderes de orientação e vigilância que lhe são inerentes. Precedentes"[19].

"Responsabilidade dos pais pelos atos praticados pelos filhos menores – Art. 931, I, do Código Civil.

O art. 932, I, do CC, ao se referir a autoridade e companhia dos pais em relação aos filhos, quis explicitar o poder familiar (a autoridade parental não se esgota na guarda), compreendendo um plexo de deveres como proteção, cuidado, educação, informação, afeto, dentre outros, independentemente da vigilância investigativa e diária, sendo irrelevante a proximidade física no momento em que os menores venham a causar dano"[20].

Concernente ao tema, o *Enunciado n. 450 do Conselho da Justiça Federal*: "Considerando que a responsabilidade dos pais pelos atos danosos praticados pelos filhos menores é objetiva, e não por culpa presumida, ambos os genitores, no exercício do poder familiar, são, em regra, solidariamente responsáveis por tais

---

[17] REsp 299.048SP, 4ª T., rel. Min. Aldir Passarinho Júnior, *DJU* 3-9-2001.
[18] *Novo tratado de responsabilidade civil*, 2. ed., São Paulo, Saraiva, 2017.
[19] AgRg no ARESP 22.930, 3ª T., rel. Min. Sidnei Beneti, *DJE* 9-10-2012.
[20] STJ, REsp 1.436.401-MG, 4ª T., rel. Min. Luis Felipe Salomão, *DJe* 16-3-2017.

atos, ainda que estejam separados, ressalvado o direito de regresso em caso de culpa exclusiva de um dos genitores".

Dispõe o art. 1.703 do Código Civil que ambos os pais devem contribuir para o sustento dos filhos, *"na proporção de seus recursos"*. Todavia, a falta de meios próprios para sustentar o filho não será, por si, motivo de perda da guarda, nem do poder familiar (ECA, art. 23)[21].

III – *Conceder ou negar seu consentimento para que o filho se case.* Pressupõe-se que ninguém poderá manifestar maior interesse pelo filho do que os seus pais. Daí a razão da prerrogativa a eles concedida. O consentimento deve ser específico, para o casamento com determinada pessoa, não bastando ser manifestado em termos gerais.

Em razão da isonomia, no tocante aos direitos e deveres que resultam do casamento, consagrada na Constituição (art. 226, § 5º), será exigida a anuência de ambos os genitores ou do representante legal. Havendo recusa injustificada, o juiz poderá suprir o consentimento, como foi explanado no Título I, concernente ao "Casamento" (Capítulo II: "Do processo de habilitação para o casamento", item 1.3: Suprimento judicial do consentimento dos representantes legais), *retro*, ao qual nos reportamos.

IV – *Conceder-lhes ou negar-lhes consentimento para viajarem ao exterior.* Mesmo nos casos de guarda unilateral, a autorização para viagens do menor ao exterior deve ser dada por ambos os pais, uma vez que o não exercício da guarda compartilhada não implica, necessariamente, a perda do poder familiar.

V – *Conceder-lhes ou negar-lhes consentimento para mudarem sua residência permanente para outro Município.* A guarda compartilhada assegura a ambos os genitores a responsabilidade conjunta e o exercício de direitos e deveres concernentes ao poder familiar, na mesma medida e na mesma intensidade.

Segundo dispõe o art. 1.583, § 3º, do Código Civil, com a redação dada pela Lei n. 13.058/2014, "na guarda compartilhada, a cidade considerada base de moradia dos filhos será aquela que melhor atender aos interesses dos filhos".

VI – *Nomear tutor aos filhos por testamento ou documento autêntico*, se o outro dos pais não lhe sobreviver, ou o sobrevivo não puder exercer o poder familiar. Aqui também se presume que ninguém melhor que os próprios pais saberá escolher a pessoa a quem confiar a tutela do filho menor.

---

[21] "Guarda. Alteração. Pretensão de modificação por motivos de ordem financeira. Inexistência de fatos prejudiciais à formação moral e psicológica do menor. Prevalência da guarda materna" (TJMG, *Revista Brasileira de Direito de Família*, Síntese-IBDFAM, v. 12, p. 137, em. 1.304). "Pátrio poder. Destituição. Falta de recursos materiais do genitor, que não é motivo suficiente para decretar a medida" (*RT*, 761/371 e 783/258).

Como observa Silvio Rodrigues, "esse é o campo da tutela testamentária. Ela só se justifica se o outro cônjuge, que também é titular do poder familiar, for morto ou não puder, por alguma incapacidade, exercitar o poder paternal, pois não pode um dos cônjuges privar o outro de um direito que a lei lhe confere"[22].

VII – *Representá-los judicial e extrajudicialmente até os 16 anos e assisti-los, após essa idade*, nos atos em que forem partes, suprindo-lhes o consentimento. A incapacidade de fato ou de exercício impede que os menores exerçam, por si sós, os atos da vida civil. A absoluta (CC, art. 3º) acarreta a proibição total do exercício, por si só, do direito. O ato somente poderá ser praticado pelo representante legal do absolutamente incapaz, sob pena de nulidade (art. 166, I). A incapacidade relativa (art. 4º) permite que o incapaz pratique os atos da vida civil, desde que assistido, sob pena de anulabilidade (art. 171, I).

As incapacidades, absoluta ou relativa, são supridas, pois, pela *representação* do filho, desde a concepção (CC, art. 2º) até aos 16 anos, e pela *assistência*, após essa idade e até completar 18 anos, nos atos em que for parte. Sempre que, no exercício do poder familiar, colidir o interesse dos pais com o do filho, a requerimento deste ou do Ministério Público, "*o juiz lhe dará curador especial*" (CC, art. 1.692).

Morrendo o pai, o poder familiar será exercido unicamente pela mãe, ainda que venha a novamente se casar. Se esta também falecer, ou for incapaz de exercer o aludido múnus, a representação ou assistência caberá ao tutor nomeado pelos genitores por testamento ou documento público, ou pelo juiz, em falta de tutor nomeado pelos pais (CC, arts. 1.729 e 1.731).

VIII – *Reclamá-los de quem ilegalmente os detenha*, por meio de ação de busca e apreensão, para exercer o direito e dever de ter os filhos em sua companhia e guarda, como foi dito nos comentários ao n. II, retro. O *Tribunal de Justiça de São Paulo*, tendo em vista a natureza dúplice da aludida ação, reconheceu a possibilidade de se inverter a guarda, independentemente de ação movida pelo réu para modificar o acordo de separação judicial, devendo ser aberta oportunidade às partes de produzirem provas[23]. Também o *Superior Tribunal de Justiça* decidiu, nessa linha, em ação de guarda e regulamentação de visitas movida pelo pai, que não se fazia necessária a apresentação formal de reconvenção, podendo a mãe conseguir a referida guarda por meio de contestação. Frisou o relator que "tanto o pai como a mãe podem exercer de maneira simultânea o direito de ação, pleiteando a guarda da filha menor, sendo que a improcedência do pedido do autor conduz à procedência do pedido de guarda à mãe, restando evidenciada, assim, a natureza dúplice da ação"[24].

---

[22] *Direito civil*, cit., v. 6, p. 361.

[23] Ap. 75.011-4/9, 2ª Câm. Dir. Priv., rel. Des. Lino Machado, j. 9-6-1998.

[24] STJ, 4ª T., rel. Min. Luis Felipe Salomão. Disponível em: <http://www.editoramagister.com>. Acesso em 26-8-2010.

IX – *Exigir que lhes prestem obediência, respeito e os serviços próprios de sua idade e condição* (CC, art. 1.634, VII). Para tanto podem os pais até castigá-los fisicamente, desde que o façam moderadamente. A aplicação de castigos imoderados caracteriza o crime de maus-tratos, causa de perda do poder familiar (art. 1.638, I).

A Lei n. 13.010, de 26 de junho de 2014, conhecida como "Lei da Palmada", ou "Lei Menino Bernardo", o qual teria sido vítima de violências praticadas pelo pai e pela madrasta, acrescentou os arts. 18-A, 18-B e 70-A ao Estatuto da Criança e do Adolescente (Lei n. 8.069/90), visando proibir castigos físicos *moderados* ou imoderados no lar, escola, instituição de atendimento público ou privado ou em locais públicos.

Preceitua o art. 18-A, acrescido ao Estatuto da Criança e do Adolescente (ECA):

"Art. 18-A. A criança e o adolescente têm o direito de ser educados e cuidados sem o uso de castigo físico ou de tratamento cruel ou degradante, como formas de correção, disciplina, educação ou qualquer outro pretexto, pelos pais, pelos integrantes da família ampliada, pelos responsáveis, pelos agentes públicos executores de medidas socioeducativas ou por qualquer pessoa encarregada de cuidar deles, tratá-los, educá-los ou protegê-los".

As práticas vedadas são indicadas no parágrafo único, *verbis*:

"Parágrafo único. Para os fins desta Lei, considera-se:

I – castigo físico: ação de natureza disciplinar ou punitiva aplicada com o uso da força física sobre a criança ou o adolescente que resulte em:

a) sofrimento físico; ou

b) lesão;

II – tratamento cruel ou degradante: conduta ou forma cruel de tratamento em relação à criança ou ao adolescente que:

a) humilhe; ou

b) ameace gravemente; ou

c) ridicularize".

Por sua vez, o art. 18-B, acrescentado ao ECA, dispõe que "Os pais, os integrantes da família ampliada, os responsáveis, os agentes públicos executores de medidas socioeducativas ou qualquer pessoa encarregada de cuidar de crianças e de adolescentes, tratá-los, educá-los ou protegê-los que utilizarem castigo físico ou tratamento cruel ou degradante como formas de correção, disciplina, educação ou qualquer outro pretexto estarão sujeitos, sem prejuízo de outras sanções cabíveis, às seguintes medidas, que serão aplicadas de acordo com a gravidade do caso: I – encaminhamento a programa oficial ou comunitário de proteção à família; II

– encaminhamento a tratamento psicológico ou psiquiátrico; III – encaminhamento a cursos ou programas de orientação; IV – obrigação de encaminhar a criança a tratamento especializado; V – advertência. Parágrafo único. As medidas previstas neste artigo serão aplicadas pelo Conselho Tutelar, sem prejuízo de outras providências legais".

A lei em epígrafe tem como justificativa o disposto no art. 227 da Constituição Federal, que considera dever da família, da sociedade e do Estado assegurar à criança e ao adolescente, com absoluta prioridade, dentre outros, o direito à dignidade, além de colocá-los a salvo de toda forma de violência, crueldade e opressão.

Todavia, tem provocado polêmica por interferir em assunto delicado, qual seja, a forma como os pais devem educar seus filhos. Todos concordam sobre a proibição da imposição de castigos físicos *imoderados* aos filhos. O consenso deixa de existir, no entanto, quando se pretende proibir a adoção de castigos *moderados* (a chamada "palmadinha"). Para alguns pais, o projeto representa uma interferência direta do Estado na forma como devem educar os filhos. Afirma-se, por exemplo, que os pais ou responsáveis pelo menor ficarão à mercê da análise subjetiva do autor da denúncia ou dos Conselhos Tutelares, sempre que, de alguma forma, obstarem alguma ação reprovável do menor ou praticarem uma ação que "humilhe" ou "ridicularize" a criança. Critica-se também o rol de sanções cabíveis, consideradas exageradas uma vez que podem conduzir até a perda do poder familiar.

A legislação trabalhista, visando à proteção do menor, proíbe o seu trabalho fora do lar até os 16 anos (CLT, art. 403), salvo na condição de aprendiz, a partir dos 14 anos (CF, art. 7º, XXXIII), e veda-lhe o trabalho noturno até os 18 anos (CLT, art. 404).

PAULO LUIZ NETTO LÔBO considera "incompatível com a Constituição, principalmente em relação ao princípio da dignidade humana (arts. 1º, III, e 227), a exploração da vulnerabilidade dos filhos menores para submetê-los a 'serviços próprios de sua idade e condição', além de consistir em abuso (art. 227, § 4º). Essa regra surgiu em contexto histórico diferente, no qual a família era considerada, também, unidade produtiva e era tolerada pela sociedade a utilização dos filhos menores em trabalhos não remunerados, com fins econômicos. A interpretação em conformidade com a Constituição apenas autoriza aplicá-la em situações de colaboração nos serviços domésticos, sem fins econômicos, e desde que não prejudique a formação e a educação dos filhos, mas nunca para transformá-los em trabalhadores precoces"[25].

Na mesma linha assevera CAIO MÁRIO DA SILVA PEREIRA que, "quanto aos serviços exigidos, a ideia predominante é a participação. O filho coopera com o pai, na medida de suas forças e aptidões, devendo ser observadas as normas

---

[25] *Código Civil*, cit., v. XVI, p. 211.

constitucionais proibitivas no que se refere ao trabalho infantil, salvo na condição de aprendiz (Emenda Constitucional n. 20/98)"[26].

De acordo com o art. 1.689 do Código Civil, o pai e a mãe, enquanto no exercício do poder familiar, "são usufrutuários dos bens dos filhos" e "têm a administração dos bens dos filhos menores sob sua autoridade". Como assinala FLÁVIO TARTUCE[27], "esse usufruto legal visa a proteção dos interesses dos filhos menores, devendo ser analisado à luz do princípio do maior interesse". Esse também o entendimento do *Superior Tribunal de Justiça*, verbis:

"Partindo-se da premissa de que o poder dos pais, em relação ao usufruto e à administração dos bens de filhos menores, não é absoluto, deve-se permitir, em caráter excepcional, o ajuizamento de ação de prestação de contas pelo filho sempre que a causa de pedir estiver fundada na suspeita de abuso de direito no exercício desse poder, como ocorrido na espécie"[28].

Acerca do direito ao nome da prole, a 3ª *Turma do Superior Tribunal de Justiça* assinalou que: "Nomear o filho é típico ato de exercício do poder familiar, que pressupõe bilateralidade, salvo na falta ou impedimento de um dos pais, e consensualidade, ressalvada a possibilidade de o juiz solucionar eventual desacordo entre eles, inadmitindo-se, na hipótese, a autotutela. O ato do pai que, conscientemente, desrespeita o consenso prévio entre os genitores sobre o nome a ser dado ao filho, acrescendo prenome de forma unilateral por ocasião do registro civil, além de violar os deveres de lealdade e de boa-fé, configura ato ilícito e exercício abusivo do poder familiar, sendo motivação bastante para autorizar a exclusão do prenome indevidamente atribuído à criança que completará 04 anos em 26/05/2021 e que é fruto de um namoro que se rompeu logo após o seu nascimento"[29].

4.2. Quanto aos bens dos filhos

Os atributos na ordem patrimonial dizem respeito à *administração* e ao direito de *usufruto*. Como já foi dito, o Código Civil de 2002 transferiu toda a seção relativa ao poder familiar quanto aos bens dos filhos para o Título II, destinado ao direito patrimonial, com a denominação "Do usufruto e da administração dos bens de filhos menores" (Subtítulo II). A matéria é, todavia, concernente ao poder familiar.

Dispõe o art. 1.689 do Código Civil:

"*O pai e a mãe, enquanto no exercício do poder familiar:*

---

[26] *Instituições*, cit., v. 5, p. 431.

[27] *Direito civil – Direito de família*. 14. ed. São Paulo: GEN-Forense, 2019. v. 5, p. 543.

[28] STJ, REsp 1.623.098-MG, 3ª T., rel. Min. Marco Aurélio Bellizze, *DJe* 23-3-2018.

[29] STJ, REsp 1.905.614-SP, 3ª T., rel. Min. Nancy Andrighi, *DJe* 6-5-2021.

I – são usufrutuários dos bens dos filhos;

II – têm a administração dos bens dos filhos menores sob sua autoridade".

Os pais, em igualdade de condições, são, pois, os *administradores legais* dos bens dos filhos menores sob sua autoridade. Havendo divergência, poderá qualquer deles recorrer ao juiz para a solução necessária (CC, arts. 1.689, II, e 1.690, parágrafo único). Não podem, porém, praticar atos que ultrapassem os limites da simples administração.

No exercício do múnus que lhes é imposto, os pais devem zelar pela preservação do patrimônio que administram, não podendo praticar atos dos quais possa resultar uma diminuição patrimonial. Para alienar ou gravar de ônus reais os bens imóveis dos filhos menores precisam obter *autorização judicial*, mediante a demonstração da *"necessidade, ou evidente interesse da prole"* (art. 1.691). Expedido o alvará, a venda poderá ser feita a quem melhor pagar, não devendo o preço ser inferior ao da avaliação. Não se exige a oferta em hasta pública.

Competente para processar o pedido é o juiz do domicílio do menor, e não o da situação. Se o imóvel, porém, foi recebido em inventário, a competência será do juízo onde este se processar, em virtude da conexidade de causas.

Se a venda se efetivar sem a autorização judicial, padecerá de nulidade, porém relativa, porque só poderá ser oposta pelo próprio filho, seus herdeiros ou seu representante legal (CC, art. 1.691, parágrafo único). Os poderes dos pais não podem, destarte, ultrapassar os da simples administração, entendida esta como a prática dos atos concernentes à boa conservação e exploração dos bens, pagamento de imposto, defesa judicial, locação de imóveis, venda de móveis, recebimento de juros ou rendas e atos semelhantes. A simples movimentação e aplicação, pela mãe, de valores pecuniários pertencentes ao filho sob o seu poder familiar não desborda do direito de administrar, assegurado pelo art. 1.689, II, do Código Civil, não cabendo a imposição de restrição sem a demonstração de motivo plausível que a justifique[30].

Sempre que no exercício do poder familiar colidir o interesse dos pais com o do filho, *"o juiz lhe dará curador especial"* (art. 1.692). Não se exige, para tanto, prova de que o pai pretende lesar o filho. Basta que se coloquem em situações cujos interesses são aparentemente antagônicos, como acontece na venda de ascendente a descendente, que depende do consentimento dos demais descendentes. Se um destes for menor, ser-lhe-á nomeado curador especial, para representá--lo na anuência.

Aos pais pertence o *usufruto*, as rendas dos bens dos filhos menores (CC, art. 1.689, I), como uma compensação dos encargos decorrentes de sua criação e educação. Trata-se de *usufruto legal*, que dispensa prestação de contas e da caução

---

[30] *RSTJ,* 69/86.

a que se refere o art. 1.400 do Código Civil, uma vez que as questões atinentes à renda produzida pelos aludidos bens não interessam à pessoa do administrado, mas sim à do administrador. Como enfatiza Silvio Rodrigues, "se é verdade que aos pais incumbem as despesas com a criação dos filhos quando estes não as possam atender, justo é também que, tendo os filhos bens para criarem-se e educarem-se, usem as rendas dos mesmos bens para esse fim"[31].

Dispõe o art. 1.693 do Código Civil:

"*Excluem-se do usufruto e da administração dos pais:*

I – os bens adquiridos pelo filho havido fora do casamento, antes do reconhecimento;

II – os valores auferidos pelo filho maior de dezesseis anos, no exercício de atividade profissional e os bens com tais recursos adquiridos;

III – os bens deixados ou doados ao filho, sob a condição de não serem usufruídos, ou administrados, pelos pais;

IV – os bens que aos filhos couberem na herança, quando os pais forem excluídos da sucessão".

O dispositivo em apreço afasta, portanto, não só do usufruto como da administração dos pais:

I – *Os bens adquiridos pelo filho havido fora do casamento, antes do reconhecimento*. Cuida a hipótese de bens que já se encontravam no patrimônio do menor quando foi reconhecido, voluntária ou judicialmente, por um dos pais. A restrição não atinge o outro, que tenha eventualmente promovido o registro de nascimento, e tem o fundamento ético de evitar o reconhecimento voluntário pelo puro interesse em aproveitar-se do acervo patrimonial do filho. Se tal interesse inexistir, o genitor reconhecerá o filho de qualquer forma, mesmo ficando privado do usufruto e da administração dos bens a este pertencentes.

II – *Os valores auferidos pelo filho maior de 16 anos, no exercício de atividade profissional e os bens com tais recursos adquiridos*. Denota-se, na regra em epígrafe, a influência do direito romano e da vetusta teoria dos pecúlios, que só reconhecia ao *filius familias* o direito de fazer seu, com exclusão do domínio e interferência paterna, aquilo que obtinha na atividade militar (pecúlio castrense), em atividades públicas (pecúlio quase castrense), ou que vinha a adquirir por outros meios (pecúlio adventício e profectício).

O Código de 1916 limitava a exclusão às rendas obtidas no exercício do serviço militar, magistério e função pública. O novo diploma ampliou a sua abrangência para contemplar o produto de qualquer atividade profissional.

Silvio Rodrigues[32] aponta o insignificante alcance prático da norma e a sua limitada duração, tendo em vista que a maioridade se atinge aos 18 anos. Não

---

[31] *Direito civil*, cit., v. 6, p. 364.

[32] *Direito civil*, cit., v. 6, p. 367.

bastasse, haverá a emancipação do titular dos valores e bens se a atividade profissional implicar o estabelecimento civil ou comercial, ou importar na existência de uma relação de emprego, *"desde que, em função deles, o menor com dezesseis anos completos tenha economia própria"* (CC, art. 5º, V).

III – *Os bens deixados ou doados ao filho, sob a condição de não serem usufruídos, ou administrados, pelos pais.* Pode o doador ou testador ser um dos pais, que se encontra separado do outro e não quer que os bens sejam administrados e usufruídos por este. Neste caso, terá ele o direito de designar terceiro para o ato, ou reservar para si o exercício do encargo, se a liberalidade praticada for a doação. Se não o fizer, o juiz deverá nomear o administrador, sob a forma de curador especial. Pode ainda o doador ou testador ser um terceiro, que veta a administração dos bens por um ou por ambos os pais. No último caso, será também nomeado administrador, pelo juiz.

IV – *Os bens que aos filhos couberem na herança, quando os pais forem excluídos da sucessão.* Trata-se de consequência natural da pena de indignidade imposta ao herdeiro, pai do menor, que a cometeu. Os filhos do excluído o sucedem como se fosse pré-morto (CC, art. 1.816). Tal sanção perderia grande parte de sua eficácia se o indigno pudesse administrar ou ter o usufruto dos bens havidos por seu filho, em sucessão de que foi excluído.

5. EXTINÇÃO E SUSPENSÃO DO PODER FAMILIAR

Dispõe o art. 1.635 do Código Civil:

"Extingue-se o poder familiar:

I – pela morte dos pais ou do filho;

II – pela emancipação, nos termos do art. 5º, parágrafo único;

III – pela maioridade;

IV – pela adoção;

V – por decisão judicial, na forma do artigo 1.638".

A perda ou destituição constitui espécie de extinção do poder familiar, decretada por decisão judicial (arts. 1.635, V, e 1.638). Assim como a suspensão, constitui sanção aplicada aos pais pela infração ao dever genérico de exercer a *patria potestas* em consonância com as normas regulamentares, que visam atender ao melhor interesse do menor.

Preleciona Silvio Rodrigues que tais sanções "têm menos um intuito punitivo aos pais do que o de preservar o interesse dos filhos, afastando-os da nociva influência daqueles. Tanto assim é que, cessadas as causas que conduziram à suspensão ou à destituição do poder familiar e transcorrido um período mais ou menos longo de consolidação, pode o poder paternal ser devolvido aos antigos titulares"[33].

5.1. Extinção e perda ou destituição do poder familiar

A extinção do poder familiar dá-se por fatos naturais, de pleno direito, ou por decisão judicial. O art. 1.635 do Código Civil, como visto, menciona as seguintes causas de extinção: *morte* dos pais ou do filho, *emancipação, maioridade, adoção* e *decisão judicial na forma do art. 1.638.*

Com a morte dos pais, desaparecem os titulares do direito. A de um deles faz concentrar no sobrevivente o aludido poder. A de ambos impõe a nomeação de tutor, para se dar sequência à proteção dos interesses pessoais e patrimoniais do órfão. A morte do filho, a emancipação e a maioridade fazem desaparecer a razão de ser do instituto, que é a proteção do menor.

Dá-se a emancipação por concessão dos pais, homologada pelo juiz, se o menor tiver 16 anos completos (CC, art. 5º, parágrafo único, I). Mas pode ela decorrer, automaticamente, de certas situações ou fatos previstos no aludido art. 5º, parágrafo único, II a V. Presume a lei que os maiores de 18 anos e os emancipados não mais precisam da proteção conferida aos incapazes. A maioridade faz cessar inteiramente a subordinação aos pais.

A adoção extingue o poder familiar na pessoa do pai natural, transferindo-o ao adotante. Tal circunstância é irreversível, de acordo com o que chancelam os tribunais, sendo ineficaz posterior arrependimento daquele se a criança foi entregue em adoção mediante procedimento regular.

A extinção por decisão judicial, que não existia no Código anterior, depende da configuração das hipóteses enumeradas no art. 1.638, *caput* e parágrafo único, este último introduzido pela Lei n. 13.715, de 24 de setembro de 2018, como causas de *perda* ou *destituição*[34]: a) castigo imoderado do filho; b) abandono do filho; c) prática de atos contrários à moral e aos bons costumes; d) reiteração de faltas aos deveres inerentes ao poder familiar; e) prática, contra outrem, igualmente titular do mesmo poder familiar, de homicídio, feminicídio ou lesão corporal de natureza grave ou seguida de morte, quando se tratar de crime doloso envolvendo violência doméstica e familiar ou menosprezo ou discriminação à condição de mulher; f) prática de estupro ou outro crime contra a dignidade sexual sujeito à pena de reclusão; g) prática contra filho, filha ou outro descendente, de homicídio, feminicídio ou lesão corporal de natureza grave ou seguida de morte, quando se tratar de crime doloso envolvendo violência doméstica e familiar ou menosprezo

---

[33] *Direito civil*, cit., v. 6, p. 368-369.

[34] "Poder familiar. Destituição. Admissibilidade. Pais biológicos que não têm condições de atender os deveres legais na criação do filho" (*RT*, 810/354).

ou discriminação à condição de mulher; h) prática de estupro de vulnerável ou outro crime contra a dignidade sexual sujeito à pena de reclusão. A perda é imposta no interesse do filho. Será destituído, pois, do poder familiar aquele que:

I – *Castigar imoderadamente o filho*. Seria realmente iníquo que se conservasse, sob o poder de pai violento e brutal, o filho que ele aflige com excessivos castigos e maus-tratos[35]. A doutrina em geral entende que o advérbio "imoderadamente" serve para legitimar o *jus corrigendi* na pessoa do pai, pois a infração ao dever só se caracteriza quando for excessivo o castigo. Desse modo, ao incluir a vedação ao castigo imoderado, implicitamente o Código Civil estaria admitindo o castigo físico moderado.

Parece-nos, todavia, não ser essa a melhor interpretação da regra em apreço, que deve ser aplicada em consonância com os princípios constitucionais pertinentes, especialmente o art. 227 da Carta Magna, que proclama ser dever da família, da sociedade e do Estado assegurar à criança e ao adolescente, com absoluta prioridade, dentre outros direitos, o direito à dignidade e ao respeito, além de colocá-los a salvo de toda "violência, crueldade e opressão".

Não resta dúvida de que todo castigo físico configura violência à integridade física da criança ou adolescente e mesmo ofensa à sua dignidade. Como obtempera PAULO LUIZ NETTO LÔBO, "na dimensão do tradicional pátrio poder, era concebível o poder de castigar fisicamente o filho; na dimensão do poder familiar fundado nos princípios constitucionais, máxime o da dignidade da pessoa humana, não há como admiti-lo"[36].

A imposição do aludido castigo configura, pois, abuso da autoridade paterna, que autoriza o juiz a suspender temporariamente o poder familiar. A reiteração pode levar à sua destituição (CC, arts. 1.637 e 1.638, IV; Lei n. 13.010/2014, conhecida como "Lei da Palmada").

II – *Deixar o filho em abandono*. Prevê o art. 227 da Constituição Federal que a criança e o adolescente têm direito "à convivência familiar e comunitária". O abandono priva o filho desse direito, além de prejudicá-lo em diversos sentidos. A falta de assistência material coloca em risco a sua saúde e sobrevivência[37], mas não constitui a única forma de abandono. Este pode ser também moral e

---

[35] Pontes de Miranda, *Tratado de direito de família*, cit., v. III, § 247, p. 170.

[36] *Código Civil*, cit., v. XVI, p. 225.

[37] "Poder familiar. Destituição. Admissibilidade. Miserabilidade da mãe dos menores que não justifica que trate sua prole com desleixo e extremada desídia, faltando com os cuidados básicos e essenciais à própria sobrevivência dos infantes" (*RT*, 791/333). "Procede pedido de destituição quando revelados, nos autos, a ocorrência de maus-tratos, o abandono e o injustificado descumprimento dos mais elementares deveres de sustento, guarda e educação da criança por seus pais" (STJ, REsp 245.657-PR, 4ª T., rel. Min. Aldir Passarinho Júnior, *DJU*, 23-6-2003).

intelectual, quando importa em descaso com a educação e moralidade do infante[38]. Além disso, há o denominado abandono digital[39], decorrente da responsabilidade de vigilância, em que os pais negligenciam a segurança[40] dos filhos em ambiente virtual[41]. O Código Penal, visando reprimir as diversas formas de abandono de filho, prevê os crimes de "abandono material" (CP, art. 244), "abandono intelectual" (art. 245), "abandono moral"[42] (art. 247), "abandono de incapaz" (art. 133), "abandono de recém-nascido (art. 134).

III – *Praticar atos contrários à moral e aos bons costumes*. Visa o legislador evitar que o mau exemplo dos pais prejudique a formação moral dos infantes. O lar é uma escola onde se forma a personalidade dos filhos. Sendo eles facilmente influenciáveis, devem os pais manter uma postura digna e honrada, para que nela se amolde o caráter daqueles. A falta de pudor, a libertinagem, o sexo sem recato podem ter influência maléfica sobre o posicionamento futuro dos descendentes na sociedade, no tocante a tais questões, sendo muitas vezes a causa que leva as filhas menores a se entregarem à prostituição[43].

Mas o dispositivo em tela tem uma amplitude maior, abrangendo o procedimento moral e social sob diversos aspectos. Assim, o alcoolismo[44], a vadiagem,

---

[38] "Poder familiar. Destituição. Inadmissibilidade. Inexistência de prova de que o pai tenha agido com descaso intencional na criação, educação e moralidade da criança. Falta de recursos materiais do genitor, que também não é motivo suficiente para decretar a medida" (*RT*, 761/371).

[39] GHELMAN, Debora. Abandono digital é negligência e pode levar à punição dos pais. *Revista Conjur*, 2020. Disponível em: https://www.conjur.com.br/2020-dez-22/debora-ghelman--abandono-levar-punicao-pais. Acesso em: jun. 2023.

[40] STJ, AREsp 1.415.362, Ministro Francisco Falcão, *DJe* de 6-2-2019.

[41] Neste, os principais perigos residem nas ferramentas de comunicação, como *chats*, grupos de mensagens e redes sociais. Além das práticas de *cyberbullying* inerentes, existe o risco de que malfeitores utilizem técnicas de engenharia social para causar danos – potencialmente irreversíveis – às crianças.

[42] "Menor. Destituição do poder familiar. Decretação. Abandono material e moral caracterizados. Castigos imoderados, negligência em relação aos cuidados mínimos com os filhos e, por fim, abandono destes com uma conhecida" (TJSP, Ap. 57.333-0, Câm. Esp., rel. Des. Nuevo Campos, j. 16-3-2000).

[43] "Destituição do poder familiar. Filhos menores em ambiente promíscuo e inadequado. Comportamento imoral e vida desregrada dos genitores. Provas suficientes para procedência do pedido" (TJMG, Ap. 000.151.088-2/00, 2ª Câm. Cív., rel. Des. Abreu Leite, j. 15-2-2000).

[44] "Poder familiar. Destituição. Alcoolismo. Maus-tratos. Abandono. Configuração" (TJMG, Ap. 232.043-0/00, 5ª Câm. Cív., rel. Des. Hugo Bengtsson, *DJMG*, 28-9-2001). "Provada a completa negligência com que foram tratados os infantes pela genitora – que é alcoólatra – e o estado de abandono a que foram relegados, configurada está a situação grave de risco, constituindo conduta ilícita que é atingida na órbita civil pela sanção de destituição do poder familiar" (TJRGS, Ap. 70.005.902.408, 7ª Câm. Cív., rel. Des. Vasconcellos Chaves, *DOERS*, 27-5-2003).

a mendicância, o uso de substâncias entorpecentes, a prática da prostituição[45] e muitas outras condutas antissociais se incluem na expressão "atos contrários à moral e aos bons costumes".

IV – *Incidir, reiteradamente, nas faltas previstas para suspensão do poder familiar.* Trata-se de causa de destituição do poder familiar inexistente no Código de 1916. A inovação visa obstar que os pais abusem na repetição de conduta que pode ensejar, isoladamente, apenas a pena mais branda de suspensão do exercício do múnus em epígrafe.

V – *Praticar, contra outrem, igualmente titular do mesmo poder familiar, de homicídio, feminicídio ou lesão corporal de natureza grave ou seguida de morte, quando se tratar de crime doloso envolvendo violência doméstica e familiar ou menosprezo ou discriminação à condição de mulher.*

VI – *Praticar estupro ou outro crime contra a dignidade sexual sujeito à pena de reclusão.*

VII – *Praticar contra filho, filha ou outro descendente, de homicídio, feminicídio ou lesão corporal de natureza grave ou seguida de morte, quando se tratar de crime doloso envolvendo violência doméstica e familiar ou menosprezo ou discriminação à condição de mulher.*

VIII – *Praticar estupro de vulnerável ou outro crime contra a dignidade sexual sujeito à pena de reclusão.*

Registre-se que os itens V a VIII referem-se a situações previstas no parágrafo único do art. 1.638 do Código Civil, introduzido pela mencionada Lei n. 13.715, de 24 de setembro de 2018, que alterou o Código Penal, o Estatuto da Pessoa com Deficiência e o Código Civil, "para dispor sobre hipóteses de perda do poder familiar pelo autor de determinados crimes contra outrem igualmente titular do mesmo poder familiar ou contra filho, filha ou descendente", como consta de seu art. 1º.

O art. 1.636 do Código Civil regula situações que não afetam o exercício do poder familiar, estabelecendo a sua incomunicabilidade ao cônjuge ou companheiro de nova relação amorosa. Preceitua o aludido dispositivo: "*O pai ou a mãe que contrai novas núpcias, ou estabelece união estável, não perde, quanto aos filhos do relacionamento anterior, os direitos ao poder familiar, exercendo-os sem qualquer interferência do novo cônjuge ou companheiro*".

A redação é defeituosa, não se justificando a alusão aos "direitos ao poder familiar", expressão equivocada que já constava do art. 393 do Código de 1916. Mais

---

[45] "Genitora alcoólatra que exerce a prostituição em plena via pública não revela as mínimas condições para exercer o poder familiar, sendo imperiosa a destituição" (TJRS, Ap. 70.003.380.201, 7ª Câm. Cív., rel. Des. Vasconcellos Chaves, *DOERS*, 29-4-2002).

adequado seria dizer que o pai ou a mãe que contrai novas núpcias, ou estabelece união estável, não perde o poder familiar sobre os filhos do relacionamento anterior.

Aduz o parágrafo único do aludido dispositivo que *"igual preceito ao estabelecido neste artigo aplica-se ao pai ou à mãe solteiros que casarem ou estabelecerem união estável"*. A regra contém uma obviedade. Nunca se pôs em dúvida a subsistência do poder familiar na hipótese mencionada, uma vez que o outro cônjuge ou companheiro nenhum direito tem sobre os filhos de seu consorte, nascidos anteriormente[46], salvo se se dispuser a adotá-los.

Em síntese, o pai que se divorciou e voltou a casar com outra mulher, tendo filho do casamento anterior, detém o poder familiar sobre esse, ao lado da respectiva mãe; ao mesmo tempo, se tiver filho com a nova mulher, compartilhará com esta o poder familiar. Na primeira hipótese, o aludido poder estará desfalcado do direito-dever de guarda. Em qualquer caso, haverá uma convivência dos poderes familiares paralelos. A mesma situação ocorrerá quando o pai ou a mãe solteiros, que tiverem filhos, se casarem. O novo cônjuge ou companheiro apenas compartilhará o poder familiar se, como foi dito, adotar o filho[47].

A legitimidade para o pedido de destituição do poder familiar não está limitada ao Ministério Público e ao interessado que tenha laços familiares com o menor. O legítimo interesse deve ser analisado a partir do caso concreto, considerando os princípios da proteção integral e do melhor interesse do menor, podendo ser feito inclusive por quem não é parente da criança. Para o Ministro Marco Buzzi, da *4ª Turma do Superior Tribunal de Justiça*, o "foco central da medida de perda ou suspensão do poder familiar é, na sua essência, salvaguardar o bem-estar da criança ou do adolescente, motivo pelo qual a legitimidade para o pedido está atrelada à situação específica factual, notadamente diante dos complexos e muitas vezes intrincados arranjos familiares que se delineiam no universo jurídico de amparo aos interesses e direitos de menores".

Aduziu o referido Ministro que "a suspensão ou destituição do poder familiar está muito mais relacionada a uma providência em prol da defesa do melhor interesse da criança e adolescentes do que a um propósito de punição aos pais, motivo pelo qual o artigo 155 do ECA estabeleceu que o procedimento terá início por provocação do MP ou de quem tenha legítimo interesse. A legislação não define quem, em tese, possui o legítimo interesse para pleitear a medida, tampouco fixou definições taxativas para a legitimação ativa, tratando-se de conceito jurídico indeterminado"[48].

---

[46] Caio Mário da Silva Pereira, *Instituições*, cit., v. 5, p. 434.

[47] Paulo Luiz Netto Lôbo, *Código Civil*, cit., v. XVI, p. 218.

[48] STJ, 4ª T., rel. Min. Marco Buzzi, *in* Revista *Consultor Jurídico* de 16-10-2019. (*O número do processo não foi divulgado em razão de segredo judicial.*)

5.2. Suspensão do poder familiar

Dispõe o art. 1.637 do Código Civil:

"Se o pai, ou a mãe, abusar de sua autoridade, faltando aos deveres a eles inerentes ou arruinando os bens dos filhos, cabe ao juiz, requerendo algum parente, ou o Ministério Público, adotar a medida que lhe pareça reclamada pela segurança do menor e seus haveres, até suspendendo o poder familiar, quando convenha.

Parágrafo único. Suspende-se igualmente o exercício do poder familiar ao pai ou à mãe condenados por sentença irrecorrível, em virtude de crime cuja pena exceda a dois anos de prisão".

O dispositivo em apreço não autoriza somente a *suspensão*, mas, igualmente, outras medidas que decorram da natureza do poder familiar. Prevê ele a possibilidade de o juiz aplicá-las, ou suspender o aludido poder, em caso de *abuso de autoridade*, caracterizado: a) pelo *descumprimento dos deveres* inerentes aos pais; b) pelo fato de *arruinarem* os bens dos filhos; e c) por colocarem em risco a *segurança* destes. Poderá o juiz ainda tomar tais medidas se o pai ou a mãe forem condenados em virtude de crime cuja pena exceda a *dois anos de prisão*.

Os *deveres inerentes aos pais* não são apenas os expressamente elencados no Código Civil, mas também os que se acham esparsos na legislação, especialmente no Estatuto da Criança e do Adolescente, na Lei da Palmada (Lei n. 13.010/2014) e na Constituição Federal (art. 227), tais como os que dizem respeito a sustento, guarda e educação dos filhos, os que visam assegurar aos filhos o direito a vida, saúde, lazer, profissionalização, dignidade, respeito, liberdade, convivência familiar e comunitária, bem como os que visam impedir que sejam submetidos a discriminação, exploração, violência, crueldade e opressão.

PONTES DE MIRANDA[49] considera fundamentos suficientes para adoção de medida *"reclamada pela segurança do menor e seus haveres"*, exemplificativamente: a) as doenças transmissíveis; b) maus-tratos no caso de castigos que não justifiquem a sentença de perda do poder familiar ou, ainda, de restrições prejudiciais, ou privação de alimentos, ou de cuidados indispensáveis, que ponham em perigo a saúde do filho; c) exigir do menor serviços excessivos, ou impróprios – o que constitui abuso do direito do poder parental; d) não reclamar o filho de quem ilegalmente o detenha; e) induzir o menor ao mal, concorrendo para a sua perversão e para o alcoolismo; f) deixar o filho em estado habitual de vadiagem, mendicidade, libertinagem ou criminalidade; g) praticar atos contrários à moral e aos bons costumes, que não justifiquem a perda do poder familiar; h) imposição de profissão, atividade ou relações que não correspondam à vocação do filho ou não convenham a este; i) desarrazoada oposição a que o filho, ou a filha, se case etc.

---

[49] *Tratado de direito de família*, cit., v. III, § 245, p. 155-161.

No tocante à suspensão do poder familiar em virtude de *condenação criminal* do seu titular por sentença irrecorrível, decidiu o *Tribunal de Justiça de São Paulo*: "Menor. Suspensão do poder familiar. Réu condenado por sentença criminal irrecorrível em crime cuja pena excede a dois anos de prisão. Presença dos pressupostos objetivos descritos na norma do art. 394, parágrafo único, do Código Civil (*de 1916, correspondente ao art. 1.637, parágrafo único, do diploma de 2002*). Adequação do julgamento antecipado da lide. Sentença de procedência confirmada"[50].

Não é necessário que o atentado contra o bem físico ou moral do filho seja permanente ou reiterado, pois um só acontecimento pode constituir perigo para o menor, como nos exemplos, mencionados por PONTES DE MIRANDA[51], do pai que, tendo bebido, quis matar o filho, e daquele outro que arriscou no jogo parte ou toda a importância recebida da venda dos bens do filho menor.

A suspensão do poder familiar constitui sanção aplicada aos pais pelo juiz, não tanto com intuito punitivo, mas para proteger o menor. É imposta nas infrações menos graves, mencionadas no artigo retrotranscrito, e que representam, no geral, infração genérica aos deveres paternos. Na interpretação do aludido dispositivo deve o juiz ter sempre presente, como já se disse, que a intervenção judicial é feita no interesse do menor.

A suspensão é *temporária,* perdurando somente até quando se mostre necessária. Cessada a causa que a motivou, volta a mãe, ou o pai, temporariamente impedido, a exercer o poder familiar, pois a sua modificação ou suspensão deixa intacto o direito como tal, excluindo apenas o exercício. A lei não estabelece o limite de tempo. Será aquele que, na visão do julgador, seja conveniente aos interesses do menor.

A suspensão, deixada ao *arbitrium boni viri* do juiz, poderá assim ser revogada, também a critério dele. As causas de suspensão vêm mencionadas um tanto genericamente no mencionado art. 1.637 do Código Civil justamente para que se veja o juiz munido de certa dose de arbítrio, que não pode ser usado a seu capricho, porém sob a inspiração do melhor interesse da criança[52]. Desse modo, em vez de suspender o exercício do poder familiar, pode o magistrado, dependendo das circunstâncias, limitar-se a estabelecer condições particulares às quais o pai ou à mãe devem atender.

A suspensão pode ser total, envolvendo todos os poderes inerentes ao poder familiar, ou parcial, cingindo-se, por exemplo, à administração dos bens

---

[50] Ap. 236.366-1-Taubaté, 5ª Câm. Cív., rel. Des. Luís Carlos de Barros, j. 5-10-1995.

[51] *Tratado de direito de família*, cit., v. III, § 245, p. 154; exemplos fornecidos por G. Planck, *Bürgerliches Gesetzbuch*, IV, p. 420.

[52] Caio Mário da Silva Pereira, *Instituições*, cit., v. 5, p. 435.

ou à proibição de o genitor ou genitores ter o filho em sua companhia. A suspensão total priva o pai, ou a mãe, de todos os direitos que constituem o poder familiar, inclusive o usufruto, que é um de seus elementos e direito acessório. Assim "como *in toto pars continetur*, suspenso o poder familiar, com ele se suspende o direito de usufruto"[53].

A suspensão é também *facultativa* e pode referir-se unicamente a *determinado filho*. A *perda* (ou *destituição*), que é causa de extinção do poder familiar por decisão judicial (art. 1.635, V), como foi dito no item anterior, decorre de faltas graves, que configuram inclusive ilícitos penais e são especificadas no mencionado art. 1.638 do Código Civil: aplicação de castigos imoderados aos filhos (crime de maus-tratos), abandono (crimes de abandono material e intelectual), prática de atos contrários à moral e aos bons costumes (crimes de natureza sexual contra os filhos ou conduta inconveniente, como uso de entorpecentes ou entrega da mãe à prostituição) e reiteração de faltas aos deveres inerentes ao poder familiar.

Frise-se que o Estatuto da Criança e do Adolescente (art. 23) dispõe que a falta ou carência de recursos materiais não constitui, por si só, motivo suficiente para a suspensão ou a perda do poder familiar, devendo o menor, se não concorrer outro motivo que autorize a decretação da medida, ser incluído em programas oficiais de auxílio[54].

Suspendendo-se o poder familiar em relação a um dos pais, concentra-se o exercício no outro. Se este outro, todavia, não puder exercê-lo, ou tiver falecido, nomeia-se tutor ao menor.

O Código Civil de 2002 não traça regras procedimentais para a extinção ou suspensão do poder familiar. Por inexistir incompatibilidade, permanecerão as do Estatuto da Criança e do Adolescente. Neste são legitimados para a ação o Ministério Público ou "quem tenha legítimo interesse".

A suspensão do poder familiar poderá ser decretada liminar ou incidentalmente, ficando o menor confiado a pessoa idônea (ECA, art. 157). A sentença que decretar a perda ou suspensão será registrada à margem do registro de nascimento do menor (art. 163). Observar-se-ão, assim, o procedimento contraditório exigido no art. 24 e os trâmites indicados nos arts. 155 a 163 do aludido Estatuto.

---

[53] Pontes de Miranda, *Tratado de direito de família*, cit., v. III, § 241, p. 148.
[54] "Poder familiar. Destituição. Inadmissibilidade. Falta ou carência de recursos materiais que não é suficiente para a adoção da medida. Imaturidade anterior para assumir a maternidade que não deve ser usada contra a mãe, mormente se existe entre a criança e a genitora natural vínculo afetivo" (*RT*, 783/258).

O Código Penal também prevê a perda do poder familiar como efeito da condenação, nos crimes dolosos, sujeitos à pena de reclusão, cometidos contra filho (art. 92, II).

O Estatuto da Criança e do Adolescente estabelece a perda do poder familiar pela infração ao dever de sustento, guarda e educação dos filhos menores (arts. 22 e 24), hipótese esta já abrangida pelo art. 1.638, II, do Código Civil.

A perda do poder familiar é *permanente,* mas não se pode dizer que seja definitiva, pois os pais podem recuperá-lo em procedimento judicial, de caráter contencioso, desde que comprovem a cessação das causas que a determinaram. É *imperativa,* e não facultativa. Abrange *toda a prole,* por representar um reconhecimento judicial de que o titular do poder familiar não está capacitado para o seu exercício.

Entretanto, como se deve dar prevalência aos interesses do menor, nada obsta a que, em caso de perda do poder familiar por abuso sexual de pai contra filha, por exemplo, se decida não atingir a destituição o filho, que trabalhava com o pai e estava aprendendo o ofício, sem nenhum problema de relacionamento, entendendo-se que, nesse caso especial, separá-lo do pai trar-lhe-ia prejuízo ao invés de benefício.

Apontava-se, outrora, dentre as diferenças entre suspensão e perda do poder familiar, também a seguinte: a suspensão podia ser decretada por simples despacho, sem forma nem figura de juízo, mas a perda dependia de procedimento contencioso. Hoje, no entanto, tal diferença não mais existe, pois o art. 24 do Estatuto da Criança e do Adolescente preceitua que a "perda e a suspensão do pátrio poder serão decretadas judicialmente, em procedimento contraditório".

O art. 155 do aludido diploma disciplina o *procedimento* a ser seguido, que pode ter início por provocação do Ministério Público ou de quem tenha legítimo interesse. Havendo motivo grave, poderá o juiz, ouvido o Ministério Público, decretar a suspensão do pátrio poder (expressão mantida pelo ECA), liminarmente, até o julgamento definitivo da causa, ficando a criança ou o adolescente confiado a pessoa idônea, mediante termo de responsabilidade.

DO DIREITO PATRIMONIAL

Título I

DO REGIME DE BENS ENTRE OS CÔNJUGES

> *Sumário*: 1. Disposições gerais. 2. Regime de bens: princípios básicos. 2.1. Da imutabilidade absoluta à mutabilidade motivada. 2.2. Variedade de regimes. 2.3. Livre estipulação. 3. Administração e disponibilidade dos bens. 3.1. Atos que um cônjuge não pode praticar sem autorização do outro. 3.2. Suprimento da autorização conjugal. 4. Pacto antenupcial. 5. Regime da separação legal ou obrigatória. 6. Regime da comunhão parcial ou limitada. 6.1. Bens excluídos da comunhão parcial. 6.2. Bens que se comunicam, no regime da comunhão parcial. 7. Regime da comunhão universal. 7.1. Bens excluídos da comunhão universal. 7.2. Outras disposições. 8. Regime da participação final nos aquestos. 9. Regime da separação convencional ou absoluta.

1. DISPOSIÇÕES GERAIS

Como exposto no capítulo concernente à eficácia jurídica do casamento (Cap. X, item 1, *retro*), os efeitos por este produzidos são numerosos e complexos. Irradiam-se os seus múltiplos efeitos e consequências no ambiente *social*, especialmente nas relações *pessoais* e *econômicas* dos cônjuges, e entre estes e seus filhos, gerando direitos e deveres que são disciplinados por normas jurídicas.

As relações de caráter pessoal limitam-se, em regra, aos cônjuges e aos filhos e são essencialmente de natureza ética e social. Referem-se aos direitos e deveres dos cônjuges e dos pais em relação aos filhos. As de cunho patrimonial, que abrangem precipuamente o regime de bens, a obrigação alimentar e os direitos sucessórios, podem eventualmente estender-se aos ascendentes e aos colaterais até o segundo grau (CC, art. 1.697) ou ainda até o quarto grau (art. 1.839).

Vistos os efeitos pessoais, serão analisados, nos parágrafos seguintes, os efeitos patrimoniais no casamento produzidos pelos diversos regimes de bens. Os demais efeitos, consubstanciados nas doações recíprocas, na obrigação de sustento de um ao outro e da prole, no usufruto dos bens dos filhos durante o poder familiar, no direito sucessório etc., serão estudados na oportunidade e local próprios.

2. REGIME DE BENS: PRINCÍPIOS BÁSICOS

Regime de bens é o conjunto de regras que disciplina as relações econômicas dos cônjuges, quer entre si, quer no tocante a terceiros, durante o casamento. Regula especialmente o domínio e a administração de ambos ou de cada um sobre os bens anteriores e os adquiridos na constância da união conjugal.

Embora sejam numerosos os regimes matrimoniais encontrados na legislação dos países modernos, o Código Civil brasileiro prevê e disciplina apenas quatro: o da comunhão parcial (arts. 1.658 a 1.666), o da comunhão universal (arts. 1.667 a 1.671), o da participação final nos aquestos (arts. 1.672 a 1.686) e o da separação (arts. 1.687 e 1.688). Todavia, esse diploma, além de facultar aos cônjuges a escolha dos aludidos regimes, permite que as partes regulamentem as suas relações econômicas fazendo combinações entre eles, criando um regime misto, bem como elegendo um novo e distinto, salvo nas hipóteses especiais do art. 1.641, I a III, em que o regime da separação é imposto compulsoriamente.

Ao fazer uso dessa liberdade de estruturação do regime de bens, não podem os nubentes, no entanto, estipular cláusulas que atentem contra os princípios da ordem pública ou contrariem a natureza e os fins do casamento. Dispõe o art. 1.639 do Código Civil, com efeito, que "*é lícito aos nubentes, antes de celebrado o casamento, estipular, quanto aos seus bens, o que lhes aprouver*". Todavia, aduz o art. 1.655 que "*é nula a convenção ou cláusula dela que contravenha disposição absoluta de lei*". A convenção deve ser celebrada em pacto antenupcial, que também será nulo "*se não for feito por escritura pública*" (art. 1.653).

Esse sistema é o que melhor atende aos interesses dos cônjuges, uma vez que poderão estes regulá-los soberanamente de modo mais vantajoso que a própria lei.

No silêncio das partes, ou se a convenção for nula ou ineficaz, "*vigorará, quanto aos bens entre os cônjuges, o regime da comunhão parcial*", por determinação do art. 1.640 do Código Civil. Por essa razão, tal regime é chamado também de *regime legal* ou *supletivo*. Como assinala Pontes de Miranda, "a instituição de regime, qualquer que seja, é de tão relevante interesse público e particular, que se tornou necessário *presumir-se* a existência de *pacto tácito*, a fim de submeter os bens dos cônjuges a um dos sistemas cardiais"[1].

Dispõe o § 1º do retrotranscrito art. 1.639 do Código Civil que "*o regime de bens entre os cônjuges começa a vigorar desde a data do casamento*". Seja qual for o regime adotado pelos contraentes, não poderá ter início em data anterior à da celebração do matrimônio.

Confirmando a posição assumida pelo Código de 1916 (art. 230), o novo diploma afastou definitivamente o critério originário do direito canônico e aplicado no Brasil no direito pré-codificado, pelo qual a vigência do regime de bens dependia da consumação do matrimônio, que se dava no instante em que os cônjuges mantivessem relações sexuais. A solução posteriormente encontrada "evita questões constrangedoras de prova, relativamente à consumação ou não do matrimônio"[2].

O art. 2.039 do Código Civil de 2002 contém norma de direito intertemporal de grande relevância. Dispõe o aludido dispositivo: "*O regime de bens nos casamentos celebrados na vigência do Código Civil anterior, Lei n. 3.071, de 1º de janeiro de 1916, é o por ele estabelecido*". Desse modo, no decorrer da presente explanação será feita referência ao Código de 1916, sempre que necessário e pertinente.

As relações econômicas entre os cônjuges, e entre estes e terceiros, no casamento, submetem-se a três princípios básicos: a) imutabilidade ou irrevogabilidade; b) variedade de regimes; c) livre estipulação.

2.1. Da imutabilidade absoluta à mutabilidade motivada

A irrevogabilidade ou imutabilidade do regime de bens já foi tratada no Capítulo X, concernente à eficácia jurídica do casamento, item 1.3, *retro*, sob o título "Efeitos patrimoniais", ao qual nos reportamos.

Acrescente-se que se justifica a imutabilidade por duas razões básicas: o interesse dos cônjuges e o de terceiros. O aludido princípio evita, com efeito, que um dos cônjuges abuse de sua ascendência para obter alterações em seu benefício. O interesse de terceiros também fica resguardado contra mudanças no regime de bens, que lhes poderiam ser prejudiciais.

A inalterabilidade do regime de bens assentava, com efeito, em três razões principais: a) o contrato de casamento, que era concebido como um pacto de família, inalterável por vontade dos cônjuges; b) o propósito de evitar que a influência exercida por um cônjuge sobre o outro pudesse provocar abuso dessa

---

[1] *Tratado de direito de família*, v. II, § 124, p. 135.
[2] Silvio Rodrigues, *Direito civil*, v. 6, p. 136.

ascendência para a obtenção de alterações em seu benefício; c) a defesa de interesses de terceiros[3].

Alguns países, contudo, preferiram a tese da revogabilidade do regime de bens, adotada nos Códigos da Alemanha, Áustria, Suíça, França, Itália, Suécia e Bélgica. Entre nós, ORLANDO GOMES[4] sempre incentivou a adoção desse sistema, inserindo em seu Anteprojeto a possibilidade de alterar o regime de bens mediante sentença judicial. No seu entender, malgrado a imutabilidade do regime de bens seja uma segurança para cônjuges e terceiros, o princípio não é aceito por algumas legislações e "não há razão para mantê-lo". A própria lei põe à escolha dos nubentes diversos regimes matrimoniais, aduz, "e não impede que combinem disposições próprias de cada qual. Por que proibir que modifiquem cláusulas do contrato que celebraram, mesmo quando o acordo de vontades é presumido pela lei? Que mal há na decisão de cônjuges casados pelo regime da separação de substituírem-no pelo da comunhão?"

Na mesma esteira a ponderação de CARVALHO SANTOS[5]. Argumenta que, em boa doutrina, não se justificaria o princípio da irrevogabilidade do regime matrimonial, uma vez que o interesse dos cônjuges, em certos casos, permitiria aconselhar-lhes a modificação; no tocante a terceiros, seus direitos poderiam ser ressalvados, sem que houvesse necessidade de acolher inflexivelmente o princípio da imutabilidade imposto pelo legislador.

O Código Civil de 1916 estabelecia a irrevogabilidade ou inalterabilidade do regime de bens entre os cônjuges, que devia perdurar assim enquanto subsistisse a sociedade conjugal. Antes da celebração poderiam os nubentes modificar o pacto antenupcial, para alterar o regime de bens. Celebrado, porém, o casamento, ele tornava-se *imutável*. Mesmo nos casos de reconciliação de casais separados judicialmente, o restabelecimento da sociedade conjugal dá-se, até hoje, no mesmo regime de bens em que havia esta sido estabelecida. Se o casal se divorciar, poderá casar-se novamente, sob regime diverso do anterior.

No sistema do Código de 1916 a imutabilidade do regime de bens era, portanto, absoluta. A única exceção constava da Lei de Introdução às Normas do Direito Brasileiro, que a estabeleceu em favor do estrangeiro casado, a quem ficou facultado, com a anuência do outro cônjuge, no ato de se naturalizar brasileiro, optar pelo regime da comunhão parcial, que é o regime legal entre nós, respeitados

---

[3] Paulo Luiz Netto Lôbo, *Código Civil comentado*, v. XVI, p. 234; Silvio Rodrigues, *Direito civil*, cit., v. 6, p. 149.

[4] *Direito de família*, p. 174.

[5] *Código Civil interpretado*, v. 4, p. 316.

os direitos de terceiros (LINDB, art. 7º, § 5º). Se já é casado sob esse regime, não poderá optar por outro.

A *Súmula 377 do Supremo Tribunal Federal* abriu a possibilidade de amenizar o princípio da imutabilidade do regime legal do casamento, ao proclamar que "no regime da separação legal de bens comunicam-se os adquiridos na constância do casamento". Permitiu, desse modo, que sejam reconhecidos, no aludido regime, a colaboração e o esforço comum dos cônjuges. No caso da separação convencional não basta, todavia, para que ocorra a comunicação, a vida em comum, com o atendimento dos deveres que decorram da existência do consórcio. É necessário que se unam em empreendimento estranho ao casamento, como autênticos sócios.

A *imutabilidade do regime de bens não é, porém, absoluta no atual Código Civil,* como foi dito, pois o art. 1.639, § 2º, admite a sua alteração, "*mediante autorização judicial em pedido motivado de ambos os cônjuges, apurada a procedência das razões invocadas e ressalvados os direitos de terceiros*". Observe-se que a referida alteração não pode ser obtida unilateralmente, ou por iniciativa de um dos cônjuges em processo litigioso, pois o novel dispositivo citado exige pedido motivado "de ambos".

Para que o regime de bens no casamento possa ser modificado, desde que não seja o obrigatório imposto no art. 1.641 do Código Civil, são necessários quatro requisitos: a) pedido formulado por ambos os cônjuges; b) autorização judicial; c) razões relevantes; e d) ressalva dos direitos de terceiros. A falta ou recusa de um dos cônjuges em dar a anuência impede o deferimento do pedido, não podendo ser suprida judicialmente.

O Código Civil em vigor, dessarte, inovou, substituindo o princípio da imutabilidade absoluta do regime de bens pelo da mutabilidade motivada ou justificada. A inalterabilidade continua sendo a regra e a mutabilidade a exceção, pois esta somente pode ser obtida em casos especiais, mediante sentença judicial, depois de demonstrados e comprovados, em procedimento de jurisdição voluntária, a procedência da pretensão bilateralmente manifestada e o respeito a direitos de terceiros.

Não será tão simples conseguir a passagem de um regime para outro, em razão dos requisitos legais a serem preenchidos, por mais perdulário e negligente no tocante ao patrimônio comum que seja um dos cônjuges, pois o dispositivo em apreço não admite pedido isolado de um deles.

A proteção aos cônjuges, no novo sistema, "é assegurada, em razão da necessidade de pedido conjunto e motivado ao juiz competente, e a proteção a terceiros deve ser ressalvada na decisão judicial, com todas as cautelas, dentre as quais a apresentação em juízo de certidões negativas de ações judiciais e protestos e a devida publicidade do procedimento judicial respectivo, com publicação de editais, além dos registros próprios da sentença homologatória, dentre os quais o Registro de Imóveis do domicílio dos cônjuges (Cód. Civil de 2002, art. 1.657)"[6].

Dispõe o art. 734 do Código de Processo Civil de 2015: "A alteração do regime de bens do casamento, observados os requisitos legais, poderá ser requerida, motivadamente, em petição assinada por ambos os cônjuges, na qual serão expostas as razões que justificam a alteração, ressalvados os direitos de terceiros".

A averbação da sentença modificativa será feita tanto no Registro Civil das Pessoas Naturais e no Registro de Imóveis como na Junta Comercial, se for comerciante qualquer dos cônjuges, e, por extensão da regra do art. 979 do Código Civil, também no Registro Público das Pessoas Mercantis e Atividades Afins (CPC/2015, art. 734, § 3º).

O legislador não impôs um tempo mínimo de casamento nem especificou as situações fáticas que justificam o pedido. Exigiu apenas que seja este motivado e formulado por ambos os cônjuges, cabendo à autoridade judicial deferi-lo por sentença, depois de apurada, segundo o seu *arbitrium boni viri*, a procedência das razões invocadas. A decisão não é simplesmente homologatória, pois a lei exige que seja fundamentada.

Adverte Silvio Rodrigues que cabe ao juiz verificar se a pretensão, embora conjunta, "atende aos interesses da família, pois, se em prejuízo de qualquer dos cônjuges ou dos filhos, deve ser rejeitada. E por prejuízo entenda-se impor a um deles situação de miséria, ou extrema desvantagem patrimonial, e não apenas redução de vantagens ou privilégios. Assim, o fato de, pela mudança do regime, o cônjuge vir a ser privado de uma herança futura é insuficiente à objeção, até porque só existiria expectativa de um direito"[7].

Dentre os motivos relevantes pode ser mencionada, exemplificativamente, a alteração do regime legal de comunhão parcial para o de separação de bens, na hipótese de os consortes passarem a ter vidas econômicas e profissionais próprias,

---

[6] Washington de Barros Monteiro, *Curso de direito civil*, 37. ed., v. 2, p. 187; Débora Gozzo, *Pacto antenupcial*, p. 117. "Direito de Família – Alteração do regime de bens adotado – Direito de terceiro não resguardado – Impossibilidade – Patronímico do cônjuge – Acréscimo posterior ao casamento – Cabimento – Recurso parcialmente provido. A alteração do regime de bens só é admissível por meio de autorização judicial em pedido motivado de ambos os cônjuges, e se ressalvados os direitos de terceiros, conforme disposição do art. 1.639, § 2º, do Código Civil de 2002 – Revela-se possível a retificação do registro civil para a inclusão do patronímico do cônjuge do outro, ainda que posteriormente à celebração do casamento, considerando-se que o direito ao nome é atributo da personalidade individual e merece tutela jurídica" (TJMG, AC 10592180000180001, rel. Des. Belizário de Lacerda, j. 18-2-2020). V. ainda Lei n. 6.017/73, art. 167, I, n. 12.

[7] *Direito civil*, cit., v. 6, p. 150-151.

mostrando-se conveniente a existência de patrimônios distintos, não só para garantir obrigações necessárias à vida profissional, como para incorporação em capital social de empresa. Ou, ainda, a constituição de uma sociedade personificada entre o marido e a mulher, ou formada com terceiro e da qual ambos participam, hipóteses estas vedadas se o regime de bens for o da comunhão universal ou o de separação obrigatória (CC, art. 977). No último caso, a aludida motivação justifica plenamente a pretensão de mudar o regime para o de comunhão parcial, ou de participação final nos aquestos, ou, ainda, de separação voluntária de bens[8].

A propósito, proclamou o *Superior Tribunal de Justiça* ser suficiente à alteração do regime de bens a mera motivação de divergência acerca da administração dos bens do casal, a justificar o interesse processual[9]. *In casu*, decidiu-se que, apesar da pretensão de incolumidade da herança recebida pela cônjuge, também havia o argumento constante da inicial no sentido de haver a divergência na administração dos bens do casal, necessária à preservação da paz conjugal.

O alcance da alteração deve constar de modo expresso e preciso da sentença modificativa do regime de bens, declarando especialmente se os seus efeitos atingem os bens adquiridos anteriormente ou se prevalece, quanto a estes, o regime inicialmente adotado. A alteração convencional da comunhão universal somente poderá ser autorizada pelo juiz após a divisão do *"ativo e do passivo"*, para ressalva dos direitos de terceiros, como estatui o art. 1.671 do Código Civil.

Verifica-se, assim, que foram superados os argumentos dos que pregavam a irrevogabilidade do regime de bens, baseados na fragilidade da mulher, que poderia ser lesada pela alteração em virtude da ascendência do marido, e nos prejuízos a terceiros, que podem ser perfeitamente obstados pelas referidas medidas a serem tomadas pelo juízo competente.

A modificação do regime de bens não é admitida na hipótese de casamento submetido a regime obrigatório de separação de bens, imposto pelo art. 1.641 do Código Civil: a) às pessoas que o contraírem com inobservância das causas suspensivas da celebração do casamento; b) a pessoa maior de 70 anos (a exigência foi declarada inconstitucional pelo STF); e c) a todos os que dependerem, para casar, de suprimento judicial.

Parece-nos, no entanto, assistir razão a Silvio Rodrigues quando considera possível a modificação do aludido regime de bens "apenas se superada aquela circunstância que impedia a livre opção das partes (p. ex., quando o cônjuge divorciado promove a partilha dos bens integrantes de seu anterior casamento, desaparecendo assim a causa suspensiva que lhe impunha o regime de separação)"[10].

---

[8] Paulo Luiz Netto Lôbo, *Código Civil*, cit., v. XVI, p. 234; Arnaldo Rizzardo, *Direito de família*, p. 630.

[9] STJ, REsp 1.446.330-SP, 3ª T., rel. Min. Moura Ribeiro, *DJe* 27-3-2015.

[10] *Direito civil*, cit., v. 6, p. 151.

Efetivamente, se o parágrafo único do art. 1.523 do Código Civil permite aos nubentes solicitar ao juiz que não lhes sejam aplicadas as causas suspensivas previstas no *caput* do dispositivo em tela, "*provando-se a inexistência de prejuízo*", com maior razão devem ser afastadas as consequências da sanção se a omissão que provocou a sua imposição foi sanada.

Nesse sentido o *Enunciado n. 262 da III Jornada de Direito Civil realizada pelo Conselho da Justiça Federal*: "*A obrigatoriedade da separação de bens, nas hipóteses previstas no art. 1.641, I e III, do Código Civil não impede a alteração do regime, desde que superada a causa que o impôs*". O referido Enunciado não abrange, porém, a hipótese prevista no art. 1.641, II, concernente às pessoas que se casarem com mais de 70 anos de idade e que também deverão adotar o regime da separação obrigatória de bens.

A imposição do regime da separação legal, nesses casos, é de duvidosa constitucionalidade, por ofender a dignidade humana, como adiante comentado (*v.* item 5, *Regime da separação legal ou obrigatória*, II, *infra*). O *Tribunal de Justiça de São Paulo* já teve a oportunidade de decidir que, além de tal determinação não se justificar frente ao novo ordenamento civil, "até porque impõe tutela excessiva do Estado sobre pessoa considerada maior e capaz plenamente para todos os atos da vida civil", no caso *sub judice* o casal vivia em união estável havia mais de 10 anos, anteriormente ao casamento. Afirma o julgado que, na conversão da união estável em casamento, tem sido admitido regime diverso da separação obrigatória no caso de a união ter começado quando ainda não tivesse um dos conviventes 70 anos, concluindo: "A *mens legis* quanto à imposição do regime de separação obrigatória tem por escopo evitar o chamado 'golpe do baú', o que não se verifica quando os nubentes já convivam de fato por mais de 10 anos consecutivos ou havendo prole comum"[11].

O tema restou enfrentado pelo *Supremo Tribunal Federal* em 2024, que fixou a seguinte tese: "Nos casamentos e uniões estáveis envolvendo pessoa maior de 70 anos, o regime de separação de bens previsto no art. 1.641, II, do Código Civil, pode ser afastado por expressa manifestação de vontade das partes, mediante escritura pública"[12].

A inovação que permite a alteração motivada do regime de bens admite a sua utilização por pessoas casadas anteriormente à vigência do novo diploma.

Não constitui empeço a esse entendimento a norma constante do art. 2.039 das Disposições Transitórias, pelo qual, quanto ao regime de bens, aplicam-se as regras da lei anterior aos casamentos realizados sob a égide do Código de 1916. Tal dispositivo conduz à interpretação de que, se o casamento for anterior ao

---

[11] TJSP, Ap. 540.808-4/0-00, 5ª Câm. Dir. Priv., rel. Des. Benedito Silvério Ribeiro.
[12] STF, RE com Agravo 1.309.642-SP, rel. Min. Luis Roberto Barroso, *DJe* 2-4-2024.

Código de 2002, mantém-se, por exemplo, a exigência da outorga uxória para a alienação de bens prevista nos arts. 235 e 242 do Código de 1916, apesar de o art. 1.687 do novo diploma dispensá-la expressamente nos regimes de *separação* convencional. Mas não impede que as novas regras específicas sobre regimes de bens sejam adotadas por todos os casais, mesmo aqueles que contraíram matrimônio anteriormente, ressalvados os eventuais direitos de terceiros.

Sustenta, a propósito, SILVIO RODRIGUES que a imutabilidade não é um efeito do regime de bens propriamente dito (no que diz respeito ao que entra ou deixa de incorporar à comunhão), "senão uma característica do efeito patrimonial do casamento"[13]. No seu entender, estariam submetidas ao comando contido no aludido art. 2.039 do Código Civil as disposições específicas de cada regime. A mutabilidade, todavia, aduz, "é decorrente do matrimônio, é uma característica, repetimos, do regime patrimonial do casamento e, como tal, submete-se de pronto ao novo regime legal pela eficácia imediata da norma nos termos do art. 6º da Lei de Introdução ao Código Civil [hoje, LINDB]".

REGINA BEATRIZ TAVARES DA SILVA, na atualização da obra de WASHINGTON DE BARROS MONTEIRO[14], perfilhando esse entendimento pondera que o art. 2.045 das Disposições Transitórias dispõe que os efeitos dos atos jurídicos constituídos anteriormente, mas produzidos após a vigência do novo diploma, *"aos preceitos dele se subordinam"*. Portanto, aduz, "se levado em conta que a irretroatividade das normas sobre regime de bens tem em vista evitar a aplicação da lei nova pela vontade de apenas uma das partes, ou seja, proteger o ato jurídico perfeito e o direito adquirido, de modo a ser aplicado o ordenamento jurídico vigente à sua época contra as investidas de uma das partes, em adequação ao que dispõem os arts. 5º, n. XXXVI, e 6º da Lei de Introdução ao Código Civil – Decreto-lei n. 4.657, de 4 de setembro de 1942 [hoje, LINDB] –, entende-se que, por exigir pedido de ambos os cônjuges, a mutabilidade do regime de bens deve ser possibilitada também em casamentos celebrados antes da entrada em vigor do novo Código Civil".

Nessa trilha decidiu, por unanimidade, a *4ª Turma do Superior Tribunal de Justiça* ser admissível a alteração do regime de bens de casamentos ocorridos na vigência do Código Civil de 1916. O relator perfilhou-se, no seu voto, a nomes de relevo da doutrina brasileira que defendem a possibilidade de alteração de regime de bens para os casamentos realizados antes do novo Instituto Civil,

---

[13] *Direito civil*, cit., v. 6, p. 153. Também José Antonio Encinas Manfré se inclina a admitir a aplicação retroativa do princípio da mutabilidade do regime de bens, para se impor a efetividade da prestação jurisdicional e evitar o desatendimento ao cidadão leigo e necessitado da tutela jurisdicional, "máxime inexistindo prejuízo a terceiros, à família e a demais valores protegidos pelo Direito" (*Regime matrimonial de bens no novo Código Civil*, p. 192).

[14] *Curso*, cit., 37. ed., v. 2, p. 188.

408

observados os direitos de terceiros e apuradas as razões invocadas para o casal. Dessa forma, aduziu que "os bens adquiridos antes da decisão que eventualmente autorizar a alteração de regime permanecem sob as regras do pacto de bens anterior, vigorando o novo regime sobre os bens e negócios jurídicos comprados e realizados após a autorização"[15].

Na I *Jornada de Direito Civil, realizada em Brasília por iniciativa do Superior Tribunal de Justiça em setembro de 2002, aprovou-se o Enunciado n. 113, que recomenda ampla publicidade para a autorização da mudança*: "É admissível a alteração do regime de bens entre os cônjuges, quando então o pedido, devidamente motivado e assinado por ambos os cônjuges, será objeto de autorização judicial, com ressalva dos direitos de terceiros, inclusive dos entes públicos, após perquirição de inexistência de dívida de qualquer natureza, exigida ampla publicidade".

Segundo dispõe o § 1º do art. 734 do Código de Processo Civil de 2015, o juiz, ao receber a petição inicial, deve determinar a "publicação de edital que divulgue a pretendida alteração de bens, somente podendo decidir depois de decorrido o prazo de 30 (trinta) dias da publicação do edital". Complementa o § 2º que "os cônjuges, na petição inicial ou em petição avulsa, podem propor ao juiz meio alternativo de divulgação da alteração do regime de bens, a fim de resguardar direitos de terceiros".

Embora parte da jurisprudência sustente a necessidade de avaliar, rigidamente, os motivos indicados pelos cônjuges para a alteração do regime, não sendo possível efetuar a mudança com base em razões simplesmente pessoais[16], outra corrente, mais consentânea com a liberdade conferida pelo Código aos cônjuges para a escolha do regime de bens, sustenta que a justificativa dos cônjuges não deve constituir objeto de ampla sindicância. Confira-se:

"Com o reconhecimento da mutabilidade do regime de bens pelo Código Civil, houve, em verdade, uma otimização do princípio da autonomia da vontade do casal, consagrado no princípio da livre estipulação do pacto, de forma que não deve a Justiça ser por demais resistente no exame do requisito da motivação previsto no § 2º do art. 1.639 do Código Civil. Até porque a esta exigência legal deve ser conferida uma conotação de ordem subjetiva, tendo em vista as inúmeras razões internas e externas que podem levar um casal a optar pela alteração do regime de bens. Ademais, não se pode olvidar que, quando da escolha do regime de bens por ocasião da celebração do casamento, não é exigido dos nubentes qualquer

---

[15] REsp 73.056, 4ª T., rel. Min. Jorge Scartezzini, j. 24-8-2005.
[16] Nesse sentido, TJRJ, Ap. 2007.001.13468, 2ª Câm. Cív., rel. Des. Maurício Caldas Lopes, j. em 11-4-2007.

justificativa sobre o pacto eleito, motivo pelo qual, por mais esse fundamento, tal condição deve ser minimizada pelos julgadores"[17].

Gustavo Tepedino chega mesmo a entrever que, com a promulgação da Lei n. 11.441, de 2007, que permite separação e divórcio consensuais, além de partilha por meio de escritura pública, venha a ser cogitada a possibilidade de mudança legislativa que autorize a alteração extrajudicial do regime de bens, desde que assegurada, evidentemente, a proteção de terceiros, por meio de certidões negativas atinentes a dívidas e execuções em face dos cônjuges[18].

A propósito, salientou o *Superior Tribunal de Justiça* que "a melhor interpretação que se deve conferir ao art. 1.639, § 2º, do CC/02 é a que não exige dos cônjuges justificativas exageradas ou provas concretas do prejuízo na manutenção do regime de bens originário, sob pena de se esquadrinhar indevidamente a própria intimidade e a vida privada dos consortes. No caso em exame, foi pleiteada a alteração do regime de bens no casamento dos ora recorrentes, manifestando eles como justificativa a constituição de sociedade de responsabilidade limitada entre o cônjuge varão e terceiro, providência que é acauteladora de eventual comprometimento do patrimônio da esposa com a empreitada do marido. A divergência conjugal quanto à condução da vida financeira da família é justificativa, em tese, plausível à alteração do regime de bens, divergência essa que, em não raras vezes, se manifesta ou se intensifica quando um dos cônjuges ambiciona enveredar-se por uma nova carreira empresarial, fundando, como no caso em apreço, sociedade com terceiros na qual algum aporte patrimonial haverá de ser feito, e do qual pode resultar impacto ao patrimônio comum do casal"[19].

2.2. Variedade de regimes

A lei coloca à disposição dos nubentes não apenas um modelo de regime de bens, mas quatro. Como o regime dotal previsto no diploma de 1916 não vingou, assumiu a sua vaga, no novo Código, o regime de participação final nos aquestos (arts. 1.672 a 1.686), sendo mantidos os de comunhão parcial, comunhão universal e separação convencional ou legal.

O regime dotal estabelecia uma desigualdade no tratamento conferido ao homem e à mulher. Tinha como base o *dote*, que, "no sentido técnico e jurídico, era a porção de bens que a mulher, ou alguém por ela, transferia ao marido, para que este, de suas rendas, tirasse os recursos necessários à

---

[17] TJRS, Ap. 70.012.341.715, 7ª Câm. Cív., rel. Desª Maria Berenice Dias, j. 14-9-2005.

[18] Controvérsias sobre regime de bens no novo Código Civil, *Revista Brasileira de Direito das Famílias e Sucessões*, IBDFAM, n. 2, p. 11.

[19] STJ, REsp 119.462-MG, 4ª T., rel. Min. Luis Felipe Salomão, *DJ*, 12-3-2013.

sustentação dos encargos matrimoniais, sob condição de restituí-los depois de terminada a sociedade conjugal"[20].

Tal regime, como mencionado, foi eliminado no Código Civil de 2002, uma vez que não recebeu a aceitação da sociedade brasileira, não ingressando em nossos hábitos e costumes.

Podem os contraentes adotar um dos quatro regimes retromencionados, ou combiná-los entre si, criando um regime misto, desde que as estipulações não sejam incompatíveis com os princípios e normas de ordem pública que caracterizam o direito de família (CC, art. 1.655). Podem as partes, ainda, adotar o regime simplesmente mencionando-o pela rubrica constante do Código (comunhão parcial, comunhão universal etc.), pelos artigos de lei que o disciplinam, bem como pelos preceitos que o regem.

2.3. Livre estipulação

Estatui o art. 1.639 do Código Civil que "*é lícito aos nubentes, antes de celebrado o casamento, estipular, quanto aos seus bens, o que lhes aprouver*". Tal dispositivo enuncia o princípio-base da liberdade de escolherem os nubentes o que lhes aprouver quanto aos seus bens, fundado na ideia de que são eles os melhores juízes da opção que lhes convém, no tocante às relações econômicas a vigorar durante o matrimônio.

Acrescenta o parágrafo único do art. 1.640 que poderão os nubentes, "*no processo de habilitação, optar por qualquer dos regimes*". Quanto à forma, aduz o aludido parágrafo único: "*reduzir-se-á a termo a opção pela comunhão parcial, fazendo-se o pacto antenupcial por escritura pública, nas demais escolhas*".

Podem os nubentes, assim, como já referido, adotar um dos regimes-modelo mencionados, como combiná-los entre si, criando um regime misto, bem como eleger um novo e distinto. Conforme a lição de LAFAYETTE, "podem os contraentes escolher um desses regimes, ou modificá-los e combiná-los entre si de modo a formar uma nova espécie, como se, por exemplo, convencionam a separação de certos e determinados bens e a comunhão de todos os mais. Neste caso torna-se misto o regime"[21].

Essa orientação é a mais difundida nas legislações modernas. Adotam-na, dentre as principais de origem romana, a da França (CC, art. 1.387), a de Portugal (CC, art. 1.096) e a da Espanha (CC, art. 1.315). Outros sistemas concedem aos nubentes apenas a liberdade de escolher entre os vários regimes disciplinados nos respectivos Códigos, sem a possibilidade de efetuar as mencionadas combinações.

O princípio vigente entre nós, entretanto, admite uma exceção: a lei fixa, imperativamente, o regime de bens a pessoas que se encontrem nas situações

---

[20] Washington de Barros Monteiro, *Curso*, cit., 37. ed., v. 2, p. 228.

[21] *Direitos de família*, § 50.

previstas no art. 1.641, tornando-o obrigatório. A livre estipulação deferida aos cônjuges também *não é absoluta*, pois o art. 1.655 do referido diploma, referido no item anterior, declara *"nula a convenção ou cláusula dela que contravenha disposição absoluta de lei".* Não valem, destarte, as cláusulas que dispensem os cônjuges dos deveres conjugais ou que privem um deles do poder familiar, por exemplo.

A escolha é feita no pacto antenupcial. Se este não foi feito, ou for nulo ou ineficaz, *"vigorará, quanto aos bens entre os cônjuges, o regime da comunhão parcial"* (art. 1.640). O pacto antenupcial é, portanto, facultativo. Somente se tornará necessário se os nubentes quiserem adotar regime matrimonial diverso do legal. Os que preferirem o regime legal não precisarão estipulá-lo, pois sua falta revela que aceitaram o regime da comunhão parcial. Presume-se que o escolheram, pois caso contrário teriam feito pacto antenupcial.

Malgrado a adoção do princípio da variedade de regimes no Código de 2002, observa-se que o legislador demonstrou sua preferência pelo regime da comunhão parcial, estabelecendo ser este o que vigorará, se os noivos não escolherem o regime de bens ou se sua vontade foi manifestada de modo defeituoso.

Nem sempre, porém, foi assim. Desde as Ordenações de Portugal, aplicadas após o Descobrimento, até 1977, vigorou no Brasil, como regime legal, o da comunhão universal de bens. A situação somente se modificou com a entrada em vigor da Lei do Divórcio (Lei n. 6.515, de 26-12-1977), que substituiu tal regime pelo da comunhão parcial, também acatado pelo Código Civil de 2002, no art. 1.640.

3. ADMINISTRAÇÃO E DISPONIBILIDADE DOS BENS

A sociedade conjugal é composta de uma comunidade de pessoas, incluindo os filhos, que precisa atender à sua necessidade de subsistência com suas rendas e com seus bens. Cabe à entidade conjugal o sustento da família, não mais ao marido, como era antes da isonomia constitucional consagrada na atual Constituição.

No capítulo dedicado às Disposições Gerais, o novo Código apresenta um conjunto de normas que dizem respeito aos interesses patrimoniais dos cônjuges, disciplinando as obrigações que estes podem ou não assumir, bem como a propriedade, administração e disponibilidade da massa de bens conjugais, nas quais ressalta a igualdade de tratamento dispensada ao casal.

Em abono dessa assertiva, o art. 1.642 proclama, em primeiro plano: *"Qualquer que seja o regime de bens, tanto o marido quanto a mulher podem livremente: I – praticar todos os atos de disposição e de administração necessários ao desempenho de sua profissão, com as limitações estabelecidas no inciso I do art. 1.647".* Podem ainda, sem a autorização do outro cônjuge: "*II – administrar os bens próprios; III – desobrigar ou reivindicar os imóveis que tenham sido gravados ou alienados sem o seu consentimento ou sem suprimento judicial; IV – demandar a rescisão dos contratos de fiança e doação, ou a invalidação do aval, realizados pelo outro cônjuge com infração do disposto nos incisos III e IV do art. 1.647; V – reivindicar os bens comuns, móveis ou imóveis, doados ou transferidos pelo outro cônjuge ao concubino, desde que provado que os bens não foram adquiridos pelo esforço comum destes, se o casal estiver separado de fato por mais de cinco anos; VI – praticar todos os atos que não lhes forem vedados expressamente*".

O novo diploma concentra, nos dois primeiros incisos, a liberdade do marido e da mulher para a prática de todo ato de disposição e de administração de que necessitem no exercício das respectivas profissões (tais como as de comerciantes, profissionais liberais ou empresários, que exigem frequentemente disposição ou alienação de bens), bem como de todo ato de administração dos bens próprios, ou seja, dos que não integram a comunhão, consoante o regime de bens adotado. São ressalvados, todavia, no inciso I, os imóveis, bem como os direitos reais sobre imóveis alheios, que nem o marido nem a mulher podem dispor sem a anuência do consorte.

O inciso III do dispositivo em tela, visando preservar o patrimônio do casal, permite a qualquer dos cônjuges – e não apenas à mulher, como fazia o inciso II do art. 248 do Código de 1916 – desobrigar ou reivindicar os bens imóveis que tenham sido gravados ou alienados sem o seu consentimento, ressalvada a hipótese de o ato ter sido praticado após a obtenção do suprimento judicial do consentimento.

Segundo o inciso IV, se um dos consortes "*prestar fiança ou aval*" ou fizer "*doação, não sendo remuneratória, de bens comuns, ou dos que possam integrar futura meação*", não sendo o regime da absoluta separação (CC, art. 1.647, III e IV), poderá o outro demandar a sua anulação. Estatui o art. 1.646 do Código Civil que, "*no caso dos incisos III e IV do art. 1.642, o terceiro, prejudicado com a sentença favorável ao autor, terá direito regressivo contra o cônjuge, que realizou o negócio jurídico, ou seus herdeiros*".

O terceiro prejudicado terá a aludida ação regressiva, portanto, nos casos de ausência de consentimento do outro cônjuge e de suprimento judicial.

As ações para desobrigar ou reivindicar os imóveis que tenham sido onerados sem o consentimento do outro cônjuge ou sem suprimento judicial, para demandar a rescisão dos contratos de fiança e doação ou a invalidação do aval convencionados sem autorização marital ou outorga uxória e para reivindicar os bens comuns doados ou transferidos ao concubino (art. 1.642, III a V) "*competem ao cônjuge prejudicado e a seus herdeiros*" (art. 1.645). Os referidos atos são, pois, anuláveis.

É de destacar o inciso V do mencionado art. 1.642, que exige separação de fato há mais de cinco anos, bem como prova de que os bens não teriam sido adquiridos com o esforço do cônjuge e seu *concubino* – o qual não se confunde com companheiro, por inexistir união estável, mas relação adulterina.

A fixação desse prazo representa um retrocesso em relação ao que vem sendo decidido pelos tribunais. Tem a jurisprudência, com efeito, assentado que, em caso de separação de fato do casal, que caracteriza o rompimento fático do vínculo, não se comunicam ao outro cônjuge os bens adquiridos nesse período, ou durante a convivência com terceira pessoa, não constituindo tal fato ofensa ao princípio da imutabilidade do regime de bens[22].

Pelo atual Código, o cônjuge separado de fato será beneficiado com meação em patrimônio que não ajudou a construir, adquirido nos cinco anos que se seguiram à mencionada separação. Esse risco, no entanto, só existirá se os conviventes não lograrem provar, de forma convincente, que os bens reivindicados decorreram do esforço comum do novo casal.

Rolf Madaleno, atento a essa realidade, critica veementemente a inovação, alertando para o elevado risco de injustiças que poderão ocorrer se a jurisprudência não estiver atenta para corrigir as distorções que irão surgir. Está pacificado pela jurisprudência brasileira, observa, "que a separação fática acarreta inúmeros efeitos jurídicos, especialmente o da incomunicabilidade de bens entre cônjuges fatalmente separados, porquanto já ausente o ânimo socioafetivo, real motivo do regime de comunicação patrimonial. Portanto, não existe nenhum sentido lógico em manter comunicáveis durante cinco longos anos bens hauridos em plena e irreversível separação de fato dos cônjuges, facilitando o risco do enriquecimento ilícito, pois o consorte faticamente separado poderá ser destinatário de uma meação composta por bens que não ajudou a adquirir"[23].

Em complemento, afirma ainda o aludido civilista gaúcho que o critério adotado "representa engessar as relações afetivas, que se renovam, já que ex-conviventes que não promoveram a separação judicial e a correspondente partilha de seus bens conjugais arriscam sofrer a invasão de seus bens até cinco anos depois de iniciada a separação fática se não ostentarem provas contundentes de que as suas atuais riquezas materiais decorreram do esforço comum do par convivente".

Como adverte Francisco José Cahali, na atualização da obra de Silvio Rodrigues, o dispositivo em epígrafe refere-se a relação concubinária, não a união estável, "pois para esta o companheiro passa a ter em seu favor a licitude da convivência com o regime da comunhão parcial, habilitando-se, ainda, a receber benefício do companheiro"[24].

---

[22] *RJTJSP*, Lex, 114/102.

[23] Do regime de bens entre os cônjuges, *Direito de família e o novo Código Civil*, p. 158.

[24] *Direito civil*, cit., v. 6, p. 161-162.

Aduz o mencionado civilista que também a regra "é destoante do art. 1.801, que impede a deixa testamentária ao concubino, salvo se separado de fato o testador há mais de cinco anos e por culpa do cônjuge sobrevivente. Em um caso fala-se em inexistência de esforço; em outro, em inocência do cônjuge abandonado. Sem dúvida a melhor opção é permitir a invalidação do ato apenas no que puder frustrar a meação. Dessa forma harmoniza-se a regra com o art. 1.647, IV, pelo qual o cônjuge pode livremente fazer doação, salvo daqueles bens que possam integrar futuro acervo de seu consorte".

As atenções, prossegue CAHALI, "hão de ser voltadas à preservação dos direitos patrimoniais de um cônjuge, devendo ser irrelevante, para a licitude do ato, o comportamento do outro, quando separado de fato. Daí melhor considerar viciada a liberalidade ao concubino de cônjuge casado na constância efetiva do matrimônio; mas a partir da separação de fato, apenas se vulnerar a transferência patrimonial na parte que puder comprometer a meação".

Finalmente, segundo o inciso VI do aludido art. 1.642, todos os atos não vedados expressamente pela lei podem ser praticados livremente por qualquer dos cônjuges. Utilizou o legislador o critério da exclusão: ressalvadas as vedações legais, tudo o mais é permitido, mesmo porque, segundo o princípio da legalidade insculpido no art. 5º, II, da Constituição Federal, ninguém é obrigado a fazer ou deixar de fazer algo, senão em virtude de lei.

Prevê ainda o art. 1.643 do Código Civil:

"*Podem os cônjuges, independentemente de autorização um do outro:*

I – comprar, ainda a crédito, as coisas necessárias à economia doméstica;

II – obter, por empréstimo, as quantias que a aquisição dessas coisas possa exigir".

Aduz o art. 1.644 do mesmo diploma que as referidas dívidas "*obrigam solidariamente ambos os cônjuges*".

O aludido art. 1.643 do Código Civil complementa as permissões para atuação individual dos cônjuges, em igualdade de condições. Presume-se autorizado pelo outro, especialmente em relação a terceiros de boa-fé, "o cônjuge que realiza negócios jurídicos e contrai obrigações relativas à manutenção da vida doméstica, do dia a dia da família. Estão incluídas as despesas com alimentação, com roupas, com o lazer etc. Do mesmo modo, os empréstimos obtidos para cobertura de tais despesas. Assim, não pode o outro cônjuge alegar a falta de sua autorização, quando ficarem evidenciadas as despesas de economia doméstica, que ele e os demais membros da família foram destinatários. Não se incluem as despesas suntuárias ou supérfluas, ainda que tendo destino o lar conjugal, pois não se enquadram na economia doméstica cotidiana"[25].

---

[25] Paulo Luiz Netto Lôbo, *Código Civil*, cit., v. XVI, p. 252.

Ao mesmo tempo em que concede a ambos os cônjuges a administração do casal, o Código Civil de 2002 aponta solução para hipóteses em que se torna impossível a um deles a administração dos bens que lhe incumbe por força do regime matrimonial adotado. Assim, dispõe o art. 1.570 do aludido diploma: "*Se qualquer dos cônjuges estiver em lugar remoto ou não sabido, encarcerado por mais de cento e oitenta dias, interditado judicialmente ou privado, episodicamente, de consciência, em virtude de enfermidade ou de acidente, o outro exercerá com exclusividade a direção da família, cabendo-lhe a administração dos bens*".

Por seu turno, acrescenta o art. 1.651: "*Quando um dos cônjuges não puder exercer a administração dos bens que lhe incumbe, segundo o regime de bens, caberá ao outro: I – gerir os bens comuns e os do consorte; II – alienar os bens móveis comuns; III – alienar os imóveis comuns e os móveis ou imóveis do consorte, mediante autorização judicial*".

Observa-se que o dispositivo faz uma distinção: os bens móveis comuns poderão ser alienados sem qualquer impedimento, mas os imóveis comuns e os móveis e os imóveis do outro cônjuge somente poderão ser alienados com prévia autorização judicial.

Estabelece ainda o art. 1.652 do Código Civil: "*O cônjuge, que estiver na posse dos bens particulares do outro, será para com este e seus herdeiros responsável: I – como usufrutuário, se o rendimento for comum; II – como procurador, se tiver mandato expresso ou tácito para os administrar; III – como depositário, se não for usufrutuário, nem administrador*".

O dispositivo em tela trata das consequências do fato de um dos cônjuges administrar os bens do consorte, em decorrência de impedimento deste. Estando na posse de bens particulares do consorte, o administrador será responsável perante o proprietário dos bens e seus herdeiros, assim pelo valor como pelo rendimento de tais bens. Se o rendimento for comum, encontrar-se-á na condição de usufrutuário, não respondendo, nesse caso, pelos frutos percebidos que de direito lhe pertencerão. Responderá, todavia, pela substância dos bens e deverá, em cessando a posse, devolvê-los ao titular ou seus herdeiros no estado em que os recebeu, salvo deterioração advinda do uso normal.

Decidiu o *Superior Tribunal de Justiça que o cônjuge que conserva a posse dos bens do casal é obrigado a prestar contas ao outro no período entre o fim do casamento e a partilha*. Na hipótese, o casal separou-se de fato e os bens do casal ficaram sob os cuidados do marido, até a partilha. Segundo o relator do acórdão, Min. Villas

---

V. a jurisprudência: "Pelas compras, ainda que a crédito, realizadas pela mulher casada necessárias à economia doméstica, responde o marido, frente à presunção legal de que está por ele autorizada" (*RJTJRS*, 72/697).

Bôas Cueva, "aquele que detiver a posse e a administração dos bens comuns antes da efetivação do divórcio, com a consequente partilha, deve geri-los no interesse de ambos os cônjuges, sujeitando-se ao dever de prestar contas ao outro consorte, a fim de evitar eventuais prejuízos relacionados ao desconhecimento quanto ao estado dos bens comuns"[26].

Se a posse for exercida pelo procurador, caber-lhe-á administrá-los nos termos do mandato, respondendo por sua conservação e manutenção em estado de servir, bem como pelos frutos, devendo contas de sua gestão ao titular ou aos herdeiros. Não sendo usufrutuário nem administrador, responderá como depositário, com o encargo de guardar os bens até que sejam reclamados, sujeitando-se às penas de depositário infiel se não os devolver prontamente e na íntegra.

3.1. Atos que um cônjuge não pode praticar sem autorização do outro

O art. 1.647 do Código Civil especifica os atos que nenhum dos cônjuges pode praticar sem autorização do outro, "*exceto no regime da separação absoluta*":

a) *Alienar ou gravar de ônus real os bens imóveis* – Trata-se, na verdade, de mera falta de legitimação e não de incapacidade, pois, obtida a anuência do outro, o cônjuge fica legitimado, e os atos por ele praticados revestem-se de legalidade. A restrição impõe-se, qualquer que seja o regime de bens, *exceto no da separação absoluta*.

Justifica-se a exigência pelo fato de os imóveis serem considerados bens de raiz, que dão segurança à família e garantem o futuro dos filhos, malgrado o patrimônio mobiliário possa atingir valor pecuniário muitas vezes maior que o imobiliário. Justo que o outro cônjuge seja ouvido a respeito da conveniência ou não da alienação. O verbo "alienar" tem sentido amplo, abrangendo toda forma de transferência de bens de um patrimônio para outro, como a venda, a doação, a permuta, a dação em pagamento etc.

Observa-se que, como inovação, o Código Civil de 2002 concede total liberdade de administração e disposição de seu patrimônio ao cônjuge, no regime da separação absoluta de bens. Todavia, no sistema do Código de 1916, mesmo no aludido regime era exigida a autorização do consorte para alienar ou gravar de ônus reais os bens imóveis. Tendo em vista que o art. 2.039 do novo diploma determina que o regime de bens nos casamentos celebrados na vigência do Código Civil anterior "*é o por ele estabelecido*", permanece, em consequência, a necessidade da outorga uxória ou autorização marital para a prática desses atos

---

[26] STJ, 3ª T., rel. Min. Villas Bôas Cueva. Disponível em: <http://www.conjur.com.br>. Acesso em 5-4-2012.

nos casamentos celebrados na vigência do diploma anterior pelo regime da separação de bens.

Com efeito, "os princípios da irretroatividade da lei nova protegem os interesses de um dos cônjuges em face de atos a serem praticados unilateralmente pelo outro. A irretroatividade das normas sobre regime de bens tem em vista evitar a aplicação da lei nova pela vontade de apenas uma das partes, ou seja, proteger o ato jurídico perfeito e o direito adquirido à aplicação do ordenamento jurídico vigente à sua época, em adequação ao que dispõem os arts. 5º, n. XXXVI, e 6º da Lei de Introdução ao Código Civil [hoje, LINDB] – Decreto-lei n. 4.657, de 4 de setembro de 1942"[27].

A vênia conjugal é necessária também no compromisso de compra e venda irretratável e irrevogável, pois é hábil para transferir o domínio por meio da adjudicação compulsória (CC, art. 1.418). Inclui-se na exigência de anuência do outro cônjuge a constituição de hipoteca ou de outros ônus reais sobre imóveis.

A autorização do consorte é necessária ainda que os bens imóveis sejam particulares do cônjuge, nos regimes de comunhão parcial e universal, podendo ser dispensada, em pacto antenupcial, no regime de participação final nos aquestos (CC, art. 1.656). Todavia, o art. 978 do Código Civil preceitua que "*o empresário casado pode, sem necessidade de outorga conjugal, qualquer que seja o regime de bens, alienar os imóveis que integrem o patrimônio da empresa ou gravá-los de ônus real*".

b) *Pleitear, como autor ou réu, acerca desses bens ou direitos* – É uma consequência da exigência expressa no inciso anterior. A sentença final, nessas hipóteses, poderá acarretar a perda da propriedade imóvel, correspondendo a uma forma de alienação. Natural que o outro cônjuge participe da ação e venha a juízo para fazer valer e defender os seus direitos. Reversamente, em qualquer demanda intentada por terceiros deve ser promovida a citação de ambos os cônjuges.

Daí a razão de o art. 73 do Código de Processo Civil de 2015 exigir a participação do outro cônjuge na ação que "verse sobre direito real imobiliário"[28], não nas ações pessoais relativas a imóveis, como a ação de despejo, a de consignação em pagamento, a renovatória de contrato de locação, a cominatória para prestação ou abstenção de fato etc.

---

[27] Washington de Barros Monteiro, *Curso*, cit., v. 2, p. 168-169.

[28] Acrescenta o § 1º do art. 10 do CPC que "ambos os cônjuges serão necessariamente citados para as ações: I – que versem sobre direitos reais imobiliários; II – resultantes de fatos que digam respeito a ambos os cônjuges ou de atos praticados por eles; III – fundadas em dívidas contraídas pelo marido a bem da família, mas cuja execução tenha de recair sobre o produto do trabalho da mulher ou os seus bens reservados; IV – que tenham por objeto o reconhecimento, a constituição ou a extinção de ônus sobre imóveis de um ou de ambos os cônjuges". Dispõe ainda o § 2º que, nas "ações possessórias, a participação do cônjuge do autor ou do réu somente é indispensável nos casos de composse ou de ato por ambos praticados".

c) *Prestar fiança ou aval* – Procura-se evitar, com essa limitação, o comprometimento dos bens do casal, em razão de graciosa garantia concedida a débito de terceiro. Se a fiança e o aval não forem anulados pelo cônjuge prejudicado (o que os prestou não tem legitimidade para pedir a anulação), poderá este opor embargos de terceiro para excluir a sua meação de eventual penhora que venha a recair sobre os bens do casal, pois somente as dívidas contraídas para os fins do art. 1.643 do Código Civil (para comprar coisas necessárias à economia doméstica e para obter, por empréstimo, as quantias que a aquisição dessas coisas possa exigir) obrigam solidariamente ambos os cônjuges.

O cônjuge pode defender a sua meação por meio de embargos de terceiro, como base no § 2º, I, do art. 674 do Código de Processo Civil de 2015, mesmo intimada da penhora e não tendo ingressado, no prazo legal, com os embargos de devedor. Nesse sentido dispõe a *Súmula 134 do Superior Tribunal de Justiça*: "Embora intimada da penhora em imóvel do casal, o cônjuge do executado pode opor embargos de terceiro para defesa de sua meação"[29]. Se a penhora recaiu sobre bem de sua meação, próprio, reservado (desde que adquirido antes da atual CF) ou dotal, poderá apresentar embargos de terceiro, no prazo do art. 1.048[30] (CPC/73; art. 675 do CPC/2015), sendo irrelevante que haja sido intimada da penhora[31]. Nos embargos, poderá pleitear que os bens sejam excluídos da penhora, mas não discutir o débito, porque isso é matéria a ser deduzida em embargos do devedor[32].

Desse modo, conforme o caso, o cônjuge poderá intervir no processo, ao mesmo tempo, como parte e como terceiro, com base em títulos diversos[33].

Pelo Estatuto da Mulher Casada (Lei n. 4.121/62, art. 3º, reforçado pela norma do art. 226, § 5º, da CF), a meação da mulher não responde pelos títulos de dívida de qualquer natureza firmados apenas pelo marido, salvo se resultou em benefício da família. Em regra, presume-se que os negócios feitos pelo cônjuge sejam em benefício

---

[29] *V.* a jurisprudência sobre a aludida Súmula: *RSTJ*, 80/51 a 74; STJ, *RT*, 693/256 e 712/292.

[30] *RTJ*, 93/878; STF, *RT*, 514/268. *V.* ainda: "Mulher casada. Oposição visando a defesa de seus bens próprios, e não para a defesa da meação, em execução movida apenas contra seu marido. Admissibilidade se o casamento foi celebrado no regime de separação total de bens. Simples conjectura de tratar-se de dívida contraída em benefício da sociedade conjugal que não caracteriza responsabilidade solidária da mulher" (*RT*, 777/349).

[31] *RJTJSP*, Lex, 98/350.

[32] *RTJ*, 101/800.

[33] *RTJ*, 105/274; STJ, REsp 83.051-RS, 4ª T., rel. Min. Rosado de Aguiar, *DJU*, 27-5-1996; STJ, REsp 252.854-RJ, 4ª T., rel. Min. Sálvio de Figueiredo Teixeira, *DJU*, 11-9-2000, p. 258. "O cônjuge intimado da penhora tem dupla legitimidade: para ajuizar embargos à execução, visando a discutir a dívida, e embargos de terceiro, objetivando evitar que sua meação responda pelo débito exequendo" (*RSTJ*, 46/242; *RT*, 694/197 e 726/361).

da família[34], daí por que compete à mulher elidir tal presunção[35]. Esta deixará de existir, entretanto, quando a dívida do marido provier de aval, dado de favor, desde que não à firma da qual é sócio[36]. É que, sendo o aval geralmente prestado de favor, inverte-se o ônus da prova: ao credor é que cabe demonstrar que com ele foi beneficiada a família do avalista[37], a menos que o aval tenha sido concedido à sociedade de que fazia parte, como foi dito[38]. Nesse caso, incumbe à mulher que pretende livrar da penhora a sua meação o ônus da prova contrária[39]. A meação da mulher deve ser considerada em cada bem do casal e não na totalidade do patrimônio[40].

Constitui inovação a inclusão do aval, ao lado da fiança, no aludido dispositivo. O aval corresponde a uma garantia cambial, firmada por terceiro, garantindo o pagamento do título. Na realidade, estabelece-se uma garantia fidejussória específica dos títulos de crédito. O aval também constitui garantia pessoal, mas não se confunde com a fiança. Esta é uma garantia fidejussória ampla, que acede a qualquer espécie de obrigação, seja convencional, legal ou judicial. Não existe aval fora do título de crédito[41].

O aval é, portanto, instituto do direito cambiário, restrito aos débitos submetidos aos princípios deste. Não pode o cônjuge avalizar títulos sem anuência do consorte porque esse ato pode trazer como consequência o desfalque do patrimônio comum.

---

[34] STF, *RT*, 500/247.

[35] "Consolidou-se a jurisprudência do STJ no sentido de que a meação da mulher responde pelas dívidas do marido, salvo se ela provar não terem sido assumidas em benefício da família" (STJ, REsp 47.693-3-RS, rel. Min. Costa Leite, *DJU*, 13-3-1995, p. 5.289, 2ª col., em.; STJ, REsp 216.659-RJ, 3ª T., rel. Min. Ari Pargendler, *DJU*, 23-4-2001, p. 160). Nesse sentido: *RSTJ*, 59/354.

[36] "Embargos de terceiro. Defesa da meação. Devedor que empresta aval à empresa de que era sócio. Endividamento que ocorreu em benefício da família. Circunstância que não resguarda a meação do cônjuge. Aval que não se reconhece gratuito ou concedido por mera liberalidade" (*RT*, 817/416).

[37] *RSTJ*, 10/433; STJ, *RT*, 673/182.

[38] *RSTJ*, 67/475; STJ, *RT*, 667/189; STJ, REsp 299.211-MG, 4ª T., rel. Min. Ruy Rosado de Aguiar, *DJU*, 13-8-2001, p. 166.

[39] *RT*, 740/317; STJ, REsp 46.153-SP-AgRg, 4ª T., rel. Min. Aldir Passarinho, *DJU*, 18-9-2000, p. 130.

[40] *RSTJ*, 8/385.

[41] Carlos Roberto Gonçalves, *Direito civil brasileiro*, v. 3, p. 684.

V. a jurisprudência: "Aval. Assinatura lançada em contrato particular de empréstimo a curto prazo. Descaracterização do aval, uma vez que é uma garantia '*in rem*' própria de títulos cambiários. Inadmissibilidade em contratos. Viabilidade da execução apenas contra o devedor principal" (*JTACSP*, 158/223).

A aludida inovação tem sido criticada por comprometer o dinamismo das relações comerciais, tendo em vista que a livre circulação é inerente à cártula. Por força do art. 2.039 do Código Civil de 2002, comentado no tópico sob letra *a*, *retro*, a vedação somente se aplica aos casamentos celebrados após a entrada em vigor do aludido diploma, uma vez que não era imposta nos regimes de bens disciplinados pelo Código de 1916.

Na *Jornada de Direito Civil realizada em Brasília nos dias 11 a 13 de junho de 2002, no Superior Tribunal de Justiça, aprovou-se proposição (Enunciado n. 114) no sentido de que* "o aval não pode ser anulado por falta de vênia conjugal, de modo que o inciso III do art. 1.647 apenas caracteriza a inoponibilidade do título ao cônjuge que não assentiu". Este, todavia, segundo dispõe o art. 1.649 do Código Civil, tem legitimidade para "*pleitear-lhe a anulação, até dois anos depois de terminada a sociedade conjugal*", assim como a anulação da fiança e de qualquer outro ato praticado sem a autorização conjugal, "*não suprida pelo juiz, quando necessária (art. 1.647)*".

Proclama a *Súmula 332 do Superior Tribunal de Justiça*: "A anulação de fiança prestada sem outorga uxória implica a ineficácia total da garantia".

d) *Fazer doação, não sendo remuneratória, de bens comuns, ou dos que possam integrar futura meação* – Tal proibição aplica-se aos bens *móveis*, porque dos imóveis já trata o inciso I. É permitida somente a doação *remuneratória*, qualquer que seja o seu valor, porque representa o pagamento de serviço prestado pelo donatário (médico, dentista, advogado etc.), cuja cobrança não mais podia ser feita (em razão da prescrição da ação, p. ex.). A obrigação de pagar, embora nesse caso seja apenas moral, existe e o pagamento pode ser feito sem a anuência do outro cônjuge.

A norma em apreço impõe "a outorga do outro cônjuge para a doação dos *bens comuns*, sejam móveis ou imóveis, inclusive os de pequeno valor. Por consequência, pode o cônjuge, sem autorização do outro, doar seus bens particulares que convivem com os comuns nos regimes de comunhão parcial, universal e de participação final nos aquestos. A menção aos bens 'que possam integrar futura meação' toca ao regime de participação final nos aquestos. Fica excluída, em qualquer regime, a necessidade de autorização conjugal para a doação remuneratória"[42].

O parágrafo único complementa o inciso IV citado, declarando válidas as "*doações nupciais feitas aos filhos quando casarem ou estabelecerem economia separada*". A doação aos filhos quando se estabelecem com economia própria é dever natural para auxiliá-los nessa contingência.

---

[42] Paulo Luiz Netto Lôbo, *Código Civil*, cit., v. XVI, p. 259-260.

A propósito, obtempera CLÓVIS BEVILÁQUA[43] que é intuitiva a razão da proibição de um cônjuge fazer doações sem a autorização do outro: para evitar que, por excessivamente liberal, não vá colocar em dificuldade a família, cuja mantença é dever seu, que sobreleva a qualquer outro de ordem filantrópica. Se, porém, "as dádivas aproveitam às filhas, que vão constituir família, ou aos filhos, que se vão estabelecer por conta própria, não importam violação desse dever sagrado; são modos de continuar a cumpri-lo".

Aduz o consagrado jurista que, por ser em benefício dos filhos que o cônjuge faz as liberalidades, "a lei as dispensa da outorga uxoriana instituída para garantia e defesa dos interesses da família".

O parágrafo único em epígrafe não cogita de bens particulares, porque já foram ressalvados no aludido inciso IV, mas de bens comuns, sob pena de ser norma inócua. Dessarte, constando no contrato ou escritura de doação tal motivação, não haverá necessidade da outorga uxória[44].

Além das mencionadas restrições, impostas no aludido art. 1.647, o Código Civil de 2002 introduziu também a polêmica proibição aos cônjuges casados pelo regime da comunhão universal, ou pela separação obrigatória, de contratarem sociedade entre si ou com terceiros (art. 977). A repercussão negativa do dispositivo em apreço motivou proposta de supressão da indigitada proibição, incluída no Projeto de Lei n. 6.960, de 12 de junho de 2002 (atual PL n. 699/2011), apresentado ao Congresso Nacional.

A autorização do cônjuge deve ser expressa e constar de instrumento público, quando outorgada para a prática de ato que reclame tal solenidade, como, *v. g.*, a alienação de bens imóveis de valor superior a trinta vezes o maior salário mínimo vigente no país (CC, art. 108). Para a prática de atos que não exijam instrumento público, a procuração poderá constar de instrumento particular. Dispõe, com efeito, o art. 220 do Código Civil: "*A anuência ou a autorização de outrem, necessária à validade de um ato, provar-se-á do mesmo modo que este, e constará, sempre que se possa, do próprio instrumento*".

3.2. Suprimento da autorização conjugal

Cabe ao juiz suprir tanto a outorga da mulher como a autorização marital, quando as deneguem sem motivo justo, ou lhes seja impossível concedê-la (CC, art. 1.648). A lei não esclarece quando se mostra justa a negativa, deixando ao prudente arbítrio do juiz o exame das situações que caracterizam ou não o justo motivo para a denegação.

---

[43] *Código Civil dos Estados Unidos do Brasil comentado*, v. 2, obs. ao art. 236.
[44] Paulo Luiz Netto Lôbo, *Código Civil*, cit., v. XVI, p. 260.

Anota Washington de Barros Monteiro que a jurisprudência assentou a seguinte orientação: "*a*) é justa a recusa, quando o marido pretende alienar o único prédio do casal, que serve de residência à família, sem que ocorra indeclinável necessidade da venda; *b*) se o marido pretende vender o imóvel por preço vil, caso em que se impõe a respectiva avaliação; *c*) quando o casal se acha separado de fato e a mulher não conta com suficientes garantias para recebimento de sua meação; *d*) quando o requerente não prova a necessidade da alienação; *e*) finalmente, quando ele pretende a venda para despender o produto com o seu exclusivo sustento e o da concubina"[45].

Nos casos, porém, em que a resistência de um cônjuge em conceder a necessária anuência para a prática dos atos mencionados no item anterior se mostra arbitrária, abusiva e injustificável, permite a lei seja o consentimento suprido pelo juiz, assim como nas situações em que se torna impossível obtê-lo. Com o suprimento, o outro cônjuge fica autorizado a praticar o ato.

Os casos de impossibilidade para dar o consentimento geralmente decorrem de incapacidade de consentir, como no caso de interdição, ou desaparecimento do outro cônjuge. Na hipótese de um dos cônjuges se encontrar interditado ou ausente, em local ignorado, e o outro tiver necessidade de realizar um negócio que envolva a alienação ou oneração de um imóvel, por exemplo, cabe a este requerer suprimento judicial do consentimento (CC, arts. 1.570, 1.647 e 1.651).

A falta de autorização, não suprida pelo juiz, quando necessária (art. 1.647), como já mencionado, "*tornará anulável o ato praticado, podendo o outro cônjuge pleitear-lhe a anulação, até dois anos depois de terminada a sociedade conjugal*" (art. 1.649)[46].

Caio Mário da Silva Pereira[47] considera, com razão, infeliz o preceito, por estender o prazo decadencial até dois anos depois de terminada a sociedade conjugal. Assim dispondo, exclama, "permite a existência de um prazo de decadência indefinido na constância da sociedade conjugal, com grave prejuízo para a estabilidade do tráfico jurídico".

---

[45] *Curso*, cit., 37. ed., v. 2, p. 176-177.

[46] "Fiança. Ausência de outorga uxória. Anulabilidade. É carecedor da ação declaratória de nulidade, por ilegitimidade ativa, o marido que deu causa ao ato. A fiança prestada pelo marido sem a outorga uxória da mulher não é nula de pleno direito, e sim anulável. Portanto, deve a mesma ser eficaz em relação ao cônjuge/fiador e limitada apenas ao seu patrimônio, sendo ressalvada a meação da mulher" (TJRS, Ap. 70.000.530.881, 6ª Câm. Cív., rel. Des. Palmeiro da Fontoura, j. 25-4-2001). "Fiança. Garantia prestada sem a outorga uxória. Produção de efeitos apenas em relação à meação do cônjuge que a prestou" (*RT*, 810/284, 803/266, 799/387).

[47] *Instituições*, cit., v. 5, p. 201.

A legitimação para a ação anulatória é do cônjuge prejudicado, mas passa aos herdeiros depois de sua morte, como proclama o art. 1.650 do mesmo diploma. Não pode, destarte, ser pronunciada de ofício pelo juiz, nem a requerimento da parte contrária[48]. Conclui-se que a ação é privativa do cônjuge a quem cabia conceder a anuência, enquanto viver. Morrendo na pendência da lide, poderão os herdeiros nela prosseguir. Vindo a falecer sem iniciá-la, a legitimidade passa aos herdeiros, desde que exerçam o direito até dois anos depois da morte.

Anulado o negócio jurídico, o terceiro prejudicado terá direito de regresso contra o cônjuge que praticou o ato eivado de vício, ou seus herdeiros, como prevê o art. 1.645 do Código Civil, que alude às hipóteses previstas nos incisos III e IV do art. 1.642, recaindo sobre os bens particulares ou em sua meação. A indenização somente atingirá a meação do outro cônjuge se o culpado não tiver bens particulares, ou o valor superar sua meação, e desde que o lesado demonstre que o ato trouxe proveito para o casal[49].

Permite-se, no entanto, a convalidação do ato, com a aprovação posterior, que deve revestir da forma escrita, por instrumento público ou particular. Dispõe, com efeito, o parágrafo único do aludido art. 1.649 do Código Civil que "*a aprovação torna válido o ato, desde que feita por instrumento público, ou particular, autenticado*". Para ser autenticado basta que a firma lançada no instrumento particular seja reconhecida por notário. Desse modo, embora a autorização deva preceder o ato, a outorga posterior sana qualquer vício, fazendo desaparecer a anulabilidade.

4. PACTO ANTENUPCIAL

A escolha do regime de bens é feita no pacto antenupcial. Se este não foi feito, ou for nulo ou ineficaz, "*vigorará, quanto aos bens entre os cônjuges, o regime da comunhão parcial*" (CC, art. 1.640, *caput*), por isso chamado também de regime *legal* ou *supletivo*, tendo em vista que a lei supre o silêncio das partes.

Pacto antenupcial é um contrato solene e condicional, por meio do qual os nubentes dispõem sobre o regime de bens que vigorará entre ambos, após o casamento. *Solene*, porque será nulo se não for feito por escritura pública. Não é possível convencionar o regime matrimonial mediante simples instrumento

---

[48] "Fiança. Garantia prestada sem outorga uxória. Anulabilidade que depende de provocação do cônjuge que não assentiu, ou de seus herdeiros" (*RT*, 749/324). "Garantia prestada sem a outorga uxória. Incorrência de nulidade em prestígio à boa-fé de quem acreditou nas informações do fiador. Hipótese em que somente é assegurada a proteção da meação do cônjuge não participante" (*RT*, 763/319).

[49] Silvio Rodrigues, *Direito civil*, cit., v. 6, p. 163.

particular ou no termo do casamento, pois o instrumento público é exigido *ad solemnitatem*. É *condicional*, porque só terá eficácia se o casamento se realizar (*si nuptiae fuerint secutae*). Caducará, sem necessidade de qualquer intervenção judicial, se um dos nubentes vier a falecer ou se contrair matrimônio com outra pessoa.

Proclama, efetivamente, o art. 1.653 do Código Civil: *"É nulo o pacto antenupcial se não for feito por escritura pública, e ineficaz se não lhe seguir o casamento"*. Afora, portanto, a hipótese de adoção do regime de comunhão parcial, que a lei presume, como foi dito, ter sido escolhido pelas partes quando estas nada convencionaram, a escolha de qualquer outro regime de bens depende de ajuste entre os nubentes no pacto antenupcial.

A *capacidade* para a celebração da aludida convenção é a mesma exigida para o casamento. Os menores necessitam do consentimento dos pais para casar e da assistência deles para a celebração da convenção antenupcial. O consentimento para o casamento não dispensa a intervenção do representante legal para a celebração do aludido pacto. A sua eficácia, quando *"realizado por menor, fica condicionada à aprovação de seu representante legal, salvo as hipóteses de regime obrigatório de separação de bens"* (CC, art. 1.654). Dispõe o art. 1.537 do Código Civil que *"o instrumento da autorização para casar transcrever-se-á integralmente na escritura antenupcial"*.

Para valer contra terceiros, o pacto antenupcial deve ser registrado *"em livro especial, pelo oficial do Registro de Imóveis do domicílio dos cônjuges"* (CC, art. 1.657). O registro dá publicidade ao ato, alertando terceiros sobre a modificação no domínio do bem imóvel. Sem ele o regime escolhido só vale entre os nubentes (regime interno). Perante terceiros, é como se não existisse o pacto, vigorando então o regime da comunhão parcial (regime externo). Depois de efetuado, a sua eficácia atua, porém, *erga omnes*, não se admitindo alegação de ignorância por parte de quem quer que seja.

Anota Débora Gozzo[50] que a Lei n. 6.015, de 31 de dezembro de 1973 (Lei dos Registros Públicos), no seu art. 167, I, n. 12, disciplina a matéria, que também é complementada pela Lei n. 4.726, de 13 de julho de 1965, prevendo o seu art. 37, III, n. 1, o arquivamento do pacto antenupcial na Junta Comercial competente quando os nubentes forem comerciantes.

Pode ser convencionada, no pacto que adotar o regime de participação final nos aquestos, a livre disposição dos bens imóveis, desde que particulares (art. 1.656).

O pacto antenupcial tem, inequivocamente, natureza contratual. O princípio da livre estipulação, como já exposto, foi acolhido no art. 1.639 do Código Civil, pelo qual *"é lícito aos nubentes, antes de celebrado o casamento, estipular, quanto aos*

---

[50] *Pacto antenupcial*, cit., p. 126.

seus bens, o que lhes aprouver". Todavia, a liberdade contratual dos nubentes está subordinada a princípios que condizem com a ordem pública. Podem eles estipular o que lhes aprouver, no tocante ao regime de bens ou outras questões pertinentes à vida conjugal[51], desde que, ao assim procederem, não violem disposição de lei imperativa ou proibitiva, como preceitua o art. 1.655 do Código Civil: *"É nula a convenção ou cláusula que contravenha disposição absoluta de lei"*.

Nessa consonância, as estipulações permitidas são as de caráter econômico, uma vez que os direitos conjugais, paternos e maternos, são normatizados, não se deixando a sua estruturação e disciplina à mercê da vontade dos cônjuges. Assim, exemplificativamente, nenhum valor terão as cláusulas que dispensem os cônjuges do dever de fidelidade, coabitação, mútua assistência, sustento e educação dos filhos e exercício do poder familiar.

Segundo o magistério de WASHINGTON DE BARROS MONTEIRO, "disposições absolutas de lei são as de ordem pública, as rigorosamente obrigatórias, que têm caráter proibitivo e cuja aplicação não pode ser afastada ou excluída pelas partes. O Código não se refere às cláusulas ofensivas dos bons costumes, mas é fora de dúvida que a defesa da ordem pública, a defesa dos interesses gerais da sociedade, abrange também a dos costumes. Em tais condições, tornam-se inadmissíveis estipulações antenupciais que alterem a ordem da vocação hereditária, que excluam da sucessão os herdeiros necessários, que estabeleçam pactos sucessórios, aquisitivos ou renunciativos (*de succedendo* ou *de non succedendo*), com violação ao disposto no art. 426 do Código Civil de 2002 (art. 1.089 do Cód. Civil de 1916)"[52].

O vício de uma cláusula não contamina, todavia, toda a convenção antenupcial, mantendo-se íntegras as demais que não contrariam a ordem pública, segundo o princípio *utile per inutile non vitiatur*. O pacto antenupcial, quando simplesmente anulável, pode ser confirmado, mesmo após o casamento, retroagindo a confirmação à data da solenidade matrimonial. Tendo natureza acessória, tem o mesmo destino do casamento: anulado ou dissolvido este pela separação judicial, invalida-se aquele. Mas a recíproca não é verdadeira, visto que a nulidade da convenção não afeta a validade do matrimônio.

A lei não fixou o prazo dentro do qual se opera a caducidade em razão da não realização do casamento. Se este não se efetua em tempo razoável, qualquer

---

[51] Inclusive, é possível estipular multa em caso de traição, com fundamento no dever de fidelidade mútua, afastando-se a antijuridicidade. Nesse sentido, o enunciado 635 da VIII Jornada de Direito Civil: "O pacto antenupcial e o contrato de convivência podem conter cláusulas existenciais, desde que estas não violem os princípios da dignidade humana, da igualdade entre os cônjuges e da solidariedade familiar".

[52] *Curso*, cit., 37. ed., v. 2, p. 193-194.

dos contratantes pode denunciá-lo. Se no próprio pacto acordaram as partes em período certo, para dentro dele se celebrarem as núpcias, vale a convenção até que o prazo se extinga[53].

Se os recorrentes optaram pelo regime da comunhão universal de bens (registrado na certidão de casamento), e somente não elaboraram o pacto antenupcial diante da omissão do oficial do registro, evidente – decidiu o *Tribunal de Justiça de Minas Gerais* – "o erro de fato, devendo ser julgado procedente o pedido dos autores, declarando suprida a falta do registro do pacto antenupcial, convalidando-se o regime de comunhão universal de bens adotado no casamento dos autores"[54].

5. REGIME DA SEPARAÇÃO LEGAL OU OBRIGATÓRIA

As hipóteses em que é obrigatório o regime da separação de bens no casamento estão especificadas no art. 1.641 do Código Civil. Dispõe o aludido dispositivo: "*É obrigatório o regime da separação de bens no casamento: I – das pessoas que o contraírem com inobservância das causas suspensivas da celebração do casamento; II – da pessoa maior de setenta anos (redação de acordo com a Lei n. 12.344, de 9-12-2010); III – de todos os que dependerem, para casar, de suprimento judicial*".

Por se tratar de regime imposto por lei, não há necessidade de pacto antenupcial. Em alguns casos, tal imposição é feita por ter havido contravenção a dispositivo legal que regula as causas suspensivas da celebração do casamento. Em outros, mostra-se evidente o intuito de proteger certas pessoas que, pela posição em que se encontram, poderiam ser vítimas de aventureiros interessados em seu patrimônio, como as menores de 16, as maiores de 70 anos e todas as que dependerem, para casar, de suprimento judicial. Vejamos as hipóteses elencadas:

I) *Inobservância das causas suspensivas da celebração do casamento.* O art. 1.523 do Código Civil aponta quatro causas suspensivas, já comentadas no Capítulo IV ("Das causas suspensivas") da parte concernente ao "Direito Pessoal", *retro*, ao qual já nos reportamos. Prescreve o aludido dispositivo: "*Não devem casar: I – o viúvo ou a viúva que tiver filho do cônjuge falecido, enquanto não fizer inventário dos bens do casal e der partilha aos herdeiros; II – a viúva, ou a mulher cujo casamento se desfez por ser nulo ou ter sido anulado, até dez meses depois do começo da viuvez, ou da dissolução da sociedade conjugal; III – o divorciado, enquanto não houver sido homologada ou decidida a partilha dos bens do casal; IV – o tutor ou o curador e os*

---

[53] Pontes de Miranda, *Tratado de direito de família*, cit., v. II, § 135, p. 160.
[54] TJMG, AC 10261170099517001, rel. Des. Renato Dresch, j. 19-4-2018.

seus descendentes, ascendentes, irmãos, cunhados ou sobrinhos, com a pessoa tutelada ou curatelada, enquanto não cessar a tutela ou curatela, e não estiverem saldadas as respectivas contas".

A inobservância das mencionadas causas suspensivas torna o casamento irregular, sendo imposto o regime da separação como sanção aos cônjuges. SILVIO RODRIGUES anota, todavia, que a novidade mais significativa introduzida pelo Código de 2002 no direito de família "consiste no fato de que, por expressa previsão legal, 'é permitido aos nubentes solicitar ao juiz que não lhes sejam aplicadas as causas suspensivas', nas circunstâncias previstas na norma (art. 1.523, parágrafo único), devendo-se entender daí que, nesses casos, pode ser relaxada a imposição ao regime de bens contida no art. 1.641, I. Vale dizer, dispensando a causa suspensiva, cessa o obstáculo à livre convenção"[55].

II) *Pessoa maior de setenta anos.* A restrição é eminentemente de caráter protetivo. Objetiva obstar à realização de casamento exclusivamente por interesse econômico. O Código Civil de 1916 impunha o regime da separação somente ao homem com mais de 60 anos. Para a mulher, o limite de idade era 50 anos. O diploma de 2002 (inciso II do art. 1.641) estabelece a idade de 70 anos para todas as pessoas, sem distinção de sexo, observando a isonomia constitucional. Basta que apenas um dos cônjuges supere essa idade, ainda que o outro ainda não a tenha atingido na data da celebração do casamento.

Sustenta respeitável corrente, porém, que a referida restrição é incompatível com as cláusulas constitucionais de tutela da dignidade da pessoa humana, da igualdade jurídica e da intimidade, bem como com a garantia do justo processo da lei, tomado na acepção substantiva (CF, arts. 1º, III, e 5º, I, X e LIV)[56].

A doutrina, de forma quase unânime, tem-se posicionado nesse sentido. FRANCISCO JOSÉ CAHALI, atualizando a obra de SILVIO RODRIGUES[57], pondera que a restrição apontada se mostra atentatória da liberdade individual e que a tutela excessiva do Estado sobre pessoa maior e capaz decerto é descabida e injustificável. Aliás, afirma, "talvez se possa dizer que uma das vantagens da fortuna consiste em aumentar os atrativos matrimoniais de quem a detém. Não há inconveniente social de qualquer espécie em permitir que um sexagenário ou uma sexagenária ricos se casem pelo regime da comunhão, se assim lhes aprouver".

---

[55] *Direito civil*, cit., v. 6, p. 144.

[56] TJSP, Ap. 7.512-4-São José do Rio Preto, 2ª Câm., rel. Des. Cezar Peluso, j. 18-8-1998. No mesmo sentido: "Regime de separação de bens imposto pelo art. 258, par. ún., II, do CC (*de 1916; art. 1.641, II, CC/2002*). Norma incompatível com os arts. 1º, III, e 5º, I, X e LIV, da CF" (*RT*, 767/223 e 758/106).

[57] *Direito civil*, cit., v. 6, p. 144-145.

No entender do aludido atualizador, "melhor se teria se o novo Código tivesse previsto como *regime legal* o da separação, facultada, entretanto, a celebração de pacto para outra opção, ou ao menos a possibilidade de, mediante autorização judicial, ser livremente convencionado o regime".

Também CAIO MÁRIO DA SILVA PEREIRA, na obra atualizada por TÂNIA DA SILVA PEREIRA, afirma que a restrição em apreço "não encontra justificativa econômica ou moral, pois que a desconfiança contra o casamento dessas pessoas não tem razão para subsistir. Se é certo que podem ocorrer esses matrimônios por interesse nessas faixas etárias, certo também que em todas as idades o mesmo pode existir"[58].

JOÃO BATISTA VILLELA, por sua vez, sublinha que "a proibição, na verdade, é bem um reflexo da postura patrimonialista do Código e constitui mais um dos ultrajes gratuitos que a nossa cultura inflige na terceira idade"[59].

Para PAULO LUIZ NETTO LÔBO, igualmente, a "hipótese é atentatória do princípio constitucional da dignidade da pessoa humana, por reduzir sua autonomia como pessoa e constrangê-la à tutela reducionista, além de estabelecer restrição à liberdade de contrair matrimônio, que a Constituição não faz. Consequentemente, é inconstitucional esse ônus"[60].

Registre-se, ainda, igual crítica formulada por MARIA HELENA DINIZ[61], no seu *Curso de direito civil*, e por EUCLIDES BENEDITO DE OLIVEIRA[62], em ensaio sobre a separação de fato e regime de bens no casamento.

REGINA BEATRIZ TAVARES DA SILVA, atualizadora do volume atinente ao direito de família no prestigiado *Curso de direito civil* de WASHINGTON DE BARROS MONTEIRO[63], manifesta entendimento contrário, argumentando que os limites à liberdade individual existem em várias regras do ordenamento jurídico, especialmente no direito de família, que vão dos impedimentos matrimoniais (art. 1.521, n. I a VII), que vedam o casamento de certas pessoas, até a fidelidade, que limita a liberdade sexual fora do casamento (art. 1.566, I). Não pode o direito de família aceitar, aduz, que, "se reconhecidos os maiores atrativos de quem tem fortuna, um casamento seja realizado por meros interesses financeiros, em prejuízo do cônjuge idoso e de seus familiares de sangue".

Na sequência, diz a aludida atualizadora: "Como bem justificou o Senador Josaphat Marinho na manutenção do art. 1.641, n. II, do atual Código Civil,

---

[58] *Instituições*, cit., v. 5, p. 194.

[59] Liberdade família, *Revista da Faculdade de Direito da UFMG*, v. 7, p. 35.

[60] *Código Civil*, cit., v. XVI, p. 242-243.

[61] *Curso de direito civil brasileiro*, v. 5, p. 165.

[62] Separação de fato e regime de bens no casamento, *Revista do IBDFAM*, n. 5, p. 145.

[63] *Curso*, cit., v. 2, p. 218.

trata-se de prudência legislativa em favor das pessoas e de suas famílias, considerando a idade dos nubentes. Conforme os anos passam, a idade avançada acarreta maiores carências afetivas e, portanto, maiores riscos corre aquele que tem mais de setenta anos de sujeitar-se a um casamento em que o outro nubente tenha em vista somente vantagens financeiras".

A questão foi também enfocada por SILMARA JUNY CHINELLATO[64] nos seus comentários ao novo diploma civil. Na visão da mencionada civilista, inexiste razão científica para a restrição imposta no dispositivo em tela, pois pessoas com mais de 70 anos aportam a maturidade de conhecimentos da vida pessoal, familiar e profissional, devendo, por isso, ser prestigiadas quanto à capacidade de decidir por si mesmas. Entender que a velhice, aduz – e com ela, infundadamente, a capacidade de raciocínio –, chega aos 70 anos é uma forma de discriminação, cuja inconstitucionalidade deveria ser arguida tanto em cada caso concreto como em ação direta de inconstitucionalidade... "A plena capacidade mental deve ser aferida em cada caso concreto, não podendo a lei presumi-la, por mero capricho do legislador que simplesmente reproduziu razões de política legislativa, fundadas no Brasil do início do século passado".

Sugere a aludida doutrinadora que se invoque afronta ao inciso I do art. 5º e ao § 5º do art. 226, ambos da Constituição Federal, bem como "o princípio da dignidade da pessoa humana, consagrada no inciso III de seu art. 1º". A vida prática, enfatiza, "nos dá exemplos de pessoas do mais alto discernimento que ultrapassaram os sessenta anos. Os legisladores do novo Código, por exemplo, e muitos dos juízes e desembargadores que irão julgar causas que envolvam direta ou indiretamente o inciso II do art. 1.641. Curiosamente, a lei presume tenham maturidade, vivência e discernimento para escolher o regime de bens pessoas que há pouco entraram na idade adulta: as que completaram dezoito anos, agora plenamente capazes".

O *Superior Tribunal de Justiça*, todavia, tem decidido que, à semelhança do que ocorre com o casamento, na união estável é obrigatório o regime de separação de bens, no caso de companheiro com idade igual ou superior a 60 anos (atualmente 70 anos)[65]. Frisou a aludida Corte que, todavia, casamento de idosos que já viviam em união estável dispensa separação de bens. Assim decidiu a 4ª Turma em processo que envolvia um casal que viveu em união estável por 15 anos, até 1999, quando foi feito o casamento com regime de comunhão total de bens[66].

---

[64] *Comentários ao Código Civil*, v. 18, p. 290-291.
[65] STJ, REsp 1.090.772, 3ª T., rel. Min. Massami Uyeda, disponível em: <http://www.editoramagister.com>. Acesso em 16-4-2010; STJ, 4ª T., rel. Min. Luis Felipe Salomão, disponível em: <http://www.editoramagister.com>. Acesso em 23-6-2010.
[66] STJ, 4ª T., rel. Min. Isabel Gallotti, disponível em *Revista Consultor Jurídico*, de 16-12-2016.

Recentemente, *o Supremo Tribunal Federal*, em julgamento de Recurso Extraordinário, com repercussão geral, em que se discutia, à luz dos arts. 1º, III, 30, IV, 5º, I, X e LIV, 226, § 3º, e 230 da Constituição Federal, a constitucionalidade do art. 1.641, II, do Código Civil firmou o entendimento de que, tanto nos casamentos como nas uniões estáveis envolvendo pessoa maior de 70 anos, o regime de separação obrigatória de bens pode ser afastado por expressa manifestação de vontade das partes, mediante escritura pública[67].

Dada a importância do julgamento, que constitui precedente vinculante, vale a transcrição da ementa, que regulou também a questão do direito intertemporal e das aplicações à união estável.

"DIREITO CONSTITUCIONAL E CIVIL. RECURSO EXTRAORDINÁRIO COM AGRAVO. REPERCUSSÃO GERAL. SEPARAÇÃO OBRIGATÓRIA DE BENS NOS CASAMENTOS E UNIÕES ESTÁVEIS COM PESSOA MAIOR DE SETENTA ANOS. INTERPRETAÇÃO CONFORME A CONSTITUIÇÃO.

I. O CASO EM EXAME

1. *O recurso*. Recurso extraordinário com agravo e repercussão geral reconhecida contra decisão que considerou constitucional o art. 1.641, II, do Código Civil e estendeu sua aplicação às uniões estáveis. O referido dispositivo prevê a obrigatoriedade do regime de separação de bens no casamento de pessoa maior de setenta anos.

2. *O fato relevante*. Companheira em união estável postula participação na sucessão de seu falecido companheiro em igualdade de condições com os herdeiros necessários.

3. *As decisões anteriores*. O juiz de primeiro grau considerou inconstitucional o dispositivo do Código Civil e reconheceu o direito da companheira em concorrência com os herdeiros. O Tribunal de Justiça do Estado de São Paulo reformou a decisão, considerando a norma que impõe a separação obrigatória de bens válida.

II. A QUESTÃO JURÍDICA EM DISCUSSÃO

4. O presente recurso discute duas questões: (i) a constitucionalidade do dispositivo que impõe o regime da separação de bens aos casamentos com pessoa maior de setenta anos; e (ii) a aplicação dessa regra às uniões estáveis.

III. A SOLUÇÃO DO PROBLEMA

5. O dispositivo aqui questionado, se interpretado de maneira absoluta, como norma cogente, viola o princípio da dignidade da pessoa humana e o da igualdade.

---

[67] STF, RE com Agravo 1.309.642-SP, rel. Min. Luis Roberto Barroso, *DJe* 2-4-2024.

6. O princípio da dignidade humana é violado em duas de suas vertentes: (i) da autonomia individual, porque impede que pessoas capazes para praticar atos da vida civil façam suas escolhas existenciais livremente; e (ii) do valor intrínseco de toda pessoa, por tratar idosos como instrumentos para a satisfação do interesse patrimonial dos herdeiros.

7. O princípio da igualdade, por sua vez, é violado por utilizar a idade como elemento de desequiparação entre as pessoas, o que é vedado pelo art. 3º, IV, da Constituição, salvo se demonstrado que se trata de fundamento razoável para realização de um fim legítimo. Não é isso o que ocorre na hipótese, pois as pessoas idosas, enquanto conservarem sua capacidade mental, têm o direito de fazer escolhas acerca da sua vida e da disposição de seus bens.

8. É possível, todavia, dar interpretação conforme a Constituição ao art. 1.641, II, do Código Civil, atribuindo-lhe o sentido de norma dispositiva, que deve prevalecer à falta de convenção das partes em sentido diverso, mas que pode ser afastada por vontade dos nubentes, dos cônjuges ou dos companheiros. Ou seja: trata-se de regime legal facultativo e não cogente.

9. A possibilidade de escolha do regime de bens deve ser estendida às uniões estáveis. Isso porque o Supremo Tribunal Federal entende que '[n]ão é legítimo desequiparar, para fins sucessórios, os cônjuges e os companheiros, isto é, a família formada pelo casamento e a formada por união estável' (RE 878.694, sob minha relatoria, j. em 10.05.2017).

10. A presente decisão tem efeitos prospectivos, não afetando as situações jurídicas já definitivamente constituídas. É possível, todavia, a mudança consensual de regime, nos casos em que validamente admitida (e.g., art. 1.639, § 2º, do Código Civil).

11. No caso concreto, como não houve manifestação do falecido, que vivia em união estável, no sentido de derrogação do art. 1.641, II, do Código Civil, a norma é aplicável.

IV. DISPOSITIVO E TESE

12. Recurso extraordinário a que se nega provimento. Tese de julgamento: "Nos casamentos e uniões estáveis envolvendo pessoa maior de 70 anos, o regime de separação de bens previsto no art. 1.641, II, do Código Civil pode ser afastado por expressa manifestação de vontade das partes, mediante escritura pública".

Diante da extensão do julgado, parece-nos que o enunciado da Súmula 655 do STJ, que determinava a aplicação, na união estável, ao septuagenário, do regime da separação obrigatória de bens, há de ser interpretado em consonância com o que decidiu o STF, no sentido de que se aplicará o regime previsto no art. 1.641, desde que não tenha havido convenção em contrário dos companheiros, mediante escritura pública.

Por fim, tem também a jurisprudência assentado que, em se tratando "de aquisição após a separação de fato, à conta de um só dos cônjuges, que tinha vida em comum com outra mulher, o bem adquirido não se comunica ao outro cônjuge, ainda quando se trate de casamento sob o regime da comunhão universal"[68].

III) *Os que dependerem de autorização judicial para casar*. O dispositivo tem, igualmente, evidente intuito protetivo e aplica-se aos menores que obtiveram o suprimento judicial de idade ou o suprimento judicial do consentimento dos pais.

A jurisprudência, ao tempo do Código Civil de 1916, tendo constatado que o regime da separação legal, ao contrário do que imaginou o legislador, não protegia devidamente as pessoas que deviam ser protegidas, passou a proclamar que, nesse regime, comunicavam-se os bens adquiridos a título oneroso na constância do casamento, denominados aquestos. O *Supremo Tribunal Federal editou, então, a Súmula 377*, do seguinte teor: "No regime de separação legal de bens comunicam-se os adquiridos na constância do casamento".

No princípio essa súmula foi aplicada com amplitude. Posteriormente, no entanto, a sua aplicação ficou restrita aos bens adquiridos pelo *esforço comum* dos cônjuges, reconhecendo-se a existência de uma verdadeira sociedade de fato. Assim passou a decidir o Superior Tribunal de Justiça[69].

A referida Corte também reconheceu ao cônjuge o direito à meação dos bens adquiridos na constância do casamento pelo esforço comum, no regime da separação convencional. Confira-se: "A circunstância de os cônjuges haverem pactuado, como regime de bens, o da separação não impede que se unam, em empreendimento estranho ao casamento. Isso ocorrendo, poderá caracterizar-se a sociedade de fato, admitindo-se sua dissolução, com a consequente partilha de bens. O que não se há de reconhecer é a existência de tal sociedade, apenas em virtude da vida em comum, com o atendimento dos deveres que decorram da existência do consórcio"[70] (*Vide* ainda "Regime da separação convencional ou absoluta", item 9, *infra*).

Por todas essas razões, o Projeto do Estatuto das Famílias (Projeto de Lei n. 2.285/2007), elaborado pelo IBDFAM e ora em tramitação no Congresso

---

[68] STJ, REsp 67.678-RS, 3ª T., rel. Min. Nilson Naves, *DJU*, 14-8-2000.
[69] *RSTJ*, 39/413; *RT*, 691/194; *RF*, 320/84.
[70] STJ, REsp 30.513-9-MG, 3ª T., rel. Min. Eduardo Ribeiro, j. 26-4-1994, *RT*, 710/174.

Nacional, além de não mais dividir as matérias concernentes ao casamento em "direitos pessoais" e "direitos patrimoniais", suprimiu, por seu caráter discriminatório e atentatório à dignidade dos cônjuges, conforme mencionado na justificativa que o acompanha, o regime de separação obrigatório, que a *Súmula 377 do Supremo Tribunal Federal* praticamente converteu em regime de comunhão parcial.

6. REGIME DA COMUNHÃO PARCIAL OU LIMITADA

O regime da comunhão parcial é o que prevalece se os consortes não fizerem pacto antenupcial, ou, se o fizerem, for nulo ou ineficaz (CC, art. 1.640, *caput*). Por essa razão, é chamado também de *regime legal* ou *supletivo*, como já mencionado. Caracteriza-se por estabelecer a separação quanto ao passado (bens que cada cônjuge possuía antes do casamento) e comunhão quanto ao futuro (bens adquiridos na constância do casamento), gerando três massas de bens: os do marido, os da mulher e os comuns.

Nessa trilha, preleciona SILVIO RODRIGUES: "Regime de comunhão parcial é aquele em que basicamente se excluem da comunhão os bens que os cônjuges possuem ao casar ou que venham a adquirir por causa anterior e alheia ao casamento, como as doações e sucessões; e em que entram na comunhão os bens adquiridos posteriormente, em regra, a título oneroso"[71].

Constitui, portanto, um regime misto, formado em parte pelo da comunhão universal e em parte pelo da separação.

6.1. Bens excluídos da comunhão parcial

Dispõe o art. 1.661 do Código Civil:

"São incomunicáveis os bens cuja aquisição tiver por título uma causa anterior ao casamento".

Assim, por exemplo, não integra a comunhão o bem reivindicado pelo marido quando solteiro, sendo a ação julgada procedente quando já casado, nem o dinheiro recebido após o casamento pela venda anterior de um bem. Também não a integra o bem recebido em razão do implemento de condição verificada depois do casamento, tendo o contrato oneroso sido celebrado anteriormente.

O regime em epígrafe caracteriza-se pela comunicação dos bens adquiridos na constância do casamento. Estabelece o art. 1.658, com efeito, que, *"no regime*

---

[71] *Direito civil*, cit., v. 6, p. 178.

de comunhão parcial, comunicam-se os bens que sobrevierem ao casal, na constância do casamento, com as exceções dos artigos seguintes".

Os bens incomunicáveis, próprios ou particulares de cada cônjuge, não são, desse modo, somente os que cada um possuía por ocasião do casamento, mas também os elencados no art. 1.659 do Código Civil, que assim dispõe:

"*Excluem-se da comunhão:*

I – os bens que cada cônjuge possuir ao casar, e os que lhe sobrevierem, na constância do casamento, por doação ou sucessão, e os sub-rogados em seu lugar;

II – os bens adquiridos com valores exclusivamente pertencentes a um dos cônjuges em sub-rogação dos bens particulares;

III – as obrigações anteriores ao casamento;

IV – as obrigações provenientes de atos ilícitos, salvo reversão em proveito do casal;

V – os bens de uso pessoal, os livros e instrumentos de profissão;

VI – os proventos do trabalho pessoal de cada cônjuge;

VII – as pensões, meios-soldos, montepios e outras rendas semelhantes".

Vejamos cada uma das hipóteses mencionadas.

I – Os bens que cada cônjuge possuir ao casar, e os que lhe sobrevierem, na constância do casamento, por doação ou sucessão, e os sub-rogados em seu lugar. Os bens que cada cônjuge possuía ao casar constituem os bens particulares de cada um. É da essência do aludido regime a sua incomunicabilidade. A comunhão só compreende os bens adquiridos a título oneroso na constância do casamento, originando-se dessa circunstância a denominação "regime da comunhão parcial".

São ainda particulares os bens que cada cônjuge receber como herança ou doação depois do casamento, e os sub-rogados em seu lugar. Com mais razão serão particulares tais bens se recebidos antes do casamento. A doação é uma liberalidade e pode ser pura ou com encargo. A sucessão mencionada na lei é a hereditária, que decorre da morte de quem transmitiu o bem, podendo ser legítima ou testamentária. O bem pode ser recebido na condição de herdeiro ou de legatário[72]. Se o doador quiser que a

---

[72] "No regime de comunhão parcial, não se comunicam os bens adquiridos por qualquer dos cônjuges em razão de doação ou sucessão. Não provado, por documentação hábil, que o imóvel foi adquirido através da venda de bens do casal, improcede o reclamo que pretende incluí-lo na partilha" (TJSC, Ap. 96.004.807-3, 1ª Câm. Cív., rel. Des. Carlos Prudêncio). "No regime de comunhão parcial, excluem-se da comunhão que cada cônjuge possuir ao casar, e os que lhe sobrevierem, na constância do matrimônio por doação ou sucessão" (TJDF, Ap. 1998.04.1.004162-7, 5ª Câm., rel. Des. Gonzaga Neiva, *DJU*, 2-5-2001). "No regime da comunhão parcial de bens, excluem-se da comunhão aqueles que os consortes possuem ao casar ou que venham a adquirir por causa anterior ao matrimônio, sendo irrelevante venha o seu registro no cartório imobiliário a efetivar-se já na vigência da vida conjugal. Partilham-se, porém,

liberalidade beneficie o casal, e não apenas um dos cônjuges, fará a doação ou o legado em favor do casal, como determina o art. 1.660, III, do Código Civil.

O bem recebido individualmente por companheiro, mediante doação pura e simples, ainda que o doador seja o outro companheiro, "deve ser excluído do monte partilhável da união estável regida pelo estatuto supletivo, nos termos do art. 1.659, I, do CC/2002"[73].

Ocorre a sub-rogação do bem quando é substituído por outro: o cônjuge o vende a terceiro e, com os valores auferidos, adquire outro bem, que substitui o primeiro em seu patrimônio particular. Leva-se em conta, portanto, a origem do valor pecuniário. A sub-rogação pode decorrer de venda ou permuta. Da mesma forma, permanecem no domínio particular do cônjuge os bens adquiridos em sub-rogação aos bens que já estavam em seu domínio e posse antes do casamento[74].

Comunicam-se, todavia, "*os frutos dos bens comuns, ou dos particulares de cada cônjuge, percebidos na constância do casamento, ou pendentes ao tempo de cessar a comunhão*" (CC, art. 1.660, V). Desse modo, embora os bens recebidos por um cônjuge a título de doação ou herança não se comuniquem ao outro, entram na comunhão os frutos civis ou rendimentos dos bens doados ou herdados, tais como juros e aluguéis.

II – *Os bens adquiridos com valores exclusivamente pertencentes a um dos cônjuges em sub-rogação dos bens particulares*. A regra repete noção já expendida no inciso anterior: se os bens adquiridos antes do casamento não se comunicam, logicamente não devem comunicar-se os que tomam o seu lugar no patrimônio do cônjuge alienante, comprados com os valores obtidos na venda. Continuam estes a pertencer exclusivamente ao proprietário alienante. Assim, se o cônjuge ao casar possuía um veículo e posteriormente o vendeu para, com o valor auferido, comprar um terreno, este imóvel lhe pertencerá com exclusividade, revestindo-se da mesma incomunicabilidade de que se revestia o veículo. Configura-se, *in casu*, a sub--rogação real, que é a substituição de uma coisa por outra, em uma relação jurídica (*in judicis universalibus res succedit in loco pretii et pretium in loco rei*).

Se o bem sub-rogado é mais valioso que o alienado, a diferença de valor, se não foi coberta com recursos próprios e particulares do cônjuge, passa a integrar o acervo comum, ou seja, pertencerá ao outro cônjuge parte ideal sobre o bem,

---

igualmente os bens amealhados em face do esforço comum dos cônjuges" (TJSC, Ap. 36.642, 4ª Câm. Cív., rel. Des. Alcides Aguiar).

[73] STJ, REsp 1.171.488-RS, 4ª T., rel. Min. Raul Araújo, *DJe* 11-5-2017.

[74] Paulo Luiz Netto Lôbo, *Código Civil*, cit., v. XVI, p. 287. *V.* a jurisprudência: "No regime de comunhão parcial, o bem adquirido pela mulher com o produto auferido mediante a alienação do patrimônio herdado de seu pai não se inclui na comunhão" (STJ, REsp 331.840-SP, 4ª T., rel. Min. Ruy Rosado de Aguiar, *DJU*, 19-12-2002).

correspondente a 50% da diferença. Assim, se o veículo valia 30 e o terreno foi comprado por 50 durante o casamento, este integra o acervo comum, cabendo 30 ao cônjuge alienante, como bem particular, mais 10 correspondente à sua meação na diferença. Ao outro caberá apenas 10, que é a sua parte na diferença apontada[75].

III – *As obrigações anteriores ao casamento.* Caracteriza-se o regime da comunhão parcial pela incomunicabilidade dos bens adquiridos antes do casamento. Também não se comunicam as *obrigações* particularmente assumidas pelos cônjuges, pois integram o acervo de cada qual. Compreendem-se no patrimônio de uma pessoa, segundo CLÓVIS, "tanto os elementos ativos quanto os passivos, isto é, os direitos de ordem privada economicamente apreciáveis e as dívidas. É a atividade econômica de uma pessoa, sob o seu aspecto jurídico, ou a projeção econômica da personalidade civil"[76]. Em princípio, só as obrigações subsequentes ao casamento se comunicarão.

Observa CAIO MÁRIO que esse "é o ponto mais realçado pela doutrina, como favorável ao outro cônjuge, resguardando os seus haveres da ação dos credores do outro. Entende-se, todavia, que haverá comunicação dos débitos anteriores no caso de se beneficiar o cônjuge que não os tenha, como na hipótese de dívida contraída na aquisição de bens de que lucram ambos"[77].

Além de prever a exclusão da comunhão das obrigações anteriores, o Código Civil ainda estabelece, no art. 1.664, que "*os bens da comunhão respondem pelas obrigações contraídas pelo marido ou pela mulher para atender aos encargos da família, às despesas de administração e às decorrentes de imposição legal*", aduzindo, no art. 1.666, que "*as dívidas, contraídas por qualquer dos cônjuges na administração de seus bens particulares e em benefício destes, não obrigam os bens comuns*". Todavia, as dívidas contraídas no exercício da administração do patrimônio comum "*obrigam os bens comuns e particulares do cônjuge que os administra, e os do outro em razão do proveito que houver auferido*" (art. 1.663, § 1º). A anuência de ambos os cônjuges "*é necessária para os atos, a título gratuito, que impliquem cessão do uso ou gozo dos bens comuns*" (art. 1.663, § 2º).

IV – *As obrigações provenientes de atos ilícitos, salvo reversão em proveito do casal.* Malgrado algumas poucas exceções, que admitem a responsabilidade civil por ato de terceiro, em regra só responde pela reparação dos danos causados por ato ilícito quem lhes deu causa. Esse princípio é aplicado no inciso em tela, suportando cada cônjuge as obrigações derivadas de ilícito por ele cometido (*unuscuique*

---

[75] Silvio Rodrigues, *Direito civil*, cit., v. 6, p. 180; Caio Mário da Silva Pereira, *Instituições*, cit., v. 5, p. 214; Paulo Luiz Netto Lôbo, *Código Civil*, cit., v. XVI, p. 287.

[76] *Teoria geral do direito civil*, p. 153.

[77] *Instituições*, cit., v. 5, p. 214-215.

sua culpa nocet), salvo se dele o outro obteve algum proveito. Não importa a época em que tal fato ocorreu, se antes ou após o casamento.

Assinala a propósito CARVALHO SANTOS que "a responsabilidade pelo ato ilícito é pessoal e, por isso mesmo, como consequência, pessoal é a dívida resultante dessa responsabilidade. No próprio regime da comunhão universal as obrigações de atos ilícitos não se comunicam"[78]. Nesse caso, se forem penhorados os bens comuns, poderá o cônjuge inocente opor embargos de terceiro para livrar a sua meação da constrição judicial. Não o fazendo, poderá requerer que, no caso de eventual separação e partilha dos bens, seja imputada a importância da indenização paga na meação do culpado.

Se, no entanto, o dano foi provocado no exercício de profissão ou atividade de que depende o sustento da família, ou se proporcionou proveito ao patrimônio comum, a indenização será suportada pela totalidade dos bens. O inciso ora em estudo expressamente excepciona as obrigações que trouxeram benefício ao casal, passando para a responsabilidade comum[79].

V – *Os bens de uso pessoal, os livros e instrumentos de profissão*. O inciso refere-se a bens de uso pessoal, mencionando exemplificativamente, "*livros e instrumentos de profissão*". Mas abrange também roupas, joias, objetos de ornamentação, celular, computador e outros, utilizados no quotidiano da vida. Por terem caráter pessoal, são incomunicáveis. Os livros e os instrumentos de profissão, entretanto, só não entram para a comunhão se indispensáveis ao "exercício da atividade própria dos cônjuges e não integrem um fundo de comércio, ou o patrimônio de uma instituição industrial ou financeira, da qual participa o consorte, ou não tenham sido adquiridos a título oneroso com dinheiro comum"[80].

Presume a lei que os bens de uso pessoal foram adquiridos com recursos do próprio cônjuge, inclusive as joias. Todavia, se representarem investimento do casal, passam a se comunicar, pertencendo a metade a cada um no momento da dissolução do casamento[81].

VI – *Os proventos do trabalho pessoal de cada cônjuge*. A expressão "proventos" não é empregada em seu sentido técnico, mas genérico, abrangendo vencimentos, salários e quaisquer formas de remuneração. Deve-se entender, na hipótese, que não se comunica somente o *direito* aos aludidos proventos. Recebida a remuneração, o dinheiro ingressa no patrimônio comum. Da mesma forma

---

[78] *Código Civil*, cit., v. 5, p. 92.
[79] Arnaldo Rizzardo, *Direito de família*, cit., p. 635; RT, 268/742.
[80] Arnaldo Rizzardo, *Direito de família*, cit., p. 636.
[81] Silvio Rodrigues, *Direito civil*, cit., v. 6, p. 182.

os bens adquiridos com o seu produto. Em caso de separação judicial, o direito de cada qual continuar a receber o seu salário não é partilhado.

Se se interpretar que o numerário recebido não se comunica, mas somente o que for com ele adquirido, poderá esse entendimento acarretar um desequilíbrio no âmbito financeiro das relações conjugais, premiando injustamente o cônjuge que preferiu conservar em espécie os proventos do seu trabalho, em detrimento do que optou por converter suas economias em patrimônio comum. Como assevera SILVIO RODRIGUES, "entendimento diverso contraria a essência do regime da comunhão parcial e levaria ao absurdo de só se comunicarem os aquestos adquiridos com o produto de bens particulares e comuns ou por fato eventual, além dos destinados por doação ou herança do casal"[82].

ROLF MADALENO, por sua vez, afirma cometer flagrante injustiça o inciso VI do art. 1.659 do novo Código Civil, "quando imagina haver corrigido histórica falha do Código de 1916, que teria se olvidado de excluir da comunhão parcial de bens os proventos do trabalho pessoal de cada cônjuge, enquanto, estranhamente, no regime da comunhão universal de bens não se comunicam os frutos civis do trabalho ou indústria de cada cônjuge (inc. XIII do art. 263)"[83].

Na opinião do mencionado civilista, "antes tivesse o legislador abortado a ressalva de incomunicabilidade dos proventos do trabalho pessoal de cada cônjuge, ainda que no regime da comunhão parcial, quando se sabe que, de regra, é do labor pessoal de cada cônjuge que advêm os recursos necessários à aquisição dos bens conjugais. Premiar o cônjuge que se esquivou de amealhar patrimônio preferindo conservar em espécie os proventos do seu trabalho pessoal é incentivar uma prática de evidente desequilíbrio das relações conjugais econômico-financeiras, mormente porque o regime matrimonial de bens serve de lastro para a manutenção da célula familiar".

Tal entendimento conta com o aplauso de SILMARA JUNY CHINELLATO, assim manifestado: "As críticas feitas por SILVIO RODRIGUES e ROLF MADALENO são relevantes. O sistema igualitário do novo Código desestimula a colaboração conjunta dos cônjuges para juntar economias com o objetivo de constituir patrimônio, pois o que paga as contas será prejudicado. Ao contrário, quem em nada contribui para as despesas e só poupa – com sacrifício do outro – será recompensado"[84].

Na mesma linha, assinala ALEXANDRE ALCOFORADO ASSUNÇÃO que a previsão da exclusão do trabalho pessoal de cada cônjuge "produz situação

---

[82] *Direito civil*, cit., v. 6, p. 183.
[83] *Do regime de bens*, cit., p. 168.
[84] *Comentários*, cit., v. 18, p. 326.

que se antagoniza com a própria essência do regime. Ora, se os rendimentos do trabalho não se comunicam, os bens sub-rogados desses rendimentos também não se comunicam, conforme o inciso II, e, por conseguinte, praticamente nada se comunica nesse regime, no entendimento de que a grande maioria dos cônjuges vive dos rendimentos do seu trabalho. A comunhão parcial de bens tem em vista comunicar todos os bens adquiridos durante o casamento a título oneroso, sendo que aqueles adquiridos com frutos do trabalho contêm essa onerosidade aquisitiva"[85].

Na esteira desse entendimento, afirma REGINA BEATRIZ TAVARES DA SILVA, na atualização da obra de WASHINGTON DE BARROS MONTEIRO[86], que a exclusão da comunhão no caso do art. 1.659, VI, do Código Civil tornaria muitos, se não a maior parte dos bens, incomunicáveis e, por essa razão, a modificação do aludido dispositivo é sugerida no Projeto de Lei n. 6.960, de 2002 (atual PL 699/2011), para que esses bens entrem na comunhão.

VII – *As pensões, meios-soldos, montepios e outras rendas semelhantes. Pensões* são as quantias em dinheiro pagas mensalmente a um beneficiário para a sua subsistência em virtude de lei, sentença, contrato ou disposição de última vontade. *Meio-soldo* é a metade do soldo que o Estado paga aos militares reformados. *Montepio* é a pensão devida pelo instituto previdenciário aos herdeiros do devedor falecido. Na expressão "e outras rendas semelhantes" inclui-se a *tença*, considerada pensão alimentícia, quer a preste o Estado, quer a preste qualquer outra pessoa de direito público ou de direito privado, a alguém, periodicamente, para a sua subsistência familiar[87].

O que não se comunica é somente o *direito* ao percebimento desses benefícios. Se um dos cônjuges, antes de casar, tinha direito a um dos benefícios mencionados, tal direito não se comunica em razão do casamento posterior. As quantias mensalmente recebidas na constância do casamento, a esse título, porém, entram para o patrimônio do casal e comunicam-se logo que percebidas. Do mesmo modo, os bens adquiridos com o seu produto.

Se o casal se separar judicialmente, o cônjuge com direito ao benefício continuará levantando-o mensalmente, sem perder a metade para o outro, porque o direito, sendo incomunicável, não é partilhado. Como salienta SILVIO RODRIGUES, "esse entendimento não frustra a regra do art. 1.659, VI e VII, porque, se o

---

[85] *Novo Código Civil comentado*, p. 1471.

[86] *Curso*, cit., v. 2, p. 204.

[87] Silvio Rodrigues, *Direito civil*, cit., v. 6, p. 183; Washington de Barros Monteiro, *Curso*, cit., v. 2, p. 199.

casamento, por exemplo, for dissolvido por separação judicial, o cônjuge separado terá, além de sua meação, o direito a pensão e salários que não se comunicou"[88].

Se não se interpretar dessa forma a norma em questão, serão excluídos os bens que forem adquiridos com os aludidos benefícios, nos quais se sub-rogarão os valores pecuniários percebidos – o que destoa da essência do regime. Valem aqui as observações feitas a propósito da incomunicabilidade dos proventos nos comentários ao inciso anterior.

O inciso IV do art. 269 do Código Civil de 1916, que excluía da comunhão todos os bens considerados excluídos da comunhão universal, não foi reproduzido, dando lugar aos incisos V, VI e VII do art. 1.659 do atual diploma.

6.2. Bens que se comunicam, no regime da comunhão parcial

Dispõe o art. 1.660 do Código Civil que *entram na comunhão*:

"*I – os bens adquiridos na constância do casamento por título oneroso, ainda que só em nome de um dos cônjuges;*

II – os bens adquiridos por fato eventual, com ou sem o concurso de trabalho ou despesa anterior;

III – os bens adquiridos por doação, herança ou legado, em favor de ambos os cônjuges;

IV – as benfeitorias em bens particulares de cada cônjuge;

V – os frutos dos bens comuns, ou dos particulares de cada cônjuge, percebidos na constância do casamento, ou pendentes ao tempo de cessar a comunhão".

O Código Civil de 2002 excluiu o conteúdo do inciso VI do art. 271 do diploma de 1916, que se referia aos "frutos civis do trabalho, ou indústria de cada cônjuge, ou de ambos".

A comunicação dos *bens adquiridos a título oneroso* na constância do casamento por qualquer dos cônjuges é uma característica do regime da comunhão parcial, como já foi dito, ressalvadas as hipóteses dos incisos VI e VII do art. 1.659, comentados no item anterior.

O inciso II do supratranscrito art. 1.660 do Código Civil determina a inclusão no acervo comum dos bens adquiridos por *fato eventual*, como loteria, sorteio, jogo, aposta, descobrimento de tesouro. Não se indaga se, para a aquisição, houve ou não despesa por parte do beneficiário. A propósito, salientou o Superior Tribunal de Justiça, aplicando tal norma a uma união estável:

---

[88] *Direito civil*, cit., v. 6, p. 183.

"O prêmio da lotomania, recebido pelo ex-companheiro, sexagenário, deve ser objeto de partilha, haja vista que: (i) se trata de bem comum que ingressa no patrimônio do casal, independentemente da aferição do esforço de cada um; (ii) foi o próprio legislador quem estabeleceu a referida comunicabilidade; (iii) como se trata de regime obrigatório imposto pela norma, permitir a comunhão dos aquestos acaba sendo a melhor forma de se realizar maior justiça social e tratamento igualitário, tendo em vista que o referido regime não adveio da vontade livre e expressa das partes; (iv) a partilha dos referidos ganhos com a loteria não ofenderia o desiderato da lei, já que o prêmio foi ganho durante a relação, não havendo falar em matrimônio realizado por interesse ou em união meramente especulativa"[89].

Cogita o inciso III de hipótese em que sobressai a vontade de favorecer o conjunto familiar, e não apenas um cônjuge: doação, herança ou legado em favor de *ambos os cônjuges*. Essa vontade deve ser manifestada expressamente, para que possa derrogar a regra geral constante do art. 1.659, I, que prevê a incomunicabilidade dos bens adquiridos na constância do casamento por doação ou sucessão.

As *benfeitorias*, segundo dispõe o art. 96 do Código Civil, podem ser voluptuárias, úteis e necessárias. Não se confundem com as acessões, que são as construções e plantações (CC, art. 1.248, V). São acréscimos ou melhoramentos realizados em determinado bem. O inciso IV do art. 1.660 em apreço presume que, embora feitas em bens particulares, o foram com o produto do esforço comum, sendo justo que o seu valor se incorpore ao patrimônio do casal.

O inciso V prevê a *comunicação dos frutos* dos bens comuns, ou dos particulares de cada cônjuge, patenteando que somente os bens é que constituem o patrimônio incomunicável. Os frutos percebidos na constância do casamento, bem como os pendentes ao tempo de cessar a comunhão, sejam rendimentos de um imóvel, de aplicação financeira ou de dividendos de ações de alguma empresa, integram o patrimônio comum, como consequência lógica do sistema estabelecido, que impõe a separação quanto ao passado e comunhão quanto ao futuro, ou seja, quanto aos bens adquiridos após o casamento.

Comenta CAIO MÁRIO que os dois últimos incisos refletem a essência da comunhão parcial de bens, ou seja, "entram no patrimônio do casal os acréscimos advindos da vida em comum"[90]. Aduz o mestre que, "afastando dúvidas e polêmicas, presumem-se adquiridos os bens móveis na constância do casamento quando

---

[89] STJ, REsp 1.689.152-SC, 4ª T., rel. Min. Luis Felipe Salomão, *DJe* 22-11-2017.
[90] *Instituições*, cit., v. 5, p. 217.

não se provar com documento autêntico que o foram em data anterior (art. 1.662). Daí a necessidade de o pacto antenupcial descrever minuciosamente os bens móveis, sob pena de se reputarem comuns".

A regra confere segurança às relações de terceiros com os cônjuges, uma vez que, na dúvida e na ausência de prova, vigora a presunção de que os bens móveis são comuns. Tem a jurisprudência proclamado, nessa esteira: "No regime de comunhão parcial, quando não puder ser comprovado, por documento autêntico (fatura, duplicata, nota fiscal), que os bens móveis foram adquiridos em data anterior ao ato nupcial, vigora a presunção legal de que foram comprados durante o casamento, não tendo como excluí-los da partilha"[91].

O marido não é mais o administrador exclusivo dos bens comuns e dos particulares, como prescrevia o Código de 1916. A administração compete hoje a qualquer dos consortes (CC, art. 1.663). Em caso de malversação dos bens, o juiz poderá atribuir a administração a apenas um deles (CC, art. 1.663, § 3º). A administração e disposição dos bens particulares "competem ao cônjuge proprietário, salvo convenção diversa em pacto antenupcial" (art. 1.665).

Dissolvida a sociedade conjugal, conserva cada cônjuge o que lhe pertence a título de acervo particular, dividindo-se os bens comuns na conformidade dos princípios que norteiam a partilha no regime da comunhão universal de bens.

7. REGIME DA COMUNHÃO UNIVERSAL

Regime da comunhão universal é aquele em que se comunicam todos os bens, atuais e futuros, dos cônjuges, ainda que adquiridos em nome de um só deles, bem como as dívidas posteriores ao casamento, salvo os expressamente excluídos pela lei ou pela vontade dos nubentes, expressa em convenção antenupcial (CC, art. 1.667). Por tratar-se de regime convencional, deve ser estipulado em pacto antenupcial.

No aludido regime predominam os *bens comuns*, de propriedade e posse de ambos os cônjuges, não importando a natureza, se móveis e imóveis, direitos e ações. O acervo comum permanece indivisível até a dissolução da sociedade conjugal. Embora tudo quanto um deles adquire se transmita imediatamente, por metade, ao outro cônjuge, podem existir, no entanto, bens próprios do marido e bens próprios da mulher. Exclui-se da comunhão o que a lei ou a convenção antenupcial especialmente mencionam. Inexistindo tal exclusão, não é permitido a

---

[91] TJMG, Ap. 88.567/3, 1ª Câm. Cív., j. 20-5-1997.

um ou outro cônjuge apossar-se de qualquer dos bens comuns, privando o consorte de igual uso. A ambos, todavia, compete defender a coisa possuída contra as vias de fato ou pretensões de terceiros[92].

Decidiu o *Tribunal de Justiça de Goiás*, em apelação cível em ação de divórcio relativa a regime de comunhão de bens: "1. Quando ativos financeiros, contas bancárias, previdência privada, empresas ou pessoas jurídicas, compõem o acervo patrimonial, ainda que em nome apenas de um dos cônjuges, prevalece a presunção do esforço comum, a ensejar a partição de tais ativos. 2. Considerando que os investimentos em previdência privada podem ser equiparados, no caso em julgamento, a qualquer aplicação financeira, não há que se falar na sua incomunicabilidade. 3. Imóvel em nome de terceiro não integra a partilha. Apelação parcialmente provida"[93].

O *Superior Tribunal de Justiça tem decidido que "integram a comunhão as verbas indenizatórias trabalhistas correspondentes a direitos adquiridos durante o matrimônio sob o regime da comunhão universal"*[94].

No tocante à *natureza jurídica* da comunhão de bens, várias teorias foram formuladas.

WASHINGTON DE BARROS MONTEIRO[95], depois de comentar e afastar as que sustentam tratar-se de uma forma de condomínio, pessoa jurídica com patrimônio distinto dos bens próprios dos cônjuges, patrimônio separado e autônomo ou *universitas juris* e patrimônio destinado a um fim, aponta como verdadeira a *teoria da sociedade conjugal*, "que vislumbra na comunhão uma espécie de sociedade, com caracteres próprios, que lhe não retiram, todavia, a nota de verdadeira sociedade".

Essa teoria, aduz, "é confirmada no novo regime do Código Civil de 2002, em que, assim como nas sociedades em geral, na sociedade conjugal os cônjuges têm liberdade de confiar a qualquer deles a respectiva administração (art. 1.663, *caput*, c/c o art. 1.670)", existindo ainda várias outras afinidades.

O regime da comunhão universal constituiu entre nós, por longo tempo, desde as Ordenações Filipinas, o regime legal ou comum, tendo-se arraigado aos costumes brasileiros. Raras eram as opções, na época do Código de 1916,

---

[92] Caio Mário da Silva Pereira, *Instituições*, cit., v. 5, p. 224.

"Regime da comunhão universal. Se, à data do matrimônio, o marido já herdara bens, ainda que não partilhados, a mulher tem direito à meação, qualquer que tenha sido a duração do casamento" (STJ, REsp 145.812-SP, 3ª T., rel. Min. Ari Pargendler, *DJU*, 16-12-2002).

[93] TJGO, Apel. 02940705620118090152, 4ª Câm. Cív., rel. Des. Nelma Perilo, j. 4-10-2019.

[94] STJ, REsp 878.516-SC, 4ª T., rel. Min. Luis Felipe Salomão, j. 5-8-2008. No mesmo sentido: EREsp 421.801-RS, 2ª Seção; REsp 355.581-PR, 3ª T., rel. Min. Nancy Andrighi.

[95] *Curso*, cit., v. 2, p. 196-198.

especialmente nos primeiros tempos, por outro regime. No sistema desse Código, a falta de estipulação antenupcial levava a que vigorasse a comunhão universal, presumindo-se ter sido escolhida tacitamente pelos nubentes, salvo nas hipóteses de separação obrigatória.

A Lei do Divórcio (Lei n. 6.515, de 26-12-1977) substituiu o aludido regime legal pelo da comunhão parcial, preferido nos países europeus, sistema este mantido no Código Civil de 2002.

Dispõe o art. 1.667 do novel diploma:

"O regime de comunhão universal importa a comunicação de todos os bens presentes e futuros dos cônjuges e suas dívidas passivas, com as exceções do artigo seguinte".

7.1. Bens excluídos da comunhão universal

Os bens incomunicáveis, no regime da comunhão universal, estão relacionados no art. 1.668 do Código Civil, assim elencados:

I – *Os bens doados ou herdados com a cláusula de incomunicabilidade e os sub--rogados em seu lugar*. Não só são excluídos os bens doados em vida, os deixados em testamento, com cláusula de incomunicabilidade, como também os sub-rogados em seu lugar, ou seja, os que substituírem os bens incomunicáveis. Assim, se o dono de um terreno recebido em doação com cláusula de incomunicabilidade resolver vendê--lo para, com o produto da venda, adquirir outro, com localização que melhor atende aos seus interesses, este se sub-rogará no lugar do primeiro e será também incomunicável. Hipótese semelhante é consignada no inciso IV do mesmo dispositivo.

Se, todavia, inexiste tal cláusula de incomunicabilidade, "nas transferências bancárias entre cônjuges casados sob o regime da comunhão universal de bens não se dá a transferência de patrimônio de uma pessoa para a outra (já que o patrimônio é comum), de modo que não se configura a doação. Inexistindo doação, não ocorre o fato gerador da obrigação tributária (ITCD), pelo que o respectivo crédito deve ser julgado inexistente"[96].

A incomunicabilidade não acarreta a inalienabilidade do bem, mas esta produz, de pleno direito, a impenhorabilidade e a incomunicabilidade (CC, art. 1.911). Isso porque quem se casa – e do casamento resulta a comunicação da metade do bem – de certa forma está alienando. E a penhora é realizada para a venda do bem em hasta pública. Dispõe a *Súmula 49 do Supremo Tribunal Federal*: "A cláusula de inalienabilidade inclui a incomunicabilidade dos bens".

Embora omissa a lei, não se comunicam também os bens doados com a cláusula de reversão (CC, art. 547), ou seja, com a condição de, morto o donatário antes do doador, o bem doado voltar ao patrimônio deste, não se comunicando ao cônjuge do falecido.

---

[96] TJMG, Ac. 1.0313.14.010244-0/002, 7ª Câm. Cív., rel. Des. Peixoto Henriques, j. 31-5-2017.

II – *Os bens gravados de fideicomisso e o direito do herdeiro fideicomissário, antes de realizada a condição suspensiva.* Fideicomisso é espécie de substituição testamentária, na qual existem dois beneficiários sucessivos. Os bens permanecem durante certo tempo, ou sob certa condição, fixados pelo testador, em poder do fiduciário, passando depois ao substituto ou fideicomissário. Para que possa cumprir a obrigação imposta pelo testador, os bens não se comunicam ao cônjuge do fiduciário. Embora o último seja titular do domínio, o seu direito é resolúvel.

O fideicomissário, por sua vez, possui um direito eventual. A aquisição do domínio depende da morte do fiduciário, do decurso do tempo fixado pelo testador ou do implemento da condição resolutiva por ele imposta. O seu direito também não se comunica, por razões de segurança, nas relações sociais. Se falecer antes do fiduciário, caduca o fideicomisso, consolidando-se a propriedade em mãos deste último.

Haverá comunicação de bens, portanto, se, com o advento da condição, os bens passarem para o patrimônio do fideicomissário, ou se a propriedade se consolidar nas mãos do fiduciário, em virtude da pré-morte daquele.

A hipótese prevista no inciso em apreço é de pouca aplicação prática, pela raridade do fideicomisso, especialmente depois da restrição a ele imposta no Código de 2002. O diploma de 1916 permitia a substituição fideicomissária em favor de qualquer pessoa legitimada a suceder. O de 2002 estabelece, porém, que a referida estipulação somente é permitida "*em favor dos não concebidos ao tempo da morte do testador*" (art. 1.952). Limita, desse modo, a instituição do fideicomisso somente em benefício da prole eventual, ou seja, dos não concebidos ao tempo da morte do testador. Caso contrário, o fideicomissário adquire a propriedade plena dos bens fideicometidos, convertendo-se em usufruto o direito do fiduciário.

Dispõe, com efeito, o parágrafo único do citado art. 1.952 que, "*se, ao tempo da morte do testador, já houver nascido o fideicomissário, adquirirá este a propriedade dos bens fideicometidos, convertendo-se em usufruto o direito do fiduciário*".

III – *As dívidas anteriores ao casamento, salvo se provierem de despesas com seus aprestos, ou reverterem em proveito comum.* Somente o devedor responde pelas dívidas anteriores ao casamento, com seus bens particulares ou com os bens que trouxe para a comunhão. A lei, entretanto, abre *duas exceções*: a) comunicam-se as dívidas contraídas com os aprestos ou preparativos do casamento, como enxoval, aquisição de móveis etc.; b) e também as que reverterem em proveito comum, como as decorrentes da aquisição de imóvel que servirá de residência do casal e dos móveis que a guarnecem, ainda que contraídas em nome de um só dos cônjuges.

Pelas dívidas que não se comunicam será demandado o devedor e, se na sua liquidação forem alcançados os bens comuns, o valor deverá imputar-se na meação do responsável e ser excluído da do outro[97]. Caberá a este, caso não se dê a aludida exclusão, defender a sua meação mediante a oposição de embargos de terceiro (CPC/2015, art. 674, § 2º, I).

IV – *As doações antenupciais feitas por um dos cônjuges ao outro com a cláusula de incomunicabilidade.* A disposição é dispensável, já incidindo na hipótese a regra contida no inciso I, igualmente excluindo da comunhão a liberalidade feita com a cláusula de incomunicabilidade. Na constância do casamento não cabem doações de um cônjuge ao outro, uma vez que o acervo patrimonial é comum a ambos. Só podem ser feitas quando envolverem os bens excluídos da comunhão (CC, arts. 544 e 1.668). São vedadas também as doações que envolvam fraude ao regime de separação obrigatória.

Alerta-se sobre a necessidade de se verificar se a doação antenupcial não está sendo realizada em fraude à execução (CPC/2015, art. 792) ou em fraude contra credores (CC, art. 158). Se a liberalidade reduzir o devedor à insolvência, poderá ser anulada por meio da ação pauliana, ou declarada ineficaz, se, quando efetivada, corria demanda contra o devedor[98].

V) *Os bens referidos nos incisos V a VII do art. 1.659*, já comentados no item 6.1, *retro*, ao qual nos reportamos.

Foram suprimidas do rol dos bens incomunicáveis as hipóteses previstas no art. 263 do Código Civil de 1916 nos incisos IV, V, VI, X e XII. O inciso VI excluía da comunhão "as obrigações provenientes de atos ilícitos". Comenta Silvio Rodrigues a propósito que, "por falha ou omissão intencional, já não serão excluídas da comunhão as obrigações provenientes de ato ilícito, uma vez ausente a respectiva previsão no art. 1.668. Essa, aliás, a única modificação significativa proposta pelo novel legislador a respeito dos bens e dívidas que integram o acervo comum no regime da comunhão universal"[99].

Esclarece Alexandre Alcoforado Assunção que "a providência foi motivada por questão de ordem prática. Não se discute a validade da aplicação, no campo civil, do princípio de direito penal segundo o qual a pena só deve atingir o criminoso. Mas essa exclusão prevista pode provocar injustiças. Como na comunhão universal de bens cada cônjuge é proprietário de metade ideal do patrimônio, que se materializa com a partilha, por ocasião da dissolução da sociedade, o credor da

---

[97] Caio Mário da Silva Pereira, *Instituições*, cit., v. 5, p. 226.

"Dívidas contraídas antes do matrimônio. Cônjuge devedor que responderá pela obrigação com seus bens particulares ou com aqueles que trouxe para a comunhão conjugal" (*RT*, 794/277).

[98] Arnaldo Rizzardo, *Direito de família*, p. 646.

[99] *Direito civil*, cit., v. 6, p. 189.

indenização ficaria desprotegido caso o cônjuge causador do dano não possuísse bens particulares, uma vez que os comuns estariam a salvo"[100].

Por sua vez, adverte REGINA BEATRIZ TAVARES DA SILVA, atualizadora da obra de WASHINGTON DE BARROS MONTEIRO, que "nos casamentos celebrados após 11 de janeiro de 2003, data da entrada em vigor do novo Código Civil, não existe mais a incomunicabilidade das obrigações provenientes de atos ilícitos, do que resulta a comunicação, independentemente do proveito obtido pelo casal. Assim, é protegida a pessoa do lesado, que não precisa aguardar a dissolução da sociedade conjugal e a partilha de bens do casal para receber o que lhe é devido"[101].

Penso, todavia, que a inovação não se justifica, pois na realidade a cobrança da indenização não fica na expectativa da dissolução do casamento, podendo ser efetuada desde logo, ressalvando-se, em cada bem, a meação do consorte. Vinha sendo decidido, na vigência do diploma anterior, que não opostos, eventualmente, os embargos de terceiro, deve-se imputar a importância da indenização paga, na meação do cônjuge culpado, por ocasião da partilha. Não seria justo permitir a postergação indefinida de um direito de terceiro, favorecendo o violador do dever legal de não lesar a outrem.

A jurisprudência sempre admitiu a oposição, com base no art. 1.046, § 3º, do Código de Processo Civil de 1973 (art. 674, § 2º, I, do CPC/2015), pelo cônjuge inocente, de embargos de terceiro destinados a livrar da constrição judicial a sua meação. Decidiu o Superior Tribunal de Justiça que "os bens indivisíveis, de propriedade comum decorrente do regime de comunhão no casamento, na execução podem ser levados à hasta pública por inteiro, reservando-se à esposa a metade do preço alcançado. Tem-se entendido na Corte que a exclusão da meação deve ser considerada em cada bem do casal e não na indiscriminada totalidade do patrimônio"[102].

Dispõe, nessa linha, *a Súmula 134 do aludido Pretório: "Embora intimado da penhora em imóvel do casal, o cônjuge do executado pode opor embargos de terceiro para defesa de sua meação".*

Diante da omissão do novel legislador, parece-nos razoável aplicar à hipótese a regra do art. 942, primeira parte, do Código Civil, que declara sujeitar-se à reparação do dano causado "*os bens do responsável pela ofensa ou violação do direito de*

---

[100] *Novo Código Civil comentado*, cit., p. 1480.

[101] *Curso*, cit., v. 2, p. 202.

[102] REsp 200.251-SP, Corte Especial, rel. Min. Sálvio de Figueiredo Teixeira, *DJU*, 29-4-2002, p. 153.

outrem". Esses bens serão os particulares ou os que compõem a sua meação. A segunda parte do aludido dispositivo estabelece uma solidariedade passiva, mas somente "*se a ofensa tiver mais de um autor*". Os bens do cônjuge inocente não podem estar sujeitos, pois, a uma solidariedade inexistente. E, mesmo que, por excesso de interpretação, venha-se a admiti-la, entendendo-se que a omissão do legislador foi intencional, para estabelecer a comunicação das obrigações provenientes de atos ilícitos, deve-se aplicar à hipótese o art. 285 do Código Civil, pelo qual "*se a dívida solidária interessar exclusivamente a um dos devedores, responderá este por toda ela para com aquele que pagar*".

Não foram incluídos os bens reservados da mulher, adquiridos com os seus próprios recursos financeiros e que eram considerados de sua exclusiva propriedade, privilégio este constante do art. 263, XII, do Código Civil de 1916 e que já havia sido tacitamente revogado pelo art. 226, § 5º, da Constituição de 1988. Só vale a aludida reserva para os bens amealhados a esse título antes da entrada em vigor da citada Constituição Federal.

7.2. Outras disposições

Os *frutos* dos bens incomunicáveis, quando se percebam ou vençam durante o casamento, comunicam-se. Dispõe a propósito o art. 1.669 do Código Civil: "*A incomunicabilidade dos bens enumerados no artigo antecedente não se estende aos frutos, quando se percebam ou vençam durante o casamento*". Assim, embora certos bens sejam incomunicáveis (art. 1.668), os seus rendimentos se comunicam. A disposição está em harmonia com o princípio de que, no regime da comunhão universal, a comunicabilidade é a regra.

A *administração* dos bens comuns compete ao casal (sistema da *cogestão*), e a dos particulares, ao cônjuge proprietário, salvo convenção diversa em pacto antenupcial (arts. 1.670, 1.663 e 1.665).

Por fim, dispõe o art. 1.671 do Código Civil que, "*extinta a comunhão, e efetuada a divisão do ativo e do passivo, cessará a responsabilidade de cada um dos cônjuges para com os credores do outro*".

A sociedade conjugal termina, segundo estatui o art. 1.571, *caput* e § 1º, do Código Civil, pela morte de um dos cônjuges, pela nulidade ou anulação do casamento, pela separação judicial (suprimida pela EC n. 66/2010), pelo divórcio e pela morte presumida do ausente, quando presentes os requisitos para a abertura da sucessão definitiva. Não havendo mais comunhão, "a responsabilidade pelas dívidas se torna pessoal, por ela só respondendo o cônjuge que a contraiu"[103].

---

[103] Carvalho Santos, *Código Civil*, cit., v. 5, p. 83.

A evolução jurisprudencial conduziu ao entendimento de que "a separação de fato prolongada deveria pôr fim ao regime de bens, até mesmo no que se refere aos bens havidos por herança, que deixariam, nesse caso, de comunicar-se. Isto em razão da ausência de *affectio maritalis* na separação de fato do casal e do enriquecimento ilícito que pode provocar a continuidade da comunhão nesse caso"[104].

Malgrado o art. 1.571 do Código Civil de 2002 supramencionado não inclua a separação de fato no rol das causas de dissolução da sociedade conjugal, o disposto nos arts. 1.723, § 1º, e 1.725 autoriza a jurisprudência a preservar a interpretação de que a separação de fato prolongada extingue o regime de bens e a comunhão respectiva. Prescrevem os aludidos dispositivos que a pessoa casada, mas separada de fato, pode constituir união estável, cujo regime de bens será o da comunhão parcial. Não poderá a mesma pessoa, nessa hipótese, evidentemente, conviver sob regime de comunhão com o cônjuge e em regime de comunhão parcial com o companheiro.

8. REGIME DA PARTICIPAÇÃO FINAL NOS AQUESTOS

Dispõe o art. 1.672 do Código Civil:

"No regime de participação final nos aquestos, cada cônjuge possui patrimônio próprio, consoante disposto no artigo seguinte, e lhe cabe, à época da dissolução da sociedade conjugal, direito à metade dos bens adquiridos pelo casal, a título oneroso, na constância do casamento".

Trata-se de um regime híbrido, pois durante o casamento aplicam-se as regras da separação total e, após a sua dissolução, as da comunhão parcial. Nasce de convenção, dependendo, pois, de pacto antenupcial. Cada cônjuge possui patrimônio próprio, com direito, como visto, à época da dissolução da sociedade conjugal, à metade dos bens adquiridos pelo casal, a título oneroso, na constância do casamento.

---

[104] Washington de Barros Monteiro, *Curso*, cit., 37. ed., v. 2, p. 208.

"A orientação jurisprudencial reconhece incomunicáveis os bens adquiridos por qualquer dos cônjuges, durante simples separação de fato, precedente à separação judicial ou ao divórcio" (*RT*, 716/148). "Tratando-se de aquisição após a separação de fato, à conta de um só dos cônjuges, que tinha vida em comum com outra mulher, o bem adquirido não se comunica ao outro cônjuge, ainda quando se trate de casamento sob o regime da comunhão universal" (STJ, REsp 67.678-RS, 3ª T., rel. Min. Nilson Naves, *DJU*, 14-8-2000). "A cônjuge virago separada de fato do marido há muitos anos não faz jus aos bens por ele adquiridos posteriormente a tal afastamento, ainda que não desfeitos, oficialmente, os laços mediante separação judicial" (STJ, REsp 32.218, 4ª T., rel. Min. Aldir Passarinho Júnior, *DJU*, 3-9-2001).

É, na realidade, um regime de separação de bens, enquanto durar a sociedade conjugal, tendo cada cônjuge a exclusiva administração de seu patrimônio pessoal, integrado pelos que possuía ao casar e pelos que adquirir a qualquer título na constância do casamento, podendo livremente dispor dos móveis e dependendo da autorização do outro para os imóveis (CC, art. 1.673, parágrafo único). Somente após a dissolução da sociedade conjugal serão apurados os bens de cada cônjuge, cabendo a cada um deles – ou a seus herdeiros, em caso de morte, como dispõe o art. 1.685 – a metade dos adquiridos pelo casal, a título oneroso, na constância do casamento.

Embora o regime em apreço constitua entre nós inovação apresentada pelo Código Civil de 2002, é ele previsto em vários países como Alemanha, França, Espanha, Portugal, Argentina e os escandinavos, representando mais uma opção deixada à escolha dos nubentes, embora com denominações diferentes. É considerado ideal para as pessoas que exercem atividades empresárias, pela liberdade que confere aos cônjuges de administrar livremente, na constância da sociedade conjugal, o seu patrimônio próprio, sem afastar a participação nos aquestos por ocasião da dissolução da aludida sociedade.

Em caso de separação judicial ou divórcio, "*verificar-se-á o montante dos aquestos à data em que cessou a convivência*" (CC, art. 1.683). Observe-se que a apuração do acervo partilhável será feita levando-se em conta a data em que cessou a *convivência*, e não a da decretação ou homologação judicial.

Nessa hipótese, como assinala CAIO MÁRIO, "reconstitui-se contabilmente uma comunhão de aquestos. Nesta reconstituição nominal (não *in natura*), levanta--se o acréscimo patrimonial de cada um dos cônjuges no período de vigência do casamento. Efetua-se uma espécie de balanço, e aquele que se houver enriquecido menos terá direito à metade do saldo encontrado. O novo regime se configura como um misto de comunhão e de separação. A comunhão de bens não se verifica na constância do casamento, mas terá efeito meramente contábil diferido para o momento da dissolução"[105].

Se não for possível nem conveniente a divisão de todos os bens em natureza, admite o art. 1.684 do Código Civil a reposição em dinheiro, calculando-se o valor de alguns ou de todos. Nesse caso, segundo estabelece o parágrafo único, "*serão avaliados e, mediante autorização judicial, alienados tantos bens quantos bastarem*". Não se exige que a venda seja judicial. Poderá, desse modo, realizar-se extrajudicialmente, salvo desentendimento dos interessados, ou disposição especial de lei[106].

---

[105] *Instituições*, cit., v. 5, p. 229.
[106] Caio Mário da Silva Pereira, *Instituições*, cit., v. 5, p. 235.

Na apuração dos aquestos, *"sobrevindo a dissolução da sociedade conjugal"*, excluem-se da soma dos patrimônios próprios: *"I – os bens anteriores ao casamento e os que em seu lugar se sub-rogaram; II – os que sobrevierem a cada cônjuge por sucessão ou liberalidade; e III – as dívidas relativas a esses bens"* (CC, art. 1.674).

Os bens móveis, salvo prova em contrário, *"presumem-se adquiridos durante o casamento"* (art. 1.674, parágrafo único). Em face de terceiros, *"presumem-se do domínio do cônjuge devedor, salvo se o bem for de uso pessoal do outro"* (art. 1.680). Em relação aos próprios cônjuges, portanto, os bens móveis pertencem àquele que os adquirir na constância do casamento. Em relação a terceiros, presumem-se adquiridos pelo cônjuge devedor os que o forem na constância do casamento, salvo se comprovada a aquisição pelo outro. Excluem-se da presunção os bens de uso pessoal.

O cônjuge prejudicado, ou seus herdeiros, poderá reivindicar, finda a sociedade conjugal, os aquestos doados ou por outra forma alienados sem sua autorização, ou optar pela compensação por outro bem ou pelo pagamento de seu valor em dinheiro (arts. 1.675 e 1.676). Pode ser compensada a dívida de um consorte, solvida pelo outro com bens de seu próprio patrimônio, devendo ser atualizado o valor do pagamento e imputado, na data da cessação da convivência, à meação daquele (arts. 1.678 e 1.683). Aplica-se, à solução de dívida, o princípio geral do pagamento com sub-rogação.

Na lição de ZENO VELOSO "não se forma uma massa a ser partilhada; o que ocorre é um crédito em favor de um dos cônjuges, contra o outro, para igualar os acréscimos, os ganhos obtidos durante o casamento"[107]. O consorte só responde pela dívida, contraída pelo outro, que houver revertido, comprovadamente, em seu proveito, parcial ou totalmente (CC, art. 1.677). O mesmo critério é adotado em caso de morte de um dos cônjuges (art. 1.686).

Quanto aos bens adquiridos pelo trabalho conjunto ou esforço comum, *"terá cada um dos cônjuges uma quota igual no condomínio ou no crédito por aquele modo estabelecido"* (CC, art. 1.679). Tais bens serão atribuídos por igual, na apuração e balanço dos adquiridos.

Em princípio, segundo dispõe o art. 1.681 do Código Civil, *"os bens imóveis são de propriedade do cônjuge cujo nome constar no registro"*. Ressalva, porém, o parágrafo único que, *"impugnada a titularidade, caberá ao cônjuge proprietário provar a aquisição regular dos bens"*.

Tendo em vista que o registro do título no Registro Imobiliário gera a presunção de propriedade, cabe a quem impugna tal presunção o ônus de promover, pela via própria, o cancelamento ou anulação do aludido registro. No entanto,

---

[107] Regimes matrimoniais de bens, *Direito de família contemporâneo*, p. 205.

para os fins do regime matrimonial não é bastante a regularidade formal ou extrínseca do título de aquisição ou do registro imobiliário. Terá o cônjuge proprietário, respondendo à impugnação, de provar que adquiriu o imóvel com recursos próprios e exclusivos, sem participação do outro. De qualquer modo, para fins de participação final nos aquestos, a titularidade exclusiva perde importância, pois os bens particulares integram o monte partilhável[108].

O direito à meação "*não é renunciável, cessível ou penhorável na vigência do regime matrimonial*" (art. 1.682). Trata-se de um princípio de ordem pública que não pode ser contrariado pela vontade das partes e que tem a finalidade de sustentar economicamente o casamento e a família e de não inviabilizar o seu regular desenvolvimento.

Estatui o art. 1.685 do Código Civil que, se a dissolução da sociedade conjugal se der por morte, apurar-se-á a meação do cônjuge sobrevivente com base nos mesmos princípios e critérios já mencionados, "*deferindo-se a herança aos herdeiros na forma estabelecida neste Código*". A morte de um dos cônjuges não altera o critério de participação nos aquestos. Apurado o monte partível e o patrimônio próprio de cada cônjuge, ao sobrevivente tocará a respectiva meação e, aos herdeiros do falecido, a outra.

O regime de participação final nos aquestos apresenta, como foi dito, a vantagem de permitir a conservação da independência patrimonial de cada cônjuge, até mesmo no tocante à elevação ocorrida durante o casamento, proporcionando, ao mesmo tempo, por ocasião da dissolução da sociedade conjugal, proteção econômica àquele que acompanhou tal evolução na condição de parceiro, sem ter, no entanto, bens em seu nome. De outro lado, recebe críticas, sendo a mais constante e contundente, segundo ZENO VELOSO, a que se refere "às dificuldades e complicações de sua liquidação, por ocasião da dissolução da sociedade conjugal"[109].

Em razão da apontada complexidade da apuração contábil, exigida não só para a exata identificação dos aquestos como para a respectiva valorização, muitas vezes com realização de perícia dispendiosa e demorada, a tendência, na prática, deverá ser a de afastar os nubentes dessa opção.

Preleciona SILVIO RODRIGUES a propósito que, "superadas as questões próprias da dissolução do casamento, a apuração da participação se faz em etapas: 1ª) com a verificação do acréscimo patrimonial de cada um dos cônjuges; 2ª) a apuração do respectivo valor para a compensação e identificação do saldo em favor de um ou de outro; e, por fim, 3ª) a execução do crédito. Este caminho pode ser tortuoso diante da morosidade da Justiça, considerando, também, a expressiva quantidade de incidentes e recursos que podem surgir nas três fases distintas. Daí

---

[108] Paulo Luiz Netto Lôbo, *Código Civil*, cit., v. XVI, p. 333.
[109] Regimes matrimoniais, cit., p. 207.

por que o regime da participação final nos aquestos, embora simpático na sua essência, acaba por vir a ser uma opção problemática"[110].

Observa-se, em abono dessa afirmação, que a justificativa ao Projeto de Lei em tramitação no Congresso Nacional e que propõe a criação do Estatuto das Famílias, em substituição ao Livro do Direito de Família do Código Civil, esclarece: "Suprimiu--se o regime de bens de participação final nos aquestos, introduzido pelo Código Civil, em virtude de não encontrar nenhuma raiz na cultura brasileira e por transformar os cônjuges em sócios de ganhos futuros ou contábeis, potencializando litígios".

9. REGIME DA SEPARAÇÃO CONVENCIONAL OU ABSOLUTA

Dispõe o art. 1.687 do Código Civil:

"Estipulada a separação de bens, estes permanecerão sob a administração exclusiva de cada um dos cônjuges, que os poderá livremente alienar ou gravar de ônus real".

No regime da separação convencional, cada cônjuge conserva a plena proprie-dade, a integral administração e a fruição de seus próprios bens, podendo aliená-los e gravá-los de ônus real livremente, sejam móveis ou imóveis. O Código Civil de 1916 dispensava, no art. 235, a vênia conjugal somente para a alienação de bens móveis. O novo diploma, ao elencar os atos que nenhum dos cônjuges pode praticar sem autorização do outro, incluiu o de *"alienar ou gravar de ônus real os bens imóveis"*, fazendo, porém, a ressalva: *"exceto no regime da separação absoluta"* (art. 1.647 e I).

Quando se convenciona o aludido regime, o casamento não repercute na esfera patrimonial dos cônjuges, pois a incomunicabilidade envolve todos os bens presentes e futuros, frutos e rendimentos, conferindo autonomia a cada um na gestão do próprio patrimônio. Cada consorte conserva a posse e a propriedade dos bens que trouxer para o casamento, bem como os que forem a eles sub--rogados, e dos que cada um adquirir a qualquer título na constância do matrimô-nio, atendidas as condições do pacto antenupcial[111].

Para que esses efeitos se produzam e a separação seja pura ou absoluta, é mister expressa estipulação em pacto antenupcial. Mas pode ser, ainda, imposta aos cônjuges, nos casos previstos no art. 1.641 do Código Civil. Podem os nuben-tes convencionar a *separação limitada*, envolvendo somente os bens presentes e comunicando os futuros, os frutos e os rendimentos. Não haverá, nesse caso, diferença com o regime da comunhão parcial.

---

[110] *Direito civil*, cit., v. 6, p. 196.

[111] Caio Mário da Silva Pereira, *Instituições*, cit., v. 5, p. 237.

"Não há que falar em aquestos, quando a hipótese revela que pessoa solteira adquire imóvel, permutando-o por outro, após casado sob o regime da separação de bens" (TJRJ, Ap. 21.990/00, 6ª Câm. Cív., rel. Des. Albano Mattos Corrêa, *DORJ*, 4-4-2002).

No regime da separação absoluta os cônjuges unem suas vidas e seu destino, mas ajustam, por meio do pacto antenupcial, a separação no campo patrimonial. Embora sejam marido e mulher, cada qual continua dono do que lhe pertencia e se tornará proprietário exclusivo dos bens que vier a adquirir, recebendo sozinho as rendas produzidas por uns e outros desses bens. É lógico que, "em tal regime, a cada cônjuge compete a administração dos bens que lhe pertencem, pois, em tese e a rigor, só ele tem interesse nisso"[112].

Em princípio, ambos os cônjuges *são obrigados a contribuir para as despesas do casal na proporção dos rendimentos de seu trabalho e de seus bens*. Podem, no entanto, estabelecer, no pacto antenupcial, a quota de participação de cada um ou sua dispensa do encargo (CC, arts. 1.688), bem como fixar normas sobre a administração dos bens.

A obrigação de contribuir para as despesas do casal estende-se hoje a todos os regimes, em razão da isonomia constitucional. Não se comunicam, todavia, as dívidas por cada qual contraídas, exceto as que o forem para compra das coisas necessárias à economia doméstica (CC, arts. 1.643 e 1.644).

Tem a jurisprudência admitido a comunicação dos bens adquiridos na constância do casamento pelo esforço comum do casal, comprovada a existência da sociedade de fato. *Assim, "sob a inspiração do princípio que norteou a Súmula n. 380, a respeito do concubinato, e a Súmula n. 377, sobre o regime da separação obrigatória, que veda o enriquecimento ilícito, se provado que o cônjuge casado pelo regime da separação convencional concorreu diretamente, com capital ou trabalho, para a aquisição de bens em nome do outro cônjuge, é cabível a atribuição de direitos àquele consorte"*[113].

Desse modo, "se houve eventual contribuição em dinheiro de um dos cônjuges na reconstrução e conservação de imóvel pertencente ao outro, justo se lhe indenize"[114]. No entanto, a partilha dos bens exige a prova do esforço comum em ação própria de reconhecimento de sociedade de fato. Como adverte aresto do *Superior Tribunal de Justiça*, "o que não se há de reconhecer é a existência de tal sociedade, apenas em virtude da vida em comum, com o atendimento dos deveres que decorram da existência do consórcio"[115].

---

[112] Silvio Rodrigues, *Direito civil*, cit., v. 6, p. 191.

[113] Washington de Barros Monteiro, *Curso*, cit., 37. ed., v. 2, p. 222. *V.* ainda Yussef Said Cahali, A comunhão dos aquestos no regime da separação de bens, *Família e casamento:* doutrina e jurisprudência, p. 697-716.

[114] TJRS, Ap. 598.010.791, 8ª Câm. Cív., rel. Des. Stangler Pereira, j. 27-8-1998. No mesmo sentido: "Se o patrimônio do marido, ao tempo da separação (isto é, ao tempo em que vigorou o regime da separação de bens), foi formado com o esforço comum, resultado de dinheiro destinado pelos dois cônjuges, tem a mulher direito a parte dos bens, ainda que o regime matrimonial seja o da separação absoluta" (*RT*, 578/67).

[115] REsp 30.513-9-MG, 3ª T., rel. Min. Eduardo Ribeiro, j. 26-4-1994, *RT*, 710/174.

Salienta o relator do mencionado *decisum*, na sequência, que "o importante é ter-se em conta que, havendo casamento, não será qualquer união de esforços apta a levar a que se tenha como presente uma sociedade. Dele resultam obrigações, para ambos os cônjuges, de cujo atendimento não poderá decorrer, por si, se reconheça existente uma associação de objetivos econômicos. Assim, a mútua assistência, a vida em comum e o sustento da família, a que o marido deve prover, com a colaboração da mulher. O adimplemento desses deveres não constituirá base suficiente para afirmar-se existir sociedade, a justificar partilha de bens. Sendo inerentes ao casamento, não podem conduzir a que se pretenda deles derive comunhão de bens, que os cônjuges acordaram excluir. Coisa diversa é a constituição de sociedade, envolvendo relações outras que não aquelas que derivam de os interessados se terem consorciado" (*v.*, ainda, *Regime da separação legal ou obrigatória*, item n. 5, III, *retro*).

A respeito da necessidade da prova do esforço comum frisou a *Segunda Seção do Superior Tribunal de Justiça*, interpretando a *Súmula 377 do Supremo Tribunal Federal*: "No regime de separação legal de bens, comunicam-se os adquiridos na constância do casamento, desde que comprovado o esforço comum para sua aquisição"[116].

---

[116] STJ, EREsp 1.623.858-MG, 2ª Seção, rel. Min. Lázaro Guimarães, *DJe* 30-5-2018.

Título II

DO USUFRUTO E DA ADMINISTRAÇÃO DOS BENS DE FILHOS MENORES

Sumário: 1. Exercício do usufruto e da administração. 2. Autorização judicial para a prática de atos que ultrapassem a simples administração. 3. Colidência de interesses entre os pais e o filho. 4. Bens excluídos do usufruto e da administração dos pais.

1. EXERCÍCIO DO USUFRUTO E DA ADMINISTRAÇÃO

Entendeu o legislador, em razão da importância do assunto, de bom alvitre separá-lo do capítulo concernente ao poder familiar, dando-lhe o necessário destaque na parte dedicada ao direito patrimonial, com a denominação "Do usufruto e da administração dos bens de filhos menores".

Para facilitar a exposição da matéria, dela tratamos no capítulo atinente ao poder familiar, uma vez que lhe diz respeito e ao qual nos reportamos (Capítulo V do Título II da parte concernente ao Direito Pessoal, item 4.2, *retro*, que se refere ao poder familiar quanto aos bens dos filhos).

Acrescente-se que, diferentemente do que dispunha o art. 385 do Código Civil de 1916, que atribuía ao pai, e na sua falta, à mãe a administração legal dos bens dos filhos menores, o novo diploma estabelece que os pais, em igualdade de condições, são os administradores legais e usufrutuários dos bens dos filhos menores sob sua autoridade (art. 1.689). Em realidade, desde a Constituição Federal de 1988 pai e mãe são coadministradores e cousufrutuários dos bens dos filhos menores, não mais persistindo a prevalência outrora atribuída ao pai.

Havendo divergência, poderá qualquer deles recorrer ao juiz para a solução necessária (arts. 1.689, II, e 1.690, parágrafo único). Não podem, porém, praticar atos que ultrapassem os limites da simples administração. Esta envolve a guarda,

457

o cuidado e a gerência dos bens, abrangendo a locação de móveis e imóveis, a exploração agrícola e pecuária de imóvel rural, pagamento de imposto, defesa judicial, recebimento de juros ou rendas etc.

A administração e o usufruto legais "são corolários do poder familiar, no direito brasileiro. Incluem-se todos os bens móveis e imóveis que caiam sob a titularidade do menor, independentemente de sua origem, seja por herança, seja por adoção, seja por qualquer meio de alienação. Todavia, a administração e o usufruto podem ser subtraídos do poder familiar por disposição expressa do doador ou do testador, que podem indicar outro administrador dos bens respectivos. Se não o fizerem, o juiz dará curador especial ao menor (art. 1.692 do Código Civil). O usufruto legal é indisponível, intransmissível e inexpropriável"[1].

Compete aos pais, no exercício da função de administração, a representação ou a assistência dos filhos menores, conforme tenham mais ou menos de 16 anos (CC, art. 1.690). O usufruto, paterno e materno, não necessita ser levado a registro público, porque decorre de imposição legal. Pela mesma razão, não se exige dos pais a caução a que se refere o art. 1.400 do Código Civil, nem prestação de contas.

2. AUTORIZAÇÃO JUDICIAL PARA A PRÁTICA DE ATOS QUE ULTRAPASSEM A SIMPLES ADMINISTRAÇÃO

No exercício do múnus que lhes é imposto, os pais devem zelar pela preservação do patrimônio que administram, não podendo praticar atos dos quais possa resultar uma diminuição patrimonial. Para alienar ou gravar de ônus reais os bens imóveis dos filhos menores, precisam obter *autorização judicial*, mediante a demonstração da "*necessidade, ou evidente interesse da prole*". Dispõe, com efeito, o art. 1.691 do Código Civil:

"*Não podem os pais alienar, ou gravar de ônus real os imóveis dos filhos, nem contrair, em nome deles, obrigações que ultrapassem os limites da simples administração, salvo por necessidade ou evidente interesse da prole, mediante prévia autorização do juiz*".

Comprovada a necessidade ou evidente interesse da prole e expedido o alvará, a venda poderá ser feita a quem melhor pagar, não devendo o preço ser inferior ao da avaliação. Não se exige a oferta em hasta pública.

Competente para processar o pedido é o juiz do domicílio do menor, e não o da situação. A necessidade pode decorrer de várias situações. Autoriza-se a venda

---

[1] Paulo Luiz Netto Lôbo, *Código Civil comentado*, v. XVI, p. 347.

de bens pertencentes a menores, por exemplo, para garantir a sua subsistência e adquirir alimentos, para o atendimento de despesas médicas e hospitalares, para a aquisição de outro imóvel que oferece lucro seguro em sub-rogação de outro que só acarreta despesas ou para investimento rentável e menos dispendioso.

A assunção de obrigações, não decorrentes de simples administração, pode dizer respeito à contratação de serviços e obras de interesse do menor e aquisição de bens de evidente utilidade e necessidade, por exemplo. A necessidade a ser considerada pelo juiz, ao decidir sobre a concessão do alvará, deve ser a do menor, e não a de seus pais. Não se justifica a venda ou oneração dos bens dos filhos para atender a necessidades de caráter econômico dos pais.

Se a venda se efetivar sem a autorização judicial, padecerá de nulidade, porém relativa, porque só poderá ser oposta pelo próprio filho, seus herdeiros ou seu representante legal (CC, art. 1.691, parágrafo único).

3. COLIDÊNCIA DE INTERESSES ENTRE OS PAIS E O FILHO

Sempre que no exercício do poder familiar colidir o interesse dos pais com o do filho, "*o juiz lhe dará curador especial*" (art. 1.692). Não se exige, para tanto, prova de que o pai pretende lesar o filho. Basta que se coloquem em situações cujos interesses são aparentemente antagônicos, como acontece na venda de ascendente a descendente, que depende do consentimento dos demais descendentes. Se um destes for menor, ser-lhe-á nomeado curador especial para representá--lo na anuência[2].

Frequentemente colide o interesse dos pais com o dos filhos. Hipóteses comuns ocorrem "quando um genitor procura anular uma doação feita pelo outro genitor; ou ingressa com ação buscando anular um testamento, no qual foi contemplado o filho menor; ou na venda que fizeram os pais a um dos filhos; ou em permuta que os pais realizam com o filho"[3].

Pode ser lembrada, ainda, a necessidade de nomeação de curador especial ao menor para receber em nome deste doação que lhe vai fazer o pai, para concordar com a venda que o genitor efetuará a outro descendente, para intervir na permuta entre o filho menor e os pais e para levantamento da inalienabilidade que pesa sobre o bem de família.

---

[2] Washington de Barros Monteiro, *Curso de direito civil*, 37. ed., v. 2, p. 356.
[3] Arnaldo Rizzardo, *Direito de família*, p. 707.

4. BENS EXCLUÍDOS DO USUFRUTO E DA ADMINISTRAÇÃO DOS PAIS

Dispõe o art. 1.693 do Código Civil:

"Excluem-se do usufruto e da administração dos pais:

I – os bens adquiridos pelo filho havido fora do casamento, antes do reconhecimento;

II – os valores auferidos pelo filho maior de dezesseis anos, no exercício de atividade profissional e os bens com tais recursos adquiridos;

III – os bens deixados ou doados ao filho, sob a condição de não serem usufruídos, ou administrados, pelos pais;

IV – os bens que aos filhos couberem na herança, quando os pais forem excluídos da sucessão".

Todas essas hipóteses foram devidamente analisadas no Capítulo V do Título II da parte concernente ao Direito Pessoal, item 4.2, *retro*, que trata do poder familiar quanto aos bens dos filhos, ao qual nos reportamos.

Título III

DOS ALIMENTOS

Sumário: 1. Conceito e natureza jurídica. 2. Espécies. 3. Obrigação alimentar e direito a alimentos. 3.1. Características da obrigação alimentar. 3.2. Características do direito a alimentos. 3.3. Pressupostos da obrigação alimentar. Objeto e montante das prestações. 3.4. Pressupostos subjetivos: quem deve prestar alimentos e quem pode reclamá-los. 4. Alimentos decorrentes da dissolução da sociedade conjugal e da união estável. 5. Meios de assegurar o pagamento da pensão. 5.1. Ação de alimentos. 5.2. Ação revisional de alimentos. 5.3. Meios de execução da prestação não satisfeita. 6. Alimentos gravídicos.

1. CONCEITO E NATUREZA JURÍDICA

Alimentos, segundo a precisa definição de ORLANDO GOMES[1], são prestações para satisfação das necessidades vitais de quem não pode provê-las por si. Têm por *finalidade* fornecer a um parente, cônjuge ou companheiro o necessário à sua subsistência.

O vocábulo "*alimentos*" tem, todavia, conotação muito mais ampla do que na linguagem comum, não se limitando ao necessário para o sustento de uma pessoa. Nele se compreende não só a obrigação de prestá-los, como também o conteúdo da obrigação a ser prestada. A aludida expressão tem, no campo do direito, uma acepção técnica de larga abrangência, compreendendo não só o indispensável ao sustento, como também o necessário à manutenção da condição social e moral do alimentando.

Quanto ao *conteúdo*, os alimentos abrangem, assim, o indispensável ao sustento, vestuário, habitação, assistência médica, instrução e educação (CC, arts. 1.694 e 1.920). Dispõe o art. 1.694 do Código Civil, com efeito, que "*podem os*

---

[1] *Direito de família*, p. 427.

461

parentes, os cônjuges ou companheiros pedir uns aos outros os alimentos de que necessitem para viver de modo compatível com a sua condição social, inclusive para atender às necessidades de sua educação".

Preleciona Yussef Cahali[2], forte na lição de Josserand, que "constituem os alimentos uma modalidade de assistência *imposta por lei,* de ministrar os recursos necessários à subsistência, à conservação da vida, tanto física como moral e social do indivíduo, sendo portanto, a obrigação alimentar, 'le devoir imposé juridiquement à une personne d'assurer la subsistance d'une autre personne'".

Por seu turno, esclarece Silvio Rodrigues que "a tendência moderna é a de impor ao Estado o dever de socorro dos necessitados, tarefa que ele se desincumbe, ou deve desincumbir-se, por meio de sua atividade assistencial. Mas, no intuito de aliviar-se desse encargo, ou na inviabilidade de cumpri-lo, o Estado o transfere, por determinação legal, aos parentes, cônjuges ou companheiro do necessitado, cada vez que aqueles possam atender a tal incumbência"[3].

O dever de prestar alimentos funda-se na solidariedade humana e econômica que deve existir entre os membros da família ou os parentes. Há "um dever legal de mútuo auxílio familiar, transformado em norma, ou mandamento jurídico. Originariamente, não passava de um dever moral, ou uma obrigação ética, que no direito romano se expressava na equidade, ou no *officium pietatis,* ou na *caritas.* No entanto, as razões que obrigam a sustentar os parentes e a dar assistência ao cônjuge transcendem as simples justificativas morais ou sentimentais, encontrando sua origem no próprio direito natural. É inata na pessoa a inclinação para prestar ajuda, socorrer e dar sustento"[4].

O Estado tem interesse direto no cumprimento das normas que impõem a obrigação legal de alimentos, pois a inobservância ao seu comando aumenta o número de pessoas carentes e desprotegidas, que devem, em consequência, ser por ele amparadas. Daí a razão por que as aludidas normas são consideradas de ordem pública, inderrogáveis por convenção entre os particulares e impostas por meio de violenta sanção, como a pena de prisão a que está sujeito o infrator.

A doutrina destaca o acentuado caráter assistencial do instituto. Tradicionalmente, no direito brasileiro a obrigação legal de alimentos tem um cunho assistencial e não indenizatório. Essa característica transparece nitidamente no art. 1.702 do Código Civil, ao dispor que, *"na separação judicial litigiosa, sendo um dos cônjuges inocente e desprovido de recursos, prestar-lhe-á o outro a pensão alimentícia que o juiz fixar, obedecidos os critérios estabelecidos no art. 1.694".*

---

[2] *Dos alimentos,* 4. ed., p. 16.

[3] *Direito civil,* v. 6, p. 373.

[4] Arnaldo Rizzardo, *Direito de família,* p. 717.

No tocante à *natureza jurídica* do direito à prestação de alimentos, embora alguns autores o considerem direito *pessoal extrapatrimonial*, e outros, simplesmente *direito patrimonial*, prepondera o entendimento daqueles que, como ORLANDO GOMES[5], atribuem-lhe natureza mista, qualificando-o como um direito de *conteúdo patrimonial e finalidade pessoal*.

2. ESPÉCIES

Os alimentos são de diversas *espécies*, classificados pela doutrina segundo vários critérios:

a) Quanto à *natureza*, podem ser naturais, civis e compensatórios. Os *naturais* ou *necessários* restringem-se ao indispensável à satisfação das necessidades primárias da vida; os *civis* ou *côngruos* – expressão usada pelo autor venezuelano LOPES HERRERA[6] e mencionada no art. 323 do Código Civil chileno – destinam--se a manter a condição social, o *status* da família.

Tendo acepção plúrima, como foi dito, a expressão "alimentos" ora significa "o que é estritamente necessário à vida de uma pessoa, compreendendo, tão somente, a alimentação, a cura, o vestuário e a habitação, *ora abrange outras necessidades, compreendidas as intelectuais e morais, variando conforme a posição social da pessoa necessitada*. Na primeira dimensão, os *alimentos* limitam-se ao *necessarium vitae*; na segunda, compreendem o *necessarium personae*. Os primeiros chamam-se alimentos *naturais*, os outros, *civis* ou *côngruos*[7].

O Código Civil de 2002 introduziu expressamente em nosso direito a classificação dos alimentos em naturais ou civis, proclamando, no art. 1.694, *caput*, que os alimentos devem ser fixados em montante que possibilite ao alimentando *"viver de modo compatível com a sua condição social"*, e restringindo o direito a alimentos, em alguns casos, ao indispensável à subsistência do indivíduo, ou seja, aos civis ou necessários (cf. § 2º do aludido art. 1.694 e art. 1.704). Assim, embora o § 1º do retrotranscrito art. 1.694 do Código Civil estabeleça que *"os alimentos devem ser fixados na proporção das necessidades do reclamante e dos recursos da pessoa obrigada"*, para que o primeiro possa viver de acordo com a posição social do segundo, o § 2º limita os alimentos a *"apenas os indispensáveis à subsistência, quando a situação de necessidade resultar de culpa de quem os pleiteia"*. Este último dispositivo

---

[5] *Direito de família*, cit., p. 535-536.

[6] *Derecho de familia*, n. 24, p. 123.

[7] Orlando Gomes, *Direito de família*, cit., p. 427; Yussef Cahali, *Dos alimentos*, cit., p. 18; Borges Carneiro, *Direito civil de Portugal*, v. II, § 167, n. 2. p. 179.

foi revogado pela EC n. 66/2010, que afastou a exigência de comprovação da culpa do outro cônjuge e de tempo mínimo para o divórcio, suprimindo do ordenamento a separação de direito.

Na mesma esteira, proclama o parágrafo único do art. 1.704 do Código Civil que, "*se o cônjuge declarado culpado vier a necessitar de alimentos, e não tiver parentes em condições de prestá-los, nem aptidão para o trabalho, o outro cônjuge será obrigado a assegurá-los, fixando o juiz o valor indispensável à sobrevivência*". Este dispositivo também foi revogado pela referida "PEC do Divórcio", juntamente com o art. 1.702, por disporem sobre os alimentos devidos por um cônjuge ao outro em razão de culpa pela separação judicial. Aplicavam-se eles somente aos casos de separação judicial, eliminada do nosso ordenamento, como supramencionado. A matéria, entretanto, é controvertida, havendo respeitáveis opiniões em sentido contrário, sustentando a manutenção dos aludidos dispositivos legais.

A doutrina e a jurisprudência têm-se reportado a outra espécie de alimentos, os "*compensatórios*", adotados em países como a França e a Espanha e, mais recentemente, o Brasil. Visam eles evitar o descomunal desequilíbrio econômico-financeiro do consorte dependente, impossível de ser afastado com modestas pensões mensais e que ocorre geralmente nos casos em que um dos parceiros não agrega nenhum bem em sua meação, seja porque não houve nenhuma aquisição patrimonial na constância da união ou porque o regime de bens livremente convencionado afasta a comunhão de bens.

Assevera ROLF MADALENO[8] que "o propósito da pensão compensatória é de indenizar por algum tempo ou não o desequilíbrio econômico causado pela repentina redução do padrão socioeconômico do cônjuge desprovido de bens e meação, sem pretender a igualdade econômica do casal que desfez sua relação, mas que procura reduzir os efeitos deletérios surgidos da súbita indigência social, causada pela ausência de recursos pessoais, quando todos os ingressos eram mantidos pelo parceiro, mas que deixaram de aportar com a separação ou com o divórcio. Entre os franceses a pensão compensatória pode ser creditada em um valor único, com a entrega em moeda ou bens, e também pelo usufruto de uma determinada propriedade ou mediante a cessão de créditos".

De cunho mais indenizatório do que alimentar, pois não se restringem em cobrir apenas a dependência alimentar, mas também o desequilíbrio econômico e financeiro oriundo da ruptura do liame conjugal, não devem os *alimentos compensatórios* ter duração ilimitada no tempo. Uma vez desfeitas as desvantagens sociais e reparado o desequilíbrio financeiro provocado pela ruptura da união conjugal, devem cessar.

---

[8] *Curso de direito de família*, p. 724.

Decidiu o *Tribunal de Justiça do Rio Grande do Sul* que "cabe a fixação de alimentos compensatórios, em valor fixo, decorrente da administração exclusiva por um dos cônjuges das empresas do casal. Caso em que os alimentos podem ser compensados, dependendo da decisão da ação de partilha dos bens, bem como não ensejam possibilidade de execução pessoal sob o rito de prisão"[9].

A mesma Corte, reiterando esse entendimento, proclamou que "os alimentos compensatórios, diferentemente dos naturais ou civis que possuem natureza juridicamente alimentar, possuem caráter reparatório com o intuito de equilibrar a relação econômica entre os ex-cônjuges". Destarte, frisou a relatora, "não ensejam possibilidade de execução pessoal sob o rito de prisão"[10].

O *Tribunal de Justiça do Distrito Federal*, por sua vez, proclamou: "Produzindo o fim do casamento desequilíbrio econômico entre o casal, em comparação com o padrão de vida de que desfrutava a família, cabível a fixação de alimentos compensatórios. (...) Faz jus a tal verba o cônjuge que não perceber bens, quer por tal ser acordado entre as partes, quer em face do regime de bens adotado no casamento, que não permite comunicação dos aquestos. (...) A estipulação de

---

[9] TJRS, Ap. 70.026.541.623, 8ª Câm. Cív., rel. Des. Rui Portanova, j. 4-6-2009. *V.* ainda: "Alimentos compensatórios são pagos por um cônjuge ao outro, por ocasião da ruptura do vínculo conjugal. Servem para amenizar o desequilíbrio econômico no padrão de vida de um dos cônjuges, por ocasião do fim do casamento. Fixados em valor razoável, não reclamam elevação" (TJDFT, AI 20.080.020.195.721, 6ª T., rel. Des. Jair Soares, j. 10-6-2009); "Em se tratando de verba alimentar de natureza compensatória, fixada em caráter vitalício, por ter o patrimônio ficado na propriedade do varão, descabe a justificativa do inadimplemento sob a alegação de ausência de condições financeiras" (TJRS, AI 70.020.992.285, 7ª Câm. Cível, rel. Des. Maria Berenice Dias, j. 19-12-2007); "Alimentos compensatórios objetivam amenizar o desequilíbrio econômico no padrão de vida de um dos cônjuges por ocasião do fim do casamento. Tendo natureza compensatória, a eventual inadimplência dessa modalidade de obrigação alimentar não sujeita o devedor à prisão civil. Ordem concedida" (TJDFT, HC 2009.00.2.013078-8, 6ª T., rel. Des. Jair Soares, j. 21-10-2009).

[10] TJRS, *Habeas Corpus* 2012.064736-2, 1ª Câm. Cív., rel. Des. Denise Volpago, j. 25-9-2012. "Alimentos compensatórios. Ex-mulher que mantinha vínculo de emprego com a pessoa jurídica da qual somente o varão é sócio. Descabimento da fixação. Os alimentos compensatórios não têm por finalidade suprir as necessidades de subsistência de quem os pleiteia, como ocorre com a prestação alimentar disciplinada no art. 1.694 da Lei Civil, ou seja, não tem natureza alimentar, mas indenizatória. O seu objetivo é o restabelecimento do equilíbrio financeiro rompido com o término do casamento/união estável, em situações nas quais somente um dos cônjuges/companheiros permanece usufruindo o patrimônio comum, que produz frutos, renda. No caso concreto, inviável a fixação de alimentos compensatórios à virago, que era funcionária da empresa da qual o agravante é um dos sócios, não possui ela nenhuma participação societária. Não há falar, assim, em fruição do patrimônio comum exclusivamente pelo varão, até mesmo diante das regras que regem a partilha das cotas sociais em situações como a dos autos" (TJRS, AgI 70.077.781.334, 7ª Câm. Cív., Des. Sandra Medeiros, j. 25-7-2018).

pensão alimentícia pelo lapso temporal de 12 (doze) meses se mostra razoável, uma vez que a requerida é uma pessoa saudável, com apenas 29 anos de idade, que tem condição de se inserir no mercado de trabalho e conseguir uma vaga de emprego com remuneração suficiente para sua subsistência"[11].

Ressaltou o *Tribunal de Justiça de Goiás*: "1. O julgador deve atentar-se não só à terminologia pura e técnica das expressões utilizadas no mundo jurídico, mas no bem da vida buscado pelas partes, mormente nas questões envolvendo direitos de família, de crianças, de adolescentes e a saúde. Nesse sentido, o pedido de alimentos temporários articulado por ex-cônjuge que participou da construção de um vultoso patrimônio ao longo de décadas não deve ser visto como mero pensionamento, mas na possibilidade de se ter por compensada, ainda que de modo insuficiente, toda a perda experimentada ao longo dos anos, com a separação de fato. 2. Os alimentos compensatórios são espécie de alimentos transitórios ou temporários, porquanto possuem nítido cunho resolúvel, surtindo efeito pelo prazo fixado na decisão judicial – sob termo ou condição (até a partilha dos bens do casal) – findo o qual estará cessado, automaticamente, o dever alimentício. Embargos de declaração conhecidos e rejeitados"[12].

b) Quanto à *causa jurídica*, os alimentos dividem-se em legais ou legítimos, voluntários e indenizatórios. Os *legítimos* são devidos em virtude de uma obrigação legal, que pode decorrer do *parentesco*[13] (*iure sanguinis*), do *casamento* ou do *companheirismo* (CC, art. 1.694). Os *voluntários* emanam de uma declaração de vontade *inter vivos*, como na obrigação assumida contratualmente por quem não tinha a obrigação legal de pagar alimentos, ou *causa mortis*, manifestada em testamento, em geral sob a forma de legado de alimentos, e prevista no art. 1.920 do Código Civil. Os primeiros pertencem ao direito das obrigações e são chamados também de *obrigacionais*; os que derivam de declaração *causa mortis* pertencem ao direito das sucessões e são também chamados de *testamentários*. E, finalmente, os *indenizatórios* ou *ressarcitórios* resultam da prática de um ato ilícito e constituem forma de indenização do dano *ex delicto*. Pertencem também ao direito das obrigações e são previstos nos arts. 948, II, e 950 do Código Civil.

---

[11] TJDF, Acórdão n. 636744, 5ª T., rel. Des. João Egmont, *DJ*, 27-11-2012, p. 240.

[12] TJGO, AI 01126718820198090000, 5ª Câm. Cív., rel. Des. Gutemberg Isac Pinto, j. 14-8-2019.

[13] Nas ações de alimentos, evidencia-se a necessidade de delimitar a obrigação do dever alimentar. Em demandas envolvendo colaterais de terceiro e quarto grau, em último caso deve-se impelir os últimos à obrigatoriedade da assistência material, afastado o grau mais próximo (MESSNER, Jackeline. Grau de limitação do dever alimentar entre parentes colaterais. *Conjur*, 2023. Disponível em: https://www.conjur.com.br/2023-mar-02/jackeline-messner-limitacao-dever-alimentar-entre-parentes. Acesso em: jun. 2023).

Os alimentos *voluntários,* que resultam da intenção de fornecer a uma pessoa os meios de subsistência, podem tomar a forma jurídica de constituição de uma renda vitalícia, onerosa ou gratuita; de constituição de um usufruto, ou de constituição de um capital vinculado, que ofereça as vantagens de uma segurança maior para as partes interessadas.

A obrigação pode resultar também de exigência legal quanto ao comportamento superveniente de uma das partes em relação à outra, como sucede no contrato de doação. O donatário, não sendo a doação remuneratória, fica obrigado a prestar ao doador os alimentos de que este venha a necessitar; se não cumprir a obrigação, dará motivo à *revogação* da doação por *ingratidão,* a menos que não esteja em condições de os ministrar (CC, art. 557, IV). Tal obrigação "existe independentemente de ter sido estipulada no contrato ou de resultar de vínculo familiar. Trata-se, em suma, de *cláusula implícita* em todo contrato de doação, mas a obrigação do donatário não deriva do contrato, senão da lei, tal como a dos parentes"[14].

Somente os alimentos *legais* ou *legítimos* pertencem ao direito de família. Assim, a prisão civil pelo não pagamento de dívida de alimentos, permitida na Constituição Federal (art. 5º, LXVII), somente pode ser decretada no caso dos alimentos previstos nos arts. 1.566, III, e 1.694 e s. do Código Civil, que constituem relação de direito de família, sendo inadmissível em caso de não pagamento dos alimentos *indenizatórios* (responsabilidade civil *ex delicto*) e dos *voluntários* (obrigacionais ou testamentários).

Tem-se decidido, com efeito, que constitui constrangimento ilegal a prisão civil do devedor de alimentos decorrentes de responsabilidade civil *ex delicto.* Somente se a admite como meio coercitivo para o adimplemento de pensão decorrente do parentesco ou matrimônio, pois o preceito constitucional que excepcionalmente permite a prisão por dívida, nas hipóteses de obrigação alimentar, é de ser restritivamente interpretado, não tendo aplicação analógica às hipóteses de prestação alimentar derivada de ato ilícito[15].

c) Quanto à *finalidade,* classificam-se os alimentos em definitivos ou regulares, provisórios, provisionais e transitórios. *Definitivos* são os de caráter permanente, estabelecidos pelo juiz na sentença ou em acordo das partes devidamente homologado, malgrado possam ser revistos (CC, art. 1.699). *Provisórios* são os fixados liminarmente no despacho inicial proferido na ação de alimentos, de rito especial estabelecido pela Lei n. 5.478/68 – Lei de Alimentos. *Provisionais* ou *ad litem* são os determinados em pedido de tutela provisória, preparatória ou incidental, de ação de separação judicial, de divórcio, de nulidade ou anulação de

---

[14] Orlando Gomes, *Direito de família,* cit., p. 428.
[15] *RT,* 646/124; *RJTJSP,* Lex, 17/413; *JTJ,* Lex, 183/261.

casamento ou de alimentos. Destinam-se a manter o suplicante, geralmente a mulher, e a prole, durante a tramitação da lide principal, e ao pagamento das despesas judiciais, inclusive honorários advocatícios. Daí a razão do nome *ad litem* ou *alimenta in litem*. *Transitórios*, admitidos pela jurisprudência do *Superior Tribunal de Justiça*, de cunho resolúvel, "são obrigações prestadas, notadamente entre ex-cônjuges ou ex-companheiros, em que o credor, em regra pessoa com idade apta para o trabalho, necessita dos alimentos apenas até que se projete determinada condição ou ao final de certo tempo, circunstância em que a obrigação extinguir-se-á automaticamente"[16]. Em outras palavras, "a obrigação de prestar alimentos transitórios – a tempo certo – é cabível, em regra, quando o alimentando é pessoa com idade, condições e formação profissional compatíveis com uma provável inserção no mercado de trabalho, necessitando dos alimentos apenas até que se atinja sua autonomia financeira, momento em que se emancipará da tutela do alimentante – outrora provedor do lar –, que se extinguirá automaticamente"[17].

Os *provisórios* exigem prova pré-constituída do parentesco, casamento ou companheirismo. Apresentada essa prova, o juiz "fixará" os alimentos provisórios, se requeridos. Os termos imperativos empregados pelo art. 4º da Lei de Alimentos demonstram que a fixação não depende da discrição do juiz, sendo obrigatória, se requerida e se provados os aludidos vínculos. Já a determinação dos *provisionais* depende da comprovação dos requisitos inerentes à tutela de urgência: o *fumus boni juris* e o *periculum in mora*. Estão sujeitos, pois, à discrição do juiz. Podem ser fixados, por exemplo, em ação de alimentos cumulada com investigação de paternidade, liminar e excepcionalmente, se houver indícios veementes desta. Não assim os provisórios, por falta de prova pré-constituída da filiação.

A jurisprudência não admitia o arbitramento de alimentos provisórios em ação de separação judicial de rito ordinário, incompatível com o rito especial da Lei n. 5.478/68. Representando os aludidos alimentos medida cautelar específica prevista expressamente no art. 852, I, do Código de Processo Civil de 1973, deveria sujeitar-se à disciplina processual própria, processando-se em apartado[18]. Todavia, tendo a Lei n. 10.444, de 7 de maio de 2002, introduzido o § 7º no art. 273 do estatuto processual, autorizando o juiz a deferir medida cautelar em caráter incidental do processo ajuizado, a título de antecipação de tutela, têm os tribunais admitido agora o arbitramento dos mencionados alimentos provisórios, incidentalmente, em ação de separação judicial litigiosa. A matéria é tratada agora no art. 305, parágrafo único, do Código de Processo Civil de 2015.

---

[16] STJ, REsp 1.388.955-RS, 3ª T. rel. Min. Nancy Andrighi, *DJE*, 29-11-2013.
[17] STJ, REsp 1.025.769-MG, 3ª T., rel. Min. Nancy Andrighi, *DJE*, 1º-9-2010.
[18] *RJTJSP*, Lex, 135/263; *JTJ*, Lex, 166/175.

Confira-se, a propósito: "Separação judicial. Cumulação com alimentos. Pedido de concessão de provisórios. Indeferimento diante do procedimento ordinário adotado. Cabimento, porém, da providência, pelo princípio da instrumentalidade do processo, quando menos com o caráter de tutela antecipatória prevista no artigo 273, do Código de Processo Civil de 1973, e para evitar desnecessária propositura de processo cautelar em separado"[19].

A isonomia imposta pela Constituição Federal torna os alimentos provisionais devidos a contar da citação[20], pois atribuem-se aos filhos nascidos fora da relação de casamento os mesmos direitos concedidos aos nascidos das justas núpcias. Incide assim, de tal modo, também em relação àqueles a regra do art. 13, § 2º, da Lei Federal n. 5.478, de 1968, segundo o qual os alimentos retroagem à data da citação.

Nesse sentido dispõe a *Súmula 277 do Superior Tribunal de Justiça: "Julgada procedente a investigação de paternidade, os alimentos são devidos a partir da citação".*

Não se exclui, porém, como afirmado, a possibilidade de fixação, nessas ações, de alimentos provisionais, liminar e excepcionalmente, como tutela provisória, com fundamento nos arts. 294 e s. do Código de Processo Civil de 2015, se houver indícios veementes da paternidade.

Os alimentos provisionais conservam a sua eficácia até o julgamento da ação principal, mas podem, a qualquer tempo, ser revogados ou modificados (CPC/2015, art. 296). Dispõe o art. 7º da Lei n. 8.560/92, que regula a investigação de paternidade dos filhos havidos fora do casamento: "Sempre que na sentença de primeiro grau se reconhecer a paternidade, nela se fixarão os alimentos provisionais ou definitivos do reconhecido que deles necessite". A expressão "alimentos provisionais", na prática, é empregada, entretanto, indistintamente, para indicar também os fixados liminarmente na ação de alimentos de rito especial.

A Lei n. 11.340, de 7 de agosto de 2006, que criou mecanismos para coibir a violência doméstica e familiar contra a mulher, prevê que o juiz do Juizado de Violência Doméstica e Familiar contra a Mulher poderá, quando necessário, sem prejuízo de outras medidas protetivas de urgência, aplicar ao agressor a de "prestação de alimentos provisionais ou provisórios" (art. 22, V).

É possível decretar-se a *prisão* do devedor, para garantir a eficácia de *alimentos transitórios* fixados até a partilha dos bens. Confira-se: "Assim, como dedução

---

[19] TJSP, AgI 201.423-4-São Bernardo do Campo, 2ª Câm. Dir. Priv., rel. Des. J. Roberto Bedran, j. 10-4-2001; AgI 336.998.4/3, 3ª Câm. Dir. Priv., rel. designado Des. Alfredo Migliore, j. 29-6-2004.

[20] STJ, REsp 161.347-DF, 3ª T., rel. Min. Costa Leite, j. 3-11-1998.

lógica de tudo o quanto exposto, conclui-se que, sem prejuízo ao disposto no *Enunciado n. 309 da Súmula/STJ*, somente o rito da execução cumulado com a prisão (art. 733, CPC [*de 1973*]) é o adequado para plena eficácia da decisão que conferiu, em razão da demora injustificada da partilha, alimentos transitórios em valor suficiente à composição definitiva do litígio instalado entre as partes e, ainda, para que a situação outrora tida por temporária não se eternize no tempo"[21].

d) Quanto ao *momento em que são reclamados*, os alimentos classificam-se em pretéritos, atuais e futuros. São *pretéritos* quando o pedido retroage a período anterior ao ajuizamento da ação; *atuais*, os postulados a partir do ajuizamento; e *futuros*, os alimentos devidos somente a partir da sentença. O direito brasileiro só admite os alimentos atuais e os futuros. Os pretéritos, referentes a período anterior à propositura da ação, não são devidos. Se o alimentando, bem ou mal, conseguiu sobreviver sem o auxílio do alimentante, não pode pretender o pagamento de alimentos relativos ao passado (*in praeteritum non vivitur*).

Essa classificação não se amolda perfeitamente ao direito brasileiro, uma vez que os alimentos futuros (*alimenta futura*) independem do trânsito em julgado da decisão que os concede, sendo devidos a partir da citação ou do acordo. E, na prática, os alimentos pretéritos (*alimenta praeterita*) têm sido confundidos com *prestações pretéritas*, que são as fixadas na sentença ou no acordo, estando há muito vencidas e não cobradas, a ponto de não se poder tê-las mais por indispensáveis à própria sobrevivência do alimentado, não significando mais que um crédito como outro qualquer, a ser cobrado pela forma de execução por quantia certa, com supedâneo nos arts. 913 e 528, § 8º, do Código de Processo Civil de 2015.

Têm os tribunais proclamado que a prisão civil somente poderá ser imposta para compelir o alimentante a suprir as necessidades *atuais* do alimentário, representadas *pelas três últimas prestações, devendo as pretéritas ser cobradas em procedimento próprio*.

É preciso verificar, contudo, se estas se tornaram antigas devido à má-fé e desídia do devedor ou às dificuldades e carências do credor, não se aplicando o referido critério no primeiro caso. Nessa linha, tem o *Superior Tribunal de Justiça* decidido que a orientação de só permitir a execução das três últimas prestações com base no art. 733 do Código de Processo Civil de 1973 (art. 911 do CPC/2015), sob pena de prisão do devedor, "comporta temperamento, não devendo ser aplicada quando, por um lado, o alimentado tenha se mostrado indisfarçadamente desidioso para cobrar e receber os alimentos que lhe são

---

[21] STJ, REsp 1.362-MG, 3ª T., rel. Min. Nancy Andrighi, j. 18-2-2014.

devidos, e, por outro, sejam percebidas tergiversações reprováveis do alimentante, para não cumprir a sua obrigação"[22].

3. OBRIGAÇÃO ALIMENTAR E DIREITO A ALIMENTOS

Entre pais e filhos menores, cônjuges e companheiros não existe propriamente obrigação alimentar, mas *dever familiar*, respectivamente de sustento e de mútua assistência (CC, arts. 1.566, III e IV, e 1.724). A *obrigação alimentar* também decorre da lei, mas é fundada no *parentesco* (art. 1.694), ficando circunscrita[23] aos ascendentes, descendentes e colaterais até o segundo grau, com reciprocidade, tendo por fundamento o princípio da *solidariedade familiar*[24].

Malgrado a incumbência de amparar aqueles que não podem prover à própria subsistência incumba precipuamente ao Estado, este a transfere, como foi dito, às pessoas que pertencem ao mesmo grupo familiar, as quais, por um imperativo da própria natureza, têm o dever moral, convertido em obrigação jurídica, de prestar auxílio aos que, por enfermidade ou por outro motivo justificável, dele necessitem.

Enfatiza ORLANDO GOMES que não se deve, realmente, confundir a *obrigação de prestar alimentos* "com certos *deveres familiares*, de sustento, assistência e socorro, como os que tem o marido em relação à mulher e os pais para com os filhos, enquanto menores – deveres que devem ser cumpridos incondicionalmente. A *obrigação de prestar alimentos* 'stricto sensu' tem pressupostos que a diferenciam de tais *deveres*. Ao contrário desses *deveres familiares*, é

---

[22] REsp 137.149-RJ, 4ª T., rel. Min. Asfor Rocha, *DJU*, 9-11-1998.

[23] Está se firmando a tendência de que a obrigação alimentar seja estendida aos animais de estimação, *vide* o PL 179/2023, em tramitação na Câmara dos Deputados e julgamento recente no STJ, REsp 1.944.228. Em tempo: é temerário afirmar o custeio das despesas com os animais de estimação com fundamento nas regras típicas da filiação, especialmente as atinentes ao instituto da pensão alimentícia.

[24] Em tese, a obrigação alimentar se estenderia aos animais de estimação, uma vez que sua guarda exige responsabilidades de ordem material. Na academia, consideram-se os direitos intrínsecos aos animais não racionais, recorrendo-se a termos como "família multiespécie", em tese passíveis de proteção jurídica. Ademais, a vida cotidiana evidencia a transformação de uma relação de dependência para algo mais íntimo/afetivo: *pets* são protagonistas de eventos lúdicos e datas comemorativas. Inclusive, o Min. Luis Felipe Salomão destacou que os animais de companhia são seres sencientes, e devem ter seu bem-estar considerado. Nesse sentido: CNJ. Animais de estimação: um conceito jurídico em transformação no Brasil. Disponível em: https://www.stj. jus.br/sites/portalp/Paginas/Comunicacao/Noticias/2023/21052023-Animais-de-estimacao- -um-conceito-juridico-em-transformacao-no-Brasil.aspx. Acesso em: jun. 2023.

recíproca, depende das possibilidades do devedor e somente se torna exigível se o credor potencial estiver necessitado"[25].

Aduz o aludido doutrinador que "o dever de sustento que incumbe ao marido toma, entretanto, a feição de *obrigação de alimento* embora irregular, quando a sociedade conjugal se dissolve pela separação judicial, ocorrendo a mesma desfiguração em relação aos filhos do casal desavindo. No rigor dos princípios, não se configura, nesses casos, a *obrigação* propriamente dita, de prestar alimentos, mas, para certos efeitos, os deveres de sustento, assistência e socorro adquirem o mesmo caráter".

O Código Civil de 1916 tratava, no capítulo concernente aos alimentos, somente dos que eram devidos em razão do parentesco. Dispunha o art. 396 do aludido diploma: "De acordo com o prescrito neste Capítulo podem os parentes exigir uns dos outros os alimentos de que necessitem para subsistir". O fundamento legal da pensão entre cônjuges encontrava-se no art. 19 da Lei do Divórcio, enquanto a obrigação entre os conviventes era prevista nas Leis n. 8.971/94 e 9.278/96, preponderando nesses casos o caráter indenizatório-punitivo. A prestação devida aos parentes repousava, todavia, seus princípios na solidariedade familiar e, quando destinada aos filhos menores, especificamente no dever de sustento inerente ao então denominado pátrio poder.

O art. 1.694 do Código Civil de 2002, contudo, ao dispor sobre a obrigação de prestar alimentos, engloba os parentes e os cônjuges ou companheiros, estendendo a sua aplicação a todos eles[26].

Na sistemática proposta, segundo observa FRANCISCO JOSÉ CAHALI, "em um só subtítulo, entre os artigos 1.694 e 1.710, trata-se promiscuamente dos alimentos, quer tenham eles origem na relação de parentesco, quer sejam consequentes do rompimento do casamento ou da convivência. Esta modificação estrutural, sem dúvida, repercute na interpretação das regras e princípios sobre a matéria, indicando venha prevalecer o tratamento estritamente idêntico da pensão, independentemente da origem da obrigação. Daí, como se verá, restabelece entre os cônjuges a invalidade da renúncia à pensão e estende aos alimentos decorrentes do parentesco a transmissibilidade da obrigação alimentar"[27].

A aludida mudança, acrescenta o citado autor, contrariando a tendência dos tribunais de distinguir os alimentos de acordo com a sua origem, altera os rumos "para aproximar, quanto a características e efeitos, qualquer espécie de alimentos decorrentes do Direito de Família".

---

[25] *Direito de família*, cit., p. 428-429.
[26] Zeno Veloso, *Código Civil comentado*, v. XVII, p. 23.
[27] Dos alimentos, *Direito de família e o novo Código Civil*, p. 182.

3.1. Características da obrigação alimentar

A obrigação de prestar alimentos é transmissível, divisível, condicional, recíproca e mutável. Vejamos cada uma delas.

a) *Transmissibilidade*. Tal característica constitui inovação do Código de 2002, pois o de 1916 dispunha, diversamente, no art. 402, que "a obrigação de prestar alimentos não se transmite aos herdeiros do devedor", extinguindo-se, pois, pela morte do alimentante. Mas, se houvesse atrasados, respondiam por eles os sucessores, porque não constituíam mais pensão, entrando na classe das dívidas que oneravam a herança.

O art. 23 da Lei do Divórcio trouxe uma inovação. Prescreve que "a obrigação de prestar alimentos transmite-se aos herdeiros do devedor, na forma do art. 1.796 do Código Civil" (de 1916). O referido dispositivo, todavia, tinha sua aplicação restrita aos alimentos fixados ou avençados na separação judicial, porque se encontrava inserido no capítulo que tratava da dissolução da sociedade conjugal, os quais eram limitados às forças da herança. Nesse caso, transmitiam-se aos herdeiros do cônjuge devedor.

O Código Civil de 2002 dispõe, no art. 1.700: "*A obrigação de prestar alimentos transmite-se aos herdeiros do devedor, na forma do art. 1.694*". A regra, que abrange os alimentos devidos em razão do parentesco e também os decorrentes do casamento e da união estável, tem suscitado dúvidas e incertezas entre os doutrinadores. Indaga-se, por exemplo, se se transmite a própria obrigação alimentar e não apenas as prestações vencidas e não pagas, bem como se a transmissão é feita de acordo com as forças da herança, observando-se o disposto no art. 1.792 do mesmo diploma, ou na proporção das necessidades do reclamante e dos recursos da pessoa obrigada, como determina o § 1º do art. 1.694.

O entendimento de que se transmite a própria obrigação alimentar pode levar o intérprete a situações verdadeiramente teratológicas, como adverte Yussef Cahali, recomendando que o texto legal seja interpretado e aplicado com certa racionalidade. Imagine-se, por hipótese, aduz, "se aplicados literalmente os textos da nova lei, o caso de um irmão do falecido que, passados muitos anos da abertura da sucessão, viesse a reclamar alimentos a serem fixados 'na proporção das necessidades do reclamante e dos recursos da pessoa obrigada' (art. 1.694, § 1º), dirigindo a sua pretensão contra os herdeiros legítimos e testamentários do devedor, aos quais se teria transmitido a obrigação"[28].

Considera o citado civilista que o novel legislador "teve em vista a transmissão da obrigação de prestar alimentos já estabelecidos, mediante convenção ou decisão

---

[28] Dos alimentos, cit., p. 95.

judicial, reconhecidos como de efetiva obrigação do devedor quando verificado o seu falecimento; quando muito poderia estar compreendida nesta obrigação se, ao falecer o devedor, já existisse demanda contra o mesmo visando o pagamento da pensão". Assim, conclui, "parece-nos inadmissível a ampliação do art. 1.700 no elastério do art. 1.696, para entender-se como transmitido o 'dever legal' de alimentos, na sua *potencialidade* (e não na sua *atualidade*), para abrir ensanchas à pretensão alimentar deduzida posteriormente contra os herdeiros do falecido, parente ou cônjuge".

Tal entendimento se amolda à interpretação restritiva dada ao aludido art. 23 da Lei do Divórcio pelo *Superior Tribunal de Justiça*, *verbis*: "A transmissibilidade da obrigação de prestar alimentos, prevista no art. 23 da Lei n. 6.515, de 1977, é restrita às pensões devidas em razão da separação ou divórcio judicial, cujo direito já estava constituído à data do óbito do alimentante; não autoriza ação nova, em face do espólio, fora desse contexto"[29].

Não destoa desse posicionamento a manifestação de ZENO VELOSO: "O art. 1.700, a meu ver, só pode ter aplicação se o alimentado não é, por sua vez, herdeiro do devedor da pensão. E, ainda, esse artigo só pode ser invocado se o dever de prestar alimentos já foi determinado por acordo ou por sentença judicial"[30].

Mesmo que se considere a aplicação do art. 1.700 do Código Civil restrita às obrigações já estabelecidas, mediante convenção ou decisão judicial, há de reconhecer que não faz sentido os herdeiros do falecido terem de se valer de seus próprios recursos, e na proporção deles, para responder pela obrigação alimentar. Deve ela ficar limitada às forças da herança. O fato de o art. 1.700 não se referir a essa restrição, como o fazia o art. 23 da Lei do Divórcio, não afeta a regra, que tem verdadeiro sentido de cláusula geral no direito das sucessões, estampada no art. 1.792, no sentido de que "*o herdeiro não responde por encargos superiores às forças da herança*". Diante de tal proclamação seria despicienda e verdadeiro *bis in idem* a sua menção no citado art. 1.700.

Nessa linha, obtempera ZENO VELOSO que, "em qualquer caso, a obrigação do herdeiro tem de estar limitada às forças da herança, pois o art. 1.792, embora não tenha sido expressamente invocado no art. 1.700, enuncia um princípio capital de Direito das Sucessões, o de que o herdeiro só responde *intra vires hereditatis* = dentro das forças da herança"[31].

---

[29] REsp 232.901-RJ, 3ª T., rel. Min. Ari Pargendler, j. 7-12-1999, *RSTJ*, 135/359.

[30] *Código Civil*, cit., v. XVII, p. 40.

[31] *Código Civil*, cit., v. XVII, p. 40. No mesmo sentido as opiniões de Yussef Cahali, Dos alimentos, cit., p. 95-96; Francisco José Cahali, *Direito civil*, de Silvio Rodrigues, cit., v. 6, p. 388; Regina Beatriz Tavares da Silva, *Curso de direito civil*, de Washington de Barros Monteiro, 37. ed., v. 2, p. 371; Caio Mário da Silva Pereira, *Instituições de direito civil*, v. 5, p. 508-509; Sílvio Venosa, *Direito civil*, v. VI, p. 393; Silmara Juny Chinellato, *Comentários ao Código Civil*, v. 18, p. 482.

A remissão que o aludido art. 1.700 do Código Civil faz à transmissão aos herdeiros da obrigação de prestar alimentos "*na forma do art. 1.694*", se por um lado obriga o seu dimensionamento "*na proporção das necessidades do reclamante e dos recursos da pessoa obrigada*" (§ 1º do art. 1.694), por outro, não afasta o limite das forças da herança nem a prova das apontadas necessidades. Se estas forem menores, a pensão poderá ser fixada em montante abaixo do referido limite, mas em nenhuma hipótese poderá excedê-lo.

Não param aí as restrições à aplicação da confusa regra sobre a transmissibilidade aos herdeiros da obrigação de prestar alimentos, estabelecida no citado art. 1.700 do Código Civil. Pelo novo regime, o cônjuge passou a ser herdeiro necessário (art. 1.845) e tem direito à herança, concorrendo com os descendentes (art. 1.829), salvo se casado com o falecido no regime da comunhão universal, ou no da separação obrigatória de bens, ou se, no regime da comunhão parcial, o autor da herança não houver deixado bens particulares. Os arts. 1.832 e 1.837 do mesmo diploma completam as regras sobre a concorrência do cônjuge com herdeiros, inclusive da classe dos ascendentes.

Assim, o cônjuge é herdeiro necessário e, conforme o regime de bens, concorrerá ou não com descendentes e ascendentes, com participação variável segundo o grau de parentesco do herdeiro com o falecido. Somente se justifica a transmissão do direito ao cônjuge se, em razão do regime de bens no casamento, não estiver assegurado o seu direito à herança. O direito do companheiro não é prejudicado, porque não é havido como herdeiro necessário.

Não bastasse, como o art. 1.700 em apreço alude genericamente a "herdeiros", a obrigação de pagar alimentos não se limitaria aos irmãos, colaterais em segundo grau e obrigados por lei (CC, art. 1.697), com reciprocidade, mas se estenderia aos tios, sobrinhos e primos, colaterais em quarto grau (art. 1.839).

Em virtude das dificuldades e perplexidades mencionadas, o Projeto de Lei n. 6.920/2002 (atual Projeto de Lei n. 699/2011), apresentado ao Congresso Nacional pelo Deputado Ricardo Fiuza, propõe se dê ao aludido art. 1.700 do Código Civil a seguinte redação: "A obrigação de prestar alimentos decorrente do casamento e da união estável transmite-se aos herdeiros do devedor, nos limites das forças da herança, desde que o credor da pensão alimentícia não seja herdeiro do falecido".

Comentando a proposta, Sílvio Venosa assevera: "Ainda que não se converta tal dicção em lei, essa deve ser a correta interpretação do art. 1.700 atual, porque traduz a *mens legis* e harmoniza-se com o sistema. Se o alimentando é herdeiro do falecido, do mesmo modo não subsiste razão para que persista o direito a alimentos após a morte do autor da herança"[32].

---

[32] *Direito civil*, cit., v. VI, p. 393.

Mesmo que o *de cujus* não tenha deixado herança, o herdeiro necessitado não poderá cobrar alimentos dos outros, por força do aludido art. 1.792 do Código Civil, uma vez que não estarão obrigados a pagá-los com recursos próprios.

Também o Instituto Brasileiro de Direito de Família – IBDFam formulou proposta para que o mencionado art. 1.700 passe a ter outra redação, nos seguintes termos: "A obrigação de prestar alimentos decorrente do casamento e da união estável transmite-se aos herdeiros do devedor no limite dos frutos do quinhão de cada herdeiro".

Observa-se ainda que o herdeiro que se sentir prejudicado por suportar o encargo de pagar alimentos a quem o *de cujus* devia pode renunciar à herança, por instrumento público ou termo judicial, conforme permite o art. 1.806 do Código Civil. E, por fim, que a transmissão hereditária da obrigação de prestar alimentos somente poderá ocorrer nos casos de sucessão aberta após a entrada em vigor do Código Civil de 2002, uma vez que a legitimação para suceder rege-se pela lei vigente ao tempo da abertura da sucessão (art. 1.787).

b) *Divisibilidade*. A obrigação alimentar é também *divisível*, e não solidária, porque a solidariedade não se presume; resulta da lei ou da vontade das partes (CC, art. 264). Não havendo texto legal impondo a solidariedade, é ela divisível, isto é, conjunta. *Cada devedor responde por sua quota-parte.* Havendo, por exemplo, quatro filhos em condições de pensionar o ascendente, não poderá este exigir de um só deles o cumprimento da obrigação por inteiro. Se o fizer, sujeitar-se-á às consequências de sua omissão, por inexistir na hipótese litisconsórcio passivo necessário, mas sim facultativo impróprio, isto é, obterá apenas 1/4 do valor da pensão[33].

Cumpre ao ascendente, nesse caso, chamar a juízo, simultaneamente, todos os filhos, não lhe sendo lícito escolher apenas um deles. Se o fizer, sujeitar-se-á, como visto acima, às consequências de sua omissão. Propondo a ação contra todos, o juiz rateará entre eles a pensão arbitrada, de acordo com as possibilidades econômicas de cada um, exonerando do encargo o que se achar incapacitado financeiramente. Nesse caso, salienta LAFAYETTE[34], a dívida alimentária é distribuída não em partes aritmeticamente iguais, mas em quotas proporcionais aos haveres de cada um dos coobrigados, constituindo cada quota uma dívida distinta. A exclusão, portanto, só se legitima ao nível do exame de mérito se provada a incapacidade econômica do devedor.

Como inovação, o Código Civil de 2002 preceitua que, "*sendo várias as pessoas obrigadas a prestar alimentos, todas devem concorrer na proporção dos respectivos recursos, e, intentada ação contra uma delas, poderão as demais ser chamadas a integrar a lide*" (art. 1.698, segunda parte).

---

[33] STJ, REsp 50.153-9-RJ, 4ª T., rel. Min. Barros Monteiro, *DJU,* 14-11-1994, p. 30961, Seção I.

[34] *Direitos de família,* § 139, p. 256.

O dispositivo cria uma modalidade de intervenção de terceiro não prevista no vigente Código de Processo Civil. Não há falar em denunciação da lide, por inexistir direito de regresso entre as partes. Sendo divisível a obrigação, "*esta presume-se dividida em tantas obrigações, iguais e distintas, quanto os credores ou devedores*" (CC, art. 257). Direito de regresso e possibilidade de se fazer denunciação da lide só haveria se a obrigação fosse solidária (art. 283). Também não é caso de chamamento ao processo, por inexistir, como referido, solidariedade passiva (CPC/2015, art. 130, III).

Como a forma de intervenção de terceiros no processo é matéria que refoge ao âmbito do Código Civil, compete ao estatuto processual civil traçar normas que assegurem a eficiência do comando legal.

Zeno Veloso[35], malgrado denuncie a existência de um fundado temor diante da inovação em apreço, tendo em vista que a ampliação da demanda prolongará a solução do caso, que tem de ser rápida, uma vez que "a necessidade e a fome não admitem delongas", afirma também que "não seria mesmo justo que, tratando-se de obrigação conjunta, mas não solidária, e estando os devedores no mesmo plano, pesasse sobre um deles apenas (embora na medida de suas possibilidades) o pagamento da prestação, sem que pudesse chamar para integrar a lide os demais sujeitos passivos da dívida".

Parece ter sido mesmo esta a intenção do legislador: evitar que o credor escolha um devedor, deixando outro de lado. Todavia, como foi dito, se assim fizer, sujeitar-se-á às consequências de sua omissão, obtendo apenas uma parte do montante que necessita. A inovação, além de ensejar um incidente que pode atrasar a decisão, tem o grave inconveniente de obrigar uma pessoa a litigar contra quem, por motivos que só a ela interessam, não deseja litigar. Pode, por isso, deixar

---

[35] *Código Civil*, cit., v. XVII, p. 31-32.

O Tribunal de Justiça de São Paulo deferiu, com base no art. 1.698 do Código Civil, pedido formulado pelo avô paterno para que os avós maternos fossem chamados a integrar o polo passivo da relação processual na condição de litisconsortes facultativos, afirmando que o chamamento a que alude a lei material não toma necessariamente a conformação do instituto de direito processual, uma vez que o chamado não é devedor solidário, senão alguém, dentre aqueles em tese obrigados a participar do custeio das necessidades do alimentado. Se "é correta a premissa de que os avós devem concorrer para o sustento do neto na proporção de suas forças, em não podendo arcar com o sustento o pai, e se todos podem ser chamados para responder à ação, motivo não há para que não se defira o pedido do agravante, para que sejam citados os avós maternos". O voto vencido do Des. Maurício Vidigal sustenta que, "se não há solidariedade, se apenas o credor de alimentos é quem tem interesse em exigir de todos o pagamento de sua parte e se a exigência alimentar é sempre urgente, a única interpretação razoável da disposição referida é de que o chamamento depende da vontade do credor, inexistente na hipótese" (AgI 332.114-4/1-SP, 10ª Câm. Dir. Priv., rel. Des. João Carlos Saletti).

de executar a sentença contra ela, tornando inócua a intervenção de terceiro requerida pelo devedor escolhido pelo credor.

Pertinente nos parece a crítica formulada por FRANCISCO JOSÉ CAHALI no volume da obra de SILVIO RODRIGUES[36] concernente ao direito de família, no sentido de que "não foi feliz o legislador quanto a essa ampliação do polo passivo; primeiro por indevida incursão no direito processual, sem identificar a figura de intervenção de terceiro sugerida, lembrando o rito especial da ação de alimentos, que, em princípio, é avessa a incidentes processuais dessa natureza".

Em segundo lugar, aduz o mencionado atualizador, pode o incidente "causar extremada turbulência no processo, a prolongá-lo demasiadamente em prejuízo do necessitado. Ora, com ou sem o ingresso dos demais obrigados, a responsabilidade do acionado é sempre quantificada diante de seus recursos, e, tratando-se de pensão complementar, cabe ao próprio alimentante demonstrar a limitação de recursos do primeiro obrigado e a pertinência de sua opção, diante da restrição econômica ou participação direta de outros, sob pena de não preencher o requisito 'necessidade' (pois teria meios diversos para garantir sua subsistência). Assim, adequado o art. 1.698, que autoriza pensão complementar, acolhendo neste particular a orientação já consolidada na doutrina e jurisprudência, mas desastroso ao prever a interferência de todos os obrigados no mesmo processo".

Oportuna e correta se nos afigura também a observação de FREDIE DIDIER JR.[37] no sentido de que, sendo divisível a obrigação alimentar, "o ingresso do terceiro, no particular, não traz qualquer benefício ao réu – suposto devedor. Se ele é parente e tem condições de pagar, o magistrado fixará o valor da sua parcela de contribuição. Se houver outro devedor na mesma classe que também possua condições de arcar com a pensão (outro avô, p. ex.), essa circunstância será trazida como argumento de defesa e certamente será levada em consideração pelo magistrado no momento de fixar o valor devido pelo demandado. Caberá ao autor, na réplica, demonstrar que esse outro devedor-comum não tem condições de pagar – exatamente por isso, a demanda fora dirigida apenas contra um dos devedores. Mas, e isso é fundamental, o devedor-réu somente pagará aquilo que puder. Se a

---

[36] *Direito civil*, cit., v. 6, p. 381. O Tribunal de Justiça do Rio Grande do Sul, ao apreciar esse tema, deixou plasmado que "não obstante o art. 1.698 do CCB prever a possibilidade de chamamento à lide dos demais obrigados conjuntos de mesmo grau, uma vez restando desde logo evidenciado que estes não possuem as mínimas condições financeiras para contribuir na mantença do alimentando, deve ser indeferido de plano tal pleito, visto que seu deferimento apenas conduziria à procrastinação do feito" (Ap. 70.007.393.614, 7ª Câm. Cív., rel. Des. Brasil Santos, j. 26-11-2003).

[37] *Regras processuais no novo Código Civil*: aspectos da influência do Código Civil de 2002 na legislação processual, p. 125-127.

pensão, a final definida, for insuficiente, poderá o credor-autor promover outra ação de alimentos em face, agora, daquele devedor-comum-terceiro".

Aduz o mencionado autor que o art. 1.698 do Código Civil de 2002 "autoriza a formação de um litisconsórcio passivo facultativo ulterior simples, por provocação do *autor*. Este, que originariamente optou por não demandar contra determinado devedor--comum, após a manifestação do réu, ou, a despeito dela, em razão de fato superveniente, percebe a possibilidade/utilidade de trazer no processo o outro devedor-comum, para que o magistrado também certifique sua pretensão contra ele, tudo isso em uma mesma relação jurídica processual. Mas esse chamamento é feito pelo *autor*, até porque se trata da formulação de um novo pedido em face desse novo réu – cumulação objetiva e subjetiva ulterior. Dispensa-se a concordância do réu-originário (art. 264 do CPC-73), tendo em vista que a inovação objetiva não lhe diz respeito. É hipótese de intervenção litisconsorcial (litisconsórcio ulterior) provocada. É inovação alvissareira. Note-se que o art. 1.698 afirma que os demais devedores poderão ser chamados, não dizendo quem providenciará esse chamamento".

Com toda razão afirma ainda DIDIER JR. que "não se poderia imaginar que o réu (devedor comum inicialmente citado) pudesse trazer ao processo um terceiro em face de quem o *autor*, e não ele, deveria propor a demanda. É situação no mínimo esdrúxula: o réu seria substituto processual do autor, aditando a petição inicial, mesmo contra a sua vontade. E se o autor, realmente, não quiser demandar contra o devedor-comum? Seria obrigado a isso? Como dissemos, essa norma veio ajudar o credor da pensão alimentar, e não prejudicá-lo ou criar-lhe embara-ços. Em razão da necessidade de estabilização objetiva e subjetiva do processo, essa intervenção somente poderia ocorrer até o saneamento do processo – como de regra ocorre com as modalidades de intervenção de terceiro".

O *Superior Tribunal de Justiça* vem decidindo, a respeito dessa questão, que "a obrigação alimentar não tem caráter de solidariedade, no sentido de que 'sendo várias pessoas obrigadas a prestar alimentos todos devem concorrer na proporção dos respectivos recursos'. *O demandado, no entanto, terá direito de chamar ao processo os corresponsáveis* da obrigação alimentar, caso não consiga suportar sozinho o encargo, para que se defina quanto caberá a cada um contribuir de acordo com as suas possibilidades financeiras"[38].

Na *V Jornada de Direito Civil do Conselho da Justiça Federal foi aprovado o Enunciado n. 523, do seguinte teor:*

"O chamamento dos codevedores para integrar a lide, na forma do art. 1.698 do Código Civil, pode ser requerido por qualquer das partes, bem como pelo Ministério Público, quando legitimado".

---

[38] STJ, REsp 658.139-RS, 4ª T., rel. Min. Fernando Gonçalves, *DJU*, 13-3-2006, p. 326.

O Estatuto do Idoso (Lei n. 10.741, de 1º-10-2003), inovando, instituiu a solidariedade no tocante à obrigação de alimentos para os maiores de 60 anos, podendo estes escolher os prestadores. Ao lado da ampliação do direito de acesso aos alimentos, proclama o aludido diploma, no art. 12: "A obrigação alimentar é solidária, podendo o idoso optar entre os prestadores". Dispõe ainda o art. 14 da referida lei que "se o idoso ou seus familiares não possuírem condições econômicas de prover o seu sustento, impõe-se ao Poder Público esse provimento, no âmbito da assistência social".

A propósito, decidiu o *Superior Tribunal de Justiça:* "Ação de alimentos proposta pelos pais idosos em face de um dos filhos. Chamamento da outra filha para integrar a lide. Definição da natureza solidária da obrigação de prestar alimentos à luz do Estatuto do Idoso. A doutrina é uníssona, sob o prisma do Código Civil, em afirmar que o dever de prestar alimentos recíprocos entre pais e filhos não tem natureza solidária, porque é conjunta. A Lei 10.741/2003 atribuiu natureza solidária à obrigação de prestar alimentos quando os credores forem idosos. Por força da sua natureza especial, prevalece ela sobre as disposições específicas do Código Civil. O Estatuto do Idoso, cumprindo política pública (art. 3º), assegura celeridade no processo, impedindo intervenção de outros eventuais devedores de alimentos. A solidariedade da obrigação alimentar devida ao idoso lhe garante a opção entre os prestadores (art. 12)"[39].

Na conformidade do art. 1.694 do Código Civil, são obrigados a prestar alimentos ao idoso os parentes e os cônjuges ou companheiros. Preceituam, todavia, os arts. 1.696 e 1.697 do aludido diploma que, entre os parentes, a obrigação tem caráter sucessivo: somente na falta dos ascendentes é que podem ser chamados os descendentes, e, na falta destes, podem ser chamados os irmãos. O Estatuto do Idoso apenas estabeleceu a solidariedade entre os prestadores de alimentos, mas não revogou os mencionados dispositivos do Código Civil. De modo que deve ser afastada a interpretação de que uma pessoa de mais de 60 anos de idade poderá agora, se quiser, acionar qualquer parente obrigado, netos, filhos, irmãos, sem qualquer ordem de preferência, ou todos eles simultaneamente.

---

[39] STJ, REsp 775.665-SP, 3ª T., rel. Min. Nancy Andrighi, *DJU*, 26-6-2006, p. 143. Em sentido contrário, respeitável, porém *contra legem*, decisão do Tribunal de Justiça do Rio Grande do Sul: "A Lei n. 10.741/2003 prevê, em seu art. 12, que a obrigação alimentar é solidária, podendo o idoso optar entre os prestadores. Trata-se, à evidência, de regra que, ao conferir à obrigação alimentar a característica da solidariedade, contraria a própria essência da obrigação, que, consoante dispõe o art. 1.694 do Código Civil, deve ser fixada na proporção da necessidade de quem pede e da possibilidade de quem é chamado a prestar. Logo, por natureza, trata-se de obrigação divisível e, por consequência, não solidária, mostrando-se como totalmente equivocada, e à parte do sistema jurídico nacional, a dicção da novel regra estatutária" (Ap. 70.006.634.414, 7ª Câm. Cív., rel. Des. Luiz Felipe Brasil Santos, j. 22-10-2003, *RJTJRS*, 228/336).

Esse entendimento se mostra incorreto, por violar o princípio fundamental da reciprocidade do direito à prestação de alimentos que o art. 1.696 do Código Civil estabelece entre pais e filhos. E inviabiliza a ação de regresso que o devedor, que satisfez a dívida por inteiro, pode mover contra os codevedores solidários, para cobrar a quota de cada um (CC, art. 283). Nessa hipótese absurda, o neto que, por exemplo, fosse escolhido pelo credor e pagasse sozinho a pensão pleiteada teria o direito de acionar, na via regressiva, os seus irmãos, pais, irmãos e ascendentes do avô – o que não se mostra razoável.

O que se deve entender é que, mesmo no caso dos idosos, aplica-se a ordem preferencial estabelecida no art. 1.696 do Código Civil. Se houver vários devedores da classe obrigada, preferencialmente, ao cumprimento da prestação alimentar, poderá o idoso optar entre os aludidos prestadores, na forma do art. 12 da mencionada Lei n. 10.741/2003, para cobrar o valor integral da pensão *de um ou de alguns dos devedores*", ou de todos (CC, art. 275). Desse modo a solidariedade se estabelece em cada classe. Não se pode acionar devedor de classe subsequente sem antes provar a falta dos que lhe antecedem.

c) *Condicionalidade*. Diz-se que a obrigação de prestar alimentos é *condicional* porque a sua eficácia está subordinada a uma condição resolutiva. Somente subsiste tal encargo enquanto perduram os pressupostos objetivos de sua existência, representados pelo binômio necessidade-possibilidade, extinguindo-se no momento em que qualquer deles desaparece.

Segundo dispõe o § 1º do art. 1.694 do Código Civil, "*os alimentos devem ser fixados na proporção das necessidades do reclamante e dos recursos da pessoa obrigada*". Se, depois da aludida fixação, o alimentando adquire condições de prover à própria mantença, ou o alimentante não mais pode fornecê-los, sem desfalque do necessário ao seu sustento, extingue-se a obrigação.

d) *Reciprocidade*. Tal característica encontra-se mencionada expressamente no art. 1.696 do Código Civil, *verbis*: "*O direito à prestação de alimentos é recíproco entre pais e filhos, e extensivo a todos os ascendentes, recaindo a obrigação nos mais próximos em grau, uns em falta de outros*". Assim, há reciprocidade entre os parentes, cônjuges e companheiros discriminados na lei quanto ao direito à prestação de alimentos e a obrigação de prestá-los, ou seja, ao direito de exigir alimentos corresponde o dever de prestá-los.

Na lição de Pontes de Miranda, "a obrigação à prestação de alimentos é recíproca no direito brasileiro, uma vez que se estende em toda a linha reta entre ascendentes e descendentes, e na colateral entre os irmãos, que são parentes recíprocos por sua natureza. E é razoável que assim seja. Se o pai, o avô, o bisavô, têm o dever de sustentar aquele a quem deram vida, injusto seria que o filho, neto ou bisneto, abastado, não fosse obrigado a alimentar o seu ascendente incapaz de manter-se"[40].

---

[40] *Tratado de direito de família*, v. III, § 261, p. 214-215.

Os direitos coexistem apenas no estado potencial. A reciprocidade não indica que duas pessoas devam entre si alimentos simultaneamente, mas apenas que o devedor de hoje pode tornar-se o credor alimentar no futuro.

e) *Mutabilidade*. A variabilidade da obrigação de prestar alimentos consiste na propriedade de sofrer alterações em seus pressupostos objetivos: a necessidade do reclamante e a possibilidade da pessoa obrigada. Sendo esses elementos variáveis em razão de diversas circunstâncias, permite a lei que, nesse caso, proceda-se à alteração da pensão, mediante ação revisional ou de exoneração, pois toda decisão ou convenção a respeito de alimentos traz ínsita a cláusula *rebus sic stantibus*.

Dispõe a propósito o art. 1.699 do Código Civil: "*Se, fixados os alimentos, sobrevier mudança na situação financeira de quem os supre, ou na de quem os recebe, poderá o interessado reclamar ao juiz, conforme as circunstâncias, exoneração, redução ou majoração do encargo*". Desse modo, se a credora por alimentos, por exemplo, consegue trabalho honesto que lhe permita viver condignamente, pode o marido devedor pedir com êxito a exoneração da obrigação alimentar, enquanto durar tal situação.

3.2. Características do direito a alimentos

Várias são as características do *direito a alimentos*. Colocando em destaque as principais, pode-se dizer que se trata de direito:

a) *Personalíssimo*. Esta é a característica fundamental, da qual decorrem as demais. Como os alimentos se destinam à subsistência do alimentando, constituem um direito pessoal, intransferível. A sua qualidade de direito da personalidade é reconhecida pelo fato de se tratar de um direito inato tendente a assegurar a subsistência e integridade física do ser humano. Considera a doutrina, sob esse aspecto, como uma das manifestações do direito à vida. É direito personalíssimo no sentido de que a sua titularidade não passa a outrem por negócio ou por fato jurídico[41].

b) *Incessível*. Tal característica é consequência do seu caráter personalíssimo. Sendo inseparável da pessoa, não pode ser objeto de cessão de crédito, pois a isso se opõe a sua natureza (art. 286). O art. 1.707 do Código Civil diz expressamente que o crédito a alimentos é "*insuscetível de cessão*". No entanto, somente não pode ser cedido o direito a alimentos futuros. O crédito constituído por pensões alimentares vencidas é considerado um crédito comum, já integrado ao patrimônio do alimentante, que logrou sobreviver mesmo sem tê-lo recebido. Pode, assim, ser cedido.

---

[41] Yussef Cahali, Dos alimentos, cit., p. 49-50; Orlando Gomes, *Direito de família*, cit., p. 431.

Nessa esteira, preleciona ORLANDO GOMES: "Outorgado, como é, a quem necessita de meios para subsistir, e, portanto, concedido para assegurar a sobrevivência de quem caiu em estado de miserabilidade, o direito a prestação de alimentos é, por definição e substância, *intransferível*. O titular não pode, sequer, *ceder o crédito* que obteve em razão de se terem reunido os pressupostos da obrigação alimentar, mas, se a prestação já estiver vencida, pode ser objeto de *transação*"[42].

c) *Impenhorável*. Preceitua, com efeito, o art. 1.707 do Código Civil que o crédito alimentar é *"insuscetível de cessão, compensação ou penhora"*. Inconcebível a penhora de um direito destinado à mantença de uma pessoa. Logo, por sua natureza, é impenhorável. Por essa mesma razão as apelações interpostas das sentenças que condenarem à prestação de alimentos são recebidas apenas no efeito devolutivo, e não no suspensivo (CPC/2015, art. 1.012, II), pois a suspensão do *decisum* poderia conduzir ao perecimento do alimentário. O Código de Processo Civil de 2015 prevê, no art. 833, IV, a impenhorabilidade das pensões destinadas ao sustento do devedor ou de sua família.

Pondera YUSSEF CAHALI, quanto aos bens que podem ser penhorados em execução, que o estatuto processual dispõe, "no seu art. 649, IV [*CPC/73*], que são absolutamente impenhoráveis os vencimentos dos magistrados, dos professores e dos funcionários públicos, o soldo e os salários, *salvo para pagamento de prestação alimentícia*. Fora dessa ressalva, ainda que se trate de execução de alimentos, a regra da impenhorabilidade prevista nos demais incisos não sofre restrição; assim, ainda que se trate de execução de alimentos, prevalece a impenhorabilidade de livros, máquinas, utensílios e instrumentos, necessários ou úteis ao exercício de qualquer profissão"[43].

Nesse sentido já decidiu o *Tribunal de Justiça de São Paulo*[44].

Anota ORLANDO GOMES[45] que a impenhorabilidade do crédito decorre do fundamento e da finalidade do instituto. Seria um absurdo, aduz, "admitir que os credores pudessem privar o alimentando do que é estritamente necessário à sua mantença".

Na sequência, acrescenta o notável jurista, embora pretendam alguns que a proteção legal não se estenda à totalidade do crédito, no pressuposto de que, prestados alimentos civis, há sempre uma parte que não corresponde ao *necessarium*

---

[42] *Direito de família*, cit., p. 432.

[43] Dos alimentos, cit., p. 984. Por outro lado, a impenhorabilidade do bem de família a que se refere a Lei 8.009/90 não é oponível ao credor de pensão alimentícia, ante a exclusão expressa em seu art. 3º, III (*JTJ*, Lex, 173/95; *RJTJRS*, 175/260).

[44] Ap. 182.379.4/2, 3ª Câm. Dir. Priv., rel. Des. Waldemar Nogueira Filho.

[45] *Direito de família*, cit., p. 432-433.

vitae, a cisão é inadmissível. Os alimentos "são impenhoráveis no *estado de crédito* e, deste modo, a impenhorabilidade não acompanha os bens que forem convertidos. A penhora pode recair na soma de alimentos proveniente do recebimento de prestações atrasadas. Não há regras que disciplinem especificamente tais situações, mas o juiz deve orientar-se pelo princípio de que a impenhorabilidade é garantia instituída em função da finalidade do instituto".

d) *Incompensável*. A compensação é meio de extinção de obrigações entre pessoas que são, ao mesmo tempo, credor e devedor uma da outra. Acarreta a extinção de duas obrigações, cujos credores são, simultaneamente, devedores um do outro. É meio indireto de extinção das obrigações[46].

O direito a alimentos não pode ser objeto de compensação, destarte, segundo dispõe o art. 1.707 do Código Civil, porque seria extinto, total ou parcialmente (CC, arts. 368 e 373, II), com prejuízo irreparável para o alimentando, já que os alimentos constituem o mínimo necessário à sua subsistência. Assim, por exemplo, o marido não pode deixar de pagar a pensão a pretexto de compensá-la com recebimentos indevidos, pela esposa, de aluguéis só a ele pertencentes[47].

A jurisprudência, no entanto, vem permitindo a compensação, nas prestações vincendas, de valores pagos a mais, entendendo tratar-se de adiantamento do pagamento das futuras prestações. Nada impede que os valores pagos a mais sejam computados nas prestações vincendas, operando-se a compensação dos créditos. É que o princípio da não compensação da dívida alimentar deve ser aplicado ponderadamente, para que dele não resulte eventual enriquecimento sem causa de parte do beneficiário[48].

Em discussão no *Superior Tribunal de Justiça* sobre a possibilidade, em sede de execução de alimentos, de serem deduzidas da pensão alimentícia fixada exclusivamente em pecúnia as despesas pagas *in natura* referentes a aluguel, condomínio e IPTU do imóvel onde residia o exequente, frisou o relator, Min. Paulo de Tarso Sanseverino, que a referida Corte, sob o prisma da vedação ao enriquecimento sem causa, vem admitindo, excepcionalmente, a mitigação do princípio da incompensabilidade dos alimentos. "Tratando-se de custeio direto de despesas de natureza alimentar, comprovadamente feitas em prol do beneficiário, possível o seu abatimento no cálculo da dívida, sob pena de obrigar o executado ao duplo pagamento da pensão, gerando enriquecimento indevido do credor. No caso, o

---

[46] Carlos Roberto Gonçalves, *Direito civil brasileiro*, v. 2, p. 364.
[47] *RT*, 506/323; *RJTJSP*, Lex, 67/212. V. ainda: "Não se admite a compensação de alimentos devidamente acordados para o filho menor com valores pagos espontaneamente pelo alimentante" (TJMG, Ap. 000.204.088-9/00, 4ª Câm. Cív., rel. Des. Bady Curi, *DJMG*, 31-10-2001).
[48] *RT*, 616/147; *RJTJSP*, Lex, 123/236.

alimentante contribuiu por cerca de dois anos, de forma efetiva, para o atendimento de despesa incluída na finalidade da pensão alimentícia, viabilizando a continuidade da moradia do alimentado"[49].

e) *Imprescritível*. O direito aos alimentos é imprescritível, ainda que não seja exercido por longo tempo e mesmo que já existissem os pressupostos de sua reclamação. O que não prescreve é o direito de postular em juízo o pagamento de pensões alimentícias, ainda que o alimentando venha passando necessidade há muitos anos. No entanto, prescreve em dois anos o direito de cobrar as pensões já fixadas em sentença ou estabelecidas em acordo e não pagas, a partir da data em que se vencerem.

Estabelece, com efeito, o art. 206, § 2º, do Código Civil que prescreve, "*em dois anos, a pretensão para haver prestações alimentares, a partir da data em que se vencerem*". A prescrição da pretensão a essas parcelas ocorre mensalmente. Em se tratando, porém, de execução de alimentos proposta por alimentando absolutamente incapaz, não há falar em prescrição das prestações mensais, em virtude do disposto nos arts. 197, II, e 198, I, do Código Civil de 2002[50].

f) *Intransacionável*. Sendo indisponível e personalíssimo, o direito a alimentos não pode ser objeto de transação (CC, art. 841). Em consequência, não pode ser objeto de juízo arbitral ou de compromisso. A regra aplica-se somente ao direito de pedir alimentos, pois a jurisprudência considera transacionável o *quantum* das prestações, tanto vencidas como vincendas. É até comum o término da ação em acordo visando prestações alimentícias futuras ou atrasadas[51].

A transação celebrada nos autos de ação de alimentos constitui título executivo judicial. Tem a mesma eficácia a homologação do acordo extrajudicial de alimentos, que dispensa a intervenção de advogado, mas exige a imprescindível intervenção do Ministério Público[52].

---

[49] STJ, REsp 1.501.992-RJ, 3ª T., rel. Min. Paulo de Tarso Sanseverino, *DJe*, 20-4-2018.

[50] STJ, REsp 569.291-SP, 3ª T., rel. Min. Castro Filho, *DJU*, 20-10-2003.

V. ainda: "A prescrição é a regra (CC/2002, art. 189), inclusive nos casos de prestações alimentares; porém apresenta exceções e dentre estas encontram-se os casos em que prejudica o absolutamente incapaz. O art. 198, inciso I, do CC impede o curso da prescrição para certas ações, excepcionando, assim, a regra geral do art. 206, parágrafos e incisos, da mesma norma, os quais estipulam regras gerais para a prescrição das ações. Não há necessidade de utilização do princípio da especialidade neste caso porque não se verifica antinomia entre tais normas. Ademais, não corre a prescrição entre ascendentes e descendentes durante o poder familiar (art. 197, inciso II, e art. 198, inciso I – ambos do Código Civil)" (TJDF, Ap. 20.081.010.044.126APC-Brasília, 2ª T., rel. Des. Waldir Leôncio Júnior, j. 4-2-2009).

[51] *RT*, 676/157; *JTJ*, Lex, 189/162.

[52] *RT*, 645/170.

g) Atual, no sentido de exigível no presente e não no passado (*in praeteritum non vivitur*). Alimentos são devidos *ad futurum*, não *ad praeteritum*. A necessidade que justifica a prestação alimentícia é, ordinariamente, inadiável, conferindo a lei, por esse motivo, meios coativos ao credor para a sua cobrança, "que vão do desconto em folha à prisão administrativa"[53].

h) Irrepetível ou irrestituível. Os alimentos, uma vez pagos, são irrestituíveis, sejam provisórios, definitivos ou *ad litem*. É que a obrigação de prestá-los constitui matéria de ordem pública, e só nos casos legais pode ser afastada, devendo subsistir até decisão final em contrário. Mesmo que a ação venha a ser julgada improcedente, não cabe a restituição dos alimentos provisórios ou provisionais. Quem pagou alimentos, pagou uma dívida, não se tratando de simples antecipação ou de empréstimo. Como acentua PONTES DE MIRANDA, "os alimentos recebidos não se restituem, ainda que o alimentário venha a decair da ação na mesma instância, ou em grau de recurso: *Alimenta decernuntur, nec teneri ad restitutionem praedictorum alimentorum, in casu quo victus fuerit*"[54].

É esse um dos favores reconhecidos à natureza da causa de prestar[55], pois os alimentos destinam-se a ser consumidos pela pessoa que deles necessita. O princípio da irrepetibilidade não é, todavia, absoluto e encontra limites no dolo em sua obtenção, bem como na hipótese de erro no pagamento dos alimentos. Por isso, tem-se deferido pedido de repetição, em caso de cessação automática da obrigação devido ao segundo casamento da credora, não tendo cessado o desconto em folha de pagamento por demora na comunicação ao empregador, sem culpa do devedor, bem como a compensação nas prestações vincendas, como já exposto, porque, em ambas as hipóteses, envolve um enriquecimento sem causa por parte do alimentado, que não se justifica[56].

---

[53] Silvio Rodrigues, *Direito civil*, cit., v. 6, p. 375.

[54] *Tratado de direito de família*, cit., v. III, § 262, p. 218.

[55] Pontes de Miranda, *Tratado de direito de família*, cit., v. III, § 264, p. 223.

"A jurisprudência e a doutrina assentaram entendimento no sentido de que os valores atinentes à pensão alimentar são *incompensáveis* e *irrepetíveis*, porque restituí-los seria privar o alimentado dos recursos indispensáveis à própria mantença, condenando-o assim a inevitável perecimento. Daí que o credor da pessoa alimentada não pode opor seu crédito, quando exigida a pensão" (STJ, REsp 25.730-SP, 3ª T., rel. Min. Waldemar Zveiter, *DJU*, 1º-3-1993, p. 2510).

[56] Yussef Cahali, Dos alimentos, cit., p. 126; José Roberto Pacheco Di Francesco, Aspectos da obrigação alimentar, *Revista do Advogado*, 58/106; JTJ, Lex, 143/133.

"Alimentos. Repetição de indébito. Indução em erro. Inexistência de filiação declarada em sentença. Enriquecimento sem causa do menor inocorrente. Pretensão que deve ser deduzida contra a mãe ou contra o pai biológico, responsáveis pela manutenção do alimentário. Restituição por este não devida. Ação improcedente. Aquele que fornece alimentos pensando erradamente que

O Código Civil português consigna expressamente: "Não há lugar, em caso algum, à restituição dos alimentos provisórios recebidos" (art. 2.007º, 2). Ainda que "o alimentante tenha pago pensões a que não estava obrigado, não tem o direito de repeti-las, segundo o unânime consenso dos autores"[57]. A irrepetibilidade abrange inclusive os alimentos prestados durante o casamento nulo ou anulável, pois se fundam em um dever moral.

i) *Irrenunciável.* Quanto a esta última característica, preceitua o art. 1.707 do Código Civil: "*Pode o credor não exercer, porém lhe é vedado renunciar o direito a alimentos, sendo o respectivo crédito insuscetível de cessão, compensação ou penhora*". O direito a alimentos constitui uma modalidade do direito à vida. Por isso, o Estado protege-o com normas de ordem pública, decorrendo daí a sua irrenunciabilidade, que atinge, porém, somente o direito, não o seu exercício. Não se pode assim renunciar aos alimentos futuros. A não postulação em juízo é interpretada apenas como falta de exercício, não significando renúncia.

Os alimentos devidos e não prestados podem, no entanto, ser renunciados, pois é permitido o não exercício do direito a alimentos. A renúncia posterior é, portanto, válida. Proclama a *Súmula 379 do Supremo Tribunal Federal*: "No acordo de desquite não se admite renúncia aos alimentos, que poderão ser pleiteados ulteriormente, verificados os pressupostos legais". Por ela, a renúncia na separação consensual deve ser interpretada como simples dispensa provisória e momentânea da pensão alimentar, podendo o cônjuge, ou companheiro, vir a pleiteá-la ulteriormente, provando a necessidade atual e a possibilidade econômica do alimentante.

Frise-se, desde logo, que tal súmula *não se aplica aos casais divorciados,* mas somente aos separados judicialmente.

A propósito, Yussef Cahali, citando diversos arestos extraídos dos repertórios de jurisprudência, assevera: "Sempre no pressuposto da inaplicabilidade da Súmula 379 do STF, em sede de conversão consensual da separação judicial em divórcio, a jurisprudência, nessas linhas gerais, vem proclamando iterativamente que, se inexistente o direito de ser a mulher pensionada pelo marido no momento da conversão – seja em virtude de renúncia dos alimentos quando da separação ou posteriormente a ela –, a conversão consensual homologada extingue de vez pretenso direito da mulher a posterior reclamação da verba alimentar. Assim,

---

os devia, pode exigir a restituição do seu valor do terceiro que realmente devia fornecê-los" (TJSP, Ap. 195.592-4-Santos, 3ª Câm. Dir. Priv., rel. Des. Carlos Roberto Gonçalves, j. 14-8-2001).

[57] Orlando Gomes, *Direito de família*, cit., p. 447.

"Os alimentos depois de pagos, ainda que indevidos, não podem ser objeto de repetição ou compensação" (TJDF, *Revista Brasileira de Direito de Família*, v. 15/114, em. 1.604).

ausente ressalva do direito de alimentos quando da conversão, carece a mulher de ação alimentar posteriormente à dissolução do casamento. O divórcio dissolve o casamento mesmo e, ressalvadas algumas situações excepcionais, impõe a cessação de todos os seus efeitos"[58].

A resistência à referida súmula levou o *Supremo Tribunal Federal* a restringir sua aplicação, mantendo a sua vigência, mas *com explicitação*: se, por ocasião da separação, a mulher, por exemplo, foi aquinhoada com bens e rendas suficientes para a sua manutenção, não sabendo conservá-los, não poderá posteriormente vir a reclamar alimentos do ex-marido. Tal pretensão também somente se mostrará viável se atendidos os pressupostos legais, dentre eles o de ser inocente e desprovida de recursos (CC, art. 1.702).

A ação terá de ser movida pelo *rito ordinário*, que proporciona oportunidade de ampla produção de provas, e não pelo rito especial da Lei n. 5.478/68, para possibilitar ao ex-marido o direito de demonstrar que a autora não tem pautado a sua vida conforme os bons costumes, ou vive em união estável, bem como que teria dado motivos para uma separação litigiosa, somente celebrada de forma consensual por ter concordado em renunciar aos alimentos.

Nos últimos anos de vigência do Código Civil de 1916 vinha predominando na jurisprudência a corrente que limitava a aplicação do art. 404 do aludido diploma, cuja redação correspondia à do art. 1.707 do atual, às relações de parentesco, uma vez que o capítulo concernente a "alimentos", no qual estava inserido o aludido art. 404, cogitava apenas dos que eram devidos *jus sanguinis*, não se aplicando aos alimentos entre cônjuges, sendo lícita, quanto a estes, a renúncia de alimentos. Várias decisões foram proferidas *considerando revogada a referida Súmula 379*, ao fundamento especialmente de que o enunciado protecionista que nela se contém não mais se compatibiliza com o princípio igualitário entre os cônjuges, proclamado pelo art. 226, § 5º, da Constituição.

Assim, o *Superior Tribunal de Justiça* passou a contrariar, iterativamente, a *Súmula 379 do Supremo Tribunal Federal*, estabelecendo a possibilidade de renúncia a alimentos nas relações entre cônjuges e companheiros, sendo aplicável o princípio da irrenunciabilidade de alimentos apenas entre parentes. Confira-se: "Renunciando o cônjuge a alimentos, em acordo de separação, por dispor de meios para manter-se, a cláusula é válida e eficaz, não podendo mais pretender seja pensionado"[59].

---

[58] *Divórcio e separação*, p. 1247-1248.
[59] REsp 9.286-RJ, 3ª T., rel. Min. Waldemar Zveiter, *RSTJ*, 47/241. *V.* ainda: "Pensão alimentícia. Renúncia pela ex-esposa. Admissibilidade. Manifestação devidamente homologada em acordo de separação consensual. Alteração da situação socioeconômica da requerente que não configura estado de necessidade" (STJ, *RT*, 807/206). No mesmo sentido, do mesmo Tribunal:

O Código de 2002, contudo, contrariando essa tendência, faz incidir a proibição de renunciar ao direito a alimentos não só aos parentes, mas também aos cônjuges e companheiros, por ocasião da dissolução da sociedade conjugal ou da união estável.

Preleciona a propósito Francisco José Cahali, atualizador da obra de Silvio Rodrigues, que, "contrariando a tendência doutrinária e pretoriana, o novo Código registra ser irrenunciável o direito a alimentos, sem excepcionar a origem da obrigação, fazendo incidir, pois, esta limitação, à pensão decorrente também da dissolução da sociedade conjugal ou da união estável, uma vez tratadas, agora, no mesmo subtítulo da pensão resultante do parentesco. E vai além: confirmando ser esta a sua intenção, estabelece expressamente a possibilidade de o cônjuge separado judicialmente vir a pleitear alimentos do outro, diante de necessidade superveniente (CC, art. 1.704)"[60].

A nova disciplina legal completa-se com o art. 1.708 do Código Civil, segundo o qual, *"com o casamento, a união estável ou o concubinato do credor, cessa o dever de prestar alimentos"*. Acrescenta o parágrafo único: *"Com relação ao credor cessa, também, o direito a alimentos, se tiver procedimento indigno em relação ao devedor"*.

Sendo irrenunciáveis os alimentos entre cônjuges, nos termos do retrotranscrito art. 1.707 do Código Civil de 2002, revigora-se na sua plenitude o enunciado da *Súmula 379 do Supremo Tribunal Federal* e deixa de existir qualquer diferença, quanto aos efeitos, entre "dispensa" temporária e "renúncia" definitiva dos alimentos, considerada relevante ao tempo do diploma de 1916, uma vez que, qualquer que seja a expressão que constar da transação, haverá sempre a possibilidade de posterior pedido de alimentos.

Em outros termos, como assinala Yussef Cahali, "com o novo Código Civil verifica-se uma substancial transformação da natureza e da sistemática da obrigação alimentar entre os cônjuges, especialmente tendo em vista uma eventual dissolução da sociedade conjugal"[61].

Todavia, a aludida *Súmula 379 do Supremo Tribunal Federal*, malgrado tenha sido reafirmada pelo novo diploma, não se aplica, como mencionado, aos casais divorciados, mas somente aos separados judicialmente. Considerando o estágio da doutrina e jurisprudência no momento da edição do novo Código, o encerramento definitivo do vínculo conjugal pelo divórcio e promovendo-se interpretação mais

---

RO em HC 11.690-DF, 3ª T., rel. Min. Nancy Andrighi, j. 8-10-2001; REsp 254.392-MT, 4ª T., rel. Min. Asfor Rocha, j. 13-2-2001; REsp 70.630-SP, 4ª T., rel. Min. Aldir Passarinho Júnior, j. 21-9-2000.

[60] *Direito civil*, cit., v. 6, p. 379.

[61] Dos alimentos, cit., p. 354.

literal do art. 1.704, parece-nos razoável sustentar, sublinha Francisco José Cahali, no retromencionado trabalho de atualização da obra de Silvio Rodrigues, "que a possibilidade de buscar os alimentos no rompimento matrimonial encontra seu limite no divórcio das partes, permitindo-se o exercício da pretensão apenas pelos separados judicialmente (e não divorciados), se não estabelecida anteriormente a obrigação no acordo ou decisão da separação ou do divórcio"[62].

Na mesma trilha a manifestação de Luiz Felipe Brasil Santos em trabalho sobre aspectos controvertidos da obrigação alimentar no novo Código Civil: "Quando se trata de divórcio, irrelevante a circunstância de que tenha ou não ocorrido renúncia aos alimentos. É suficiente que, por ocasião da dissolução do vínculo matrimonial, nada tenha sido estipulado acerca de pensão alimentícia, para que, independentemente da renúncia, os alimentos não mais possam ser buscados. Isso porque faltará ao pretendente um dos pressupostos da obrigação alimentar, que – ao lado da necessidade e da possibilidade – é o vínculo"[63].

Nesse sentido vem decidindo o *Superior Tribunal de Justiça*: "Se há dispensa mútua entre os cônjuges quanto à prestação alimentícia e na conversão da separação consensual em divórcio não se faz nenhuma ressalva quanto a essa parcela, não pode um dos ex-cônjuges, posteriormente, postular alimentos, dado que já definitivamente dissolvido qualquer vínculo existente entre eles. Precedentes iterativos desta Corte"[64].

Mostra-se controvertida a preservação da eficácia da cláusula da renúncia da pensão alimentícia aposta em acordo de separação judicial homologado antes da entrada em vigor do Código Civil de 2002, tendo em vista o repúdio à *Súmula 379 do Supremo Tribunal Federal* então adotado. Uma corrente sustenta que a separação por mútuo consentimento representa um acordo de vontades, tornado um ato jurídico perfeito em virtude da homologação judicial, dele defluindo para o cônjuge favorecido pela isenção um direito adquirido de não mais prestar alimentos ao cônjuge renunciante.

Nessa linha, assevera Luiz Felipe Brasil Santos: "Os acordos realizados em data anterior à entrada em vigor do Código Civil e que contenham renúncia a alimentos permanecem hígidos, por se estar aí diante do ato jurídico perfeito, não sendo possível cogitar de aplicação retroativa da lei nova a contratos já perfectibilizados"[65].

Outros, no entanto, como Francisco José Cahali, entendem que, "inexistente ressalva expressa na lei, quem na vigência do novo Código possuir o estado

---

[62] *Direito civil*, cit., v. 6, p. 379.
[63] Novos aspectos da obrigação alimentar, *Questões controvertidas no novo Código Civil*, p. 225.
[64] REsp 199.427-0-SP, 4ª T., rel. Min. Fernando Gonçalves, j. 9-3-2004.
[65] Novos aspectos, cit., p. 225.

de separado judicialmente poderá reclamar a pensão do ex-cônjuge, mesmo que a dissolução do vínculo se tenha consumado anteriormente à nova regra. Assim, a renúncia feita, agora ou no passado, em acordo de separação permite o exercício da pretensão em face do ex-cônjuge sem qualquer outra providência enquanto subsistente o estado civil de separado judicialmente. Porém, promovido o divórcio, apenas se previamente fixada a pensão ela será devida; inexistente a obrigação até então, com o divórcio desaparece definitivamente a obrigação alimentar decorrente do casamento, agora totalmente dissolvido"[66].

Esta nos parece a correta solução para a polêmica questão de direito intertemporal em apreço, prestigiada pela jurisprudência em precedente relativo à Lei do Divórcio. Confira-se: "Embora firmado o acordo, na ação de alimentos, antes da edição da Lei do Divórcio, tal circunstância não impediria a incidência da lei nova (art. 23 da Lei 6.515/77), que tem o caráter de lei de ordem pública"[67].

Yussef Cahali[68], citando Cicu, Gabba e Fornari, menciona que os doutrinadores consideram *retroativas* as normas que regulam a obrigação de alimentos, entendido isso, porém, no sentido de sua aplicabilidade, também, às relações já constituídas anteriormente. O mencionado autor, citando lição de Washington de Barros Monteiro, pondera que as chamadas leis de ordem pública, ainda que de direito privado, caracterizam-se pela sua aplicabilidade imediata a relações que, nascidas sob a vigência da lei antiga, ainda não se aperfeiçoaram, não se consumaram.

Escorando-se no magistério de Caio Mário da Silva Pereira, obtempera ainda Cahali que, tratando-se de leis que definem o *estado das pessoas* e os efeitos jurídicos que dele dimanam, aplicam-se elas imediatamente a todos os que se acham nas novas condições previstas. Desse modo, conclui: "além de representar a irrenunciabilidade de alimentos norma de ordem pública, estamos diante de uma relação jurídica continuativa pertinente ao estado das pessoas, qual seja, de 'cônjuges separados judicialmente'".

Finalizando, há que reconhecer que o Código Civil de 2002, certa ou erradamente, orientou-se no sentido da plena convalidação da referida *Súmula 379 do Supremo Tribunal Federal*. Pensamos que tal opção representa um retrocesso, explicável pelo fato de o projeto de reforma do estatuto civil ter tramitado por longo tempo no Congresso Nacional. Quando finalmente aprovado, encontrava-se superado e em desacordo, em muitos pontos, com os novos rumos do direito de família, determinados especialmente pelo advento da Constituição Federal de 1988.

---

[66] Silvio Rodrigues, *Direito civil*, cit., v. 6, p. 379-380.

[67] TJSP, 2ª Câm., j. 29-3-1983, *RT*, 574/68.

[68] Dos alimentos, cit., p. 357.

O enunciado protecionista da aludida Súmula 379, como foi dito, não mais se compatibiliza com o princípio igualitário entre os cônjuges, proclamado pelo art. 226, § 5º, da aludida Carta.

Para corrigir o impasse, o Projeto de Lei n. 6.960/2002 (atual Projeto de Lei n. 699/2011), encaminhado pelo Deputado Ricardo Fiuza ao Congresso Nacional, incluiu, por sugestão de REGINA BEATRIZ TAVARES DA SILVA, proposta para se conferir ao art. 1.707 em tela a seguinte redação: "Tratando-se de alimentos devidos por relação de parentesco, pode o credor não exercer, porém lhe é vedado renunciar ao direito a alimentos"[69].

3.3. Pressupostos da obrigação alimentar. Objeto e montante das prestações

Dispõe o § 1º do art. 1.694 do Código Civil:

"Os alimentos devem ser fixados na proporção das necessidades do reclamante e dos recursos da pessoa obrigada".

São pressupostos da obrigação de prestar alimentos: a) existência de um vínculo de parentesco; b) necessidade do reclamante; c) possibilidade da pessoa obrigada; d) proporcionalidade.

Preceitua de forma mais explícita o art. 1.695 do Código Civil:

"São devidos os alimentos quando quem os pretende não tem bens suficientes, nem pode prover, pelo seu trabalho, à própria mantença, e aquele, de quem se reclamam, pode fornecê-los, sem desfalque do necessário ao seu sustento".

Só pode reclamar alimentos, assim, o parente que não tem recursos próprios e está impossibilitado de obtê-los, por doença, idade avançada ou outro motivo relevante.

Aplica-se aos alimentos devidos em razão do casamento e da união estável o disposto no parágrafo único do art. 1.708 do Código Civil, segundo o qual cessa o direito do credor a alimentos, *"se tiver procedimento indigno em relação ao devedor".*

O art. 1.694 do Código Civil usa expressão ampla, referindo-se a alimentos como sendo tudo aquilo de que a pessoa necessita *"para viver de modo compatível com a sua condição social, inclusive para atender às necessidades de sua educação"*, e não apenas para garantir a sua subsistência.

O fornecimento de alimentos depende, também, das *possibilidades* do alimentante. Não se pode condenar ao pagamento de pensão alimentícia quem possui somente o estritamente necessário à própria subsistência. Se, como acentua SILVIO RODRIGUES, "enormes são as necessidades do alimentário, mas escassos os

---

[69] Washington de Barros Monteiro, *Curso*, cit., 37. ed., v. 2, p. 373.

recursos do alimentante, reduzida será a pensão; por outro lado, se se trata de pessoa de amplos recursos, maior será a contribuição alimentícia"[70].

Desse modo, "se o alimentante possui tão somente o indispensável à própria mantença, não é justo seja ele compelido a desviar parte de sua renda, a fim de socorrer o parente necessitado. A lei não quer o perecimento do alimentado, mas também não deseja o sacrifício do alimentante. Não há direito alimentar contra quem possui o estritamente necessário à própria subsistência"[71].

O requisito da *proporcionalidade* é também exigido no aludido § 1º do art. 1.694, ao mencionar que os alimentos devem ser fixados *"na proporção"* das necessidades do reclamante e dos recursos da pessoa obrigada", impedindo que se leve em conta somente um desses fatores. Não deve o juiz, pois, fixar pensões de valor exagerado, nem por demais reduzido, devendo estimá-lo com prudente arbítrio, sopesando os dois vetores a serem analisados, *necessidade* e *possibilidade*, na busca do equilíbrio entre eles. A regra é vaga e constitui apenas um parâmetro, um *standard* jurídico, que "abre ao juiz um extenso campo de ação, capaz de possibilitar o enquadramento dos mais variados casos individuais"[72].

No exame da capacidade do alimentante deve o juiz ter em conta a renda líquida por ele obtida, pois muitas vezes, malgrado o expressivo patrimônio imobiliário, tais bens não lhe proporcionam renda suficiente para o pagamento de pensão elevada. O valor dos bens pode ser grande e pequeno o rendimento. Os *"recursos da pessoa obrigada"* a que se refere o § 1º do retrotranscrito art. 1.694 do Código Civil são os seus rendimentos, as suas disponibilidades financeiras. Não seria razoável nem justo, em regra, como obtempera Zeno Veloso, "constranger-se o devedor a alienar imóvel de sua propriedade para atender às necessidades do alimentante"[73].

---

[70] *Direito civil*, cit., v. 6, p. 382.

[71] Washington de Barros Monteiro, *Curso*, cit., 37. ed., v. 2, p. 368.

"Para fixação da verba alimentar devida pelo genitor a seu filho menor, é necessário estabelecer perfeita sintonia entre as necessidades do alimentando e as possibilidades do alimentante. O Judiciário não pode, a pretexto de satisfazer as necessidades do menor alimentando, lançar o alimentante na indigência, arbitrando elevado percentual de sua renda para pagamento dos alimentos, mormente se o mesmo já paga tal verba a outros dois filhos menores" (TJDF, Ap. 2.000.02.1.002.833-8, 2ª T., rel. Desa. Adelith de Carvalho Lopes, *DJU*, 11-6-2003).

[72] Silvio Rodrigues, *Direito civil*, cit., v. 6, p. 384.

"Pensão alimentícia. Fixação. Verificação do binômio necessidade de quem os reclama e a possibilidade de quem os deve" (*RT*, 809/300). "Os alimentos devem guardar estreita relação entre as possibilidades do alimentante e as necessidades da alimentanda, atentando-se para a relação de proporcionalidade, de forma a evitar defasagem, ora nos ganhos do alimentante, ora na pensão alimentícia" (TJRS, Ap. 70.005.569.272, 7ª Câm. Cív., rel. Des. Vasconcellos Chaves, *DOERS*, 7-3-2003).

[73] *Código Civil*, cit., v. XVII, p. 20.

A prova dos ganhos do alimentante constitui, como bem observa Silvio Rodrigues, "o problema fundamental. Quando se trata de funcionário público, ou de empregado de grande empresa, a comunicação obtida do empregador, conferida eventualmente com a contabilidade da firma, ou com seu envelope de pagamento, constitui evidência irretorquível. Mas, se, ao invés, o réu é trabalhador autônomo ou empresário, raramente se obtém um resultado indiscutível. Aqui a declaração de renda representa, muitas vezes, um bom elemento de prova, que pode ser completado com a verificação da movimentação bancária e de cartões de crédito"[74].

Os tribunais adotam o critério de arbitrar, em regra, a pensão devida pelo marido à mulher e aos filhos em um terço dos ganhos líquidos daquele[75]. Esse montante pode, todavia, variar para mais ou para menos, conforme as circunstâncias. Se forem diversos os filhos e, portanto, maior a necessidade de auxílio, é razoável que a porcentagem seja aumentada, dentro das possibilidades do alimentante. Se a mulher também trabalha, é justo que as responsabilidades sejam divididas, reduzindo-se a porcentagem a ser paga pelo varão[76]. Por outro lado, se a mulher não tem filhos e é apta para o trabalho, deve fazê-lo para não onerar em demasia o marido obrigado a prestar-lhe alimentos[77].

Só se deve, porém, fixar alimentos em porcentagem sobre os vencimentos do alimentante quando estes são determinados em remuneração fixa. Quando se trata principalmente de profissional liberal, com rendimentos variáveis e auferidos de diversas fontes, mostra-se mais eficiente e recomendável o arbitramento de quantia certa, sujeita aos reajustes legais. Tal critério afasta as longas discussões, na fase da execução, em torno do rendimento-base de incidência do percentual.

Ademais, não deve o juiz, ao analisar as possibilidades financeiras do alimentante empresário ou profissional liberal, ater-se apenas ao rendimento por ele admitido, mas levar em conta também os sinais exteriores de riqueza, como carros importados, barcos, viagens, apartamentos luxuosos, casa de campo ou de praia etc.[78].

---

[74] *Direito civil*, cit., v. 6, p. 384.

[75] "O arbitramento de alimentos que considera determinada percentagem dos ganhos líquidos do alimentante continua sendo o critério preferido, porque outorga segurança quanto ao atendimento do pressuposto necessidade do alimentando e possibilidade do alimentante" (TJSP, Ap. 268.528-4/00, 3ª Câm. Dir. Priv., rel. Des. Ênio Zuliani, j. 13-5-2003).

[76] "Pensionamento em favor de filho comum. Valor que deve atender à capacidade do pai alimentante. Dever que também se impõe à mãe exercente de profissão rendosa" (TJMG, Ap. 000.271.790-8/00, 2ª Câm. Cív., rel. Des. Francisco Figueiredo, *DJMG*, 1º-7-2003).

[77] *RT*, 500/104.

[78] "À míngua de provas específicas quanto aos rendimentos reais do alimentante, deve o magistrado, na tarefa de fixação dos alimentos, valer-se dos sinais exteriores de riqueza daquele,

O *quantum* fixado não é imutável, pois, se houver modificação na situação econômica das partes, poderá qualquer delas ajuizar *ação revisional de alimentos*, com fundamento no art. 1.699 do Código Civil, para pleitear a exoneração, redução ou majoração do encargo. As sentenças proferidas em ações de alimentos trazem ínsita a cláusula *rebus sic stantibus*, pois o montante da prestação tem como pressuposto a permanência das condições de necessidade e possibilidade que o determinaram. O caráter continuativo da prestação impede que ocorra a coisa julgada material. O efeito da preclusão máxima se opera apenas formalmente, possibilitando eventual modificação posterior do montante estabelecido.

Quando a pensão é estipulada em percentual sobre os rendimentos auferidos pelo devedor em função da atividade profissional ou funcional por ele exercida, faz-se mister identificar as verbas que comporão a base de incidência da percentagem fixada por sentença ou convencionada pelas partes. A jurisprudência considera que o termo *vencimentos*, *salários* ou *proventos*, não acompanhado de qualquer restrição, somente pode corresponder à totalidade dos rendimentos auferidos pelo devedor no desempenho de sua função ou de suas atividades empregatícias, compreendendo também o 13º mês de salário ou gratificação natalina[79].

Deve-se verificar se os alimentos foram fixados em valor fixo ou sobre percentual dos rendimentos líquidos do alimentante. Estabelecido um percentual sobre os rendimentos, o 13º e o adicional de férias integram a base de cálculo da pensão alimentícia, caso não haja decisão judicial ou contratual em sentido diverso[80]. O valor recebido pelo alimentante a título de horas extras, mesmo que não habituais, embora não ostente caráter salarial para efeitos de apuração de outros benefícios trabalhistas, é verba de natureza remuneratória e integra a base de cálculo para a incidência dos alimentos fixados em percentual sobre os rendimentos líquidos do devedor[81].

Na mesma linha, proclamou a *3ª Turma do excelso Superior Tribunal de Justiça* que "os valores recebidos a título de horas extras trabalhadas devem integrar a base de cálculo do valor da pensão alimentícia, pois possuem natureza

---

a denotarem, ante a visão de seu patrimônio e de seu modo de vida, o seu verdadeiro poder aquisitivo, mormente quando se tratar de empresário ou de profissional liberal, dada a falta de credibilidade das declarações unilaterais feitas por eles, em juízo, a respeito de seus rendimentos mensais" (TJSC, Ap. 2002.003.831-8, 2ª Câm. Cív., rel. Des. Luiz Carlos Freyesleben, *DJSC*, 26-8-2002). "Devedor que alega não possuir capacidade financeira para arcar integralmente com a verba. Inadmissibilidade. Sinais exteriores que dão certeza moral da possibilidade de pagamento" (*RT*, 812/313). No mesmo sentido: *RJTJRS*, 169/306 e 178/350.

[79] Yussef Cahali, Dos alimentos, cit., p. 734.

[80] STJ, REsp 1.332.808-SC, 4ª T., rel. Min. Luis Felipe Salomão, *DJe* 24-2-2015.

[81] STJ, STJ, REsp 1.098.585-SP, 4ª T., rel. Min. Luis Felipe Salomão, *DJe* 25-11-2013.

remuneratória e geram acréscimo patrimonial, aumentando as possibilidades do alimentante[82].

Os alimentos decorrem também de *dever familiar*, como ocorre na relação entre os pais e os filhos menores, entre cônjuges e companheiros ou conviventes.

O dever de sustentar os *filhos menores* é expresso no art. 1.566, IV, do Código Civil e é enfatizado nos arts. 1.634, I, e 229, este da Constituição. Decorre do *poder familiar* e deve ser cumprido incondicionalmente, não concorrendo os pressupostos da obrigação alimentar. Subsiste independentemente do estado de necessidade do filho, ou seja, mesmo que este disponha de bens, recebidos por herança ou doação. Cessa quando o filho se emancipa ou atinge a maioridade, aos 18 anos de idade. Nessas hipóteses, deixa de existir o dever alimentar decorrente do poder familiar, mas pode surgir a *obrigação alimentar*, de natureza genérica, decorrente do *parentesco* (CC, art. 1.694).

Assim, os filhos maiores que, por incapacidade ou enfermidade, não estiverem em condições de prover à própria subsistência, poderão pleitear também alimentos, mas com este outro fundamento, sujeitando-se à comprovação dos requisitos da necessidade e da possibilidade. Tal obrigação pode durar até a morte.

Segundo a lição de Yussef Cahali, "a orientação mais acertada é aquela no sentido de que, cessada a menoridade, cessa *ipso jure* a causa jurídica da obrigação de sustento adimplida sob a forma de prestação alimentar, sem que se faça necessário o ajuizamento, pelo devedor, de uma ação exoneratória... Tenha-se em conta mais que, sendo a legislação alimentar de aplicação imediata, ao entrar em vigor o Novo Código Civil, cessa de *pleno juris* o *dever de sustento*, com relação aos filhos que já tiverem completado 18 anos, não cabendo falar, no caso, de um pretenso direito adquirido a ser sustentado até os 20 anos"[83].

Reiterada jurisprudência tem, contudo, afirmado a não cessação da obrigação alimentar paterna diante da simples maioridade do filho, determinando a manutenção do encargo até o limite de 24 anos deste – limite este extraído da legislação sobre o imposto de renda –, enquanto estiver cursando escola superior, salvo se dispuser de meios próprios para sua manutenção.

---

[82] STJ, REsp 1.741.716, 3ª T., rel. Min. Paulo de Tarso Sanseverino, *in* Revista *Consultor Jurídico* de 25-5-2021.

[83] Dos alimentos, cit., p. 660 e 671.

"Atingida a maioridade do filho que vinha recebendo os alimentos em razão do dever de sustento decorrente do poder familiar, exonera-se o alimentante, vez que extinta de pleno direito a causa jurídica que deu ensejo à obrigação, não se fazendo necessário o ajuizamento da ação exoneratória. Pretendendo o filho maior o recebimento de alimentos, deverá ajuizar a competente ação, agora com fundamento no parentesco e não mais no poder familiar" (TJDF, AgI 2.003.00.2.003.487-8, 2ª T., rel. Desa. Carmelita Brasil, *DJU*, 5-11-2003).

Para esse fim tem o *Superior Tribunal de Justiça* proclamado que, "atingida a maioridade do filho, o alimentante pode requerer, nos autos da ação em que foram estipulados os alimentos, o cancelamento da prestação, com instrução sumária, quando então será apurada a eventual necessidade de o filho continuar recebendo a contribuição. Não se há de exigir do pai a propositura de ação de exoneração, nem do filho o ingresso com ação de alimentos, uma vez que tudo pode ser apreciado nos mesmos autos, salvo situação especial que recomende sejam as partes enviadas à ação própria"[84].

Tendo o Código Civil disposto expressamente no art. 1.694 que a pensão deve ser fixada *"inclusive para atender às necessidades de sua educação"*, mais fácil tornou-se sustentar a subsistência da obrigação mesmo após alcançada a maioridade pelo filho estudante, como se pode verificar: "Alimentos. Exoneração por antecipação dos efeitos da tutela. Descabimento. Obrigação alimentar que inclui, dentre suas finalidades, o atendimento das necessidades referentes à educação dos alimentários, que, mesmo sendo maiores, ainda cursam universidade. Art. 1.694, *caput*, do vigente Código Civil"[85].

Desse modo, se provar necessidade filho maior poderá receber pensão alimentícia. Com efeito, pacificou o entendimento jurisprudencial de que a maioridade civil de um filho não extingue, automaticamente, o seu direito à percepção de alimentos. A partir desse momento assenta-se na relação de parentesco e na necessidade do alimentando, especialmente se estiver matriculado em curso superior. Nessa trilha, asseverou o *Tribunal de Justiça do Rio Grande do Sul*: "Em que pese o alimentado tenha atingido a maioridade civil, estando atualmente com 20 anos, prevalece o dever de prestação alimentar, agora fundado na solidariedade familiar, pois ele demonstrou que carece deste aporte para manter-se minimamente. Conforme os elementos probatórios acostados aos autos, o agravante está cursando ensino superior em uma universidade americana e possui bolsa de estudos. No

---

[84] REsp 347.010-SP, 4ª T., rel. Min. Ruy Rosado de Aguiar, *DJU*, 10-2-2003. *V.* ainda: "Alimentos. Exoneração. Filho que atingiu a maioridade civil. Cessação automática do dever de sustento. Ausência de situação de excepcionalidade, a justificar a sua manutenção" (TJSP, Ap. 284.161.4/1-00-São José dos Campos, 3ª Câm. Dir. Priv., rel. Des. Waldemar Nogueira Filho).
[85] TJSP, AgI 308.724-4/4-SP, 1ª Câm. Dir. Priv., rel. Des. Alexandre Germano, j. 11-11-2003. *V.* ainda: "Pensão alimentícia. Maioridade do filho, que é estudante regular de curso superior e não trabalha. Impossibilidade de exclusão da responsabilidade do pai quanto a seu amparo financeiro para o sustento e os estudos" (*RT*, 814/220). "A maioridade do filho, que é estudante e não trabalha, a exemplo do que acontece com as famílias abastadas, não justifica a exclusão da responsabilidade do pai quanto a seu amparo financeiro para o sustento e estudos. Assim, têm direito a alimentos os filhos maiores, até 24 anos, quando ainda estejam cursando estabelecimento de ensino superior, salvo a hipótese de possuírem rendimentos próprios" (*RJTJSP*, Lex, 18/201, *RT*, 727/262).

entanto, o jovem comprova que o valor auferido pela bolsa não é suficiente para sua manutenção fora do país"[86].

Sem embargo dessa postura, já se decidiu que o pensionamento há de ser destinado aos estudantes e não aos profissionais do estudo universitário. Cessa o direito aos repetentes contumazes e para aqueles que, solertemente, buscam sucessivos cursos superiores. Nessa linha assentou o *Tribunal de Justiça de São Paulo*: "A jurisprudência que prolonga o dever alimentar para que os filhos emancipados concluam curso universitário não se destina aos estudantes relapsos, indisciplinados e seguidamente reprovados, por constituir verdadeiro abuso de relação familiar"[87].

Havendo, no entanto, compatibilização da jornada estudantil com a de trabalho, deverá o estudante, a exemplo de milhares de brasileiros, manter sua subsistência e educação sem onerar os pais. Enfim, o trabalho é obrigação social. Destarte, se o filho, por exemplo, frequenta a universidade no período noturno, bem pode exercer atividade laborativa no período diurno[88].

Proclamou o *Superior Tribunal de Justiça* que o alimentante não precisa, todavia, prestar alimentos à filha para que ela possa cursar mestrado. Segundo a relatora do acórdão, Min. Nancy Andrighi, "a missão de criar os filhos se prorroga mesmo após o término do poder familiar, porém finda com a conclusão, pelo alimentando, de curso de graduação"[89].

Em face do vigente Código Civil ganha relevo a orientação jurisprudencial que preserva o direito aos alimentos aos filhos enquanto estudantes, mormente em curso superior, independentemente do fato de terem alcançado a maioridade, uma vez que esta agora se perfaz aos 18 anos. Nessa idade reduzidas são as chances de o filho obter um emprego que lhe permita prover ao próprio sustento.

Incorporando esse entendimento, o Projeto de Lei n. 6.960/2002 (atual Projeto de Lei n. 699/2011) pretende incluir um § 3º ao art. 1.694 do Código Civil, com a seguinte redação: "A obrigação de prestar alimentos entre parentes independe de ter cessado a menoridade, se comprovado que o alimentando não tem rendimentos ou meios próprios de subsistência, necessitando de recursos, especialmente para sua educação".

---

[86] TJRS, Ap. 70.078797719, 8ª. Câm. Cív., rel. Des. J. A. Daltoé Cezar, disponível na *Revista Consultor Jurídico* de 2-12-2018.

[87] TJSP, Ap. 225.777.4/0-SP, 3ª Câm. Dir. Priv., rel. Des. Ênio Zuliani, j. 9-4-2002.

[88] *RT*, 534/80. V. ainda: "Pensão alimentícia. Benefício pleiteado por filho maior ao pai. Verba indevida se o autor é estudante de curso noturno de direito, não demonstra disposição para o labor, e, ainda, tem as mensalidades da universidade garantidas por pensão de avó materna e a alimentação e vestuário fornecidos pela genitora" (*RT*, 772/216).

[89] STJ, 3ª T., rel. Min. Nancy Andrighi. Disponível em: <http://www.editoramagister.com>. Acesso em 23-9-2011.

Como justificativa alega-se que, tendo o Código em vigor reduzido para 18 anos o começo da maioridade, com maior razão o entendimento de que a prestação alimentar deve estender-se, com base no princípio da solidariedade familiar, além da maioridade, se o necessitado não tem bens ou recursos e precisa pagar a sua educação, como assentado na jurisprudência. Tal entendimento, aduz-se, deve ficar expresso no texto legal.

Fora desses casos, a maioridade faz cessar automaticamente o dever de pagar alimentos, dispensando o ajuizamento de ação exoneratória, podendo simplesmente ser deferido pedido de expedição de ofício à empregadora do devedor, inexistindo, ademais, o direito de acrescer[90]. Cessa também de imediato a obrigação alimentar em relação ao filho emancipado em razão do casamento[91].

O *Superior Tribunal de Justiça* consolidou a sua jurisprudência no sentido de que o cancelamento da pensão alimentícia e dos descontos em folha de pagamentos, quando o alimentando atinge a maioridade, não deve ser automático, exigindo-se instrução sumária, em respeito ao contraditório, nos próprios autos da ação em que foi fixada a contribuição ou em ação autônoma de revisão. Na oportunidade, será apurada a eventual necessidade de o credor continuar recebendo o pensionamento. Nesse sentido a *Súmula 358 do referido Tribunal*: "O cancelamento de pensão alimentícia de filho que atingiu a maioridade está sujeito à decisão judicial, mediante contraditório, ainda que nos próprios autos".

Significativa corrente jurisprudencial sustenta que, convencionados englobadamente os alimentos, presume-se terem sido estabelecidos *intuitu familiae* e não *intuitu personae*. Por conseguinte, ocorrendo a cessação da menoridade de cada um dos filhos ou a cessação do direito da genitora, as respectivas quotas ideais da pensão acrescem aos demais beneficiários remanescentes. A redução do valor englobado só é admissível, neste caso, em ação revisional[92].

A questão é, todavia, controvertida. Preservado o respeito à mencionada orientação, entendo que a lei não contempla o acréscimo automático do direito a alimentos aos beneficiários remanescentes. Até mesmo no usufruto exige-se estipulação expressa a esse respeito. Desse modo, como entende outra também expressiva corrente, o direito de acrescer somente poderá ser reconhecido se constar expressamente do acordo. Caso contrário, caberá a dedução da parte daqueles que completarem a maioridade ou tiverem adquirido condições para dispensar a pensão, enquanto não houver um pedido revisional formulado em ação própria[93].

---

[90] TJSP, AgI 260.325-1-SP, 1ª Câm. Dir. Priv., rel. Des. Renan Lotufo, j. 10-9-1995.

[91] TJSP, AgI 248.527-1/8-SP, rel. Des. Sousa Lima, j. 19-4-1995.

[92] *RJTJSP*, Lex, 7/10 e 120/304; *RT*, 664/137.

[93] TJSP, *JTJ*, Lex, 239/40 e Ap. 102.843-4, 8ª Câm. Dir. Priv., j. 9-6-1999. *V.* ainda: "O direito de acrescer tem que ser expresso. A fixação dos alimentos feita de maneira global não significa que, com a desnecessidade dos filhos que atingiram a maioridade e exercem atividade lucrativa, sua cota acresça aos demais alimentandos" (TJSP, Ap. 46.025-4/5, 7ª Câm. Dir. Priv., j. 20-8-1997).

3.4. Pressupostos subjetivos: quem deve prestar alimentos e quem pode reclamá-los

O dever de sustento recai somente sobre os pais (CC, art. 1.566, IV), *pois tem sua causa no poder familiar, não se estendendo aos outros ascendentes.* E não é recíproco, ao contrário da obrigação alimentar do art. 1.694, que o é entre todos os ascendentes e descendentes. Esta, mais ampla, de caráter geral e não vinculada ao poder familiar, decorre da relação de parentesco, em linha reta e na colateral até o segundo grau, do casamento e da união estável.

É indeclinável a obrigação alimentar dos genitores em relação aos filhos incapazes, sejam menores, interditados ou impossibilitados de trabalhar e perceber o suficiente para a sua subsistência em razão de doença ou deficiência física ou mental. A necessidade, nesses casos, é presumida. Obviamente, se o filho trabalha e ganha o suficiente para o seu sustento e estudos, ou possui renda de capital, não se cogita de fixação da verba alimentícia, ainda que incapaz[94]. Se trabalha e não percebe o suficiente, a complementação pelos genitores é de rigor[95].

Sustenta WASHINGTON EPAMINONDAS BARRA que "aos filhos incapazes não se aplica a regra do § 2º do art. 1.694 do novo Código Civil. E não se aplica porque não se pode cogitar, em relação àqueles, de conduta culposa geradora de causa minorativa ou extintiva da obrigação. A incapacidade não permite tal tratamento"[96].

Dispõe o art. 1.701, *caput*, do Código Civil que "*a pessoa obrigada a suprir alimentos poderá pensionar o alimentando, ou dar-lhe hospedagem e sustento, sem prejuízo do dever de prestar o necessário à sua educação, quando menor*". Acrescenta o parágrafo único que "*compete ao juiz, se as circunstâncias o exigirem, fixar a forma do cumprimento da prestação*".

A obrigação de prestar alimentos é, portanto, no tocante ao modo de cumprimento, *alternativa*, pois há, nos termos do dispositivo em apreço, duas modalidades: a) mediante prestação em dinheiro, sob a forma de pensão periódica, ou em espécie (*pensão alimentícia imprópria*); b) mediante recebimento do alimentando em casa, fornecendo-lhe hospedagem e sustento, sem prejuízo do dever de prestar o necessário à sua educação, quando menor (*pensão alimentícia própria*)[97].

---

[94] *RT*, 757/321.

[95] *JTJ*, Lex, 178/20.

[96] Dos alimentos no direito de família e o novo Código Civil – célere apreciação, *Questões de direito civil e o novo Código*, p. 15-16.

[97] Yussef Cahali, Dos alimentos, cit., p. 131. Decidiu o STJ: "Ação revisional. Filhos maiores que passam a residir com o pai. Dispensa do pagamento quanto aos mesmos. Pagamento de pensão apenas ao filho menor que continuou a residir com a mãe" (REsp 107.562-PR, 4ª T., rel. Min. Aldir Passarinho Júnior, *DJU*, 29-4-2002).

O direito de escolha cabe ao devedor, mas não é absoluto. Compete ao juiz, se as circunstâncias o exigirem, fixar a forma do cumprimento da prestação, como consta do parágrafo único supratranscrito. Se o credor não concordar com a escolha ou a determinação judicial, exonerar-se-á o devedor. Não pode o magistrado, todavia, constranger o primeiro a coabitar com o segundo, se existe, por exemplo, como observa Washington de Barros Monteiro[98], situação de incompatibilidade entre alimentante e alimentado. Tal convivência, conclui, "contribuiria certamente para recrudescimento da incompatibilidade, convertendo-se em fonte de novos atritos".

De qualquer modo, a escolha feita pelo devedor, ou a fixação pelo juiz, jamais será definitiva, pois do mesmo modo que a pensão alimentícia pode ser revista, pode sê-lo igualmente o modo de cumprimento da obrigação.

Pode ser convencionado o pagamento da pensão em espécie, sob a forma de fornecimento direto de gêneros alimentícios (cesta básica, p. ex.), roupas, remédios etc., bem como de mensalidades escolares, plano de saúde e até mesmo aluguel de imóvel residencial do alimentando.

Admite Yussef Cahali[99] que o genitor, que paga a pensão diretamente à mãe do menor, pode exigir desta, no caso de serem os alimentos apenas para os filhos, prestação de contas, desde que não tenha por finalidade a apuração de crédito ou débito, com vista a uma eventual restituição, porque os alimentos são irrepetíveis.

Todavia, era vitoriosa na jurisprudência a tese da inexigibilidade da aludida prestação de contas. A propósito, decidiu o *Tribunal de Justiça de São Paulo*: "O pai, e ex-marido, somente por proporcionar pensão aos filhos, não se acha legitimado a exigir da mãe e ex-mulher prestação de contas, porque cabe a ela administrar os bens do filho. A relação jurídica, pois, existe entre a mãe e os filhos, nunca entre o pai e a mãe"[100].

Nessa esteira, afirma Nanci Mahfuz que, "se o pai deseja participar da criação e educação do filho e fiscalizá-la, bem como o emprego dos alimentos para esses fins, deverá buscar outros meios que não sejam a prestação de contas, que

---

[98] *Curso*, cit., 37. ed., v. 2, p. 375.

[99] Dos alimentos, cit., p. 573.

[100] JTJ, Lex, 210/17. De outra feita, decidiu o mesmo Tribunal: "O direito que a lei reconhece ao cônjuge que não tem a guarda dos filhos é apenas o de fiscalizar. Pode tentar obter esclarecimentos de outro cônjuge, incumbido na administração da pensão, inclusive através de interpelação. E se se convencer, com ou sem os esclarecimentos, de que o ex-cônjuge vem administrando mal a verba, pode até pleitear a modificação da guarda, a redução da pensão, enfim, o que lhe parecer de direito. Mas não pode exigir prestação de contas a respeito daquilo que não lhe pertence" (*RJTJSP*, Lex, 82/169).

diz respeito apenas a valores monetários, e visa à apuração de saldo, passível de execução, conforme o art. 918 do CPC [*de 1973; art. 552 do CPC/2015*]"[101].

Todavia, a Lei n. 13.058, de 22 de dezembro de 2014, acrescentou ao art. 1.583 do Código Civil o § 5º, do seguinte teor: "*A guarda unilateral obriga o pai ou a mãe que não a detenha a supervisionar os interesses dos filhos, e, para possibilitar tal supervisão, qualquer dos genitores sempre será parte legítima para solicitar informações e/ou prestação de contas, objetivas ou subjetivas, em assuntos ou situações que direta ou indiretamente afetem a saúde física e psicológica e a educação de seus filhos*".

Conforme entendimento firmado em recurso repetitivo, "o menor sob guarda tem direito (previdenciário) à concessão do benefício de pensão por morte de seu mantenedor, comprovada a sua dependência econômica, nos termos do art. 33, parágrafo 3º, do Estatuto da Criança e do Adolescente, sendo a pensão por morte devida até que o requerente complete 21 anos de idade"[102].

Como a personalidade civil da pessoa começa do nascimento com vida (CC, art. 2º) e, portanto, a eventualidade do exercício de seus direitos apresenta-se condicionada a esse evento, entende YUSSEF CAHALI[103] que o *nascituro* não pode ser titular atual da pretensão alimentícia. Sustenta o mencionado autor que somente se reconhece ao nascituro "direito a alimentos, no sentido das coisas necessárias à sua manutenção e sobrevivência, *de modo indireto*, compondo os valores respectivos a pensão deferida à esposa". Sob esse prisma, o nascituro fruto de relações extramatrimoniais não poderia ser beneficiado quando a mãe não tivesse direito a alimentos (hoje, tal direito é reconhecido aos companheiros).

Antiga jurisprudência perfilhava esse entendimento, embora admitindo a aplicação do *jus superveniens*, representado pelo nascimento do alimentando após o ajuizamento da ação[104]. Na doutrina, a questão mostra-se controvertida.

---

[101] Prestação de contas de pensão alimentícia, *Revista do EMERJ*, 54/23-24. V. ainda: "Não pode o alimentante exigir contas do representante legal do alimentando, pois entre eles inexiste relação de direito material capaz de gerar a obrigação. Esta se restringe a representante e representado, podendo somente este último exigir contas do primeiro" (*RJTJRS*, 170/175). "Ação de prestação de contas. Alimentos devidos a filho menor. Direito de exigir contas que não se confunde com o de fiscalização, previsto no artigo 15 da Lei 6.515/77. Natureza irrepetível dos alimentos. Carência da ação. Impossibilidade jurídica do pedido" (TJRJ, Ap. 14.441/00, 1ª Câm. Cív., rel. Des. Amaury Arruda de Souza, j. 19-12-2000). No mesmo sentido: AgI 5.567/00, 10ª Câm. Cív., rel. Des. Sylvio Capanema de Souza.

[102] TJMS, MS 0829432-62.2016.8.12.0001, 3ª Câm. Cível, rel. Des. Odemilson R. C. Fassa, j. 29-7-2020.

[103] Dos alimentos, cit., p. 533 e 540.

[104] Podem ser citados, na jurisprudência, dentre outros, os seguintes acórdãos, que não reconheceram ao nascituro direito a alimentos: *RT*, 566/54, 525/70; *JTACSP*, 74/99; os que concederam alimentos desde a concepção aplicando o *jus superveniens*: *RT*, 625/173, 338/179; e os que admitiram francamente o referido direito: *RT*, 703/69, 650/220.

Yussef Cahali, retromencionado, aponta, no entanto, vários autores que admitem a propositura de ação de alimentos pelo nascituro, tais como Pontes de Miranda, Oliveira e Cruz, Silmara Chinellato, que sustentam ser devidos ao nascituro alimentos em sentido lato – alimentos civis – para que possa nutrir-se e desenvolver-se com normalidade, objetivando o nascimento com vida.

Uma considerável parcela da jurisprudência tem, igualmente, reconhecido a legitimidade processual do *nascituro*, representado pela mãe, para propor ação de investigação de paternidade com pedido de alimentos[105]. Esta a melhor posição, considerando que os alimentos garantem a subsistência do alimentando e, portanto, têm afinidade com o direito à vida, que é direito da personalidade a todos assegurado pela Constituição Federal (art. 5º). A constatação de que a proteção de certos direitos do nascituro encontra, na legislação atual, pronto atendimento, antes mesmo do nascimento, leva-nos a admitir a aquisição da personalidade desde a concepção apenas para a titularidade de direitos da personalidade, sem conteúdo patrimonial, a exemplo do direito à vida ou a uma gestação saudável, uma vez que os direitos patrimoniais estariam sujeitos ao nascimento com vida, ou seja, sob condição suspensiva[106].

Quanto às *pessoas obrigadas* a prestar alimentos em razão do *parentesco*, prescreve o Código Civil, no art. 1.696, que o "*direito à prestação de alimentos é recíproco entre pais e filhos, e extensivo a todos os ascendentes, recaindo a obrigação nos mais próximos em grau, uns em falta de outros*". E, no art. 1.697: "*Na falta dos ascendentes cabe a obrigação aos descendentes, guardada a ordem de sucessão e, faltando estes, aos irmãos, assim germanos como unilaterais*".

O rol é taxativo (*numerus clausus*) e não inclui os parentes por afinidade (sogros, cunhados, padrastos, enteados). A doutrina é uniforme no sentido da inadmissibilidade de obrigação alimentar entre pessoas ligadas pelo vínculo da afinidade, perante o nosso direito. Todavia, embora não incumba aos afins a prestação de alimentos, quem os presta em cumprimento de uma obrigação natural do dever de solidariedade familiar não tem direito a repetição[107].

Já se decidiu que, em razão do caráter pessoal da obrigação, se as irmãs "são casadas, têm filhos e são inteiramente dependentes, econômica e financeiramente, dos maridos, sem qualquer renda ou atividade independente, não poderiam, assim, ser responsabilizadas pela pensão aos irmãos menores, sob pena de, por via indireta, condenarem-se os cunhados, que não estão evidentemente na linha de responsabilidade fixada pela lei civil"[108].

---

[105] *RT*, 703/69, 650/220; *RJTJRS*, 104/418.
[106] Carlos Roberto Gonçalves, *Direito civil*, cit., v. 1, p. 113.
[107] *RT*, 144/353, 402/209; *RF*, 90/385.
[108] *RT*, 665/74, 721/97; *RJTJSP*, Lex, 129/35.

Por outro lado, se o alimentando é casado, é ao seu cônjuge que ele deve dirigir-se, antes de visar algum dos parentes. Assim, embora a mulher casada possa eventualmente pedir alimentos aos irmãos, a exigibilidade deve ser dirigida primeiramente contra o marido.

Somente quatro classes de parentes são, pois, obrigadas à prestação de alimentos, em *ordem preferencial*, formando uma verdadeira hierarquia no parentesco: a) pais e filhos, reciprocamente; b) na falta destes, os ascendentes, na ordem de sua proximidade; c) os descendentes, na ordem da sucessão; d) os irmãos, unilaterais ou bilaterais, sem distinção ou preferência.

Decidiu o *Superior Tribunal de Justiça*, nessa linha, que ex-marido que mora com a filha não precisa pagar aluguel à ex-mulher. Relembrou o relator, Min. Luis Felipe Salomão, que os genitores devem custear as despesas dos filhos menores com moradia, alimentação, educação e saúde, entre outras, dever que não se desfaz com o término do vínculo conjugal ou da união estável. E aduziu que, "como previsto no artigo 1.701 do Código Civil, a pensão alimentícia pode ter caráter pecuniário ou corresponder a uma obrigação *in natura*, hipótese em que o devedor fornece os próprios bens necessários à sobrevivência do alimentando, tais como moradia, saúde e educação. No caso dos autos não ficou demonstrado o fato gerador do pedido indenizatório da ex-mulher – ou seja, o uso de imóvel comum em benefício exclusivo do ex-marido – já que há proveito indireto da mãe, cuja filha também mora na residência. Pelos mesmos motivos, para o magistrado, não poderia ser reconhecida a ocorrência de enriquecimento ilícito por parte do ex-marido. É certo que a utilização do bem pela descendente dos coproprietários – titulares do poder familiar e, consequentemente, do dever de sustento – beneficia ambos, não se configurando, portanto, o fato gerador da obrigação indenizatória fundada nos artigos 1.319 e 1.326 do Código Civil"[109].

Os demais parentes, consequentemente, não se acham sujeitos ao encargo familiar. Este, na linha colateral, não vai além do segundo grau, o que "colide com o direito sucessório, que, em nossa legislação, vai até o quarto grau (Código Civil, art. 1.839). Por conseguinte, no direito pátrio, o *onus alimentorum* não coincide com o *emolumentum successionis*"[110].

Segundo o *Supremo Tribunal Federal*, concubina não pode dividir pensão com viúva. Como a relação de concubinato não é protegida pela Constituição Federal, a 1ª Turma da mencionada Corte negou agravo de instrumento a uma mulher, concubina de um homem falecido, que tentava dividir a pensão com a

---

[109] STJ, REsp 1.699.013. 4ª T., rel. Min. Luis Felipe Salomão, *in* Revista *Consultor Jurídico* de 5-5-2021.
[110] Washington de Barros Monteiro, *Curso*, cit., 37. ed., v. 2, p. 367.

viúva. Segundo o relator, Ministro Marco Aurélio, acompanhado por unanimidade, o Código Civil define, no art. 1.727, o concubinato como a relação não eventual entre homem e mulher impedidos de casar. Segundo ele, a concubina desejava obter a proteção garantida pelo artigo 226 da Constituição, voltado ao casamento e à união estável. Porém ressaltou que "a união estável merece proteção do Estado, mas o concubinato, não, por ser uma relação ilícita"[111].

Conforme magistério de MARIA HELENA DINIZ, "quem necessitar de alimentos deverá pedi-los, primeiramente, ao pai ou à mãe (*RT, 490*:108). Na falta destes, aos avós paternos ou maternos (*AASP, 1.877*:145; *ESTJ, 19*:49; *RSTJ, 100*:195, *Adcoas*, 1980, n. 74.442, TJRJ); na ausência destes, aos bisavós e assim sucessivamente. Não havendo ascendentes, compete a prestação de alimentos aos descendentes, ou seja, aos filhos maiores, independentemente da qualidade de filiação (CF/88, art. 229)"[112].

Nos casos em que a ação de alimentos for dirigida apenas contra um dos coobrigados, e o credor tiver plena capacidade processual, cabe a ele, exclusivamente, provocar a integração posterior do polo passivo. Se a filha, possuidora de plena capacidade processual, dirigir a ação exclusivamente contra o pai, por exemplo, estaria abdicando da cota-parte da pensão que caberia à mãe, concordando de forma tácita em receber apenas os alimentos correspondentes à cota-parte devida por ele. Sem prejuízo de eventualmente ajuizar, no futuro, ação de alimentos autônoma em face da genitora[113].

Quem assumir paternidade de uma criança, que não é filha biológica, deve pagar pensão alimentícia. O entendimento é do *Tribunal de Justiça do Distrito Federal*, ao afirmar que neste caso há parentesco civil. Entendeu a Turma Julgadora, no caso em julgamento, que, embora a menor não seja filha biológica do autor, não se pode ignorar um outro tipo de filiação reconhecido pela doutrina e pela jurisprudência: a paternidade socioafetiva. O reconhecimento voluntário da paternidade, quando ausente o vínculo biológico, aproxima-se da paternidade adotiva. Foi ressaltado no acórdão que houve um convívio familiar, pois o autor morou mais de sete anos com a menina e a mãe. Sendo assim, "embora ausente a paternidade natural, biológica, se faz reconhecer a paternidade socioafetiva como um modo de parentesco civil, de tal sorte que não assiste razão ao apelante, quando pretende se desincumbir do vínculo paternal que tem com a apelada"[114].

---

[111] STF, AI 619,002, rel. Min. Marco Aurélio, *in* Revista *Consultor Jurídico* de 18-5-2021.

[112] *Curso de direito civil brasileiro*, v. 5, p. 469.

[113] STJ, 3ª T., rel. Min. Nancy Andrighi, disponível na *Revista Consultor Jurídico* de 4-12-2018.

[114] TJDFT, Ap. 20.070.510.006.227, 6ª T., *Consultor Jurídico* de 24-2-2009.

Todos os filhos, inclusive os havidos fora do matrimônio e os adotivos, têm direito ao benefício (CC, art. 1.705; CF, art. 227, § 6º), *sendo facultado ao juiz determinar, a pedido de qualquer das partes, que a ação se processe em segredo de justiça*. Todavia, conforme decidiu o Tribunal de Justiça do Mato Grosso, havendo ainda "comprovação de que a filha maior vive em união estável com companheiro, estando inclusive grávida, somado ao fato de que há indícios nos autos acerca das dificuldades financeiras enfrentadas pelo alimentante no que tange à sua saúde e sua sobrevivência, é devida a exoneração do pensionamento pago pelo genitor"[115].

O filho somente pode pedir alimentos ao avô se faltar o pai ou se, existindo, não tiver condições econômicas de efetuar o pagamento. Tem a jurisprudência proclamado, nessa linha, que a admissibilidade da ação contra os avós dar-se-á na ausência ou absoluta incapacidade dos pais[116].

A propósito, proclama a *Súmula 596 do Superior Tribunal de Justiça*: "A obrigação alimentar dos avós tem natureza complementar e subsidiária, somente se configurando no caso de impossibilidade total ou parcial de seu cumprimento pelos pais".

Entende-se por *ausência*: a) aquela juridicamente considerada (CC, art. 22); b) desaparecimento do genitor obrigado, estando ele em local incerto e não sabido (ausência não declarada judicialmente); e c) morte. A *incapacidade* do principal obrigado pode consistir: a) na impossibilidade para o exercício de atividade laborativa decorrente de estado mórbido, por doença ou deficiência; b) na reconhecida velhice incapacitante; c) na juventude não remunerada pelo despreparo e

---

[115] TJMT, Ac. 10012734920168110003, rel. Des. Sebastião de Moraes Filho, 2ª Câm. Dir. Priv., *DJe* 12-3-2020.

[116] "Caráter subsidiário ou complementar da obrigação avoenga, porquanto aos pais incumbe o dever de sustento, guarda e educação dos filhos, decorrente do poder familiar (arts. 1.566, IV, e 1.698 do Código Civil). Condenação que só se justifica em face da manifesta impossibilidade dos pais proverem os filhos, o que não restou demonstrado no presente caso" (TJRS, rel. Des. Jorge Luís Dall'Agnol, 15-8-2018; "Demanda proposta pelos netos diretamente contra os avós. Hipótese em que os netos deverão comprovar a impossibilidade material do genitor, que é o ascendente em grau mais próximo" (*RT*, 805/240). "A obrigação de alimentar os filhos é dos pais. Os avós só serão chamados a tanto excepcionalmente, na ausência dos genitores ou provada a falta de condições destes em cuidarem, adequadamente, dos filhos. Sem esta prova, isentos estarão os avós de tal responsabilidade" (TJDF, AgI 2.002.00.2.00.492-8, 1ª T., rel. designado Des. Eduardo de Moraes Oliveira, *DJU*, 23-4-2003). "A interpretação do art. 397 do CC/1916 (correspondência: art. 1.696 do CC/2002) permite concluir que os avós respondem pelos alimentos devidos ao neto apenas quando verificada uma das seguintes circunstâncias: ausência propriamente dita; incapacidade de exercício de atividade remunerada pelo pai; e condições financeiras insuficientes do genitor para suprir as necessidades do filho" (STJ, REsp 649.774-PR, 3ª T., rel. Min. Nancy Andrighi, *DJU*, 1º-8-2005).

incapacidade para o exercício de atividade rentável; d) na prisão do alimentante em face da prática de delito, enquanto durar a pena[117].

No entanto, consoante já se decidiu, "a má vontade dos pais dos menores em assisti-los convenientemente não pode ser equiparada à sua falta, em termos de devolver a obrigação ao avô; se o pai não está impossibilitado de prestar alimentos, porque é homem válido para o trabalho, nem está desaparecido, a sua relutância não poderá ser facilmente tomada como escusa, sob pena de estimular-se em egoísmo antissocial. No caso, os meios de coerção de que pode valer-se o credor da prestação alimentícia devem ser utilizados antes"[118].

Destarte, enquanto o obrigado mais próximo tiver condições de prestar os alimentos, ele é o devedor e não se convoca o mais afastado.

Decidiu o *Superior Tribunal de Justiça*, todavia, em hipótese peculiar: "Responsabilidade alimentar do avô. Admissibilidade se o genitor, inadimplente durante meses, não cumpre sua obrigação. Fato que se equipara à 'falta' dos pais"[119].

A ação deve ser dirigida primeiramente contra o pai, para, na impossibilidade dele, serem chamados os avós. Não se exclui a possibilidade de a ação ser proposta contra o pai e o avô, se evidenciado que aquele não tem condições de arcar sozinho com a obrigação alimentar. Os avós são, assim, chamados a *complementar a pensão*, que o pai, sozinho, não pode oferecer aos filhos (CC, art. 1.698). A doutrina e a jurisprudência são tranquilas no sentido da admissibilidade do pedido de complementação[120], "não possuindo o pai legitimação ou interesse para insurgir-se contra tal litisconsórcio passivo, que no caso é facultativo impróprio, pois não lhe causa prejuízo algum, formal ou material". A obrigação dos avós de prestar alimentos é, assim, subsidiária e complementar à dos pais, e não solidária[121].

---

[117] Washington Epaminondas Barra, Dos alimentos, cit., p. 31.

[118] TJSP, 2ª Câm., Ap. 2.390-1, j. 1º-7-1980.

[119] *RT*, 771/188.

[120] "Pensão alimentícia. Pai que não supre de modo satisfatório a necessidade dos alimentandos. Possibilidade de chamar os avós a complementar o pensionamento" (STJ, *RT*, 816/168).

[121] TJSP, AgI 300.412-4/2-Sumaré, 2ª Câm. Dir. Priv., rel. Des. J. Roberto Bedran, j. 7-10-2003. *V.* ainda: "A responsabilidade dos avós quanto aos alimentos é complementar e deve ser diluída entre todos eles (paternos e maternos)" (STJ, REsp 401.484-PB, 4ª T., rel. Min. Fernando Gonçalves, *DJe* 20-10-2003, p. 278); "Os avós podem ser instados a pagar alimentos aos netos por obrigação própria, complementar e/ou sucessiva, mas não solidária. Na hipótese de alimentos complementares, tal como no caso, a obrigação de prestá-los se dilui entre todos os avós, paternos e maternos, associada à responsabilidade primária dos pais de alimentarem os seus filhos" (STJ, REsp 366.836-RJ, 4ª T., rel. p/ac. Min. Asfor Rocha, *DJe*, 22-9-2003, p. 331); "A obrigação dos avós de prestar alimentos é subsidiária e complementar à dos pais. Assim, cabe ação contra eles somente nos casos em que ficar provada a total ou parcial incapacidade

Se, no entanto, o pai, comprovadamente, estiver ausente, ou, estando presente, não reunir condições para responder pela obrigação alimentar, a ação poderá, como dito, ser ajuizada somente contra os avós, assumindo o autor o ônus de demonstrar a ausência ou absoluta incapacidade daquele[122]. Somente se ficar demonstrado no curso do processo que o autor pode ser sustentado pelo seu genitor é que seus avós serão excluídos da lide. Não tendo sido demonstrada a impossibilidade total ou parcial do cumprimento da obrigação alimentar pelo genitor, não é possível o chamamento dos avós paternos[123]. A ausência de prova inequívoca da incapacidade econômica do pai é matéria de mérito, devendo, pois, ser verificada durante a instrução do processo, e não ser indeferida a pretensão *initio litis* ou no despacho saneador[124].

A obrigação de prover o sustento dos filhos é de ambos os genitores, isto é, do pai e da mãe, e de um na falta do outro. O chamamento dos avós para prestar alimentos somente cabe em situação de excepcional necessidade. O fato de o pai não estar prestando de forma regular os alimentos não transfere automaticamente a responsabilidade para os avós paternos. Descabe fixar alimentos provisórios quando os avós são idosos, têm ganhos modestos e boa parte está comprometida com os gastos com os seus problemas de saúde[125].

Se faltam ascendentes, a obrigação alcança os descendentes, segundo a ordem de sucessão (CC, art. 1.697). São convocados os filhos, em seguida os netos, depois os bisnetos etc. O pai somente pode pedir alimentos ao neto se faltar o filho ou, se existindo, este não estiver em condições de responder pelo encargo, havendo também neste caso a possibilidade de o neto ser chamado a complementar a pensão, que o filho não pode pagar por inteiro.

Já se decidiu que não tem direito de pedir alimentos aos filhos o pai que, embora alegando idade avançada e desemprego e invocando o dever de

---

dos genitores em prové-los" (STJ, REsp 576.152-ES, 4ª T., rel. Min. Aldir Passarinho Junior, *Revista Consultor Jurídico*, de 16-6-2010; REsp 70.740-SP, 4ª T., rel. Min. Barros Monteiro); "Alimentos. Responsabilidade dos avós. O demandado terá direito de chamar ao processo os corresponsáveis da obrigação alimentar, caso não consiga suportar sozinho o encargo, para que se defina quanto caberá a cada um contribuir de acordo com as suas possibilidades financeiras. Neste contexto, à luz do novo Código Civil, frustrada a obrigação alimentar principal, de responsabilidade dos pais, a obrigação subsidiária deve ser diluída entre os avós paternos e maternos na medida de seus recursos, diante de sua divisibilidade e possibilidade de fracionamento" (STJ, REsp 658.139-RS, 4ª T., rel. Min. Fernando Gonçalves, *DJe*, 13-3-2006, p. 326).

[122] TJSP, Ap. 250.096.4/0-00-SP, 3ª Câm. Dir. Priv., rel. Des. Waldemar Nogueira Filho.

[123] TJSP, AC 1001471-67.2019.8.26.0196, 3ª Câm. Dir. Priv., rel. Des. Maria do Carmo Honório, j. 6-3-2020.

[124] *JTJ*, Lex, 192/171 e 176/22.

[125] TJRS, Ap. 70.082.947.367, 7ª Câm. Cív., rel. Des. Vasconcellos Chaves, j. 2-3-2020.

solidariedade familiar, comprovadamente abandonou a família, sem manter com ela qualquer contato por mais de dezoito anos. Salientou-se que tal dever é uma vida de mão dupla, ou seja, "merecer solidariedade implica também ser solidário"[126].

Na mesma linha: "À míngua de definição legislativa específica, de assentar, como pontua a melhor doutrina, a analogia para fins de incidência do art. 1.708, parágrafo único, do Código Civil, não há falar em direito à percepção de alimentos se o postulante, pai dos demandados, incorreu em abandono material e moral dos *ex adversos*, justo quando estes, órfãos de mãe, ainda eram menores de idade. Ademais, dispõe o apelante de meios de subsistência, afastando a indispensável necessidade"[127].

Embora menor de 18 anos e sob o poder familiar, está obrigado a prestar alimentos ao filho o pai que o reconheceu por ocasião do registro de nascimento. Se, no entanto, a alimentanda é maior de idade, só ela tem legitimidade para promover o ajuizamento da ação ou mesmo a execução de alimentos, e não sua genitora. Já se decidiu, com efeito: "Não tem a mãe legitimidade para promover execução de prestações alimentícias devidas à filha maior de idade"[128].

Inexistindo descendentes, o encargo recai sobre os irmãos, germanos ou unilaterais, sem distinção de qualquer espécie. Não tendo a lei distinguido, gramaticalmente, as espécies de irmãos, deve-se entender que afastou a possibilidade de se firmar, em primeiro lugar, a obrigação dos irmãos germanos. Ao admitir-se tal entendimento, diz Yussef Cahali, "estar-se-ia constituindo uma classe distinta de devedor alimentar, postado em último lugar, na escala da lei; assim, o art. 1.696 do novo Código Civil estaria sendo interpretado como tendo estabelecido a seguinte ordem de preferência: I) Pais e filhos. II) Ascendentes. III) Descendentes. IV) Irmãos germanos. V) Irmãos unilaterais"[129].

Como já mencionado, o legislador não legitima os colaterais além do segundo grau a prestar alimentos, embora defira a sucessão legítima aos colaterais até o quarto grau. Na linha colateral, portanto, a obrigação restringe-se aos irmãos do necessitado (CC, art. 1.697). Por essa razão se tem negado pedido de alimentos formulado contra tios, ou destes contra os sobrinhos, colaterais em terceiro grau. O *Superior Tribunal de Justiça* decidiu, a propósito do tema: "Posicionando-se a maioria doutrinária no sentido do descabimento da obrigação alimentar do tio em relação ao sobrinho, é de afastar-se a prisão do paciente"[130].

---

[126] TJRS, Ap. 70.013.502.331, 7ª Câm. Cív., rel. Des. Berenice Dias, j. 15-2-2006.

[127] TJSC, AC 2014.031831-9, 5ª Câm. Cív., rel. Des. Henry Petry Junior, j. 28-8-2014.

[128] TJSP, AgI. 200.471-4-SP, 1ª Câm. Dir. Priv., rel. Des. Laerte Nordi, j. 7-8-2001.

[129] Dos alimentos, cit., p. 695.

[130] *Repertório IOB de Jurisprudência* 3/17425, j. 12-9-2000. *V.* ainda: "Pedido de homologação de acordo de alimentos em favor de sobrinho. Impossibilidade. O art. 398 do CC (*de 1916;*

Incabível igualmente ação de alimentos entre primos, colaterais em quarto grau. Confira-se: "Alimentos. Ação ajuizada em face de primos. Carência decretada por impossibilidade jurídica do pedido. Ausência de titularidade dos réus, parentes em quarto grau, quanto à obrigação alimentar entre parentes da linha colateral, prevista somente até o segundo grau. Sentença mantida, porém, sob o fundamento de ilegitimidade passiva"[131].

Frise-se, por fim, descaber ação de alimentos contra o espólio, em face da natureza personalíssima do direito. A propósito, decidiu o *Tribunal de Justiça de São Paulo*: "A obrigação alimentar é personalíssima... No caso, e sem que existissem débitos anteriores à data do óbito – a obrigação alimentar, ao que consta, era até então satisfeita –, houve por bem a autora intentar ação de alimentos contra o espólio de seu falecido genitor, quando o herdeiro não é titular da ação de alimentos contra o espólio. Assim assentou o Colendo *Superior Tribunal de Justiça* (*RSTJ*, 135/359), tendo os Min. Relator Ari Pargendler e Carlos Alberto Menezes Direito pontificado que a manutenção dos filhos deve ser resolvida no inventário, com o recebimento antecipado de eventuais rendas, orientando-se, por igual, precedente desta Corte, de que foi relator o Des. Laerte Nordi (*JTJ*, 209, em especial à pág. 11)"[132].

Não é possível o ajuizamento de ação de alimentos contra espólio do alimentante, se quando do falecimento do autor da herança não havia alimentos fixados em acordo ou sentença[133]. Também não se pode decretar a prisão do inventariante do espólio, uma vez que a restrição da liberdade constitui sanção também de

---

CC/2002: art. 1.697) não inclui os sobrinhos entre os parentes que legalmente têm direito a alimentos da parte dos tios" (TJDF, Ap. 28.553, 3ª Câm. Cív., *DJU*, 4-5-1994, p. 4800). "Ação de alimentos promovida contra sobrinhos. Descabimento, eis que a obrigação, na linha colateral, não passa do segundo grau" (*RJTJRS*, 174/391). No mesmo sentido: STF, *RT*, 172/161, 537/105; *RJTJSP*, Lex, 4/85.

[131] *JTJ*, Lex, 202/28.

[132] Ap. 213.607.4/3-00-Osasco, 3ª Câm. Dir. Priv., rel. Des. Waldemar Nogueira Filho. *V.* ainda: "Investigação de paternidade. Alimentos provisórios. Cabimento quando existe prova razoável da paternidade. Descabe, porém, deferir alimentos contra o espólio. Inexistência de título jurídico estabelecendo relação obrigacional entre o espólio e o investigante" (TJRS, AgI 598.005.445, 7ª Câm. Cív., rel. Des. Vasconcellos Chaves, j. 22-4-1998). "Falecendo no curso do processo aquele de quem se reclamam alimentos, a obrigação alimentar *constituenda* não se transfere à universalidade que, em si mesma, não é parente do alimentado. Significa dizer que o espólio não está passivamente legitimado para responder ao pedido de alimentos. A obrigação transmite-se aos herdeiros do devedor, sem dúvida, mas não ao espólio" (TJSP, Ap. 290.951-4/6-00, 5ª Câm. Dir. Priv., rel. Des. Corrêa de Moraes, j. 19-5-2004).

[133] STJ, 4ª T., rel. Min. Luis Felipe Salomão. Disponível em: <http://www.editoramagister. com>. Acesso em 15-9-2013.

natureza personalíssima e que não pode recair sobre terceiro, estranho ao dever de alimentar, como só acontece com o inventariante, representante legal e administrador da massa hereditária[134].

4. ALIMENTOS DECORRENTES DA DISSOLUÇÃO DA SOCIEDADE CONJUGAL E DA UNIÃO ESTÁVEL

A dicção do art. 1.694 do novo diploma permite concluir que devem ser aplicados aos alimentos devidos em consequência da dissolução da união estável os mesmos princípios e regras aplicáveis à separação judicial ou divórcio.

Significativa inovação trouxe o Código Civil de 2002 nesse assunto ao prever a fixação de alimentos na dissolução litigiosa da sociedade conjugal mesmo em favor do cônjuge declarado culpado, se deles vier a necessitar e não tiver parentes em condições de prestá-los, nem aptidão para o trabalho, limitando-se, todavia, a pensão ao indispensável à sobrevivência deste (art. 1.704, parágrafo único), como já foi dito.

O cônjuge *inocente* e desprovido de recursos, todavia, terá direito a pensão, a ser paga pelo outro, fixada com obediência aos critérios estabelecidos no aludido art. 1.694 e destinada, portanto, a proporcionar-lhe um modo de vida compatível com a sua condição social, inclusive para atender às necessidades de sua educação, e não apenas para suprir o indispensável à sua subsistência (art. 1.702).

Cessa o dever de prestar alimentos com "*o casamento, a união estável ou o concubinato do credor*" (CC, art. 1.708). Bem a propósito decidiu o *Tribunal de Justiça de São Paulo*: "Tutela antecipada. Alimentandas emancipadas pelo casamento. Direito verossímil e provas inequívocas da extinção do poder familiar e do vínculo alimentar. Recurso improvido"[135].

Por outro lado, perde o direito a alimentos o credor que "*tiver procedimento indigno em relação ao devedor*" (art. 1.708, parágrafo único). Anote-se que não apenas o concubinato, definido no art. 1.727 do novo diploma como "*relações não eventuais entre o homem e a mulher impedidos de casar*", mas igualmente o procedimento *indigno* passam a constituir fundamento para a exoneração do cônjuge devedor.

A linguagem do aludido parágrafo único não é feliz e suscita interpretações controversas. Por essa razão, como recomenda CAIO MÁRIO[136], o dispositivo há

---

[134] STJ, HC 256.793, 4ª T. rel. Min. Luis Felipe Salomão, j. 1º-10-2013.

[135] AgI 255.727.4/8-São Vicente, 3ª Câm. Dir. Priv., rel. Des. Ênio Zuliani, j. 13-8-2002.

[136] *Instituições*, cit., v. 5, p. 513-514.

de ser "apreciado *cum arbitrio boni viri* do juiz... Embora não se cogite expressa-mente da espécie, não é razoável que o devedor de alimentos continue a supri-los depois de haver o alimentário tentado contra sua vida, ou incorrido em crime de calúnia ou de injúria contra ele. Há um pressuposto moral que não pode faltar nas relações jurídicas, e que há de presidir à subsistência da obrigação de alimentos".

Igualmente Francisco José Cahali[137] mostra preocupação com a redação do mencionado parágrafo único do art. 1.708 do novo diploma, a merecer enorme dose de cautela para evitar a perplexidade. Aguarda-se, neste contexto, comple-menta o autor "seja prudente e razoável o aplicador da norma, para não transformar o conceito vago em perseguição do 'ex' diante do ponderado exercício da liberdade afetiva do credor, valendo-se do permissivo legal apenas para evitar abusos, recha-çando, o quanto possível, eventual parasitismo possível de ser criado pelo recebi-mento da pensão".

O novo casamento do cônjuge devedor, no entanto, "*não extingue a obriga-ção constante da sentença de divórcio*" (art. 1.709). É vedado, portanto, alegar nova união para reduzir o pensionamento anterior. Quer o devedor constitua família, quer estabeleça qualquer relacionamento afetivo ou amoroso, não cessa a obri-gação alimentar reconhecida na sentença de divórcio. Todavia, se vem a casar ou a constituir união estável e, desse relacionamento, lhe advêm novos encargos em virtude do nascimento de filhos, é cabível, em tese, como vem reconhecendo a jurisprudência e se verá adiante, a ação revisional para obtenção da redução da pensão alimentícia[138].

A simples união concubinária ou o novo casamento do genitor alimentante não basta, portanto, para justificar pretensa redução da pensão alimentar devida aos filhos do leito anterior. Tem-se contudo que, "havendo prole do novo casa-mento ou da união concubinária, tendo estes filhos similar direito de serem sustentados pelo genitor comum, só daí resulta a configuração de um encargo superveniente que autorizaria a minoração do *quantum* antes estipulado, para que

---

[137] Dos alimentos, cit., p. 190. Decidiu o STJ: "O fato de a mulher manter relacionamento afetivo com outro homem não é causa bastante para a dispensa da pensão alimentar prestada pelo ex-marido, acordada quando da separação consensual, diferentemente do que aconteceria se estabelecida união estável. Precedentes. Recurso não conhecido" (REsp 107.959-RS, 4ª T., rel. Min. Ruy Rosado de Aguiar, j. 7-6-2001, *RT*, 797/200). "Alimentos. Exoneração. Pretensão fundada no fato de a beneficiária manter relacionamento amoroso com outro homem e de tal relação advir prole. Irrelevância. Separação judicial que põe termo aos deveres de fidelidade e coabitação. Verba alimentar devida" (STJ, *RT*, 803/173).

[138] "Ação revisional. Pedido de redução da prestação alimentícia, em razão de nova união do alimentante, da qual resultou prole. Circunstância que demonstra, indubitavelmente, a altera-ção da sua capacidade financeira pela agravação de seus encargos" (*RT*, 800/375).

todos os filhos menores, independentemente da natureza da filiação, possam ser atendidos equitativamente, na proporção de suas necessidades"[139].

Tendo o art. 1.694 do Código Civil estatuído a obrigação alimentar entre os companheiros, colocando-os junto com os parentes e os cônjuges, aplicam-se, com relação a eles, as disposições constantes do mencionado dispositivo e também dos seguintes do novo diploma, como salienta YUSSEF CAHALI[140].

Assim, destacam-se algumas das situações apontadas pelo referido autor: a) o companheiro pode pedir ao outro os alimentos de que necessite *"para viver de modo compatível com a sua condição social, inclusive para atender às necessidades de sua educação"*; b) os alimentos devem ser fixados na proporção das necessidades do reclamante e dos recursos da pessoa obrigada; c) os alimentos serão apenas os indispensáveis à subsistência, quando a necessidade do companheiro reclamante resultar de culpa sua; d) somente serão devidos alimentos ao companheiro quando este não tem bens suficientes, nem pode prover ao seu sustento pelo trabalho, e aquele de quem se reclamam pode fornecê-los sem desfalque do necessário ao seu sustento; e) o direito de alimentos entre companheiros é recíproco, podendo o credor não o exercer, sendo-lhe vedado, contudo, renunciá-lo; f) falecendo o companheiro obrigado a prestar alimentos, essa obrigação transmite-se aos seus herdeiros, *"na forma do art. 1.694"*; g) com o casamento, união estável ou concubinato do companheiro, cessa o dever de prestar alimentos, do mesmo modo que cessa esse direito se aquele tiver com relação ao devedor um procedimento indigno.

A jurisprudência, no entanto evoluiu na questão da fixação de alimentos transitórios, que passaram a ser devidos, em regra, por prazo certo, a ex-cônjuge. Com efeito, o *Superior Tribunal de Justiça* reconheceu válida a fixação de pensão alimentícia mensal por dois anos, a contar do trânsito em julgado da decisão que a fixou, em favor de ex-cônjuge (ex-esposa) que, embora não tenha exercido atividade remunerada durante a constância do casamento, tem idade e condições para o trabalho. Frisou o acórdão que a fixação dos alimentos transitórios, no caso, reveste-se de caráter motivador para que a alimentanda busque efetiva recolocação profissional, e não permaneça indefinidamente à sombra do conforto material propiciado pelos alimentos prestados pelo ex-cônjuge, antes provedor do lar[141].

O que se observa é que a verba alimentar não é mais fixada com o intuito de manter o *statu quo* social do cônjuge, especialmente da mulher, como prevê o art. 1.694 do Código Civil, mas com a finalidade de incluir a mulher no mercado de

---

[139] Yussef Cahali, Dos alimentos, cit., p. 946.
[140] Dos alimentos, cit., p. 239-240.
[141] STJ, 3ª T., rel. Min. Nancy Andrighi. Disponível em: <http://www.editoramagister.com>. Acesso em 15-9-2010.

trabalho, em atenção ao princípio da igualdade entre os gêneros (CF, art. 5º), como se extrai do seguinte aresto da 4ª Turma do *Superior Tribunal da Justiça*, dentre outros no mesmo sentido: "Esta Corte firmou a orientação no sentido de que a pensão entre ex-cônjuges não está limitada somente à prova da alteração do binômio necessidade-possibilidade, devendo ser consideradas outras circunstâncias, como a capacidade do alimentando para o trabalho e o tempo decorrido entre o início da prestação alimentícia e a data do pedido de exoneração"[142]. Como precedente, o relator cita o seguinte acórdão: "A pensão entre ex-cônjuges deve ser fixada, em regra, com termo certo, assegurando ao beneficiário tempo hábil para que seja inserido no mercado de trabalho, possibilitando-lhe a manutenção pelos próprios meios. A perpetuidade do pensionamento só se justifica em excepcionais situações, como a incapacidade laboral permanente, saúde fragilizada ou impossibilidade prática da inserção no mercado de trabalho, que evidentemente não é o caso dos autos".

É possível decretar-se a *prisão* do devedor, para garantir a eficácia de *alimentos transitórios* fixados até a partilha dos bens. Confira-se: "Assim, como dedução lógica de tudo o quanto exposto, conclui-se que, sem prejuízo ao disposto no *Enunciado n. 309 da Súmula/STJ*, somente o rito da execução cumulado com a prisão (art. 733, CPC [*de 1973; art. 911 do CPC/2015*]) é o adequado para plena eficácia da decisão que conferiu, em razão da demora injustificada da partilha, alimentos transitórios em valor suficiente à composição definitiva do litígio instalado entre as partes e, ainda, para que a situação outrora tida por temporária não se eternize no tempo"[143].

5. MEIOS DE ASSEGURAR O PAGAMENTO DA PENSÃO

Para garantir o direito à pensão alimentícia e o adimplemento da obrigação, dispõe o credor dos seguintes meios: a) ação de alimentos, para reclamá-los (Lei n. 5.478/68); b) execução por quantia certa (CPC/2015, arts. 528, § 8º, e 913); c) penhora em vencimento de magistrados, professores e funcionários públicos, soldo de militares e salários em geral, inclusive subsídios de parlamentares (CPC/2015, art. 833, IV); d) desconto em folha de pagamento da pessoa obrigada (CPC/2015, arts. 529 e 912); e) entrega ao cônjuge, mensalmente, para assegurar o pagamento de alimentos provisórios (Lei n. 5.478/68, art. 4º, parágrafo único), de parte da renda líquida dos bens comuns, administrados pelo devedor, se o

---

[142] STJ, REsp 1.370.778, 4ª T., rel. Min. Marco Buzzi, j. 10-3-2016.
[143] STJ, REsp 1.362.113-MG, 3ª T., rel. Min. Nancy Andrighi, j. 18-2-2014.

regime de casamento for o da comunhão universal de bens; f) constituição de garantia real ou fidejussória e de usufruto (Lei n. 6.515/77, art. 21); g) prisão do devedor (Lei n. 5.478/68, art. 21; CPC/2015, arts. 528, § 3º, e 911).

Decidiu o *Tribunal de Justiça do Rio de Janeiro* ser perfeitamente admissível requerimento para vender um dos imóveis do casal para garantia das prestações alimentícias. Assim, "se o apelante está obrigado a recolher soma de certo vulto, pode recorrer a um dos bens do patrimônio comum, a fim de que, com o produto da venda e da sua meação, atenda ao crédito reclamado pelo outro cônjuge. Viável, também, é a locação de outros imóveis ocupados pelos filhos... Não se vendem imóveis do obrigado para atender a pensões, porque isso injustamente o empobreceria. No entanto, se é o próprio obrigado quem pede a venda desses bens, não há como recusar o pedido. O despacho, sobretudo quanto à decretação da prisão, não pode subsistir"[144].

Ressalte-se que a meação de um cônjuge pode ser penhorada pelo outro, em execução por quantia certa para pagamento da pensão em débito[145].

5.1. Ação de alimentos

A Lei n. 5.478, de 25 de julho de 1968, conhecida como "Lei de Alimentos", estabelece procedimento especial, concentrado e mais célere, para a ação de alimentos. Só pode valer-se, todavia, desse rito quem puder apresentar prova pré-constituída do *parentesco* (certidão de nascimento) ou do *dever alimentar* (certidão de casamento ou comprovante do companheirismo). Quem não puder fazê-lo, terá de ajuizar ação ordinária.

Se o pretendente à pensão não preencher os requisitos exigidos para dedução de sua reivindicação pelo rito especial, ou optar pela ação ordinária de alimentos, cumulada ou não com pedido de investigação de paternidade, poderá formular pedido de tutela de urgência, incidente ou antecedente, de alimentos provisionais (CPC/2015, art. 300)[146]. Dispõe o art. 1.706 do Código Civil que "*os alimentos provisionais serão fixados pelo juiz, nos termos da lei processual*".

A legitimidade ativa para propor ação de alimentos é dos filhos, devendo os pais representá-los ou assisti-los, conforme a idade, bem como de todas as pessoas com direito de reclamar alimentos, mencionadas no item 3.4, *retro*. Contudo, decidiu o *Superior Tribunal de Justiça* que "a formulação do pedido em nome da mãe não anula o processo, apesar da má-técnica processual, pois está claro que o

---

[144] *RT*, 573/201.
[145] Yussef Cahali, Dos alimentos, cit., p. 977.
[146] Silvio Rodrigues, *Direito civil*, cit., v. 6, p. 389-390.

valor se destina à manutenção da família. O pedido está claramente formulado em favor dos filhos"[147].

O Ministério Público é parte legítima para ajuizar ação de alimentos em benefício de menor e pode fazê-lo independentemente do exercício do poder familiar pelos pais, da existência de risco previsto no Estatuto da Criança e do Adolescente ou da capacidade da Defensoria Pública de atuar. Assim decidiu a *Segunda Seção do Superior Tribunal de Justiça*, em recurso classificado como repetitivo. Segundo a aludida Corte, milhares de ações em todo o país discutem a legitimidade do órgão ministerial para atuar em favor dos menores. A divergência foi dirimida com base no art. 127 da Constituição Federal, segundo o qual o Ministério Público é "instituição permanente, essencial à função jurisdicional do estado, incumbindo-lhe a defesa da ordem jurídica, do regime democrático e dos interesses sociais e individuais indisponíveis"[148].

O referido Tribunal aprovou a Súmula 594, do seguinte teor: "O Ministério Público tem legitimidade ativa para ajuizar ação de alimentos em proveito de criança ou adolescente independentemente do exercício do poder familiar dos pais, ou do fato de o menor se encontrar nas situações de risco descritas no art. 98 do Estatuto da Criança e do Adolescente, ou de quaisquer outros questionamentos acerca da existência ou eficiência da Defensoria Pública na comarca".

Nesse sentido a premissa número 3, publicada na Edição n. 65 da ferramenta *Jurisprudência em Teses*, do *Superior Tribunal de Justiça*: "O Ministério Público tem legitimidade ativa para ajuizar ação/execução de alimentos em favor de criança ou adolescente, nos termos do art. 201, III, da Lei 8.069/1990".

A Lei n. 8.560/92, que regula a investigação de paternidade dos filhos havidos fora do casamento, dispõe em seu art. 7º que, "sempre que na sentença de primeiro grau se reconhecer a paternidade, nela se fixarão os alimentos provisionais ou definitivos do reconhecido que deles necessite". Proclama a *Súmula 277 do Superior Tribunal de Justiça*, por sua vez: "Julgada procedente a investigação de paternidade, os alimentos são devidos a partir da citação".

Decidiu o *Superior Tribunal de Justiça* que, se ainda não está confirmada a paternidade, o suposto pai não pode ser preso por falta de pagamento de alimentos provisórios. O art. 7º da Lei n. 8.560/92 nada dispõe sobre a fixação de alimentos provisórios quando ainda não há reconhecimento judicial da paternidade. Essa possibilidade só existe quando já foi proferida a sentença que reconhece a paternidade[149].

---

[147] STJ, REsp 1.046.130-MG, 3ª T., rel. Min. Nancy Andrighi. Disponível em: <http://www.conjur.com.br>. Acesso em 23-10-2009.

[148] STJ, 2ª Seção, rel. Min. Luis Felipe Salomão. Disponível em: <http://www.conjur.com.br>. Acesso em 30-5-2014.

[149] STJ, 4ª T., rel. Min. Raul Araújo. Disponível em: <http://www.conjur.com.br>. Acesso em 5-11-2010.

Dispõe o art. 53, II, do Código de Processo Civil, com o propósito de beneficiar a parte mais fraca na demanda, que é competente o foro "de domicílio ou residência do alimentando, para a ação em que se pedem alimentos". Mantém-se a mesma regra para as hipóteses de ação revisional de alimentos e para a hipótese de oferta dos alimentos por parte do devedor.

O art. 24 da Lei de Alimentos (Lei n. 5.478/68) possibilita, com efeito, àquele que deve alimentos tomar a iniciativa de judicialmente oferecê-los, estatuindo: "A parte responsável pelo sustento da família, e que deixar a residência comum por motivo que não necessitará declarar, poderá tomar a iniciativa de comunicar ao juízo os rendimentos de que dispõe e de pedir a citação do credor, para comparecer à audiência de conciliação e julgamento destinada à fixação dos alimentos a que está obrigada".

Desse modo, em vez de aguardar a ação de alimentos a ser promovida pelo outro cônjuge, com o risco de ver a pensão provisória fixada em montante acima de suas possibilidades, pode a parte que pretende deixar, ou já deixou a residência comum, antecipar-se e requerer ao juiz, demonstrando o seu ganho efetivo, a fixação da pensão com observância do princípio da proporcionalidade estabelecido no § 1º do art. 1.694 do Código Civil.

Ao despachar a inicial da ação de rito especial (art. 4º), o juiz fixará desde logo *alimentos provisórios*, em geral, na base de um terço dos rendimentos do devedor, como dito anteriormente, sendo de salientar-se que a lei não estabelece nenhum critério. Malgrado a ambiguidade do texto, o juiz não deve fixar *de ofício* os alimentos provisórios, mas somente se o interessado o requerer (CPC/2015, art. 2º).

Quando o devedor da pensão não tem remuneração fixa, mas vive de "bicos", é empresário ou profissional liberal, não se recomenda, como já comentado, a utilização de percentual sobre os seus ganhos líquidos, em virtude da dificuldade para a execução do *decisum* em caso de inadimplemento, uma vez que estes teriam de ser apurados e investigados mensalmente. O arbitramento dos alimentos provisórios será feito, nesses casos, em quantia certa, corrigida monetariamente segundo índice oficial (CC, art. 1.710).

Deve o magistrado, todavia, agir com prudência e cautela, para evitar injustiças, tendo em vista que o autor costuma, na inicial, exagerar os ganhos do alimentante. Os arts. 19 e 20 da Lei n. 5.478/68 permitem a requisição judicial de informações sobre os ganhos e a situação econômico-financeira do alimentante às empresas e "repartições públicas, civis ou militares, inclusive do Imposto de Renda", destinadas a possibilitar melhor avaliação das reais possibilidades do responsável pela obrigação alimentar. Como pontifica CAIO MÁRIO, não pode o devedor ser compelido a prestar alimentos "com sacrifício próprio ou da sua família, pelo fato de o reclamante os estimar muito alto, ou revelar necessidades maiores (§ 1º do art. 1.694)"[150].

Cabe pedido de revisão de alimentos provisórios fixados na inicial, que será sempre processado em apartado, "se houver modificação na situação financeira das partes" (Lei n. 5.478/68, art. 13, § 1º). Em qualquer caso, "os alimentos fixados retroagem à data da citação" (§ 2º), a partir de quando as prestações são devidas. Processar-se-á em apartado também a execução dos alimentos provisórios. Os *provisionais*, como já referido, serão fixados pelo juiz nos termos da lei processual (CC, art. 1.706).

Como oportunamente assinala Flávio Tartuce[151], "o atual Código de Processo Civil não reproduziu as antigas regras dos arts. 852 a 854 do CPC/1973, que tratavam dos alimentos provisionais em sede de medida cautelar específica. Sendo assim, acreditamos que os alimentos provisionais estarão enquadrados em algumas das regras relativas à tutela provisória, entre os arts. 300 e 311 do CPC/2015. Somente a prática familiarista poderá demonstrar qual a categoria em que se situará o instituto. Entretanto, diante do costume jurisprudencial anterior, possivelmente o enquadramento se dará no procedimento cautelar de caráter antecedente, nos termos dos arts. 305 a 310 do Estatuto Processual emergente".

Prescreve o art. 13, *caput*, da aludida Lei de Alimentos, que "aplica-se igualmente, no que couber, às ordinárias de desquite, nulidade e anulação de casamento, à revisão de sentenças proferidas em pedidos de alimentos e respectivas execuções" o que nela está disposto.

Deve o juiz determinar ainda, ao despachar a inicial, "que seja entregue ao credor, mensalmente, parte da renda líquida dos bens comuns, administrados pelo devedor", se se tratar de alimentos provisórios pedidos pelo cônjuge "casado pelo regime da comunhão universal de bens" (Lei n. 5.478/68, art. 4º, parágrafo único).

Trata o dispositivo em apreço de situação bastante comum, de litígio entre marido e mulher, em que aquele administra o patrimônio comum. Podem surgir problemas quando o cônjuge que não tem a administração do acervo comum obtém autorização judicial para perceber determinados rendimentos, como o aluguel de certo imóvel, por exemplo. Neste caso, os rendimentos não poderão ser brutos, sob pena de desequilíbrio nas meações, se ao marido incumbir o pagamento das despesas de conservação do aludido patrimônio, pois a mulher estará recebendo mais da metade da renda líquida. Se esta, por outro lado, puder prover ao próprio sustento com o recebimento de parte da renda líquida, não terá direito a alimentos[152].

---

[150] *Instituições*, cit., v. 5, p. 498.
"Requisição judicial de informações a respeito da movimentação financeira de empresa da qual o alimentante é sócio. Admissibilidade. Medida que visa a avaliar as reais possibilidades do responsável pela obrigação alimentar" (*RT*, 807/245).
[151] *Direito civil*, 15. ed., São Paulo: GEN/Forense, 2020, v. 5, p. 700.
[152] Silvio Rodrigues, *Direito civil*, cit., v. 6, p. 394.

Na sentença, o juiz fixa alimentos segundo seu convencimento, não estando adstrito, necessariamente, ao *quantum* pleiteado na inicial. Não constitui, assim, julgamento *ultra petita* a fixação da pensão acima do postulado na aludida peça, pois o critério é a necessidade do alimentando e a possibilidade do alimentante. As regras que proíbem julgamento dessa natureza "merecem exegese menos rigorosa, nos casos de demandas de caráter nitidamente alimentar"[153].

As prestações de alimentos são dívidas de valor e não de quantia certa. Dessa assertiva resulta que inexiste julgamento ultra petita *na fixação dos alimentos, pela sentença, acima dos limites da estimativa do pedido.* Este, que se formula na ação de alimentos "é de natureza genérica, donde não se adstringir a sentença, necessariamente, ao *quantum* colimado inicialmente; o arbitramento far-se-á *a posteriori* quando já informado o sentenciante dos elementos fáticos que integram a equação legal"[154].

Em regra, a pensão é convencionada com base nos rendimentos do alimentante, sendo atualizada, automaticamente, na mesma proporção dos reajustes salariais. Quando adotado valor fixo, a pensão será atualizada *"segundo índice oficial regularmente estabelecido"* (CC, art. 1.710), mas poderá ser determinada a atualização com base no *salário mínimo*, não obstante a vedação enunciada no art. 7º, IV, *in fine*, da Constituição Federal, em função da identidade de fins da pensão alimentar e do salário mínimo, como sendo aquilo que representa o mínimo necessário para a subsistência da pessoa[155].

Assim, a despeito da literalidade da regra do aludido art. 7º da Carta Magna, cabe a fixação dos alimentos em salários mínimos porque eles são destinados ao sustento do beneficiário. Há uma íntima ligação, por sua natureza e função, entre o conceito de salário mínimo e o de alimentos. Trata-se, em ambos os casos, de tutela à subsistência humana, à vida humana.

Nessa trilha, assentou o *Supremo Tribunal Federal* que, no caso em julgamento, "a inexistência da relação de trabalho não retira, do salário mínimo, a patente prestabilidade para estipulação do valor dos alimentos, a cuja prestação foi condenado o recorrido; ao reverso, dada sua presumida capacidade de atender às necessidades vitais básicas do trabalhador, e às de sua família com moradia, alimentação, educação, saúde, lazer, vestuário, higiene, transporte e previdência social, com

---

[153] STJ, REsp 8.698-SP, 4ª T., rel. Min. Athos Carneiro, *DJU*, 2-9-1991, p. 11815, 2ª col. *V.* ainda: "Sentença. Ação de alimentos. Viabilidade do juiz estabelecer valor maior que o pedido ou determinar forma e montante de desconto para a hipótese de trabalho sob vínculo empregatício. Sentença que não é *ultra* ou *extra petita*" (TJSP, Ap. 183.900.4/9-00-Osasco, 3ª Câm. Dir. Priv., rel. Des. Waldemar Nogueira Filho).

[154] Yussef Cahali, Dos alimentos, cit., p. 815-816; *RT*, 381/127 e 636/522; *RSTJ*, 29/317 e 338; *RJTJRS*, 183/206.

[155] *JSTF*, 159/227.

reajustes periódicos que lhe preservem o poder aquisitivo (art. 7º, IV, da CF), nenhum outro padrão seria mais adequado à estipulação de alimentos, porque estes devem atender a idênticas necessidades"[156].

O legislador, estabelecendo rito especial célere e simplificado para as ações de alimentos, teve em mira facilitar a posição do litigante necessitado, não só no tocante à propositura da demanda, ampliando as vias da assistência judiciária e substituindo a petição inicial por declaração tomada por termo em cartório, como também facilitando a citação do devedor, mediante comunicação em carta postal com aviso de recebimento, e a prática dos atos subsequentes.

Dispõe o art. 6º da citada Lei de Alimentos: "Na audiência de conciliação e julgamento deverão estar presentes autor e réu, independentemente de intimação e de comparecimento de seus representantes". Acrescenta o art. 7º que "o não comparecimento do autor determina o arquivamento do pedido, e a ausência do réu importa em revelia, além de confissão quanto à matéria de fato".

A ausência do representante legal do menor autor à audiência, exigida por lei para viabilizar eventual acordo, implica tão só o arquivamento do processo, e não a sua extinção[157]. Todavia, tal ausência não conduz ao arquivamento do feito, se ao ato compareceu seu procurador, munido de poderes especiais para transigir[158]. Nos termos do mencionado art. 7º da Lei de Alimentos, ausente o réu à audiência, aplica--se-lhe a pena de confesso, inclusive com dispensa de sua intimação da sentença.

Preceitua o art. 9º da Lei n. 5.478/68: "Aberta a audiência, lida a petição, ou o termo, e a resposta, se houver, ou dispensada a leitura, o juiz ouvirá as partes litigantes e o representante do Ministério Público, propondo conciliação".

Alguns julgados consideram nulo o processo se não realizada qualquer das duas tentativas de conciliação, em razão da relevância destas, no início e após os debates[159]. Mais razoável se mostra, contudo, a corrente que, com base no art. 282, § 1º, do Código de Processo Civil de 2015, descarta a nulidade se da ausência de renovação da proposta de conciliação não tiver havido prejuízo. Assim decidiu o Tribunal de Justiça de São Paulo: "Embora obrigatória a renovação da proposta de conciliação, sua falta não acarreta a nulidade da sentença"[160].

---

[156] *RTJ*, 139/971, e *JSTF*, 159/227. *V.* ainda: "Segundo a jurisprudência dominante no C. Supremo Tribunal Federal e nesta Corte, admissível é fixar-se a prestação alimentícia com base no salário mínimo" (*RSTJ*, 96/322). No mesmo sentido: *JSTF*, 187/263 e 196/178; STF, *RT*, 724/223 e 741/226.

[157] TJSP, Ap. 183.936.4/2-00-SP, 3ª Câm. Dir. Priv., rel. Des. Waldemar Nogueira Filho.

[158] TJSC, AgI 10.147, 3ª Câm. Cív., j. 5-3-1996, *DJSC*, 27-3-1996, p. 3.

[159] *RT*, 510/122 e 511/243; *RJTJRS*, 90/418.

[160] *RJTJSP*, Lex, 20/215 e 103/36. Nesse sentido igualmente a manifestação de Yussef Cahali (Dos alimentos, cit., p. 805).

Na ação de alimentos regulada pela Lei n. 5.478/68, a realização da audiência de instrução e julgamento é imprescindível, pouco importando a revelia do demandado. Desse modo, a ausência do advogado de qualquer das partes não impede a produção das provas requeridas, se assim entender necessário o juiz, ou a requerimento do Ministério Público[161].

Os alimentos provisórios são devidos desde a sua fixação, no despacho inicial, até a sentença final, quando serão substituídos pelos definitivos, que retroagem à data da citação, conforme o art. 13, § 2º, da Lei de Alimentos. Dispõe a *Súmula 6 do Tribunal de Justiça de São Paulo*: "Os alimentos são sempre devidos a partir da citação, mesmo que fixados em ação revisional, quer majorados ou reduzidos, respeitado o princípio da irrepetibilidade". Somente no caso de a ação ser, a final, julgada improcedente (e revogados os alimentos provisórios) é que serão devidos até o julgamento do recurso especial ou extraordinário, a teor do estatuído no aludido art. 13, § 3º.

Por sua vez, proclama a *Súmula 621 do Superior Tribunal de Justiça*: "Os efeitos da sentença que reduz, majora ou exonera o alimentante do pagamento retroagem à data da citação, vedadas a compensação e a repetibilidade".

Todavia, tem-se entendido que a decisão final referida nesse parágrafo *diz respeito somente aos alimentos provisórios*. Assim, a sentença ou acórdão que julga a ação onde foram concedidos os alimentos provisórios substitui a decisão que os concedeu, de modo que, se julga improcedente a ação ou fixa os alimentos em verba inferior, tem eficácia imediata. Assim, "proferida decisão de improcedência da ação de alimentos, cessa o pagamento dos alimentos provisórios"[162].

Decidiu ainda o *Superior Tribunal de Justiça*: "Havendo decisão de mérito acerca dos alimentos, sem pendência com recurso suspensivo, não há que se falar na aplicação do supramencionado art. 13 da Lei 5.478/68, sob pena de se atribuir efeito a recurso que a lei processual expressamente afasta. Ademais, acresça-se que no curso do processo houve o superveniente trânsito em julgado da decisão extintiva dos alimentos, nos autos do AI 610.351-RS, cujo provimento foi negado, tendo já baixado à origem"[163].

Proclamou ainda a referida Corte: "Na linha dos precedentes desta Corte, os alimentos definitivos, quando fixados em valor inferior ao dos provisórios, não

---

[161] *RT*, 599/55; *RJTJSP*, Lex, 95/193.

[162] STJ, RMS 3.538-7-SP, 3ª T., rel. Min. Cláudio Santos, *DJU*, 10-4-95, p. 9.271. No mesmo sentido: "Julgada improcedente a ação de alimentos provisionais, não mais são devidos os alimentos provisórios nela fixados" (*RSTJ*, 97/239).

[163] STJ, REsp 709.470-RS, 4ª T., rel. Min. Aldir Passarinho Junior, j. 27-4-2010.

geram para o alimentante o direito de pleitear o que foi pago a maior, tendo em vista a irrepetibilidade própria da verba alimentar. Todavia, quando fixados definitivamente em valor superior ao dos provisórios, terão efeito *retroativo* (Lei 5.478, art. 13, § 2º), facultando-se ao credor pleitear a diferença[164].

O Código Civil em vigor reduziu, de cinco (como constava no diploma de 1916) para dois anos, o prazo prescricional da pretensão *"para haver prestações alimentares, a partir da data em que se vencerem"* (art. 206, § 2º). Nos casos concretos, ocorrerá a prescrição em cada prestação, isoladamente.

5.2. Ação revisional de alimentos

Sendo variáveis, em razão de diversas circunstâncias, os pressupostos objetivos de obrigação de prestar alimentos – necessidade do reclamante e possibilidade da pessoa obrigada –, permite a lei que, neste caso, se proceda à alteração da pensão, mediante ação revisional ou de exoneração, pois toda decisão ou convenção a respeito de alimentos traz ínsita a cláusula *rebus sic stantibus*.

Por isso, se diz que a sentença proferida em ação de alimentos não faz coisa julgada *material*, mas apenas *formal*, no sentido de que se sujeita a reexame ou revisão, independentemente de esgotamento de todos os recursos. Nessas condições, *"se, fixados os alimentos, sobrevier mudança na situação financeira de quem os supre, ou na de quem os recebe, poderá o interessado reclamar ao juiz, conforme as circunstâncias, exoneração, redução ou majoração do encargo"* (CC, art. 1.699).

Desse modo, se o alimentante, depois de fixado o *quantum* alimentar com base nos seus ganhos líquidos, é promovido ou obtém sucesso em sua atividade profissional, comercial, industrial ou artística, por exemplo, com melhoria de sua situação econômico-financeira, pode o alimentando, em face desses fatos supervenientes, pleitear majoração da pensão, na proporção de suas necessidades.

Se, todavia, ocorre o contrário, ou seja, se o alimentante, em razão de diversas causas, como falência, doença impeditiva do exercício de atividade laborativa, perda do emprego e outras, sofre acentuada diminuição em seus ganhos mensais a ponto de não mais ter condições de arcar com o pagamento das prestações, assiste-lhe o direito de reivindicar a redução do aludido *quantum* ou mesmo, conforme as circunstâncias, completa exoneração do encargo alimentar.

As necessidades do alimentando podem servir também de motivo para a majoração da pensão. À medida que os filhos crescem, as necessidades e as despesas aumentam, principalmente quando atingem a puberdade, sendo

---

[164] STJ, REsp 1.318.844-PR, 3ª T., rel. Min. Sidnei Beneti, j. 7-3-2013.

maiores nessa etapa da vida as exigências femininas. Outras vezes a necessidade de receber maior auxílio tem por causa doença grave de tratamento prolongado e de alto custo ou o ingresso em dispendiosa instituição particular de ensino.

Como dito anteriormente (*v.* item n. 4, *retro*), a simples união concubinária ou o novo casamento do genitor alimentante não basta para justificar pretensa redução da pensão alimentar devida aos filhos do leito anterior. Todavia, o nascimento de filhos tem sido admitido como circunstância capaz de justificar a redução da pensão, para evitar disparidade no tratamento dos filhos do primeiro e do segundo relacionamento. Confira-se: "Ação revisional. Pedido de redução da prestação alimentícia, em razão de nova união do alimentante, da qual resultou prole. Circunstância que demonstra, indubitavelmente, a alteração da sua capacidade financeira pela agravação de seus encargos"[165].

O desemprego não tem sido considerado causa de exoneração definitiva da obrigação de prestar alimentos. Ao reverso, tem-se decidido que o desemprego ocasional do alimentante não incapacita a prestação alimentícia para o efeito de exoneração, podendo apenas justificar inadimplência transitória. Decidiu o *Tribunal de Justiça de São Paulo* que "desemprego não é, nunca foi motivo para isentar devedor do pagamento de pensão alimentícia; se consumado, o desemprego apenas desloca o pagamento para época oportuna, jamais libera o devedor"[166]. E ainda: "O eventual desemprego do devedor de alimentos não tem o condão de exonerá-lo da obrigação, pois isto equivaleria a reconhecer, em favor do alimentante, uma condição potestativa, sujeitando os alimentados ao seu arbítrio, prática defesa nos termos do art. 115 do CC (*de 1916; CC/2002: art. 122*)"[167].

---

[165] *RT*, 800/375. No mesmo sentido: "Ação revisional. Alimentos. Disparidade no tratamento dos filhos. Alteração no binômio possibilidade/necessidade demonstrada. Recurso provido para reduzir os alimentos para um salário mínimo" (TJMG, Ap. 238.161-4/00, 2ª Câm. Cív., rel. Des. Murilo Pereira, *DJMG*, 14-12-2001).

[166] AgI 197.021-1, 1ª Câm. Cív., j. 10-8-1993. *V.* ainda: "Pensão alimentícia. Fixação em percentual sobre o salário do alimentante. Fim do vínculo empregatício. Hipótese em que este deve ou continuar a pagar os alimentos ou, se alterada a sua situação para pior, buscar a revisão ou exoneração. Ônus de rever o valor da pensão que não é do alimentando, que a tanto não deu causa" (*RT*, 812/215).

[167] *RT*, 779/220. *V.* ainda: "Homem válido e capacitado para o trabalho não pode se furtar das obrigações que resultam da paternidade. Se, no momento, encontra-se desempregado, poderá empregar-se e reunir condições de adimplir sua obrigação" (TJSP, Ap. 209.074-1, 2ª Câm. Cív., j. 19-4-1994). "Alimentos. Execução. Rescisão do contrato de trabalho do devedor. Circunstância que não retira a liquidez do título acordado quando da separação dos pais. Eventual mudança na situação econômica que poderá ser motivo de defesa apresentada pelo devedor ou de ação de revisão" (STJ, *RT*, 799/212).

A ação revisional dos alimentos definitivos segue o mesmo rito da Lei n. 5.478/68. Preceitua o art. 13, *caput*, da mencionada lei que o nela disposto aplica-se igualmente, no que couber, (...) "à revisão de sentenças proferidas em pedidos de alimentos".

Inexiste prevenção para a ação revisional ou exoneratória, sujeitando-se à regra especial de competência ou foro do domicílio ou residência do alimentando (CPC/2015, art. 53, II), se houve mudança de domicílio. Deve a ação, neste caso, ser proposta no foro do novo domicílio do alimentando. Nesse sentido a jurisprudência: "Ação revisional. Competência. Previsão pela sistemática legal de que o juízo competente para julgá-la é o do domicílio do alimentando. Inexistência de conexão com o juízo que fixou a pensão alimentícia anterior"[168].

Não tendo havido alteração de domicílio, sendo o pedido formulado no mesmo foro, a competência será do juízo por onde tramitou o processo de separação ou de alimentos em que a pensão havia sido fixada. Preleciona a propósito Yussef Cahali: "Observada embora a regra da relativa autonomia da ação revisional, nada impede que, para os casos de pedido formulado *no mesmo foro*, se observe a prevenção da Vara onde os alimentos foram fixados". Aduz o mencionado autor que "é de manifesta conveniência na ordem prática que, nos casos de pedido no mesmo foro, sem ofensa ao princípio da relativa autonomia da ação revisional, se observe a regra de vinculação com o juízo em que os alimentos foram fixados"[169].

Admite-se a fixação de alimentos provisórios em ação revisional de alimentos, porém sempre em razão de circunstâncias excepcionais, quando, por exemplo, os alimentos anteriormente fixados se mostram excessivamente irrisórios[170]. Nessa linha, enfatizou o *Tribunal de Justiça de São Paulo*: "Ação revisional de alimentos. Inadmissibilidade de emitir tutela antecipada, *inaudita altera parte*, sem provas inequívocas da redução da capacidade patrimonial do provedor (arts. 1.699, do CC, e 273, do CPC [*de 1973; art. 300 do CPC/2015*]) e sem confirmação do *periculum in mora* que legaliza julgamentos sem observância do princípio da ampla defesa e do contraditório (art. 5º, LV, da CF)"[171].

---

[168] *RT*, 818/288.

[169] Dos alimentos, cit., p. 910/911. No mesmo sentido: *RJTJSP*, Lex, 112/93, 104/369; *JTJ*, Lex, 177/272; *RT*, 595/65, 680/80.

[170] *RTJ*, 100/101; *RT*, 597/179.

[171] AgI 240.203-4/2, 3ª Câm. Dir. Priv., rel. Des. Ênio Zuliani, j. 13-8-2002. No mesmo sentido: "Ação revisional. Tutela antecipada. Pretensão manifestada visando a redução de valor antes fixado na ação de alimentos. Admissibilidade quando manifestamente em desacordo com as necessidades atuais do alimentário em confronto com os recursos do alimentante. Impossibilidade, no entanto, do deferimento da antecipação da tutela se a real necessidade da verba, em razão do estado de saúde da alimentaria, depende de um melhor exame da prova de uma e outra parte em audiência de conciliação, instrução e julgamento" (*RT*, 785/314).

Proclamou o *Superior Tribunal de Justiça* que, tendo havido, em ação revisional, redução da verba devida, o novo valor só deve ser considerado a partir do trânsito em julgado da sentença e não da citação, inexistindo possibilidade de repetição dos alimentos e de aplicação do art. 13, § 2º, da Lei n. 5.478/68[172].

Posteriormente, todavia, a Segunda Seção da mencionada Corte, no julgamento do EREsp 1.181.19-RJ, pacificou o entendimento segundo o qual "os alimentos definitivos fixados na sentença prolatada em revisional de alimentos, independentemente de se tratar de aumento, redução ou exoneração, retroagem à data da citação, nos termos do art. 13, § 2º, da Lei n. 5.478/68, com a ressalva de que os valores já pagos são irrepetíveis e não podem ser objeto de compensação com prestações vincendas"[173].

Em linhas gerais, na revisional de alimentos devem ficar provadas não só a necessidade de ser a pensão aumentada, como também que o alimentante tem condições de suportar seu aumento. Para que o pedido seja acolhido, deve ser provada, portanto, a modificação da situação econômica dos interessados. Pedida pelo devedor a redução da pensão, compete-lhe provar a debilitação de suas condições econômico-financeiras, ou a redução das necessidades do credor. Como a lei não discrimina os elementos a serem objetivamente considerados para a constatação da mudança da situação econômica das partes, capazes de justificar a revisão ou a exoneração, compete ao juiz a análise da situação de fato e a valoração das provas[174].

Na ação exoneratória ou de redução dos alimentos, a alegação de impossibilidade de pagar a pensão fixada reclama prova irrefutável e convincente. Não basta que o alimentante sofra alteração na sua fortuna para justificar a redução da prestação alimentícia; é necessário que a alteração seja de tal ordem que torne impossível o cumprimento da obrigação. Do contrário, tal alteração será irrelevante. É do alimentante o ônus da prova relativamente à desnecessidade do alimentando em continuar percebendo a prestação alimentícia, qualquer que seja o motivo da desnecessidade[175].

Admite-se a pretensão reconvencional visando à exoneração do alimentante, na ação que lhe é movida com o objetivo de majorar a pensão. O Código de Processo Civil permite a reconvenção em qualquer ação, exigindo apenas sua conexão com a principal ou com o fundamento da defesa. Do mesmo modo é cabível, em ação de exoneração do encargo alimentar, pretensão reconvencional visando à

---

[172] *RT*, 793/198.

[173] STJ, AgRg no REsp 1.412.781-SP, 4ª T., rel. Min. Luis Felipe Salomão, j. 22-5-2014, *DJe*, 25-4-2014.

[174] *RT*, 607/182, 721/115, 726/399.

[175] *RT*, 710/47; TJDF, Ap. 27.125, 1ª Câm. Cív., *DJU*, II, 4-11-1992, p. 35519; *RJTJRS*, 165/400.

majoração da verba. Veja-se: "Alimentos. Revisional. Reconvenção. Admissibilidade. Sumariedade do procedimento especial que não impede o ajuizamento. Artigo 278, § 1º, do Código de Processo Civil [*de 1973*]. Recurso provido"[176].

5.3. Meios de execução da prestação não satisfeita

Para garantir o fiel cumprimento da obrigação alimentar estabelece a lei diversas providências, dentre elas a prisão do alimentante inadimplente (CF, art. 5º, LXVII; CPC/2015, arts. 528, §§ 3º, 5º e 6º, e 911, *caput* e parágrafo único). Trata-se de exceção ao princípio segundo o qual não há prisão por dívidas, justificada pelo fato de o adimplemento da obrigação de alimentos atender não só ao interesse individual, mas também ao interesse público, tendo em vista a preservação da vida do necessitado, protegido pela Constituição Federal, que garante a sua inviolabilidade (art. 5º, *caput*).

A Lei n. 14.010, de 10 de junho de 2020, que trata do Regime Jurídico Emergencial e Transitório das relações Jurídicas de Direito Privado (RJET) no período da pandemia do coronavírus (Covid-19), dispõe, no art. 15:

"Até 30 de outubro de 2020, a prisão por dívida alimentícia, prevista no art. 528, § 3º e seguintes da Lei n. 13.105, de 16 de março de 2015 (Código de Processo Civil), deverá ser cumprida exclusivamente sob a modalidade domiciliar, sem prejuízo da exigibilidade das respectivas obrigações".

O Conselho Nacional de Justiça (CNJ) publicou a Recomendação n. 62, que orienta, em seu art. 6º, os "*magistrados com competência cível que considerem a colocação em prisão domiciliar das pessoas presas por dívida alimentícia, com vistas à redução dos riscos epidemiológicos e em observância ao contexto local de disseminação do vírus*". E o *Superior Tribunal de Justiça* determinou que "*presos por dívidas alimentares em todo o território nacional deverão cumprir pena em regime domiciliar*"[177].

Adverte Washington de Barros Monteiro que, todavia, "só se decreta a prisão se o alimentante, embora solvente, frustra, ou procura frustrar, a prestação. Se ele se acha, no entanto, impossibilitado de fornecê-la, não se legitima a decretação da pena detentiva. Assim, instituída como uma das exceções constitucionais à proibição de coerção pessoal por dívida, a prisão por débito alimentar reclama acurado e criterioso exame dos fatos, para vir a ser decretada, em consonância com o princípio de hermenêutica, que recomenda exegese estrita na compreensão das normas de caráter excepcional"[178].

---

[176] *RJTJSP*, Lex, 270/270.
[177] STJ, HC 568.021, *in* Revista *Consultor Jurídico* de 6-5-2020.
[178] *Curso*, cit., 37. ed., v. 2, p. 378-379.

Em razão da gravidade da execução da dívida alimentar por coerção pessoal, a Constituição Federal condiciona a sua aplicabilidade à voluntariedade e inescusabilidade do devedor em satisfazer a obrigação (art. 5º, LXVII). A aludida limitação está a recomendar uma perquirição mais ampla do elemento subjetivo identificado na conduta do inadimplente, com possibilidade assim de se proceder às investigações necessárias, ainda que de ofício, sem vinculação à iniciativa probatória das partes[179].

Assim, a falta de pagamento da pensão alimentícia não justifica, por si, a prisão do devedor, medida excepcional "que somente deve ser empregada em casos extremos de contumácia, obstinação, teimosia, rebeldia do devedor que, embora possua os meios necessários para saldar a dívida, procura por todos os meios protelar o pagamento judicialmente homologado"[180].

Nessa linha, considerou o *Supremo Tribunal Federal* que a incapacidade econômica é base para evitar a prisão civil do devedor de pensão alimentícia. No caso em julgamento, a referida Corte convenceu-se de que a firma da qual o devedor é sócio estava desativada e em situação falimentar. Desempregado, estaria ele sem condições de pagar a pensão fixada judicialmente e teve a sua prisão decretada em Primeiro Grau. O relator do *habeas corpus*, Min. Gilmar Mendes concluiu que a prisão nessas condições não lhe parecia justa, tendo a Turma Julgadora determinado a soltura do devedor, concedendo a liminar pleiteada[181].

A *4ª Turma do Superior Tribunal de Justiça*, por três votos a dois, decidiu, em caso de pagamento de 95% da dívida, que a teoria do adimplemento substancial não se aplica a caso de pensão alimentar, afirmando o Min. Antonio Carlos Ferreira, em voto-vista, que prevaleceu, que a tese do adimplemento substancial "não tem incidência nos vínculos jurídicos familiares, menos ainda para solver controvérsias relacionadas a obrigações de natureza alimentar. Isso porque os alimentos impostos por decisão judicial – ainda que decorrentes de acordo entabulado entre o devedor e o credor, este na quase totalidade das vezes representado por genitor – guardam consigo a presunção de que o valor econômico neles contido traduz o mínimo existencial do alimentando, de modo que a subtração de qualquer parcela dessa quantia pode ensejar severos prejuízos a sua própria manutenção"[182].

---

[179] Yussef Cahali, Dos alimentos, cit., p. 1048.

[180] *RT*, 788/321, 609/66, 590/94. Lembra Yussef Cahali (Dos alimentos, cit., p. 1049) que o permissivo constitucional da prisão por alimentos não perde a sua eficácia diante da Convenção de São José da Costa Rica, que afasta a sanção ao depositário infiel, mas mantém a coercibilidade ao devedor renitente de alimentos.

[181] STF, 2ª T., rel. Min. Gilmar Mendes. Disponível em: <http://www.editoramagister.com>. Acesso em 27-6-2011.

[182] STJ, HC 439.973, 4ª T., rel. p/acórdão Min. Antonio Carlos Ferreira, j. 16-8-2018.

O *Tribunal de Justiça de São Paulo*, por sua vez, julgou possível a penhora da aposentadoria do devedor, em execução de alimentos. Confira-se:

"De fato, conforme o artigo 833, inciso IV, do Código de Processo Civil, são impenhoráveis 'os vencimentos, os subsídios, os soldos, os salários, as remunerações, os proventos de aposentadoria, as pensões, os pecúlios e os montepios, bem como as quantias recebidas por liberalidade de terceiro e destinadas ao sustento do devedor e de sua família, os ganhos de trabalhador autônomo e os honorários de profissional liberal'. Exceção a essa regra, todavia, é a penhora para pagamento de prestação alimentícia, independentemente de sua origem (art. 833, § 2º, c/c o art. 529, § 3º CPC/2015"[183].

A mencionada Corte Estadual firmou posicionamento, em recurso repetitivo, segundo o qual "são impenhoráveis salários, vencimentos ou proventos de aposentadoria do executado, ainda quando depositados em conta-corrente, excetuadas, apenas, as hipóteses de execução de alimentos".

Para assegurar o cumprimento da obrigação pelo devedor, pode o credor optar desde logo pela *execução por quantia certa*, embora isto raramente ocorra, por ser de demorada solução. Em regra, só se promove a execução por quantia certa quando o devedor não efetua o pagamento das prestações nem mesmo depois de cumprir a pena de prisão. É que o cumprimento da pena não o exime do pagamento das prestações vencidas (CPC/2015, art. 911; Lei n. 5.478/68, art. 19). Confira-se: "Devedor que, descumprindo a obrigação, cumpre a penalidade de prisão de 60 dias. Circunstância que não extingue a execução da prestação alimentícia. Extinção que só se dá nos casos previstos no art. 794 do CPC [*de 1973; art. 924 do CPC/2015*]"[184].

Se o credor, entretanto, optar pela execução por quantia certa, iniciada esta e efetuada a penhora de bens, inadmissível a postulação, simultaneamente, da prisão do devedor inadimplente. Se, entretanto, não optar por essa forma de cobrança, deverá respeitar uma *ordem de prioridades*, em respeito à liberdade individual do alimentante.

Assim, se o devedor for funcionário público, militar ou empregado sujeito a legislação do trabalho, a primeira opção será pelo *desconto em folha de pagamento* do valor da prestação alimentícia.

Se esses expedientes de exigência do chamado "pagamento direto" mostrarem-se inviáveis, daí sim poderá o credor requerer ao juiz, com base no art. 911 do Código de Processo Civil de 2015, a citação do devedor para, "em três dias, efetuar o pagamento, provar que o fez ou justificar a impossibilidade de efetuá-lo", *sob pena de prisão*.

---

[183] TJSP-Registro 2019.0000344188, 3ª Câm. Dir. Priv., rel. Des. Carlos Alberto de Salles, j. 20-5-2019.
[184] *RT*, 802/218.

O credor não é obrigado a recorrer antes à execução de bens do patrimônio do devedor para, somente depois de frustrada essa modalidade de cobrança, requerer a sua prisão.

Assinala ARAKEN DE ASSIS[185], nessa trilha, que se mostra evidente o intuito dos arts. 16 a 18 da Lei n. 5.478/68 de estabelecer certa ordem ou gradação no uso dos meios executórios: "Primeiro, o desconto em folha; em seguida, a expropriação (de aluguéis e de outros rendimentos); por último, indiferentemente, a expropriação (de quaisquer bens) e a coação pessoal. Entre a coação e a genérica expropriação do patrimônio do alimentante não há qualquer ordem prévia: a indicação dos arts. 732, 733 e 735 [*CPC/73*], observou, agudamente, Sérgio Gischkow Pereira, denota simples disposição numérica crescente dos artigos no estatuto processual".

Por conseguinte, conclui o mencionado autor, "na impossibilidade do desconto e da expropriação de aluguéis e de rendimentos, o credor escolherá, a seu exclusivo talante, a coação ou a expropriação".

O desconto da pensão em folha constitui meio executório de excelsas virtudes, uma vez que o efeito mandamental imediato realiza a obrigação pecuniária do título. Em atenção "ao êxito e à simplicidade do mecanismo do desconto, o art. 16 da Lei 5.478/68 conferiu-lhe total prioridade, sobrepondo-o, inclusive, à coação pessoal. Compete ao credor socorrer-se primeiro dessa modalidade executiva, para só então, frustra ou inútil por razões práticas – por exemplo: desemprego do alimentante –, cogitar de outros expedientes"[186].

A prisão civil por alimentos não tem caráter punitivo. Não constitui propriamente pena, mas meio de coerção, expediente destinado a forçar o devedor a cumprir a obrigação alimentar. Por essa razão, será imediatamente revogada se o débito for pago. Dispõe o art. 528, § 6º, do Código de Processo Civil: "Paga a prestação alimentícia, o juiz suspenderá o cumprimento da ordem de prisão". Só se decreta a prisão, como foi dito, se o devedor, embora solvente, procura frustrar a prestação, e não quando se acha impossibilitado de pagá-la (CF, art. 5º, LXVII).

Não cabe a medida excepcional se o devedor, para se liberar da sanção que lhe é imposta, paga a dívida. A partir daí, ficará ele sujeito apenas à execução patrimonial comum, sem qualquer sanção de índole pessoal[187].

Não há empeço a que terceiro, interessado ou não, para evitar a prisão do devedor, efetue o pagamento do débito alimentar. Desse modo, na execução da

---

[185] *Da execução de alimentos e prisão do devedor*, p. 115.

[186] Araken de Assis, *Da execução*, cit., p. 125.

[187] TJRJ, *RT*, 530/227. *V.* ainda: "Alimentos. Prisão civil. Custódia decretada. Débito quitado no processo em que foi expedida a ordem. Impossibilidade de inclusão de parcelas vincendas durante o curso da ação de execução se estas já estavam sendo cobradas em demandas autônomas" (STJ, *RT*, 807/204).

dívida alimentar devida pelo marido à mulher, o filho do casal tem legítimo interesse em solver o débito e extinguir a obrigação; em primeiro lugar, com o propósito de superar a divergência dos genitores, que tem sempre repercussão em toda a família; depois, para procurar evitar a prisão do pai, com todos os consectários, assim na família como no ambiente social em que vivem seus integrantes; por fim, para evitar forma de execução mais gravosa para o devedor[188].

A jurisprudência dominante entende não poder o juiz decretar, de ofício, a prisão do devedor. Tal decretação depende de requerimento do credor, embora se reconheça ser desnecessário pedido expresso. Este pode ser deduzido do requerimento de instauração do processo de execução na modalidade do art. 733 do Código de Processo Civil de 1973 (arts. 528, § 3º, e 911 do CPC/2015), que prevê a pena de prisão, bastando também expressões como citação do devedor para pagamento "sob as penas da lei" ou "sob as cominações legais"[189].

Não cabe, porém, a prisão por inadimplemento de prestação alimentícia decorrente de responsabilidade civil por ato ilícito[190].

A legitimação para o pedido de prisão é exclusivamente do alimentando ou de seu representante legal, se incapaz. O Ministério Público, como geralmente atua nestas ações apenas como fiscal do processo, em defesa dos interesses do menor (CPC/2015, art. 178, II), não pode pedir a prisão do obrigado. Poderá fazê-lo, entretanto, quando se tratar de promotor da infância e da juventude, colocando-se como substituto processual, com legitimação extraordinária para a iniciativa da ação alimentar em favor do menor, nas hipóteses regidas pelo Estatuto da Criança e do Adolescente (arts. 98, II, e 201, III)[191].

Todavia, reconheceu o *Tribunal de Justiça do Paraná* legitimidade ativa ao Ministério Público para propor execução de alimentos em favor de menores sob a guarda da mãe, em comarca onde inexiste serviço de assistência judiciária gratuita[192]. O Superior Tribunal de Justiça, por sua vez, acolheu pedido do Ministério Público de Minas Gerais para declarar a sua legitimidade ativa para o ajuizamento de ação de alimentos em favor de menor carente e incapaz. Apontou a relatora a legitimidade do *Parquet* para atuar no polo ativo de ações onde não

---

[188] *RT*, 577/62; *RJTJSP*, Lex, 78/335.

[189] TJSP, HC 120.208-1, 7ª Câm. Cív., j. 7-6-1989; *RT*, 547/297 e 548/279; *RJTJSP*, Lex, 70/317.

[190] STJ, REsp 93.948-SP, 3ª T., rel. Min. Eduardo Ribeiro, *DJU*, 1º-6-1998, p. 79; *RT*, 646/124; *JTJ*, Lex, 167/251; *JTA*, Lex, 118/153; *JTARS*, 91/55.

[191] O promotor de justiça, "como *custos legis*, não tem legitimação postulatória para pedir a prisão do devedor de alimentos. Constitui, portanto, constrangimento ilegal a decretação da prisão do devedor de alimentos se não requerida pelo credor" (*RJTJSP*, Lex, 134/381).

[192] *RT*, 806/308.

houver serviço estatal organizado, fundamentado no direito ao acesso ao Judiciário garantido no art. 5º da Constituição[193].

Observa Yussef Cahali que, tendo a Lei n. 8.560/92 atribuído agora legitimação extraordinária ou anômala ao representante do Ministério Público para a ação de investigação de paternidade, "impende reconhecer que, tendo sido sua a iniciativa da ação, estará ele legitimado para promover a execução, em qualquer de suas modalidades, dos 'alimentos provisionais ou definitivos do reconhecido que deles necessite' (art. 7º da referida lei)"[194].

A polêmica a respeito do tema foi dirimida pela *3ª Turma do Superior Tribunal de Justiça*, que asseverou ter o Ministério Público legitimidade extraordinária para o ajuizamento de execução de alimentos em benefício de menor cujo poder familiar é exercido regularmente por genitor ou representante legal. Segundo a relatora, o Ministério Público tem legitimidade para a propositura de execução de alimentos em favor de menor, nos termos do art. 201, III, do Estatuto da Criança e do Adolescente, dado o caráter indisponível do direito à alimentação[195].

Da composição dos textos do Código de Processo Civil e da Lei de Alimentos resulta o entendimento de que a prisão civil do devedor pode ser requerida tanto no caso de não pagamento dos alimentos definitivos como também dos provisórios e provisionais[196].

Quanto ao prazo da prisão civil, há jurisprudência que faz a seguinte distinção: se se trata de alimentos definitivos ou provisórios, o prazo máximo de duração é de sessenta dias, previsto no art. 19 da Lei de Alimentos de rito especial; em caso de falta de pagamento de alimentos provisionais, o prazo máximo é de três meses, estipulado no art. 733, § 1º, do Código de Processo Civil de 1973 (art. 528, § 3º, do CPC/2015).

No entanto, tem prevalecido o critério unitário de duração máxima de sessenta dias, aplicando-se a todos os casos o art. 19 da Lei de Alimentos, por se tratar de lei especial, além de conter regra mais favorável ao paciente da medida excepcional (odiosa restringenda). Ao decretar a prisão o juiz deverá dosar o tempo de duração segundo as circunstâncias, sempre respeitando, porém, o limite máximo de sessenta dias. Caracteriza-se como ilegal a estipulação no que exceder àquele limite[197].

---

[193] STJ, REsp 1.113.590-MG, 3ª T., rel. Min. Nancy Andrighi. Disponível em: <http://www.editoramagister.com>. Acesso em 14-9-2010.

[194] Dos alimentos, cit., p. 1011.

[195] STJ, 3ª T., rel. Min. Nancy Andrighi. Disponível em: <http://www.conjur.com.br>. Acesso em 25-10-2013.

[196] *RTJ*, 104/137; *RT*, 585/261.

[197] STF, *RTJ*, 104/137; TJSP, HC 184.193-1, 6ª Câm. Cív., j. 24-9-1992.

Tendo em vista a circunstância de que a custódia tem por finalidade compelir o devedor a cumprir a sua obrigação, é inadmissível o seu cumprimento sob o benefício do regime domiciliar[198]. Não se confunde a prisão civil, que se caracteriza como meio de coerção, com pena decorrente de condenação criminal[199].

Deferiu-se pedido de *habeas corpus* para autorizar o devedor, preso civilmente por falta de pagamento da pensão alimentícia de suas filhas, a cumprir em regime aberto a segregação imposta, de 60 dias. Dessa forma, permitiu-se ao réu sair do presídio pela manhã e retornar no período noturno para cumprir o prazo remanescente da pena, visto que, recolhido à cela, perderia seu emprego e as últimas chances de cumprir suas obrigações. Embora se reconheça a distinção entre os princípios da prisão civil e daquela de caráter criminal, não há por que deixar de aplicar, na primeira, aspectos previstos na segunda, em relação à natureza do regime de cumprimento das penas[200].

É ineficaz o decreto de prisão omisso quanto ao respectivo prazo. Não é correto o entendimento de que, neste caso, deve-se considerar como correspondente a um mês, que é o mínimo previsto em lei (CPC, art. 733, § 1º). Sendo omisso, é inexequível, ressalvando-se, porém, a possibilidade da decretação por outra decisão que atenda aos ditames legais[201].

O despacho que decreta a prisão do devedor deve ser, conforme iterativa jurisprudência, devidamente fundamentado, com exame, sob pena de nulidade, da justificativa concernente à impossibilidade material do cumprimento da obrigação, a fim de propiciar, inclusive, os indispensáveis elementos para a defesa identificar os motivos da constrição pessoal. Não basta, assim, "a simples remissão, feita pelo despacho, ao art. 733, § 1º, do Código de Processo Civil [*de 1973; art. 528, § 3º, do CPC/2015*], impondo-se uma larga sondagem de fundo das provas. Embora admissível concisão na matéria, de vez que não se trata de sentença, não se permite despacho lacônico, sem a necessária fundamentação[202].

---

[198] No HC 770.915, a Terceira Turma proferiu uma decisão interessante em uma ação de alimentos. A devedora tem um filho de 5 anos, e justificou o atraso no pagamento da pensão alimentícia devido ao desemprego. O juízo entendeu pela aplicação analógica do art. 318, V, do Código de Processo Penal, no sentido de converter a prisão civil em regime fechado para a prisão domiciliar.

[199] *RT*, 818/209.

[200] TJSC, 4ª Câm. Cív., rel. Des. Carlos Adilson Silva. Disponível em: <http://www.editora magister.com>. Acesso em 30-4-2010.

[201] *RT*, 490/373.

[202] Yussef Cahali, Dos alimentos, cit., p. 1050.
"Alimentos. Devedor que apresenta justificação para o não cumprimento da obrigação. Juiz que decreta a custódia sem a apreciação do expediente. Circunstância que leva à presunção de

A prisão civil por débito alimentar "é justificável apenas quando cumpridos alguns requisitos, como nas hipóteses em que for indispensável à consecução do pagamento da dívida; para garantir, pela coação extrema, a sobrevida do alimentando; e quando a prisão representar a medida de maior efetividade com a mínima restrição aos direitos do devedor. A ausência desses requisitos retira o caráter de urgência da prisão civil, que possui natureza excepcional"[203].

Só o descumprimento da prestação alimentícia sujeita o devedor a prisão, não assim o não pagamento de outras verbas, como custas, despesas periciais e honorários de advogado, que não podem ser incluídas no mandado de citação a que se refere o art. 911 do Código de Processo Civil de 2015. Consideram-se tais verbas parcelas autônomas, cuja falta de pagamento não acarreta a medida coercitiva, uma vez que não se admite a prisão civil por dívida, segundo o preceito constitucional do art. 5º, LXVII.

Qualquer acréscimo que se queira fazer à responsabilidade do alimentante desnatura a obrigação alimentar, tornando ilegal a prisão decorrente de seu inadimplemento. Destarte, a parcela das custas e dos honorários deve ser reclamada pelo processo executivo comum, pois a dívida de alimentos que justifica a prisão civil não pode conter débito de outra origem[204].

Caracterizando-se o deferimento da prisão civil, bem como o indeferimento, como decisão interlocutória, o recurso cabível é o *agravo de instrumento*. Como tal recurso não tinha efeito suspensivo, impetrava-se mandado de segurança para a obtenção desse efeito. Hoje, no entanto, com a regulamentação dada ao agravo de instrumento pelo Código de Processo Civil (art. 1.015, parágrafo único), não se justifica mais a impetração do *mandamus*, porque o agravante pode requerer diretamente ao relator que determine a suspensão do cumprimento da decisão agravada até o julgamento do recurso pela turma.

O *Tribunal de Justiça de São Paulo*, considerando estar em jogo, nesses casos, o direito de locomoção, tem admitido a impetração de *habeas corpus* em caso de *evidente ilegalidade*, inadmitindo-o, todavia, quando o impetrante apenas alega impossibilidade econômico-financeira de efetuar o pagamento das prestações alimentícias. Nessa mesma direção pontificou o *Superior Tribunal de Justiça*: "Alimentos. Discussão sobre a possibilidade de o alimentante pagar a pensão e a

---

ausência de fundamentação do despacho que decretou a prisão. Falta de pagamento que, por si só, não justifica a decretação da custódia, devendo o julgador examinar os motivos apresentados para a inadimplência" (*RT*, 788/321).

[203] STJ, 3ª T., rel. Min. Marco Aurélio Bellize, *Revista Consultor Jurídico*, 23-8-2018.

[204] *RT*, 454/338, 594/225, 670/132; *RSTJ*, 25/141; *RTJ*, 123/1184; *RJTJRS*, 175/428.

necessidade do alimentado. Matéria reservada ao juízo competente cível, no mérito da ação de execução, refugindo ao âmbito do *habeas corpus*"[205].

Na realidade, no âmbito restrito do *writ* cabe examinar, tão somente, se a ordem de prisão, atual ou iminente, está conforme às formas legais. Não é possível, pela natureza do procedimento sumário próprio do *habeas corpus*, nem pela sua finalidade, investigar a fundo as questões que dizem respeito ao mérito da lide[206].

Não constitui tal recurso a via própria, como já foi dito, para se examinar se o alimentando tem ou não condições de arcar com o valor da pensão alimentícia. Tem-se admitido a sua impetração, todavia, em casos de evidente ilegalidade, assim se entendendo a falta de fundamentação do decreto de prisão; a inobservância dos princípios de contraditório e da ampla defesa, com citação para pagamento sob pena de prisão sem possibilitar à defesa as alternativas do art. 528, § 3º, do CPC/2015; a incompetência do juízo; a inexistência de cálculo quando necessário; o não exaurimento da execução mediante desconto ou expropriação, segundo a ordem legal de preferências; a fixação do prazo da prisão fora dos limites legais etc.

Cumprida a pena de prisão, o devedor não poderá ser novamente preso pelo não pagamento das mesmas prestações vencidas, mas poderá sê-lo outras vezes mais, quantas forem necessárias, se não pagar novas prestações que se vencerem. Veja-se: "Prisão civil. Alimentos. Renovação pelo não pagamento da mesma dívida. Inadmissibilidade. Ofensa ao princípio da dignidade humana. Alimentante que se qualificou como desempregado. Encarceramento que não surtiu o efeito desejado. Dívida que admite outras formas de execução"[207].

Têm os tribunais proclamado que a prisão civil tem em vista a preservação da vida e somente poderá ser imposta para compelir o alimentante a suprir as necessidades *atuais* do alimentário, representadas pelas três últimas prestações, devendo as pretéritas ser cobradas em procedimento próprio. O *Superior Tribunal de Justiça tem decidido iterativamente, com efeito*: "A execução de alimentos prevista pelo art. 733 do Código de Processo Civil [*de 1973; art. 911 do CPC/2015*] restringe-se às três prestações anteriores ao ajuizamento da execução e às que vencerem no seu curso, conforme precedentes desta Corte"[208].

---

[205] *RT*, 787/183.

[206] *RT*, 559/65. *V.* ainda: "*Habeas corpus*. Via inadequada para o exame aprofundado de provas, não se prestando à verificação do *quantum* que recebe o paciente em sua profissão e o que deve pagar aos seus filhos" (STJ, *RT*, 809/203).

[207] *JTJ*, Lex, 263/240.

[208] HC 30.528, 4ª T., rel. Min. Asfor Rocha, j. 18-11-2003. *V.* ainda: "Prisão civil. Pagamento das três últimas prestações vencidas à data do mandado de citação e as vincendas durante o processo.

Esse reiterado posicionamento resultou na edição da *Súmula 309, do seguinte teor: "O débito alimentar que autoriza a prisão civil do alimentante é o que compreende as três prestações anteriores à citação e as que vencerem no curso do processo"*.

É preciso verificar, contudo, se as prestações pretéritas tornaram-se antigas devido à má-fé e desídia do devedor ou às dificuldades e carências do credor, não se aplicando o referido critério no primeiro caso. Assim, "havendo injustificável desídia do devedor em quitar suas obrigações, notadamente em razão de, à exceção de um mês, nada ter sido pago ao alimentando desde a sentença, admissível a decretação da prisão em relação a todo o débito"[209].

Argumenta-se, para limitar a cobrança pelo rito do art. 911 do Código de Processo Civil às três últimas prestações vencidas, que a execução assim tão célere disciplinada no aludido dispositivo legal, acrescida da coerção através da cominação de sanção privativa de liberdade, só deve ser imposta para que não faltem ao credor alimentos presumidamente indispensáveis à sua sobrevivência.

Se, porém, como consta de aresto emanado do *Superior Tribunal de Justiça*, a cobrança se referir a prestações há muito vencidas, por desídia do credor, em relação às quais não se possa tê-las por indispensáveis à própria sobrevivência do alimentado, o *quantum* delas resultante não significará mais que um crédito como outro qualquer, pelo que sua cobrança deve ser pela forma de execução por quantia certa, como está expresso no art. 913 do Código de Processo Civil de 2015.

Prossegue o citado acórdão afirmando que não é, porém, "só porque as prestações sejam pretéritas, que fica suprimido do credor o direito de buscar o seu cumprimento por aquelas formas austeras e eficazes, como alguns afirmam, com o sedutor argumento de que tendo o credor sobrevivido até então sem a percepção dos alimentos a que teria direito, não haveria mais *o direito à própria sobrevivência*, por aquele tempo pretérito, a ser imediatamente tutelado. Acontece, contudo, que o credor não desidioso, aquele que efetivamente necessitava de alimentos para manter a própria vida, se, não os recebendo, mesmo assim conseguiu sobreviver, certamente ficou de algum modo onerado em decorrência da falta cometida pelo devedor".

Na hipótese em julgamento, sublinha o relator do aludido *decisum*, "ainda que algumas das prestações postuladas sejam passadas, não ficou demonstrada nenhuma desídia da credora-recorrida para a sua cobrança e o seu recebimento. Ao contrário, o devedor-recorrente dificultou a sua cobrança, reteve os autos, só

Ato que, ao ser efetivado, evita a prisão do devedor" (STJ, *RT*, 809/203); "Prisão civil. Pensão alimentícia. Medida que só se justifica no que tange à falta de pagamento das prestações vencidas nos três meses anteriores à propositura da execução, e àquelas vencidas no decurso do respectivo processo" (STJ, *RT*, 810/165). No mesmo sentido: *RT*, 791/200 e 801/141.

[209] STJ, REsp 157.664-SP.

os devolvendo por meio de busca e apreensão intentada pela recorrida, além de terem sido estabelecidas algumas demandas envolvendo as mesmas partes e os três filhos do casal".

Com tais fundamentos, foi mantida a decisão que decretou a prisão do recorrente em virtude do não pagamento de prestações alimentícias referentes a longo período e não apenas às três últimas prestações vencidas e às vincendas no curso da execução[210].

Não pode o magistrado impor, de ofício, o rito do art. 911 do Estatuto Processual somente para a cobrança das três últimas prestações, cindindo-se a das pretéritas pelo rito do art. 913. Tal determinação não está incluída nos poderes do juiz. Malgrado o débito se tenha acumulado por desídia do devedor, assiste ao credor o direito de optar pela forma de execução que melhor possibilite a cobrança das prestações em atraso, quando evidenciada a inocuidade das outras vias judiciais. Se o devedor não possuir bens penhoráveis, a cisão judicial estabelecerá restrição a um direito do credor, porque, na prática, estará o juiz, de ofício, perdoando a dívida anterior ao trimestre.

Nada impede, todavia, que o juiz, após a justificativa apresentada, apreciando o caso concreto, chegue à conclusão de que as prestações anteriores ao trimestre ou semestre tenham perdido seu conteúdo alimentar e que não tenha sido voluntário o inadimplemento. O aludido art. 911 do diploma processual não sujeita à limitação de períodos o direito à exigibilidade dos alimentos pela via célere nele inserida.

Nesse sentido decidiu o *Tribunal de Justiça de São Paulo*: "Alimentos. Execução. Magistrado que determina a cisão do pedido, com a finalidade de que seja observado para as parcelas mais antigas do débito o procedimento da execução por quantia certa contra devedor solvente. Escolha do procedimento a ser seguido que é uma faculdade dada ao credor do débito alimentício"[211].

No caso de prestações vencidas no curso da execução, não se aplica a jurisprudência que restringe a prisão ao pagamento das três últimas parcelas. Se "o credor por alimentos tarda em executá-los, a prisão civil só pode ser decretada quanto às prestações dos últimos três meses. Situação diferente, no entanto, é das prestações que vencem após o início da execução. Nesse caso, o pagamento das três últimas prestações não livra o devedor da prisão civil. A não ser assim, a duração do processo faria por beneficiá-lo, que seria maior ou menor, conforme os obstáculos e incidentes por ele criados (...) A ponto de que a cada dois anos provavelmente pagaria as três últimas prestações, para se livrar da prisão, as restantes sujeitando-se à cobrança pelos meios comuns, de duvidosa eficácia[212].

---

[210] REsp 137.149-RJ, 4ª T., rel. Min. Asfor Rocha, *DJU*, 9-11-1998, *RSTJ*, 116/273.

[211] *RT*, 785/218; TJSP, AgI 152.863.4/7-SP, 3ª Câm. Dir. Priv., rel. Des. Carlos Roberto Gonçalves; TJSP, AgI 114.802-4/1-SP, 3ª Câm. Dir. Priv., rel. Des. Alfredo Migliore.

[212] STJ, REsp 278.734-RJ.

A quitação parcial do débito relativo à pensão alimentícia não tem o condão de elidir a dívida e, por isso, não gera a revogação do decreto prisional, expedido por falta de pagamento da obrigação[213].

Tem a jurisprudência proclamado que, se o processo de execução de alimentos é suspenso por força de acordo entre as partes, o inadimplemento deste "autoriza o restabelecimento da ordem de prisão anteriormente decretada, independentemente de nova citação do devedor. Basta a intimação do respectivo procurador"[214].

Efetivamente, as Turmas que compõem a *2ª Seção do Superior Tribunal de Justiça* assentaram que a celebração de acordo nos autos de execução de alimentos, por si só, não impede a efetivação da prisão civil do devedor se o mesmo não cumprir o avençado[215].

Foi dito, no Capítulo XI, item 4.7, *retro*, que um dos motivos para o casal optar pelo divórcio judicial e não pelo extrajudicial consiste no fato de ser imprescindível a prolação de decisão judicial para que, havendo, no futuro, eventual descumprimento da obrigação alimentícia pelo devedor, possa o credor (alimentando) utilizar o procedimento especial de execução de alimentos (CPC/2015, art. 911), através da coerção pessoal consistente na prisão civil do alimentante.

Com efeito, a escritura pública não constitui decisão judicial e, por esse motivo, não autoriza o pedido de prisão civil do devedor. Entretanto, caso essa forma tenha sido utilizada, poderá o credor da pensão inadimplida levar a escritura pública a protesto, com base no art. 1º da Lei n. 9.492, de 10 de setembro de 1997, que prevê expressamente o protesto das dívidas constantes em documentos, enquadrando-se nessas hipóteses a obrigação alimentar estipulada na escritura pública.

A premissa n. 4, publicada na Edição 77 da ferramenta *Jurisprudência em Teses* do *Superior Tribunal de Justiça*, de março de 2017 (Alimentos II), assim dispõe: "O cumprimento da prisão civil em regime semiaberto ou em prisão domiciliar é excepcionalmente autorizado quando demonstrada a idade avançada do devedor de alimentos ou a fragilidade de sua saúde".

Mesmo preso, pai não fica isento de pagar pensão para filho menor. Segundo a *3ª Turma do Superior Tribunal de Justiça*, o fato de estar preso não isenta o alimentante de seu dever para com o alimentado, pois existe a possibilidade de exercer atividade remunerada no cárcere.

---

[213] TJRS, Ap. 70.013.980.990, rel. Des. Luiz Felipe Brasil Santos, j. 25-1-2006.

[214] STJ, HC 16.602-SP, 3ª T., rel. Min. Ari Pargendler, j. 7-8-2001.

[215] STJ, HC 20.369-SP, 3ª T., rel. Min. Menezes Direito, j. 26-3-2002. No mesmo sentido: STJ, REsp 401.273-SP, 4ª T., rel. Min. Aldir Passarinho Jr., j. 25-2-2003; HC 71.527-SP, 3ª T., rel. Min. Menezes Direito, j. 10-4-2007; TJSP, Ap. 134.410-4-DP, 10ª Câm. Dir. Priv., rel. Des. Souza José, j. 22-2-2000, v. u.; AgI 81.367-4-Jaú, 8ª Câm. Dir. Priv., rel. Des. César Lacerda, j. 16-9-1998, v. u.

Segundo o Relator, Min. Marco Aurélio Bellizze, o direito aos alimentos "é um direito social previsto na CRFB/1988, intimamente ligado à concretização do princípio da dignidade da pessoa humana. Assim, a finalidade social e existencial da obrigação alimentícia a torna um instrumento para concretização da vida digna e a submete a um regime jurídico diferenciado, orientado por normas de ordem pública. Os alimentos devidos pelos pais aos filhos menores decorrem do poder familiar, de modo que o nascimento do filho faz surgir para os pais o dever de garantir a subsistência de sua prole, cuidando-se de uma obrigação personalíssima. Não se pode afastar o direito fundamental do menor à percepção dos alimentos ao argumento de que o alimentante não teria condições de arcar com a dívida, sendo ônus exclusivo do devedor comprovar a insuficiência de recursos financeiros. Ademais, ainda que de forma mais restrita, o fato de o alimentante estar preso não impede que ele exerça atividade remunerada. O reconhecimento da obrigação alimentar do genitor é necessário até mesmo para que haja uma futura e eventual condenação de outros parentes ao pagamento da verba, com base no princípio da solidariedade social e familiar, haja vista a existência de uma ordem vocativa obrigatória. Recurso especial desprovido"[216].

Tendo sido expedido mandado de prisão em desfavor do devedor, mesmo ocorrendo a subsistência de dívida alimentar deve ocorrer a prisão, porém domiciliar[217], em face do Covid-19. Assim decidiu o *Tribunal de Justiça de São Paulo*[218].

A professora Patrícia Carvalho Rabelo comentou, na Revista *Consultor Jurídico*, de 29 de maio de 2021, que a pandemia da Covid-19 "trouxe vários impactos e debates ao meio jurídico, entre os quais ganhou relevo o relacionado à possibilidade de prisão do devedor de alimentos". E indagou se "seria coerente esse meio coercitivo durante o período de pandemia". Atento e preocupado com a situação, "o Conselho Nacional de Justiça (CNJ) fez a recomendação n. 62, de 17 de março de 2020, dispondo, em seu artigo 6º, que os juízes considerassem a possibilidade de que a prisão civil em face de dívidas alimentícias se dessem [*sic*] de forma domiciliar, em atenção aos riscos da disseminação da doença. E foi nesse sentido que o *Superior Tribunal de Justiça* passou a decidir, como consta no Informativo de Jurisprudência n. 671.

A mencionada professora jurista afirmou que "o Congresso Nacional, por sua vez, editou a Lei n. 14.010/2020, que trouxe, em regime emergencial e

---

[216] STJ, REsp 1.886.554-DF, rel. Min. Marco Aurélio Bellizze, j. 24-11-2020.

[217] Inclusive, admitiu-se a prisão civil de advogados devedores de alimentos. Determinou-se o recolhimento em presídios, diante da existência de instalações com comodidades condignas e em áreas separadas dos outros detentos, em oposição ao pleito por prisão domiciliar. HC 759.953/SP; HC 740.531-SP.

[218] TJSP, Habeas Corpus 2017916-81.2021.8.26.0000, rel. Des. César Peixoto, j. 10-3-2021.

transitório, novas regras nas relações jurídicas de direito privado, entre as quais a situação do devedor de alimentos, ante à decretação da prisão civil. De acordo com o artigo 15 dessa Lei, até 30 de outubro de 2020, a prisão em decorrência de dívida alimentícia deveria ser cumprida exclusivamente sob a modalidade domiciliar. Mas, após essa data, não houve a reedição da norma. Então, volta a questão: o devedor de alimentos poderá, durante o período de pandemia, estar sujeito à prisão em regime fechado ou deve continuar em regime domiciliar? Apesar de a Lei não ter sido reeditada, o CNJ, por meio da Recomendação n. 78, de 15 de setembro de 2020, em seu artigo 155 prorrogou a vigência das disposições da Recomendação 62/2020 por mais 180 dias. Ocorre que a pandemia vem durando por muito mais tempo do que se poderia imaginar. Então, em 15 de março deste ano (2021), o CNJ, por meio da Recomendação n. 91, considerando a subsistência da pandemia e a eclosão de variantes virais ainda mais contagiantes e letais, estendeu as disposições da Recomendação 62/2020 até 31 de dezembro".

Concluindo, aduziu a mencionada professora: "Sabe-se que a possibilidade de prisão em regime fechado é uma das medidas mais eficazes para a satisfação do crédito alimentar. Nessa perspectiva, sem dúvida, esse meio coercitivo perde forma na modalidade domiciliar. Surge, então, outro desafio: buscar novas técnicas executivas, como possibilita o artigo 139, inciso IV, do Código de Processo Civil, que possam surtir efeito semelhante. Infelizmente, a pensão alimentícia deveria ser prioridade máxima entre as obrigações do alimentante. Entretanto, é comum o não cumprimento a contento da obrigação, em razão de desavenças subjacentes, provenientes do rompimento da sociedade conjugal, por exemplo, prejudicando a parte mais vulnerável desse sistema familiar: os filhos".

O pai deve pagar pensão mesmo se filho morar com padrasto rico. Com efeito, decidiu o *Tribunal de Justiça do Rio de Janeiro* que "O fato de o réu residir com o padrasto e este gozar de confortável condição financeira em nada interfere na obrigação de o autor prestar os alimentos, pois cabe ao pai o dever de sustento do filho. Manifesta a necessidade do réu, adolescente de 15 (quinze) anos de idade com despesas de moradia, vestuário, alimentação, lazer, saúde e estudos, e a possibilidade do autor, empresário, engenheiro, com movimentação financeira e patrimônio consideráveis"[219].

---

[219] TJRJ, Apel. 0016459-71.201.68.19.0209, rel. Des. Henrique Carlos de Andrade Figueira, j. 9-2-2021.

6. ALIMENTOS GRAVÍDICOS

Como mencionado no item 3.4, *retro*, uma considerável parcela da jurisprudência *tem reconhecido a legitimidade processual do nascituro, representado pela mãe, para propor ação de alimentos ou ação de investigação de paternidade com pedido de alimentos*. Mesmo a corrente que franqueia ao nascituro o acesso ao Judiciário impõe-lhe, porém, como requisito, a demonstração prévia do vínculo de paternidade, como o exige o art. 2º da Lei de Alimentos (Lei n. 5.478, de 25-7-1968).

A Lei n. 11.804, de 5 de novembro de 2008, que regulou os alimentos gravídicos, veio resolver esse problema, conferindo legitimidade ativa à própria gestante para a propositura da ação de alimentos. O objetivo da referida lei, em última análise, é proporcionar um nascimento com dignidade ao ser concebido.

Alimentos gravídicos, segundo o art. 2º da citada Lei, são os destinados a cobrir as despesas adicionais do período de gravidez e que sejam dela decorrentes, da concepção ao parto. Compreendem inclusive (o rol não é taxativo) os referentes a "alimentação especial, assistência médica e psicológica, exames complementares, internações, parto, medicamentos e demais prescrições preventivas e terapêuticas indispensáveis, a juízo do médico, além de outras que o juiz considerar pertinentes".

Preceitua o art. 1º da lei em epígrafe: "*Esta Lei disciplina o direito de alimentos da mulher gestante e a forma como será exercido*". A legitimidade para a propositura da ação de alimentos é, portanto, da *mulher gestante*, independentemente de qualquer vínculo desta com o suposto pai. Basta a existência de *indícios de paternidade*, para que o juiz fixe os alimentos gravídicos, que perdurarão até o nascimento da criança (art. 6º). Ao fazê-lo, o juiz sopesará as necessidades da parte autora e as possibilidades da parte ré.

A legitimidade passiva foi atribuída exclusivamente ao suposto pai, não se estendendo a outros parentes do nascituro. Compete à gestante o ônus de provar a necessidade de alimentos. O suposto pai não é obrigado a arcar com todas as despesas decorrentes da gravidez, pois o parágrafo único do art. 2º da lei em apreço proclama que "os alimentos de que trata este artigo referem-se à parte das despesas que deverá ser custeada pelo futuro pai, considerando-se a contribuição que também deverá ser dada pela mulher grávida, na proporção dos recursos de ambos".

Dispõe o parágrafo único do art. 6º da referida Lei que, "após o nascimento com vida, os alimentos gravídicos ficam convertidos em pensão alimentícia em favor do menor até que uma das partes solicite a sua revisão". Quando do nascimento, os alimentos gravídicos mudam de natureza, convertem-se em favor do filho, apesar de o encargo do poder familiar ter parâmetro diverso, pois deve garantir ao credor o direito de desfrutar da mesma condição social do devedor.

A propósito, comenta FLÁVIO YARSHELL: "Portanto, convém desde logo adiantar que a singela conversão ditada pelo suprarreferido parágrafo único do art. 6º é, com o devido respeito, equivocada. É um erro proporcionar alimentos durante a gestação na perspectiva do padrão econômico-financeiro que se projeta para o momento posterior ao nascimento com vida, assim como é um equívoco supor que os parâmetros de fixação dos alimentos durante a gestação bastem ou que sejam adequados para o momento posterior"[220].

Mais adiante, aduz o mencionado autor: "Aliás, em termos estritamente processuais, é de se duvidar que o objeto do processo – o pedido, à luz da causa de pedir – possa ao mesmo tempo abranger alimentos devidos em função da gravidez e os alimentos devidos para o momento subsequente. Como o modelo brasileiro é do tipo rígido, com fases bem marcadas e sujeito a preclusões, que inclusive atingem os atos postulatórios e determinam a chamada estabilização da demanda (CPC [de 1973], arts. 264 e 294), não parece possível simplesmente permitir que, a partir do nascimento, sejam alterados os fatos constitutivos da pretensão e também o pedido. Vedação dessa ordem, diga-se, não é ditada apenas por limitações legais, mas decorrem da garantia constitucional do contraditório, à luz da qual o dispositivo mencionado deve ser interpretado. Por outro lado, não parece possível formular pedido com base em fatos incertos – não se sabe ainda, concretamente, quais as necessidades reais de alguém que ainda sequer nasceu com vida – porque isso ou tornaria inepta a inicial ou, novamente, prejudicaria a defesa".

Nessa linha, não admite FLÁVIO MONTEIRO DE BARROS possa o juiz estabelecer um valor para a gestante, até o nascimento e, atendendo ao critério da proporcionalidade, fixar alimentos para o filho, a partir do seu nascimento. Frisa o mencionado autor que a ação de alimentos gravídicos não tem o objetivo de criar vínculo definitivo de paternidade. Não se pode olvidar, afirma, que o suposto pai, que figura como réu nessa ação, é condenado a pagar alimentos com base em meros indícios de paternidade. Logo, as verbas alimentares não podem ultrapassar o conteúdo fixado pela Lei n. 11.804/2008, cujo objetivo é a tutela dos direitos do nascituro e da gestante. Para que o valor dos alimentos abranja outras despesas, como educação, alimentação, habitação, saúde etc., "é essencial a propositura de outra ação, seja apenas de alimentos ou investigação de paternidade cumulada com alimentos, na qual se permitirá a ampla discussão da paternidade, realizando-se, inclusive, os exames periciais pertinentes. Ademais, cumpre ressaltar que a mãe, na ação de alimentos gravídicos, no que tange aos alimentos devidos a partir

---

[220] Temas de direito processual na Lei 11.804/2008 (ação de alimentos "gravídicos") – III, *Carta Forense*, 3-2-2009.

do nascimento, figura como substituta processual de seu filho, defendendo em nome próprio interesse alheio, e, como se sabe, a substituição processual só é cabível nos casos expressos em lei, de modo que ela não pode pleitear outras verbas que não aquelas compreendidas na Lei n. 11.804/2008"[221].

O posicionamento do *Superior Tribunal de Justiça* a respeito dessa questão está refletido em acórdão da 3ª Turma, com a seguinte ementa:

"1. Os alimentos gravídicos, previstos na Lei n. 11.804/2008, *visam a auxiliar a mulher gestante nas despesas decorrentes da gravidez, da concepção ao parto*, sendo, pois, a gestante a beneficiária direta dos alimentos gravídicos, ficando, por via de consequência, resguardados os direitos do próprio nascituro.

2. Com o nascimento com vida da criança, os alimentos gravídicos concedidos à gestante serão convertidos automaticamente em pensão alimentícia em favor do recém-nascido, com mudança, assim, da titularidade dos alimentos, sem que, para tanto, seja necessário pronunciamento judicial ou pedido expresso da parte, nos termos do parágrafo único do art. 6º da Lei n. 11.804/2008.

3. Em regra, a ação de alimentos gravídicos não se extingue ou perde seu objeto com o nascimento da criança, pois os referidos alimentos ficam convertidos em pensão alimentícia até eventual ação revisional em que se solicite a exoneração, redução ou majoração do valor dos alimentos ou até mesmo eventual resultado em ação de investigação ou negatória de paternidade"[222].

O *Tribunal de Justiça do Rio Grande do Sul*, examinando o preenchimento dos requisitos para a obtenção dos alimentos gravídicos *ab initio*, decidiu que, nos casos *sub judice*, foram levados aos autos "elementos suficientes acerca da existência de um namoro existente entre as partes. A agravante demonstra a coabitação com o agravado em período compatível com a concepção (contrato de locação e comprovante de residência). Além disso, há fotos das partes datadas de abril de 2008, o que vem ao encontro da tese da autora. A gravidez de C., por sua vez, está comprovada pelo exame de sangue de fls. 22. Ainda que não se trate de provas cabais acerca da paternidade do agravado, não se pode negar que há indícios suficientes para corroborar a versão da autora. Quanto ao valor a título de alimentos, a regra permanece a mesma prevista no art. 1.694 do Código Civil, no sentido de serem fixados de acordo com as necessidades do alimentado e possibilidades do alimentante. Na hipótese, havendo notícia de que o varão seja funcionário de uma empresa, fixo alimentos gravídicos no montante de 15% de seus rendimentos"[223].

---

[221] Alimentos gravídicos, *Boletim 03/09*, Jornal do Curso FMB, 2009.
[222] STJ, REsp 1.629.423, 3ª T., rel. Min. Marco Aurélio Bellizze, j. 6-6-2017.
[223] TJRS, AgI 70.028.667.988-Palmares do Sul, 8ª Câm. Cív., rel. Des. Claudir Fidélis Faccenda, j. 6-3-2009.

Observe-se que o Tribunal não seguiu a praxe de fixar alimentos provisórios em 30% dos ganhos do alimentante, arbitrando-os em apenas 15%, uma vez que o parágrafo único do art. 2º da Lei n. 11.804/2008 recomenda que, além do futuro pai, a mulher grávida também dê a sua contribuição para o pagamento das despesas com a gestação, na "proporção dos recursos de ambos".

A petição inicial da ação de alimentos gravídicos deve vir instruída com a comprovação da gravidez e dos indícios de paternidade do réu (por exemplo, cartas, *e-mails* ou outro documento em que o suposto pai admite a paternidade; comprovação da hospedagem do casal em hotel, pousada ou motel, no período da concepção; fotografias que comprovem o relacionamento amoroso do casal no período da concepção etc.).

"Embora possível o deferimento liminar de alimentos, em se tratando de ação de alimentos gravídicos imperioso que a demanda esteja instruída com elementos de prova que conduzam à reclamada paternidade. Na ausência de qualquer prova acerca da paternidade, inviável a fixação de alimentos provisórios"[224].

Os indícios de paternidade devem ser analisados sem muito rigor pelo juiz, ao decidir pela concessão ou não dos alimentos gravídicos, determinou o *Tribunal de Justiça do Rio Grande do Sul*. Caso contrário, frisou o relator, diante da dificuldade na comprovação do vínculo de parentesco, não se atenderá à finalidade da lei, que é proporcionar ao nascituro um desenvolvimento sadio. Com esse entendimento, a aludida Corte considerou procedente o pedido de uma gestante na ação de alimentos gravídicos movida contra seu ex-companheiro, suposto pai do bebê. Os desembargadores aceitaram como indício de paternidade uma nota fiscal da compra de um carrinho de bebê, em nome do suposto pai[225].

O Juiz não pode determinar a realização de exame de DNA por meio da coleta de líquido amniótico, em caso de negativa da paternidade, porque pode colocar em risco a vida da criança, além de retardar o andamento do feito. Todavia, após o nascimento com vida, o vínculo provisório da paternidade pode ser desconstituído mediante ação de exoneração da obrigação alimentícia, com a realização do referido exame.

---

[224] TJRS, Ap. 70.057.722.688, 7ª Câm. Cív., rel. Des. Jorge Luís Dall'Agnol, j. 18-12-2013.

[225] TJRS, AgI 70.046.905.147, 8ª Câm. Cív., rel. Des. Ricardo Moreira. Disponível em: <http://www.conjur.com.br>. Acesso em 21-5-2012. O mesmo Tribunal assentou posteriormente: "As mensagens trocadas entre as partes são suficientes a demonstrar plausibilidade na indicação de paternidade realizada pela agravante, decorrente de relacionamento mantido no período concomitante à concepção, restando autorizado o deferimento dos alimentos gravídicos" (TJRS, Ap. 70.080.929.268, 8ª Câm. Cív., rel. Des. Ricardo Moreira, *DJe* 3-6-2019).

Prescrevia o art. 9º do projeto de lei que resultou na citada Lei n. 11.804/2008 que, "em caso de resultado negativo do exame pericial de paternidade, o autor responderá, objetivamente, pelos danos materiais e morais causados no réu". Tal dispositivo foi vetado, uma vez que afrontava o princípio constitucional do acesso à justiça, prevendo a obrigação da mulher gestante de indenizar o suposto pai pelo simples fato de havê-lo acionado judicialmente.

Entretanto, embora afastada a responsabilidade objetiva da autora da ação, resta a possibilidade de ser esta responsabilizada com base no art. 186 do Código Civil, que exige, para tanto, como regra geral, prova de dolo ou da culpa em sentido estrito do causador do dano. O problema é que, neste caso, qualquer grau de culpa, mesmo a levíssima, pode ser considerada pelo julgador (*in lege Aquilia et levissima culpa venit*) – o que poderia desencorajar a mulher grávida de propor ação de alimentos gravídicos, para não correr o risco de, no caso de insucesso da empreitada, vir a ser condenada a indenizar o suposto pai.

Afigura-se-nos, neste caso, razoável afirmar que não se pode ser rigoroso na apreciação da conduta da mulher gestante, sob pena de se criar uma excessiva restrição ao direito de postular em juízo, que constituiria um perigoso risco para quem se dispusesse a exercê-lo. Deve-se aplicar o mesmo critério recomendado para o caso de oposição, de má-fé, de impedimentos ao casamento, comentado no Título I, Capítulo V, item 1.3, retro, qual seja: somente a culpa que revele uma total ausência de cautelas mínimas por parte da mulher pode justificar a sua responsabilização, afastando-se as hipóteses de culpa levíssima e até mesmo da culpa leve. Somente o dolo ou culpa grave serviriam de fundamento para a sentença condenatória.

Julgada improcedente a ação de alimentos, descabe ação de repetição de indébito por parte do suposto pai, relativa aos pagamentos efetuados, em virtude do princípio da *irrepetibilidade* dos alimentos (*v.* item 3.2, letra "h", *retro*).

Na *V Jornada de Direito Civil do Conselho da Justiça Federal foi aprovado o Enunciado n. 522, com a seguinte redação:*

"Cabe prisão civil do devedor nos alimentos gravídicos estabelecidos com base na Lei n. 11.804/2008, inclusive deferidos em qualquer caso de tutela de urgência".

Título IV
DO BEM DE FAMÍLIA

Sumário: 1. Introdução. 2. Bem de família voluntário. 3. Bem de família obrigatório ou legal.

1. INTRODUÇÃO

A instituição do bem de família, segundo CAIO MÁRIO DA SILVA PEREIRA, *"é uma forma da afetação de bens a um destino especial que é ser a residência da família, e, enquanto for, é impenhorável por dívidas posteriores à sua constituição, salvo as provenientes de impostos devidos pelo próprio prédio"*[1].

Não sofre a coisa, como objeto de relação jurídica, alteração essencial na sua natureza, pois continua sendo de propriedade do instituidor ou beneficiário, mas afetada a uma finalidade e condição: ser utilizada como domicílio dos membros da família. *O bem de família é, em verdade, um direito, não se confundindo com o imóvel residencial sobre o qual incide.*

Consoante a lição de ÁLVARO VILLAÇA AZEVEDO, *"o bem de família é um meio de garantir um asilo à família, tornando-se o imóvel onde ela se instala domicílio impenhorável e inalienável, enquanto forem vivos os cônjuges e até que os filhos completem sua maioridade"*[2].

A sua origem remonta ao início do século XIX, quando o Estado do Texas, em consequência da grave crise econômica que assolou os Estados Unidos da América do Norte, promulgou uma lei (*homestead act*) em 1839, permitindo que ficasse isenta de penhora a pequena propriedade, sob a condição de sua destinação à residência do devedor. Surgiu, assim, o instituto do *homestead*, que se integrou

---

[1] *Instituições de direito civil*, v. 5, p. 557-558.
[2] *Comentários ao Código Civil*, v. 19, p. 11.

na legislação de quase todos os Estados norte-americanos e passou para o direito de outros países.

No Brasil, além da legislação ordinária que será a seguir mencionada, o princípio foi acolhido, em benefício do pequeno produtor rural, na Carta Magna de 1988, cujo art. 5º, XXVI, proclama que "a pequena propriedade rural, assim definida em lei, desde que trabalhada pela família, não será objeto de penhora para pagamento de débitos decorrentes de sua atividade produtiva, dispondo a lei sobre os meios de financiar o seu desenvolvimento".

No direito norte-americano, o instituto representava a simples isenção de penhora sobre o pequeno imóvel, de até cinquenta acres, rural ou urbano. Com algumas variações, sistemas similares foram adotados em países como Suíça, Espanha, Portugal e Chile, como designações diferentes, tendo, porém, como ponto comum o fato de constituir exceção ao princípio do direito das obrigações, universalmente aceito, de que o patrimônio do devedor responde por suas dívidas perante os credores (CC de 2002, art. 391; CPC/2015, art. 789).

O instituto do bem de família foi introduzido no direito brasileiro pelo Código Civil de 1916, que dele cuidava em quatro artigos (70 a 73), no Livro II, intitulado "Dos Bens". O Decreto-Lei n. 3.200, de 19 de abril de 1941, também tratou da matéria nos arts. 8º, § 5º, e 19 a 23, estabelecendo valores máximos dos imóveis. Essa limitação foi afastada pela Lei n. 6.742, de 1979, possibilitando a isenção de penhora de imóveis de qualquer valor. O art. 1.711 do Código Civil de 2002 voltou, no entanto, a limitar o valor do imóvel, quando existentes outros também residenciais, a um terço do patrimônio líquido do instituidor.

Os arts. 20 a 23 do mencionado Decreto-Lei n. 3.200 complementavam o Código Civil, disciplinando o modo de instituição e de extinção do bem de família, bem como os procedimentos necessários. Outros diplomas legais também cuidaram do bem de família, como a Lei n. 6.015/73 (Lei dos Registros Públicos, arts. 260 a 265) e o Código de Processo Civil de 1973 (art. 1.218, VI).

Posteriormente, adveio nova modalidade de bem de família, imposto pelo próprio Estado por norma de ordem pública (Lei n. 8.009, de 29 de março de 1990), em defesa da entidade familiar. Surgiu assim o bem de família *obrigatório*, também denominado *involuntário* ou *legal*. Segundo ÁLVARO VILLAÇA AZEVEDO, "nessa lei emergencial, não fica a família à mercê de proteção, por seus integrantes, mas defendida pelo próprio Estado, de que é fundamento"[3].

Sobreveio, finalmente, o Código Civil de 2002, que deslocou a matéria para o direito de família, no título referente ao direito patrimonial (arts. 1.711 a 1.722),

---

[3] *Bem de família, com comentários à Lei n. 8.009/90*, p. 158-159.

disciplinando, todavia, somente o bem de família voluntário. Deixou de incorporar em seu texto a repercussão que o bem de família involuntário ou legal regulado pela Lei n. 8.009/90 trouxe em benefício das entidades familiares, malgrado a ressalva, feita no art. 1.711, de serem "mantidas as regras sobre a impenhorabilidade do imóvel residencial estabelecida em lei especial".

Diante disso, *coexistem na legislação civil, atualmente, duas espécies de bem de família, ambas incidindo sobre bens imóveis, e móveis àqueles vinculados: a) o voluntário, decorrente da vontade dos cônjuges, companheiros ou terceiro; e b) o involuntário ou obrigatório, resultante de estipulação legal (Lei n. 8.009/90).* O primeiro, no entanto, só se verifica quando o proprietário tem dois ou mais imóveis residenciais e deseja optar por um deles, para mantê-lo protegido, e o fizer mediante escritura pública ulteriormente registrada. Toda a minuciosa regulamentação do instituto no novo diploma pouca aplicação prática tem, pois concerne apenas ao bem de família voluntário, que raramente é instituído.

O Projeto de Lei 634-B, encaminhado ao Congresso Nacional para a aprovação de um novo Código Civil para o país, não cogitava do bem de família obrigatório. Este só surgiu entre nós com o advento da mencionada Lei n. 8.009/90. Como refere RICARDO ARCOVERDE CREDIE, "hoje a modalidade facultativa é exclusivamente subsidiária do bem de família obrigatório. O novo Código Civil, sem ter atualizado o Projeto de 1975, não levou em conta esta realidade, ao regular somente o voluntário, como se ele ainda estivesse no seu apogeu e no esplendor liberal-individualista"[4].

A emenda, que ressalvou e manteve, no aludido art. 1.711 do Código Civil, a impenhorabilidade do imóvel residencial estabelecida em lei especial, ou seja, na Lei n. 8.009/90, foi oferecida na fase final de tramitação do projeto no Congresso Nacional. Foi ela apresentada pelo Deputado RICARDO FIUZA à última hora, quando do retorno do projeto à Câmara, dando nova redação ao dispositivo em epígrafe para contemplar também a entidade familiar (o projeto original referia-se apenas a "cônjuges") e retirar a limitação do valor do bem a mil vezes o salário mínimo.

Obtempera, em linha conclusiva, o mencionado RICARDO ARCOVERDE CREDIE: "Sem que houvesse a revogação total das disposições do Código Civil a respeito – limitando-se à hipótese de coexistirem no mesmo patrimônio dois ou mais bens passíveis de uso residencial pela família, repita-se –, a conviverem assim as normas respectivas, tenho hoje ser possível definir o bem de família como *o direito de imunidade relativa à apreensão judicial, que se estabelece, havendo cônjuges ou entidade familiar, primeiro por força de lei e em alguns casos ainda por manifestação de vontade, sobre imóvel urbano ou rural, de domínio e/ou posse de integrante,*

---

[4] *Bem de família*: teoria e prática, p. 2.

*residência efetiva desse grupo, que alcança ainda os bens móveis quitados que a guar-
neçam, ou somente esses em prédio que não seja próprio, além das pertenças e alfaias,
eventuais valores mobiliários afetados e suas rendas"[5].*

2. BEM DE FAMÍLIA VOLUNTÁRIO

Dispõe o art. 1.711 do Código Civil:

*"Podem os cônjuges, ou a entidade familiar, mediante escritura pública ou testa-
mento, destinar parte de seu patrimônio para instituir bem de família, desde que não
ultrapasse um terço do patrimônio líquido existente ao tempo da instituição, mantidas
as regras sobre a impenhorabilidade do imóvel residencial estabelecida em lei especial".*

*Parágrafo único. O terceiro poderá igualmente instituir bem de família por testa-
mento ou doação, dependendo a eficácia do ato da aceitação expressa de ambos os
cônjuges beneficiados ou da entidade familiar beneficiada".*

*O dispositivo em apreço permite, pois, aos cônjuges ou à entidade familiar a
constituição do bem de família, mediante escritura pública ou testamento, não podendo
seu valor ultrapassar um terço do patrimônio líquido do instituidor existente ao tempo
da instituição. Ao mesmo tempo, declara mantidas as regras sobre a impenhorabilidade
do imóvel residencial estabelecida em lei especial.*

Assim, como foi dito, só haverá necessidade de sua criação pelos meios
retromencionados na hipótese do parágrafo único do art. 5º da Lei n. 8.009/90,
ou seja, quando o casal ou entidade familiar possuir vários imóveis, utilizados
como residência, e não desejar que a impenhorabilidade recaia sobre o de menor
valor. Neste caso, deverá ser estabelecido o bem de família mediante escritura
pública, registrada no Registro de Imóveis, na forma do art. 1.714 do Código Civil,
escolhendo-se um imóvel de maior valor para tornar-se impenhorável.

Deve-se relembrar que o bem de família regulado no dispositivo retrotranscrito é o *voluntário, convencional,* equivalente ao que era mencionado nos
arts. 70 a 73 do Código Civil de 1916. E que, como observa Zeno Veloso,
"não apenas a família matrimonializada, mas a que se constituiu pela união
estável, pode usar da faculdade legal. No entanto, é preciso observar e dar
concretitude ao disposto no art. 226, § 4º, da Constituição Federal: 'Entende-
-se, também, como entidade familiar a comunidade formada por qualquer dos
pais e seus descendentes'"[6].

---

[5] *Bem de família,* cit., p. 20-21.
[6] *Código Civil comentado,* v. XVII, p. 78.

Sublinha Eduardo de Oliveira Leite, em excelente monografia sobre o tema, que o Constituinte de 1988, "de forma lapidar e amplíssima, dispôs que a família (todas as famílias, certamente) tem especial proteção do Estado. Isto é, tanto as famílias biparentais (oriundas de um casamento civil, ou religioso, ou decorrentes de união estável), quanto as famílias monoparentais (previstas no § 4º do art. 226)"[7].

Complementa o mencionado autor: "Quando o legislador se refere à união estável (em verdade, está se referindo à união livre) ou à 'comunidade formada por qualquer dos pais e seus descendentes' (família monoparental) é porque reconhece expressamente a inserção destas realidades naqueles modelos familiares, ou porque, progressivamente, elas adquiriram legitimidade".

O bem de família obedece a requisitos intrínsecos e extrínsecos, como condição de validade e de eficácia. Quanto aos últimos figura a exigência de ser instituído por *escritura pública* ou *testamento*. A declaração de última vontade, como é cediço, é essencialmente revogável. Pode o instituidor, assim, seja cônjuge, entidade familiar ou terceiro, revogar a todo tempo o testamento, inviabilizando unilateralmente o estabelecimento do bem de família.

Por outro lado, tratando-se de negócio jurídico *causa mortis*, só terá eficácia com a morte do testador. No respectivo inventário, serão pagas, com prioridade, as dívidas que o *de cujus* deixou, pois serão sempre anteriores à constituição concretizada a partir do falecimento, dívidas estas que poderão, eventualmente, absorver todos os bens da herança. O imóvel destinado para bem de família do beneficiado depende dessa circunstância[8].

O bem de família pode ser estabelecido não só pelos cônjuges e pela entidade familiar, mas ainda por um terceiro, em testamento ou doação. Trata-se de inovação em nossa legislação, há muito adotada pelo Código Civil italiano de 1942, em seu art. 167, alínea 3ª. Nesse caso, como anota Alexandre Alcoforado Assunção[9], a doação ou disposição testamentária é "condicionada à aceitação expressa de ambos os cônjuges ou da entidade familiar".

O art. 1.711 em apreço determina o limite máximo do valor em um terço do patrimônio líquido do instituidor, existente à época de sua instituição. O objetivo do legislador é que aquele seja proprietário do bem e solvente.

Tal limitação frustra a obtenção, pelas camadas de baixo poder, do benefício do bem de família quanto ao imóvel mais valorizado que vierem a adquirir. A

---

[7] *Famílias monoparentais*, p. 18-19.

[8] Zeno Veloso, *Código Civil*, cit., v. XVII, p. 80; Álvaro Villaça Azevedo, Do bem de família, *Direito de família e o novo Código Civil*, p. 199.

[9] *Novo Código Civil comentado*, p. 1522.

opção ficará, sem dúvida, "muito difícil doravante, pois, quando se adquire a segunda casa residencial, essa é normalmente mais valiosa que a primeira, a superar e em muito o terço patrimonial estabelecido. Punem-se, de maneira anti-isonômica, as famílias de menor poder aquisitivo"[10].

Não poderá, com efeito, uma família proprietária de um único imóvel ou, ainda, de dois imóveis que tenham aproximadamente o mesmo valor, valer-se da benesse em tela.

O art. 1.712 do estatuto civil admite que o bem de família consista em imóvel urbano ou rural, *"com suas pertenças e acessórios, destinando-se em ambos os casos a domicílio familiar, podendo abranger valores mobiliários, cuja renda será aplicada na conservação do imóvel e no sustento da família".* O aludido dispositivo vincula, pois, o bem de família móvel ao imóvel, não podendo aquele existir isoladamente, nem exceder o valor do prédio convertido em bem de família, à época de sua instituição (art. 1.713).

Considera-se requisito básico para a caracterização do bem de família que o prédio seja residencial. Há, também, que constituir residência efetiva da família. Não pode, portanto, tratar-se de um terreno em zona urbana ou rural nem prédio que não se preste a esse fim, como galpão industrial, loja comercial, posto de gasolina, obra inacabada etc., salvo se devidamente comprovada a mudança de destinação ou a sua adaptação para imóvel residencial. O *Superior Tribunal de Justiça* que julgara ser inadmissível a penhora incidente sobre garagem de apartamento residencial, mesmo que tenha matrícula própria no Registro Imobiliário[11], reformulou o seu entendimento, agora consolidado na *Súmula 449, do seguinte teor: "A vaga de garagem que possui matrícula própria no registro de imóveis não constitui bem de família para efeito de penhora".*

Na dicção do art. 5º da Lei n. 8.009/90, "considera-se residência um único imóvel utilizado pelo casal ou pela entidade familiar para moradia permanente". A impenhorabilidade não incide sobre vários imóveis, uma vez que a lei utiliza o singular quando dispõe sobre o "bem imóvel". Não pode o analisador dar interpretação ampliativa à regra em questão[12].

---

[10] Ricardo Arcoverde Credie, *Bem de família*, cit., p. 3 e 9.

[11] *RT*, 781/201.

[12] *RT*, 813/313. V. ainda: "Alegação de que o imóvel que se pretende constritar não é o único pertencente aos devedores. Ônus da prova que compete ao credor, de molde a inviabilizar a impenhorabilidade do bem" (*RT*, 794/278). "Bem de família. Descaracterização. Imóvel pertencente ao devedor em que reside com sua segunda esposa. Bem que não goza dos benefícios da impenhorabilidade se existe outro imóvel ocupado por sua ex-mulher e seus filhos, ou seja, pela entidade familiar" (*RT*, 797/267). No mesmo sentido: *RT*, 782/287.

Deve ser utilizado, portanto, como residência efetiva do grupo familiar, ou seja, com ânimo de permanência. Mesmo que os seus ocupantes tenham de se ausentar em função de atividades profissionais ou de participação em cursos de estudos, ou por outra razão justificável, não haverá descaracterização dessa utilização permanente, pois o que a determina é o vínculo da pessoa com a habitação, dela fazendo o seu lar ou sede familiar.

Constitui-se o bem de família *"pelo registro de seu título no Registro de Imóveis"*, quando instituído pelos cônjuges ou companheiros ou por terceiro (art. 1.714), dependendo a sua eficácia, no último caso, *"da aceitação expressa"* (art. 1.711, parágrafo único), ficando isento, desde então, *"de execução por dívidas posteriores à sua instituição, salvo as que provierem de tributos relativos ao prédio, ou de despesas de condomínio"* (art. 1.715).

A isenção durará *"enquanto viver um dos cônjuges"* (acrescente-se: ou companheiros), ou, na falta destes, *"até que os filhos completem a maioridade"* (art. 1.716). Apura-se o patrimônio líquido do instituidor, para os fins do citado art. 1.711, deduzindo-se o total de suas dívidas.

Pela leitura cuidadosa dos arts. 1.715 e 1.716, sublinha CAIO MÁRIO DA SILVA PEREIRA, "há de se afirmar que a impenhorabilidade é relativa, em dois sentidos: a) seletivamente: só exime o bem da execução por dívidas subsequentes à constituição do bem de família, não podendo ser utilizado o instituto de proteção desta como um vínculo defraudatório dos credores que já o sejam no momento de seu gravame, e é então requisito de sua validade a solvência do *pater familias*. Da mesma forma a impenhorabilidade não se estende às dívidas provenientes dos impostos e taxas condominiais existentes sobre o próprio imóvel; b) temporariamente: somente subsiste enquanto viverem os cônjuges e até que os filhos completem maioridade"[13].

O aludido art. 1.712 do Código Civil admite que valores imobiliários sejam abrangidos no bem de família, limitados, porém, segundo o art. 1.713, *caput*, ao *"valor do prédio instituído em bem de família, à época de sua instituição"*, não podendo excedê-los em nenhuma hipótese. Deverão eles ser devidamente individualizados na escritura pública ou testamento (§ 1º). Se consistirem em títulos nominativos, *"a sua instituição como bem de família deverá constar dos respectivos livros de registro"* (§ 2º).

Os referidos valores ficam vinculados ao domicílio familiar, devendo a renda por eles produzida ser aplicada na conservação do imóvel e na subsistência da família. *O bem de família – salvo quando instituído por terceiro – não representa alienação ou transferência da propriedade.* O instituidor ou instituidores continuam

---

[13] *Instituições*, cit., v. 5, p. 561-562.

donos do bem afetado, que, não obstante, recebe uma destinação especial e se transforma em bem de família.

Os cônjuges, os companheiros, ou o responsável pela família monoparental, continuarão a administrá-lo, conforme as regras do Código, e observado o princípio da isonomia. Podem, no entanto, se o desejarem, determinar que "*a administração dos valores mobiliários seja confiada a instituição financeira, bem como disciplinar a forma de pagamento da respectiva renda aos beneficiários, caso em que a responsabilidade dos administradores obedecerá às regras do contrato de depósito*" (CC, art. 1.713, § 3º)[14].

Tendo em vista que a entidade financeira que administra esses valores mobiliários pode entrar em liquidação e até falir, dispõe o art. 1.718 do Código Civil que, se tal ocorrer, os valores a ela confiados não serão atingidos, "*ordenando o juiz a sua transferência para outra instituição semelhante, obedecendo-se, no caso de falência, ao disposto sobre pedido de restituição*".

Os imóveis e também os móveis que integram o bem de família devem ter sempre destinação residencial (CC, art. 1.717) e não podem ser "*alienados sem o consentimento dos interessados ou de seus representantes legais, ouvido o Ministério Público*". Quando tornar-se impossível a sua manutenção, "*poderá o juiz, a requerimento dos interessados, extingui-lo ou autorizar a sub-rogação dos bens que o constituem em outros, ouvidos o instituidor e o Ministério Público*" (art. 1.719).

Malgrado a omissão do art. 1.717 do Código Civil, não mencionando a necessidade da participação do juiz na alienação do prédio e valores mobiliários que compõem o bem de família, é de se ponderar, numa interpretação sistemática, ser indispensável a autorização judicial, e a nomeação de curador especial aos filhos menores (CC, art. 1.692), para a efetivação da aludida alienação, uma vez que tal ato importará na extinção do benefício. E, como visto, o art. 1.719 do mesmo diploma atribui ao juiz a competência para determinar a extinção do bem de família ou autorizar a sub-rogação dos bens que o constituem em outros, comprovada a impossibilidade de sua manutenção nas condições em que foi instituído.

A administração do bem de família "*compete a ambos os cônjuges*" (acrescente--se: ou companheiros), salvo disposição em contrário estipulada no ato de instituição, resolvendo o juiz em caso de divergência. Com o falecimento destes, "*a administração passará ao filho mais velho, se for maior, e, do contrário, a seu tutor*" (art. 1.720 e parágrafo único). A regra reafirma o princípio da isonomia entre cônjuges e companheiros, assegurado na Constituição Federal, admitindo a

---

[14] Zeno Veloso, *Código Civil*, cit., v. XVII, p. 90-91.

intervenção da autoridade judiciária para dirimir as dúvidas em caso de divergência quanto à administração do bem de família.

Proclama o art. 1.721 do Código Civil que "*a dissolução da sociedade conjugal* (acrescente-se: e da união estável) *não extingue o bem de família*". A norma é inócua e dispensável, uma vez que o art. 1.716 já estabelece que o bem de família durará enquanto forem vivos os cônjuges (acrescente-se: e os companheiros). O parágrafo único constitui exceção à regra do *caput*.

O aludido parágrafo único, segundo observação de ALEXANDRE ALCOFORADO ASSUNÇÃO, "mereceu justa crítica do Professor Álvaro Villaça Azevedo, nos termos seguintes: 'Não é certo, assim, que se deva admitir possa o cônjuge sobrevivente provocar a extinção do bem de família, quando for este *o único bem do casal*, pois restarão seriamente prejudicados os filhos menores'. De qualquer sorte esta previsão legal não é automática. O juiz, verificando a possibilidade de prejuízo aos menores, deverá indeferir a extinção da proteção"[15].

Dá-se a extinção do bem de família "*com a morte de ambos os cônjuges* (acrescente-se: ou companheiros) *e a maioridade dos filhos, desde que não sujeitos a curatela*" (art. 1.722). A regra preserva os interesses da família, em razão da finalidade para que foi criado, até a sua natural dissolução pelo falecimento de ambos os cônjuges ou companheiros e maioridade dos filhos, perdurando, entretanto, caso haja filhos sujeitos à curatela. Neste caso, cabe a administração ao curador.

3. BEM DE FAMÍLIA OBRIGATÓRIO OU LEGAL

A Lei n. 8.009, de 29 de março de 1990, veio ampliar o conceito de bem de família, que não depende mais de instituição voluntária, mediante as formalidades previstas no Código Civil. Agora, como foi dito, resulta ele diretamente da lei, de ordem pública, que tornou impenhorável o imóvel residencial, próprio do casal, ou da entidade familiar, que não responderá por qualquer tipo de dívida civil, comercial, fiscal, previdenciária ou de outra natureza, contraída pelos cônjuges ou pelos pais ou filhos que sejam seus proprietários e nele residam, salvo nas hipóteses expressamente previstas nos arts. 2º e 3º, II a VII (fiança em contrato de locação, pensão alimentícia, impostos e taxas que recaem sobre o imóvel etc.).

Dispõe, com efeito, o art. 1º do aludido diploma legal: "O imóvel residencial próprio do casal, ou da entidade familiar, é impenhorável e não responderá por qualquer tipo de dívida civil, comercial, fiscal, previdenciária ou de outra natureza,

---

[15] *Novo Código Civil*, cit., p. 1530-1531.

contraída pelos cônjuges ou pelos pais ou filhos que sejam seus proprietários e nele residam, salvo nas hipóteses previstas nesta Lei".

Acrescenta o parágrafo único do dispositivo em apreço: "A impenhorabilidade compreende o imóvel sobre o qual se assentam a construção, as plantações, as benfeitorias de qualquer natureza e todos os equipamentos, inclusive os de uso profissional, ou móveis que guarnecem a casa, desde que quitados".

Sendo instituidor dessa modalidade o próprio Estado, que a impõe por norma de ordem pública em defesa do núcleo familiar, independe de ato constitutivo e, portanto, de registro no Registro de Imóveis. Nada obsta a incidência dos benefícios da lei especial se o bem tiver sido instituído, também, na forma do Código Civil[16]. Aludindo a "entidade familiar", *a referida lei não exclui da proteção as famílias monoparentais*, como mencionado no item anterior.

A regra da impenhorabilidade do bem de família legal também abrange o imóvel em fase de aquisição, como aqueles decorrentes da celebração do compromisso de compra e venda ou do financiamento de imóvel para fins de moradia, sob pena de impedir que o devedor (executado) adquira o bem necessário à habitação da entidade familiar. "Tratando-se de contrato de alienação fiduciária em garantia, no qual, havendo a quitação integral da dívida, o devedor fiduciante consolidará a propriedade para si, deve prevalecer a regra de impenhorabilidade"[17].

A *Súmula 205 do Superior Tribunal de Justiça reconhece a aplicabilidade da Lei n. 8.009/90, "mesmo se a penhora for anterior à sua vigência".*

Malgrado já se tenha decidido que a impenhorabilidade não alcança o imóvel do devedor solteiro, que reside solitário[18], a jurisprudência tomou outro rumo, passando a admiti-la mesmo quando o ocupante do imóvel reside sozinho.

Expressiva corrente jurisprudencial vem proclamando, com efeito, que a pessoa solteira, viúva, separada ou divorciada constitui também essa entidade. Confira-se: "É impenhorável, por efeito do preceito contido no art. 1º da Lei n. 8.009/90, o imóvel em que reside, sozinho, o devedor celibatário. A interpretação teleológica do aludido dispositivo legal revela que a norma não se limita ao resguardo da família. Seu escopo definitivo é a proteção de um direito fundamental da pessoa humana: o direito à moradia. Se assim ocorre, não faz sentido proteger quem vive em grupo e abandonar o indivíduo que sofre o mais doloroso dos sentimentos: a solidão"[19].

---

[16] Caio Mário da Silva Pereira, *Instituições*, cit., v. 5 p. 564.

[17] STJ, REsp 1.677.079-SP, 3ª T., rel. Min. Villas Bôas Cueva, *DJe* 1º-10-2018.

[18] STJ, *RT*, 726/203.

[19] STJ, ED-REsp 182.223-SP, Corte Especial, rel. Min. Humberto Gomes de Barros, *DJU*, 7-4-2003, *RT*, 818/158. V. ainda: "A Lei n. 8.009/90, art. 1º, precisa ser interpretada consoante o

Nessa linha, decidiu ainda o *Superior Tribunal de Justiça*: "Penhora. Bem de família. É impenhorável o imóvel residencial de pessoa solteira ou viúva. Lei n. 8.009/90. Precedentes"[20]. E assentou o extinto 1º Tribunal de Alçada Civil de São Paulo: "Impenhorabilidade. Caracterização. Único imóvel pertencente a devedor divorciado. Proteção à entidade familiar que não se circunscreve às pessoas casadas. Divorciados que podem, futuramente, viver maritalmente com outra pessoa, companheiro ou companheira, ou mesmo com qualquer dos pais e seus descendentes. Interpretação da Lei 8.009/90"[21].

Esse entendimento consolidou-se com a edição da *Súmula 364 do Superior Tribunal de Justiça, do seguinte teor*: "O conceito de impenhorabilidade de bem de família abrange também o imóvel pertencente a pessoas solteiras, separadas e viúvas".

Todos os residentes, sujeitos do bem de família, são, pois, beneficiários dessa impossibilidade de apreensão judicial. Têm eles, em seu favor, esse direito ou poder de não ver constrita a casa onde moram[22].

Se o casal estiver separado apenas de fato, poderá indicar, como bem de família impenhorável, apenas um único imóvel, pois a mera separação de fato, não homologada, não dissolve a sociedade conjugal. Caso contrário, haveria grande risco de fraude, pois bastaria que o casal que estivesse sofrendo uma execução declarasse uma separação de fato e, com isso, protegeria dois imóveis. Neste caso, deve ser considerado impenhorável somente o ocupado pela mulher e filhos.

Todavia, o *Tribunal Federal da 4ª Região* manteve a impenhorabilidade de dois imóveis de um executado, por considerar que os dois bens são residência da família. A decisão baseou-se no fato de o casal ter se separado, permanecendo o companheiro residindo no primeiro imóvel e a companheira ido morar com as

---

sentido social do texto. Nessa linha, conservada a teleologia da norma, o solteiro deve receber o mesmo tratamento. E mais. Também o viúvo, ainda que seus descendentes hajam constituído outras famílias, e, como normalmente acontece, passam a residir em outras casas. *Data venia*, a Lei n. 8.009/90 não está dirigida a número de pessoas. Ao contrário – à pessoa. Solteira, casada, viúva, desquitada, divorciada, pouco importa. O sentido social da norma busca garantir um teto para cada pessoa" (STJ, REsp 182.223-SP, 6ª T., rel. Min. Vicente Cernicchiaro, j. 18-8-1999).

[20] REsp 420.086-SP, 4ª T., rel. Min. Ruy Rosado de Aguiar, j. 27-8-2002. V. ainda: "Bem de família. Impenhorabilidade. Ocorrência. Imóvel pertencente ao devedor destinado à sua moradia e de sua irmã. Irrelevância de que o executado seja solteiro" (*RT*, 800/287). "Bem de família. Caracterização. Único imóvel residencial do devedor e que era habitado por seu genitor, que veio a falecer no curso do processo. Situação que não afasta a aplicação da norma protetiva" (*RT*, 808/281).

[21] *RT*, 773/257.

[22] Ricardo Arcoverde Credie, *Bem de família*, cit., p. 24.

filhas em um segundo imóvel na mesma cidade. No caso em julgamento havia prova de que o imóvel constrito servia de residência para a mulher e suas filhas, estando ao abrigo do instituto da impenhorabilidade previsto na Lei n. 8.009/90. Baseou-se o relator na jurisprudência do *Superior Tribunal de Justiça*, segundo a qual deve ser afastada a penhora nos casos em que a família resida no imóvel, ainda que tal bem não seja o único desta. Entretanto, deve ser comprovado que o imóvel seja de moradia, para caracterizá-lo como bem de família[23].

Quando se trata de condôminos que tenham *residência concomitante*[24] no imóvel, o bem de família se mostra indivisível. Todos os coproprietários são beneficiados com a impenhorabilidade da residência comum, seja a dívida de um só deles, de alguns ou de todos. Do princípio da indivisibilidade decorre a consequência de que jamais se exerce o bem de família sobre parte do imóvel residencial. Qualquer dos consortes poderá, agindo como parte ou como terceiro, excluir do ato de constrição judicial toda a residência familiar[25].

Tem o *Superior Tribunal de Justiça* reconhecido, todavia, a possibilidade de recair a constrição judicial sobre parte do bem, "quando possível o desmembramento do imóvel sem descaracterizá-lo, levando-se em consideração, com razoabilidade, as circunstâncias e as peculiaridades de cada caso"[26]. Por outro lado, proclamou a referida Corte que, "para que seja reconhecida a impenhorabilidade do bem de família, de acordo com o art. 1º da Lei n. 8.009/90, basta que o imóvel sirva de residência para a família do devedor, sendo irrelevante o valor do bem. O art. 3º da referida lei, que trata das exceções à regra da impenhorabilidade, não traz nenhuma indicação concernente ao valor do imóvel. Portanto, é irrelevante, para efeitos de impenhorabilidade, que o imóvel seja considerado luxuoso ou de alto padrão"[27].

---

[23] TRF, 4ª Região, Des. Federal convocado Nicolau Konkel Júnior. Disponível em: <http://www.editoramagister.com>. Acesso em 19-3-2014.

[24] "Penhora. Bem de família. Constrição sobre parte ideal do imóvel onde o devedor confessadamente não reside. Admissibilidade, visto não incidir a proteção de que trata o art. 1º da Lei n. 8.009/90" (1º TACSP, Ap. 692.669, 4ª Câm. Extraordinária, rel. Juiz Celso Bonilha, j. 19-6-1997).

[25] "Penhora. Incidência sobre uma fração ideal de um imóvel rural. Impenhorabilidade reconhecida, por se tratar de bem de família. Hipótese de condomínio, onde o que beneficia a um há de beneficiar aos demais e o que prejudica a um não pode prejudicar aos demais. Impossibilidade, ademais, de se subtrair de um condômino o direito de proteção ao bem de família, excluindo a incidência da lei específica, em virtude da sua situação de indivisibilidade. Exclusão da constrição mantida" (1º TACSP, Ap. 625.335-Jundiaí, 3ª Câm., rel. Juiz Antonio Rigolin, j. 15-8-1995). No mesmo sentido: *RT*, 800/355.

[26] *RT*, 804/184. No mesmo sentido: STJ, *RT*, 771/196; TAMG, *RT*, 775/383.

[27] STJ, REsp 1.178.469-SP, 3ª T., rel. Min. Massami Uyeda, j. 18-11-2010.

O parágrafo único do art. 2º da citada Lei n. 8.009/90 resguarda da penhora, no caso de imóvel locado, os *bens móveis* pertencentes ao locatário e que guarneçam a residência por ele ocupada. O benefício pode ser estendido ao comodatário. O aludido dispositivo impõe, todavia, como condição, que os aludidos móveis estejam *quitados*, para evitar que alguém adquira, mediante financiamento, móveis e equipamentos para a residência, imbuído de má-fé, com a intenção dolosa de não pagá-los e, ao depois, pretender prevalecer-se dos benefícios legais numa execução[28].

O *caput* do aludido art. 2º exclui da impenhorabilidade "os veículos de transporte, obras de arte e adornos suntuosos". Malgrado a jurisprudência não se mostre uniforme no estabelecimento da diferença entre bens de utilidade e os exorbitantes ou supérfluos, tem-se decidido, em geral, que os eletrodomésticos, como geladeiras, televisores, videocassetes, assim como a linha telefônica, que integram usualmente o dia a dia das famílias, não se qualificam como objetos de luxo ou adorno[29].

No entanto, se o devedor possui vários eletrodomésticos ou várias linhas telefônicas, somente um desses bens é considerado impenhorável. Confira-se: "Se a residência é guarnecida com vários utilitários da mesma espécie, a impenhorabilidade cobre apenas aqueles necessários ao funcionamento do lar. Os que excederem o limite da necessidade podem ser objeto de constrição. Se existem, na residência, vários aparelhos de televisão, a impenhorabilidade protege apenas um deles"[30].

A regra que torna imune à penhora a morada da família e determinados móveis e equipamentos, ou apenas certos móveis e equipamentos da casa que não for própria, comporta exceções expressamente mencionadas no art. 3º da Lei n. 8.009/90, além da constante do art. 2º, já comentado, pelo qual são excepcionados "os veículos de transporte, obras de arte e adornos suntuosos".

O elenco das exceções à regra geral da impenhorabilidade do bem de família obrigatório é taxativo, constituindo *numerus clausus*. Nenhum outro pode ser nele incluído, mediante interpretação extensiva.

---

[28] Ricardo Arcoverde Credie, *Bem de família*, cit., p. 38.

[29] *RT*, 783/367. *V.* ainda: "Sob cobertura de precedentes da Corte que consideram bem de família aparelho de televisão, videocassete e aparelho de som, tidos como equipamentos que podem ser mantidos usualmente por suas características" (STJ, REsp 82.067-SP, 3ª T., rel. Min. Menezes Direito, j. 26-6-1997, *RSTJ*, 103/209).

[30] STJ, REsp 109.351-RS, Corte Especial, rel. Min. Humberto Gomes de Barros, j. 22-10-1998. *V.* ainda: "A impenhorabilidade estabelecida pela Lei n. 8.009/90 alcança os móveis que guarnecem, sem exorbitância, a casa. No caso, tendo a penhora recaído sobre três bens da mesma natureza, apenas o direito ao uso de um terminal telefônico é impenhorável" (STJ, REsp 121.634-MG, 4ª T., rel. Min. Fontes de Alencar, j. 17-6-1997).

Dispõe o art. 3º da aludida lei: "A impenhorabilidade é oponível em qualquer processo de execução civil, fiscal, previdenciária, trabalhista ou de outra natureza, salvo se movido: I – (Revogado pela Lei Complementar n. 150, de 1º-6-2015); II – pelo titular do crédito decorrente do financiamento destinado à construção ou à aquisição do imóvel, no limite dos créditos e acréscimos constituídos em função do respectivo contrato; III – pelo credor de pensão alimentícia, resguardados os direitos, sobre o bem, do seu coproprietário que, com o devedor, integre união estável ou conjugal, observadas as hipóteses em que ambos responderão pela dívida (redação determinada pela Lei n. 13.144, de 6-7-2015; IV – para cobrança de impostos, predial ou territorial, taxas e contribuições devidas em função do imóvel familiar; V – para execução de hipoteca sobre o imóvel oferecido como garantia real pelo casal ou pela entidade familiar; VI – por ter sido adquirido com produto de crime ou para execução de sentença penal condenatória a ressarcimento, indenização ou perdimento de bens; VII – por obrigação decorrente de fiança concedida em contrato de locação".

Malgrado a falha e omissão da Lei n. 8.009/90, tem a jurisprudência admitido a penhora do bem de família por não pagamento de *despesas condominiais*, apregoando-se que o vocábulo "contribuições", mencionado no inciso IV, não exprime apenas a contribuição de melhoria, mas também a mensalidade correspondente ao rateio condominial. Não fosse assim, poderia tornar-se inviável a administração dos condomínios em geral, que não teriam como se manter.

Portanto, vem decidindo o *Superior Tribunal de Justiça*: "Consolida-se nesta Corte entendimento jurisprudencial no sentido de que passível de penhora o imóvel residencial da família, quando a execução se referir a contribuições sobre ele incidentes"[31]. Ou ainda: "A Quarta Turma alterou seu posicionamento anterior para passar a admitir a penhora de imóvel residencial na execução promovida pelo condomínio para a cobrança de cotas condominiais sobre ele incidentes, inserindo a hipótese nas exceções contempladas pelo inciso IV do art. 3º, da Lei n. 8.009/90"[32]. A mesma Turma reiterou este último entendimento, decidindo que "o bem residencial da família é penhorável para atender às despesas comuns de condomínio, que gozam de prevalência sobre interesses individuais de um condomínio, nos termos da ressalva inserta na Lei n. 8.009/1990 (art. 3º, IV)"[33].

A casa de moradia, edificada com numerário obtido junto a instituição financeira, ou mutuante particular, mediante contrato de mútuo, não fica isenta

---

[31] REsp 152.512-SP, 3ª T., rel. Min. Waldemar Zveiter, j. 3-2-1999.
[32] REsp 203.629-SP, 4ª T., rel. Min. Asfor Rocha, j. 18-5-1999.
[33] STJ, REsp 1.473.484-RS, 4ª T., rel. Min. Luis Felipe Salomão, *DJe* 23-8-2018.

de penhora na execução promovida com base no empréstimo contraído para o fim específico de adquiri-la ou construí-la. Terceiros que não tiveram nenhuma participação no negócio não poderão obter a constrição do imóvel, salvo se forem cessionários do crédito do promitente vendedor, incorporador ou financiador (Lei n. 8.009/90, art. 3º, II).

Assim, enfatiza a jurisprudência:

"Reconhecido pela instância ordinária que os recursos do financiamento garantido pelo exequente, e por ele honrado, destinavam-se ao pagamento de dívida para a aquisição do imóvel penhorado, incide a regra excludente do art. 3º, inciso II, da Lei n. 8.009/90"[34].

"A dívida proveniente de contrato de empreitada para a construção – ainda que parcial – de imóvel residencial faz parte das exceções legais que permitem a penhora do bem de família. Entendimento em outro sentido premiaria o comportamento contraditório do devedor e ensejaria o seu inegável enriquecimento indevido, causando insuperável prejuízo/dano ao prestador que, mediante prévio e regular ajuste, bancou com seus aportes a obra ou aquisição, somente concretizada pelo tomador valendo-se de recursos do primeiro"[35].

"Da exegese do comando do art. 3º, II, da Lei n. 8.009/90, fica evidente que a finalidade da norma foi coibir que o devedor se escude na impenhorabilidade do bem de família para obstar a cobrança de dívida contraída para aquisição, construção ou reforma do próprio imóvel, ou seja, de débito derivado de negócio jurídico envolvendo o próprio bem. Portanto, a dívida relativa a serviços de reforma residencial se enquadra na referida exceção"[36].

A impenhorabilidade do bem de família pode ser afastada quando há violação do *princípio da boa-fé objetiva*. No caso em que o próprio empresário deu o imóvel como garantia na negociação de R$ 650 mil em dívidas e, depois, alegou que ele não poderia ser penhorado por constituir bem de família, proclamou o *Superior Tribunal de Justiça* que "não se pode olvidar da máxima de que a nenhum é dado beneficiar-se de sua própria torpeza, isto é, não pode o devedor ofertar bem em garantia que é sabidamente residência familiar para, posteriormente, vir a informar que tal garantia não encontra respaldo legal, pugnando pela sua exclusão"[37].

A exceção em favor do "credor de pensão alimentícia" (art. 3º, III) justifica-se plenamente, pois a necessidade familiar é mais premente que a de moradia. Não importa se os alimentos devidos são necessários, destinados à satisfação das

---

[34] STJ, *TRF*, Lex, 89/233.

[35] STJ, 4ª T., rel. Min. Marco Buzzi, *in* Revista *Consultor Jurídico* de 23-10-2019.

[36] STJ, REsp 2.082.860-RS, 3ª T., rel. Min. Nancy Andrighi, j. 6-2-2024.

[37] STJ, REsp 1.782.227, 3ª T., rel. Min. Nancy Andrighi, *in* Revista *Consultor Jurídico* de 25-11-2019.

necessidades primárias da vida, ou civis, direcionados à manutenção da condição socioeconômica, do *status* da família.

A Lei n. 13.144, de 6 de julho de 2015, deu nova redação ao aludido inciso III do art. 3º, dispondo: "A impenhorabilidade é oponível em qualquer processo de execução civil, fiscal, previdenciária, trabalhista ou de outra natureza, salvo se movido (...) III – pelo credor da pensão alimentícia, resguardados os direitos, sobre o bem, do seu coproprietário que, com o devedor, integre união estável ou conjugal, observadas as hipóteses em que ambos responderão pela dívida; (...)".

A alteração não modifica a responsabilidade do devedor da pensão alimentícia, ou seja, o seu bem continua penhorável. Mas ficam resguardados os direitos do coproprietário, seja ele seu cônjuge ou companheiro. A penhora recai apenas sobre a meação do devedor, preservando-se a meação do cônjuge ou companheiro.

A rigor, a exceção deveria concernir somente aos alimentos regidos pelo direito de família, provenientes do parentesco, do casamento e da união estável, uma vez que os devidos pela prática de ilícito civil, malgrado sejam também chamados de "alimentos" e de "pensão" (CC, arts. 948 e 950), não passam de indenização por responsabilidade civil *ex delicto* e nada têm que ver com a necessidade de alimentos.

A jurisprudência, todavia, entendendo que o legislador teria pretendido estender a excepcionalidade às hipóteses de ressarcimento de dano por ato ilícito, conforme previsão feita no inciso VI do aludido art. 3º da lei em apreço, assim se vem posicionando. Confira-se: "Penhora. Incidência sobre bem de família. Exceção prevista no art. 3º, VI, da Lei n. 8.009/90, visto tratar-se de execução de indenização por ato ilícito. Hipótese, ademais, em que integra por dívida de caráter alimentar, o que implicaria na aplicação, também, do inciso III do mesmo dispositivo. Constrição mantida"[38].

No mesmo sentido: "Penhora. Bem de família. Execução de sentença penal condenatória a indenização decorrente de acidente de trânsito. Hipótese, ainda, em que o exequente é credor de pensão alimentícia. Impenhorabilidade afastada. Art. 3º, III e IV, da Lei n. 8.009/90. Constrição mantida. Embargos do devedor improcedentes"[39].

Entretanto, o aludido inciso VI cuida exclusivamente da indenização decorrente da prática de ilícito penal, exigindo expressamente "sentença penal condenatória". Quando se trata de mero ilícito civil, não incide a aludida exceção. Por essa razão, já se decidiu: "Bem de família. Exclusão de impenhorabilidade de que

---

[38] 1º TACSP, AgI 469.437-Tupã, 4ª Câm., rel. Juiz Amauri Ielo, j. 20-2-1991. *V.* ainda: "Bem de família. Impenhorabilidade. Inocorrência. Agente que comete crime e é condenado no juízo criminal, por sentença com trânsito em julgado" (1º TACSP, *RT*, 795/227).

[39] 1º TACSP, Ap. 589.356-Campinas, 3ª Câm., rel. Juiz Luiz Antonio de Godoy, j. 21-3-1995.

trata o art. 3º, VI, da Lei 8.009/90. Necessidade da existência de sentença penal transitada em julgado, condenando ao ressarcimento, indenização ou perdimento de bens"[40]. Ou ainda: "Penhora. Bem de família. Responsabilidade civil oriunda de acidente de trânsito do qual resultaram danos físicos à vítima. Inexistência de processo penal. Ilícito civil que não afasta a impenhorabilidade da norma do art. 1º da Lei n. 8.009/90. Embargos do devedor procedentes"[41].

Esse, igualmente, o entendimento do *Superior Tribunal de Justiça*: "A indenização, no caso, decorre de erro médico, sobrevindo condenação civil à reparação do dano material e moral, sem obrigação de prestar alimentos. Não incide, portanto, a exceção de impenhorabilidade de bem de família prevista no inciso III, do art. 3º, da Lei 8.009/90. De outra parte, não é possível ampliar o alcance da norma prevista no art. 3º, inciso VI, do mesmo diploma legal, para afastar a impenhorabilidade de bem de família em caso de indenização por ilícito civil, desconsiderando a exigência legal expressa de que haja "sentença penal condenatória"[42].

Na realidade, as pessoas que obtêm o direito à indenização por ato ilícito sob a forma de alimentos ou pensão não se encontram desamparadas, porque essa forma de ressarcimento de danos só é prevista em dois casos: no de homicídio (CC, art. 948, II) e no de lesão corporal grave que impossibilite ou reduza a capacidade de trabalho do lesado (art. 950). Nessas duas hipóteses o fato é, além de ilícito civil, ilícito penal, e a cobrança pode ser feita mediante *actio iudicati*, ou seja, mediante a execução, no cível, de sentença penal condenatória (Lei n. 8.009/90, art. 3º, VI).

A pensão decorrente do direito de família é fixada no despacho inicial proferido na ação movida com base na Lei n. 5.478/68, a título de alimentos provisórios, ou como alimentos provisionais em medida cautelar, ou ainda na sentença definitiva ou em acordo devidamente homologado. A diferença é que, nos casos de indenização por ilícito penal e, ao mesmo tempo, civil, em que cabe indenização sob a forma de pensão (CC, arts. 948, II, e 950), exige-se "sentença penal condenatória". Essas hipóteses inserem-se, pois, no inciso VI do aludido art. 3º da Lei n. 8.009/90, e não no inciso III, que cuida unicamente da pensão alimentícia que tem por fundamento o parentesco, o casamento e a união estável.

Segundo se extrai do inciso IV do art. 3º da Lei n. 8.009/90, nas execuções fiscais somente se penhora a casa familiar em caso de débitos do imposto predial e territorial urbano (IPTU), de taxa, incluindo as de poder de polícia, e ainda das contribuições de melhoria, sempre que vinculadas ao próprio imóvel residencial familiar. Tais encargos, que recaem sobre o imóvel, hão de ser pagos, "pois de outro modo a Administração Pública deixaria de contar com a receita necessária à realização de seus objetivos sociais"[43].

---

[40] *RT*, 782/403.
[41] 1º TACSP, Ap. 698.090-Americana, rel. Juiz Kioitsi Chicuta, j. 26-9-1996.
[42] STJ, REsp 711.889-PR, 4ª T., rel. Min. Luis Felipe Salomão, *DJE*, 1º-7-2010.
[43] Ricardo Arcoverde Credie, *Bem de família*, cit., p. 88-89.

Ressalte-se que não se incluem nessas exceções os demais tributos devidos pelo titular do bem de família, "como o imposto sobre a renda, o imposto sobre serviços, em razão do exercício de sua profissão etc., não podendo, em caso de inadimplemento deles, ser penhorado o bem de família, com o qual esses tributos não apresentam qualquer relação"[44].

No inciso V da lei ora em estudo cuida-se de situação em que o devedor, na constituição de um contrato de mútuo qualquer, oferece, como garantia real, o imóvel residencial da família. A hipótese de crédito hipotecário do financiador, incorporador, construtor ou vendedor do imóvel sede da família é ressalvada no inciso II do aludido art. 3º. A solução tem sido estendida a outros casos em que o próprio devedor oferece à penhora o bem de família: Veja-se: "Penhora. Bem de família. Hipótese de indenização por ilícito penal. Nomeado o bem à penhora, voluntariamente, renunciou a ré ao benefício concedido pela Lei, sendo-lhe defeso sustentar a ineficácia do ato. Embargos improcedentes"[45].

Segundo CARLOS GONÇALVES, que não se confunde com o autor desta obra, "quanto à primeira parte do inciso VI, do artigo 3º, se o bem de família foi adquirido com produto do crime, não resta dúvida que o mesmo responde em sua totalidade, dada a origem criminosa dos valores despendidos em sua aquisição. Por outro lado, se se tratar apenas de execução de sentença penal condenatória a ressarcimento ou indenização devida por um dos membros da entidade familiar, por ela somente responde a sua parte ideal, já que os demais não participaram da prática do ato delituoso. O perdimento de bens, da mesma forma, somente atingirá a parte ideal do condenado criminalmente"[46].

Quando da promulgação da Lei n. 8.009/90, a contratação de fiança não excluía a proteção dada pelo bem de família. O imóvel residencial do fiador estava isento de constrição judicial. Todavia, o art. 82 da Lei do Inquilinato (Lei n. 8.245/91) acrescentou o inciso VII ao art. 3º da lei ora em estudo, objetivando viabilizar as locações em geral, sem distinguir entre locações residenciais e não residenciais. Passaram os tribunais, então, a decidir: "É válida a penhora do único

---

[44] Álvaro Villaça Azevedo, *Comentários*, cit., v. 19, p. 109.

[45] 1º TACSP, Ap. 578.115-SP, 6ª Câm., rel. Juiz Carlos Roberto Gonçalves, j. 6-12-1994. No mesmo sentido: "Do mesmo modo, desaparece a impenhorabilidade se os bens protegidos foram ofertados à penhora pelo próprio devedor" (*RT*, 725/379; STJ, REsp 54.740-7-SP, 4ª T., rel. Min. Ruy Rosado de Aguiar, j. 6-12-1994). *V.* ainda: "Penhora. Bem de família. Imóvel objeto de garantia hipotecária do débito em execução. Inaplicabilidade do benefício. Art. 3º, V, da Lei n. 8.009/90. Embargos à arrematação improcedentes" (1º TACSP, Ap. 617.896-Conchas, 3ª Câm., rel. Juiz Antonio Rigolin, j. 26-12-1996).

[46] *Impenhorabilidade do bem de família*, p. 173.

bem do garantidor do contrato de locação, posto que realizada na vigência da Lei n. 8.245/91, que introduziu, no seu art. 82, um novo caso de exclusão de impenhorabilidade do bem destinado à moradia da família, ainda mais quando a fiança fora prestada anteriormente à Lei n. 8.009/90"[47].

A *2ª Seção do Superior Tribunal de Justiça*, em julgamento de recurso especial sob o rito dos repetitivos (art. 543-C, do Código de Processo Civil de 1973), firmou a tese de que é possível a penhora de bem de família de fiador apontado em contrato de locação, ante o que dispõe o art. 3º, inciso VII, da Lei n. 8.009/90[48].

Nessa linha, a Súmula 549 da mencionada Corte, verbis: "É válida a penhora de bem de família pertencente a fiador de contrato de locação".

Tal exceção contém uma certa incongruência, pois, tendo o inquilino como impenhoráveis os bens que guarnecem sua residência, poderia seu fiador sofrer execução de seu bem de família, sua residência. Acresce, ainda, que tal preceito, como enfatiza ÁLVARO VILLAÇA AZEVEDO, "leva a que seja executado o responsável (fiador), sem a possibilidade de execução do devedor (o locatário, afiançado); e, mais, que sendo executado o primeiro, não possa ele exercer seu direito de regresso contra o segundo"[49].

Mas o *Supremo Tribunal* decidiu posteriormente, de forma correta, que: "Não é penhorável o bem de família do fiador, no caso de contratos de locação comercial"[50].

Com justificativa no entendimento de parte da doutrina de que o aludido inciso VII do art. 3º afronta os princípios gerais que regem a lei do bem de família e bem poderia ser substituído pela fiança bancária imposta aos contratos de locação[51], foi apresentado à Câmara Federal o Projeto de Lei n. 1.622/96, que objetiva suprimi-lo.

---

[47] STJ, REsp 145.003-SP, 5ª T., rel. Min. Edson Vidigal, j. 7-10-1997. *V.* ainda: "Com a promulgação da Lei n. 8.245/91, mais especificamente seu art. 82, que acrescentou o inciso VII ao art. 3º da Lei n. 8.009/90, o imóvel do fiador, apesar de único, responde pelas dívidas advindas da fiança prestada em contrato de locação" (2º TACSP, *RT*, 750/325). "Impenhorabilidade. Inocorrência. Locação. Único imóvel pertencente ao fiador. Irrelevância. Inaplicabilidade do benefício previsto na Lei 8.009/90" (2º TACSP, *RT*, 807/303). "O único imóvel (bem de família) de uma pessoa que assume a condição de fiador em contrato de locação pode ser penhorado, em caso de inadimplência do locatário. Não há incompatibilidade entre o inciso VII do art. 3º da Lei n. 8.009/90 e a Emenda Constitucional 26/2000, que trata do direito social à moradia" (STF, RE 407.688-SP, rel. Min Cezar Peluso).

[48] STJ, REsp 1.363.368, 2ª Seção, rel. Min. Luis Felipe Salomão, disponível em: <www.conjur. com.br> de 20-11-2014.

[49] *Comentários*, cit., v. 19, p. 119-120.

[50] STF, RE 605.709-SP, rel. p/acórdão Min. Rosa Weber, j. 12-6-2018.

[51] Ricardo Arcoverde Credie, *Bem de família*, cit., p. 76-78.

Decidiu o *Supremo Tribunal Federal*:

"Recurso extraordinário constitucional – Direito à moradia – Bem de família – Contrato de locação de imóvel comercial – Fiador – Impenhorabilidade do bem de família – Precedentes. Recurso extraordinário provido[52]".

A mesma excelsa Corte reiterou:

"Segundo agravo regimental em recurso extraordinário. 2. Direito Processual Civil. 3. Contrato de locação de imóvel comercial. Impenhorabilidade de bem de família do fiador. 4. Proteção da dignidade da pessoa humana e da família. 5. Prevalência do direito à moradia. Precedentes. Ausência de argumentos capazes de infirmar a decisão agravada. 6. Negado provimento ao agravo regimental. Verba honorária majorada em 10%" (RE n. 1.242.616-AgR-segundo, rel. Min. Gilmar Mendes, 2ª T., *DJe* 1-9-2020)[53].

Outra exceção à ideia-mestra de tornar impenhorável o bem de família encontra-se no art. 4º da mencionada Lei n. 8.009/90, que exclui os benefícios da referida lei àquele que, "sabendo-se insolvente, adquire de má-fé imóvel mais valioso para transferir a residência familiar, desfazendo-se ou não da moradia antiga". O § 1º do mesmo dispositivo autoriza o juiz, na ação movida pelo credor, a "transferir a impenhorabilidade para a moradia familiar anterior, ou anular-lhe a venda, liberando a mais valiosa para execução ou concurso, conforme a hipótese". Acrescenta o § 2º que, "quando a residência familiar constituir-se em imóvel rural, a impenhorabilidade restringir-se-á à sede de moradia, com os respectivos bens móveis, e, nos casos do art. 5º, inciso XXVI, da Constituição, à área limitada como pequena propriedade rural".

Esclarece RICARDO ARCOVERDE CREDIE[54] que a pequena propriedade rural, que não pode ultrapassar quatro módulos fiscais do município onde estiver situada, é totalmente imune por preceito constitucional – art. 5º, XXVI –, repetido pelo art. 649, X, do Código de Processo Civil de 1973 (art. 833, X, do CPC/2015), desde que seja trabalhada pela família do produtor e a dívida executada esteja relacionada com a própria indústria rural exercida no imóvel. O residir no terreno, então, passa a ser mero acidente, pois "a casa de moradia nele eventualmente existente será inexcutível, muito antes de considerar-se bem de família, pela própria imunidade à apreensão que a norma constitucional assegura. A jurisprudência tem reconhecido, por consequência, a não excutibilidade da pequena propriedade rural mesmo quando a família que nela labora não tem condições físicas ou econômicas de habitá-la, vivendo, portanto, em centro urbano próximo".

---

[52] STF, Recurso Extraordinário 1.296.835-SP, rel. Min. Cármen Lúcia, j. 25-1-2021.

[53] STF, RE n. 1.242.616-AgR-segundo, 2ª T., rel. Min. Gilmar Mendes, *DJe* 1-9-2020.

[54] *Bem de família*, cit., p. 55.

Preceitua o art. 5º da Lei n. 8.009/90: "Para os efeitos de impenhorabilidade, de que trata esta Lei, considera-se residência um único imóvel utilizado pelo casal ou pela entidade familiar para moradia permanente". Na hipótese de o devedor possuir domicílio plúrimo, ou seja, várias residências onde alternadamente viva, como previsto no art. 71 do Código Civil, a impenhorabilidade recairá sobre o imóvel de "menor valor", salvo se outro tiver sido indicado pelo proprietário, na forma prevista no parágrafo único do aludido art. 5º.

Em nenhuma hipótese se considera, pois, impenhorável mais de uma residência, ainda que em cidades diferentes. A casa de campo ou a de praia, *ipso facto*, excluem-se da inexcutibilidade.

O dispositivo em apreço exige, como requisito para a caracterização do bem de família, "moradia permanente" no imóvel. As pessoas devem ocupar o prédio residencial com o ânimo de nele permanecer, tornando-o a sede da família. Todavia, a jurisprudência vem proclamando que, se o único bem residencial do devedor não vem sendo por ele utilizado como residência, por estar locado, é de ser aplicada a regra da impenhorabilidade da Lei n. 8.009/90.

Nessa linha decidiu o *Superior Tribunal de Justiça* que, se o imóvel está locado servindo de subsistência da família que passa a morar em imóvel alugado, nem por isso o bem perde a sua destinação imediata que continua sendo garantia à moradia familiar[55]. A propósito, dispõe a *Súmula 486 da aludida Corte: "É impenhorável o único imóvel residencial do devedor que esteja locado a terceiros, desde que a renda obtida com a locação seja revertida para a subsistência ou a moradia da sua família".*

A mudança de local, por necessidade de trabalho, não afasta a proteção do bem de família. Se o afastamento da residência é, efetivamente, determinado pela necessidade de subsistência, o imóvel desocupado não perde a proteção dada ao bem de família[56].

A *4ª Turma do mesmo Tribunal* reconheceu a impenhorabilidade de bem de família não habitado pelo devedor, mas por sua mãe em usufruto vitalício.

---

[55] REsp 98.958-DF, 4ª T., rel. Min. Ruy Rosado de Aguiar, j. 19-11-1996, e REsp 114.119-SP, j. 18-12-1997. No mesmo sentido: "Bem de família. Caracterização. Impenhorabilidade. Ocorrência. Imóvel locado, único pertencente ao devedor, cujo produto da locação é destinado ao pagamento de outro, no qual o executado reside com a entidade familiar" (1º TACSP, *RT*, 796/291). "Imóvel residencial único do casal ou da entidade familiar dado em locação, servindo como fonte de renda para subsistência da família. Circunstância que não faz com que o bem perca a sua destinação mediata que continua sendo a de garantir a moradia familiar" (TJRJ, *RT*, 779/339).

[56] STJ, REsp 1.400/342-RJ, 3ª T., rel. Min. Nancy Andrighi, j. 8-10-2013.

O relator, Min. Luis Felipe Salomão salientou que "ao usufrutuário é concedido o direito de desfrutar do bem alheio, percebendo-lhe os frutos e dele podendo retirar proveito econômico; ao nu-proprietário remanesce tão somente a posse indireta e o direito de dispor desse bem. Apenas os frutos podem ser penhorados. A propriedade, porém, pode ser objeto de constrição, exceto se for bem de família"[57].

É certo, pois, que o imóvel objeto de usufruto vitalício em favor dos genitores do executado possui a qualidade de bem de família e, portanto, é absolutamente impenhorável enquanto perdurar a referida cláusula de usufruto[58].

A impenhorabilidade é oponível em qualquer processo de execução singular ou coletiva, ou seja, contra devedor solvente ou insolvente. Ainda que revel o devedor, a impenhorabilidade do bem de família é plenamente assegurada[59].

Tendo em vista que as normas que disciplinam o bem de família são cogentes, de ordem pública, a impenhorabilidade deve ser declarada de ofício pelo juiz, quando encontrar provados nos autos os requisitos que o caracterizam. Já se excluiu, por isso, bem de família da penhora mediante provocação contida em simples petição juntada aos autos, sem forma nem figura de juízo[60].

Todavia, em muitas outras ocasiões exigem os tribunais que tais pedidos venham insertos nas modalidades de tutela jurisdicional previstas na lei processual, não se excluindo a exceção de pré-executividade e os embargos de terceiro. Os embargos à execução ou à penhora, no entanto, constituem o meio mais adequado para a defesa do bem de família no processo de execução[61].

A propósito, decidiu o *Superior Tribunal de Justiça*: "Em se tratando de nulidade absoluta, a exemplo do que se dá com os bens absolutamente impenhoráveis (CPC [*de 1973*], art. 649 [CPC/2015, art. 833]), prevalece o interesse de ordem pública, podendo ser ela arguida em qualquer fase ou momento, devendo inclusive ser apreciada de ofício. O executado pode alegar a impenhorabilidade do bem constrito mesmo quando já designada a praça e não tenha ele suscitado o tema em outra oportunidade, inclusive em sede de embargos do devedor, pois tal omissão não significa renúncia a qualquer

---

[57] STJ, REsp 950.663, 4ª T., rel. Min. Luis Felipe Salomão, j. 10-4-2012, *DJE*, de 23-4-2012.

[58] TRF-3ª Região, Ap. 0033720-16.2017.4.03.9999-SP, rel. Des. Valdeci dos Santos, j. 20-5-2019.

[59] Carlos Gonçalves, *Impenhorabilidade*, cit., p. 174.

[60] "Bem de família. Penhora. Execução. Arguição da impenhorabilidade que pode se dar por simples petição nos autos. Embargos à execução. Desnecessidade de oposição" (TRF, 5ª Reg., *RT*, 811/459).

[61] Ricardo Arcoverde Credie, *Bem de família*, cit., p. 93.

direito, pelo retardamento injustificado, sem prejuízo de eventual acréscimo na verba honorária, a final"[62].

Se a impenhorabilidade é reconhecida em sede de embargos do devedor, deve o magistrado suspender o feito até que se realize a segurança do juízo, para então apreciar as demais questões de mérito erigidas pelo embargante, pronunciando-se, ao final, sobre os ônus da sucumbência[63].

A boa-fé deve ser levada em conta na análise da tutela do bem de família, pois não há, em nosso sistema jurídico, norma que possa ser interpretada de modo apartado aos cânones da boa-fé. A regra de impenhorabilidade do bem de família trazida pela Lei n. 8.009/90 deve ser examinada à luz do princípio da boa-fé objetiva, que, além de incidir em todas as relações jurídicas, constitui diretriz interpretativa para as normas do sistema jurídico pátrio. Nesse contexto, caracterizada fraude à execução na alienação do único imóvel dos executados, em evidente abuso de direito e má-fé, afasta-se a norma protetiva do bem de família, que não pode conviver, tolerar e premiar a atuação dos devedores em desconformidade com o cânone da boa-fé objetiva[64].

Decidiu o *Tribunal de Justiça de Goiás* a respeito de penhora de apartamento e garagem, como bem de família, nestes termos:

"Penhora de apartamento e garagem. Bem de família. Box de garagem. Penhora mantida.

1. A constatação de que o imóvel é bem de família e, por isso, impenhorável, depende de provas de que: a) tal bem seja o único imóvel do devedor; e b) ele é utilizado pelo núcleo familiar para moradia permanente. Comprovados os requisitos, deve ser afastada a constrição do apartamento. 2. Os box de garagem, por possuírem matrícula própria, destacada do imóvel, não são considerados bem de família, podendo, portanto, ser objeto de constrição judicial, isto porque o legislador, ao instituir a impenhorabilidade do bem de família, objetivou tutelar o direito constitucional fundamental da moradia assegurar o mínimo para uma vida com dignidade, não se verificando essa essencialidade na garagem. Recurso conhecido e parcialmente provido[65].

---

[62] REsp 192.133-MS, 4ª T., rel. Min. Sálvio de Figueiredo Teixeira, j. 21-6-1999. *Vide* ainda: "A arguição de impenhorabilidade do bem de família é válida mesmo que só ocorra no momento da apelação, pois, sendo matéria de ordem pública, é passível de ser conhecida pelo julgador a qualquer momento até a arrematação"(STJ, REsp 981.532-RJ, rel. Min. Luis Felipe Salomão, *DJE*, 29-8-2012).

[63] *RT*, 775/383.

[64] STJ, REsp 1.575.243-DF, 3ª T., rel. Min. Nancy Andrighi, *DJe* 2-4-2018.

[65] TJGO, AC 05410147020198090051-Goiânia, 6ª Câm. Cív., rel. Des. Fausto Moreira Diniz, j. 23-2-2021.

DA UNIÃO ESTÁVEL

Título Único
DA UNIÃO ESTÁVEL E DO CONCUBINATO

> *Sumário*: 1. Conceito e evolução histórica. 2. Regulamentação da união estável antes do Código Civil de 2002. 3. A união estável no Código Civil de 2002. 4. Requisitos para a configuração da união estável. 4.1. Pressupostos de ordem subjetiva. 4.2. Pressupostos de ordem objetiva. 5. Deveres dos companheiros. 6. Direitos dos companheiros. 6.1. Alimentos. 6.2. Meação e regime de bens. 6.3. Sucessão hereditária. 7. Contrato de convivência entre companheiros. 8. Conversão da união estável em casamento. 9. As leis da união estável e o direito intertemporal. 10. Ações concernentes à união estável.

1. CONCEITO E EVOLUÇÃO HISTÓRICA

A união prolongada entre o homem e a mulher, sem casamento, foi chamada, durante longo período histórico, de *concubinato*. O conceito generalizado do concubinato, também denominado "união livre", tem sido invariavelmente, no entender de WASHINGTON DE BARROS MONTEIRO[1], o de vida prolongada em comum, sob o mesmo teto, com a aparência de casamento.

EDGARD MOURA BITTENCOURT[2] transcreve a lição de ERRAZURIZ: "A expressão *concubinato*, que em linguagem corrente é sinônima de união livre, à margem da lei e da moral, tem no campo jurídico mais amplo conteúdo. Para os efeitos legais, não apenas são concubinos os que mantêm vida marital sem serem casados, senão também os que contraíram matrimônio não reconhecido legalmente, por mais respeitável que seja perante a consciência dos contraentes, como sucede com o casamento religioso; os que celebrarem validamente no estrangeiro um

---

[1] *Curso de direito civil*, 37. ed., v. 2, p. 30-31.
[2] *O concubinato no direito*, v. 1.

matrimônio não reconhecido pelas leis pátrias; e ainda os que vivem sob um casamento posteriormente declarado nulo e que não reunia as condições para ser putativo. Os problemas do concubinato incidem, por conseguinte, em inúmeras situações, o que contribui para revesti-los da máxima importância".

A união livre difere do casamento sobretudo pela liberdade de descumprir os deveres a este inerentes. Por isso, a doutrina clássica esclarece que o estado de concubinato pode ser rompido a qualquer instante, qualquer que seja o tempo de sua duração, sem que ao concubino abandonado assista direito a indenização pelo simples fato da ruptura.

Savatier[3] mostra que a união livre significa a deliberação de rejeitar o vínculo matrimonial, a propósito de não assumir compromissos recíprocos. Nenhum dos amantes pode queixar-se, pois, de que o outro se tenha valido dessa liberdade.

O Código Civil de 1916 continha alguns dispositivos que faziam restrições a esse modo de convivência, proibindo, por exemplo, doações ou benefícios testamentários do homem casado à concubina, ou a inclusão desta como beneficiária de contrato de seguro de vida.

Observa Silvio Rodrigues que talvez "a única referência à mancebia feita pelo Código Civil revogado, sem total hostilidade a tal situação de fato, tenha sido a do art. 363, I, que permitia ao investigante da paternidade a vitória na demanda se provasse que ao tempo de sua concepção sua mãe estava concubinada com o pretendido pai. Nesse caso, *já entendia o legislador que o conceito de concubinato pressupunha a fidelidade da mulher ao seu companheiro e, por isso, presumia,* juris tantum*, que o filho havido por ela tinha sido engendrado pelo concubino*"[4].

Aos poucos, no entanto, a começar pela legislação previdenciária[5], alguns direitos da concubina foram sendo reconhecidos, tendo a jurisprudência admitido outros, como o direito à meação dos bens adquiridos pelo esforço comum.

A realidade é que o julgador brasileiro passou a compreender que a ruptura de longo concubinato, de forma unilateral ou por mútuo consentimento, acabava criando uma situação extremamente injusta para um dos concubinos, porque em alguns casos, por exemplo, os bens amealhados com o esforço comum haviam sido adquiridos somente em nome do varão. Por outro lado, havia conflito entre o regime de bens que prevalecia em muitos países da Europa, que é o legal da

---

[3] *Traité de la responsabilité civile em droit français*, n. 122 *bis*, p. 160.

[4] *Direito civil*, v. 6, p. 256.

[5] "Previdência social. Comprovação de estabilidade no concubinato e de dependência econômica da concubina com ex-segurado. Possibilidade de inscrição daquela como dependente, no órgão previdenciário" (*RT*, 805/374).

separação, e o da comunhão de bens, vigorante então entre nós, ficando a mulher desprovida de qualquer recurso, em benefício de parentes afastados do marido, em caso de falecimento de imigrantes.

A posição humana e construtiva do *Tribunal de Justiça de São Paulo* acabou estendendo-se aos demais tribunais do País, formando uma jurisprudência que foi adotada pelo *Supremo Tribunal Federal,* no sentido de que a ruptura de uma ligação *more uxorio* duradoura gerava consequências de ordem patrimonial. Essa Corte cristalizou a orientação jurisprudencial *na Súmula 380, nestes termos:* "*Comprovada a existência da sociedade de fato entre concubinos, é cabível a sua dissolução judicial, com a partilha do patrimônio adquirido pelo esforço comum*".

A expressão "esforço comum" ensejava dúvidas de interpretação na jurisprudência. Entendia uma corrente que a concubina só teria direito à participação no patrimônio formado durante a vida em comum se concorrera com seu esforço, trabalhando lado a lado do companheiro na atividade lucrativa. Decisões havia, por outro lado, entendendo que concorria igualmente para o enriquecimento do concubino a mulher que se atinha aos afazeres domésticos, propiciando-lhe o necessário suporte de tranquilidade e segurança para o desempenho de suas atividades profissionais.

A última corrente, mais liberal e favorável à concubina, acabou encontrando ressonância no *Superior Tribunal de Justiça,* que proclamou a distinção entre a mera concubina e a companheira com convivência *more uxorio,* para reconhecer o seu direito a participar do patrimônio deixado pelo companheiro, mesmo que não tenha exercido atividade econômica fora do lar.

Passou a aludida Corte, com efeito, a decidir: "Constatada a contribuição indireta da ex-companheira na constituição do patrimônio amealhado durante o período de convivência 'more uxorio', contribuição consistente na realização das tarefas necessárias ao regular gerenciamento da casa, aí incluída a prestação de serviços domésticos, admissível o reconhecimento da existência de sociedade de fato e consequente direito à partilha proporcional"[6].

As restrições existentes no Código Civil passaram a ser aplicadas somente aos casos de *concubinato adulterino,* em que o homem vivia com a esposa e, concomitantemente, mantinha concubina. Quando, porém, encontrava-se separado de fato da esposa e estabelecia com a concubina um relacionamento *more uxorio,* isto é, de marido e mulher, tais restrições deixavam de ser aplicadas, *e a mulher passava a ser chamada de companheira.*

---

[6] REsp 183.718-SP, 4ª T., rel. Min. Sálvio de Figueiredo Teixeira, j. 1º-10-1998. No mesmo sentido: REsp 60.073-DF, 4ª T., rel. Min. Asfor Rocha, *DJU,* 15-5-2000; REsp 1.648-RJ, 3ª T., rel. Min. Eduardo Ribeiro, *DJU,* 16-4-1990, p. 2875, Seção I, ementa.

Começaram os tribunais a decidir, com efeito, que o art. 1.177 do Código Civil de 1916, que proibia a doação do cônjuge adúltero ao seu cúmplice, não atingia a companheira, que não devia ser confundida com a concubina[7].

O *Supremo Tribunal Federal* assentou, a propósito, que "o cônjuge adúltero pode manter convívio no lar com a esposa e, fora, com outra mulher, como pode também separar-se de fato da esposa, *ou desfazer desse modo a sociedade conjugal, para viver more uxorio com a outra*. Na primeira hipótese, o que se configura é um concubinato, segundo o seu conceito moderno, e obviamente a mulher é concubina; mas, na segunda hipótese, o que se concretiza é uma união de fato (assim chamada por lhe faltarem as *justas nuptiae*) e a mulher merece ser havida como companheira; precisando melhor a diferença, é de se reconhecer que, no primeiro caso, o homem tem duas mulheres, a legítima e a outra; no segundo, ele convive apenas com a companheira, porque se afastou da mulher legítima, rompeu de fato a vida conjugal"[8].

Também começou a ser utilizada a expressão *"concubinato impuro"*[9], para fazer referência ao adulterino, envolvendo pessoa casada em ligação amorosa com terceiro, ou para apontar os que mantêm mais de uma união de fato. "*Concubinato puro*" ou *companheirismo* seria a convivência duradoura, como marido e mulher, sem impedimentos decorrentes de outra união (caso dos solteiros, viúvos, separados judicialmente, divorciados ou que tiveram o casamento anulado).

O grande passo, no entanto, foi dado pela atual Constituição, ao proclamar, no art. 226, § 3º: "*Para efeito da proteção do Estado, é reconhecida a união estável entre o homem e a mulher como entidade familiar, devendo a lei facilitar sua conversão em casamento*". A partir daí a relação familiar nascida fora do casamento passou a denominar-se união estável, ganhando novo status dentro do nosso ordenamento jurídico*.

---

[7] STJ, *RT*, 719/258 e 623/170. *V.* ainda: "Doação. Aquisição de imóvel em nome da companheira por homem casado, após, entretanto, o rompimento da vida conjugal deste. Distinção entre concubina e companheira. Não incidem as normas dos arts. 248, IV, e 1.177 do Código Civil (*de 1916*), quando ocorrida a doação após o rompimento da vida em comum entre o finado doador e sua mulher; quando, enfim, já se haviam findadas as relações patrimoniais decorrentes do casamento. Precedentes do STJ quanto à distinção entre 'concubina' e 'companheira'" (STJ, 4ª T., rel. Min. Barros Monteiro, j. 18-4-1995, *DJU*, 19-6-1995).

[8] *RTJ*, 82/930.

[9] "Concubinato impuro. Relacionamento com homem casado. Impossibilidade de a união ser convertida em casamento. Pretensão da companheira à partilha de bens ou indenização pelo tempo em que as partes mantiveram relacionamento. Inadmissibilidade. Intel. do § 3º do art. 226 da CF" (TJSP, *RT*, 817/238). "Convivência entre homem e mulher que se iniciou quando o companheiro ainda era casado. Caracterização de concubinato impuro que não gera qualquer direito ou dever entre os conviventes. Reconhecimento da união estável, no entanto, a partir do momento em que o concubino se separou judicialmente de sua esposa, assumindo publicamente o relacionamento com sua companheira como se casados fossem" (TJMS, *RT*, 794/365).

A conceituação da união estável consta do art. 1.723 do Código Civil de 2002, *verbis*: *"É reconhecida como entidade familiar a união estável entre o homem e a mulher, configurada na convivência pública, contínua e duradoura e estabelecida com o objetivo de constituição de família".*

A expressão "concubinato" é hoje utilizada para designar o relacionamento amoroso envolvendo pessoas casadas, que infringem o dever de fidelidade, também conhecido como adulterino. Configura-se, segundo o novo Código Civil, quando ocorrem *"relações não eventuais entre o homem e a mulher, impedidos de casar"* (CC, art. 1.727).

Malgrado a impropriedade da expressão utilizada, deve-se entender que nem todos os impedidos de casar são concubinos, pois o § 1º do art. 1.723 trata como união estável a convivência pública e duradoura entre pessoas separadas de fato e que mantêm o vínculo de casamento, não sendo separadas de direito.

2. REGULAMENTAÇÃO DA UNIÃO ESTÁVEL ANTES DO CÓDIGO CIVIL DE 2002

A primeira regulamentação da norma constitucional que trata da união estável adveio com a Lei n. 8.971, de 29 de dezembro de 1994, que definiu como "companheiros" o homem e a mulher que mantenham união comprovada, na qualidade de solteiros, separados judicialmente, divorciados ou viúvos, por mais de cinco anos, ou com prole (concubinato puro).

A Lei n. 9.278, de 10 de maio de 1996, alterou esse conceito, omitindo os requisitos de natureza pessoal, tempo mínimo de convivência e existência de prole. *Preceituava o seu art. 1º que se considera entidade familiar a convivência duradoura, pública e contínua, de um homem e de uma mulher, estabelecida com o objetivo de constituição de família.* Usou-se a expressão *"conviventes"* em substituição a *"companheiros".*

Embora esse artigo não aludisse expressamente à união estável pura, ou seja, não incestuosa e não adulterina, inegavelmente se aplicava a ela. Conforme acentuou ÁLVARO VILLAÇA AZEVEDO, em comentário à aludida lei, "é certo que o § 3º do art. 226 da Constituição Federal também não especifica nesse sentido; contudo, ambos os dispositivos legais apontam o objetivo de constituição familiar, o que impede que exista concubinato impuro (contra o casamento preexistente de um dos concubinos ou em situação incestuosa) ou concubinato desleal (em concorrência com outro concubinato puro)"[10].

---

[10] Comentários à Lei n. 9.278, de 10 de maio de 1996, *Revista Literária de Direito*, n. 11, p. 19.

Conclui-se, assim, que *não era possível, no sistema da Lei n. 9.278/96, a simultaneidade de casamento e união estável, ou de mais de uma união estável.*

Como acentuou EUCLIDES DE OLIVEIRA, "o que não se admite, contudo, em vista dos contornos exigidos na lei para configuração de uma união estável, é a ligação adulterina de pessoa casada, simultaneamente ao casamento, sem estar separada de fato do seu cônjuge. Tem primazia, em tal situação, a família constituída pelo casamento. A outra união seria de caráter concubinário, à margem da proteção legal mais ampla que se concede à união estável. A verdade é que, afora hipóteses excepcionais, em tais casos geralmente a vivência extramatrimonial é mantida com reservas, sob certo sigilo ou clandestinidade. Falta-lhe, pois, o indispensável reconhecimento social, até mesmo pelas discriminações que cercam esse tipo de amasiamento. O mesmo se diga das uniões desleais, isto é, de pessoa que viva em união estável e mantenha uma outra ligação ou, quem sabe, até múltiplas relações de cunho afetivo"[11].

O art. 5º da última lei mencionada cuidava da meação sobre os bens adquiridos durante o tempo de convivência, a título oneroso, considerando-os fruto do trabalho e da colaboração comum, salvo se houvesse estipulação contrária em contrato escrito, ou se a aquisição dos bens se desse com o produto de outros anteriores ao início da união (*sub-rogação*). Estabeleceu-se, assim, a presunção de colaboração dos conviventes na formação do patrimônio durante a vida em comum, invertendo-se o ônus probatório, que competia ao que negasse a participação do outro.

Questão que suscitou polêmica, ao tempo do Código Civil de 1916, é a concernente à possibilidade de ser promovida a partilha patrimonial, em caso de existência de uma sociedade de fato, estando o concubino ainda casado e apenas separado de fato da legítima esposa.

Acabou prevalecendo a corrente que a admitia, sendo de destacar, a propósito, os argumentos do voto vencido do Des. ALEXANDRE LOUREIRO, no acórdão do *Tribunal de Justiça de São Paulo*, que colocou as coisas em seus devidos lugares, declarando: "Inescondíveis o concubinato e a formação do patrimônio comum. A partilha dos bens decorre, na verdade, não da existência do concubinato, mas da sociedade de fato, existente desde 1956 e admitida pela corré apelante a partir de 1962. Pouco importa o adultério. A partilha de bens nada tem a ver com o Direito de Família e é indene às suas violações. A divisão dos bens diz respeito mais à dissolução da sociedade do que ao próprio concubinato. Não fosse assim, haveria enriquecimento ilícito de um dos sócios em detrimento do outro"[12].

---

[11] *União estável:* do concubinato ao casamento, p. 138-139.

[12] *RT*, 626/68. *V.* ainda: "Sociedade de fato. Homem casado. A sociedade de fato mantida com a concubina rege-se pelo Direito das Obrigações e não pelo de Família. Inexiste impedimento a que o homem casado, além da sociedade conjugal, mantenha outra, de fato ou de direito, com terceiro. Não há cogitar da pretensa dupla meação. A censurabilidade do adultério não haverá de conduzir a que se locuplete, com o esforço alheio, exatamente aquele que o pratica" (STJ, REsp 47.103-6-SP, 3ª T., rel. Min. Waldemar Zveiter, j. 29-11-1994). No mesmo sentido: *RSTJ*, 138/262.

3. A UNIÃO ESTÁVEL NO CÓDIGO CIVIL DE 2002

Restaram revogadas as mencionadas Leis n. 8.971/94 e 9.278/96 em face da inclusão da matéria no âmbito do Código Civil de 2002, que fez significativa mudança, inserindo o título referente à união estável no Livro de Família *e incorporando, em cinco artigos (1.723 a 1.727), os princípios básicos das aludidas leis, bem como introduzindo disposições esparsas em outros capítulos quanto a certos efeitos, como nos casos de obrigação alimentar* (art. 1.694).

O novo diploma tratou, nesses dispositivos, dos aspectos pessoais e patrimoniais, deixando para o direito das sucessões o efeito patrimonial sucessório (CC, art. 1.790).

Na mesma linha do art. 1º da Lei n. 9.278/96, não foi estabelecido período mínimo de convivência pelo art. 1.723 do novo diploma. Não é, pois, o tempo com determinação de número de anos que deverá caracterizar uma relação como união estável, mas outros elementos expressamente mencionados: *"convivência pública, contínua e duradoura e estabelecida com o objetivo de constituição de família".*

Foi admitida expressamente, no § 1º do aludido dispositivo, a união estável entre pessoas que mantiveram seu estado civil de casadas, estando, porém, separadas de fato, nestes termos: *"A união estável não se constituirá se ocorrerem os impedimentos do art. 1.521; não se aplicando a incidência do inciso VI no caso de a pessoa casada se achar separada de fato ou judicialmente".*

No campo pessoal, reitera o novo diploma os deveres de *"lealdade, respeito e assistência, e de guarda, sustento e educação dos filhos"*, como obrigação recíproca dos conviventes (CC, art. 1.724).

Em face da equiparação do referido instituto ao casamento, aplicam-se-lhe os mesmos princípios e normas atinentes a alimentos entre cônjuges. Anote-se que, havendo previsão legal para a concessão de alimentos aos companheiros desde a vigência das leis especiais supracitadas, não mais se justifica falar em indenização por serviços prestados ao que não deu causa à dissolução da união estável, conforme vem reconhecendo a jurisprudência[13].

Pondera, no entanto, Sérgio Gischkow Pereira que, repelida a possibilidade de alimentos, porque não aceita união estável adulterina, "o reconhecimento do concubinato deve ensejar indenização por serviços domésticos, antiga elaboração jurisprudencial que precisa ressurgir. *É preciso recordar que, admitidos os alimentos na união estável, passou-se a entender que não haveria mais aquela espécie de ressarcimento.* Volta ele para os casos de concubinato, como este é definido no

---

[13] "Indenização. Serviços domésticos prestados. Não cabimento. Pagamento que conferiria à companheira direitos maiores que os concedidos à mulher casada" (TJSP, *JTJ*, 253/226).

novo Código Civil. Isto, é claro, supondo-se que o concubino não possa obter partilha de bens adquiridos em comum (era assim anteriormente), porque não adquirido patrimônio durante a convivência ou porque não houvesse prova de contribuição (na sociedade de fato, que seria aplicável, é indispensável tal prova). Em outras palavras: o concubino (segundo conceito do novo Código Civil) pode não receber alimentos, herdar e não ter participação automática na metade dos bens adquiridos em comum, mas terá em seu prol a sociedade de fato e a indenização por serviços domésticos prestados"[14].

Já decidiu a propósito o *Superior Tribunal de Justiça*, quando ainda em vigor o Código Civil de 1916, que, "não havendo patrimônio a partilhar", tem a concubina o direito de pleitear indenização pelos serviços prestados ao concubino[15]. Todavia, com o advento do novo diploma, tal entendimento foi modificado. *Com efeito, decidiu a 3ª Turma da aludida Corte que "não mais há de se cogitar, sob a alegação de serviços domésticos prestados, a busca da tutela jurisdicional, revelando-se indevida discriminação a concessão do benefício pleiteado à concubina, pois o término do casamento não confere direito à referida indenização. Assim, se com o fim do casamento não há possibilidade de se pleitear indenização por serviços prestados, tampouco quando se finda a união estável, muito menos com o cessar do concubinato haverá qualquer viabilidade de se postular tal direito, sob pena de se cometer grave discriminação frente ao casamento, que tem primazia constitucional de tratamento"*[16].

No mesmo sentido aresto da 4ª Turma do mesmo Tribunal: "Concubinato. Indenização decorrente de serviços domésticos. Impossibilidade. Inteligência do art. 1.727 do CC/02. Incoerência com a lógica jurídica adotada pelo Código e pela CF/88, que não reconhecem direito análogo no casamento ou união estável"[17].

Nos termos do art. 1.727 do Código Civil, "As relações não eventuais entre o homem e a mulher, impedidos de casar, constituem concubinato", A propósito, frisou o TJPA:

---

[14] O direito de família e o novo Código Civil: alguns aspectos polêmicos ou inovadores, *RT*, 823/97.

[15] REsp 182.550-SP, 4ª T., rel. Min. Sálvio de Figueiredo Teixeira, j. 24-8-1999. No mesmo sentido: "Concubinato. Indenização por serviços prestados. Rompida a relação estável, mantida ao longo de vinte anos, a concubina tem direito à indenização pelos serviços domésticos prestados ao companheiro" (STJ, REsp 50.111-RJ, rel. Min. Ary Pargendler, *DJU*, 1º-7-1999). "Tem a concubina direito à pretensão postulada a receber indenização pelos serviços prestados ao companheiro durante o período de vida em comum" (REsp 93.698-RS, rel. Min. Asfor Rocha, *DJU*, 18-10-1999).

[16] STJ, REsp 872.659-MG, 3ª T., rel. Min. Nancy Andrighi, *DJE*, 19-10-2009.

[17] STJ, REsp 988.090-MS, 4ª T., rel. Min. Luis Felipe Salomão, *DJE*, 22-2-2010.

"Destaca-se que a coabitação não serve de prova cabal de existência de união estável, porém constitui forte indício de sua configuração, sobretudo na hipótese posta em análise, em que o falecido, na condição de portador de diabetes, pressão alta e após ter sofrido Acidente Vascular Cerebral, foi recebido pela apelante, com enfermidade grave (câncer), necessitando de cuidados especiais de todo o gênero, que foram-lhe dispensados por ela. Há de se rememorar que dentre os deveres impostos para a existência de união estável, exigidos pelo art. 1.727 do Código Civil, está o de constituir família, de comunhão de vida, de partilha dos momentos de alegria ou de tristeza"[18].

No tocante aos efeitos patrimoniais, o Código Civil de 2002 determina a aplicação, no que couber, do regime da comunhão parcial de bens, pelo qual haverá comunhão dos aquestos, isto é, dos bens adquiridos na constância da convivência, como se casados fossem, *"salvo contrato escrito entre os companheiros"* (art. 1.725).

Prevê ainda o art. 1.726 do Código Civil que *"a união estável poderá converter-se em casamento, mediante pedido dos companheiros ao juiz e assento no Registro Civil".*

Assevera FRANCISCO JOSÉ CAHALI, na atualização da obra de SILVIO RODRIGUES[19], que "falha, e muito, o legislador em não estabelecer os critérios, os requisitos, as formalidades e os efeitos desse pedido, tornando, assim, inócua a previsão, ao fazer subsistir, nesse contexto, o conturbado ambiente normativo sobre o assunto, desenvolvido pelos tribunais mediante portarias e provimentos, no exercício da Corregedoria dos Cartórios de Registro Civil, e às vezes conflitantes entre si".

A *Edição n. 50 do Jurisprudência em Teses* fixou os seguintes entendimentos acerca da união estável:

1. A coabitação não é elemento indispensável à caracterização da união estável.

2. A vara de família é a competente para apreciar e julgar pedido de reconhecimento e dissolução de união estável homoafetiva.

3. Não é possível o reconhecimento de uniões estáveis simultâneas.

4. A existência de casamento válido não obsta o reconhecimento da união estável, desde que haja separação de fato ou judicial entre os casados.

5. O companheiro sobrevivente tem direito real de habitação sobre o imóvel no qual convivia com o falecido, ainda que silente o art. 1.831 do atual Código Civil.

6. A incomunicabilidade do produto dos bens adquiridos anteriormente ao início da união estável (art. 5º, § 1º, da Lei n. 9.278/96) não afeta a comunicabilidade dos frutos, conforme previsão do art. 1.660, V, do Código Civil.

7. Compete à Justiça Federal analisar, incidentalmente e como prejudicial de mérito, o reconhecimento da união estável nas hipóteses em que se pleiteia a concessão de benefício previdenciário.

---

[18] TJPA, rel. Des. José Roberto Pinheiro Maia Bezerra Júnior, j. 19-4-2021.
[19] *Direito civil*, cit., v. 6, p. 283-284.

4. REQUISITOS PARA A CONFIGURAÇÃO DA UNIÃO ESTÁVEL

Uma das características da união estável é a ausência de formalismo para a sua constituição. Enquanto o casamento é precedido de um processo de habilitação, com publicação dos proclamas e de inúmeras outras formalidades, a união estável, ao contrário, independe de qualquer solenidade, bastando o fato da vida em comum. Como assinala Antonio Carlos Mathias Coltro, a união de fato se instaura "a partir do instante em que resolvem seus integrantes iniciar a convivência, como se fossem casados, renovando dia a dia tal conduta, e recheando-a de afinidade e afeição, com vistas à manutenção da intensidade"[20].

Embora, por essa razão, tal modo de relacionamento afetivo apresente uma aparente vantagem, por não oferecer dificuldade para a sua eventual dissolução, bastando o mero consenso dos interessados, por outro lado cede passo, como acentua Euclides de Oliveira[21], à dificuldade de prova que lhe é inerente, por falta de documento constitutivo da entidade familiar.

Recomenda por isso o mencionado autor, embora não exigível instrumentação escrita, seja formalizada a constituição da união estável "por meio de um contrato de convivência entre as partes, que servirá como marco de sua existência, além de propiciar regulamentação do regime de bens que venham a ser adquiridos no seu curso. Os mais preocupados ainda poderão, ao seu alvitre, solenizar o ato de união mediante reunião de familiares e amigos para comemorar o evento, até mesmo com troca de alianças e as bênçãos de um celebrante religioso, em festa semelhante às bodas oficiais".

Esclarece Zeno Veloso que, malgrado a tônica da união estável seja a informalidade, não se pode dizer que a entidade familiar surja no mesmo instante em que o homem e a mulher passam a viver juntos, ou no dia seguinte, ou logo após. Há que existir, aduz, uma duração, "a sucessão de fatos e de eventos, a permanência do relacionamento, a continuidade do envolvimento, a convivência *more uxorio*, a notoriedade, enfim, a soma de fatores subjetivos e objetivos que, do ponto de vista jurídico, definem a situação"[22].

---

[20] A união estável: um conceito?, *Direito de família – aspectos constitucionais, civis e processuais*, v. 2, p. 37.

Já se decidiu: "Convivente, pessoa de idade avançada, com dificuldades de expressão. Circunstância que não representa óbice para o reconhecimento da união. Fato jurídico que independe da manifestação de vontade de agente capaz para sua implementação. Necessidade apenas do preenchimento de pressupostos consolidados pela doutrina e jurisprudência, derivados da convivência duradoura do casal" (TJRS, *RT*, 795/353).

[21] *União estável*, cit., p. 125.

[22] *Código Civil comentado*, v. XVII, p. 117.

Vários são, portanto, os requisitos ou pressupostos para a configuração da união estável, desdobrando-se em subjetivos e objetivos. Podem ser apontados como de ordem *subjetiva* os seguintes: a) convivência *more uxorio*; b) *affectio maritalis*: ânimo ou objetivo de constituir família. E, como de *ordem objetiva*: a) diversidade de sexos; b) notoriedade; c) estabilidade ou duração prolongada; d) continuidade; e) inexistência de impedimentos matrimoniais; e f) relação monogâmica.

4.1. Pressupostos de ordem subjetiva

a) *Convivência "more uxorio"*. É mister uma comunhão de vidas, no sentido material e imaterial, em situação similar à de pessoas casadas. Envolve a mútua assistência material, moral e espiritual, a troca e soma de interesses da vida em conjunto, atenção e gestos de carinho, enfim, a somatória de componentes materiais e espirituais que alicerçam as relações afetivas inerentes à entidade familiar.

Embora o art. 1.723 do Código Civil não se refira expressamente à coabitação ou vida em comum sob o mesmo teto, tal elemento constitui uma das mais marcantes características da união estável, até porque, como acentua ZENO VELOSO, "essa entidade familiar decorre desse fato, da aparência de casamento, e essa aparência é o elemento objetivo da relação, a mostra, o sinal exterior, a fachada, o fator de demonstração inequívoca da constituição de uma família"[23].

A *Súmula 382 do Supremo Tribunal Federal* proclama, todavia, que "a vida em comum sob o mesmo teto, *more uxorio*, não é indispensável à caracterização do concubinato". É difícil, no entanto, imaginar que o casal tenha a intenção de constituir família se não tem vida em comum sob o mesmo teto. A aludida súmula fala em concubinato e não em união estável. Foi editada numa época em que se dava ênfase, para o reconhecimento dos direitos da concubina, à existência de uma sociedade de fato, de caráter obrigacional, em que pouco importava a convivência sob o mesmo teto para a sua caracterização.

Com tais argumentos vários julgados têm afastado a aplicação da aludida *Súmula 382 do Supremo Tribunal Federal* à união estável, afirmando-se que "não há como reconhecer o relacionamento afetivo, mesmo que de longa data, como união estável, se as partes não viviam sob o mesmo teto. A moradia comum é configuração típica de uma vida de casados, a que almeja a união estável"[24].

Argumenta-se, diz outro julgado, "esgrimindo-se contra a tese da necessidade da vida em comum sob o mesmo teto, com a *Súmula n. 382 do Supremo Tribunal Federal*. Esse argumento, com a máxima vênia, revela desconhecimento do verdadeiro sentido da aludida Súmula, que fala em concubinato, não em união estável.

---

[23] *Código Civil*, cit., v. XVII, p. 115.
[24] TJRS, Ap. 70.000.339.168, 7ª Câm. Cív., rel. Des. Brasil Santos, j. 1º-3-2000.

578

A Súmula foi editada há cerca de 40 anos quando era impensável algo parecido com a união estável"[25].

Pode acontecer, todavia, que os companheiros, excepcionalmente, não convivam sob o mesmo teto por motivo justificável, ou seja, por necessidade profissional ou contingência pessoal ou familiar. Nesse caso, desde que, apesar do distanciamento físico, haja entre eles a *affectio societatis*, a efetiva convivência, representada por encontros frequentes, mútua assistência e vida social comum, não há como se negar a existência da entidade familiar.

Efetivamente, acarreta insegurança ao meio social atribuir a uma relação entre duas pessoas que vivam sob tetos diferentes, sem justificativa plausível para esse procedimento, a natureza de união estável, com todos os direitos que esta proporciona. Mas, por outro lado, não se pode ignorar o comportamento de muitos casais, que assumem ostensivamente a posição de cônjuges, de companheiro e companheira, mas em casas separadas. Nem por isso se pode afirmar que não estão casados ou não vivem em união estável.

Como acentua ZENO VELOSO, "se o casal, mesmo morando em locais diferentes, assumiu uma relação afetiva, se o homem e a mulher estão imbuídos do ânimo firme de constituir família, se estão na posse do estado de casados, e se o círculo social daquele par, pelo comportamento e atitudes que os dois adotam, reconhece ali uma situação com aparência de casamento, tem-se de admitir a existência de união estável"[26].

A tendência parece ser mesmo, como assinala RODRIGO DA CUNHA PEREIRA, "a de dispensar a convivência sob o mesmo teto para a caracterização da união estável, exigindo-se, porém, relações regulares, seguidas, habituais e conhecidas, se não por todo mundo, ao menos por um pequeno círculo"[27], aduzindo o mencionado autor que "no direito brasileiro já não se toma o elemento da coabitação como requisito essencial para caracterizar ou descaracterizar o instituto da união estável, mesmo porque, hoje em dia, já é comum haver casamentos em que os cônjuges vivem em casas separadas, talvez como uma fórmula para a durabilidade das relações".

Esse tem sido, com efeito, *o posicionamento do Superior Tribunal de Justiça*: "Não exige a lei específica (Lei n. 9.278/96) a coabitação como requisito essencial para caracterizar a união estável. Na realidade, a convivência sob o mesmo teto pode ser um dos fundamentos a demonstrar a relação comum, mas a sua ausência não afasta, de imediato, a união estável. Diante da alteração dos costumes, além das profundas mudanças pelas quais tem passado a sociedade, não é raro encontrar cônjuges ou

---

[25] TJRS, EI 70.003.119.187, 4ª Câm., rel. Des. Vasconcellos Chaves, j. 12-4-2002.
[26] *Código Civil*, cit., v. XVII, p. 114.
[27] *Concubinato e união estável*, p. 30.

companheiros residindo em locais diferentes. O que se mostra indispensável é que a união se revista de estabilidade, ou seja, que haja aparência de casamento"[28].

b) *"Affectio maritalis": ânimo ou objetivo de constituir família.* O elemento subjetivo é essencial para a configuração da união estável. Além de outros requisitos, é absolutamente necessário que haja entre os conviventes, além do afeto, o elemento espiritual caracterizado pelo ânimo, a intenção, o firme propósito de constituir uma família, enfim, a *affectio maritalis.*

O requisito em apreço exige a efetiva constituição de família, não bastando para a configuração da união estável o simples *animus*, o objetivo de constituí-la, "já que, se assim não fosse, o mero namoro ou noivado, em que há somente o objetivo de formação familiar, seria equiparado à união estável"[29].

Não configuram união estável, com efeito, os encontros amorosos mesmo constantes, ainda que os parceiros mantenham relações sexuais, nem as viagens realizadas a dois ou o comparecimento juntos a festas, jantares, recepções etc., se não houver da parte de ambos o intuito de constituir uma família.

Muitas vezes se torna difícil a prova do aludido elemento subjetivo. São indícios veementes dessa situação de vida à moda conjugal "a mantença de um lar comum, frequência conjunta a eventos familiares e sociais, eventual casamento religioso, existência de filhos havidos dessa união, mútua dependência econômica, empreendimentos em parceria, contas bancárias conjuntas etc.[30].

4.2. Pressupostos de ordem objetiva

a) *Diversidade de sexos.* Por se tratar de modo de constituição de família que se assemelha ao casamento, apenas com a diferença de não exigir a formalidade da celebração, entendia-se, até recentemente, que a união estável só poderia decorrer de relacionamento entre pessoas de sexo diferente. A doutrina considerava da essência do casamento a heterossexualidade e classificava na categoria de ato inexistente a união entre pessoas do mesmo sexo.

---

[28] REsp 474.962-SP, 4ª T., rel. Min. Sálvio de Figueiredo Teixeira, *DJU*, 1º-3-2004.

[29] Regina Beatriz Tavares da Silva, *Novo Código Civil comentado*, p. 1532.

"O período de namoro e noivado que antecedeu o casamento não configura união estável para fins de partilhamento dos bens então adquiridos" (TJRS, Ap. 598.349.306, 7ª Câm. Cív., rel. Desa. Maria Berenice Dias, j. 17-3-1999). "O namoro prolongado, mesmo com congresso íntimo, desenrolado enquanto as partes resolviam anteriores casamentos, não induz união estável" (TJRS, Ap. 599.152.105, 7ª Câm. Cív., rel. Des. Teixeira Giorgis, j. 12-5-1999); "Não integra o período de namoro o prazo de vigência da união estável, devendo-se ter como termo *a quo* do relacionamento, para efeitos de partição patrimonial, o momento em que passaram a coabitar sob o mesmo teto" (TJRS, Ap. 597.242.791, 7ª Câm. Cív, rel. Desa. Maria Berenice Dias, j. 24-6-1998).

[30] Euclides de Oliveira, *União estável*, cit., p. 133.

Segundo a lição de Álvaro Villaça Azevedo, *"desde que foram conferidos efeitos ao concubinato, até o advento da Súmula 380 do Supremo Tribunal Federal,* sempre a Jurisprudência brasileira teve em mira o par andrógino, o homem e a mulher. Com a Constituição Federal, de 5-10-1988, ficou bem claro esse posicionamento, de só reconhecer, como entidade familiar, a união estável entre o homem e a mulher, conforme o claríssimo enunciado do § 3º do seu art. 226"[31].

A jurisprudência reconhecia tão somente a existência de sociedade de fato, entre sócios, a indicar direitos de participação no patrimônio formado pelo esforço comum de ambos, e não união livre como entidade familiar. Desse modo, a união de duas pessoas do mesmo sexo, chamada de parceria homossexual ou união homoafetiva, por si só, não gerava direito algum para qualquer delas, independentemente do período de coabitação[32].

É de ponderar, neste ponto, segundo, ainda, a doutrina de Álvaro Villaça Azevedo que, "provada a sociedade de fato, entre os conviventes do mesmo sexo, está presente o contrato de sociedade, reconhecido pelo art. 1.363 do Código Civil, independentemente de casamento ou de união estável. Sim, porque celebram contrato de sociedade as pessoas que se obrigam, mutuamente, a combinar seus esforços pessoais e/ou recursos materiais, para a obtenção de fins comuns"[33].

A matéria ficava assim excluída do âmbito do direito de família, gerando apenas efeitos de caráter obrigacional.

---

[31] *Comentários ao Código Civil*, v. 19, p. 203.

Entende Maria Berenice Dias, contrariamente, injustificável a discriminação constante do § 3º do art. 226 da Constituição Federal, como inconstitucional a restrição das Leis n. 8.971/94 e 9.278/96, que regulamentavam a união estável, ao se referirem somente ao relacionamento entre um homem e uma mulher, argumentando que um Estado Democrático de Direito, que valoriza a dignidade da pessoa humana, não pode chancelar distinções baseadas em características individuais (*União homossexual, o preconceito e a justiça*, p. 147, n. 8).

[32] TJMG, *RT*, 742/393. *V.* ainda: "Inventário. Habilitação. Companheiro do falecido. Pretensão à condição de herdeiro e meeiro do *de cujus*. Não cabimento. Direitos decorrentes da união estável para fins sucessórios restritos ao companheiro sobrevivente de união estável entre homem e mulher" (TJSP, *JTJ*, Lex, 262/319). "Ainda que evidenciada por longo tempo, a relação homossexual entre dois homens, a ela não se aplicam as disposições da Lei n. 8.971/94, sob alegação de existência de união estável. Sobretudo porque a Carta Magna, em seu art. 226, estabelece que 'a família, base da sociedade, tem especial proteção do Estado, e que é reconhecida a união estável entre o homem e a mulher como entidade familiar, devendo a lei facilitar sua conversão em casamento'. Esse preceito constitucional, pois, tem por escopo a união entre pessoas de sexo oposto e não elementos do mesmo sexo" (TJRJ, Ap. 10.704/2000, 3ª Câm. Cív., rel. Des. Antonio Eduardo F. Duarte, *DJRJ*, 3-5-2001).

[33] Álvaro Villaça Azevedo, *Comentários*, cit., v. 19, p. 296.

A diversidade de sexos, como já foi dito, constituía requisito natural do casamento, sendo, por isso, consideradas inexistentes as uniões homossexuais.

Aos poucos, no entanto, eminentes doutrinadores começaram a colocar em evidência, com absoluta correção, a necessidade de atribuir verdadeiro estatuto de cidadania às uniões estáveis homoafetivas. Na jurisprudência, o *Tribunal de Justiça do Rio Grande do Sul* passou a reconhecer a união entre homossexuais como possível de ser abarcada dentro do conceito de entidade familiar, sob a forma de *união estável homoafetiva*, ao fundamento de que "a ausência de lei específica sobre o tema não implica ausência de direito, pois existem mecanismos para suprir as lacunas legais, aplicando-se aos casos concretos a analogia, os costumes e os princípios gerais de direito, em consonância com os preceitos constitucionais (art. 4º da LINDB)"[34].

A 4ª Turma do *Superior Tribunal de Justiça* admitiu a possibilidade jurídica do *pedido de reconhecimento da união estável entre homossexuais e determinou que o Tribunal de Justiça do Rio de Janeiro retomasse o julgamento da ação envolvendo um brasileiro e um canadense, que viviam juntos havia quase 20 anos, ação esta que fora extinta sem análise do mérito.* Os Ministros Pádua Ribeiro (relator) e Massami Uyeda votaram a favor do pedido, por entenderem que a legislação brasileira não traz nenhuma proibição ao reconhecimento de união estável entre pessoas do mesmo sexo. Os Ministros Fernando Gonçalves e Aldir Passarinho Júnior votaram contra, por entenderem que a *Constituição Federal* só considera entidade familiar a união estável resultante da relação entre homem e mulher. O Ministro Luis Felipe Salomão, que proferiu o voto de desempate, também ressaltou que o legislador, caso desejasse, poderia utilizar expressão restritiva de modo a impedir que a união entre pessoas do mesmo sexo ficasse definitivamente excluída da abrangência legal, mas não procedeu dessa maneira[35].

---

[34] TJRS, Ap. 70.009.550.070, 7ª Câm. Cív., relª Desª Maria Berenice Dias, j. 17-11-2004. *V.* ainda: "Constitui união estável a relação fática entre duas mulheres, configurada na convivência pública, contínua, duradoura e estabelecida com o objetivo de constituir verdadeira família, observados os deveres de lealdade, respeito e mútua assistência" (TJRS, Ap. 70.005.488.812, 7ª Câm. Cív., rel. Des. José Carlos Teixeira Giorgis); "Reconhecida como entidade familiar, merecedora da proteção estatal, a união formada por pessoas do mesmo sexo, com características de duração, publicidade, continuidade e intenção de constituir família, decorrência inafastável é a possibilidade de que seus companheiros possam adotar" (TJRS, Ap. 70.013.801.592, 7ª Câm. Cív., rel. Des. Luiz Felipe Brasil Santos, j. 5-4-2006).

[35] Disponível em: <http://www.ibdfam.org.br/?noticias&noticia=2636>, acessado em 5-9-2008. Em 1998, o Superior Tribunal de Justiça, tendo como relator o Min. Ruy Rosado de Aguiar Júnior, decidiu que, em caso de casal homossexual, o parceiro teria direito de receber metade do patrimônio obtido pelo esforço comum (REsp 148.897). Também já foi reconhecido pela 6ª Turma da mencionada Corte o direito do parceiro de receber a pensão por morte do companheiro (REsp 395.804).

À falta de legislação específica, os casais que viviam em união homoafetiva buscavam os seus direitos junto ao Poder Judiciário. Os tribunais reconheciam, nesses casos, o direito de inclusão do companheiro como dependente no plano de saúde; de recebimento de pensão em caso de morte do parceiro segurado no INSS ou em plano de previdência privada[36]; de guarda de filho, em caso de um dos parceiros ser mãe ou pai biológico da criança; de adoção por casal formado por duas pessoas do mesmo sexo; e de participação no patrimônio formado pelo esforço comum de ambos.

No dia 5 de maio de 2011, o *Supremo Tribunal Federal*, ao julgar a Ação Direta de Inconstitucionalidade (ADIn) 4.277 e a Arguição de Descumprimento de Preceito Fundamental (ADPF) 132, reconheceu a união homoafetiva como entidade familiar, regida pelas mesmas regras que se aplicam à união estável dos casais heterossexuais. Proclamou-se, com efeito vinculante, que o não reconhecimento da união homoafetiva contraria preceitos fundamentais como igualdade, liberdade (da qual decorre a autonomia da vontade) e o princípio da dignidade da pessoa humana, todos da Constituição Federal. A referida Corte reconheceu, assim, por unanimidade, a união homoafetiva como entidade familiar, tornando automáticos os direitos que até então eram obtidos com dificuldades na Justiça.

O *Superior Tribunal de Justiça*, logo depois, ou seja, no dia 11 de maio do mesmo ano, aplicou o referido entendimento do *Supremo Tribunal Federal*, por causa de seu efeito vinculante, reconhecendo também o *status* de união estável aos relacionamentos homoafetivos[37].

b) *Notoriedade*. Exige o art. 1.723 do Código Civil, para que se configure a união estável, que a convivência, além de contínua e duradoura, seja "*pública*". Não pode, assim, a união permanecer em sigilo, em segredo, desconhecida no meio social. Requer-se, por isso, notoriedade ou publicidade no relacionamento amoroso, ou seja, que os companheiros apresentem-se à coletividade como se fossem marido e mulher (*more uxorio*). Relações clandestinas, desconhecidas da sociedade, não constituem união estável[38].

---

[36] Decidiu a 3ª Turma do STJ: "Comprovada a existência de união estável entre pessoas do mesmo sexo, deve-se reconhecer o direito do companheiro sobrevivente de receber benefícios decorrentes do plano de previdência privada (Previ – Caixa de Previdência dos Funcionários do Banco do Brasil), com os idênticos efeitos operados pela união estável". Até então, tal benefício só era concedido dentro do Regime Geral da Previdência Social. Aduziu a relatora, Min. Nancy Andrighi: "Se, por força do art. 16 da Lei 8.213/91, a necessária dependência econômica para a concessão da pensão por morte entre companheiros de união estável é presumida, também o é no caso de companheiros do mesmo sexo, diante do emprego da analogia que se estabeleceu entre essas duas entidades familiares" (STJ, REsp 1.016.981-RJ, 3ª T., rel. Min. Nancy Andrighi. Disponível em: <http://www.conjur.com.br>. Acesso em 9-2-2010).

[37] 2ª Seção, rel. Min. Nancy Andrighi. Disponível em: <http://www.conjur.com.br>, de 13-5-2011.

[38] "União estável. Pessoa casada. Relacionamento amoroso clandestino envolvido pelo véu da ilicitude. Situação construída à margem da lei. Sociedade monogâmica que impossibilita a concessão de direitos à amante" (*RT*, 817/340).

Realmente, como um fato social, "a união estável é tão exposta ao público como o casamento, em que os companheiros são conhecidos, no local em que vivem, nos meios sociais, principalmente de sua comunidade, junto aos fornecedores de produtos e serviços, apresentando-se, enfim, como se casados fossem. Diz o povo, em sua linguagem autêntica, que só falta aos companheiros 'o papel passado'"[39].

Nessa consonância, a *8ª Câmara Cível do Tribunal de Justiça do Rio Grande do Sul* manteve a decisão da 2ª Vara de Família e Sucessões da Capital que não reconheceu a união estável entre um padre da Igreja Católica, falecido em 2007, e uma mulher com quem se relacionou efetivamente. Frisou o relator que, "quando a lei fala em publicidade do relacionamento, a mesma não pode ser limitada. Pelo contrário, deve ser ampla e irrestrita para que chegue ao conhecimento de tantas pessoas quanto possível e em todos os lugares públicos. Não é porque o casal frequentava locais adredemente escolhidos em razão do impedimento (legal e moral) do *de cujus*, que estaria suprido o requisito do art. 1.723 do Código Civil (convivência pública)"[40].

c) *Estabilidade ou duração prolongada*. A denominação "união estável" já indica que o relacionamento dos companheiros deve ser duradouro, estendendo-se no tempo. Não obstante, tal requisito foi enfatizado no art. 1.723 do Código Civil, ao exigir que a convivência seja pública, contínua e *"duradoura"*. Malgrado a lei não estabeleça um prazo determinado de duração para a configuração da entidade familiar, a estabilidade da relação é indispensável.

Embora o novo diploma não tenha estabelecido prazo algum para a caracterização da união estável, pondera ZENO VELOSO que "o que não se marcou foi um prazo mínimo, um lapso de tempo rígido, a partir do qual se configuraria a união estável, no geral dos casos. Mas há um prazo implícito, sem dúvida, a ser verificado diante de cada situação concreta. Como poderá um relacionamento afetivo ser público, contínuo e duradouro se não for prolongado, se não tiver algum tempo, o tempo que seja razoável para indicar que está constituída uma entidade familiar?"[41].

A Lei n. 8.971/94 exigia o prazo de cinco anos de convivência, ou prole, para a configuração da união estável. A Lei n. 9.278/96 omitiu o tempo mínimo de convivência e existência de prole. Para alguns autores seria razoável exigir-se um prazo mínimo de convivência, entendendo outros que poderia ele ser de pelo menos dois anos de vida em comum, por analogia com as disposições

---

[39] Álvaro Villaça Azevedo, *Comentários*, cit., v. 19, p. 254-255.
[40] TJRS, 8ª Câm. Cível, rel. Des. Claudir Fidélis Faccenda. Disponível em: <http://www.editoramagister.com>. Acesso em 5-4-2010, maioria de votos.
[41] *Código Civil*, cit., v. XVII, p. 112.

constitucionais e legais relativas ao tempo para concessão do divórcio. No entanto, não parece correto, como adverte Euclides de Oliveira, o engessamento temporal de uma relação amorosa, "que pode subsistir durante alguns meses ou anos, consolidando-se, na linguagem do poeta, como 'definitiva enquanto dure'"[42].

O prazo de cinco anos, que chegou a constar do Projeto do novo Código Civil, mostra-se inconveniente em algumas hipóteses, como lembra Álvaro Villaça Azevedo: "Existe inconveniente, por exemplo, se já estiverem os companheiros decididos a viver juntos, com prova inequívoca (casamento religioso, por exemplo), e qualquer deles adquirir patrimônio, onerosamente, antes do complemento desse prazo. Por outro lado, pode haver início da união já com filho comum"[43].

Desse modo, deverá o juiz, em cada caso concreto, verificar se a união perdura por tempo suficiente, ou não, para o reconhecimento da estabilidade familiar, perquirindo sempre o intuito de constituição de família, que constitui o fundamento do instituto em apreço[44].

d) *Continuidade.* Para que a convivência possa ser alçada à categoria de união estável faz-se necessário que, além de pública e duradoura, seja também "*contínua*", sem interrupções (CC, art. 1.723). Diferentemente do casamento, em que o vínculo conjugal é formalmente documentado, a união estável é um fato jurídico, uma conduta, um comportamento. A sua solidez é atestada pelo caráter contínuo do relacionamento. A instabilidade causada por constantes rupturas desse relacionamento poderá provocar insegurança a terceiros, nas suas relações jurídicas com os companheiros.

Naturalmente, desavenças e desentendimentos ocorrem com todos os casais, durante o namoro, o noivado, o casamento ou o companheirismo, seguidos, muitas vezes, de uma breve ruptura do relacionamento e posterior reconciliação. Todavia, "se o rompimento for sério, perdurando por tempo que denote efetiva quebra da vida em comum, então se estará rompendo o elo próprio de uma união estável. Se já havia tempo suficiente para sua caracterização, a quebra da convivência será causa da dissolução, à semelhança do que se dá no casamento. Se não havia tempo bastante, que se pudesse qualificar como "duradouro", então sequer estaria

---

[42] *União estável*, cit., p. 130.

[43] *Comentários*, cit., v. 19, p. 255.

[44] "União estável. Não caracterização. Convivência de ano e meio. Pessoas de idades avançadas com filhos e patrimônios distintos formados quando das outras uniões. Relacionamento curto e sem intenção de constituir família" (*JTJ*, Lex, 263/416). "União estável que perdurou por oito anos. Bens adquiridos com a colaboração da companheira. Ajuda material, moral e afetiva direcionada a uma vida em comum. Reconhecimento à meação dos bens adquiridos na constância do vínculo concubinário" (TJSP, Ap. 1.341-4/8, 7ª Câm. Dir. Priv., rel. Des. Júlio Vidal, j. 25-6-1997).

configurada a união estável, ficando na pendência de uma eventual reconciliação, com recontagem do tempo a partir do reinício da convivência, tanto para fins de duração como para sua futura continuidade"[45].

Caberá ao juiz, depois de analisar as circunstâncias e as características do caso concreto, decidir se a hipótese configura união estável, mesmo tendo havido ruptura do relacionamento e reconciliação posterior, ou não.

Se os companheiros, depois de estabelecida a união estável, se casam ou a convertem em casamento, o tempo anterior de convivência permanecerá valendo como união estável, com natural sujeição às normas da legislação correspondente, em especial quanto à divisão dos bens havidos em comum durante esse período. Assim, os bens adquiridos pelo casal, em cada período, serão computados para efeito de partilha, se a aquisição ocorreu a título oneroso. Cada patrimônio, em cada união matrimonial ou estável, deve ser considerado isoladamente, para que se evitem locupletamentos sem causa, indevidos[46].

Decidiu o *Tribunal de Justiça do Rio de Janeiro* que, havendo convolação da união estável em casamento, a vigência deste se inicia a partir da data do pedido[47].

Nada obsta que o casal, separado judicialmente ou divorciado e que volta a conviver, opte por não restabelecer o casamento e passe a viver em união estável. Nesse sentido assentou o Tribunal de Justiça de São Paulo: "Ex-cônjuges. Restabelecimento da vida em comum, sem restauração do vínculo. Declaratória objetivando o reconhecimento da sociedade de fato. Interesse de agir existente. Inadmissibilidade de ser imposto ao casal o restabelecimento do casamento civil. Extinção do processo afastada"[48].

e) *Inexistência de impedimentos matrimoniais*. O § 1º do art. 1.723 do Código Civil veda a constituição da união estável *"se ocorrerem os impedimentos do art. 1.521"*, ressalvado o inciso VI, que proíbe o casamento das pessoas casadas, se houver separação judicial ou de fato. Assim, não podem constituir união estável os ascendentes com os descendentes, seja o parentesco natural ou civil; os afins em linha reta, ou seja, sogro e nora, sogra e genro, padrasto e enteada, madrasta e enteado, observando-se que o vínculo de afinidade resulta tanto do casamento

---

[45] Euclides de Oliveira, *União estável*, cit., p. 131.

[46] Álvaro Villaça Azevedo, *Comentários*, cit., v. 19, p. 204-205; Euclides de Oliveira, *União estável*, cit., p. 152.

[47] *RT*, 751/373.

[48] *JTJ*, Lex, 251/211. *V.* ainda: "Obrigação alimentar. União estável. Reconhecimento de sua existência entre casal separado judicialmente e que voltou a conviver. A situação da sociedade de fato instaurada a partir do convívio iniciado após separação judicial de casal pode ser equiparada à união estável, nos moldes concebidos pela CF/88 e legislação ordinária que a respeito se sucedeu" (TJSP, Ap. 140.569-4-Pederneiras, 2ª Câm. Dir. Priv., rel. Des. J. Roberto Bedran, j. 4-4-2000, v. u.).

como da união estável, como dispõe o art. 1.595, *caput*; os irmãos, unilaterais ou bilaterais, os colaterais até o terceiro grau inclusive, e o cônjuge sobrevivente com o condenado por homicídio ou tentativa de homicídio contra seu consorte.

Os impedimentos baseados no interesse público e com forte conteúdo moral, que representam um obstáculo para que uma pessoa constitua família pelo vínculo do casamento, são aplicáveis, também, para os que pretendem estabelecer família pela união estável. Quem não tem legitimação para casar não tem legitimação para criar entidade familiar pela convivência, ainda que observe os requisitos do *caput* do art. 1.723 do Código Civil[49].

Dispõe o § 2º do aludido art. 1.723 que, porém, "*as causas suspensivas do art. 1.523 não impedirão a caracterização da união estável*". Não se aplicam, portanto, à união estável as causas suspensivas que correspondem aos impedimentos proibitivos ou meramente impedientes do art. 183, XIII a XVI, do Código de 1916. Dessa forma, pode a viúva, por exemplo, constituir união estável, mesmo que o novo relacionamento se inicie antes de dez meses depois do começo da viuvez.

f) *Relação monogâmica.* Como também ocorre nas uniões conjugais, o vínculo entre os companheiros deve ser único, em face do caráter monogâmico da relação. Não se admite que pessoa casada, não separada de fato, venha a constituir união estável, nem que aquela que convive com um companheiro venha a constituir outra união estável. A referência aos integrantes da união estável, tanto na Constituição Federal como no novo Código Civil, é feita sempre no singular. Assim, "a relação de convivência amorosa formada à margem de um casamento ou de uma união estável caracteriza-se como proibida, porque adulterina, no primeiro caso, e desleal no segundo"[50].

Embora a convivência múltipla a um só tempo, simultânea, não caracterize união estável, admite-se a existência de uniões estáveis *sucessivas.* Pode, com efeito, uma pessoa conviver, com observância dos requisitos do art. 1.723, *caput*, do Código Civil, em épocas diversas com pessoas diversas. Os direitos dos companheiros serão definidos, nessa hipótese, em cada período de convivência, como também sucede com a pessoa que se casa mais de uma vez, sucessivamente.

O vínculo entre os companheiros, assim, tem de ser único, em vista do caráter monogâmico da relação. Pode acontecer, todavia, que um dos conviventes

---

[49] Zeno Veloso, *Código Civil*, cit., v. XVII, p. 122.

[50] Euclides de Oliveira, *União estável*, cit., p. 127.
"A união estável é entidade familiar e o nosso ordenamento jurídico sujeita-se ao princípio da monogamia, não sendo possível juridicamente reconhecer uniões estáveis paralelas, até que a própria recorrente reconheceu em outra ação que o varão mantinha com outra mulher uma união estável, que foi judicialmente declarada. Diante disso, o seu relacionamento com o *de cujus* teve cunho meramente concubinário, capaz de agasalhar uma sociedade de fato, protegida pela Súmula n. 380 do STF" (TJRS, Ap. 70.001.494.237, 7ª Câm. Cív., rel. Des. Vasconcellos Chaves, *DOERS*, 14-2-2001).

esteja de boa-fé, na ignorância de que o outro é casado e vive concomitantemente com seu cônjuge, ou mantém outra união estável. ZENO VELOSO defende o reconhecimento, nessa hipótese, ao convivente de boa-fé, que ignorava a infidelidade ou a deslealdade do outro, "uma união estável putativa, com os respectivos efeitos para este parceiro inocente"[51].

Na mesma linha, EUCLIDES DE OLIVEIRA[52] sustenta a possibilidade de existir uma segunda união de natureza putativa, como se dá no casamento, mesmo em casos de nulidade ou de anulação, quando haja boa-fé por parte de um ou de ambos os cônjuges, com reconhecimento de direitos, nos termos do art. 1.561 do Código Civil.

Da mesma forma, e por igual razão, sublinha o apontado autor, "pode haver união estável putativa quando o partícipe de segunda união não saiba da existência de impedimento decorrente da anterior e simultânea união do seu companheiro; para o companheiro de boa-fé subsistirão os direitos da união que lhe parecia estável, desde que duradoura, contínua, pública e com propósito de constituição de família, enquanto não reconhecida ou declarada a sua invalidade em face de uma união mais antiga e que ainda permaneça".

Confira-se a jurisprudência:

"União estável. Situação putativa. *Affectio maritalis*. Notoriedade e publicidade do relacionamento. Boa-fé da companheira. Prova documental e testemunhal. Tendo o relacionamento entretido entre a autora e o *de cujus* se assemelhado a um casamento de fato, com coabitação, clara comunhão de vida e de interesses, resta induvidosa a *affectio maritalis*. Comprovada a notoriedade e a publicidade do relacionamento amoroso havido entre a autora e o falecido companheiro, mas ficando comprovado que ele mantinha concomitantemente união estável com outra mulher, em outra cidade, é cabível o reconhecimento de união estável putativa, pois ficou bem demonstrado que ela não sabia do relacionamento paralelo do varão com a outra mulher. Comprovada a união estável, tem a autora direito à meação dos bens adquiridos a título oneroso na constância da vida em comum, devendo a questão sucessória ser apreciada nos autos do inventário do companheiro, pois ela, em tese, deverá participar da sucessão relativamente aos bens para cuja aquisição tiver concorrido"[53].

A falta de comprovação de boa-fé impede, pois, o reconhecimento de união estável com homem casado não separado de fato. Não se admite, em regra, por exemplo, que após mais de dez anos de relacionamento, a autora da ação não

---

[51] *Código Civil*, cit., v. XVII, p. 126; Euclides de Oliveira, *União estável*, cit. n. 42, p. 77.

[52] *União estável*, cit., p. 139-140.

[53] TJRS, Apel. 70.072.235.328, 7ª Câm. Cív., rel. Des. Vasconcellos Chaves, j. 22-2-2017.

soubesse que o homem, além de casado, mantinha convívio com sua mulher, de quem não havia se separado de fato[54].

O *Tribunal de Justiça do Rio Grande do Sul* tem, reiteradamente, reconhecido as denominadas "uniões paralelas" como uniões estáveis, ao fundamento, especialmente, de que "o Judiciário não pode se esquivar de tutelar as relações baseadas no afeto, não obstante as formalidades muitas vezes impingidas pela sociedade para que uma união seja 'digna' de reconhecimento judicial. Dessa forma, havendo duplicidade de uniões estáveis, cabível a partição do patrimônio amealhado na concomitância das duas relações"[55].

Todavia, o *Supremo Tribunal Federal*, no julgamento do caso da família paralela constituída, durante 37 anos, por Valdemar do Amor Divino Santos e Joana da Paixão Luz, da qual resultaram 9 filhos (Valdemar teve ainda 11 filhos com a esposa, com a qual vivia maritalmente), decidiu, com o voto contrário do Min. Carlos Ayres Britto, que não colhia a pretensão da primeira de receber metade da pensão por morte do citado Valdemar. Segundo o relator, Min. Marco Aurélio, a referida união afetiva não podia ser considerada merecedora da proteção do Estado, porque conflitava com o direito posto. O atual Código Civil, aduziu, "versa, ao contrário do anterior, de 1916, sobre a união estável, realidade a consubstanciar núcleo familiar. Entretanto, na previsão, está excepcionada a proteção do Estado quando existente impedimento para o casamento relativamente aos integrantes da união, sendo que, se um deles é casado, esse estado civil apenas deixa de ser óbice quando verificada a separação de fato. A regra é fruto do texto constitucional e, portanto, não se pode olvidar que, ao falecer, o varão encontrava-se na chefia da família oficial, vivendo com a esposa"[56]. Tal entendimento foi reiterado pela referida Turma do Pretório Excelso, por ocasião do julgamento do RE 590.779-ES, realizado em 10-2-2009.

Igualmente a *6ª Turma do Superior Tribunal de Justiça* negou à concubina o direito ao recebimento de pensão por morte do segurado legalmente casado. Por maioria de votos foi reformado o acórdão do Tribunal Regional Federal da 5ª Região, que entendeu dever a pensão ser rateada entre a viúva e a concubina, diante da demonstrada dependência econômica desta[57].

---

[54] STJ, 4ª T., rel. Min. Luis Felipe Salomão, disponível na Revista *Consultor Jurídico* de 14-1-2019.

[55] Ap. 70.010.787.398, 7ª Câm. Cív., rel. Des. Maria Berenice Dias, j. 27-4-2005. No mesmo sentido: Ap. 70.006.936.900, 8ª Câm. Cív., rel. Des. Rui Portanova, j. 13-11-2003; Ap. 70.012.696.068, 8ª Câm. Cív., rel. Des. Siqueira Trindade, j. 6-10-2005. Também o Tribunal de Justiça de Minas Gerais proferiu decisão no mesmo sentido: Ap. 1.0017.05.016882-6/003-Almenara, 5ª Câm. Cív., rel. Des. Maria Elza, j. 20-11-2008.

[56] STF, RE 397.762-8-BA, 1ª T., rel. Min. Marco Aurélio, j. 4-10-2005.

[57] STJ, REsp 674.176, 6ª T., rel. vencido Min. Nilson Naves, rel. designado Min. Hamilton Carvalhido, *DJU*, 31-8-2009.

Por sua vez, a *3ª Turma da referida Corte* igualmente afastou a pretensão manifestada por concubina, afirmando que, "emprestar aos novos arranjos familiares, de uma forma linear, os efeitos jurídicos inerentes à união estável, implicaria julgar contra o que dispõe a lei; isso porque o art. 1.727 do CC/02 regulou, em sua esfera de abrangência, as relações afetivas não eventuais em que se fazem presentes impedimentos para casar, de forma que só podem constituir concubinato os relacionamentos paralelos a casamento ou união estável pré e coexistente"[58].

Já a *1ª Turma do STJ* destacou que "esta Corte Superior já pacificou o entendimento de que a existência de impedimento para o casamento disposto no art. 1.521 do Código Civil impede a constituição de união estável e, por consequência, afasta o direito ao recebimento de pensão por morte, salvo quando comprovada a separação de fato dos casados, o que, contudo, não configura a hipótese dos autos"[59].

Na mesma linha de raciocínio, acerca das uniões homoafetivas, o *Supremo Tribunal Federal*, apreciando o *Tema 529 da repercussão geral*, definiu que "a preexistência de casamento ou de união estável de um dos conviventes, ressalvada a exceção do artigo 1.723, § 1º, do Código Civil, impede o reconhecimento de novo vínculo referente ao mesmo período, inclusive para fins previdenciários, em virtude da consagração do dever de fidelidade e da monogamia pelo ordenamento jurídico-constitucional brasileiro"[60].

5. DEVERES DOS COMPANHEIROS

O art. 1.724 do Código Civil regula as relações pessoais entre os companheiros. Declara o aludido dispositivo:

"As relações pessoais entre os companheiros obedecerão aos deveres de lealdade, respeito e assistência, e de guarda, sustento e educação dos filhos".

Os três primeiros são direitos e deveres recíprocos, vindo em seguida os de guarda, sustento e educação dos filhos. O dever de *fidelidade* recíproca está implícito nos de lealdade e respeito. Embora o Código Civil não fale em adultério entre companheiros, a lealdade é gênero de que a fidelidade é espécie. E o dispositivo em apreço exige que eles sejam leais.

Preleciona GUILHERME CALMON NOGUEIRA DA GAMA que, "ao lado do casamento, o companheirismo também impõe o dever de fidelidade a ambos os

---

[58] STJ, REsp 1.157.273-RN, 3ª T., rel. Min. Nancy Andrighi, *DJE*, 7-6-2010. No mesmo sentido: STJ, REsp 1.107.192-PR, 3ª T., rel. Min. Nancy Andrighi, j. 20-4-2010.

[59] STJ, AgRg no REsp 1.418.167-CE, 1ª T., rel. Min. Napoleão Nunes Maia Filho, j. 24-3-2015.

[60] STF, RE 1.045.273-SE, rel. Min. Alexandre de Moraes, j. 21-12-2020.

partícipes, e não apenas a um deles, ante a regra constitucional já analisada. Tal conclusão se afigura coerente com os contornos traçados pela doutrina e pela jurisprudência na caracterização do companheirismo que, repita-se, deve ser o único vínculo que une o casal em perfeito clima de harmonia e estabilidade. Não haveria a configuração do companheirismo na hipótese de prática desleal perpetrada por um dos companheiros, mantendo conjunção carnal com terceiro, inexistindo a denominada *affectio maritalis* no caso específico"[61].

O dever de *respeito*, também mencionado no dispositivo supratranscrito, consiste não só em considerar a individualidade do outro, senão também em não ofender os direitos da personalidade do companheiro, como os concernentes à liberdade, à honra, à intimidade, à dignidade etc. É ele descumprido quando um dos conviventes comete injúria grave contra o outro, atingindo-lhe a honra ou a imagem mediante o emprego de palavras ofensivas ou gestos indecorosos[62].

A *assistência* constitui também dever recíproco dos companheiros, correspondente ao dever de mútua assistência imposto aos cônjuges (CC, art. 1.566, III). Tal dever os obriga a se auxiliarem reciprocamente, em todos os níveis. Assim, inclui a recíproca prestação de socorro material, como também a assistência moral e espiritual. Envolve o desvelo, próprio do companheirismo, e o auxílio mútuo em qualquer circunstância, especialmente nas situações difíceis.

Enquanto o dever de assistência imaterial implica a solidariedade que os companheiros devem ter em todos os momentos, bons ou maus, da convivência, a assistência material revela-se no âmbito do patrimônio, especialmente no tocante à obrigação alimentar. A união duradoura entre homem e mulher, com o propósito de estabelecer uma vida em comum, pode determinar, como proclamou o *Superior Tribunal de Justiça*, "a obrigação de prestar alimentos ao companheiro necessitado, uma vez que o dever de solidariedade não decorre exclusivamente do casamento, mas também da realidade do laço familiar"[63].

Menciona ainda o aludido art. 1.724 os deveres impostos aos companheiros, de "*guarda, sustento e educação dos filhos*", em tudo semelhantes aos respectivos deveres atribuídos aos cônjuges no art. 1.566, IV, como um dos efeitos do

---

[61] *O companheirismo*, p. 232.

[62] Zeno Veloso, *Direito civil*, cit., v. XVII, p. 130; Álvaro Villaça Azevedo, *Comentários*, cit., v. 19, p. 263.

[63] *RT*, 767/198. *V.* ainda: "A união estável, reconhecida na CF (art. 226, § 3º) e nas L. 8.971/94 e 9.278/96, pode ensejar, assim como no casamento, o dever de prestar alimentos ao ex-companheiro que se encontre em situação de necessidade, deitando raízes, afinal, na solidariedade mútua que se estabelece em uma vida comum" (STJ, REsp 186.013-SP, 4ª T., rel. Min. Fernando Gonçalves, *DJU*, 8-3-2004).

casamento. A *guarda* é, ao mesmo tempo, dever e direito dos pais. Ocorrendo a separação destes, sem que haja acordo quanto à guarda dos filhos, será ela atribuída "*a quem revelar melhores condições para exercê-la*", nos moldes do disposto no art. 1.584 do Código Civil.

Subsiste a obrigação de *sustentar* os filhos menores e de dar-lhes orientação moral e educacional mesmo após a dissolução da união estável. O poder familiar, de que decorre a obrigação de sustento dos filhos menores, independe de casamento dos pais e da subsistência da união conjugal ou estável.

O dever de fornecer *educação* aos filhos inclui não só o ensinamento escolar, os cuidados com as lições e o aprendizado, como também o zelo para que tenham formação cultural e moral e se desenvolvam em ambiente sadio.

Justifica-se a não inclusão do dever de coabitação, em virtude do entendimento mencionado no item 4.1, letra *a, retro*, de que a vida em comum sob o mesmo teto, *more uxorio*, não é indispensável à caracterização do companheirismo.

6. DIREITOS DOS COMPANHEIROS

A proteção jurídica à entidade familiar constituída pela união estável entre o homem e a mulher abrange o complexo de direitos de cunho pessoal e de natureza patrimonial, mencionados no item anterior, além de inúmeros outros, esparsos pela legislação ordinária.

Destacam-se, no entanto, como direitos fundamentais dos companheiros, no plano material, os concernentes a alimentos, meação e herança.

6.1. Alimentos

O art. 1.694 do Código Civil assegura o direito recíproco dos companheiros aos alimentos. Na hipótese de dissolução da união estável, o convivente terá direito, além da partilha dos bens comuns, a alimentos, desde que comprove suas necessidades e as possibilidades do parceiro, como o exige o § 1º do aludido dispositivo[64]. Cessa, todavia, tal direito, com o casamento, a união estável ou o concubinato do

---

[64] "União estável. Dissolução. Alimentos. Assistência material que somente será devida se o convivente comprovar sua necessidade" (*RT*, 794/365). "Alimentos provisórios. União estável. Possibilidade, diante da situação de dependência econômica estimulada durante a convivência e não porque representaria uma espécie de tutela antecipada pelo ajuizamento de ação de reconhecimento de sociedade, com partilha de bens" (TJSP, AgI 295.857-4/3, 3ª Câm. Dir. Priv., j. 5-8-2003). "União estável. Não caracterização. Relacionamento, embora por longo período, concomitante ao casamento do réu. Relação adulterina. Direito à pensão inexistente" (*JTJ*, Lex, 251/36).

credor (art. 1.708)[65]. Perderá também o direito aos alimentos o credor que tiver *"procedimento indigno em relação ao devedor"* (art. 1.708, parágrafo único).

O legislador equiparou os direitos dos companheiros aos dos parentes e aos dos cônjuges. Por conseguinte, aplicam-se-lhes as mesmas regras dos alimentos devidos na separação judicial, inclusive o direito de utilizar-se do rito especial da Lei de Alimentos (Lei n. 5.478/68). Assim, o companheiro que infringir os deveres de lealdade, respeito e assistência (CC, art. 1.724) ao parceiro perderá o direito aos alimentos, por cometer ato de indignidade[66].

Inova o Código Civil de 2002 quando preceitua, no § 2º do aludido art. 1.694, que *"os alimentos serão apenas os indispensáveis à subsistência, quando a situação de necessidade resultar de culpa de quem os pleiteia"*. Igual tratamento é dispensado ao cônjuge, e por analogia aos companheiros, declarado culpado pela separação judicial, salvo se não tiver parentes em condições de prestá-los, nem aptidão para o trabalho. Assinale-se que, se, além de culposo, o procedimento do companheiro for indigno perante o parceiro, cessará o seu direito a alimentos, como dispõe o parágrafo único do art. 1.708, sem que tenha, nesse caso, nem mesmo direito aos alimentos denominados necessários ou naturais[67].

Os companheiros, assim como os cônjuges, têm a faculdade de oferecer alimentos, em ação prevista no art. 24 da Lei n. 5.478/68, ao tomarem a iniciativa de deixar o lar comum. Prevê a referida lei o desconto em folha de pagamento do alimentante, como meio de assegurar o pagamento da pensão (art. 17), bem como a possibilidade de serem fixados alimentos provisórios pelo juiz. Estes, todavia, exigem prova preconstituída do parentesco, casamento ou companheirismo (art. 4º).

A prova da união estável pode ser feita por todos os meios de prova. No caso dos alimentos provisórios, exigindo-se prova preconstituída, dá-se ênfase à documental. Nesse ponto, sobreleva a importância do denominado contrato de convivência. Se já houve o reconhecimento judicial da entidade familiar para outros fins, seja para sua dissolução com partilha dos bens, seja em ação de investigação de paternidade, será possível pedir alimentos pelo rito especial da Lei n. 5.478/68, com fixação dos provisórios.

---

[65] "Obrigação alimentar. Filha menor que constitui união estável. Natureza de entidade familiar. Extinção do dever de sustento. Recurso provido para esse fim" (*JTJ*, Lex, 250/48).

[66] "Obrigação alimentar. União estável. Dissolução. Interesse processual. Ocorrência. Separação amigável que nada estipulou sobre os alimentos. Possibilidade do pedido de alimentos segundo o rito da Lei Federal n. 5.478/68 (*JTJ*, Lex, 253/240). "Obrigação alimentar. Ex-companheira. Inadmissibilidade. Hipótese em que a autora abandonou o lar. Recurso não provido" (*JTJ*, Lex, 267/257). União estável. Alimentos. Ao companheiro que, unilateralmente e por sua vontade, põe fim à união, não se concedem alimentos" (TJMG, Ap. 239.467-4/00, 2ª Câm. Cív., rel. Des. Lúcio Urbano, *DJMG*, 1º-2-2002).

[67] Regina Beatriz Tavares da Silva, Washington de Barros Monteiro, *Curso*, cit., v. 2, p. 51-52.

No caso de se encontrarem no polo ativo da ação de alimentos filhos legalmente reconhecidos, a petição inicial deve ser instruída com a respectiva certidão de nascimento. Tal documento não é suficiente para fundamentar igual pedido pela genitora dos menores, pois podem estes ter sido gerados em contato eventual, transitório, entre os genitores, sem as características de união estável. Nesse caso, a só certidão de nascimento de filho comum não bastaria para legitimar a pretensão alimentar da sedizente companheira.

Segundo aponta EUCLIDES DE OLIVEIRA, "outras evidências podem ser colhidas de certidão do casamento religioso das partes, declaração de dependência para fins de imposto de renda, dependência para fins previdenciários, aquisição conjunta de bens, locação de imóvel para uso em comum e outras espécies de documentos, públicos ou particulares (cartas, bilhetes, fotografias), além dos demais meios de prova oral ou pericial"[68].

O *Tribunal de Justiça de São Paulo* decidiu que é possível haver obrigação alimentar em união estável homoafetiva, quando presentes a necessidade do alimentando e a possibilidade do alimentante, podendo tal possibilidade ser recebida no mundo jurídico por meio da analogia e de princípios jurídicos[69]. *A decisão posterior do Supremo Tribunal Federal, que reconheceu a união homoafetiva como entidade familiar, veio confirmar esse entendimento.*

6.2. Meação e regime de bens

O art. 5º da Lei n. 9.278/96 estabeleceu a *presunção de colaboração* dos conviventes na formação do patrimônio durante a vida em comum, invertendo-se o ônus probatório, que competia ao que negava a participação do outro. A presunção de esforço comum não era absoluta, pois, mesmo estando estabelecida em lei, podia ser contestada.

O art. 1.725 do novo Código Civil, embora guarde semelhança com o referido dispositivo, não abre a possibilidade de se provar o contrário para afastar o pretendido direito à meação, pois a união estável, nesse particular, foi integralmente

---

[68] *União estável*, cit., p. 150.

"Obrigação alimentar. Ex-companheira. Existência de escritura pública de declaração da união estável. Direito reconhecido" (*JTJ*, Lex, 267/286). "Se a união estável está documentalmente reconhecida pelo varão, a mulher tem direito a alimentos" (STJ, REsp 487.895-MG, 3ª T., rel. Min. Ari Pargendler, *DJU*, 15-3-2004). "A escritura pública é prova contundente da união estável" (TJRS, Ap. 70.004.731.964, 2ª Câm. Cív., rel. Des. Ney Wiedemann Neto, j. 25-9-2002). "Obrigação alimentar. Ex-companheira. União estável. Não comprovação. Convivência efêmera e inapta a surtir efeitos jurídicos. Conclusão decorrente da prova dos autos" (*JTJ*, Lex, 248/21).
[69] TJSP, 9ª Câm. Dir. Priv., rel. Des. João Carlos Garcia. Disponível em: <http://www.conjur.com.br>, de 22-3-2011.

equiparada ao casamento realizado no regime da comunhão parcial de bens. Dispõe, com efeito, o mencionado dispositivo: *"Na união estável, salvo contrato escrito entre os companheiros, aplica-se às relações patrimoniais, no que couber, o regime da comunhão parcial de bens".*

Em suma, os bens adquiridos a título oneroso na constância da união estável pertencem a ambos os companheiros, devendo ser partilhados, em caso de dissolução, com observância das normas que regem o regime da comunhão parcial de bens.

Como assevera Francisco José Cahali, atualizador da obra de Silvio Rodrigues[70], "a forma proposta é mais abrangente que o regime até então vigente, de condomínio sobre o patrimônio adquirido a título oneroso. Passam a integrar o acervo comum, por exemplo, os bens adquiridos por fato eventual, com ou sem o concurso de trabalho ou despesa anterior, e o fruto dos bens particulares (cf. art. 1.660). Mas o próprio artigo permite aos companheiros afastar a incidência desse regime mediante contrato escrito".

Obtempera Rodrigo da Cunha Pereira que "são semelhantes o artigo 1.725 do novo Código Civil brasileiro e o artigo 5º da Lei n. 9.278/96, mas não são idênticos. A diferença e inovação do disposto no novo Código Civil brasileiro é que ele não usa mais a expressão 'presunção' e, portanto, não deixa tão aberta a possibilidade de se provar o contrário como deixava o referido artigo 5º. Ele designa expressamente para a união estável o regime da comunhão parcial de bens, como, aliás, já se deduzia antes. A diferença trazida pela redação do novo Código Civil brasileiro é que ficaram igualizadas, sem nenhuma distinção, as regras patrimoniais da união estável e as do casamento. Com isso, acabou mais essa diferença entre os dois institutos. Se antes havia alguma brecha para demonstrar que não houve esforço comum, com o novo Código Civil brasileiro isto ficou mais difícil, a não ser que as partes estabeleçam uma convenção válida em cartório, como autoriza o próprio artigo 1.725"[71].

Assim, não celebrando os parceiros contrato escrito estabelecendo regra diversa, aplicar-se-á à união por eles constituída o regime da comunhão de bens abrangendo os aquestos, ou seja, os bens que sobrevieram na constância do casamento, permanecendo como bens particulares de cada qual os adquiridos anteriormente e os sub-rogados em seu lugar, bem como os adquiridos durante a convivência a título gratuito, por doação ou herança. Aplicam-se à união estável, pois, os arts. 1.659, 1.660 e 1.661 do Código Civil.

O *Superior Tribunal de Justiça* decidiu, em ação de reconhecimento e dissolução de união estável, que "imóvel alienado pelo varão à companheira, no período

---

[70] *Direito civil*, cit., v. 6, p. 282-283.

[71] Da união estável, *Direito de família e o novo Código Civil*, p. 222.

de vida em comum, não é bem sujeito à partilha. É que, havendo compra e venda do imóvel, com o respectivo pagamento das parcelas ao réu, como apontado pelas instâncias ordinárias, a manutenção do bem no inventário de partilha implicaria o enriquecimento ilícito da parte, que já recebera o valor correspondente ao imóvel ao aliená-lo à companheira"[72].

Determinando o novo diploma que se apliquem às relações patrimoniais dos companheiros, *"no que couber"*, as regras do regime da comunhão parcial de bens, a sua incidência se dá não só no tocante à partilha dos bens da entidade familiar, senão também no que concerne à administração dos aludidos bens. Assim, cada parceiro administrará livremente seus bens particulares, cabendo a administração do patrimônio comum a qualquer um dos companheiros (CC, art. 1.663).

Entende MARCO TÚLIO MURANO GARCIA que exceção deve ser feita "para afastar a necessidade de outorga do convivente para a venda de bem imóvel matriculado exclusivamente em nome de um dos conviventes, o que instalaria verdadeiro caos nas relações negociais, podendo, qualquer um que tiver adquirido bem imóvel de alguém que viva em união estável, sem qualquer referência no registro imobiliário, vir a ser demandado pelo convivente que não tomou conhecimento da alienação, para ver anulada a transação"[73].

Em igual sentido a manifestação de EUCLIDES DE OLIVEIRA: "Ainda sem incidência analógica à união estável, por seu caráter restritivo e peculiar ao casamento, a exigência de autorização do companheiro para a alienação dos bens imóveis e outros atos gravosos ao patrimônio comum (art. 1.647), sempre lembrando, nesses casos, a proteção ao terceiro contratante que esteja imbuído de boa-fé"[74].

Adverte GUSTAVO TEPEDINO que "a aplicação à união estável, por empréstimo, do regime de comunhão parcial, como determina o Código Civil, não quer significar, contudo, que as formações familiares extraconjugais se submetem a regime de bens propriamente dito. A natureza do regime de bens associa-se ao ato jurídico formal de constituição da família, justificando-se a amplitude de seu espectro de incidência na vida patrimonial dos cônjuges em razão da publicidade derivada do registro do ato matrimonial no cartório competente, em favor da segurança de terceiros. Daqui decorre que a união estável invoca a disciplina da comunhão parcial no que concerne exclusivamente à divisão dos aquestos, não já no que tange aos demais aspectos do regime patrimonial atinentes, por exemplo, à

---

[72] STJ, REsp 738.644-DF, 4ª T., rel. Min. Luis Felipe Salomão, *DJE*, 2-2-2010.

[73] União estável e concubinato no novo Código Civil, *Revista Brasileira de Direito de Família*, n. 20, p. 38.

[74] *União estável*, cit., p. 193.

outorga conjugal para a alienação de bens (art. 1.647, I, Código Civil) ou para a celebração de contrato de fiança (art. 1.647, III)"[75].

Aduz, na sequência, o mencionado jurista que "o regime de bens afigura-se tipicamente vinculado ao ato-condição solene que deflagra sua validade e eficácia: o casamento. Daí ter o codificador civil determinado a aplicação do regime de comunhão parcial de bens às uniões estáveis, *no que couber*. Nesta direção, a jurisprudência reconhece acertadamente a inexigibilidade de outorga uxória para o fiador que mantém união estável".

Parece-nos, entretanto, embora respeitando o aludido entendimento, que a outorga do companheiro é necessária, para a alienação ou oneração imobiliária. Sendo a união estável regida pela comunhão parcial de bens, há de ser observado o disposto no art. 1.647, I, do Código Civil, que trata da aludida autorização.

Como bem acentua ZENO VELOSO, não é só por analogia que a exigência se impõe, mas principalmente porque, "tratando-se de imóvel adquirido por título oneroso na constância da união estável, ainda que só em nome de um dos companheiros, o bem entra na comunhão, é de propriedade de ambos os companheiros, e não bem próprio, privado, exclusivo, particular. Se um dos companheiros vender tal bem sem a participação no negócio do outro companheiro, estará alienando – pelo menos em parte – coisa alheia, perpetrando uma venda a *non domino*, praticando ato ilícito. O companheiro, no caso, terá de assinar o contrato, nem mesmo porque é necessário seu assentimento, mas, sobretudo, pela razão de que é, também, proprietário, dono do imóvel"[76].

Todavia, como a união estável decorre de um fato e não é objeto de registro, inexiste um ato que dê publicidade formal à sua existência, não podendo, por essa razão, tal situação ser oposta a terceiros. Não compete, assim, aos companheiros, em princípio, a ação anulatória que o cônjuge, a quem não foi solicitada a outorga, pode propor com base no art. 1.650 do Código Civil.

Nessas condições, complementa ZENO VELOSO "no caso de um dos companheiros ter vendido imóvel que era da comunhão, que estava registrado no Registro de Imóveis apenas em seu nome, tendo ele omitido a circunstância de que vivia em união estável, o terceiro de boa-fé que adquiriu o bem não pode ser molestado ou prejudicado, podendo ser invocada, ainda, a teoria da aparência. A questão tem de ser resolvida entre os próprios companheiros, pleiteando o prejudicado, além de outras que forem cabíveis, indenização por perdas e danos"[77].

---

[75] Controvérsias sobre regime de bens no novo Código Civil, *Revista Brasileira de Direito das Famílias e Sucessões*, IBDFAM, n. 2, p. 7.

[76] *Código Civil*, cit., v. XVII, p. 144-145.

[77] *Código Civil*, cit., v. XVII, p. 144-145.

Na mesma trilha o ensinamento de ÁLVARO VILLAÇA AZEVEDO: "O maior perigo está na alienação unilateral de um bem, por um dos companheiros, ilaqueando a boa-fé do terceiro, em prejuízo da cota ideal do outro companheiro, omitindo ou falsamente declarando seu estado concubinário. Nesse caso, o companheiro faltoso poderá estar, conforme a situação, se o bem for do casal, alienando, *a non domino*, a parte pertencente ao outro, inocente. Esse ato ilícito leva o faltoso, também, no âmbito civil, à necessidade de compor as perdas e danos sofridos pelo companheiro inocente"[78].

Na hipótese mencionada serão preservados os interesses dos terceiros de boa-fé, resolvendo-se os eventuais prejuízos em perdas e danos dos companheiros. Pode, no entanto, inexistir boa-fé do terceiro, como no caso de negociar com um dos companheiros, sabendo de sua situação familiar convivencial. Não se afasta, *in casu*, a possibilidade de o parceiro lesado postular a anulação do negócio, desde que apresente prova segura e convincente do conhecimento, por parte do terceiro adquirente, da união estável e da sua existência ao tempo da alienação.

A propósito, *decidiu a 3ª Turma do Superior Tribunal de Justiça* que "a invalidação da alienação de imóvel comum, realizada sem o consentimento do companheiro, dependerá da publicidade conferida à união estável mediante a averbação de contrato de convivência ou da decisão declaratória da existência da união estável no Ofício do Registro de Imóveis em que cadastrados os bens comuns, ou pela demonstração de má-fé do adquirente. Hipótese dos autos em que não há qualquer registro no álbum imobiliário em que inscrito o imóvel objeto de alienação em relação à copropriedade ou mesmo à existência de união estável, devendo-se preservar os interesses do adquirente de boa-fé, conforme reconhecido pelas instâncias de origem"[79].

Ressalvou o relator que a autora poderá discutir em ação própria os prejuízos sofridos com a alienação do bem.

A mesma Turma Julgadora, *três anos depois*, reiterou o entendimento, no julgamento de caso símile:

"Alienação de bens imóveis adquiridos durante a constância da união estável. Negócio jurídico realizado sem a autorização de um dos companheiros. Necessidade de proteção do terceiro de boa-fé em razão da informalidade inerente ao instituto da união estável. Ausência de contrato de convivência registrado em cartório, bem como de comprovação de má-fé dos adquirentes. Manutenção

---

[78] *Comentários*, cit., v. 19, p. 273-274.
[79] STJ, REsp 1.424.275, 3ª T., rel. Min. Paulo de Tarso Sanseverino, *DJE*, 16-12-2014.

dos negócios jurídicos que se impõe, assegurando-se, contudo, à autora o direito de pleitear perdas e danos na ação de dissolução de união estável c/c partilha, a qual já foi, inclusive, ajuizada[80].

Merece destaque, ainda, a questão concernente à incidência ou não da regra da obrigatoriedade do regime da separação de bens para os companheiros em certas situações pessoais, como a de serem maiores de setenta anos, que obrigam os casados à adoção daquele regime (CC, art. 1.641, com a redação dada pela Lei n. 12.344/2010).

Entende CAIO MÁRIO DA SILVA PEREIRA[81] que a aceitação da possibilidade de os companheiros idosos optarem, mediante contrato escrito, pelo regime da comunhão parcial de bens, previsto no art. 1.725 do Código Civil, significaria estarmos, "mais uma vez, prestigiando a união estável em detrimento do casamento, o que não parece ser o objetivo do legislador constitucional, ao incentivar a conversão da união estável em casamento. No nosso entender, deve-se aplicar aos companheiros maiores de 60 anos (atualmente, 70 anos) as mesmas limitações previstas para o casamento para os maiores desta idade: deve prevalecer o regime da separação legal de bens. A omissão do legislador na hipótese dos companheiros idosos criou flagrante conflito de interpretação".

Malgrado respeitáveis opiniões em contrário[82], constitui esse o melhor posicionamento a ser adotado, ante o comando constitucional emergente do art. 226, § 3º, da Carta Magna.

GUILHERME CALMON NOGUEIRA DA GAMA[83], na mesma esteira, enfatiza que as pessoas que não têm opção de escolha do regime de bens no casamento "também não podem pactuar quanto aos bens adquiridos na constância da união extramatrimonial, pois, do contrário, haveria estímulo à existência de situações fundadas no companheirismo em detrimento do casamento, o que é vedado pela norma constitucional que prevê a conversão da união estável em casamento". Assim, aduz, "aos companheiros inseridos em qualquer uma das hipóteses

---

[80] STJ, REsp 1.592.072, 3ª T., rel. Min. Marco Aurélio Bellizze, j. 21-11-2017.

[81] *Instituições de direito civil*, v. V, p. 547.

[82] Sustenta Euclides de Oliveira (*União estável*, cit., p. 193) que "não tem lugar a regra da obrigatoriedade do regime da separação de bens para os companheiros em certas situações pessoais que obrigam os casados à adoção daquele regime (art. 1.641), o que não deixa de ser um privilégio para a união informal, a merecer correção por via de modificação legislativa". Por sua vez, decidiu o Tribunal de Justiça do Rio Grande do Sul: "União estável. Regime de bens. Aplicação analógica do disposto no art. 258, par. ún., do CC (de 1916). Inadmissibilidade. Normas restritivas de direitos que não podem ter sua incidência ampliada pelo emprego da analogia. Circunstância que impõe a aplicação da Súmula 377 do STF" (*RT*, 811/377).

[83] *O companheirismo*, cit., p. 345.

previstas no art. 258, parágrafo único, suprarreferido (*do CC/1916; CC/2002: art. 1.641*), aplicar-se-á o regime da separação obrigatória de bens, tal como ocorre com o casamento".

Em igual rumo a opinião externada por Zeno Veloso: "O art. 1.725 não se aplica aos companheiros se eles estiverem na mesma situação dos nubentes, consoante o art. 1.641, incisos I, II e III, aplicando-se a eles, por lógica, necessidade e similitude de situação, o disposto no aludido dispositivo, ou seja, a união estável fica submetida ao regime obrigatório da separação de bens"[84].

O *Superior Tribunal de Justiça*, por sua vez, decidiu que, à semelhança do que ocorre com o casamento, na união estável é obrigatório o regime de separação de bens, no caso de companheiro com idade igual ou superior a 60 anos (atualmente 70 anos)[85], conforme Súmula 655. Frisou a aludida Corte que, todavia, casamento de idosos que já viviam em união estável dispensa separação de bens. Assim decidiu a 4ª Turma em processo que envolvia um casal que viveu em união estável por 15 anos, até 1999, quando foi feito o casamento com regime de comunhão total de bens[86].

No entanto, como esclarecido no item relativo ao Direito Patrimonial, Título I, item 5, *supra*, o Supremo Tribunal Federal, no julgamento de recurso extraordinário com repercussão geral, entendeu que, tanto na hipótese de casamento quanto na de união estável de septuagenário, o regime do art. 1.641 só prevalece se não houve convenção em contrário das partes, por escritura pública.

Por fim, tem também a jurisprudência assentado que, em se tratando "de aquisição após a separação de fato, à conta de um só dos cônjuges, que tinha vida em comum com outra mulher, o bem adquirido não se comunica ao outro cônjuge, ainda quando se trate de casamento sob o regime da comunhão universal"[87].

O disposto nos arts. 1.723, § 1º, e 1.725 do Código Civil autoriza a jurisprudência a preservar a interpretação, como no aresto supratranscrito, de que a separação de fato prolongada extingue o regime de bens e a comunhão respectiva. Prescrevem os aludidos dispositivos, como já dito, que a pessoa casada, mas separada de fato, pode constituir união estável, cujo regime de bens será o da comunhão parcial. Não poderá a mesma pessoa, nessa hipótese, evidentemente, conviver sob regime de comunhão com o cônjuge e em regime de comunhão parcial com o companheiro.

---

[84] *Código Civil*, cit., v. XVII, p. 147.

[85] STJ, REsp 1.090.772, 3ª T., rel. Min. Massami Uyeda. Disponível em: <http://www.editoramagister.com>. Acesso em 16-4-2010; STJ, 4ª T., rel. Min. Luis Felipe Salomão. Acesso em <http://www.editoramagister.com>. Acesso em 23-6-2010.

[86] STJ, 4ª T., rel. Min. Isabel Gallotti, disponível em *Revista Consultor Jurídico*, de 16-12-2016.

[87] STJ, REsp 67.678-RS, 3ª T., rel. Min. Nilson Naves, *DJU*, 14-8-2000.

6.3. Sucessão hereditária

O Código Civil de 2002, no campo do direito sucessório, preserva a meação, que não se confunde com herança, do companheiro sobrevivente, em razão do regime da comunhão parcial de bens, nos termos do art. 1.725 do aludido diploma. No tocante à herança, os direitos sucessórios limitavam-se, na redação legal, "*aos bens adquiridos onerosamente na vigência da união estável*", como preceitua o art. 1.790, *caput*.

Esse dispositivo estabelecia uma distinção entre o regime sucessório na hipótese de casamento e de união estável.

Com efeito, nos termos do art. 1.790 e incisos, esses direitos sucessórios eram, todavia, restritos a uma quota equivalente à que por lei fosse atribuída ao filho, quando concorria com filhos comuns, ou à metade do que coubesse a cada um dos descendentes exclusivos do autor da herança, se somente com eles concorresse, ou a um terço daqueles bens se concorresse com outros parentes sucessíveis, como ascendentes, irmãos, sobrinhos, tios e primos do *de cujus*, ou à totalidade da herança, não havendo parentes sucessíveis, segundo dispõe o art. 1.790, I a IV.

Esse regime, além de restringir o direito hereditário aos bens adquiridos onerosamente na constância da união, ainda impunha a concorrência do cônjuge sobrevivente com descendentes, ascendentes e até mesmo colaterais do falecido, retirando-lhe o direito real de habitação e o usufruto vidual, previstos nas leis que anteriormente regulavam a convivência extramatrimonial.

Essa disciplina dos direitos sucessórios dos companheiros feita pela Código Civil era considerada pela doutrina um evidente retrocesso no sistema protetivo da união estável, pois no regime da Lei n. 8.971/94 o companheiro recebia toda a herança na falta de descendentes ou ascendentes. No sistema do aludido art. 1.790, todavia, só receberia a totalidade dos bens adquiridos onerosamente na vigência da união estável se não houvesse nenhum parente, descendente, ascendente ou colateral até o quarto grau. Se houvesse, concorreria com eles, recebendo apenas um terço da herança se concorrer com ascendentes e colaterais[88].

Não se justificava, com efeito, esse tratamento discriminatório, em comparação com a posição reservada às famílias matrimonializadas, nas quais o cônjuge sobrevivente figura em terceiro lugar na ordem de vocação hereditária, afastando da sucessão os colaterais do *de cujus*, quando a própria Constituição Federal

---

[88] Francisco José Cahali, Silvio Rodrigues, *Direito civil*, cit., v. 6, p. 283; Regina Beatriz Tavares da Silva, Washington de Barros Monteiro, *Curso*, cit., 37. ed., v. 2, p. 55; Euclides de Oliveira, *União estável*, cit., p. 211.

recomenda proteção jurídica à união estável como forma alternativa de entidade familiar, ao lado do casamento[89].

Em candente crítica ao sistema inaugurado pelo Código Civil de 2002, desabafava ZENO VELOSO: "Na sociedade contemporânea, já estão muito esgarçadas, quando não extintas, as relações de afetividade entre parentes colaterais de 4º grau (primos, tios-avós, sobrinhos-netos). Em muitos casos, sobretudo nas grandes cidades, tais parentes mal se conhecem, raramente se encontram. E o novo Código Civil brasileiro (...) resolve que o companheiro sobrevivente, que formou uma família, manteve uma comunidade de vida com o falecido, só vai herdar, sozinho, se não existirem descendentes, ascendentes, nem colaterais até o 4º grau do *de cujus*. Temos de convir: isto é demais! Para tornar a situação mais grave e intolerável, conforme a severa restrição do *caput* do artigo 1.790, que foi analisado acima, o que o companheiro sobrevivente vai herdar sozinho não é todo o patrimônio deixado pelo *de cujus*, mas, apenas, o que foi adquirido na constância da união estável"[90].

Fazendo coro a essas críticas, EUCLIDES DE OLIVEIRA enfatizava: "Demais disso, considere-se a hipótese de o falecido ter deixado apenas bens adquiridos antes da união estável, ou havidos por doação ou herança. Então, o companheiro nada herdará, mesmo que não haja parentes sucessíveis, ficando a herança vacante para o ente público beneficiário (Município ou Distrito Federal, se localizada nas respectivas circunscrições, ou União, quando situada em território federal – art. 1.844 do NCC)"[91].

Por essa razão, em boa hora o Supremo Tribunal Federal reconheceu a inconstitucionalidade do dispositivo do Código Civil. Por maioria de votos, deu provimento ao RE 878.694/MG em 10 de maio de 2017 para, em caráter incidental, reconhecer a inconstitucionalidade do art. 1.790 do CC de 2002, e para

---

[89] Euclides de Oliveira, *União estável*, cit., p. 213.

O Projeto de Lei n. 6.960/2002 (hoje, Projeto de Lei n. 699/2011) propõe que o art. 1.790 do Código Civil passe a ter a seguinte redação: "Art. 1.790. O companheiro participará da sucessão do outro na forma seguinte: I – em concorrência com descendentes, terá direito a uma quota equivalente à metade do que couber a cada um destes, salvo se tiver havido comunhão de bens durante a união estável e o autor da herança não houver deixado bens particulares, ou se o casamento dos companheiros, se tivesse ocorrido, observada a situação existente no começo da convivência, fosse pelo regime da separação obrigatória (art. 1.641); II – em concorrência com ascendentes, terá direito a uma quota equivalente à metade do que couber a cada um destes; III – em falta de descendentes e ascendentes, terá direito à totalidade da herança. Parágrafo único. Ao companheiro sobrevivente, enquanto não constituir nova união ou casamento, será assegurado, sem prejuízo da participação que lhe caiba na herança, o direito real de habitação relativamente ao imóvel destinado à residência da família, desde que seja o único daquela natureza a inventariar".

[90] Do direito sucessório dos companheiros, *Direito de família e o novo Código Civil*, p. 236-237.

[91] *União estável*, cit., p. 211.

declarar o direito dos companheiros sobreviventes a participar da herança em conformidade com o regime jurídico estabelecido pelo art. 1829 do CC. A tese fixada foi (tema 809): "É inconstitucional a distinção de regimes sucessórios entre cônjuges e companheiros prevista no art. 1.790 do CC/2002, devendo ser aplicado, tanto nas hipóteses de casamento quanto nas de união estável, o regime do art. 1.829 do CC/2002. (A mesma tese foi fixada para o Tema 498)".

Diante da decisão da Suprema Corte, não pode mais haver divergência entre o regime sucessório dos cônjuges e companheiros.

7. CONTRATO DE CONVIVÊNCIA ENTRE COMPANHEIROS

O Código Civil de 2002 manteve a possibilidade, prevista anteriormente no art. 5º da Lei n. 9.278/96, de os companheiros celebrarem *contrato escrito* que disponha de forma contrária, afastando o regime da comunhão parcial de bens (art. 1.725) e adotando, por exemplo, regime semelhante ao da comunhão universal ou da separação absoluta, ou estabelecendo novas regras.

Contrato de convivência, segundo Francisco José Cahali[92], *é o instrumento pelo qual os sujeitos de uma união estável promovem regulamentações quanto aos reflexos da relação por eles constituída.*

Esse contrato, segundo o mencionado autor, "não reclama forma preestabelecida ou já determinada para sua eficácia, embora se tenha como necessário seja escrito, e não apenas verbal. Assim, poderá revestir-se da roupagem de uma convenção solene, escritura de declaração, instrumento contratual particular levado ou não a registro em Cartório de Títulos e Documentos, documento informal, pacto e, até mesmo, ser apresentado apenas como disposições ou estipulações esparsas, instrumentalizadas em conjunto ou separadamente, desde que contenham a manifestação bilateral da vontade dos companheiros".

Em razão da informalidade admitida, podem os companheiros, no próprio título aquisitivo da propriedade de determinado imóvel, estabelecer, por exemplo, um percentual diferenciado, determinando que o bem adquirido pertencerá na proporção de sessenta por cento a um deles e de quarenta por cento ao outro, ou exclusivamente a um deles. Tais estipulações têm plena eficácia, malgrado possam, como qualquer contrato, sofrer arguição de nulidade, por onerosidade excessiva ou mesmo em nome do princípio que veda o enriquecimento sem causa[93].

---

[92] *Contrato de convivência na união estável*, p. 55-56.
[93] Álvaro Villaça Azevedo, *Comentários*, cit., v. 19, p. 271; Marco Túlio Murano Garcia, União estável, cit., p. 37-38.

Em suma, "os protagonistas da união estável estão autorizados, explicitamente, a celebrar contrato – por escritura pública ou instrumento particular –, estabelecendo, por exemplo, que suas relações patrimoniais regem-se pelo regime da separação – excluindo, totalmente, a comunhão –, e que cada companheiro é dono exclusivo do que foi por ele adquirido, a qualquer título; ou que os bens adquiridos onerosamente, durante a convivência, são de propriedade de cada parceiro, em percentual diferenciado; ou que algum bem ou alguns bens são de propriedade de ambos e que outro ou outros, de propriedade exclusiva de um dos companheiros"[94].

Adverte Francisco José Cahali que o contrato de convivência não possui, porém, "força para criar a união estável, e, assim, tem sua eficácia condicionada à caracterização, pelas circunstâncias fáticas, da entidade familiar em razão do comportamento das partes. Vale dizer, a união estável apresenta-se como *condicio juris* ao pacto, de tal sorte que, se aquela inexistir, a convenção não produz os efeitos nela projetados"[95].

De nada valerá, destarte, o ajuste escrito e solene se não for acompanhado de uma efetiva convivência familiar entre os companheiros.

Mesmo sem registro público, contratos de união estável podem discutir regime patrimonial. A liberdade conferida aos conviventes para definir questões patrimoniais deve se pautar apenas nos requisitos de validade dos negócios jurídicos, conforme regula o art. 104 do Código Civil. O referido diploma laconicamente fixou a exigência de contrato escrito para fazer a vontade dos conviventes, ou a incidência do regime da comunhão parcial de bens, na hipótese de se quedarem silentes quanto à regulação das relações patrimoniais. *Assim decidiu a 3ª Turma do Superior Tribunal de Justiça*, frisando a relatora, Ministra Nancy Andrighi, que "nem mesmo a regulação do registro de uniões estáveis, com o Provimento 37/14 do Conselho Nacional de Justiça, exige que a união estável seja averbada no registro imobiliário correspondente ao dos bens dos conviventes"[96]. Por consequência, entendeu a ilustre relatora, que, "no caso concreto, foi cumprido o único requisito exigido para a validade do contrato – a formalização por escrito".

Por sua vez, sublinha Rolf Madaleno[97] que o contrato escrito na união informal não tem nem de longe o peso de um contrato conjugal, pois sua eficácia é restrita aos conviventes contratantes. Isso leva à inarredável conclusão de "não ser juridicamente perfeito, definitivo e inoponível o contrato de convivência,

---

[94] Zeno Veloso, *Código Civil*, cit., v. XVII, p. 150.
[95] *Contrato de convivência*, cit., p. 306.
[96] STJ, 3ª T., rel. Min. Nancy Andrighi, disponível em *Revista Consultor Jurídico*, de 3-2-2017.
[97] Escritura pública como prova relativa de união estável, *Revista Brasileira de Direito de Família*, 17/85.

mesmo se formado por instrumento público e com sua correlata inscrição em Cartório de Títulos e Documentos".

Nessa trilha, arremata FRANCISCO JOSÉ CAHALI: "Da mesma forma que a inscrição do instrumento particular em Cartório de Títulos e Documentos, a escritura pública com o conteúdo de contrato de convivência não é oponível *erga omnes*, inexistindo previsão para tanto, de tal sorte que esse documento não basta para se impedir o questionamento da união por terceiros, até porque, como visto, a convenção não cria a união estável, e a sua eficácia, até para as partes, está condicionada à caracterização da convivência"[98].

No tocante ao conteúdo do contrato de convivência, está ele circunscrito aos limites das disposições patrimoniais sobre bens havidos pelos companheiros ou por serem adquiridos durante o tempo de vida em comum, bem como, eventualmente, à administração desses bens. A convenção não pode abranger os bens anteriores ao início da convivência, uma vez que o mero contrato escrito não equivale ao pacto antenupcial da comunhão geral de bens das pessoas casadas. Somente mediante escritura pública de doação, em se tratando de bens imóveis ou de bens móveis de grande valor, poderá haver a comunhão nesses bens.

Como assinala EUCLIDES DE OLIVEIRA, a eficácia do contrato cinge-se ao seu conteúdo adequado, ou seja, "sobre os bens adquiridos ou que venham a integrar o patrimônio isolado de um dos companheiros durante a convivência. Nesses limites, entende-se que o contrato possa determinar o regime de absoluta separação de bens entre as partes ou limitar a separação a determinados bens, em restrição ao regime da comunhão parcial"[99].

Não se admitem, aduz o mencionado autor, no contrato de convivência, "cláusulas restritivas a direitos pessoais dos companheiros ou violadores de preceitos legais. Haveria objeto ilícito, a gerar nulidade do ato. Por isso mesmo, inadmissível contrato com exclusão dos deveres de mútua assistência durante o tempo de vida em comum. Da mesma forma, nula será a cláusula de afastamento do direito à sucessão hereditária prevista nas leis da união estável, mesmo porque envolveria contrato sobre herança de pessoa viva, com expressa vedação legal (art. 1.089 do CC/16; art. 426 do NCC)".

Segundo ZENO VELOSO[100], nada obsta que os casais, que participam de eventos sociais, viajando juntos, hospedando-se nos mesmos quartos de hotel, passando dias e noites cada um no apartamento do outro, sem que tenham,

---

[98] *Contrato de convivência*, cit., p. 135-136.
[99] *União estável*, cit., p. 158 e 161.
[100] *Código Civil*, cit., v. XVII, p. 153.

porém, qualquer intenção de constituir família, não os envolvendo a *affectio maritalis* e não havendo entre eles qualquer compromisso, celebrem um contrato escrito, para ressalva de direitos e para tornar a situação bem clara, definida e segura, prevenindo pretensões incabíveis, em que declaram, expressamente, que o relacionamento deles esgota-se em si próprio, representando um simples namoro, e não se acham ligados por qualquer outro objetivo, especialmente o de constituir uma família, obrigando-se a nada reclamar, a qualquer título, um do outro, se o namoro se extinguir.

O denominado *"contrato de namoro"* tem, todavia, eficácia relativa, pois a união estável é, como já enfatizado, um fato jurídico, um fato da vida, uma situação fática, com reflexos jurídicos, mas que decorrem da convivência humana. Se as aparências e a notoriedade do relacionamento público caracterizarem uma união estável, de nada valerá contrato dessa espécie que estabeleça o contrário e que busque neutralizar a incidência de normas cogentes, de ordem pública, inafastáveis pela simples vontade das partes.

Com precisão, o *Tribunal de Justiça de Minas Gerais* distinguiu o simples namoro da união estável, afirmando:

"União estável. Improcedência. Configuração de mero namoro de longa duração. A declaração judicial de existência de união estável deve atender alguns requisitos de ordem subjetiva – vontade de constituição familiar – e objetiva – vida em comum por longo período de tempo. Caso a parte autora não logre êxito em comprovar que os dois critérios se faziam presentes na relação, não há que se falar em união estável, mas em simples relação de namoro, por mais longo que seja o período"[101].

8. CONVERSÃO DA UNIÃO ESTÁVEL EM CASAMENTO

Dispõe o art. 1.726 do Código Civil que *"a união estável poderá converter-se em casamento, mediante pedido dos companheiros ao juiz e assento no Registro Civil".*

Exige-se, pois, pedido ao juiz, ao contrário da Lei n. 9.278, de 10 de maio de 1996, que se contentava com o requerimento de conversão formulado diretamente ao oficial do Registro Civil. A exigência do novel legislador desatende o comando do art. 226, § 3º, da Constituição Federal de que deve a lei facilitar a conversão da união estável em casamento, isto é, estabelecer modos mais ágeis de se alcançar semelhante propósito.

Em vez de recorrer ao Judiciário, mais fácil será simplesmente casar, com observância das formalidades exigidas para a celebração do casamento civil, máxime

---

[101] Ap. 1.0024.05.774608-3/0011, rel. Des. Vanessa Verdolim Hudson Andrade, j. 26-5-2009.

considerando-se que a referida conversão não produz efeitos pretéritos, valendo apenas a partir da data em que se realizar o ato de seu registro[102].

O supratranscrito art. 1.726 do Código Civil destina-se a operacionar o mandamento constitucional sobre a facilitação da *conversão da união estável em casamento*, facultando aos companheiros formular requerimento nesse sentido ao juiz e providenciar o assento no Registro Civil. No entanto, por não esclarecer o procedimento a ser adotado, mostra-se inócuo.

Assinala MARCO TÚLIO MURANO GARCIA[103] que o sentido que o novo Código Civil quis dar à conversão, mormente ao condicionar o seu aperfeiçoamento à chancela jurisdicional, o que a Lei n. 9.278/96 não fazia, "foi de que, por força da conversão, o casamento englobasse o tempo já vivido em união estável, protraindo os seus efeitos no tempo. Porque do contrário seria mais simples que os conviventes simplesmente se casassem ao invés de converter a união estável em casamento. Com a conversão, seria como se o casamento tivesse ocorrido quando surgiu a união estável. Daí que no tal pedido judicial os conviventes teriam que demonstrar a união e o seu termo inicial, requerendo, então, que a união comprovada fosse convertida em casamento. De outro modo a norma fica sem sentido. E as normas, por princípio de hermenêutica, não devem conter disposições inúteis".

Decidiu o *Tribunal de Justiça do Rio de Janeiro*, antes do Código Civil de 2002: "União estável. Convolação em casamento. Hipótese em que a vigência do matrimônio se inicia a partir da data do pedido"[104].

É evidente que o oficial deverá exigir todas as providências que o Código Civil prevê para a habilitação ao casamento, especialmente para fins de verificação da existência de impedimentos, sob pena de restar frustrada a figura do casamento civil, pois bastará viver o casal em concubinato durante algum tempo, sem qualquer formalidade, e convertê-lo, também sem qualquer formalidade, em casamento civil.

A determinação para que a conversão seja judicial e não administrativa dificultará o procedimento, ao invés de facilitá-lo, como recomenda a norma constitucional. Na prática continuará sendo mais simples as pessoas casarem diretamente do que converterem sua união estável em casamento. Por tal motivo, o Projeto de Lei n. 6.960/2002, atual Projeto de Lei n. 699/2011, propõe nova redação para o aludido art. 1.726 do Código Civil, visando aperfeiçoá-lo, nestes

---

[102] Euclides de Oliveira e Giselda Novaes Hironaka, Do casamento, *Direito de família e o novo Código Civil,* p. 20.

[103] *União estável,* cit., p. 39.

[104] *RT,* 751/373.

termos: "A união estável poderá converter-se em casamento, mediante requerimento de ambos os companheiros ao Oficial do Registro Civil de seu domicílio, processo de habilitação com manifestação favorável do Ministério Público e respectivo assento".

Resta saber se há a possibilidade de casamento, não a conversão, de pessoas do mesmo sexo. A *4ª Turma do Superior Tribunal de Justiça* respondeu afirmativamente. Salientou o relator, Min. Luis Felipe Salomão, que o legislador poderia, se quisesse, ter utilizado expressão restritiva, de modo que o casamento entre pessoas do mesmo sexo ficasse definitivamente excluído da abrangência legal – o que não ocorreu. Por consequência, aduziu, "o mesmo raciocínio utilizado, *tanto pelo STJ quanto pelo Supremo Tribunal Federal*, para conceder aos pares homoafetivos os direitos decorrentes da união estável, deve ser utilizado para lhes franquear a via do casamento civil, mesmo porque é a própria Constituição Federal que determina a facilitação da conversão da união estável em casamento"[105].

A Lei n. 14.382/2022 introduziu o art. 70-A na Lei de Registros Públicos, que constitui louvável inovação em relação ao sistema anterior, ao determinar que a conversão será requerida ao Oficial de Registro Civil de pessoas naturais da residência dos companheiros, estabelecendo em seus parágrafos qual o procedimento a ser observado, o que inegavelmente facilitará a conversão. De acordo com o novo dispositivo, na conversão dever-se-á observar o seguinte procedimento:

"§ 1º Recebido o requerimento, será iniciado o processo de habilitação sob o mesmo rito previsto para o casamento, e deverá constar dos proclamas que se trata de conversão de união estável em casamento.

§ 2º Em caso de requerimento de conversão de união estável por mandato, a procuração deverá ser pública e com prazo máximo de 30 (trinta) dias.

§ 3º Se estiver em termos o pedido, será lavrado o assento da conversão da união estável em casamento, independentemente de autorização judicial, prescindindo o ato da celebração do matrimônio.

§ 4º O assento da conversão da união estável em casamento será lavrado no Livro B, sem a indicação da data e das testemunhas da celebração, do nome do presidente do ato e das assinaturas dos companheiros e das testemunhas, anotando-se no respectivo termo que se trata de conversão de união estável em casamento.

§ 5º A conversão da união estável dependerá da superação dos impedimentos legais para o casamento, sujeitando-se à adoção do regime patrimonial de bens, na forma dos preceitos da lei civil.

§ 6º Não constará do assento de casamento convertido a partir da união estável a data do início ou o período de duração desta, salvo no caso de prévio

---

[105] STJ, REsp 1.183.378-RS, 4ª T., rel. Min. Luis Felipe Salomão, *DJE*, 1º-2-2012.

procedimento de certificação eletrônica de união estável realizado perante oficial de registro civil.

§ 7º Se estiver em termos o pedido, o falecimento da parte no curso do processo de habilitação não impedirá a lavratura do assento de conversão de união estável em casamento."

O Conselho Nacional de Justiça editou o Provimento n. 141/2023, para regulamentar e facilitar, em observância à Lei n. 14.382/2022, a conversão da união estável em casamento.

9. AS LEIS DA UNIÃO ESTÁVEL E O DIREITO INTERTEMPORAL

A nova regulamentação da união estável destina-se aos companheiros com vida em comum na data de início da vigência do Código Civil de 2002, não se aplicando a situações de convivência já cessada em definitivo antes dessa data. Impõe-se, ainda, aos casos de união iniciada anteriormente, mas prorrogada até o início da vigência do novo diploma ou mantida depois. As cessadas depois de 29 de dezembro de 1994 sujeitam-se às normas das Leis n. 8.971/94 e 9.278/96, conforme a data da cessação, sendo que as terminadas anteriormente, em definitivo, não são alcançadas por nenhum dos referidos diplomas legais.

Francisco José Cahali, atualizando a obra de Silvio Rodrigues[106], considera que, para a obrigação alimentar, deve incidir a lei vigente na data do rompimento da união, com os requisitos e efeitos nela previstos. Assim, rompida a convivência após a lei de 1994, mas antes da lei de 1996, será necessário, por exemplo, que a união tenha um lustro ou prole comum. Na seara patrimonial, aduz, deve ser aplicada a "lei vigente na data da aquisição do patrimônio, sempre respeitada eventual convenção entre os interessados. Nessa linha, dissolvida hoje uma união de trinta anos, deverá ser analisada a participação de cada convivente no patrimônio adquirido no período, de acordo com toda a evolução acima referida, incidindo a Súmula 380, a Lei n. 9.278/96 e o novo Código Civil, para os bens adquiridos, respectivamente, até 1996, entre esta data e 2002 e a partir da vigência na atual codificação".

Efetivamente, assim deve ser, uma vez que, iniciada a vigência da lei, sua aplicação é imediata e geral, mas com a ressalva de que a amplitude na produção de efeitos encontra limite no comando do art. 5º, XXXVI, da Constituição Federal, segundo o qual "a lei não prejudicará o direito adquirido, o ato jurídico perfeito e a coisa julgada".

---

[106] *Direito civil*, cit., v. 6, p. 284.

No tocante aos efeitos sucessórios da união estável, incidirá a lei vigente na data da abertura da sucessão, na conformidade do disposto no art. 1.787 do Código Civil.

10. AÇÕES CONCERNENTES À UNIÃO ESTÁVEL

Assim como nasce informalmente da simples convivência, a união estável prescinde de qualquer formalidade para se extinguir. Quando não há entendimento para que tal extinção se faça amigavelmente, acordando os parceiros sobre assistência alimentar, partilha dos bens e guarda dos filhos, pode qualquer deles recorrer à via judicial, com pedido de declaração de sua existência e subsequente dissolução, com a partilha dos bens comuns e decisão sobre as outras questões mencionadas.

Decidiu o *Superior Tribunal de Justiça* que, em caso de falecimento de um dos companheiros, a ação de reconhecimento e dissolução da união estável deve ser promovida contra o espólio do falecido. Se a partilha ainda não foi efetivada no inventário, é do espólio a legitimidade para responder aos atos e termos da ação proposta. Segundo afirmou a relatora, "em regra, as ações que originariamente teriam de ser propostas contra o *de cujus* devem, após seu falecimento, ser propostas em face do espólio, de modo que a eventual condenação possa ser abatida do valor do patrimônio a ser inventariado e partilhado. Os herdeiros, se desejarem, poderão ingressar nos autos como litisconsortes facultativos. Mas não há ilegitimidade do espólio ou litisconsórcio unitário"[107].

Se a extinção se der por mútuo consenso e sob a forma escrita, pode o ajuste ser submetido a homologação judicial, *como já decidiu o Tribunal de Justiça de São Paulo*: "União estável. Dissolução. Acordo extrajudicial que dispõe sobre alimentos, guarda de filhos, regime de visitas e partilha dos bens. Homologação. Admissibilidade. Transação efetuada com fulcro no artigo 515 do Código de Processo Civil [*de 1973*]. Interesse de agir dos recorrentes evidenciado. Homologação judicial que forçará ainda mais o acordo e evitará o futuro ajuizamento de novas ações. Aplicação do artigo 515, § 3º, do mesmo *Codex*"[108].

Como a lei reconhece os direitos sucessórios dos companheiros, o reconhecimento desses direitos pode ser obtido diretamente no processo de inventário, mediante habilitação do companheiro sobrevivente, quando há prova documental

---

[107] STJ, REsp 1.080.614-SP, 3ª T., rel. Min. Nancy Andrighi. Disponível em: <http://www.conjur.com.br>. Acesso em: 1º-10-2009.

[108] *JTJ*, Lex, 261/267.

bastante ou prévio reconhecimento da união estável. Nesses casos, o juiz poderá deferir o pedido mesmo que haja impugnação dos herdeiros.

Se a prova apresentada não for, porém, suficiente, o juiz remeterá o postulante às vias ordinárias, devendo este ajuizar a competente ação de reconhecimento da união estável até a data do óbito do autor da herança. Ao mesmo tempo, poderá garantir o seu quinhão na herança mediante pedido de reserva de bens no inventário ou medida cautelar correspondente[109].

Já decidiu a propósito o *Tribunal de Justiça de São Paulo*: "União estável. Inventário. Reconhecimento do vínculo nos próprios autos. Admissibilidade. Desnecessidade de interposição de ação autônoma com o objetivo de provar o que já foi devidamente demonstrado"[110].

Na mesma linha, proclamou o *Superior Tribunal de Justiça*: "Desde que documentalmente comprovados os fatos no curso do inventário, sem necessidade de procurar provas fora do processo e além dos documentos que o instruem, nesse feito é que devem ser dirimidas as questões levantadas pelas autoras, no tocante às condições de filha ou herdeira e à condição de companheira do *de cujus*, prestigiando-se o princípio da instrumentalidade, desdenhando-se as vias ordinárias"[111].

A ação de alimentos entre companheiros, com fundamento no art. 1.694 do Código Civil, como já visto, pode ser proposta com base na Lei n. 5.478/68, com pedido de alimentos provisórios, mediante prova pré-constituída da situação de conviventes. Do contrário, o procedimento será o comum, com a possibilidade de postulação cautelar de alimentos provisionais, ou antecipação da tutela. Do mesmo modo como ocorre em relação aos cônjuges, cabe também ação revisional de alimentos entre companheiros.

O art. 1.562 do Código Civil expressamente reconhece o direito do companheiro em obter prévia separação de corpos como medida preparatória da dissolução da vida em comum. Dispõe o aludido dispositivo: *"Antes de mover a ação de nulidade do casamento, a de anulação, a de separação judicial, a de divórcio direto ou a de dissolução de união estável, poderá requerer a parte, comprovando sua necessidade, a separação de corpos, que será concedida pelo juiz com a possível brevidade"*.

Muito antes do novo diploma, o *Superior Tribunal de Justiça* já vinha decidindo nesse sentido, como se pode verificar: "Em face do novo sistema constitucional que, além dos princípios da igualdade jurídica dos cônjuges e dos filhos, prestigia a 'união estável' como 'entidade familiar', protegendo-a expressamente (Constituição, art. 226, § 3º), não pode o Judiciário negar, aos que a constituem, os

---

[109] Euclides de Oliveira, *União estável*, cit., p. 248.
[110] *RT*, 807/250.
[111] REsp 57.505-MG, 4ª T., rel. Min. Asfor Rocha, j. 19-3-1996.

instrumentos processuais que o ordenamento legal contempla. A cautelar inominada (CPC [*de 1973*], art. 798 [tutela provisória, CPC/2015, arts. 297 e 299]) apresenta-se hábil para determinar o afastamento do concubino do imóvel da sua companheira quando ocorrentes os seus pressupostos"[112].

Dissolvida a sociedade conjugal, surge oportunidade também, muitas vezes, para ajuizamento de ação de um ex-parceiro contra outro, de natureza possessória ou petitória, para recuperação da posse de imóvel ocupado por apenas um deles. Não sendo o atual ocupante coproprietário do bem que era utilizado como residência do casal, dissolvida a união estável por morte ou separação, pode o companheiro proprietário, ou seus herdeiros, interpelar aquele a restituir o imóvel, sob pena de configurar-se o esbulho possessório.

A questão deve, todavia, ser examinada com cautela, uma vez que pode, no caso concreto, estar caracterizada a composse dos companheiros. Nessa hipótese, o término da união estável não é bastante para caracterizar a posse injusta do que permanece ocupando o imóvel, como já decidiu o *Superior Tribunal de Justiça*. Confira-se: "Reconhecida a composse da concubina em terreno acrescido de marinha, o fim do concubinato não é bastante para caracterizar a sua posse como injusta, mesmo que o título de ocupação tenha sido concedido apenas ao companheiro"[113].

Também já decidiu o extinto *2º Tribunal de Alçada Civil de São Paulo*, em sintonia com a evolução legislativa da situação dos conviventes, que, "diante da inovação constitucional que protege a união estável entre o homem e a mulher, é idêntica à do cônjuge a posse da concubina ("companheira"), que agora tem protegida a posse que conserva em razão de situação de fato anterior à abertura de sucessão de seu companheiro, não se reconhecendo esbulho nem mesmo em favor do espólio, ainda que sua permanência se dê em imóvel adquirido em nome da *de cujus*"[114].

Admite-se também, eventualmente, a oposição de embargos de terceiro pelo companheiro quando, como sucede comumente, é efetivada penhora em imóvel do devedor sem a sua citação, tendo ele meios de comprovar que sua aquisição ocorreu durante o tempo de convivência em união estável.

Tem sido reconhecido atualmente, sem discrepâncias, o direito do companheiro de receber indenização pela morte do outro, quando se trata efetivamente de relacionamento *more uxorio* com o falecido, ou seja, quando comprovada a união

---

[112] REsp 10.113-SP, 4ª T., rel. Min. Sálvio de Figueiredo, *DJU*, 9-9-1991.
[113] *RSTJ*, 93/230.
[114] Ap. 432.655-06/1, 7ª Câm., rel. Juiz Luiz Henrique.

estável, pela convivência duradoura, pública e contínua, estabelecida com o objetivo de constituição de família (CF, art. 226, § 3º; CC, art. 1.723). Como toda pessoa que demonstre um prejuízo, tem ele o direito de pedir a sua reparação[115].

Assim como a morte do esposo acarreta danos materiais e morais à esposa e aos familiares, também a do companheiro acarreta as mesmas consequências para a entidade familiar, permitindo a *Súmula 37 do Superior Tribunal de Justiça que sejam pleiteadas, cumulativamente, as indenizações por dano material e moral oriundos do mesmo fato.*

Decidiu a propósito o *Tribunal de Justiça de São Paulo*: "Morte da concubina. Indenização. Danos moral e material. Pedidos formulados pelo companheiro. Extinção do processo sem julgamento do mérito por ilegitimidade ativa. Inadmissibilidade. Companheirismo que é reconhecido como entidade familiar por preceito constitucional e, por norma infraconstitucional, os conviventes possuem direitos de assistência moral recíproca"[116].

Em ação de indenização ajuizada pela esposa, separada do falecido marido, mas que dele recebia pensão alimentícia, houve oposição da companheira, pretendendo o reconhecimento de seu direito de concorrer com a autora na indenização. Decidiu o extinto 1º Tribunal de Alçada Civil de São Paulo que a prova do companheirismo era inconteste, e, assim, "a concorrência de ambas, na hipótese de indenização a ser paga pelos apelantes é medida acertada, não se podendo falar em ilegitimidade de parte da oponente"[117].

A companheira, naturalmente, tem o seu direito à pensão condicionado à não constituição de nova união familiar, pelo casamento ou união estável. Nessa esteira a jurisprudência: "Acidente de trânsito. Companheirismo. Verba devida enquanto a companheira não se casar ou constituir nova união familiar estável. Art. 226, § 3º, da CF/88"[118].

---

[115] *RTJ*, 105/865.

[116] *RT*, 795/192. *V*. ainda: "Indenizatória por morte de companheiro. Legitimidade da autora. Entidade familiar, decorrente de união estável, e dependência econômica comprovadas. Interesse e possibilidade jurídica também presentes, dada a posse do estado de casada" (*JTJ*, Lex, 200/210 e 218/81). "Acidente de trânsito. Pensão pleiteada pela concubina em face da morte do companheiro. Verba devida, com termo final aos 65 anos de idade, tempo provável de vida do *de cujus*, sob pena de violar-se o art. 226, § 3º, da CF, que elevou o concubinato à categoria de entidade familiar" (*RT*, 762/398). No mesmo sentido: STJ, REsp 58.654-MG, 3ª T., rel. Min. Nilson Naves, *DJU*, 9-6-1997; REsp 194.468-PB, 4ª T., rel. Min. Ruy Rosado de Aguiar, j. 6-5-1999.

[117] *JTACSP*, Saraiva, 76/3.

[118] *JTACSP*, Revista dos Tribunais, 117/143.

DA TUTELA E DA CURATELA

Título I

DA TUTELA

> *Sumário*: 1. Conceito. 2. Espécies de tutela. 2.1. Tutela testamentária. 2.2. Tutela legítima. 2.3. Tutela dativa. 3. Regulamentação da tutela. 3.1. Incapazes de exercer a tutela. 3.2. Escusa dos tutores. 3.3. Garantia da tutela. 3.4. A figura do protutor. 3.5. Exercício da tutela. 3.5.1. O exercício da tutela em relação à pessoa do menor. 3.5.2. O exercício da tutela em relação aos bens do tutelado. 3.6. Responsabilidade e remuneração do tutor. 3.7. Bens do tutelado. 3.8. Prestação de contas. 4. Cessação da tutela.

1. CONCEITO

Tutela é o encargo conferido por lei a uma pessoa capaz, para cuidar da pessoa do menor e administrar seus bens. Destina-se a suprir a falta do poder familiar e tem nítido caráter assistencial. É, segundo o magistério de ÁLVARO VILLAÇA AZEVEDO, *"um instituto jurídico que se caracteriza pela proteção dos menores, cujos pais faleceram ou que estão impedidos de exercer o poder familiar, seja por incapacidade, seja por terem sido dele destituídos ou terem perdido esse poder"*[1].

Dispõe o art. 1.728 do Código Civil:

"Os filhos menores são postos em tutela:

I – com o falecimento dos pais, ou sendo estes julgados ausentes;

II – em caso de os pais decaírem do poder familiar".

A tutela constitui um sucedâneo do poder familiar e é incompatível com este. Se os pais recuperarem o poder familiar, ou se este surgir com a adoção ou o reconhecimento do filho havido fora do casamento, cessará o aludido ônus. Se o

---

[1] *Comentários ao Código Civil*, v. 19, p. 319.

menor ainda se encontrar sob o poder familiar, só se admitirá a nomeação de tutor depois que os pais forem destituídos de tal encargo.

O tutor exerce um múnus público, uma delegação do Estado que, não podendo exercer essa função, transfere a obrigação de zelar pela criação, pela educação e pelos bens do menor a terceira pessoa. É considerada um encargo público e obrigatório, salvo as hipóteses dos arts. 1.736 e 1.737 do Código Civil.

Conforme o ensinamento de Caio Mário da Silva Pereira, a tutela consiste "no encargo ou *munus* conferidos a alguém para que dirija a pessoa e administre os bens de menor de idade que não incide no poder familiar do pai ou da mãe. Este, normalmente, incorre na tutela, quando os pais são falecidos ou ausentes, ou decaíram da *patria potestas* (art. 1.728 – CC)"[2].

Os filhos menores só são postos em tutela se acontece o falecimento ou a ausência de ambos os pais, ou se ambos decaem do poder familiar, pois se tais fatos ocorrem com apenas um deles, o poder familiar se concentra no outro, ainda que este venha a novamente se casar. O incapaz maior de idade é, todavia, submetido à curatela (CC, art. 1.767).

Anota Silvio Rodrigues[3] que, a exemplo do anterior, o legislador de 2002, ao cuidar da tutela, preocupou-se, principalmente, com o órfão rico, pois apenas um dos vários artigos do Código de 1916 consagrados ao assunto se referia aos menores abandonados. Pondera o mencionado autor que o Estatuto da Criança, porém, deu a este último problema um desenvolvimento adequado.

No aludido Estatuto (Lei n. 8.069/90), a tutela se apresenta como uma das formas de "família substituta", devendo ser atendidas as "disposições gerais" previstas nos arts. 28 a 32. Dispondo o referido diploma "sobre a proteção integral à criança e ao adolescente", a sua aplicação não se restringe aos filhos de pais abastados.

2. ESPÉCIES DE TUTELA

Quanto à fonte donde defluem, três são as *formas ordinárias* de tutela civil, oriundas do direito romano: a) *testamentária*; b) *legítima*; e c) *dativa* (CC, arts. 1.729 a 1.732).

---

[2] *Instituições de direito civil*, v. 5, p. 443.
"A tutela de menores somente é possível quando os pais perdem, pela morte, suspensão ou destituição, o pátrio poder (renomeado de poder familiar)" (TJSP, Ap. 239.237-4/4, 3ª Câm. de Dir. Priv., rel. Des. Ênio Zuliani, j. 15-10-2002). "Tutela. Possibilidade, para concessão, de se declarar a perda ou suspensão do poder familiar no mesmo processo. Pedido implícito. Regular citação da mãe. Observância dos requisitos exigidos pelo ECA. Interesse dos menores" (TJSP, *Rev. Bras. de Dir. de Família*, 6/134, em. 667).
[3] *Direito civil*, v. 6, p. 397.

Outras modalidades de tutela, além das três mencionadas, costumam ser apontadas pela doutrina. O art. 1.734 do Código Civil referia-se à tutela dos *menores abandonados*, que terão tutores *"nomeados pelo juiz, ou serão recolhidos a estabelecimento público para este fim destinado"*, ficando sob a responsabilidade do Estado, que poderá colocá-los em famílias substitutas, *"sob a tutela das pessoas que, voluntária e gratuitamente, se encarregarem da sua criação"*.

Tal espécie de tutela encontra-se hoje regulamentada pelo Estatuto da Criança e do Adolescente. A Lei n. 12.010, de 3 de agosto de 2009, que dispõe sobre adoção e alterou inúmeros artigos do Estatuto da Criança e do Adolescente, no seu art. 4º deu nova redação ao supratranscrito art. 1.734 do Código Civil, do seguinte teor: *"As crianças e os adolescentes cujos pais forem desconhecidos, falecidos ou que tiverem sido suspensos ou destituídos do poder familiar terão tutores nomeados pelo juiz ou serão incluídos em programa de colocação familiar, na forma prevista pela Lei n. 8.069, de 13 de julho de 1990 – Estatuto da Criança e do Adolescente"*.

Dá-se a *tutela de fato* ou *irregular* quando uma pessoa passa a zelar pelo menor e por seus bens, sem ter sido nomeada. Os seus atos não têm validade, não passando o suposto tutor de mero gestor de negócios. Comenta WASHINGTON DE BARROS MONTEIRO que nessa espécie não há propriamente nomeação, em forma legal, mas "o suposto tutor vela pelo menor e seus interesses como se estivesse legitimamente investido do ofício tutelar. Nosso direito não reconhece efeitos jurídicos a essa falsa tutela, que não passa, em última análise, de mera gestão de negócios e como tal regida"[4].

A *tutela "ad hoc"*, também chamada de *provisória* ou *especial*, ocorre quando uma pessoa *é nomeada tutora para a prática de determinado ato, sem destituição dos pais do poder familiar.* Muitas vezes, para atender aos interesses do menor, o juiz nomeia-lhe um tutor somente para consentir no seu casamento, por exemplo, porque os pais encontram-se em local ignorado, ou para permitir que o tutor nomeado inscreva o menor como seu beneficiário no instituto previdenciário.

Também se denomina *tutor "ad hoc"* o *curador especial* nomeado pelo juiz quando os interesses do incapaz colidirem com os do tutor (CC, art. 1.692).

Há, ainda, a *tutela dos índios*, que o art. 4º, parágrafo único, do Código Civil remete à legislação especial. Tal modalidade de tutela encontra-se atualmente regulamentada pela Lei n. 6.001, de 19 de dezembro de 1973, denominada "Estatuto do Índio", e é exercida pela União Federal, por meio da Fundação Nacional do Índio (Funai).

---

[4] *Curso de direito civil*, 37. ed., v. 2, p. 386.

O índio pertencente às comunidades não integradas é incapaz desde o seu nascimento, sendo necessária a participação da Funai para a prática de qualquer ato da vida civil. Poderá ser liberado da tutela da União se estiver adaptado à civilização, preenchendo os requisitos do art. 9º da aludida lei, mediante solicitação feita à Justiça Federal, com a manifestação da Funai. A tutela dos silvícolas e a do menor em situação irregular são espécies de *tutela estatal*.

2.1. Tutela testamentária

A tutela testamentária é regulada nos arts. 1.729 e 1.730 do Código Civil, que atribuem o direito de nomear tutor somente "*aos pais, em conjunto*". Não há a prevalência de um sobre outro. Se estão vivos, a nomeação deve ser feita por ambos, como resultado da isonomia constitucional observada no mencionado art. 1.729. Só se admite a nomeação por apenas um deles se o outro for falecido. Se este outro estiver vivo e no exercício do poder familiar, não poderá dele ser afastado pela manifestação unilateral de última vontade do testador.

Álvaro Villaça Azevedo[5] alvitra a hipótese de ambos os pais nomearem tutores diversos, por meio de dois documentos. Ocorrendo a morte dos pais, surge a dúvida de qual tutor deve ser admitido: o nomeado pelo pai ou o nomeado pela mãe? Entende o mencionado autor que, nesse caso, "ao juiz competirá decidir entre qual desses tutores deve ser nomeado, atentando, sempre, ao interesse do tutelado. Por outro lado, não existindo comoriência, melhor que se considere a nomeação de tutor pelo que faleceu por último".

A nomeação "*deve constar de testamento ou de qualquer outro documento autêntico*", como codicilo, escritura pública e escrito particular (CC, art. 1.729, parágrafo único). Documento autêntico é qualquer documento, público ou particular, em que as assinaturas dos pais estejam reconhecidas por tabelião. Quando o ato requer escritura pública, como única forma admitida, a lei o diz expressamente. Mesmo feita por instrumento particular, a nomeação não deixa de ser testamentária, por somente produzir efeitos após a morte do nomeante.

Só podem nomear tutor para os filhos os pais que, "*ao tempo de sua morte*", e não quando da elaboração do testamento, detinham o poder familiar. O art. 1.730 do Código Civil considera *nula* a nomeação feita por quem não preenchia esse requisito. Melhor teria agido se a considerasse *ineficaz*, pois se trata de negócio válido, que apenas não terá eficácia (o testamento só produz efeitos após a morte do testador) porque o instituidor, ao falecer, não preenchia o requisito para a nomeação do tutor, que é o exercício do poder familiar.

---

[5] *Comentários*, cit., v. 19, p. 325.

Optando por nomear tutor para os filhos menores mediante testamento, não poderão os genitores fazê-lo na mesma cédula testamentária, uma vez que o testamento conjuntivo é expressamente proibido no ordenamento civil brasileiro (art. 1.863). Ambos poderão comparecer juntamente ao cartório de notas, se preferirem a forma pública, mas o pai terá de fazer a nomeação em seu próprio testamento, e a mãe no testamento dela.

Preleciona PONTES DE MIRANDA que "não vale a nomeação, sendo nulo o testamento. Mas pode valer se, válido o testamento, são nulas todas as outras disposições de última vontade"[6].

O Código Civil de 1916 era criticado por ter incluído os avós no rol daqueles que podiam nomear tutor, sendo tal permissão considerada um resquício do romanismo, quando aos avós podia ser atribuído também o poder familiar. Copiou as *Institutas* de JUSTINIANO (1, 13, § 3º), sem observar que nosso direito não concedia o aludido poder aos avós. Como frisa ZENO VELOSO, "o erro já vinha das Ordenações do Reino"[7].

Em nosso direito, o *poder parental é privativo dos pais*. O Código Civil de 2002 corrige, assim, a posição anteriormente adotada, deferindo somente aos pais o direito de nomear tutor aos filhos. E afasta também a discriminação contra a mulher, que constava do art. 407 do Código de 1916, ao dizer que o direito de nomear tutor competia ao pai; em sua falta à mãe; se ambos faleceram, ao avô paterno. Morto este, ao materno.

Na realidade a evolução se deu primeiramente na Constituição Federal de 1988 que, em mais de um dispositivo, proclama o princípio da igualdade entre o homem e a mulher (art. 5º, *caput*, e I; art. 226, § 5º).

Obtempera PONTES DE MIRANDA que "o Código Civil brasileiro, uma vez que não proíbe, faculta a nomeação sob condição ou a termo"[8]. Haverá nomeação *sub condicione*, aduz, se o nomeante, por exemplo, requer que, para o exercício da tutela, se case o nomeado com alguém, ou se declare exonerado o tutor no dia em que enviuvar. A *nomeação a termo* pode ser até certo tempo (*ad certum tempus*) e a partir de certo tempo (*ex certo tempore*). Caracteriza-se a primeira modalidade se, *verbi gratia*, a nomeação foi feita dispondo-se que o nomeado exerça a tutoria durante quatro anos, até que o menor atinja os 16 anos, ou mesmo até dia certo

---

[6] *Tratado de direito de família*, v. III, § 269, p. 234.

"Apelação. Tutela judicial indeferida. Existência de tutela testamentária que prefere à judicial. Extinção do feito mantida. Recurso improvido (TJSP, Ap. 45.212-0/7-S. Bernardo do Campo, rel. Des. Cunha Bueno, j. 18-2-1999).

[7] *Código Civil comentado*, v. XVII, p. 162.

[8] *Tratado de direito de família*, cit., v. III, § 269, p. 235-236.

(*ad diem*); e a segunda, quando se declara, por exemplo, que o tutor testamentário será investido de suas funções quando o menor completar certa idade.

Acrescenta o erudito jurista citado que, na nomeação *ad certum tempus*, com o advento do termo pode o mesmo tutor, por nomeação do juiz, continuar no exercício, salvo se há outro tutor testamentário, ou legítimo, ou se dispôs contrariamente o nomeante; e na *ex certo tempore* o juiz defere a tutela a outro tutor, para exercer a tutela até o tempo ou dia marcado pelo testador, quando, exonerado o atual, a defere ao nomeado.

A Lei Nacional da Adoção (Lei n. 12.010/2009) deu nova redação ao art. 37 e parágrafo único do Estatuto da Criança e do Adolescente, fixando o prazo de 30 dias após a abertura da sucessão para que o nomeado por testamento ou qualquer documento autêntico ingresse com pedido "destinado ao controle judicial do ato". Somente será deferida a tutela à pessoa indicada na disposição de última vontade "se restar comprovado que a medida é vantajosa ao tutelado e que não existe outra pessoa em melhores condições de assumi-la".

2.2. Tutela legítima

Não havendo nomeação de tutor, por testamento ou outro documento autêntico, "*incumbe a tutela aos parentes consanguíneos do menor*", sendo chamada de *legítima*. O art. 1.731 do Código Civil indica os parentes que devem ser nomeados pelo juiz, em ordem preferencial: ascendentes e colaterais até o terceiro grau. Preceitua o aludido dispositivo:

"*Em falta de tutor nomeado pelos pais incumbe a tutela aos parentes consanguíneos do menor, por esta ordem:*

I – aos ascendentes, preferindo o de grau mais próximo ao mais remoto;

II – aos colaterais até o terceiro grau, preferindo os mais próximos aos mais remotos, e, no mesmo grau, os mais velhos aos mais moços; em qualquer dos casos, o juiz escolherá entre eles o mais apto a exercer a tutela em benefício do menor".

Malgrado a intenção demonstrada pelo legislador, de que o tutor seja parente, tem sido acolhida a orientação doutrinária e jurisprudencial de não considerar absoluta a ordem preferencial estabelecida, devendo ser observada se os indicados forem idôneos e capazes. A bem do menor, pode o juiz alterá-la e até não nomear nenhum dos parentes consanguíneos, se comprovadamente inidôneos ou incapacitados, escolhendo pessoa idônea estranha à família, pois se há de dar, sempre, prevalência aos interesses do incapaz[9].

---

[9] "Tutela. Colocação em família substituta. Obediência à ordem legal de precedência prevista no art. 409 do CC (*de 1916; CC/2002: art. 1.731*). Desnecessidade, se o interesse do infante assim recomendar" (STJ, *RT*, 747/228).

Assim, somente se todos reúnem condições para o exercício do encargo, ou seja, se encontram em igualdade de condições, deve ser atendida a prioridade legal.

O Projeto de Lei n. 6.960/2002 (atual Projeto de Lei n. 699/2011), que visa aperfeiçoar o novo diploma, pretende deixar consignada expressamente essa possibilidade, introduzindo parágrafo único ao dispositivo em epígrafe, com a seguinte redação: "Poderá o juiz, levando em consideração o melhor interesse do menor, quebrar a ordem de preferência bem como nomear tutor terceira pessoa".

A nova ordem de preferência estabelecida no art. 1.731 supratranscrito substitui a do art. 409 do Código Civil de 1916, que continha discriminação no tocante à preferência da linha paterna sobre a materna e do sexo masculino sobre o feminino. A cláusula final do inciso II do aludido dispositivo permite ao juiz escolher "*o mais apto a exercer a tutela*". Prevalecendo o interesse do tutelando, pode o juiz escolher aquele que demonstre maior afinidade e afetividade com a criança ou o adolescente, como prevê o § 2º do art. 28 do Estatuto da Criança e do Adolescente[10].

Nesse passo, decisão do *Superior Tribunal de Justiça* pontifica que a colocação do menor em família substituta, prevista nos arts. 28 e 36 da Lei n. 8.069/90, deve ocorrer observando-se a "conveniência da criança ou do adolescente, devendo o infante ser ouvido previamente e sua opinião devidamente considerada, podendo, consequentemente, o juiz desconsiderar a ordem prevista no art. 409 do CC (*de 1916; CC/2002: art. 1.731*) para a incumbência da tutela, se as circunstâncias do caso assim recomendam"[11].

Anota Álvaro Villaça Azevedo que o aludido acréscimo de expressão, no final do citado inciso II do art. 1.731 do novo diploma "deveria constar de um inciso III, autonomamente, ou de um parágrafo único, pois ele se relaciona com as duas hipóteses constantes dos incisos I e II. Atente-se ao texto acrescido: em qualquer dos casos, quer dizer, em qualquer das situações em que a ordem legal de chamamento à tutela se estabelece"[12].

2.3. Tutela dativa

A tutela é *dativa* quando não há tutor testamentário, nem a possibilidade de nomear-se parente consanguíneo do menor, ou porque não existe nenhum, ou porque os que existem são inidôneos, foram excluídos ou se escusaram. Neste caso, o juiz nomeará pessoa estranha à família, idônea e residente no domicílio do

---

[10] Caio Mário da Silva Pereira, *Instituições*, cit., v. 5, p. 447.

[11] REsp 68.433-SP, 3ª T., rel. Min. Nilson Naves, j. 17-6-1997.

[12] *Comentários*, cit., v. 19, p. 332.

menor. A tutela dativa tem, portanto, *caráter subsidiário*. Dispõe, com efeito, o art. 1.732 do Código Civil:

"O juiz nomeará tutor idôneo e residente no domicílio do menor:

I – na falta de tutor testamentário ou legítimo;

II – quando estes forem excluídos ou escusados da tutela;

III – quando removidos por não idôneos o tutor legítimo e o testamentário".

É requisito que o tutor seja domiciliado no mesmo local em que o é o menor. Devem ser atendidas também as "disposições gerais" para colocação em família substituta previstas nos arts. 28 a 32 do Estatuto da Criança e do Adolescente.

Dispõe o art. 1.733 do Código Civil que, no caso de irmãos órfãos, *"dar-se--á um só tutor"*. Pretende-se, com isso, facilitar a administração dos patrimônios e manter juntos os irmãos, em razão dos laços de afetividade que os unem. Entretanto, tal regra não deve ser interpretada como de caráter absoluto. Pode o juiz dividir a tutela, conforme as circunstâncias, para melhor atender aos interesses dos irmãos menores.

Se constar do testamento a nomeação de mais de um tutor, sem esclarecer qual deverá ter precedência, entender-se-á que a tutela foi deferida ao primeiro dos que tiverem sido designados, sucedendo-lhe os demais, se ocorrer morte, incapacidade, escusa ou qualquer outro impedimento (art. 1.733, § 1º).

O § 2º do aludido art. 1.733 do Código Civil permite àquele que institui um menor herdeiro, ou legatário seu, *"nomear-lhe curador especial para os bens deixados, ainda que o beneficiário se encontre sob o poder familiar, ou tutela"*. Assim, é facultado ao instituidor designar administrador dos bens deixados, sem prejuízo dos poderes e atribuições, quanto ao mais, dos pais ou do tutor já existente.

O art. 1.778 do Código Civil de 2002 estabelece que a autoridade do curador estende-se à pessoa e aos bens dos filhos do curatelado. Destarte, o curador exercerá a função de tutor, enquanto estes forem menores.

3. REGULAMENTAÇÃO DA TUTELA

3.1. Incapazes de exercer a tutela

O art. 1.735 do Código Civil considera *incapazes de exercer a tutela pessoas que não têm a livre administração de seus bens, ou cujos interesses colidam com os do menor, ou que tenham sido condenados por crime de natureza patrimonial e não sejam probas e honestas, ou ainda que exerçam função pública incompatível com a boa administração da tutela*. Trata-se mais propriamente de circunstâncias que acarretam "impedimentos" ou "falta de legitimação" para assumir tal encargo do que

621

incapacidades, sendo denominadas por alguns "escusas proibitórias", para distinguir das "escusas voluntárias" previstas no art. 1.736 do mesmo diploma.

"Não podem ser tutores e serão exonerados da tutela, caso a exerçam", proclama o dispositivo em apreço:

I – Aqueles que não tiverem a livre administração de seus bens. Obviamente, quem não reúne condições para administrar seus próprios bens não pode cuidar do tutelado e de seu patrimônio. Inserem-se nessa categoria, por exemplo, os absoluta e os relativamente incapazes mencionados nos arts. 3º e 4º do Código Civil, com a redação dada pela Lei n. 13.146/2015 (Estatuto da Pessoa com Deficiência). Nesse rol devem ser também incluídos os falidos, enquanto não reabilitados. Não há nenhuma restrição a que estrangeiros residentes no País sejam nomeados tutores, pois a Constituição Federal os iguala, em direitos, aos brasileiros (art. 5º, *caput*).

A responsabilidade que decorre do desempenho do aludido *múnus público* exige que só pessoas dotadas de plena capacidade, seja em razão da maioridade, seja do discernimento adquirido quanto à prática dos atos e negócios jurídicos, possam exercer a tutela. O art. 6º da mencionada Lei n. 13.146/2015 dispõe que a deficiência não afeta a plena capacidade civil da pessoa para "VI – exercer o direito à guarda, à tutela, à curatela e à adoção, como adotante ou adotando, em igualdade de oportunidades com as demais pessoas".

II – Aqueles que, no momento de lhes ser deferida a tutela, se acharem constituídos em obrigação para com o menor, ou tiverem que fazer valer direitos contra este, e aqueles cujos pais, filhos ou cônjuges tiverem demanda contra o menor. Cogita o inciso de hipóteses que, por evidenciarem manifesto conflito de interesses com os do tutelado, desaconselham a nomeação do tutor.

Observa com propriedade Zeno Veloso que "a proibição de ser nomeado tutor, se o indicado tiver que fazer valer direitos contra o menor, não é absoluta, pois o art. 1.751 estatui que o tutor, antes de assumir a tutela, deve declarar tudo o que o menor lhe deva, e a pena para a omissão é não poder ele cobrar do pupilo a dívida, enquanto exerça a tutoria, salvo provando que não conhecia o débito quando o assumiu"[13].

III – Os inimigos do menor, ou de seus pais, ou que tiverem sido por estes expressamente excluídos da tutela. As pessoas apontadas estão impedidas de exercer a tutela. Torna-se óbvio, assinala Washington de Barros Monteiro, "o motivo da proibição, que se baseia em razão de ordem moral, não sendo necessário se trate de inimizade capital"[14]. Aduz o emérito professor que "inexiste, em nosso

---

[13] *Código Civil*, cit., v. XVII, p. 172.
[14] *Curso*, cit., 37. ed., v. 2, p. 388.

direito, preceito que ao padrasto vede o exercício da tutela, o mesmo sucedendo com a madrasta; bem ao contrário, conforme estabelece o art. 1.737 do Código Civil de 2002, os parentes afins podem ser nomeados para exercer a tutela e são preferidos aos estranhos".

IV – Os condenados por crime de furto, roubo, estelionato, falsidade, contra a família ou os costumes, tenham ou não cumprido pena. Pessoas que apresentam tais antecedentes são havidas como inidôneas e, portanto, impedidas de cuidar da pessoa e, principalmente, do patrimônio do menor. Denota-se a intenção do legislador de resguardar o menor não só da ação maléfica de ladrões, estelionatários e falsários, como também do mau exemplo daqueles que, por terem sido condenados por crime contra a família ou os costumes, revelam personalidade incompatível com a responsabilidade pela criação e educação de crianças ou adolescentes.

V – As pessoas de mau procedimento, ou falhas em probidade, e as culpadas de abuso em tutorias anteriores. O impedimento tem a mesma origem da anterior: a inidoneidade e a má conduta moral e social.

VI – Aqueles que exercerem função pública incompatível com a boa administração da tutela". Há certas funções públicas que, por exigirem dedicação exclusiva do agente, são incompatíveis com o exercício da tutela. No entanto, só serão motivo de inaptidão ou de exoneração do encargo quando restar evidenciado, no caso concreto, que a natureza da função e a forma de exercício dificultam ou obstam à boa e diligente administração dos bens do pupilo e, especialmente, aos deveres do tutor quanto à educação, guarda e vigilância dele[15]. A incapacidade posterior faz nula, desde o seu surgimento, a nomeação anteriormente válida.

Por sua vez, preceitua o art. 29 do *Estatuto da Criança e do Adolescente*: "Não se deferirá colocação em família substituta a pessoa que revele, por qualquer modo, incompatibilidade com a natureza da medida ou não ofereça ambiente familiar adequado".

3.2. Escusa dos tutores

Embora a tutela decorra de uma imposição legal e seja exercida por delegação do Estado, sendo, portanto, de cumprimento obrigatório na condição de múnus público, admitem-se algumas *escusas*. Proclama, a propósito, o art. 1.736 do Código Civil:

"Podem escusar-se da tutela:

I – mulheres casadas;

II – maiores de sessenta anos;

---

[15] Pontes de Miranda, *Tratado de direito de família*, cit., v. III, § 273, p. 247.

III – *aqueles que tiverem sob sua autoridade mais de três filhos;*

IV – *os impossibilitados por enfermidade;*

V – *aqueles que habitarem longe do lugar onde se haja de exercer a tutela;*

VI – *aqueles que já exercerem tutela ou curatela;*

VII – *militares em serviço".*

As pessoas legitimadas, que não incorram nos impedimentos elencados no art. 1.735 retromencionado, nem se encontram na situação de poder invocar uma das causas legais de escusa, não se podem furtar a exercer a tutela, seja decorrente de nomeação em testamento, seja deferida pelo juiz.

É oportuno lembrar, diz PONTES DE MIRANDA, "a distinção entre *incapacidade* para tutor e *escusa* da tutela. A *incapacidade* importa proibição absoluta para se exercer a tutela. Os antigos escritores a denominavam *escusatio necessaria*. A *escusa* é a dispensa concedida por justa causa ao que poderia ser tutor, se quisesse: *escusatio voluntaria"*[16].

O legislador, exceto no caso da mulher casada, desobriga pessoas que ficariam sobrecarregadas, em virtude de idade, de doença ou de outros obstáculos, se não pudessem recusar a nomeação.

O Código Civil de 1916 conferia às *mulheres* o direito de escusa, qualquer que fosse o seu estado civil. Tal discriminação não foi recepcionada pela Constituição Federal de 1988, que em mais de um dispositivo proclama a igualdade entre o homem e a mulher.

Ao permitir tal escusa somente se a mulher for casada (inciso I), o diploma de 2002 continuou dando ensejo às críticas nesse sentido que eram endereçadas ao Código anterior, pois o inciso I do art. 1.736 ora comentado malfere, da mesma forma, o princípio constitucional da igualdade entre o homem e a mulher, dogmatizado no art. 5º, I, e entre os cônjuges, enfatizado no art. 226, § 6º, da Carta Magna. Não bastasse, o inciso apontado não alude à mulher que vive em união estável. Por todas essas razões a sua exclusão é proposta no Projeto n. 6.960/2002, atual PL 699/2011, em tramitação no Congresso Nacional.

Constituindo faculdade do nomeado alegar ou não a escusa (*escusatio voluntaria*), nada impede que as mulheres casadas exerçam a tutela, se não quiserem se valer do indigitado benefício, inexistindo qualquer proibição nesse sentido.

Também podem escusar-se da tutela os *maiores de 60 anos* de idade (inciso II). A idade avançada é considerada, tradicionalmente, razão para a escusa da tutela. Presume a lei que, a partir da referida idade, o exercício da tutela se torne

---

[16] *Tratado de direito de família*, cit., v. III, § 274, p. 249.

cada vez mais difícil. O limite etário varia conforme o país. O Código Civil italiano (art. 352, 5.) e o português (art. 1.934, 1., *g*), por exemplo, permitem a escusa somente aos que tenham mais de 65 anos. O Código Civil francês (art. 428) e o espanhol (art. 251) não fixam uma idade certa para a escusa, cabendo ao juiz decidir, diante do caso concreto, sobre a influência ou não da idade do onerado.

O critério adotado pelo Código Civil de 2002 foi reforçado pelo Estatuto do Idoso (Lei n. 10.741, de 1º-10-2003), "destinado a regular os direitos assegurados às pessoas com idade igual ou superior a sessenta anos", que gozam de proteção integral, com direito a todas as facilidades "para preservação de sua saúde física e mental e seu aperfeiçoamento moral, intelectual, espiritual e social, em condições de liberdade e dignidade" (art. 2º).

O inciso III do aludido art. 1.736 do Código Civil, tendo em conta as dificuldades do mundo moderno, reduz para três o número de filhos que isenta o nomeado do exercício da tutela, sendo que o diploma anterior dispensava do ônus somente quem tivesse mais de cinco. Não cabe distinguir se os filhos foram havidos do casamento ou não, nem se são adotivos. Malgrado o caráter assistencial da tutela, não pode ela, com efeito, onerar demais o tutor, a ponto de prejudicá-lo e também à sua família.

Os *impossibilitados por enfermidade* (inciso IV), mui justamente, são igualmente contemplados, comprovando que a moléstia de que padecem é incompatível com o seu exercício do encargo. Os cegos podem escusar-se por esse motivo.

No caso dos que *habitam longe do lugar onde se haja de exercer a tutela* (inciso V), a exoneração do encargo é compreensível, visto que encontrarão maiores dificuldades para administrar o patrimônio do tutelado, bem como para zelar por sua pessoa.

A cumulação de atribuições justifica a escusa permitida aos que *já estiverem no exercício de tutela ou curatela* (inciso VI). Para que eventual nomeação não venha a prejudicar o exercício de tutela ou de curatela existente, possibilita-se a divisão do encargo, atribuindo-se o novo a outra pessoa, uma vez que os encargos sociais devem ser distribuídos na comunidade.

Os *militares em serviço podem também recusar a nomeação*, porque entende o legislador que os membros das Forças Armadas que estejam na ativa, em razão da natureza do trabalho que executam, estão sujeitos a transferências constantes de um lugar para outro, em prejuízo do pupilo.

A função tutelar, devido ao seu caráter assistencial, é em regra gratuita. Todavia, o art. 1.752 do Código Civil permite que se pague ao tutor "*remuneração proporcional à importância dos bens administrados*", salvo no caso do art. 1.734, que concerne aos menores abandonados.

Por sua vez, preceitua o art. 1.737 que *"quem não for parente do menor não poderá ser obrigado a aceitar a tutela, se houver no lugar parente idôneo, consanguíneo ou afim, em condições de exercê-la".*

Embora não haja limitação ao parentesco consanguíneo, na linha colateral deve limitar-se ao quarto grau, porque tais parentes são sucessíveis. A tutela envolve a solidariedade familiar e, por isso, havendo parentes em qualquer grau na linha reta, e até o sexto grau na linha colateral, não quer a lei que sejam convocados estranhos, pois os parentes têm direito a alimentos e podem ser chamados à sucessão. É justo, assim, que suportem os incômodos decorrentes dessa situação jurídica[17].

Os estranhos apenas são obrigados a servir quando não houver no lugar parentes idôneos em condições de serem investidos no cargo. Se porventura for nomeado tutor pessoa sem vínculo de parentesco com o menor, havendo parentes em condições de exercer o aludido múnus, pode aquela escusar-se, invocando o benefício de ordem. Não se trata propriamente de recusa ao cumprimento de uma obrigação, mas de convocação preferencial de parente, demonstrando-se a sua idoneidade, a identidade de domicílios e a não arguição de nenhuma das escusas legais[18].

Critica a doutrina a inclusão dos afins no dispositivo em apreço, pois não têm direito a reclamar alimentos, nem à sucessão hereditária. Caio Mário da Silva Pereira[19] chega a afirmar que a referência aos afins "é uma incongruência" do novo diploma, já vinda do Código anterior. Se pelo art. 1.731, aduz, "apenas os parentes consanguíneos são tutores 'legítimos', não se justifica sejam os parentes afins obrigados, em substituição ao que for nomeado".

A origem dessa injusta inclusão dos afins no dispositivo em apreço está no fato de que, no Projeto primitivo de Clóvis Beviláqua e no Revisto, aos afins se impunha o dever de prestar, e se reconhecia o direito de reclamar alimentos[20].

Dispõe o art. 1.738 do Código Civil que *"a escusa apresentar-se-á nos dez dias subsequentes à designação, sob pena de entender-se renunciado o direito de alegá-la; se o motivo escusatório ocorrer depois de aceita a tutela, os dez dias contar-se-ão do em que ele sobrevier".* Naturalmente, a contagem do prazo só se inicia a partir da intimação do tutor, não se admitindo possa fluir sem que tenha conhecimento da nomeação.

O juiz apreciará a alegação e decidirá de plano o pedido de escusa, examinando os motivos invocados. Se a julgar improcedente, da decisão caberá recurso

---

[17] Álvaro Villaça Azevedo, *Comentários*, cit., v. 19, p. 347; Silvio Rodrigues, *Direito civil*, cit., v. 6, p. 403.

[18] Washington de Barros Monteiro, *Curso*, cit., 37. ed., v. 2, p. 389.

[19] *Instituições*, cit., v. 5, p. 453.

[20] Álvaro Villaça Azevedo, *Comentários*, cit., v. 19, p. 347.

de agravo de instrumento, cujo efeito é somente devolutivo. Estabelece o art. 1.739 do Código Civil, na mesma linha do art. 760, § 2º, do Código de Processo Civil, que, nessa hipótese, "*exercerá o nomeado a tutela, enquanto o recurso interposto não tiver provimento, e responderá desde logo pelas perdas e danos que o menor venha a sofrer*".

Justifica-se o rigor do Código pelo fato de não poderem os interesses do menor ficar ao desamparo, na pendência de uma decisão judicial. É dever do nomeado, uma vez inadmitida a escusa, assinar o termo de tutela e entrar no exercício da função. Se não o fizer, será responsável pelos prejuízos que o menor vier a sofrer com o abandono de seu patrimônio e da direção de seus negócios.

3.3. Garantia da tutela

Visando resguardar os interesses do tutelado, determina o art. 1.745 que os bens do menor sejam "*entregues ao tutor mediante termo especificado deles e seus valores, ainda que os pais o tenham dispensado*". Aduz o parágrafo único que, "*se o patrimônio do menor for de valor considerável, poderá o juiz condicionar o exercício da tutela à prestação de caução bastante, podendo dispensá-la se o tutor for de reconhecida idoneidade*".

O Código Civil de 1916 era bastante rigoroso nessa matéria, pois exigia que o tutor, antes de assumir o encargo, especializasse, *em hipoteca legal*, inscrita no Registro, "os imóveis necessários, para assegurar, sob sua administração, os bens do menor tutelado" (art. 418). O art. 419 do aludido diploma onerava ainda mais o tutor cujos imóveis não valessem o patrimônio do menor, obrigando-o a reforçar dita hipoteca *mediante caução real ou fidejussória*, salvo se para tal não tivesse meios ou fosse de reconhecida idoneidade.

Tais exigências dificultavam a indicação de tutores, pelo juiz, pois muitas pessoas de bem, que poderiam exercer a tutela com proveito para o menor, recusavam o múnus, quando se enquadravam nas hipóteses legais de escusa facultativa, diante da possível oneração de seus bens.

Washington de Barros Monteiro retrata com fidelidade a situação, anotando que, se o aludido art. 418 do diploma de 1916 "fosse inflexivelmente aplicado, difícil se tornaria, na maior parte dos casos, a obtenção de pessoas que se dispusessem a aceitar o encargo, porque, em regra, ninguém vê de bom grado a oneração dos próprios bens. Por esse motivo, mui raros já eram os processos de especialização de hipoteca legal. Geralmente, exerciam-se as tutelas sem prestação dessa garantia, contando-se exclusivamente com a lisura e correção dos tutores"[21].

---

[21] *Curso*, cit., v. 2, p. 391.

O Estatuto da Criança e do Adolescente, buscando viabilizar a proteção dos menores de 18 anos e considerando que a grande maioria das tutelas no País envolve a população de baixa renda, amenizou o problema, *dispondo, no art. 37, que "a especialização de hipoteca legal será dispensada, sempre que o tutelado não possuir bens ou rendimentos ou por qualquer outro motivo relevante".*

Acrescenta o parágrafo único do aludido diploma que *"a especialização da hipoteca será também dispensada se os bens, porventura existentes em nome do tutelado, constarem de instrumento público, devidamente registrado no registro de imóveis, ou se os rendimentos forem suficientes apenas para a mantença do tutelado, não havendo sobra significativa ou provável".*

O Código Civil de 2002 assimilou essa orientação, eliminando a exigência de hipoteca legal, sem deixar, no entanto, de resguardar o menor tutelado, ao determinar, no parágrafo único do art. 1.745 retrotranscrito, que o juiz poderá *"condicionar o exercício de tutela à prestação de caução bastante"*, se o patrimônio do menor *"for de valor considerável"*, mas autorizando, ao mesmo tempo, o magistrado a dispensá-la *"se o tutor for de reconhecida idoneidade".*

A caução só poderá ser exigida como garantia da boa gestão do tutor, portanto, se o menor for abonado, e assim entender o juiz, segundo o seu prudente arbítrio, ao avaliar o patrimônio do infante ou adolescente no caso concreto.

Demonstrando certa perplexidade com a parte final do dispositivo em apreço (*"se o tutor for de reconhecida idoneidade"*), obtempera ZENO VELOSO que, "obviamente, ninguém pode ser nomeado tutor se não for pessoa idônea"[22], como estatui o art. 1.732 do Código Civil. *Conclui o emérito jurista que o parágrafo único do aludido art. 1.745 se refere a "idoneidade notória, reputação ilibada, honestidade conhecida e manifesta. Enfim, algo mais que a simples idoneidade, mencionada no art. 1.732".*

O Código Civil de 2002, tendo abolido a hipoteca legal de imóveis do tutor, possibilita, no art. 2.040, em suas Disposições Finais e Transitórias, o cancelamento da hipoteca legal dos bens do tutor ou do curador, especializada e inscrita nos moldes do Código anterior, obedecido o disposto no art. 1.745.

Foi mantida, todavia, a responsabilidade do magistrado, caso venha a negligenciar dever de priorizar o interesse do menor, causando-lhe prejuízo. O juiz responde, com efeito, subsidiariamente pelos prejuízos que sofra o menor *"quando não tiver exigido garantia legal do tutor, nem o removido, tanto que se tornou suspeito"*, e direta e pessoalmente, *"quando não tiver nomeado o tutor, ou não o houver feito oportunamente"* (CC, art. 1.744, I e II).

---

[22] *Código Civil*, cit., v. 19, p. 185.

Assevera Caio Mário da Silva Pereira a propósito que "é um dever impostergável do juiz nomear tutor nos casos previstos. Se não cumpre o seu dever, ou por deixar de nomeá-lo, ou por retardar o ato designativo, comete falta funcional pela qual responde direta e pessoalmente. Se chega ao seu conhecimento que o tutor nomeado (não importa se o testamentário, legítimo ou dativo) descumpre as suas obrigações, na administração da pessoa ou dos bens do tutelado, e não o remove de pronto, responde subsidiariamente pelos danos consequentes. *A legitimidade para promover os procedimentos pertinentes além do Ministério Público cabe a quem demonstre legítimo interesse, nos termos da lei processual*"[23].

Aplicam-se as regras genéricas do art. 143 do Código de Processo Civil de 2015, que preveem a responsabilidade do juiz, por perdas e danos, quando, no exercício de suas funções, "proceder com dolo ou fraude" (inciso I) ou "recusar, omitir ou retardar, sem justo motivo, providência", que deva ser ordenada de ofício ou a requerimento da parte, por intermédio do escrivão, não atendida essa providência no prazo de dez dias (inciso II e parágrafo único).

O art. 1.745, *caput*, do Código Civil determina que os bens do menor sejam "*entregues ao tutor mediante termo especificado deles e seus valores, ainda que os pais o tenham dispensado*". Será realizado, assim, inventário e avaliação dos referidos bens, para que se conheça com precisão o patrimônio do menor, valendo o aludido termo, também, como título para o tutor que tenha, nas relações com terceiros, de provar a sua qualidade.

Ao assumir o encargo, o tutor receberá, portanto, os bens do pupilo minuciosamente descritos e avaliados. Serão especificados "os bens móveis e imóveis, bem como os ativos e passivos, devendo ser acrescentados os bens adquiridos durante o exercício da tutela, para que o tutor possa entregá-los quando encerrada, ou na hipótese de substituição". *Sendo princípio de ordem pública, não poderá ser dispensada a providência, nem pelo juiz, nem pelos pais se tiverem feito estes a nomeação*[24].

3.4. A figura do protutor

Ampliando o elenco de cautelas que cercam a tutela, o art. 1.742 do Código Civil de 2002, inovando, autoriza o juiz a nomear um *protutor* para fiscalização dos atos do tutor. A figura do protutor existia no direito romano, correspondendo à do gestor dos negócios do menor ou pupilo.

---

[23] *Instituições*, cit., v. 5, p. 457.

[24] Alexandre Alcoforado Assunção, *Novo Código Civil comentado*, p. 1560; Caio Mário da Silva Pereira, *Instituições*, cit., v. 5, p. 457-458.

Preleciona, com efeito, ANTONIO CARLOS MATHIAS COLTRO que, "no Direito Romano, o *protutore* (ou *pro tutore*), não tendo a condição de tutor de um menor, administrava seus bens ou neles intervinha, equivalendo, assim, 'a espécie de *gestor* dos negócios do menor ou pupilo', conforme De Plácido e Silva, ressaltando que, 'no sentido atual, sem fugir ao sentido antigo, o *protutor* é aquele que, sem se investir na posição definida de tutor, é posto para *intervir* ou *fiscalizar* as funções da tutela'. Neste o sentido que se há considerar em relação ao dispositivo"[25].

Na atualidade, vários países disciplinam o instituto. Na França, por exemplo, o Código Napoleão (art. 420) estatui que em toda tutela haverá um protutor (*subrogé tuteur*), para fiscalizar a gestão da tutela e representar o menor quando os interesses deste colidirem com os do tutor. Esta última função é prevista também no art. 360, alínea 1, do Código Civil italiano, que ainda afirma, no art. 346, que o juiz nomeia o tutor e o protutor. Igualmente o Código Civil alemão dispõe, no art. 1.799, alínea 1, que a função do protutor é vigiar para que o tutor exerça sua gestão corretamente.

Por sua vez, o Código Civil português prevê a formação do Conselho de Família, órgão de inspeção da tutela, figurando o protutor como um de seus vogais, a quem compete não só a fiscalização do tutor em caráter permanente como ainda cooperar com o que esteja em exercício, substituí-lo em suas faltas e impedimentos e representar o menor em juízo e fora dele, quando seus interesses estejam em oposição com os daquele e o juiz não haja nomeado curador especial (arts. 1.955 e 1.956).

O Código Civil de 2002 não estabeleceu o âmbito de competência do protutor, atribuindo-lhe tão só a função de fiscalizar os atos praticados pelo tutor, complementando a fiscalização natural, que é a do juiz. Este poderá, nos casos em que houver necessidade de auxílio para o desempenho desse mister, e sempre atendendo aos interesses do menor, nomear o protutor[26].

Na forma adotada, o protutor não se transforma em auxiliar ou coadjuvante do tutor, incumbindo-lhe apenas auxiliar o juiz, fiscalizando a atuação do onerado e informando o magistrado sobre qualquer malversação dos bens por ele recebidos mediante termo especificado. Preceitua o art. 1.742 do Código Civil, simplesmente, que "*para fiscalização dos atos do tutor, pode o juiz nomear um protutor*". E o § 1º do art. 1.752 prevê o seu direito à percepção de "*uma gratificação módica pela fiscalização efetuada*".

---

[25] Da tutela, *Direito de família e o novo Código Civil*, p. 246.
[26] Zeno Veloso, *Código Civil*, cit., v. XVII, p. 183.

O novo diploma não confere, pois, ao protutor outras atribuições que constam em Códigos de outros países, como visto. *Mas a fiscalização por ele exercida é ampla, uma vez que a legislação não estabelece limitações*[27].

O instituto do protutor vem sendo bastante criticado em alguns países, uma vez que a função de fiscalizar os atos do tutor gera conflitos que muitas vezes repercutem desfavoravelmente sobre o pupilo e reclamam a presença do juiz para dirimir desentendimentos. Deve este, portanto, agir com cautela na nomeação do protutor, somente o fazendo se houver efetivamente necessidade de resguardar os interesses do incapaz, mantendo-o, porém, sob sua permanente supervisão.

3.5. Exercício da tutela

O exercício da tutela assemelha-se ao do poder familiar, mas não se lhe equipara, pois sofre algumas limitações, sendo ainda sujeito à inspeção judicial. O tutor assume o lugar dos pais, com os direitos e deveres que estes teriam no tocante à pessoa e aos bens do tutelado, porém com algumas restrições. Ressalta o art. 1.935 do Código Civil português que o tutor deve exercer a tutela com a diligência de um bom pai de família.

Entre as limitações referidas está o exercício da função de tutor sob fiscalização do juiz, como mencionado. Preleciona ORLANDO GOMES *que "o controle do juiz pode ser anterior ou posterior à prática do ato. Denomina-se preventivo quando não pode o tutor realizar o ato sem estar autorizado pelo juiz. Efetua-se, pois, sob a forma de autorização. Quando o ato de controle sucede à atividade concreta do tutor, a autorização se efetiva sob a forma de homologação ou aprovação"*[28].

Também não pode o tutor emancipar voluntariamente o pupilo. A emancipação do tutelado dá-se por sentença judicial (CC, art. 5º, parágrafo único, I).

Esclarece PONTES DE MIRANDA *que os romanos resumiam "as funções do tutor em duas palavras: auctoritas e gestio. Chama-se 'auctoritas' a cooperação do tutor nos atos do pupilo, cuja personalidade ele completa por sua presença. Dizia-se que o tutor exercia a gestio, isto é, administrativa, negotia gerit, quando ele só por si praticava ato que interessasse ao patrimônio do menor. Daí a frase de* ULPIANO *(XI, § 25): 'Pupillorum pupillarumque tutores et negotia gerunt et* auctoritatem interponunt'"[29].

---

[27] Alexandre Alcoforado Assunção, *Novo Código*, cit., p. 1557.

[28] *Direito de família*, p. 410 e 411.

"1. A administração dos bens de menor pela tutora sujeita-se à inspeção do juiz. 2. A tutora não é livre para firmar contrato de honorários advocatícios sem sujeitar-se à supervisão do juiz, que tem o poder de revisá-lo em defesa dos interesses dos incapazes tutelados. 3. Deixando a decisão de primeiro grau de jurisdição de proteger os interesses dos pupilos, dá-se provimento ao agravo para reduzir os honorários a percentual consentâneo com o trabalho realizado" (TJDF, AgI 1999.00.2.000716-9, 3ª T., rel. designado Des. Mário Zam Belmiro, *DJU*, 17-5-2000).

[29] *Tratado de direito de família*, cit., v. III, § 276, p. 253-254.

O Código Civil, ao fixar a competência do tutor, igualmente distingue as obrigações de natureza pessoal daquelas que concernem aos interesses materiais do tutelado.

3.5.1. O exercício da tutela em relação à pessoa do menor

O art. 1.740 do Código Civil indica as atribuições relativas à pessoa do menor, proclamando que *"incumbe ao tutor"*:

I – *Dirigir-lhe a educação, defendê-lo e prestar-lhe alimentos, conforme os seus haveres e condição.* Salienta CAIO MÁRIO DA SILVA PEREIRA[30], forte nos ensinamentos de CLÓVIS BEVILÁQUA e PONTES DE MIRANDA, que *"a obrigação mais importante da tutela é a assistência, a educação, a direção moral do pupilo".* E aduz: *"É seu dever proporcionar-lhe o ensino fundamental, matriculando-o, obrigatoriamente, na rede regular de ensino (art. 55, ECA) e capacitá-lo para desenvolver aptidões para a vida produtiva através da formação profissional (art. 39 da Lei n. 9.394/96). A instrução de ensino médio e superior depende de suas condições econômicas e sociais".*

O tutor obriga-se também à prestação de assistência material e moral ao menor, podendo opor-se a terceiros, inclusive aos pais, quando suspenso ou extinto o poder familiar (ECA, art. 33).

Quanto ao dever de prestar alimentos é preciso distinguir. Se o menor possui bens, obtempera PONTES DE MIRANDA, "é sustentado e educado a expensas suas, arbitrando o juiz, para tal fim, as quantias, que lhe pareçam necessárias, atento ao rendimento da fortuna do pupilo, quando o pai ou a mãe não as haja taxado. Se o órfão não possui bens, mas tem parentes, obrigados, em direito, a prestar-lhe alimentos, deve o tutor providenciar, com a autorização do juiz, e de acordo com o pupilo, se esse já tem dezesseis anos, a fim de obtê-los amigável ou judicialmente"[31].

Não tendo o menor parentes obrigados a prestar alimentos, a obrigação é do próprio tutor, nos termos do dispositivo ora em estudo.

II – *Reclamar do juiz que providencie, como houver por bem, quando o menor haja mister correção.* O tutor não pode, para corrigir o menor, aplicar-lhe castigos físicos, ainda que moderadamente, devendo reclamar providências ao juiz. Como responsável pela educação do menor, incumbe ao tutor orientá-lo e corrigi-lo, aplicando-lhe punições, se necessário. Estas, todavia, devem circunscrever-se às sanções de caráter moral, como impedir a ida ao clube ou a algum estabelecimento de diversão, ou exigir que permaneça estudando em domingo ou feriado etc., por exemplo.

---

[30] *Instituições*, cit., v. V, p. 454.
[31] *Tratado de direito de família*, cit., v. III, § 276, p. 255-256.

Em casos mais graves, quando o menor apresenta conduta desregrada, mostra-se rebelde, assume postura antissocial, malgrado todo o esforço moral e psicológico do tutor para corrigi-lo, cabe a este recorrer ao juiz, reclamando providências. Jamais deverá, no entanto, infligir castigos físicos no tutelado[32].

III – *Adimplir os demais deveres que normalmente cabem aos pais, ouvida a opinião do menor, se este já contar doze anos de idade*. A inovação sintetiza as obrigações do tutor, enfatizando que lhe incumbe cumprir os deveres que normalmente cabem aos pais, exercendo a guarda do menor.

A norma em epígrafe adotou a orientação do Estatuto da Criança e do Adolescente (art. 28, § 1º), que prevê a oitiva do menor para que opine sobre seus interesses na tutela, se já contar doze anos de idade.

Ainda no que concerne ao exercício da tutela em relação à pessoa do menor, dispõe o art. 1.747, I, do Código Civil que compete mais ao tutor *"representar o menor, até os dezesseis anos, nos atos da vida civil, e assisti-lo, após essa idade, nos atos em que for parte".*

3.5.2. O exercício da tutela em relação aos bens do tutelado

Dispõe o art. 1.741 do Código Civil:

"Incumbe ao tutor, sob a inspeção do juiz, administrar os bens do tutelado, em proveito deste, cumprindo seus deveres com zelo e boa-fé".

Destaque-se a expressão *"sob a inspeção do juiz"*. O tutor não exerce uma livre administração, pois o juiz participa, indiretamente, dos negócios que tem de autorizar, até mesmo, como visto, no âmbito social, na orientação de como corrigir o menor tutelado. A aludida expressão torna evidente que os poderes do tutor são menos amplos do que os dos pais que exercem o poder familiar.

A administração atribuída ao tutor implica conservação e gestão dos bens do pupilo, com o zelo do bom pai de família. Recebendo os bens do menor, mediante termo especificado, o tutor passa a deles cuidar com atenção especial, visando resguardar os interesses do menor. A administração tem por objetivo conservar o patrimônio administrado, obter seus frutos, produtos e rendimentos e, se possível, sua valorização[33].

Em todos os atos da vida civil o tutor representa o tutelado, ou o assiste, "quer na assinatura de contratos, de recibos de aluguel etc., até na alienação de bens do menor destinados à venda, tais como os frutos naturais produzidos por

---

[32] Silvio Rodrigues, *Direito civil*, cit., v. 6, p. 405; Zeno Veloso, *Código Civil*, cit., v. XVII, p. 181.
[33] Álvaro Villaça Azevedo, *Comentários*, cit., v. 19, p. 357.

seus imóveis. Estes são atos de administração ordinária, que portanto independem da interferência judicial"[34].

O art. 1.748 do Código Civil relaciona os atos que ao tutor compete praticar e dependem da referida autorização.

Continuando a especificar o que mais compete ao tutor, no âmbito pessoal e patrimonial, proclama o art. 1.747 do Código Civil que lhe compete ainda:

I – *Representar o menor, até os dezesseis anos, nos atos da vida civil, e assisti-lo, após essa idade, nos atos em que for parte. A assistência é necessária até os 18 anos, quando o pupilo atinge a maioridade civil. O encargo tutelar procura imitar as relações inerentes ao poder familiar, com algumas restrições já mencionadas (v. n. 3.5, retro). Os atos e negócios jurídicos praticados ou celebrados por menores de 16 anos são nulos. Os aludidos incapazes serão representados pelos pais ou, na falta destes, pelos tutores, sob pena de nulidade (CC, art. 166, I). A incapacidade relativa permite que o incapaz pratique atos da vida civil, desde que assistido por seu representante legal, sob pena de anulabilidade (art. 171, I). Certos atos, porém, pode praticar sem a assistência deste, como ser testemunha (art. 228, I), aceitar mandato (art. 666), fazer testamento (art. 1.860, parágrafo único) etc.*

Salienta PONTES DE MIRANDA que "a representação concerne apenas a bens; a assistência tutelar, depois de dezesseis anos, pode referir-se a atos não tendentes a venda ou compra, ou aos demais de alteração do patrimônio, como, por exemplo, o consentimento do tutor para o casamento do menor"[35].

II – *Receber as rendas e pensões do menor, e as quantias a ele devidas.* Em consequência, está o tutor, nesse caso, autorizado a dar quitação pelo recebimento.

III – *Fazer-lhe as despesas de subsistência e educação, bem como as de administração, conservação e melhoramentos de seus bens.* Cuida o inciso dos atos de administração ordinária, que possibilitem prover à criação e educação do pupilo, de acordo com a sua situação econômica e social, bem como à administração, à conservação e aos melhoramentos do seu patrimônio, tais como benfeitorias necessárias e úteis. Tais atos independem de interferência judicial, embora o dispositivo não neutralize o direito e o dever genérico atribuído ao juiz, no art. 1.741, de fiscalizar e de intervir, se necessário, na gestão do tutor.

IV – *Alienar os bens do menor destinados a venda.* Alude o dispositivo aos bens que, por sua natureza jurídica e econômica, destinam-se à alienação, como os produtos de propriedade agrícola ou pecuária, os livros de uma livraria e a produção industrial, por exemplo. Cabe ao tutor vendê-los, bem como aqueles cuja

---

[34] Silvio Rodrigues, *Direito civil*, cit., v. 6, p. 405-406.
[35] *Tratado de direito de família*, cit., v. III, § 276, p. 256.

alienação foi determinada pelos pais no ato de nomeação ou em cláusula testamentária, independentemente de prévia autorização judicial.

V – *Promover-lhe, mediante preço conveniente, o arrendamento de bens de raiz.* O Código Civil de 1916, num excesso de cautela, exigia, nesse caso, autorização judicial e hasta pública, dificultando e onerando desnecessariamente a operação. O novo diploma, simplificando a questão, confere autonomia ao tutor, não mais se referindo a prévia autorização judicial, nem a praça pública para o arrendamento de imóveis pertencentes ao tutelado. A única exigência é que o arrendamento seja feito "*mediante preço conveniente*", ou seja, vantajoso, pelo menos igual ao corrente ou de mercado e que atenda aos interesses do pupilo. Sujeita-se o tutor às consequências de eventual má administração.

Não reproduzindo a exigência de autorização judicial, que constava expressamente do art. 427, V, do diploma de 1916, correspondente ao art. 1.747, V, ora em estudo, demonstrou o legislador a intenção de abrir exceção à regra de caráter genérico do art. 1.741 do mesmo diploma, considerando ato de administração ordinária o aludido arrendamento.

O art. 1.748 do Código Civil elenca atos que se revestem de maior complexidade e risco e que podem repercutir negativamente no patrimônio do pupilo. Por essa razão, não são considerados procedimentos de mera gestão ou administração ordinária. Dependem de *autorização do juiz*, que deve ser antes consultado pelo tutor. Dispõe o aludido dispositivo que compete também ao tutor, com autorização do juiz:

I – *Pagar as dívidas do menor.* Embora as dívidas devam ser honradas, o pagamento, na hipótese, está sujeito ao controle do tutor, para evitar que o tutelado, por inexperiência e falta de maturidade, seja explorado, passando também pelo crivo do juiz, que precisa verificar se a dívida é legítima e correto o seu montante.

II – *Aceitar por ele heranças, legados ou doações, ainda que com encargos.* Melhor teria sido se o legislador tivesse dito "principalmente as que forem oneradas com encargo", pois este é o sentido, em vez de "ainda que com encargos". Entende Caio Mário da Silva Pereira[36] que a aceitação de herança ou legado, bem como as doações puras, deveriam dispensar outorga judicial, porque não trazem risco de comprometimento do patrimônio, porém apenas benefícios, sendo a norma mantida mais por amor à tradição.

Todavia, mesmo a liberalidade desinteressada e incondicionada pode trazer gravames indiretos ao beneficiário, como o elevado valor dos impostos em atraso que recaem sobre o imóvel doado, por exemplo, tornando desinteressante para o menor a

---

[36] *Instituições*, cit., v. 5, p. 461.

sua aceitação. Pondera a propósito Lafayette Rodrigues Pereira que "a adição de herança é um quase contrato que pode trazer e ordinariamente traz ônus, ainda quando a herança é deferida sem imposição de condições. A liquidação do ativo e passivo importa trabalho e despesas que talvez o restante dos bens não compense"[37].

Acrescenta Zeno Veloso que a lei não menciona expressamente a renúncia da herança (art. 1.689), "mas, é claro, o ato abdicativo depende de autorização do juiz. Não seria lógico que a aceitação de uma herança dependesse de autorização judicial e que a renúncia ficasse dispensada disso. O Código Civil francês, previdentemente, enuncia, no art. 461, al. 2: 'O tutor não pode renunciar uma herança atribuída ao menor sem autorização do conselho de família'"[38].

III – *Transigir*. Compreensível a exigência de autorização para o tutor transigir, representando o menor, uma vez que toda transação envolve concessões recíprocas e, destarte, pode haver renúncias ou alienações patrimoniais desvantajosas e até prejudiciais ao transator tutelado. Cada parte, na transação, abre mão de uma parcela de seus direitos, para possibilitar o acordo de vontades. Para transigir, diz Pontes de Miranda, "é preciso poder dispor: *transigere est alienare*"[39].

IV – *Vender-lhe os bens móveis, cuja conservação não convier, e os imóveis nos casos em que for permitido*. A expressão "nos casos em que for permitido" remete ao art. 1.749 do Código Civil, que inquina de nulidade determinados atos praticados pelo tutor, mesmo com a autorização judicial. Refere-se o dispositivo em apreço aos *bens móveis* cuja conservação seja dispendiosa ou inconveniente. Quanto aos *imóveis*, dispõe o art. 1.750 que os *"pertencentes aos menores sob tutela somente podem ser vendidos quando houver manifesta vantagem, mediante prévia avaliação judicial e aprovação do juiz"*.

Como salienta Washington de Barros Monteiro, "são três, portanto, os requisitos para a venda de bens imóveis de menor sob tutela: *a*) que haja manifesta vantagem na operação; *b*) prévia avaliação judicial; *c*) aprovação do juiz"[40]. Esclarece o mencionado autor que a venda de imóvel de menor sob tutela somente podia ser realizada, no Código Civil de 1916, "por meio de hasta pública. Atualmente, com o novo Código Civil, essa exigência foi abolida. A aprovação do juiz garante que a alienação seja vantajosa para o tutelado, diante de prévia avaliação judicial, impedindo desfalque de seu patrimônio".

Demonstrada a manifesta vantagem do negócio para o tutelado, *o juiz determinará a avaliação do imóvel e autorizará a venda, após a manifestação*

---

[37] *Direitos de família*, p. 284.
[38] *Código Civil*, cit., v. XVII, p. 189.
[39] *Tratado de direito de família*, cit., v. III, § 276, p. 257.
[40] *Curso*, cit., 37. ed., v. 2, p. 392.

favorável do Ministério Público, por valor não inferior ao apurado, cabendo ao tutor prestar as respectivas contas. A vantagem da alienação "será objeto de apreciação do juiz, apontando a doutrina, exemplificativamente, algumas hipóteses: necessidade de prover a subsistência e educação do menor, quando não houver disponibilidade de renda; pagamento de dívida; deterioração do imóvel; pouca ou nenhuma rentabilidade dele, contraposta a seus encargos tributários ou condominiais; extinção de condomínio inconveniente; determinação do doador ou testador; ou outra razão que ostensivamente o justifique. A proibição para venda estende-se à permuta, que estará sujeita às mesmas exigências, acrescidas de que a avaliação deve compreender os bens do tutelado e os que por ele serão trocados"[41].

V – Propor em juízo as ações, ou nelas assistir o menor, e promover todas as diligências a bem deste, assim como defendê-lo nos pleitos contra ele movidos. Cabe ainda ao tutor promover as ações e medidas judiciais de interesse do pupilo, e ainda defendê-lo naqueles casos em que seja réu. Sustenta CAIO MÁRIO que "a propositura da ação ou medida cautelar nem sempre pode subordinar-se à prévia aprovação. Não sendo de caráter urgente, o artigo a exige"[42]. Praticado o ato urgente sem prévia autorização do juiz, poderá este supri-la posteriormente, como proclama o parágrafo único do aludido art. 1.748 do Código Civil, verbis: "No caso de falta de autorização, a eficácia de ato do tutor depende da aprovação ulterior do juiz".

Adverte PONTES DE MIRANDA que, "no intentar ações em nome do menor tutelado, deve o tutor, bem como o juiz que o autoriza, ter a maior prudência, a fim de o não envolver em causas dispendiosas e de êxito duvidoso, sob pena de ser responsável pelo dano resultante"[43].

Depois de elencar os atos que o tutor pode praticar livremente, embora sob a fiscalização do juiz, e aqueles que dependem de autorização judicial, o Código Civil enumera, no art. 1.749, os que não podem ser por ele praticados, ainda com autorização judicial. As vedações nele apontadas têm caráter absoluto, inflexível, acarretando a nulidade do ato, ainda que o juiz tenha autorizado a sua prática. A nulidade deve ser pronunciada de ofício pelo juiz, não lhe sendo permitido supri-la (art. 168, parágrafo único).

Preceitua o aludido art. 1.749 do Código Civil, com efeito, que o tutor não pode praticar, nem mesmo com autorização judicial, sob pena de nulidade:

I – Adquirir por si, ou por interposta pessoa, mediante contrato particular, bens móveis ou imóveis pertencentes ao menor. Essas aquisições são sempre suspeitas

---

[41] Caio Mário da Silva Pereira, Instituições, cit., v. 5, p. 461-462.
[42] Instituições, cit., v. 5, p. 462.
[43] Tratado de direito de família, cit., v. III, § 276, p. 257.

de desonestidade. A vedação evita que o tutor abuse de sua função, simulando aquisições onerosas, tendo, portanto, cunho moral. O Código Civil de 1916 proibia o tutor de adquirir quaisquer bens do menor, "por contrato particular, ou em hasta pública". O novo diploma não mais cogita de venda em hasta pública. A supressão da expressão "em hasta pública" e a manutenção da proibição de aquisição "mediante contrato particular" podem levar ao equívoco de, numa interpretação *a contrario sensu*, imaginar-se a validade da aquisição por forma diversa do instrumento particular – o que seria um desmedido contrassenso. Na realidade, a aquisição dos bens do tutelado pelo tutor, por si ou por interposta pessoa, deve ser proibida sempre, sob pena de nulidade. O conflito de interesses, *in casu*, é flagrante e invencível[44].

II – *Dispor dos bens do menor a título gratuito.* Não se pode dispor da coisa e do direito de outrem. Só quem é dono pode ceder gratuitamente o que lhe pertence, renunciar créditos ou recebimentos. O tutor não é proprietário, senão mero administrador dos bens de seu pupilo. A doação, a renúncia excede as faculdades de administração a ele conferidas[45].

III – *Constituir-se cessionário de crédito ou de direito, contra o menor.* As mesmas razões de ordem moral destinadas a evitar abusos e explorações, já mencionadas a propósito do inciso I, são invocadas para a vedação do ato em apreço. A sua prática faz nascer para o tutor um conflito incompatível com a tutela.

Antes de assumir a tutela, "*o tutor declarará tudo o que o menor lhe deva, sob pena de não lhe poder cobrar, enquanto exerça a tutoria, salvo provando que não conhecia o débito quando a assumiu*" (art. 1.751).

Visa o dispositivo prevenir a fraude que possa o tutor cometer em prejuízo do tutelado. Poderia aquele, por exemplo, ocultar a quitação de seu crédito, pretendendo cobrá-lo novamente. Assenta-se o preceito, portanto, em motivos de moralidade pública. Não incorre o tutor, todavia, na pena estabelecida, segundo a exceção estatuída, desde que prove que não tinha conhecimento da dívida, ao assumir o encargo.

Como já foi dito no item 3.1, *retro*, o dispositivo em tela relativiza o impedimento do art. 1.735, II, segundo o qual não podem ser tutores aqueles que, no momento de lhes ser deferida a tutela, tiverem de fazer valer direitos contra o menor.

---

[44] Caio Mário da Silva Pereira, *Instituições*, cit., v. 5, p. 462-463; Zeno Veloso, *Código Civil*, cit., v. XVII, p. 190.

[45] Álvaro Villaça Azevedo, *Comentários*, cit., v. 19, p. 381.

No entender de Álvaro Villaça Azevedo[46], não existirá essa incapacidade pelo simples fato de o futuro tutor poder exercer direitos contra o tutelado, "mas, sim, se ele estiver disposto a fazê-lo durante o exercício da tutela". Já pelo art. 1.751, aduz o mencionado autor, "o tutor deve declinar o que o menor lhe deve, não podendo exercer seu direito de cobrança enquanto estiver na tutoria. A cobrança desse crédito, portanto, fica neutralizada nesse período. Não haverá renúncia ao crédito, mas suspensão temporária de seu exercício".

O art. 1.743 do Código Civil de 2002, sem correspondência com dispositivo do diploma de 1916, preceitua que, "*se os bens e interesses administrativos exigirem conhecimentos técnicos, forem complexos, ou realizados em lugares distantes do domicílio do tutor, poderá este, mediante aprovação judicial, delegar a outras pessoas físicas ou jurídicas o exercício parcial da tutela*".

A inovação constitui exceção ao princípio da indivisibilidade e da indelegabilidade do poder tutelar, pois permite a delegação parcial da tutela a pessoas físicas ou jurídicas, nas hipóteses especificadas. A aprovação judicial é indispensável. A pessoa a quem foi delegado o exercício da tutela, quanto aos bens e interesses do menor, e nos limites da delegação, age como tutor, podendo ser considerado um cotutor, aplicando-se-lhe as regras a respeito dos tutores[47].

3.6. Responsabilidade e remuneração do tutor

Dispõe o art. 1.752 do Código Civil que "*o tutor responde pelos prejuízos que, por culpa, ou dolo, causar ao pupilo; mas tem direito a ser pago pelo que realmente despender no exercício da tutela, salvo no caso do art. 1.734, e a perceber remuneração proporcional à importância dos bens administrados*".

Os Códigos modernos costumam consignar regra segundo a qual o tutor administrará os bens do menor como um bom pai de família e responderá pelas perdas e danos que resultarem de uma má gestão. Todavia, segundo o princípio geral da responsabilidade civil consagrado no art. 927, *caput*, do novo Código Civil, o tutor só responde se age com dolo ou culpa. Não pode ser responsabilizado se o prejuízo resultou de caso fortuito ou força maior (art. 393, parágrafo único). As perdas e danos devidas ao menor abrangem, além do que efetivamente perdeu, o que razoavelmente deixou de lucrar (art. 402).

---

[46] *Comentários*, cit., v. 19, p. 386. Dispõe o art. 1.943, 2, do Código Civil português: "Se o tutor for credor do menor, mas não tiver relacionado o respectivo crédito, não lhe é lícito exigir o cumprimento durante a tutela, salvo provando que à data da apresentação da relação ignorava a existência da dívida".

[47] Zeno Veloso, *Código Civil*, cit., v. XVII, p. 184; Álvaro Villaça Azevedo, *Comentários*, cit., v. 19, p. 360-361.

O dispositivo supratranscrito reitera o preceito de caráter geral de que todo aquele que comete ato ilícito ou abusivo deve indenizar os prejuízos patrimoniais e morais decorrentes de sua conduta (CC, arts. 186 e 187). Responde o tutor, também, perante terceiros, pelos atos ilícitos de seu tutelado, quando este estiver *"sob sua autoridade e em sua companhia"* (art. 932, II). Nessa hipótese, a sua responsabilidade será objetiva, pois o art. 933 do mesmo diploma proclama que as pessoas indicadas no artigo antecedente, *"ainda que não haja culpa de sua parte, responderão pelos atos praticados pelos terceiros ali referidos".*

Em contrapartida, malgrado não tenha direito ao usufruto dos bens do tutelado, como têm os pais sobre os bens dos filhos menores (CC, art. 1.689, I), *o tutor tem o direito de ser reembolsado pelas despesas que fizer no exercício da tutela, salvo no caso de menores abandonados, que, se não forem recolhidos a estabelecimento público para esse fim destinado, serão colocados em família substituta, cujos membros, voluntária e gratuitamente, se encarregarem da sua criação (CC, art. 1.734).* Somente nesta hipótese a lei exclui a remuneração do tutor, uma vez que o exercício da tutela não é, ordinariamente, gratuito. Na realidade, pelo sistema jurídico brasileiro, é, em regra, onerosa.

O Código Civil de 2002, aperfeiçoando a redação, não mais se refere a "gratificação" do tutor por seu trabalho, como constava do art. 431 do diploma anterior, indicando corretamente, e de modo mais justo, que tem ele o direito de perceber *"remuneração proporcional à importância dos bens administrados".*

O Código de 1916 dispunha, no parágrafo único do art. 431, que, "não tendo os pais do menor fixado essa gratificação, arbitrá-la-á o juiz, até 10% (dez por cento), no máximo, da renda líquida anual dos bens, administrados pelo tutor". O novo diploma não mais estabelece um percentual da renda líquida dos bens do menor, adotando um critério subjetivo, pelo qual cabe ao juiz fixar o *quantum* da remuneração em proporção à importância dos bens administrados, observados os princípios da razoabilidade e da proporcionalidade[48].

O § 2º do aludido art. 1.752 do Código Civil declara *"solidariamente respon-sáveis pelos prejuízos as pessoas às quais competia fiscalizar a atividade do tutor, e as que concorreram para o dano".* Ao protutor também *"será arbitrada uma gratificação módica pela fiscalização efetuada",* dispõe o § 1º do dispositivo em apreço. Pelos prejuízos causados ao tutelado responde, como visto, não só o tutor, mas também, solidariamente, as pessoas às quais competia fiscalizar a atividade daquele, como o protutor e o próprio juiz, bem como as que concorreram para o dano.

---

[48] Zeno Veloso, *Código Civil*, cit., v. XVII, p. 194.

3.7. Bens do tutelado

O Código Civil de 2002, nos arts. 1.753 e 1.754, desce a exageradas minúcias, como o fazia o diploma de 1916, para evitar que o tutor conserve em seu poder dinheiro do tutelado, além do necessário para sua educação, sustento e administração dos bens.

Tal orientação se mostra inconveniente, como assinala Silvio Rodrigues[49], uma vez que o tutor "é responsável pela má administração dos bens do pupilo, quando age com culpa. E aquele que desnecessariamente conserva, em mãos, recursos procede ao menos com negligência".

Dispõe o art. 1.753, *caput*, do Código Civil que "*os tutores não podem conservar em seu poder dinheiro dos tutelados, além do necessário para as despesas ordinárias com o seu sustento, a sua educação e a administração de seus bens*". Acrescenta o § 1º que "*os objetos de ouro e prata, pedras preciosas e móveis*" serão avaliados por pessoa idônea e, após autorização judicial, alienados, sendo o seu produto convertido em títulos, obrigações e letras de responsabilidade direta ou indireta da União ou dos Estados, atendendo-se preferentemente à rentabilidade, e recolhidos ao estabelecimento bancário oficial ou aplicado na aquisição de imóveis, conforme determinado pelo juiz.

O tutelado que já tiver 12 anos de idade deverá ser ouvido, levando-se em consideração a sua opinião. Como obtempera Sílvio Venosa, "nem sempre a venda desses bens será a melhor opção, e nem sempre os títulos públicos oferecem melhores vantagens. A matéria deve ser analisada no caso concreto. O mesmo será feito com dinheiro arrecadado para o menor proveniente de qualquer outra procedência (art. 1.753, § 2º)"[50].

O dispositivo em questão visa impedir que o tutor se aproveite do dinheiro do pupilo, utilizando-se dele em proveito próprio. Os depósitos podem ser feitos em qualquer estabelecimento bancário oficial. O tutor deve conservar em seu poder somente o montante necessário para acudir às despesas essenciais do tutelado, devendo utilizá-lo logo, sob pena de ficar obrigado a aplicá-lo corrigido monetariamente e acrescido dos juros legais (CC, art. 1.753, § 3º).

Cabe ao tutor, assim, manter o dinheiro do tutelado, que esteja em seu poder, em conta corrente que renda juros e correção monetária, para se precaverem contra suspeitas de enriquecimento ilícito ou indevido.

Dispõe ainda o art. 1.754 do Código Civil que "*os valores que existirem em estabelecimento bancário oficial, na forma do artigo antecedente, não se poderão retirar, senão mediante ordem do juiz, e somente:*

---

[49] *Direito civil*, cit., v. 6, p. 408.
[50] *Direito civil*, v. VI, p. 420.

I – para as despesas com o sustento e educação do tutelado, ou a administração de seus bens;

II – para se comprarem bens imóveis e títulos, obrigações ou letras, nas condições previstas no § 1º do artigo antecedente;

III – para se empregarem em conformidade com o disposto por quem os houver doado, ou deixado;

IV – para se entregarem aos órfãos, quando emancipados, ou maiores, ou, mortos eles, aos seus herdeiros".

O último inciso cuida de casos de cessação da tutela. Nas hipóteses de emancipação e de alcance da maioridade, o próprio ex-tutelado pode ter acesso direto à sua conta corrente junto à instituição bancária.

3.8. Prestação de contas

Como toda pessoa que administra bens alheios, ao tutor compete prestar contas, ainda que dispensado pelos pais dos tutelados. É ele obrigado a apresentar *balanços anuais* e a *prestar contas* em juízo, sob forma contábil, de dois em dois anos, de sua administração (CC, art. 1.757, *caput* e parágrafo único). Esses prazos não são estritos, devendo ser prestadas contas toda vez que o juiz entender necessário, uma vez que a ele incumbe preservar o interesse do menor[51].

Prescreve o parágrafo único do art. 1.757 do Código Civil que *"as contas serão prestadas em juízo, e julgadas depois da audiência dos interessados, recolhendo o tutor imediatamente a estabelecimento bancário oficial os saldos, ou adquirindo bens imóveis, ou títulos, obrigações ou letras, na forma do § 1º do art. 1.753".*

Se o tutor descumpre a obrigação e não apresenta, por iniciativa própria, as contas de sua administração, podem elas ser exigidas por meio da competente ação de prestação de contas, por quem tenha legitimidade. A omissão quanto à apresentação, ou sua desaprovação, poderá ensejar a destituição do tutor e o ajuizamento da ação de indenização pelo Ministério Público ou outro interessado.

Proclama o art. 763, § 2º, do Código de Processo Civil de 2015: "Cessada a tutela ou a curatela, é indispensável a prestação de contas pelo tutor ou pelo curador, na forma da lei civil".

Segundo a lição de Caio Mário[52], inspirada em Carbonnier, "a responsabilidade do tutor não se limita, obviamente, ao resultado contábil de sua prestação

---

[51] Silvio Rodrigues, *Direito civil*, cit., v. 6, p. 409.
"Tutela. Prestação de contas. Obrigatoriedade. Dever irrenunciável. Recurso não provido" (TJSP, AgI 256.882-1, rel. Des. Correia Lima, j. 15-8-1995).
[52] *Instituições*, cit., v. 5, p. 469.

de contas. Se da sua gestão resultar prejuízo ao tutelado, incumbe-lhe o dever de ressarci-lo, segundo as regras que presidem à composição do princípio da responsabilidade civil: procedimento culposo do tutor, dolo causado, relação de causalidade".

As despesas com a prestação de contas "*serão pagas pelo tutelado*" (CC, art. 1.761). São elas verificadas pelo representante do Ministério Público e julgadas pelo juiz. O alcance do tutor, bem como o saldo contra o tutelado, "*são dívidas de valor e vencem juros desde o julgamento definitivo das contas*" (art. 1.762).

A quitação dada pelo menor, finda a tutela pela emancipação ou maioridade, "*não produzirá efeito antes de aprovadas as contas pelo juiz, subsistindo inteira, até então, a responsabilidade do tutor*" (art. 1.758). Desse modo, embora o tutelado se torne plenamente capaz pela emancipação ou maioridade, podendo praticar livremente todos os atos da vida civil, por exceção, no entanto, a quitação por ele fornecida não terá eficácia antes de aprovadas as contas do tutor pelo juiz.

Caberá aos herdeiros ou representantes do tutor a responsabilidade pela apresentação das contas, "*nos casos de morte, ausência ou interdição do tutor*" (CC, art. 1.759).

Dispõe o art. 1.760 do Código Civil que "*serão levadas a crédito do tutor todas as despesas justificadas e reconhecidamente proveitosas ao menor*". Incluem-se nesse rol os gastos com a criação e educação do pupilo, as despesas necessárias à própria prestação das contas, inclusive custas e honorários. Em linha de débito, sublinha CAIO MÁRIO, descrever-se-á "a gratificação autorizada ou aprovada para o tutor, e as despesas legais com o exercício da tutoria"[53].

Aduz o insigne civilista que se inscrevem, "a débito do tutor, as rendas e bens do pupilo, ou quaisquer outros recursos ou valores que eventualmente lhe advenham. A crédito do mesmo as despesas com a criação, educação, assistência médica ou odontológica do tutelado. Comprovadas essas, ou outras despesas que o juiz considerar proveitosas ao órfão, serão admitidas na coluna dos créditos do tutor as, nesta qualidade, aprovadas. As despesas que não tiverem a devida justificação e não forem documentalmente comprovadas, serão pelo juiz glosadas, para efeito de suportá-las o tutor".

4. CESSAÇÃO DA TUTELA

Dispõe o art. 1.763 do Código Civil:
"*Cessa a condição de tutelado*:
I – com a maioridade ou a emancipação do menor;

---

[53] *Instituições*, cit., v. 5, p. 468.

II – ao cair o menor sob o poder familiar, no caso de reconhecimento ou adoção".

Tendo em vista a natureza protetiva do instituto, cessa a tutela, em relação ao tutelado, nesses casos, porque não mais precisa de amparo. Com a maioridade e a emancipação, presume-se dispensar este a proteção que a lei confere aos incapazes.

Sendo a tutela um sucedâneo do poder familiar, não mais se justifica a sua existência com o surgimento deste em virtude do reconhecimento, pelo pai, do filho havido fora do matrimônio, ou da adoção, que transfere ao adotante o aludido poder, reputado um meio mais eficaz e mais natural de proteção[54].

Estabelece, por sua vez, o art. 1.764 do Código Civil as hipóteses em que *cessam as funções do tutor*, sem que cesse a tutela:

"I – ao expirar o termo, em que era obrigado a servir;

II – ao sobrevir escusa legítima;

III – ao ser removido".

O tutor é obrigado a servir somente pelo *prazo de dois anos* (CC, art. 1.765). Decorrido o lapso legal, "ser-lhe-á lícito requerer a exoneração do encargo", preceitua o art. 763 do Código de Processo Civil de 2015. Não o fazendo dentro dos dez dias seguintes à expiração do termo, aduz o aludido dispositivo de natureza processual, "entender-se-á reconduzido, salvo se o juiz o dispensar". Pode, portanto, continuar além desse prazo no exercício da tutela *"se o quiser e o juiz julgar conveniente ao menor"* (CC, art. 1.765, parágrafo único).

Se o tutor preferir, porém, exonerar-se do encargo e prestar as contas de sua administração, ou se ocorrer qualquer das causas de cessação da tutoria previstas nos incisos II e III do citado art. 1.764 do Código Civil, deve o juiz, prontamente, nomear substituto, uma vez que a pessoa e o patrimônio do menor não podem ficar desprotegidos. Nas hipóteses mencionadas não desaparece o mister de zelar pela pessoa e pelos bens do menor, cessando apenas as funções do tutor primitivamente nomeado.

Caso encontre dificuldade para encontrar quem possa servir pelo aludido prazo legal, deve o magistrado nomear, com supedâneo no art. 762 do Código de Processo Civil de 2015, substituto interino, até a nova indicação em caráter permanente.

As escusas permitidas e o modo de apresentá-las encontram-se nos arts. 1.736 a 1.738 do Código Civil, já mencionados. Cogita o inciso II do dispositivo supratranscrito da superveniência de uma causa que, afetando a pessoa do tutor, dificulta ou impede o exercício da tutela. É o caso, por exemplo, do tutor que,

---

[54] Silvio Rodrigues, *Direito civil*, cit., v. 6, p. 409.

depois de se achar investido na função, é acometido de grave enfermidade ou completa 60 anos de idade.

Menciona Washington de Barros Monteiro[55], referindo-se à última hipótese, que, cuidando-se de causa superveniente, não poderia o tutor pleitear dispensa do encargo "se tivesse tal idade quando aceitou o *munus*; nessa conjuntura, deverá completar o biênio para o qual fora nomeado".

O art. 1.735 do Código Civil determina a exoneração do tutor, comprovadamente incapaz de exercer a tutela. Prescreve, por sua vez, o art. 1.766 do Código Civil que *"será destituído o tutor quando negligente, prevaricador ou incurso em incapacidade"*.

De acordo com o art. 761 do Código de Processo Civil de 2015, incumbe ao órgão do Ministério Público, ou a quem tenha legítimo interesse, requerer, nos casos previstos na lei civil, a remoção do tutor, seguindo-se o procedimento do art. 761, parágrafo único.

---

[55] *Curso*, cit., 37. ed., v. 2, p. 398.

Título II

DA CURATELA

Sumário: 1. Conceito. 2. Características da curatela. 3. Espécies de curatela. 3.1. O Estatuto da Pessoa com Deficiência. 3.2. Curatela dos impedidos, por causa transitória ou permanente, de exprimir sua vontade. 3.3. Curatela dos ébrios habituais e viciados em tóxico. 3.4. Curatela dos pródigos. 3.5. Curatela do nascituro. 3.6. Curatela de pessoas capazes. Tomada de decisão apoiada. 4. O procedimento de interdição. 4.1. Legitimidade para requerer a interdição. 4.2. Pessoas habilitadas a exercer a curatela. 4.3. Natureza jurídica da sentença de interdição. 4.4. Levantamento da interdição. 5. Exercício da curatela.

1. CONCEITO

Curatela é encargo deferido por lei a alguém capaz, para reger a pessoa e administrar os bens de quem, em regra maior, não pode fazê-lo por si mesmo. CLÓVIS BEVILÁQUA[1] a define como "o encargo público conferido por lei a alguém, para dirigir a pessoa e administrar os bens dos maiores que por si não possam fazê-lo".

As definições apresentadas não abrangem, todavia, todas as espécies de curatela, algumas das quais, pela natureza e efeitos específicos, como assinala CAIO MÁRIO DA SILVA PEREIRA[2], "mais tecnicamente se denominam curadorias. E desbordam da proteção aos maiores incapazes, para às vezes alcançarem menores, e até nascituros". Daí por que PONTES DE MIRANDA, de modo mais amplo, considera curatela ou curadoria "o cargo conferido por lei a alguém, para reger a pessoa e os bens, ou somente os bens, de indivíduos menores, ou maiores, que por si não o podem fazer, devido a perturbações mentais, surdo-mudez, prodigalidade, ausência, ou por ainda não ter nascido"[3].

---

[1] *Direito de família*, p. 401.
[2] *Instituições de direito civil*, v. 5, p. 477.
[3] *Tratado de direito de família*, v. III, § 285, p. 273.

A curatela assemelha-se à tutela por seu caráter assistencial, destinando-se, igualmente, à proteção de incapazes. Por essa razão, a ela são aplicáveis as disposições legais relativas à tutela, com apenas algumas modificações (CC, art. 1.774). Ambas se alinham no mesmo Título do Livro do Direito de Família devido às analogias que apresentam. *Vigoram para o curador as escusas voluntárias (art. 1.736) e proibitórias (art. 1.735);* é obrigado a prestar caução bastante, quando exigida pelo juiz, e a prestar contas; cabem-lhe os direitos e deveres especificados no capítulo que trata da tutela; somente pode alienar bens imóveis mediante prévia avaliação judicial e autorização do juiz etc.

Apesar dessa semelhança, *os dois institutos não se confundem. Podem ser apontadas as seguintes diferenças:* a) a tutela é destinada a menores de 18 anos de idade, enquanto a curatela é deferida, em regra, a maiores; b) a tutela pode ser testamentária, com nomeação do tutor pelos pais; a curatela é sempre deferida pelo juiz; c) a tutela abrange a pessoa e os bens do menor (*auctoritas* e *gestio*), enquanto a curatela pode compreender somente a administração dos bens do incapaz, como no caso dos pródigos; d) os poderes do curador são mais restritos do que os do tutor.

Não é absoluta, como já dito, a regra de que a curatela destina-se somente aos incapazes maiores. O Código Civil prevê, com efeito, no art. 1.779, a curatela do nascituro, sendo também necessária a nomeação de curador ao deficiente relativamente incapaz, maior de 16 e menor de 18 anos, porque não pode praticar nenhum ato da vida civil. O tutor só poderia assistir o menor, que também teria de participar do ato. Não podendo haver essa participação, em razão da deficiência, ser-lhe-á nomeado curador, que continuará a representá-lo mesmo depois de atingida a maioridade. Preceitua o art. 84, § 1º, da Lei n. 13.146, de 6 de julho de 2015 (Estatuto da Pessoa com Deficiência) que, "quando necessário, a pessoa com deficiência será submetida à curatela, conforme a lei".

2. CARACTERÍSTICAS DA CURATELA

A curatela apresenta cinco características relevantes: a) os seus fins são assistenciais; b) tem caráter eminentemente publicista; c) tem, também, caráter supletivo da capacidade; d) é temporária, perdurando somente enquanto a causa da incapacidade se mantiver (cessada a causa, levanta-se a interdição); e) a sua decretação requer certeza absoluta da incapacidade[4].

---

[4] Arnaldo Rizzardo, *Direito de família*, p. 967.

O instituto da curatela completa, no Código Civil, o *sistema assistencial* dos que não podem, por si mesmos, reger sua pessoa e administrar seus bens. O primeiro é o poder familiar atribuído aos pais, sob cuja proteção ficam adstritos os filhos menores. O segundo é a tutela, sob a qual são postos os filhos menores que se tornaram órfãos ou cujos pais desapareceram ou decaíram do poder parental. Surge em terceiro lugar a curatela, como encargo atribuído a alguém, para reger a pessoa e administrar os bens de maiores incapazes, que não possam fazê-lo por si mesmos, com exceção do nascituro e dos maiores de 16 e menores de 18 anos[5].

A propósito, asseverou o *Tribunal de Justiça do Espírito Santo*:

"1. Considerando que a dignidade de pessoa humana é um dos fundamentos da República Federativa do Brasil (art. 1º, III, CRFB), tem-se que a curatela visa não apenas resguardar os bens do incapaz, mas, também, o próprio indivíduo como ser humano que merece proteção. 2. A curatela deve se limitar aos atos relacionados aos direitos patrimoniais e negociais (art. 85 da Lei n. 13.146/2015). 3. A obrigação contratual de reserva em conta bancária de titularidade do Apelante de 30% (trinta por cento) do valor de seu benefício de ser observada. 4. Recurso provido"[6].

O *caráter publicista* advém do fato de ser dever do Estado zelar pelos interesses dos incapazes. Tal dever, no entanto, é delegado a pessoas capazes e idôneas, que passam a exercer um múnus público, ao serem nomeadas curadoras.

O *caráter supletivo* da curatela, em terceiro lugar, exsurge do fato de o curador ter o encargo de representar ou assistir o seu curatelado, cabendo em todos os casos de incapacidade não suprida pela tutela.

Supre-se a incapacidade, que pode ser absoluta e relativa conforme o grau de imaturidade, deficiência física ou mental da pessoa, pelos institutos da representação e da assistência. O art. 3º do Código Civil menciona os absolutamente incapazes de exercer pessoalmente os seus direitos e que devem ser representados, sob pena de nulidade do ato (art. 166, I). E o art. 4º enumera os relativamente incapazes, dotados de algum discernimento e por isso autorizados a participar dos atos jurídicos de seu interesse, desde que devidamente assistidos por seus representantes legais, sob pena de anulabilidade (art. 171, I), salvo algumas hipóteses restritas em que se lhes permitem atuar sozinhos.

---

[5] Caio Mário da Silva Pereira, *Instituições*, cit., v. 5, p. 477.

"Interdição. Curatela. Constatação pericial da existência de doença ou deficiência mental. Fato que inviabiliza que a pessoa dirija a si mesma ou administre seus bens. Decretação do ato interditório" (*RT*, 815/336).

[6] TJES, AC: 0001523252018808032, rel. Des. Arthur José Neves de Almeida, 4ª Câm. Cív., *DJe*, 11-2-2020.

O art. 120 do Código Civil preceitua que "*os requisitos e os efeitos da representação legal são os estabelecidos nas normas respectivas*". No que concerne aos menores sob tutela, dispõe o art. 1.747, I, do Código Civil, que compete ao tutor "*representar o menor, até os dezesseis anos, nos atos da vida civil, e assisti-lo, após essa idade, nos atos em que for parte*". O aludido dispositivo aplica-se também, *mutatis mutandis*, aos curadores e aos curatelados, por força do art. 1.774 do mesmo diploma, que determina a aplicação, à curatela, das disposições concernentes à tutela.

A quarta característica da curatela, como visto, é a *temporariedade*, pois subsistem a incapacidade e a representação legal pelo curador enquanto perdurar a causa da interdição. Cessa a incapacidade desaparecendo os motivos que a determinaram. Assim, no caso da loucura e da surdo-mudez, por exemplo, desaparece a incapacidade, cessando a enfermidade físico-psíquica que a determinou. Quando a causa é a menoridade, desaparece pela *maioridade* e pela *emancipação*.

A *certeza da incapacidade*, por fim, é obtida por meio de um processo de interdição[7], disciplinado nos arts. 747 e s. do Código de Processo Civil de 2015, no capítulo que trata dos procedimentos especiais de jurisdição voluntária, que será comentado adiante, no item n. 4, *infra*.

3. ESPÉCIES DE CURATELA

O Código Civil declara, no art. 1.767, com as alterações promovidas pela Lei n. 13.146/2015 (Estatuto da Pessoa com Deficiência) sujeitos a curatela:

"*I – aqueles que, por causa transitória ou permanente, não puderem exprimir sua vontade;*

II – (Revogado);

III – os ébrios habituais e os viciados em tóxico;

IV – (Revogado);

V – os pródigos".

Cuida-se, nas hipóteses elencadas, da curatela dos *adultos incapazes*, que é a forma mais comum.

---

[7] "Curatela. Nomeação de curador especial a maior de idade. Inadmissibilidade se não houve declaração judicial acerca de sua incapacidade. Instituto que pressupõe interdição, visando essencialmente a defesa dos bens e da pessoa do incapaz" (*RT*, 785/375). "Proibição de registros no cadastro imobiliário de imóvel alienado pela interditanda, antes de o Juiz concluir se ela possui ou não capacidade plena para a administração de sua pessoa e de seus bens. Inadmissibilidade. Hipótese em que se deve fazer constar no registro imobiliário a litigiosidade do imóvel" (*RT*, 760/377).

Mais adiante, entretanto, como já dito, o aludido diploma trata também da curatela dos *nascituros* (art. 1.779).

Na Parte Geral, nos arts. 22 a 25, para onde a matéria foi deslocada, o Código Civil de 2002 disciplina a curadoria dos bens dos *ausentes*. São espécies de curatela que se destacam da disciplina legal do instituto por apresentarem peculiaridades próprias.

A curatela dos *toxicômanos*, que era regulamentada pelo Decreto-Lei n. 891/38, é agora disciplinada no Código Civil de 2002 (art. 1.767, III, *in fine*).

Essas modalidades de curatela não se confundem com a curadoria instituída para a prática de determinados atos, como os mencionados nos arts. 1.692, 1.733, § 2º, e 1.819 do Código Civil.

As *curadorias especiais*, como esclarece ORLANDO GOMES, "distinguem-se pela finalidade específica, que, uma vez exaurida, esgota a função do curador, automaticamente. Têm cunho meramente funcional. Não se destinam à regência de pessoas, mas sim à administração de bens ou à defesa de interesses. Para fins especiais, as leis de organização judiciária cometem a membros do Ministério Público as funções de curadoria. Esses *curadores oficiais* assistem judicialmente nos negócios em que são interessados menores órfãos, interditos, ausentes, falidos. Daí a existência dos curadores de resíduos, de massas falidas, de órfãos e ausentes, de menores"[8].

Dentre as curadorias especiais podem ser mencionadas: a) a instituída pelo testador para os bens deixados a herdeiro ou legatário menor (CC, art. 1.733, § 2º); b) a que se dá à herança jacente (CC, art. 1.819); c) a que se dá ao filho, sempre que no exercício do poder familiar colidirem os interesses do pai com os daquele (CC, art. 1.692; Lei n. 8.069/90, arts. 142, parágrafo único, e 148, parágrafo único, *f*); d) a dada ao incapaz que não tiver representante legal ou, se o tiver, seus interesses conflitarem com os daquele; e) a conferida ao réu preso; f) a que se dá ao revel citado por edital ou com hora certa, que se fizer revel (curadoria *in litem*, CPC, art. 72, I e II)[9].

Quando a nomeação é feita para a prática de atos processuais, temos as curadorias *ad litem*, como nos processos de interdição ajuizados pelo Ministério Público (CC, art. 1.770), na curadoria à lide para os réus presos e citados por edital ou com hora certa (CPC/2015, art. 72, II) etc.

A redação do retrotranscrito art. 1.767 do Código Civil harmoniza-se com o texto dos arts. 3º e 4º do mesmo diploma que tratam da incapacidade civil.

---

[8] *Direito de família*, p. 418.

[9] Maria Helena Diniz, *Curso de direito civil brasileiro*, v. 5, p. 761; Arnaldo Rizzardo, *Direito de família*, cit., p. 968.

A situação dos pródigos é disciplinada destacadamente no art. 1.782 do mesmo diploma.

Assinala WASHINGTON DE BARROS MONTEIRO que "não há outras pessoas sujeitas à curatela; analfabetismo, idade provecta, por si sós, não constituem motivo bastante para interdição. A velhice acarreta, sem dúvida, diversos males, verdadeiro cortejo de transtornos, mas só quando assume caráter psicopático, com estado de involução senil em desenvolvimento e tendência a se agravar, pode sujeitar o paciente à curatela; enquanto não importe em deficiência, não reclama intervenção legal"[10].

Não se nomeia, assim, curador para os cegos, nem a pessoas rústicas, sem cultura ou desprovidas dos conhecimentos básicos, de reduzidíssima inteligência ou incapazes de entender de negócios, suscetíveis de se deixarem envolver com facilidade pelas palavras de terceiros com as quais contratam[11].

3.1. O Estatuto da Pessoa com Deficiência

A Lei n. 13.146, de 6 de julho de 2015, denominada "Estatuto da Pessoa com Deficiência", promoveu uma profunda mudança no sistema das incapacidades, alterando substancialmente a redação dos arts. 3º e 4º do Código Civil, que passou a ser a seguinte:

"*Art. 3º São absolutamente incapazes de exercer pessoalmente os atos da vida civil os menores de 16 (dezesseis) anos.*

Art. 4º São incapazes, relativamente a certos atos ou à maneira de os exercer:

I – os maiores de dezesseis e menores de dezoito anos;

II – os ébrios habituais e os viciados em tóxico;

III – aqueles que, por causa transitória ou permanente, não puderem exprimir sua vontade;

IV – os pródigos.

Parágrafo único. A capacidade dos indígenas será regulada por legislação especial".

---

[10] *Curso de direito civil*, 37. ed., v. 2, p. 404.
"Se a idade avançada e o estado de decadência orgânica não são motivos legais para a interdição, esta não pode deixar de ser decretada, quando o paciente não consegue, pela palavra falada ou escrita, manifestar seu pensamento, cuidar dos próprios negócios e reger sua pessoa e bens" (TJSP, Ap. 13.047, j. 21-9-1941). No mesmo sentido: TJSP, Ap. 166.925-4/8, j. 7-11-2000.
[11] Arnaldo Rizzardo, *Direito de família*, cit., p. 969.
"Cegueira. Fato que, por si só, não se constitui em motivo bastante para sujeição à curatela. Hipótese não abrangida pelo art. 446 do Código Civil (*de 1916; CC/2002: art. 1.767*). Pedido indeferido" (*JTJ*, Lex, 237/85).

Observa-se que o art. 3º, que trata dos absolutamente incapazes, teve todos os seus incisos revogados, apontando no *caput*, como únicas pessoas com essa classificação, "*os menores de 16 (dezesseis) anos*".

Por sua vez, o art. 4º, que relaciona os relativamente incapazes, manteve, no inciso I, os "*maiores de dezesseis e menores de dezoito anos*", mas suprimiu, no inciso II, "os que, por deficiência mental, tenham o discernimento reduzido". Manteve apenas "*os ébrios habituais e os viciados em tóxico*". E, no inciso III, suprimiu "os excepcionais, sem desenvolvimento mental completo", substituindo-os pelos que, "*por causa transitória ou permanente, não puderem exprimir sua vontade*". Os *pródigos* permanecem no inciso IV como relativamente incapazes.

Destina-se a aludida Lei n. 13.146/2015, como proclama o art. 1º, "a assegurar e a promover, em condições de igualdade, o exercício dos direitos e das liberdades fundamentais por pessoa com deficiência, visando à sua inclusão social e cidadania". Em suma, para a referida lei, o deficiente tem uma qualidade que os difere das demais pessoas, mas não uma doença. Por essa razão, é excluído do rol dos incapazes e se equipara à pessoa capaz.

A consequência direta e imediata dessa alteração legislativa é exatamente essa, repita-se: o deficiente é agora considerado pessoa plenamente capaz. Como afirmou PABLO STOLZE, em comentário à nova lei, "a pessoa com deficiência – aquela que tem impedimento de longo prazo, de natureza física, mental, intelectual ou sensorial, nos termos do art. 2º – não deve ser mais tecnicamente considerada civilmente incapaz, na medida em que os arts. 6º e 84, do mesmo diploma, deixam claro que a deficiência não afeta a plena capacidade civil da pessoa[12]".

O citado art. 6º declara, efetivamente, que "A deficiência não afeta a plena capacidade civil da pessoa, inclusive para: I – casar-se e constituir união estável; II – exercer direitos sexuais e reprodutivos; III – exercer o direito de decidir sobre o número de filhos e de ter acesso a informações adequadas sobre reprodução e planejamento familiar; IV – conservar sua fertilidade, sendo vedada a esterilização compulsória; V – exercer o direito à família e à convivência familiar e comunitária; e VI – exercer o direito à guarda, à tutela, à curatela e à adoção, como adotante ou adotando, em igualdade de oportunidades com as demais pessoas".

Por seu turno, o mencionado art. 84 estatui, categoricamente, que "A pessoa com deficiência tem assegurado o direito ao exercício de sua capacidade legal em igualdade de condições com as demais pessoas". Quando necessário, aduz o § 1º, "*a pessoa com deficiência será submetida à curatela, conforme a lei*". A definição de curatela de pessoa com deficiência, complementa o § 3º, "*constitui medida protetiva*

---

[12] O Estatuto da Pessoa com Deficiência e o sistema jurídico brasileiro de incapacidade civil. *Jus Navigandi*, 28-8-2015. Disponível em: <http://jus.com.br>.

extraordinária, proporcional às necessidades e às circunstâncias de cada caso, e durará o menor tempo possível".

Pretendeu o legislador, com essas inovações, impedir que a pessoa deficiente seja considerada e tratada como incapaz, tendo em vista os princípios constitucionais da igualdade e da dignidade humana.

3.2. Curatela dos impedidos, por causa transitória ou permanente, de exprimir sua vontade

O inciso I do art. 1.767 do Código Civil, com a redação dada pela Lei n. 13.146/2015 (Estatuto da Pessoa com Deficiência) declara sujeitos a curatela *"aqueles que, por causa transitória ou permanente, não puderem exprimir sua vontade".*

A expressão, também genérica, não abrange as pessoas portadoras de doença ou deficiência mental permanentes, referidas no revogado inciso II do art. 3º do Código Civil, mas as que não puderem exprimir totalmente sua vontade por causa *transitória,* ou *permanente,* em virtude de alguma patologia (p. ex., arteriosclerose, excessiva pressão arterial, paralisia, embriaguez não habitual, uso eventual e excessivo de entorpecentes ou de substâncias alucinógenas, hipnose ou outras causas semelhantes, mesmo não permanentes).

Não se cuida, como já dito, de enfermidade ou deficiência mental, mas de toda e qualquer outra causa que impeça a manifestação da vontade do agente. Incluem-se aqui as doenças graves que tornam a pessoa completamente imobilizada, sem controle dos movimentos e incapacitadas de qualquer comunicação, em estado afásico, ou seja, impossibilitadas de compreender a fala ou a escrita, como sucede comumente nos casos de acidente vascular cerebral (isquemia e derrame cerebral), e nas doenças degenerativas do sistema nervoso, que deixam a pessoa prostrada, sem lucidez, perturbada no seu juízo e na sua vontade, ou em estado de coma.

Excluem-se, todavia, aqueles que, mesmo sendo portadores de lesões de nervos cerebrais, conservam a capacidade de se comunicar com outras pessoas, por escrito ou sinais convencionados.

3.3. Curatela dos ébrios habituais e viciados em tóxico

Preleciona SÍLVIO VENOSA que, nessa categoria "incluem-se as pessoas que podem ser interditadas em razão de deficiência mental relativa por fatores congênitos ou adquiridos, como os alcoólatras e os viciados em tóxico. Como essas pessoas podem ser submetidas a tratamento e voltar à plenitude de suas condutas, os estados mentais descritos são, em princípio, reversíveis"[13].

---

[13] *Direito civil,* v. VI, p. 428-429.

Aplica-se o mencionado inciso III do art. 1.767 do Código Civil, ora comentado, aos alcoólatras e aos toxicômanos, isto é, aos viciados no uso e dependentes de substâncias alcoólicas ou entorpecentes, bem como aos usuários eventuais que, por efeito transitório dessas substâncias, ficarem impedidos de exprimir plenamente sua vontade.

A curatela dos toxicômanos abrange os incapazes em virtude do vício ou dependência de substâncias tóxicas em geral, seja cocaína, morfina, ópio, maconha ou outra, bem como o álcool.

Estatui, por outro lado, o art. 1.772 do Código Civil, com a redação dada pela Lei n. 13.146/2015, que, pronunciada a interdição das pessoas a que se referem os incisos I, III e V do art. 1.767, *"o juiz determinará, segundo as potencialidades da pessoa, os limites da curatela, circunscritos às restrições constantes do art. 1.782, e indicará curador".* Aduz o parágrafo único que, *"para a escolha do curador, o juiz levará em conta a vontade e as preferências do interditando, a ausência de conflito de interesses e de influência indevida, a proporcionalidade e a adequação às circunstâncias da pessoa".*

3.4. Curatela dos pródigos

Pródigo é o indivíduo que dissipa o seu patrimônio desvairadamente. Na verdade, é o indivíduo que, por ser portador de grave defeito de personalidade, gasta imoderadamente, dissipando o seu patrimônio com o risco de reduzir-se à miséria.

Preleciona PONTES DE MIRANDA que "entre os pródigos estão os onemaníacos (impulso irresistível a comprar objetos de toda a espécie), os dipsômanos (impulso a beber, uma vez que com isso dissipem o que possuem), os depravados de qualquer espécie que dilapidam a fortuna ou o patrimônio em diversões, mulheres, luxo, doações, empréstimos etc."[14].

Nem todos concordam em considerar o pródigo relativamente incapaz e em sujeitá-lo a interdição, alegando que a nomeação de curador, privando-o de gerir os seus próprios bens como lhe convier, constitui violência à liberdade individual. Justifica-se, todavia, a sua interdição pelo fato de encontrar-se permanentemente sob o risco de reduzir-se à miséria, em detrimento de sua pessoa e de sua família, podendo ainda transformar-se num encargo para o Estado, que tem a obrigação de dar assistência às pessoas necessitadas[15].

Segundo expressamente dispõe o inciso V do mencionado art. 1.767 do Código Civil, os pródigos também *"estão sujeitos a curatela".*

---

[14] *Tratado de direito de família,* cit., v. III, § 289, p. 289.
[15] Carlos Roberto Gonçalves, *Direito civil,* cit., v. 1, p. 126.

Essa interdição não tinha, no Código Civil de 1916, a finalidade de proteger o incapaz, como nos outros casos, mas sim a de preservar os interesses da família do pródigo. Tanto assim que o art. 460 do aludido diploma só admitia a sua interdição havendo cônjuge, ou tendo ascendentes ou descendentes que a promovessem. E seria levantada a interdição não somente quando cessasse a incapacidade como também se não existissem mais o cônjuge e os referidos parentes.

No Código de 2002, todavia, a interdição do pródigo visa protegê-lo, e não sua família. É ele o destinatário da assistência e proteção reservada aos incapazes. Efetivamente, o novo diploma não reproduziu a parte final do art. 461 do estatuto de 1916, que permitia o levantamento da interdição "não existindo mais os parentes designados no artigo anterior", artigo este que também não foi mantido. O novo diploma coloca o pródigo, assim, na situação dos demais incapazes quanto ao interesse do Estado na sua proteção.

A interdição do pródigo só interfere em atos de *disposição* e *oneração* do seu *patrimônio*. Pode inclusive administrá-lo, mas ficará privado de praticar atos que possam desfalcá-lo, como "*emprestar, transigir, dar quitação, alienar, hipotecar, demandar ou ser demandado*". Tais atos dependem da assistência do curador. Sem essa assistência, serão anuláveis (art. 171, I). Não tendo a livre administração de seus bens, não pode ser nomeado tutor.

Dispõe, com efeito, o art. 1.782 do Código Civil:

"*A interdição do pródigo só o privará de, sem curador, emprestar, transigir, dar quitação, alienar, hipotecar, demandar ou ser demandado, e praticar, em geral, os atos que não sejam de mera administração*".

Não há limitações concernentes à *pessoa* do pródigo, que poderá viver como lhe aprouver, podendo votar, ser jurado e testemunha, fixar o domicílio do casal, autorizar o casamento dos filhos, exercer profissão que não seja a de comerciante e até casar, exigindo-se, somente neste último caso, a assistência do curador se celebrar pacto antenupcial que acarrete alteração em seu patrimônio.

A prodigalidade constitui desvio da personalidade, comumente ligado à prática do jogo e à dipsomania (alcoolismo), e não, propriamente, de um estado de alienação mental[16]. Se, no entanto, evoluir a esse ponto, transformando-se em

---

[16] Decidiu o Superior Tribunal de Justiça ser dispensável, no pedido de interdição do pródigo, a referência a anomalia psíquica, "mostrando-se suficiente a indicação dos fatos que revelam o comprometimento da capacidade de administrar o patrimônio. A prodigalidade é uma situação que tem mais a ver com a objetividade de um comportamento na administração do patrimônio do que com o subjetivismo da insanidade mental invalidante da capacidade para os atos da vida civil" (*RSTJ*, 70/159).

enfermidade ou deficiência mental, com prejuízo do necessário discernimento, poderá ser enquadrado como absolutamente incapaz (CC, art. 3º, II).

Assinala, a propósito, PONTES DE MIRANDA[17] que a prodigalidade é tida pela psiquiatria como síndrome degenerativa, e muitas vezes manifestação inicial da loucura. Se os atos do insano, aduz, não são anormais, nocivos, somente no que respeita aos bens, mas revelam "sintomas da loucura, que se manifesta por outros indícios apreciáveis em exames mentais e somáticos, deve-se dar ao arguido de dissipar seus bens, não um curador para o patrimônio, mas a curatela geral dos loucos (*cura personae et rei*)".

O pródigo só passará à condição de relativamente incapaz depois de declarado tal, em sentença de interdição. São raras, hoje, as decisões a respeito dos pródigos, dada a dificuldade de se distinguir, no caso concreto, a prodigalidade da irresponsabilidade.

Salienta ARNALDO RIZZARDO, sob esse aspecto, que "o grande problema é definir as fronteiras entre a desordem mental ou falta de coerência na direção do patrimônio com a conduta desvairada de perdulário por querer a pessoa aproveitar a vida, canalizando sua fortuna ou ganhos em diversões, noitadas em bares, boates, motéis e outras formas de dilapidação, obrigando a família a sofrer necessidades, inclusive alimentares. Há uma diferença entre a demência e a irresponsabilidade. Talvez, o que se verifica mais amiúde é a conduta irresponsável, a total ausência de compromisso, ou despreocupação com a sorte dos membros da família"[18].

Todavia, tal conduta irresponsável, quando consistir em dissipação do patrimônio com o risco de reduzir o seu titular à miséria, é suficiente para acarretar a sua interdição. Deve o juiz, no entanto, como recomenda WASHINGTON DE BARROS MONTEIRO, só decretar a prodigalidade em casos muito excepcionais, pois "os pedidos de interdição, nela fundados, escondem algumas vezes intuitos egoísticos e ambiciosos. Têm em mira coibir a perda de um patrimônio, cuja posse se espera, baseada na qualidade de herdeiro"[19].

O fanatismo religioso provoca muitas vezes desordem mental, a ponto de comprometer o patrimônio do agente, incentivado por aproveitadores a fazer doações sistemáticas, às vezes até de bens imóveis, que representam a segurança não só do proprietário como de sua família. Dependendo do grau de fanatismo e da anormalidade do comportamento do abnegado, no concernente aos seus bens, pode tal conduta desvairada justificar a sua interdição, como pródigo.

---

[17] *Tratado de direito de família*, cit., v. III, § 289, p. 290-291.
[18] *Direito de família*, cit., p. 978.
[19] *Curso*, cit., 37. ed., v. 2, p. 403.

3.5. Curatela do nascituro

Nascituro, segundo a definição de Silvio Rodrigues, é "o ser já concebido, mas que ainda se encontra no ventre materno"[20]. Acrescenta o mencionado autor: "A lei não lhe concede personalidade, a qual só lhe será conferida se nascer com vida. Mas, como provavelmente nascerá com vida, o ordenamento jurídico desde logo preserva seus interesses futuros, tomando medidas para salvaguardar os direitos que, com muita probabilidade, em breve serão seus".

A lei prevê a possibilidade excepcional de se dar curador ao *nascituro*, ante duas circunstâncias: a) se o pai falecer, estando a mulher grávida; b) não tendo a mãe o exercício do poder familiar. Esta última hipótese só pode ocorrer se ela tiver sido destituída do poder familiar em relação a filhos havidos anteriormente, pois tal sanção abrange toda a prole, inclusive o nascituro.

Poderá ocorrer também nomeação de curador ao nascituro se a mulher estiver interditada, caso em que *"seu curador será o do nascituro"* (CC, art. 1.779, parágrafo único); se o pai for desconhecido e a mãe interdita ou destituída do poder familiar; e, ainda, se ambos forem interditos ou tiverem sido destituídos do aludido poder[21].

Esclarece Pontes de Miranda que, "não sendo o nascituro ente eficiente de atos na vida social, e sim parte das vísceras maternas, a lei criou para ele curadoria, e não tutoria: *Foetui qui in ventre est, curator datur, non tutor* (Antônio Mendes Arouca, *Adnotationes Practicae*, I, 178 e 550). De modo que, nascida a criança, cessa a curatela, e se lhe dá, não mais *curador*, e sim *tutor*, testamentário, legítimo ou dativo, conforme tenha, ou não, deixado o pai ou a mãe tutor nomeado, ou o juiz, na falta, defira a tutela a algum parente ou estranho: '*Nato eo, finit curatoris, et intrat tutoris officium*'"[22].

Só há interesse na nomeação de curador ao nascituro se tiver de receber herança, legado ou doação. A raridade da hipótese torna sem interesse prático a sua abordagem.

3.6. Curatela de pessoas capazes. Tomada de decisão apoiada

O Estatuto da Pessoa com Deficiência (Lei n. 13.146, de 6 de julho de 2015) inova ao admitir a interdição de pessoa capaz. Dispõe, com efeito, o art. 84, § 1º, da referida lei: "Quando necessário, a pessoa com deficiência será submetida à curatela, conforme a lei".

---

[20] *Direito civil*, cit., v. 1, p. 36.
[21] Caio Mário da Silva Pereira, *Instituições*, cit., v. 5, p. 488.
[22] *Tratado de direito de família*, cit., v. III, § 296, p. 315.

Acrescenta o mencionado diploma:

"Art. 84, § 3º. A definição de curatela de pessoa com deficiência constitui medida protetiva extraordinária, proporcional às necessidades e às circunstâncias de cada caso, e durará o menor tempo possível".

Por sua vez, proclama o art. 85, *caput*, que "*A curatela afetará tão somente os atos relacionados aos direitos de natureza patrimonial e negocial*", acrescentando, no § 2º, que "*A curatela constitui medida extraordinária, devendo constar da sentença as razões e motivações de sua definição, preservados os interesses do curatelado*".

O Código Civil previa a possibilidade de ser decretada a interdição do enfermo ou portador de deficiência física, a seu requerimento, ou, na impossibilidade de fazê-lo, de qualquer das pessoas a que se refere o art. 1.768, "para cuidar de todos ou alguns de seus negócios ou bens" (art. 1.780).

Não era requisito a falta de discernimento ou a impossibilidade de manifestação da vontade pelo curatelando. Bastava a condição de enfermo ou deficiente físico aliada ao propósito de ter um curador. Tal modalidade de curatela somente tinha utilidade quando o paciente, por enfermidade ou deficiência física, estava impossibilitado de outorgar mandato a procurador de sua confiança, para os fins mencionados, como sucede com o indivíduo que não consegue assinar a procuração ou se encontra no CTI do hospital, impossibilitado fisicamente de constituir procurador (por se encontrar em estado de coma ou inconsciente há longo tempo, p. ex.), estando a família necessitada de retirar dinheiro de agência bancária para pagamento das despesas, ou para atender a necessidades urgentes, ou ainda ultimar negócios inadiáveis.

O referido art. 1.780 do Código Civil foi expressamente revogado pelo art. 123, VII, do Estatuto da Pessoa com Deficiência (Lei n. 13.146/2015), que trata da nova figura denominada "Tomada de Decisão Apoiada". O art. 1.783-A do Código Civil, criado pelo Estatuto em apreço e que supre a mencionada revogação, ampliando o seu âmbito, dispõe que "A tomada de decisão apoiada é o processo pelo qual a pessoa com deficiência elege pelo menos 2 (duas) pessoas idôneas, com as quais mantenha vínculos e que gozem de sua confiança, para prestar-lhe apoio na tomada de decisão sobre atos da vida civil, fornecendo-lhe os elementos e informações necessárias para que possa exercer sua capacidade".

O novo dispositivo aplica-se aos casos de pessoas que possuem algum tipo de deficiência mas podem, todavia, *exprimir a sua vontade*. O caso típico é o do portador da Síndrome de Down, que o torna uma pessoa deficiente mas não acarreta, necessariamente, impedimento para a manifestação da vontade. Neste caso, não se justifica a dessa pessoa como relativamente incapaz, sujeita à curatela.

A *Tomada de Decisão Apoiada* constitui, destarte, um terceiro gênero (o de pessoas que apresentam alguma deficiência física ou mental, mas podem exprimir a sua vontade e por essa razão podem se valer do benefício da Tomada de Decisão Apoiada), ao lado das pessoas não portadoras de deficiência e, portanto, plenamente capazes, e das pessoas com deficiência e incapazes de exprimir a sua vontade, sujeitas, desse modo, à curatela.

"O pedido de *tomada de decisão apoiada* será requerido pela pessoa a ser apoiada, com indicação expressa das pessoas aptas a prestarem o apoio previsto no *caput* deste artigo" (art. 1.783-A, § 2º, do CC).

4. O PROCEDIMENTO DE INTERDIÇÃO

Como já exposto no item 2, *retro*, a certeza da incapacidade é obtida por meio de um procedimento de interdição, disciplinado nos arts. 747 e s. do Código de Processo Civil de 2015, no capítulo que trata dos procedimentos de jurisdição voluntária, bem como nas disposições da Lei dos Registros Públicos (Lei n. 6.015/73).

Se o pedido for formulado pelo Ministério Público, será nomeado curador à lide ao interditando. Se formulado por outra pessoa, o Ministério Público atuará como fiscal da lei (CPC/2015, arts. 178, II, e 752, § 1º). Mas o interditando poderá constituir advogado para defender-se. Caso não o faça, deve ser nomeado curador especial (§ 2º).

Estatui o art. 1.769 do Código Civil, com a redação introduzida pelo Estatuto da Pessoa com Deficiência (Lei n. 13.146/2015):

"*Art. 1.769. O Ministério Público somente promoverá o processo que define os termos da curatela:*

I – nos casos de deficiência mental ou intelectual;

II – se não existir ou não promover a interdição alguma das pessoas designadas nos incisos I e II do artigo antecedente;

III – se, existindo, forem menores ou incapazes as pessoas mencionadas no inciso II".

O interditando será citado para ser interrogado minuciosamente pelo juiz. Trata-se do exame pessoal do interditando, para que o juiz possa melhor aferir o seu estado e as suas condições. Tal interrogatório em audiência é obrigatório, ocasião em que será minuciosamente interrogado pelo juiz "acerca de sua vida, negócios, bens, vontades, preferências e laços familiares e afetivos e sobre o que mais lhe parecer necessário para convencimento quanto à sua capacidade para praticar atos da vida civil, devendo ser reduzidas a termo as perguntas e respostas" (CPC/2015, art. 751). Se o estado do interditando não permitir a sua locomoção, o juiz dirigir-se-á ao local de seu domicílio, acompanhado do escrevente, do representante do Ministério Público e de seu advogado ou do curador especial que lhe foi nomeado, para realizar o interrogatório, lavrando-se o respectivo termo (§ 1º).

Já se decidiu que tão importante é o interrogatório do interditando que o art. 1.181 do estatuto processual de 1973 (art. 751 do CPC/2015) determina que o juiz o examine pessoalmente, entrevistando-o *"minuciosamente* acerca de sua vida"[23]. E ainda que "somente em casos especiais, de pessoas gravemente excepcionais, inexistente qualquer sinal de risco de fraude, poder-se-á, no interesse do interditando, dispensar o interrogatório"[24].

Com efeito, o contato direto do interditando com o juiz possibilita a este formar a sua convicção a respeito da incapacidade alegada pelos parentes, não se descartando a hipótese, não incomum, de o pedido de interdição mascarar interesses escusos destes, com vistas ao apossamento dos bens de pessoa que, apesar muitas vezes da idade avançada ou de problemas de saúde, apresenta perfeita lucidez, demonstrando consciência até da conduta dos aludidos parentes visando prejudicá-lo com o processo. Há que se exigir, portanto, cuidado do magistrado, especialmente nos casos considerados limítrofes[25].

As respostas do interditando serão consignadas no auto ou termo de interrogatório. Se este não puder expressar-se, o juiz fará constar do termo tal fato, descrevendo o comportamento do interditando.

A entrevista "poderá ser acompanhada por especialista". Durante a sua realização, "é assegurado o emprego de recursos tecnológicos capazes de permitir ou de auxiliar o interditando a expressar suas vontades e preferências e a responder às perguntas formuladas" (CPC/2015, art. 751, §§ 2º e 3º).

Após o interrogatório, e no prazo de quinze dias, o interditando poderá impugnar o pedido. Nada obsta que ele mesmo constitua seu próprio advogado para atuar no feito (CPC/2015, art. 752, § 2º). Se não o fizer, o juiz lhe nomeará curador especial. Já se decidiu: "Interdição. Requerimento feito pelo Ministério Público. Juiz que decide sem a nomeação de curador à lide para a defesa dos

---

[23] TJSP, AgI 245.210.4-0-S. J. dos Campos, 3ª Câm. Dir. Priv. V. ainda: "Requerimento formulado pelo Ministério Público. Dispensa do interrogatório da interditanda com nomeação de curadora provisória e de médico perito. Inadmissibilidade. Necessidade do cumprimento do disposto nos arts. 1.179, 1.181 e 1.183 do CPC. Recurso provido" (*JTJ*, Lex, 258/283).

[24] TJSP, *JTJ*, Lex, 179/166. *V.* ainda: "Interdição. Dispensa do interrogatório. Inadmissibilidade. Art. 244 do CPC. Recurso provido" (*JTJ*, Lex, 269/335). "Interditando. Dispensa do interrogatório. Inadmissibilidade. Mero atestado médico insuficiente à supressão da medida. Entendimento do art. 1.181 do CPC. Recurso provido" (*JTJ*, Lex, 267/383).

[25] Sílvio Venosa, *Direito civil*, cit., v. VI, p. 436.

interesses do incapaz. Inadmissibilidade. Inteligência do art. 1.182, § 1º, do CPC [*de 1973*]"[26].

Para possibilitar a ampla defesa, qualquer parente sucessível, bem como o cônjuge ou companheiro, poderão intervir como assistentes (CPC/2015, art. 752, § 3º).

Decorrido o aludido prazo de quinze dias, o juiz nomeará *perito médico*, para proceder ao exame do interditando e apresentar o respectivo laudo. "A perícia pode ser realizada por equipe composta por experts com formação multidisciplinar" (CPC/2015, art. 753, § 1º). "O laudo pericial indicará especificadamente, se for o caso, os atos para os quais haverá necessidade de curatela" (§ 2º). É nulo o processo em que não se realizou o interrogatório supramencionado ou não foi feito o exame pericial.

A interdição tem a finalidade de retirar da pessoa a capacidade civil e a livre disposição de seus bens da vida, entendendo com o direito da personalidade, como proclamou o Tribunal de Justiça de São Paulo, "devendo, para tanto, cercar-se o julgador de todos os meios de prova admitidos no ordenamento jurídico brasileiro, não se dispensando o exame pericial, na pessoa a ser interditada"[27].

A mesma Corte, n'outra oportunidade, assentou, na mesma linha: "Trata-se, à evidência, de uma obrigatoriedade a realização da perícia médica, e não mera faculdade. O legislador com acerto tratou de exigir o exame pericial, para a segurança das decisões judiciais, que não devem ser proferidas sem um parecer médico, se possível de confiança do Juízo"[28].

Se, todavia, os esclarecimentos do perito não afastaram as dúvidas sobre o estado de saúde do interditando, pode o juiz, usando da faculdade prevista no art. 480 do Código de Processo Civil de 2015, determinar a realização de nova perícia[29].

Proclamou o *Tribunal de Justiça do Rio Grande do Sul*, ao anular sentença de interdição em razão da ausência de perícia: "Com o advento da Lei 13.146/2015, a

---

[26] *RT*, 785/226.

[27] Ap. 14.864-4/4-S. Carlos, rel. Des. Antônio Rodriguez, j. 18-12-1996.

[28] *RT*, 715/133. *V.* ainda: "É nulo o processo se não for feito o exame pericial (*RT*, 785/226, 718/212, 715/133); mas o magistrado não está adstrito a ele (*RT*, 537/74; *RTJ*, 98/385). "Interdição. Medida aplicada por mera constatação de fato, quando do interrogatório, diante da presença de sintomas de incapacidade mental, ou, ainda, através de lacônico atestado médico em que é indicada, por meio de código, a doença do suplicado. Inadmissibilidade. Imprescindibilidade da realização de perícia médica" (TJSP, *RT*, 785/226). "Conforme os arts. 1.771 do CC e 1.181 do CPC, o juiz, antes de decretar a interdição, deverá proceder ao interrogatório pessoal do arguido, procedimento que só pode ser dispensado em situações extremas, em face da natureza pública das questões de estado. Não tendo havido o interrogatório, deve ser cassada a sentença" (TJMG, Ap. 1.045.05.225739-3/001, 5ª Câm. Cív., *DJE*, 28-4-2006).

[29] TJSP, *RT*, 796/249.

teoria das incapacidades do Código Civil foi alterada. Agora, a deficiência mental, emocional ou sensorial não acarreta, inexoravelmente, a incapacidade ampla e completa para prática de atos da vida civil. Com efeito, a partir de uma abordagem iluminada pelo princípio da dignidade humana e das complexidades que cada pessoa, individualmente, traz consigo, o Estado deve identificar, caso a caso, o nível de limitação da capacidade do réu em processo de interdição. Nesse contexto, a perícia médica é imprescindível. Consequentemente, de rigor a desconstituição da sentença"[30].

O mesmo Tribunal, d'outra feita, assentou: "É de ser cassada a sentença que, em sede de 'ação de curatela', julga procedente o pedido, decretando a interdição da requerida, declarando a sua incapacidade para gerir e administrar sua pessoa e seus bens, sem que tenha sido procedida à perícia médica da demandada, tampouco realizado o interrogatório, ou inspeção judicial, nos moldes previstos na lei processual civil – atos processuais que representam um meio de defesa da pessoa supostamente sujeita à curatela. Ademais, tendo em vista a entrada em vigor da Lei n. 13.146/2015, o Estatuto da Pessoa com Deficiência, a condução do feito deverá se dar sob a nova ótica dada ao instituto da curatela pelo referido estatuto, que inclusive restringiu as hipóteses de sujeição à curatela"[31].

O juiz só designará audiência de instrução e julgamento se houver necessidade de produção de provas. Nesse caso, a dispensa da realização do ato pelo magistrado será inadmissível, visto que o interditando tem direito a provar que pode gerir a sua vida e administrar os seus bens, com a oitiva de testemunhas[32]. Tem este o direito, também, de indicar assistente técnico para acompanhar a perícia e apresentar críticas ao laudo do experto judicial.

Dispõe o art. 1.772 do Código Civil, com a redação dada pela Lei n. 13.146/2015 que, pronunciada a interdição das pessoas a que se referem os incisos I (aqueles que, por causa transitória ou permanente, não puderem exprimir sua vontade), e III (os ébrios habituais e os viciados em tóxico), "*o juiz determinará, segundo as potencialidades da pessoa, os limites da curatela, circunscritos às restrições constantes do art. 1.782, e indicará curador*". Este limita a curatela do pródigo aos atos de alienação ou oneração de seu patrimônio, que não sejam de mera administração.

Nas hipóteses mencionadas, que dizem respeito a relativamente incapazes, o juiz fixará, portanto, limites para a curatela, que pode restringir-se ao impedimento de, sem curador, praticar atos que possam comprometer o seu patrimônio e não sejam de mera administração.

---

[30] TJRS, Ap, 70069546117, 8ª Câm. Cív., rel. Des. Rui Portanova, j. 7-7-2016.
[31] TJRS, Ap. 70068532464, 8ª Câm. Cív., rel. Des. Luis Felipe Brasil Santos, j. 19-5-2016.
[32] STJ, *RT*, 788/211.

Dispõe o art. 1.777 do Código Civil, com a redação conferida pela mencionada Lei n. 13.146/2015: *"As pessoas referidas no inciso I do art. 1.767 receberão todo o apoio necessário para ter preservado o direito à convivência familiar e comunitária, sendo evitado o seu recolhimento em estabelecimento que os afaste desse convívio"*.

Decretada a interdição, o juiz nomeará curador ao interdito, observando-se o disposto no art. 1.775 do Código Civil. *"Na nomeação de curador para a pessoa com deficiência, o juiz poderá estabelecer curatela compartilhada a mais de uma pessoa"* (CC, art. 1.775-A, introduzido pela citada Lei n. 13.146/2015).

A sentença que declara a interdição *"produz efeitos desde logo"*, embora sujeita a recurso de apelação (art. 1.773). Assim, o curador presta compromisso e passa a exercer a curatela, sendo a sentença publicada pela imprensa local e pelo órgão oficial, por três vezes, bem como registrada em livro especial no Cartório do 1º Ofício do Registro Civil da comarca em que for proferida.

O registro e a publicação da sentença tornam-na pública, não podendo, a partir daí, terceiros que celebrem contratos com o incapaz alegar ignorância de seu estado.

4.1. Legitimidade para requerer a interdição

Dispunha o art. 1.768 do Código Civil que a interdição deve ser promovida: *"I – pelos pais ou tutores;*

II – pelo cônjuge, ou por qualquer parente;

III – pelo Ministério Público".

Tal dispositivo, todavia, foi revogado pelo art. 1.072, II, do atual Código de Processo Civil, diploma este que proclama no art. 747 que a interdição pode ser promovida: "I – pelo cônjuge ou companheiro; II – pelos parentes ou tutores; III – pelo representante da entidade em que se encontra abrigado o interditando; IV – pelo Ministério Público".

A enumeração é taxativa, mas não preferencial. Qualquer das pessoas indicadas pode promover a ação.

Existindo pai e mãe, casados ou não, seus direitos são exercidos em igualdade de condições, em concurso ou isoladamente. Em face da isonomia assegurada na Constituição Federal, qualquer um dos dois pode, individualmente, requerer a interdição do filho maior. Discordando expressamente o outro, cabe ao juiz redobrar os cuidados na apreciação do pedido.

No entender de Álvaro Villaça Azevedo, "para que o separado judicialmente requeira esse processo de interdição é preciso que ele demonstre seu interesse, como, por exemplo, se ainda não se formalizou a partilha dos bens do casal. Nesse caso, ficará o cônjuge que promove a interdição incerto sobre até que ponto será válida eventual partilha. Às vezes acontece a separação judicial e um dos cônjuges continua administrando os bens comuns, com procuração do outro. Assim, a matéria deve ser analisada de caso para caso"[33].

Igualmente pode o tutor, como substituto dos pais, pedir a interdição do tutelado que já tenha completado 16 anos de idade, caso este venha a sofrer uma das causas que justifiquem a curatela, uma vez que, ao atingir essa idade, teria ele de participar dos atos jurídicos de seu interesse, em conjunto com o aludido representante. A mesma situação pode suceder com os menores que se encontrem sob o poder familiar, que passam a ser assistidos pelos pais após os 16 anos de idade, participando em concurso com eles dos atos jurídicos em geral.

Pertinentes as observações de CARVALHO SANTOS a esse respeito: "Se bem que permitida por lei, a interdição do menor só se justifica se ele já atingiu os 16 anos de idade, época em que, daí por diante, deverá figurar diretamente nos atos jurídicos que praticar, embora assistido por seu pai ou por seu tutor, e em que poderá mesmo praticar alguns atos, como se fosse maior, tais como testamento etc. Para o menor de 16 anos a curatela será absolutamente inútil, certo como é que para esses menores a tutela será suficiente, pois todos os poderes do curador poderão ser exercidos pelo tutor"[34].

Obviamente os pais se legitimam a promover a interdição do filho não só ao exercerem o poder familiar, mas também quando o filho é maior e se enquadra numa das situações previstas no art. 1.767 do Código Civil.

O Código Civil de 1916 conferia legitimidade a "algum parente próximo" do interditando. O diploma de 2002 ampliou o rol dos legitimados, referindo-se a "*qualquer parente*". E o atual Código de Processo Civil refere-se simplesmente a "parentes" (art. 747, II). Pode ser, portanto, próximo ou não. Na linha colateral o parentesco limita-se ao quarto grau. Qualquer parente pode requerer a interdição de uma pessoa porque tal pedido não visa prejudicá-la, mas protegê-la. Pela mesma razão não se deve entender que o elenco das pessoas legitimadas seja preferencial, com o mais próximo excluindo o mais remoto.

Nessa linha, reconheceu o *Tribunal de Justiça de São Paulo a legitimidade ativa* ad causam *do neto para requerer a interdição dos avós, que seriam pródigos, considerando irrelevante a oposição manifestada pelos filhos, uma vez que a enumeração do art. 1.768 do Código Civil vigente é taxativa, mas não preferencial, e a limitação do art. 460 do Código Civil de 1916 não foi mantida pelo Código atual*[35].

---

[33] *Comentários*, cit., v. 19, p. 444.

[34] *Código Civil brasileiro interpretado*, v. 6, p. 382.

[35] Ap. 304.846-4/1-SP, 3ª Câm. Dir. Priv., rel. Des. Waldemar Nogueira Filho, j. 24-8-2004.

Em sentido estrito, a palavra "parentesco" abrange somente o *consanguíneo*, definido de forma mais correta como a relação que vincula entre si pessoas que descendem umas das outras, ou de um mesmo tronco. Em sentido amplo, no entanto, inclui o parentesco por *afinidade* e o decorrente da *adoção* ou de *outra origem*.

Com efeito, enquanto o art. 1.591 do Código Civil diz que *"são parentes em linha reta as pessoas que estão umas para com as outras na relação de ascendentes e descendentes"*, e o art. 1.592 aduz serem *"parentes em linha colateral ou transversal, até o quarto grau, as pessoas provenientes de um só tronco, sem descenderem uma da outra"*, o § 1º do art. 1.595, por sua vez, declara que o *"parentesco por afinidade"* limita-se aos ascendentes, aos descendentes e aos irmãos do cônjuge ou companheiro.

Desse modo, e considerando que a interdição de uma pessoa é requerida com o intuito de protegê-la, como já dito, não se vê razão para excluir a legitimação de um padrasto para promover a interdição de um enteado, acometido de grave perturbação mental que lhe tira a razão[36].

Dispõe, por sua vez, o art. 748 do Código de Processo Civil de 2015, que "O Ministério Público só promoverá interdição em caso de doença mental grave: I – se as pessoas designadas nos incisos I, II e III do art. 747 não existirem ou não promoverem a interdição; II – se, existindo, forem incapazes as pessoas mencionadas nos incisos I e II do art. 747".

A lei exige, portanto, que o promovente, além de parente (na linha colateral, o parentesco limita-se ao quarto grau), seja também maior e capaz.

Em qualquer caso de *doença mental* grave, mesmo não sendo considerada "loucura furiosa", como mencionava o Código Civil de 1916 (expressão substituída, com vantagem, por "anomalia psíquica", no art. 1.178, I, do CPC de 1973), o representante do Ministério Público está legitimado a promover a interdição, se os parentes, cônjuge ou companheiro não o tiverem feito. O simples fato de existir pessoa sujeita a curatela, porém não ainda interditada, já autoriza o Ministério Público a agir, não sendo necessário que notifique antes as demais pessoas mencionadas no art. 1.768 do CC/2002, estipulando-lhes um prazo para suprir a omissão[37].

---

[36] Zeno Veloso, *Código Civil*, cit., v. XVII, p. 218.

[37] "Interdição. Requerimento pelo Ministério Público. Admissibilidade pela suspeita de anomalia psíquica do interditado ou pelo desinteresse de parentes próximos, bem como do cônjuge ou tutor" (*RT*, 748/233). "Interdição. Anomalia psíquica. Ministério Público. Membro do *Parquet* que assume o polo ativo da lide em virtude do falecimento do autor da demanda. Admissibilidade" (TJSP, *RT*, 796/249). "Interdição. Anomalia psíquica. Promoção pelo Ministério Público. Cabimento. Aplicabilidade do artigo 1.178, inciso I, do Código de Processo Civil" (*JTJ*, Lex, 256/306).

Sendo taxativa a enumeração do dispositivo em epígrafe, nenhum outro interessado em requerer a interdição, como o credor do alienado, por exemplo, poderá fazê-lo. Nem o juiz poderá decretar a interdição *ex officio*[38].

4.2. Pessoas habilitadas a exercer a curatela

Ao decretar a interdição, o juiz nomeará curador ao interdito. Sob esse aspecto, a curatela pode ser *legítima* ou *dativa*. É que a lei indica as pessoas que devem ser nomeadas. Dispõe o art. 1.775 do Código Civil:

"O cônjuge ou companheiro, não separado judicialmente ou de fato, é, de direito, curador do outro, quando interdito.

§ 1º Na falta do cônjuge ou companheiro, é curador legítimo o pai ou a mãe; na falta destes, o descendente que se demonstrar mais apto.

§ 2º Entre os descendentes, os mais próximos precedem aos mais remotos.

§ 3º Na falta das pessoas mencionadas neste artigo, compete ao juiz a escolha do curador".

Neste último caso, o nomeado deverá ser pessoa idônea, podendo ser estranha à família do interdito, configurando-se, então, a *curatela dativa*.

Preceitua também, como já mencionado, o art. 1.775-A do Código Civil, introduzido pela Lei n. 13.146/2015: "*Na nomeação de curador para a pessoa com deficiência, o juiz poderá estabelecer curatela compartilhada a mais de uma pessoa".*

Foi abolida a prevalência do pai sobre a mãe e dos varões sobre as mulheres, que constava do art. 454 do Código Civil de 1916, inovando-se ainda quanto ao companheirismo e à separação de fato.

Diferentemente do que ocorre com a *guarda compartilhada* de filhos, a adoção da curatela compartilhada de pessoa interditada não é obrigatória para o juízo, mesmo que haja pedido dos interessados, já que o art. 1.775-A do Código Civil estabelece que a Justiça poderá – e não que deverá – fixar o compartilhamento.

Para decidir sobre concessão da curatela compartilhada, o juízo deve levar em conta algumas circunstâncias, como o interesse e a aptidão dos candidatos a exercê-la e a constatação de que a medida é a que melhor resguarda os interesses do curatelado. O entendimento foi aplicado pela *3ª Turma do Superior Tribunal de Justiça* ao manter acórdão do *Tribunal de Justiça de Mato Grosso (TJMT)* que, com base em laudo pericial, confirmou sentença de interdição e nomeou a mãe do interditado como curadora definitiva.

---

[38] Álvaro Villaça Azevedo, *Comentários*, cit., v. 19, p. 445.

Por meio de recurso especial, o interditado, cujo advogado é o próprio pai, seu curador provisório, alegou que seria obrigatório que ele fosse ouvido para se manifestar sobre a adoção da *curatela compartilhada*. Também defendeu a reforma do acórdão do TJMT, entre outros motivos porque o Ministério Público não participou da audiência de interrogatório e não houve a intimação pessoal do curador provisório.

A Ministra Nancy Andrighi, relatora do recurso, explicou que, de acordo com o art. 279 do atual Código de Processo Civil, a causa de nulidade não é a falta de participação do Ministério Público em atos processuais, mas a inexistência de intimação. No caso dos autos, porém, a relatora lembrou que o MP foi devidamente intimado. "Ademais, não se extrai do artigo 751 do CPC/2015 (correspondente ao artigo 1.181 do CPC/1973) qualquer obrigatoriedade da presença do representante do Ministério Público na audiência de instrução ou entrevista", completou a Magistrada. A relatora apontou que, se é possível ao MP se colocar contra o interesse do autor da ação de interdição, ele também pode, se for intimado, deixar de se manifestar ou intervir na prática de ato processual que considerar dispensável.

Em relação à intimação pessoal do curador provisório, Nancy Andrighi citou jurisprudência no sentido de que a desobediência a formalidades legais só invalida o ato quando sua finalidade estiver comprometida pelo vício, trazendo prejuízo às partes. No caso em julgamento, entretanto, a Ministra ressaltou que o curador especial provisório é advogado habilitado nos autos, e recebeu a intimação sobre a data da audiência de instrução por meio do *Diário de Justiça eletrônico*. Por esse meio, inclusive, o curador foi intimado de atos processuais anteriores, mas não questionou o procedimento. "Essa espécie de subterfúgio não encontra amparo no sistema jurídico processual em vigor, por representar indisfarçável violação ao princípio da boa-fé processual, que impõe aos sujeitos processuais o dever de atuar com lealdade no decorrer do processo", destacou.

Em seu voto, a prestigiada Ministra do Superior Tribunal de Justiça também afirmou que, de acordo com o princípio do melhor interesse, o incapaz deve ter seus direitos tratados com prioridade pelo Estado, pela sociedade e pela família, tanto na elaboração quanto na aplicação das normas jurídicas. Nesse sentido, explicou, o compartilhamento foi desenvolvido pela jurisprudência para facilitar o desempenho da curatela, ao atribuí-la simultaneamente a mais de um curador.

A ordem estabelecida no dispositivo supratranscrito é preferencial, mas a preferência não é absoluta. Havendo motivos graves, a bem do interdito, o juiz pode alterá-la. Tem ele a faculdade de invertê-la se entender mais conveniente ao interdito, ou mesmo dispensá-la, se se convencer de que as funções do curador serão melhor desempenhadas por pessoa de sua escolha[39].

---

[39] Caio Mário da Silva Pereira, *Instituições*, cit., v. 5, p. 486; Álvaro Villaça Azevedo, *Comentários*, cit., v. 19, p. 445; Zeno Veloso, *Código Civil*, cit., v. XVII, p. 224.

O Código Civil não prevê a curatela testamentária, ou seja, a possibilidade de nomeação do curador por testamento do ascendente. A doutrina, no entanto, com suporte na lição de BEVILÁQUA, afirma que o ascendente poderá indicar alguém que, depois de sua morte, cuide da pessoa e dos bens do curatelado, que o juiz levará em conta, independentemente dos curadores mencionados na lei[40].

Parece-nos, no entanto, que, inexistindo a previsão legal estabelecida no caso da tutela, não poderá o juiz afastar os curadores legítimos que, concorrendo com o testamentário, manifestaram interesse em assumir o encargo, se forem idôneos e capazes. Aduza-se que o art. 1.774 do Código Civil determina que se apliquem à curatela as disposições concernentes à tutela, *"com as modificações dos artigos seguintes"*. Dentre esses artigos se encontra exatamente o aludido art. 1.775, que contém o rol dos curadores legítimos.

Menciona o dispositivo em tela que o cônjuge é, de direito, curador do outro, quando interdito. Pressupõe, todavia, a convivência do casal. Se estão separados, judicialmente ou de fato, não incide a regra. Como inovação, o referido preceito considera também, expressamente, o companheiro curador legítimo do outro, afastando qualquer discussão que pudesse haver a esse respeito.

A preferência para o exercício da curatela, embora não absoluta, como mencionado, foi atribuída ao cônjuge ou companheiro. Na falta de um ou de outro, o curador legítimo será o pai ou a mãe, não se estabelecendo qualquer preferência entre eles[41]. Na falta de ambos, o dever, e ao mesmo tempo direito, é atribuído ao descendente, sem distinção de sexo ou idade. Havendo igualdade de grau, deve ser escolhido o que ostentar melhores condições para o exercício do múnus; no caso de diversidade de graus, os mais próximos precedem aos mais remotos.

"Curatela. Ordem estabelecida no § 2º do art. 454 do Código Civil (*de 1916; CC/2002: art. 1.775*). Critério não absoluto. Designação de filho do interditando, único em condições para assumir o encargo. Admissibilidade" (*JTJ*, Lex, 251/125). "Interdição. No interesse do interditando, pode o juiz olvidar o normativo do § 1º do art. 454 do CC (*correspondente ao art. 1.775 do CC/2002*), e escolher, como Curador, outros parentes ou estranho, idôneo e capaz de exercer o encargo" (TJDF, Ap. 1998.01.1.052791-0, 1ª T., rel. Des. Moraes Oliveira, *DJU*, 12-9-2001). No mesmo sentido: *RT*, 796/363 e 797/240.

[40] Zeno Veloso, *Código Civil*, cit., v. XVII, p. 224; Álvaro Villaça Azevedo, *Comentários*, cit., v. 19, p. 463.

Sílvio Venosa afirma que "a curadoria também pode ser testamentária: na hipótese de os pais nomearem curadores para os filhos que não possuem desenvolvimento mental para plena capacidade após atingirem a maioridade" (*Direito civil*, cit., v. VI, p. 426).

[41] Já decidiu o Tribunal de Justiça de São Paulo: "Nada mais natural que recaia na pessoa da mãe a nomeação para o exercício do encargo de curadora do filho se detinha ela de fato a guarda do interditando, uma vez que o pai abandonou o lar" (*RT*, 595/87).

Se não houver nenhuma das pessoas mencionadas, ou se as existentes forem inidôneas ou demonstrarem inaptidão para o encargo, como reconhece a jurisprudência já mencionada, cabe ao juiz nomear pessoa proba e capacitada, que reúna as condições necessárias para o desempenho da curatela, configurando-se nesse caso a tutela dativa.

Depois de nomeado, passa o curador a exercer, desde logo, o múnus público, incumbindo-lhe zelar pela pessoa e pelos bens do curatelado.

O retrotranscrito art. 1.777 do Código Civil, por sua vez, com a redação da Lei n. 13.146/2015, estatui que *As pessoas referidas no inciso I do art. 1.767 receberão todo o apoio necessário para ter preservado o direito à convivência familiar e comunitária, sendo evitado o seu recolhimento em estabelecimento que os afaste desse convívio*". Destina-se este dispositivo a dar proteção ao interdito e aos seus familiares. Na medida do possível, "a família deve cuidar do curatelado"[42].

Prescreve ainda o art. 757 do Código de Processo Civil de 2015 que "a autoridade do curador estende-se à pessoa e aos bens do incapaz que se encontrar sob a guarda e a responsabilidade do curatelado ao tempo da interdição, salvo se o juiz considerar outra solução como mais conveniente aos interesses do incapaz". Visa o preceito estabelecer unidade na proteção legal, evitando que se entregue a uma pessoa a tutela dos menores e a outra, a curatela de seu genitor.

Como esclarece ZENO VELOSO, "se o interdito tem filhos menores (art. 5º), e para que não se tenha de nomear um tutor para os ditos filhos, até para garantir a unidade e indivisibilidade da proteção das pessoas e administração dos bens dos incapazes, a autoridade do curador se estende aos filhos do curatelado. Age o curador, quanto à pessoa e aos bens dos filhos menores do interdito, como se fosse tutor"[43].

O curador nomeado para o interdito é, assim, de direito, tutor dos filhos menores não emancipados do incapaz. Trata-se, na realidade, de uma curadoria *prorrogada*. Segundo PONTES DE MIRANDA, "curatelas *prorrogadas*, ou *extensivas*, são as que se estendem do curatelado a seus filhos nascidos ou nascituros. Têm por fim, como a tutela, suprir a autoridade do titular do pátrio poder"[44].

Dispõe o art. 761 do Código de Processo Civil de 2015 que "incumbe ao Ministério Público ou a quem tenha legítimo interesse requerer, nos casos previstos em lei, a remoção do tutor ou do curador".

O art. 761, parágrafo único, do estatuto processual de 2015 exige expressamente a citação do curador para contestar a arguição no prazo de cinco dias. Proclama, em consequência, a jurisprudência que, "no processo de interdição, a

---

[42] Alexandre Alcoforado Assunção, *Novo Código*, cit., p. 1589.
[43] *Código Civil*, cit., v. XVII, p. 225.
[44] *Tratado de direito de família*, cit., v. III, § 285, p. 276.

remoção de curador somente é permitida após a sua citação, de maneira a propiciar-lhe o exercício de ampla defesa"[45].

Assim, o curador que demonstra falta de cuidados com a curatela, administrando ruinosamente o patrimônio do curatelado, descuidando de sua pessoa ou o desrespeitando, pode ser removido do encargo. Já se decidiu que, constatado o comportamento omisso e desrespeitoso do marido, nomeado curador da esposa vítima de erro médico, "especialmente por manter relacionamento amoroso com outra mulher, incensurável a decisão agravada que concedeu a tutela antecipara para removê-lo do exercício do encargo e nomeou provisoriamente a genitora da interdita como curadora, eis que esta efetivamente é quem a assiste"[46]. E, ainda: "Comprovada a administração ruinosa do patrimônio e a falta de cuidados com a curatela, com prejuízo ao curatelado, impõe-se a remoção do curador"[47].

Preceitua ainda o art. 762 do Código de Processo Civil de 2015 que, em caso de extrema gravidade, o juiz poderá suspender o tutor ou o curador do exercício de suas funções, "nomeando substituto interino". Com base nesse dispositivo e ainda no poder geral de cautela atribuído ao juiz, tem-se admitido a nomeação de administrador provisório ao interditando, podendo o designado ser nomeado posteriormente curador ou não.

Tal nomeação muitas vezes se faz necessária para que, durante a tramitação do processo de interdição, possa o indicado provisoriamente desde logo cuidar da pessoa do portador de alguma anomalia psíquica, recebendo as pensões e administrando os seus bens, enquanto não colocado definitivamente sob curatela.

Nessa senda, decidiu o Superior Tribunal de Justiça: "Interdição. Curador provisório. Nomeação com base no poder cautelar geral do Juiz. Admissibilidade se presentes elementos de convicção que recomendem acautelar interesses pessoais e patrimoniais do interditando. Hipótese que não se confunde com a antecipação da tutela prevista no art. 273 do CPC [*de 1973*]"[48].

"A substituição de curador, para ser determinada, deve estar embasada em elementos de convicção seguros e estar evidenciada situação de risco para o incapaz, como no caso. Diante da gravidade das acusações feitas, deve ser mantida a decisão agravada, com base no art. 762 do CPC, o qual autoriza a substituição do curador"[49].

Tem sido admitida, também, em atenção ao melhor interesse do incapaz, a curatela compartilhada (possibilidade esta agora prevista expressamente no art. 1.775-A do Código Civil, introduzido pela Lei n. 13.146/2015). Veja-se:

---

[45] *RT*, 785/229.
[46] TJDF, AgI 1999.00.2.003543-8, 3ª T., rel. Des. Jeronymo de Souza, *DJU*, 11-10-2000.
[47] TJSP, Ap. 10.691-4, rel. Des. Ricardo Brancato, j. 13-5-1998.
[48] *RT*, 757/144.
[49] TJRS, 70.081.853.830-RS, rel. Des. Liselena Robles Ribeiro, j. 25-9-2019.

"Diante da prova nos autos no sentido de que o agravado é incapaz para os atos da vida civil, é de se determinar a sua interdição provisória, ficando a curatela compartilhada entre sua esposa e seu irmão, situação que provisoriamente melhor atende aos interesses do incapaz"[50].

Segundo o Tribunal de Justiça do Rio Grande do Sul, o exercício compartilhado da curatela, no caso em julgamento, "além de se mostrar plausível e conveniente, bem atende à proteção do interdito, tratando-se de medida que vai ao encontro da finalidade precípua do instituto da curatela, que é o resguardo dos interesses do incapaz".

Por sua vez, ressaltou o Tribunal de Justiça de São Paulo: "Mas, sobrevinda a Lei 13.146, que instituiu a Lei Brasileira de Inclusão da Pessoa com Deficiência (Estatuto da Pessoa com Deficiência), a questão ganhou novos contornos, introduzido no CC/2002 o art. 1.775-A, de cujo teor se colhe: 'na nomeação de curador para a pessoa com deficiência, o juiz poderá estabelecer curatela compartilhada a mais de uma pessoa'"[51].

4.3. Natureza jurídica da sentença de interdição

Embora haja controvérsia a respeito da natureza jurídica da sentença que decreta a interdição, tem prevalecido o entendimento de que não é constitutiva, por não criar o estado de incapacidade, mas apenas *declaratória* da existência de uma situação. Tem, portanto, eficácia *ex tunc*. Como a incapacidade preexiste, entende-se possível intentar ação anulatória dos atos praticados anteriormente à sentença, devendo-se, no entanto, provar a incapacidade àquela época.

Sob a ótica processual, alguns autores, no entanto, entendem que a aludida sentença é constitutiva, porque os seus efeitos são *ex nunc*, verificando-se desde logo, embora sujeita a apelação (CPC [1973], art. 1.184). Todavia, sob o aspecto do reconhecimento de uma situação de fato – a insanidade mental como causa da interdição – tem natureza declaratória, uma vez que não cria a incapacidade, pois esta decorre da alienação mental[52].

---

[50] TJMG, AgI 1.0024.09.450844-7/001, 8ª Câm. Cív., rel. Des. Bitencourt Marcondes, j. 6-10-2011. *Vide* ainda: "Interdição. Maioridade civil. Curatela compartilhada. Pedido formulado pelos genitores. Inexistência de vedação legal. Melhor interesse do interditando" (TJMG, AgI 0024752-85.2010.8.19.0000, j. 17-8-2010).

[51] TJSP, AgI 2191636-02.2015.8.26.0000, 1ª Câm. Dir. Priv., rel. Des. Claudio Godoy, j. 16-2-2016.

[52] "Para resguardo da boa-fé de terceiros e segurança do comércio jurídico, o reconhecimento da nulidade dos atos praticados anteriormente à sentença de interdição reclama prova inequívoca, robusta e convincente da incapacidade do contratante" (STJ, REsp 9.077-RS, 4ª T., rel. Min. Sálvio de Figueiredo, *DJU*, 30-3-1992, p. 3992).

A diferença única entre a época anterior e a época atual da interdição, segundo PONTES DE MIRANDA[53], ocorre apenas quanto à prova da nulidade do ato praticado pelo insano: "os atos anteriores à curadoria só podem ser julgados nulos provando--se que já subsistia, ao tempo em que foram exercitados, a causa da incapacidade". Já os atos praticados na constância da interdição "levam consigo, sem necessidade de prova, a eiva da nulidade pressuposta na interdição".

A declaração de nulidade ou anulação dos atos praticados anteriormente pelo interdito só pode ser obtida em ação autônoma, visto que o processo de interdição tem procedimento especial e se destina unicamente à decretação da interdição, com efeito *ex nunc*, não retro-operante. Nessa linha, decidiu o *Tribunal de Justiça de São Paulo*, ao nosso ver corretamente, que, "embora usual a fixação de data da incapacidade, até com retroação, a providência é inócua, desde que não faz coisa julgada e nem tem retroeficácia para alcançar atos anteriores praticados pelo interdito, cuja invalidade reclama comprovação exaustiva da incapacidade em cada ação autônoma"[54].

O que se pode admitir é o aproveitamento, na ação declaratória de nulidade de ato praticado anteriormente pelo interdito, do laudo em que se fundar a sentença de interdição, se reconhecer a existência da incapacidade mental em período pretérito, como o fez o Supremo Tribunal Federal: "O laudo em que se fundar a sentença de interdição pode esclarecer o ponto, isto é, afirmar que a incapacidade mental do interdito *já existia* em período anterior, e o juiz do mérito da questão pode basear-se nisso para o fim de anular o ato jurídico praticado nesse período pelo interdito. Trata-se de interpretação de um laudo, peça de prova, a respeito de cuja valorização o juiz forma livre convencimento"[55].

Como é a impossibilidade de exprimir a vontade e não a sentença de inter-dição que determina a incapacidade, sustentam alguns que, estando ela provada, é sempre nulo o ato praticado pelo incapaz, antes da interdição. Outra corrente,

---

[53] *Tratado de direito de família*, cit., v. III, § 295, p. 307.

[54] *JTJ*, Lex, 212/104. *V.* ainda: "Demência senil. Retroeficácia da incapacidade para alcançar o período antecedente de dez anos. Inadmissibilidade. Eventual nulidade dos atos praticados que reclama prova da contemporânea incapacidade em cada ação autônoma" (*JTJ*, Lex, 251/127). "Interdição. Compra e venda. Nulidade. Inocorrência. Incapacidade do vendedor declarada posteriormente ao ato jurídico. Ausência de comprovação de que o agente não era capaz ao tempo da celebração do negócio" (*RT*, 771/219). "Sentença. Pretendida retroação dos efeitos da decisão, para alcançar atos ou negócios jurídicos de que participou a pessoa interditada. Inadmissibilidade" (*RT*, 797/240).

[55] *RTJ*, 83/425-433. *V.* ainda: "A sentença de interdição é oponível a todos para o futuro, e não pode atingir aqueles que contrataram com o incapaz, máxime na ausência de notoriedade de seu estado" (*RT*, 493/130).

porém inspirada no direito francês, entende que deve ser respeitado o direito do terceiro de boa-fé, que contrata com o privado do necessário discernimento sem saber das suas deficiências psíquicas. Para essa corrente somente é nulo o ato praticado pelo amental se era notória a deficiência mental ou intelectual, isto é, de conhecimento público.

O art. 503 do Código Civil francês dispõe que os "atos anteriores à interdição poderão ser anulados, se a causa da interdição existia notoriamente à época em que tais fatos foram praticados". Malgrado o nosso ordenamento não possua regra semelhante, a jurisprudência a tem aplicado em inúmeros casos, por considerar demasiado severa para com terceiros de boa-fé, que negociaram com o amental, ignorando sua condição de incapaz, a tese de que o negócio por este celebrado é sempre nulo, esteja interditado ou não[56].

Silvio Rodrigues[57] aplaude a solução, que não destoa da lei e prestigia a boa-fé nos negócios, afirmando que devem, assim, "prevalecer os negócios praticados pelo amental não interditado quando a pessoa que com ele contratou ignorava e carecia de elementos para verificar que se tratava de um alienado". Entretanto, aduz, "se a alienação era notória, se o outro contratante dela tinha conhecimento, se podia, com alguma diligência, apurar a condição de incapaz, ou, ainda, se da própria estrutura do negócio ressaltava que seu proponente não estava em seu juízo perfeito, então o negócio não pode ter validade, pois a ideia de proteção à boa-fé não mais ocorre".

4.4. Levantamento da interdição

Cessa a incapacidade desaparecendo os motivos que a determinaram. Assim, no caso da impossibilidade de exprimir a vontade, por causa transitória ou permanente (CC, art. 4º, III), por exemplo, desaparece a incapacidade, cessando a causa que a determinou.

Cessada a incapacidade, qualquer que seja a sua causa, após a decretação da interdição, esta será levantada. Assim, o ébrio e o toxicômano que, após adequado tratamento, *verbi gratia*, conseguiram se recuperar e se livrar do vício, poderão requerer o levantamento da interdição, alegando o desaparecimento da causa que a motivou.

Dispõe, com efeito, o art. 756 do Código de Processo Civil de 2015: "Levantar-se-á a curatela quando cessar a causa que a determinou". O procedimento terá início por provocação do interessado, do curador ou do

---

[56] Carlos Roberto Gonçalves, *Direito civil*, cit., v. 1, p. 132-133.
[57] *Direito civil*, v. 1, p. 46-47.

Ministério Público e será apensado aos autos da interdição (§ 1º). O juiz nomeará perito ou equipe multidisciplinar para proceder ao exame do interdito e designará audiência de instrução e julgamento após a apresentação do laudo (§ 2º). Acolhido o pedido, o juiz decretará o levantamento da interdição e determinará a publicação da sentença, após o trânsito em julgado, na forma do art. 755, § 3º, ou, não sendo possível, na imprensa local e no órgão oficial por três vezes, com intervalo de dez dias, seguindo-se a averbação no registro de pessoas naturais (§ 3º).

Pode o juiz, em face do laudo médico, autorizar o levantamento parcial da interdição, permitindo ao interdito a prática de determinados atos, em decorrência da melhora verificada em seu estado (§ 4º).

5. EXERCÍCIO DA CURATELA

Como foi dito no item n. 1, *retro*, a curatela assemelha-se à tutela por seu caráter assistencial, destinando-se, igualmente, à proteção de incapazes. Por essa razão, a ela são aplicáveis as disposições legais relativas à tutela, com apenas algumas modificações (CC, art. 1.774). Ambas se alinham no mesmo Título do Livro do Direito de Família devido às analogias que apresentam.

Vigoram para o curador as escusas voluntárias (art. 1.736) e proibitórias (art. 1.735); embora não mais adstrito à especialização de hipoteca legal, é obrigado a prestar caução bastante, quando exigida pelo juiz (CC, art. 1.745, parágrafo único), e a prestar contas (art. 1.755); cabem-lhe os direitos e deveres especificados no capítulo que trata da tutela; somente pode alienar bens imóveis mediante prévia avaliação judicial e autorização do juiz etc.

Em tais condições, "bens imóveis de interditos só podem ser alienados se houver manifesta vantagem na operação e prévia avaliação judicial, com aprovação do juiz. Conseguintemente, o curador do incapaz, parente ou estranho, somente pode dispor dos bens imóveis do curatelado com observância da regra geral e absoluta do art. 1.750 do Código Civil de 2002. As próprias permutas não escapam a essa exigência"[58].

Preceitua, por sua vez, o art. 1.781 do Código Civil que "*as regras a respeito do exercício da tutela aplicam-se ao da curatela, com a restrição do art. 1.772 e as desta Seção*". Já havia proclamado o art. 1.774 retromencionado, para não haver inútil repetição, que se aplicam à curatela as disposições concernentes à tutela, com as modificações que o Código estipula quanto à primeira.

---

[58] Washington de Barros Monteiro, *Curso*, cit., 37. ed., v. 2, p. 408-409.

O art. 1.783 do Código Civil dispensa o cônjuge curador, "*salvo determinação judicial*", de prestar contas de sua administração, quando "*o regime de bens do casamento for de comunhão universal*". Justifica-se a regra pelo fato de, no regime da comunhão universal, haver a comunicação de todos os bens presentes e futuros dos cônjuges e suas dívidas passivas (art. 1.667), com as exceções do art. 1.668.

A ressalva sobre a determinação judicial é feita para a hipótese de o juiz perceber que o cônjuge curador está se aproveitando, tirando vantagem indevida do patrimônio do casal. Poderá, nesse caso, exigir a prestação de contas. O mesmo acontecerá na união estável, se os companheiros elegeram o regime da comunhão universal, afastando o regime-regra que é o da comunhão parcial, por contrato escrito, como o permite o art. 1.725 do Código Civil.

Se o regime não for o da comunhão de bens, deverá sempre o cônjuge, ou o companheiro, prestar contas de sua gestão[59].

O curador não pode reter renda do curatelado, por conta própria, a título de remuneração. Embora o curador tenha direito à remuneração pelos serviços prestados, não deve ela ser feita por sua própria conta, com o valor e modo que decidir. Decidiu a propósito o Superior Tribunal de Justiça que a remuneração do administrador deve ser fixada em juízo e não pode ser decidida por quem gerencia os bens[60].

---

[59] Álvaro Villaça Azevedo, *Comentários*, cit., v. 19, p. 492.

[60] STJ, 3ª T., rel. Min. Nancy Andrighi. Disponível em: <http://www.conjur.com.br>. Acesso em 13-4-2012.

Vide ainda: "A interdição é determinada no interesse do próprio interditado. Apesar de ter direito à remuneração pela administração do patrimônio colocado sob sua responsabilidade, o curador não pode transformar a atividade em meio de acumulação de riqueza. Apenas o juiz pode avaliar variáveis subjetivas como a capacidade financeira do interditado, suas necessidades e o esforço exigido do curador no cumprimento de sua função" (STJ, 3ª T., rel. Min. Nancy Andrighi. Disponível em: <http://www.editoramagister.com>. Acesso em 15-9-2011).

BIBLIOGRAFIA

AKEL, Ana Carolina Silveira. *Guarda compartilhada*: um avanço para a família. São Paulo: Atlas, 2008.

ALVES, Jones Figueiredo. Na obsolescência das palavras, a família mudou. *Revista Conjur*, 2023. Disponível em: https://www.conjur.com.br/2023-fev-05/processo-familiar-obsolescencia-palavras-familia-mudou. Acesso em: jun. 2023.

AMARAL, Francisco. *Direito civil*: introdução. 4. ed. Rio de Janeiro: Renovar, 2002.

AMORIM, Sebastião Luiz; OLIVEIRA, Euclides Benedito de. *Separação e divórcio*. 6. ed. São Paulo: Liv. Ed. Universitária de Direito, 2001.

ASSIS, Araken de. *Da execução de alimentos e prisão do devedor*. 4. ed. São Paulo: Revista dos Tribunais, 1998.

ASSUNÇÃO, Alexandre Guedes Alcoforado. *Novo Código Civil comentado*. Coord. Ricardo Fiuza. São Paulo: Saraiva, 2002.

AZEVEDO, Álvaro Villaça. *Bem de família, com comentários à Lei n. 8.009/90*. 4. ed. São Paulo: Revista dos Tribunais, 1999.

————. Comentários à Lei n. 9.278, de 10 de maio de 1996. *Revista Literária de Direito*, n. 11.

————. *Comentários ao Código Civil*. São Paulo: Saraiva, 2003. v. 19.

————. Do bem de família. *Direito de família e o novo Código Civil*. Belo Horizonte: Del Rey/IBDFAM, 2001.

BARBOSA, Ruchester Marreiros; MUNIZ, Lia Cristina Ferreira. Quando a alienação parental é um crime de sonegação de incapazes. *Conjur*, 2023. Disponível em: https://www.conjur.com.br/2023-fev-21/academia-policia-quando-alienacao-parental-crime-sonegacao-incapazes. Acesso em: jun. 2023.

BARBOZA, Heloísa Helena. O direito de família brasileiro no final do século XX. *A nova família:* problemas e perspectivas. Coordenação de Vicente Barreto. Rio de Janeiro: Renovar, 1997.

—————. O direito de família no Projeto de Código Civil: considerações sobre o "direito pessoal". *Revista Brasileira de Direito de Família*. Porto Alegre: Síntese/IBDFAM, v. 11.

BARRA, Washington Epaminondas Medeiros. Dos alimentos no direito de família e o novo Código Civil – célere apreciação. *Questões de direito civil e o novo Código*. São Paulo: Procuradoria-Geral de Justiça/Imprensa Oficial, 2004.

BARROS MONTEIRO, Washington de. *Curso de direito civil*. 4. ed. São Paulo: Saraiva, 1960; 32. ed., 1995; 37. ed. atualizada por Regina Beatriz Tavares da Silva, 2004. v. 2.

BARROS, Flávio Monteiro de. Alimentos gravídicos. *Boletim 03/09*, Curso FMB, 2009.

BARROS, Sérgio Resende de. A ideologia do afeto. *Revista Brasileira de Direito de Família*, Porto Alegre: Síntese/IBDFAM, v. 14, jul./set. 2002.

BEVILÁQUA, Clóvis. *Código Civil dos Estados Unidos do Brasil comentado*. 8. ed. Rio de Janeiro: Francisco Alves, 1950. v. 2.

—————. *Direito de família*. Campinas: Red Livros, 2001.

—————. *Teoria geral do direito civil*. 7. ed. atual. por Achilles Beviláqua e Isaías Beviláqua. Rio de Janeiro: Editora Paulo de Azevedo, 1955.

BIANCA, Massimo. *Diritto civile:* la famiglia – le successioni. Milano: Giuffrè, 1989.

BITTAR, Carlos Alberto. *Curso de direito civil*. Rio de Janeiro: Forense Universitária, 1994. v. 2.

BITTENCOURT, Edgard de Moura. *O concubinato no direito*. 2. ed. Rio de Janeiro, 1969.

BORGES CARNEIRO, Manuel. *Direito civil de Portugal*. Lisboa: Imp. Sousa Neves, 1867.

BRAGA NETTO, Felipe; FARIAS, Cristiano Chaves de; ROSENVALD, Nelson. *Novo tratado de responsabilidade civil*. São Paulo: Saraiva, 2017.

BRASIL. Conselho Nacional de Justiça. Animais de estimação: um conceito jurídico em transformação no Brasil. 2023. Disponível em: https://www.stj. jus.br/sites/portalp/Paginas/Comunicacao/Noticias/2023/21052023-Animais-de-estimacao-um-conceito-juridico-em-transformacao-no-Brasil. aspx. Acesso em: jun. 2023.

BRASIL. Conselho Nacional de Justiça. Corregedoria atualiza provimento que regulamenta união estável e altera o regime de bens. 2023. Disponível em: https://www.cnj.jus.br/corregedoria-atualiza-provimento-que-regulamenta-uniao-estavel-e-altera-o-regime-de-bens/#:~:text=A%20Corregedoria%20Nacional%20de%20Justi%C3%A7a,da%20uni%C3%A3o%20est%C3%A1vel%20em%20casamento. Acesso em: jun. 2023.

CAHALI, Francisco José. *Contrato de convivência na união estável*. São Paulo: Saraiva, 2002.

――――. Dos alimentos. *Direito de família e o novo Código Civil*. Belo Horizonte: Del Rey/IBDFAM, 2001.

CAHALI, Yussef Said. A comunhão dos aquestos no regime da separação de bens. In: CAHALI, Yussef Said (coord.). *Família e casamento:* doutrina e jurisprudência. São Paulo: Saraiva, 1988.

――――. Bigamia. *Enciclopédia Saraiva do Direito*. São Paulo: Saraiva, 1978. v. 11.

――――. Derrogação (não recepção) do art. 36, II, da Lei do Divórcio pela Constituição de 1988. In: WAMBIER, Teresa Arruda Alvim; LAZZARINI, Alexandre Alves (coord.). *Repertório de jurisprudência e doutrina sobre direito de família*: aspectos constitucionais, civis e processuais. São Paulo: Revista dos Tribunais, 1996. v. 3.

――――. *Divórcio e separação*. 10. ed. São Paulo: Revista dos Tribunais, 2002.

――――. *Dos alimentos*. 3. ed. São Paulo: Revista dos Tribunais, 1998, e 4. ed., 2002.

CAMBI, Eduardo. A relação entre o adotado, maior de 18 anos, e os parentes do adotante. *RT*, 809/28.

CARVALHO SANTOS, J. M. *Código Civil brasileiro interpretado*. 7. ed. Rio de Janeiro: Freitas Bastos, 1961.

CENEVIVA, Walter. *Lei dos Registros Públicos comentada*. São Paulo: Saraiva, 1979.

CHAVES, Antônio. *Adoção*. Belo Horizonte: Del Rey, 1995.

CHINELLATO, Silmara Juny. *Comentários ao Código Civil*. São Paulo: Saraiva, 2004. v. 18.

COELHO, Vicente de Faria. *Nulidade e anulação do casamento*. Rio de Janeiro: Freitas Bastos, 1952.

COLTRO, Antônio Carlos Mathias. A união estável: um conceito? In: WAMBIER, Teresa Arruda Alvim (coord.). *Direito de família:* aspectos constitucionais, civis e processuais. São Paulo: Revista dos Tribunais, 1996. v. 3.

―――――. Da tutela. *Direito de família e o novo Código Civil.* Belo Horizonte: Del Rey/IBDFAM, 2001.

CONJUR. Juíza determina que pai tenha apenas contato remoto com o filho. 2023. Disponível em: https://www.conjur.com.br/2023-jan-26/juiza-determina-pai-tenha-apenas-contato-remoto-filho. Acesso em: jun. 2023.

CONJUR. Mãe que mudou de cidade deve levar e buscar filha em dias de visita ao pai. 2023. Disponível em: https://www.conjur.com.br/2023-jan-07/mae-mudou-cidade-levar-filha-dias-visita-pai. Acesso em: jun. 2023.

CORRÊA DE OLIVEIRA, José Lamartine; FERREIRA MUNIZ, Francisco José. *Direito de família.* Porto Alegre: Sérgio Antonio Fabris Ed., 1990.

COUTO E SILVA, Clóvis do. Direito patrimonial de família no Projeto de Código Civil brasileiro e no direito português. *RT,* 520/20.

CREDIE, Ricardo Arcoverde. *Bem de família:* teoria e prática. 2. ed. São Paulo: Saraiva, 2004.

CUNHA GONÇALVES, Luís da. *Direitos de família e direitos das sucessões.* Lisboa: Edições Ática, 1955.

DEGNI, Francesco. *Il diritto di famiglia nel nuovo Códice Civile italiano.* Padova: CEDAM, 1943.

DIAS, Maria Berenice. Da separação e do divórcio. *Direito de família e o novo Código Civil.* Belo Horizonte: Del Rey/IBDFAM, 2001.

―――――. *Direito de família e o novo Código Civil.* Prefácio. Belo Horizonte: Del Rey/IBDFAM, 2001.

―――――. Famílias modernas: (Inter)secções do afeto e da lei. *Revista Brasileira de Direito de Família,* Porto Alegre: Síntese/IBDFAM, v. 8, jan./mar. 2001, p. 65.

―――――. Guarda compartilhada: uma solução para os novos tempos. *Revista Jurídica Consulex,* n. 275, 30 jun. 2008.

―――――. O lar que não chegou. *Jus Navigandi,* Teresina, ano 13, n. 2.252, 21-8-2009. Disponível em: <http://jus2.uol.com.br/doutrina/texto.asp?id=13412>.

―――――. *União homossexual, o preconceito e a justiça.* Porto Alegre: Livraria do Advogado, 2000.

DIDIER JR., Fredie. *Regras processuais no novo Código Civil:* aspectos da influência do Código Civil de 2002 na legislação processual. 2. ed. São Paulo: Saraiva, 2004.

DI FRANCESCO, José Roberto Pacheco. Aspectos da obrigação alimentar. *Revista do Advogado*, n. 58, mar. 2000.

DINAMARCO, Cândido Rangel. Relativizar a coisa julgada material – I. *Revista Meio Jurídico*, v. 44, 2001.

DINIZ, Maria Helena. *Curso de direito civil brasileiro*. 34. ed. São Paulo: Saraiva, 2020. v. 5.

DONADELI, Paulo Henrique; RISSI, Rosiane Sasso. O direito à convivência familiar e o direito de visita dos avós. *Revista Jurídica Consulex*, n. 278, 15-8-2008.

DUQUE, Bruna Lyra. Responsabilidade parental, guarda compartilhada e proteção dos filhos. *Conjur*, 2023. Disponível em: https://www.conjur.com.br/2023-mai-15/bruna-duque-responsabilidade-parental-guarda-compartilhada. Acesso em: jun. 2023.

ESPÍNOLA, Eduardo. *A família no direito civil brasileiro*. Rio de Janeiro: Conquista, 1957.

FACHIN, Luiz Edson. *Comentários ao novo Código Civil*. Rio de Janeiro: Forense, 2004. v. XVIII.

————; PIANOVSKI RUZYK, Carlos Eduardo. *Código Civil comentado*. Coord. Álvaro Villaça Azevedo. São Paulo: Atlas, 2003. v. XV.

FARIAS, Cristiano Chaves de. Um alento ao futuro: novo tratamento da coisa julgada nas ações relativas à filiação. *Revista Brasileira de Direito de Família*, Porto Alegre: Síntese/IBDFAM, v. 13.

————. *O novo procedimento da separação e do divórcio*. Rio de Janeiro: Lumen Juris, 2007.

FAZZALARI, Elio. *Istituzioni di diritto processuale*. Padova: CEDAM, 1975.

FIUZA, Ricardo (coord.). *Novo Código Civil comentado*. São Paulo: Saraiva, 2002.

FONSECA, Arnoldo Medeiros da. *Investigação de paternidade*. 3. ed. Rio de Janeiro: Forense, 1958.

GAGLIANO, Pablo Stolze. O Estatuto da Pessoa com Deficiência e o sistema jurídico brasileiro de incapacidade civil. *Jus Navigandi*, 28-8-2015. Disponível em: <http//jus.com.br>.

————. A nova emenda do divórcio. *Jus Navigandi*. 17-7-2010. Disponível em: <http//:jus.uol.com.br/revista/texto/16969>.

GAMA, Guilherme Calmon Nogueira da. Das relações de parentesco. *Direito de família e o novo Código Civil*. Belo Horizonte: Del Rey/IBDFAM, 2001.

GARCIA, Gustavo Filipe Barbosa. Casamento anulável no Código Civil de 2002 e repercussões da Lei 11.106/2005. *RT*, 840/114.

GARCIA, Marco Túlio Murano. União estável e concubinato no novo Código Civil. *Revista Brasileira de Direito de Família*, Porto Alegre: Síntese/IBDFAM, v. 20/32.

GHELMAN, Debora. Abandono digital é negligência e pode levar à punição dos pais. *Revista Conjur*, 2020. Disponível em: https://www.conjur.com.br/2020-dez-22/debora-ghelman-abandono-levar-punicao-pais. Acesso em: jun. 2023.

GOMES, Orlando. *Direito de família*. 14. ed. Atualização de Humberto Theodoro Júnior. Rio de Janeiro: Forense, 2002.

————. *Sucessões*. 4. ed. Rio de Janeiro: Forense.

GONÇALVES, Carlos. *Impenhorabilidade do bem de família*. 3. ed. Porto Alegre: Síntese, 1994.

GONÇALVES, Carlos Roberto. *Direito civil brasileiro*. 18. ed. São Paulo: Saraiva, 2020. v. 1.

————. *Direito civil brasileiro*. 17. ed. São Paulo: Saraiva, 2020. v. 2.

————. *Direito civil brasileiro*. 17. ed. São Paulo: Saraiva, 2020. v. 3.

————. *Direito de família*. 9. ed. São Paulo: Saraiva, 2003 (Col. Sinopses Jurídicas, v. 2).

GOZZO, Débora. *Pacto antenupcial*. São Paulo: Saraiva, 1992.

GRISARD FILHO, Waldyr. A adoção depois do novo Código Civil. *RT*, 816/26.

GROENINGA, Giselle Câmara. Guarda compartilhada: considerações interdisciplinares. *Revista Jurídica Consulex*, n. 275, 30 jun. 2008.

HERRERA, F. Lopes. *Derecho de família*. Caracas: Universidad Católica, 1970.

HIRONAKA, Giselda Maria Fernandes Novaes. Concorrência do companheiro e do cônjuge na sucessão dos descendentes. In: DELGADO, Mário Luiz; ALVES, Jones Figueirêdo (coord.). *Questões controvertidas no novo Código Civil*. São Paulo: Método, 2003.

JEMOLO, Arturo Caro. *Il matrimonio*. Torino: UTET, 1952.

JOSSERAND, Louis. *Derecho civil:* la familia. Tradução espanhola de Santiago Cunchillos y Manterola. Buenos Aires: Bosch, 1952. v. II, t. I.

KIPP, Theodor; WOLFF, Martin. *Derecho de familia*. 2. ed. Barcelona: Bosch, 1953.

LACERDA, Galeno. *Comentários ao Código de Processo Civil*. Rio de Janeiro: Forense, 1980. v. VIII. t. I.

LEITE, Eduardo de Oliveira. *Famílias monoparentais*. 2. ed. São Paulo: Revista dos Tribunais, 2003.

————. O direito (não sagrado) de visita. In: WAMBIER, Teresa Arruda Alvim; LAZZARINI, Alexandre Alves (coord.). *Repertório de jurisprudência e doutrina sobre direito de família:* aspectos constitucionais, civis e processuais. São Paulo: Revista dos Tribunais, 1996. v. 3.

————. *Temas de direito de família*. São Paulo: Revista dos Tribunais, 1994.

LEITE, Iolanda Moreira. Bigamia. In: CAHALI, Yussef Said (coord.). *Família e casamento:* doutrina e jurisprudência. São Paulo: Saraiva, 1988.

LIBERATO, Thiago. Reiterando o afastamento da aplicação de causas suspensivas à união estável. *Revista Conjur*, 2023. Disponível em: https://www.conjur.com.br/2023-abr-19/thiago-liberato-provimento-141-cnj-uniao-estavel. Acesso em: jun. 2023.

LIRA, Ricardo Pereira. Breve estudo sobre as entidades familiares. In: BARRETTO, Vicente (coord.). *A nova família:* problemas e perspectivas. Rio de Janeiro: Renovar, 1997.

LÔBO, Paulo Luiz Netto. *Código Civil comentado*. Coord. Álvaro Villaça Azevedo. São Paulo: Atlas, 2003. v. XVI.

————. *Direito civil – Famílias*. São Paulo: Saraiva, 2009.

————. Divórcio: alteração constitucional e suas consequências. Portal IBDFAM. Disponível em: <http://www.ibdfam.org.br/>. Acesso em 15-8-2010.

LOPEZ, Teresa Ancona. Separação consensual (aspectos práticos e controvérsias). In: CAHALI, Yussef Said (coord.). *Família e casamento*. São Paulo: Saraiva, 1988.

MADALENO, Rolf. *Curso de direito de família*. 2. ed. Rio de Janeiro: Forense, 2002.

————. *Direito de família:* aspectos polêmicos. Porto Alegre: Livraria do Advogado, 1998.

————. Do regime de bens entre os cônjuges. *Direito de família e o novo Código Civil.* Belo Horizonte: Del Rey/IBDFAM, 2001.

————. Escritura pública como prova relativa de união estável. *Revista Brasileira de Direito de Família,* Porto Alegre: Síntese/IBDFAM, v. 17, p. 80.

MAHFUZ, Nanci. Prestação de contas de pensão alimentícia. *Revista do EMERJ,* 54/22.

MANFRÉ, José Antonio Encinas. *Regime matrimonial de bens no novo Código Civil.* São Paulo: Ed. Juarez de Oliveira, 2003.

MARTY, G.; RAYNAUD, P. *Les personnes.* Paris: Sirey, 1976.

MATTIA, Fábio Maria de. Direito de visita e limites à autoridade paterna. *Enciclopédia Saraiva do Direito.* São Paulo: Saraiva, 1982. v. 77.

MATTOS FILHO, João Lélio Peake de. Investigação de paternidade com suposto pai falecido. *RT,* 722/359.

MESSINEO, Francesco. *Manuale di diritto civile e commerciale.* 7. ed. 1947. v. 1.

MESSNER, Jackeline. Grau de limitação do dever alimentar entre parentes colaterais. *Conjur,* 2023. Disponível em: https://www.conjur.com.br/2023-mar-02/jackeline-messner-limitacao-dever-alimentar-entre-parentes. Acesso em: jun. 2023.

MOURA, Mário Aguiar. *Tratado prático da filiação.* 2. ed. Rio de Janeiro: Aide, 1984.

NEGRÃO, Theotonio. *Código de Processo Civil e legislação processual em vigor.* 30. ed. São Paulo: Saraiva, 1999.

NERY JUNIOR, Nelson; NERY, Rosa Maria de Andrade. *Código de Processo Civil comentado.* 3. ed. São Paulo: Revista dos Tribunais, 1997.

NICK, Sérgio Eduardo. Guarda compartilhada: um novo enfoque no cuidado aos filhos de pais separados ou divorciados. *A nova família:* problemas e perspectivas. Rio de Janeiro: Renovar, 1997.

NOGUEIRA DA GAMA, Guilherme Calmon. *O companheirismo.* 2. ed. São Paulo: Revista dos Tribunais, 2001.

OLIVEIRA, Euclides Benedito de. Direito de visitas dos avós aos netos. *Revista da Associação Paulista do Ministério Público,* n. 46, fev./abr. 2008.

_____. Separação de fato e regime de bens no casamento. *Revista do IBDFAM*, Porto Alegre: Síntese, v. 5.

_____. *União estável:* do concubinato ao casamento. 6. ed. São Paulo: Método, 2003.

_____; HIRONAKA, Giselda Maria Fernandes Novaes. Do casamento. *Direito de família e o novo Código Civil.* Belo Horizonte: Del Rey/IBDFAM, 2001.

ORLANDI NETO, Narciso. Casamento celebrado no exterior e traslado do assento. In: CAHALI, Yussef Said (coord.). *Família e casamento.* São Paulo: Saraiva, 1988.

PAGE, Henri de. *Traité de droit civil belge.* 1948. v. 1.

PEREIRA, Caio Mário da Silva. *Instituições de direito civil.* 14. ed. Atualização de Tânia Pereira da Silva. Rio de Janeiro: Forense, 2004. v. 5.

_____. *Reconhecimento de paternidade e seus efeitos.* 5. ed. Rio de Janeiro: Forense, 1985.

PEREIRA, Lafayette Rodrigues. *Direitos de família.* 4. ed. Rio de Janeiro: Freitas Bastos, 1945.

PEREIRA, Rodrigo da Cunha. *Concubinato e união estável.* 6. ed. Belo Horizonte: Del Rey, 2001.

_____. Família, direitos humanos, psicanálise e inclusão social. *Revista Brasileira de Direito de Família,* Porto Alegre: Síntese/IBDFAM, v. 16, jan./ mar. 2003.

_____. União estável. *Direito de família e o novo Código Civil.* Belo Horizonte: Del Rey/IBDFAM, 2001.

_____; DIAS, Maria Berenice. *Direito de família e o novo Código Civil.* Prefácio. Belo Horizonte: Del Rey/IBDFAM, 2001.

PEREIRA COELHO, Francisco Manuel. *Curso de direito de família.* Coimbra: Atlântida, 1965.

PLANIOL, Marcel; RIPERT, Georges. *Traité pratique de droit civil français.* Paris, 1926. t. 2.

PONTES DE MIRANDA, Francisco Cavalcanti. *Tratado de direito de família.* 3. ed. São Paulo: Max Limonad, 1947. v. I a III.

_____. *Tratado de direito privado.* 3. ed. Rio de Janeiro: Borsoi, 1954/1956. v. 8 e 9.

PORTO, Mário Moacyr. Ações de investigação de paternidade ilegítima e petição de herança. *RT*, 645/10.

————. Casamento nulo e inexistente. Matrimônio religioso putativo. *RT*, 607/9.

PRUNES, Lourenço Mário. *Investigação de paternidade.* 2. ed. São Paulo: Sugestões Literárias, 1978.

RAZUK, Paulo Eduardo. O nome civil da mulher casada. *RJTJSP*, Lex, 128/19.

RESTIFFE NETO, Paulo; ALONSO, Félix Ruiz. A recepção do casamento religioso e o novo Código Civil. *RT*, 817/35.

RIZZARDO, Arnaldo. *Direito de família.* 2. ed. Rio de Janeiro: Forense, 2004.

RODRIGUES, Silvio. *Comentários ao Código Civil.* Coordenação de Antônio Junqueira de Azevedo. São Paulo: Saraiva, 2003. v. 17.

————. *Direito civil.* 28. ed. Atualização de Francisco José Cahali. São Paulo: Saraiva, 2004. v. 6.

————. *Direito civil.* 32. ed. São Paulo: Saraiva, 2002. v. 1.

————. *O divórcio e a lei que o regulamenta.* São Paulo: Saraiva, 1978.

SAMPAIO, Carlos. *Do divórcio:* estudo da legislação brasileira. São Paulo: Vanorden, 1911.

SAN THIAGO DANTAS, Francisco. *Direitos de família e das sucessões.* 2. ed. Rio de Janeiro: Forense, 1991.

SANTOS, Lia Justiniano dos. Guarda compartilhada. *Revista Brasileira de Direito de Família.* Porto Alegre: Síntese/IBDFAM, v. 8.

SANTOS, Luiz Felipe Brasil. Novos aspectos da obrigação alimentar. *Questões controvertidas no novo Código Civil.* São Paulo: Método, 2004.

SANTOS, Rafa. Juiz atende a pedido de reconhecimento de paternidade socioafetiva. *Conjur*, 2023. Disponível em: https://www.conjur.com.br/2023-jul-12/juiz-atende-pedido-reconhecimento-paternidade-socioafetiva. Acesso em: jun. 2023.

SAVATIER, René. *Traité de la responsabilité civile en droit français.* Paris, 1951.

SILVA, Fernando Salzer e. Guarda compartilhada, a regra legal do duplo domicílio dos filhos. *IBDFAM*, 2020. Disponível em: https://ibdfam.org.br/artigos/1524/Guarda+compartilhada%2C+a+regra+legal+do+duplo+domicílio+dos+filhos. Acesso em: jun. 2023.

SILVA, Regina Beatriz Tavares da. *Dever de assistência imaterial entre cônjuges.* Rio de Janeiro: Forense Universitária, 1990.

————. *Novo Código Civil comentado.* Coord. Ricardo Fiuza. São Paulo: Saraiva, 2002.

SILVEIRA, Alípio. *O casamento putativo no direito brasileiro.* São Paulo: Ed. Universitária de Direito, 1972.

————. *Da separação litigiosa à anulação do casamento.* São Paulo: Ed. Universitária de Direito, 1983.

SOUZA, Ivone M. C. Coelho de. Famílias modernas: (inter)secções do afeto e da lei. *Revista Brasileira de Direito de Família,* Porto Alegre: Síntese/IBDFAM, v. 8, jan./mar. 2001, p. 65.

TARTUCE, Flávio. *Direito civil* – Direito de família. 14. ed. São Paulo: GEN/ Forense 2019. v. 5.

————. *Direito civil* – Direito de família. 15. ed. São Paulo: GEN/Forense, 2020. v. 5.

————. *Direito civil* – Direito de família. 17. ed. São Paulo: GEN/Forense, 2022. v. 5.

TEPEDINO, Gustavo. A disciplina civil-constitucional das relações familiares. In: BARRETTO, Vicente (coord.). *A nova família:* problemas e perspectivas. Rio de Janeiro: Renovar, 1997.

————. Controvérsias sobre regime de bens no novo Código Civil. *Revista Brasileira de Direito das Famílias e Sucessões,* IBDFAM, n. 2.

VARELA, J. M. Antunes. *Direito da família.* Lisboa: Petrony, 1982.

————. *Dissolução da sociedade conjugal.* Rio de Janeiro: Forense, 1980.

————. Do direito sucessório dos companheiros. *Direito de família e o novo Código Civil.* Belo Horizonte: Del Rey/ IBDFAM, 2001.

VARGAS, Fábio de Oliveira. A proteção da união homossexual no direito internacional. *Jus Navigandi* de 16/8/2007.

VELOSO, Zeno. *Código Civil comentado.* São Paulo: Atlas, 2002. v. XVII.

————. *Direito brasileiro da filiação e paternidade.* São Paulo: Malheiros, 1997.

————. Novo casamento do cônjuge do ausente. *Revista Brasileira de Direito de Família,* Porto Alegre: Síntese/IBDFAM, v. 23, abr./maio 2004.

—————. Regimes matrimoniais de bens. In: PEREIRA, Rodrigo da Cunha (coord.). *Direito de família contemporâneo*. Belo Horizonte: Del Rey, 1997.

—————. *União estável*. Belém: Cejup, 1997.

VENOSA, Sílvio de Salvo. *Direito civil*. 3. ed. São Paulo: Atlas, 2003. v. VI.

VIAPIANA, Tábata. TJ-SP nega redução de alimentos de pai que paga dízimo de R$ 1 mil por mês. *Conjur*, 2023. Disponível em: https://www.conjur.com.br/2023-fev-19/pai-dizimo-mil-nao-direito-reducao-alimentos. Acesso em: jun. 2023.

VILLELA, João Batista. Liberdade família. *Revista da Faculdade de Direito da UFMG*, 1980, v. 7.

WALD, Arnoldo. *O novo direito de família*. 15. ed. São Paulo: Saraiva, 2004.

WELTER, Belmiro Pedro. *Direito de família*: questões controvertidas. Porto Alegre: Síntese, 2000.

YARSHELL, Flávio. Temas de direito processual na Lei 11.804/08 (ação de alimentos "gravídicos") – III. *Carta Forense*, 3-2-2009.